심리학은 여러분의 일상생활에 어떻게 적용되는가?

공부할 때 기억력을 향상시키는 데 도움이 되는 방법은 무엇인가? (18~19쪽)

포르노를 보는 것이 자신의 파트너를 포함하여 여성에 대한 남성의 태도에 어떤 영향을 미치는가? (158, 288~290쪽)

우리는 왜 그리고 무엇을 꿈꾸는가? (47~49쪽)

심리장애를 예방하는 데 도움이 될 수 있는 것은 무엇인가? (382~383쪽)

생물학적, 심리적, 사회문화적 요소가 심리장애에 어떻게 영향을 미치는가? (326쪽)

우리는 스트레스가 많은 상황에서 어떻게 사고방식을 바꾸어 불안감을 줄일 수 있는가? (368, 370쪽)

우리가 잊어버리는 원인은 무엇인가? (174~178쪽)

우리는 왜 입맞춤에서 즐거움을 찾는가? (32~34쪽)

양육방식의 차이는 아이에게 어떤 영향을 미치는가? (69~70쪽)

유전은 양극성장애, 우울증, 불안, 조현병, 거식증 등의 발병에 어떤 영향을 주는가? (326, 332, 345~346, 352~354쪽)

다른 사람의 비언어적 정서를 읽을 때 여성과 남성은 어떻게 다른가? (239쪽)

우리의 유전과 환경은 우리의 성격을 형성할 때 어떻게 상호작용하는가? (301~321쪽)

우리의 모든 온라인 사회관계망의 사회적 · 정서적 효과는 무엇인가? (230~232쪽)

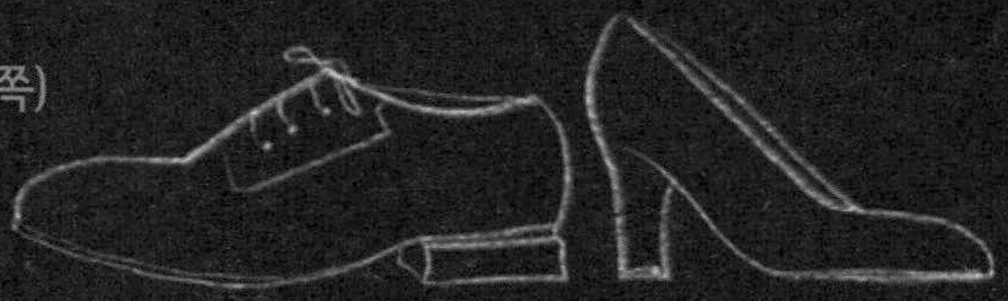

출생 후 몇 년 동안을 기억할 수 없는 이유는 무엇인가? (169쪽)

직장 내 성차별에 영향을 주는 것은 무엇이며, 어떻게 바뀌고 있는가? (87~88쪽)

섹스, 수면, 운동, 자극을 주는 환경은 뇌의 자가 복구를 어떻게 도울 수 있는가? (35, 44, 59쪽)

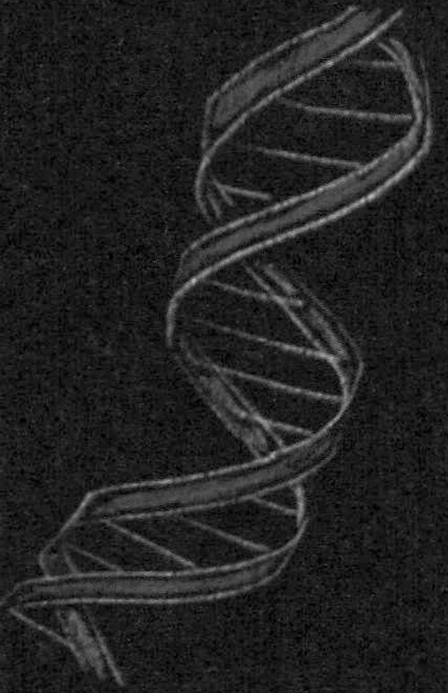

자기통제가 실제로 학업 및 직업에서의 성공과 건강 및 웰빙을 향상시킬 수 있는가? 우리는 어떻게 자기통제력을 강화할 수 있는가? (73, 140, 254~255쪽)

경험은 유전자 발현에 어떤 영향을 미치는가? (55~56, 68~69, 210~211, 304~305, 326, 346~347, 354쪽)

배척되거나 무시당하는 것 또는 기피당하는 것이 왜 그렇게 고통스러운가? (229~230쪽)

우리는 어떻게 하면 밤에 더 좋은 수면을 취할 수 있는가? (47쪽)

혀끝에서는 맴돌지만 생각나지 않는 현상은 왜 생기는가? (177쪽)

주의력결핍 과잉행동장애(ADHD)에 관해 논란이 있는 이유는 무엇인가? (324~325쪽)

어린 시절의 성적 학대 기억은 종종 억압되어 기억나지 않는가? 만약 그렇다면, 다시 기억으로 떠오를 수 있는가? (182쪽)

(표지 뒷면에 계속)

마이어스의

제 4 판

인간행동과 심리학

David G. Myers, C. Nathan DeWall 지음
조규판, 강선아, 박경희, 박은영, 신윤경, 이수진, 이홍재 옮김

Σ 시그마프레스

마이어스의
인간행동과 심리학 제4판

발행일 | 2018년 9월 1일 1쇄 발행
2019년 3월 15일 2쇄 발행

지은이 | David G. Myers · C. Nathan Dewall
옮긴이 | 조규판 · 강선아 · 박경희 · 박은영 · 신윤경 · 이수진 · 이홍재
발행인 | 강학경
발행처 | Σ 시그마프레스
디자인 | 김정하
편 집 | 문수진

등록번호 | 제10-2642호
주소 | 서울특별시 영등포구 양평로 22길 21 선유도코오롱디지털타워 A401~403호
전자우편 | sigma@spress.co.kr
홈페이지 | http://www.sigmapress.co.kr
전화 | (02)323-4845, (02)2062-5184~8
팩스 | (02)323-4197

ISBN | 979-11-6226-095-1

PSYCHOLOGY in Everyday Life, 4th Edition

* 책값은 책 뒤표지에 있습니다.

* 이 도서의 국립중앙도서관 출판시도서목록(CIP)은 서지정보유통지원시스템 홈페이지(http://seoji.nl.go.kr)와 국가자료공동목록시스템(http://www.nl.go.kr/kolisnet)에서 이용하실 수 있습니다.(CIP제어번호: CIP2018021820)

역자 서문

철학, 생리학, 의학, 생물학 등 다양한 학문분야에 뿌리를 두고 탄생한 심리학은 인간의 정신생활에 관심을 가지고 연구를 시작하였다. 이러한 심리학의 초기 정의를 부정하고 관찰 가능한 행동의 과학적 연구를 주장한 행동주의 심리학과 인간의 무의식적 사고 과정과 어린 시절 경험에 대한 정서적 반응을 강조한 프로이트 심리학이 1960년대의 심리학을 이끌었다. 이후 인본주의 심리학은 행동주의의 조건 반응이나 프로이트 심리학의 한계를 지적하며, 사랑과 수용에 대한 인간의 욕구와 잠재능력, 그리고 환경에 관심을 가지고 연구를 하였으며, 인지심리학은 인간의 정보 지각 및 처리, 기억 등의 사고에 대한 과학적 탐구를 통해 심리학을 오늘날까지 이끌고 있다. 최근에는 우울이나 불안, 공격성 등과 같은 인간 심리의 부정적 특성에 대한 연구뿐만 아니라 배려나 공감, 행복 등의 긍정적인 특성을 이해하고 개발하는 연구들이 증가하고 있다.

최근 심리학자들은 관찰 가능한 행동에 대한 심리학의 관심과 인간 내면의 생각과 감정을 포함하여 심리학을 행동과 정신 과정의 과학으로 정의하고, 인간의 행동과 마음을 기술하고 설명하기 위해 다양한 영역에 관심을 가지고 다양한 환경에서 일을 하고 있다. 생물심리학자, 발달심리학자, 인지심리학자, 성격심리학자, 사회심리학자, 상담심리학자, 건강심리학자, 임상심리학자, 산업-조직심리학자, 공동체심리학자 등이 바로 그들이다. 이러한 심리학자들은 한층 발달된 과학적 연구방법을 활용하여 일상생활 속의 다양한 환경에서 볼 수 있는 인간의 행동 및 마음을 이해하기 위해 노력한 결과 많은 놀라운 발견들을 이끌어내고 있다. 이 책은 일상생활에서의 인간의 행동과 사고, 정서 등을 이해하기 위해 초기의 이론에 근거한 최근의 연구 결과들을 바탕으로 대학생들이 이해하기 쉽게 다음과 같은 주제들을 다루고 있다.

제1장 '심리학의 뿌리, 위대한 생각 및 비판적 사고 도구'는 이 책의 개요 부분으로 심리학의 탄생과 발달, 심리학의 위대한 네 가지 생각, 심리학을 공부해야 하는 이유, 심리학의 연구 방법 및 윤리 등에 대해 설명하고 있다. 제2장 '마음과 의식의 생물학'에서는 뉴런의 구조와 의사소통, 신경계, 내분비계, 두뇌, 수면과 꿈 등의 내용을 살펴본다. 생물심리사회적 접근법을 통해 생물학적 특성과 심리학적 특성이 어떻게 상호작용을 하는가라는 질문에 대해 답을 제시하고 있다.

제3장 '생애주기를 통한 발달'에서는 발달심리학의 선천성과 후천성 등의 세 가지 주요 논점에 초점을 두고, 태내기 이후 성인에 이르기까지 인생의 전반에 걸쳐 인간의 신체적, 인지적, 사회적 발달의 특성에 대해 살펴본다. 제4장 '성, 성별, 그리고 성정체성'에서는 생물학적인 성과 문화의 경험으로 나타나는 성별의 차이와 발달, 성에 대한 생물학적 요인을 다루는 성생리학과 이러한 생물학적 요인과 환경적 자극 및 사회적 요인에 의해 영향을 받는 성적 동기와 같은 성심리학, 타인을 향한 지속적인 성적 끌림인 성적 지향, 성적 특질과 성적 특질에 영향을 미치는 사회적 특성에 대해 설명하고 있다.

제5장 '감각과 지각'에서는 정보를 탐지하고 그 정보를 뇌로 보내는 감각과 감각기관으로부터 들어온 감각 정보를 조직하고 해석하는 과정인 지각의 기본적인 원리 및 개념에 대해 살펴본다. 이어서 대표적인 감각인 시각의 감각 및 지각 처리에 대해 알아본 뒤 청각, 촉각, 미각, 후각 등의 비시각적 감각의 특성과 그들 간의 상호작용에 대해 설명한다. 제6장 '학습'에서는 행동주의적 관점에서 파블로프의 고전적 조검형성과 스키너의 조작적 조건형성 이론에 근거하여 학습에 대한 기제를 설명하고 있다. 이어서 사회학습 이론적 관점에서 반두라의 관찰학습의 개념 및 특성을 통해 학습의 과정과 원리를 설명하고 있다.

제7장 '기억'에서는 감각기억, 단기기억, 장기기억을 통해 정보를 부호화하고, 저장하고, 인출하는 과정에서의 원리 및 특징을 다루고 있다. 이어서 부호화 실패, 저장 소멸, 인출 실패 등 기억의 각 과정에서의 오류로 인한 망각을 살펴보고, 오정보와 상상효과 등과 같은 기억 구성 오류의 원인들을 알아본다. 마지막으로 기억력을 증진할 수 있는 방안들을 제시하고 있다. 제8장 '사고, 언어 및 지능'에서는 인간의 대표적인 인지적 능력이자 특성인 사고, 언어 및 지능의 개념과 특성, 그리고 발달 과정에 대해 살펴본다. 즉 인간이 사고 과정을 통해 정보를 어떻게 사용하고, 무시하고, 오용하는지 알아보고 이와 함께 창의성의 개념 및 요소, 창의성 증진방안을 제시한다. 언어에 대한 재능과 이 언어능력이 어떻게 발달해 나가는지를 살펴본 후 다른 동물들의 언어 사용 및 발달에 대해서도 살펴본다. 마지막으로 여러 지능 이론 중 특히 대안적 지능 이론으로 각광받고 있는 가드너의 다중지능 이론과 스턴버그의 삼원 이론의 개념 및 구성요인을 살펴보고, 지능을 측정하기 위한 다양한 지능검사에 대해 개관하고 있다.

제9장 '동기와 정서'에서는 동기와 관련된 추동, 유인, 각성 이론, 욕구위계 등의 개념에 대해 살펴본 후 인간의 가장 기본적인 추동 중 하나인 배고픔에 대한 생리학적 특성 및 심리학적 특성을 알아본다. 이어서 사회적 동물인 인간의 소속 욕구를 살펴보고, 정서의 각성, 행동, 인지에서는 이들과 관련된 감정 이론에 대해 살펴본다. 마지막으로 체화된 정서와 표현되고 경험된 정서에 대해 살펴본다. 제10장 '스트레스와 건강, 그리고 활력 넘치는 인간'에서는 스트레스에 대한 기본적인 개념을 살펴보고, 스트레스의 영향과 건강 부분에서는 스트레스로 인한 각종 질병, 즉 AIDS, 암, 심장병 간의 관계를 살펴본다. 마지막으로 스트레스 대처 방법 및 관리에 대해 논의한다.

제11장 '사회심리학'에서는 귀인 오류, 사회적 태도 및 행동 등 사회적 사고에 대해 살펴보고, 이어서 동조와 복종, 집단 영향 등과 같은 사회적 영향, 편견, 공격성, 갈등과 중재 등의 사회적 관계에 대해 이론과 실제에 근거하여 논의한다. 제12장 '성격'에서는 한 개인이 다른 사람과 구분되는 특징적인 사고, 감정 및 행동 패턴인 성격의 이론에 대해 살펴본다. 프로이트로 대표되는 정신역동 이론, 매슬로의 자아실현과 칼 로저스의 인간중심적 관점의 인본주의 이론, 특질 이론과 사회인지 이론 등의 관점에서 성격을 이해하고 탐구한다.

제13장 '심리장애'에서는 심리장애의 정의, 이해, 그리고 분류에 대해 살펴본 후 불안장애, 강박장애, 외상후 스트레스장애 등 구체적인 심리장애에 대해 정의하고 구분한다. 이어서 진정제, 흥분제, 환각제 등의 물질 사용과 중독 행동에 대해 살펴본다. 제14장 '치료'에서는 13장에서 다루었던 각종 심리장애에 대한 치료를 다룬다. 심리치료에는 정신분석과 정신역동치료, 인본주의치료, 행동치료, 인지치료, 집단치료와 가족치료 등이 있다. 이러한 심리치료 외에 약물치료, 뇌 자극, 정신외과수술 등 생의학적 치료의 개념과 처치, 효과들에 대해서도 살펴본다.

이상에서 살펴본 이 책의 목차와 내용에서 볼 수 있듯이 심리학은 순수 과학이면서 동시에 마음, 의식, 성, 감각과 지각, 학습, 기억, 사고, 언어, 지능, 동기, 정서, 스트레스 등 인간의 인지적, 정신적, 신체적 특성을 모두 다루고 있는 종합적인 학문이다. 이 책이 여러분 자신뿐만 아니라 타인을 보다 정확하게 이해하고, 일상생활 속에서 흔하게 볼 수 있는 다양한 일들과 사건들을 정확하게 분석하는 데 도움이 되기를 바란다. 나아가 그러한 일들과 사건에 대해 현명하게 대처하는 능력을 향상시키길 기대한다.

2018년 7월
역자 일동

저자 서문

심리학은 매우 매력적인 학문으로 우리의 일상생활과 많은 관련이 있다. 심리학적 통찰력은 여러분이 더 나은 학생이 되고, 더 많은 친구와 파트너를 가지게 하며, 더 유능한 동료가 되고, 더 현명한 부모가 될 수 있게 해준다. 인간 본성에 대한 심리학자들의 연구가 여러분의 심리학에 대한 이해를 돕고, 나아가 생각, 감정, 행동 등 여러분 자신의 삶을 심리학적으로 이해하는 데 도움이 되기를 기대한다.

이번 제4판의 모든 장은 최신의 자료들로 업데이트되었으며, 특히 다음과 같은 점에서 이전 판과는 차이가 있다. 첫째, 수백 개의 새로운 연구들을 인용하였다. 강사와 학생들의 비평과 수많은 이메일을 통해 가치가 인정된 과학 잡지와 뉴스에 대해 철저히 검토하여 심리학 분야에서 가장 중요하고, 시사점이 많으며, 학생의 수준에 적합한 새롭게 발견된 결과들을 통합하여 제시하였다. 둘째, '비판적으로 사고하기'라는 인포그래픽 부분을 포함하였다. 많은 강사들이 이 부분에 대해 많은 도움이 되었다고 하였으며, 학생들도 중요한 심리적 개념에 대해 비판적으로 생각하는 시각적 도구를 즐기는 것처럼 보인다.

이번 제4판에서도 다음과 같은 부분들은 이전 판과 동일하게 하였다. 이 책을 진술하는 데 사용한 여덟 가지 원칙은 첫째, 비판적 사고를 가르치기 위한 학습경험의 촉진, 둘째, 원리와 적용을 통합하는 학습경험의 촉진, 셋째, 모든 단계에서 학습을 강화하는 학습경험의 촉진, 넷째, 연구 과정의 예를 들어서 심리학을 설명, 다섯째, 가능한 한 최신의 것으로 심리학을 설명, 여섯째, 사실을 개념의 영역 안에 넣어서 심리학을 설명, 일곱째, 연속성을 제공함으로써 이해를 향상시키기 위해 큰 아이디어와 넓은 시야를 촉진, 여덟째, 인간의 일치성과 다양성을 존중하기 위해 큰 아이디어와 넓은 시야를 촉진하였다.

제3판과 마찬가지로 우리는 이 책을 가장 쉽게 접근할 수 있도록 집필하였다. 학생들의 폭넓고 다양한 독서 수준과 배경에 적합한 어휘를 선택하였다. 그리고 이 책은 다른 교재에 비해 더 요약이 되어 있어 한 학기 수업에 적합하게 만들어졌다. 이 책의 공저자인 마이어스가 저술한 다른 책보다 더 다양한 학생 독자들을 마음에 두고 이 책을 썼다. 성별, 문화, 경제, 교육, 신체적 능력, 인생 경험, 가정의 사회적 지위 등에 있어서 특정인에게 유리하지 않고 모든 학생이 쉽게 이해할 수 있도록 저술하였다. 이 책을 저술할 때, 우리는 심리학의 큰 네 가지 아이디어를 모든 개념 사이의 연결 고리를 만드는 하나의 가능한 방법으로 소개하였다. 네 가지 아이디어는 첫째, 비판적 사고는 현명한 사고이다. 둘째, 행동은 생물심리사회적 사건이다. 셋째, 이중경로 마음으로 작동한다(이중처리). 넷째, 심리학은 인간의 강점과 도전을 탐구한다.

수년간 수천 명의 강사와 학생들의 의견을 수렴함으로써, 우리가 쓸 수 있는 것보다 더 낫고, 더 효과적이며, 더 정확한 책이 되었다. 수많은 연구자들이 우리가 그들의 연구를 정확하게 보고하는 것을 돕기 위해 기꺼이 시간과 재능을 제공해주었으며, 수백 명의 강사가 많은 시간을 들여 피드백을 제공해주었다. 제4판의 내용 및 형식과 관련된 비판, 수정, 그리고 창의적인 생각에 기여한 동료들에게 감사드린다. 그들의 전문 지식과 격려와 심리학 강의를 위해 시간을 할애해준 것에 대해 감사드린다. 아울러 우리는 제4판을 검토해준 검토자들과 컨설턴트들에게도 감사드리는 바이다.

David G. Myers / C. Nathan Dewall

요약 차례

차례

제 1 장 심리학의 뿌리, 위대한 생각 및 비판적 사고 도구

제 2 장 마음과 의식의 생물학

제 3 장 생애주기를 통한 발달

제 4 장 성, 성별, 그리고 성정체성

제 5 장 감각과 지각

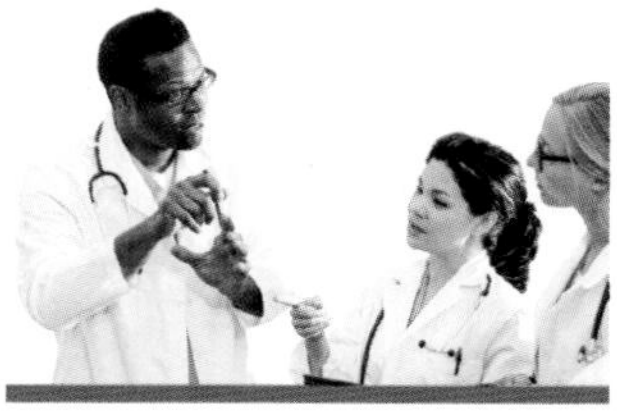

제 6 장

학습

제 7 장

기억

제 8 장

사고, 언어 및 지능

제 9 장

동기와 정서

제 10 장

스트레스와 건강, 그리고 활력 넘치는 인간

제 11 장

사회심리학

제 12 장

성격

제 13 장
심리장애

제 14 장
치료

이 장의 구성

심리학의 뿌리

심리과학의 탄생과 발달

현대 심리학

심리학에서의 네 가지 위대한 생각

위대한 생각 1 : 비판적 사고는 현명한 사고이다

위대한 생각 2 : 행동은 생물심리사회적 사건이다

위대한 생각 3 : 이중경로 마음으로 작동한다(이중처리)

위대한 생각 4 : 심리학은 인간의 강점과 도전을 탐구한다

왜 심리학을 하는가?

직관과 상식의 한계

심리학자들은 어떻게 질문하고 대답하는가?

과학적 방법

기술

상관관계

실험법

연구설계의 비교

일상행동의 예측

심리학의 연구 윤리

동물의 연구와 보호

인간의 연구와 보호

심리학에서의 가치판단

보다 현명한 사람이 되기 위해 심리학 이용하기

1

심리학의 뿌리, 위대한 생각 및 비판적 사고 도구

FilippoBacci/Getty Images

자신이나 다른 사람을 이해하기 위해 많은 사람들이 심리학에 관심을 갖는다. 심리학자들은 무엇을 알고 있을까? 당신은 종종 심리학자가 텔레비전, 영화, 혹은 인기 있는 웹사이트에서 성격 분석이나 범죄 현장 조사, 법정 증언과 양육, 사랑, 행복, 그리고 개인 문제의 극복에 대한 조언을 하는 것을 본 적이 있을 것이다. 심리학자들은 이런 것들보다 훨씬 더 다양한 일을 한다.

당신이 궁금해하는 것들 중 심리학자들이 연구하는 몇 가지 예를 살펴보자.

- 당신은 자신의 의지와는 상관없이 친부모 중 한 분이 하는 대로 따라하는 자신을 발견한 적이 있는가? 만약 있었다면 자신의 성격이 부모로부터 얼마나 유전이 되었는지 궁금하지 않았는가? 인간은 유전자 또는 가정 및 지역 환경에 의해 얼마나 영향을 받을까?
- 다른 문화, 인종, 성별, 성적 성향을 가진 사람들 속에서 당신은 어떻게 행동해야 할지 걱정해본 적이 있는가? 우리는 가족과 어떤 점이 비슷하고, 어떤 점이 다른가?
- 당신은 악몽을 꾸다 깬 적이 있는가? 그리고 안도와 함께 왜 그런 이상한 꿈을 꾸는지 궁금해한 적이 있는가? 인간은 얼마나 자주 꿈을 꾸며, 꿈을 꾸는 이유는 무엇일까?
- 당신은 6개월 된 아기와 까꿍 놀이를 해본 적이 있는가? 왜 아기가 까꿍 놀이를 그렇게 좋아하는지 생각해본 적이 있는가? 아기들이 실제로 지각하고 생각하는 것은 무엇일까?
- 당신은 인생에서 성공으로 이끄는 것이 무엇인지 생각해본 적 있는가? 일부 사람들은 처음부터 다른 사람보다 더 똑똑하게 태어날까? 지능만으로 성공할 수 있을까? 창의력과 정서지능, 자기통제도 성공에 영향을 미칠까?
- 우울해지거나 불안해졌을 때 '정상'으로 느끼게 될지 궁금해한 적이 있는가? 무엇이 우리의 좋고 나쁜 기분을 유발할까? 정상적인 기분 변화와 심리장애 사이의 경계는 무엇일까?

심리학은 이러한 질문들에 대해 흥미롭고 놀라운 대답을 제시해왔다. 심리학의 뿌리는 광범위하여 철학과 생물학으로 거슬러 올라간다.

심리학의 뿌리

심리과학의 탄생과 발달

심리학은 1879년 12월 독일 한 대학의 작은 3층 연구실에서 탄생했다. 빌헬름 분트(Wilhelm Wundt)와 그의 조교들은 공이 플랫폼에 부딪치는 소리를 들은 후에 전신키를 누르는 데 걸리는 시간을 측정하는 기계를 만들었다(Hunt, 1993). 이것은 가장 빠르고 간단한 정신 작용인 '마음의 원자'를 측정하려는 시도로 심리학의 첫 번째 실험이었으며, 그 3층 연구실은 역사상 최초의 심리학 실험실로 기록되었다.

초기 심리학자들은 여러 나라의 다양한 학문분야로부터 나왔다. 분트는 철학자이자 생리학자였으며, 진화심리학을 주장한 찰스 다윈(Charles Darwin)은 영국의 자연주의자였다. 학습에 관해 우리에게 많은 것을 알려준 이반 파블로프(Ivan Pavlov)는 러시아 생리학자였으며, 성격이론가와 치료사로 유명한 지그문트 프로이트(Sigmund Freud)는 오스트리아의 내과 의사였다. 아동의 인지발달을 연구한 장 피아제(Jean Piaget)는 스위스 생물학자였으며,

비판적으로 사고하기 | **과학적 태도 : 현대 과학을 가능하게 만드는 데 도움을 준 세 가지 기본적인 태도**

1. 호기심

연구는 탐구하고 이해하려는 열정으로 시작된다. 어떤 아이디어가 아무리 이상하게 들릴지라도 과학자는 다음과 같이 질문한다.

그 아이디어는 효과가 있는가?
테스트를 통해 그 아이디어의 예측이 확인될 수 있는가?

사람들이 마음을 읽을 수 있을까?
스트레스 수준은 건강이나 행복과 관련이 있을까?

- 지금까지 마음을 읽는 초능력을 보여준 사람은 없다.
- 많은 연구에서 스트레스가 많을수록 건강이 더 나쁘다는 것을 발견했다.

2. 회의론

"무슨 뜻이죠?"
"어떻게 알았죠?"
라고 물어라.

어떤 주장이 사실과 가장 일치하는지는 회의적인 검사를 통해 확인할 수 있다. 환상에서 현실을 분리해내기 위해 건전한 회의론이 필요하다. 건전한 회의론이란 냉소적이지 않으면서 잘 속지도 않는 태도이다.

우리의 얼굴 표정과 자세가 우리가 실제로 어떻게 느끼는지에 영향을 미치는가?
부모의 행동이 아이들의 성적 성향을 결정짓는가?

- 우리의 얼굴 표정과 자세가 우리의 감정에 영향을 줄 수 있다.
- 부모의 행동과 자녀의 성적 성향 간에는 관련이 없다.

3. 겸손

연구자는 실수를 할 수 있으므로 기꺼이 놀라고 새로운 아이디어를 따라야 한다. 중요한 것은 우리의 의견이 아니라 질문에 대한 반응으로 밝혀진 진실이다. 만약 사람 또는 동물들이 우리가 예측한 대로 행동하지 않는다면, 우리의 생각은 훨씬 더 의미가 없어질 것이다.

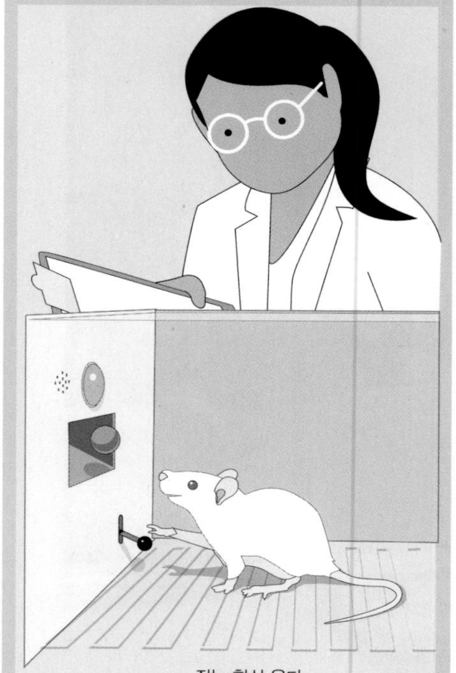

쥐는 항상 옳다.

빌헬름 분트(Wilhelm Wundt, 1832–1920) 분트는 독일 라이프치히대학교에 최초의 심리학 실험실을 설립하였다.

윌리엄 제임스(William James, 1842–1910)와 메리 휘튼 컬킨스(Mary Whiton Calkins, 1863–1930) 전설적인 심리학 교사이자 작가인 제임스는 컬킨스를 지도하였는데, 그녀는 기억 연구로 유명하였으며, 미국심리학회(APA)의 첫 여성 회장이 되었다.

마거릿 플로이 워시번(Margaret Floy Washburn, 1871–1939) 심리학 박사를 취득한 최초의 여성으로 The Animal Mind 연구그룹에서 동물행동 연구를 중점적으로 하였다.

1890년 그의 교재에서 심리학에 관한 열정을 보여주었던 윌리엄 제임스(William James)는 미국의 철학자였다.

심리학의 초기 선구자들 중 일부는 여성이었으나, 1800년대 후반에는 심리학의 대부분 영역을 남성들이 주도하였다. 그럼에도 불구하고 메리 휘트 컬킨스는 기억에 관한 지속적인 연구를 통해 1905년 미국심리학회(APA)의 첫 여성 회장으로 선출되었고, 동물행동학자인 마거릿 플로이 워시번은 여성으로서는 최초로 심리학 박사 학위를 받았으며, 1921년 미국심리학회의 두 번째 여성 회장이 되었다.

심리학을 정의하기는 쉽지 않다. 초기 심리학의 선구자들은 심리학을 '정신생활에 대한 과학'이라고 정의하였다. 이후 행동주의 심리학자인 존 왓슨과 B. F. 스키너가 심리학은 '관찰 가능한 행동의 과학적인 연구'가 되어야 한다고 주장하면서, 관찰 및 측정이 불가능한 것은 과학적으로 연구할 수 없다고 하였다. 감각, 느낌 또는 생각을 관찰할 수 없지만 사람들의 조건화된 행동은 관찰하고 기록할 수 있다. 이러한 주장에 많은 사람들이 동의하였고, **행동주의**(behaviorism)는 1960년대 심리학을 이끈 양대 산맥 중 하나가 되었다.

1960년대 심리학을 이끈 다른 하나는 인간의 무의식적 사고 과정과 어린 시절 경험에 대한 정서적 반응을 강조한 **프로이트 심리학**이었다. 프로이트 심리학이 심리학에 지대한 영향을 미쳐 일부 사람들은 심리학이 주로 무의식적 성적 갈등과 자신의 욕구나 충동을 억제하

존 왓슨(John B. Watson, 1878–1958)과 로잘리 레이너(Rosalie Rayner, 1898–1935) 왓슨은 레이너와 함께 심리학을 과학적 행동 연구로 끌어올렸으며, '아기 알버트'로 유명해진 아기 실험에서 두려움이 학습될 수 있다는 것을 보여주었다.

B. F. 스키너(B. F. Skinner, 1904–1990) 선구적 행동주의 학자로서 내면의 사고와 감정을 연구한다는 생각을 거부하고, 심리학이 어떻게 결과가 행동을 형성하는지 연구해야 한다고 믿었다.

지그문트 프로이트(Sigmund Freud, 1856–1939) 유명한 성격 이론가이자 치료자였던 프로이트의 논쟁적 아이디어는 20세기 심리학과 문화에 영향을 미쳤다.

는 정신적 방어에 관한 프로이트 이론을 다루는 학문이라는 제한적인 생각을 하기도 하지만 심리학의 분야는 매우 다양하다.

행동주의 심리학자들이 1900년대 초기의 심리학 정의를 부정한 것처럼 1960년대의 또 다른 학자들은 심리학의 행동주의적 정의를 받아들이지 않았다. **인본주의 심리학자**(humanistic psychologists)인 칼 로저스(Carl Rogers)와 에이브러햄 매슬로(Abraham Maslow)는 행동주의의 조건 반응이나 프로이트 심리학의 어린 시절 기억에 초점을 맞추기보다는 인간의 잠재능력을 강조하였다. 그들은 사랑과 수용에 대한 인간의 욕구와 환경이 개인적 성장을 돕거나 저해할 수 있다는 것에 관심을 갖게 하였다.

인지심리학(cognitive psychology)은 인간이 어떻게 정보를 지각하고 처리하고 기억하는지와 불안, 우울 및 기타 장애에서 사고와 정서가 어떻게 상호작용하는지를 과학적으로 탐구하는 학문으로 오늘날까지 지속되고 있다. 정신과학인 인지심리학과 두뇌과학인 신경과학의 결합으로 **인지신경과학**(cognitive neuroscience)이 탄생하였다. 인지신경과학은 많은 분야의 연구자들이 정신 활동의 기초가 되는 두뇌 활동을 연구한다.

오늘날 심리학은 많은 초기 과학자들의 업적과 학설에 기반을 두고 있다. 관찰 가능한 행동에 대한 심리학의 관심, 그리고 내면의 생각과 감정을 포함하여 **심리학**(psychology)을 **행동과 정신 과정의 과학**으로 정의한다.

행동은 관찰하고 기록할 수 있는 인간 또는 동물이 **행하는** 모든 것을 뜻한다. 소리 지르기, 미소 짓기, 깜박임, 땀 흘림, 말하기 및 설문지에 답하기는 모두 관찰 가능한 행동이다. **정신 과정**은 우리가 행동에서 추론하는 사고, 신념, 감정과 같은 내적 상태이다. 소리치는 사람을 관찰할 때, 그 사람의 정신 상태(분노 또는 흥분)를 추론할 수 있다.

현대 심리학

심리학자들은 생물학에서 사회 문화에 이르기까지 폭넓고 다양한 영역에 관심을 가지고 있으며, 실험실에서 병원까지 다양한 환경에서 일을 하고 있다. 심리학자들은 심리학과뿐만 아니라 의과대학, 법과대학, 경영대학, 신학대학 등에서도 강의를 하며, 병원, 회사, 법인 사무실 등에서도 일을 한다. 각자의 관심사와 일을 하고 있는 환경은 다르지만, 심리학자들은 '행동과 마음을 기술하고 설명한다'는 공통의 목표를 공유한다. **표 1.1**은 다양한 관점에서 행동과 정신 과정을 설명하고 있다.

이 책의 여러 부분에서 다음과 같은 여러 연구자들을 보게 될 것이다.

- 생물심리학자 : 두뇌와 마음 간의 연결고리를 탐구한다.
- 발달심리학자 : 태어나서 죽을 때까지의 변화하는 능력을 연구한다.
- 인지심리학자 : 인간이 지각하고, 사고하며, 문제를 해결하는 방법을 실험적으로 접근한다.
- 성격심리학자 : 인간의 영속적인 특성을 탐구한다.
- 사회심리학자 : 인간이 다른 사람들에게 어떻게 영향을 미치고 받는지를 탐구한다.
- 상담심리학자 : 인간의 강점과 자원들에 대한 인식을 통해 개인적이고 직업적인 도전을 극복하는 것을 도와준다.
- 건강심리학자 : 인간의 건강을 증진하거나 손상할 수 있는 심리학

Paul Sakuma, File/AP Photo

Brad Barket/AP Photo

심리학 공부 후의 삶 심리학 및 심리학의 비판적 사고 전략에 대한 연구 결과들은 사람들이 다양한 직업을 준비하는 데 영향을 미쳐왔다. 페이스북 CEO인 마크 저커버그(Mark Zuckerberg)는 하버드대학에서 심리학과 컴퓨터과학을 전공했다. 코미디언 존 스튜어트(Jon Stewart)는 윌리엄메리대학에서 심리학을 전공하였다. 심리학이 당신에게는 어떤 길을 열어줄까?

The New Yorker Collection, 1986, J.B. Handelsman from cartoonbank.com

"마이클, 나는 사회학자란다. 그래서 전기와 같은 것들을 설명할 수 없지만, 만약 사람에 관해 알고 싶다면 그건 내가 도와줄 수 있어."

표 1.1 심리학의 주요 이론

이론	초점	예시 질문	하위 영역
신경과학	신체와 두뇌가 어떻게 정서, 기억, 그리고 감각 경험을 가능하게 하는가?	통증 신호가 어떻게 손에서 두뇌로 전달되는가? 어떻게 혈중 화학작용이 기분이나 동기와 연결되는가?	생물심리학, 인지심리학, 임상심리학
진화론	특질의 자연 선택이 어떻게 유전자의 영속성을 촉진하는가?	진화적인 과거가 어떻게 현대의 배우자 선호도에 영향을 미쳤는가? 왜 인간은 다른 유기체에 비해 특정 공포를 더 쉽게 학습하는가?	생물심리학, 발달심리학, 사회심리학
행동유전학	유전자와 환경은 어떻게 개인차에 영향을 미치는가?	지능, 성격, 성적 지향, 낙관주의 등의 심리적 특성은 어느 정도가 유전 또는 환경에 의해 결정되는가?	성격심리학, 발달심리학, 법심리학/법의학심리학
정신역동	행동이 무의식적 충동과 갈등으로부터 어떻게 발생하는가?	개인의 성격특성이나 장애가 유아기 대인관계에 의해 어떻게 설명될 수 있는가?	임상심리학, 상담심리학, 성격심리학
행동주의	관찰 가능한 반응을 어떻게 학습하는가?	특정 대상이나 상황에 대한 공포를 어떻게 학습하는가? 체중 감량이나 금연 등과 같은 인간의 행동을 변화시키는 가장 효과적인 방법은 무엇인가?	임상심리학, 상담심리학, 산업-조직심리학
인지주의	어떻게 정보를 부호화, 처리, 저장, 인출하는가?	인간은 기억, 추론, 문제 해결의 과정에서 정보를 어떻게 사용하는가?	인지신경과학심리학, 임상심리학, 상담심리학, 산업-조직심리학
사회문화주의	행동과 사고가 어떻게 상황과 문화에 따라 차이를 보이는가?	인간은 가족 구성원과 얼마나 유사한가? 인간은 환경의 산물로서 얼마나 다른가?	발달심리학, 사회심리학, 임상심리학, 상담심리학

적, 생물학적, 행동적 요소들을 탐구한다.

- **임상심리학자** : 정신, 정서, 행동 장애를 측정하고 치료한다.
- **산업-조직심리학자** : 작업 장면에서의 행동을 연구하고, 제품을 디자인하며 시스템을 구현하는 데 도움을 준다.
- **공동체심리학자** : 사람들의 건강과 관련된 사회와 신체적 환경을 창조한다.

심리학에서의 네 가지 위대한 생각

이 책 전반에 걸쳐 심리학에서의 네 가지 위대한 생각을 제시하고 있다.

1. **비판적 사고** 과학적 태도는 우리가 가정한 것을 조사하고, 출처를 고려하고, 가치를 확인하고, 증거를 따져 보고, 결론을 검증하는 과정을 통해 더 현명한 생각을 하도록 한다. 따라서 과학에 기반한 사고는 현명한 사고이다.
2. **생물심리사회적 접근** 우리는 세 가지 수준, 즉 생물학적, 심리학적, 사회문화적 수준에서 인간의 행동을 볼 수 있다. 인간 본성은 생물학적 영향을 받지만, 문화와 심리학적 영향이 가정이나 가치, 그리고 행동을 미세하게 조정한다.
3. **이중경로 마음** 오늘날의 심리과학은 인간의 이중처리 능력을 탐구한다. 인간의 지각, 사고, 기억, 그리고 태도는 모두 의식적이고 지각적인 경로와 무의식적이고 자동적인 비지각적 경로의 두 수준에서 작용한다.
4. **인간의 강점 탐구** 심리학은 오늘날 골치 아픈 행동과 감정을 이해하고 완화하는 데만 초점을 맞추고 있는 것이 아니라 우리가 잘 살 수 있도록 도와주는 감정과 특성을 이해하고 개발하는 데도 집중한다.

위대한 생각 1 : 비판적 사고는 현명한 사고이다

온라인 기사를 읽거나 다른 사람과 이야기를 나눌 때 **비판적 사고자**(critical thinkers)는 다음과 같은 질문을 한다. 그것을 어떻게 알았는가? 이것으로부터 누가 이익을 보는가? 결론은 개인적인 이야기와 직감, 또는

Delusional Disorder

Image Source/Punchstock/Getty Images, Ted Fitzgerald/AP Photo

법정에서의 심리학 법의학심리학자들은 심리학의 원리와 방법을 범죄 정의 체계에 적용한다. 그들은 증인들과 상담하거나, 피고의 정신 상태와 미래의 위험에 대해 증언할 수 있다.

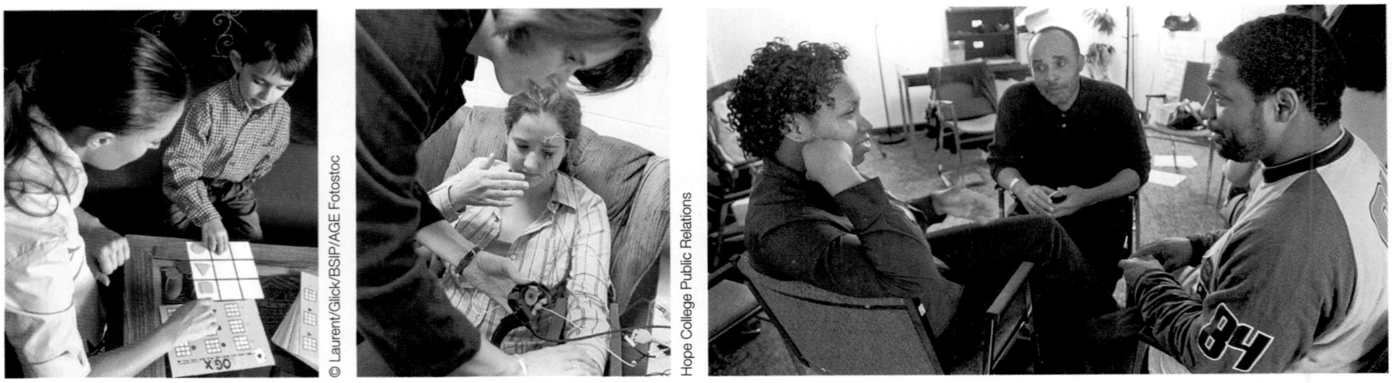

© Laurent/Glick/BSIP/AGE Fotostock
Hope College Public Relations
Scott J. Ferrell/CQ-Roll Call, Inc./Getty Images

심리학 : 과학과 직업　심리학자들은 행동을 관찰, 검사, 처치하는 실험을 한다. 위 사진은 심리학자들이 아동을 검사하고, 정서 관련 생리를 측정하고, 면대면으로 치료하는 장면들이다.

Roy Tuft/National Geographic/Getty Images
Antonia Brune

미소는 세계를 미소짓게 한다　이 책 전반에 걸쳐, 당신은 문화와 성별의 다양성뿐만 아니라 공유된 인간 본성을 정의하는 유사점들의 예를 보게 될 것이다. 문화에 따라 사람들이 언제, 얼마나 자주 웃는지는 다르지만 행복한 미소는 전 세계 어느 곳을 막론하고 차이가 없다.

증거에 기초하고 있는가? 우리는 어떻게 한 사건이 다른 사건을 유발했는지 아는가? 어떻게 달리 설명할 수 있는가?

> 어느 트위터 계정에서 :
> "인터넷에서 인용하는 것의 문제점은 그것이 사실인지 아닌지 당신이 절대 모른다는 것이다."
>
> Abraham Lincoln

심리학에서 비판적 사고는 다음과 같은 몇 가지 놀라운 발견들을 이끌어냈다.

- 어릴 때 두뇌 조직의 막대한 손실은 장기적인 영향을 거의 주지 않을 수 있다(제2장).
- 신생아들은 태어나서 수일 안에 엄마의 냄새를 인식할 수 있다(제3장).
- 뇌손상 후, 몇몇 사람들은 새로운 기술을 배울 수 있지만, 이러한 기술을 가지고 있다는 것을 의식하지 못한다(제7장).
- 남녀노소, 빈부 및 장애 유무와 관계없이 개인이 느끼는 행복의 수준에는 거의 차이가 없다(제10장).
- 두뇌에 전달된 전기충격(전기충격치료)은 심각한 우울증을 경감시킬 수 있다(제14장).

이와 같은 비판적 사고는 일부 일반적인 믿음들의 오류를 밝혀내기도 한다.

- 몽유병 환자들은 꿈을 행동으로 나타내지 않는다(제2장).
- 과거 경험들은 우리의 두뇌에 기록된 단어들이 아니다. 따라서 두뇌의 자극이나 최면은 재생버튼을 누르면 기록된 자료들이 재생되는 것처럼 오랫동안 저장된 기억을 다시 떠올리게 하지 않는다(제7장).
- 대부분의 사람들은 낮은 자존감 때문에 고통 받지 않으며, 자존감이 높다고 해서 항상 좋은 것만도 아니다(제12장).
- 반대편은 일반적으로 매력적이지 않다(제11장).

위대한 생각 2 : 행동은 생물심리사회적 사건이다

인간은 가족, 집단, 사회와 같은 큰 사회적 체제의 일부이면서 동시에 세포, 분자, 원자 등과 같은 작은 신경 시스템과 신체기관으로 이루어져 있다. 만약 우리가 이러한 복잡한 것을 간단한 도구들로 연구한다면, 부분적인 결과밖에 얻을 수 없을 것이다. 끔찍한 학교 총기사건을 설명하는 다양한 방법을 고려해보자. 범인이 폭력을 유발하는 두뇌장애나 유전적 성향을 가지고 있었는가? 범인이 대중매체에서 잔인하고 폭력적인 장면을 보았거나 폭력적인 비디오 게임을 했기 때문인가? 아니면 총기 사용을 허용하는 사회에서 살고 있기 때문인가? 이러한 것들은 부분적으로는 맞지만 총기사건을 충분히 설명해주지는 못한다. 총기사건의 원인을 파악하기 위해서는 다양한 수준에서 분석이 필요하다. **생물심리사회적 접근**(biopsychosocial approach)은 생물학적, 심리학적, 사회문화적 접근을 통합하는 것으로 각각의 관점이 가지고 있는 한계를 극복하고 가장 완벽한 분석의 틀을 제공한다.

한 집단 내에서 성차에 대한 연구를 한다고 가정해보자. 성은 성별과는 다르다. **성별**(gender)이 소년 또는 소녀, 혹은 특정 문화 속의 남성이나 여성에게 기대하는 특성과 행동을 나타내는 반면, 성(sex)은 유전자를 통해 물려받은 생물학적 특성을 의미한다. 성별의 유사점과 차이점을 연구하기 위해서는 생물학적 영향뿐만 아니라 한 세대에서 다음 세대로 전달되는 성별과 관련된 집단의 **문화**(culture)에 대해 알아야 한다. 심리학자들은 비판적 사고를 통해 단 한 번 특정 지역에서 이루어진 연구 결과를 증거로 사람들에 대해 진술하는 것을 지양해왔다. 지금까지 많은 연구들이 '이상한(WEIRD)' 문화, 즉 서구의(Western), 교육받은(Educated), 산업이 발달한(Industrial), 부자의(Rich), 민주주의(Democratic)의 사람들을 대상으로 연구를 해왔다(Henrich et al., 2010). 사람들을 이해하기 위해서는 성별과 문화에 대한 다양한 정보뿐만 아니라 개인적 능력과 학습에 의한 집단 내에서의 개인차에 대한 이해가 필요하다.

연구자들은 생물학적, 심리학적, 사회문화적 접근을 통하여 인간이 꿈꾸는 것이 무엇이고, 어떻게 감정을 표현하고 감추는지, 알코올 사용장애, 섭식장애 및 우울증의 위험에서 일부 성별 간 차이를 발견해왔다. 인간은 심리학적, 생물학적으로는 다르지만 비슷한 부분도 있다. 여성이든 남성이든 같은 나이에 걷는 법을 배우며, 빛과 소리에 대해 동일하게 느낀다. 생생한 감정적 사건들을 기억하지만 소소한 일상의 일들은 잊어버린다. 인간은 누구나 배고픔이나 욕구, 두려움 등에 대해 고통을 느끼며, 비슷한 지능과 행복 수준을 가지고 있다.

심리학자들은 다양한 분야에서 주요 문제들을 연구하기 위해 생물심리사회적 접근법을 사용해왔다. 지금까지 지속되어온 중요한 문제 중 하나는 **선천성-후천성 논쟁**(nature-nurture issue)이다. 선천성(유전)과 후천성(경험)의 공헌을 어떻게 판단할 것인가? 오늘날 심리학자들은 다음과 같은 연구문제들을 통해 해묵은 질문을 탐구한다.

- 지능과 인성의 차이는 유전과 환경에 의해 어떻게 영향을 받는가?
- 인간의 성적 지향은 유전자에 의해 결정되는가 아니면 경험을 통해 후천적으로 학습되는가?
- 인생 경험이 유전자의 발현에 영향을 미칠 수 있는가?
- 우울증을 두뇌장애로 다루어야 하는가, 아니면 사고장애로 다루어야 하는가?

Mark Cuthbert/UK Press Getty Images
© Hemis/Alamy

문화와 키스 문화에 따라 키스하는 방식은 다양하다. 누군가의 입술에 키스하는 것을 상상해보라. 머리를 좌우 중 어느 쪽으로 기울이는가? 서양 사람들은 글을 왼쪽에서 오른쪽으로 읽는다. 서양 커플들의 약 2/3는 윌리엄과 케이트의 유명한 키스와 로댕 조각처럼 오른쪽으로 키스한다. 히브리어와 아랍어는 오른쪽에서 왼쪽으로 읽으며, 한 연구에서 77%의 사람들이 머리를 왼쪽으로 기울여 키스를 했다(Shaki, 2013).

© Big Cheese Photo LLC/Alamy
Westend61/SuperStock

자연이 제공하는 선천성-후천성 실험 일란성 쌍둥이(왼쪽)는 동일한 유전자를 가지고 있으므로 성격, 지능, 그리고 다른 특성들에 대한 유전과 환경의 영향을 밝히기 위한 연구의 이상적인 대상이다. 이란성 쌍둥이(오른쪽)는 유전자가 다르지만 종종 같은 환경을 공유한다. 쌍둥이 연구는 선천성과 후천성의 중요성을 보여주는 많은 연구 결과들을 제공한다.

위대한 생각 3 : 이중경로 마음으로 작동한다(이중처리)

연구 결과들에 따르면 인간의 두뇌는 두 가지 경로를 통해 일한다. 의식은 우리 몸의 최고 경영자처럼 실제로 두뇌의 의식적 경로에 대한 많은 정보를 충분히 인식하면서 처리하지만, 무의식적, 자동적 경로는 인식 밖의 정보를 처리한다. 사고, 기억, 지각, 언어 및 태도 또한 두 경로에서 작동하는데, 이를 **이중처리**(dual processing)라고 한다.

시각은 이중처리의 좋은 예다. 종종 진실이 허구보다 더 이상할 수도 있다. 스코틀랜드에 있는 세인트앤드루스대학에서 한 현지 여성이 일산화탄소에 질식하는 일이 발생했다. 그 결과 그녀는 뇌손상을 입어 물체들을 의식적으로 인식하는 것이 불가능하게 되었다. 그러나 그녀는 마치 그녀가 그 물체들을 볼 수 있는 것처럼 행동했다. 엽서를 우편함에 실수 없이 넣었으며, 그녀 앞에 있는 블록의 너비는 말할 수 없지만 그것을 잡을 수는 있었다. 지각력이 없는 여성이 어떻게 물체를 정확하게 쥐고 옮길 수 있을까?

눈은 다른 두뇌 부위에 정보를 보내고, 이 부위들은 다른 임무를 수행한다. 그녀의 두뇌를 스캔한 결과, 그녀의 두뇌는 물체에 도달하고 그것을 잡는 것과 관련된 영역에서는 정상적인 활동을 하는 것으로 나타났으나, 의식적으로 물체를 인식하는 것과 관련된 영역에서는 그렇지 않았다. 반대의 손상 패턴을 가지고 있는 환자들은 예상대로 물체를 보고 인식할 수 있지만 물체를 잡는 데 어려움이 있었다.

우리는 시각에 대해 보고, 이해하고, 그것에 반응하는 하나의 시스템으로 생각한다. 실제로 시각은 2개 경로 시스템이다. 시각적 인식 경로는 사물을 인식하고, 이후 행동을 계획하는 등 세상에 관해 생각할 수 있게 한다. 시각적 행동경로는 순간순간의 행동을 안내한다.

위대한 생각 4 : 심리학은 인간의 강점과 도전을 탐구한다

심리학의 초기 100년 동안은 주로 학대와 불안, 우울증과 질병, 편견과 빈곤과 같은 인간의 부정적인 문제들을 이해하고 치료하는 데 초점을 맞추어왔다. 최근에는 손상이나 질병에 대한 치료와 함께 인류의 번영에 대한 관심과 연구가 많이 이루어지고 있으며, 이를 **긍정심리학**(positive psychology)이라 한다. 긍정심리학자들은 행복이 즐겁고 헌신적이고 의미 있는 삶의 부산물이라고 믿는다. 따라서 긍정심리학은 '좋은 삶'과 '의미 있는 삶'을 만들어 가는 것에 초점을 맞추고 있다. 긍정심리학은 과학적 방법을 사용하여 다음과 같은 주제들을 연구한다.

- 과거에 대한 만족, 현재에 대한 행복, 미래에 대한 낙관과 같은 **긍정적 정서**
- 창의성, 용기, 연민, 성실, 자기통제력, 리더십, 지혜 및 영성과 같은 **긍정적 성격특성**
- 건강한 가족, 서로 도와주는 이웃, 효율적인 학교, 사회적 책임을 가진 미디어와 같은 **긍정적 환경**

왜 심리학을 하는가?

직관과 상식의 한계

생각, 기억, 그리고 태도는 의식과 무의식의 두 수준에서 작동한다. 자동조종장치로 날아가는 점보제트기처럼 우리가 깨닫는 것 이상으로 정신생활의 대부분은 자동적으로 발생한다.

하지만 직관은 우리를 잘못된 길로 이끌 수도 있다. 거짓말 탐지기가 효과가 있고, 목격자가 사건들을 정확하게 기억한다고 직감이 말해줄지도 모르지만, 수백 개의 연구 결과들이 이러한 믿음에 이의를 제기한다.

예감은 현명하게 생각하는 사람들에게도 좋은 출발점이다. 그러나 비판적 사고는 가정을 확인하고, 증거를 평가하고, 비판을 유도하고, 결론을 검증하는 것을 의미한다. 사형이 살인을 예방할 수 있을까? 당신의 직감은 '네' 또는 '아니요'라고 대답한다고 하더라도, 당신은 더 많은 증거가 필요하다. **사형제도가 있는 주의 살인율이 더 낮을까? 주정부가 사형제도 법률을 통과한 후에 살인율이 떨어질까? 사형제도를 폐기한 주에서는 살인율이 증가할까?** 만약 이러한 질문에 대한 대답을

Kevin C. Cox/Getty Images

미식축구 역사상 최악의 경기? 시애틀 시호크스 미식축구팀의 캐롤 감독은 2015년 슈퍼볼이 끝날 무렵 승리를 불과 몇 발짝 앞두고 불운한 패스 플레이를 하여 크게 조롱을 받았다. 25초의 시간과 3번의 공격기회가 남아 있었고, 타임아웃은 오직 한 번 남아 있었음에도, 캐롤은 2번의 러닝 공격을 할 수 있는 시간이 있다고 정확하게 추론했다. 그래서 시도된 그리고 가로채기된 패스는 가로채기보다 실수의 확률이 더 높은 3번째 자유 공격이었다. 아! 절대 일어나지 않을 것만 같은 일이 일어났고, 이후 캐롤은 비난만 받았다. 스포츠와 같이 인생에서 성공적인 결정은 나중에 '배짱 있게' 보이고 실패한 결정은 '멍청하게' 보인다.

무시한다면, 우리의 직감은 우리를 잘못된 길로 이끌지도 모른다. 심리과학은 증거 수집과 선별 기준을 통해 오류를 피하고 더 현명하게 생각하도록 한다. 심리학의 연구 방법을 살펴보기 전에 **후견편향, 과신, 무작위 사건의 패턴 인식**과 같은 직관적 사고의 세 가지 공통적인 결함을 살펴보자.

우리는 처음부터 알고 있었을까? 후견편향

일부 사람들은 심리학이 단지 이미 알고 있는 것을 증명한 후 특수한 용어로 말한다고 생각한다. 미식축구 경기가 끝난 후에 만약 '배짱 있는 경기'가 게임에서 이기면 코치를 믿고, 만일 게임에서 지면 '어리석은 경기'와 같이 코치를 비난하게 된다. 전쟁이나 선거 후 그 결과는 대개 명백하게 보인다. 역사는 예측할 수 있는 일련의 사건들처럼 보일지 모르지만, 실제 미래는 거의 예측할 수 없다.

후견편향[hindsight bias, '나는 진작 알고 있었어(I-knew-it-all-along) 현상'이라고도 함]은 구성원의 절반에게는 진정한 심리학적 결과를 제공하고 나머지 절반에게는 반대 결과를 제공함으로써 쉽게 증명할 수 있다. 첫 번째 집단에게 "심리학자들은 이별이 낭만적 매력을 약화시킨다는 것을 발견했다. 속담처럼 '눈에서 멀어지면, 마음에서도 멀어진다'"라고 말한 후 그들에게 이것이 왜 사실인지 상상해보라고 하라. 대부분의 사람들이 그렇게 할 수 있고, 거의 모든 사람들이 이 진정한 발견을 단지 상식이라고 할 것이다. 두 번째 집단에게는 반대로 "심리학자들은 이별이 낭만적인 매력을 강화시킨다는 것을 발견했다. 속담처럼 '떨어져 있으면 그리움은 더해진다'"라고 말해보라. 이런 잘못된 진술을 들은 사람들은 쉽게 그것을 상상할 수 있으며, 놀랍지 않게 여길 것이다. 반대의 결과들이 모두 상식처럼 보일 때, 문제가 있다.

800개 이상의 학술 논문은 전 세계의 젊은이들과 노인들에게 후견편향에 대한 깨달음을 보여주었다(Roese & Vohs, 2012). 우리가 기억하는 것과 그것을 어떻게 설명하는지에 대한 후견편향은 왜 심리학적 연구가 필요한지를 보여준다. 단지 사람들에게 그들이 느끼거나 행동한 방식과 이유를 묻는 것은 오해의 소지가 있다. 그 이유는 상식이 틀리기 때문이 아니라, 상식이 어떤 일이 일어날 것인지를 예측하는 것보다 일어났던 일을 설명하기 때문이다.

과신

인간은 자신이 하고 있는 것보다 더 많이 알고 있다고 **과신**하는 경향이 있다. 다음 세 단어 퍼즐을 보자. 한 연구에서 사람들에게 이 퍼즐을 풀어보라고 하였다(Goranson, 1978).

WREAT → WATER
ETRYN → ENTRY
GRABE → BARGE

각 철자를 맞추는 데 몇 초 정도 걸렸을 것 같은가? 답을 아는 것은 우리를 과신하게 만든다. 정말 10초 만에 철자를 맞추었을까? 실제로 이 문제를 푸는 데 평균 3분이 걸린다. 믿기 어렵다면 OCHSA가 어떤 단어인지 풀어보라.

사회적 행동을 예측하는 데는 더 유능할까? 학년 초에 실시된 한 연구에서 학생들에게 자신의 행동을 예측하게 했다(Vallone et al., 1990). 평균적으로 학생들의 84%가 자신들의 예언을 확신하고 있다고 느꼈다. 하지만 이후 그들의 실제 행동을 조사한 결과 예측의 71%만 정확한 것으로 나타났다. 그들이 자신에 대해 100% 확신했을 때조차도 예측의 15%는 틀렸다.

무작위 사건의 순서 지각

인간에게는 세상을 이해하려는 열의가 있다. 임의의 관련 없는 데이터에서도 종종 패턴을 발견하는데 그 이유는 **무작위로 배열된 순서가 종종 무작위로 보이지 않기 때문이다**(Falk et al., 2009; Nickerson, 2002, 2005). 동전을 50번 던졌을 때, 당신은 동전의 앞면 또는 뒷면이 연속적으로 나오는 것을 보고 놀랄지도 모른다. 실제로 무작위 순서에서 패턴과 연속은 사람들이 예상한 것 이상으로 일어난다(Oskarsson et al., 2009).

UPI/U.S. Coast Guard/Landov

후견편향 2010년 딥워터 호라이즌 유전에 구멍을 뚫을 때, BP 직원들은 사람이나 환경, 회사의 평판에 해를 끼칠 의도가 없는 몇 가지 경고 표시를 무시하고 지름길을 택했다. 후견의 이득으로 걸프만 기름 유출 사건 이후 그러한 판단의 어리석음이 분명해졌다.

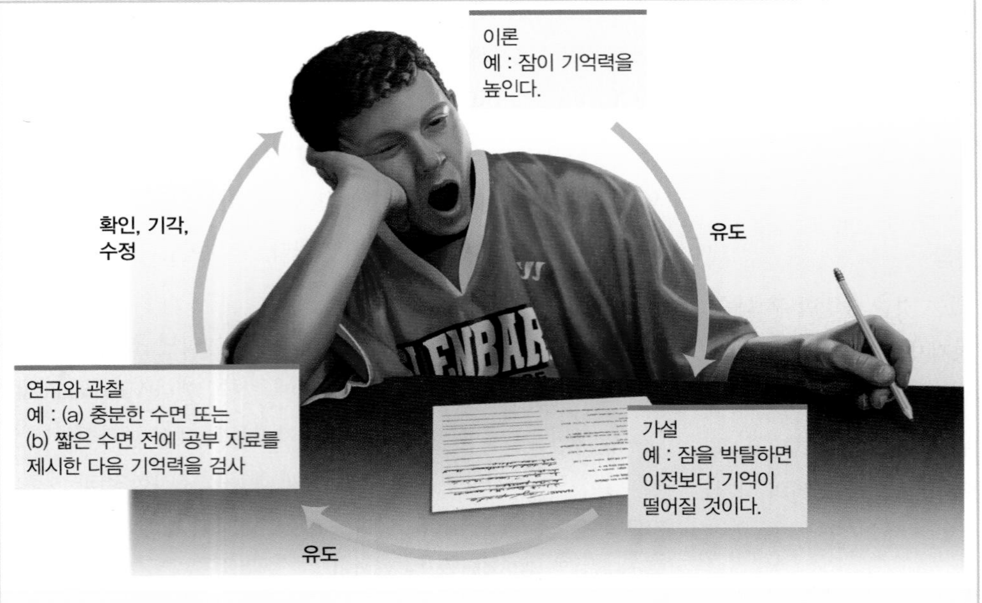
이론
예 : 잠이 기억력을 높인다.
유도
가설
예 : 잠을 박탈하면 이전보다 기억이 떨어질 것이다.
유도
연구와 관찰
예 : (a) 충분한 수면 또는 (b) 짧은 수면 전에 공부 자료를 제시한 다음 기억력을 검사
확인, 기각, 수정

그림 1.1 과학적 방법 물음을 던지고 자연이 주는 답을 관찰하는 자기교정적 과정

복권에 두 번 당첨되는 일은 우연이라고는 믿기 힘들다. 그러나 통계학자들은 "충분한 표본이 있다면, 터무니없는 일이 일어날 수도 있다"고 지적한다(Diaconis & Mosteller, 1989). 매일 10억 명 중 1명꼴로 일어나는 사건은 하루에 7번, 1년에 2,500번 이상 발생한다.

기억해야 할 점 : 인간은 직관을 필요 이상으로 신뢰한다. 직관적 사고는 후견편향, 과신, 그리고 무작위 사건을 패턴으로 인식하는 세 가지 강력한 경향성에 의한 결함을 가지고 있다. 그러나 과학적 사고는 우리가 환상으로부터 현실을 가려내는 데 도움을 준다.

심리학자들은 어떻게 질문하고 대답하는가?

심리학자들은 **과학적 방법**을 사용하여 직관적 사고의 함정을 피하려고 노력한다. 그들은 사건을 관찰하고, 이론을 구성하며, 새로운 관찰에 비추어 자신들의 이론을 정교화한다.

과학적 방법

일상의 대화에서 이론을 단순한 추측을 의미하는 것으로 사용하는 경향이 있다. 과학에서는 **이론**(theory)이 관찰한 것을 조직화하는 아이디어를 제공함으로써 행동이나 사건을 설명한다. 이론은 개개로 존재하는 사실들을 체제화함으로써 현상을 단순화한다. 행동에는 기억할 수 없을 정도로 많은 사실들이 존재한다. 그러한 사실들을 근본적인 원리들과 연계함으로써 이론은 유용한 요약을 제공해준다. 이는 많은 작은 점들을 연결시켜 선명한 그림으로 보여주는 것과 같다.

예를 들어, 수면이 기억에 미치는 영향에 관한 이론은 수많은 수면과 관련된 관찰들을 단순화된 원리로 정리하는 데 도움이 된다. 좋은 수면 습관을 가진 사람들이 수업 중 질문에 정확하게 답변하는 경향이 있다는 것을 반복해서 관찰하고 그들이 시험 역시 잘 친다는 가정을 해보라. 따라서 수면은 기억력을 향상시킨다는 것을 이론화할 수 있다. 여기까지는 문제가 없다. 수면의 효과는 좋은 수면의 효과에 관한 사실들을 깔끔하게 요약하고 있다.

그러나 하나의 이론이 아무리 합리적으로 보인다 해도—수면이 기억력을 향상시킬 수 있다는 것이 합리적인 것처럼 보인다 해도—이것을 검증해보아야 한다. 좋은 이론은 **가설**(hypothesis)이라고 불리는 검증 가능한 예측을 내놓을 수 있어야 한다. 가설은 어떤 결과(어떤 행동이나 사건)가 이론을 지지하는 것이며 어떤 결과가 부정하는 것인지를 상세화한다. 수면이 기억에 미치는 효과에 관한 이론을 검증하기 위해 수면이 박탈되었을 때 사람들은 그 전날보다 덜 기억할 것이라는 가설을 세울 수 있다. 가설을 검증하기 위해 우리는 사람들이 자기 전에 공부한 교재를 얼마나 잘 기억하는지 측정할 수 있다(**그림 1.1**). 결과는 이론을 지지하거나 수정 또는 기각하게 할 것이다.

이론은 관찰하는 데 편견을 갖게 할 수 있다. 우리가 기대하는 것을 보고자 하는 욕구는 실험실 안과 밖에 항상 존재한다. 더 많은 수면이 더 나은 기억을 하게 한다는 이론을 세우고 나면 졸린 사람들의 의견을 덜 통찰력이 있는 것으로 인식할 수 있다.

이러한 편향을 점검하기 위해 심리학자들은 연구보고서에 **조작적 정의**(operational definition)를 사용한다. 예를 들어 '수면 부족'은 사람의 자연스러운 수면보다 '2시간 이상 적게 자는 것'으로 정의될 수 있다. 이러한 조작적 정의의 정확한 기술은 누구나 그 연구를 **반복**(replicate)할 수 있게 한다. 만일 다른 연구자가 다른 실험대상과의 상황에서 동일한 내용의 연구를 실시하여 비슷한 연구 결

과를 얻는다면 그 연구 결과가 믿을 만하다고 더 확신할 수 있을 것이다.

반복연구는 과학적 연구의 필수적인 요소이다. 최근 270명의 심리학자들이 협력하여 100개의 심리학 연구를 다시 수행한 결과 36%의 연구만이 반복 가능하였다(Open Science Collaboration, 2015). 의학을 포함한 다른 분야에서도 반복되지 않는 결과에 문제가 있는 것으로 보인다(Collins & Tabak, 2014). 특히 적은 표본을 대상으로 한 연구에서 단 한 번의 반복에 대한 실패는 더 많은 반복연구를 필요로 한다(Maxwell et al., 2015). 모든 과학 분야에서 반복연구는 발견을 확인해주거나 우리의 지식을 수정 또는 개선해준다.

> "반복의 실패는 버그가 아니라 특징이다. 그것이 과학적 발견의 길— 멋지게 구불구불한 길— 을 걷게 하는 것이다."
>
> Lisa Feldman Barrett, "Psychology Is Not in Crisis," 2015

좋은 이론을 요약하면 다음과 같다.

- 광범위한 자기보고와 관찰을 효과적으로 조직화한다.
- 누구든지 이론을 검증하고 실제로 적용하기 위해서 사용할 수 있는 명확한 예측으로 이어진다.
- 종종 반복연구와 그 이론을 지지하는 더 많은 연구를 자극하거나, 우리가 관찰하는 것을 더 잘 조직하고 예측할 수 있는 수정된 이론으로 이어진다.

우리는 다음과 같은 방법으로 가설을 검증하고 이론을 수정할 수 있다.

- 기술적 방법은 종종 사례연구, 자연관찰, 또는 사회조사를 통해 행동을 기술한다.
- 상관적 방법은 서로 다른 요소들을 연관시킨다.
- 실험적 방법은 효과를 발견하기 위해 요인을 조작하거나 변화시킨다.

기술

일상생활에서 우리는 사람들을 관찰하고 기술하며, 그들이 생각하고 느끼고 행동하는 이유를 이해하려고 노력한다. 전문가로서의 심리학자들도 마찬가지지만 다음과 같은 방법들을 사용하여 보다 객관적이고 체계적으로 한다.

- **사례연구**(개인이나 집단에 대한 심층 분석)
- **자연관찰**(자연스러운 상황에서 개인 또는 집단 행동을 관찰하고 기록하는 것)
- **사회조사**와 **면접**(자신의 행동이나 태도에 대한 질문에 응답하는 자기보고)

사례연구

사례연구(case study)는 우리 모두에게 진실인 것이 드러날 것을 기대하면서 개인 혹은 집단을 심층적으로 검증하는 연구방법이다. 몇 가지 예를 살펴보자. 두뇌에 대한 초기의 지식 대부분은 특정 두뇌 영역이 손상된 후에 특정 장애로 고통 받는 개인의 사례연구를 통해서 얻어졌다. 아동기 사고에 대한 선구자적인 연구자인 피아제는 소수의 아동들을 주의 깊게 관찰하고 질문을 하였다. 소수의 침팬지에 대한 연구는 다른 종들이 이해하고 의사소통할 수 있는 것에 대한 믿음을 흔들리게 하였다.

집중적인 사례연구는 종종 매우 흥미로운 사실을 제공한다. 더 많은 연구를 위한 지침을 제시하기도 하며, 무슨 일이 일어날지를 보여주기도 한다. 그러나 개별 사례들이 때때로 우리를 오도하기도 한다. 개인은 매우 특이할 수 있으며, 대표성이 없는 정보로 인해 잘못된 판단과 엉터리 결론을 내릴 수 있다. 실제로 연구자가 어떤 결과(흡연자는 일찍 사망한다—85세 이상 남성의 95%가 비흡연자이다)를 제시할 때는 언제나 예외가 존재하기 마련이다(우리 삼촌은 하루에 담배를 두 갑 태우시는데 올해 여든 아홉인데요).

기억해야 할 점 : 개별 사례는 쓸모 있는 아이디어를 제안할 수 있다. 우리 모두에게 사실인 것은 어떤 사람에서든 찾아볼 수 있다. 그러나 예외적 사항은 존재하므로, 우리의 모든 것이 사실이라고 가정하면 안 된다. 보편적인 진리를 파악하기 위해서는 사례연구를 넘어서는 방법을 찾아야 한다.

Skye Hohmann/Alamy

프로이트와 한스 5살 한스의 말에 대한 극심한 공포심에 관한 프로이트의 사례연구는 어린 시절 성에 대한 이론으로 이어졌다. 프로이트는 말에 물리는 한스의 극심한 공포가 어머니에 대한 무의식적인 욕망과 경쟁자인 아버지에 의해 거세당하는 것에 대한 두려움에서 비롯되었다고 믿었다.

자연관찰

두 번째 기술적 연구방법은 자연 환경에서 행동을 관찰하고 기록하는 것이다. **자연관찰**(naturalistic observation)은 다양한 문화에서의 육아 실습, 미국 구내식당에서 학생들이 자리에 앉는 패턴, 혹은 야생에서의 침팬지 가족 구조 등을 기술할 수 있다.

자연관찰의 범위는 확대되고 있다. 최근까지 자연관찰은 주로 첨단 장비와 큰 예산을 들이기보다는 펜과 종이로 할 수 있는 '작은 과학'이었다(Provine, 2012). 그러나 새로운 기술은 자연관찰의 범위를 넓혀왔다. 페이스북, 트위터 및 구글과 같은 사이트에 개인 정보를 입력하는 수십억 명이 '빅 데이터'를 관찰할 수 있는 새로운 기회를 만들어냈다. 인간의 감정기복을 추적하기 위한 연구에서는 84개국의 5억 400만 개의 트위터 메시지에서 긍정적이고 부정적인 단어를 셌다(Golder & Macy, 2011). 사람들이 언제 가장 행복했을까? **그림 1.2**에서 보듯이 기분은 주말, 짧게는 잠에서 깨어난 직후와 저녁에 좋아지는 것 같다. 또 다른 연구는 미국 내 1,347개 카운티의 1억 4,800만 개의 트위터에 나타난 부정적 감정 단어(특히 분노와 관련된 단어) 사용 비율이 카운티의 심장병 발생률을 예측했음을 발견했다(Eichstaedt et al., 2015). 이 연구방법은 흡연, 비만과 같은 다른 전통적 예측요소보다 심장병을 더 잘 예측했다.

최근에는 데이터 수집을 위해 스마트폰 앱과 신체 작용 센서와 같은 새로운 방법들이 사용된다. 이러한 도구들을 사용하여 사람들의 활동을 방해하지 않는 선에서 지원자들의 위치, 활동 및 의견을 추적할 수 있다.

자연관찰은 사례연구처럼 행동을 설명하기보다는 단지 기술한다. 그럼에도 불구하고 기술은 사실을 드러낼 수 있으며 과학의 출발점이 된다.

사회조사

사회조사(survey)는 사람들에게 자신의 행동이나 견해를 보고하도록 요구하면서, 많은 사례들을 덜 심도 있게 본다. 성생활에서부터 정치적 견해에 이르기까지 모든 것에 대한 질문들이 주어진다. 최근 사회조사의 예를 살펴보자.

- 토요일과 일요일은 그 주의 가장 행복한 날들이었다(트위터 연구자가 자연관찰을 통해 발견했던 것의 확인)(Stone et al., 2012).
- 22개국의 5명 중 1명이 외계 생명체가 지구에 와서 인간으로 변장하고 우리 사이를 걸어 다닌다고 보고했다(Ipsos, 2010).
- 전체 인구의 68%인 46억 명이 종교가 그들의 일상생활에서 중요하다고 생각한다[Diener 등(2011)이 분석한 Gallup World Poll 자료].

그러나 질문을 하는 방법이 쉽지 않으며, 대답은 종종 질문하는 방식과 대답하는 사람들에 달려있다.

단어 선택 효과 설문지 문항의 표현에 있어 미묘한 변화조차도 큰 영향을 미칠 수 있다. 아이들이 보는 텔레비전 프로그램에 폭력적인 내용이 허용되어야 하는가? 사람들은 '금지해야 한다' 또는 '검열해야 한다'보다는 '허용하지 말아야 한다'라는 표현에 훨씬 더 많이 찬성할 가능성이 있다. 미국에서 실시한 전국 사회조사에서 '텔레비전 방영물에 대한 보다 높은 제한'에는 66%가 동의한 반면 단지 27%만이 대중매체의 성과 폭력에 대해 '정부의 검열'을 인정하였다(Lacayo, 1995). 사람들은 '사회복지'보다는 '극빈자 지원'에, '세금'보다는 '수입 증가'에 훨씬 더 많이 찬성한다. 단어 선택은 민감한 문제이며, 어떤 단어들은 긍정적이거나 부정적 반응을 유발할 수 있다. 비판적 사고자들은 질문의 표현이 응답자가 표현한 견해에 어떻게 영향을 미칠 수 있는지에 대해 고심한다.

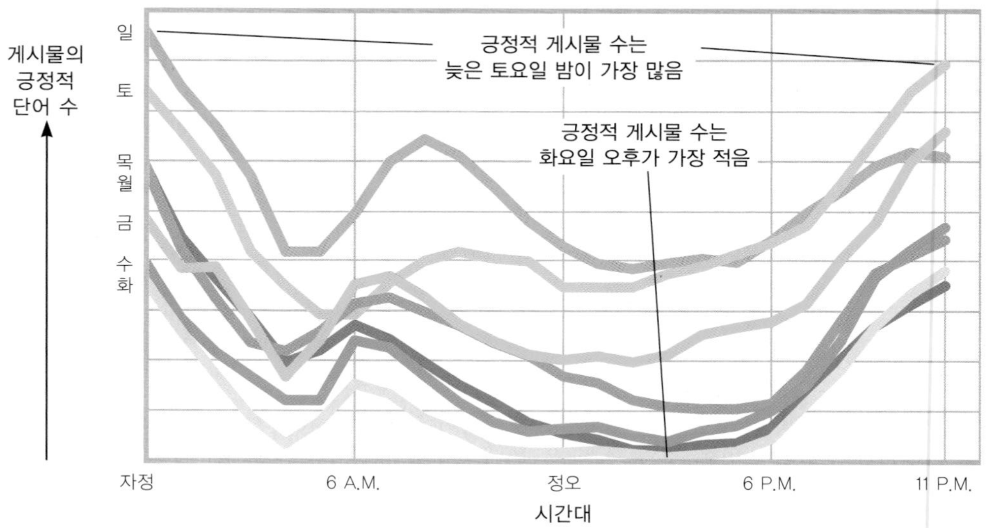
게시물의 긍정적 단어 수
일
토
목
월
금
수
화
긍정적 게시물 수는 늦은 토요일 밤이 가장 많음
긍정적 게시물 수는 화요일 오후가 가장 적음
자정
6 A.M.
정오
6 P.M.
11 P.M.
시간대

그림 1.2 시간과 요일에 따른 트위터의 감정 메시지 변화 이 그래프는 신분도 모르는 상태에서 어떻게 '빅 데이터'를 사용하여 대규모로 인간의 행동을 연구할 수 있는지를 보여준다. 기분과 날씨의 연관성이나 소셜 네트워크를 통한 아이디어의 전파와 같은 많은 선택이 가능하다(Golder & Macy, 2011).

무선표집 한 집단의 경험과 태도에 대한 정확한 판단을 위한 한 가지 방법은 **대표성을 가진 표본**을 뽑는 것이다. 이러한 표본은 당신이 연구하고 기술하고자 하는 **모집단**(population)을 정확하게 반영할 수 있다.

그렇다면, 대표성을 가진 표본은 어떻게 구할 수 있을까? 수업료 인상에 대한 반응을 알아보기 위해 당신 학교의 모든 학생을 조사하려고 한다. 학생 전체를 대표하는 표본을 뽑기 위해서는 모집단의 모든 사람이 표본으로 뽑힐 가능성이 동일한 **무선표본**(random sample)을 선택할 것이다. 무선표집을 하기 위해서는 각각의 학생들에게 번호를 부여한 후 난수표를 사용하여 표본을 추출한다.

> 매우 큰 표본에 의한 추정치는 상당히 신뢰성 있는 수치이다. 영어에서 알파벳 E의 사용 빈도는 약 12.7%로 추정된다. 실제로 알파벳 E는 멜빌(Melville)의 『모비딕(Moby-Dick)』에 나오는 925,141개의 알파벳 중 12.3%, 디킨스(Dicknes)의 『두 도시 이야기(A Tale of Two Cities)』에 나오는 586,747개의 알파벳 중 12.4%, 그리고 마크 트웨인(Mark Twain)의 12편의 작품에 실린 3,901,021개의 알파벳 중 12.1%를 차지한다.
>
> Chance News(1997)

시간과 경비가 표본의 크기에 영향을 미칠 수 있지만 가능한 많은 사람들을 포함시켜야 한다. 왜냐하면 표본의 크기가 클수록 모집단을 잘 대표할 수 있기 때문이다. 하지만 100명 이하의 대표성을 가진 표본이 500명 이상의 대표성이 없는 표본보다는 낫다. 무선표집을 하지 않은 전화표본이나 TV 또는 웹사이트 설문조사를 포함한 대형 표본들이 종종 잘못된 결과를 초래하는 이유가 여기에 있다.

기억해야 할 점 : 설문 결과를 수락하기 전에 비판적으로 사고하라. 문항에서의 단어 선택과 표본을 고려하라. 일반화를 위한 가장 좋은 기준은 모집단에 대한 무선표집이다.

상관관계

행동을 기술하는 것은 그 행동을 예측하기 위한 첫걸음이다. 자연관찰과 사회조사는 종종 하나의 특질이나 행동이 다른 특질이나 행동과 관련되어 있음을 보여준다. 이 경우 두 가지가 **상관관계**(correlation)가 있다고 말한다. 상관계수는 두 변인이 얼마나 밀접하게 연관되어 있는지, 둘 중 어느 하나가 다른 하나를 얼마나 잘 예측하는지를 알려준다. 적성검사 점수가 학업성취와 얼마나 상관이 있는지를 알면, 그 점수가 학업성취를 얼마나 잘 예언할 수 있는지를 말할 수 있게 된다.

- 정적상관(0~+1.00)은 직접적인 관계를 나타내는데 두 가지가 함께 증가하거나 감소하는 것을 의미한다. 신장은 몸무게와 정적상관이 있다.
- 부적상관(0~−1.00)은 두 변인의 역관계를 나타내는데, 한 변인이 증가하면 다른 변인은 감소한다. TV 시청 및 비디오게임 시간과 학업성취도 간에는 부적상관이 있다.
- 0에 가까운 상관계수는 약한 상관으로 관계가 미미하거나 없다는 것을 의미한다.

기억해야 할 점 : 상관계수는 두 변인이 관련된 정도를 밝혀줌으로써 세상을 보다 명확하게 볼 수 있도록 도와준다.

상관관계와 인과관계

상관관계는 예측을 도와준다. 자존감은 우울과 부적상관이 있다. 즉 자존감이 낮을수록 우울증에 걸릴 위험이 더 크다. 이것은 낮은 자존감이 우울증을 유발한다는 의미일까? 자존감과 우울 간의 부적상관을 어떻게 설명할 수 있을까? **그림 1.3**이 제안하는 것처럼 우울이 사람들로 하여금 가라앉게 만들거나 별도의 원인—유전이나 일부 끔찍한 사건—이 자존감을 낮추고 우울을 야기해도 낮은 자존감과 우울 간에 동일한 상관관계를 얻게 된다.

이 사실은 중요하기 때문에—즉 심리학에 대해서 보다 현명하게 생각하는 데 기본이 되기 때문에—12,000명 이상의 청소년들에 대한 사회조사의 예를 하나 더 보기로 하자. 10대들이 부모의 사

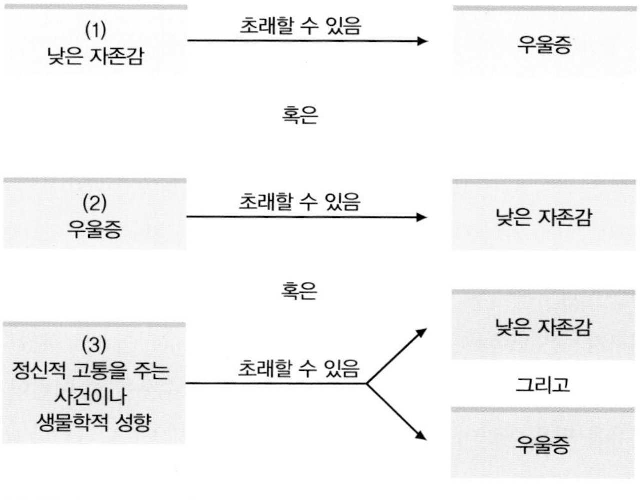
(1)
낮은 자존감
초래할 수 있음
우울증
혹은
(2)
우울증
초래할 수 있음
낮은 자존감
혹은
(3)
정신적 고통을 주는
사건이나
생물학적 성향
초래할 수 있음
낮은 자존감
그리고
우울증

그림 1.3 세 가지 가능한 인과관계 자존감이 낮은 사람들은 자존감이 높은 사람들보다 우울증을 보고할 가능성이 높다. 이러한 부적상관에 대한 한 가지 가능한 설명은 나쁜 자아상이 우울한 감정을 초래한다는 것이다. 그렇지만 그림에서 보는 것처럼 다른 인과관계도 가능하다.

© Nancy Brown/Getty Images

랑을 더 많이 받는다고 느낄수록 비행을 저지를 가능성이 감소한다. 즉 이른 시기에 성관계를 갖거나, 흡연을 하거나, 알코올과 마약에 중독되거나, 폭력적인 행동을 일삼는 것과 같은 불건전한 방향으로 행동하는 경향이 낮아진다(Resnick et al., 1997). 이 연구에 대해서 AP 통신은 "고등학교를 졸업할 때까지 아동의 행동에 어른은 강력한 영향을 미친다"고 보도하였다. 그러나 상관관계는 인과관계를 입증하지 못한다. 따라서 AP 통신은 "아동들의 행동은 부모의 그들에 대한 감정에 강력한 영향을 미친다"고 보도할 수도 있었다.

기억해야 할 점 : 상관관계는 인과관계의 가능성을 나타내지만 인과관계를 입증하지는 않는다. 두 사건이 연관되어 있는 것을 아는 것이 인과관계를 알려주지는 않는다.

실험법

아무리 큰 데이터로 기술하더라도 상관관계는 인과관계를 입증하지는 못한다. 원인과 결과를 분리하기 위해서 심리학자들은 세상을 단순화한다. 삶의 많은 것들이 우리의 행동과 생각에 영향을 미친다. 심리학자들은 **실험**(experiment)을 통해 이러한 복잡성을 해결한다. 실험은 관심 있는 요인을 조작하고 다른 요인들을 통제함으로써 하나 이상의 요인이 가질 수 있는 효과에 초점을 맞춘다.

무선할당 : 차이의 최소화

연구자들은 모유를 수유한 유아와 분유를 먹은 유아를 비교해왔다. 일부 연구 결과는 다른 연구 결과와 달리, 모유 수유를 한 어린이가 분유를 먹은 어린이보다 지능이 조금 더 높은 것으로 나타났다(von Stumm & Plomin, 2015; Walfisch et al., 2014). 모유를 더 오래 먹일수록 점수는 더 높았다(Jedrychowski et al., 2012; Victora et al., 2015). 모유가 성장 후의 지능과 높지는 않지만 정적인 상관을 가지고 있다. 그렇다면 이 사실은 모유 수유를 더 많이 하는 현명한 어머니가 더 똑똑한 자녀를 갖는다는 것을 의미하는가? 아니면 모유의 영양분이 두뇌발달에 영향을 미친다는 것인가?

이 물음에 답을 하기 위해서는 실험을 통해 어머니의 연령, 교육수준, 그리고 지능과 같은 다른 요소들로부터 모유의 효과를 분리해야 한다. 영국의 한 연구팀이 부모의 동의를 얻어 424명의 조산아를 대상으로 모유의 효과에 대한 실험을 실시하였다. 연구를 위해 424명의 조산아를 무선적으로 두 집단에 할당하고 **실험집단**(experimental group)에는 수유 처치를 하였으며, 반대로 **통제집단**(control group)에는 처치를 하지 않았다.

무선할당(random assignment)은 두 집단 사이에 존재하는 기존의 차이를 최소화한다. 실험 참가자의 1/3이 귀를 움직일 수 있다면, 각 집단의 1/3은 귀를 움직일 수 있을 것이다. 마찬가지로 실험집단과 통제집단의 연령, 지능, 태도 및 다른 특성 역시 유사할 것이다. 무선할당으로 실험집단과 통제집단을 구성하여 실험 후 두 집단 간 차이가 있을 때 실험처치 효과가 있다고 할 수 있다.

기억해야 할 점 : 자연적으로 발생하는 관계를 밝히는 상관연구와는 달리 실험은 어떤 요인의 효과를 확인하기 위하여 요인을 조작한다.

이중은폐 절차 : 편견 제거하기

모유 수유 실험에서 아기들은 실험 결과에 영향을 미칠 수 있는 기대를 가지고 있지 않았다. 하지만 어른들은 기대를 한다.

생각해보라. 감기에 걸린 3일 동안 많은 사람들은 비타민 C를 복용하기 시작한다. 감기 증상이 완화되면, 비타민 C의 효능을 믿을지도 모른다. 하지만 대부분의 감기는 며칠이 지나면 자연적으로 낫는다. 비타민 C가 정말 효과가 있었을까?

새로운 약물치료와 심리치료가 효과적인지 정확하게 평가할 수 있는 방법이 실험법이다. 무선할당을 통해 집단을 구성한 후 실험집단은 약물 처치를 받고 통제집단은 **위약**(placebo, 약성분이 들어 있지 않은 비활성 물질)을 받는다.

Lane Oatey/Getty Images

많은 연구들이 실험 참여자와 데이터를 수집하는 실험자 모두가 어떤 집단이 처치를 받고 있는지 알지 못하는 **이중은폐 절차**(double-blind procedure)를 사용한다. 이러한 연구에서, 연구자들은 치료 효과에 대한 참가자들의 치료 가능성에 대한 믿음과 직원들의 잠재력에 대한 열정과는 별도로 처치의 실제 효과를 확인할 수 있다. 처치를 받고 있다고 믿는 것만으로도 정신을 고양시키고, 신체를 이완시키며 증상을 완화시킨다. **위약 효과**(placebo effect)는 통증, 우울, 불안을 감소시키는 것으로 잘 알려져 있다(Kirsch, 2010). 운동선수들은 경기력을 향상시키는 가짜 약을 먹었을 때 더 빨리 달리게 된다(McClung & Collins, 2007). 카페인이 없는 커피를 마시는 사람들이 커피에 카페인이 포함되었다고 생각했을 때 활력과 각성효과가 증가하였다(Dawkins et al., 2011).

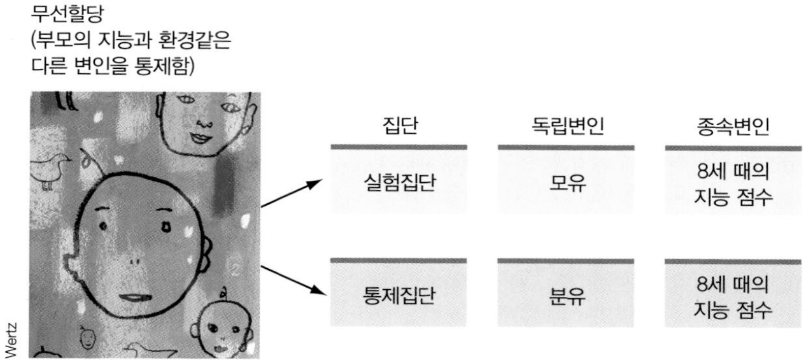
무선할당
(부모의 지능과 환경같은
다른 변인을 통제함)
집단
독립변인
종속변인
실험집단
모유
8세 때의
지능 점수
통제집단
분유
8세 때의
지능 점수
Wertz

그림 1.4 실험법 인과관계를 연구하기 위해 심리학자들은 참가자들을 실험집단과 통제집단에 무선할당하여 혼재변인을 통제한다. 종속변인(지능검사 점수)의 측정이 독립변인(수유 유형)의 효과를 결정한다.

독립변인과 종속변인

비아그라는 21번의 임상실험을 거친 후에 사용이 허가되었다. 한 임상실험에서 329명의 발기부전 남자들을 실험집단(비아그라 복용 집단)과 통제집단(위약 복용 집단)에 무선할당하였다. 알약들은 모두 똑같아 보였고 절차는 이중은폐 되었다. 즉 참가자들과 알약을 주는 사람 모두 어느 약이 비아그라인지 알지 못하였다. 그 결과 비아그라를 복용하고 성관계를 한 집단의 무려 69%가 성관계에 성공한 반면, 위약을 투약한 집단에서는 22%만이 성공하였다(Goldstein et al., 1998).

이 간단한 실험은 단지 하나의 약물(비아그라 vs 비 비아그라) 요소만을 조작하였다. 참가자의 나이, 체중, 성격과 같은 다른 요인들과는 독립적으로 변화시킬 수 있기 때문에 **독립변인**(independent variable)이라고 한다. 연구의 결과에 영향을 미칠 수 있는 이러한 다른 요인들을 **혼재변인**(confounding variable)이라고 한다. 무선할당을 했을 경우 혼재변인은 실험집단과 통제집단에서 동일한 것으로 본다.

실험은 하나 이상의 독립변인이 어떤 측정 가능한 행동이나 정신과정에 미치는 효과를 검증한다. 여기서 행동은 실험 중에 어떤 일이 일어나는지에 따라서 변할 수 있기 때문에 **종속변인**(dependent variable)이라고 한다. 실험에서는 독립변인과 종속변인에 대한 정확한 **조작적 정의**를 제시한다. 조작적 정의란 독립변인에 처치를 가하는 절차나 종속변인을 측정하는 절차를 명시하는 것이다. 조작적 정의는 다른 사람들도 연구를 반복할 수 있도록 "무엇을 의미하는 겁니까?"라는 물음에 대해서 답을 해준다.

요약하면, 변인은 변화할 수 있는 모든 것이다(유아의 영양, 지능). 실험은 독립변인(수유 유형)을 **조작**하고, 종속변인(사후 지능검사 점수)을 **측정**하며, **혼재변인**을 통제하는 것을 목적으로 한다. 실험은 최소 2개의 다른 집단, 즉 **실험집단**(모유 수유를 받은 아기)과 비교 또는 **통제집단**(모유 수유를 받지 않은 아기)으로 이루어진다. **무선할당**은 조작이 시작되기 전에 집단을 균등화하여 다른 변인, 즉 혼재변인을 통제한다. 이러한 방식으로 실험은 적어도 하나의 독립변인(조작을 가하는 변인)이 적어도 하나의 종속변인(측정하는 결과)에 미치는 효과를 검증한다.

연구설계의 비교

심리학자들은 의미 있는 결과를 제시하기 위해 어떻게 연구방법을 선택하는가? **표 1.2**는 심리학의 주요 연구방법의 특징을 비교한 것이다.

자유의지는 존재하는가? 사람들은 악하게 태어나는가? 사후 세계가 있는가? 심리학자들은 이러한 질문들을 검증할 수 없지만 자유의지 신념, 공격적인 성격, 사후 세계에 대한 믿음이 사람들이 생각하고 느끼고 행동하는 데 어떻게 영향을 미치는지는 검증할 수 있다(Dechesne et al., 2003; Shariff et al., 2014; Webster et al., 2014).

연구문제가 결정되면 심리학자들은 실험법, 상관관계, 사례연구, 자연관찰, 쌍둥이 연구, 종단연구, 횡단연구 중에서 가장 적절한 연구설계를 선택하여 이를 가장 효과적으로 설정하는 방법을 결정한다. 또한 경비와 시간, 윤리적 문제, 그리고 다른 한계점들을 고려한다. 예를 들어 아동발달을 연구하는 연구자가 실험법을 사용하여 아

표 1.2 연구방법의 비교

연구방법	기본 목적	수행 방법	처치	약점
기술적 방법	행동을 관찰하고 기록한다.	사례연구, 자연관찰, 사회조사	없음	변인을 통제하지 못한다. 사례들이 빠질 수 있다.
상관연구	자연적으로 발생하는 관계를 찾는다. 한 변인이 다른 변인을 예언하는 정도를 평가한다.	2개 이상의 변인의 데이터를 수집한다. 처치는 없다.	없음	원인과 결과를 명세화하지 못한다.
실험법	원인과 결과를 탐색한다.	하나 이상의 요인에 처치를 가한다. 무선할당을 사용한다.	독립변인	현실적이고 윤리적인 이유로 때로는 불가능하다.

이들을 사랑하는 가정과 처벌하는 가정에 무선할당으로 배정하는 것은 비윤리적일 것이다.

다음으로, 심리과학자들은 연구 중인 행동 또는 정신적 과정을 측정하는 방법을 결정한다. 예를 들어 연구자들은 요란한 소음으로 모르는 사람을 괴롭히려는 참가자의 의도를 측정함으로써 공격적인 행동을 측정할 수 있다.

연구자들은 자신의 연구 결과에 확신을 갖고 싶어 하므로 결과 해석에 영향을 미칠 수 있는 요인인 혼재변인을 신중하게 고려하는 편이다.

심리학적인 연구는 재미있고 창의적인 모험이다. 연구자들은 각각의 연구를 **설계**하고, 목표 행동을 **측정**하고, 결과를 **해석**하며, 그 과정에서 생기는 행동과 정신 과정의 매혹적인 세계에 대해 더 많이 배운다.

일상행동의 예측

실험실에서의 행동이 실제 삶에서의 행동을 예언할 수 있을까 하고 궁금하게 생각해본 적이 있는가? 암실에서 희미한 붉은 빛을 탐지하는 것이 야간 비행하는 비행기에 대해서 무언가 유용한 정보를 제공하는가? 또는 폭력적이고 성적인 영화를 관람한 후에 흥분이 증가한 남자가 여자에게 전기충격을 가하는 것으로 생각하는 버튼을 더 많이 누른다는 사실은 폭력적 포르노가 남자들로 하여금 여자를 더 많이 학대하게 만들 것인지 여부에 대해서 무엇인가 알려주는 것이 있는가?

대답하기 전에 다음을 생각해보자. 실험자는 실험실 환경을 단순화된 실재, 즉 일상생활의 중요한 특징들을 모방하고 통제한 것으로 만들 의도를 가지고 있다. 항공공학용 바람터널이 공학자들에게 통제된 상태에서 대기 압력을 재구성하도록 만들어주는 것처럼, 실험실 실험은 심리학자로 하여금 통제된 조건에서 심리적 힘들을 재구성하게 만들어준다.

실험의 목적은 일상생활의 행동을 정확하게 재현하는 것이 아니라 그 **이론적 원리**를 검증하는 것이다(Mook, 1983). 공격성 연구에서, 전기충격을 가하는 버튼을 누를지를 결정하는 것은 면전에서 상대방의 따귀를 때리는 것과 다를 수 있지만, 그 원리는 동일한 것이다. 일상행동을 설명하는 데 도움을 주는 것은 **특정한 발견이 아니라 그 결과로 주어지는 원리**이다. 많은 연구들을 보면 실험실에서 파생된 원리가 일상세계에 일반화되어 있다는 사실을 알 수 있다(Anderson et al., 1999).

기억해야 할 점 : 심리과학은 특정한 행동보다는 많은 행동을 설명하는 데 도움을 주는 보편적인 원리를 찾아내는 데 초점을 둔다.

심리학의 연구 윤리

동물의 연구와 보호

많은 심리학자들이 인간이 아닌 동물을 연구하는 것은 동물에서 매력적인 사실들을 찾아내기 때문이다. 심리학자들은 서로 다른 종들이 어떻게 학습하고 사고하며 행동하는지를 이해하고자 한다. 또한 사람들을 이해하기 위해 동물을 연구하기도 한다. 우리 인간은 동물과 비슷한 것이 아니라 동물이다. 따라서 동물실험은 인간의 질병을 치료할 수 있도록 이끌어왔다. 예컨대 당뇨병 치료를 위한 인슐린, 소아마비와 광견병을 예방하는 백신, 손상된 장기의 이식이 바로 그것이다.

> "쥐들은 복권을 살 만큼 멍청하지 않다는 것을 제외하면 인간과 매우 비슷하다."
>
> Dave Barry, July 2, 2002

만약 우리가 다른 동물들과 중요한 측면에서 유사성을 공유하고 있다면, 어째서 그 동물들을 존중하지 않는가? 동물보호운동은 심리학, 생물학, 그리고 의학 연구에서 동물을 사용하는 데 항의한다. 이러한 뜨거운 논쟁에서 두 가지 논란거리가 제기된다.

인간의 행복을 다른 동물의 행복보다 우선시하는 것이 정당한가? 스트레스와 암에 관한 실험에서 사람들이 암에 걸리지 않기 위해 쥐에게 암세포를 유발시키는 것이 정당한가? 에이즈(AIDS) 백신을 찾기 위해 원숭이를 HIV 유사 바이러스에 노출시켜도 되는가? 사람들은 연간 560억 마리의 동물을 사육하고 도살한다(Worldwatch Institute, 2013). 이러한 다른 동물들의 사용과 소비는 포식동물인 매, 고양이, 고래의 행동만큼이나 자연스러운 일인가?

만일 우리가 인간의 삶에 최우선권을 부여한다면, 두 번째 논란거리는 자연스럽게 도출된다. 연구에서 어떤 보호 장치로 동물들의 행복을 보호해야 하는가? 동물연구자들을 대상으로 하는 한 사회조사에서 98% 이상이 영장류, 개, 고양이를 보호하는 정부의 법제화에 찬성하였으며, 74%가 실험용 쥐에게 인간적 보호를 제공하도록 하는 법제화에 찬성하였다(Plous & Herzog, 2000). 많은 전문 단체와 연구비 지원 기관들은 그러한 지침을 가지고 있다. 영국심리학회(BPS) 지침서는 다른 동물들과의 교류가 가능한 자연스러운 생활조건에서 동물들을 사육할 것을 요구하고 있다(Lea, 2000). 미국심리학회(APA) 지침서는 동물을 '안락하고, 건강하며, 인간적으로 대우'하고, '감염, 질병, 고통'을 최소화하도록 하고 있다(APA, 2002). 대부분의 대학들은 동물보호윤리위원회를 통해 연구제안서를 심사하고, 실험실은 규제 및 점검을 받는다.

동물들은 동물연구를 통해서 혜택을 받아왔다. 매년 동물보호소로 이관되는 수백만 마리 개의 스트레스 호르몬 수준을 측정하였으며, 스트레스를 감소시키고 입양가정에 쉽게 적응하도록 해주는 대처방법들을 고안해냈다(Tuber et al., 1999). 다른 연구들은 동물의 자연 서식지를 보호하고 관리하는 데 도움을 주었다. 실험은 또한 동물들과의 행동적 유사성, 침팬지나 고릴라 등의 놀랄 만한 지능을 밝혀냄으로써 다른 종과의 공감과 보호를 증진시켜왔다. 즉 심리학은 인간과 동물 모두에게 복지를 제공하고 있다.

인간의 연구와 보호

인간을 대상으로 하는 대부분의 심리학 연구는 스트레스를 수반하지 않는다. 미국심리학회(APA)와 영국심리학회(BPS)가 제정한 윤리강령은 연구자들에게 다음과 같이 촉구한다.

- 참가자의 **사전 동의**(informed consent)를 얻어라.
- 중대한 피해와 불편함으로부터 참가자를 보호하라.
- 개인 참가자에 대한 정보를 비밀로 유지하라.
- 참가자들에게 연구 목적을 **충분히 설명**(debrief)하라.

오늘날 대부분의 대학들은 참가자의 복지를 보호하기 위해 윤리위원회를 통해 연구제안서를 검열한다.

심리학에서의 가치판단

가치관은 우리가 연구하는 것, 연구방법, 그리고 결과 해석방법에 영향을 미친다. 다음을 생각해보자. 노동자의 생산성 아니면 노동의욕, 성차별 아니면 성별 간 차이, 동조 아니면 독립성 중 어느 것을 연구할 것인가? 연구자의 가치관은 관찰과 해석에 대한 사실을 색안경을 끼고 바라보게 만든다. 때때로 우리가 보고싶거나 볼 것이라고 기대하는 것을 보게 된다(**그림 1.5**).

심지어 우리가 특성과 경향을 설명하기 위해 사용하는 단어들도 가치관을 반영할 수 있다. 한 사람의 경직성이 다른 사람에게는 일관성이 되고, 한 사람의 '미등록 노동자'는 다른 사람에게는 '불법체류자'가 되며, 한 사람의 신념이 다른 사람에게는 광신이 된다. 한 나라의 강화된 심문 기술이 적에 의해 실행될 때는 고문이 된다. 단호하거나 고집 센, 신중하거나 까다로운, 사려 깊거나 음흉한 등이 우리의 태도를 나타내는 것이다.

응용심리학에도 가치가 숨어 있다. 만약 살아가는 방식에 대해서 전문가의 도움을 요청한다면—자녀 양육방법, 자기충족감의 달성방법, 성적 감정에 대처하는 방법, 직장에서 앞서 나가는 방법 등—당신은 이미 가치를 담고 있는 충고를 받아들이고 있는 것이다. 행동과 정신 과정에 대한 과학, 즉 심리학은 이러한 목표를 달성하는 데 확실히 도움을 줄 수 있지만, 목표가 무엇이어야 하는지를 결정

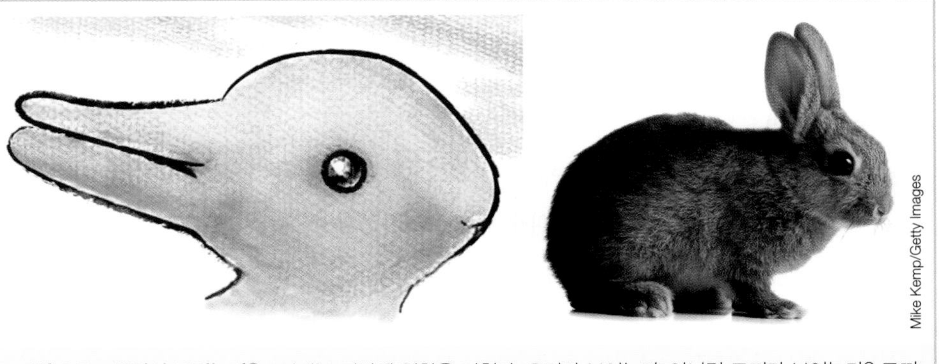
Mike Kemp/Getty Images

그림 1.5 무엇이 보이는가? 기대는 지각에 영향을 미친다. 오리가 보이는가, 아니면 토끼가 보이는가? 토끼 사진을 완전히 덮은 후에 친구들에게 이 이미지를 보여주고 그들이 대신에 오리를 더 잘 지각할 수 있는지 물어보라(Shepard, 1990).

할 수는 없다.

사람들은 심리학이 위험할 정도로 강력해지는 것을 걱정한다. 심리학이 사람들을 조종하는 데 사용될 수 있을까? 지식은 모든 권력이나 힘과 마찬가지로 선과 악으로 사용될 수 있다. 원자력은 도시의 불을 밝히는 데 사용되어 왔지만, 그 도시를 파괴할 수도 있다. 설득력은 사람들을 교육시키는 데 사용되어 왔지만, 그들을 속일 수도 있다. 심리학은 실제로 사람들을 속이는 힘을 가지고는 있지만, 그 목적은 계몽하는 데 있다. 심리학자들은 학습, 창의성, 그리고 열정을 고양하는 방법들을 쉬지 않고 탐구한다. 심리학은 세계의 많은 문제들—전쟁, 기후변화, 편견, 가정 붕괴, 범죄 등—을 다루고 있는데, 이러한 문제들 모두가 태도와 행동을 수반하고 있다. 심리학은 우리의 가장 깊은 갈망인 사랑과 행복을 다루고 있다. 앞에서 보았듯이 이 분야에서 새로운 발전 중 하나인 긍정심리학은 인간의 강점을 탐구하고 촉진하는 것을 목표로 삼고 있다.

Office of Public Affairs at Columbia University, publication permission granted by Columbia University Archives, Columbia Library

심리학의 힘 미국 대법원은 1954년 역사적인 학교 인종차별 철폐 결정을 내리면서, 심리학자 케네스 클라크와 메이미 핍스 클라크(Kenneth Clark & Mamie Phipps Clark, 1947)의 증언과 연구를 인용했다. 클라크는 흑인 아이들에게 검은 인형과 흰색 인형 중 하나를 선택하게 하였을 때, 대부분이 흰색 인형을 선택하였다고 보고하였다. 이 선택은 흑인 아동들이 흑인에 대한 적대적인 편견을 내면화하고 있는 것임을 시사하는 것이다.

보다 현명한 사람이 되기 위해 심리학 이용하기

이후의 장에서 당신이 행복하고, 효과적이며, 번창하는 삶을 살아가는 데 필요한 증거에 기초한 제안들을 제공할 것이다. 다음은 행복하고 번창한 삶을 살아가기 위해 필요한 예시들이다.

- **밤새 잠을 충분히 잘 수 있도록 시간 관리를 하라.** 수면이 부족한 사람들은 피곤하고 우울한 기분으로 생활하는 반면 충분히 수면을 취한 사람들은 더 많은 에너지와 각성, 생산성을 가지고 생활한다.
- **운동을 위한 장소를 확보하라.** 유산소 운동은 건강과 에너지를 증가시켜줄 뿐만 아니라, 가벼운 우울증과 불안을 완화해주는 효과적인 치료법이다.
- **하루하루의 목표와 함께 장기 목표를 세워라.** 번창하는 삶을 사는 사람들은 매일 자신의 목표를 달성하기 위해 시간을 투자하고, 한 달 동안 그렇게 하다 보면, 종종 그들의 매일의 연습이 습관으로 형성되는 것을 볼 수 있다.
- **'성장 사고방식'을 가져라.** 능력을 고정된 것으로 보기보다는 노력을 통해 정신적인 능력을 더 강하게 성장시키는 근육 같은 것으로 보라.
- **인간관계를 우선시하라.** 인간은 사회적 동물이다. 밀접한 인간관계로 연결되었을 때 인간은 번영한다. 우리는 친구들에게 지지받고 보호받을 때 더 행복하고 건강해진다.

다음과 같은 네 가지 학습요령은 당신의 심리학 공부에 도움이 될 것이다.

학습시간을 분배하라 당신이 어떤 정보를 오랫동안 기억하고 싶다면, 벼락치기로 공부하는 것보다는 꾸준히 반복적으로 공부하는 것이 낫다. 따라서 1주일에 한 번 혹은 밤새 집중적으로 공부하는 것보다 하루에 1시간씩, 일주일에 6일씩 여러 번 공부할 수 있는 학습시간을 확보하라. 공부하는 시간을 배치하기 위해서는 훈련이 필요하고 시간을 관리하는 방법을 알아야 한다.

비판적으로 사고하는 것을 배워라 당신이 독서를 하거나 수업시간에 토론을 할 때 현명하게 생각하라. 다른 사람들이 가정하는 것이 무엇이며, 가치관이 무엇인지 발견하기 위해 노력하라. 당신은 논쟁의 기저에 있는 편견을 발견할 수 있는가? 전체 집단을 대표할 수 없는 개인적인 이야기인지, 타당한 실험에 기초한 과학적 증거인지를 살펴보라. 결론을 평가해보자. 다른 설명이 가능한가?

수업 정보를 능동적으로 처리하라 강의의 주요 개념과 하위 개념을 듣고 적어보라. 수업 중이나 수업이 끝난 후에 질문을 하라. 당신이 혼자서 공부할 때처럼 수업시간에도 적극적으로 정보를 처리하라. 그러면 그 정보를 더 잘 이해하고 기억할 수 있을 것이다. 어떻게 정보를 자신의 것으로 만들 수 있을까? 자신만의 단어로 메모하라. 읽는 내용을 이미 알고 있는 것과 연결하고 그 내용을 다른 사람에게 설명해보라. 가르치는 것이 곧 기억하는 것이다.

숙달된 후에도 계속 공부하라 심리학은 우리가 자신을 과신하는 경향이 있다고 말한다. 즉 우리가 얼마나 알고 있는지에 대해 과대평가를 한다. 반복학습은 새로운 정보를 기억하도록 돕는다.

주요 용어

행동주의	이중처리	사회조사	이중은폐 절차
인본주의 심리학자	긍정심리학	모집단	위약 효과
인지심리학	후견편향	무선표본	독립변인
인지신경과학	이론	상관관계	혼재변인
심리학	가설	실험	종속변인
비판적 사고	조작적 정의	무선할당	사전 동의
생물심리사회적 접근	반복	실험집단	충분한 설명
문화	사례연구	통제집단	
선천성-후천성 논쟁	자연관찰	위약	

이 장의 구성

Cultura/Getty Images

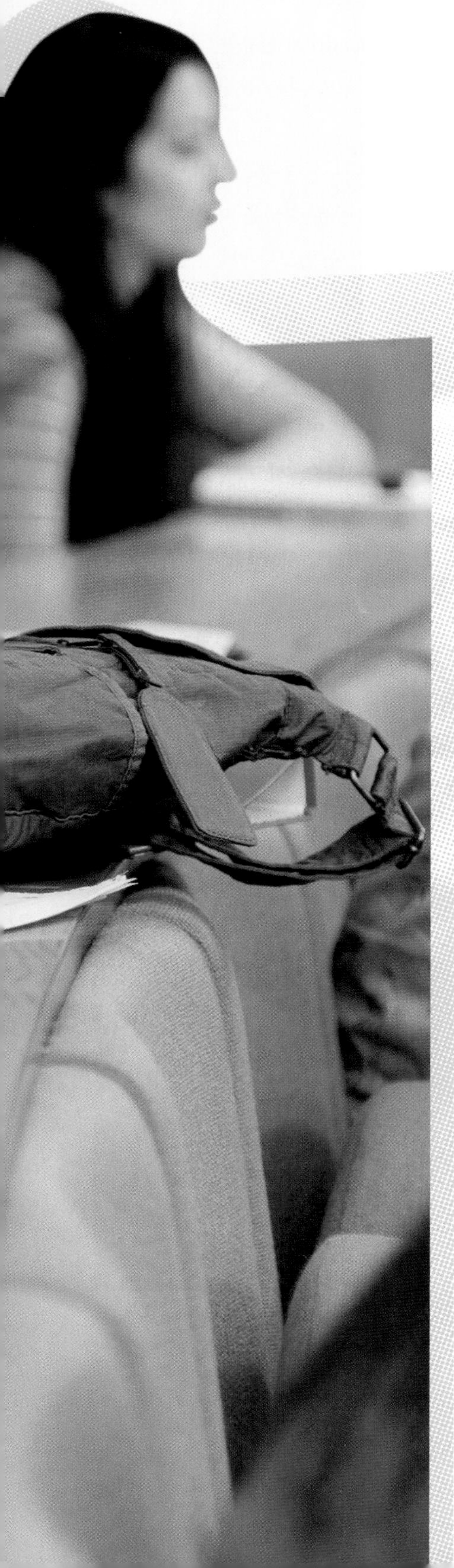

2

마음과 의식의 생물학

25,000개의 거리와 교차로를 기억하는 데 얼마나 많은 시간이 걸릴까? 런던의 택시기사가 되기 위해 미로같은 길을 완전히 익히는 데는 2~4년이 걸린다. 운전자들의 거리에 대한 기억력이 증가하면서, 그들 두뇌의 공간기억력도 증가한다. 하지만 제한된 지역만을 운전하는 버스기사들은 택시기사에 비해 공간기억력이 덜 발달한다(Maguire et al., 2000, 2006).

인간의 두뇌는 수백만 년에 걸쳐 생존과 번식에 도움을 주는 방식으로 진화하고 있다. 음악가, 발레리나, 곡예사들이 반복된 연습을 통해 연주나 공연, 연기력을 향상시키는 독특한 두뇌발달을 경험하듯이, 개인의 두뇌 역시 계속해서 적응하고 있다(Draganski et al., 2004; Hänggi et al., 2010; Herholz & Zatorre, 2012). 따라서 태어날 때의 두뇌와 죽을 때의 두뇌는 다르다.

그래서 모든 심리학적인 것은 동시에 생물학적인 것이다. 사고나 감정, 그리고 행동은 혈압, 호르몬 분비, 건강에 영향을 미친다. 당신은 몸으로 사랑하고, 웃고, 운다. 두뇌, 심장, 유전자와 같은 신체가 없다면 인간은 존재 자체가 불가능하다. 신체 없이 생각하고, 느끼고, 행동하는 것은 다리 없이 뛰는 것과 같다. 이처럼 심리학과 생물학은 서로 상호작용을 한다.

생물학적 영향과 심리학적 영향을 구분해서 말할 수 있겠지만, 실은 동전의 양면과 같다. 4개의 위대한 생각 중 하나인 **생물심리사회적 접근법**은 생물학적 영향과 심리학적 영향에 사회문화적 영향을 포함한 것이다. 이러한 영향들이 발달(제3장), 감각(제5장), 학습과 기억(제7, 8장), 그리고 행복(제10, 13장)과 어떻게 상호작용하는지를 살펴볼 것이다.

두뇌 : 진행 중인 작업

당신의 두뇌는 당신의 유전자뿐만 아니라 경험으로도 조각된다. 의식의 표면 아래에서 새로운 경험에 적응하면서 끊임없이 변화하고 새로운 경로를 구축하고 있다. 이러한 신경의 변화를 **가소성**(plasticity)이라 하며, 일생 동안 계속된다(Gutchess, 2014). 가소성은 인간의 두뇌를 독특하게 만드는 요소의 일부이다(Gómez-Robles et al., 2015). 인간은 다른 종들에 비해 유연한 두뇌를 가지고 있어 새로운 사회, 문화, 그리고 환경 요인에 적응할 수 있다. 인간의 두뇌는 진행 중인 작업이다.

아무것도 볼 수 없는 대니얼 키시(Daniel Kish)의 경우를 살펴보자. 그는 열정적인 산악자전거 선수이자 전문 요리사이다. 그는 주변을 '보기' 위해 반향정위—혀를 차서 소리의 반향을 들음—를 사용하는 방법을 배웠다. 대니얼은 무엇인가를 볼 때 눈을 사용하지 않는 대신에 뇌를 사용한다. 대니얼과 같은 시각장애인 반향정위 전문가들은 두뇌의 시각중추를 이용해 주변을 탐색한다(Thaler et al., 2011, 2014).

두뇌가 어떻게 마음을 만들어낼까? 이러한 질문은 생물학적(유전적, 신경적, 호르몬적) 과정과 심리학적 과정 간의 연관성을 연구하는 **생물심리학자**(biological psychologist)들을 매료한다. **인지신경과학**(cognitive neuroscience)에서는 두뇌 활동과 정신 과정 사이의 연관성을 연구하기 위해 다양한 분야의 과학자들이 협력한다. 전 세계의 연구자들이 인간의 두뇌가 정보를 받아들이고, 조직화하고, 해석하고, 저장하고, 사용하기 위해 어떻게 전기 작용과 화학 작용을 사용하는지에 대한 미스터리를 풀어주고 있다.

신경의 의사소통

뉴런의 구조

뉴런은 세포체, 나뭇가지와 같은 섬유질들로 구성되어 있다(**그림 2.1**). 뉴런의 나뭇가지 같은 **수상돌기**(dendrite) 섬유는 정보를 받아서 세포체로 전달하며, **축색**(axon)은 정보를 다른 뉴런이나 근육 또는 내분비선으로 전달한다(**그림 2.2**).

뉴런이 전달하는 정보는 전기신호 또는 신경 충동이며, **활동전위**(action potentials)라 부른다. 이러한 충동은 축색을 따라 이동한다. 수십억 개의 신경 세포를 지탱하는 것은 뉴런보다 9배나 많은 가늘고 기다란 **교세포**(glial cells, glue cells라고도 함)이다. 뉴런은 여왕벌과 같아서 스스로 먹을 수도 감쌀 수도 없다. 교세포들이 일벌처럼 뉴런에게 영양분과 수초—뉴런을 절연체로 만드는 지방 조직으로 된 층—를 제공한다. 또한 신경 연결을 안내하고 뉴런이 서로 정보를 보낸 후에 청소를 한다. 교세포는 학습, 사고 및 기억에 대한 정보 처리 역할을 한다(Fields, 2011; Martín et al., 2015).

신경 정보는 섬유질의 유형에 따라 시간당 3km의 느린 속도로부터 300km 이상의 엄청나게 빠른 속도로 전달된다. 인간의 두뇌와 초고속 컴퓨터 중 어느 것이 더 빨리 반응할까? 컴퓨터가 매번 이긴다. 인간 두뇌의 최고 속도는 전선을 통해 흐르는 전기의 속도와 비교하면 300만 배나 느리다. 고속 컴퓨터가 거의 즉각적으로 반응하는 것과는 달리, 자동차로 갑자기 달려드는 아이와 같은 갑작스러운 사건에 대한 당신의 반응이 1/4초 내지 그 이상 걸리는 이유가 여기에 있다. 인간의 두뇌는 컴퓨터보다 훨씬 복잡하지만 간단한 반응을 실행하는 속도는 더 느리다.

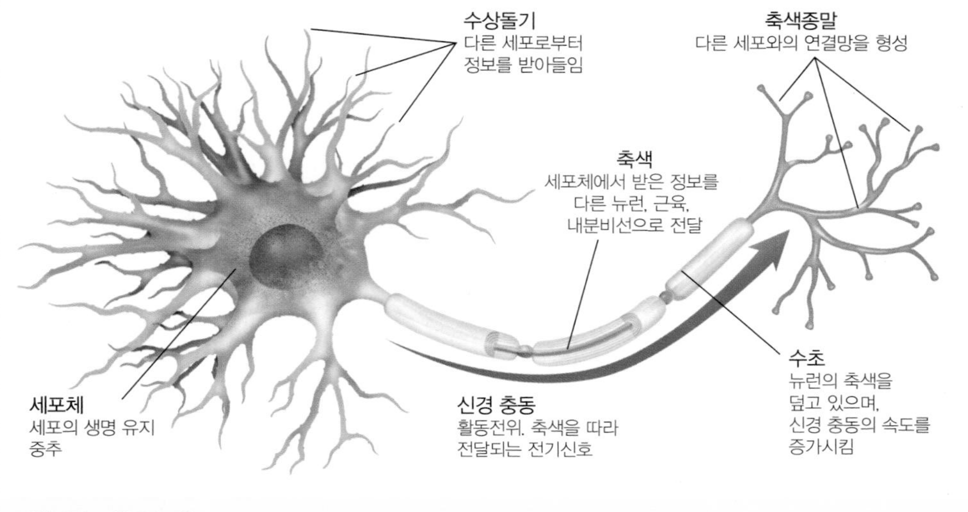

수상돌기
다른 세포로부터 정보를 받아들임
축색종말
다른 세포와의 연결망을 형성
축색
세포체에서 받은 정보를 다른 뉴런, 근육, 내분비선으로 전달
수초
뉴런의 축색을 덮고 있으며, 신경 충동의 속도를 증가시킴
세포체
세포의 생명 유지 중추
신경 충동
활동전위. 축색을 따라 전달되는 전기신호

그림 2.1 운동 뉴런

Volker Corell Photography

마음의 눈 시각장애인인 대니얼 키시는 숲을 산책하는 것을 좋아한다. 그는 안전을 위해 박쥐나 돌고래가 사용하는 것과 같은 반향정위를 사용한다. 키시는 혀를 차서 소리의 반향을 들음으로써 두뇌의 시각중추에 관여한다. 즉 사물을 '보기' 위해 두뇌를 활용한다.

뉴런은 너무 복잡하게 얽혀 있어 현미경으로도 한 뉴런이 어디서 끝나고 다른 뉴런이 어디서 시작되는지 확인하기 어렵다. 송신뉴런의 축색 끝부분과 수신뉴런의 수상돌기나 세포체 간의 접합 부분을 **시냅스**(synapses)라고 부른다. 이 접합 부분의 미세한 간극을 **시냅스 틈**이라고 한다. 그렇다면 뉴런은 어떻게 작은 틈을 통해 정보를 보낼까?

뉴런의 의사소통

각 뉴런은 수백 또는 수천 개의 다른 뉴런들로부터 받은 신호에 반응하는 작은 의사결정장치이다. 대부분의 신호는 뉴런의 액셀러레이터를 밟는 것과 같이 **흥분성**이며, 다른 신호는 브레이크를 밟는 것과 같이 **억제성**이다. 만일 흥분성 신호에서 억제성 신호를 빼고 남은 신호의 강도가 **역치**(threshold)라고 부르는 최소 강도를 넘어서게 되면 활동전위가 촉발된다. 뉴런이 흥분하여 축색을 통해 신경흥분을 전달하고 다른 세포로 정보를 전달한다. 뉴런은 다시 흥분하기 전에 잠시 쉬어야 하는데, 이 휴지기를 **불응기**(refractory period)라고 하며 아주 잠깐 동안 지속된다.

뉴런의 반응은 **실무율적 반응**(all-or-none response)으로, 총과 마찬가지로 뉴런은 흥분을 하거나 하지 않거나 둘 중 하나이다. 그렇다면 어떻게 자극의 강도를 탐지하는 것인가? 강한 자극은 보다 많은 뉴런을 흥분시키며, 보다 자주 흥분하게 만든다. 그렇지만 활동전위의 강도나 속도에 영향을 주지는 못한다. 총의 방아쇠를 힘껏 당긴다고 해서 총알이 더 빠르게 날아가는 것은 아니다.

활동전위가 축색 끝에 도달하면, 몸은 놀라운 재주를 부리게 된다. 당신의 신경 시스템은

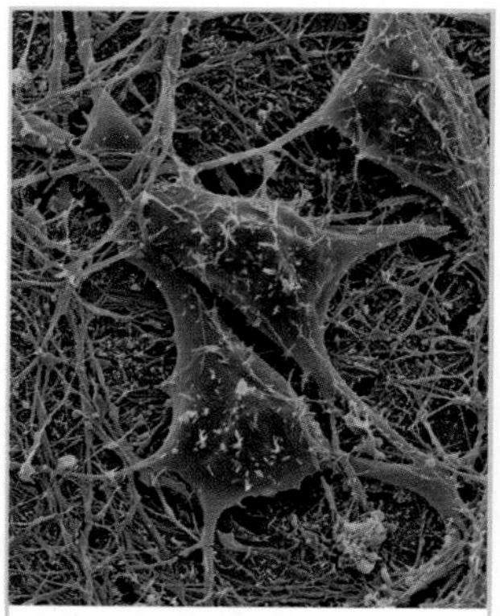
David Scharf/Science Source

그림 2.2 뉴런의 의사소통 뉴런에 대해 학습할 때, 종종 뉴런의 부위를 하나씩 본다. 그러나 수십억 개의 뉴런은 거대하고 밀접하게 연결된 거미줄에 존재한다. 한 뉴런의 종말은 이웃한 수상돌기에게 메시지를 보낸다. 이 복잡하고 매혹적인 전기화학적 의사소통 과정에 대해 더 알고 싶으면 계속해서 이 책을 읽어보라.

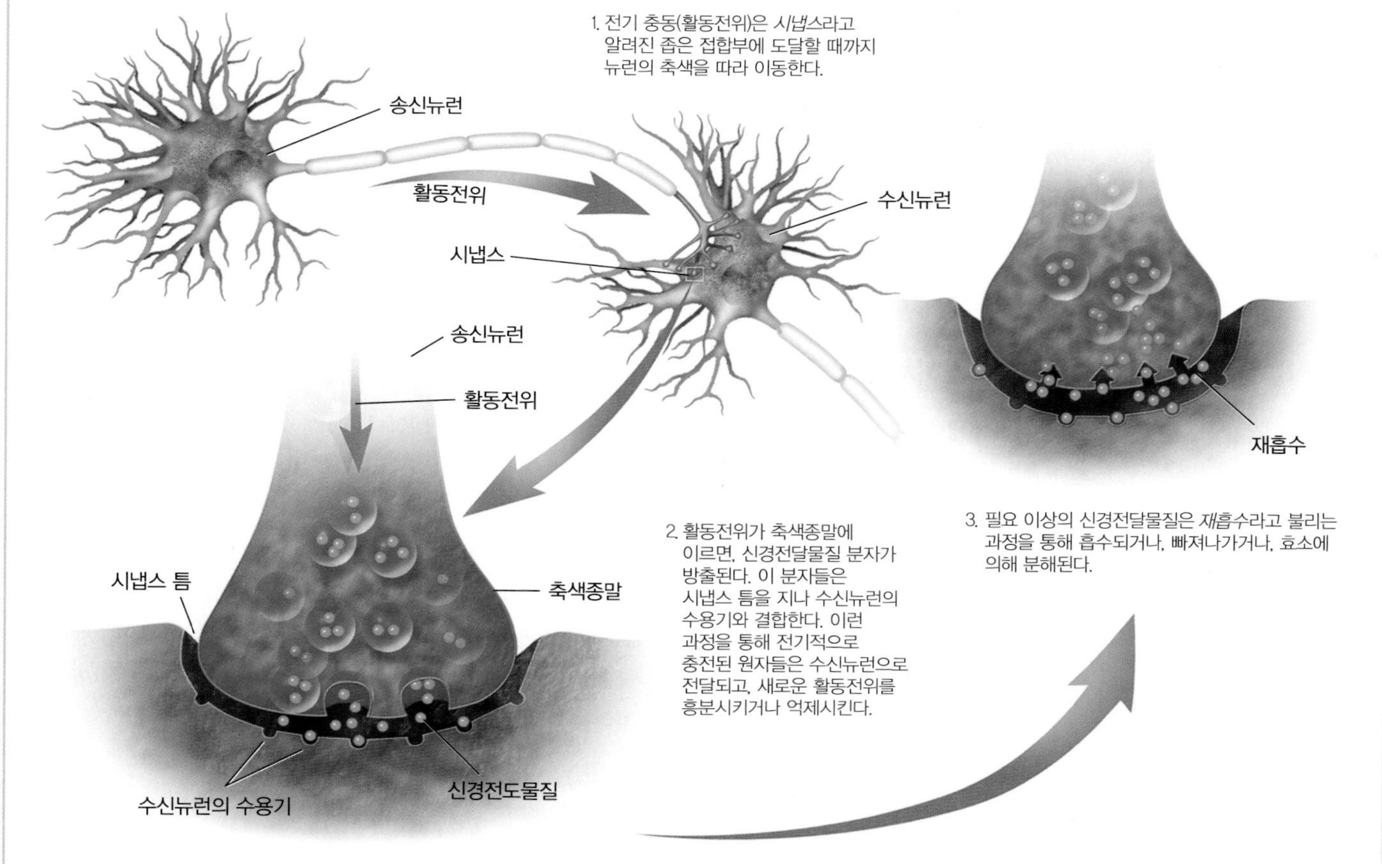
1. 전기 충동(활동전위)은 *시냅스*라고 알려진 좁은 접합부에 도달할 때까지 뉴런의 축색을 따라 이동한다.
송신뉴런
활동전위
수신뉴런
시냅스
송신뉴런
활동전위
재흡수
시냅스 틈
축색종말
2. 활동전위가 축색종말에 이르면, 신경전달물질 분자가 방출된다. 이 분자들은 시냅스 틈을 지나 수신뉴런의 수용기와 결합한다. 이런 과정을 통해 전기적으로 충전된 원자들은 수신뉴런으로 전달되고, 새로운 활동전위를 흥분시키거나 억제시킨다.
3. 필요 이상의 신경전달물질은 *재흡수*라고 불리는 과정을 통해 흡수되거나, 빠져나가거나, 효소에 의해 분해된다.
수신뉴런의 수용기
신경전도물질

그림 2.3 뉴런의 의사소통 방식

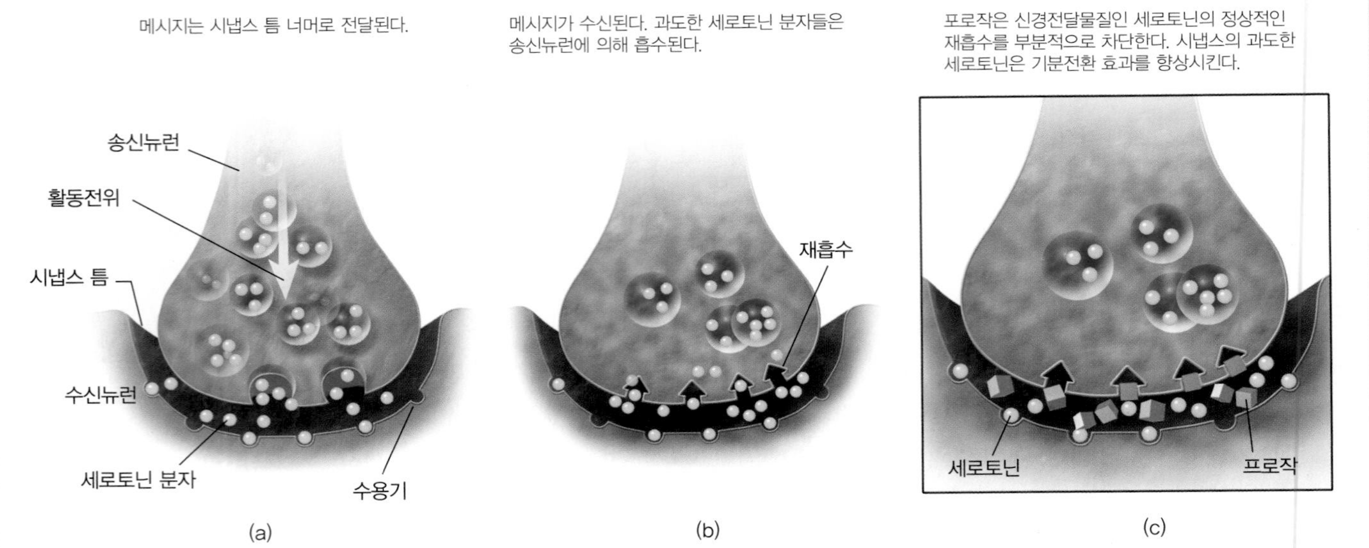
메시지는 시냅스 틈 너머로 전달된다.
메시지가 수신된다. 과도한 세로토닌 분자들은 송신뉴런에 의해 흡수된다.
프로작은 신경전달물질인 세로토닌의 정상적인 재흡수를 부분적으로 차단한다. 시냅스의 과도한 세로토닌은 기분전환 효과를 향상시킨다.
송신뉴런
활동전위
시냅스 틈
수신뉴런
세로토닌 분자
수용기
재흡수
세로토닌
프로작
(a)
(b)
(c)

그림 2.4 항우울제의 생물학 선택적 세로토닌 재흡수 억제제(SSRIs)는 일반적으로 처방되는 항우울제이다. SSRIs는 신경전달물질인 세로토닌의 재흡수를 부분적으로 차단하여 우울증을 완화한다. 위의 그림은 SSRI 프로작의 작용을 보여주고 있다.

전기 충동을 화학 정보로 변환시킨다. 시냅스에서, 전기 충동은 시냅스의 간극을 가로지를 수 있는 화학적 전달물질인 **신경전달물질**(neurotransmitter) 분자의 방출을 촉발한다(**그림 2.3**). 1/10,000초 내에 신경전달물질 분자들은 열쇠가 자물쇠에 들어가는 것처럼 정보를 받아들이는 뉴런의 수용기에 붙어 흥분 신호나 억제 신호로 작용한다. 그리고 그 과정은 이 새로운 세포에서 다시 시작한다. 필요 이상의 신경전달물질은 **재흡수**(reuptake) 과정을 통해 원래의 뉴런으로 되돌아간다. 일부 항우울제는 기분을 좋게 하는 신경전달물질의 재흡수를 부분적으로 막음으로써 효과가 있다(**그림 2.4**).

신경전달물질은 우리에게 어떤 영향을 미치는가

수십 개의 다른 신경전달물질들이 두뇌 속에 그들만의 경로를 가지고 있다. 그들은 경로를 따라 이동하면서 동작과 감정에 영향을 미치는 구체적이지만 다양한 정보를 전달한다. 예를 들어 **도파민** 수준은 우리의 움직임, 학습, 주의, 그리고 기쁨과 보상의 감정에 영향을 미친다. **세로토닌** 수준은 다소 침울하고, 배고프고, 졸리거나 흥분하게 만든다. 이러한 신경전달물질에 대한 효과 및 기능은 **표 2.1**과 같다.

신경전달물질에 대한 한 가지 흥미진진한 발견은 **아편제**(opiate)인 모르핀에 방사능 추적물질을 부착하였을 때 나타났다(Pert & Snyder, 1973). 연구자들은 기분을 고양하고 통증을 완화하는 아편제인 모르핀을 기분 및 통증과 관련된 영역에 있는 수용기만이 받아들인다는 사실을 발견했다. 이런 자연적인 '아편제 수용기'의 존재에 대해 연구자들은 궁금해한다.

표 2.1 신경전달물질과 기능

신경전달물질	기능	오작동의 예
아세틸콜린(ACh)	근육 활동, 학습 및 기억을 가능하게 함	알츠하이머병에 걸리면 ACh를 생성하는 뉴런이 퇴화한다.
도파민	움직임, 학습, 주의 및 감정에 영향	도파민의 과잉공급은 조현병과 관련되며, 공급부족은 수전증과 파킨슨병의 거동장애를 유발한다.
세로토닌	기분, 배고픔, 수면, 정서에 영향	세로토닌의 공급부족은 우울증과 관련되며, 세로토닌 수치를 높이는 약물은 우울증 치료에 사용된다.
노르에피네프린	각성의 통제를 도움	공급부족은 기분을 저하시킨다.
GABA	주요 억제성 신경전달물질	공급부족은 경련, 떨림, 불면증과 관련된다.
글루타메이트	주요 흥분성 신경전달물질로 기억에 관여	과잉공급은 두뇌를 과잉흥분시켜 편두통이나 경련을 초래한다(이 때문에 일부 사람들이 MSG나 글루탐산나트륨을 음식에 사용하는 것을 피한다).
엔도르핀	통증이나 기쁨의 지각에 영향	과잉공급된 아편은 인체의 자연적인 엔도르핀 공급을 억제한다.

우리가 고통을 느끼거나 격렬한 운동을 할 때 뇌는 모르핀과 유사한 여러 종류의 신경전달물질 분자를 생산한다. **엔도르핀**(endorphin)으로 알려진 자연적 아편제는 심각한 부상 후에 왜 고통을 인식할 수 없는지를 설명하는 데 도움을 준다. 또한 침술의 고통완화 효과와 '러너스 하이(격렬한 운동 후에 맛보는 도취감)'로 알려진 좋은 느낌을 설명한다(Boecker et al., 2008).

만약 자연적 엔도르핀이 통증을 완화하고 기분을 고양한다면, 왜 두뇌에 헤로인이나 모르핀과 같은 인공 아편제를 주입하여 효과를 증폭시키지 않는가? 그 이유는 두뇌가 화학적 균형을 맞추는 역할을 하기 때문이다. 즉 헤로인이나 모르핀 같은 마약물질을 주입하면, 두뇌는 스스로 만들어내는 자연적 마약 생산을 중지하게 된다.

이 책을 통해 신경전달물질이 우리의 일상생활에서 얼마나 많은 역할을 하는지 더 많이 알게 될 것이다.

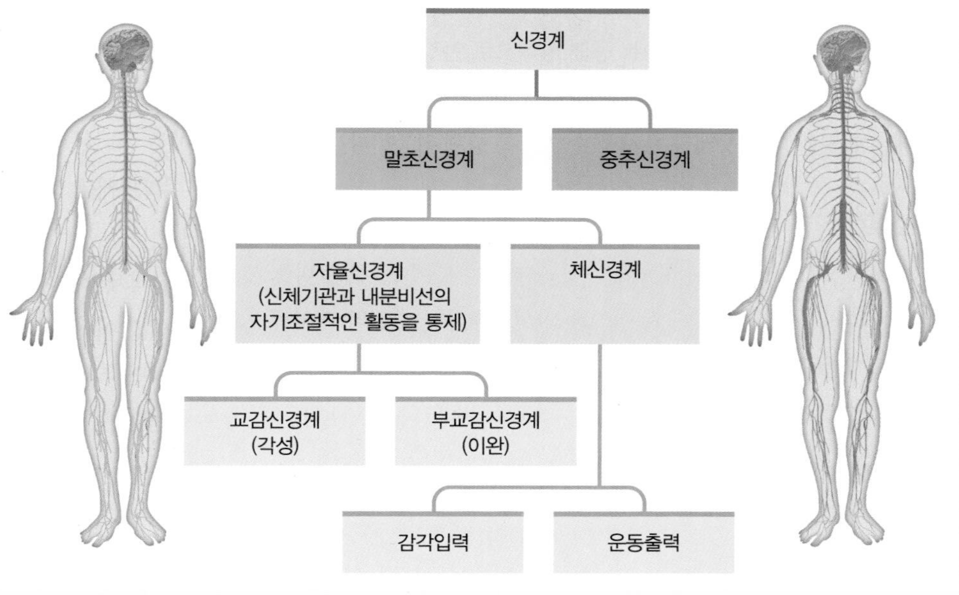
신경계
말초신경계
중추신경계
자율신경계
(신체기관과 내분비선의
자기조절적인 활동을 통제)
체신경계
교감신경계
(각성)
부교감신경계
(이완)
감각입력
운동출력
그림 2.5 인간 신경계의 기능적 구분

신경계

산다는 것은 세상과 신체조직으로부터 정보를 받아들이고, 의사를 결정하며, 신체조직에 정보를 되돌려 보내고 명령을 내리는 것이다. 이 모든 것이 우리 몸에 있는 **신경계**(nervous system) 덕분이다(**그림 2.5**). 두뇌와 척수는 몸의 의사결정자인 **중추신경계**(central nervous system, CNS)를 형성한다. **말초신경계**(peripheral nervous system, PNS)는 CNS를 제외한 신체 부위에서 정보를 수집하고 CNS 결정을 신체 부위로 전송한다.

신경(nerve)은 축색의 다발로 형성된 전기 케이블이다. 신경은 중추신경계를 신체의 감각 수용기, 근육, 내분비선과 연결한다. 예를 들어 시신경은 100만 개의 축색이 하나의 다발로 이루어진 것으로 각 눈의 정보를 두뇌에 전달한다(Mason & Kandel, 1991). 신경계에서 정보의 흐름은 다음과 같은 세 가지 유형의 뉴런을 통해서 이루어진다.

- **감각뉴런**(sensory neuron)은 정보를 신체조직과 감각 수용기로부터 정보 처리가 이루어지는 중추신경계의 척수 및 두뇌로 전달한다.
- **운동뉴런**(motor neuron)은 중추신경계의 명령을 신체의 근육과 내분비선으로 전달한다.
- **간뉴런**(interneuron)은 두뇌와 척수의 중추신경계 내에 있는 뉴런으로 감각입력과 운동출력 사이에서 의사소통을 통하여 정보를 처리한다.

신경계의 복잡성은 대체로 간뉴런 시스템에 달려 있다. 우리의 신경계는 수백만 개의 감각뉴런과 운동뉴런, 그리고 수천억 개의 간뉴런으로 구성되어 있다.

말초신경계

말초신경계는 체신경계와 자율신경계의 두 부분으로 구성된다. **체신경계**(somatic nervous system)는 감각입력을 모니터하고 골격근육을 조절하면서 운동출력을 유발한다. **자율신경계**(autonomic nervous system, ANS)는 내분비선과 심장 및 소화기관을 포함한 내장근육을 제어한다. 자율신경계는 자동항법장치처럼 의도적으로 조절할 수도 있지만, 대개는 자율적으로 작동한다.

자율신경계는 **교감신경계**(sympathetic nervous system)와 **부교감신경계**(parasympathetic nervous system)로 구성된다(**그림 2.6**). 무언가가 당신을 놀라게 하거나 긴장하게 하면 교감신경계는 심장박동을 촉진하고, 혈압을 높이며, 소화를 지연시키고, 혈당 수준을 높이며, 발한작용을 일으키고, 각성시켜 반응할 준비 상태를 만들어준다. 스트레스가 완화될 때 부교감신경계는 당신을 진정시키고 심장 박동을 느리게 하고 혈당을 낮추는 등의 방식으로 안정을 되찾게 함으로써 에너지를 보존한다. 일상의 상황에서 교감신경계와 부교감신경계는 안정된 내적 상태를 유지할 수 있도록 함께 작동한다.

중추신경계

인간이 생각하고, 느끼고, 행동하는 것을 가능케 해주는 것은 바로 두뇌이다. 수천 개의 다른 뉴런들과 의사소통하는 수천억 개의 뉴런들이 역동적인 회로를 만들어낸다. 인간의 두뇌는 약 860억 개의 뉴런으로 구성되어 있다(Azevedo et al., 2009; Herculano-Houzel, 2012).

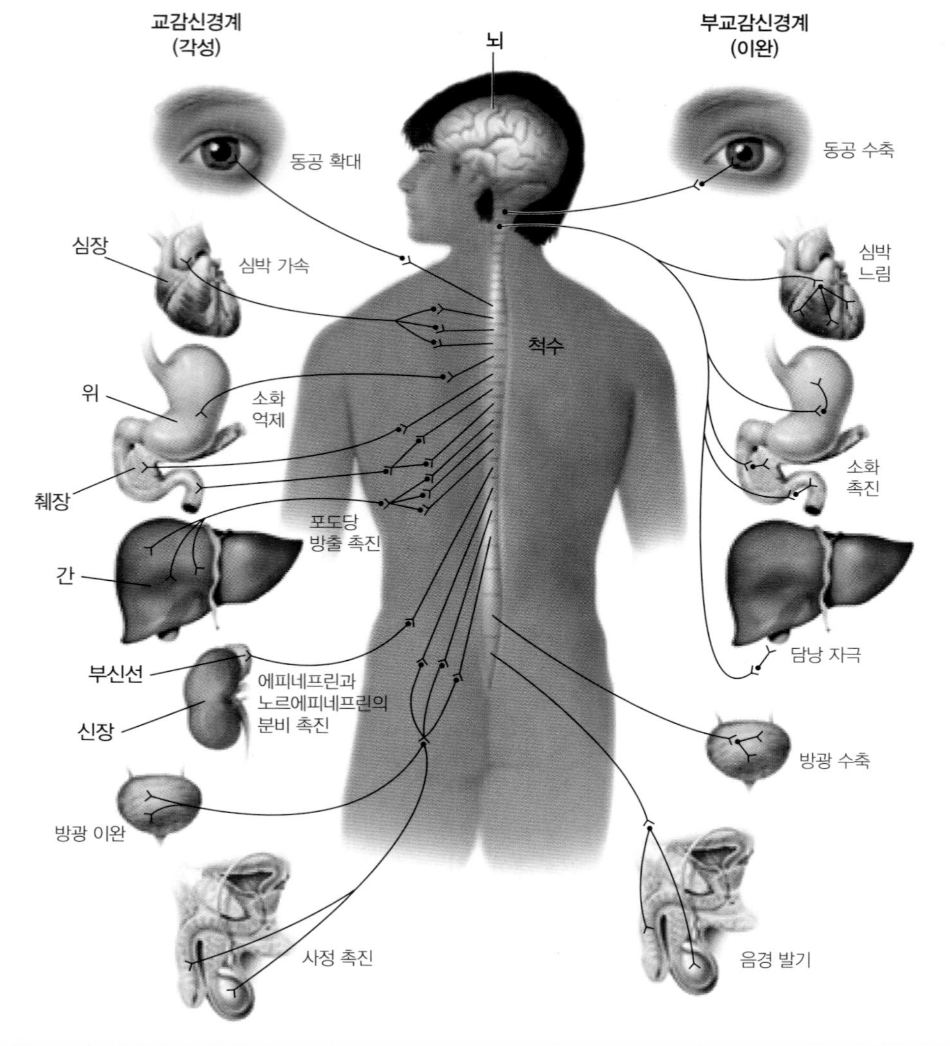
교감신경계
(각성)
뇌
부교감신경계
(이완)
동공 확대
동공 수축
심장
심박 가속
심박
느림
척수
위
소화
억제
췌장
소화
촉진
포도당
방출 촉진
간
담낭 자극
부신선
에피네프린과
노르에피네프린의
분비 촉진
신장
방광 수축
방광 이완
사정 촉진
음경 발기

그림 2.6 자율신경계의 이중 기능 자율신경계는 자율적인 내부 기능들을 제어한다. 교감신경계는 에너지를 활성화하고 사용한다. 부교감신경계는 에너지를 보존하여 일상적인 유지 기능을 담당한다. 예를 들어 교감신경계의 활동은 심장박동을 촉진하는 반면, 부교감신경계의 활동은 심장박동을 느리게 한다.

두뇌의 뉴런들은 사람들이 전국에 고르게 퍼져 있지 않고 도시에 모여 살고 있는 것처럼 신경망이라는 작업집단을 이루고 있다(Kosslyn & Koenig, 1992). 뉴런들은 가깝고 신속한 연결을 맺을 수 있는 이웃 뉴런들과 망을 형성한다. 기타를 연주하고, 외국어를 말하고, 수학문제를 해결하는 것과 같은 학습은 연계를 강화함으로써 일어난다.

중추신경계의 **척수**는 말초신경계와 두뇌를 연결하는 양방향 고속도로이다. 어떤 신경섬유는 감각에서 들어오는 정보를 두뇌로 운반하는 반면, 다른 신경섬유는 두뇌로부터 신체 부위들로 운동조절 정보를 전달한다. 자극에 대한 자동반응인 **반사**(reflex)를 관장하는 신경통로가 척수의 작동을 잘 예시해준다. 간단한 척수반사통로는 하나의 감각뉴런과 하나의 운동뉴런으로 구성된다. 둘은 간뉴런을 통해서 정보를 주고받는다. 예를 들어 무릎반사가 이렇게 단순한 통로를 수반한다. 무릎반사는 머리가 없어도 가능하다(**그림 2.7**).

척수의 최상층부가 손상을 입으면, 두뇌는 신체와 서로 연결되지 않는다. 손상된 부위 아래 부분의 척수에 연결된 신체부위의 모든 감각과 자발적 운동을 잃게 된다. 의사의 무릎반사 실험에서 척수 손상을 입은 사람들의 발은 반응하겠지만, 의사가 톡톡 두드리는 것은 느끼지 못할 것이다. 허리 아래가 마비된 남성에게 생식기를 자극하면 발기할 수도 있을 것이다(Goldstein, 2000). 비슷한 경우의 여성들도 질 윤활 작용으로 반응할지 모른다. 하지만, 그들의 척수가 어디에서 얼마나 절단되었는지에 따라 사람들은 성적인 이미지에 대한 반응이 없거나, 생식기 감각을 갖지 못할 수도 있다(Kennedy & Over, 1990; Sipski et al., 1999). 육체적 고통이나 즐거움을 느끼기 위해서 감각정보는 두뇌에 도달해야 한다.

내분비계

지금까지는 신체 속도가 빠른 전기화학적 정보 시스템에 초점을 맞추었다. 그런데 신체는 두 번째 의사소통 시스템인 **내분비계**(endocrine system)를 가지고 있다(**그림 2.8**). 내분비계의 선은 **호르몬**(hormones)이라는 또 다른 형태의 화학 메신저를 분비한다. 호르몬은 혈액을 따라 돌아다니면서 성장과 생식, 신진대사, 그리고 기분 등과 같은 우리 삶의 많은 부분에 영향을 미친다.

일부 호르몬은 화학적으로 신경전달물질과 동일하다. 따라서 내분비계와 신경계는 가까운 친척관계이다. 둘 다 다른 곳의 수용기를 활성화하는 분자들을 방출하는 공통점도 있지만 차이도 있다. 신경계는 눈에서 뇌로 순식간에 메시지를 전송하지만 내분비계 메시지는 속도가 느리다. 혈액이 내분비선에서 호르몬을 받아들여 목표 조직에 전달하는 데는 몇 초 이상이 걸린다. 신경계는 정보를 문자 메시지 속도로 특정 수용기에 전송하는 반면, 내분비계는 우편으로 편지를 보내는 것과 같다.

느리지만 꾸준한 것이 때로는 경주에서 이긴다. 내분비 메시지의 효과는 신경 메시지 효과보다 더 오래 지속되는 경향이 있다. 화난 감정의 원인이 해결된 후에도 오랫동안 분노를 느낀 적이 있는가? 당신은 아마 오래 남아 있는 감정과 관련된 호르몬으로 인해 '내분비 숙취'를 경험했을 수도 있다. 이런 일이 발생하면, 우리는 잠시 쉬는 시간이 필요하다. 창문 밖에서 도둑이 침입한 것과 같은 소리를 들을 때 이후 어떤 상황이 벌어질지 생각해보라. 당신의 자율신경계는 **부신선**(adrenal glands)에 에피네프린(또는 아드레날린)과 노르에피네프린(또는 노르아드레날린)을 분비하도록 명령을 내릴 것이다. 이 호르몬들은 심장박동과 혈압, 그리고 혈당 수준을 높임으로써 투쟁 혹은 도피 반응으로 알려진 에너지를 치솟게 만든다. 도둑이 친구의 장난으로 밝혀지면, 호르몬과 흥분된 감정은 한동안 그대로 유지된다.

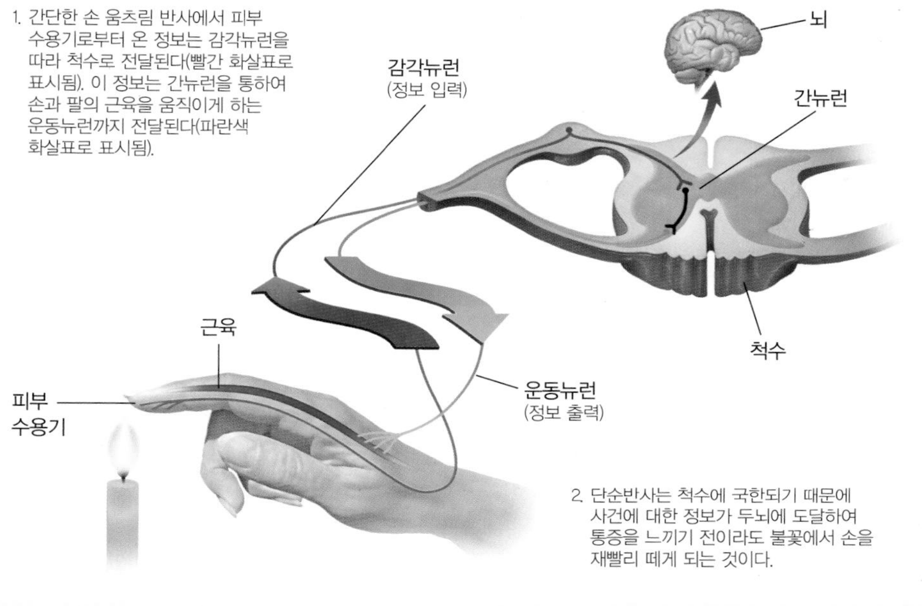

1. 간단한 손 움츠림 반사에서 피부 수용기로부터 온 정보는 감각뉴런을 따라 척수로 전달된다(빨간 화살표로 표시됨). 이 정보는 간뉴런을 통하여 손과 팔의 근육을 움직이게 하는 운동뉴런까지 전달된다(파란색 화살표로 표시됨).
뇌
감각뉴런
(정보 입력)
간뉴런
근육
척수
피부
수용기
운동뉴런
(정보 출력)
2. 단순반사는 척수에 국한되기 때문에 사건에 대한 정보가 두뇌에 도달하여 통증을 느끼기 전이라도 불꽃에서 손을 재빨리 떼게 되는 것이다.

그림 2.7 단순반사

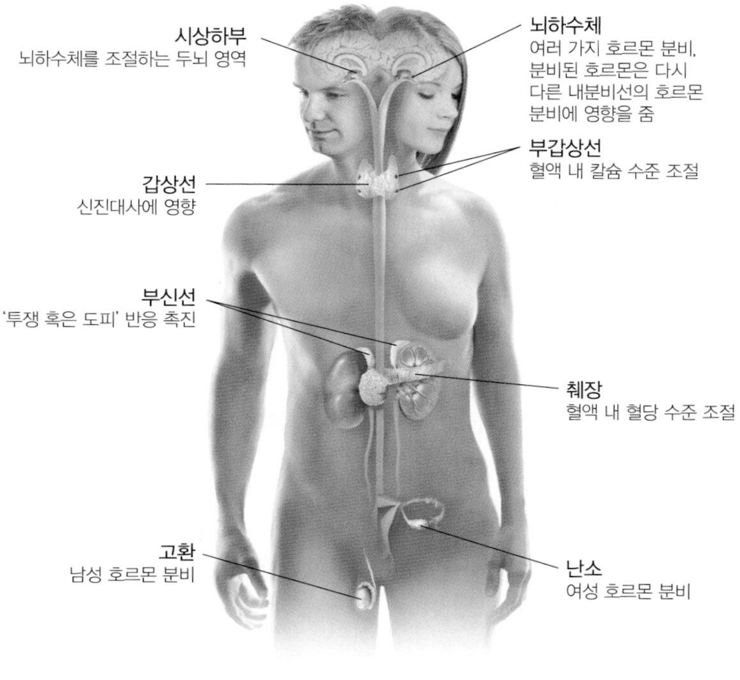

시상하부
뇌하수체를 조절하는 두뇌 영역
뇌하수체
여러 가지 호르몬 분비. 분비된 호르몬은 다시 다른 내분비선의 호르몬 분비에 영향을 줌
부갑상선
혈액 내 칼슘 수준 조절
갑상선
신진대사에 영향
부신선
'투쟁 혹은 도피' 반응 촉진
췌장
혈액 내 혈당 수준 조절
고환
남성 호르몬 분비
난소
여성 호르몬 분비

그림 2.8 내분비계

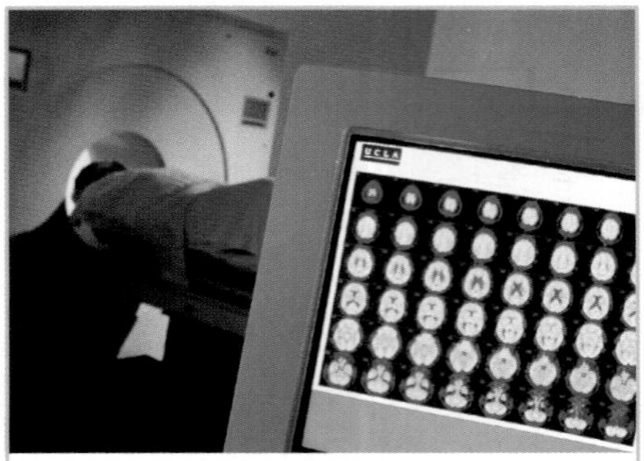
UCLA

Mark Harmel/The Image Bank/Getty Images

그림 2.9 양전자 방출 단층촬영법(PET) PET 영상을 얻기 위해 연구자들은 반감기가 짧고 무해한 방사능이 조금 섞인 포도당을 주사한다. 지원자 머리 주변의 탐지기들이 포도당으로부터 방출되는 감마선을 찾아낸다. 그런 다음에 컴퓨터가 신호들을 처리하여 활동하는 두뇌의 지도를 만들어낸다.

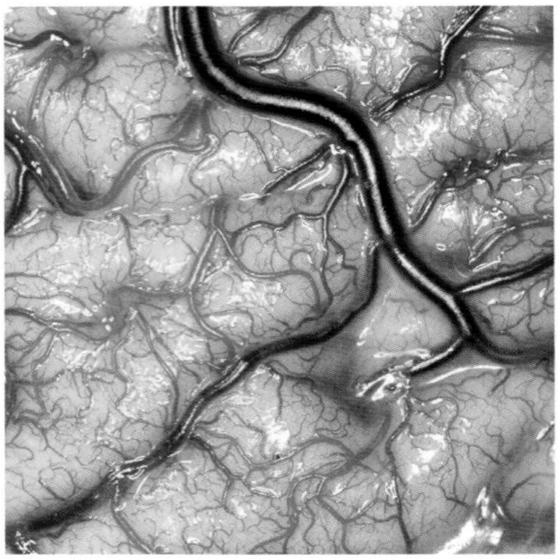

Robert Ludlow/UCL Institute of Neurology/Wellcome Images

인간의 살아있는 노출된 두뇌 오늘날 신경과학 도구는 머릿속을 들여다볼 수 있게 하고, 활동하고 있는 두뇌를 엿볼 수 있게 해준다.

내분비선의 통제 센터는 **뇌하수체**(pituitary gland)이다. 두뇌 중심부에 자리 잡고 있는 콩만 한 크기의 뇌하수체는 두뇌의 가까운 영역인 시상하부의 통제를 받는다. 뇌하수체는 많은 호르몬을 분비하는데, 하나는 신체발달을 촉진하는 성장 호르몬이며, 다른 하나는 출산, 수유 중 모유 흐름, 그리고 오르가슴 동안의 수축을 가능하게 하는 옥시토신이다.

두뇌

두뇌 연구를 위한 도구

살아있는 두뇌 활동을 탐구할 수 있는 강력하면서도 적절한 도구가 없었다. 이전에는 두뇌 손상이 두뇌와 마음의 연결에 대한 단서를 제공했다. 예를 들어 의사들은 한쪽 두뇌의 증상이 종종 신체의 반대쪽을 마비시키는 것을 언급하면서 신체의 오른쪽이 두뇌의 왼쪽과 연결되어 있고, 반대쪽도 마찬가지라고 정확히 추측했다. 다른 초기 관찰자들은 시력문제를 후뇌 손상과 연관지었고, 언어장애는 왼쪽 전뇌 손상과 관련이 있다고 말했다. 이처럼 점차 두뇌지도가 나타나기 시작했다.

두뇌지도 제작자들의 새로운 세대들이 이전에 알려지지 않은 영역을 도표화하여 다양한 두뇌 부분을 자극하고 그 결과를 관찰하고 있다. 이 중 일부는 미세전극을 사용하여 개별 뉴런의 메시지를 살핀다. 일부는 수십억 뉴런의 **뇌전도**(electroencephalograph, EEG)를 듣기 위해 커다란 전극을 두피에 부착한다.

양전자 방출 단층촬영법(positron emission tomography, PET)은 일시적으로 방사능 물질이 포함된 포도당의 형태를 추적한다. 두뇌는 전체 몸무게의 2%밖에 되지 않지만, 신체 에너지의 20%를 사용한다. 활동적인 뉴런이 포도당을 먹기 때문에 PET는 방사능 물질을 추적함으로써 '사고를 위한 자양분'이 어디로 가는지 탐지할 수 있다. 강우 활동을 보여주는 기상 레이더와 마찬가지로 PET의 '핫 스팟'은 사람들이 수학 계산을 하거나 얼굴 이미지를 보거나 백일몽을 꿀 때 두뇌의 어느 영역이 가장 활동적인지를 보여준다(**그림 2.9**).

자기공명영상법(magnetic resonance imaging, MRI)은 두뇌 분자의 활동을 잠시 방해하여 두뇌 구조의 이미지를 포착한다. 두뇌를 강력한 자기장에 놓음으로써 회전하는 원자들을 정렬시킨다. 그런 다음에 짧은 라디오파 파동으로 회전을 방해한다. 원자들이 정상적인 회전 상태로 돌아오면 그들은 두뇌를 포함한 부드러운 조직에 대한 상세한 그림을 제공하는 신호를 보낸다. 예를 들어 MRI 영상은 조현병을 앓고 있는 환자가 두뇌에 액체로 가득한 영역을 확대시켰다는 것을 밝혀냈다(**그림 2.10**).

특수하게 제작된 MRI인 **기능적 MRI**(functional MRI, fMRI)는 두뇌의 구조뿐만 아니라 기능도 밝혀줄 수 있다. 특별히 활동적인 두뇌 영역에는 혈액이 모인다. 1초 이내의 간격을 두고 찍은 MRI 영상을 비교함으로써 사람들이 상이한 기능을 수행할 때 활동하는 두뇌 영역을 관찰할 수 있었다. 예를 들어 사람이 사진을 볼 때, fMRI는 시각 정보를 처리하는 뇌 뒤쪽으로 혈액이 몰리는 것을 탐지하게 된다(그림 2.19 참조). 이 기술로 어느 정도 마음을 읽을 수 있게 되었다. 신경과학자들은 독서, 도박 등 여덟 가지 다른 정신적 과제를 수행했던 129명의 두뇌를 검사했다. 나중에, 다른 사람의 두뇌 이미지를 보면서 80% 정확하게 그 사람이 어떤 정신적인 일을 하고 있는지를 알아낼 수 있었다(Poldrack et al., 2009).

오래된 두뇌 구조

뇌의 구조가 우리의 능력을 결정한다. 상어와 같은 원시적 척추동물에서는 두뇌가 일차적으로 호흡, 휴식, 섭식 등의 기본적인 생존 기능을 담당한다. 설치류와 같이 낮은 수준의 포유류에서는 더 복잡한 두뇌가 정서와 더 뛰어난 기억을 가능하게 한다. 인간과 같은 진화된 포유류에서는 두뇌가 보다 많은 정보를 처리함으로써 선견지명을 가지고 행동할 수 있게 된다.

두뇌가 복잡해진다는 것은 오래된 구조 위에 새로운 두뇌 구조를 첨가하는 것이다. 이것은 마치 지구의 표면에서 오래된 지층 위에 새로운 지층이 덮이는 것과 같다. 속으로 들어가보면 과거의 화석과 같은 잔재를 발견하게 되는데, 뇌간의 성분들은 인간의 오랜 조상들 두뇌에서와 동일한 기능을 여전히 수행하고 있다.

뇌간

뇌간(brainstem)은 두뇌의 가장 오래되고 가장 깊은 곳에 위치한 영역이다. 척수가 두개골로 진입하는 위치에서 시작하며 약간 솟아올라 **연수**(medulla)를 형성한다(**그림 2.11**). 여기서 심장박동 및 호흡을 조절한다. 연수 바로 위에 뇌교가 자리 잡고 있으며, 운동협응과 수면을 조절하는 데 도움을 준다. 심각한 두뇌 손상을 입은 환자들이 보여주듯이, 심장박동과 호흡을 조절하기 위해 고등의 두뇌나 의식적인 마음은 필요하지 않다. 뇌간이 이러한 일들을 처리한다. 만약에 고양이 뇌간의 맨 윗부분을 그 위의 두뇌 영역들로부터 분리해도 여전히 호흡하고 살아있으며, 달리거나 기어오르거나 얼굴을 쓰다듬을 수 있다(Klemm, 1990). 하지만 두뇌의 상층 부위를 절단하게 되면, 먹이를 얻기 위해서 의도적으로 달리거나 기어오르는 행동을 할 수 없게 된다.

뇌간은 두뇌로 들어가거나 나오는 대부분의 신경들이 신체 반대쪽으로 연결되는 교차지점이다. 따라서 오른쪽 뇌는 신체의 왼쪽을 제어하고 그 반대도 마찬가지다(**그림 2.12**). 이 교차 배선은 두뇌가 보여주는 많은 놀라운 사실 중 하나이다.

시상

뇌간의 바로 위에 있는 **시상**(thalamus)은 두뇌의 감각조절중추 역할을 한다. 계란 모양의 쌍으로 구성된 시상은 후각을 제외한 모든 감각으로부터 정보를 받아들이며 시각, 청각, 미각, 촉각을 담당하는 두뇌 영역에 그 정보를 전달한다. 시상은 상부에 존재하는 두뇌의 반응을 받아들이기도 하며 그 정보를 연수와 소뇌에 전달한다.

망상체

뇌간의 안쪽, 즉 양쪽 귀 사이에 **망상체**(reticular formation)가 있

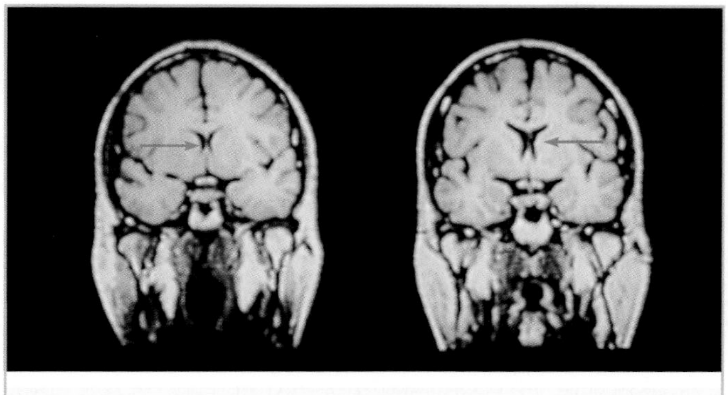

From Daniel Weinberger, M.D., CBDB, NIMH

그림 2.10 건강한 사람(왼쪽)과 조현병 환자(오른쪽)의 MRI 영상 오른쪽 그림에서 수액으로 채워져 있는 뇌실이 확장된 것에 주목하라.

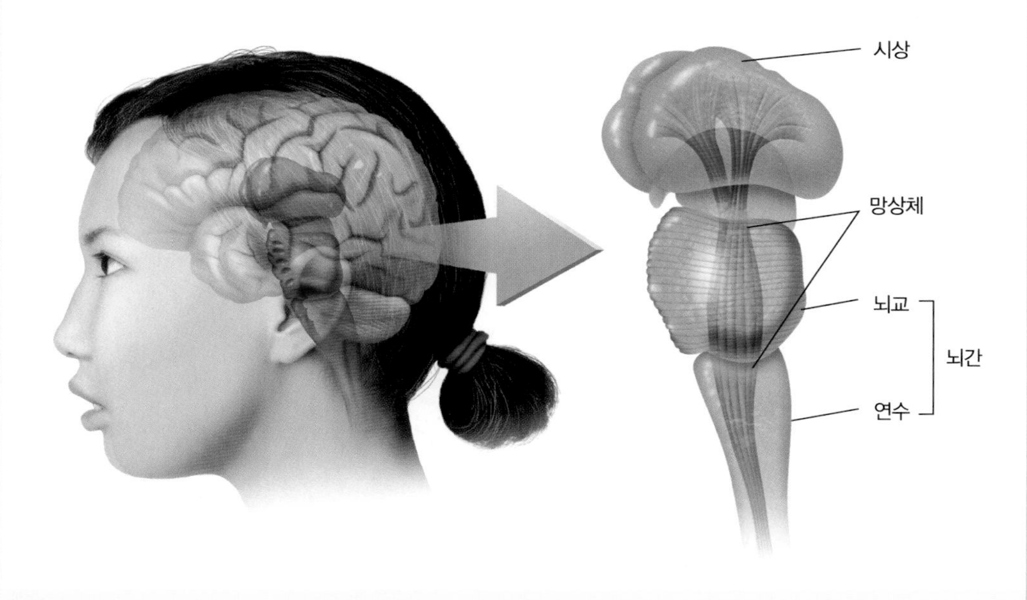
시상
망상체
뇌교
연수
뇌간

그림 2.11 뇌간 및 시상 뇌교와 연수를 포함한 뇌간은 척수의 확장이다. 시상이 맨 위에 붙어 있다. 망상체는 두 구조를 모두 통과한다.

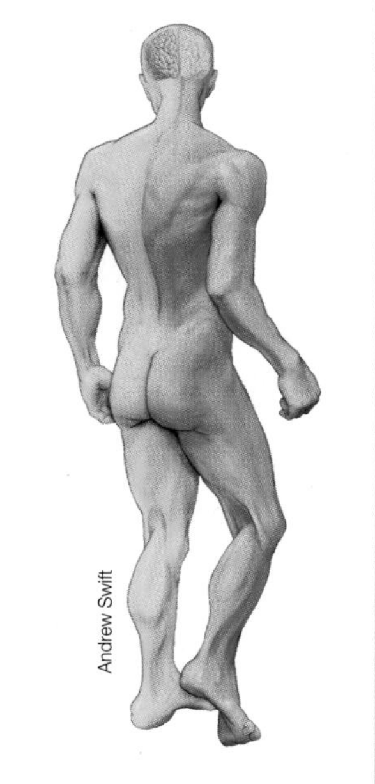
Andrew Swift

그림 2.12 인체의 배선

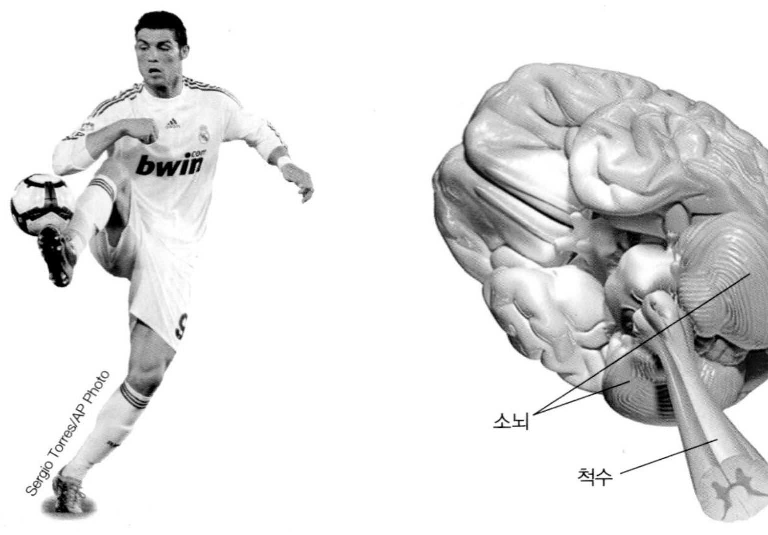
bwin
소뇌
척수
Sergio Torres/AP Photo

그림 2.13 두뇌의 민첩성 기관 두뇌 뒤쪽에 달려 있는 소뇌는 축구 스타 호날두가 공을 컨트롤할 때처럼 자발적인 움직임을 조정해준다.

다. 이 신경망은 척수로부터 뇌간과 시상까지 퍼져 있다(그림 2.11 참조). 감각 정보가 척수에서 시상으로 전달될 때 망상체는 중요한 정보를 걸러내서 두뇌의 다른 영역으로 전달하는 필터 역할을 한다.

1949년에 연구자들이 발견한 것과 같이 망상체는 각성에 관여한다. 자고 있는 고양이의 망상체에 전기자극을 주면 고양이는 즉각적으로 각성 상태가 된다(Moruzzi & Magoun, 1949). 고양이의 망상체가 근처의 감각경로를 손상시키지 않고 더 높은 두뇌 부위에서 단절되었을 때 똑같이 극적인 결과를 가져왔다. 고양이는 혼수상태에 빠져 전혀 깨어나지 않았다.

소뇌

뇌간의 뒤쪽으로 '작은 두뇌'라는 의미의 **소뇌**(cerebellum)가 있는데, 2개의 주름 잡힌 닮은꼴의 절반이 붙어 있다(**그림 2.13**). 이 야구공 크기의 뇌간은 의식적 노력 없이 많은 부분에서 중요한 역할을 한다. 소뇌는 시간을 판단하고, 감촉과 소리를 구별하고, 정서를 조절하는 데 도움을 준다(Bower & Parsons, 2003). 소뇌는 자발적 운동을 조절한다. 축구선수가 노련하게 공을 다루는 것의 상당 부분은 소뇌의 공헌이다. 만약 소뇌에 부상을 입히거나 술을 마셨다면, 당신은 걷거나 균형을 잡거나 악수를 하는 데 어려움을 겪을 것이다. 소뇌는 또한 자전거를 타는 방법과 같이 의식적으로 회상할 수 없는 것들에 대한 기억을 처리하고 저장하는 것을 돕는다.

변연계

두뇌의 가장 오래된 부분을 여행했지만, 아직까지 가장 최신이자 최고의 영역인 대뇌반구에는 도달하지 못했다. 대뇌반구에 가기 위해서는 가장 오래된 두뇌 영역과 가장 새로운 두뇌 영역 사이에 있는 **변연계**(limbic system)를 통과해야 한다. 변연계에는 편도체, 시상하부, 해마가 있다(**그림 2.14**).

편도체 **편도체**(amygdala)는 2개의 콩만 한 신경세포체의 덩어리로 공격과 공포에 영향을 미친다. 1939년 연구자들은 붉은털원숭이의 편도체를 제거하는 수술을 통해 포악한 동물을 가장 온순한 동물로 변화시켰다(Klüver & Bucy, 1939).

그렇다면, 고양이와 같이 평소에 온순한 가축의 편도체에 전기자극을 하면 과연 어떤 일이 일어날까? 편도체의 한 영역에 전기를 가하면 고양이는 등을 구부리고 동공이 확장되며 털을 곤두세운 채 공격 자세를 취한다. 편도체 내에서 전극의 위치를 약간 이동시키고 쥐 한 마리를 우리에 집어넣으면, 그 고양이는 공포에 질려서 오금을 펴지 못한다.

많은 실험들이 정서를 처리하고 분노와 공포를 지각하는 편도체의 역할을 확인해주었다. 편도체 손상으로 원숭이와 인간은 낯선 사람을 덜 두려워하게 된다(Harrison et al., 2015). 한 여성은 희

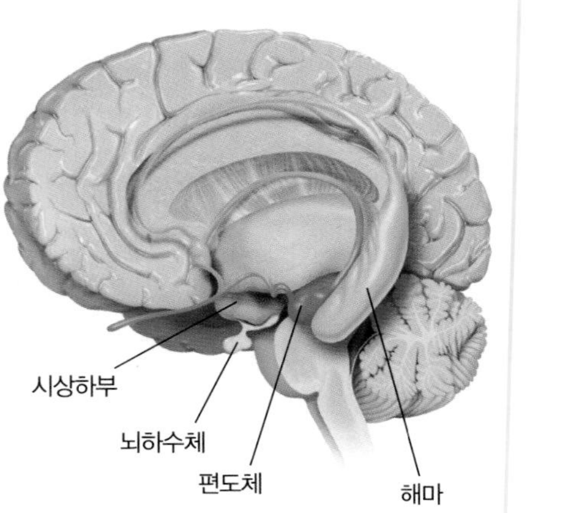
시상하부
뇌하수체
편도체
해마

그림 2.14 변연계 이 신경체계는 두뇌의 오래된 부분과 대뇌반구 사이에 위치해 있다. 변연계의 시상하부는 뇌하수체 근처를 조절한다.

귀 유전병으로 편도체를 잃게 된 후 더 이상 공포를 경험하지 않게 되었다. 뱀을 만나거나, 공공장소에서 말을 하거나, 심지어 총으로 위협을 받는 순간에도 그녀는 두려워하지 않았다(Feinstein et al., 2013).

그러나 비판적 사고자는 여기에서 주의해야 한다. 두뇌는 특정한 행동과 감정을 반영하는 구조로 깔끔하게 정리되어 있지 않다는 점이다. 우리가 두려움을 느끼거나 공격적으로 행동할 때, 단지 편도체뿐만 아니라 두뇌의 많은 부분이 활성화된다.

시상하부 시상의 바로 아래 있는 **시상하부**(hypothalamus)는 신체의 안정적인 내부 상태의 유지를 도와주는 지휘계통의 중요한 연결고리이다. 시상하부의 일부 신경군집은 배고픔에 영향을 미치며, 다른 군집들은 갈증, 체온, 성행동을 조절한다. 몸의 상태를 관찰하기 위해 시상하부는 혈액의 화학성분들도 감시하며 두뇌의 다른 부위로부터 명령을 받기도 한다. 예를 들어 섹스에 대해서 생각하는 것은 시상하부로 하여금 호르몬들을 분비하도록 만든다. 이 호르몬들은 당신의 **대뇌피질**에서 섹스에 대한 사고를 강화할 것이다(두뇌는 내분비선에 영향을 미치고, 내분비선은 다시 두뇌에 영향을 미친다).

시상하부에 대한 놀라운 발견에 관한 이야기는 과학연구에서 호기심으로 가득 차고 개방적인 연구자들이 예상치 못했던 관찰을 하게 되었을 때 어떻게 진보가 이루어지는 것인지를 예시해준다. 제임스 올즈(James Olds)와 피터 밀너(Peter Milner)(1954)는 쥐의 망상체에 전극을 꽂으려고 시도하다가 실수로 시상하부의 한 영역에 전극을 꽂고 말았다(Olds, 1975). 이상하게도 그 쥐는 이렇게 잘못 꽂힌 전극을 통해서 자극을 받았던 위치로 되돌아오곤 하였는데, 마치 보다 많은 자극을 원하는 것처럼 보였다. 올즈와 밀너는 쾌 보상을 제공하는 두뇌중추를 건드린 것이라는 사실을 인식하게 되었다.

금붕어, 돌고래, 원숭이 등과 같은 다른 동물 종에서도 시상하부 안쪽이나 근처에서 유사한 보상중추들이 발견되었다. 신경전달물질인 도파민의 방출을 촉발하는 보편적 보상중추뿐만 아니라 먹기,

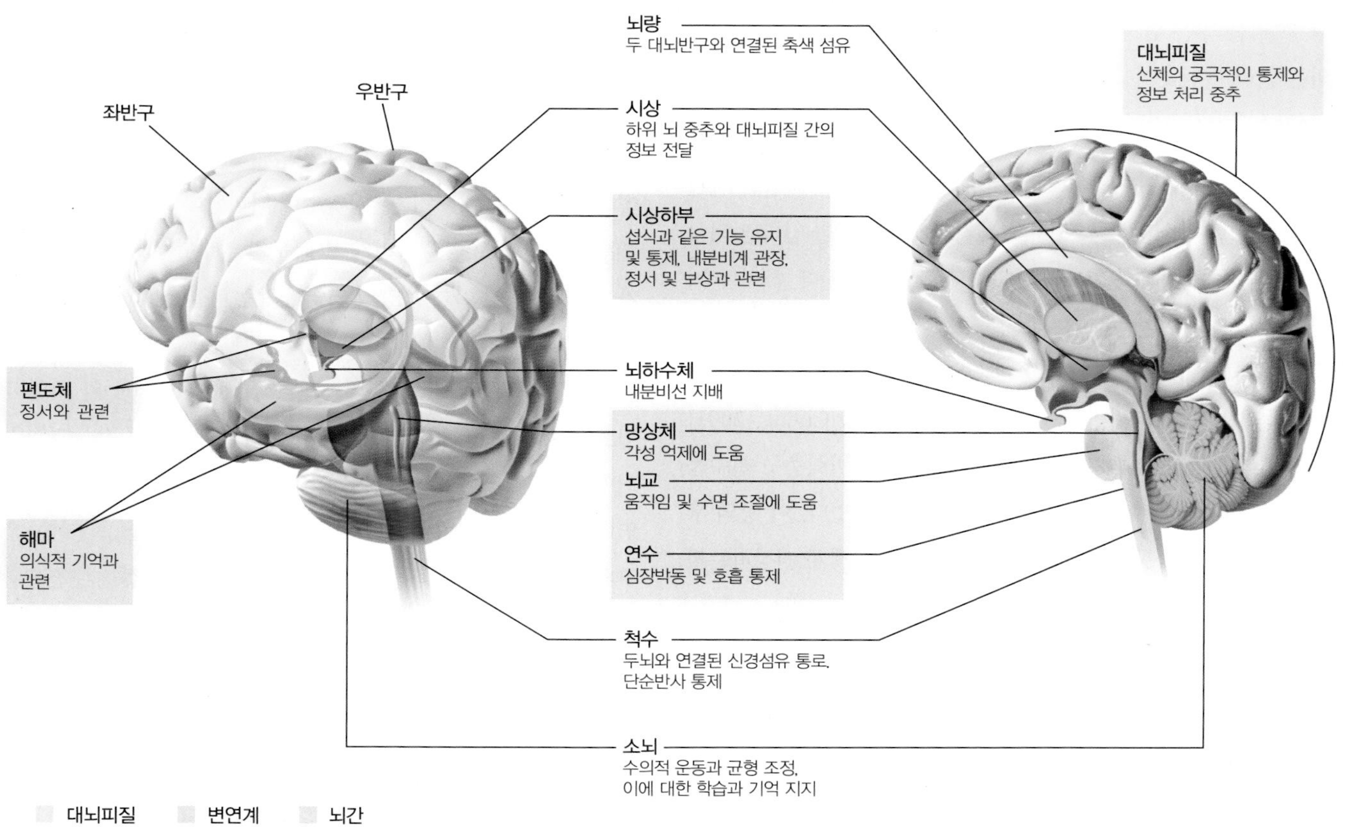
좌반구
우반구
편도체
정서와 관련
해마
의식적 기억과 관련
뇌량
두 대뇌반구와 연결된 축색 섬유
시상
하위 뇌 중추와 대뇌피질 간의 정보 전달
시상하부
섭식과 같은 기능 유지 및 통제, 내분비계 관장, 정서 및 보상과 관련
뇌하수체
내분비선 지배
망상체
각성 억제에 도움
뇌교
움직임 및 수면 조절에 도움
연수
심장박동 및 호흡 통제
척수
두뇌와 연결된 신경섬유 통로, 단순반사 통제
소뇌
수의적 운동과 균형 조정, 이에 대한 학습과 기억 지지
대뇌피질
신체의 궁극적인 통제와 정보 처리 중추
대뇌피질
변연계
뇌간

그림 2.15 두뇌의 구조와 기능

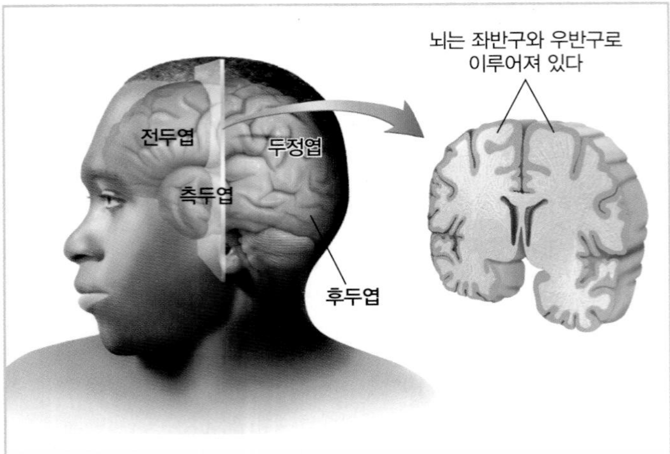
뇌는 좌반구와 우반구로
이루어져 있다
전두엽
두정엽
측두엽
후두엽

그림 2.16 피질과 4개의 엽

마시기, 그리고 성행동의 쾌감과 연합된 특수한 중추도 밝혀왔다. 동물들은 마치 생존에 필수적인 행동을 보상해주는 생득적 중추들을 가지고 태어나는 것처럼 보인다.

사람들도 변연계에 쾌 중추를 가지고 있을까? 한 신경외과 의사는 난폭한 환자를 진정시키기 위해서 변연계 부위에 전극을 사용하였다. 자극을 받은 환자는 약한 쾌를 보고하였지만, 올즈와 밀너의 쥐와는 달리 미친듯이 그 자극을 원하지는 않았다(Deutsch, 1972; Hooper & Teresi, 1986).

해마 **해마**(hippocampus)는 해마 모양의 두뇌 구조로 사실과 사건의 명확한 기억을 처리한다. 해마를 제거하거나 손상을 입히면 의식적인 기억들을 형성하고 회복하는 능력도 함께 제거된다. 해마에 뇌종양을 앓았던 아이들은 이후 새로운 정보를 기억하는 데 어려움을 겪을 것이다(Jayakar et al., 2015). 해마가 손상된 새들은 씨앗들을 어디에 묻었는지 기억해내지 못할 것이다(Kamil & Cheng, 2001; Sherry & Vaccarino, 1989). 뇌진탕 경험이 있는 미식축구 선수들은 나중에 해마가 수축되어 기억력이 떨어질 수도 있다. 이 장의 후반부에서는 잠자는 동안 해마가 그날의 경험을 어떻게 저장하는지를 보게 될 것이다.

대뇌피질

오래된 두뇌 조직들은 기본적인 생명 기능을 유지하며, 기억과 정서, 그리고 기본 욕구들을 가능하게 해준다. 오래된 두뇌 조직 위에 대뇌가 있으며, 두뇌 무게의 85%를 차지하는 2개의 큰 반구로 되어 있다. **대뇌피질**(cerebral cortex)은 복잡하게 상호 연결된 신경세포들로 이루어진 두뇌의 표면으로 나무 껍질처럼 대뇌반구 바깥쪽에 얇은 층을 형성하고 있다. 신체를 궁극적으로 제어하고 정보 처리를 수행하는 중추가 바로 대뇌피질이다.

대뇌피질의 구조

사람의 두개골을 열어보면 커다란 호두처럼 주름 잡힌 기관을 보게 된다. 두뇌의 좌우 반구는 주로 피질과 뇌의 다른 부위를 연결하는 축색으로 채워져 있다. 대뇌피질에는 약 200~230억 개의 신경세포와 300조 개의 시냅스 연결이 있다(de Courten-Myers, 2005).

각 두뇌반구 피질은 4개의 **엽**으로 나뉘며, 깊은 주름으로 분리되어 있다(**그림 2.16**). **전두엽**(frontal lobes)은 이마의 안쪽, **두정엽**(parietal lobes)은 머리 위에서 뒤쪽까지, **후두엽**(occipital lobes)은 머리 뒷부분, 그리고 **측두엽**(temporal lobes)은 양쪽 귀 바로 위에 위치한다. 각 엽은 다양한 기능을 수행하며, 그 기능들은 여러 엽의 상호작용을 필요로 한다.

피질의 기능

운동기능

1870년에 독일의 의사 구스타프 프리치(Gustav Fritsch)와 에두아르트 히치히(Eduard Hitzig)가 동물의 피질에 약한 전기자극을 줌으로써 다른 신체 부위를 움직이게 할 수 있다는 중요한 발견을 했다. 전두엽의 가장 뒷부분 중에서 대략 양쪽 귀를 연결하는 아치 모양의 영역에 자극을 주었을 때만 움직임이 나타났다. 더욱이 좌반구의 일부를 자극하면 오른쪽 다리가, 우반구의 일부를 자극하면 왼쪽 다리가 움직였다. 이 아치 모양의 영역을 **운동피질**(motor cortex)이라고 한다.

1930년대에 오트프리트 푀르스터(Otfrid Foerster)와 와일더 펜필드(Wilder Penfield)는 수백 명의 환자를 대상으로 운동피질의 여러 영역을 자극하고 신체 반응을 확인하여 운동피질 지도를 작성하였다. 그들은 손가락이나 입과 같은 정교한 제어를 요구하는 신체 부위들이 가장 많은 운동피질 영역을 차지한다는 것을 발견했다(**그림 2.17**).

감각 기능 운동피질이 신체로 메시지를 보낸다면, 감각으로부터 들어오는 메시지는 피질 어느 곳에서 받아들이는 것인가? 펜필드는 피부감각과 신체운동으로부터 정보를 받아들이는 피질 영역을 확인하였다. 이 영역은 운동피질과 병행하며, 운동피질의 뒤쪽이자 두정엽의 가장 앞쪽에 해당하는 **체성감각피질**(somatosensory cortex)이다. 이 영역의 한 지점을 자극하면, 누가 어깨를 건드리고 있다고 보

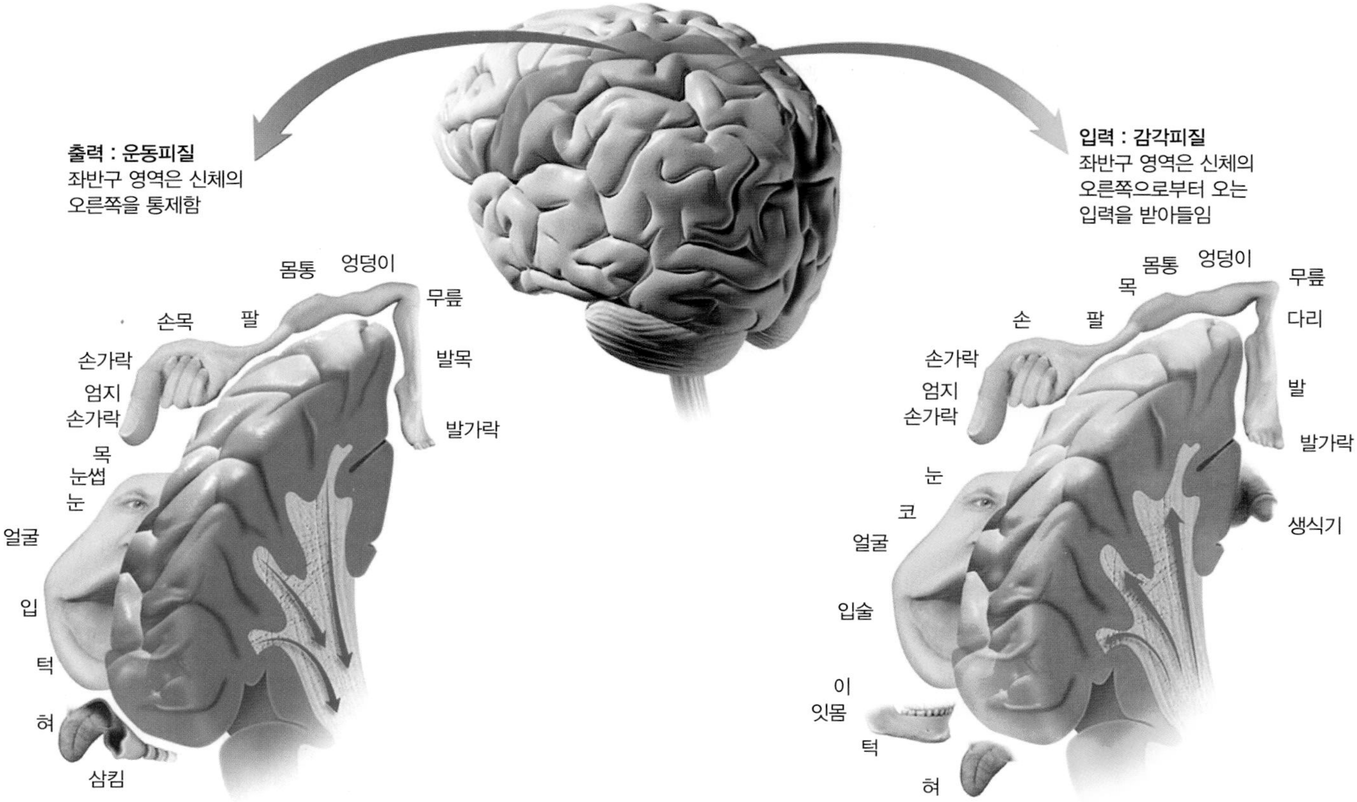
출력 : 운동피질
좌반구 영역은 신체의
오른쪽을 통제함
입력 : 감각피질
좌반구 영역은 신체의
오른쪽으로부터 오는
입력을 받아들임
몸통
엉덩이
무릎
손목
팔
손가락
발목
엄지
손가락
발가락
목
눈썹
눈
얼굴
입
턱
혀
삼킴
목
몸통
엉덩이
무릎
손
팔
다리
손가락
엄지
손가락
발
발가락
눈
코
생식기
얼굴
입술
이
잇몸
턱
혀

그림 2.17 운동피질과 감각피질에서 각 신체 부위를 관장하는 좌반구 영역 신체 부위를 관장하는 피질의 양은 그 부위의 크기에 비례하지 않는다. 오히려 두뇌는 민감하면서 정확한 제어가 필요한 영역에 많은 부위를 할당한다. 그래서 손가락은 팔보다 더 큰 피질 영역을 차지한다.

고할 수도 있다. 옆쪽 어떤 지점을 자극하면 얼굴에서 무엇인가를 느낄 수도 있다.

신체 부위가 민감할수록 그 부위를 관장하는 체성감각 영역도 커진다. 키스를 할 때 왜 팔꿈치를 문지르지 않고 입술을 사용하는가? 매우 민감한 입술은 팔보다 더 넓은 두뇌 영역에 투사된다. 마찬가지로, 쥐는 수염감각에 관여하는 두뇌 영역이 크며, 부엉이는 청각에 관여하는 영역이 크다.

체성감각피질은 촉감이나 온도와 같은 피부감각과 신체 부위의 움직임으로부터 들어온 정보를 처리하는 매우 강력한 도구이다. 하지만 두정엽 영역이 감각기관으로부터 정보를 받는 유일한 피질은 아니다. 외과 의사들이 어떤 환자의 두뇌 뒤쪽에 있는 오른쪽 **후두엽**에서 큰 종양을 제거한 이후, 환자가 왼쪽 시력을 잃은 경우가 있다. 그 이유는 온전한 두뇌에서 시각 정보는 눈에서 후두엽에 있는 **시각피질**로 이동하기 때문이다(**그림 2.18**). 후두엽에서 시각 정보는 다른 영역, 즉 단어 식별, 정서 탐지, 얼굴 인식과 같은 작업을 전문으로 하는 영역으로 이동한다(**그림 2.19**).

정상적인 시력을 가지고 있는 사람의 후두엽을 자극하면 불빛이나 색 경험을 할 수 있다(어떤 의미에서, 머리 뒷부분에 눈을 가지고

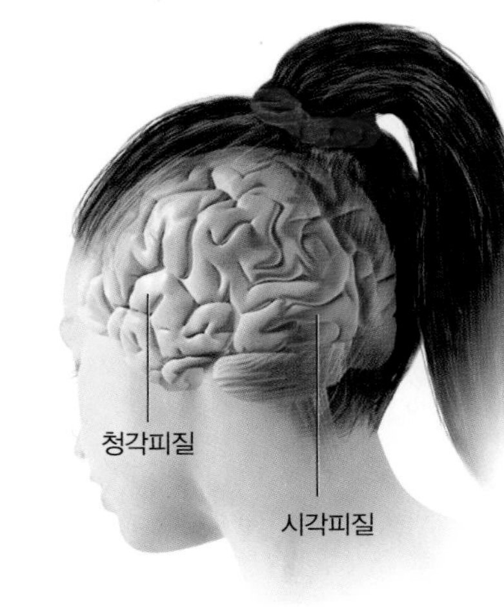
청각피질
시각피질

그림 2.18 시각피질과 청각피질 두뇌의 뒤쪽에 있는 후두엽의 시각피질은 눈으로부터 입력을 받아들인다. 측두엽의 청각피질은 귀로부터 정보를 받아들인다.

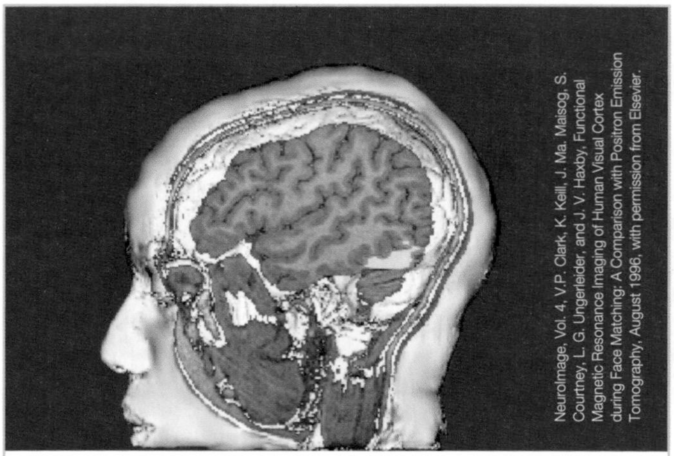
NeuroImage, Vol. 4, V.P. Clark, K. Keil, J. Ma. Maisog, S. Courtney, L. G. Ungerleider, and J. V. Haxby, Functional Magnetic Resonance Imaging of Human Visual Cortex during Face Matching: A Comparison with Positron Emission Tomography, August 1996, with permission from Elsevier.

그림 2.19 활동 중인 뇌 이 fMRI 영상은 참가자가 얼굴을 들여다볼 때 활동하는 후두엽의 시각피질을 보여준다(혈류의 증가를 색깔로 나타낸다). 얼굴 보기를 중지하면 즉각적으로 그 영역의 활동이 줄어든다.

있다고 할 수 있다).

소리는 측두엽의 청각피질에서 처리된다. 대부분의 청각 정보는 한쪽 귀에서 반대쪽 귀 위의 청각수신 영역까지 돌아서 이동한다. 조현병 환자의 MRI 영상을 보면, 청각적 **환각**(hallucinations)이 일어날 때 측두엽의 청각 영역이 활성화되는 것을 알 수 있다.

연합령 지금까지는 피질에서 감각입력을 받아들이거나 근육에게 정보를 보내는 조그만 영역을 다루었다. 이러한 영역들은 피질의 약 1/4에 해당한다. 그렇다면 피질의 남아 있는 넓은 영역은 무엇을 하는 것인가? **연합령**(association areas)에서 뉴런은 더 높은 정신적 기능들을 수행한다. 연합령을 전기로 자극해도 아무런 관찰 가능한 반응이 촉발되지 않는다. 체성감각, 운동 영역과 달리 연합령의 기능을 깔끔하게 규정할 수는 없다.

연합령은 4개 엽 모두에 존재한다. 전두엽의 앞쪽에 있는 **전두엽 피질**은 판단하고 계획하고 새로운 기억을 처리할 수 있게 해준다. 전두엽에 손상을 입은 사람들은 온전한 기억을 가지고 있고, 지능검사에서 높은 점수를 받으며, 케이크를 구울 수는 있을 것이다. 그러나 그들은 사랑하는 사람의 생일 케이크를 굽기 위해 미리 계획을 세울 수는 없을 것이다(Huey et al., 2006).

철도 근로자였던 피니어스 게이지(Phineas Gage)의 유명한 사례연구에서 볼 수 있듯이 전두엽 손상은 성격을 변화시킬 수도 있다. 1848년 어느 날 오후, 당시 25세였던 게이지는 쇠막대를 사용하여 바위 구멍에 화약을 다져넣고 있었다. 그런데 불꽃이 화약에 붙어 폭발하는 바람에 쇠막대가 그의 왼쪽 빰을 관통하여 두개골 상단으로 빠져나와 전두엽이 크게 손상되는 사고가 일어났다(**그림 2.20a**). 놀랍게도 그는 바로 앉아서 말을 할 수 있었으며, 치료를 받은 후에 일터로 되돌아왔다. 그러나 다정하고 부드럽게 말하던 게

비판적으로 사고하기 **두뇌 10% 이상 사용하기**

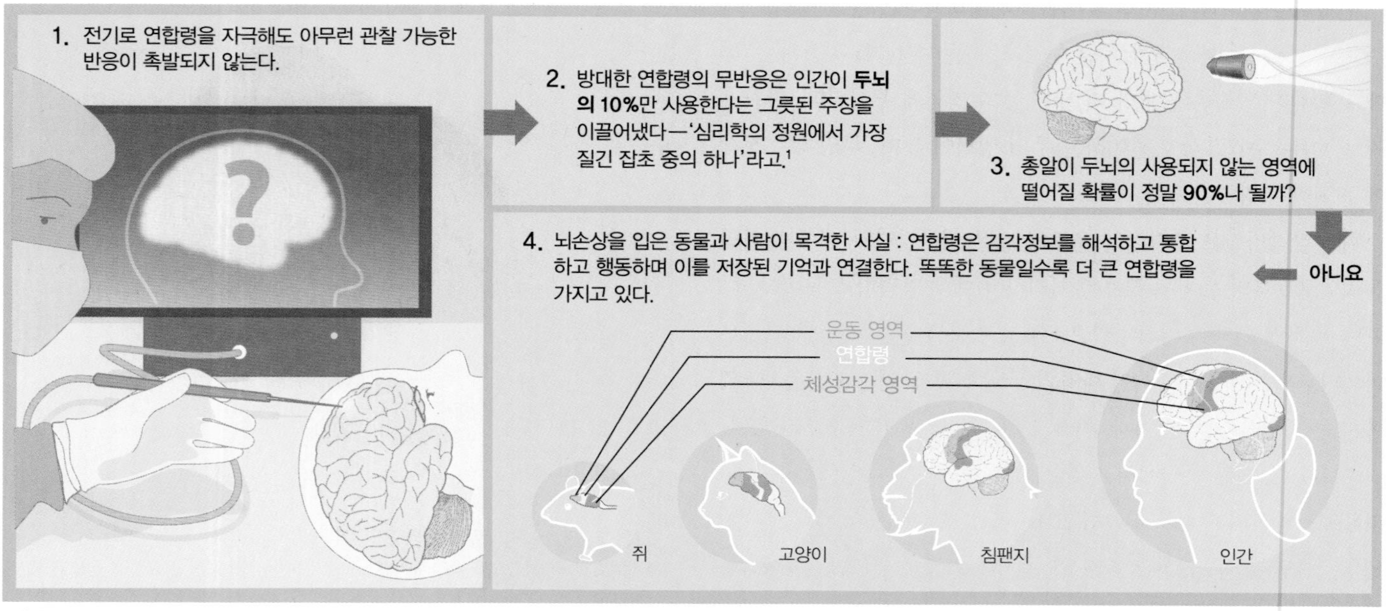
1. 전기로 연합령을 자극해도 아무런 관찰 가능한 반응이 촉발되지 않는다.
2. 방대한 연합령의 무반응은 인간이 두뇌의 10%만 사용한다는 그릇된 주장을 이끌어냈다—'심리학의 정원에서 가장 질긴 잡초 중의 하나'라고.1
3. 총알이 두뇌의 사용되지 않는 영역에 떨어질 확률이 정말 90%나 될까?
아니요
4. 뇌손상을 입은 동물과 사람이 목격한 사실 : 연합령은 감각정보를 해석하고 통합하고 행동하며 이를 저장된 기억과 연결한다. 똑똑한 동물일수록 더 큰 연합령을 가지고 있다.
운동 영역
연합령
체성감각 영역
쥐
고양이
침팬지
인간

1. McBurney, 1996, p. 44

이지는 사고 이후 화를 잘 내고 음란하며 부정직한 사람이 되었다. 사고로 정서를 조절할 수 있는 전두엽 영역이 파손되었고(Van Horn et al., 2012), 그 결과 게이지의 도덕성과 행동 간의 연결이 끊어진 것이다.

다른 엽들의 연합령 손상은 다른 손실을 초래한다. 뇌졸중이나 두부 손상으로 인해 두정엽 중 일부가 손상된 경우 수학적 · 공간적 추론 능력을 잃을 수 있다(Ibos & Freedman, 2014). 우측 측두엽의 안쪽 영역은 얼굴을 재인할 수 있게 해준다. 이 부위가 손상되면 얼굴 특징을 묘사하고 성별과 대략적인 나이를 짐작할 수 있지만 이상하리만큼 자신의 할머니 얼굴조차 알아보지 못하게 된다.

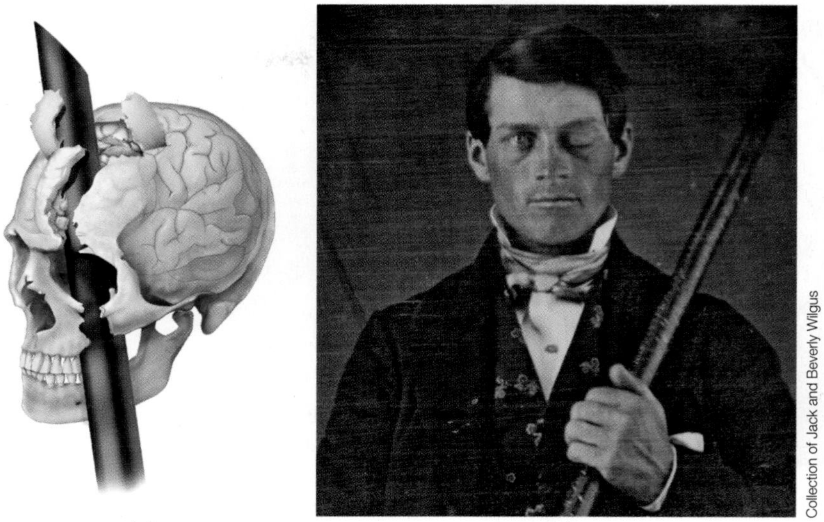
Collection of Jack and Beverly Wilgus

(a) (b)

그림 2.20 과거로부터의 폭발 (a) 피니어스 게이지의 두개골은 의학기록으로 남아 있다. 측정 및 현대 신경영상 기술을 사용하여 연구자들은 쇠막대가 게이지의 두뇌를 관통한 것을 재구성하였다(Van Horn et al., 2012). (b) 게이지의 사고 후 모습. (형상을 정확하게 나타내기 위해 이미지를 반대로 하였다. 이 사진을 포함한 초기 사진들은 실제로는 거울상이다.)

그럼에도 불구하고, 두뇌 영상은 복잡한 정신적 기능이 두뇌의 어느 한 영역에만 자리 잡고 있지 않다는 것을 보여준다. 간단한 일을 수행하는 것은 10%보다 훨씬 적게 두뇌의 작은 부분을 활성화할지도 모른다. 복잡한 작업을 수행하는 동안 영상은 여러 두뇌 활동이 함께 작동하는 것을 보여준다. 기억, 언어 및 주의는 두뇌 영역 간 상호작용의 산물이다(Knight, 2007).

가소성의 힘 : 손상에 대한 대응

앞서 인간의 두뇌가 어떻게 새로운 상황에 적응하는지에 대한 두뇌 가소성에 대해 학습하였다. 우리가 크고 작은 실수를 경험할 때 무슨 일이 일어날까? 두뇌가 손상된 후에 스스로 수정하는 능력에 대해 알아보자.

이 장의 여러 곳에서 두뇌 손상 효과에 대해 논의하였으며, 다음과 같은 두 가지 사실로 요약될 수 있다. (1) 잘린 피부와는 달리 두뇌와 척수의 잘린 뉴런은 재생되지 않는다. 척수가 절단되었다면, 평생 동안 마비될 가능성이 크다. (2) 어떤 두뇌 기능들은 특정한 영역에 할당된 것으로 보인다. 양쪽 측두엽의 안면인식 영역이 손상된 신생아는 얼굴을 전혀 인식할 수 없었다(Farah et al., 2000).

그렇지만 두뇌는 종종 기존의 조직을 재조직함으로써 자가 복구를 시도한다. 특히 어린아이의 두뇌에 있는 일부 조직은 심각한 손상이 있은 후에도 재조직이 가능하다(Kolb, 1989)(**그림 2.21**). 만약 천천히 자라는 좌반구 종양이 언어에 혼란을 주게 되면 오른쪽 반구가 그 일을 대신 할 수 있다(Thiel et al., 2006). 만약 손가락이 절단되면 그 손가락으로부터 입력을 받아들이던 체성감각피질이 이웃 손가락으로부터 신호를 받기 시작할 것이며, 그럼으로써 이웃 손가락은 더욱 예민해진다(Oelschläger et al., 2014). 실명이나 난청은 사용하지 않은 두뇌 영역을 다른 용도로 사용할 수 있게 한다(Amedi et al., 2005). 이러한 가소성은 수화를 배운 청각장애인이 평균 이상의 주변 및 운동 탐지 능력을 가질 수 있는 이유를 설명해 준다(Bosworth & Dobkins, 1999; Shiell et al., 2014). 측두엽의 영역은 보통 청각용으로 사용된다. 그러나 소리 자극이 없으면 시각 자극과 같은 다른 신호를 자유롭게 처리한다.

재조직화를 통한 자가 복구가 더 흔하긴 하지만, 두뇌는 때때로 새로운 뉴런을 만들어내는 **신경 발생**(neurogenesis)을 통해 스스로를 치유하려고 한다. 연구자들은 다 자란 생쥐, 새, 원숭이나 인간의 두뇌 속 깊은 곳에서 어린 뉴런을 발견했다(Jessberger et al., 2008). 어린 뉴런은 다른 곳으로 이동하여 주변 뉴런들과 연계를 형성한다(Aimone et al., 2010; Egeland et al., 2015; Gould, 2007).

분할뇌

좌우 반구는 모양이 비슷해 보이지만 다른 기능을 수행한다. 이러

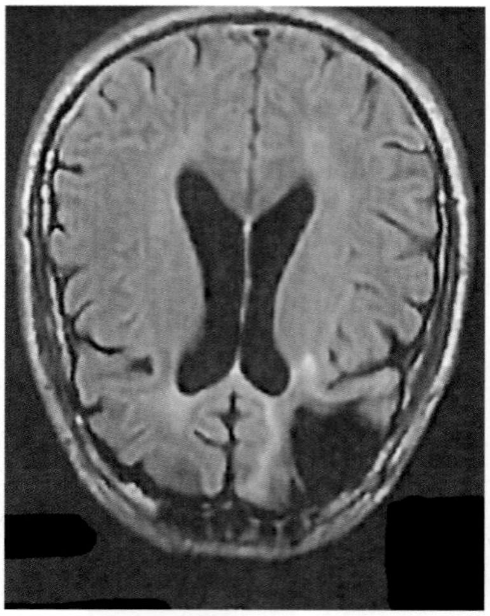

Cecil Clayton's brain scan, included with request for stay of execution filed with the Supreme Court, showing a missing portion of his frontal lobe.

상실된 전두엽 브레이크 영상 아래쪽을 보면 세실 클레이턴(Cecil Clayton)은 왼쪽 전두엽 일부가 손상되어 더 충동적이 되었으며 보안관을 죽였다. 19년 후, 그는 이 범죄로 사형되었다.

Joe McNally/Joe McNally Photography/Getty Images

Living Art Enterprises, LLC/Science Source

그림 2.21 두뇌 가소성 이 6살짜리 아이는 생명을 위협하는 발작을 끝내기 위한 수술을 받았다. 비록 반구 하나를 대부분 제거하였지만, 남은 반구가 다른 영역을 작동시킴으로써 보완한다. 존스홉킨스의 의료팀은 자신들이 실시한 아동의 반구 제거 수술에 대한 반향을 일으켰다. 비록 반대쪽 팔을 사용하지 못하게 되었지만 의료진은 아이들이 기억, 성격, 유머를 얼마나 잘 간직하고 있는지에 대해 '경외심'을 갖게 되었다고 보고했다. 아이가 어릴수록 나머지 반구가 수술로 제거된 반구의 기능을 대신할 가능성이 더 커진다(Choi, 2008; Danelli et al., 2013).

한 좌우 반구의 기능 분화는 두뇌 손상의 유형에 따라 명확해진다. 예를 들어 언어 처리는 대부분 좌반구에서 이루어지는 것으로 보인다. 좌반구의 손상, 뇌졸중, 종양 등은 일반적으로 읽기, 쓰기, 말하기, 수리적 추론, 이해를 저하시킨다. 우반구 손상은 이렇게 극적인 현상을 보이는 경우가 드물다. 이것은 우반구가 열성 반구라는 것인가? 그 이후 연구자들은 열성 우반구가 결코 모자란 반구가 아니라는 사실을 알게 되었다. 이 발견의 이야기는 심리학사에서 매혹적인 한 페이지를 장식하고 있다.

두뇌 분할하기 : 하나의 두개골과 두 정신

1961년, 두 신경외과 의사는 간질 발작이 두 대뇌 반구 사이에서 공명하는 비정상적 두뇌 활동 때문에 일어나는 것으로 믿었다. 두 반구를 연결하는 축색들의 커다란 다발인 **뇌량**(corpus callosum)을 절단함으로써 두 반구 간의 의사소통을 차단하면 간질 증상을 보이는 환자들의 발작을 감소시킬 수 있을지 궁금해했다(**그림 2.22**). 이 신경외과 의사들은 심리학자 로저 스페리(Roger Sperry), 로널드 마이어스(Ronald Myers), 그리고 마이클 가자니가(Michael Gazzaniga)가 이미 이러한 방식으로 심각한 부작용 없이 고양이와 원숭이의 두뇌를 분할했다는 것을 알고 있었다.

그래서 수술을 진행하였고, 발작은 거의 제거되었다. 이렇게 **분할뇌**(split brains)를 갖게 된 환자들은 놀라우리만큼 정상이었고, 성격과 지능도 거의 영향을 받지 않았다. 한 환자는 수술실에서 걸어 나오면서 자신에게 '분할된 두통'이 생겼다고 익살을 부리기조차 하였다(Gazzaniga, 1967). 그들의 경험을 공유함으로써, 이 환자들은 손상되지 않은 두뇌의 두 반구 사이의 상호작용에 대한 이해를 확장했다.

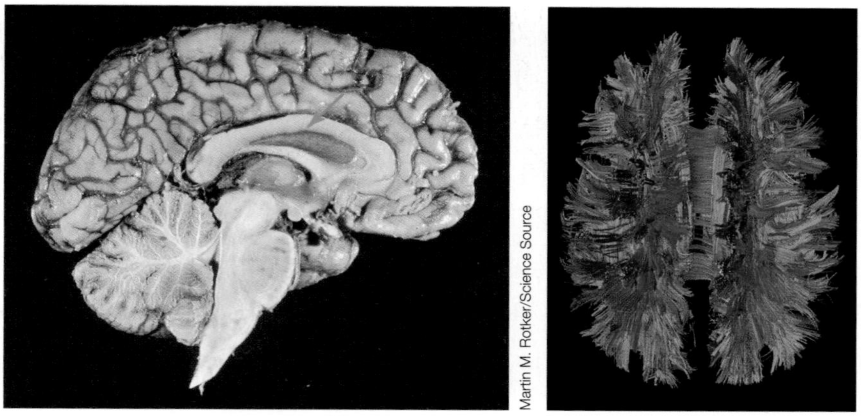

Martin M. Rotker/Science Source

Dr. Patric Hagmann/CHUV, UNIL, Lausanne, Switzerland

그림 2.22 뇌량 커다란 신경섬유 띠가 2개의 뇌반구를 연결한다. 왼쪽 사진은 뇌의 반쪽 사진을 찍기 위해서 외과 의사가 뇌량을 잘라서 반구를 나눈 것이며, 오른쪽의 고해상도 확산 스펙트럼 이미지는 두뇌의 위쪽에서 본 것으로 두 반구 안에 있는 두뇌 신경망과 두 반구 사이에 있는 뇌량을 보여준다.

이러한 연구 결과를 이해하기 위해 **그림 2.23**에 표시된 시각선의 고유한 특성에 대해 잠시 살펴볼 필요가 있다. 각 눈은 전체 시야로부터 감각 정보를 받는다는 것을 참고하라. 하지만 당신의 왼쪽 시야에 있는 정보는 우반구로 가고, 오른쪽 시야에 있는 정보는

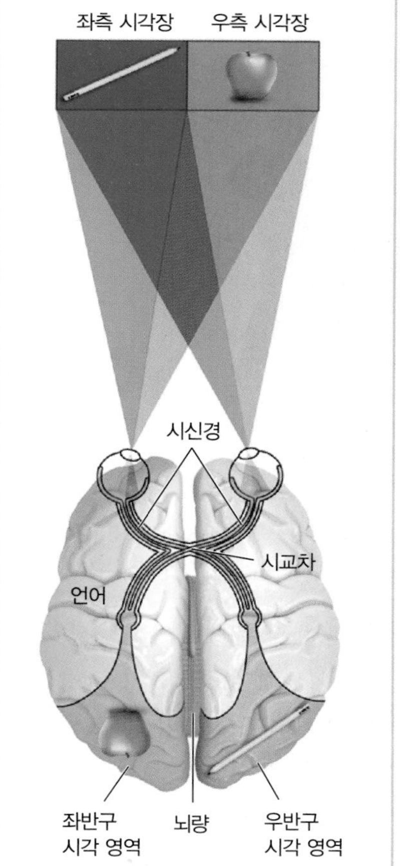
좌측 시각장
우측 시각장
시신경
시교차
언어
좌반구
시각 영역
뇌량
우반구
시각 영역

그림 2.23 눈으로부터 두뇌로 연결되는 정보 고속도로

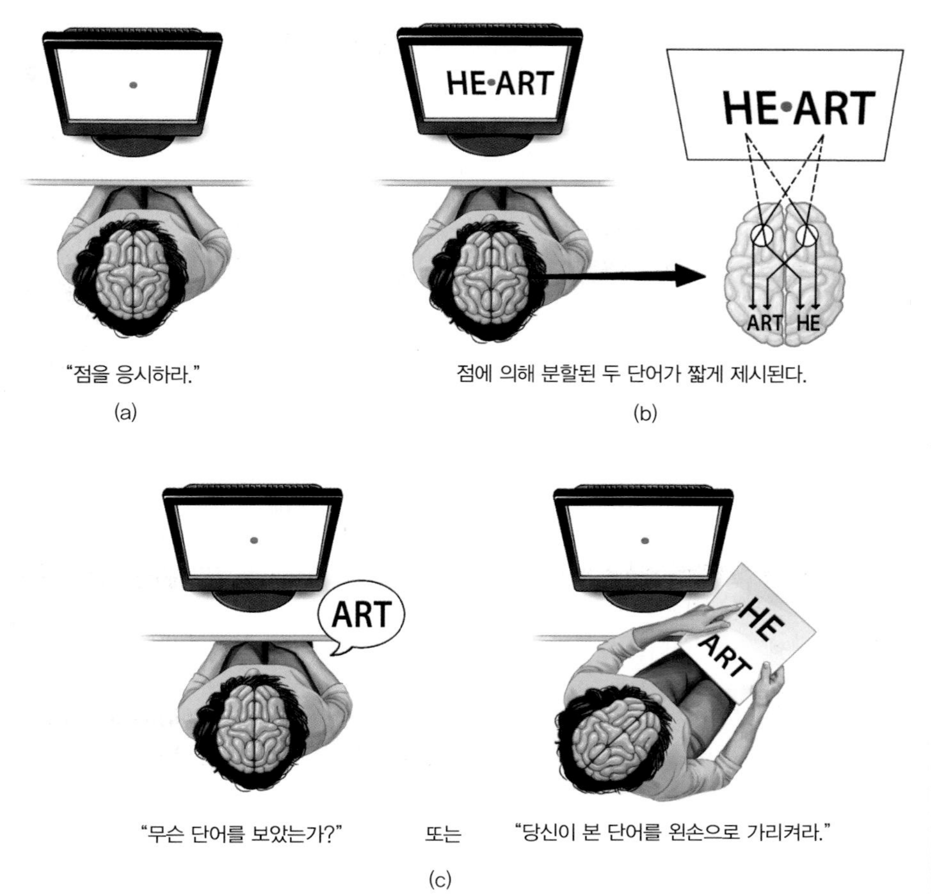
HE•ART
ART HE
"점을 응시하라."
(a)
점에 의해 분할된 두 단어가 짧게 제시된다.
(b)
ART
HE
ART
"무슨 단어를 보았는가?"
또는
"당신이 본 단어를 왼손으로 가리켜라."
(c)

그림 2.24 분할뇌 검사 (Gazzaniga, 1983)

좌반구로 간다. 온전한 두뇌의 경우에는 정보를 받아들인 반구가 뇌량을 통해서 즉각적으로 반대쪽 반구로 정보를 전송한다.

뇌량을 잘라낸 사람은 이러한 정보 공유가 이루어지지 않는다. 수술이 환자의 두 반구 사이의 통신선을 절단했기 때문에 스페리와 가자니가는 각각의 반구에 대해 별도로 시험할 수 있었다. 그들은 환자가 점을 응시하고 나서 그 점의 오른쪽에 자극(단어 또는 사진)을 번쩍이게 함으로써 환자의 좌반구에 정보를 보낼 수 있었다. 우반구에 메시지를 보내기 위해서 그들은 점의 왼쪽에 자극을 번쩍이게 할 것이다.

가자니가(Gazzaniga, 1967, 2016)는 초기 실험에서 HE가 점의 왼쪽에 나타나고 ART가 점의 오른쪽에 나타나도록 화면 위에 HEART라는 단어를 짧게 제시하였다. 무엇을 보았는지 물었을 때 환자는 ART를 보았다고 답하였다. 그런데 단어를 왼손으로 짚어보라고 요구하였을 때 그들은 HE를 가리킨다. 한 두개골에 2개의 마음이 담겨 있다.

분할뇌 수술을 받았던 소수의 사람들은 왼손이 제멋대로 행동함으로써 한동안 곤란을 겪기도 하였다. 왼손은 오른손이 무엇을 하고 있는지를 정말로 몰랐던 것 같다. 한 손이 셔츠 단추를 채우는 반면 다른 손은 단추를 푼다거나 한 손이 쇼핑카트에 물건을 집어넣었는데 다른 손은 다시 제자리에 갖다놓기도 하였다. 마치 각 반구는 '나는 오늘 초록색 셔츠를 입을 마음이 반쯤 있다'라고 생각하는 것처럼 보였다. 실제로 스페리(Sperry, 1964)는 분할뇌 수술은 사람들에게 '2개의 독립된 마음'을 남겨 놓는다고 언급하고 있다.

두 마음이 일치하지 않을 때 어떤 일이 일어날까? 분할뇌 환자가 우반구에 전달된 명령("걸어가세요")을 따르면, 좌반구는 즉각 그 이유를 내놓는다("콜라를 가지러 집으로 가는 거예요"). 이처럼 분할뇌를 가진 환자를 '지구상에서 가장 매력적인 사람'이라고 부른 가자니가는 의식을 하는 좌반구가 행동의 이유를 즉각적으로 구성하는 통역자의 역할을 담당한다고 결론짓고 있다.

좌우 반구의 차이

그렇다면 분할되지 않은 뇌를 가진 99.99%의 경우는 어떤가? 두 반구가 각기 다른 기능을 수행할까? 간단히 말하자면 그렇다. 예를 들어 지각과제를 수행할 때는 뇌파와 혈류, 그리고 포도당 소비량은 우반구의 활동이 증가한다는 사실을 보여준다. 말하기나 수학 계산을 할 때는 좌반구의 활동이 증가한다.

어떤 유형의 두뇌 수술 전에 극적인 좌우 반구의 기능 분화가 일어난다. 환자의 언어중추를 확인하기 위하여 신경외과 의사는 주로 언어를 통제하는 좌반구에 혈액을 공급하는 뇌동맥에 진정제를 주입하기도 한다. 진정제를 주입하기 전에 환자는 누워서 팔을 들어 올리고 의사와 대화를 할 수 있다. 이제 좌반구로 들어가는 뇌동맥에 진정제를 주입하면 어떤 일이 일어날지 예상해보자. 몇 초 안에 환자의 오른 팔은 마비상태가 된다. 만일 좌반구가 언어를 통제하고 있다면 진정제 효과가 사라질 때까지 환자는 말을 못하게 된다.

두뇌에 있어서 구술언어이든 수화든 간에 언어는 언어인 것이다. 정상인이 말소리를 처리하기 위해서 좌반구를 사용하는 것과 마찬가지로 청각장애인도 수화를 읽기 위해 좌반구를 사용한다(Corina et al., 1992; Hickok et al., 2001). 좌반구의 뇌졸중은 정상인의 언어능력을 와해시키는 것과 마찬가지로 청각장애인의 수화를 방해한다(Corina, 1998). 같은 두뇌 영역이 구술언어와 수화의 생성 모두에 똑같이 관여한다.

좌반구와 우반구는 협력한다. 좌반구가 언어를 신속하고 정확하게 해석하는 데 능숙한 반면 우반구는 추론을 하는 데 뛰어나다(Beeman & Chiarello, 1998; Bowden & Beeman, 1998; Mason & Just, 2004). 또한 우반구는 의미를 명확하게 하기 위해 연설을 미세 조정하는 것을 도와주며, 자기인식을 조정하는 데 도움이 된다. 부분적인 마비를 가진 사람들은 때때로 완고하게 자신의 상태를 부정한다. 그들은 만약 마비를 일으키는 손상이 우반구에 있다면 마비된 사지를 움직일 수 있다고 주장한다(Berti et al., 2005).

두뇌 상태와 의식

의식(consciousness)이란 자신과 환경에 대한 자각이다(Paller & Suzuki, 2014). 의식은 마음의 상태를 자발적으로 통제하고 다른 사람에게 전달할 수 있게 해준다. 복잡한 개념이나 행동을 학습할 때 주의를 집중시키는 것이 의식이다. 의식은 과거를 회고하고 현재에 적응하며 미래를 계획할 때 많은 출처로부터 정보를 수집할 수 있게 한다.

영구적으로 움직이지 않는 몸속에서 의식이 지속될 수 있을까?

INSADCO Photography/Alamy

의식 상태의 변화 정상적이고 자각하고 있는 상태뿐만 아니라 명상, 공상, 수면, 그리고 마약에 의한 환각과 같은 변화된 상태에서도 의식이 일어난다.

아마 증상에 따라 다를 것이다. 입원해 있는 23살의 한 여성은 겉으로는 아무런 의식적 자각에 대한 외적 징후가 없었다(Owen, 2014; Owen et al., 2006). 하지만 연구자가 테니스를 치는 것을 상상하라고 하자 fMRI 영상은 팔과 다리 움직임을 정상적으로 제어하는 두뇌 영역에서의 활동을 보여주었다. 심지어는 움직이지 않는 신체에서도 두뇌와 정신이 여전히 활동적일 수 있다고 결론지었다(**그림 2.25**).

> "왓슨! 나는 뇌이네. 나의 나머지는 단지 부속물에 불과하네."
>
> 셜록 홈즈—마자랭의 보석(Conan Doyle, 1921)

의식은 어느 한 작은 두뇌 영역에만 위치하지 않는다. 의식 자각은 두뇌 전반에 걸쳐 조정된 활동의 산물이다(Chennu et al., 2014; Gaillard et al., 2009; Schurger et al., 2010). 두뇌 영상에서 사랑하는 사람의 존재에 대한 자각은 많은 두뇌 영역 사이에서 앞뒤로 흔들리는 강한 신호의 패턴으로 나타날 것이다(Blanke, 2012; Boly et al., 2011; Olivé et al., 2015). 인간의 두뇌는 전체적인 시스템이고, 우리의 정신적 경험은 조직화된 두뇌 활동에서 비롯된다.

새로운 일이나 복잡한 과제에 의식적으로 주의를 집중할 때, 인간의 두뇌는 한 번에 한 가지 일에만 집중하는 **순차 처리**(sequential processing)를 사용한다. 하지만 순차 처리는 이중경로 마음 중 하나에 불과하다. 의식이 다른 곳에 집중되어 있는 동안에도, 나머지 한 경로의 마음은 **병렬 처리**(parallel processing)를 통해 일상적인 일(호흡 및 심장 기능, 신체 균형 및 그 밖의 일들)을 돌보고 있다.

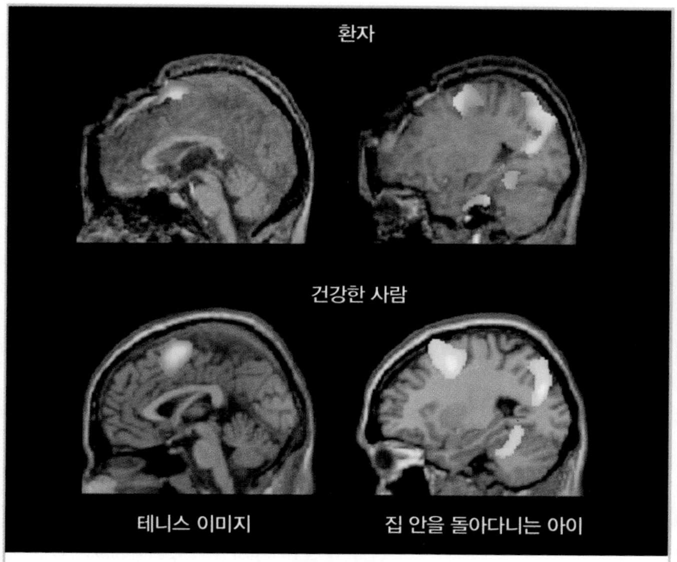
환자
건강한 사람
테니스 이미지
집 안을 돌아다니는 아이
Courtesy of Adrian M. Owen, the Brain and Mind Institute, Western University

그림 2.25 자각의 증거? 테니스를 치거나 집 안을 돌아다니는 것을 상상해보라고 했을 때, 의사소통이 불가능한 환자의 두뇌(위)는 건강한 사람의 두뇌(아래)와 비슷한 활동을 하는 것으로 나타났다. 연구자들은 fMRI 영상과 같은 것이 질문에 대해 긍정적인 답을 할 때는 테니스 치는 것을 상상하게 하고 부정적인 답을 할 때는 집 주위를 걷는 것을 상상하게 지시함으로써 반응이 없는 환자들과의 대화를 가능하게 할지 궁금해한다.

선택 주의

선택 주의(selective attention)는 의식이 손전등의 불빛처럼 당신이 경험하는 모든 것들 중 아주 작은 부분에 초점을 맞추는 것을 의미한다. 이 문장을 읽기 전까지 당신은 코가 시선 안으로 돌출되어 있는 것을 자각하지 못하였을 것이다. 이제 갑자기 당신의 주의의 초점이 이동하여 코가 시야를 가려 당신 앞에 있는 단어들을 끈질기게 방해한다. 이 단어들에 집중하는 동안, 주변 시야에서 들어오는 정보의 자각도 차단되었을 것이다. 그렇지만 자각하는 내용을 바꿀 수가 있다. 아래에 있는 X를 응시하면서도 문장들을 둘러싸고 있는 것들(페이지 모서리, 데스크톱 컴퓨터, 바닥)을 알아차릴 수가 있다.

X

주행 중에 전화를 하거나 문자를 보내거나 하면 선택 주의는 도로 상황과 전화 사용 사이를 오락가락하게 된다. 사실 선택 주의는 우리가 인식하고 있는 것보다 더 많이 이동한다. 한 연구에서 사람들을 28분 동안 한 방에 두고 자유롭게 인터넷 검색과 TV 시청을 할 수 있게 하였다. 사람들은 이 두 가지 사이에서 몇 번이나 주의를 옮겼을까? 참가자들은 15번 정도일 것으로 추측했지만, 시선추적 장치를 통해 살펴본 결과 실제로는 120번이나 주의가 이동되었다(Brasel & Gips, 2011).

> "문자를 보내고, 인터넷 서핑을 하고, 트위터를 하는 세대가 새로운 정보의 다중 흐름을 동시에 처리하는 부러운 능력을 발전시켰는가? 대부분의 인지심리학자들은 이 사실에 의구심을 갖는다."
>
> Steven Pinker, "Not at All," 2010

주의를 이동하는 과정도 때때로 대가를 치르게 되는데, 특히 복잡한 과제로 주의를 이동할 때 그렇다(Rubenstein et al., 2001). 운전자가 대화를 하면서 운전을 하면 운전에 필수적인 두뇌 영역의 활동은 평균적으로 37% 감소한다(Just et al., 2008). 운전 중 채팅이나 문자(운전자 4명 중 1명꼴)로 인한 교통사고가 약 28%를 차지하는 것으로 나타났다(NSC, 2010; Pew, 2011). 10대 운전자를 대상으로 한 비디오카메라 연구 결과, 충돌 사고의 58%가 사고 직전에 승객이나 전화로 인한 주의산만 때문이었다(AAA, 2015). 전화 사용은 운전에 큰 방해가 되며, 승객과의 대화는 사고 위험을 정상보다 1.6배 더 높인다. 운전 중 휴대전화 사용은 음주운전할 때의 위험 수준과 비슷하며, 사용하지 않을 때보다 위험성이 4배 이상 더 높다(McEvoy et al., 2005, 2007).

운전 중 승객과 대화를 하는 것은 주의를 산만하게 하지만, 문자 메시지를 보내는 것이 더 위험하다. 18개월 동안 장거리 트럭 운전자들의 운전 습관을 추적한 비디오카메라 연구 결과, 문자 메시지를 보낼 때 자동차 충돌 위험이 23배 더 높은 것으로 나타났다(Olson et al., 2009). 이러한 결과에 중요성을 인지하여 대부분의 미국 주정부에서는 운전 중에 문자 메시지를 보내는 것을 법으로 금지하고 있다.

우리의 의식적인 주의는 매우 선택적이어서 우리 앞에 끊임없이 펼쳐지는 시각 자극의 광대한 바다의 작은 조각만 선택하여 처리한다. 한 유명한 연구에서 사람들에게 1분짜리 영상을 보여주었는데, 이 영상에는 검은 셔츠를 입은 세 사람이 농구공을 주고받는 장면과 흰 셔츠를 입은 세 사람이 공을 주고받는 장면이 겹쳐져 있었다(Becklen & Cervone, 1983; Neisser, 1979). 이 장면을 보는 사람들에게 검은 셔츠가 공을 패스할 때마다 단추를 누르도록 요청하였다. 영상이 재생되는 중간에 우산을 든 젊은 여자가 공원을 어슬렁거리며 지나가는 장면이 있었다(**그림 2.26**). 대부분의 사람들은 검은 셔츠에만 주의를 집중하는 바람에 여자가 지나가는 장면을 알아채지 못했다. 연구자들이 영상을 다시 보여주자, 그 여자를 보고는 놀람 반응을 보였다. 다른 곳에 주의를 집중하는 바람에 관찰자들은 **부주의적 맹시**(inattentional blindness)가 된 것이다. 또 다른 연구에서는

그림 2.26 선택 부주의 검은 셔츠를 입은 선수들의 농구 경기를 관찰하고 있던 시청자들은 대개 화면을 어슬렁거리며 가로질러 가는 우산을 쓴 여성을 알아채지 못했다(Neisser, 1979).

고릴라 복장을 한 사람이 가슴을 마구 치면서 선수들 사이에서 움직이게 했다. 그런데도 불구하고 공을 패스하는 장면에만 집중한 참가자들의 절반은 고릴라를 보지 못했다(Simons & Chabris, 1999).

이 보이지 않는 고릴라는 폐 영상을 통해 암의 징후를 찾도록 요청받은 24명의 방사선과 의사에게서도 나타났다. 24명 중 4명을 제외하고는 모두 영상에 포함된 작은 고릴라 이미지를 보지 못했다(Drew et al., 2013). 하지만 방사선과 의사들은 고릴라보다 훨씬 더 작은 암세포군을 발견했다.

마술사들은 부주의적 맹시의 한 형태인 **변화 맹시**(change blindness)를 사용한다. 극적이고 과장된 동작으로 우리의 선택 주의를 다른 쪽으로 돌리게 한다. 다른 실험에서도 사람들은 시각 장면에서 발생한 사건을 놀랄 정도로 알아차리지 못하였다. 잠시 시각적 방해가 있은 후에 커다란 코카콜라 병이 장면에서 사라지고 난간이 올라가고 옷의 색깔이 바뀌고 건설 인부들이 장소를 바꾸어도 관찰자들은 그 사실을 알아차리지 못했다(**그림 2.27**)(Chabris & Simons, 2010; Resnick et al., 1997). 눈에서 멀어지면, 마음에서도 멀어진다.

수면과 꿈

매일 밤, 우리는 의식을 잃고 수면에 빠진다. 우리는 세상모르고 잠들었다고 느낄 수도 있다. 하지만 지각의 창은 여전히 열려 있고, 이중경로의 마음은 의식적 자각 밖에서 계속해서 정보를 처리한다. 침대 위를 돌아다니지만 떨어지지는 않는다. 누군가가 이름을 부르면, 우리의 무의식적인 신체는 활기를 띨 것이다. 쓰레기차의 시끄러운 소리에도 방해받지 않고 자지만, 아기의 울음소리에는 잠이 번쩍 깰 것이다. 청각피질은 잠자는 동안 소리 자극에 반응한다(Kutas, 1990).

수면의 미스터리들은 수 세기 동안 과학자들의 호기심을 끌어왔다. 전 세계의 실험실에서는 연구자들이 관찰하는 상황에서 측정 도구를 부착한 채 잠을 자면서 수면의 미스터리 중 일부가 해결되고 있다. 수면자의 뇌파와 근육운동을 기록하고 관찰하고 깨우는 방법

그림 2.27 변화 맹시 한 남자(빨간 옷)가 작업 인부에게 길을 가르쳐주는 동안, 두 실험자가 문을 들고 무례하게 두 사람 사이를 지나간다. 그 사이에 원래 작업 인부가 다른 색상의 옷을 입고 있는 다른 사람으로 바뀐다. 대부분의 사람들은 길을 가르쳐주는 데 초점을 맞추기 때문에 사람이 바뀐 것을 알아채지 못한다(Simons & Levin, 1998).

을 통해서 연구자들은 수천 년 동안의 상식이 결코 알려주지 않았던 것들을 들여다보고 있다.

생물학적 리듬과 수면

삶은 바다와 마찬가지로 리듬을 가지고 있다. 생물학적 리듬 중 24시간 생체 시계와 90분간의 수면주기를 살펴보자.

일주기 리듬 밤샘 작업을 하거나 가끔 야근을 해보라. 한밤중에 그로기 상태가 될 수도 있지만 정상적인 기상 시간이 되면 다시 활력을 되찾을 것이다. 이것은 당신의 신체 내에 있는 생체 시계, 즉 **일주기 리듬**(circadian rhythm) 때문이다. 당신의 모닝콜은 생체 시계가 낮과 밤의 24시간 주기에 맞춰 대략적으로 조정할 수 있는 일을 제대로 하고 있다는 신호이다. 아침이 되면 체온이 올라가서, 낮 시간 동안 최고조에 달하고, 이른 오후에 잠시 내려갔다가 저녁이 되면 다시 떨어지기 시작한다. 일주기 각성 수준이 정점에 도달하였을 때 사고도 가장 예리하고 기억도 가장 정확하다.

나이와 경험이 일주기 리듬을 변화시킬 수 있다. 대부분의 20세의 대학생들은 하루가 진행되면서 수행이 향상되는 올빼미 형이다(May & Masher, 1998). 20세가 지나면 생체 시계가 바뀌기 시작한다. 대부분의 노인들은 종달새 형이어서 하루가 지나감에 따라서 수행이 저하된다(Roenneberg et al., 2004). 여자들은, 특히 아이를 가졌을 때나 폐경을 겪을 때, 남자들보다 조금 더 일찍 종달새 형으로 변한다(Leonhard & Randler, 2009; Randler & Bausback, 2010). 실버타운에서는 저녁 이후 시간에 조용하지만, 젊은 사람들의 하루는 쉽게 끝나지 않는다.

수면의 단계 잠이 엄습하고 두뇌피질의 여러 영역들이 의사소통을 멈춤에 따라 의식은 사라지게 된다(Massimini et al., 2005). 하지만 잠을 자면서도 두뇌는 여전히 활동적이고 고유의 생물학적 리듬을 가지고 있다. 약 90분마다 뚜렷한 수면 단계의 주기를 거친다. 이 기본적인 사실은 1952년 어느 날 밤에 8살 난 아몬드 아세린스키(Armond Aserinsky)가 잠자리에 들고 나서 밝혀졌다. 그의 아버지인 유진 아세린스키(Eugene Aserinsky)는 낮에 수선한 뇌전도기를 테스트해볼 필요가 있었다(Aserinsky, 1988; Seligman & Yellen, 1987). 수면 중에 일어난다고 믿고 있었던 안구운동을 기록하기 위해서 아들의 눈 주위에 전극을 부착한 다음 기계가 그래프용지에 커다란 지그재그 선을 그리는 것을 지켜보았다. 아세린스키는 기계가 여전히 오작동하는 것으로 생각하였다. 그런데 밤 시간이 되면서 그 활동은 주기적으로 나타났고, 아세린스키는 이것이 활발한 두뇌활동에 수반된 빠르면서 경련을 일으키듯하는 안구운동을 나타내는 것이라는 사실을 깨닫게 되었다. 그러한 안구운동이 일어나고 있는 동안 아들을 깨웠을 때, 아이는 꿈을 꾸고 있었다고 말하였다. 아세린스키는 오늘날 **REM 수면**(rapid eye movement sleep)이라고 알려진 현상을 발견하였던 것이다.

수천 명의 지원자들에게 비슷한 절차를 사용하여 실험한 결과 이 주기가 수면의 정상적인 일부라는 것이 밝혀졌다(Kleitman, 1960). 이러한 연구를 이해하기 위해 당신이 실험 참가자라고 상상해보자. 밤이 깊어짐에 따라서 당신은 졸리게 되고 잠잘 준비를 한다. 연구자가 당신의 두피(뇌파를 탐지하기 위해), 턱(근육 긴장을 감지하기 위해), 눈가(안구운동을 탐지하기 위해)에 전극을 붙인다(**그림 2.28**). 다른 장치는 당신의 심장박동, 심박률, 호흡수, 그리고 성기의 발기 정도를 기록할 것이다.

눈을 감고 침대에 누워 있을 때, 옆방의 연구자는 뇌전도에서 깨어 있기는 하지만 이완된 상태의 비교적 느린 **알파파**(alpha waves)를 관찰하게 된다(**그림 2.29**). 이 모든 장치에 적응하고 피로가 쌓임에 따라 기억하지 못할 순간에 호흡이 느려지고 **수면**(sleep)에 빠져들게 된다. 뇌전도는 이제 NREM-1 수면이라고 불리는 비REM 수면

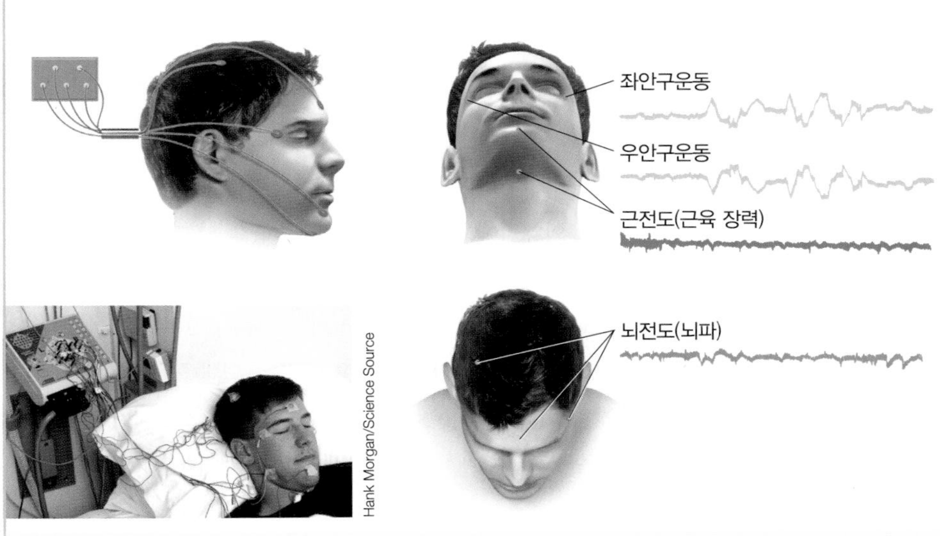
좌안구운동
우안구운동
근전도(근육 장력)
뇌전도(뇌파)
Hank Morgan/Science Source

그림 2.28 수면 활동 측정 수면연구자들은 두뇌, 눈 및 안면 근육에서 약한 전기 신호를 포착하는 전극을 사용하여 뇌파 활동, 안구운동 및 근육 장력을 측정한다(Dement, 1978).

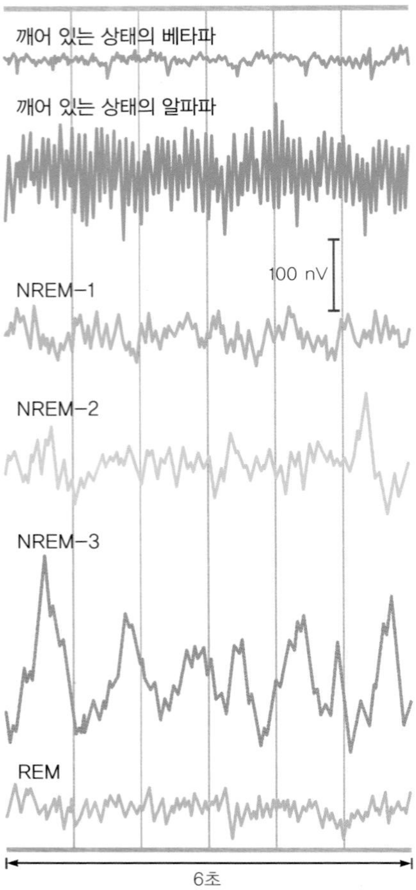
깨어 있는 상태의 베타파
깨어 있는 상태의 알파파
100 nV
NREM-1
NREM-2
NREM-3
REM
6초

그림 2.29 뇌파와 수면 단계 깨어 있는 상태에서의 베타파와 이완된 상태의 규칙적인 알파파는 NREM-3 수면의 느리고 큰 델타파와는 다르다. 비록 빠른 REM 수면파는 거의 깨어 있는 NREM-1 수면파와 유사하지만 신체는 NREM 수면보다는 REM 수면 중에 더 각성된다.

단계의 불규칙적인 뇌파를 보여준다(Silber et al., 2008).

이 짧은 NREM-1 수면 중에 환각과 비슷한 환상적인 이미지를 경험할지도 모른다. 떨어지는 느낌을 가질 수도 있으며, 무중력 상태로 떠 있는 느낌을 가질 수도 있다. 이러한 최면과 같은 감각은 나중에 실제 기억으로 다룰 수도 있다. 외계인에 의해 납치되었다고 주장하는 사람들은—종종 침대에 들어간 직후—흔히 침대 위를 떠다녔던 꿈을 회상하기도 한다(Clancy, 2005).

그런 다음 보다 깊이 이완하며 20분가량의 NREM-2 수면을 시작한다. 뇌전도는 신속하고 리드미컬한 뇌파 활동을 보여줄 것이다. 이 단계에서도 별 어려움 없이 깨어날 수 있지만, 이제는 확실하게 잠에 든 것이다.

그런 다음 NREM-3의 깊은 잠에 들어간다. 약 30분 동안 지속되는 느린 뇌파 수면 동안 두뇌는 크고 느린 **델타파**(delta waves)를 방출한다. 이 기간에 잠에서 깨기란 힘들 것이다.

REM 수면 잠에 빠져들고 약 1시간 후에 이상한 일이 발생한다. 수면의 단계가 NREM-3에서 NREM-2로 되돌아간 후 가장 흥미진진한 수면 단계인 REM 수면으로 접어든다(**그림 2.30**). 약 10분 동안 뇌파는 거의 깨어 있는 NREM-1 수면과 유사하게 빨라지고 톱니바퀴 같은 모양을 하게 된다. 그러나 NREM-1과 달리 REM 수면 중에는 심장박동이 증가하고 호흡이 빠르고 불규칙적으로 변한다. 30초마다 안구는 덮여 있는 눈꺼풀 속에서 재빠른 속도로 운동을 한다. 이러한 안구운동은 종종 정서적이고 이야기같은 환각을 일으키는 꿈의 시작을 알린다.

아주 무서운 꿈을 꾸는 동안을 제외하고는 REM 수면 중에 성기가 흥분하게 된다. 꿈의 내용이 성적인 것인지 여부에 관계없이 발기를 하거나 질의 점액이 증가하고 음핵이 충혈된다(Karacan et al., 1966). 남자들의 일반적인 아침 발기는 아침에 깨어나기 직전에 생기는 것으로 마지막 REM 단계에서 나타난다(가끔 발기부전 남성들이 수면 관련 검사를 받는데, 그 이유는 그들의 다리 사이에 문제가 있는 것이 아니라는 것을 의미한다).

REM 수면 중에도 두뇌의 운동피질이 활동하지만, 뇌간이 그 메시지를 차단해 근육을 이완된 채로 남아 있게 해준다. 때때로 손가락이나 발가락, 또는 안면의 경련을 제외하고는 거의 마비된 상태일 정도로 이완되어 있다. 게다가 REM 수면 중에는 쉽게 깨어날 수가 없다. 그러므로 REM 수면을 종종 역설적 수면이라고 부른다. 신체가 내적으로 각성되어 있지만 외적으로는 평온한 상태이다.

> 매일 92%의 시간을 서서 보내고 서서 잘 수 있는 말들은 근육을 마비시키는 REM 수면을 위해 눕혀야 한다.
>
> Morrison(2003)

밤이 깊어지면서 90분 수면 주기는 계속해서 반복된다. NREM-3의 깊은 수면은 점차적으로 짧아진 후에 사라진다. REM과 NREM-2 수면 시간은 점차 길어진다. 아침이 될 때까지 밤잠의 20~25%(약 100분)가 REM 수면이다. 수면연구 참가자의 37%는 다음 날 아침에 기억해낼 수 있는 꿈을 거의 꾸지 않거나 전혀 꾸지 않는다고 하였다(Moore, 2004). 매년 600시간 정도를 약 1,500개의 꿈을 꾸는 데 사용한다. 일생 동안 100,000개 이상의 꿈을 꾸는 것이다. REM의 보호적 마비 덕분에 밤이 삼켜버리고 결코 밖으로 표출되지 않는 꿈을 말이다.

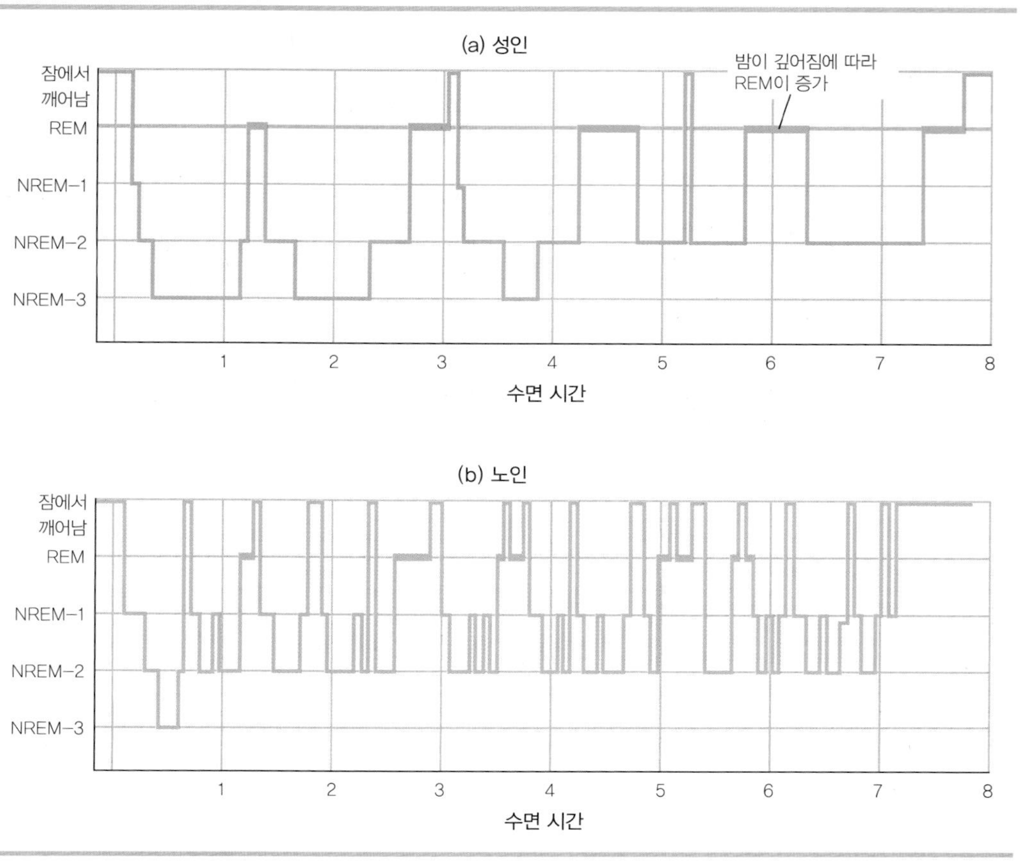
(a) 성인
잠에서 깨어남
REM
NREM-1
NREM-2
NREM-3
밤이 깊어짐에 따라 REM이 증가
1 2 3 4 5 6 7 8
수면 시간
(b) 노인
잠에서 깨어남
REM
NREM-1
NREM-2
NREM-3
1 2 3 4 5 6 7 8
수면 시간

그림 2.30 전형적인 밤 수면의 단계 사람들은 매일 밤 여러 번 다단계 수면 주기를 거친다. 밤이 깊어지면 숙면 시간은 줄어들고 REM 수면 시간은 증가한다. 나이가 들면서 잠은 더욱 취약해지고, 더 자주 잠에서 깨어나게 된다(Kamel & Gammack, 2006; Neubauer, 1999).

우리가 잠을 자는 이유는 무엇일까?

'누구나 하루에 8시간의 수면이 필요하다'는 생각은 사실이 아니다. 신생아는 하루에 거의 2/3를 잠을 자는 반면 대부분의 성인들의 수면 시간은 하루의 1/3이 채 안 된다. 하지만 나이보다 수면의 차이가 더 많다.

어떤 사람은 하루 6시간 미만을 자고도 끄떡없으며, 다른 사람은 매일같이 9시간 이상을 잔다. 일부 사람들은 밤을 '첫 번째 수면'과 '두 번째 수면'으로 나누어 그 사이에는 깨어 있다(Randall, 2012). 낮잠을 잘 수 있는 사람들에게 약 15분의 낮잠은 밤에 한 시간을 더 자는 것만큼 효과적이다(Horne, 2011). 유전은 수면의 패턴에 영향을 미치며, 연구자들은 인간 및 동물들의 수면조절 유전자를 추적하고 있다.

수면 패턴은 생물학적, 심리학적, 사회적 영향의 상호작용에서도 영향을 받는다. 오늘날의 조명, 교대근무, 소셜미디어 활동 등으로 인해 한 세기 전만 해도 9시에 잠자리에 들었던 사람들이 이제는 밤 11시 또는 그 이후까지 깨어 있다. 깨어 있는 시간만큼 수면 시간은 줄어든다. 영국, 캐나다, 독일, 일본 및 미국의 성인들은 평일에는 평균 6시간 반에서 7시간 정도의 수면을 취하고, 주말이나 휴일에는 7시간에서 8시간 정도의 수면을 취한다(National Sleep Foundation, 2013).

> 2013 갤럽 조사에서 40%의 미국인들이 6시간 또는 그 이하로 잠을 잔다고 보고했다.
>
> Jones(2013)

일하건 놀건 간에 밝은 빛은 우리의 생체 시계를 방해할 수 있다. 이 과정은 빛에 민감한 단백질을 함유하고 있는 눈의 망막에서 시작된다. 밝은 빛은 이 단백질들을 활성화시켜 내부 경보를 울리고, 이것들은 **시교차상핵**(suprachiasmatic nucleus)이라고 하는 두뇌 구조에 신호로 보낸다(**그림 2.31**). 이 두뇌 구조는 차례로 수면유도 호르

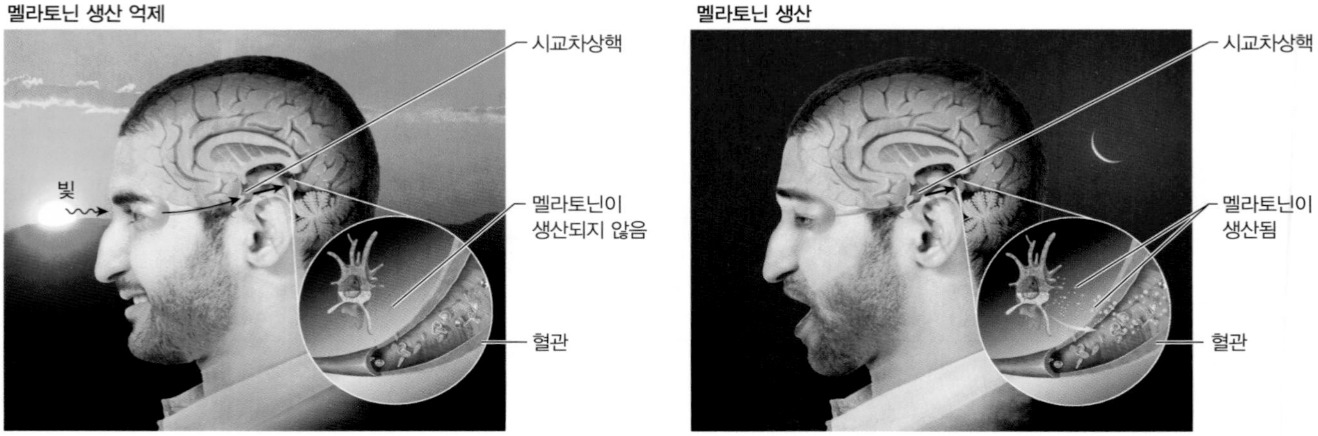
멜라토닌 생산 억제
시교차상핵
빛
멜라토닌이
생산되지 않음
혈관
멜라토닌 생산
시교차상핵
멜라토닌이
생산됨
혈관

그림 2.31 생체 시계 눈의 망막을 때리는 빛은 수면 호르몬인 멜라토닌의 생산을 억제하기 위해 시교차상핵(SCN)에 신호를 보낸다. 밤에 SCN은 혈류로 멜라토닌의 방출을 허용하면서 진정된다.

몬인 멜라토닌의 생산을 감소시킨다(Chang et al., 2015; Gandhi et al., 2015). 이 과정은 스포츠팀을 불리하게 만들 수 있다. 24,000개 이상의 메이저 리그 야구경기를 분석한 연구에서 야구경기 전 3개의 시간대를 넘은 팀들이 첫 번째 경기에서 질 확률이 거의 60%라는 것을 발견했다(Winter et al., 2009).

수면 이론 수면 패턴은 사람마다 그리고 문화마다 다르다. 그런데, 왜 우리는 잠이 필요할까? 심리학자들은 수면이 필요한 이유를 다음과 같이 제시하고 있다.

1. **수면은 보호 기능을 한다.** 어둠으로 인해 그날의 사냥, 수집, 그리고 사회 활동을 더 이상 할 수 없을 때, 우리의 먼 조상들은 위험한 길을 피하여 동굴에서 잠을 자는 것이 생존에 도움이 되었다. 어두운 절벽 주위를 돌아다니지 않았던 조상들이 후손을 전파했을 가능성이 크다. 수면은 생태환경에도 적합한 것이다. 풀을 뜯어먹는 욕구가 강하고 숨을 능력이 거의 없는 동물들은 잠을 적게 자는 경향이 있다. 동물들은 또한 짝짓기 및 이주 기간 동안 부작용 없이 잠을 덜 잔다(Siegel, 2012).
2. **수면은 회복 기능을 한다.** 수면은 면역체계를 회복시키고 두뇌 조직을 복구하는 데 도움이 된다. 박쥐와 같이 작은 동물들은 깨어 있을 때 많은 칼로리를 소모하고, 뉴런에 독성이 있는 분자인 활성산소를 만들어낸다. 수면은 이 유독성 물질을 없애 버린다(Xie et al., 2013). 수면은 뉴런들에게 고치고, 신경섬유를 바꾸고, 재조직할 시간을 준다(Gilestro et al., 2009; Tononi & Cirelli, 2013). 즉 의식이 당신의 집을 떠나면, 두뇌의 건설 인부들이 수리하러 들어온다고 말할 수 있다.
3. **수면은 그날 경험에 대한 기억을 복구하고 재구성하는 기능을 한다.** 수면은 신경 연결을 강화하고, 최근 학습을 재생해준다. 수면 중 두뇌는 기억을 임시 저장소인 해마에서 영구 저장소인 피질 영역으로 옮긴다(Diekelmann & Born, 2010; Racsmány et al., 2010). 과제를 수행하도록 훈련받은 어린이와 성인들은 몇 시간 동안 깨어 있는 것보다 밤에 잠을 자거나 짧은 낮잠을 자고 난 후 더 잘 기억한다(Friedrich et al., 2015; Kurdziel et al., 2013; Stickgold & Ellenbogen, 2008). 수면은 잠에서 깨어 있는 것과는 다른 방식으로 기억을 강화해준다.
4. **수면은 창의적 사고를 길러준다.** 충분한 수면은 사고와 학습을 증진한다. 한 과제를 수행한 후에 잠을 자고 나면 계속 깨어 있을 때보다 더 통찰력 있게 문제를 해결한다(Barrett, 2011; Sio et al., 2013). 그들은 또한 참신한 정보들 사이의 연관성을 능숙하게 찾아낸다. 현명하게 생각하고 관계를 파악하기 위해 종종 잠을 자는 것이 도움이 된다.

> "잠을 빨리 자라. 우리는 베개가 필요하다."
>
> 유대인 속담

5. **수면은 성장을 돕는다.** 숙면을 취하는 동안 뇌하수체는 근육발달에 필요한 호르몬을 분비한다. 규칙적인 충분한 수면은 당신의 운동 능력을 극적으로 향상시킬 수 있다(Maas & Robbins, 2010). 휴식을 충분히 한 운동선수들은 더 빠른 반응시간, 더 많

20시간
16시간
12시간
10시간
8시간
4시간
2시간

Kruglov_Orda/Shutterstock Courtesy of Andrew D. Myers Utekhina Anna/Shutterstock Steffen Foerster Photography/Shutterstock Rubberball/Vetta/Getty Images Eric Isselée/Shutterstock pandapaw/Shutterstock

그림 2.32 동물의 수면 시간 당신은 갈색 박쥐가 되어 하루에 20시간을 자는 것이 좋은가, 아니면 기린이 되어 하루에 2시간 자는 것이 좋은가?(NIH, 2010)

은 에너지, 더 높은 지구력을 가지고 있다. 하루에 8~10시간 정도의 수면을 훈련에 포함시킨 팀들은 향상된 성과를 보여준다.

수면박탈과 수면장애

인간은 하루 평균 8시간 동안 잠을 자는데, 이는 일생의 약 25년에 해당한다. 충분한 수면을 취했을 때 사람들은 상쾌하고 더 나은 분위기에서 깨어나며, 더 효율적이고 정확하게 일을 한다. 신체가 수면을 갈망하지만 수면을 취하지 못할 때, 우리는 끔찍함을 느낀다. 깨어 있으려고 노력해봐야 결국 잠에 지게 된다. 피곤함의 싸움에서 잠은 항상 이기고야 만다.

수면 부족의 영향 오늘날의 수면 패턴은 우리를 졸리게 할 뿐만 아니라 에너지와 행복감도 앗아간다. 이러한 피로의 경향은 꾸준히 증가하여 일부 연구자들은 현대를 '수면 대공황' 시대라고 명명했다(Keyes et al., 2015). 특히 대학생들은 수면이 부족하다. 한 전국 규모 조사에서 69%의 미국 사람들이 지난 2주 중 적어도 며칠은 피곤하거나 에너지가 거의 없었다고 응답하였다(AP, 2009). 따라서 많은 학생들이 수업시간에 조는 것은 놀랄 일이 아니다.

수면 부족은 우리의 기분에 영향을 미친다. 수면 부족은 학생들의 우정과 낭만적인 관계에 많은 갈등을 불러일으킨다(Gordon & Chen, 2014; Tavernier & Willoughby, 2014). 12~18세 사이 15,500명의 젊은이들을 대상으로 한 연구 결과처럼 수면 부족은 우울증을 유발할 수 있다. 수면 시간이 5시간 이하인 10대 청소년들은 8시간 이상인 청소년들에 비해 우울증에 걸릴 위험이 71% 더 높았다(Gangwisch et al., 2010). 장기적인 연구에서 수면 부족은 우울증을 예측하지만, 우울증은 수면 부족을 예측하지 못했다(Gregory et al., 2009).

만성적인 수면 부족은 면역체계를 억제하여 질병에 대한 저항력을 떨어뜨릴 수 있다. 면역세포가 적어짐에 따라, 우리는 바이러스 감염이나 암과 싸울 능력이 떨어진다(Möller-Levet et al., 2013; Motivala & Irwin, 2007). 한 실험에서 감기 바이러스에 지원자들을 노출시켰다. 실험 결과 수면 시간이 평균 7시간 미만이었던 참가자들은 8시간 이상이었던 참가자들에 비해 감기에 걸릴 확률이 3배나 높았다(Cohen et al., 2009). 수면의 보호 효과는 하루에 7~8시간을 자는 사람들이 수면이 부족한 동년배들보다 더 오래 사는 이유를 설명하는 데 도움을 준다(Dew et al., 2003; Parthasarathy et al., 2015).

졸린 전두엽이 시각주의 과제에 직면하면 반응이 느리고 오류가 증가한다(Caldwell, 2012; Lim & Dinges, 2010). 예기치 않은 상황에서 운전자의 느린 반응은 재앙을 초래할 수 있다. 미국에서 치명적인 교통사고 6건 중 1건은 졸음운전에 의한 것이었다(AAA, 2010). 미국 버지니아주의 2개 주요 도시에 거주하는 16~18세 사이 20,000명 이상의 교통사고 비율을 조사하였다. 두 도시 중 하나는 나머지 도시에 비해 고등학교들이 수업을 75~80분 늦게 시작하였다. 그 결과 이 도시의 학생들은 다른 도시의 학생들에 비해 충돌사고가 약 25% 적게 나타났다(Vorona et al., 2011).

도로에서 운전자의 피로를 의도적으로 조작하는 것은 불법이며 비윤리적이다. 하지만 대부분의 북아메리카에 살고 있는 사람들은 매년 두 번씩 수면조작 실험에 참여하고 있다. 일명 섬머타임제(daylight savings time)의 실시로 인해 표준 시간을 봄에는 앞으로 당기고, 가을에는 뒤로 늦춘다. 수백만의 캐나다 및 미국 기록을 조사한 결과, 표준 시간을 앞으로 당겨 수면 시간이 짧아진 봄 섬머타임제 실시 직후 사고가 증가하는 것으로 나타났다(Coren, 1996)(**그림 2.33**).

이와 같이 수면 부족은 우리의 기분을 파괴하고, 감염에 대한 저항력을 감소시키며, 운전자의 안전을 저하시킬 수 있다. 수면 부족은 또한 체중을 늘릴 수 있다. 수면 시간이 적은 어린이와 성인은 몸무게가 평균보다 많이 나간다. 최근 수십 년 동안 수면 시간은 줄어든 반면 몸무게는 늘어나고 있다(Shiromani et al., 2012).

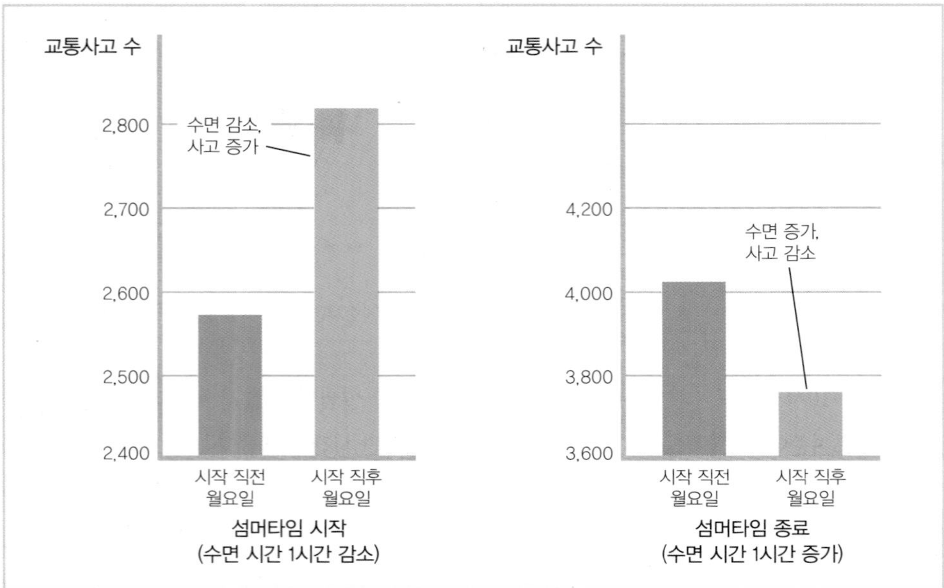
교통사고 수
2,800
2,700
2,600
2,500
2,400
수면 감소,
사고 증가
시작 직전
월요일
시작 직후
월요일
섬머타임 시작
(수면 시간 1시간 감소)
교통사고 수
4,200
4,000
3,800
3,600
수면 증가,
사고 감소
시작 직전
월요일
시작 직후
월요일
섬머타임 종료
(수면 시간 1시간 증가)

그림 2.33 수면 부족 = 사고의 증가 섬머타임제 실시로 1시간의 수면 시간을 잃은 월요일 아침, 이전 월요일에 비해 교통사고가 증가했다. 가을 교통사고는 일반적으로 눈, 얼음, 그리고 어둠 때문에 증가하지만, 섬머타임제 종료와 함께 시간이 변한 후에 감소한다(Coren, 1996).

수면 부족은 다음과 같은 현상들을 불러일으킨다.

- 배고픔을 유발하는 호르몬인 **그렐린**을 증가시키고, 배고픔 억제 파트너인 **렙틴**을 감소시킨다(Shilsky et al., 2012).
- 에너지 사용량을 나타내는 신진대사율을 낮춘다(Buxton et al., 2012).
- 지방 생성을 유발하는 스트레스 호르몬인 코르티솔의 생산량을 증가시킨다.
- 음식을 보는 것만으로도 변연계의 두뇌 반응을 증가시킨다(Benedict et al., 2012; Greer et al., 2013; St-Onge et al., 2012).

이런 효과들은 수면이 부족한 대학생들 사이에서 체중이 증가하는 원인을 설명하는 데 도움이 될 것이다.

그림 2.34는 수면 부족의 영향을 요약하고 있다. 하지만 좋은 소식이 있다. 심리학자들은 기억력을 증진하고, 집중력을 높이고, 기분을 고양시키며, 배고픔을 조정하고, 비만을 줄이고, 질병과 싸우는 면역체계를 강화하고, 치명적인 사고를 줄이는 치료법을 발견했다. 이보다 더 좋은 소식은 이 치료가 기분 좋은 치료법이며, 자가 치료도 가능하고, 공급도 무한하며, 게다가 무료라는 것이다. 만약 당신이 종종 새벽 2시경에 잠자리에 들면서 6시간이 지난 후 알람 소리에 일어나는 대학생이라면 그 치료법은 간단하다. 충분히 휴식을 취했고, 열성적인 학생이며, 좀 덜 좀비처럼 느껴질 때까지 매일 밤 15분씩 잠을 추가하라. 숙면을 취하기 위한 몇 가지 추가적인 조언은 **표 2.2**를 참조하라.

일부 학생들은 태양이 어디로 갔는지를 보기 위해 밤을 꼬박 새는 친구들처럼 잠을 잔다.

주요 수면장애 사람들은 불안하거나 흥분하면 잠을 자는 데 어려움을 겪는다. 가끔 있는 수면 부족은 걱정할 필요가 없다. 하지만 **불면증**(insomnia), **기면발작증**(narcolepsy), **수면성 무호흡**(sleep apnea), **몽유병**, **야경증** 등의 주요 수면장애가 있는 사람들은 잠자는 것이 악몽이 될 수 있다(**표 2.3** 참조).

꿈

REM 꿈(REM dream)은 생생하고 정서적이며, 종종 기묘하다(Loftus & Ketcham, 1994). 꿈에서 깨어난 후 어떻게 두뇌가 그렇게 창의적이고, 흥미진진하고, 그리고 완벽하게 내적 세상을 구성할 수 있는지 궁금해할지도 모른다. 꿈과 깨어나는 의식 사이에 잠시 동안 갇히게 되면, 어떤 것이 현실이고 어떤 것이 꿈인지 확신하지 못할 수도 있다. 악몽에서 깨어난 4세 아동은 집 안에 곰이 있다고 투덜댈 수도 있다.

인간은 일생 중 약 6년을 꿈속에서 보낸다. REM 수면과 꿈 사이의 연결 고리에 대한 발견은 우리에게 자물쇠에 대한 열쇠를 준 것이나 다름없다. 이제, 깨어난 후 몇 시간이나 며칠 뒤 꿈을 꾸는 사람의 희미한 기억에 의존하는 대신에, 연구자들은 REM 수면 기간이 끝나고 3분 내에 사람들을 깨워 생생한 설명을 들을 수 있다.

무엇을 꿈꾸는가? REM 꿈 중 달콤한 꿈은 많지 않다. 남녀를 포함하여 10명 중 8명은 나쁜 꿈을 꾼다(Domhoff, 2007). 꿈의 일반적인 주제는 어떤 것을 시도하다가 실패하거나, 공격받거나, 쫓기거나, 거부당하거나, 또는 불행을 당하는 것 등이다(Hall et al., 1982). 성적 이미지를 포함한 꿈은 당신이 생각하는 것보다는 덜 자주 꾼다. 한 연구에서 젊은 남성 사이에서는 10개의 꿈 중 1개, 젊은 여성 사이에서는 30개의 꿈 중 1개만 성적인 의미를 가지고 있었다

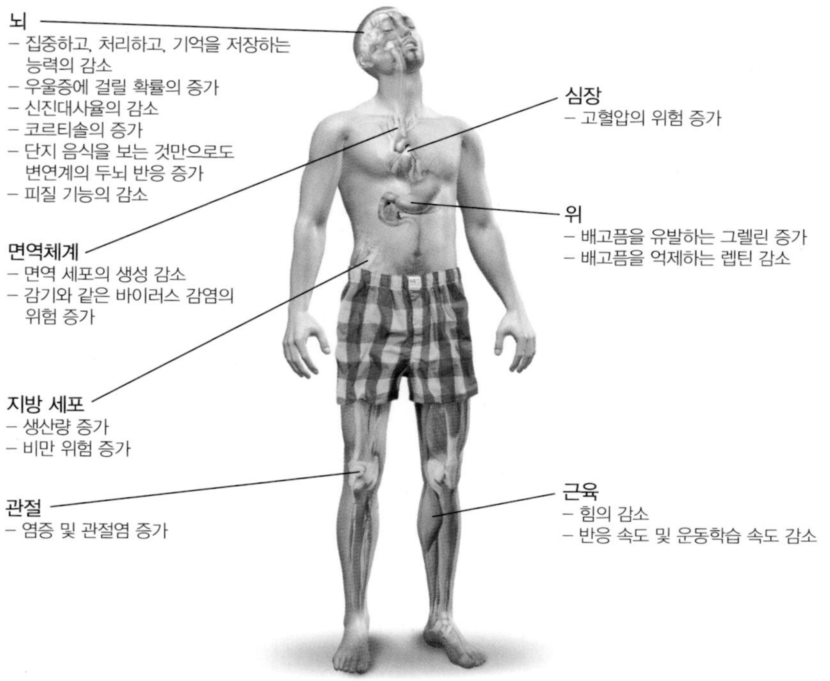
뇌
– 집중하고, 처리하고, 기억을 저장하는 능력의 감소
– 우울증에 걸릴 확률의 증가
– 신진대사율의 감소
– 코르티솔의 증가
– 단지 음식을 보는 것만으로도 변연계의 두뇌 반응 증가
– 피질 기능의 감소
면역체계
– 면역 세포의 생성 감소
– 감기와 같은 바이러스 감염의 위험 증가
지방 세포
– 생산량 증가
– 비만 위험 증가
관절
– 염증 및 관절염 증가
심장
– 고혈압의 위험 증가
위
– 배고픔을 유발하는 그렐린 증가
– 배고픔을 억제하는 렙틴 감소
근육
– 힘의 감소
– 반응 속도 및 운동학습 속도 감소

그림 2.34 수면 부족의 영향

브람스는 자신만의 자장가가 필요했을까? 짜증스럽고, 과체중이며, 낮잠을 잘 자는 유명한 클래식 작곡가인 요하네스 브람스는 수면성 무호흡 증상을 보였다(Margolis, 2000).

(Domhoff, 1996). 더 일반적으로, 우리의 꿈은 그날의 성적인 경험과 관계없는 사람들과 장소를 특징으로 한다(De Koninck, 2000).

통속적인 수면 신화 : 만약 땅에 떨어지는 꿈이나 죽는 꿈을 꾸면, 죽는다. 불행하게도, 이러한 생각들을 확인할 수 있는 사람들은 그렇게 할 준비가 되어 있지 않다. 그러나 많은 사람들이 그러한 꿈을 꾸었고, 그것을 보고하기 위해 살아 있다.

표 2.2 자연 수면제

• 규칙적으로 운동하라. (늦은 오후가 가장 좋다. 늦은 밤은 피하라.)
• 늦은 오후부터는 카페인 섭취를 피하고, 잠자기 전에 음식과 음료를 피하라. 단, 한 잔의 우유는 수면을 촉진한다.
• 잠자기 전에 약간 어두운 조명을 사용하면서 휴식을 취하라.
• 규칙적인 스케줄에 따라 잠자리에 들고, 긴 낮잠을 피하라.
• 반복해서 확인하지 않도록 시계를 숨겨라.
• 일시적인 수면 부족이 큰 해를 끼치지 않을 것이라고 스스로를 안심시켜라.
• 노래 가사, TV 프로그램, 휴가 여행과 같은 자극적이지 않고 매력적인 생각에 당신의 마음을 집중시켜라(Gellis et al., 2013).
• 만약 모든 것이 실패한다면, 늦게 자거나 더 일찍 일어나는 것처럼 조금 자는 것을 감수하라.

꿈꾸는 이유는 무엇인가? 꿈 이론가들은 꿈을 꾸는 이유에 대해 여러 가지 가능한 설명을 제안해왔다. 그 설명에는 다음과 같은 것들이 포함된다.

1. **자신의 소망을 충족** 1900년, 지그문트 프로이트는 '나의 행운이 만들어낸 모든 발견들 중에서 가장 가치 있는 것'이라고 생각하는 것을 제공했다. 그는 꿈이 공공장소에서 표현할 수 없는 감정을 방출하는 안전밸브 역할을 한다고 제안했다. 그는 그 꿈의 기억된 이야기를 **표출내용**(manifest content)이라고 불렀다. 프로이트에 따르면 꿈의 **잠재내용**(latent content)의 상징적 버전인 표출내용은 검열을 받는다. 비록 대부분의 꿈들이 공공연한 성적 이미지를 갖고 있지는 않지만, 프로이트는 대부분 성인의 꿈이 '성적인 소망에 대한 분석에 의해 추적될 수 있다'고 믿었다. 그래서 꿈에 나오는 총은 성기의 위장된 표현일 수 있다는 것이다.

프로이트 이론의 비판자들은 과학의 악몽이라고 할 수 있는 프로이트의 꿈 이론의 미망에서 깨어날 때가 되었다고 주장한다. 꿈 연구자인 윌리엄 돔호프(William Domhoff, 2003)는 "꿈과 그 꿈의 목적에 대한 프로이트의 구체적 주장들을 믿어야 할 이유가 없다"고 말했다. 총에 대한 꿈은 그저 총에 대한 꿈

표 2.3 수면장애

장애	비율	설명	영향
불면증	성인 10명 중 1명, 노인 4명 중 1명	잠에 빠져들고 계속해서 잠을 자는 데 어려움이 있는 장애	만성적인 피로. 수면제와 알코올에 의존하면 REM 수면이 줄어들며, 이로 인해 내성이 생기게 되는데 내성 이상의 효과를 얻기 위해 더 많은 수면제 복용이 필요하다.
기면발작증	성인 2,000명 중 1명	엄청난 졸음의 기습적 공격	위험한 순간에 잠들 위험이 있다. 기면발작증 공격은 대개 5분 미만으로 지속되지만, 이는 가장 나쁜 시기와 가장 감정적인 시기에 일어날 수 있다. 운전과 같은 일상적인 활동은 추가적인 주의가 필요하다.
수면성 무호흡	성인 20명 중 1명	수면 중 반복적인 호흡 정지	피로와 우울, 비만
몽유병	일반인 100명 중 1~15명	NREM-3 수면 중에 정상적인 활동(앉기, 걷기, 말하기)하기	심각하게 걱정할 필요는 없다. 사람들은 스스로 또는 가족의 도움을 받아 그들의 침대로 돌아가며, 다음 날 아침에 수면 중 이동을 기억하는 일은 거의 없다.
야경증	성인 100명 중 1 명, 어린이 30명 중 1명	NREM-3 수면 중에 겁에 질렸거나, 이상한 말을 하거나, 앉아 있거나, 걸어 다님. 악몽과는 다름	공격 중 아이의 심장박동과 호흡 횟수가 2배로 늘어난다. 다행히도, 어린이들은 다음 날 그 무서운 사건을 거의 혹은 전혀 기억하지 못한다. 사람들이 나이를 먹어 감에 따라 야경증은 점점 줄어든다.

일 뿐이라는 것이다. 시가를 즐겨 피우던 프로이트조차도 "때로는 시가가 시가일 뿐이다"라고 언급하였다는 이야기가 전해지고 있다.

2. **기억을 정리** 정보 처리 관점에서는 꿈이 그날의 경험을 가려내고 분류하여 기억에 자리 잡게 하는 데 도움을 준다고 제안한다. 과제를 학습한 다음 날 시험을 친 경우, 방해받지 않고 잤던 사람들이 느린 뇌파 수면과 REM 수면을 모두 박탈당한 사람들보다 더 잘했다(Stickgold, 2012).

   두뇌 영상은 REM 수면과 기억 사이의 관계를 확인한다. 쥐가 미로를 학습할 때 또는 사람이 시각변별 과제를 학습할 때 활발하게 활동하는 두뇌 영역이 나중에 REM 수면 중에도 활발하게 활동한다(Louie & Wilson, 2001; Maquet, 2001). 따라서 과학자들은 두뇌 활동 패턴을 가지고 쥐가 깨어 있다면 미로 어디에 있을 것인지를 정확하게 말할 수 있다.

   학생들은 주목하라. 수면연구가인 로버트 스틱골드(Robert Stickgold, 2000)는 많은 학생들이 일종의 수면거부증과 주말수면증으로 고통 받고 있다고 믿고 있다. 그는 "새로운 내용을 학습한 후에 좋은 잠과 충분한 잠을 자지 못하면, 그 내용을 기억에 효과적으로 통합할 수가 없다"고 지적한다. 그의 주장은 학업성적이 우수한 고등학교 학생들이 그렇지 못한 학생들보다 매일 밤 25분 정도 더 잠을 잔다는 설명에 도움을 준다(Wolfson & Carskadon, 1998).

3. **신경통로를 발달시키고 유지** 꿈은—또는 REM 수면과 연관된 두뇌 활동은—잠자는 두뇌가 발달하는 데 도움이 되는 운동을 제공할 수 있다. 자극 경험은 두뇌의 신경통로를 발달시키고 유지시켜준다. 신경망이 급속도로 발달하고 있는 유아는 상당히 많은 시간을 REM 수면에 투자하고 있다.

4. **신경의 전기 활동을 이해** 다른 이론들은 꿈이 뇌간으로부터 피질 방향으로 확산되는 신경활동으로부터 분출된다고 제안한다(Antrobus, 1991; Hobson, 2003, 2004, 2009). 두뇌는 무작위적인 조각들을 의미 있는 이미지로 끼워 맞추는 활동을 이해하기 위해 끊임없이 노력한다. 사람들이 꿈을 꾸고 있는 동안 찍은 두뇌 영상은 정서관련 변연계와 시각중추에서 두뇌 활동이 증가하는 것을 보여준다(Schwarz, 2012). 변연계나 시각중추 중 어느 하나를 손상시키게 되면, 꿈 자체가 손상될 수 있다(Domhoff, 2003).

5. **인지발달을 반영** 일부 꿈 연구가들은 이러한 이론들을 반박하고, 대신에 꿈을 두뇌 성숙과 인지발달의 한 부분으로 본다(Domhoff, 2010, 2011; Foulkes, 1999). 예를 들어 9살 이전 아이들의 꿈은 슬라이드 쇼와 더 유사하며, 꿈꾸는 사람이 주인공인 실제 이야기와는 다르게 보인다. 모든 나이에서 꿈은 우리가 깨어 있을 때 보여주는 생각과 이야기를 특징으로 하는 경향이 있다. 꿈은 우리가 이해하고 있는 현재의 지식과 개념을 끌어내는 것 같다.

꿈을 꾸는 이유의 차이에도 불구하고, 꿈 이론가들이 동의하는 것이 하나 있다. 즉 REM 수면이 필요하다는 것이다. 반복적으로 깨워서 REM 수면을 박탈하게 되면 다시 잠든 후에 더 신속하게 REM 단계로 되돌아간다. 최종적으로 방해받지 않고 잠을 잘 수 있게 되었을 때는 말 그대로 아기처럼 잠을 잔다. 즉 REM 수면이 증가하게 되는데, 이 현상을 **REM 반동**(REM rebound)이라고 한다. REM을 억압하는 수면 치료를 중지하는 것도 REM 수면을 증가시키는데, 이 경우에는 악몽이 동반되기도 한다.

주요 용어

가소성
생물심리학자
인지신경과학
뉴런
수상돌기
축색
활동전위
교세포
시냅스
역치
불응기
실무율적 반응
신경전달물질
재흡수
아편제
엔도르핀
신경계
중추신경계(CNS)
말초신경계(PNS)
신경
감각뉴런
운동뉴런
간뉴런
체신경계
자율신경계(ANS)
교감신경계
부교감신경계
반사
내분비계
호르몬
부신선
뇌하수체
뇌전도(EEG)
양전자 방출 단층촬영법(PET)
자기공명영상법(MRI)
기능적 MRI(fMRI)
뇌간
연수
시상
망상체
소뇌
변연계
편도체
시상하부
해마
대뇌피질
전두엽
두정엽
측두엽
운동피질
체성감각피질
환각
연합령
신경 발생
뇌량
분할뇌
의식
순차 처리
병렬 처리
선택 주의
부주의적 맹시
변화 맹시
일주기 리듬
REM 수면
알파파
수면
델타파
시교차상핵(SCN)
불면증
기면발작증
수면성 무호흡
꿈
표출내용
잠재내용
REM 반동

이 장의 구성

발달심리학의 주요 논점

선천성과 후천성
연속성과 단계들
지속성과 변화

태내 발달과 출산

임신
태아기 발달
유능한 신생아
쌍둥이 및 입양 연구

유아기와 아동기

신체적 발달
인지 발달
사회성 발달

청소년기

신체적 발달
인지 발달 이론
사회성 발달
초기 성인기

성인기

신체적 발달
인지 발달
사회적 발달

3

생애주기를 통한 발달

DigitalVision/Getty Images

인생은 자궁으로부터 무덤까지의 여행이다. 나[저자 DM]의 경우도 그러했듯이 당신 또한 그러할 것이다. 나와 당신의 이야기는 남자와 여자가 함께 2만 개가 넘는 유전자를 공유해서 한 사람이 되는 순간부터 시작한다. 그 유전자들은 우리의 신체를 구성하고 각자가 가지게 될 특성을 미리 정해주는 아주 정밀한 부호를 포함한다. 나의 할머니는 어머니에게 희귀한 청력손실 증상을 주었고, 나의 어머니는 (그녀의 가장 작은 선물로) 나에게도 전달했다. 우리 아버지는 선량한 외향적 성품이셨는데, 덕분에 나는 가끔 수다 떠는 걸 멈추지 못한다. 어렸을 때는 고통스러운 말더듬증 때문에 언어발달이 느렸고 이 때문에 시애틀공립학교에서 언어치료를 받았다.

우리 부모님과 마찬가지로, 나 또한 우리 부모님의 성격과 그들의 양육방식을 이어받았다. 나는 그들만의 세계관으로 이루어진 독특한 문화를 가진 가정에 태어났다. 나의 가치관은 대화와 웃음이 가득한 가족문화와 사랑과 정의를 얘기하는 종교적 문화, ('무슨 뜻이니? 어떻게 아니?'라는 질문으로) 비판적 사고를 장려하는 학구적 문화로 만들어졌다. 우리는 우리가 물려받은 유전자와 우리가 속한 문화적 맥락에 의해 만들어졌다. 따라서 우리의 사연들은 각각 다를 것이다.

그러나 어떤 상황에서는 이 지구상에 있는 다른 사람들과 일정 부분 같기도 하다. 인간이기 때문에 당신과 나는 어딘가에 속해야 한다. 4살부터 시작된 내 기억 속에 자리 잡은 영상은 사회적 애착으로 가득한 장면들로 채워져 있다. 시간이 흐를수록 부모에 대한 애착은 우정으로 대체되면서 약해졌다. 고등학교에서 데이트(연애)에 대한 자신감의 부재를 겪은 후, 대학 동기와 사랑에 빠졌고 20살에 결혼을 했다. 자연선택은 우리가 살아남은 유전자를 전달할 수 있게 한다. 당연히, 2년 후에 아이가 우리 삶에 들어왔고, 난 나를 놀라게 한 새로운 형태의 강렬한 사랑을 경험했다. 그 아이는 지금 3,200km 밖에 살고 있고 그의 다른 두 형제 중 하나는 남아프리카를 집이라고 부른다. 당신과 마찬가지로 부모와 자식 간의 유대관계는 느슨해졌다.

변화는 또한 직업생활 대부분을 차지하기도 한다. 나는 10대 때 가족이 운영하는 보험회사에서 일을 하다가, 그다음에는 화학을 전공했고, 병원 조무사로 근무했다.

내가 반쯤 완성한 의과대학 응용 프로그램을 폐기한 후, 나는 심리학 교수 및 저자로서의 나의 소명을 발견했다. 나는 10년 후에도 지금처럼 계획에 없는 일을 할 것이라고 예측한다.

발달심리학의 주요 논점

연구자들은 왜 인간의 발달에서 흥미를 발견하는가? 일반 대중들처럼 그들은 우리가 어떻게 현재 우리 자신이 되었는지, 그리고 어떻게 우리가 다가올 시간 속에서 변화하는지를 이해하기 원한다. **발달심리학**(developmental psychology)에서는 세 가지 주요한 논점에 초점을 두고, 인생의 전반에 걸쳐 우리의 신체적, 인지적, 사회적 발달을 연구한다.

1. **선천성과 후천성** : 우리의 선천성이 어떻게 우리의 후천성과 상호작용하며 우리의 발달에 영향을 주는가?
2. **연속성과 단계들** : 발달에서 어떤 부분들이 에스컬레이터를 타듯 점진적이고 지속적인가? 어떤 부분들이 사다리의 가로대를 오르듯 신속하게 분리된 단계들로 변화하는가?
3. **지속성과 변화** : 우리의 인생을 통해 어떤 특성들이 지속되는가? 우리는 우리가 나이를 먹어감에 따라 어떻게 변화하는가?

선천성과 후천성

어머니의 난자가 아버지의 정자를 받아들일 때 창조된 독특한 유전자의 조합이 우리를 각각 다르게 만들도록 도왔다. 이 유전자들이 우리들을 비슷하게도 만들고 다르게도 만들었다. 하지만 우리의 경험들이 우리를 형성한다는 것 또한 사실이다.

심지어 우리의 선천성에 의해 시작된 차이점들은 우리의 후천성에 의해 증폭된다. 우리는 선천성이나 후천성만으로 형성된 것이 아니라 신체적, 심리적, 사회적 영향력 간의 상호작용에 의해 형성되었다. 우리의 문화에 관계없이, 우리 인간들은 동일한 생활주기를 공유한다. 우리는 자녀들에게 유사한 방식으로 말하고 그들의 옹알이와 울음에 동일하게 반응한다(Bornstein et al., 1992a, b). 전 세계를 통해 볼 때, 자신과 친밀한 관계를 유지하고 지지해주는 부모의 자녀들이 자신들을 더 나은 존재로 느끼며 자신을 밀어내고 거부하는 부모의 자녀들보다 공격성이 낮다(Farruggia et al., 2004; Rohner, 1986; Scott et al., 1991). 여러 인종 집단들이 평균적인 학업 성취능력을 포함하여 여러 가지 면에서 다름에도 불구하고, 그 차이점들은 '피상적인 것'들이다(Rowe et al., 1994). 가족의 구성, 동료의 영향, 부모 교육의 범위까지 확대해서 이러한 인종 집단들 중 하나의 행동을 예측한다면, 그들은 서로 다른 집단들처럼 행동한다는 것을 알 수 있다. 집단 내에서, 개인 대 개인의 차이점들을 비교해볼 때 집단들 간의 차이점들은 적으며 우리 인간은 선천성을 공유한다.

연속성과 단계들

거대한 삼나무가 그 묘목에서 달라지듯, 성인도 유아기부터 달라지는 것일까?—차이점은 주로 지속적이고 점진적인 성장에 의해 만들어진다. 또는 애벌레가 나비가 되는 것과 같은 방식들로 변화하는 것일까?—뚜렷이 다른 단계들로.

일반적으로 발달을 느리고 점진적인 과정으로 보는 연구자들은 경험과 학습에 집중한다. 생물학적인 영향을 강조하는 연구자들은 발달을 우리 유전자에 입력된 지시사항에 따라 일련의 단계나 계단을 통과하는 성숙의 단계로 보았다. 다양한 단계를 거치는 발달은 빠르거나 느릴지도 모른다. 하지만 우리는 동일한 질서 안에서 그 단계들을 통과한다. 뛰기 전 걷는 것과 같은 신체적 단계 같이 분명한 심리적 발달 단계들이 있는가? 우리가 알아볼 단계 이론들(장 피아제의 인지 발달, 로렌스 콜버그의 도덕성 발달, 에릭 에릭슨의 심리사회적 발달)은 발달상의 단계들을 제안한다. 인간의 두뇌는 피아제의 단계 이론에서도 언급되듯이 아동기와 청소년기에 급성장을 경험하게 된다(Thatcher et al., 1987). 그리고 단계 이론들은 전 생애에서 다른 시점에서 우리에게 영향을 주는 영향력과 관심사에 대한 우리의 관심에 초점을 맞추는 데 도움을 준다. 이러한 관심은 한 연령대의 사람들이 어떻게 생각하고 그들이 다음 연령에 이를 때 어떻게 다르게 행동하는지를 이해하는 데 도움을 줄 수 있다.

지속성과 변화

우리가 시간의 흐름 속에서 살아가는 동안, 우리는 지속성이나 변화에 대해 더 많은 증거를 찾을 수 있을 것인가? 만약에 오랫동안 만나지 못한 학교 동창을 다시 만나게 될 때, 우리는 즉시 "바로 그 앤디야?"라고 할 것인가? 아니면 한때 친구였던 사람들이 나중에 전혀 낯선 사람처럼 보이게 될 것인가? (적어도 내가 아는 한 사람은 두 번째를 선택할 것 같다. 그는 40주년 대학 동창회에서 친구를 알아보지 못했다. 그 흥분한 친구는 바로 그의 오래전 첫 번째 부인이었다!)

발달심리학자들의 연구는 우리가 지속성과 변화를 경험한다는 것을 보여준다. 사람들은 자신들이 미래에 그다지 많이 변하지 않을 거라고 예견한다(Quoidbach et al., 2013). 어떤 면에서는 그들이 옳다. 우리 성격 중 일부, 이를테면 기질(감정적으로 쉽게 흥분하는)

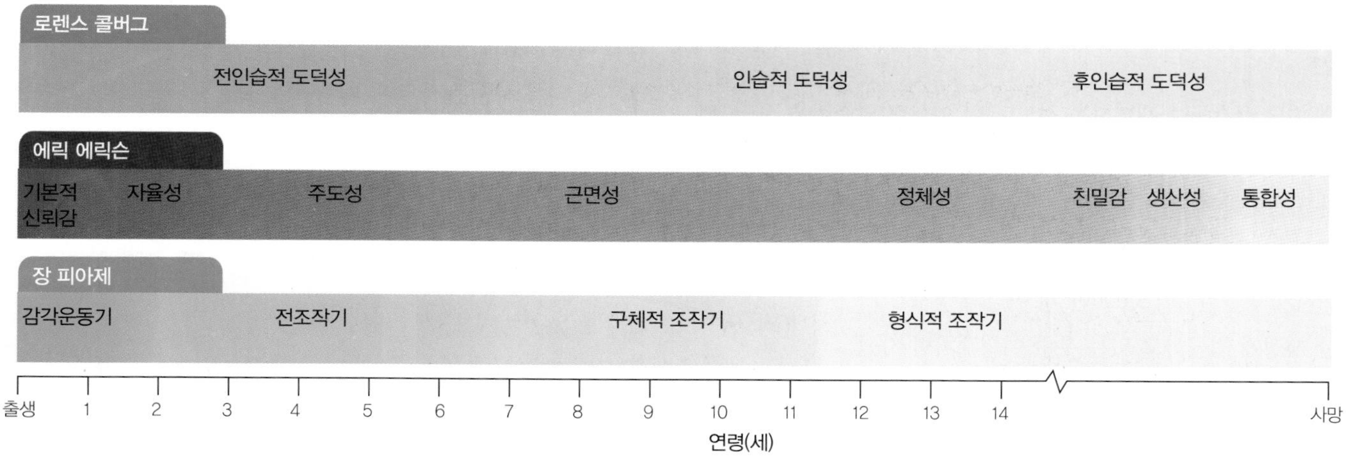
로렌스 콜버그
전인습적 도덕성
인습적 도덕성
후인습적 도덕성
에릭 에릭슨
기본적 신뢰감
자율성
주도성
근면성
정체성
친밀감
생산성
통합성
장 피아제
감각운동기
전조작기
구체적 조작기
형식적 조작기
출생
1
2
3
4
5
6
7
8
9
10
11
12
13
14
사망
연령(세)

그림 3.1 단계 이론 비교 (Muskegon Community College의 Sandra Gibbs 박사에게 감사의 말을 전한다.)

같은 경우 매우 지속성이 있다. 연구자들은 3세부터 32세까지 1,000명의 사람들을 연구했을 때, 기질과 정서가 시간에 따라 변화하지 않고 일관성이 있다는 사실에 충격을 받았다(Slutske et al., 2012). 3세 때 통제불능인 아이들은 32세 때 제어불능의 도박꾼이 될 가능성이 높다. 다른 연구에서는 아동기 때나 대학 시절의 사진에서 가장 환하게 웃는 사람들이 수년이 지난 후 결혼생활을 즐기며 지속하는 것으로 보인다고 한다(Hertenstein et al., 2009). 양심적인 12세 소년이, 40년 후에 직업적으로 더 성공했다(Spengler et al., 2015).

하지만, 인생 초반을 근거로 하여 성장한 후 갖게 될 특성들 모두를 예측할 수는 없다(Kagan, 1998; Kagan et al., 1978). 몇 가지 특성들은, 특히 감수성이 예민한 청소년 후반기에는 기질보다는 사회적 태도와 같은 것이 다소 영향을 미쳤다(Krosnick & Alwin, 1989; Rekker et al., 2015). 나이 든 아이들과 청소년들은 새로운 방식의 대처법을 사회적인 관계 속에서 배울 수 있다. 비행 청소년들이 직장 문제, 약물 남용, 범죄에 빠질 확률이 높은 것은 사실이다. 하지만 여러 가지 어려움과 혼란을 겪은 아이들이 성숙하고, 성공한 성인으로 거듭나기도 한다(Moffitt et al., 2002; Roberts et al., 2001; Thomas & Chess, 1986). 그들에게는 다행스럽게도 인생이란 변해가는 과정이다.

어떤 면에서, 우리 모두는 나이와 함께 변해 간다. 대다수의 수줍음과 두려움이 많은 유아들이 4세가 되면 마음을 열기 시작한다. 청소년기가 지나고 나면, 대다수 사람들은 좀 더 양심적이고, 적절하게 행동하며, 상냥해지고, 자신감이 생긴다(Lucas & Donnellan, 2011; Roberts et al., 2003, 2006; Shaw et al., 2010). 양심은 특히 20대에 자라며, 상냥함은 30대에 자라난다(Srivastava et al., 2003).

Tom Prokop/Shutterstock
Photodisc/Getty Images

미소는 결혼의 안정성을 예측한다 306명의 대학 졸업생들을 대상으로 한 한 연구에서, 4명 중 1명꼴로 왼쪽의 졸업 앨범과 같은 표정을 지었으며 나중에 이혼하였다. 오른쪽 이혼 서류에 있는 것과 같은 미소를 띤 사람은 20명 중 1명에 불과하다(Hertenstein et al., 2009).

20대 게으름뱅이 중 다수는 40대의 사업가나 문화적 리더로 성숙해진다. (만약 당신이 전자라면, 당신은 아직 덜 된 것이다.) 그러한 변화들은 같은 나이의 다른 이들과 비교할 때 그 사람의 지위의 변동 없이도 일어날 수 있다. 정력적인 젊은 성인은 인생 후반에는 부드러워질지 모르지만, 여전히 비교적 정력적인 고령자일 것이다.

삶이란 지속성과 변화 둘 다를 요구한다. 우리가 나이가 듦에 따라 지속성은 더욱더 자신의 성격을 뚜렷하게 만든다(Briley & Tucker-Drob, 2014). ('7세에 하듯, 그렇게 70세에도 한다'라고 유대인 속담은 말한다. 한국에는 '세 살 버릇 여든까지 간다'는 속담도 있다.) 그리고 지속성은 우리에게 자신의 정체성을 부여한다. 그것은 우리는 타인에게 의존하게 하고 자신의 삶 속에서 자녀들의 건강한 발달에 대해 염려하게 한다. 변화의 가능성에 대한 우리의 신뢰는 우리에게 밝은 미래에 대한 희망을 안겨주며 경험을 통해 우리로 적응하고 자라나게 한다.

태내 발달과 출산

임신

어떤 종도 스스로를 재현하는 것보다 더 이상 자연스러운 것도, 더 놀라울 것도 없다. 당신의 경우, 이 과정은 어머니의 난소가 성숙한 난자를 방출할 때부터 시작된다. 난자는 이 문장의 끝부분에 있는 문장 부호 크기만 한 세포이다. 당신 아버지가 방출한 2억 5,000만 개 이상의 정자가 거대한 행성에 접근하고 있는 우주 여행객처럼 자신의 크기의 85,000배에 가까운 세포에 접근한 후 극소수만이 난자에 닿았다. 난자의 보호막을 벗길 효소를 방출한 정자들(**그림 3.2a**). 그중 한 정자가 그 보호막을 깨뜨리는 즉시(**그림 3.2b**), 난자는 다른 정자들이 침입하지 못하도록 표면을 막아버린다. 몇 시간 내로 난자의 핵과 정자의 핵이 접합한다. 두 사람이 하나가 되었다. 가장 운이 좋은 순간이라고 생각하라. 2억 5,000만 개의 정자 중, 경주에서 이겨낸 단 하나의 정자가 난자와 만났다.

새로운 단일 세포에 포함된 것은 마스터 코드이다. 이 코드는 당신의 경험과 상호작용하여 다른 모든 인간과 마찬가지로 여러 면에서 존재하지만 다른 인간과는 다른 방식으로 존재한다. 각 세포는 이 코드를 **염색체**(chromosome)에 가지고 있다. 이 구조에는 우리가 많이 들어 본 DNA가 들어 있다. **유전자**(gene)는 **DNA**의 조각이며, 활성화되거나 비활성화될 수 있다. 이 기능을 켜면 유전자가 단백질 분자를 생성하는 코드를 제공한다. **그림 3.3**은 당신의 **유전**(heredity)을 구성하는 요소들을 요약한 것이다.

유전적으로 말해서, 다른 모든 인간은 당신의 일란성 쌍둥이에 가깝다. 우리의 공통된 유전적 특성—**게놈**(genome)—은 우리를 침팬지, 바나나 또는 튤립이 아닌 인간으로 만든다. 전 인간 게놈 프로젝트 책임자인 프랜시스 콜린스(Francis Collins, 2007)는 "당신의 DNA와 광산은 99.9% 동일하다. DNA 수준에서, 우리는 분명히 전 세계, 한 가족의 일부이다"라고 말했다.

DNA의 특정 유전자 부위에서 발견되는 약간의 변이는 우리의 유일성에 대한 단서를 제공한다. 그들은 왜 어떤 사람이 다른 사람에게 없는 질병을 가지고 있는지, 왜 한 사람은 키가 크고 또 다른 사람은 작으며, 왜 누구는 불안하고 또 다른 사람은 평온한지를 설명한다. 우리의 형질 대부분은 많은 유전자의 영향을 받는다. 예를 들어 신장이 얼마나 되는지는 얼굴 높이, 다리 뼈 길이

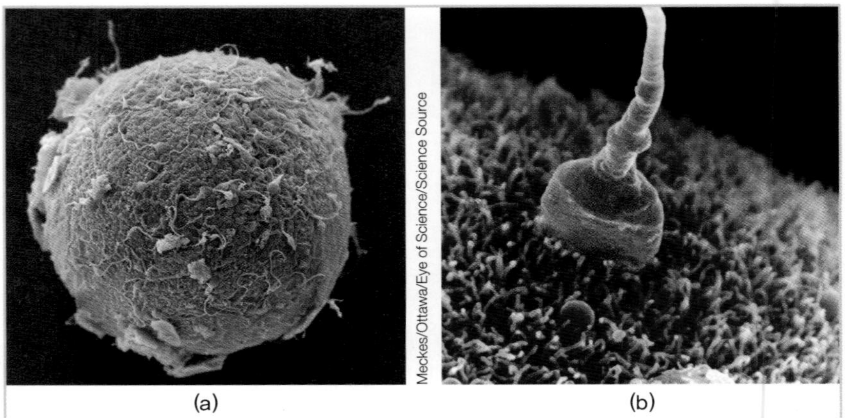
Meckes/Ottawa/Eye of Science/Science Source
David M. Phillips/Science Source
(a)
(b)

그림 3.2 생명체는 성적으로 전달된다 (a) 정자 세포가 난자를 둘러싼다. (b) 정자 하나가 난자의 젤리 모양의 외부 코팅을 관통할 때 일련의 사건이 시작되어 정자와 난자가 단일 세포로 융합된다. 모든 것이 잘되면, 그 세포는 9개월 후에 100조 개 세포의 인간으로 출현하기 위해 다시 분화될 것이다.

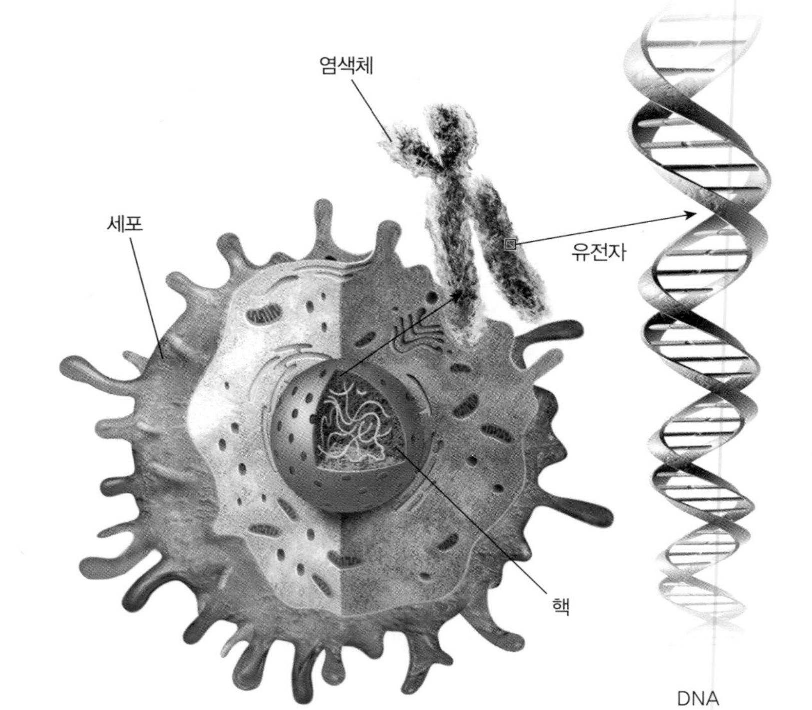
염색체
세포
유전자
핵
DNA

그림 3.3 유전자 : 위치와 구성 몸 속에 있는 각 세포의 핵 속에 들어 있는 것은 염색체이다. 각 염색체는 DNA 분자의 꼬인 사슬을 포함한다. 유전자는 자극을 받으면 우리 개개의 생물학적 발달에 영향을 주고 단백질 생산을 지시한다.

등을 반영한다. 그것들 각각은 다른 유전자의 영향을 받는다. 지능, 행복 및 공격성과 같은 특성은 유전자 전체의 협연에 의해 유사하게 영향을 받는다(Holden, 2008).

우리 인간의 차이점은 우리의 **환경**(environment)—모든 외부 영향, 자궁에서 모체의 영양상태, 무덤으로 가는 동안의 사회적 지원—에 의해 형성된다. 예를 들어 신장은 식단의 영향을 받을 수 있다. 유전과 환경은 어떻게 **상호작용**(interaction)하는가? 2개의 다른 유전자 세트를 가진 두 아기를 상상해보자. 마리아는 아름다운 아이며 또한 사교적이고 다루기 쉽다. 칼리는 평범하고 수줍어하며 끊임없이 우는 아이다. 마리아의 예쁜 미소 짓는 얼굴은 더 애정 어린 자극을 부른다. 이것은 차례차례로 그녀가 더 온순하고 더 나은 사람으로 발전하는 데 도움이 된다. 두 아이가 나이가 들어 감에 따라 자연스럽게 자라가는 아이인 마리아는 종종 자신의 사회적 신뢰를 높일 수 있는 활동과 친구들을 찾는다. 수줍음이 많은 칼리는 친구들이 거의 없으며 더욱 외톨이가 된다. 유전적으로 영향을 받는 우리의 특성은 다른 사람들의 반응에 영향을 미친다. 그리고 그 반대의 경우에도 우리의 환경은 유전자의 활동을 유발한다.

후성유전학(epigenetics) 분야는 선천성을 키우는 만남의 장소를 연구한다. 후성유전학은 '추가적으로' 또는 '그 이상'을 의미한다. 이 분야는 환경으로 인해 유전자가 활성(표현) 또는 비활성(표현되지 않음)될 수 있는 방법을 연구한다. 유전자는 발달에 영향을 줄 수 있지만 환경은 유전자를 켜거나 끌 수 있다.

유전적 발현을 유발하거나 차단하는 유전자를 후성 유전자라고 한다. 이 분자들 중 하나가 DNA 분절의 일부에 부착되면 세포는 DNA 스트레치에 존재하는 어떤 유전자도 무시하도록 지시한다(**그림 3.4**). 식이, 약물, 스트레스 및 기타 경험은 이러한 후성 유전자에 영향을 줄 수 있다. 따라서 임신 이후부터는 유전과 경험이 함께 영향을 준다.

태아기 발달

접합체(zygote)라고 불리는 수정된 난자는 첫 2주 안에 몇 개나 생존하는가? 절반 이하이다(Grobstein, 1979; Hall, 2004). 생존자들에게는 하나의 세포가 2개, 그다음 4개가 되고 첫 번째 세포는 이 세포 분열이 첫 번째 주에 약 100개의 동일한 세포를 생성할 때까지 각각 2개가 된다. 그런 다음 세포가 분화되기 시작한다("나는 뇌가 될거고, 너는 장이 될거야!").

임신 10일 후, 접합체는 어머니의 자궁벽에 착상된다. 그래서 약 37주 동안 가장 가까운 인간관계를 시작한다. 세포의 작은 덩어리는 두 부분을 형성한다. 내부 세포는 **배아**(embryo)가 된다(**그림 3.5**). 바깥쪽 세포의 많은 부분이 태반이 되어 태아와 엄마 사이에서 영양과 산소를 전달한다. 다음 6주 동안 배아의 장기가 형성되고 기능을 시작한다. 심장이 뛰기 시작한다. 임신 9주 후, 배아는 이제 확실하게 인간으로 보인다. 이제는 **태아**(fetus, '새끼'라는 의미의 라틴어)이다. 여섯 번째 달 동안, 장기는 태아에게 생존 기회를 제공할 만큼 충분히 발달하게 될 것이며 조산해도 생존 가능성이 있다.

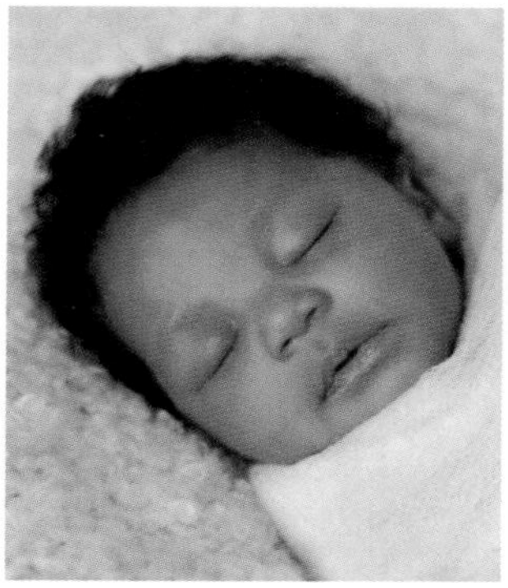

A Thousand Words Photography by Erica Corner

선천성의 후천성 모든 것이 궁금한 부모 : 내 아기는 온순하게 자랄까, 아니면 공격적으로 성장할까? 내향적인가, 아니면 매력적인가? 성공할까, 아니면 모든 단계에서 어려움을 겪을까? 무엇이 내재되어 있으며 무엇이 양육되고 있는가? 연구 결과는 천성과 양육이 우리의 발달을 형성한다는 것을 보여준다.

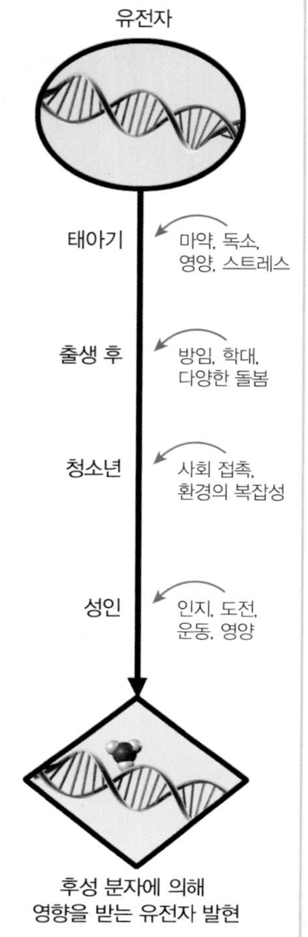
유전자
태아기
마약, 독소,
영양, 스트레스
출생 후
방임, 학대,
다양한 돌봄
청소년
사회 접촉,
환경의 복잡성
성인
인지, 도전,
운동, 영양
후성 분자에 의해
영향을 받는 유전자 발현

그림 3.4 환경이 유전자 발현에 미치는 영향 인생의 경험은 자궁에서부터 시작하여 종종 유기분자인 후성 유전자에 표시를 한다. 이 분자들은 그들이 영향을 미치는 DNA 조각에 있는 유전자의 발현을 막을 수 있다(Champagne, 2010).

기억해야 할 점 : 유전과 환경은 상호작용한다. 이것은 출생 전 기간에도 마찬가지다. 태반은 엄마로부터 태아에게 영양분과 산소를 전달할 뿐 아니라 많은 유해 물질도 차단한다. 그러나 일부는 막지 못한다. 바이러스 및 약물과 같은 **테라토겐**(teratogen)은 배아나 태아에게 손상을 줄 수 있다. 임신한 여성이 술을 마시거나 담배를 피지 말라는 이유 중 하나는 알코올이 그녀와 태아의 혈류에 들어가면 중추신경계의 활동을 감소시키기 때문이다.

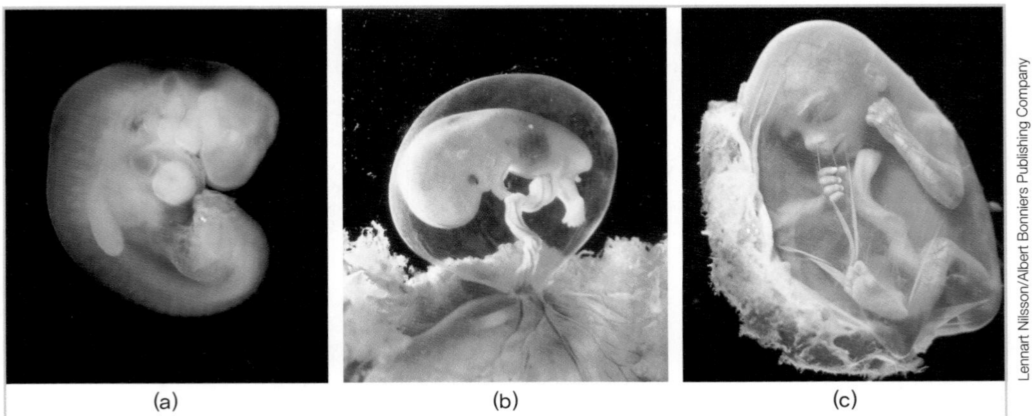
Lennart Nilsson/Albert Bonniers Publishing Company
(a)
(b)
(c)

그림 3.5 태아기 발달 (a) 배아는 빠르게 성장하고 발달한다. 40일 후 척추가 보이고 팔과 다리가 자라기 시작한다. (b) 태아기가 시작된 임신 9주에 얼굴의 특징, 손, 발이 형성된다. (c) 태아가 16주 째에 들어가면 손바닥 크기 정도가 된다.

심지어 가벼운 음주 또는 가끔씩의 폭음은 태아의 뇌에 영향을 줄 수 있다(Braun, 1996; Ikonomidou et al., 2000; Marjonen et al., 2015; Sayal et al., 2009). 지속적으로 술을 많이 마시면 태아가 출생 시 위험에 처하게 되며 미래의 행동 및 지능에 문제가 생긴다. 약 700명의 어린이 중 1명에게 미치는 효과는 **태아알코올증후군**(fetal alcohol syndrome, FAS)으로 볼 수 있다. FAS는 모든 태아 알코올 스펙트럼 장애 중 가장 심각한 것으로 신체적 · 정신적으로 평생 지속되는 것으로 나타났다(May et al., 2014). 태아의 손상은 알코올이 후성 유전적인 영향을 받기 때문에 발생할 수 있다. 알코올은 유전자를 비정상적인 온 또는 오프 상태로 전환하는 화학 표지를 DNA에 남긴다(Liu et al., 2009). 임신 중 흡연은 또한 후천적 흉터를 남기고 유아의 스트레스 대처능력을 약화한다(Stroud et al., 2014). 어린 시절의 스트레스는 우리가 나중에 역경에 대처할 수 있도록 준비시킨다. 그러나 태아기에 많은 스트레스에 노출되면 나중에 건강 문제에 대한 위험이 커질 수 있다.

유능한 신생아

태아기의 위험에서 살아남은, 생존에 아주 적합한 자동**반사**(reflex) 반응을 가진 신생아로 우리는 도착한다(제2장의 반사 신경의 기초에 관한 논의를 상기해보라). 새로운 부모는 종종 자신의 아기가 음식을 섭취하는 흡입반사 신경 세트에 감탄을 한다. 무언가가 뺨에 닿으면, 우리는 그곳으로 향하고, 입을 벌리고, 젖꼭지를 향해 활발하게 움직인다. (만족을 찾지 못하면 배고픈 아기는 울 수도 있다—부모가 생각하는 행동은 매우 불쾌하고 보람 있는 것이다.) 우리 조상들을 살아남도록 도왔던 또 다른 반사 작용에는 깜짝 놀라게 하는 반사 작용(팔과 다리가 나오면 빠르게 걷고 크게 우는 소리가 나 놀랄 정도로 강한 잡는 반응)이 있다.

우리는 신생아일지라도 다른 사람들과 관련된 장소와 소리를 찾아낸다. 우리는 사람의 목소리가 나는 방향으로 머리를 돌린다. 우리는 20~30cm 떨어진 곳에서 물건을 보는 것을 선호한다(Maurer & Maurer, 1988). 우리는 얼굴과 같은 이미지의 그림을 더 오랫동안 바라본다(**그림 3.6**).

특히 우리는 자신의 어머니인 사람에게 몸을 돌린다. 우리가 많은 사람들 무리 속에서 자신의 어머니의 냄새를 구별할 수 있을까? 실제로 우리는 할 수 있다. 출생 후 며칠 안에 우리의 뇌는 어머니의 몸에서 나는 체취를 포착해 저장해왔다(MacFarlane, 1978). 무엇보다 냄새 선호도는 지속된다. 한 실험에서 젖꼭지 통증을 예방하기 위해 카모마일 향이 나는 향유를 사용했던 프랑스 간호사 어머니 덕분에 이것을 증명할 수 있었다(Delaunay-El Allam et al., 2010). 21개월 후, 그들의 유아들은 카모마일 향이 나는 장난감으로 노는 것을 더 좋아했다! 모유 수유 중에 냄새를 맡지 않은 다른 유아들은 이 선호도를 나타내지 않았다. (흠. 아기가 성인이 되면 카모마일 향기와 어머니의 유방을 연관 지어 카모마일 차를 마시는 사람으로 성장할 것인가?)

그래서 어린 유아들은 매우 유능하다. 그들은 냄새를 잘 맡고 잘 듣는다. 그들은 그들이 보기 위해서 필요한 것을 본다. 그들은 이미 학습을 위해 감각기관을 이용하고 있다. 생물학과 경험에 따라, 감각과 지각 능력은 다음 몇 달 동안 꾸준히 발전할 것이다.

대부분의 부모는 두 번째 아이를 갖게 되면 아기들은 다르다고 말한다. 그 차이점은 **기질**(temperament)에 있다—강하고, 안절부절못하고, 느긋하고, 조용하다. 어떤 아기들은 생후 첫 주부터 짜증을 내고 강하며 예측할 수 없다. 다른 아기들은 쾌활하고 편안하며 일정한 수유 및 수면 패턴을 가지고 있다(Chess & Thomas, 1987). 기질은 유전적으로 영향을 받는다(Picardi et al., 2011; Raby et al., 2012). 이 효과는 신체적인 차이점에서 나타난다. 불안하고 억제된 유아는 높고 다양한 심장박동 수를 나타낸다. 그들은 새롭거나 이상한 상황에 직면할 때 매우 흥분한다(Kagan & Snidman, 2004; Roque et al., 2012).

기질은 또한 우리의 인격을 형성하는 데 지속적인 도움을 준다(McCrae et al., 2000, 2007; Rothbart, 2007). 이러한 효과는 이란성 쌍둥이보다는 더 비슷한 성격을 가진—기질을 포함하여—일란성 쌍둥이에게서 보인다.

쌍둥이 및 입양 연구

270쌍의 부모 중 약 1명에게 임신 소식이 보너스로 주어진다. 2개의 심장박동이 탐지되면 발달 초기의 접합체는 2개로 나뉜다(**그림 3.7**). 모든 것이 순조롭게 잘 진행되면 약 32주 후에 유전적으로 동일한 두 아기가 수중 세계에서 나온다.

일란성 쌍둥이(identical twins)는 자연이 만들어 준 복제인간이다. 그들은 하나의 수정란에서 자라며, 같은 유전자를 공유한다. 그들은 또한 동일한 자궁을 공유하며, 대개 동일한 생년월일과 문화사를 공유한다. **이란성 쌍둥이**(fraternal twins)는 자궁 내 친구처럼 2개의 분리된 수정란으로 자란다. 유전적으로는 쌍둥이가 아닌 형제 및 자매들보다 더 유사하지는 않지만 태내 환경을 공유한다.

연구자들은 선천성과 후천성의 영향력을 알기 위해 어떻게 쌍둥이를 연구하는가? 이를 위해서, 그들은

- 유전자를 통제하면서 가정 환경을 변화시킨다.
- 가정 환경을 통제하면서 유전자를 변화시킨다.

우리의 목적을 위해 기꺼이, 선천성은 우리를 위해 이 일을 해왔다.

일란성 쌍둥이 대 이란성 쌍둥이

일란성 쌍둥이는 동일한 유전자를 가지고 있다. 이러한 사실은 일란성 쌍둥이가 이란성 쌍둥이보다 더 유사하게 행동한다는 것을 의미하는가(Bouchard, 2004)? 전 세계적으로 1,450만 쌍이 넘는 쌍둥이를 대상으로 한 연구 결과는 일관된 답을 제공한다. 일란성 쌍둥이는 능력, 개인적 특성 및 관심 분야에서 이란성 쌍둥이보다 더 유사하다(Polderman et al., 2015).

다음 질문 : 공유된 유전자보다는 공유된 경험이 이러한 유사점을 설명할 수 있는가? 다시, 쌍둥이 연구는 몇 가지 해답을 제시한다.

분리된 쌍둥이

1979년 어느 추운 2월의 아침, 얼마 전 첫 아내 린다와 헤어진 짐 루이스는 그의 두 번째 아내 베티 옆에서 잠을 깼다. 그는 이번 결혼은 성공적이라고 생각하며, 집 주위에 베티를 향한 사랑의 편지를 남겼다. 잠자리에 들 때 짐은 자신의 아들 앨런과 애완견 토이를 비롯하여 자신이 사랑하는 대상을 떠올리곤 했다.

짐은 나무를 둘러싸고 있는 하얀 벤치를 포함하여 그가 가구를 만드는 지하 목공소를 좋아했다. 짐은 또한 그의 셰비 차를 몰고, 자동차 경주를 관람하며, 밀러 라이트 맥주를 마셨다. 가끔 있었던 편두통을 제외하면 짐은 건강했다. 혈압은 약간 높은 편이었는데 이는 아마도 그의 과도한 흡연과 관련이 있을 것이다. 그는 한동안 체중

그림 3.6 신생아의 선호도 3개의 요소로 구성된 2개의 이미지를 보여주었을 때, 신생아들은 왼쪽의 얼굴과 비슷한 이미지를 보는 데 거의 2배나 많은 시간을 보냈다. 신생아는 태어날 때부터 얼굴을 쳐다보는 선호도를 나타낸다(Mondloch et al., 1999).

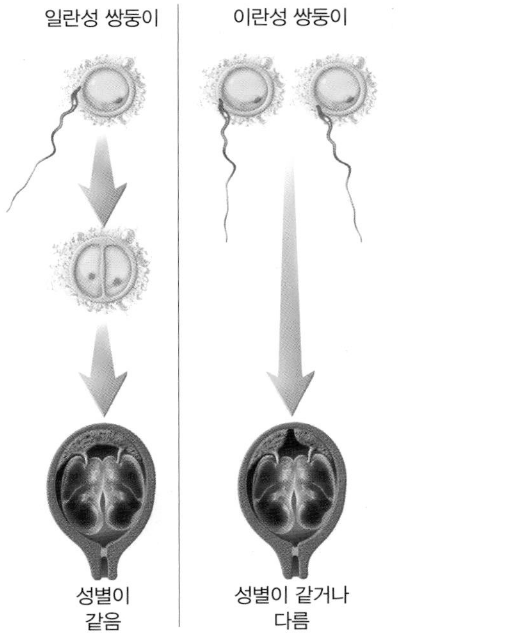
일란성 쌍둥이
이란성 쌍둥이
성별이 같음
성별이 같거나 다름

그림 3.7 같은 수정란, 같은 유전자와 다른 난자, 다른 유전자 일란성 쌍둥이가 하나의 수정란에서 나오며, 2개의 다른 수정란에서 이란성 쌍둥이가 나온다.

이 늘었지만 몇 킬로그램씩 체중을 줄였다. 자녀를 출산한 후 그는 정관 절제 수술을 받았다.

하지만, 짐 루이스에 대해 놀라운 점은 또 하나의 짐이라는 사람이(우리가 지어낸 게 아니라) 있었다는 것이다. 각자의 이름이 짐인 것은 물론, 애완견의 이름까지도 같았다. 이 유전자가 동일한 쌍둥이들은 생후 37일 후에 두 명의 노동자 가정으로 각각 입양되었다. 그들은 짐 루이스가 그와 동일한 유전자를 지닌 또 다른 짐으로부터 전화를 받을 때까지 아무런 연락 없이 자랐다.

한 달 후, 형제는 심리학자 토머스 부샤르(Thomas Bouchard)와 그의 동료들이 수행한 137명의 분리되었던 쌍둥이 연구의 첫 번째 연구 대상이 되었다(Miller, 2012b). 성격, 지능, 심박수 및 뇌파를 측정한 결과, 같은 사람이 두 번 테스트한 것과 거의 비슷했다. 그들은 목소리 패턴 역시 아주 비슷했으며. 이전 인터뷰를 들은 짐 스프링거는 "그건 나야"라고 추측했다. 하지만 틀렸다. 짐 루이스였다.

분리된 일란성 쌍둥이에 대한 이 연구는 유전자가 중요하다는 생각을 뒷받침한다. 그러나 이러한 유사점은 부샤르의 비평에 영향을 주지는 않았다. 당신이 낯선 이방인과 몇 시간을 보낸다면, 당신 또한 우연에 의한 많은 유사점을 발견할 수 있을 것이다. 게다가 비평가들은 일란성 쌍둥이가 외모와 반응을 공유하기 때문에 비슷한 경험을 했을 가능성이 높다고 지적했다. 부샤르는 분리된 이란성 쌍둥이의 삶의 선택이 분리된 일란성 쌍둥이의 삶의 선택과 비교해 극적일 정도로 유사하지는 않다고 한다.

Beth Eberth, St. Bonaventure University, St. Bonaventure, N.Y.

진실한 형제 2011년 같은 날, '조용하고 온화한 영혼을 지닌' 일란성 쌍둥이 수사 줄리안(Julian)과 에이드리언 레이스터(Adrian Reister)는 92세의 나이에 심장마비로 사망했다.

생물학적 친족 대 입양 친족

분리된 쌍둥이 연구들은 환경은 다양하게 구성하는 반면에 유전적인 부분을 통제한다. 선천성의 두 번째 유형의 실생활 실험(입양)은 유전적인 요인은 다양하게 하는 반면에 환경을 통제한다. 입양은 두 그룹을 창조한다—유전적 관계(생물학적 부모와 형제들)와 환경적 관계(입양한 부모와 형제들). 우리가 연구한 어떤 주어진 특성에 대해, 우리는 세 가지 질문을 할 수 있다.

- 입양된 아이들은 그들에게 유전자를 공여해준 자신들의 생물학적 부모를 얼마나 닮았는가?
- 그들은 가정환경을 제공해준 양부모를 얼마나 닮았는가?
- 가정환경을 제공하는 반면에, 입양된 형제들 또한 특질들을 공유하는가?

애정 어린 양육가정을 아이들에게 제공하는 차원에서 입양은 중요하다. 하지만 성격에 대해 이러한 질문들을 하는 연구자들은, 수백 개의 입양가족들을 대상으로 한 연구들을 근거로 한 충격적인 의견에 동의한다(McGue & Bouchard, 1998; Plomin et al., 1988; Rowe, 1990). 사교성과 상냥함 같은 특질들에서, 입양된 사람들은 자신을 돌보는 양부모들보다 그들의 생물학적 부모를 더욱 닮는다. 이 책을 통해 논의한 것처럼, 쌍둥이와 입양 연구의 결과들은 어떻게 선천성과 후천성이 지능, 이상 행동, 그리고 많은 다른 특성들에 상호작용하여 영향을 주는지에 대해 빛을 비춰주었다.

유아기와 아동기

꽃이 유전적 지시에 따라서 자라나듯, 우리 인간들도 그러하다. **성숙**(maturation)—생물학적인 성장의 정연한 결과—은 우리에게 공유된 경로의 많은 부분을 좌우한다. 우리는 걷기 전에 선다. 우리는 형용사 이전에 명사를 사용한다. 심각한 결핍이나 남용은 발달을 느리게 할 수 있지만, 유전적 성장 패턴은 선천적인 것이다. 성숙(선천성)은 발달의 기본 경로를 설정한다. 경험(후천성)은 그것을 조정한다. 유전자와 상황은 상호작용한다.

신체적 발달

두뇌발달

당신 어머니의 자궁 안에서, 당신의 발달하는 두뇌는 분당 거의 25만 개의 폭발적인 비율로 신경 세포들을 형성했다. 당신의 두뇌와 당신의 정신력은 함께 발달했다. 당신이 태어난 날, 당신은 당신이 가져야 할 대부분의 뇌세포를 가졌다. 하지만 이들 세포들의 접합—당신의 신경계—은 미성숙했다. 출생 후 이러한 신경회로망들은 급격한 성장, 확장, 연결의 결과로 당신이 걷고, 말하고, 기억할 수 있게 해주는 패턴으로 이루어지게 된다. 이러한 신속한 발달은 왜 유아의 뇌 크기가 출생 후 처음 며칠 사이에 급격하게 증가하는지를 설명하는 데 도움을 준다(Holland et al., 2014).

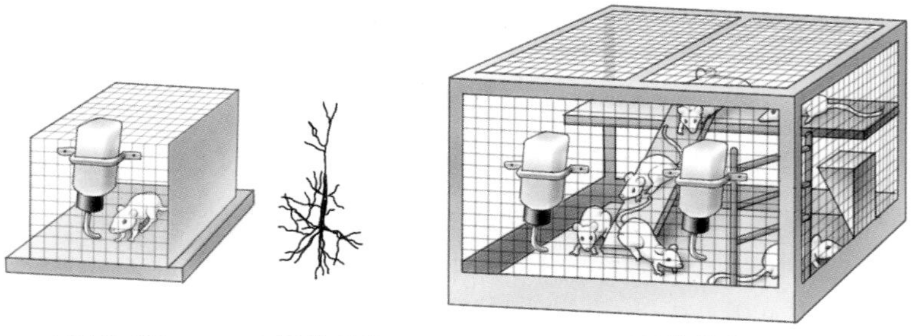
빈약한 환경
빈약한 쥐의 뇌 세포
풍족한 환경
풍족한 쥐의 뇌 세포

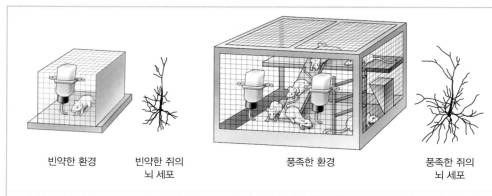

그림 3.8 두뇌발달에 영향을 미치는 경험 이 실험에서, 몇몇 쥐들은 장난감이 전혀 없는 환경에서 홀로 생활했다. 다른 쥐들은 매일 장난감이 달라지는 풍족한 환경에서 여러 쥐들과 함께 지냈다. 16번 반복된 실험 중 14번은, 풍부한 환경에서 지낸 쥐들의 대뇌 피질(나머지 뇌 조직에 비하여)이 빈곤한 환경에서 자랐던 쥐들보다 더 많이 생성되었다(Renner & Rosenzweig, 1987; Rosenzweig, 1984).

3~6세까지의 대다수 신속한 두뇌 성장은, 추론과 계획의 영역인 전두엽에서 일어난다. 그 여러 해 동안에 당신의 관심과 행동을 통제하는 능력이 신속하게 발달한다(Garon et al., 2008; Thompson-Schill et al., 2009). 마지막 발달은 사고, 기억, 언어와 연계된 당신의 연합 영역에서 이루어진다. 그것들이 발달해 감에 따라 당신의 정신력은 증가한다(Chugani & Phelps, 1986; Thatcher et al., 1987). 언어와 민첩성을 지원하는 신경 경로들은 그들의 신속한 성장이 사춘기까지 이어진다. 그러고 나서 사용할지 버릴지의 **가지치기 과정**을 통해 사용하지 않는 경로를 폐쇄하고 사용하는 것들은 강화하기 시작한다(Paus et al., 1999; Thompson et al., 2000).

당신의 유전자들은 색칠하기 책의 바탕선들처럼 당신의 두뇌에 기본적인 디자인을 그려 넣는다. 경험이 세부사항들을 채워 나간다(Kenrick et al., 2009). 그래서 어떻게 초기 경험들이 두뇌를 형성하는가? 몇 가지 멋진 실험에서 어린 쥐를 2개의 그룹으로 나누었다(Renner & Rosenzweig, 1987; Rosenzweig, 1984). 한 그룹의 쥐들은 조그만 관심거리나 산만하게 할 만한 것과 함께 혼자서 살게 했다. 다른 그룹의 쥐들은 자연적인 '쥐 세계'에 존재할 만한 대상과 활동들로 완성된 하나의 우리를 공유하게 했다(**그림 3.8**). '홀로 된' 쥐들과 비교해서, 풍부한 환경 속에서 살아온 쥐들은 두뇌 피질이 더 무겁고 두껍게 발달하였다. 풍부한 환경 속에서 60일을 보낸 후, 일부 쥐들의 뇌의 무게가 7%에서 10%까지 증가하였다.

세포들 간의 네트워크를 형성하는 시냅스의 숫자는 20%까지 급격히 퍼진다(Kolb & Whishaw, 1998). 풍부한 환경은 말 그대로 두뇌 파워를 증가시켰다.

새끼 쥐와 조산아를 만지거나 마사지하는 것은 유사한 이점이 있다(Field, 2010; Sarro et al., 2014). 병원의 집중치료실에서, 의료진은 미숙아들을 마사지해서 신경학적으로 빨리 발달하고, 더 신속하게 체중을 늘리며, 곧 집으로 갈 수 있도록 돕는다. 자신들의 엄마와 피부 대 피부로 접촉한 조산아들은 더 잘 자고, 스트레스를 덜 느끼며, 10년 후 더 나은 인지발달을 보여준다(Feldman et al., 2014).

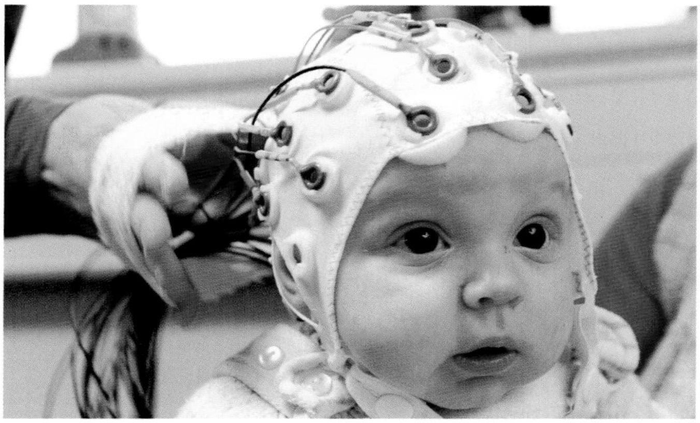

아기 실험 연구자들은 영아의 뇌를 이해하기 위해 할 수 있는 모든 기술을 활용하고, 발달이 잘못되면 어떤 일이 일어나는지 연구한다.

선천성과 후천성은 우리의 시냅스들을 조각하도록 상호작용한다. 두뇌 성숙은 풍부한 신경 결합을 제공한다. 경험—보기, 냄새 맡기, 만지기, 맛보기, 음악, 움직임—은 일부 신경 경로를 활성화하고 강하게 하며 그 밖의 것들은 사용하지 않음으로써 약해진다. 숲을 지나가는 길과 유사하게, 덜 사용되는 신경 경로들은 점차 사라지고 많이 찾는 것들은 더 넓어진다(Gopnik et al., 2015).

아동 초기에—과잉 연결이 여전히 있을 수 있는 반면에—어린이들은 가장 쉽게 다른 언어를 터득할 수 있다. 그들은 몇 가지 기술들을 익히는 데 **결정적 시기**(critical period)를 갖는 것으로 보인다.

청소년기 이전에 말하기, 쓰기, 부호화된 언어들에 대한 노출이 부족한 사람은 결코 어떤 언어를 터득할 수 없을 것이다. 마찬가지로, 초기 몇 년 동안 시각적 경험이 부족했으나 백내장 제거로 시각이 회복된 사람은 결코 정상적인 지각을 얻지 못할 것이다(Gregory, 1978; Wiesel, 1982). 그러한 초기 시각적 자극이 없다면, 정상적으로 시각에 할당된 뇌세포들은 가지치기 과정 동안에 죽거나 다른 목적들을 위해 사용될 것이다. 정상적인 두뇌발달을 위해 초기 자극은 중요하다. 성숙한 두뇌의 규칙—사용하거나 잃거나.

하지만 두뇌의 발달이 아동기에서 끝나는 것은 아니다. 일생을 거쳐, 우리가 친구들에게 문자하는 것을 배우거나 교과서를 쓰는 것을 배우든, 우리의 학습은 우리의 뇌 조직을 변화시키고 우리는 점점 더 많은 기술을 가지고 수행한다(Ambrose, 2010).

운동 발달

아기들은 그들의 신경계와 근육이 성숙해감에 따라 그들의 움직임들에 대한 통제력을 얻는다. 운동 기술들이 나타나면, 가끔의 예외들과 함께, 그것들의 순서는 공통적이다. 아기들은 그들이 도움 없이 앉기 전에 구른다. 그들은 보통 걷기 전에 기어 다닌다. 유아들이 등을 대고 자는 자세(아기들을 등을 대고 자게 하는 것은 침대에서 질식해 죽는 위험을 줄여준다)는 나중에 기는 것과는 관련있지만 걷는 것과는 관련이 없다(Davis et al., 1998; Lipsitt, 2003).

하지만 거기에는 타이밍에서 개인적인 차이가 있다. 걷기를 생각해보라. 미국에서, 모든 아기들의 90%는 15개월 때까지는 다 걸었다. 하지만 25%는 11개월 때까지, 50%는 첫 번째 생일 후 일주일 안에 걸었다(Frankenburg et al., 1992). 아프리카, 지중해, 인도의 어떤 지역에서는, 돌보미들이 종종 아기들을 주무르거나 운동을 시킨다(Karasik et al., 2010). 유전자들은 운동 발달을 안내한다.

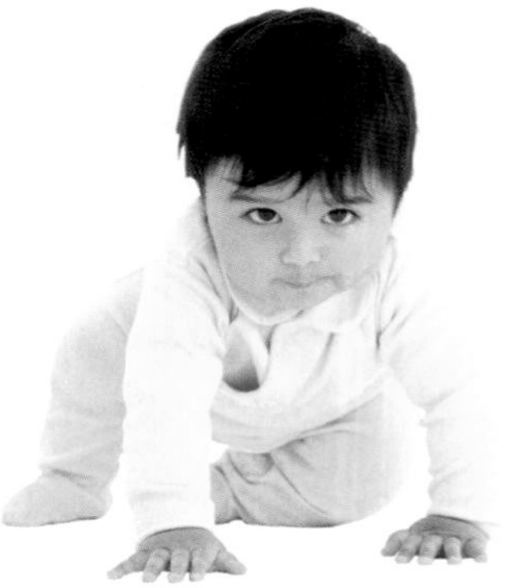
Juice Images/JupiterImages

신체 발달 앉기, 기기, 걷기, 달리기—아기들이 다양한 연령대에서 도달하지만, 이러한 운동 발달 과정의 순서는 전 세계가 동일하다.

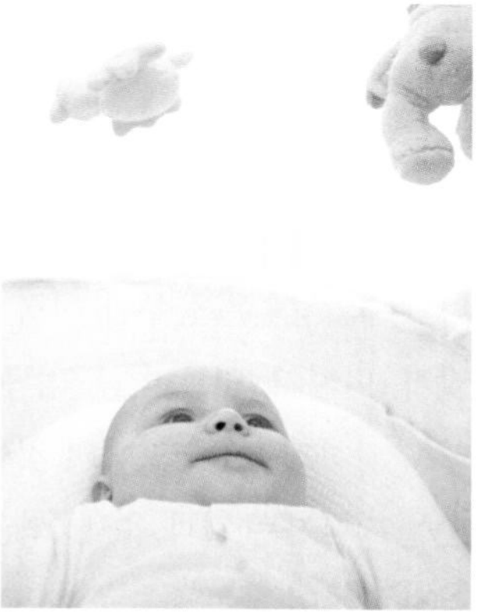
Aurelie and Morgan David de Lossy/Cultura/Getty Images

작업 중인 유아 3개월밖에 안 된 아기들이 발로 차면 모빌이 움직인다는 것을 배울 수 있고, 그들은 한 달 동안 학습한 것을 유지할 수 있다(Rovee-Collier, 1989, 1997).

일란성 쌍둥이들은 일반적으로 거의 같은 날 걷기 시작한다(Wilson, 1979). 소뇌의 신속한 발달은 대략 1세쯤 걷고자 하는 열망을 창조하도록 돕는다. 성숙은 마찬가지로 위장과 방광의 조절을 포함한 다른 신체적 기술들을 익히는 데 중요하다. 아동의 근육과 신경들이 성숙하기 전에는, 그 어떤 애원과 호소도 성공적인 배변 교육을 이루어내지 못할 것이다.

두뇌 성숙과 유아기 기억

당신은 자신의 세 번째 생일파티를 회상할 수 있는가? 대다수 사람들은 할 수 없다. 심리학자들은 이러한 의식적인 기억에서의 공백을 유아기 기억 상실이라고 부른다. 우리가 의식적으로 4세 이전으로부터 조금은 기억함에도 불구하고, 우리의 뇌는 그 시간 동안에 정보를 처리하고 저장했었다. 어떻게 우리는 그것을 알고 있는가? 발달심리학자들이 어떻게 매우 어린 시기에서의 사고와 학습을 연구했는지 보자.

1965년에, 캐롤린 로비-콜리어(Carolyn Rovee-Collier)는 심리학 분야의 박사 과정을 마쳤다. 그녀는 2살 된 벤저민—침대 위에 걸린 움직이는 모빌에 의해 진정되는—을 가진 초보 엄마였다. 모빌을 치는 것에 싫증난 그녀는 모빌에 연결된 리본을 벤저민의 발에 연결해주었다. 곧, 벤저민은 모빌을 움직이기 위해 그의 발을 차기 시작했다. 그녀의 의도하지 않은 가정 실험을 생각하면서, 로비-콜리어는 깨달았다—1960년대의 대중들의 의견과는 반대로, 아기들은 배울 수 있었다. 어린 벤저민이 단지 신동이 아니라는 것을 확실히 알기 위해, 로비-콜리어는 그 실험을 다른 유아들에게도 반복했다(Rovee-Collier, 1989, 1999). 아니나 다를까, 그들도 또한 모빌을 매달았을 때, 실험 당일과 그다음 날에도 더 차기 시작했다. 그들은 다리를 움직이는 것과 모빌이 움직이는 것 사이의 연계를 학습한 것이다. 하지만, 만약 그녀가 다음 날 다른 모빌에 그것들을 매달았다면, 유아들은 학습을 보여주지 않았을 것이다. 그들의 행동은 그들이 원래의 모빌을 기억하고 그 차이점을 인식하고 있음을 보여준다. 게다가 한 달 후에, 친숙한 모빌에 연결시켰을 때, 그들은 그 연계를 기억했고 다시 발차기를 시작했다.

잊어버린 아동기 언어들의 흔적들 또한 지속되고 있는지도 모른다. 한 연구는 아동기에 힌두어(인도어)나 줄루어(아프리카어)를 말한 적이 있는 영어를 말하는 영국 성인들을 테스트했다. 그들이 그러한 언어들에 대한 의식적인 기억이 전혀 없었음에도 불구하고, 그들은 40세까지, 다른 영어 사용자들이 배울 수 없는 섬세한 힌두어나 줄루어 소리의 차이를 재학습할 수 있었다(Bowers et al., 2009). 의식적인 마음은 알지 못하고 단어들로 표현할 수는 없지만, 신경계와 우리의 이중경로 마음은 다소간 기억을 하고 있는 것 같다.

인지 발달

배아 시기부터 어린 시절까지 어딘가를 당신이 여행하면서 당신은 의식을 갖게 된다. 그게 언제인가? 심리학자 장 피아제(Jean Piaget)는 인생 초기에 적절한 발달을 위해 필요한 경험이나 특정 자극에 노출되는 그 결정적 시기에 대한 대답을 찾는 데 반세기를 보냈다. 그는 어린이들의 **인지**(cognition)에 대해 연구했다—모든 정신적 활동은 생각, 지식, 기억, 의사소통과 연관이 있다. 부분적으로 그의 선구자적 업적 덕분에 우리는 지금 어린이들의 마음이 어른들 마음의 소형 모형이 아니라는 것을 안다. 어른들에게 해결책이 자명한 문제점들에 대해 광범위하게 논리적인 방법으로 어린이들은 다르게 사고한다(Brainerd, 1996).

어린이들의 인지 발달에 대한 피아제의 관심은 1920년에 시작되었다. 그때 그는 파리에서 어린이들의 지능검사를 위한 질문들을 개발하는 중이었다. 그 검사 결과를 살펴보면서 피아제는 흥미로운 어떤 것에 주목한다. 특정 나이에 어린이들은 눈에 띄게 비슷한 실수를 했다. 피아제의 연구는 아이의 마음은 단계들의 연속성을 통해 개발된다고 믿게 만들었다. 이런 상승 진행은 새로 태어난 아이의 간단한 반사 반응으로 시작한다. 그리고 그것은 어른의 추상적인 추리력으로 끝난다. 이런 단계를 통한 움직임은 사다리를 오르는 것 같다고 피아제는 믿었다. 아이는 아래쪽 가로대에서 확고한 디딤 없이는 높은 가로대까지 쉽게 움직일 수 없다.

생각과 추론을 위한 도구는 각 단계에 따라 다르다. 그러므로 당신은 8살 아이에게 아이디어를 채우는 것은 너의 머릿속에 켜져 있는 전등을 가지고 있는 것과 같다고 말할 수 있고 아이는 이를 이해할 것이다. 2살 아이는 비유할 수 없을 것이다. 그러나 어른들 마음도 마찬가지로 8살 아이들이 이해 못한 방법으로 사고할 수 있다.

피아제는 우리를 높은 지적인 사다리에 오르도록 이끄는 힘은 우리의 경험을 이해하기 위한 우리의 투쟁이라고 믿는다. 그의 중심 생각은 아이들은 능동적인 생각을 하는 사람이고 세상에 대한 더 전진적인 이해를 건설하려고 끊임없이 노력한다는 것이다(Siegler & Ellis, 1996). 이 능동적인 생각의 한 부분은 **스키마**(schemas)를 세우는 것이고 그것은 우리의 경험을 쏟아붓는 개념이나 정신적 모델이다.

우리가 우리의 스키마를 적응하고 이용하는 방법을 설명하기 위해 피아제는 추가로 2개의 개념을 제안했다. 첫째, 우리는 새로운 경험들에 **동화**(assimilation)한다—우리는 그것들을 우리가 현재 이해하고 있는 의미로 해석한다(스키마). 예를 들어 강아지를 위한 간단한 스키마를 갖는다면 걸음마 단계 아이들은 모든 4개의 다리를 가진 동물들을 강아지라고 부를지도 모른다. 그러나 우리는 세상과 상호작용할 때 새로운 경험에 의해 제공된 정보를 포함하도록 우리의 스키마를 적응하거나 **조절**(accommodation)한다. 그러므로 아이들은 그 원래의 강아지 스키마는 너무 광범위하다는 것을 곧 알게 되고, 그 범주를 정제함으로써 수용한다. 성인기까지 우리는 강아지가 무엇인지부터 사랑은 무엇인지에까지 이르는 무수한 개요들을 세운다(**그림 3.9**).

© Bill Anderson/Science Source

장 피아제(1896–1980) "우리가 한 개인 또는 인간 전체의 지능 발달 검사를 한다면, 우리는 인간의 정신이 서로 다른 특정 개수의 단계를 경험한다는 것을 알게 될 것이다"(1930).

Image Ideas/Stockbyte/Getty Images
Christian L Birmele

(a) (b)

그림 3.9 변화하는 결혼 스키마 25년 전, 대부분의 사람들은 한 남자와 한 여자의 결합으로 결혼의 스키마를 가졌다. 2001년 네덜란드는 동성 결혼을 허용하기 위해 결혼 법률을 변경한 최초의 국가였다. 2015년까지 미국을 비롯한 20개국 이상이 동성 결혼을 합법화했다.

그림 3.10 대상 영속성 6개월 미만의 유아는 눈에 보이지 않을 때에도 물체가 계속 존재한다는 것을 거의 이해하지 못한다. 그러나 나이가 많은 유아에게는, 눈에 보이지 않는다고 절대로 마음에서 멀어지는 것은 아니다.

피아제의 이론과 현재의 사고

피아제는 어린이들은 세상과 상호작용할 때 그들의 이해를 건설한다고 믿었다. 그들이 한 단계에서 다음 단계로 이동할 때 그들의 마음은 큰 안정 후에 뒤따르는 변화의 분출을 겪는다고 그는 믿었다. 그의 관점에서 인지 발달은 **감각운동기**, **전조작기**, **구체적 조작기**, **형식적 조작기**의 4개의 주요 단계로 구성되어 있다.

감각운동기 **감각운동기**(sensorimotor stage)는 태어났을 때 시작해서 거의 2살까지 지속된다. 이 단계에서 아기들은 그들의 감각을 통해 세상을 받아들인다—보기, 듣기, 만지기, 씹기, 그리고 잡기를 통해서. 그들의 손과 발을 움직이기 시작할 때 그들은 일들이 발생한다는 것을 알게 된다.

매우 어린 아이들은 현재에 사는 것 같다. 시야에 없으면 마음에도 없다. 한 실험에서 피아제는 한 아기에게 멋진 인형을 보여주고 그것 위에 그의 모자를 덮었다. 6개월의 나이 이전에는, 아기들이 마치 그 장난감이 더 이상 존재하지 않는 것처럼 행동한다. 어린 아기들은 **대상 영속성**(object permanence)이 부족하다—그 물체가 눈앞에 없을 때에도 계속 존재한다는 것을 아는 것(**그림 3.10**). 대략 8개월쯤, 아기들은 당신이 장난감을 숨긴다면 그들은 기억한다는 것을 보여주기 시작한다. 8개월 아기는 그것을 잠시 찾을 것이다. 그 이후 한두 달 안에 그 아기는 약간의 시간이 흐른 후에도 그것을 찾을 것이다.

사실 튤립이 봄에 만발하긴 하지만 대상 영속성도 8개월째에 갑자기 꽃 피울까? 오늘날의 연구원들은 그렇지 않다고 생각한다. 그들은 대상 영속성이 점진적으로 전개된다고 믿는다. 그리고 그들은 피아제가 했던 것보다 발달을 더 지속적인 것으로 보았다. 그들은 또한 어린이들은 피아제와 그의 동료들이 믿었던 것보다 더 능력이 있다고 생각한다. 어린이들은 작은 과학자들처럼 생각한다. 아이디어를 시험해보고 그 양상으로부터 배운다(Gopnik et al., 2015). 예를 들면 아기들은 단순한 물리법칙의 타고난 움켜잡기를 가지고 있는 것 같다. 그들은 '아기 물리학'을 가지고 있다. 어른들이 의심의 눈으로 마술 속임수를 응시하는 것처럼 아기들은 예기치 못한, 불가능한, 또는 낯선 장면을 더 오래 본다—차가 고체 물체를 관통하는 것 같은 것, 그들은 또한 공중에 멈춰 있는 공 또는 마술처럼 사라지는 것 같은 물체를 더 오래 응시한다(Baillargeon, 1995, 2008; Shuwairi & Johnson, 2013; Stahl & Feigenson, 2015). 아기일 때도 우리는 마음속에 많은 것을 가지고 있었다.

전조작기 단계 피아제는 대략 6~7세까지 아이들이 **전조작기 단계**(preoperational stage)에 있다고 믿었다—말과 그림 없이도 물건을 표현할 수 있다. 그러나 너무 어려서 정신적 조작은 수행할 수 없다(행동 그리기와 그것을 마음속으로 보유하기 같은).

보존 당신에게 길고 좁은 유리잔에 너무 많은 우유가 있다고 말하는 5살 아이를 생각해보라. 당신이 그 우유를 짧고 넓은 유리잔에 붓는다면 '너무 많은'은 제대로 맞다. 오직 높이의 관점에만 초점을 맞추면서 그 아이는 마음속으로 그 우유를 높은 유리잔에 다시 붓는 것을 수행할 수 없다. 6세 이전에 어린아이들은 **보존**(conservation)의 개념이 부족하다—그것이 모양이 바뀌어도 양은 똑같이 남아 있다는 생각(**그림 3.11**).

가상놀이 상징을 생각할 수 있는 아이는 가상놀이를 즐길 수 있다. 피아제가 한 단계에서 다른 단계로의 변화를 갑작스러운 이동으로 보지 않았지만 상징적 생각은 그가 추정했던 것보다 어린 나이에 발

Bianca Moscatelli/Worth Publishers

그림 3.11 피아제 보존 시험 시각적으로 초점을 맞춘 전조작기 아동은 아직 보존의 원리를 이해하지 못한다. 우유가 크고 좁은 유리컵에 부어지면 우유가 더 짧고 넓은 유리컵에 있을 때 보다 갑자기 '더 많게' 보인다. 또 다른 1년 또는 그 이후에, 그녀는 비록 그것이 다르게 보일지라도 양이 동일하게 유지된다는 것을 이해할 것이다.

생한다. 한 연구원이 아이들에게 방의 모형을 보여주고 모형 소파 뒤에 모형 강아지를 숨겨두었다(DeLoache & Brown, 1987). 그 2세 6개월 된 아이는 그 모형 안에 모형 강아지가 어디 있는지 끝까지 쉽게 기억했다. 그러나 그 지식은 현실세계로 전환되지는 않았다. 그들은 실제 방 안의 소파 뒤에 있는 강아지 위치를 찾기 위해서 모형을 이용할 수 없었다. 3세—단지 6개월 더 많은—아이는 대개 상징으로서의 방을 이해하는 것으로 보이며, 진짜 방 안에 있는 모형 강아지에게 곧장 갔다.

자기 중심성 피아제는 또한 우리에게 취학 전 아동들이 **자기중심적**(egocentric)이라고 가르쳤다. 그들은 다른 사람의 관점에서 물건을 그려보는 데 어려움이 있다. "엄마에게 너의 그림을 보여줘"라고 요청하면 2살의 가브리엘라는 그녀의 눈에 마주치게 그림을 올려 든다. 숨으라고 말하면, 3살 그레이는 자신이 상대방을 볼 수 없으면 상대방도 자신을 볼 수 없다고 추측하면서 그의 손으로 눈을 가린다. TV를 보는 취학 전 아동이 TV 화면을 보는 당신의 시야를 가릴 때 그 아이는 아마도 그녀가 보는 것을 당신이 본다고 추측한다. 이 나잇대의 아이들은 단순히 다른 사람의 관점을 아직 가져올 수 없는가? 우리 어른들조차 다른 사람들이 우리의 관점을 공유하는 정도를 과대평가한다. 어떤 것이 당신에게 명확하기 때문에 친구들에게도 명확할 것이라고 실수로 가정해본 적 있는가? 또는 수신자가 당신의 '단지 농담'이라는 의도를 '들을' 것이라는 생각을 실수로 보낸 적 있는가(Epley et al., 2004; Kruger et al., 2005)? 어린이일 때, 우리는 오히려 더 자기중심적이기 쉬웠다.

마음 이론 빨간 망토 이야기의 작은 소녀가 그녀의 '할머니'가 '사실은 늑대'였다는 것을 깨달았을 때, 그녀는 재빨리 그녀의 생각을 수정하고 쏜살같이 달아났다. 취학 전 아동들은 그들이 **마음 이론**(theory of mind)을 형성하기 시작할 때 다른 사람들의 정신적 상태를 읽는 이 능력을 개발한다.

어린이들이 다른 사람의 관점을 상상할 수 있을 때 모든 종류의 새로운 기술이 나타난다. 아이들은 놀릴 수 있다. 왜냐하면 그들이 지금 무엇이 놀이친구를 화나게 만드는지 이해했기 때문이다. 그들은 공유하기 위해 형제자매를 설득할지도 모른다. 그들은 무엇이 부모들로 하여금 장난감을 사게 만드는지 알기 때문에 부모를 설득할지도 모른다. 다른 사람들의 마음을 이해하는 조숙한 능력을 가진 어린이들은 더 인기가 있는 경향이 있다(Slaughter et al., 2015). 전 세계 3세~3세 6개월 사이의 어린이들은 다른 사람들이 가짜 믿음

Dave Myers

자기중심적 태도 "봐요, 할아버지 맞았어요!" 그렇게 4세인 내[저자 DM]의 손녀 딸 앨리는 짝이 맞는 사진들이 있는 기억 게임 카드 두 장을 나에게 보여주었다—그것은 그녀를 향해 있다.

을 가지고 있을지 모른다는 것을 깨닫기 위해 그들의 새로운 마음 이론 기술을 이용한다(Callaghan et al., 2005; Rubio-Fernandez & Geurts, 2013; Sabbagh et al., 2006). 한 연구팀이 취학 전 아이들에게 반창고 상자 안에 무엇이 있을지 물어봤다(Jenkins & Astington, 1996). 반창고를 기대하면서 아이들은 그 상자에 연필들이 있는 것을 보고 놀랐다. 그런 다음 마음 이론 질문이 왔다. 상자를 본 적이 없는 아이들에게 상자 안에 무엇이 있을 거라고 생각했는지 물어봤다. 3세 아이들은 일반적으로 연필이라고 대답했다. 4~5세까지 아이들은 더 잘 알았다. 그들은 그 상자에 반창고가 있을 거라는 친구들의 가짜 믿음을 예상했다.

자폐스펙트럼장애(autism spectrum disorder, ASD)를 가진 아이들은 손상된 마음 이론을 가지고 있다(Rajendran & Mitchell, 2007; Senju et al., 2009). 그들은 다른 사람들의 기분과 생각을 읽고 기억하는 데 어려움이 있다. 대부분의 아이들은 다른 아이의 삐죽 내민 입이 슬픔이라는 신호를 보낸다는 것을 안다. 그리고 반짝이는 눈이 행복이나 장난기를 의미한다는 것을 안다. ASD 아동은 이런 신호들을 이해하는 데 실패한다(Boucher et al., 2012; Frith & Frith, 2001).

ASD는 그 정도에 따라 각기 다른 단계들을 갖는다. '높은 기능' 개인들이 일반적으로 보통 지능을 가지고 있고, 특정 분야에 이례적인 기술을 종종 갖기도 한다. 그러나 그들은 사회성, 의사소통 기술이 부족하다. 그리고 그들은 덜 중요한 자극에 의해 주의가 흐트러지는 경향이 있다(Remington et al., 2009). 그 스펙트럼의 하단부에 있는 그들은 언어를 사용하기 위해 분투한다.

유전적 영향과 비정상적인 뇌 발달을 포함한 생물학적 요소들이 ASD의 요인이 된다(Blanken et al.,2015; Colvert et al., 2015; Makin, 2015a).

어린 시절 홍역, 볼거리, 풍진 예방접종을 안 한다(Demicheli et al., 2012). 1998년 허위연구에 근거한—'지난 100년간 가장 해로운 의학적 거짓말'(Flaherty, 2011)—몇몇 부모들은 어린 시절의 MMR 예방 접종이 자폐증의 위험성을 증가시킨다고 오해했다. 그 불행한 결과는 예방접종률을 떨어뜨렸고 풍진과 볼거리의 발병을 증가시켰다. 접종받지 않은 몇몇 아이들은 장기간 후유증으로 고통받거나 심지어 죽었다.

자궁에서 남성 호르몬인 테스토스테론에 높은 수치로 노출된 어린이는 더 남성적 및 ASD 관련 형질을 나타낼 수 있다(Auyeung et al., 2009). 심리학자 사이먼 배런-코헨(Simon Baron-Cohen)은 ASD가 '극한의 남성 뇌'(2008, 2009)를 대표한다고 주장한다. 남녀 사이에 약간의 중첩이 있긴 하지만, 그는 소년이 더 '체계적'이라고 믿는다. 그들은 수학 및 기계 시스템처럼 규칙이나 법칙에 따라 물건을 이해하는 경향이 있다. 그는 소녀들은 자연스럽게 '공감자'가 되는 것이 미리 예정된다고 생각한다. 그들은 얼굴 표정과 몸짓을 더 잘 읽는 경향이 있다(van Honk et al., 2011). 그러나 ASD를 가진 사람들 사이에서 이 전형적인 성별 차이는 사라진다(Baron-Cohen et al., 2015).

왜 ASD를 가진 사람들에게 읽는 것은 그렇게 어려울까? 근본적인 원인은 우리가 다른 사람의 관점을 이해하기 위해 보통 함께 작용하는 두뇌 영역 간의 빈약한 의사소통인 것 같다. 이 효과는 ASD 관련 유전자와 환경이 상호작용한 결과로 나타난다(State & Šestan, 2012).

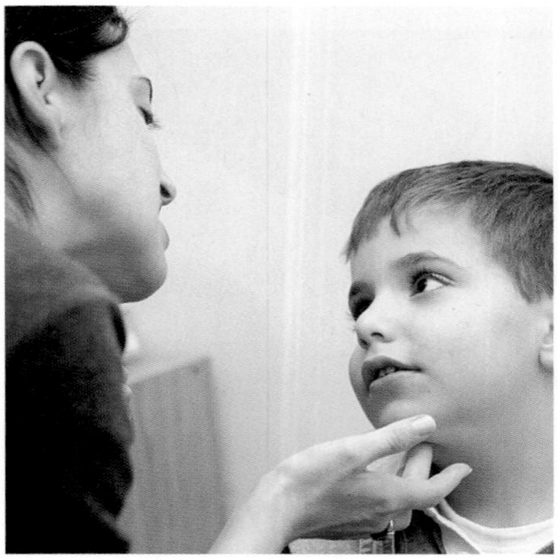

Ozier Muhammad/The New York Times/Redux Pictures

자폐스펙트럼장애 이 언어병리학자는 ASD가 있는 남자아이가 소리와 언어를 형성하는 것을 배우도록 돕고 있다. ASD는 제한된 의사소통 능력과 다른 사람들의 마음의 상태를 이해하는 데 겪는 어려움이 두드러진다.

Miller Mobley/Redux Pictures

첫 번째 '자폐증' 사례 1943년에 특이한 재능을 가졌으나 사회성이 부족한 '이상한' 아이 도널드 그레이 트리플렛은 '자폐증' 진단을 받은 첫 번째 인물이다(2013년 진단 안내서 변경 후, 그의 상태는 현재 자폐스펙트럼장애라고 불린다). 2010년, 77세의 나이에, 트리플렛은 여전히 그가 골프를 치던 미시시피 타운에서 그의 가족과 함께 살고 있었다(Donvan & Zucker, 2010).

구체적 조작기 약 7세가 되면, 피아제는 어린이들이 **구체적 조작기**(concrete operational stage)에 진입한다고 말한다. 구체적인 (물리적) 자료가 주어지면, 그들은 보존을 이해하기 시작한다. 그 형태의 변화가 양의 변화를 의미하는 것이 아니다. 그들은 머릿속으로 우유를 다른 형태의 유리잔 사이에 이리저리 부어 볼 수 있다. 또한 이 새로운 이해를 이용하도록 허락하는 농담을 즐긴다.

> 존스 씨는 레스토랑에 들어가서 저녁 식사를 위해 피자 한 판을 주문했습니다. 웨이터가 피자를 6조각 또는 8조각으로 잘라주기를 원하는지 물어보자 존스 씨는 "나는 절대 8조각으로 먹지 않으니 6조각으로 하는 게 좋겠어요!"라고 말했다(McGhee, 1976).

피아제는 구체적 조작기 동안 아이들이 간단한 수학과 대화를 이해할 수 있게 된다고 믿었다. 내[저자 DM] 딸 로라가 6살이었을 때, 그녀가 단순한 역산수를 할 수 없다는 것에 놀랐다. "8 더하기 4가 뭐지?"라고 물어봤을 때, 그녀는 12를 계산하는 데 5초가 걸렸고, 12 빼기 4를 계산하는 데 또 다른 5초가 걸렸다. 8살 때, 그녀는 즉시 반전된 질문에 답할 수 있었다.

형식적 조작기 12세까지, 우리의 추론은 추상적 사고를 포함하는 데까지 확장된다고 피아제가 말했다. 우리는 실제 경험에 근거하여 더 이상 순수하게 구체적인 추론에만 국한되지 않는다. 아이들이 청소년기에 접근함에 따라 많은 사람들이 추상적인 능력을 갖게 된다. 만약 ~라면 생각하기 : 이 일이 발생하면, 그다음에는 저 일이 발생할 것이다. 피아제는 이 새로운 체계적인 추론 능력을 **형식적 조작기**(formal operational stage) 사고라고 불렀다. (이 장의 뒷부분에 있는 청소년의 사고 능력에 대해 더 자세하게 살펴보라.)

대안적 관점 : 비고츠키와 사회적 어린이

피아제가 인지 발달 이론을 형성하고 있을 때, 러시아 심리학자 레프 비고츠키(Lev Vygotsky)는 아이들의 사고방식과 학습 방법을 연구하고 있었다. 그는 나이에 따라 아이들은 언어로 문제를 생각하고 해결할 수 있는 것에 주목했다. 그들은 더 이상 소리 내어 생각하지 않고 이것을 한다고 그는 말했다. 대신에, 그들은 그들의 문화 언어를 내면화하고 내적 발언에 의존한다(Fernyhough, 2008). 케이크에서 아이의 손을 떼어 놓을 때 "안 돼. 베비!"라고 말하는 부모는 자녀에게 자가 제어 도구를 제공한다. 베비가 나중에 유혹에 저항할 필요가 있을 때, 그녀는 똑같이 "안 돼. 베비!"라고 생각할 수도 있다. 큰 소리로 또는 생각만으로 혼잣말을 하는 것은 그들의 행동과 감정을 조절하고 새로운 기술을 익히는 것에 도움이 된다. 피아제는 육체적 환경과의 상호작용을 통해 아이의 마음이 어떻게 자라나는지 강조했다["너는 할 수 있다!"라고 혼잣말하기로 자기 자신에게 동기부여하는 어른들 또한 더 나은 수행을 경험할 수 있다(Kross et al., 2014)].

표 3.1 피아제의 인지 발달 단계

일반적인 연령대	단계 및 설명	주요 성과
출생부터 거의 2년	*감각운동기* 감각과 행동(보고, 듣고, 만지고, 말하고, 잡고)을 통해 세상을 경험	• 대상 영속성 • 낯선 이 불안
2~6년 또는 7년	*전조작기* 단어와 이미지로 물건 표현, 논리적 추론보다는 직관적인 추론을 사용	• 가상놀이 • 자기중심성
7~11년	*구체적 조작기* 구체적인 사건에 대해 논리적으로 생각, 구체적인 유추를 파악하고 산술 연산 수행	• 보존 • 수학적 변환
12년 이후	*형식적 조작기* 추상적으로 추론	• 추상적 논리 • 성숙한 도덕적 추론의 잠재력

피아제는 아이의 마음이 물리적 환경과의 상호작용을 통해 어떻게 성장하는지를 강조했다. 피아제의 아이가 젊은 과학자라면, 비고츠키의 아이는 젊은 제자였을 것이다. 아이들을 지도하고 그들에게 말로 표현함으로써 부모와 다른 사람들은 아이들이 더 높은 수준의 사고로 나아갈 수 있는 임시 발판을 제공한다(Renninger & Granott, 2005). 언어는 사회 지도의 중요한 요소이며, 비고츠키에 비춰볼 때 생각의 건설 벽돌을 제공한다(어린이들의 언어 발달에 대한 더 많은 정보는 제8장을 보라).

James V. Wertsch/Washington University

레프 비고츠키(1896–1934) 비고츠키는 러시아 발달심리학자였다. 그는 아이의 마음은 사회적 상호작용의 언어에 어떻게 영향을 주는지 연구하였다.

피아제 이론의 반영

아이들의 마음에 대한 피아제의 아이디어는 어떤 것을 남기는가? 매우 많다. 타임지는 그를 20세기의 가장 영향력 있는 과학자이자 사상가 중 한 명으로 꼽았다. 그리고 영국 심리학자의 조사는 지난 세기의 가장 위대한 심리학자(*The Psychologist*, 2003)로 그를 평가한다. 피아제는 중대한 인지의 획기적인 단계를 확인하고 마음이 어떻게 발전하는지에 대한 전 세계의 관심을 자극했다. 그는 아이들이 일반적으로 특정 단계에 도달하는 연령대에 대해서는 그들의 순서보다 덜 강조했다. 알제리에서 북아메리카에 이르기까지 전 세계의 연구는 인간 인지가 기본적으로 피아제가 설명한 순서대로 전개된다는 것을 확인했다(Lourenco & Machado, 1996; Segall et al., 1990).

그러나 오늘날의 연구자들은 피아제보다 발달이 더 지속적이라고 본다. 이전 시대의 각 사고 유형의 시작을 감지함으로써 피아제가 놓친 개념적 능력을 보여주었다. 더욱이 그들은 형식적인 논리를 그가 한 것보다 인지의 작은 부분으로 본다. 피아제는 오늘날 우리 자신의 인지 발달의 일부로 새로운 발견을 수용하기 위해 그의 아이디어를 적응시키고 있다는 사실에 놀라지 않을 것이다.

그럼에도 불구하고 피아제의 통찰력은 부모와 선생님이 그들의 어린아이들을 이해하는 데 도움을 준다. 기억할 것은 어린아이들은 성인 논리를 생각할 수 없고, 다른 사람의 관점을 취할 수 없다는 점이다. 아주 간단하고 분명한 사실은, 친구가 다른 한편으로는 끌어내리는 일은, 3살짜리에게는 절대 일어나지 않는다는 것이다. 또한 아이들은 지식으로 가득 차기를 기다리는 빈 용기가 아니라는 것을 기억하라. 아이들이 이미 알고 있는 것들을 기반으로 하여 구체적인 설명으로 용기를 주고 그들 스스로 생각하도록 자극할 수 있다. 마지막으로, 아이들 인지의 미성숙을 적응으로 받아들여라. 그것은 방어적인 성인에 계속 근접하도록 하고 학습과 사회화를 위한 시간을 주는 자연의 전략이다(Bjorklund & Green, 1992).

사회적 발달

출생부터 전 세계의 아기들은 일반적으로 매우 사회적 생물이며, 보호자와의 강한 유대 관계를 형성한다. 유아는 익숙한 얼굴과 목소리를 선호하게 된다. 그러고 나서 어머니의 또는 아버지의 관심을 받을 때 구구거리거나 까르륵 거린다. 작은 유아가 감탄한 방문자에게 즐겁게 건네지고 특정 나이 이후에는 뒤로 물러나는 이유를 궁금해해본 적이 있는가? 8개월 직후 아이들은 물체의 영속성이 생기고 움직이기 시작하면서 사건이 발생하는 것에 호기심이 생긴다. 그들은 **낯선 이 불안**(stranger anxiety)이 생긴다. 낯선 사람에게 건네질 때 그들은 울고 부모에게 가려 한다. "안 돼! 날 떠나지마!" 이 나잇대의 아이들은 양육자가 보여야 할 친숙한 얼굴의 마음속 이미지에 대한 윤곽을 갖게 된다. 새로운 얼굴이 이 기억된 이미지 중 하나와 맞지 않으면, 그들은 고민하게 된다(Kagan, 1984). 다시 한 번, 우리는 중요한 원칙을 보았다. 뇌, 정신, 사회정서적 행동은 함께 발전한다.

애착의 기원

1세 아이는 무섭거나 분리가 예상될 때 부모에게 단단히 달라붙는다. 분리 후 다시 만난 이들은 종종 부모를 미소 지으며 안아준다. 이 눈에 띄는 부모-유아 **애착**(attachment)은 유아를 보호자에게 가깝게 유지하는 강력한 생존 충동이다.

유아는 일반적으로 편안하고 익숙한 부모에게 애착을 갖게 된다. 수년 동안 심리학자들은 유아가 양육에 필요한 것을 만족시켜주는 사람들에게 애착한다고 추론했다. 그것은 이치에 맞았다. 그러나 우연한 발견이 이 아이디어를 뒤집었다.

1950년대에 위스콘신대학의 심리학자 해리 할로우(Harry Harlow)와 마거릿 할로우(Margaret Harlow)는 그들의 연구를 위해 원숭이를 사육했다. 출생 직후, 그들은 엄마로부터 분리되고 담요와 함께 각각 개별 우리에 넣어졌다(Harlow et al., 1971). 그 후 놀라운 일이 일어났다. 담요를 세척하기 위해 꺼냈을 때, 새끼 원숭이는 고통스러워했다.

자신을 할로우 중 한 명으로 상상하면서 새끼가 담요에 너무 심하게 집착하는 이유를 알아내려고 노력해보라. 심리학자들은 유아

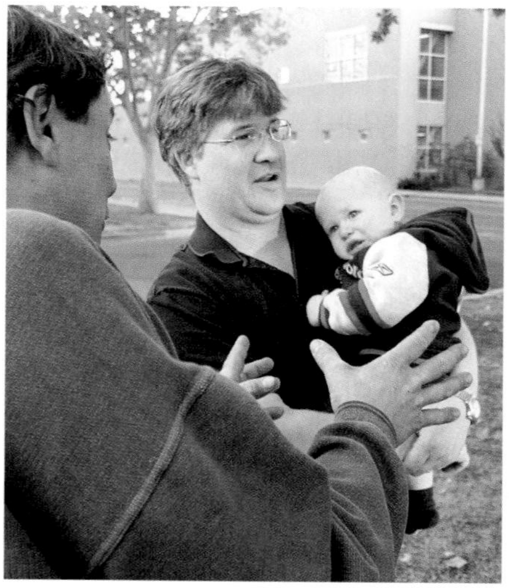
Christina Kennedy/Photo Edit

낯선 이 불안 위협으로 사람을 평가하는 새롭게 생기는 능력은 8개월 그리고 그 이상의 아이들을 보호하는 데 도움을 준다.

Harlow Primate Laboratory

그림 3.12 할로우의 어머니 할로우의 새끼원숭이는 철로 된 어머니에게서 먹이를 먹고 있는 동안에도 편안한 천 어머니와의 접촉을 훨씬 더 선호했다.

가 그들을 키워주는 것들에게 집착한다고 믿었다. 대신 편안함이 비결이 될 수 있을까? 어떻게 그 아이디어를 테스트할 수 있을까? 할로우는 2개의 가짜 엄마를 만듦으로써 담요의 편안한 접촉에 대항하여 음식 공급원의 흡입력을 심어주기로 결심했다. 하나는 나무 머리와 부착된 젖병이 있는 투명 전선 원통이다. 다른 하나는 테리 천으로 감싸진 원통이었다.

원숭이들에게는 경연 대회가 아니었다. 그들은 압도적으로 편안한 천을 선호했다(**그림 3.12**). 불안한 유아들이 살아있는 엄마들에게 달라붙는 것처럼 원숭이 아기들은 불안해할 때 그들의 천 엄마에게 달라붙을 것이다. 그들의 환경을 탐색할 때, 그들은 안전한 기지로 그녀를 사용한다. 그들은 마치 신축성 있는 밴드에 의해 그녀에게 달라붙어 있는 것처럼 행동한다. 연구자들은 곧 흔들어주는 것, 따뜻함, 먹여주는 것과 같은 다른 특성들이 천 엄마를 훨씬 더 매력적으로 만든다는 것을 알게 됐다.

인간의 아기도 흔들어주고 두들겨주고 먹여주는 부드럽고 따뜻한 부모에게 애착을 갖게 된다. 많은 부모-아이 사이의 감정적 의사소통은 만지는 것을 통해 발생한다. 그것은 진정시키는 것(품에 파고들기) 또는 자극하는 것(간지럽히는 것)이 될 수 있다. 인간의 부모는 또한 고통 받는 어린이를 위한 안전한 피난처와 탐험할 수 있는 안전한 기반을 제공한다. 할로우의 새끼원숭이는 키워주는 전선 엄마로부터 먹이를 먹고 있는 동안에도 편안한 천 어머니와의 접촉을 선호했다.

애착의 차이점

아이들의 애착은 다르다. 이러한 차이를 연구하기 위해 메리 에인스워스(Mary Ainsworth, 1979)는 **이상한 상황** 실험을 계획했다. 그녀는 처음 6개월 동안 집에서 어머니-유아 쌍을 관찰했다. 나중에 그녀는 특별한 상황(일반적으로 실험실 놀이방)에서 1세 유아를 어머니가 있을 때와 없을 때를 함께 관찰했다. 이 연구에 따르면 유아 및 어린 아동의 약 60%가 **안정 애착**을 보였다(Moulin et al., 2014). 자신의 어머니의 존재 속에서 그들은 즐겁게 놀고 자신의 새로운 환경을 탐색한다. 그녀가 떠날 때, 그들은 불안해한다. 그녀가 돌아오면, 그녀와 접촉하려 애를 쓴다.

다른 **불안정 애착**을 보이는 아기들은 두드러지게 불안해하거나 신뢰관계를 회피한다. 이 유아들은 주변을 덜 탐색하는 것 같다. 염려스럽게 애착된 유아는 엄마에게 달라붙을 수 있다. 그녀가 떠날 때, 그들은 큰소리로 울며 화가 나 있다. 회피적으로 애착된 아기는 그녀가 나가고 돌아오는 것을 알아차리지 못하거나 신경 쓰지 않는 것 같다(Ainsworth, 1973, 1989; Kagan, 1995; van IJzendoorn & Kroonenberg, 1988).

Harlow Primate Laboratory

그림 3.13 사회적 박탈과 공포 할로우의 실험에서, 인공 어머니로 키우는 원숭이는 어머니가 없는 낯선 상황에 처했을 때 공포에 시달렸다.

에인스워스와 다른 몇몇은 아기들이 무엇을 하고 있는지 알아차리고 적절히 응답하는 민감하고 반응이 빠른 엄마들은 안정적으로 애착을 형성한 아이를 갖고 있음을 발견했다. 아이들이 그렇게 하고 싶다고 느낄 때만 집중해주고 다른 때는 무시하는 무감각하고 반응이 없는 엄마들은 불안정적으로 애착을 형성한 아기를 갖는다. 반응이 없는 가짜 엄마로 수행한 할로우의 원숭이 연구는 훨씬 더 현저한 결과를 나타냈다. 가짜 엄마 없이 이상한 상황에 처했을 때, 결핍된 유아는 두려워한다는 것이다(**그림 3.13**).

오늘날 '동물 복지에 대한 큰 존중의 분위기는 할로우 같은 영장류 연구를 막을 것이다'. 이제는 무기력한 원숭이를 고문한 연구원으로 해리 할로우를 기억하라. 그러나 다른 사람들은 할로우의 업적을 지지한다. "잔인한 원숭이 실험을 의미하는 해리 할로우는 실제로 잔인한 육아 방식을 종식시키는 데 도움이 되었다"고 영장류 학자 프란스 드 월(Frans de Waal, 2011)은 말했다. 해리 할로우는 자신의 방법을 옹호했다. "기억하라, 모든 학대받는 원숭이에게는 100만 명의 학대받은 어린이가 있다." 그는 자신의 연구가 사람들을 아동 학대와 방치에 민감하게 만들 것이라는 희망을 표명했다.

그래서 돌보는 부모는 중요한다. 그러나 애착 스타일은 육아의 결과인가? 아니면 다른 요소가 작용하는가?

기질과 애착 어떻게 신경질적인 사람의 특유의 감정적 반응과 강도가 애착 스타일에 영향을 미칠까? 이 장의 앞부분에서 보았듯이, **기질**은 유전적으로 영향을 받는다.

어떤 아기들은 까탈스럽고, 짜증내고, 격렬하고, 그리고 예측 불가능하다. 다른 아기들은 순하고, 명랑하고, 편안하고, 예측 가능한 일정으로 먹고 잔다(Chess & Thomas, 1987) 비평가들은 그런 타고난 차이를 무시하는 부모를 두고 아파트에서 길러지는 푸들과 개사육장에서 길러지는 폭스하운드를 비교하는 것이 나을 것이라고 말한다(Harris, 1998). 애착에서 본성과 본성의 효과를 분리하기 위해 기질을 조절하는 동안 양육을 다양화할 필요가 있다. (멈춰 생각하라 : 당신이 연구원이라면, 당신이 이것을 어떻게 할 수 있는가?)

한 연구원의 솔루션은 무작위로 두 그룹에 100명의 기질적으로 까다로운 유아를 할당하는 것이다. 6~9개월 아이들 절반이 실험 그룹에 속해 있었는데, 그곳 어머니는 민감한 반응의 개인 훈련을 받았다. 다른 절반은 대조군으로, 엄마들은 이 훈련을 받지 못했다(van den Boom, 1990, 1995). 12개월에 첫 번째 그룹의 유아 중 68%가 안정적으로 애착된 것으로 평가되었으며 대조군 유아의 28%만이 그렇다고 평가되었다. 다른 연구들은 부모의 민감도를 높이고 어느 정도 유아의 애착을 높일 수 있는 그런 프로그램의 아이디어를 지지한다(Bakermans-Kranenburg et al., 2003; Van Zeijl et al., 2006).

천성과 양육은 상호작용한다. 부모로부터의 분리로 인한 아동의 불안은 13개월에 최고조에 이르고, 이것은 점차 감소한다(Kagan, 1976). 한 부모와 살든 두 부모와 함께 살든, 집이든 어린이집에서든, 북미든 과테말라 또는 칼라하리 사막에서 살든지, 이것은 발생한다.

초기 애착의 힘이 안정되면서 우리 인간은 더 넓은 범위의 상황으로 나아가기 시작한다. 우리는 낯선 사람들과 더 자유롭게 대화한다. 그리고 우리는 멀리 있어도 사랑하는 사람들과 여전히 감정적으로 애착을 형성한다.

모든 연령대에서, 우리는 사회적 생물이다. 그러나 우리가 성숙함에 따라 안전한 기반과 안전한 피난처가 부모에서 동료 및 파트너로 이동한다(Cassidy & Shaver, 1999). 우리는 누군가 말과 행동으로 안전한 피난처를 제공할 때 힘을 얻는다. "나는 여기에 있을 거야. 나는 너에게 관심이 있어. 무슨 일이 생겨도, 나는 너를 적극적으로 지지할 거야"(Crowell & Waters, 1994).

애착 유형과 후기 관계 발달 심리학자 에릭 에릭슨(Erik Erikson, 1902-1994), 아내 조안 에릭슨(Joan Erikson, 1902-1997)과의 협력하에 안전하게 애착된 아이들이 세상은 예측 가능하고 믿을 만하다는 **기본 신뢰**(basic trust)를 가지고 삶에 접근한다고 믿었다. 두려움을 갖기보다 신뢰하는 삶의 태도는 아이들에게 민감하고 사랑스러운 양육자들과의 상호작용에서 비롯된 것이라고 그들은 말한다.

초기 애착은 친밀감을 가진 우리의 안락함을 포함한 성인 관계를 위한 토대를 형성하고 있는가? 대다수의 연구자들은 이제 그것들이 그렇게 한다고 믿는다(Birnbaum et al., 2006; Fraley et al., 2013). 부모와의 관계가 안전하다고 보고하는 사람들은 안전한 우정을 즐기는 경향이 있다(Gorrese & Ruggieri, 2012). 안전하고 반응이 빠른 어머니를 가진 아이들이 좋은 성적과 강한 우정을 가지고 있는 경향이 있다(Raby et al., 2014).

유년기 동안 다른 사람에게 불안정한 애착을 가지면 두 가지 형태 중 하나를 취할 수 있다(Fraley et al., 2011). 하나는 사람들에게 끊임없이 수용받기를 원하고 거절을 지나치게 경계하는 불안이다. 다른 하나는 회피로, 사람들이 다른 사람들과 가까워지는 것에 불편함을 느끼고 거리를 유지하는 것이다. 불안한 애착 스타일은 관계 파트너를 괴롭힐 수 있다. 회피 스타일은 헌신을 감소시키고 갈등을 증가시킨다(DeWall et al., 2011; Li & Chan, 2012).

애착의 박탈

안전한 애착이 사회적 믿음을 키운다면, 아이가 애착을 형성하는 것을 환경이 방해한다면 무슨 일이 발생할까? 일부 아기들은 규칙적인 양육자의 자극과 관심 없이 보호시설에서 길러진다. 또 다른 아기들은 학대 또는 극도의 방치 조건하에서 집 안에 가두어진다. 대부분은 내성적이거나 겁이 많거나, 심지어 말이 없게 된다. 1980년대 루마니아의 고아원에 버려진 사람들은 '할로우의 원숭이처럼 무섭게' 보인다(Carlson, 1995). 보호시설에 오래 있을수록 그들은 지속되는 정서적 상처를 더 많이 입는다(Chisholm, 1998; Nelson et al., 2009). 가짜엄마조차 없이 완전한 격리 상태에서 키우는 할로우의 원숭이들은 비슷한 상처를 입었다. 성인이 되면서 그들 나이의 다른 원숭이와 함께 있을 때, 그들은 겁에 질리거나 공격적으로 날뛴다. 그들이 성적인 성숙에 이르렀을 때 대부분은 교미를 할 수 없었다. 새끼를 낳은 암컷들은 종종 태만하고, 공격적이고, 심지어는 살인적이었다.

인간도 사랑받지 못한 사람들이 때때로 사랑을 주지 않는 사람이 된다. 학대당한 사람들의 약 30%는 나중에 자신의 자녀를 학대한다. 이것은 미국 아동 학대의 4배이다(Dumont et al., 2007; Widom, 1989a, b). 학대 피해자는 나중에 우울증이 발생할 위험이 2배가 높다(Nanni et al., 2012). 그들은 스트레스 호르몬 분비를 자극하는 유전자 변이를 가지고 있으면서 특히 우울증의 위험이 있다(Bradley et al., 2008). 우리가 반복해서 볼 수 있듯이 특정 유전자

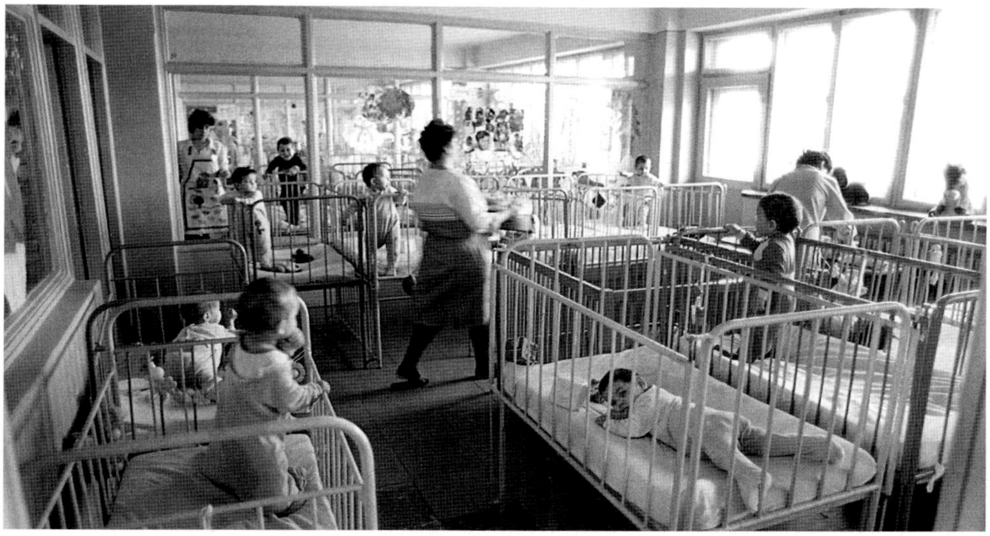

Michael Carroll / mike@carrollmj.com

애착 박탈 1980년대 루마니아 고아원에서 보육한 어린이들은—1~5세 사이의 250명—양육자 15 대 1로 수적으로 너무 많았다. 이 어린이들은 수년 후에 시험을 봤을 때 지능 점수가 낮았다. 양질의 양육 환경에 맡겨진 어린이에게서 발견된 불안 증상은 20%였으나 이들의 불안 증상은 2배 높았다(Bick et al., 2015; Kumsta et al., 2015; Nelson et al., 2009, 2014).

와 특정 환경의 상호작용에서 특정 행동과 감정이 발생한다.

우리의 경험에 따라 유전자가 발현되거나 활성화되지 않을 수도 있음을 상기하라. 인식론 연구는 경험이 그들의 발현에 영향을 미치는 유전자에 분자 표지를 둔다는 것을 보여준다. 예를 들어 심각한 아동 학대는 유전자 발현에 영향을 미칠 수 있다(Romens et al., 2015). 같은 크기의 햄스터와 감금되었을 때 또는 약한 개체와 함께 감금되어 괴롭힘을 당하거나 어릴 때 반복적으로 위협을 받거나 공격을 당한 보통의 온순한 햄스터는 겁쟁이로 자란다(Ferris, 1996). 신체적 학대 또는 전쟁 잔학 행위(폭력을 당하거나 고문을 목격하며 끊임없는 두려움 속에 살고 있는)로 인해 두려워하는 어린 아동은 종종 영구적인 상처로 고통 받는다. 많은 사람들이 악몽, 우울증, 그리고 약물 남용, 폭식 또는 공격성으로 문제를 일으킨 청소년기를 보고했다(Kendall-Tackett, 2004; Lereya et al., 2015; Polusny & Follette, 1995; Trickett & McBride-Chang, 1995). 어린 시절의 성적 학대도 마찬가지다. 특히 장기간 심하게 지속될 경우 건강 문제, 심리장애, 약물 남용, 범죄에 대한 위험이 높아진다(Freyd et al., 2005; Tyler, 2002).

아직도 많은 어린이들이 학대 속에 살고 있다. 대부분 폭력적인 부모—사형선고를 받은 살인자들—에게서 학대받았다는 것은 사실이다. 가혹한 환경에서 자라는 대부분의 아이들이 폭력 범죄자 또는 학대 부모가 되지 않는 것도 사실이다. 실제로, 외상이 없는 고난은 종종 정신적 강인함을 증대시킨다(Seery, 2011). 빈곤하게 자라는 것이 아이들을 사회 문제의 위험에 빠뜨릴 수는 있지만 부유하게 자라는 것은 그들을 다른 문제의 위험에 놓이게도 한다. 부유한 어린이들은 약물 남용, 섭식장애, 불안 및 우울증 등의 더 큰 위험에 처해 있다(Lund & Dearing, 2012; Luthar et al., 2013). 역경에 직면했을 때 대처하는 방법은 **회복탄력성**을 강화하는 것이다.

양육 유형

육아 방법은 다양하다. 일부 부모는 엄격하고 일부는 다정하다. 일부는 애정을 거의 나타내지 않고, 일부는 자유롭게 포옹과 키스를 한다. 그렇다면 육아 방법의 차이가 아이에게 어떤 영향을 미칠까?

가장 많이 연구된 육아 방법은 부모가 자녀를 어떻게 그리고 어느 정도까지 통제하려고 노력했는지다. 육아 스타일은 두 가지 특징, 즉 어떻게 반응하고 부모가 얼마나 까다로운지의 조합으로 설명될 수 있다(Kakinami et al., 2015). 연구자는 네 가지의 육아 스타일을 확인했다(Baumrind, 1966, 1967; Steinberg, 2001).

1. **권위주의** 부모는 **강압적**이다. 그들은 규칙을 설정하고 순종을 기대한다. "방해하지 마라." "방을 깨끗하게 유지해라." "늦게까지 밖에 머물지 마라. 그렇지 않으면 외출금지다." "왜? 왜냐하면 내가 그렇게 말했으니까."
2. **관대한** 부모는 **제한하지 않는다**. 그들은 요구를 거의 하지 않고 체벌을 거의 사용하지 않는다. 한계를 설정하지 않을 수도 있다.
3. **태만한** 부모는 **관여하지 않는다**. 그들은 요구하지도 반응하지도 않는다. 부주의하고 관심이 없으며 자녀와의 긴밀한 관계를 유지하기 위해 노력하지 않는다.
4. **권위 있는** 부모는 **대립적**이다. 그들은 요구도 하고 반응도 한다. 그들은 규칙을 세워서 영향력을 행사하지만, 특히 큰 아이에게는 공개 토론을 장려하고 예외를 허용한다.

양육은 진공 상태에서 일어나지 않는다. 양육 유형에 영향을 미치는 것 중 하나는 문화이다.

문화 및 아동 발달 제1장에서 언급했듯이 문화는 한 그룹의 사람들이 공유하고 한 세대에서 다음 세대로 전해지는 지속적인 행동,

생각, 태도, 가치 및 전통의 집합이다(Brislin, 1988). 제4장에서는 성별에 미치는 문화의 영향을 알아보겠다. 다음 장에서 우리는 사회적 상호작용, 심리장애에 미치는 문화의 영향을 생각해볼 것이다. 지금은 육아방식이 문화적 가치를 반영하는 방식을 살펴보자.

문화적 가치는 장소에 따라 다르며, 한 장소에서도 시간에 따라 다양하다. 당신은 독립적인 아이들 또는 다른 사람들의 생각을 잘 따르는 아이들 중 어느 쪽을 선호하는가? 오늘날 미국의 서구화된 문화는 독립성을 선호한다. "너 자신에 대한 책임이 있어." 서양인 가정과 학교는 자녀에게 이야기한다. "양심에 따라 행동하라. 너 자신에게 진실되라. 너의 재능을 발견하라." 최근 몇 년 동안, 일부 서양 부모는 더 나아가 '너는 다른 아이들보다 더 특별하다'고 자녀에게 말한다(Brummelman et al., 2015). 서구의 문화적 가치는 다른 사람들에 대한 순종, 존중 및 민감성에 우선순위를 둔다(Alwin, 1990; Remley, 1988). "당신의 전통에 충실하라." 부모는 그때 그들의 아이들을 가르쳤다. "당신의 유산과 나라에 충성하라. 부모님과 다른 조상에게 존경을 보여라." 문화는 바뀔 수 있다.

장소와 시간을 초월해 어린이들은 다양한 육아 체계하에서 양육되었다. 영국의 상류층 부모들은 전통적으로 육아를 보모들에게 넘겨주고 10살짜리 아이를 기숙학교에 보냈다. 대다수 미국인들은 아이들에게 자신의 침실을 주며 어린이집에 보냈다.

아시아와 아프리카 문화는 독립에 대한 가치가 낮고 가족관 자체에 더 많은 가치를 부여한다. 그들은 자녀를 수치스럽게 하는 것이 가족을 수치스럽게 하고, 가족에게 명예를 주는 것은 자기 자신에게 영예를 가져다준다고 생각한다. 이러한 문화는 또한 정서적 친밀감을 중요시하며 유아와 어머니가 잠자리를 같이하고 가족과 가까운 시간을 보낼 수 있다(Morelli et al., 1992; Whiting & Edwards, 1988). 아이들을 멀리 보내는 것은 전통적인 아프리카 구시족에게 충격적이었을 것이다. 그들이 자유롭게 돌보는 아기는 자신의 어머니의 또는 형제자매의 등에서 하루의 대부분을 보냈다. 신체 접촉이 많지만 대면 및 언어 상호작용이 적다. 어머니가 다시 임신하면, 유아는 젖을 떼고 다른 가족에게 넘겨졌다. 서양인들은 언어적 상호작용의 결여로 인한 부정적인 영향에 대해 궁금해할 수도 있지만, 구시족은 아기를 유모차에 태워 유모차를 밀고 다니며 자동차 좌석에 앉히는 것에 대해 궁금해할 수도 있다(Small, 1997). 이러한 육아의 다양성은 우리의 문화가 어린이를 성공적으로 키울 수 있는 유일한 방법이라고 주장하지 못하도록 경고한다.

Licensed Grocer
50
Self Service Store

Stephen H. Reehl

문화 다양성 부모는 어디에서나 자녀를 돌보지만 주위의 문화에 따라 자녀를 다르게 키우고 보호한다. 뉴욕시에서 자녀를 양육하는 학부모는 자녀를 가까이에 있게 한다. 스코틀랜드의 오크니 제도 스트롬니스의 마을과 같은 작고 긴밀한 공동체에서 사회적인 신뢰는 부모들이 상점 밖에 아이들을 두는 것을 가능하게 했다.

청소년기

청소년기(adolescence)에 우리는 어린이에서 성인으로 변화한다. 사춘기는 육체적인 사건으로 시작한다. 신체적인 변화는 성적 성숙의 시작을 의미한다. 즉 10대들의 독립적인 문화권에서는 청소년기는 거의 존재하지 않는다. 5년간의 고등학교 동창회에서, 이전에 가장 친했던 친구는 그들의 변화에 놀랄 수 있다. 그다음 10년 후에는 대화를 유지하는 데 어려움을 겪을 수 있다.

신체적 발달

청소년기는 우리가 성적으로 성숙하는 **사춘기**(puberty)이다. 사춘기는 호르몬이 쏟아져 나오며, 호르몬이 기분을 격렬하게 만들고 일련의 신체적 변화를 유발할 수 있다(제4장 참조).

초기 성숙 대 후기 성숙 생애 초기 단계에 우리 모두는 사춘기와 동일한 변화의 연속을 겪는다. 예를 들어 모든 여성은 첫 생리 기간인 초경 전에 가슴 봉우리와 음모가 발달한다. 그러한 변화의 시기는 예측하기가 어렵다. 어떤 소녀들은 9세에 성장기를 시작하고 어떤 소년들은 16세 같이 늦게 시작한다. 소녀와 소년은 초기 대 후기 성숙을 경험하는가?

소년에게는 초기 성숙이 혼합 효과를 낸다. 10대 초반에 강하고 운동 능력이 뛰어난 소년들은 인기 있고, 자신감 있고, 독립적이지만 알코올 사용, 비행 및 조기 성행위 위험이 더 높다(Conley &

Rudolph, 2009; Copeland et al., 2010; Lynne et al., 2007). 소녀들에게는 초기 성숙이 어려움일 수 있다(Mendle et al., 2007). 어린 소녀의 몸과 호르몬이 주는 감정이 그녀의 정서적 성숙과 그녀의 친구들의 신체적 발달과 경험 이상으로 너무 멀리 있는 경우 그녀는 나이 든 10대를 찾아보거나 괴롭힘이나 성희롱으로 고통 받을 수 있다(Ge & Natsuaki, 2009).

10대 뇌 사춘기의 뇌는 진행 중인 작업이다. 이것은 사용되지 않은 뉴런과 그 연결이 가지치기를 하는 때이다(Blakemore, 2008). 우리가 사용하지 않는 것은 잃게 된다.

10대들이 성숙함에 따라 그들의 전두엽도 계속해서 발달한다. 그러나 전두엽의 성숙은 정서적 변연계의 발달에 뒤처져 있다. 사춘기의 호르몬 급증이 변연계 체계 발달과 미완성된 전두엽과 결합할 때, 10대들이 스트레스를 받는 것은 당연하며 충동, 위험한 행동, 정서적인 폭풍—문을 쾅 때리고 음악을 크게 트는 일—이 발생한다(Casey et al., 2008; Casey & Caudle, 2013; Fuhrmann et al., 2015). 장기 계획을 세우고 충동을 억제하기 위해서는 아직 갖추어진 것이 완전하지는 않다. 어린 10대들은 흡연의 유혹에 넘어갈 수 있으며, 일반적으로 흡연, 빠른 운전, 안전하지 않은 성관계의 위험을 이미 알고 있다(Reyna & Farley, 2006; Steinberg, 2010). 10대는 어른들이 추구하는 것보다 더 신나는 보상을 찾는다. 그래서 그들은 충동을 제어하는 브레이크 페달이 없는 스릴을 추구한다(Chick, 2015)(**그림 3.14**).

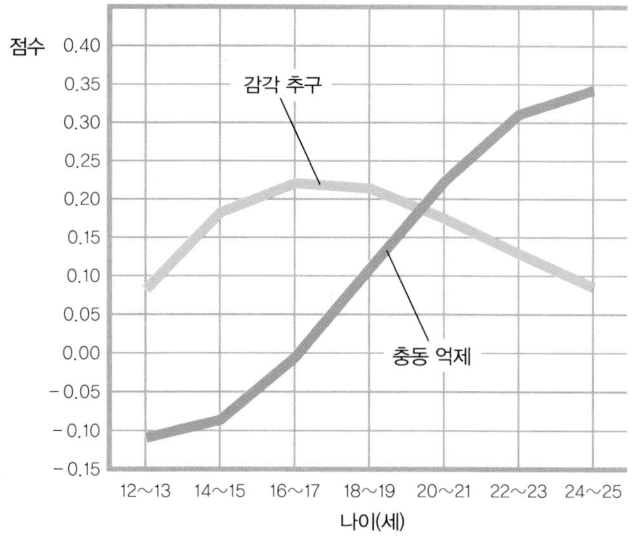
점수
0.40
0.35
0.30
0.25
0.20
0.15
0.10
0.05
0.00
-0.05
-0.10
-0.15
감각 추구
충동 억제
12~13
14~15
16~17
18~19
20~21
22~23
24~25
나이(세)

그림 3.14 충동 억제는 보상을 받지 못한다 12~24세 사이의 7,000명 이상의 미국인을 대상으로 실시한 설문조사에 따르면 10대 중반에 정점을 구하는 스릴이 있음을 알 수 있다. 전두엽이 성숙하면 충동 억제가 더 느리게 진행된다 (National Longitudinal Study of Youth and Children and Young Adults survey data presented by Steinberg, 2013).

그러나 이 시기에는 전두엽이 완전히 성장하지 않았기에, 그들은 적어도 희망을 가질 수 있다. 10대를 시작하는 두뇌는 10대를 끝낼 두뇌와는 다르다. 과음으로 뇌의 발달을 늦추지 않는 한, 그들의 전두엽은 25세까지 계속 성장할 것이다(Beckman, 2004). 전두엽과 다른 뇌 영역 간의 원활한 의사소통은 판단력, 충동 조절 및 장기 계획 능력을 향상시킨다.

2004년 미국심리학회(APA)는 16세 및 17세의 사형에 반대하는 보고서를 미국 대법원에 제출하면서 각기 다른 7개의 의료 및 정신건강협회에 가입했다. 그들은 청소년의 '의사결정에 관련된 영역에서 사춘기 뇌의 미성숙'에 대한 증거를 제시했다. "10대 청소년의 뇌 스캔 자료는 청소년 범죄자와 마약 사용자 사이에서 전두엽의 미성숙이 가장 분명함을 보여준다"(Shannon et al., 2011; Whelan et al., 2012). 10대는 '청소년이라는 이유로 무죄이다'라고 심리학자 로렌스 스타인버그(Laurence Steinberg)와 법학 교수 엘리자베스 스콧(Elizabeth Scott)이 제안했다(2003; Steinberg et al., 2009). 2005년에 법원은 청소년 사형 선고가 위헌이라고 선언하면서 동의했다.

> "나는 무장 강도와 살인을 저지른 친구를 도왔습니다. … 나는 겨우 17살이었습니다. … 감옥에서 20년 이상 지냈습니다. … 내가 전에 자유로웠던 시간보다 더 긴 시간이었습니다.… 미시간 교도소에서 나는 내 시간을 감금한 이후로 많이 배우고 성숙했습니다. 나는 부끄럽게 참여한 비극에 대해 큰 후회와 회한을 경험합니다. 그러나 나는 이 경험을 배우고 성장시킴으로써 구제합니다."
>
> M. H., Michigan prison inmate, personal correspondence, 2015

인지 발달

10대 초반 동안에, 추론은 종종 자기 중심이 된다. 청소년은 자신의 개인 경험을 특별하다고 생각하고, 부모들은 이를 이해할 수가 없다. "엄마는 사랑에 빠지는 것이 어떤 기분인지 정말로 몰라요"(Elkind, 1978). 자신의 생각과 다른 사람들의 생각에 대해 생각할 수 있으면, 그들은 다른 사람들이 그들에 대해 생각하는 것을 상상하기 시작한다. (그들은 비슷한 또래들의 자기중심성을 이해한다면 걱정을 덜할지도 모른다.) 하지만 점차적으로, 대부분 더 추상적으로 추론하기 시작한다.

we are the
FUTURE of
america
PASS THE DREAM
STRAND
Richard B. Levine/Newscom
Kevork Djansezian/Getty Images

그들의 추론 능력 입증하기 10대들은 모두 추상적인 주제와 관련해 논리적으로 사고하는 능력을 증명하고 있다. 피아제에 의하면 그들은 최종적 인식의 단계인 형식적 조작기에 있다.

추론 능력 개발

장 피아제는 청소년이 추론적 사고를 할 수 있으면 그것을 형식적 조작기라고 불렀다. 그들은 그들의 생각을 추상화하고 이를 그들 주변의 세상에 적용했다. 그들은 인간 본성, 선과 악, 진리와 정의에 대해 토론할 수 있다. 유아기의 구체적인 이미지를 남겨두면 영성과 삶의 더 깊은 의미를 찾을 수 있다(Boyatzis, 2012, Elkind, 1970). 그들은 논리적으로 추론할 수 있다. 그들은 위선을 발견하고 다른 사람들의 추론에서 불일치를 감지할 수 있다(Peterson et al., 1986). 부모님과 열띤 논쟁을 하는 것을 기억할 수 있는가? 자신의 이상을 위한 관점을 놓치지 않을 것을 조용히 서약했는가?

도덕성 개발

어린 시절과 청소년기의 중대한 업무는 옳고 그름을 구별하는 것과 성격의 개발이다. 충동을 통제하는 심리적 근육을 키우고 도덕적인 사람이 되는 것은 도덕적으로 생각하고 상황에 맞게 행동하는 것이다. 장 피아제와 로렌스 콜버그는 도덕적 추론은 도덕적 행동을 이끈다고 제안했다. 더 최근 관점은 심리학의 게임을 기반으로 한다. 그 게임은 우리 기능의 대다수는 의도적이고 의식적인 생각의 높은 길에서 발생하지 않고 무의식적인 자동적 생각의 낮은 길에서 발생한다는 새로운 인지의 변화이다. 우리의 도덕성은 이중경로 마음의 또 다른 증명을 제공한다.

도덕적 추론 피아제(Piaget, 1932)는 어린이들의 도덕적 판단은 그들의 인지적인 개발을 기반으로 한다고 믿는다. 피아제와 동의하여 콜버그(Kohlberg, 1981, 1984)는 우리가 옳고 그름을 고려할 때 발생하는 생각과 도덕적 추론의 개발을 묘사하기를 추구했다. 콜버그는 도덕적 딜레마를 제기했다. 예를 들면, 사랑하는 사람의 생명을 구하기 위해 약을 훔쳐야 하는가? 그러고 나서 그는 어린이, 청소년, 그리고 어른들에게 그 행동이 옳은지 그른지 물어봤다. 그는 그들의 대답이 도덕적 생각의 단계의 증거를 제시해줄 것이라고 믿었다. 그의 발견은 그가 기본적 도덕적 생각의 세 단계인 전인습적, 인습적, 후인습적 단계를 제안하도록 이끌었다(**표 3.2**). 콜버그는 이 레벨들이 도덕적 단계를 형성한다고 주장했다. 모든 단계의 연속성은 변하지 않는다. 우리는 바닥 가로대에서 시작하여 다양한 높이로 올라간다. 우리 자신 위에 다른 이들의 안락을 둘지도 모른다(Crockett et al., 2014). 콜버그의 비평가들은 그의 후인습적 단계가 현재의 문화적으로는 제한적이라고 지적해오고 있다. 그것은 자신의 목표를 최우선으로 하는 개인주의를 추구하는 사람들 사이에서 주로 나타난다(Eckensberger, 1994; Miller & Bersoff, 1995). 이 이론은 비평과 함께 집단의 목표에 더 가치를 두는 중국과 인도와 같은 집단주의적인 사회들에 대한 편견을 가진다.

도덕적 직관 심리학자 조너선 하이트(Jonathan Haidt, 2002, 2006, 2010)에 의하면 우리 도덕성의 대부분은 도덕적 직관—'빠른 직감'—에 근거한다. 이 관점에서 마음은 빠르게 그리고 자동적으로 도덕적 판단을 한다. 도덕성 발견에 대한 이런 관점이 도덕적 판단의 연구를 지지한다.

표 3.2 콜버그의 도덕적 사고 수준

수준(대략적인 연령)	초점	예시
전인습적 도덕성 (9세 이전)	이기심 : 처벌을 피하거나 구체적인 보상을 얻기 위해 규칙을 지킨다.	"죽어가는 아내를 살리면 영웅이 될 것이다."
인습적 도덕성 (청소년기 초기)	사회적 승인을 얻거나 사회 질서를 유지하기 위해 법률과 규칙을 지지한다.	"당신이 그녀를 위해 약을 훔치면 모든 사람은 당신을 범죄자라고 생각할 것이다."
후인습적 도덕성 (청소년기 이후)	행동은 기본권 및 자기 정의 윤리 원칙에 대한 신념을 반영한다.	"사람들은 살 권리가 있다."

Adam Hunger/Reuters/Landov

도덕적 추론 뉴욕주 스태튼섬의 몇몇 거주자들은 2012년 큰 태풍 샌디로 인해 큰 홍수가 났을 때 도덕적 딜레마와 맞닥뜨렸다. 그들은 위험한 홍수지역에서 그들의 가족과 친구, 이웃을 구조하기 위해 자신의 생명이 위험에 처하도록 해야 하는가? 그들이 비슷한 행동을 했을지라도 그들의 추론은 도덕적 생각의 다른 단계에 반영될 것 같다.

전차가 다섯 사람을 향해 가고 있는 것을 보고 있다고 상상해보라. 당신이 전차를 한 사람만 죽게 할 또 다른 선로로 가도록 바꿔주는 스위치를 작동시키지 않으면 그 모두는 분명 죽을 것이다. 스위치를 작동시켜야 하는가? 대부분 그렇다고 말한다. 하나를 죽이고 다섯을 살린다고.

지금 하나만 바꾼 똑같은 딜레마를 상상해보자. 5명을 구할 기회를 갖기 위해, 길 위에 큰 낯선 사람을 밀어넣어야 한다. 그의 몸이 전차를 막으면, 그는 죽을 것이다. 1명이 죽고 5명을 구하는가? 논리는 똑같다. 그러나 대부분은 아니라고 대답한다. 이유를 이해하기 위해서 연구자들은 사람들이 이러한 문제를 생각할 때 사람들의 신경 반응을 알아보기 위해 뇌 이미지를 이용했다(Greene et al., 2001). 동일한 논리에도 불구하고 도덕적 선택인 한 사람을 밀어야 하는 유형만이 그들 뇌의 감정 부분이 활성화되었다. 요점은, 감정이 도덕적 직관을 자극한다는 것이다.

새로운 연구가 도덕적 직관이 도덕적 추론을 무너뜨릴 수 있음을 보여주는 동안 다른 연구들은 도덕적 추론의 중요성을 재확인했다(Johnson, 2014). 아미시(Amish)의 종교적이고 도덕적인 추론, 예를 들면 그들의 용서와 관행의 형태, 공동생활 그리고 겸손이다(Narvaez, 2010). 조슈아 그린(Joshua Greene, 2010)은 휴대전화 카메라에 우리의 도덕적 인식을 연관지었다. 보통 우리는 자동적으로 보고 찍기 모드에 의존한다. 그러나 때때로 몇몇 사람들은 카메라의 자동 충동을 수동적으로 무시하기 위해 이성을 이용한다.

도덕적 행동 오늘날 성격 교육 프로그램들은 도덕적 추론과 옳은 일을 하는 것 모두에 초점을 맞춘다. 서비스를 배우는 프로그램에서 10대들은 교육을 받고 주변을 깨끗이 하고 노인을 돕는데 이것은 모두에게 득이 된다. 10대들의 능력과 돕고자 하는 욕구가 증가한다. 그리고 그들의 잦은 결석과 중퇴가 감소했다(Andersen, 1998; Piliavin, 2003). 도덕적 행동이 도덕적 태도를 키운다.

이런 프로그램들은 또한 나중에 더 큰 보상을 받기 위해 지금의 작은 기쁨을 지연시킬 때 필요한 자아규율을 가르친다. **만족감을 지연시키는** 것을 배운 사람들은 사회적으로 더 책임감 있게 되고 학술적으로 성공하고 생산적인 사람이 된다(Daly et al., 2015; Funder & Block, 1989; Sawyer et al., 2015). 연구원들에게 만족감의 지연을 연구하도록 영감을 준 것은 무엇일까? 그것은 월터 미셸(Walter Mischel)의 그의 취학 전 세 딸들에 대한 자아통제와 관련된 관찰에서 시작한다. 이것을 더 탐구하기 위해, 미셸은 심리학에서 가장 유명한 실험 한 가지를 수행했다(Mischel, 2014; Mischel et al., 1988, 1989). 그는 4세의 취학 전 아동들에게 지금 1개의 마시멜로를 받을지 몇 분 후 그가 돌아왔을 때 2개의 마시멜로를 받을지 선택하도록 했다. 만족감을 지연시키는 의지력을 가진 아이들이 더 좋은 대학에 가고, 높은 수입을 얻고, 중독 문제로 고통을 덜 받았다.

사회적 발달

에릭 에릭슨(1963)은 우리가 삶의 각 단계에서 특정 위기를 해결해야만 한다고 믿었다. 그러므로 각 단계는 그것 자체의 심리적 과제를 가지고 있다. 어린아이들은 신뢰의 사안들과 씨름을 하고 그러고 나서 **자주성**(독립), 그 후 **진취성**과 씨름한다. 취학 아동들은 생산적인 가능한 **능력**을 얻으려고 노력한다. 청소년기의 과제는 명확한 자존감 안에 과거, 현재, 그리고 미래의 가능성을 섞는 것이다. 청소년들은 "한 개인으로서 나는 누구인가", "내 인생에서 무엇을 하고 싶은가?", "살면서 어떤 가치를 가져야만 하는가?", "나는 무엇을 믿어야 하는가?"라고 궁금해한다. 에릭슨은 이런 질문들이 **자아정체감**을 조사하는 한 부분이라고 말한다(**표 3.3**).

정체성 형성

정체성을 형성하기 위해서 서구 문화권 청소년들은 보통 다른 상황에서 다른 자아를 시도해본다. 그들은 집에서 하나의 자아로 행동하고 친구와는 다른 자아, 그리고 학교나 온라인상에서 또 다른 자아로 행동할지도 모른다. 때때로 이러한 분리된 세상은 겹치기도 한다. 당신은 당신의 친구세계와 가족세계가 서로 충돌하고 이상

표 3.3 에릭슨의 정신사회적 발달 단계

단계(대략적인 나이)	문제	작업 설명
초기(1세까지)	기본적 신뢰감 대 불신감	필요 사항이 신뢰할 만하게 충족되면 신생아는 기본적인 신뢰감을 갖게 된다.
유아기(1~3세)	자율성 대 수치심과 의심	유아들은 자신의 의지를 행사하고 스스로 할 일을 배우거나 자신의 능력을 의심한다.
취학 전(3~6세)	주도성 대 죄책감	미취학 아동은 작업을 시작하고 계획을 수행하는 방법을 배우거나 독립적인 노력에 대해 죄책감을 느낀다.
초등학교(6세~사춘기)	성취감 대 열등감	아이들은 자신을 일에 적용하는 즐거움을 배우거나 열등감을 느낀다.
청년기(10~20대)	정체성 대 역할 혼란	10대는 역할을 테스트한 다음 단일 ID를 형성하기 위해 이를 통합하거나 자신이 누구인가에 대해 혼란스러워함으로써 자신감을 제고하는 데 노력한다.
젊은 성인 (20~40대 초반)	친밀감 대 고립감	청년들은 친밀한 관계를 형성하고 친밀한 사랑의 수용력을 얻기 위해 투쟁하며 사회적으로 고립되어 있다고 생각한다.
중년기(40~60대)	생산성 대 정체성	중년의 사람들은 대개 가족과 직장을 통해 세상에 공헌한다는 감각을 발견하거나, 목적이 부족하다고 느낄 수 있다.
후기 성년기(60대 후반)	통합 대 절망	그들의 삶에 비추어볼 때, 노인들은 만족감이나 실패감을 느낄 수 있다.

하게 여겼던 것을 기억하는가? "나는 어떤 자아인가? 어떤 것이 진짜 나인가?" 우리 대부분은 다양한 자아로 평화를 만들어낸다. 그때 우리는 안정적이고 편안한 감각 안에 그것들을 섞는다—**정체감**(identity).

청소년과 어른 모두를 위해 우리의 그룹 정체성은 종종 우리 주변의 그것들과 어떻게 다른지에 의해 형성된다. 영국에 살 때 나[저자 DM]는 미국인다움의 의식을 되찾았다. 홍콩에서 시간을 보낼 때 나[저자 ND]는 소수의 백인종의 의식을 되찾았다. 여자들에게 둘러싸였을 때 우리 둘은 남성의 정체성을 염두에 두었다. 국제학생에게, 소수 인종의 사람에게, 게이나 레즈비언인 사람들에게, 장애를 가진 사람들에게 **사회 정체성**(social identity)은 주로 그들의 특수성 위주로 형성된다.

그러나 항상 그런 것은 아니다. 에릭슨은 몇몇 청소년은 이 기간을 우회한다는 것에 주목했다. 몇몇은 그들의 부모님의 가치나 경험을 단순히 받아들임으로써 그들의 정체성을 일찍 구축하기도 한다. 또 다른 몇몇은 특정 또래그룹, 유명인, 괴짜, 토론자들의 정체성을 채택할지도 모른다.

문화적 가치는 10대들의 정체성 찾기에 영향을 줄지도 모른다. 전통적인, 더 집산주의적인 문화는 청소년들에게 그들 자신을 결정하도록 북돋아주기보다는 그들이 누구인지 가르친다. 개인주의적인 서구 문화에서 젊은 사람들은 많은 사람들이 대학을 가거나 풀타임 직업을 시작할 때인 그들이 10대 후반에 가능한 역할을 계속 잘 시도해본다. 10대 초 · 중반 동안 자존감이 일반적으로 떨어지고 소녀들에게 우울감이 종종 증가한다. 그러고 나서 10대 후반, 20대 동안 자아상은 회복된다(Chung et al., 2014; Orth et al., 2015; Wagner et al., 2013). 청소년 후기와 성인 초기에 쾌활함과 감정적 안정 또한 증가한다(Klimstra et al., 2009; Lucas & Donnellan, 2011).

에릭슨은 청소년기 정체성 형성(성인기에도 계속된다)은 **친밀성**(intimacy)의 능력과 감정적으로 가까운 관계를 형성하는 능력을 개발함으로써 어린 성인기에도 계속 뒤따른다고 믿는다. 에릭슨은 당신이 누구인지에 대한 명확하고 편안한 감각을 가지면 당신은 가까운 관계를 위한 준비가 된 것이라고 말했다. 우리를 위한 그러한 관계들은 큰 기쁨의 원천이다.

부모와 또래 관계

서구 문화에서 청소년들은 그들 자신의 정체성을 형성하기 위해 노력한다. 그리고 부모로부터 떨어지기 시작한다(Shanahan et al., 2007). 엄마와 충분히 가까워지지 못했거나 그녀에게 매달려 만지기를 좋아하는 미취학 아동들은, 엄마와 손 잡으려 하지 않는 14세가 된다. 그 전이는 점차 발생한다. 그러나 이 기간은 전형적으로 부모의 영향력이 줄어들고 동료의 영향력이 커질 때이다. 그리스 철학자 아리스토텔레스는 오래전 인간은 사회적 동물임을 깨달았다. 모든 연령대에서, 그러나 특히 어린이와 10대 시절 동안에 우리는 우리의 그룹에 맞추려고 노력하고 그들에 의해 영향을 받는다(Harris, 1998, 2002).

연구자들이 미국 10대들의 일상 경험을 표본화하기 위해 무선 호출기를 사용했을 때, 그들은 10대들이 혼자일 때 불행하고 친구들과 함께일 때 행복하다는 것을 발견했다(Csikszentmihalyi & Hunter, 2003). 흡연을 시작한 10대는 일반적으로 그들에게 담배를 제공한 친구들이 있다(J. S. Rose et al., 1999; R. J. Rose et al., 2003). 일부 영향을 받은 **선택 효과** : 친구를 선택할 때 담배를 피우는 사람들은 담배를 피우는 사람을, 담배를 피우지 않는 사람들은 담배를 피우지 않는 사람을 선택한다. 2명의 10대가 함께 있다면 그들의 뇌는 보상에 민감해진다(Albert et al., 2013). 이러한 민감성의 증가는 10대들이 혼자 있을 때보다 친구와 함께일 때 위험을 무릅쓰는 행동을 하는 이유를 설명하는 데 도움을 줄 수 있다(Chein et al., 2011).

청소년기까지, 부모와 아이 사이의 논쟁은 더 자주 발생하며 보통 일상적인 것에 관한 것이다—집안일, 잠자는 시간, 숙제(Tesser et al., 1989). 가족 안에서 미성년자에게 이런 논쟁은 현실의 분열과 상당한 스트레스를 가져온다(Steinberg & Morris, 2001). 그러나 대부분의 마찰들은 해가 적은 언쟁의 단계이다. 아들들에게 그 이슈들은 종종 행동화나 위생과 같은 행동의 문제들이다. 딸들에게는 데이트나 우정과 같은 흔히 관계와 관련된 충돌이다(Schlomer et al., 2011). 그럼에도 불구하고 호주부터 방글라데시, 터키까지의 10개국에서 대부분의 청소년(6,000명)이 그들의 부모를 좋아한다고 말하고 있다(Offer et al., 1988). 그들은 종종 "우리는 보통 잘 지내요. 그러나…"라고 이야기한다(Galambos, 1992; Steinberg, 1987).

긍정적인 부모와 10대 사이의 관계와 긍정적인 또래 관계는 종종 관련되어 있다. 그들의 엄마와 다정한 관계를 맺고 있는 대부분 고등학생 소녀들은 또한 여자친구들과도 가장 친밀한 관계를 즐기는 경향이 있다(Gold & Yanof, 1985). 그리고 부모와 가깝다고 느끼는 10대들은 건강하고 행복하고 학교생활도 잘하는 경향이 있다(Resnick et al., 1997). 그러나 지금 비판적으로 생각하기 위해 잠시 멈춰라. 이 경우의 다른 측면에 당신이 있다면 무슨 일이 일어나는지 보라. 문제를 겪는 10대들은 부모나 다른 어른들과 긴장 관계를 갖기 더 쉽다. 기억하라. **상호관계는 원인과 결과를 입증하지 않는다.**

우리가 앞서 본 것처럼, 유전은 개인적 기질과 인성적 차이를 형성하는 데 있어 결정적인 역할을 한다. 부모와 동료들은 10대들의 행동과 태도에 영향을 미친다.

또래와 함께 있을 때 10대들은 미래를 무시하고 즉각적인 보상에 집중한다(O'Brien et al., 2011). 대부분 10대들은 무리 동물이다. 그들은 말하고, 입고, 그들의 부모보다 그들의 또래처럼 더 행동하는 것 같다. 그들이 종종 되는 그들의 친구는 무엇인가? 그리고 그들이 종종 하는 '모두가 하는 것'은 무엇인가? 모두가 하는 그것의 한 부분은 네트워킹을 많이 하는 것이다. 미국 10대들은 일반적으로 매일 30개의 문자 메시지를 전송하고 145명의 페이스북 친구가 있다(Pew, 2015). 그들은 트위터를 하고, 스냅 챗에 동영상을 올리며, 인스타그램에서 사진을 공유한다. 온라인 대화는 친밀한 자기노출을 유도한다. 좋을 수도(지지 그룹), 나쁠 수도(온라인 포식자나 극단주의자 그룹) 있다(Subrahmanyam & Greenfield, 2008; Valkenburg & Peter, 2009). 모든 영어 사용자의 페이스북 연구는 그것이 부모 사용자와 그들의 자녀를 연평균 371일간 서로 친구에게 데려간다고 밝혔다(Burke et al., 2013).

온라인과 현실생활 모두에서 또래들로부터 괴롭힘을 당하거나 소외된다고 느끼는 삶들은 그 고통이 극심하다. 대부분 소외된 10대들은 침묵 속에서의 고통을 겪고 있다. 아주 소수만이 그들의 반 친구에 대항하여 폭력적인 행동을 한다(Aronson, 2001). 소외감의 고통 또한 계속된다. 한 대규모 연구에서 어릴 때 괴롭힘을 당한 아이들은 40년 후에 좋지 않은 신체적 건강과 상당한 심리적 고통을 보여주었다(Takizawa et al., 2014)!

또래는 승인 문제이다. 10대들은 그들의 부모를 다른 영역에서 더 많은 영향력을 가진 사람으로 본다. 예를 들면 종교적 믿음을 형성하는 것과 대학이나 직업 선택에 대해 생각하는 것이다(*Emerging Trends*, 1997). A Gallup Youth Survey는 대부분 그들 부모의 정치적 관점을 공유한다고 밝혔다(Lyons, 2005).

부모들이 마땅히 하는 것을 얼마나 많이 신뢰하거나 비난하는가? 부모들은 보통 자녀들의 성공에서 상당한 만족감을 느끼고 그들의 실패에 대해 죄책감을 느낀다. 그들은 상을 탄 아이들에게 환하게 웃는다. 그들은 반복적으로 교장실에 불려가는 아이들과 함께 그들이 잘못된 어딘가로 가는지 궁금해한다. 프로이트학파 정신의학과 심리학은 천식부터 조현병의 문제들을 '질 나쁜 양육' 때문이라고 비난함으로써 이러한 생각의 원천 사이에 있어왔다. 사회는 부모 비난을 강화해왔다. 부모들은 도예가가 점토를 빚는 것처럼 아이를 형성한다는 믿음으로, 사람들은 그들의 아이들의 미덕을 손쉽게 칭찬하고 비행은 비난한다.

그러나 부모들은 이 미래의 어른들에게 (독이 되는 양육 목록에서 골라보라) 고압적으로 또는 무관심함으로써 상처를 주는가? 과잉보호 또는 방임하는가? 아이들이 정말로 쉽게 상처 받는가? 만약 그렇다면 그때 우리는 우리의 실패에 대해 우리의 부모를, 또는 우리 아이들의 실패에 대해 우리 자신을 비난해야 하는가? 아니면 보통 부모들의 실수로 약한 아이들이 받은 상처의 모든 이야기들로 실제 학대의 잔인성을 하찮은 것으로 만들어야 하는가?

부모는 중요하다. 양육의 힘은 극에서 가장 명확하다—학대받은 사람들은 폭력적으로 된다. 무시당한 사람은 무관심한 사람이 된다.

Frederick Breedon IV/Getty Images

Ryan Anson/Bloomberg/Getty Images

입양문제 컨트리 음악 가수인 페이스 힐(Faith Hill)과 애플 공동 설립자 스티브 잡스(Steve Jobs)는 알려진 것처럼 사랑의 가장 큰 선물 중 하나로 입양을 꼽는다.

빈틈없이 사랑받은 사람이 자신감 있고 사회적 능력이 있는 아이들을 조력한다. 가정환경의 힘은 또한 베트남이나 캄보디아로부터 도망친 사람들의 자녀들의 두드러진 학술적 그리고 직업상의 성공에서 나타나는가? 성공은 친밀하고 지지를 많이 해주고 심지어 까다로운 가정에서 기인한다(Caplan et al., 1992).

그러나 성격 측면에서 자궁으로부터의 공유된 환경적 영향은 나아가 일반적으로 아이들의 성격 차이의 10% 이하만 차지한다. 로버트 플로민(Robert Plomin)과 데니스 대니얼스(Denise Daniels)의 말에서(1987; Plomin, 2011), "한 가정의 두 아이는 (공유 유전자를 제외하고) 인구 중 무작위로 선택된 한 쌍의 아이들만큼 서로 다르다." 발달심리학자 샌드라 카(Sandra Scarr, 1993)에게 이것은 부모는 훌륭하게 자란 아이들에 대해 덜 인정받아야 하며 그렇지 못한 아이들에 대해 덜 비난받아야 함을 의미한다. 아이들은 부모 본성에 의해 쉽게 조각되지 않는 것을 알고, 아마도 부모들은 좀 더 차분해지고 그들의 아이들을 그들 자체로 사랑할 수 있다.

유전적 끈이 아마도 성격에 대한 가정환경의 영향력을 제한할지도 모른다. 그러나 그것은 입양가정이 성과 없는 모험이라는 것을 의미하는가? 아니다. 새로운 입양 부모로서 나[저자 ND]는 특히 부모들이 그들의 아이들의 태도, 가치, 예의, 정치, 그리고 믿음에 영향력이 있다는 것을 알도록 용기를 준다는 것을 알았다(Reifman & Cleveland, 2007). 한 쌍의 입양아 또는 일란성 쌍둥이는 특히 청소년기 동안에 함께 자란다면 더 비슷한 종교적 믿음을 가질 것이다(Kelley & De Graaf, 1997; Koenig et al., 2005; Rohan & Zanna, 1996).

아동 방임, 학대, 그리고 부모의 이혼은 입양가정에서는 드물다. 왜냐하면 부분적으로 입양가정은 조심스럽게 확인받기 때문이다. 약간 많은 정신적 불안의 위험에도 불구하고 특히 유아기에 입양된 대부분의 입양아들은 잘 자란다(Benson et al., 1994; Wierzbicki, 1993). 8명 중 7명은 입양 부모 둘 모두 또는 한 사람에게 강한 애착을 느끼고 있다고 보고한다. 자기희생적인 부모의 아이들로서 그들은 평균보다 스스로가 더 자기희생적으로 자란다(Sharma et al., 1998). 그들의 생물학적 부모, 따로 자란 생물학적 형제자매들보다 지능검사에서 훨씬 높은 점수를 받고, 더 행복하게 자라고, 더 안정적인 어른이 된다(Kendler et al., 2015; van IJzendoorn et al., 2005). 부모와 그들의 입양아들 사이의 성격차이와 상관없이 입양으로 인한 행복이 있다. 양육은 중요하다.

자녀 양육에 대한 투자는 걱정과 짜증뿐만 아니라 오랜 세월 동안 즐거움과 사랑을 얻는다. 그러나 부모가 되는 대부분의 사람들에게 아이는 자신의 생물학적 · 사회적 유산이다—한 사람이 하는 미래 인간에 대한 개인적 투자. 심리학자 융의 말을 다른 말로 표현한다면 우리는 우리의 부모에게서 뒤로 다가가고 우리의 아이들에게서 앞으로 다가간다. 그리고 아이들을 통해 우리가 절대 볼 수 없는 미래를 보지만 그것에 관해서는 우리가 신경을 써야 한다.

초기 성인기

최근의 서구세계에서, 청소년기는 지금 10대의 시간과 대략 비슷하다. 초기에, 오늘날의 다른 지역에서는 이 삶의 조각이 훨씬 작아졌다(Baumeister & Tice, 1986). 성적 성숙 이후에 곧, 10대들은 성인의 책임감과 지위를 맡는다. 새로운 성인은 일을 하고, 그러고 나서 결혼하고 아이를 가질 것이다.

학교 교육이 의무인 곳에서 독립은 졸업 이후까지 연기되었다. 그리고 교육의 목표가 높아짐에 따라 독립의 나이도 그러해졌다. 청소년들이 대학을 마치고 둥지를 떠나 경력을 쌓는 데 있어 더 많은 시간이 걸린다. 1960년에는 모든 미국 여성들의 3/4과 미국 남성의 2/3가 30세까지 학교를 마치고 집을 떠나 재정적으로 독립을 하고 결혼하고 아이를 가졌다. 오늘날 30세 여성들의 절반 이하와 30세

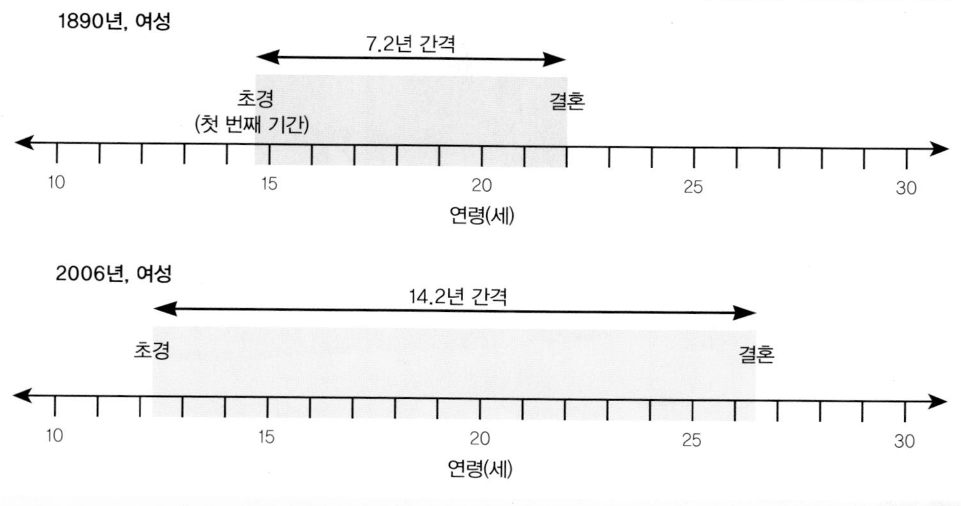
1890년, 여성
7.2년 간격
초경
(첫 번째 기간)
결혼
10
15
20
25
30
연령(세)
2006년, 여성
14.2년 간격
초경
결혼
10
15
20
25
30
연령(세)

그림 3.15 성인으로의 전환이 양쪽 끝으로부터 늘어나고 있다 1890년대에, 여성의 첫 월경과 일반적으로 성인기로의 전환으로 표시되는 결혼 사이의 평균 간격이 대략 7년이었다. 한 세기 후에 산업화된 국가들에서 그 간격은 대략 14년으로 확장되었다(Finer &Philbin, 2014; Guttmacher Institute, 1994). 비록 많은 성인들이 아직 비혼이지만, 만혼(늦은 결혼)은 늘어난 교육기간과 빨라진 초경 시기와 함께 성인기로의 전환이 늦어지는 것에 일조를 한다.

남성의 1/3이 이 다섯 가지 중요 단계를 맞이했다(Henig, 2010).

지연된 독립은 사춘기의 이른 시작과 겹치고 아이와 어른 사이의 한때 간략했던 격차를 넓혀 왔다(**그림 3.15**). 부유한 지역사회에서 18세부터 20대 중반까지의 시간은 아직 점진적으로 정착되지 않은 삶의 한 단계이고 지금은 종종 **초기 성인기**(emerging adulthood)라고 불린다(Arnett, 2006, 2007). 더 이상 사춘기가 아닌 이 초기 성인기의 사람들은 성인의 책임과 독립을 맡지 않고 '그 사이에 있다'고 느끼고만 있다. 고등학교 이후 직업시장 또는 대학교에서 그들은 그들 자신만의 목표를 세우고 예전보다 더 많은 그들 자신의 시간을 관리하고 있을지도 모른다. 그러나 그들은 여전히 그들의 부모님 집에서 살고 있을지도 모르고 그들 자신만의 집을 위한 경제적 능력이 되지 않고 아마도 여전히 감정적으로도 의존적일지도 모른다. 오늘날 더 점진적으로 초기 성인기를 인식하면서 미국 정부는 지금 26세까지의 자녀들이 그들 부모님의 건강보험에 남아 있을 수 있도록 허가했다(Cohen, 2010).

성인기

우리 삶의 전개는 우리 삶의 전 기간에 걸쳐 계속된다. 이 장의 앞부분에서 삶의 초기에 우리 모두는 무엇을 공유하는지 생각해보았다. 성인 기간에 그런 진술을 하는 것이 훨씬 더 어렵다. 우리가 1살인 제임스와 10살인 자말을 알고 있다면 우리는 각 아이들에 대하여 굉장히 많이 말할 수 있다. 10년의 차이가 있는 성인에게는 그렇지 않다. 20세는 용돈을 받거나 아이를 양육하는 부모일 수도 있다. 새로운 엄마는 25세 또는 45세일 수도 있다. 상사는 30세 또는 60세일 수도 있다.

그럼에도 불구하고 우리 인생경로는 몇몇 측면에서 비슷하다. 신체적, 인지적, 특히 사회적으로 우리는 나이 60세는 25세의 나 자신과는 다르다. 아래 논쟁에서 이런 차이들을 인식하고 세 가지 용어를 사용한다—초기 성인기(대략 20대와 30대), 중간 성인기(65세까지), 후기 성인기(65세 이후). 하지만 각각의 이 단계들 안에서 사람들은 신체적, 정신적, 그리고 사회 발달적으로 매우 광범위하게 다양하다는 것을 기억하라.

신체적 발달

초기 성인기

우리의 신체적 능력, 우리의 근력, 반응시간, 예민한 감각, 그리고 심장 출력이 우리의 20대 중반까지 최고조에 이른다. 여름의 끝에 낮의 길이가 줄어드는 것처럼 우리의 신체적 쇠퇴의 속도는 완만한 경사를 이룬다. 운동선수들이 종종 가장 눈에 띈다. 야구선수들은 대략 27세에 최고조에 오르고 1985년 이후 가장 가치 있는 선수의 60%가 그 나이 2세 전후에 우승을 차지했다(Silver, 2012). 그러나 나머지 우리들은 거의 알아채지 못한다. 우리의 일상생활이 최고의 신체상태를 유지하라고 요구하지 않는다면 우리는 쇠퇴의 초기 징후를 거의 알아차릴 수 없다.

중간 성인기

초기와 중간 성인기 동안 체력은 나이보다는 그 사람의 건강 및 운동습관과 관련이 있다. 주로 앉아서 생활하는 25세 사람은 두 계단씩 오르며 씩씩거리고 헉헉대는 자신을 발견한다. 그들이 정상에 도착해 창문 밖을 내다보면, 신체 건강한 50세 이웃이 매일 4마일씩 달리기를 하는 것을 볼 수 있을 것이다.

신체적 쇠퇴는 서서히 일어나지만 운동선수들이 알아차리는 것처럼 그 쇠퇴의 속도가 점진적으로 빨라진다. 평생 농구선수로서 나[저자 DM]는 루스볼을 잡으려 점점 더 노력하지 않는 나 자신을 발

Rick Doyle/CORBIS

성인의 능력은 매우 광범위하게 다양하다 2012년에 조지 블레어는 세계 최고령 맨발 수상스키어로 기네스북에서 그 지위를 유지하고 있었다. 사진 속 모습은 처음 기록을 세운 때인 2002년(87세)인 것으로 보인다(그는 98세인 2013년에 사망했다).

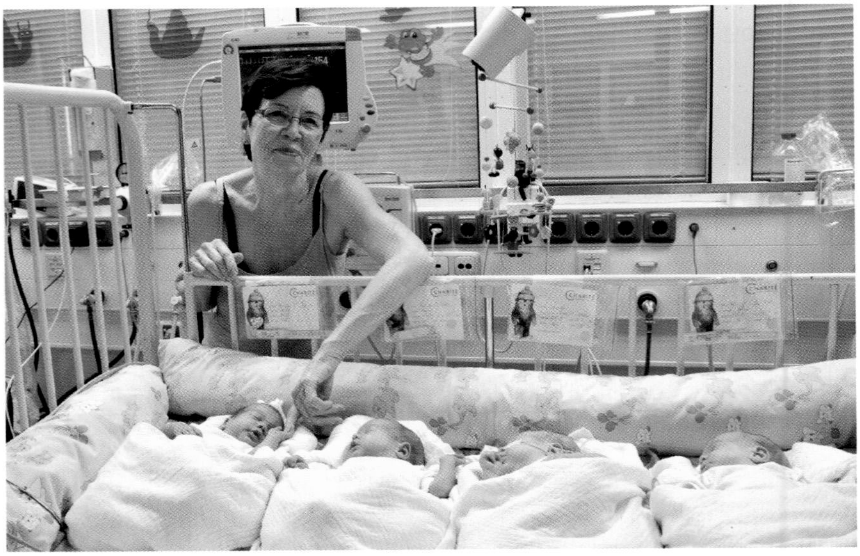
Hans-Joachim Pfeiffer/RTL.DE

당신의 엄마와 같은 평범한 엄마는 아니다 앤그릭 라우니크는 65세에 (현대 과학의 도움으로) 세상을 깜짝 놀라게 했다. 그녀는 13명의 형제자매에 합류할 네쌍둥이를 출산했다. 몇몇 사람들은 축하를 했다. 다른 사람들은 그렇게 많은 나이에 아이를 낳기로 한 그녀의 결정을 경멸했다. 라우니크는 자신의 결정을 옹호했다. "나는 그들을 가질 수 있고, 그들을 돌볼 수 있을 만큼 건강했습니다"(Hall, 2016).

견한다. 좋은 소식은 줄어든 힘으로도 보통의 활동을 하기에는 충분하다는 것이다.

노화는 또한 생식력에 점진적인 쇠퇴를 가져온다. 35~39세 여성에게 한 번의 성관계 이후 임신 가능성은 19~26세 사이 여성의 가능성의 절반밖에 안 된다(Dunson et al., 2002). 여성들은 **폐경**(menopause)을 겪는데 월경 주기의 마지막, 보통 50세 되기 전 몇 년 안에 겪는다. 그렇다면 남자의 폐경기는 없는가? 아니다. 남자들은 성호르몬이 급격히 감소하며 정자의 수가 줄고 테스토스테론 수치가 낮아지며 발기와 사정에서 더 점진적인 쇠퇴를 경험한다.

후기 성인기

노화는 '죽음보다 더 두려운가?' 또는 인생이 '내리막길에 있을 때가 가장 찬란한가'(Seneca, Epistulae ad Lucilium)? 나이 드는 것은 어떤 기분인가?

비록 신체적 감소가 이른 성인기에 시작하면 우리는 인생의 후반까지 그것을 예민하게 알기 힘들다. 시력은 변한다. 우리는 미세한 세부사항을 보는 게 힘들어지고 빛의 정도의 변화를 받아들이는 데 시간이 더 오래 걸린다. 눈의 동공은 줄어들고 수정체가 흐려짐에 따라 적은 빛이 눈 안쪽의 빛에 민감한 망막까지 도달한다. 사실 65세의 망막은 20세의 망막보다 대략 1/3의 빛만 받는다(Kline & Schieber, 1985). 그러므로 20세처럼 잘 보려면 65세는 책을 읽거나 운전할 때 3배 많은 빛이 필요하다.

노화는 또한 뇌에 세금을 부과한다. 뇌세포의 작고 점진적인 그물망 소실은 이른 성인기에 시작한다. 80세까지 뇌는 그 이전 무게의 대략 5%씩 잃어간다. 노화 동안 줄어드는 뇌 부분 일부는 기억을 위해 중요한 영역이다(Schacter, 1996; Ritchie et al., 2015). 기억력 검사 후 성인이 나이듦을 느끼는 것은 당연하다. "5분 만에 5년 늙은 것 같다"라고 한 연구자가 농담을 했다(Hughes et al., 2013). 충동을 억제하는 것을 돕는 전두엽도 줄어든다. 이것은 노인들이 때때로 하는 직설적인 질문을 설명하는 데 도움이 된다—("살쪘니?") 또는 적절치 않은 논평(von Hippel, 2007, 2015). 우리에게는 다행스럽게도, 노화하는 뇌에는 여전히 유연성이 있다. 그것은 부분적으로 신경 조직망을 모집하고 재구성함으로써 그것이 잃는 것을 보상한다(Park & McDonough, 2013).

10대까지 우리는 아주 상당한 속도로 정보를 처리한다(Fry & Hale, 1996; Kail, 1991). 그러나 10대와 젊은 성인과 비해 노인들은 반응하고 지각적 퍼즐을 해결하고 심지어 이름을 기억해내는 데 조금 더 시간이 걸린다(Bashore et al., 1997; Verhaeghen & Salthouse, 1997). 이 신경 처리 과정의 지연은 복잡한 과제에서 가장 크다(Cerella, 1985; Poon, 1987). 비디오 게임에서 대부분 70대는 20대에겐 상대가 되지 않는다.

그러나 좋은 소식이 있다. 일란성 쌍둥이의 연구는 쌍둥이 중 운동을 한 한쪽만 노화가 느려진다는 것을 보여준다(Rottensteiner et al., 2015). 신체적 운동은 근육, 뼈, 그리고 에너지를 강화해주고 비만과 심장 질환을 예방해준다. 그것은 또한 뇌세포와 신경 연결을 자극한다(Erickson et al., 2010; Pereira et al., 2007). 이는 주로 앉아 있던 노인이 무작위로 에어로빅 운동 프로그램을 할당받고 기억력을 향상시키고, 날카로운 판단력을 보이고, 심각한 인지 능력 감퇴의 위험이 줄어드는 이유를 설명하는 데 도움을 준다(DeFina et al., 2013; Liang et al., 2010; Nagamatsu et al., 2013; Vidoni et al., 2015). 운동은 또한 기억에 중요한 뇌 영역인 해마에 신경조직의 발생을 촉진한다(새로운 뇌세포의 탄생).

운동은 또한 염색체의 끝을 보호하는 말단 소립의 유지를 돕는다(Erickson, 2009; Leslie, 2011; Loprinzi et al., 2015). 운동화 끈의 끝단이 닳는 것처럼 나이가 들면 말단 소립이 닳아 해진다. 흡연, 비만 또는 스트레스가 이 마모를 가속시킬 수 있다. 잦은 학대와 괴롭힘으로 고통 받은 어린이들은 생물학적 상처로 말단 소립이 짧아진 것을 보여준다(Shalev et al., 2013). 말단 소립자가 짧아짐에 따라 노화 세포가 완벽한 유전자 복제 없이 죽을지도 모른다(Epel, 2009).

메시지는 명확하다. 우리는 과한 사용으로 닳아 없어지기보다는 사용하지 않아서 녹슬기 쉽다. 건강한 신체는 건강한 정신을 뒷받침한다. 근육 힘, 반응 시간, 체력 또한 늦은 성인기에 눈에 띄게 감소한다.

우리가 20대와 30대에 당연하던 미세한 후각과 청각, 그리고 거리 지각은 먼 추억이 될 것이다. 노년에 들어서는 계단이 더 가파르고, 인쇄물이 작아지고, 다른 사람들은 더 중얼거리는 것처럼 보인다.

건강에 관한 좋은 소식과 나쁜 소식이 있다. 나쁜 소식—신체의 질병과 싸우는 면역 체계가 약해져서 노인들을 암이나 폐렴과 같은 위험한 질병에 걸릴 위험이 높아진다. 좋은 소식—부분적으로 일생 동안의 항체 모음 덕분에, 65세 이상의 사람들은 일반 독감과 감기 바이러스와 같은 단기 질병을 덜 앓는다. 한 연구는 그들이 매해 호흡기 독감으로 고통 받는 20대의 절반 정도이고 미취학 아동의 1/5 정도라는 것을 알아냈다(National Center for Health Statistics, 1990). 노령 근로자의 결근율이 낮아진 것은 당연하다(Rhodes, 1983).

남녀 모두 중년 이후의 성적 활동에 만족감을 느끼고 있다. 성욕은 언제 줄어드는가? 성과 관련된 한 설문조사 결과 75세가 대부분의 여성들과 약 절반의 남성들이 거의 성욕을 보이지 않는 시점이었다(DeLamater, 2012; DeLamater& Sill, 2005). 또 다른 연구에서는 그 사람들의 75%가 80대에 성적 활성화가 되었다고 보고하였다(Schick et al., 2010).

인지 발달

노화와 기억

나이듦에 따라, 우리는 뭔가를 잘 기억한다. 노년에서 돌아보며 지난 반세기 동안 가장 중요한 사건 한두 개를 회상하도록 요청받은 성인들은 그들의 10대 또는 20대의 사건에 이름을 붙이는 경향이 있다(Conway et al., 2005; Rubin et al., 1998). 인생의 이 시기에 무엇을 경험했든 간에 베트남 전쟁, 9/11 테러 공격, 최초의 흑인 미국 대통령은 기억될 것이다(Pillemer, 1998; Schuman & Scott, 1989). 우리의 10대 그리고 20대는 많은 그리고 중요한 '첫 번째'를 경험한 때이다—첫 번째 데이트, 첫 번째 직업, 대학교의 첫날, 낭만적인 연인의 부모님과의 첫 만남.

초기 성인기는 당연히 학습과 기억의 최고조의 시간이다. 몇몇 이름들을 배우기 위해 1,205명이 초대된 한 실험을 생각해보라(Crook & West, 1990). 그들은 "안녕 나는 래리야"라는 보통의 형식을 이용하여 자신의 이름을 말하는 낯선 사람들의 동영상을 본다. 그러고 나서 그 낯선 사람들이 다시 나타나 추가 세부사항을 말해준다. 예를 들어 그들은 "나는 필라델피아에서 왔어"라고 말한다. 이것은 보는 사람에게 그 낯선 사람의 이름을 기억하기 위한 더 많은 시각적, 목소리 단서를 준다. 소개의 두 번째, 세 번째 대답 이후에 모두 더 많은 이름들을 기억했다. 그러나 젊은 성인이 노인들보다 더 많은 이름을 지속적으로 기억했다. 나이 든 사람들이 얼마나 잘 기억하는지는 부분적으로 그 과제에 달려 있다. 이전에 기억하려고 노력했던 단어들을 기억해보라고 요청하면 사람들은 기억력이 약간 하락할 뿐이었다. 그러나 단서 없이 정보를 기억해내라고 요청했을 때 그 하락은 커졌다(**그림 3.16**).

우리가 아무리 느리든 빠르든, 기억하는 것은 또한 우리가 검색하려고 하는 정보의 유형에 의존하는 것 같다. 정보가 의미가 없는, 말이 안 되는 음절이거나 중요하지 않은 사건이면 우리가 나이가 들수록 더 많은 오류를 만든다. 정보가 의미 있다면 노인들에게 존재하는 지식의 풍부한 망이 그것을 저장하도록 돕는다. 그러나 그들은 언어와 아는 것을 만들어내기 위해 젊은 사람들보다 시간이 더 걸릴지도 모른다. 노인들은 또한 입에서만 맴돌고 말이 나오지 않는 경험을 더 많이 한다(Ossher et al., 2012). 빨리 생각하기 게임의 우승자는 보통 어리거나 중년의 성인임을 보여준다(Burke & Shafto, 2004).

제8장에서는 인지 발달의 또 다른 차원인 지능을 탐구한다. 앞으로 살펴보겠지만, **횡단적 연구**(cross-sectional study, 다른 연령대의 사람들과 비교)와 **종단적 연구**(longitudinal study, 같은 사람들

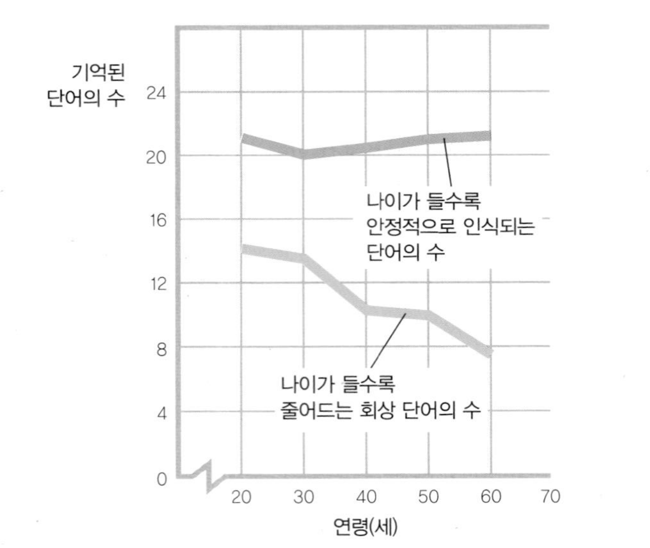
기억된
단어의 수
24
20
16
12
8
4
0
나이가 들수록
안정적으로 인식되는
단어의 수
나이가 들수록
줄어드는 회상 단어의 수
20
30
40
50
60
70
연령(세)

그림 3.16 성인 시절의 기억과 인식 이 실험에서 새 정보를 기억하는 능력은 초기와 중기 성인기에 감소했지만 새로운 정보를 인식할 수 있는 능력은 떨어지지 않았다(Schonfield & Robertson, 1966).

을 시간의 흐름에 따라 반복 연구)는 사람들이 나이가 들수록 변하거나 변하지 않는 정신적 능력을 밝혀냈다. 나이는 기억력과 지능에 대한 예측 변수가 아니라 죽음에 가까운 예측 변수이다. 자연사로부터 8개월이나 8년이 되는지 안다는 것은 나이에 관계없이 그 사람의 정신 능력에 대한 단서를 제공한다. 삶의 마지막 3, 4년 동안, 특히 죽음이 다가올 때 부정적인 정서는 일반적으로 증가하고 인지적인 능력은 일반적으로 감소한다(Vogel et al., 2013; Wilson et al., 2007). 연구자들은 이를 **죽음에 근접한 낙하 말기 감소**(near-death drop terminal decline)라고 부른다(Backman & MacDonald, 2006). 죽음이 다가올수록 우리의 목표도 변화한다. 배우기보다는 더 많은 사회적 연결망을 갖기 위해 노력한다(Carstensen, 2011).

정신적 능력 지속

노화하는 정신을 연구하는 심리학자들은 뇌 단련 컴퓨터 훈련 프로그램이 정신적 근육을 만들고 인지적 쇠퇴를 미룰 수 있는지에 대해 토론해왔다. 우리의 뇌는 인생 내내 영구적으로 남아 있다(Gutchess, 2014). 그래서 우리가 기억하는 것으로 뇌 운동을 하는 것이 시각적 추적 속도, 문제 해결 훈련, 우리가 정신을 잃어 가는 것을 막을 수 있을까? "인생에서 모든 순간에 뇌의 자연적 적응성이 우리에게 우리의 뇌기능을 어떻게 향상시킬지에 대한 능력을 준다"고 한 뇌과학 사업가가 말했다(Merzenich, 2007). 약 3,000명을 대상으로 한 연구는 후속 촉진 회기로 10개의 인지 훈련 회기가 그들의 훈련과 관련된 시험에서 인지 점수 향상을 이끌어낸 것을 알아냈다(Boron et al., 2007; Willis et al., 2006).

이러한 발견을 기본으로 몇몇 컴퓨터 게임 제작자는 노인을 위한 일상 뇌 훈련 프로그램을 홍보해오고 있다. 그러나 또 다른 연구자들은 모든 가능한 연구를 검토한 후 조심할 것을 조언한다(Melby-Lervåg & Hulme, 2013; Redick et al., 2013; Salthouse, 2010; Shipstead et al., 2012a, b). 11,430명을 대상으로 한 영국의 연구에서 사람들은 뇌 훈련 활동의 2세트 중 하나를 6주에 걸쳐 완성하거나 또는 통제과제를 완성하도록 했는데 제한적 효과만 확인했다. 그 훈련이 연습 능력을 향상시킴에도 불구하고 그것은 전반전 인지 단련을 촉진하지는 못했다(Makin, 2015b; Owens et al., 2010). 2016년에, 한 유명한 뇌 훈련 프로그램 제작자인 루모시티(Lumosity)는 그 프로그램의 추정된 효과를 소비자에게 속인 것에 대해 200만 달러의 벌금을 냈다. "루모시티는 나이와 관련된 인지적 쇠퇴에 대한 소비자의 두려움을 먹잇감으로 삼았다"라고 연방 무역 사무관 제시카 리치(Jessica Rich)가 말했다(Federal Trade Commission, 2016). "그러나 루모시티는 단순히 그의 광고를 뒷받침할 과학적 근거는 가지고 있지 않았다."

사회적 발달

성인기의 책임

우리 삶의 두 가지 기본적 측면이 성인기를 지배한다. 에릭 에릭슨은 그것들을 **친밀성**(가까운 관계 형성)과 **생식성**(생산성 높이기와 미래세대 지원)이라 부른다. 프로이트(Freud, 1935/1960)는 그것을 단순화했다. 그는 건강한 성인은 사랑하고 일할 수 있는 사람이라고 말했다.

사랑 우리는 일반적으로 한 번에 한 사람에게 추파를 던지고 사랑에 빠지고 전념한다. "남녀 한 쌍이 인간이라는 동물의 상징이다"라고 인류학자 헬렌 피셔(Helen Fisher, 1993)가 말했다. 진화론적 관점에서 이 한 쌍은 말이 된다. 아이들을 성숙하게 양육하기 위해 협력하는 부모들의 아이들이 부모의 유전자를 가지고 살아남고 생식하는 것 같다.

낭만적인 끌림은 종종 우연한 만남들에 의해 영향을 받는다(Bandura, 1982). 심리학자 앨버트 반두라(Albert Bnadura, 2005)는 한 도서편집자의 실제 이야기를 상기시킨다. 그는 반두라의 우연한 만남과 인생길의 심리학에 관한 강의 중 하나에 왔고 결국 우연히 그의 옆자리에 앉은 여자와 결혼한 사람이다. 사랑의 유대감은 두 성인이 비슷한 관심과 가치를 공유하고 상호 감정과 물질적 지원을 제공할 때 대부분 만족스럽고 지속적이다.

커플을 묶어주는 유대관계 중 하나는 자기 자신의 친밀한 측면을 다른 사람들에게 자기노출하는 것이다(제11장 참조). 또한 '권력서약'이 있는 것으로 보인다. 헌신으로 봉해진 이성애 및 동성애 관계는 더 자주 지속된다(Balsam et al., 2008; Rosenfeld, 2014).

고등교육을 받고 20세 이후에 결혼한 커플의 결혼이 오래 지속될 가능성 또한 증가한다. 30년 전의 그들의 동년배들과 비교해서 서방국가의 사람들이 더 나은 교육을 받고 더 늦게 결혼했다(Wolfinger, 2015). 이런 경향들은 1960년부터 1980년까지 치솟았던 미국 이혼율이 그 후 변동이 없거나 일부 지역에서 다소 감소한 이유를 설명하는 데 도움을 줄 수 있다(Schoen & Canudas-Romo, 2006). 이혼율의 감소에도 불구하고 우리의 기준은 올라갔다. 지금은 남녀 모두 결혼할 때 유대감 지속 그 이상을 기대한다. 배우자에 대한 대부분의 기대는 급여 소득자, 안식처, 친밀한 친구, 그리고 따뜻하고 반응이 빠른 연인이다(Finkel et al., 2015a).

역사적으로 커플들은 학교에서, 직장에서 또는 가족이나 친구를 통해 만난다. 인터넷 덕분에 많은 커플들이 온라인에서 만난다. 최근의 한 전국 조사는 이성애자 커플의 대략 1/4, 그리고 동성애자 커플의 약 2/3가 상대방을 온라인에서 만났다고 밝혔다(**그림 3.17**).

계약 결혼을 통한 시험적 삶이 이혼의 위험성을 감소시켜줄까? 미국 갤럽의 조사에서 20대의 62%가 그렇다고 생각했다(Whitehead & Popenoe, 2001). 현실에서 유럽, 캐나다, 그리고 미국에서 결혼 전에 함께 살아본 사람들이 그렇지 않은 사람들보다 이혼율과 물질적 충돌이 더 높게 나타났다(Jose et al., 2010; Manning & Cohen, 2012; Stanley et al., 2010). 이 위험성은 약혼 전 함께 살아본 사람들에게 가장 크게 나타났다(Goodwin et al., 2010; Rhoades et al., 2009). 이런 커플들은 애초에 오래 지속되는 결혼의 이상을 위해 덜 헌신적이고 결혼생활 동안 훨씬 결혼지원을 덜 하게 된다.

그런데도 결혼제도에서 미국인의 95%가 결혼을 했거나 원한다(Newport & Wilke, 2013). 그리고 결혼은 행복, 성적만족, 소득, 그리고 정신적 건강의 예측변수이다(Scott et al., 2010). 높은 결혼율을 가진 동네는 일반적으로 어린이들 사이에 낮은 비율의 범죄, 비행, 정신적 불안을 보인다. 1972년 이후 미국인 50,000명 이상의 설문조사에서 결혼한 성인의 40%가 미혼 성인의 23%와 비교해서 매우 행복함을 보고했다고 밝혔다. 레즈비언 커플 또한 미혼인 레즈비언보다 훨씬 행복한 삶을 산다고 보고했다(Peplau & Fingerhut, 2007; Wayment & Peplau, 1995).

보통, 사랑의 결실은 아이들이다. 대부분의 사람들에게 출산은 의미, 즐거움, 그리고 때때로 스트레스를 주기도 하는 이 세상에서 가장 오래 지속되는 변화다(S. K. Nelson et al., 2013; Witters, 2014). "나는 다른 누군가에서 느끼는 그 어떤 것과는 다르게 나의 아이들에 대한 압도적인 사랑을 느낀다"라고 미국인 엄마들의 93%가 전국 설문조사에서 말했다(Erickson & Aird, 2005). 많은 아빠들도 똑같이 느낀다. 나의 첫아이 탄생 몇 주 후 나는 갑자기 깨달았다. "나의 부모님도 나에 대해 이렇게 느꼈구나!"

아이들은 결국 집을 떠난다. 이 출발은 중대하고 때로는 어려운 사건이다. 그러나 대부분 사람들에게 빈 둥지는 행복한 장소이다(Adelmann et al., 1989; Gorchoff et al., 2008). 많은 부모님들, 특히 그들이 자녀들과 친밀한 관계를 유지한다면 '산후 신혼 여행'을 경험한다(White & Edward, 1990). 대니얼 길버트(Danial Gilbert, 2006)의 결론에 따르면 '빈 둥지 증후군'의 유일하게 알려진 증상은 증가한 웃음이다.

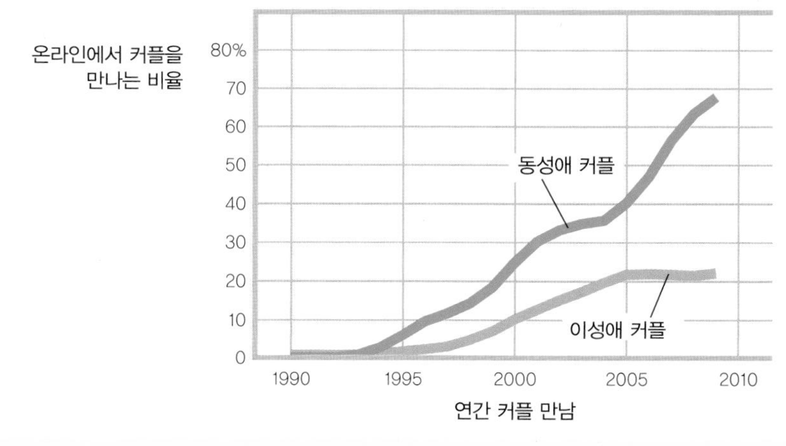
온라인에서 커플을 만나는 비율
80%
70
60
50
40
30
20
10
0
동성애 커플
이성애 커플
1990
1995
2000
2005
2010
연간 커플 만남

그림 3.17 미국인들이 파트너를 만나는 방식의 변화 2,452명의 이성애자 커플과 462명의 게이 및 레즈비언 커플에 대한 전국 조사에서 인터넷의 역할이 증가하고 있음을 알 수 있다(Rosenfeld, 2013; Rosenfeld & Thomas, 2012).

일 당신의 흥미에 맞는 직업을 갖는 것은 능력과 성취감을 제공한다. 많은 어른들에게 '당신은 누구인가'라는 질문에 대한 대답은 당신의 직업이 무엇인가에 상당히 달려있다. 직업진로 선택은 어렵다. 특히 나쁜 경제상황에서는 더 그렇다.

남녀 모두에게 집 떠나기, 직업 갖기, 결혼, 출산,

그리고 은퇴를 위한 적절한 시기의 문화적 정의와 **사회적 시계**(social clock)가 존재한다. 그것은 사람들이 "나는 일찍 결혼했어" 또는 "대학에 늦게 진학했어"라고 말할 때 마음속에 가지고 있는 기대이다. 오늘날 그 시계는 여전히 똑딱거린다. 그러나 사람들은 그들 자신만의 시간을 지키는 것에 대해 더 자유롭게 느낀다.

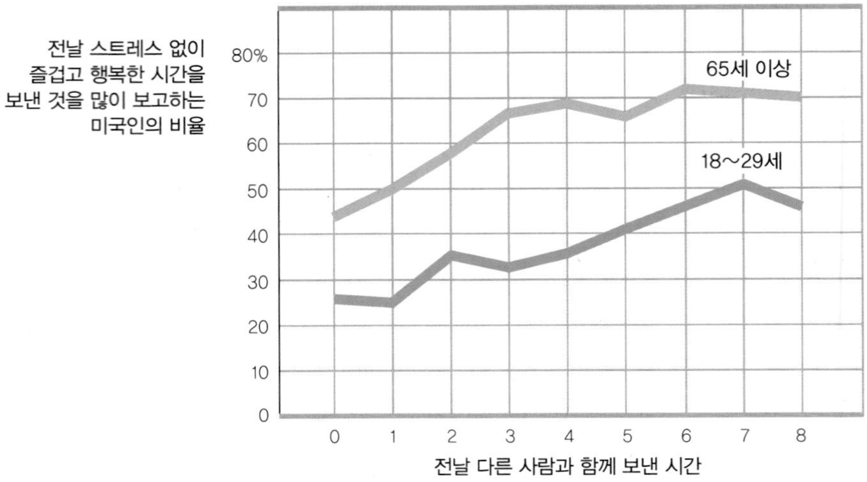
전날 스트레스 없이
즐겁고 행복한 시간을
보낸 것을 많이 보고하는
미국인의 비율
80%
70
60
50
40
30
20
10
0
65세 이상
18~29세
0
1
2
3
4
5
6
7
8
전날 다른 사람과 함께 보낸 시간

그림 3.18 인간은 사회적 동물이다 젊은 사람과 나이 든 사람 모두 다른 사람들과 시간을 보낼 때 더 큰 행복을 느낀다고 보고한다. (참고 : 이러한 상관관계는 사교적인 사람들이 더 행복하다는 것을 반영한다.) (갤럽 조사 데이터는 Crabtree, 2011에 의해 보고되었다.)

인생 전반에 걸친 웰빙(well-being)

산다는 것은 나이 드는 것이다. 지금 이 순간은 지금까지 지내온 시간 중 가장 나이 든 때이며, 앞으로 다가올 시간 중 가장 어린 순간이다. 그것은 우리 모두가 만족 또는 후회로 뒤돌아볼 수 있고 희망 또는 두려움으로 앞을 볼 수 있음을 의미한다. 그들은 다시 인생을 산다면 무엇을 다르게 해보고 싶은가라는 질문을 받을 때 대부분의 사람들은 종종 "좀 더 진지하게 교육을 받고 그것을 좀 더 열심히 하겠다"라고 대답한다(Kinnier & Metha, 1989; Roese & Summerville, 2005). "아빠에게 사랑한다고 말했어야 했다"라며 후회하고 "유럽여행을 가지 않은 것을 후회한다"라는 사람들 또한 실수한 것들보다는 실패한 것들을 더 아쉬워했다(Gilovich & Medvec, 1995).

당신은 지금부터 10년 후의 삶을 어떻게 돌아볼 것인가? 그때가 되면 만족할 만한 결정들을 하고 있는가?

10대부터 중년의 나이까지 사람들의 정체성, 자신감, 자부심은 일반적으로 강해진다(Huang, 2010; Robins & Trzesnlewski, 2005). 40대 초반 남성이 더 어리고 낭만적인 상대와 멋진 스포츠카를 위해 가족을 떠나는 중년의 위기의 인기 있는 이미지는 현실보단 신화에 가깝다(Hunter & Sundel, 1989; Mroczek & Kolarz, 1998). 노년에는 어려움이 발생한다. 소득은 줄고, 일은 종종 빼앗기고, 몸은 노쇠하고, 기억은 희미해지고, 힘은 줄어든다. 가족 구성원과 친구들은 죽거나 멀리 떠난다. 최대의 적인 죽음이 더 가까이 다가온다.

그러나 진짜 마지막에 앞서 65세 이상자들은 주목할 만큼 불행하지는 않다. 예를 들어 자부심은 안정상태를 유지한다(Wagner et al., 2013). 갤럽은 전 세계 658,038명의 사람들에게 0점(최악의 삶)부터 10점(최고의 삶) 사이에서 그들의 삶의 점수를 매겨보라고 요청했다. 15세부터 90세 이상자들은 삶의 만족에 대한 어떤 단서도 주지 않았다(Morrison et al., 2014).

오히려 더 나은 감정 통제에 의해 지지된 긍정적인 감정은 중년 이후에 증가하고 부정적인 감정은 감소하는 경향이 있다(Stone et al., 2010; Urry & Gross, 2010). 젊은 중국, 미국 성인과 비교하여 노인들이 긍정적인 뉴스에 더 주의를 기울인다(Isaacowitz, 2012; Wang et al., 2015b). 모든 연령대 사람들처럼 노인들도 혼자가 아닐 때 가장 행복하다(**그림 3.18**). 노인들은 그들의 관계들 속에서 문제들, 즉 애착 불안, 스트레스, 분노를 덜 경험한다(Chopik et al., 2013; Fingerman & Charles, 2010; Stone et al., 2010). 나이 들면서 우리는 안정적이고 포용적이게 된다(Carstensen et al., 2011; Shallcross et al., 2013).

인생 전반에 걸쳐 부정적인 사건과 엮인 나쁜 감정은 긍정적 사건과 연결된 좋은 감정들보다 더 빠르게 희미해진다(Walker et al., 2003). 이것은 대부분 노인들에게 편안한 감정을 남기고 모든 것을 감안해서 삶은 대체로 좋아진다. 시간이 지남에 따라 감정들은 온화해진다(Brose et al., 2015). 높음은 덜 높아지고 낮음은 덜 낮아진다.

죽음과 죽는 것

경고 : 다음 단락을 읽기 시작한다면 당신은 죽을 것이다.

그러나 물론 이것을 읽지 않는다 해도 당신은 여전히 때가 되면 죽는다. 죽음은 우리가 피할 수 없는 마지막이다. 우리 대부분은 가까운 친족이나 친구의 죽음에 대처해야 한다. 가장 힘든 이별은 대개 배우자 또는 동반자의 죽음으로부터 오고 남자보다 여자가 4배까지 상실의 고통을 겪는다. 죽음이 사회적 시계에서 알맞은 때인 기대된 노년기에 오면 비통함은 대개 지나간다.

비통함은 특히 사랑하는 사람의 죽음이 갑작스럽거나 기대했던 때보다 일찍 오면 심각해진다. 45년의 인생 동반자 또는 아이를 앗아가는 갑작스러운 질병 또는 사고는 기억으로 가득한 애도의 긴 시간들을 촉발한다. 결국엔 이것들이 경미한 우울증을 야기한다(Lehman et al., 1987).

어떤 사람들은 상실감을 견딜 수 없다. 한 연구는 18세 이하 아이의 죽음으로 고통 받은 17,000명 이상을 추적조사했다. 그 죽음 5년 후 그들 중 3%가 처음으로 정신병원에 입원했다. 이 비율은 아이를 잃어본 적 없는 부모들보다 67% 높다(Li et al., 2005).

왜 비통함의 반응은 광범위하게 다양한가? 어떤 문화에서는 공개적인 눈물과 통곡을 장려한다. 또 다른 문화에서는 애도자들이 그들의 감정을 숨기기를 기대한다. 모든 문화에서 몇몇 개인들은 더 격렬하게 공개적으로 비통해한다. 그러나 과학적인 연구에 의해 확인되지 않은 어떤 통속적인 믿음들이 있다.

- 가장 강한 비통함을 즉각적으로 표현하는 사람들은 그들의 비통함을 빠르게 제거하진 못한다(Bonanno & Kaltman, 1999; Wortman & Silver, 1989). 그러나 강하게 버팀으로써 그들의 배우자를 보호하려고 노력하고 그들의 아이들의 죽음을 언급하지 않는 비통한 부모들은 실제로는 그 큰 슬픔이 연장된다(Stroebe et al,. 2013).
- 비애요법 또는 자조집단은 지원을 제공한다. 그러나 시간의 흐름 속에서 비슷한 치료력이 있고, 친구들의 지지 그리고 다른 사람을 지원하고 도움을 주는 행동 등이 있다(Baddeley & Singer, 2009; Brown et al., 2008; Neimeyer & Currier, 2009). 배우자의 죽음 이후 다른 사람들과 자주 이야기하거나 슬픔 상담을 받은 사람들뿐만 아니라도 개인적으로 비통해하는 사람들 또한 적응한다(Bonanno, 2009; Stroebe et al., 2005) .
- 불치병과 비탄에 빠진 사람들은 분노 이전 단계인 부정과 같은 동일한 단계를 겪지 않는다(Friedman & James, 2008; Nolen-Hoeksema & Larson, 1999). 비슷한 상실감이 주어졌을 때 몇몇 사람들은 심하고 길게 비통해하고, 다른 몇몇 사람들은 덜 비통해한다(Ott et al., 2007).

존엄과 개방성으로 죽음에 직면하는 것은 인생의 무의미함을 느끼는 사람들의 생애주기를 완성하는 것을 돕는다. 존재함 자체가 좋았으며 삶과 죽음은 생애주기의 한 부분이다. 죽음이 환영받지 못하더라도 삶 그 자체는 죽음에서조차 확인될 수 있다. 이것은 특히 그들의 삶을 절망이 아닌 에릭 에릭슨이 한 사람의 삶이 보람 있고 의미 있었다는 진실성의 느낌이라고 부르는 것을 가지고 뒤돌아보는 사람에게 적용된다.

주요 용어

발달심리학	테라토겐	감각운동기	청소년기
염색체	태아알코올증후군(FAS)	대상 영속성	사춘기
DNA	반사	전조작기 단계	정체감
유전자	기질	보존	사회 정체성
유전	일란성 쌍둥이	자기중심성	친밀성
게놈	이란성 쌍둥이	마음 이론	초기 성인기
환경	성숙	자폐스펙트럼장애(ASD)	폐경
상호작용	결정적 시기	구체적 조작기	횡단적 연구
후성유전학	인지	형식적 조작기	종단적 연구
접합체	스키마	낯선 이 불안	사회적 시계
배아	동화	애착	
태아	조절	기본 신뢰	

이 장의 구성

성별 발달

우리는 어떻게 닮았는가? 우리는 어떻게 다른가?

성별에 관한 본질 : 생물학적 성

성별의 후천성 : 문화와 경험

인간의 성

성생리학

성심리학

성적 지향

우리는 왜 다른가?

우리는 어떻게 다른가? 요약

인간의 성적 특질에 대한 진화론적인 설명

성의 남성-여성 차이점

자연 선택과 짝짓기 선호도

진화론적인 관점에 대한 비판

인간의 성적 특질에 대한 사회적 영향

성, 성별, 그리고 성적 특질에서의 선천성과 후천성에 대한 반영

Blend Images/Getty Images

4

성, 성별, 그리고 성정체성

우리 인간은 우리의 세계를 각각의 범주로 조직화하려는 충동을 억제할 수 없다. 우리는 사람들을—다양한 인종을 반영하는—'흑인', '백인', '동양인' 또는 '남미인'들로 구분한다. 당신이 태어나기도 전에 당신 주변의 사람들은 당신의 성별을 알고 싶어 했을 것이다. "아들이야, 딸이야?" 그 대답이 당신의 유전자와 해부학적 구조에 의해 정의된 당신의 (생물학적 상태로서의) 성(性)을 설명해준다.

대부분의 사람들에게 있어 그러한 생물학적 특징들은 또한 그들의 성별(남성이나 여성이 된다는 것에 대한 문화의 기대치)을 정의할 수 있도록 도와준다. 때때로 사람의 **성 정체성**(남성 또는 여성이란 감각)라는 그들에게 주어진 성별과 다를 때가 있다. 마크 모리스(Mark Morris, 2015)라는 작가는 이러한 것을 그의 유명한 부친, 잰 모리스(Jan Morris)의 경우로 언급한 바가 있다. "나의 아버지는 트랜스젠더입니다. 그는 언제나 알고 있었죠. 그의 내면은 여자아이였다고. 그리고 나의 어머니는 이 일을 그들이 결혼한 해인 1949년에 알게 되었어요." 1973년에 그의 부친은 성전환 수술을 받았고 그 이후로 가족이나 친구들에게 '그녀'로 지내게 되었다. 성 전환 후에, (동성혼을 금지했던) 영국 법은 '놀랍도록 강한 부부관계로 함께 지내왔던' 그의 부모에게 이혼할 것을 요구했다. 여러 해가 지나고 마침내 동성혼이 합법화되었을 때 그들은 재결합했다.

더 최근에는, 브루스 제너(Bruce Jenner)에서 케이틀린 제너(Caitlyn Jenner)로 성 전환한 올림픽 10종 경기 챔피언에 관한 여정을 다룬 헤드라인 기사들을 접하게 되었다. 이러한 모리스와 제너의 사례들은 우리로 하여금 궁금증을 자아내게 한다. 선천성과 후천성은 어떻게 우리 자신의 독특한 성 정체성을 형성하도록 상호작용하는가? 이 장에서, 우리는 남성과 여성으로서 얼마나 닮아 있고, 왜, 그리고 어떻게 다른지에 대해 연구자들이 말해주는 바를 보게 될 것이다. 우리는 성적 매력과 성적 친밀감의 심리학과 생물학에 대한 심리과학으로부터 통찰력을 얻게 될 것이다. 그리고 그 여정의 일부분으로서 어떻게 진화심리학자들이 우리의 성 정체성에 대해 설명하는지도 보게 될 것이다.

자, 처음부터 다시 시작해보자. 성별이란 무엇이고 그것은 어떻게 개발된 것인가?

성별 발달

간단히 말해 당신의 **성**(sex)을 정의하는 것은 당신의 몸이다. 당신의 **성별**(gender)을 규정짓는 것은 당신의 마음이다. 하지만 당신의 성별에 대한 마음의 이해는 당신의 생리현상과 경험들과의 상호작용에 의해 생겨난다(Eagly & Wood, 2013). 이러한 상호작용에 대해 좀 더 면밀히 알아보기 전에 남성과 여성이 가진 유사점과 차이점에 대해 여러 가지 면에서 자세히 살펴보도록 하자.

우리는 어떻게 닮았는가? 우리는 어떻게 다른가?

남성이든 여성이든, 우리 모두는 엄마와 아빠로부터 각각 23개의 염색체를 물려받았다. 그 46개의 염색체 중에서 45개는 남녀 공통이다—남성, 여성 모두 같다는 말이다. 그래서 오늘날 우리는 대부분의 점에서 닮아 있는 것이다.

당신은 당신 자신을 남성, 여성 또는 그 둘의 어떤 조합으로 인식하고 있는가? 당신의 대답이 어떠하든 당신의 어휘, 행복 또는 보고, 듣고, 배우고, 기억할 수 있는 능력에서는 어떠한 힌트도 주지 않았다. 남성이든 여성이든, 평균적으로 유사하게 창조적이고 지적인 면에서 비슷하다. 우리는 동일하게 같은 감정과 갈망들을 느낀다(Hyde, 2014). 우리의 '정반대의' 성(性)이 사실은 우리와 매우 닮은 성(性)인 것이다.

하지만 어떤 영역들에서는, 남성과 여성들이 다르게 행동하며 그 차이점들은 주목을 받고 있다. 성별에 대한 차이점들(**그림 4.1**에서 보여지는 자아존중감에서의 차이와 같은)은 많은 논쟁을 불러일으키고는 있지만 실제로 그다지 심하지는 않다(Zell et al., 2015). 하지만 어떤 면에서는 더 두드러져 보이는 부분도 있다. 평균적으로 여아들이 남아들보다 1년 정도 일찍 사춘기에 들어가며, 여성의 수명이 5년 정도 더 길다. 여성은 더 자유롭게 감정을 표현하며, 더 자주 웃거나 운다. 페이스북 업데이트에서도 여성은 더 자주 '사랑'을 언급하며 '매~우 흥분'한다(Fischer & LaFrance, 2015; Schwartz et al., 2013). 여성은 희미한 향기도 감지할 수 있고 더 자주 도움을 제의받으며 오르가슴 후에도 금방 성적으로 다시 흥분할 수 있게 된다. 그녀는 또한 우울증과 불안 증세로 발전될 수 있는 2배의 위험과 거식증으로 발전될 수 있는 10배의 위험을 가지고 있다. 그에 반해 보통의 남성은 자살로 죽거나 알코올사용장애가 올 가능성이 4배로 높다. 남성의 '좀 더~할 것 같은' 리스트는 또한 자폐스펙트럼장애(ASD), 색약, 주의력결핍 과잉행동장애(ADHD)를 포함하고 있다. 그리고 성인의 경우, 반사회적 성격장애가 될 위험성을 더 크게 안고 있다.

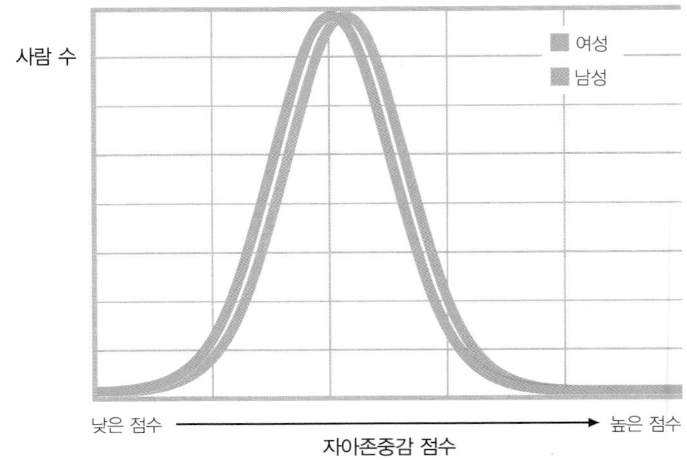
사람 수
여성
남성
낮은 점수
높은 점수
자아존중감 점수

그림 4.1 다른가? 그렇다. 하지만 많이 다르지는 않다 이 그래프 안에 있는 2개의 정상분포곡선은 여성(빨간색)과 남성(파란색)의 자아존중감 점수 분포를 보여준다. 이것들은 가능한 모든 표본(Hyde, 2005)에 근거한 평균 점수이다. 보다시피, 여성 간 또는 남성 간의 차이는 여성의 평균(빨간 선의 가장 높은 지점)과 남성(파란 선의 가장 높은 지점)의 평균 간의 차이보다 더 크다.

성별 유사성과 차이점들은 이 책의 전반에 걸쳐 보여지고 있다. 지금은 세 가지 성별 차이점에 대해 더 주의 깊게 살펴보자. 개개인들이 광범위하게 다양함에도 불구하고, 통상의 남성과 여성은 공격성, 사회적 힘, 그리고 사회적 유대에서 달라진다.

공격성

심리학자에게 있어 **공격성**(aggression)이란 누군가에게 (신체적으로나 정서적으로) 위해를 가하려는 신체적 또는 언어적 행동을 말한다. 당신이 들어보거나 읽어본 적이 있는 어떤 공격적인 성향의 사람들을 떠올려보라. "그들 대부분이 남자들이었는가?"라고 묻는다면 '예'라고 할 것 같다. 남자들은 일반적으로 더 공격이라는 것에 대해 인정한다. 특히 극도로 신체적인 폭력에 있어서 말이다(Bushman & Huesmann, 2010; Wölfer & Hewstone, 2015). 남녀 간의 로맨틱한 관계에 있어서 가볍게 치는 것과 같은 사소한 신체적 공격성은 대개 동등하나 대다수 폭력적인 행동들은 대개 남자들에 의해 일어난다(Archer, 2000; Johnson, 2008).

연구실에서 실행되는 실험들은 공격성에 있어 성별의 차이점을 증명한다. 성별 차이는 또한 실험실 밖에서도 나타난다. 전 세계적으로 누가 더 폭력적인 범죄들을 저지르는가? 남성들이다(Antonaccio et al., 2011; Caddick & Porter, 2012; Frisell et al., 2012). 남성들은 또한 사냥, 전투, 전쟁, 그리고 전쟁에 지원하는 것에 우위를 나타낸다(Liddle et al., 2012; Wood & Eagly, 2002, 2007).

여기에 또 다른 의문점이 있다. 사람들이 근거 없는 험담을 흘리거나 사회적 집단이나 상황에서 누군가를 따돌림으로써 누군가에게 해를 끼치는 사례들에 대해 생각해보자. 그 대부분의 사람들은 남성들이었는가? 아마도 아닐 것이다. 그러한 행동들을 **관계적 공격성**이라고 하며 여성들이 남성들보다 좀 더 저지르기가 쉽다(Archer, 2004, 2007, 2009).

사회적 힘

면접시험을 보러 간다고 상상해보자. 당신은 앉아서 테이블 너머에 있는 2명의 면접관을 보고 있다. 왼쪽의 웃지 않는 사람은 자신감과 독립심이 흘러넘친 채 지속적으로 시선 접촉을 유지하고 있다. 오른쪽의 사람은 당신에게 따뜻하고 반가운 미소를 보내지만 시선 접촉은 덜한 채 또 다른 면접관이 나서주기를 바라고 있다.

어떤 면접관이 남성일까? 만약 당신이 왼쪽의 사람이라고 답한다면, 당신은 혼자가 아니다. 전 세계를 통해—나이지리아에서 뉴질랜드까지—사람들은 권력에서의 성별 간 차이를 인지하고 있다(Williams & Best, 1990). 사실, 대다수 사회에서 남성들은 힘과 성

Amy Sancetta/AP Photo

치명적인 관계적 공격성 사진에 있는 여학생은 불량배들의 끊임없는 괴롭힘으로 고통을 받다 자살한 고등학생이다.

과에 있어 더 중요한 자리를 차지하며 사회적으로 지배적인 자리에 있다(Gino et al., 2015; Schwartz & Rubel-Lifschitz, 2009).

> "왜냐하면 2015년이잖아요."
>
> 캐나다 수상인 저스틴 트뤼도가
> 왜 성별 간에 균등한 내각을 선택했냐고 질문을 받았을 때의 대답

이 주제에 더 알고 싶다면 '비판적으로 사고하기 : 직장 내 성 편견'을 보라.

사회적 유대

남성이든 여성이든, 우리 인간들은 사회적인 유대를 소중하게 여긴다. 우리는 모두 **소속에 대한 욕구**를 가지고 있다. (더 자세한 것은 제9장에서 살펴본다). 하지만 남성과 여성들은 이 욕구를 다른 방식으로 만족시키고 있다(Baumeister, 2010). 남성들은 **독립적인** 경향이 있다. 심지어 아이들에게서도, 남성들은 보통 커다란 놀이 집단을 형성한다. 남아들의 놀이는 친밀함을 위한 논의보다는 활동적이고 경쟁적인 것으로 넘쳐난다(Rose & Rudolph, 2006). 성인들의 경우 남성들은 협력하는 활동들을 즐기며 그들 대화의 초점은 문제 해결에 있다(Tannen, 1990; Wright, 1989).

1,400개 이상 실시한 뇌 스캔의 결과는 성별 간에 있어 큰 차이점을 보여주지 않는다. "인간의 두뇌는 두 가지 범주, 즉 남성의 뇌/여성의 뇌로 구분될 수 없다"(Joel et al., 2015). 그렇지만 뇌 스캔은 어떤 미묘한 차이점을 보여준다. 여성의 뇌는 남성의 뇌보다 사회적 관계를 가능하게 하는 방식으로 연결되어 있다(Ingalhalikar et al., 2013). 이것은 왜 여성들이 보다 **상호 의존적**인지를 설명하는데 도움을 준다. 아이들의 경우, 경쟁적이기보다는 친밀한 사회적 관계를 추구한다(Maccoby, 1900; Roberts, 1991). 그들은 보통 작은 그룹으로 놀며 가끔은 한 친구하고만 논다. 10대들의 경우, 여아들은 혼자 있는 시간은 적고 주로 친구들과 함께 보낸다(Wong & Csikszentmihalyi, 1991). 남아와 비교해볼 때 10대 여아들은 평균 2배의 시간을 문자 메시지를 보내는 데 할애하고 사춘기 후반에는 소셜네트워킹 사이트에서 주로 시간을 보낸다(Lenhart, 2012; Pryor et al., 2007, 2011).

50만 명 이상의 사람들을 대상으로 한 그들이 가진 관심사가 무엇이냐는 질문에 대한 응답은 다음과 같다. "남성들은 사물을 가지고 일하는 것을 선호하고 여성들은 사람과 함께 일하는 것을 선호한다"(Su et al., 2009). 남성들의 해결책과 행동에 대한 탐구는 컴

비판적으로 사고하기 직장 내 성 편견

인식 차이

힘이 부족해 보이는 정치인들 사이에서 여성은 남성보다 적게 성공한다.[1]

그녀는 너무 공격적이야!
그는 책임감이 있어!

대부분의 정치 지도자들은 남성이다.

남성은 2015년 세계 통치 의회에서 좌석의 78%를 장악했다.[2]

남성
정치 지도자
여성

세계 사람들은 남성이 더 강력하다고 보는 경향이 있다.[3]

배심원이나 회사로 그룹이 형성될 때, 지도자 역할은 남성에게 가는 경향이 있다.[4]

보상에서의 차이

전통적으로 남성 직종에 있는 여성들은 그들의 남성 동료들보다 적게 받는다.[5]

의료계
미국에서 남성 의사와 여성 의사의 급여 차이[6]

150,053달러 여성
211,526달러 남성

학계
여성 연구 보조금 신청자들은 '연구원의 질적인 면에서 낮은' 평가를 받았으며 연구비를 지원받을 가능성이 적다.[7] (그러나 우리가 보게 될 것처럼, 성 역할과 태도는 바뀌고 있다.)

육아 책임의 차이

엄마들은 여전히 아빠들보다 2배 가까이 육아에 참여하고 있다.[8]

직장 내 성 편견에 기여한 바는 무엇인가?

사회규범

대부분의 사회에서, 남성들은 권력과 성취, 그리고 사회적으로 지배적이다.[9]

리더십 스타일

남성들은 사람들에게 무엇을 할지 그리고 어떻게 할지에 대하여 말할 때 더 지시적이다.

여성들은 의사결정 시 다른 사람들의 말에 귀를 기울이며 보다 민주적으로 반응하는 경향이 있다.[10]

상호작용 스타일

남성들은 자신의 견해를 더 많이 제시한다.[11]

여성들이 지지를 표현할 가능성이 더 많다.[11]

일상생활

남성들은 좀 더 조심스럽게 말하고, 방해하고, 만지기 시작하고, 응시하기 쉽다.[12]

여성들은 남성들보다 더 많이 웃고 사과한다.[12]

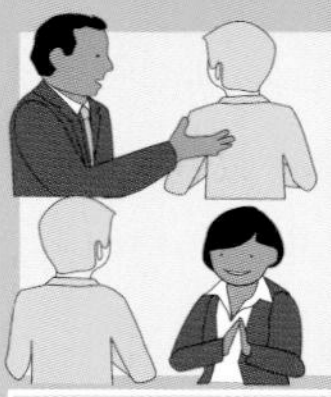

아직도 성역할은 시간과 장소에 따라 큰 차이가 있다.

지도자(현재 캐나다 내각 장관의 50%)와 직장에서의 대표 중 여성들이 점점 더 증가하고 있다.[13] 1963년에 하버드경영대학원에 처음으로 여학생이 입학했다. 2016년에는 41%가 여성이었다. 1960년에 미국 의대생의 6%만 여성이었다. 현재는 약 절반가량이 여성이다.[14]

1. Okimoto & Brescoll, 2010. 2. IPU, 2015. 3. Williams & Best, 1990. 4. Colarelli et al., 2006. 5. Willett et al., 2015. 6. Census Bureau, 2014. 7. van der Lee et al., 2015. 8. Parker & Wang, 2013; Pew, 2015; CEA, 2014. 9. Schwartz & Rubel-Lifschitz, 2009; Gino et al., 2015. 10. Eagly & Carli, 2007; van Engen & Willemsen, 2004. 11. Aries, 1987; Wood, 1987. 12. Leaper & Ayres, 2007; Major et al., 1990; Schumann & Ross, 2010. 13. Peck, 2015. 14. AAMC, 2014.

퓨터로 작업하는 것에 대한 흥미로 귀결된다. 미국 대학교 남학생들은 컴퓨터 과학에 대한 관심사를 여학생보다 7배나 많이 표명하는 것으로 보인다(Pryor et al., 2011). 그리고 또 다른 빅 데이터 분석—페이스북에서 수집된 7억 개 이상의 단어들—을 생각해보자. 남자들은 일과 관련된 단어들을, 그리고 여자들은 가족과 관련된 단어들을 사용했다(Schwartz et al., 2013). 직장에서 여성들은 돈과 지위를 따라가기보다 작업 시간이 줄어드는 쪽을 선택하려고 한다(Pinker, 2008). 많은 경우 가족들에 대한 의무가 더 크게 나타나 보인다. 최근 몇 년간 더 많은 아빠들이 육아에 참여했음에도 불구하고 엄마들은 거의 그 2배의 시간을 할애한다(CEA, 2014; Parker & Wang, 2013; Pew, 2015).

이제 잠시만 생각해보자. 지난번 당신이 상처받고 근심하여 이해해줄 누군가와 대화하길 원할 때 그 사람은 남성이었는가, 아니면 여성이었는가? 그러한 때에 대부분의 사람들은—자상하고 친근하게 말해줄—여성에게로 향한다(Tamres et al., 2002; Taylor, 2002). 그녀들은 다른 이들을 지지해주고—남성들 그 이상으로—도움을 찾는 사람들을 향해 돌아서 준다. 남성과 여성 모두 그들의 여성들과의 우정이 보다 친밀하고 즐거우며 만족스럽다고 보고했다(Kuttler et al., 1999; Rubin, 1985; Sapadin, 1988).

사회적 유대와 힘에 있어서의 성별 간 차이점은 청소년 후기와 성인 초기—데이트와 짝짓기가 절정인 해—에 극대화된다. 10대의 기간을 지나면서 여아들은 적극적이기보다는 조금 더 가벼워지고, 남아들은 보다 지배적이며 표현은 덜 하게 된다(Chaplin, 2015). 성인기에—첫아이가 태어난 후—태도와 행동에서의 차이점들은 정점에 다다르곤 한다. 엄마들은 특히 보다 관습적이 된다(Ferriman et al., 2009; Katz-Wise et al., 2010).

50세가 되면 양육과 관련된 대다수의 성별 차이점들은 가라앉게 된다. 남자들은 덜 지배적이 되고 보다 공감을 하게 된다. 여성들—특히 직장을 가진—은 보다 자기주장이 강하고 자신만만하게 된다. (Kasen et al., 2006; Maccoby, 1998).

그렇게 여성과 남성들이 다른 점보다 닮은 점이 많음에도 불구하고 통상적으로 여성과 남성 간에는 몇 가지 행동상의 차이점이 있다. 그러한 차이점들은 우리의 생리현상에 의해 드러난 것일까? 우리의 문화와 여러 가지 경험에 의해 형성된 것일까? 우리가 남성 또는 여성이란 범주 안에서 다양하게 변화를 주는 것일까? 계속 읽어보자.

성별에 관한 본질 : 생물학적 성

남성과 여성은 여러 가지 신체적인 면에서 유사하다. 우리는 땀을 식히기 위해 에너지 음료를 마시거나, 아침을 시작하기 위해 커피를 마시거나 또는 잠을 자기 위해 어둡고 조용한 곳을 찾는다. 짝을 찾을 때에도 우리는 많은 종류의 동일한 특징들—'친절한', '정직한', '지적인'—에 대해 평가를 매긴다. 하지만 진화심리학자들은 짝짓기와 관련된 영역들에서 수컷들은 그들이 침팬지인지 코끼리인지, 시골 농부인지 기업 회장인지에 따라 다르게 행동한다고 이야기한다(Geary, 2010).

생리현상이 성별을 결정하지는 않지만 두 가지 방향에서 영향을 줄 수는 있다.

- 유전적 : 남성과 여성은 다른 성염색체를 가지고 있다.
- 신체적 : 남성과 여성은 다른 성호르몬(해부학적 차이점을 촉발하게 할) 농도를 가지고 있다.

이러한 영향들은 당신이 태어나기도 전부터 당신을 형성하기 시작했다.

출생 전 성적인 발달

당신이 임신되고 6주 후에 당신과 또 다른 성의 누군가는 아주 똑같아 보였을 것이다. 그러고 나서 당신의 유전자가 작용함에 따라 당신의 생물학적인 성은 보다 뚜렷하게 되었다. 당신이 남성이든 여성이든, 당신의 23번째 염색체 쌍(2개의 성염색체)에 대한 당신의 엄마의 기여도를 **X 염색체**(X chromosome)라고 한다. 당신의 성을 결정짓는 것은 아빠의 기여도다. 그로부터 당신은 46개 중에서 남녀공통이 아닌 단 하나의 염색체를 받게 된다. X 염색체가 당신을 여성으로 만들거나 **Y 염색체**(Y chromosome)가 당신을 남성으로 만든다.

임신 후 약 7주가 되면, Y 염색체상의 단일 유전자가 마스터 스위치를 켠다. '작동'. 이 스위치는 고환이 남성의 성기 발달을 촉진하는 주요 남성 호르몬인 **테스토스테론**(testosterone)을 개발하고 생산하도록 자극한다. (여성들 또한 테스토스테론을 가지고 있지만, 그보다는 미미하다. 나중에 임신 5개월과 6개월이 개월이 되면 성호르몬들은 태아의 두뇌를 둘러싸고 여성이나 남성 패턴을 향해 선을 감아 기울인다(Hines, 2004; Udry, 2000).

청소년기의 성적인 발달

청소년기 동안 남아와 여아들은 **사춘기**(puberty)에 들어가고 성적으로 성숙하게 된다. 호르몬의 급격한 증가는 2년간의 빠른 신체적 발달—여아들은 11살, 남아들은 12살에 시작되는—을 촉발하고 눈에 띄는 남성-여성 간의 차이점들을 나타낸다. 고환이 커지는 것과 같은 곧 오게 될 사춘기에 대한 암시는 초기에 나타난다(Herman-Giddens et al., 2012). 신체적 변화가 가시적으로 나타나기 1, 2년 전에 남아와 여아들은 성적인 욕구로 인한 첫 번째 두근거림을 경험한다(McClintock & Herdt, 1996).

조금 일찍 사춘기에 접어든 여아들은 또래의 남아들보다 키가 더 클 수 있다. 하지만 남아들도 사춘기에 접어들면 금방 따라잡을 뿐 아니라 14세가 되면 보통은 키가 여자아이들보다 더 커진다. 이러한 성장이 가속화되는 동안, 주된 성적인 특징들—번식기관과 외적인 생식기—도 비약적으로 발전한다. 생식과 관련 없는 부차적인 성적 특징들 또한 그러하다. 여아들은 가슴과 엉덩이가 커진다. 남아들의 경우 수염이 나거나 목소리가 굵어진다. 음모와 겨드랑이의 털은 남녀 모두 나타난다.

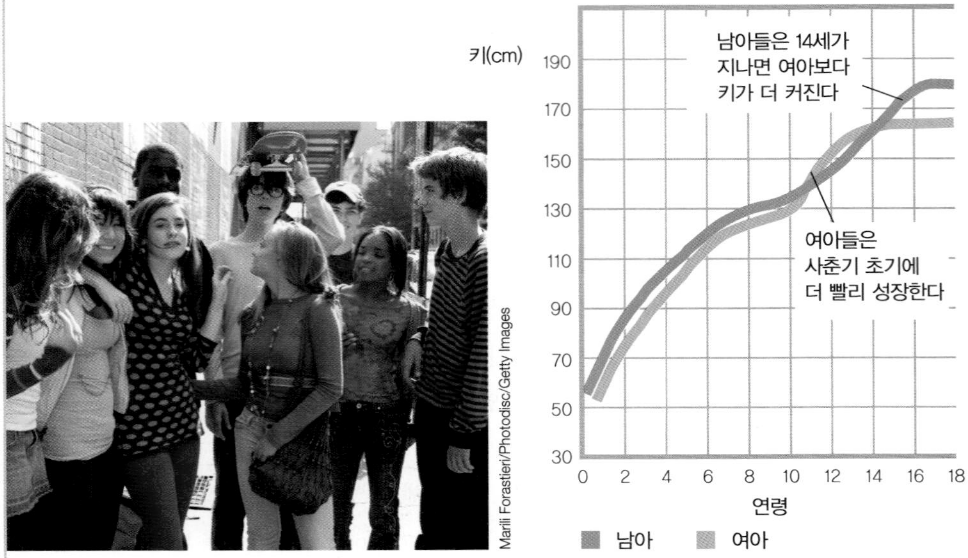

Marili Forastieri/Photodisc/Getty Images
키(cm)
190
170
150
130
110
90
70
50
30
0 2 4 6 8 10 12 14 16 18
연령
남아들은 14세가 지나면 여아보다 키가 더 커진다
여아들은 사춘기 초기에 더 빨리 성장한다
남아
여아

그림 4.2 키의 차이 어린 시절, 남학생과 여학생의 신장은 비슷하다. 사춘기에 소녀들이 잠깐 앞서지만, 평균적으로 14세쯤 되면 소년들이 그들을 따라잡는다(Tanner, 1978). 최근의 연구에 따르면 성 발달과 성장 발달은 반세기 전보다 다소 초기에 시작되고 있다(Herman-Giddens et al., 2001).

남아들의 경우, 사춘기의 상징은 첫 사정—이른바 **몽정**(spermarche)이라고 하며 종종 자는 동안에 이루어진다—이다. 첫 사정이라 불리는 이 사건은 일반적으로 대략 14세가 되면 일어난다.

여아들에게서의 상징은 **초경**(menarche)이라는 첫 번째 월경을 말하며 보통 12세 중반에 일어난다(Anderson et al., 2003). 유전자는 첫 번째 월경이 언제 일어날지를 예측하는 데 있어 주요한 역할을 한다(Perry et al., 2014). 하지만 환경적인 요인들도 그러하다. 이른 월경은 아빠의 부재, 성폭행, 불안정 애착, 임신 중 엄마의 흡연 내력에 따른 스트레스로 인한 것으로 보인다(DelPriore & Hill 2013; Rickard et al., 2014; Shrestha et al., 2011). 다양한 나라들에서 여자아이들의 가슴이 일찍 커지거나(때때로 10세 이전에) 과거에 비해 사춘기에 도달하는 시기가 빨라졌다. 추정되는 요인들로는 비만, 유사 호르몬제로 하는 다이어트, 그리고 가족붕괴로 인한 심각한 스트레스가 원인일 수 있다(Biro et al., 2010, 2012; Herman-Giddens et al., 2012).

월경에 대한 준비가 된 여자아이들은 보통 긍정적인 삶의 변화로 받아들인다(Chang et al., 2009). 대다수 여자들은 그들의 첫 번째 월경의 시작을 회상할 때 복잡한 감정—자부심, 흥분, 수치심, 불안—을 떠올린다(Greif & Ulman, 1982; Woods et al., 1983). 남자들은 사정에 대해 언급할 때 정서적으로 긍정적인 반응을 보였다(Fuller & Downs, 1990).

성적인 발달의 변화

자연(nature)은 남성과 여성 간의 생물학적인 구분선을 모호하게 한다. 때때로 비정상적인 수준의 성호르몬에 노출되거나 특히 그러한 호르몬들에 민감한 태아가 있다. 이러한 **간성**(intersex) 개인들은 남성과 여성 염색체, 호르몬, 신체 구조의 비정상적인 조합을 가지고 태어날 수도 있다. 예를 들어 유전자적으로 남성이며 정상적인 남성 호르몬과 고환을 가지지만 생식기가 없거나 아주 작은 상태로 태어날 수도 있다. 그러한 개인들은 그들의 성 정체성의 문제로 어려움을 겪을 것이다.

과거에는 의료 전문가들이 그러한 아이들이 명확한 성 정체성을 가질 수 있도록 성전환 수술을 받을 것을 권고했다. 한 연구에서는 유전적으로 남아인 아이들이 일찍이 성전환 수술을 받고 여아로 자라게 된 14건의 사례를 다루었다. 그러한 사례들 중 6건은 나중에 그들 자신을 남성으로 주장했고 5건은 여성으로 살거나 3건의 경우 불분명한 성 정체성을 보고하기도 했다(Reiner & Gearhart, 2004). 오늘날, 전문가들은 일반적으로 아이들이 자연적으로 신체가 성숙해져 성 정체성이 분명하게 될 때까지 수술을 연기하도록 권고한다.

이러한 상황들은 어떤 질문을 만들어낸다. 무엇이 생물학적인 남성 또는 여성을 만드는가? 2015년에 이러한 질문이 스포츠 신문 일면을 도배하게 된 것은 인도 출신의 단거리 주자 두테 찬드(Dutee Chand)가 가진 자연적인 테스토스테론 수치가 대다수 여성들의 수치보다 높게 나온다는 것을 알게 되었을 때였다. 국제육상연맹은 찬드로 하여금 몇 건의 경기를 참가하지 못하게 했다. 스포츠 중재 법원은 마침내 찬드의 편을 들어주었고, 여성으로서 경기에 참가할 수 있게 해주었다.

한 유명한 일화에서, 한 어린 남아가 서투른 포경수술 중 성기를 잃게 되었다. 그의 부모는 심리학자의 충고를 따라 상처 입은 남아보다 여아로 자라게 했다. 여아로 자랐음에도 불구하고, '브렌다' 레이머는 또래의 다른 여자아이들과는 달랐다. '그녀'는 인형을 좋아하지 않았다. 그녀는 거칠게 놀면서 옷을 찢기도 했다. 사춘기에도

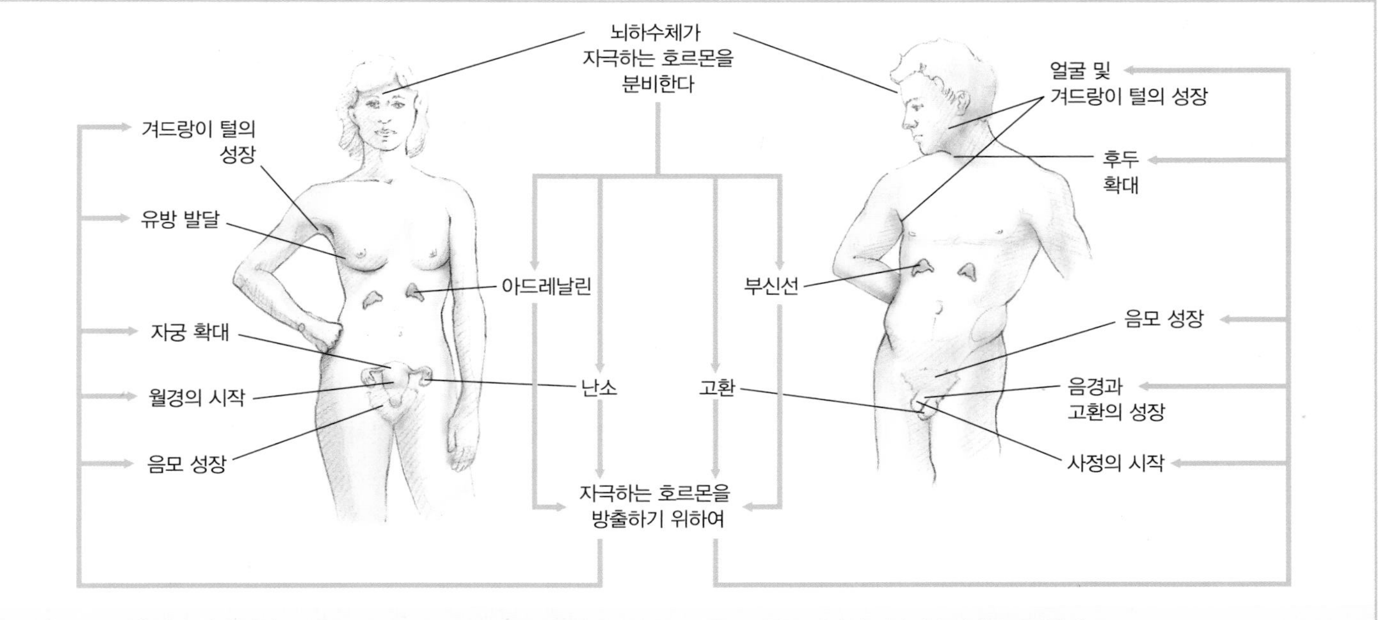
뇌하수체가
자극하는 호르몬을
분비한다
겨드랑이 털의
성장
유방 발달
아드레날린
자궁 확대
월경의 시작
음모 성장
난소
고환
부신선
자극하는 호르몬을
방출하기 위하여
얼굴 및
겨드랑이 털의 성장
후두
확대
음모 성장
음경과
고환의 성장
사정의 시작

그림 4.3 사춘기의 신체 변화 여아의 경우 11세, 남아의 경우 12세에 호르몬 분비가 급격히 증가하며 신체적인 변화를 유발한다.

그녀는 남자아이들과 키스하는 것에 끼고 싶지 않았다. 마침내 브렌다의 부모는 어떤 일이 있었는지를 설명해주었다. 그는 '브렌다'라는 것에 대해, 미리 부여된 여성 정체성에 대해 즉시 거부하기 시작했다. 그는 머리를 자르고 남성적인 이름인 데이비드를 선택했다. 그는 결국 여성과 결혼하여 입양하기까지 했다. 그러고는 슬프게도 자살하고 만다(Colapinto, 2000). **결론** : '성 문제(sex matters)'라고 미국국립과학원은 결론지었다(2001). 성관련 유전자와 심리는 남성과 여성 간의 행동과 인지 부조화를 초래한다. 그러한 반면 우리가 다음 내용에서 볼 수 있듯이 환경적인 요인 또한 중요하다. 선천성과 후천성은 함께 작용한다.

성별의 후천성 : 문화와 경험

대다수의 사람들에게 생물학적인 성과 성별은 조화롭게 공존하고 있다. 생리작용이 윤곽선을 그리면 문화가 세부적인 내용들을 그린다. 신체적인 특징들로 신생아가 남자인지 여자인지를 결정하는 것은 세계 공통이다. 하지만 남성(남아)과 여성(여아)이라면 어떻게 행동하고, 상호작용하고, 그들 자신을 인지하는지를 결정하는 성별적인 요소들은 시간과 장소에 따라 달라진다.

성 역할

문화는 우리의 행동을 형성한다. 어떻게 우리가 특별한 사회적 지위나 **역할**(role)에서 행동해야 하는지를 결정짓는 데 따라 우리는 이러한 형성력을 **성역할**(gender roles)—남성과 여성으로서의 우리 행동을 이끄는 사회적 기대—에서 볼 수 있다. 성역할은 시대에 따라 옮겨지고 장소에 따라 달라지고 있다.

역사적으로 보면 성역할은 전 세계적으로 극심한 변화를 겪고 있다. 20세기 초에는 전 세계적으로 오직 한 나라—뉴질랜드—만이 여성의 참정권을 인정해주었다(Briscoe, 1997). 2015년에는 모든 나라가 그 권리를 인정하게 되었다. 한 세기 전에 미국 여성들은 선거에 참여할 수도, 군대에 갈 수도, 이유 없이 이혼할 수도 없었다. 만약 어떤 여성이 돈을 받고 일을 한다면 산파나 하녀로 여겨졌지 외과 의사나 대학 교수로는 여겨지지 않았다. 이제 미국에서는 대학 졸업생 수가 남성보다 여성이 많으며 거의 절반의 노동 인구가 여성들로 이루어져 있다(DOL, 2015). 이러한 경향은 계속 이어질 전망이다. 예컨대 STEM 영역(science, technology, engineering, mathematics)에서 현재는 대다수의 교수직들을 남성들이 차지하고 있다(Ceci et al., 2014; Sheltzer & Smith, 2014). 하지만 연구자들이 STEM 관련 자리에 후보들로 추천하기 위해 미국 교수들을 초빙할 때, 대다수는 동등한 수준의 남성들보다 높은 수준의 여성들을 채용하는 것을 선호한다고 말한다(Williams & Ceci, 2015). 오늘날의 경제가 가진 일자리들은 신체적인 강함보다 사회적 지능, 열린 의사소통, 차분히 앉아 집중하는 능력들에 의존하고 있다(Rosin, 2010). 다음 수 세기에는 어떤 변화들이 일어날 것인가?

잠시만 시간을 내어 자기 자신의 성별과 관련 기대치들에 관해 체크해보자. 당신은 '일자리가 부족할 때 남성들이 그 일자리에 대해 보다 많은 권리를 가지고 있다'는 데 동의하는가? 미국, 영국, 스페인에서는 12%를 조금 넘는 성인들이 동의했다. 나이지리아, 파키스탄, 인도에서는 약 80%의 성인들이 동의했다(Pew, 2010). 이러한 질문은 남성과 여성은 동일하게 대우받아야 한다는 생각에 대한 사람들의 관점을 두드리고 있다. 우리는 모두 인간이기에 나의, 우리의 보는 관점이 다를 수는 있다. 북유럽 국가들은 가장 큰 성별 형평성을 제공하고, 중동과 북아프리카 국가들은 최저의 성별 형평성을 제공한다(UN, 2015)

우리는 어떻게 성별에 대해 배우는가?

성역할이란 다른 사람들이 우리가 생각하고, 느끼고, 행동하는 것에 대해 어떻게 기대하는지를 서술한 것이다. 우리의 **성정체성**(gender identity)이란 남성, 여성 또는 그 둘의 조합이 되는 것에 대한 개인적인 느낌이다. 그러한 주관적인 관점을 우리는 어떻게 개발하게 되는 것일까?

사회 학습 이론(social learning theory)은 우리는 유년기에 성정체성을 획득하되 다른 이들의 성별관련 행동들을 관찰하고 모방함으로써 그리고 어떤 방식으로 한 행동에 대해 보상이나 처벌받음으로써 얻게 된다고 가정한다("타티아나, 넌 너의 인형들에게 좋은 엄마가 되어 주어야 해.", "다 큰애는 우는 거 아니야, 아놀드."). 하지만 어떤 비평가들은 성정체성에는 부모를 모방하거나 어떤 반응들에 대해 보상을 받는 것 이상의 그 무언가가 있다고 한다. 그들은 우리가 **성유형화**(gender typing)—전통적인 남성 또는 여성의 역할을 계승하는 것—가 아이들 간에 얼마나 다양하게 이루어지는지 고려하고 있는지를 묻는다(Tobin et al., 2010).

부모들은 성별에 대한 그들 문화의 시각이 전달되도록 돕는다. 43가지 연구사례에 대한 분석 결과, 성별에 대한 전통적인 시각을 지닌 부모의 자녀들은 남자와 여자가 어떻게 행동해야 하는지에 대한 그들 문화적 요구가 반영된 성유형을 갖는 경향이 많다(Tenenbaum & Leaper, 2002). 하지만 아무리 부모가 전통적인 성역할 행동에 대해 격려하거나 제한한다고 해도 아이들은 자신이 옳다고 느껴지는 것을 향해 나아가려고 할 것이다. 어떤 아이들은 그것들을 '남자아이의 세계'와 '여자아이의 세계'—규칙에 대한 그들의 이해를 바탕으로 이끌어진—로 조직화한다. 다른 아이들은 **양성성**(androgyny)을 선호하는 것처럼 보인다. 남성과 여성의 역할들을 섞은 것이 그들에게는 옳게 느껴지는 것이다. 양성성은 장점들을 갖고 있다. 어른들의 경우, 양성적인 사람들은 적응력이 더 뛰어나다. 그들은 그들의 행동과 경력 선택에 있어 더 유연하다(Bem, 1993). 그들은 나쁜 사건들을 쉽게 떨치고 일어나는 경향이 있다. 그들은 그들 자신을 받아들이고 보다 덜 우울증에 빠진다(Lam & McBride-Chang, 2007; Mosher & Danoff-Burg, 2008; Ward, 2000).

우리가 어떻게 느끼는지가 중요하다. 하지만 그만큼 우리가 어떻게 생각하는지도 중요하다. 인생 초기에, 우리는 모두 우리의 세계가 이치에 맞도록 도와줄 개요나 개념들을 형성한다. 우리의 **성별 개념**(gender schemas)은 남성-여성 특성들에 대한 우리의 경험을 조직화하고 자신의 성정체성에 대해, 우리가 누군가에 대해 생각하도록 도와준다(Bem, 1987,1993; Martin et al., 2002).

아주 어린 아이 때에, 우리는 모두 '성별 탐정'이었다(Martin & Ruble, 2004). 우리의 첫 번째 생일이 되기도 전에 우리는 남성과 여성 간의 목소리나 얼굴의 차이점을 알아냈다(Martin et al., 2002). 두 살이 되면서부터는 성별의 관점에서 세계를 호칭해 나가도록 언어적 압박을 받게 된다. 영어에서는 사람들을 그와 그녀로 분류한다. 다른 언어들에서는 사물을 남성형('*le* train')이나 여성형('*la* table')으로 분류한다.

아이들이 일단 두 종류의 사람들이 존재한다는 것—그들 자신이 그중 하나에 속해 있다는 것—을 이해하게 되면 그들은 성별에 대한 단서들을 탐구하게 된다. 모든 문화에서, 사람들은 그들의 성별에 대해 다양한 방식으로 의사소통을 한다. 그들의

© DPA/The Image Works

성별화된 쓰나미 성별화된 노동 분업은 스리랑카, 인도네시아, 인도에서 있었던 2004년 쓰나미로 인한 여성의 높은 사망률을 설명하는 데 도움이 된다. 일부 마을에서는 남성이 바다낚시나 집 밖 일을 할 동안 대부분 집에 있던 여성의 80%가 목숨을 잃었다(Oxfam, 2005).

Courtesy of David Myers

성별의 사회적 학습 아이들은 부모를 모델로 관찰하고 모방한다.

© Splash News/Corbis Polaris Images/Newscom

트랜스젠더 올림픽 10종 경기 챔피언이자 리얼리티 TV 쇼 스타인 브루스 제너는 케이틀린 제너로 성전환한 후 세계에서 가장 유명한 트랜스젠더가 되었고 인터넷에 큰 반향을 일으켰다.

성별 표현은 그들의 언어뿐만 아니라 그들의 의복, 장난감, 책, 미디어, 게임들에서도 힌트를 던져준다. 그러한 단서들을 모음으로, 3세 아동은 인간 세계를 양분화할 것이다. 그들은 자신과 같은 부류를 선호하게 되고 같이 놀기 위해 그들을 찾게 된다. 그들이 결정한 '여자아이'란 〈마이리틀포니〉를 시청하고 긴 머리를 가진 아이들이다. '남자아이'란 〈트랜스포머〉에서 싸우는 장면을 시청하고 드레스를 입지 않는 아이들이다. 새로 수집된 '증거'들로 무장하고서, 자신들의 성별에 대한 개념에 맞게 그들의 행동들을 적응해 나갈 것이다. 이러한 고정관념들은 5~6세에 가장 견고해진다. 만약 새로운 이웃이 남자아이라면 6살 난 여자아이의 경우 그와는 공통된 관심사를 나눌 수 없을 거라고 가정하게 될 것이다. 어린아이의 삶 속에서 성별은 점점 커져가기 시작하는 것이다.

트랜스젠더(transgender)들에게 성정체성이란 사람들의 생리학적 성에 대한 전형성으로 간주되는 행동들이나 특질과는 달라진다(APA, 2010; Bockting 2014). 유년기에서부터 이들은 여자몸 안에 남자 또는 남자몸 안에 여자가 있는 것처럼 느낄지도 모른다(Olson et al., 2015). 어느 나라에서건 트랜스젠더가 된다는 것은 쉬운 일이 아니다. 레즈비언, 게이, 양성애자, 트랜스젠더 미국인에 대한 국가조사에서 게이에 대한 다소간의 사회적 수용을 목격한 것은 71%, 레즈비언은 85%였다. 하지만 트랜스젠더의 경우 유사한 수용을 본 것은 단지 18%밖에 되지 않았다(Sandstrom, 2015).

트랜스젠더들은 자신들의 외모와 내면의 성정체성을 다른 생물학적 성을 가진 사람들이 하듯이 옷을 입음으로써 일치시키려 하는 시도들을 할 것이다. 어떤 트랜스젠더들은 또한 **성도착자**(transsexual)이기도 하다. 그들은 자신이 타고난 성별에 속하는 집단들 속에서 사는 것을 선호한다. 뇌를 스캔해보면, 의료적인 성전환을 원하는 그들(약 75%의 남자들)은 트랜스젠더가 아닌 남자, 여자들과 비교할 때 다른 신경관들을 가진 것으로 보인다(Kranz et al., 2014; Van Kesteren et al., 1997). 성정체성은 성지향성(성적인 욕구에 대한 방향성)과는 다르다는 것에 주목하자. 트랜스젠더들은 아마도 이성에 대해(heterosexual), 동성에 대해(homosexual), 양성에 대해(bisexual) 성적으로 매력을 느끼거나 또는 그 누구에게도 매력을 느끼지 않을지도 모른다. 당신의 성지향성은, 누군가가 말한 것처럼, 당신이 잠자리에서 상상하는 그 누군가이며, 당신의 성정체성은 당신이 같이 잠자리에 들 그 누군가이다.

인간의 성

당신도 이미 알고 있는 것처럼, 성에 대한 언급 없이 성별에 대해 이야기하기란 힘들다. **무성애자**(asexual)로 간주되는 소수를 제외하고, 데이트와 짝짓기는 사춘기 때부터의 주요 관심사가 되어 왔다. 우리의 성적인 감정과 행동들은 신체적 그리고 심리적 영향들을 반영해준다.

성생리학

굶주림과 달리 성이란 실질적인 **욕구**는 아니다. (그것이 없으면 죽을 것 같지만 실제로 죽지는 않는다.) 하지만 성은 삶의 일부분이다. 당신의 모든 조상이 이러하지 않았다면 당신은 지금 이 책을 읽지 않고 있을 것이다. 성적인 동기란 사람들로 하여금 번식하고 종의 생존을 가능케 하는 자연의 현명한 방식이다. 우리가 먹는 것에서 얻는 즐거움이 우리 몸에 영양분을 공급케 하는 자연의 방식인 것처럼 성에 대한 욕구와 즐거움 또한 우리의 유전자를 보존하고 퍼트리게 하는 자연의 방식인 것이다. 인생이란 성에 의해 이어지는 것이다.

호르몬과 성적 행동

성적인 행동을 유발하는 것에는 **성호르몬**이 있다. 우리가 처음에 언급한 것처럼 주된 남성 성호르몬은 **테스토스테론**이다. 주된 여성 성호르몬은 **에스트로겐**(estrogen)이다. 성호르몬들은 우리 인생 전반에 걸쳐 여러 가지 면에서 영향을 미친다.

- 태아기에, 그것은 남성이나 여성으로서의 발달에 있어 직접적인 영향을 준다.
- 사춘기에 성호르몬의 급증은 우리를 청소년기로 들어서게 한다.
- 사춘기가 지나고 성인기에 접어들게 되면 성호르몬은 성적인 행동을 활성화시킨다.

대다수의 포유류에서, 성적인 관심과 번식은 서로 겹친다. 암컷들은 그들의 에스트로겐 수치가 배란기에 정점으로 다다르게 되면 성적으로 수용적이 된다. 연구자들은 에스트로겐을 암컷들에게 주사함으로써 암컷의 성적인 관심을 높일 수 있었다. 호르몬 주사가 수컷들의 성적인 행동에는 그렇게 쉽게 영향을 줄 수 없었는데 이는 수컷 호르몬의 수치가 좀 더 지속적이기 때문인 것 같다(Piekarski et al., 2009). 그럼에도 불구하고, 테스토스테론을 계속 가지고 있던 수컷 햄스터들은 수술로 고환이 제거되자 수용적인 암컷들에 대한 흥미를 점차 잃어갔다. 테스토스테론을 주사하자 점차 관심을 되찾기 시작했다.

호르몬은 인간의 성에 영향을 미치지만 보다 제멋대로이다. 연구자들은 여성들의 짝짓기 선호도가 월경주기를 따라 달라지는 것인지에 대해 계속 탐구하고 논쟁을 벌이고 있다(Gildersleeve et al., 2014; Wood et al., 2014). 월경기에는 여성의 에스트로겐이 테스토스테론만큼은 아니지만 증가한다(남자들만큼은 아니지만 여성도 테스토스테론을 가지고 있음을 상기하자). 몇몇 증거들이 제시하는 바는 이성과 함께 있는 여성들은 이 시기가 되면 성적인 욕구가 증가한다는 것이다—때때로 남자들은 여성의 행동과 목소리에서 그러한 변화를 감지할 수 있다고 한다(Haselton & Gildersleeve, 2011).

다른 포유류 암컷들 이상으로 여성들은 그들의 테스토스테론 수치에 반응한다(van Anders, 2012). 만약에 여성의 자연적인 테스토스테론 수치가 떨어지면, 난소나 부신이 제거되었을 때처럼 그녀의 성적인 관심 또한 떨어질 것이다(Davison & Davis, 2011; Lindau et al., 2007). 하지만 테스토스테론 대체치료법이 성적인 욕구, 흥분, 활동들을 회복시켜줄 수 있을 것이다(Braunstein et al., 2005; Buster et al., 2005; Petersen & Hyde, 2011).

테스토스테론 대체치료법은 또한 비정상적으로 낮은 테스토스테론 수치를 가진 남성들의 성기능을 회복시켜줄 수 있다(Khera et al., 2011). 하지만 테스토스테론 수치에 있어서 정상적인 기복(개인과 시간에 따른)은 성적인 충동에 작은 영향을 준다(Byrne, 1982). 사실상 남성 호르몬은 가끔 성적인 자극에 대한 반응을 달라지게 한다(Escasa et al., 2011). 한 오스트리아인의 연구에서 매력적인 여성의 출현이 이성애자인 남성 스케이트보더의 수행 능력에 영향을 줄 수 있는지 시험해보았다. 그 결과는? 그들이 위험한 동작과 착륙을 수행했을 때 그들의 테스토스테론이 증가했었다(Ronay & von Hippel, 2010). 따라서 성적인 흥분의 증가는 테스토스테론의 결과만이 아니라 원인이 될 수도 있다는 것이다.

다량의 호르몬 증가나 감소가 남성과 여성들의 욕구에 영향을 줄 수 있다. 이러한 움직임은 평생에 있어 두 가지 예측 가능한 지점에서 발생하기도 하고 때때로 세 번째 예측 불가능한 지점에서 발생하기도 한다.

1. **사춘기 동안, 성호르몬의 증가는 성과 성적인 흥미에 대한 발전을 촉발한다.** 만약 이 호르몬의 증가가 방해받는다면 성적 특질과 성적인 욕구는 정상적으로 개발되지 못할 것이다(Peschel & Peschel, 1987). 이것은 유럽에서 16세기와 17세기 동안에 일어났는데 이탈리아 오페라를 위해 소프라노 파트의 남자아이들은 그들의 고음을 보존하기 위해 거세되었다.
2. **인생 후반기에는 에스트로겐과 테스토스테론의 수준이 떨어진다.** 여성들은 폐경기를 경험하고, 남성들은 좀 더 점진적인 변화를 겪는다(제3장). 성관계는 인생의 한 부분으로 남지만 성호르몬 수치는 감소하고 성적인 공상이나 관계들 또한 감소한다(Leitenberg & Henning, 1995).
3. **어떤 이들에게는 수술요법이나 약물이 호르몬의 변화를 가져올지도 모른다.** 수술적 거세 후에 남성의 성충동은 일반적으로 떨어진다. 테스토스테론의 수치가 급격히 감소하는 것처럼(Hucker & Bain, 1990) 남성 성범죄자들이 약물을 복용할 때 그들의 테스토스테론 수치가 사춘기 이전의 남아만큼 떨어지며 그들은 또한 성적인 충동의 많은 부분을 상실하게 된다(Bilefsky, 2009; Money et al., 1983).

다시 생각해보면, 우리는 인간의 성호르몬, 특히 테스토스테론을 자동차의 연료와 비교할 수 있다. 연료 없이 차는 달릴 수 없다. 하지만 연료량이 최소한으로 충분하다면, 더 추가한다고 해서 자동차가 달리는 데 영향을 주지는 않는다. 이것은 완벽한 비교는 못되는데, 그것은 호르몬과 성적 동기가 서로 영향을 미치기 때문이다. 하지만 그것은 생리작용만으로는 충분히 인간의 성적 행동을 설명할 수 없다는 것을 암시하기도 한다. 호르몬은 우리의 성적 충동을 위한 필수적인 연료이다. 하지만 심리적인 자극이 엔진을 켜서, 계속 달리게 하고 더 높은 기어로 변속하게 한다. 자, 이제 그러한 충동이 우리를 일반적으로 어디로 데리고 가는지 살펴보도록 하자.

성적 반응 주기

우리가 제1장에서 언급했던 것처럼, 과학은 종종 행동을 주의 깊게 관찰하는 데서 시작된다. 성적인 행동 또한 예외는 아니다. 1960년대에 2명의 연구자—부인과 전문의자 산부인과 의사인 윌리엄 마스터스(William Masters)와 그의 동료 버지니아 존슨(Virginia Johnson, 1966)은 성적인 행동에 대한 관찰들로 헤드라인을 장식했다. 그들은 그들 연구실에 와서 자위행위를 하거나 성관계를 가진 382명의 여성과 312명의 남성들의 신체적 반응들을 기록했으며 네 단계의 **성적 반응 주기**(sexual response cycle)에 대해 정의를 내릴 수 있게 되었다.

1. 흥분기 : 생식기 부위로 피가 몰림으로써 여성의 클리토리스와 남성의 성기가 부풀어 오르게 된다. 여성의 질은 팽창되고 윤활물질을 분비하게 된다. 여성의 가슴과 유두도 커지게 된다.
2. 정체기 : 호흡, 맥박, 혈압이 계속 올라가면서 흥분은 정점에 이르게 된다. 남성의 성기는 완전히 충혈되어 오른다—평균 5.6인치로, 콘돔 착용을 위해 스스로 측정한 1,661명의 남성들에 의한 결과이다(Herbenick et al., 2014). 어떤 점액—임신을 가능케 하는 데 충분한 살아있는 정자들을 포함하고 있는—이 끝부분에 보일 것이다. 여성의 질액 분비가 계속해서 증가하며 그녀의 클리토리스는 수축한다. 오르가슴이 임박했음을 느끼는 것이다.
3. 절정기 : 전신의 근육이 수축된다. 호흡, 맥박, 혈압이 끊임없이 상승한다. 성적인 해방감으로부터 얻게 되는 기쁨은 남성과 여성 사이에 그다지 많은 차이는 없다. PET 스캔은 오르가슴을 느끼는 남녀 모두 동일한 뇌영역에서의 활동을 나타내고 있음을 보여준다(Holstege et al., 2003a, b).
4. 해소기 : 생식기 부위의 혈관에 모여 있던 피가 빠져나감에 따라 몸은 흥분되기 전의 상태로 돌아간다. 오르가슴이 일어난 경우 이러한 작용은 상대적으로 빨리 일어나며 그렇지 않은 경우는 상대적으로 느리게 일어난다(그건 마치 재채기가 일어난 경우 코의 간지러움 증상이 빨리 사라지지만 그렇지 않은 경우 느리게 사라지는 것과 같다). 남자들은 그러고 나서는 불응기에 들어가는데, 그 휴식 기간은 몇 분에서 하루나 그 이상 지속되기도 한다. 이 기간 동안 그들은 또 다른 오르가슴에 다다를 수 없다. 여성들의 경우 불응기간을 아주 짧게 가지는데, 자극이 계속되거나 해소기가 일어난 직후에도 다시 오르가슴을 느끼는 것이 가능하다.

성기능장애

마스터스와 존슨에게는 두 가지 목표가 있었다. 인간의 성적 반응주기를 기술하는 것과 그 주기를 사람들이 이루지 못하게 막는 문제들을 이해하고 다루는 것이었다. **성기능장애**(sexual dysfunction)란 지속적으로 성적인 흥분과 기능을 이루지 못하는 것이다. 일부는 성적인 동기를 포함한다—정력이 부족하거나 흥분이 일어나지 않는 사람들을 말한다. 남자들에게 있어 한 가지 공통된 문제(많은 TV 광고들의 대상이 되는)는 **발기부전**(erectile disorder)으로 아예 관계가 불가능하거나 지속되기 어려운 것을 말한다. 또 다른 문제는 조루로 그 남자 자신이나 파트너가 원하기 전에 절정에 이르는 것을 말한다. 일부 여성들에게 있어 관계 중에 생기는 통증이 완전한 성적 반응주기를 이루는 것을 방해하기도 한다. 다른 이들은 아마도 **여성오르가슴장애**(female orgasmic disorder)를 경험하고 있는데, 오르가슴을 거의 또는 한 번도 느끼지 못해 힘들어한다. 35,000명의 미국 여성을 대상으로 한 조사에서 10명 가운데 약 4명꼴로 여성오르가슴장애나 낮은 욕구와 같은 성관련 문제들을 보고했다. 8명 중 약 1명꼴로 그러한 문제가 개인적인 고통을 야기한다고 말한다(Lutfey et al., 2009; Shifren et al., 2008). 대다수 여성들의 경우 성적인 고통은 그들 파트너와의 정서적 관계와 연관이 있다고 보고한다(Bancroft et al., 2003).

심리치료와 의료적인 방법이 사람들의 성적인 기능장애를 극복하도록 도와줄 수 있다(Frühauf et al., 2013). 예컨대 행동 지향적인 치료법은 남성들로 하여금 사정하려는 충동을 억제하는 방법을 배우게 하며 여성들로 하여금 그들 자신이 절정에 다다르도록 하는 법을 배우도록 한다. 1998년, 비아그라가 소개되면서 발기부전증은 정기적으로 알약을 복용함으로써 치료할 수 있게 되었다. 여성의 성적 흥분 장애를 치료하기 위해서 약물치료를 하기도 하지만 그 효과는 크지 않다.

성적으로 전이되는 감염증

매일 전 세계적으로 100만 명 이상의 사람들이 **성관계를 통해 전이되는 감염증**(sexually transmitted infection, STI)에 걸린다(WHO, 2013). 미국질병통제예방센터(CDC, 2016b)에서는 "나이 든 성인들과 비교할 때, 성적으로 활동적인 15~19세의 청소년기와 20~24세의 젊은 성인들이 고위험군에 속한다"고 보고한다. 10대 여아들은 고도의 위험에 놓여 있는데 이는 그들의 신체구조가 미성숙하고 방어 항체의 수준이 낮기 때문이다(Dehne & Riedner, 2005; Guttmacher Institute, 1994).

감염의 수학적 계산을 이해하기 위해 다음과 같은 시나리오를 상상해보자. 패트릭은 한 해를 지내며 9명의 사람들과 관계를 가졌다. 그 당시에, 패트릭의 파트너들은 각각 9명의 다른 사람들과 관계를 가졌는데, 그 사람들도 9명의 다른 사람들과 관계를 가지고 있었다. 얼마나 많은 파트너들—'유령' 성관계 파트너(지나간 파트너들의 파트너들)를 포함해서—과 패트릭은 관계를 가진 것일까? 실제 숫자—511명—는 평균적인 학생들에게서 얻은 추정치의 5배 이상이다(Brannon & Brock, 1993).

콘돔은 일부 STI의 전파를 막는 매우 효과적인 방법이다. 태국에서 성매매 종사자들에 의해 콘돔 사용이 증진되었을 때 그 효과들은 명확했다. 4년에 걸쳐 콘돔 사용은 14%에서 94%까지 가파르게 상승했다. 그 기간 동안 매해 보고된 세균성 STI의 숫자는 93%나 감소했다—410,406건에서 27,362건으로(WHO, 2000).

콘돔은 포진과 같은 피부 접촉으로 인한 STI들에 대해 제한적인 예방 효과가 있다. 하지만 다른 위험을 감소시키는 기능을 통해 생명을 살려왔다(NIH, 2001). 질병이 있는 파트너와 관계에서 콘돔을 사용한 경우 HIV(human immunodeficiency virus, AIDS를 유발하는 바이러스)의 전염을 막는 데는 80%의 효과를 보여주었다(Weller & Davis-Beaty, 2002; WHO, 2003). **후천성 면역 결핍증(acquired immune deficiency syndrome, AIDS)**은 마약 복용 시 주삿바늘을 나누는 것과 같은 다른 방식으로도 전염될 수 있지만 성적인 감염이 가장 보편적이다. 많은 사람들이 구강 성교를 '안전한 성관계'라고 생각하지만, 그것은 심각한 위험성을 안고 있다. 그것은 인유두종 바이러스(HPV)와 같은 STI와 관련이 있으며 그 위험성은 성관계 파트너의 숫자와 함께 증가한다(Ballini et al., 2012; Gillison et al., 2012). 대다수의 HPV 감염은 이제 성관계를 갖기 전 백신을 맞음으로써 예방할 수 있다.

HIV를 가진 인류의 절반(HIV를 가진 미국인의 1/4)이 여성이다. 전 세계 AIDS 구성원 중 여성의 비율이 증가하는 데는 몇 가지 이유가 있다. 이 바이러스는 여성에서 남성으로 옮겨지기보다 남성에서 여성으로 더 많이 옮겨진다. 남성의 정자는 여성의 자궁과 경부에서 나오는 분비물보다 많은 양의 바이러스를 옮길 수 있다. HIV에 감염된 정자는 여성의 질과 자궁경부에서 더 오래 살아남아 여성이 노출되는 시간을 증가시킨다(Allen & Setlow, 1991; WHO, 2015).

AIDS를 가진 미국인의 절반 정도는 30~49세 사이에 있다(CDC, 2013). AIDS의 오랜 잠복기간을 고려할 때 대다수가 10대와 20대 때 감염되었다는 것을 의미한다. 2012년, AIDS로 죽은 전 세계 160만 명의 사람들은 비탄에 잠긴 수많은 배우자들과 수백만 명의 고아들을 남겨두고 떠났다(UNAIDS, 2013). 아프리카 사하라 사막 이남 지역에서는 HIV에 감염된 가정의 2/3에서 수명을 연장시키고 죽어가는 이를 돌보기 위한 의료적인 치료들이 사회적 자원들에 활력을 불어넣고 있다.

성심리학

생물학적인 요인들은 우리의 성적인 동기와 행동에 강력한 영향을 미친다. 하지만 우리가 생물학을 공유한다고 해도 인간의 성적인 동기와 행동은 광범위하며 다양하다—시간을 넘어서고, 공간을 지나서, 그리고 개인별로. 사회적이고 심리학적인 요인들도 커다란 영향력으로 압력을 가한다(**그림 4.4**).

어떠한 동기들이 사람들로 하여금 성관계를 하게 하는 걸까? (대략적인 추정치로 확인된) 281명은 광범위하게 그 이유들을 표현했는데, '하나님께 더 가까이 가기 위해서'부터 '남자친구의 입을 막기 위해서'였다(Buss, 2008; Meston & Buss, 2007). 한 가지는 분명하다. 우리의 가장 중요한 성기관이 우리의 어깨 위에서 쉬고 있는 것인지도 모르겠다. 우리의 복잡한 두뇌는 현실에서 오는 것과 상상에서 나오는 것 모두로부터 성적인 흥분을 가능하게 한다.

외적인 자극들

남성과 여성은 에로틱한 사물을 보거나, 듣거나, 읽거나 해서 흥분된다(Heiman, 1975; Stockton & Murnen, 1992). 남성들은 여성들의 경우 그 이상으로, 성적인 흥분에 대한 감정들이 그들 육체의 성기의 반응들로 더 명백하게 투영된다(Chivers et al., 2010).

사람들은 성적 흥분을 유쾌한 또는 불쾌한 일로 받아들일지도 모른다(그들의 흥분을 제어하기 원하는 사람들은 종종 자극적인 사물들에 노출되지 않도록 억제한다. 마치 과식을 피하길 원하는 사람들이 음식에 대한 유혹에 노출되지 않도록 제한하는 것처럼 말이다). 어떤 자극에 반복적으로 노출되면, 에로틱한 자극을 포함해서, 우리의 반응은 느슨하게 된다—익숙해지는 것이다. 1920년대에, 서부의 여성들이 치마의 기장을 처음으로 무릎까지 올렸을 때, 많은 남성들이 여성의 다리를 볼 때 심장이 두근거리곤 했다. 오늘날, 대다수의

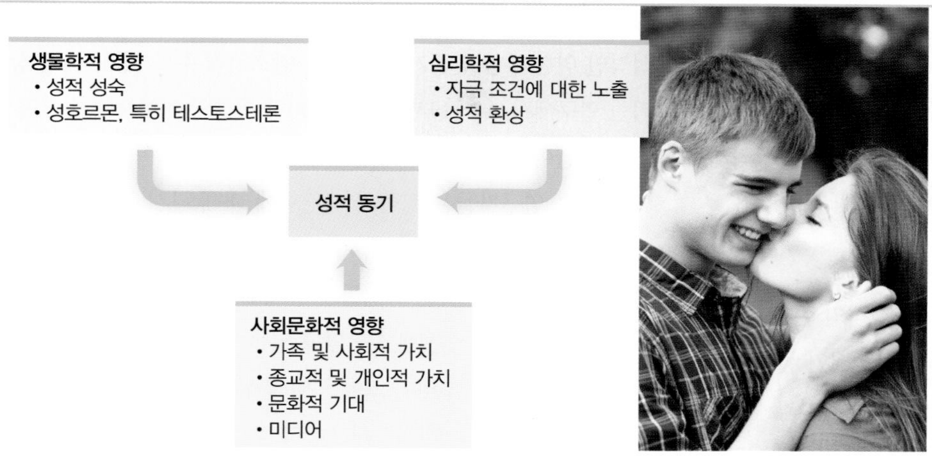
생물학적 영향
• 성적 성숙
• 성호르몬, 특히 테스토스테론
심리학적 영향
• 자극 조건에 대한 노출
• 성적 환상
성적 동기
사회문화적 영향
• 가족 및 사회적 가치
• 종교적 및 개인적 가치
• 문화적 기대
• 미디어

그림 4.4 성적인 동기부여를 위한 분석의 수준 우리의 성적인 동기는 생물학적 요인의 영향을 받지만, 심리적 · 사회문화적 요소가 더 큰 역할을 한다.

남성은 알아채지도 못한다. 성적으로 노골적인 사물에 노출되는 것이 부정적인 효과를 지속되게 할 수 있을까? 연구자들은 그것이 가능함을 알게 되었는데, 특히 두 가지 영역에서였다.

- 강간이 받아들여질 수 있다고 믿는 것 : 어떤 연구들에서, 여성이 강제로 성관계를 하게 되고 그것을 즐기는 듯한 장면을 사람들에게 보게 했다. 그 관찰자들은 많은 여성들이 압도당하는 것을 원한다는 잘못된 생각을 더 잘 받아들게 되었다. 남성 관찰자들은 또한 이러한 장면들을 보고 난 후 여성에게 상처를 입히거나 강간을 저지르는 것에 대해 더 적극적으로 표현하게 되었다(Allen et al., 1995, 2000; Foubert et al., 2011; Malamuth & Check, 1981; Zillmann, 1989).
- 파트너의 외모와 관계에 대한 만족감이 줄어드는 것 : 성적으로 매력적인 여성과 남성들에 대한 사진과 성인물을 본 후, 사람들은 평균적인 사람—자신의 파트너나 배우자—에 대해 덜 매력적인 것으로 평가하게 되었다. 그리고 그들 자신들의 관계가 덜 만족스러운 것이었다고 생각하게 되었다(Kenrick & Gutierres, 1980; Kenrick et al., 1989; Lambert et al., 2012; Weaver et al., 1984).

아마도 있을 것 같지 않은 내용의 에로물을 읽거나 보는 것이 특정 소수의 남성과 여성들이라면 충족시켜줄 것이라는 기대들을 만들어내는 것 같다.

상상 속의 자극들

성적인 흥분과 욕구는 또한 우리의 상상 속 산물이 될 수도 있다. 척추손상으로 인해 생식기에 아무 감각이 남아 있지 않은 사람들도 여전히 성적인 욕구를 느끼며 성적인 관계에 참여하고 있다(Donohue & Gebhard, 1995; Sipski et al., 1999; Willmuth, 1987).

남성과 여성 모두(대략 95% 정도) 성적인 환상을 가지고 있다고 보고했는데, 그중 몇 명의 여성들만이 절정에 도달할 수 있었다(Komisaruk & Whipple, 2011). 남자들은, 성적 지향성에 관계없이 더 자주, 더 육체적인, 그리고 로맨틱한 환상들은 적게 가지려는 경향이 있다(Schmitt et al., 2012). 그들은 또한 책과 동영상에서 개인적지 않은 그리고 보다 빠른 페이스의 성적인 콘텐츠들을 선호한다(Leitenberg & Henning, 1995).

성관계에 대한 환상을 가지는 것이 성적인 문제와 불만족을 표시하는 걸까? 아니다. 오히려, 성적으로 활동적인 사람들이 성적인 환상들을 더 많이 가지고 있다.

성적인 위험 부담과 10대의 임신

감사하게도 성적인 활동의 감소와 예방의 증가 덕분에 10대의 임신 비율은 감소하고 있다(CDC, 2016b). 하지만 유럽의 10대들에 비해 미국 10대의 임신 비율이 훨씬 높다(Sedgh et al., 2015). 어떤 환경적인 요인들이 10대들에게 성적인 위험 부담을 안도록 기여하는가?

피임에 대한 최소한의 의사소통 많은 10대들은 피임에 대해 부모, 배우자, 친구들이랑 의논하는 것에 대해 불편해한다. 하지만 특별한 관계 속에서 자유롭게 툭 터놓고 그들의 부모나 파트너와 얘기하는 10대들은 피임을 더 잘할 것이다(Aspy et al., 2007; Milan & Kilmann, 1987).

충동적인 성적 행동 성적으로 개방적인 12~17세 미국 여아 중 72%는 그들이 성관계를 한 것에 대해 후회한다고 말했다(Reuters, 2000). 성적으로 흥분될 때, 충동을 제대로 조절하지 못한다(Macapagal et al., 2011). 만약 열정이 의지를 넘어서면(피임을 늦추거나 성관계를 늦추거나), 계획되지 않은 성관계는 임신을 초래할 것이다(Ariely & Loewenstein, 2006; Gerrard & Luus, 1995; MacDonald & Hynie, 2008).

음주 10대 후반과 성인 초기에는, 대다수 성적인 관계(어쩌다 만난 사람들과의)들이 음주 후에 일어나며, 종종 동의한 여부조차 모를 때가 있다(Fielder et al., 2013; Garcia et al., 2013; Johnson & Chen, 2015). 성관계 전에 음주를 하는 사람들은 또한 콘돔 사용을 안 할 가능성이 크다(Kotchick et al., 2001). 알코올은 판단, 억제, 자각을 통제하는 뇌중추를 둔하게 하여 정상적인 억제 능력들을 무장해제한다.

대중매체의 영향 청소년이나 젊은 성인들이 성적인 콘텐츠들을 더 많이 보거나 읽을수록, 그들은 그들의 친구를 성적인 존재로 인식하며, 성적으로 수용적인 태도를 발전시키고, 보다 일찍 성경험을 하게 된다(Escobar-Chaves et al., 2005; Kim & Ward, 2012; Parkes et al., 2013). 이러한 동료 기준에 대한 지각('누구나' 다 그래)은 10대의 성적 행동에 영향을 준다(Lyons et al., 2015; van de Bongardt et al., 2015). 그것들은 어떤 상황에서 어떻게 행동해야 하는지에 대한 우리의 관점을 형성하는 **사회적 스크립트(social scripts)**를 쓰도록 돕는, 대중 문화로부터 일정 부분 비롯된다. 그래서 오늘날 대중 문화가 우리의 마음에 쓰고 있는 성적인 대본들은 어떤 것일까? 성적인 콘텐츠는 대략적으로 영화의 85%, TV 프로그램의 82%, 뮤직비디오의 59%, 음악 가사의 37%에서 나타난다(Ward et al., 2014). 20%의 중 · 고등학교 학생들, 18~24세 사이의 44%는 '성적으로 노골적인 내용의 문자'를 받아봤다고 보고했다(Lenhart & Duggan, 2014; Rice et al., 2014). 틴더(Tinder)같은 온라인 데이트 사이트에서, 젊은 친구들은 약간의 감정에 호소하는 노력만으로도 재빨리 성관계 상대를 구할 수 있었다. 매체의 영향력은 성적인 위험 부담을 증가시킬 수도, 감소시킬 수도 있다. 어떤 장기적인 연구에서, 12~14세 사이 1,000명 이상의 아이들에게 어떤 영화를 그들이 봐왔는지에 대해 물었다. 그리고 그 아이들이 18세가 되었을때, 연구자들은 그들의 성경험에 대해 다시 물었다(O'Hara et al., 2012). (연구는 개인적, 가족적 특성과 같은 이른 성적 활동들을 예측할 수 있는 다른 요인들은 통제했다.) 그 결과는? 청소년들이 높은 수위의 성적 콘텐츠를 담고 있는 영화를 볼수록, 그들의 성적 위험 부담은 더 커졌다. 그들은 일찍 성관계를 시작했고, 더 많은 파트너들과, 콘돔을 제대로 사용하지 않고 관계를 가졌다. 또 다른 연구는 MTV의 시리즈물인 '16 and Pregnant'(무방비한 성관계의 결과와 출산에 대한 도전을 그린 프로그램)의 영향에 대해 분석했다. 특정 영역에서 시간이 경과한 후 시청률과 출산율을 분석한 결과, 연구자들은 그 프로그램이 전국적으로 10대 출산율의 6% 감소를 이끌어냈다고 결론지었다(Kearney & Levine, 2014).

Apic/Moviepix/Getty Images

성욕항진증을 잘 알아두다 60개의 베스트셀러 비디오 게임을 분석한 결과 489명의 캐릭터가 있었는데, 그중 86%가 남성이었다(대부분의 게임 플레이어). 여성 캐릭터는 남성 캐릭터보다 '성적으로 과다하게', 즉 부분적으로 나체거나 노출된 옷을 입고, 큰 가슴과 가는 허리를 갖고 있다(Downs & Smith, 2010). 이러한 묘사는 성적 취향에 대한 비현실적인 기대를 불러일으킬 수 있으며 소녀의 조기 성적화에 기여할 수 있다. 미국심리학회는 소녀들에게 "그들이 어떻게 보이는지보다는 자신이 누구인가를 소중히 여기라"고 가르친다(APA, 2007).

성관계를 지연하는 10대들의 특징들은 무엇일까?

- **높은 지능** : 높은 지능을 가진 10대들이 평균적인 학력점수를 가진 아이들보다 성관계를 늦게 시작하는 경향이 있는데, 이는 부분적으로 그런 아이들이 부정적인 결과의 가능성을 인지하고 순간적인 쾌락보다 미래의 성공에 더 집중하기 때문인 것 같다(Harden & Mendle, 2011).
- **종교적인 의무** : 종교적으로 열심인 10대들, 특히 젊은 여성들은 종종 성인이 될 때까지 성행위를 보류한다(Hull et al., 2011; Štulhofer et al., 2011). 미국의 10대들이 성관계를 하지 않는 가장 일반적인 이유는 그들의 '종교나 도덕'과 상충되기 때문이다(Guttmacher Institute, 2012).
- **아빠의 존재** : 수백 명의 5~18세 사이 뉴질랜드와 미국의 여아들에 대한 연구들을 통해 밝혀진 바는 주변에 아빠가 있는 것이 10대 임신의 위험을 감소시킨다는 것이다. 아빠의 존재는 16세 이전의 낮은 성관계 및 10대 출산율과 연관되어 있다(Ellis et al., 2003).
- **봉사 학습 프로그램에의 참여** : 강사나 교사의 보조로 참여하거나 공동체 프로젝트에 참가하는 10대들은 무작위로 할당된 통제 그룹에 참여한 10대들보다 낮은 임신율을 보였다(Kirby, 2002; O'Donnell et al., 2002). 봉사 학습은 개인적 경쟁심, 통제력, 책임감을 증진하는가? 보다 미래지향적인 사고를 고무하는가? 또는 단지 무방비한 성관계를 접할 기회를 감소시킬 뿐인가? 연구자들은 아직 그에 대한 해답은 얻지 못했다.

이 장의 남은 부분에서, 우리는 두 가지 특별한 주제를 생각해볼 것이다. 그것은 성적 지향(우리의 성적인 관심이 가리키는 방향), 그리고 우리의 성적 특질에 대한 진화심리학의 설명이다.

성적 지향

이 장의 초반에 언급했듯이, 우리는 자신의 성적 지향성(우리의 타인을 향한 지속적인 성적인 끌림) 안에서 성적인 흥미의 방향을 표현한다. **성적 지향**(sexual orientation)이란 자기 자신과 같은 성에 대한 배타적인 관심에서 다른 성에 대한 철저한 관심까지 다양하며, 대다수 사람들은 그러한 두 가지 뚜렷한 범주들 가운데 하나에 해당된다(Norris et al., 2015).

- 자신과 같은 성에 끌릴 경우 동성애 지향성(게이나 레즈비언)
- 다른 성에 끌릴 경우 이성애 지향성(일관된)
- 양쪽 성에 다 끌릴 경우 양성애 지향성

문화는 동성애를 향한 그들의 태도에 따라 다양하게 달라진다. "동성애를 사회가 받아들여야 하는가?" 88%의 스페인 사람, 80%의 캐나다인, 60%의 미국인, 1%의 나이지리아인이 '예'라고 응답했다(Pew, 2013). 여성들은 어디서나 남성보다 수용적이다. 하지만 한 문화가 동성애 단체를 저주하든 용납하든, 이성애가 우세하며, 양성애와 동생애는 존재한다. 대다수의 아프리카 국가들에서 동성애는 불법이다. 하지만 레즈비언, 게이, 양성애자들의 비율은 "나머지 세계의 다른 나라들과 전혀 다르지 않다"고 남아프리카 과학 학회(2015)에서 보고했다. 많은 수의 미국인들—여성의 13%와 남성의 5%—이 말하길 그들의 일생 동안 몇 번의 동성애적인 접촉이 있었다고 말한다(Chandra et al., 2011). 여전히 더 많은 이들이 우발적인 동성애 판타지를 가지고 있다. 보다 소수의 사람들(3.4%)이 그들 자신을 레즈비언, 게이, 양성애자, 또는 트랜스젠더와 동일시하고 있다(Gates & Newport, 2012; Ward et al., 2014).

얼마나 많은 유럽인과 미국인들이 온전한 동성애자인가? 대중지가 종종 언급하듯 대략 10%일까? 2013년 조사에서 추정하듯 미국인들 중에서 평균적으로 거의 20% 정도인 걸까(Jones et al., 2014)? 실제로, 그 수치는 대략 남자의 경우 3~4%, 그리고 여성의 경우 2% 정도이다(Chandra et al., 2011; Herbenick et al., 2010; Savin-Williams et al., 2012). 양성애는 더 희귀하여, 1% 미만이다(Ward et al., 2014). 7,076명의 독일 성인들을 대상으로 한 조사에서 단지 12명만이 자신들이 실제적인 양성애자라고 말했다(Sandfort et al., 2001).

이성애자가 다수인 문화에서 동성애를 가진다는 것은 어떤 기분일까? 당신이 이성애자라면, 당신은 '그 사람'—완벽한 이성의 파트너—을 만나는 것을 상상할 수 있을 것이다. 만약 당신이 자신의 이러한 감정에 대해 자신할 수 없다면 어떻게 느낄 것인가? 만약 당신이 이성애자들에 대한 유치한 농담을 엿듣는다면, 대다수 영화, TV쇼, 광고들이 오직 동성애자에 관한 것만 보여준다면, 당신은 어떻게 반응할 것인가? 다수의 사람들이 이성 결혼에 호의적인 정치 후보에 대해 투표하지 않는다는 것을 듣게 된다면 어떨까? 만약 아동 기관과 입양 센터들이 당신이 이성애자란 이유로 안전하지 못하다거나 신뢰할 수 없다고 한다면 어떨 것 같은가?

그러한 반응들을 마주하게 되면, 일부 게이와 레즈비언들은 처음에는 그들의 감정을 무시하거나 부인하려고 할 것이다. 그들의 욕망이 사라지길 희망하면서 말이다. 그러나 그것들은 사라지지 않는다. 특히 청소년기나 그들의 부모에 의해 거부될 때 사람들은 자신들의 동성에 대한 욕망에 저항하려고 할 것이다. 사회적 지지 없이는 이들 10대들의 자존감은 떨어질 것이고 불안과 우울증이 증가할 것이다(Becker et al., 2014; Kwon, 2013). 어떤 아이는 자살까지 고려할 것이다(Plöderl et al., 2013; Ryan et al., 2009; Wang et al., 2012). 나중에 사람들은 심지어 심리치료, 의지력, 기도를 통해 비이성애적 지향성을 고치려 할 것이다. 하지만 그러한 감정들은 일반적으로 이성애인 사람들—동일하게 바뀌기가 불가능한—처럼 지속적이다(Haldeman, 1994, 2002; Myers & Scanzoni, 2005).

따라서 오늘날의 심리학자들은 성적 지향을 의도적으로 선택할 수도, 의도적으로 변화할 수도 없는 것으로 본다. "성적 지향을 변화시키려는 노력들은 성공할 수 있을 것 같지 않으며 위험부담을 안고 있다"고 2009년 미국심리학회 보고서에서 밝혔다. 1973년, 미국심리학회는 동성애를 '정신병' 목록에서 제외했다. 1993년 WHO도 동일하게 제외

Stan Honda/AFP/Getty Images

자살로 이끌다 2010년, 러트거스대학의 학생인 타일러 클레멘티는 룸메이트가 자신이 다른 남자와 친밀한 만남을 갖는 장면을 몰래 방송한 후에 이 다리에서 뛰어내렸다. 보도가 되고 난 후 다른 게이 청소년들도 이와 비슷한 방식으로 반응해서 부상을 입는 비극적인 일이 일어났다.

했고, 일본과 중국의 심리학회도 각각 1995년과 2001년에 시행했다.

성적 지향은 어떤 면에서 잘 쓰는 손(handedness)과 같다. 대다수 사람들은 이쪽 손으로, 일부는 다른 쪽 손을 쓴다. 극소수만이 진정한 양손잡이다. 특히 남성들의 경우 그 방식에 관계없이 우리는 지속한다(Chivers, 2005; Diamond, 2008; Dickson et al., 2013). 여성의 성적 지향은 덜 강하게 느껴지고 더 다양하게 변하는 경향이 있다(Baumeister, 2000). 이것은 남성의 동성애 비율이 여성을 초과함에도 불구하고 적어도 한 번의 동성과의 성 접촉을 가져본 여성이 남성보다 많다는 이유에 대한 설명이 될 수 있다(Chandra et al., 2011).

우리는 왜 다른가?

그래서, 만약 우리가 자신의 성적 지향을 선택할 수 없고(특히 남성의 경우) 그것을 바꿀 수 없다면, 이러한 선호도는 어디서 오는 것일까? 당신이 아래의 문항들에 대한 답안(예/아니요)을 예측할 수 있을지 알아보자.

1. 동성애가 아동의 부모와 관계에서 생긴 문제(예를 들면 권력형 엄마와 나약한 아빠, 또는 소유욕이 강한 엄마와 호전적인 아빠 같은)와 연관되어 있는가?
2. 그들의 욕망을 그들 자신과 같은 동성에게로 이끌게 하는 동성애가 이성에 대한 두려움이나 혐오와 관련 있는가?
3. 성적 지향은 현재의 혈액 속에 있는 성호르몬의 수준과 연관이 있는가?
4. 아동기에, 성인 동성애자에 의해 성추행을 당하거나 유혹을 받거나 다른 방식으로 성적인 희생양이 되었는가?

수백 건의 연구들은 이러한 질문들에 대해 모두 아니라고 말한다(Storms, 1983). 성적 지향에 대한 가능성 있는 환경적인 영향들에 대한 연구에서, 킨제이연구소의 조사자들은 거의 1,000명 가까운 동성애자들과 500명 정도의 이성애자들과 인터뷰를 했다. 그들은 부모와의 관계, 아동기 성적 경험, 친구 관계, 데이트 경험 등 상상할 수 있는 거의 모든 동성애의 심리학적인 요인에 대해 평가했다(Bell et al., 1981; Hammersmith, 1982). 그 결과 동성애자들은 모성애로 질식되거나 아빠에게 무시당하는 데 있어 이성애자들보다 더 심하지 않았다. 그러면 이것을 생각해보자. 만약 '아빠와의 거리감'이 동성애 아들을 만든다면, 아빠가 없는 가정에서 자라난 남아들은 더 자주 게이가 되어야 하지 않을까? (그렇지 않다.) 그리고 그러한 가정의 수의 증가가 눈에 띄는 게이 인구의 증가로 이어져야 하는 것이 아닐까? (그렇지 않다.) 게이나 레즈비언 부모에 의해 양육되는 대다수 아이들은 커서 이성애자가 되거나 성인으로서 잘 적응하고 있다(Gartrell & Bos, 2010).

Stephen J. Carrerra/AP Photo

성적 지향에 영향을 미치는 개인적인 가치는 그들이 성적인 행동의 다른 형태에 영향을 미치는 것보다 적다 예배에 거의 가지 않는 사람들과 비교할 때, 예를 들어 정기적으로 출석하는 사람들은 결혼하기 전에 동거할 가능성이 1/3이다. 그들은 또한 성 파트너가 적다고 보고되었다. 그러나 (남성이라면) 그들은 동성애자일 가능성이 높다(Smith, 1998).

반세기의 이론과 연구들로부터 우리가 배운 것은 무엇일까? 출생 후에 성적 지향에 영향을 주는 환경적인 요인들이 만약 있다면, 우리는 아직 그것들을 발견하지 못한 것이다. 동성애에 대한 환경적인 요인에 대한 증거 부족은 연구자들을 몇 줄의 생물학적 증거에 대한 탐험으로 인도한다.

- 다른 종에서의 동성애
- 게이-이성애자 간의 뇌의 차이점
- 유전적인 영향
- 태아기의 영향

다른 종에서의 동성애 보스턴 공원에서, 관리인들은 왜 애정이 넘치는 백조 커플의 알이 결코 부화되지 못하는지에 대한 미스터리를 풀어냈다. 두 백조는 모두 암컷이었다. 뉴욕시의 센트럴파크 동물원

John Tlumacki/The Boston Globe/Getty Images

줄리엣과 줄리엣 보스턴의 사랑을 받는 백조 커플인 '로미오와 줄리엣'은 실제로 다른 많은 동물 파트너와 마찬가지로 동성애자 쌍인 것으로 밝혀졌다.

에서, 펭귄 실로와 로이는 헌신적인 동성애 파트너로 몇 년을 보내왔다. 동성 간 성행위자들은 곰, 고릴라, 원숭이, 플라밍고, 부엉이를 포함한 수백 가지의 다른 종에서도 발견된다(Bagemihl, 1999). 예를 들어 숫양들 중 7~10%(양 사육업자들에는 '쓸모없는 놈들'인) 정도가 암양을 피하거나 다른 수컷 위에 올라 타는 행동을 통해 동성애임을 보여준다(Perkins & Fitzgerald, 1997). 동성애적 행동은 동물세계에서 자연스러운 부분으로 보인다.

게이-이성애자 간의 뇌의 차이점 이성애자와 동성애자의 뇌 구조와 기능이 다르다면? 이 질문을 마음에 두고, 연구자 사이먼 르베이(Simon LeVay, 1991)는 사망한 이성애자와 동성애자들로부터 떼어낸 시상하부의 부분을 연구했다(시상하부는 성적 행동과 연관되어 있는 뇌구조다).

게이 과학자로서, 르베이는 '무언가 나의 게이 정체성과 관련된 것'을 연구하기를 원했다. 결과들이 편향되는 것을 피하기 위해 그는 블라인드 연구를 했다. 그는 어떤 기증자가 게이인지 또는 이성애자인지 몰랐다. 기증자의 다양한 크기의 세포 군집을 현미경을 통해 들여다본 지 9개월 후에, 그는 기증자 기록들을 참고했다. 세포 군집은 확실하게 이성애자인 남성의 경우 여성과 동성애자 남성들보다 컸다. "나는 거의 충격에 빠져 있었어요"라고 르베이는 말했다(1994). "나는 대양을 지나 절벽 위에서 혼자서 걸었었죠. 나는 30분 동안 앉아서 단지 이것이 어떤 의미일까를 생각했습니다."

성적 지향에 따라 뇌가 달라진다는 것은 우리에게 놀라운 일은 아니다. 기억하라. 모든 심리적인 것은 또한 육체적인 것이다. 하지만 뇌의 차이점은 언제 시작된 것일까? 임신 때? 아동이나 청소년기에? 경험이 차이점을 만드는가? 또는 유전자나 태아 호르몬 인가? (또는 태아 호르몬을 작동시키는 유전자인가?)

르베이는 이런 세포 군집을 성적 지향을 위한 '켜고-끄는 버튼'으로 보지는 않는다. 오히려 그는 성적 행동 중에 활성화되는 뇌의 전달 경로에서의 중요한 부분이라고 믿었다. 그는 성적 행동 패턴들이 뇌의 해부학적 구조에 영향을 미칠 수 있다는 데 동의한다. 물고기, 새, 쥐, 인간에게서 뇌 구조는 경험—성경험을 포함한—에 따라 달라진다(Breedlove, 1997). 하지만 르베이는 뇌의 해부학적 구조가 성적 지향에 영향을 미칠 가능성이 더 많다고 믿는다. 그의 예감은 동성 욕구를 나타내거나 나타내지 않는 수컷 양들 간의 공통된 차이점의 발견에 의해 확정된 듯 보인다(Larkin et al., 2002; Roselli et al., 2002, 2004). 게다가, 그러한 차이점들은 출생 직후에, 아니 어쩌면 출생 전부터 발달되는 것 같아 보인다(Rahman & Wilson, 2003).

르베이의 뇌 구조 발견 이래로, 다른 연구자들은 게이와 이성애자의 뇌 기능이 작용하는 방식에서의 추가적인 차이점들에 대해 보고했다. 한 가지는 성적 흥분을 좌우하는 시상하부의 영역에서 일어난 것이다(Savic et al., 2005). 이성애 여성이 남성들의 땀(남성 호르몬의 자취를 담고 있는)에서 나는 체취를 맡게 될 때, 이 영역이 활성화된다. 게이 남성의 뇌는 남성의 체취에 유사하게 반응했다. 이성애 남성의 뇌는 그렇지 않았다. 그들에게는 오직 여성의 향기가 흥분 반응을 촉발했다. 유사한 연구에서, 레즈비언의 반응은 이성애 여성의 것들과 달랐다(Kranz & Ishai, 2006; Martins et al., 2005). 연구자인 카지 라만(Qazi Rahman, 2015)은 그것을 요약했다. 이성애자들과 비교했을 때, 게이 남성은 평균적으로 뇌 패턴 반응에서 보다 '여성 전형'인 것으로, 레즈비언 여성은 다소 좀 더 '남성 전형'인 것으로 보인다.

유전적인 영향 다음 세 가지 증거는 성적 지향에 대한 유전적인 영향을 암시한다.

- **동성애는 집안 내력으로 보인다** 동성애는 다른 가정들과 비교해 특정한 가정들에서 더 자주 보인다(Mustanski & Bailey, 2003). 몇 가지 연구에 의하면 (1) 동성애 남성은 부계보다 모계 쪽으로 더 많은 동성애 친족들을 가지는 듯하고, (2) 동성애자의 이성애 모계 쪽 친족들이 이성애 남성의 모계 쪽 친족들보다 아이를 더 많이 갖는 경향이 있다(Camperio-Ciani et al., 2004, 2009; Camperio-Ciani & Pellizzari, 2012; VanderLaan & Vasey, 2011; VanderLaan et al., 2012).
- **유전자와 염색체에 관한 연구** 초파리에 관한 염색체 연구에서, 유전자 하나를 바꿈으로써 파리의 성적 지향과 행동을 바꿀 수 있었다(Dickson, 2005). 구애 기간 동안, 암컷들은 암컷들을, 수컷들은 수컷들을 쫓아 다녔다(Demir & Dickson, 2005). 인간들의 경우 유전자 증식이, 어쩌면 다른 영향들과 상호작용하여, 인간의 성적 지향을 형성하는 것과 같다. 요인들에 관한 연구에서, 연구자들은 409쌍의 게이 형제들의 유전자를 연구했다. 그들은 성적 지향과 2개의 염색체 영역 간의 연계를 발견했다. 그들 염색체들 가운데 하나는 모계를 통해 전달되었다(Sanders et al., 2015).
- **쌍둥이에 관한 연구** 일란성 쌍둥이(동일한 유전자를 가진)는 이란성 쌍둥이(동일하지 않은 유전자를 가진)보다 동성애 지향성

을 공유하기가 다소 쉬울 것 같아 보인다(Alanko et al., 2010; Lángström et al., 2010). 그렇지만, 성적 지향은 다수의 일란성 쌍둥이(특히 여성 쌍둥이)에게서 다르게 나타난다. 이것은 유전자 외에 다른 요인들이 역할을 수행함을 의미한다.

태아기의 영향 쌍둥이는 유전자뿐만 아니라 태아기의 환경도 공유한다. 자궁 속에 있을 때를 회상해보라. 성호르몬은 우리를 남성이나 여성으로 성장하도록 한다. 인간 두뇌 개발에 결정적인 시기는 임신 중기이다(Ellis & Ames, 1987; Garcia-Falgueras & Swaab, 2010; Meyer-Bahlburg, 1995). 이 기간 동안에 전형적인 여성 호르몬 수치에 노출되는 태아는 나중에 남성들에게 끌릴 수 있다. 비슷한 시기에 임신한 양에게 테스토스테론을 주입하면, 그들의 암컷 자손들은 동성애적 행동을 하게 된다. 형이 있는 남자는 놀이를 할 수 있는 누군가가 될 수 있다(Money, 1987).

두 번째 중요한 태아기의 영향은 **형 효과**(older-brother effect)이다. 형제가 있는 남성이 동성애자가 될 가능성이 더 높다(Blanchard, 2004, 2008a, b, 2014; Bogaert, 2003). 만약 첫째 아들 중에 동성애가 생길 확률이 대략 2%라면, 둘째 아들 중에는 거의 3% 가까이 오를 것이고, 셋째 아들은 4%, 그리고 형제가 추가될수록 확률은 늘어날 것이다(**그림 4.5**). 형 효과는 생물학적인 요인으로 보인다. 입양된 형제들 가운데서는 일어나지 않는다(Bogaert, 2006a). 한 가지 가능한 설명은 남자 태아들이 엄마의 면역체계 안에서 방어적인 반응을 유발하는 물질을 만든다는 것이다. 각각 남성 태아를 임신한 후에, 그녀의 면역체계 안의 항체들이 더 강하게 자라나 태아의 두뇌로 하여금 전형적인 남성 패턴으로 발전하는 것을 막는다는 것이다. 신기하게도 형 효과는 오직 오른손잡이 남성들 가운데서만 발견된다.

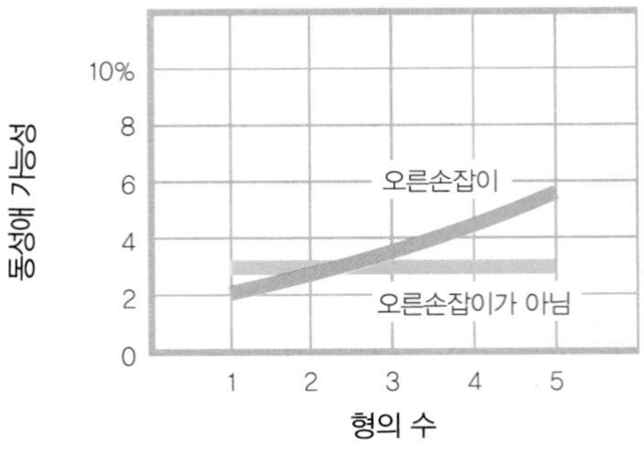
10%
8
6
4
2
0
동성애 가능성
오른손잡이
오른손잡이가 아님
1
2
3
4
5
형의 수

그림 4.5 형 효과 이 곡선은 남성의 동성애 가능성과 생물학적(입양되지 않은) 형의 수의 함수를 나타낸다(Blanchard, 2008a; Bogaert, 2006a). 이 상관관계는 여러 연구에서 발견되었지만 오른손잡이 남성들 사이에서만 나타났다(남성 10명 중 약 9명).

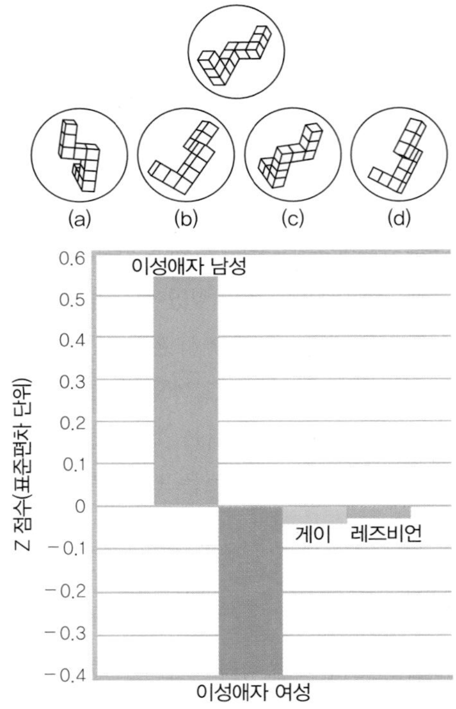
(a)
(b)
(c)
(d)
0.6
0.5
0.4
0.3
0.2
0.1
0
−0.1
−0.2
−0.3
−0.4
Z 점수(표준편차 단위)
이성애자 남성
게이
레즈비언
이성애자 여성

그림 4.6 공간 능력과 성적 지향 4개의 그림 중 상단에 있는 목표 그림과 일치하도록 회전할 수 있는 그림은 무엇인가? 이성애자 남성은 게이와 레즈비언이 중간에 있는 상태에서 이성애자 여성보다 이 과제를 쉽게 수행하는 경향이 있다(Rahman et al., 2004, 각 그룹에서 60명을 대상으로 테스트함).

우리는 어떻게 다른가? 요약

종합하면, 두뇌, 유전자, 태아기의 발견들은 성적 지향성에 대한 생물학적 설명을 강하게 지지하고 있다(LeVay, 2011; Rahman & Koerting, 2008). 게이와 레즈비언은 몇 가지 특성에 있어 이성애 여성과 남성 사이의 중간 지점에 있는 것으로 보인다(LeVay, 2011; Rahman & Koerting, 2008). 출생 때부터, 게이 남성들은 이성애 남성들보다 키가 작고 몸무게가 가벼워 보인다. 동성 결혼에서 여성들은 출생 때 평균이었던 것보다 더 무거워 보인다(Bogaert, 2010; Frisch & Zdravkovic, 2010). 남성 동성애자와 이성애자들은 공간 능력 또한 다르다. **그림 4.6**과 같은 공간 회전 과제에서는 이성애 남자들이 이성애 여자들을 앞지르는 점수를 내는 경향이 있어 보인다. 게이와 레즈비언의 점수들은 가운데 정도에 위치한다(Rahman & Koeting, 2008; Rahman et al., 2004). 하지만 이성애 여성과 게이 남성 모두 기억 게임 과제에서 대상의 공간 위치를 기억하는 데서 이성애 남성을 능가하는 성과를 보여주었다(Hassan & Rahman, 2007).

표 4.1 성적 지향의 생물학적 상관관계

게이-이성애자 특성 차이

성적 지향은 여러 가지 특성의 일부이다. 반복실험이 필요한 일부 연구는 동성애자와 이성애자가 다음과 같은 생물학적 및 행동적 특성에서 다르다는 것을 나타낸다.

- 공간 능력
- 지문의 융선 수
- 청각 시스템 발달
- 잘 쓰는 손
- 직업 선호도
- 손가락의 상대적 길이
- 성별 불일치
- 남성의 사춘기 시작 나이
- 수면 시간
- 신체적 공격 행동
- 보행 스타일

평균적으로(증거는 남성에게 가장 강하다), 게이와 레즈비언의 결과는 이성애자 남자와 이성애자 여자의 결과보다 낮게 나타났다. 세 가지 생물학적 영향—뇌, 유전, 태아기—이 이러한 결과를 만들었다.

뇌의 차이

- 여성과 남성 동성애자는 이성애자에 비해 하나의 시상하부 세포 집단이 더 작다.
- 게이 남성의 시상하부는 성과 관련된 호르몬 냄새에 이성애자 여성처럼 반응한다.

유전적 영향

- 공유된 성적 지향은 이란성 쌍둥이보다는 일란성 쌍둥이 사이에서 더 높다.
- 초파리에서의 성적 매력은 유전적으로 조작될 수 있다.
- 남성의 동성애는 종종 어머니 쪽에서 유전되는 것처럼 보인다.

태아기 영향

- 임신 중 호르몬 노출은 인간과 다른 동물에게 동성애로 이어질 수 있다.
- 여러 명의 나이가 많은 생물학적 형제가 있는 남성은 어머니 면역체계의 반응으로 인해 게이가 될 가능성이 더 높다.

표 4.1은 이러한 것들과 다른 게이-이성애의 차이점들을 보여준다.

사이먼 르베이는 "많은 것들이 발견되기 위해서 남아 있다"고 했음에도 불구하고, 남성이나 여성으로서 우리의 몸과 두뇌의 생물학적 발달에서 포함되었던 것과 동일한 과정들이 또한 성적 지향의 발달에서도 포함된다고 결론지었다(2011, p. xvii)

인간의 성적 특질에 대한 진화론적인 설명

역사를 통해 여러 유사한 도전에 맞서면서, 남성과 여성은 유사한 방식으로 적응해왔다. 우리는 같은 음식을 먹고, 같은 포식자들을 피하고, 상당히 유사한 방식으로 인지하고 배우고 기억한다. 우리가 다양한 적응성의 도전을 대면하는 유일한 영역—번식에 연관된 행동들에서 가장 뚜렷해진다—에서 우리는 다르다고 진화심리학자들은 말한다.

성의 남성-여성 차이점

그리고 우리는 다르게 행동한다. 성적 충동들을 숙고한다. 남성과 여성 모두 성적으로 적극적이며, 일부 여성들은 다수의 남성들보다 더 그러하다. 하지만, 평균적으로, 누가 성관계에 대해 더 많이 생각

표 4.2 응답 예측

연구원은 미국 성인 표본에 다음 진술에 동의하는지 또는 동의하지 않는지를 묻는다. 각 항목에 대해 진술에 동의한 비율을 추측하라.

진술	동의한 남성 비율	동의한 여성 비율
1. 두 사람이 서로를 정말 좋아한다면, 그들이 매우 짧은 시간 서로를 알았다고 해도 섹스를 하는 것이 옳다.	______	______
2. 나는 자신이 편안하고 다른 파트너와 '캐주얼'한 섹스를 즐기고 있다고 상상할 수 있다.	______	______
3. 애정이 처음 성교를 한 이유였다.	______	______
4. 나는 매일 또는 하루에 여러 번 섹스를 생각한다.	______	______
5. 음란물은 '도덕적으로 용납'된다.	______	______

답변 : (1) 남성 58%, 여성 34% (2) 남성 48%, 여성 12% (3) 남성 25%, 여성 48% (4) 남성 54%, 여성 19% (5) 남성 43%, 여성 25%

할까? 자위행위를 더 자주할까? 성관계를 더 주도할까? 포르노를 더 많이 볼까? 세계적으로 그 대답들은—남성, 남성, 남성, 남성이다(Baumeister et al., 2001; Lippa, 2009; Petersen & Hyde, 2010). 당신이 그러한 성적 차이점들을 예측할 수 있는지 보고, **표 4.2**에서 퀴즈를 풀어보자.

많은 성적 유사성과 차이점들은 성적 지향을 초월한다. 레즈비언들과 비교할 때, 게이 남성들은 (이성애자 남성들처럼) 시각적인 성적 자극에 더 쉽게 반응하며, 그들 파트너의 신체적 욕구에 더 많은 관심을 갖는다고 보고했다(Bailey et al., 1994; Doyle, 2005; Schmitt, 2007). 게이 남성 커플들 또한 레즈비언 커플들보다 더 자주 성관계를 한다고 보고했다(Peplau & Fingerhut, 2007). 그리고 (이성애 남성들처럼) 게이 남성들은 구속받지 않는 성관계에 더 많은 관심을 가진다고 보고했다. 남성들이 게이 인구의 대략 2/3를 차지함에도 불구하고, 그들은 결혼에서 동성의 법적인 파트너, 합법적 동성관계나 동거관계의 36%밖에 차지하지 않고 있다(Badgett & Mallory, 2014).

자연 선택과 짝짓기 선호도

자연 선택(natural selection)이란 생존과 번식에 기인하는 자연적인 선택적 특징과 기호들이다. 무작위의 유전적 돌연변이에 감사하게도, 우리의 조상들은 다양한 특질들—그들로 생존과 번식을 할 수 있도록 돕는—을 가지고 태어났다. 결국 이러한 특징들은 광범위하게 퍼져나갔다. 진화심리학자들은 이러한 자연 선택 이론을 어떻게 남성과 여성들이 회의실에서보다 침실에서 더 다양하게 행동하는지

를 설명하는 데 사용하고 있다. 우리의 자연적인 갈망은 우리가 우리 자신을 재생산하고자 하는 유전적인 방식이라고 그들은 말한다. "인간은 살아있는 화석—직전의 압박에 의해 생산된 기제들의 수집품이다"(Buss, 1995)

왜 성적 파트너를 선택할 때 여성들이 남성들보다 더 선택되는 경향이 있을까? 여성들은 더 위기에 처해 있다. 그들의 유전자를 미래로 보내기 위해, 여성은 반드시—최소한도로—임신하고 그녀의 몸속 태아가 9개월까지 자라도록 보호해야만 한다. 남자와 달리, 여성은 사춘기와 폐경기 사이에 얼마나 많은 아이들을 가질 수 있는지가 제한되어 있다.

따라서 놀랄 것도 없이, 이성애 여성들은 바람둥이일 것 같은 남자들보다 가까이에 늘 머무는 아빠를 더 선호한다. 가까이에 머무는 파트너들은 그들의 자손 번식에 대한 지원과 보호를 제공할 수 있다. 이성애 여성들은 날씬한 허리와 넓은 어깨를 가진 키 큰 남성에게 끌리는데, 이는 모두 재생산의 성공을 위한 상징들이다(Mautz et al., 2013). 그리고 그들은 성숙하고, 지배적이며, 과감하고, 부유해 보이는 남성들을 선호한다(Asendorpf et al., 2011; Conroy-Beam et al., 2015; Gangestad & Simpson, 2000). 한 연구에서 웨일스의 행인들로 하여금 초라한 포드 피에스타와 멋진 벤틀리에 앉아 있는 운전자의 사진을 보고 평가하게 했다. 남성들은 두 종류의 차에 타고 있는 여성에 대해 동일하게 매력적이라고 하였다. 반면에 여성들은 비싼 자동차에 앉아 있는 남성 운전자를 더 매력이 있는 것으로 보았다(Dunn & Searle, 2010). 만약에 당신이 한 남성을 짝짓기를 위해 마음에 둔다고 할 때, 그는 매력적인 상대로 보이려면 어떤 노력을 할 것인가? 그는 화려한 아이템을 구매하고, 적극적

BARET

Walter McBride/WireImage/Getty Images

짝짓기 진화심리학자들은 조니 뎁(23살 연하의 앰버 허드와 함께 찍힌 남성)뿐만 아니라 노인들이 종종 다산을 시사하는 젊은 여성을 선호한다는 사실에 놀라지 않는다.

인 태도를 표현하며, 위험을 감수할 것이다(Baker & Maner, 2009; Griskevicius et al., 2009; Shan et al., 2012; Sundie et al., 2011).

그 자료를 바탕으로 진화론자들은 말한다. 남성들은 광범위하게 짝을 이루고, 여성들은 지혜롭게 짝을 이룬다. 그리고 이성애 남성들로 하여금 호감을 느끼게 하는 특질들은 무엇일까?

이성애 남성의 경우, 호감을 느끼게 하는 특성들은 여성의 부드러운 피부와 어려 보이는 외모, 지나치는 장소와 시간이다(Buss, 1994). 그러한 여성과 짝짓는 것은 남성이 자신의 유전자를 미래로 보낼 기회를 증가시키는 것으로 여겨질 것이다. 그리고 당연하게도, 남성들은 허리가 대략 엉덩이의 1/3만큼 가느다란—장래의 출산에 대한 상징으로—여성들에게 가장 끌릴 것이다(Perilloux et al., 2010). 심지어 시각장애인 남성들까지도 이러한 허리-엉덩이 비율에 대한 선호도를 보여준다(Karremans et al., 2010).

여기에 작용하는 하나의 원리가 있다고 진화심리학자들은 말한다—자연은 유전적인 성공을 증가시키는 행동들을 선택한다. 활동적인 유전자 기계들로서, 우리는 무엇이든 우리 조상들이 그들의 환경에서 작용했던 것들을 선호하도록 고안되어 있다. 그들은 자녀, 손자, 그리고 그 이상을 생산하기 위해 여러 가지 방식으로 행동하도록 미리 조치되어 있다. 그들이 그렇지 않았다면, 우리는 여기 있지 않았을 것이다. 그들의 유전적인 유산의 전달자로서, 우리는 유사하게 미리 처리되어 있는 것이다.

'게이 유전자'가 지속되는 이유는 무엇일까? 동성애 커플들은 자연적으로 번식할 수 없다. 진화심리학자들은 한 가지 가능성 있는 해답을 제시했다—**다산 여성 이론**(fertile females theory). 그 이론은 이렇게 흘러간다. 앞에서 언급한 것처럼, 동성애 남성의 모계 친족들은 정상적인 가족들보다 더 많은 아이를 출산하려고 한다. 따라서, 아마도, 그 유전자들은 여성들로 강하게 남자들에게 매력을 느끼고(또는 매력적이 되거나)—그리고 더 많은 아이들을 갖기 위해—또한 어떤 남자들은 남자들에게 매력을 느끼게 만든다(LeVay, 2011). 이렇게 해서, 생물학적 지혜가 실제로 그 유전자들로 하여금 남성들은 다른 남성들을 사랑하게 만든다는 것이다.

진화론적인 관점에 대한 비판

대다수 심리학자들은 자연 선택이 우리로 생존과 번식에 대해 준비하게 한다는 데는 동의한다. 하지만 비평가들은 진화심리학자들이 우리의 짝짓기 선호도를 설명하는 데 사용한 이유에 약점이 있다고 한다. 자, 어떻게 진화심리학자들이 놀랄 만한 연구(Clark &

Hatfield, 1989)에서의 발견을 설명하는지 그리고 어떻게 비평가들이 반대하는지 생각해보자.

실험에서, 누군가가 다른 이성에게 낯선 사람처럼 행동하며 다가가 말을 건넨다. "내가 너를 캠퍼스 주변에서 쭉 지켜봤는데, 너 참 매력적인 것 같아." 그 '낯선 사람'은 그러고 나서 질문을 하는데, 그것은 가끔 "너 나랑 오늘밤 같이 자지 않을래?"였다.

당신 생각에 남성과 여성들 중 몇 퍼센트가 이 제안에 응할 거라고 보는가? 성적 특질에서의 유전적 차이점에 대한 진화론적인 설명은 자신들의 성관계 파트너를 선택함에 있어서 여성들이 남성들보다 선택될 확률이 높을 것이라 예측할 것이다. 만약 그렇다면, 이 실험에서 여성들은 완전히 낯선 사람과 같이 잠자리에 드는 것이 덜해야 할 것이다. 실제로, 어떤 여성도 동의하지 않았다—하지만 70%의 남성들은 동의했다. 프랑스에서 반복된 이 연구는 유사한 결과를 가져왔다(Guéguen, 2011). 그 연구는 진화론적인 설명을 지지하는 것처럼 보인다.

혹은 정말 그랬을까? 비평가들은 진화심리학자들이 효과—이 경우, 남자들은 우연한 성관계 제의를 더 잘 받아들일 것 같다는—에서 시작해서 무엇이 일어났는지를 거슬러 올라가며 설명한다는 점을 지적했다. 만약에 연구가 반대의 효과를 보여준다면? 만약 남성들이 우연한 성관계에 대한 제의를 거절한다면, 우리는 그 남성들이 한 여성과 평생 동안 동반자로 지내는 것이 더 나은 아빠로 만들고, 그 자녀들이 더 자주 생존하도록 만든다고 생각하지 않을 것인가?

다른 비평가들은 왜 오늘날의 행동을 수천 년 전에 우리 조상들이 내린 결정에 근거해서 설명하려고 해야 하는지에 대해서 물었다. 문화적인 기대들 또한 성별들을 왜곡하지 않는가? 남성과 여성들 사이의 행동상 차이점들은 양성 평등에서는 크고 문화 안에서는 작았다(Eagly, 2009; Eagly & Wood, 1999). 그런 비평가들은 사회 학습 이론이 이러한 결과들에 대한 보다 낫고 더 직접적인 설명을 제공한다고 믿는다. 우리는 모두 사회적 스크립트들을 우리들의 문화 속에서 다른 이들을 보고 모방함으로써 배운다. 여성들은 낯선 이와의 성적인 만남이 위험하고, 우연한 성관계가 많은 즐거움을 제공하지 못할 것을 배운다(Conley, 2011). 연구의 영향에 대한 이러한 설명은 여성들이 그들의 현대 문화가 그들에게 가르치는 방식들대로 성적인 만남에 대해 반응한다는 것을 제안한다. 그리고 남성들의 반응들도 그들이 가르침 받은 사회적 스크립트들을 반영한 것일지도 모른다. '진짜 남자들'은 성관계를 할 모든 기회를 활용한다.

세 번째 비평은 진화론적인 설명을 받아들인 사회적 결과에 집중한다. 이성애 남성들은 그들에게 접근하는 어떤 여성과도 성관계를 하는 것이 정말 고정화된 것인가? 만약 그렇다면, 이것은 남성들이 자신들의 파트너에게 충실해야 할 도덕적 책임감을 전혀 가지고 있지 않다는 것을 의미하는가? 이러한 설명이 남성들의 성적 공격성—'남자애가 다 그렇지'—에 대한 변경이 될 것인가? 우리의 진화론적인 역사 때문에?

진화심리학자들은 대다수의 우리가 고정화되어 있지 않다는 것에 대해 인정한다. 우리 운명은 우리 유전자에 각인되어 있는 것이 아니다. "진화는 유전적 결정주의를 강하게 거부한다"고 어떤 연구팀은 주장했다(Confer et al., 2010). 진화심리학자들은 또한 남성과 여성들은 다른 것보다 그 이상으로 닮아 있는 동일한 적응 문제들에 직면해왔다는 것을 우리에게 다시금 상기시켜준다. 자연 선택은 우리로 하여금 유연해지도록 준비시켜왔다. 우리 인간들은 학습과 사회적 진보를 위한 충분한 용량을 가지고 있다. 우리는 다양한 환경에 적응하고 반응한다. 우리는 우리가 극지방에 살든 사막에 살든 적응하고 생존한다.

진화심리학자들은 또한 자살과 같은 어떤 특질과 행동들에 대해 자연 선택의 관점에서 설명한다는 것이 어렵다고 말하는 비평가들에 대해 동의한다(Barash, 2012; Confer et al., 2010). 하지만 그들은 우리에게 진화 심리학의 과학적 목표에 대해 기억할 것을 요청한다. 자연 선택의 원리를 이용하여 시험할 수 있는 예측들을 제공함으로써 행동들과 정신적 특질들을 설명하는 것이다. 예를 들면 우리는 자신들이 유전자를 공유하거나 나중에 자신들의 호의에 보답할 수 있는 사람들에게 더 호의를 베풀 것이라는 것을 예측할 수 있다. 정말일까? (그 대답은 '예'다.) 그리고 진화심리학자들은 우리로 하여금 어떻게 우리가 되어야 하는지 진술할 필요 없이 어떻게 우리가 될 수 있는지에 대한 연구를 상기시켜준다. 우리의 성향들에 대한 이해는 우리가 그것들을 극복할 수 있게 도와준다.

인간의 성적 특질에 대한 사회적 영향

인간의 성적 특질에 대한 과학적 연구는 우리 자신의 삶 속에서 성의 개인적 의미를 정의하는 것을 목적으로 하진 않는다. 우리는 성에 대한 모든 유용한 사실은 알 수 있지만—남성과 여성들의 절정의 1차 경련이 0.8초 간격으로 오며, 수축기 혈압이 60포인트까지 상승해서 호흡률이 분당 40번에 도달하고, 여성의 유두가 성적인 흥분의 절정에서 10mm 정도 커지는 등—성적인 친밀감에 대한 인간적인 중요성을 이해하는 데는 실패했다.

친밀감은 우리 사회의 성숙도를 표시한다. 2,035명의 기혼자들을 대상으로 한 연구에서 성관계를 갖기 전에 깊고 헌신적인 관계에 있다고 보고한 커플들이 또한 더 큰 관계적 만족감과 안정감을 보고했다—그리고 관계 초기에 아주 일찍 성관계를 한 사람들보다 더 나은 관계를 가졌다고 보고했다(Busby et al., 2010; Galinsky & Sonenstein 2013). 남성과 여성들 모두, 특히 여성들에게 있어, 헌신적인 관계에 있는 이들이 하룻밤의 관계보다 더 만족스러운(후회보다 더 절정감을 느끼는) 성관계를 했다(Armstrong et al., 2012; Garcia et al., 2012, 2013). 정해진 식사를 나누는 파트너들이 단 한 번 저녁을 먹는 동료들보다 서로의 입맛에 어울리는 조미료가 무엇인지 더 잘 이해할 것 같다.

성관계란 사회적으로 중요한 행위이다. 남성과 여성이 혼자서 절정감을 맛볼 수는 있다. 하지만 대다수 사람들은 그들이 사랑하는 누군가와 관계를 가지고 절정감을 나눈 후 더 큰 만족감을 발견한다(Brody& Tillmann, 2006). 인간의 최고의 성관계란 하나 된 삶과 늘 새로운 사랑이다.

성, 성별, 그리고 성적 특질에서의 선천성과 후천성에 대한 반영

우리 조상의 역사는 종으로서 우리를 형성하는 것을 도왔다. 거기에는 변이, 자연 도태, 유전, 진화가 있을 것이다. 우리의 유전자들이 우리를 형성한다. 이것이 인간의 본성에 대한 커다란 진실이다. 하지만 우리의 문화와 경험들도 또한 우리를 형성한다. 만약 그들의 유전자와 호르몬이 남성을 여성보다 신체적으로 더 공격적으로 만들어준다면, 문화는 강한 남성과 온화한 여성에게 보상하는 규범으로 이러한 성차이를 증폭시킬 수 있다. 문화는 이러한 성별의 차이점을 강한 남성과 부드러운 여성에게 보상을 준다는 기준으로써 증폭시킬 수 있을 것이다. 만약 남성들이 육체적인 힘을 요구하는 역할로, 여성들은 보다 양육하는 역할로 격려받는다면, 각각은 적절하게 행동할 것이다. 그러한 역할들을 충족하는 사람들에게서 기대되는 행동들을 수집함으로써 남성과 여성은 그들 자신의 특질들을 형성한다. 제때에 사장들이 더 사장다워지게 하고, 하인들은 더욱 노예 근성을 갖게 된다. 성역할도 유사하게 우리를 형성한다.

다수의 현대 문화들 안에서 성역할들은 합쳐지고 있다. 짐승 같은 힘이 권력과 지위에 있어 점차 덜 중요하게 되어 간다(마크 저커버그와 힐러리 클린턴을 생각해보라). 1965년부터 2013년까지, 여성들은 미국 의대생들 중 9%에서 47%까지 그 비율이 치솟아 올랐다(AAMC, 2014). 1965년에, 미국의 기혼 여성들은 그들의 남편들이 가사에 종사하는 것보다 8배나 많이 헌신했다. 2011년까지 이러한 갭은 2배 이하로 떨어졌다(Parker & Wang, 2013). 그러한 신속한 변화는 생리적 현상이 성역할을 정해주지 않는다는 것을 알려준다.

만약 선천성과 후천성이 결합해서 우리를 형성한다면, 우리는 '단지' 선천성과 후천성의 산물인 것일까? 우리는 확호하게 결정되어 있는 것일까?

우리는 선천성과 후천성의 산물이다. 하지만 우리는 또한 열린 시스템이다. 유전자들은 어디에나 해당되지만 만능은 아니다. 사람들은 유전자의 전달 매체로서의 그들의 진화론적인 역할을 거절하고 번식하지 않는 것을 선택할지도 모른다. 문화 또한, 어디에나 해당하지만 만능은 아니다. 사람들은 동료집단으로부터 받는 압력을 거부하고 기대와 정반대되는 행동을 할지도 모른다.

우리는 자신의 실패를 단지 나쁜 유전자와 영향 탓이라고 비난함으로써 변명을 할 수는 없다. 실제로는, 우리는 창조물이자 우리 세계에 대한 창조자들이다. 그렇게 우리에 대한 많은 것들—우리의 성정체성과 짝짓기 행동들—이 우리 유전자와 환경의 산물이라는 것이다. 하지만 인과관계의 미래 형성의 흐름이 우리 현재의 선택들을 통해 달리고 있다.

오늘 우리의 결정이 내일 우리의 환경을 디자인한다. 인간의 환경이란 날씨같이 그냥 일어나는 것이 아니다. 우리는 그것의 건축가이다. 우리의 희망, 목표, 그리고 기대들이 우리의 미래에 영향을 준다. 그리고 그것이 문화를 다양하게 하고 변화하게 하는 것이다. 마음이 중요하다.

우리는 우리가 받은 투고를 통해 일부 독자들이 현대 과학의 자연주의와 진화론에 의해 어려움을 겪고 있다는 것을 알고 있다. 그들은 행동의 과학이(그리고 특히 진화론적 과학이) 인간 창조의 아름다움, 신비함, 영적인 심오함에 대한 우리의 감각을 파괴할 것을 우려한다. 그러한 염려에 대하여, 우리는 안심시킬 만한 몇 가지 생각들을 제공하려고 한다.

아이작 뉴턴이 다양한 주파수의 빛이라는 관점에서 무지개를 설명했을 때, 영국의 시인 존 키츠(John Keats)는 뉴턴이 무지개의 신비로운 아름다움을 해칠까 봐 두려워했다. 하지만, 비로 흐려진 하늘을 아치형으로 가로지르는 무지개의 극적인 상황에 대한 우리의 감상을 광학의 과학이 감소시킬까 봐 염려할 필요는 전혀 없다.

갈릴레오가 지구가 태양의 주위를 도는 것이지 그 반대는 아니라는 증거를 수집했을 때, 그는 그의 이론에 대한 절대적 증거를 제공

San Diego Museum of Man, photograph by Rose Tyson

문화의 중요성 샌디에이고의 Museum of Man에서의 전시회에서 보여주듯이, 아이들은 그들의 문화를 배운다. 아기의 발은 어떤 문화에도 발을 들여놓을 수 있다.

하지 않았다. 오히려, 그는 달에 있는 산들에 의해 드리워지는 그림자들의 변화와 같은 관찰의 다양성들을 한데 모은 설명을 제시했다. 그의 설명은 결국 그날 승리했는데 그것은 앞뒤가 맞고 이치가 통하는 방식으로 서술되고 설명되었기 때문이었다. 다윈의 진화론도 마찬가지로 많은 관찰들에 이해 의미가 통하게 된 조직화된 원리를 제공한다.

많은 신앙인들은 인간의 기원에 대한 과학적인 의견이 그들 자신의 영성과 일치한다는 것을 알게 되었다. 2014년, 프란치스코 교황은 과학-종교 대담을 환영하며 다음과 같이 말했다. "자연에서 진화란 창조의 개념과 불일치하지 않는데, 이는 진화란 진화하는 존재들에 대한 창조를 요구하기 때문이다."

게다가, 많은 수의 과학자들이 우주와 인간 창조에 대한 새로운 이해에서 경외심을 갖게 된다. 그것은 마음으로 깜짝 놀라게 한다—전 우주가 약 140억 년 전에 한 점에서 튀어나와, 끊임없이 팽창하여 우주론적인 크기까지 이르게 되었다는 것이다. 이 빅뱅의 에너지가 아주 극소량이 부족했다면, 우주는 그 자체로 붕괴되어 돌아갔을 것이다. 그것이 아주 극소량이 더 많았다면, 그 결과는 생명을 유지하기에 너무 얇은 수프가 되었을 것이다. 중력이 조금 더 강하거나 약하거나 또는 탄소 양성자의 무게가 아주 조금 달랐다면, 우리 우주는 제대로 작동하지 않았을 것이다.

무엇이 이 거의 믿기지 않을 아름답게 조율된 우주를 만드는가? 왜 거기에 아무것도 없는 것이 아니라 무엇인가가 있는 것일까? 어떻게 이렇게 되었을까? 하버드-스미소니언의 천체물리학자인 오언 진저리치(Owen Gingerich, 1999)의 말에 의하면 "그렇게 특별하게 옳게, 우주는 지능적이고, 지각이 있는 존재들을 생산하기 위해 명백히 고안된 것으로 보이지 않는가?" 거기에 어떤 자애로운 초능적인 존재가 그 뒤에 있는 것일까? 그러한 문제들에 대해서는 겸손하고 경외하는 과학적 침묵이 적절하다고 철학자 루트비히 비트겐슈타인은 제안했다. "무엇인가에 관해 누군가 말할 수 없다면, 그것에 관해 누군가는 반드시 침묵해야만 한다."

과학을 두려워하기보다는 차라리, 우리는 그것을 우리의 이해를 넓히고 우리의 경외심을 일깨움으로써 환영할 수 있다. 머지않은 40억 년 안에, 60억 단위 가닥의 DNA와 이해할 수 없게 복잡한 인간의 두뇌만큼 복잡한 구조들로부터 나올 생명체는 지구상에 없을 것이다. 자연은 교활하게 그리고 정교하게 비범하고, 자기복제가 가능한 정보 처리 시스템을 고안해냈다—그것은 바로 우리다(Davies, 2007). 우리가 먼지에서 창고된 것처럼 보임에도 불구하고, 영겁의 시간을 지나, 그 마지막 결과는 우리의 상상력 이상의 잠재력을 풍부하게 지닌, 값을 매길 수 없을 만큼 귀한 창조물이 되었다.

주요 용어

성	몽정	양성성	AIDS
성별	초경	트랜스젠더	사회적 스크립트
공격성	간성	무성애자	성적 지향
관계적 공격성	역할	에스트로겐	진화 심리학
X 염색체	성역할	성적 반응 주기	자연 선택
Y 염색체	성정체성	성기능장애	
테스토스테론	사회 학습 이론	발기부전	
사춘기	성유형화	여성오르가슴장애	

이 장의 구성

Adam Hester/Blend Images/Getty Images

5

감각과 지각

작가이자 교사인 헤더 셀러스는 "나는 시력은 완벽해요"라고 말한다. 그러나 시력이 매우 좋은 사람도 지각엔 결함이 있을 수 있다. 그녀의 책 당신은 내가 아는 누구와도 닮지 않았네요(*You Don't Look Like Anyone I Know*)에서, 셀러스는 평생 갖고 있던 **안면실인증(prosopagnosia)** 탓에 일어난 당황스러운 순간들을 기술했다(Sellers, 2010).

> 대학 시절, 파스타 전문점에서 데이트를 했다. 화장실에 다녀와 엉뚱한 자리에 털썩 주저앉고는, 엉뚱한 남자를 마주하고 있었다. 내 본래의 데이트 상대(그러나 내게는 낯선 사람인)가 그 엉뚱한 남자에게 위협적으로 다가갔고, 결국엔 자리를 박차고 나갈 때까지 나는 둘 중 누가 내 데이트 상대인지 파악하지 못하고 있었다… 나는 사진이나 영상 속의 나를 알아보지 못한다. 축구를 끝내고 픽업 라인에서 나를 기다리고 있는 내 아이를 알아보지 못한다. 파티에서, 백화점에서, 시장에서 어떤 남자가 내 남편인지 알아채지 못한다.

가끔 사람들은 셀러스를 콧대가 높거나 차가운 사람이라고 생각한다. "왜 그냥 지나쳤어요?" 이웃 주민이 나중에 이렇게 물을지도 모른다. 그녀는 다른 사람들을 불편하게 만들고 싶지 않아 알아보는 척한다. 혹시 아는 사람일까봐 지나가는 이에게 미소를 보낸다. 그러나 이러한 지각의 실패에도 장점은 있다. 예전에 화가 났던 사람과 마주치더라도 악감정이 들지 않는 것이다. 셀러스는 사람을 알아보지(recognize) 못한다.

셀러스와 달리, 대부분의 사람들은 뇌의 좌반구 아래쪽에 친숙한 사람들의 얼굴을 보자마자 — 1/7초 이내(Jacques & Rossion, 2006) — 알아보게 도와주는 영역을 갖고 있다. 이러한 능력은 보다 일반적인 지각 원리의 한 예다. **자연의 감각적 축복은 각 동물에게 필수적인 정보를 제공하게끔 한다.** 또 다른 예들은 다음과 같다.

- 인간의 귀는 인간의 목소리, 특히 아기 울음 소리의 주파수 대역에 더 민감하게 반응한다.

- 날아다니는 곤충을 먹는 개구리의 눈에는 작고, 까맣고, 움직이는 물체에만 발화하는 세포들이 있다. 개구리는 곤충에 둘러싸여 있더라도, 그들이 움직이지 않는다면 굶어죽을 수 있다. 그러나 곤충이 휙하고 날면서 개구리의 곤충탐지세포를 깨운다.
- 수컷 누에나방의 후각 수용기는 약 1.6km 떨어져 있는 암컷에게서 초당 약 28나노그램(0.000000028그램) 정도 분비되는 성 페로몬에 반응한다(Sagan, 1977). 이것이 누에고치가 여전히 존재하고 있는 이유이다.

이 장에서는 심리학자들이 우리를 둘러싸고 있는 세상을 어떻게 감각하고 지각하는가에 대해 연구한 것들을 상세히 살펴볼 것이다. 우선 모든 감각에 적용이 되는 기본 원리에 대해서 시작해보자.

감각과 지각의 기본 개념

셀러스의 사례처럼, '완벽한 시력'과 안면실인증의 흥미로운 공존은 감각과 지각의 차이를 잘 보여준다. 셀러스가 친구를 볼 때, 그녀의 **감각**(sensation)은 정상이다. 그녀의 감각은 우리와 동일한 정보를 탐지하고, 그 정보를 뇌로 보낸다. 뇌가 감각 정보를 조직하고 해석하는 과정인 **지각**(perception)은 정상에 가깝다. 그녀는 머리 모양, 걸음걸이, 목소리, 특정한 몸의 형태로 사람들을 알아볼 수 있지만, 얼굴만으로는 인식할 수 없다. 그녀의 경험은 펭귄들 무리에서 특정 펭귄을 재인하기 힘든 상황과 유사한 것이다.

정상적인 상황에서는 우리의 감각과 지각 과정은 협동하여 세상을 해석할 수 있도록 도와준다.

- **상향 처리**(bottom-up processing)는 감각 수용기의 가장 기초적인 수준에서 시작하여 상위 수준의 처리까지 한다.
- **하향 처리**(top-down processing)는 경험과 기대를 바탕으로 감각 정보로부터 의미를 만든다.

우리의 뇌가 **그림 5.1**과 같은 정보를 흡수할 때, 상향 처리는 감각기관이 꽃과 잎을 구성하는 선과 각, 색을 탐지하도록 도와준다. 하향 처리는 감각이 탐지한 것을 해석한다.

그렇다면 어떻게 이런 처리가 가능한가? 하루 24시간 동안 우리의 신체에 쏟아지는 감각 정보의 홍수 속에서 어떻게 의미를 만들어 내는 것일까? 공습이 쏟아지는 동안, 고요하고 안락한 내면의 세계에서 우리의 뇌는 완전한 어둠 속에 떠 있다. 뇌 자체로는 아무것도 보지 못한다. 아무것도 듣지 못한다. 아무것도 느끼지 못한다. 그렇다면 어떻게 세계는 뇌 안으로 들어오는 것일까?

LA VIE EN ROSE

그림 5.1 무슨 일이 일어나고 있는가? 우리의 감각과 지각 과정은 협업하여 산드로 델 프레테(Sandro Del-Prete)의 그림 〈꽃피는 사랑〉에서 숨겨진 연인들의 모습을 포함한 복잡한 상을 처리하도록 도와준다.

위의 질문을 과학적으로 다시 말해보자. 우리는 어떻게 외부세계의 표상을 구성하는가? 모닥불의 흔들림, 바스락거리는 소리, 타는 냄새들이 어떻게 뇌경로를 활성하는가? 또한 어떻게 이런 신경화학적 신호가 우리의 의식적 경험, 즉 모닥불의 흔들림과 따뜻함, 그 냄새와 아름다움을 자아내는가? 이러한 질문을 탐색하기 위해 일단 우리의 감각기관을 살펴보도록 하자.

외부의 에너지가 내부의 뇌활동으로

매일 매 순간, 우리의 감각기관은 한 형태의 에너지에서 다른 형태로 변환하는 놀라운 일을 완수한다. 시각은 빛에너지를 처리한다. 청각은 음파를 처리한다. 우리의 모든 감각은

- 특정한 수용기 세포의 도움으로 감각 정보를 **입력**한다.
- 자극을 신경 충동으로 **변환**한다.
- 신경 정보를 뇌로 **전달**한다.

에너지의 형태가 다른 형태로 바뀌는 과정을 **변환**(transduction)이라고 한다. 이 장의 후반부에서는 각 감각기관의 변환에 대해 다룰 것이다. 어떻게 보고, 듣고, 통증을 느끼고, 맛을 보고, 균형을 잡는가? 각 감각에 대해 입력, 변환, 뇌로의 정보 전달이라는 일련의 세 단계를 각각 다룰 것이다.

우선 이 막대한 에너지의 바다에서 자극을 탐지하고 해석하는 우리 능력의 강점과 약점에 대해서 알아보자.

역치

우리는 지금 이 순간에도 엑스레이, 전파, 자외선, 적외선, 그리고 초단파 혹은 초장파 등의 음파에 노출되어 있다. 그러나 이러한 자극을 볼 수도 들을 수도 없다. 인간이 경험할 수 없는 이러한 자극을

탐지할 수 있는 동물들도 있다. 철새들은 내부의 자기 나침반을 이용해 목적지에 도달할 수 있다. 박쥐와 돌고래는 초음파를 쏘고, 이것의 반향을 이용해 먹이의 위치를 파악한다. 벌은 구름 낀 날에도 인간은 볼 수 없는 햇빛의 양상을 탐지하여 길을 찾는다.

우리의 감각은 오직 작은 틈의 에너지만을 허락한다. 그러나 이 정도면 인간의 필요에는 충분하다.

절대 역치

우리는 어떤 종류의 자극에는 놀라울 정도로 예민하다. 맑고 컴컴한 밤에 산 정상에 서면, 약 48km 밖에 위치한 다른 산 정상의 촛불을 볼 수 있다. 뺨 위에 날아 앉은 벌의 날갯짓 소리도 들을 수 있다. 30평 정도 아파트 크기의 공간에 떨어진 향수 한 방울의 냄새도 맡을 수 있다(Galanter, 1962).

이렇듯 매우 희미한 자극을 알아채는 것은 **절대 역치**(absolute threshold)를 나타낸다. 절대 역치란 특정 빛, 소리, 압력, 맛, 혹은 냄새를 50%의 확률로 감각할 수 있는 최소의 자극이다. 소리의 절대 역치를 측정하기 위해서, 연구자는 다양한 크기의 소리를 양쪽 귀에 들려주고, 각 소리를 들었는지를 물어볼 것이다. 소리가 매우 크다면 높은 확률로 들을 것이고, 소리가 너무 작다면 거의 듣지 못할 것이다. 절대 역치는 절반은 들었다고, 절반은 듣지 못했다고 보고하는 경우의 소리 크기를 말한다.

역치하(subliminal) 자극이란 50% 탐지 확률 미만의 자극, 즉 절대 역치 미만의 자극이다(**그림 5.2**). 역치하 자극에 대해서 더 생각하고 싶다면, '비판적으로 사고하기 : 역치하 감각과 역치하 설득' 부분을 읽어보라.

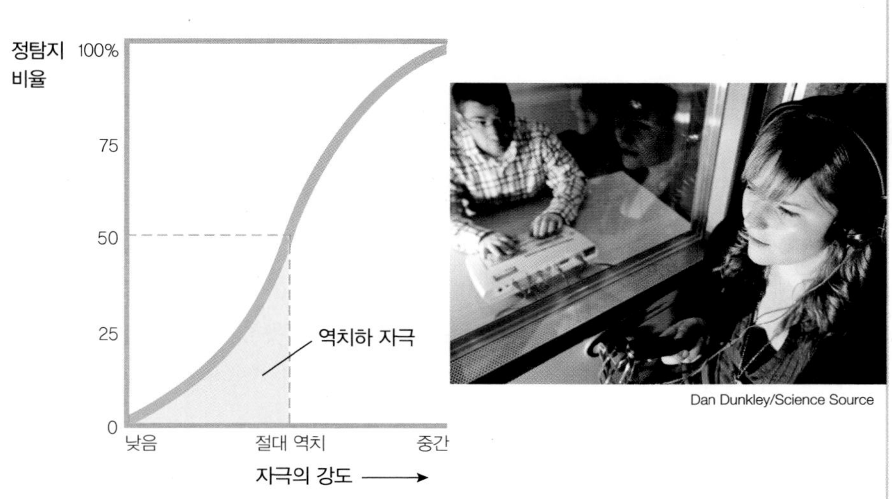
정탐지 비율
100%
75
50
25
0
역치하 자극
낮음
절대 역치
중간
자극의 강도
Dan Dunkley/Science Source

그림 5.2 절대 역치 이 소리를 탐지할 수 있을까? 절대 역치는 시행의 절반을 탐지할 수 있는 때의 자극 강도를 말한다. 청각 검사는 다양한 주파수로 이러한 역치를 찾아낸다. 절대 역치 아래의 자극들은 역치하 자극이다.

차이 역치

효율적으로 기능하기 위해서 매우 작은 시각 자극, 소리, 질감, 맛, 냄새를 탐지할 수 있는 절대 역치가 필요하다. 그러나 일상에서 대부분의 중요한 결정은 자극들 사이의 작은 차이를 구별해내는 것이다. 음악가들은 악기를 조율하기 위해서 아주 작은 음들의 차이를 구별해야 한다. 학부모들은 다양한 아이들의 소리 틈에서 자기 아이의 목소리를 구분해야 한다. 나[저자 DM]는 스코틀랜드에서 2년을 살았음에도, 양들의 울음 소리는 다 똑같이 들린다. 그러나 엄마 양들은 자신의 새끼 울음소리를 구분한다. 털을 깎느라 스트레스를 받은 양들의 울음 합창 속에서도 자기 새끼의 음매 소리에 바로 달려가는 모습을 나는 목격하였다.

차이 역치[혹은 최소가지 차이, just noticeable difference(jnd)]란 두 자극의 차이를 50%의 경우에 탐지할 수 있는 최소의 차이이다. 차이 역치는 자극의 강도와 함께 증가한다. 즉 40dB의 음악을 듣는다면, 5dB 증가에 우리는 소리가 커졌음을 탐지할 것이다. 그러나 소리의 크기가 110dB로 증가한다면, 이 5dB의 차이는 느끼지 못할 것이다.

1800년대 후반, 에른스트 베버(Ernst Weber)는 매우 단순하고 유용한 법칙을 발견하였다. **베버의 법칙**(Weber's Law)은 평균적인 사람이 차이를 감각하기 위해서 2개의 자극은 최소 항상 비율(constant minimum percentage)만큼 달라야 한다는 것이다. 그 비율은 자극에 따라 다르다. 예를 들면 차이를 감각하기 위해서 2개의 불빛은 약 8%의 강도 차이를 가져야 한다. 두 자극의 무게 차이를 탐지하기 위해서는 2%의 차이가 있어야 한다. 두 음의 차이를 탐지하기 위해서는 주파수가 0.3%만 달라도 된다(Teghtsoonian, 1971).

감각 순응

버스에 앉아 있는데, 옆자리 승객의 냄새가 코를 찌른다. 어떻게 그 사람은 이 냄새를 참을 수 있을까 싶은데, 수 분 후에는 당신도 냄새를 알아차리지 못한다. **감각 순응**(sensory adaptation)이 당신을 구해준 것이

비판적으로 사고하기 | 역치하 감각과 역치하 설득

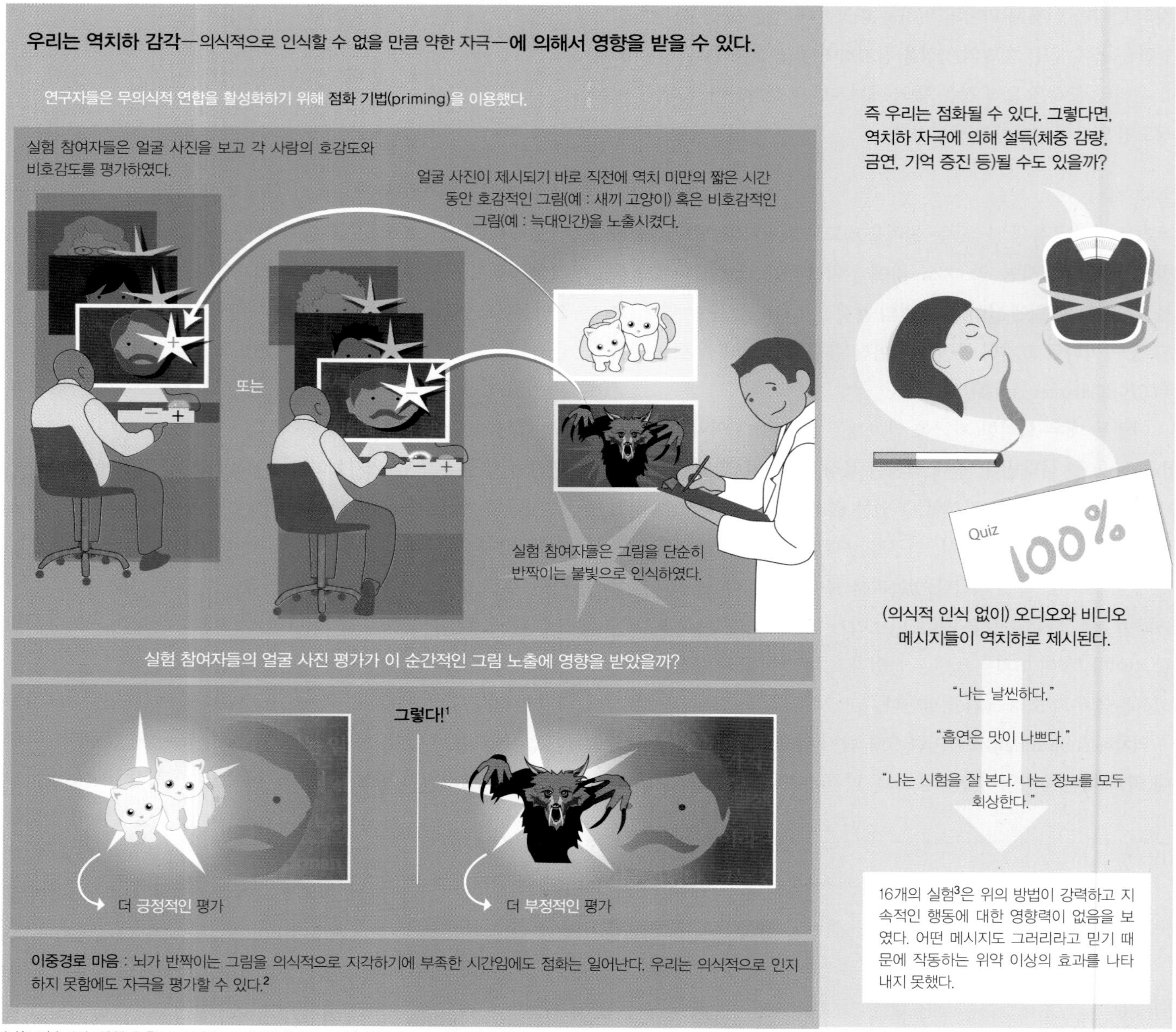
우리는 역치하 감각—의식적으로 인식할 수 없을 만큼 약한 자극—에 의해서 영향을 받을 수 있다.
연구자들은 무의식적 연합을 활성화하기 위해 점화 기법(priming)을 이용했다.
실험 참여자들은 얼굴 사진을 보고 각 사람의 호감도와 비호감도를 평가하였다.
얼굴 사진이 제시되기 바로 직전에 역치 미만의 짧은 시간 동안 호감적인 그림(예 : 새끼 고양이) 혹은 비호감적인 그림(예 : 늑대인간)을 노출시켰다.
또는
실험 참여자들은 그림을 단순히 반짝이는 불빛으로 인식하였다.
실험 참여자들의 얼굴 사진 평가가 이 순간적인 그림 노출에 영향을 받았을까?
그렇다![1]
더 긍정적인 평가
더 부정적인 평가
이중경로 마음 : 뇌가 반짝이는 그림을 의식적으로 지각하기에 부족한 시간임에도 점화는 일어난다. 우리는 의식적으로 인지하지 못함에도 자극을 평가할 수 있다.[2]
즉 우리는 점화될 수 있다. 그렇다면, 역치하 자극에 의해 설득(체중 감량, 금연, 기억 증진 등)될 수도 있을까?
Quiz
100%
(의식적 인식 없이) 오디오와 비디오 메시지들이 역치하로 제시된다.
"나는 날씬하다."
"흡연은 맛이 나쁘다."
"나는 시험을 잘 본다. 나는 정보를 모두 회상한다."
16개의 실험[3]은 위의 방법이 강력하고 지속적인 행동에 대한 영향력이 없음을 보였다. 어떤 메시지도 그러리라고 믿기 때문에 작동하는 위약 이상의 효과를 나타내지 못했다.

1. Krosnick et al., 1992. 2. Ferguson & Zayas, 2009. 3. Greenwald, 1992; Greenwald et al., 1991.

다. 변화하지 않는 자극에 지속적으로 노출이 되면, 신경 세포의 충동 수가 점차 줄어들면서 자극을 점점 덜 감각하게 된다. (감각 순응을 지금 당장 느껴보고 싶다면, 소매를 걷어보라. 처음에는 걷어 올린 소매를 느낄 것이지만, 금세 이 감각이 무뎌진다.)

"우리가 알아야 할 모든 것은 변화이다. 하루에 16시간 동안 똑같은 신발을 신고 있다는 사실을 상기하고 싶지도 않고, 상기시킬 필요도 없다."

신경과학자 David Hubel(1979)

그렇다면 꼼짝 않고 대상을 응시할 때, 대상은 왜 시야로부터 사라지지 않는 걸까? 우리는 인식하지 못하지만, 사실은 우리의 눈이 끊임없이 움직이고 있기 때문이다. 이 지속적인 눈의 움직임이 망막 수용기의 자극을 항상 변하게 만든다.

그렇다면, 눈의 움직임을 멈추게 하면 어떤 현상이 일어날 것인가? 냄새가 사라지듯 시야도 사라질까? 이에 답하기 위해, 심리학자들은 눈의 안쪽 표면에 고정된 상을 유지시키는 장치를 만들어 이를 증명해보였다. 이를테면 메리라는 피험자에게 콘택트렌즈에 부

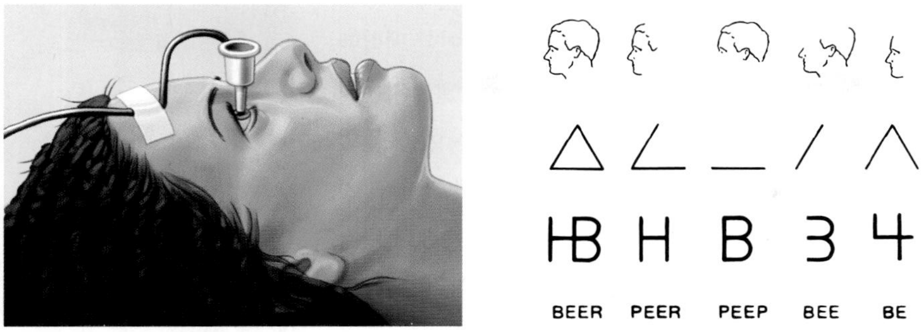
BEER
PEER
PEEP
BEE
BE

(a) (b)

그림 5.3 감각 순응 : 보였다가, 안 보였다가 (a) 콘택트렌즈에 설치된 극소형 프로젝터는 투사된 상이 눈과 함께 움직이도록 한다. (b) 처음에는 상이 전부 다 보인다. 눈이 변화하지 않는 자극에 적응하면서, 상은 파편처럼 부서지고 없어졌다, 다시 나타났다 한다. (출처 : "Stabilized images on the retina," by R. M. Pritchard. Copyright © 1961 Scientific American, Inc. All Rights Reserved.)

착된 아주 작은 프로젝터 장치를 장착했다고 하자(**그림 5.3a**). 메리의 눈이 움직일 때, 그 상도 눈의 움직임에 따라 움직인다. 그러므로, 메리의 시선이 향하는 곳에 항상 그 상도 따라다닌다.

이 기구를 이용하여 상을 투영하면 메리는 그 상을 볼 수 있을까? 처음엔 상의 이미지를 다 본다. 그러나 수 초 이내에 감각기관은 피로해지고, 이상한 일들이 나타난다. 상은 조금씩 조각난 상태로 나타났다가 사라졌다가를 반복할 것이다(**그림 5.3b**).

감각 순응은 민감도를 떨어뜨리지만, 중요한 혜택도 있다. 배경의 소음에 방해받지 않고, 정보가 있는 변화에만 집중하도록 해준다. 변화하는 자극의 주의 흡인력은 화면을 자르고, 편집하고, 확대하고, 깜짝 놀라는 소리를 넣는 TV 화면의 변화들을 왜 쉽게 지나칠 수 없는지를 설명해준다. 중요한 대화를 나눌 때도, "TV 화면을 자꾸 훔쳐보게 되는 것이다"(Tannenbaum, 2002).

감각 순응은 정서의 지각에도 영향을 준다. 연구자들은 화를 내는 표정과 공포에 사로잡힌 표정을 50:50으로 합성한 사진을 이용하여 시각체계가 변화하지 않은 표정에 순응된다는 것을 보였다. (Butler et al., 2008)(**그림 5.4**). 이러한 효과는 망막이 아니라 뇌가 만든 것이다. 왜냐하면 한 눈으로 한쪽의 (공포 혹은 분노) 사진을 응시하여 순응시킨 후, 가운데 사진은 순응하지 않은 다른 눈으로 볼 때에도 동일한 현상이 일어나기 때문이다.

지각 갖춤새

'보는 대로 믿는다(To see is to believe)'라는 영어 속담이 있다. 그러나 우리는 인식하고 있지 않지만, 믿는 대로 본다(To belive is to see). 경험을 통해 우리는 특정 결과를 기대한다. 그러한 기대는 우리에게 듣고, 맛보고, 느끼고, 보는 것에 하향적 영향을 선사하는 심적 경향성과 가정들, 즉 **지각 갖춤새**(perceptual set)를 제공한다. 1972년, 영국의 일간지는 '역사상 가장 놀라운 사진'이라는 제목으로 스코틀랜드 네스호 '괴물'의 사진을 실었다. 이러한 제목 덕택에 그 당시의 독자들이 사진에서 기대했던 대로, 당신도 **그림 5.5**의 사진에서 괴물을 보게 만든다. 그러나, 의심이 많은 연구자가 다른 기대로 이 사진을 접근하면, 휘어진 나무 등걸을 볼 수 있다. 이 사진이 찍힌 날, 다른 사람들이 실제 호수에서 본 것은 나무 등걸이었다(Campbell, 1986). 새로운 지각 갖춤새는 완전히 다른 결과를 가져온다!

또한 믿는대로 들린다. 이륙을 하려고 활주로를 달리는 상황에서, 침울한 옆 동료를 보고 "기운내"(Cheer up)라고 말하는 친절한 항공기 기장을 상상해보자. 이때쯤, 항상 "기어 올려"(Gear up)라는 말을 들었던 동료는 이륙하기도 전에 랜딩기어(바퀴)를 접어 버리는 것이다(Reason & Mycielska, 1982).

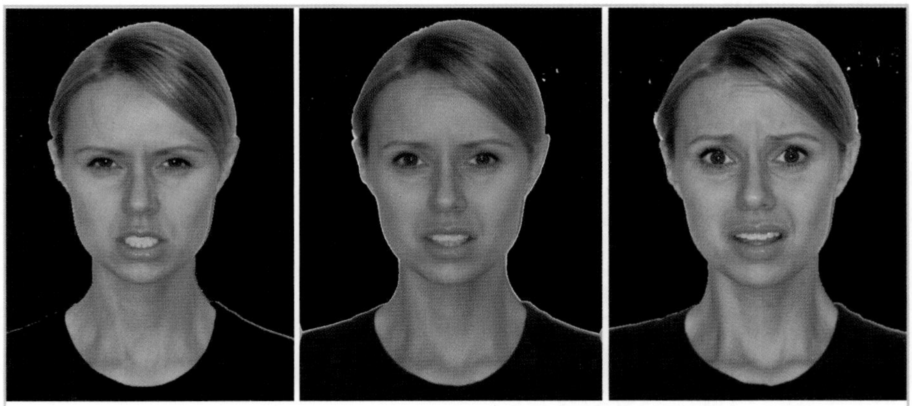

그림 5.4 정서 순응 왼쪽의 화난 얼굴을 20~30초 응시하라. 그리고 가운데 사진을 보면, 무서워하는 표정으로 보이지 않는가? 무서워하는 오른쪽의 사진을 역시 20~30초간 응시한 후, 다시 가운데 얼굴을 보면, 화난 얼굴로 보인다. (출처 : Butler et al., 2008.)

Keystone/Hulton Archive/Getty Images

그림 5.5 믿는 대로 본다 무엇이 보이는가? 네스호의 괴물 네시인가, 아니면 통나무인가?

기대는 맛의 지각에도 영향을 준다. 한 실험에서 유아원 아동들은 6:1의 비율로, 맥도날드 봉투에 들어 있는 감자튀김이 아무것도 써 있지 않은 흰 봉투에 담긴 것보다 더 맛있었다고 보고했다(Robinson et al., 2007). 다른 실험에서는 술집의 고객들에게 무료 시음용 맥주를 권하였다. 마트에서 구할 수 있는 맥주에 식초를 몇 방울 떨어뜨리고 'MIT 수제 맥주'라고 부르자—맥주에 식초를 넣었다고 듣기 전까지—고객들은 그 맛을 좋아했다. 맥주에 식초를 넣었다고 하자, 특정한 기대가 생기고 대체적으로 맛도 더 나쁜 것으로 경험하였다. 두 경우 모두, 사람들의 과거 경험(좋아했던 맛, MIT처럼 명망있는 대학과의 긍정적 연합)이 개념 혹은 **스키마**(schema)를 형성하도록 했고, 새로운 자극을 해석하는 데 이용되었다.

맥락, 동기, 정서

지각 갖춤새는 자극을 어떻게 해석하느냐에 영향을 준다. 그러나 상황에 동반되는 즉각적인 맥락, 동기 및 정서도 해석에 영향을 준다.

"헤어 드라이어로 도로를 가리키고 있을 뿐인데, 차들이 속도를 낮추다니 굉장해!"

The New Yorker Collection, 2002, Leo Cullum from cartoonbank.com

맥락 효과 사회심리학자인 리 로스(Lee Ross)는 상이한 맥락에서의 지각이 어떻게 달라지는지와 관해 다음과 같은 예를 들었다. "운전할 때는 마치 '칠테면 쳐봐라'라는 식으로 아무 때나 나타나는 행인들을 싫어하지만, 걸어다닐 때는 운전자들을 싫어하잖아요?"(Jaffe, 2004).

맥락의 영향을 보여주는 다른 예들은 다음과 같다.

뇌의 드레스코드 어떻게 이 드레스가 세계의 관심을 받았는가? 2015년, 한 여성이 결혼식을 위해 입을 이 드레스의 사진을 찍었다. 소셜네트워크에 이 사진을 올리자 세계적 파장을 일으켰다. 수백만의 사람들은 '드레스의 색이 무엇인가.'라는 의문에 빠졌다. 실제 드레스의 색은 파랑과 검정임에도, 1,400명을 대상으로 한 여론조사에서 43%의 사람들이 흰색과 금색, 파란색과 갈색 혹은 파란색과 금색으로 보았다(Lafer-Sousa et al., 2015). 사람들의 색 지각이 다른 것은 다른 뇌활동과 상관이 있다(Schlaffke et al., 2015).

- 총을 잡고 있을 때, 다른 사람도 권총을 휴대하고 있다고 지각하기 쉽다. 그러므로, 실제로는 전화나 지갑을 쥐고 있을 뿐인 무장해제된 사람을 오인하고 총격을 하게 된다(Witt & Brockmole, 2012).
- 잡음 때문에 일부 소리가 들리지 않아 이런 문장을 들었다고 해보자. "eel is on the wagon." 그럼 당신은 첫 단어를 wheel로 지각할 것이다. 동일한 eel이 잡음 속에서 "eel is on the orange"라는 문장 속에서 들릴 때는 peel로 들을 경향이 높다. 각 사례에서, 맥락이 기대를 형성하였고 우리의 지각에 하향적 영향을 주었다(Grossberg, 1995).
- 문화적 맥락이 우리의 지각 형성에 도움을 준다. 다른 문화권의 사람들이 **그림 5.6**의 그림을 다르게 보는 것은 놀라운 일이 아니다.

동기 동기는 목표를 향해 일할 때 에너지를 제공한다. 맥락처럼 중성적 자극의 해석을 편향시킬 수 있다. 다음 발견들을 생각해보자.

- 목마른 사람에게 물병과 같은 원하는 대상은 실제보다 더 가까이 있는 것으로 보인다(Balcetis & Dunning, 2010).
- 선수들이 타격을 잘할 때, 야구공은 더 커 보인다(Witt & Proffitt, 2005).

정서 다른 영리한 실험들은 정서가 지각을 여러 방향으로 밀어낼 수 있다는 것을 보였다.

그림 5.6 문화와 맥락 효과 위 그림의 여인 머리 위에 있는 것은 무엇일까? 한 고전적 연구에서 농촌에 사는 대부분의 아프리카 사람들은 금속 상자나 양동이를 머리에 이고 있다고 답하였다. 또한, 그림의 가족들이 나무 아래 앉아 있다고 지각하였다. 수돗물과 상자 형태의 집 구조에 익숙한 서구인들은 가족들이 실내에 있고, 여인은 창 아래 앉아 있다고 지각하였다(Gregory & Gombrich, 1973).

- 슬픈 음악을 들을 때, morning(아침)보다는 mourning(애도)으로, dye(염색하다)보다는 die(죽다)로 들리게 한다(Halberstadt et al., 1995).
- 다른 사람들이 자신을 이해하고 있다고 느끼는 사람들은 언덕을 덜 가파르게 본다(Oishi et al., 2013).
- 신경을 거슬리게 하는 음악을 막 들은 사람에게 강도와 같은 위해 행위는 더 심각한 것으로 받아들여진다(Seidel & Prinz, 2013).

위의 예들이 들려주는 교훈은 다음과 같다. 우리가 지각하고 있는 대부분의 것들은 '밖에 있는' 것에서 올 뿐만 아니라, 우리의 눈 뒤, 그리고 양 귀 사이(즉 뇌)로부터 온다. 하향 처리를 통해 우리의 경험, 가정, 기대—그리고 심지어 맥락, 동기, 정서—등이 우리의 현실에 대한 상을 조형하고, 색을 입힌다.

지금까지 거론한 과정들은 모든 감각기관에 적용된다. 이제 그러한 기관들의 개별 특징에 대하여 알아보자. 가장 소중하고 복잡한 감각인 시각부터 다룰 것이다.

시각 : 감각 및 지각 처리

빛에너지가 눈에 들어오면 신경 신호로 전환되고, 우리의 뇌는 우리가 지금 보고 있는 이 의식적 경험으로 처리한다. 이처럼 당연하지만 경이로운 사건이 어떻게 가능한가?

빛에너지와 눈의 구조

자극 입력 : 빛에너지

선명한 붉은 튤립을 바라볼 때, 우리의 눈에 도달하는 것은 색 조각이 아니라 시각체계가 붉은색으로 지각하는 에너지의 진동이다. 인간이 가시광선으로 보는 것은 **그림 5.7**의 전자파 에너지의 넓은 스펙트럼 중 가는 일부이다. 이 스펙트럼의 한쪽 끝은 폭이 전자(atom)의 직경보다 작은 단파장인 감마파이고, 다른 한쪽은 폭이 마일 단위의 장파장인 전파(radio wave)이다. 그 사이의 좁은 일부가 우리 눈에 보인다. 어떤 동물들은 다른 부분을 보기도 한다. 예를 들어 벌은 인간이 보는 빨간색은 보지 못하지만, 우리가 보지 못하는 자외선을 볼 수 있다.

빛은 파동(wave)으로 이동한다. 파동의 형태가 지각에 영향을 준다. 빛의 **파장**(wavelength)은 파동의 정점에서 이웃 파동의 정점까지의 거리이다(**그림 5.8a**). 파장은 색상(hue)—튤립의 붉은 꽃잎같이 우리가 경험하는 색—을 결정한다. 빛 파동의 진폭 혹은 높이는 빛의 **강도**(intensity)—파동이 갖고 있는 빛에너지의 양—를 결정한다. 강도는 명도(brightness)에 영향을 준다(**그림 5.8b**).

빛으로 보이는 물리에너지의 특징을 이해하는 것이 시각을 이해하는 한 부분이다. 그러나, 어떻게 에너지가 색과 의미로 전환되는지를 이해하기 위해서, 먼저 우리 시각의 창문인 눈부터 알아보도록 하자.

눈

당신의 눈의 색깔은 무엇인가? 이 질문을 하면, 대다수의 사람들은 동공의 크기를 결정하는 도너츠 모양의 근육 조직인 **홍채**(iris)의 색을 답할 것이다. 각자의 홍채는 매우 독특하여 홍채 스캐너로 본인 인증이 가능하다. 홍채는 우리의 생각이나 정서를 민감하게 반영하기도 한다. 혐오감을 느끼거나, '아니요'라고 대답하려 할 때, 홍채는 수축되어 **동공**(pupil)의 크기가 작아진다(de Gee et al., 2014; Goldinger & Papesh, 2012). 사랑에 빠지면, 홍채는 확장되고 동공의 크기는 커져 관심도를 반영한다. 그러나 홍채의 주요 기능은 눈에 들어오는 빛의 양을 조절하는 것이다.

동공을 통과한 빛은 눈의 수정체에 도달한다. 수정체는 안구의 깊숙한 뒤 표면, 즉 **망막**(retina)에 빛의 상을 맺게 한다. 수백 년 전, 과학자들은 촛불의 상이 작은 구멍을 통과한 후 위아래가 거꾸로이며 좌우가 바뀐 거울상으로 뒷벽에 맺힌다는 것을 알았다. 망막의 표면에 이렇게 뒤집혀 상이 맺힌다면(**그림 5.9**), 왜 우리가 보

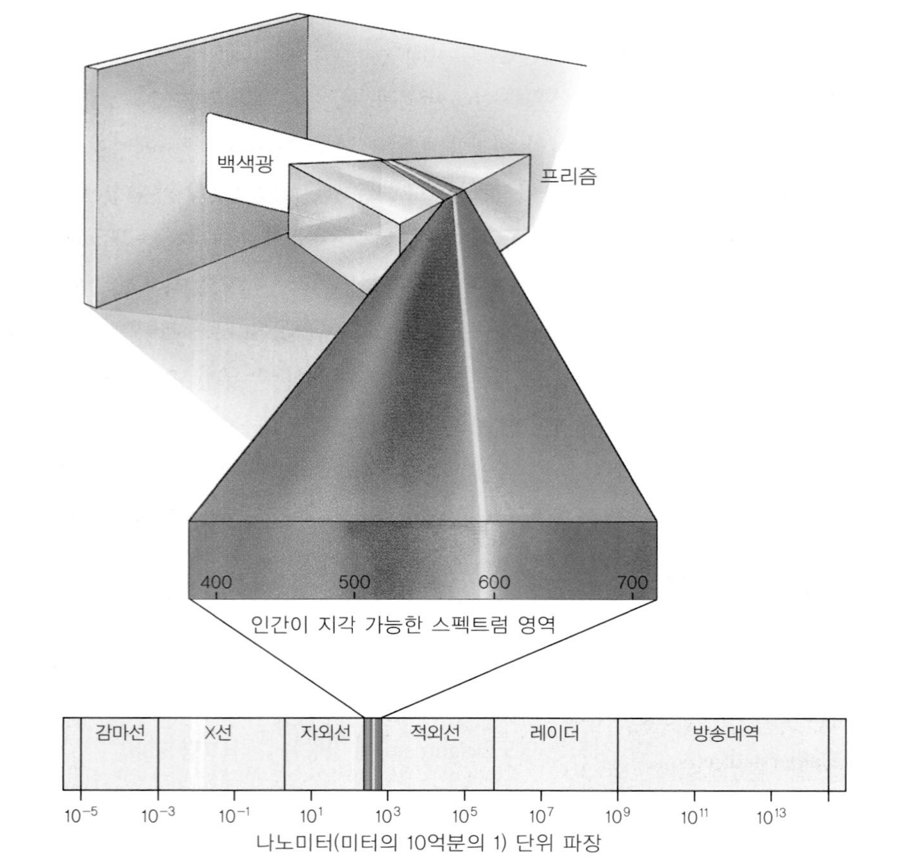
백색광
프리즘
400
500
600
700
인간이 지각 가능한 스펙트럼 영역
감마선
X선
자외선
적외선
레이더
방송대역
10^{-5} 10^{-3} 10^{-1} 10^{1} 10^{3} 10^{5} 10^{7} 10^{9} 10^{11} 10^{13}
나노미터(미터의 10억분의 1) 단위 파장

그림 5.7 가시 파장 우리가 보는 빛은 전자파의 아주 작은 부분이다. 인간에게 가시 파장(그림에서는 확대)은 파랑-보라 빛의 단파장에서부터 빨강 빛의 장파장까지이다.

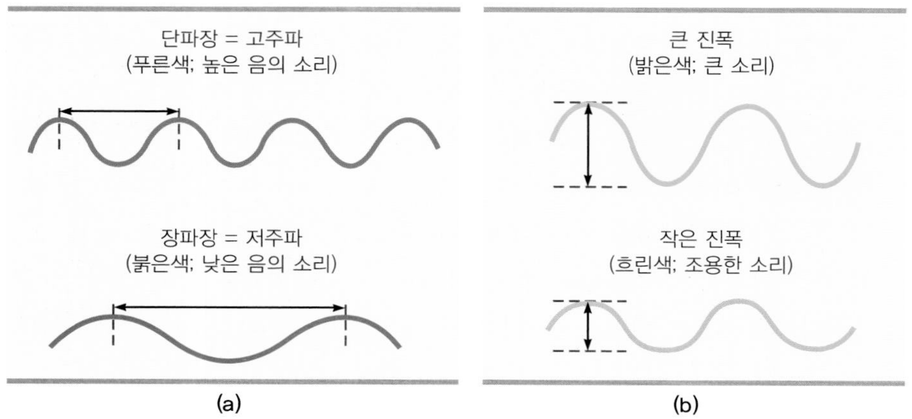
단파장 = 고주파
(푸른색; 높은 음의 소리)
장파장 = 저주파
(붉은색; 낮은 음의 소리)
(a)
큰 진폭
(밝은색; 큰 소리)
작은 진폭
(흐린색; 조용한 소리)
(b)

그림 5.8 파동의 물리적 속성 (a) 파동은 다양한 *파장*(인접한 파동의 두 꼭대기 사이의 거리)을 갖는다. 주어진 시간 동안 한 점을 통과하는 완성된 파장의 개수인 *주파수*는 파장의 길이에 의해 결정된다. 파장이 짧을수록 주파수는 높아진다. 파장은 빛의 *지각된 색*을 결정한다(소리의 경우, 소리의 높낮이). (b) 파동은 다양한 *진폭*을 갖는다. 진폭은 파동의 꼭대기에서 맨 아래까지의 높이다. 파동의 진폭은 지각된 색의 *명도*(빛의 밝고 어두운 정도, 소리의 경우에는 소리의 *강도*)를 결정한다.

는 세계는 뒤집히지 않고 제대로 된 것인 걸까?

결국 답은 좀 더 분명해졌다. 망막은 전체의 상을 '보지' 않는다. 수백만의 수용기 세포들은 마치 차를 분해하고는 친구의 3층 방에서 재조립하는 장난꾸러기 공대생들처럼 행동한다. 망막의 수백만 개의 세포들은 빛에너지 입자를 신경 충동으로 전환하고 뇌로 보낸다. 뇌는 이것을 제대로 서 있는 물체로 지각하는 것으로 재조립한다. 시각 정보 처리는 점점 더 추상적인 수준으로 이동하며 이 과정은 매우 빠른 속도로 일어난다.

눈과 뇌의 정보 처리

단일의 빛에너지 입자가 눈에 도달한 후, 이 입자를 따라간다고 상상해보자. 우선 망막의 성긴 세포층을 따라, 눈의 뒤쪽에 도달할 것이다. 그곳에서 망막의 수용기 세포인 **간상체**(rods)와 **원추체**(cones)를 만나게 된다(**그림 5.10**). 그러면 빛에너지가 화학적 변화를 일으키는 것을 볼 것이다. 이 화학 반응은 근처에 있는 양극 세포의 신경 충동을 일으킨다. 양극 세포(bipolar cell)는 주변의 신경절 세포(ganglion cell)를 활성화시키며, 이 세포의 축색은 밧줄처럼 꼬여 **시신경**(optic nerve)을 형성한다. 시카고 공항에서 경유하듯 시상에서 잠시 정차한 후, 시정보는 마지막 종착역인 뇌의 뒤, 시각 피질에 도달한다.

시신경은 눈에서 뇌에 이르는 고속도로와 같다. 이 신경은 약 100만 개의 신경절 세포의 축색을 통해 약 100만 개의 메시지를 동시에 보낼 수 있다. 그러나 이 고속연결에는 약간의 비용을 지불해야 한다. 우리의 눈에는 **맹점**(blind spot)이 있다. 맹점은 망막의 시신경 다발이 뻗어 나가는 곳이므로 수용기 세포가 없다(**그림 5.11**). 한쪽 눈을 감아보라. 검은 구멍이 보이는가? 당신의 허락 없이도 나는 '아니요'라고 할 수 있다. 우리의 뇌가 이 맹점을 채워 넣기 때문이다.

망막에는 간상체와 원추체라는 두 종류의 수용기 세포가 있다. 이 두 세포는 분포된 위치도 다르고 하는 일도 다르다(**표 5.1**). 원추체는 망막의 상이 맺히는 중앙인 중심와(fovea)와 그 인접 영역에 주로 분포한다. 원추체는 뇌와 직통 라인을 갖고 있다. 하나의 원추체는 하나의 양극 세포에 신호를 보내고, 이 신호는 시각 피질에 전달된다. 원추체는 미세한 세부 정보와 색을 감각할 수 있게끔 도와준다. 희미한 어두운 불빛 아래에서는 원추체가 제 기능을 못한다.

망막의 주변부에 주로 위치하는 간상체는 희미한 불빛 아래에서도 민감하게 반응한다. 원추체가 독주자라면, 간상체는 합창부이다. 간상체는 흑백 시야가 가능하다. 간상체는 뇌와의 직통 라인이 없다. 몇 개의 간상체는 연약한 에너지의 신호를 모아 하나의 양극 세포로 수렴 전달된다. 이러한 연합된 정보가 뇌에 전달된다.

잠시 간상체-원추체의 차이를 경험해 보자. 이 문장에서 한 단어만을 골라 응시해보자. 눈의 중심에 맺힌 상은 또렷해 보인다. 그러나 중심에서 수 cm 떨어진 상은 흐리게 보인다. 망막의 주변부, 즉 간상체가 주로 분포하는 곳에 맺힌 상의 처리는 세부 정보가 부족하기 때문이다. 운전을 하거나 자전거를 탈 때, 간상체는 세부 정보를 감각하기도 전에 주변시야에서 오는 차를 빠르게 탐지할 수 있게 해준다.

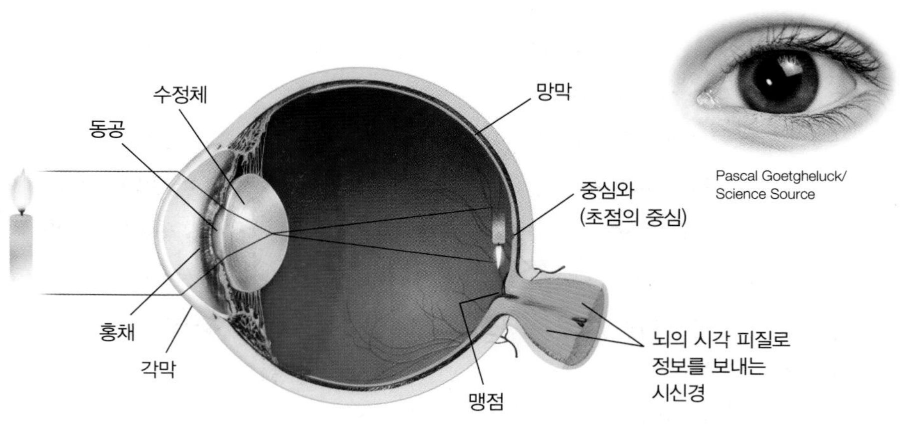
수정체
망막
동공
중심와
(초점의 중심)
Pascal Goetgheluck/
Science Source
홍채
각막
맹점
뇌의 시각 피질로
정보를 보내는
시신경

그림 5.9 눈 촛불에서 반사된 빛은 각막, 동공, 수정체를 통과한다. 수정체의 만곡(curve)과 두께가 변하여 가깝거나 먼 물체를 망막에 초점 맞춘다. 초의 윗부분에서 출발한 빛은 망막의 아래에 도달한다. 초의 왼쪽에서 출발한 빛은 망막의 오른쪽에 도달한다. 촛불의 상은 위아래가 뒤집히고 좌우가 바뀌어 망막에 맺힌다.

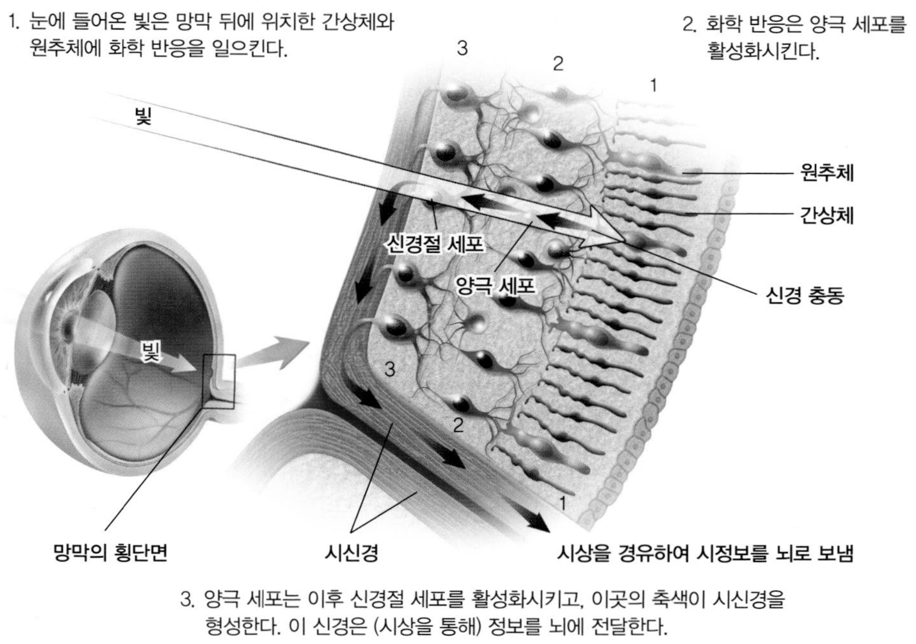
1. 눈에 들어온 빛은 망막 뒤에 위치한 간상체와
원추체에 화학 반응을 일으킨다.
2. 화학 반응은 양극 세포를
활성화시킨다.
3
2
1
빛
원추체
간상체
신경절 세포
양극 세포
신경 충동
빛
3
2
1
망막의 횡단면
시신경
시상을 경유하여 시정보를 뇌로 보냄
3. 양극 세포는 이후 신경절 세포를 활성화시키고, 이곳의 축색이 시신경을
형성한다. 이 신경은 (시상을 통해) 정보를 뇌에 전달한다.

그림 5.10 빛에 대한 망막의 반응

그림 5.11 맹점 맹점을 시연하기 위해, 우선 왼쪽 눈을 감고 검은 점을 바라보라. 오른쪽에 위치한 자동차가 안 보이도록 얼굴을 움직여 거리를 조정하라. 이번에는 오른쪽 눈을 감고, 왼쪽의 차가 사라지도록 해보라. 오른쪽 차가 사라진 이유는 오른쪽 차의 상이 오른쪽 망막의 맹점에 맺혔기 때문이다. 다른 쪽 눈의 경우도 마찬가지다.

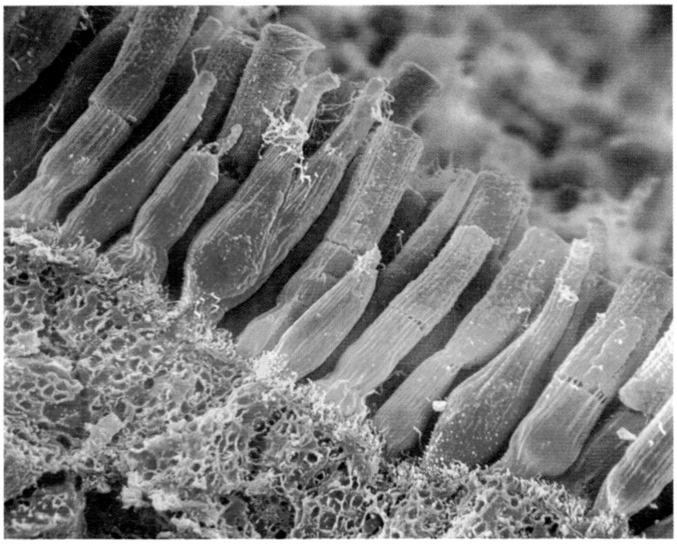
Omikron/Science Source

표 5.1 인간 눈의 수용기 : 막대 모양의 간상체와 고깔 모양의 원추체

	원추체	간상체
수	600만 개	1억 2,000만 개
위치	망막의 중심부	망막의 주변부
약한 빛의 민감도	낮다	높다
색 민감도	높다	낮다
세부 민감도	높다	낮다

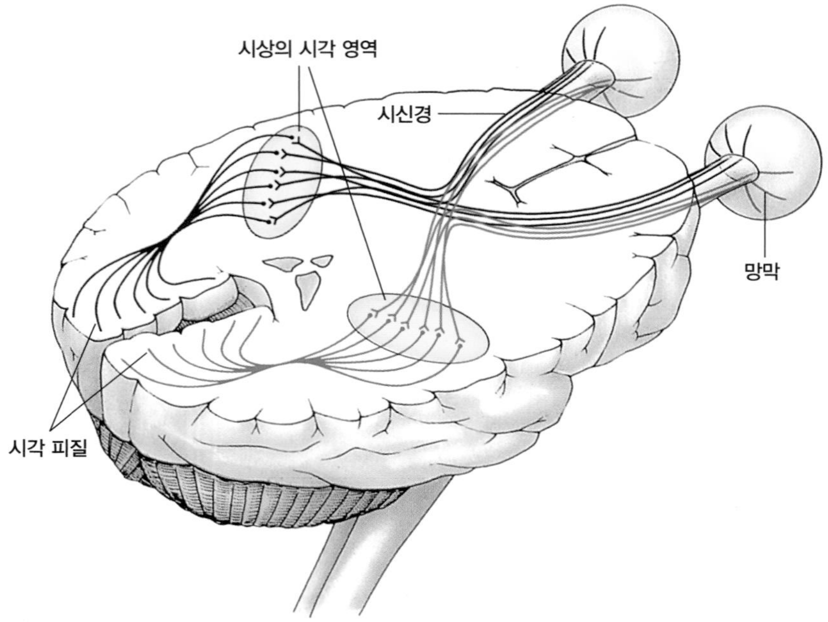
시상의 시각 영역
시신경
망막
시각 피질

그림 5.12 눈으로부터 시각 피질까지의 신경 경로 망막의 신경절 축색은 시신경을 형성한다. 시상에서 시신경 축색은 신호를 시각 피질로 가는 다른 뉴런들에게 전달한다.

원추체와 간상체는 특수한 민감도를 제공한다. 원추체는 세부 정보와 색에 민감하다. 간상체는 희미한 빛과 주변시야의 운동 정보에 민감하다. 수용기 세포들은 단순히 전기 충동을 전달하는 것 이상의 역할을 한다. 감각 정보를 부호화하고 분석하는 것이다. (개구리의 망막에는 '벌레 탐지' 세포가 있어서, 파리처럼 날아다니는 물체에 발화한다.) 망막에서 이러한 처리를 한 후에 정보는 시신경을 따라 우리 뇌의 뒷부분인 시각 피질의 특정 영역에 도달한다. 이러한 여행의 중요한 정거장에서 시신경은 시상의 뉴런들과 연결된다(**그림 5.12**).

색 처리

'토마토는 빨갛다'처럼 우리는 마치 물체가 색상을 지닌 것처럼 말한다. 오래된 질문을 다시 떠올려보자. "나무가 숲에서 쓰러지는데 아무도 그 소리를 듣지 못했다면, 나무는 소리를 낸 것인가?" 동일한 질문을 색에 대해서 할 수 있다. 아무도 토마토를 보지 않는다면, 토마토는 빨간 것일까?

답은 '아니요'이다. 첫째, 토마토는 결코 빨간색이 아니다. 오히려 토마토는 빨간색의 장파장을 거부(반사)한다. 둘째, 토마토의 색은 우리의 정신이 구성한 것이다. 유명한 물리학자인 아이작 뉴턴 경(1704)은 3세기 전에 이미 이 문제에 주목하였다. "빛은 색이 칠해져 있지 않다." 색은 다른 모든 시각의 특성과 마찬가지로 대상에 있는 것이 아니라, 우리 뇌의 극장 안에 존재한다. 꿈을 꿀 때도 색을 경험한다.

가장 기초적이며 여전히 호기심을 자극하는 시각에 대한 수수께끼는 어떻게 세상을 색으로 경험하는지다. 망막을 때리는 빛의 에너지로부터 우리의 뇌는 어떻게 이처럼 다채로운 색의 경험을 구성하는가?

색 시각에 대한 근대의 연구는 영국 물리학자인 토머스 영의 통찰을 기초로 하여 헤르만 폰 헬름홀츠로부터 19세기에 시작되었다. 색 연구의 돌파구가 된 지식은 어떠한 색이든 3개의 기본색(빨간색, 초록색, 파란색) 파장의 혼합으로 만들 수 있다는 것이었다. 그러므로, 영과 폰 헬름홀츠는 눈에는 각각의 기본색에 대응하는 세 종류의 수용기가 존재해야만 한다는 추론에 이르렀다. 세월이 흐른 후, 연구자들은 **영-헬름홀츠 삼원색 이론**(Young-Helmholtz trichromatic theory)을 확증했다. 다양한 색 자극에 대한 원추체의 반응을 측정한 결과, 망막에는 3개의 다른 수용기가 존재한다는 사실을 밝힌 것이다. 각각의 수용기 세포는 세 색상의 빛파장에 특별히 민감했는데, 그 색은 실제로 빨간색, 초록색, 파란색이었다. 빛이 망막의 이러한 3개의 수용기를 자극하여 조합된 활동을 이끌어내면 우리는 다양한 색을 경험하는 것이다. 이를테면 망막에는 노란색에 특별히 반응하는 수용기가 없지만, 빨간색과 초록색 파장 각각에 민감한 세포를 자극하면, 노란색을 보는 것이다.

한 측정에 따르면, 인간은 100만 가지 색을 구분할 수 있다고 한다(Neitz et al., 2001). 최소한 대부분의 인간은 그렇게 할 수 있다. 50명 중 1명은 '색맹'이다. 대부분 남성에게 나타나는데, 성유전자에 관련되어 있기 때문이다. 대부분의 색맹은 사실 모든 색에 대해서 '맹인'인 것은 아니고, 빨간색과 초록색을 구분해내는 데 문제가 있다. 삼색시 대신에 망막의 빨간색, 초록색 민감 세포가 각각, 혹은 둘 다 제대로 기능을 못하는데, 사실 이러한 장애가 있는 줄을 모르고(평생을 그런 시각을 갖고 살아왔으므로) 산다(**그림 5.13**).

그렇다면 왜 초록색과 빨간색에 색맹인 사람들이 여전히 노란색은 볼 수 있는가? 또한 왜 이들에게 노란색은 빨간색과 초록색 조합의 산물이 아니라, 순수한 노랑(pure yellow)으로 보이는가? 삼원색 이론의 출현 이후, 에발트 헤링(Ewald Hering)이 곧 지적했듯이, 삼원색 이론의 어떤 부분은 여전히 수수께끼이다.

생리학자인 헤링은 **잔상**(afterimage)에서 실마리를 찾아냈다. 초록색의 사각형을 한참 응시한 후 흰 종이를 보면, 초록색의 보색인 빨간색을 보게 된다. 노란 사각형을 응시하면 그 보색인 파란색이 흰 종이에 보일 것이다(**그림 5.14**를 이용하여 이 잔상효과를 경험해 보라). 헤링은 색지각은 2개의 부가적인 처리를 필수적으로 요구한다고 보았다. 빨간색 대 초록색 지각, 파란색 대 노란색 지각에 관여하는 과정이다.

한 세기 후 연구자들은 헤링의 주장을 증명하였고, 현재 이것은 **대립과정 이론**(opponent-process theory)이라고 불린다. 색시각은 세 쌍의 대립 망막 처리—**적-녹, 황-청, 흑-백**—에 의존한다. 신경 충동이 시각 피질로 이동하면서, 망막과 시상의 어떤 뉴런들은 빨간색에는 켜지지만, 초록색에는 꺼진다. 또 이와는 대조적으로, 어떤 뉴런은 초록색에는 켜지지만, 빨간색에는 꺼진다(DeValois & DeValois, 1975). 빨간색과 초록색의 구슬이 좁은 관을 통과하는 것처럼, '빨간색', '초록색' 신호들은 동시에 이동할 수 없다. 빨간색과 초록색은 보색이 된다. 그러므로, 빨간색이나 초록색 중 하나를 경험하지, 두 색의 혼합인 붉은 빛이 도는 초록색은 볼 수 없는 것이다. 그러나, 빨간색과 파란색은 다른 채널을 통해 이동한다. 그러므로 두 색의 혼합인 보라색 혹은 붉은 빛이 도는 파란색은 볼 수 있다.

깃발 시연에서 경험하는 잔상을 이해하는 데 어떻게 대립과정 이

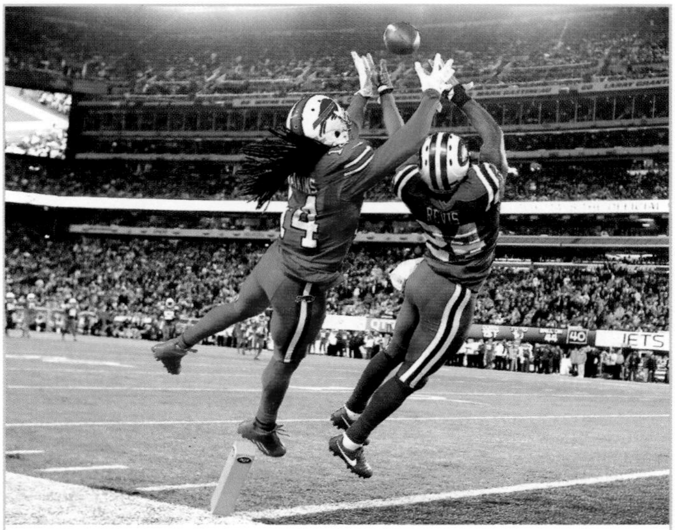

Al Bello/Getty Images

그림 5.13 색결핍 시각 적녹 색맹의 사람들은 2015년 버펄로 빌스와 뉴욕 제츠와의 풋볼 게임에서 팀을 구분하는 데 어려움을 겪었다. "미국인의 8%는 나처럼 적녹 색맹입니다. 이 게임은 시청하기에 최악이었어요." 한 풋볼 팬은 트위터에 적었다. "모두 다 같은 팀인 것처럼 보였어요." 다른 트위터도 거들었다.

그림 5.14 잔상효과 깃발의 중심을 1분 동안 응시한 후, 시선을 그 옆의 흰 여백의 검은 점으로 이동하라. 무엇이 보이는가? (검은색, 초록색, 노란색에 대한 신경 반응이 지치게 되고, 그 보색을 보게 된다.) 깃발을 본 후 이번에는 빈 벽을 응시하면, 깃발의 크기가 투사되는 거리에 따라 커지는 것을 경험할 수 있다.

론이 도움을 주는가? 다음이 (왜 초록색이 빨간색으로 바뀌는지에 대한)답이다 .

- 첫째, 초록색 선을 응시하면, 적-녹의 초록색에 반응하는 세포들이 피로해진다.
- 그후 흰색을 응시한다. 흰색은 빨간색을 포함한 모든 색을 함유한다.
- 초록색 반응이 피로해졌기 때문에, 적-녹 쌍 처리의 빨간색만이 정상적으로 발화한다.

그러므로, 색 시각의 수수께끼에 대한 현재의 해결은 대략 이런 것이다—**색 처리는 두 단계로 발생한다.**

1. 영-헬름홀츠의 이론이 제안했듯이, 망막의 빨간색, 초록색, 파란색 원추체가 다양한 색 자극에 다양한 수준의 반응을 일으킨다.
2. 헤링의 대립과정 이론이 제안했듯이, 원추체의 반응은 이후 대립처리 세포에서 처리된다.

속성 탐지

과학자들은 한때, 눈의 영상이 뇌에 투영되듯이, 뇌를 영화관의 스크린으로 비유하였다. 그러나, 데이비드 허블과 토르스텐 비셀(David Hubel & Torsten Wiesel, 1979)은 시각 처리는 처리의 초기 과정에서 상을 분리하여 처리하고, 후에 이를 재조립한다 것을 보여주었다. 허블과 비셀은 **특성 탐지기**(feature detector)에 관한 연구로 노벨상을 수상하였다. 뇌의 신경세포는 장면의 특정한 속성, 즉 특정 모서리, 선분, 각도, 운동에 반응한다. 이렇게 특수화된 시각 피질의 신경 세포는 이러한 특정 정보들을 피질의 다른 영역으로 보내고, 일련의 세포들(supercell cluster; **초세포 군집**)은 더 복잡한 패턴, 이를테면 얼굴과 같은 자극에 반응한다. 그러므로 무엇을 보느냐에 따라 뇌의 활동은 달라진다. 한 연구자는 뇌영상의 도움으로 "우리는 한 사람이 신발을 보고 있는지, 의자 혹은 얼굴을 보고 있는지 구분할 수 있다"라고 말하였다(Haxby, 2001).

오른쪽 귀 쪽에 위치한 측두엽은 특수한 신경망의 도움으로 다양한 각도의 얼굴을 인식하게끔 한다(Gonnor, 2010). 이 부분이 손상된다면, 사람들은 형태나 대상은 인식할 수 있어도, 이 장의 첫부분에 나온 셀레스의 예처럼 익숙한 얼굴은 인식할 수 없게 된다. 어떻게 이것을 증명하는가? 연구자들은 이 부분의 활동을 방해하는 자기장 펄스를 사용하여 안면실인증을 일시적으로 재현하였다. 특성 탐지기와 초세포들의 상호작용은 우리를 둘러싼 세상의 대상들에 대한 즉각적인 분석을 제공한다.

병렬 처리

시각 정보 처리의 놀라운 점 중 하나는 뇌가 하나의 장면을 부분으로 구분하는 능력이다. 병렬 처리를 이용하여 뇌는 동시에 하나의 장면의 운동, 형태, 깊이, 색을 구분하여 처리하는 세포들에게 각각 임무를 부여한다(**그림 5.15**). 그 후 이러한 구분된 팀의 정보들을 통합하여 지각을 구성한다(Livingstone & Hubel, 1988).

이 시각의 하위과제들을 처리하는 신경 단말기에 손상이 있거나, 기능이 소실되면, 'M여사'에게 일어난 일처럼 이상한 증상을 앓게 만든다(Hoffman, 1998). 중풍 발병 후에 이 여인은 뇌의 양쪽 뒷부분이 손상되었다. 그 후 M여사는 움직임을 지각할 수 없게 되었다. 방의 사람들은 갑자기 이곳에서 저곳으로 순간 이동하는 것처럼 보였다. 찻잔에 차를 따르는 것은 그 액체가 언 것처럼 보이는 효과 때문에 매우 어려운 과제가 되었다. 이 여인은 찻물이 잔을 채우는 것을 지각할 수 없었다. 뇌손상은 우리의 자각 너머에서 일어나는 일상의 정상적인 병렬 처리가 얼마나 중요한지를 상기시켜준다.

시지각의 놀라운 점에 대해서 생각해보자. 이 페이지를 읽으면서, 글자들은 빛파장을 반사하여 망막에 도달한다. 형태가 없는 신경 충동들은 뇌의 여러 영역으로 전달되고, 이 정보들을 통합하고, 그 의미를 해독한다. 우리는 정보를 시공간에 걸쳐 전달해왔고, 나[저자 DM]의 마음에서 당신의 마음으로 또 전달되었다. 이러한 모든 과정은 즉각적으로, 수고로움 없이, 지속적으로 일어나니 얼마나 놀라운가.

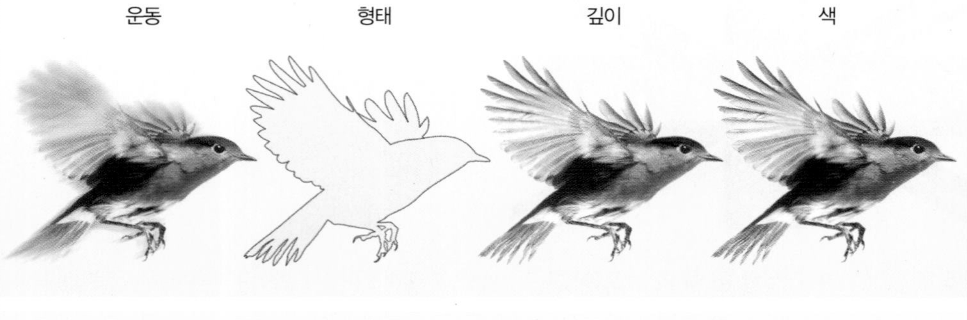
운동
형태
깊이
색

그림 5.15 병렬 처리 뇌손상 환자에 대한 연구는 뇌가 운동, 형태, 깊이, 색에 대한 처리를 뇌의 다른 부분에 할당한다는 것을 보여준다. 이 장면을 따로 처리한 후, 뇌는 이러한 부분들을 하나의 전체적인 지각된 상으로 통합한다.

지각적 조직화

색과 형태의 지각을 대략적으로 이해하였다. 그렇다면, 어떻게 우리는 그러한 장면들(혹은 소리, 맛, 냄새 등)을 조직화하고 해석하여 의미있는—만개한 장미, 익숙한 얼굴, 저녁 노을—지각을 만들어 내는가?

20세기 초, 독일의 심리학자들은 여러 감각 정보가 주어질 때 이것들을 **게슈탈트**(gestalt)로 조직화하려는 경향이 있다는 것에 주목하였다. 게슈탈트란 독일어로 '형태' 혹은 '전체'를 의미한다. 우리가 전방을 주시할 때, 지각된 장면은 왼쪽, 오른쪽 시야로 분리되지 않는다. 매 순간 우리의 의식적 지각은 하나의 전체, 이음새 없는 하나의 장면이다. **그림 5.16**을 보자. 이 형태의 개별 요소들은 3개의 흰 선분이 중심 부분에서 만나는 8개의 파란 원에 불과하다. 그러나 이러한 요소들을 조합해서 보면, 넥커 육면체(Necker Cube)를 보게 된다. 때로는 정육면체의 윗면이 다른 방향으로 역전되어 보인다. 넥커 육면체는 게슈탈트 심리학자들이 늘 주장하던 것을 잘 보여준다. 전체는 부분의 합 이상이다.

출처 : American Journal of Psychology. Copyright 1977 by the Board of Trustees of the University of Illinois. Used with permission of the University of Illinois Press.

그림 5.16 넥커 육면체 무엇이 보이는가? 하얀 선들을 갖고 있는 원들인가, 육면체인가? 육면체를 응시하면, 중앙의 x를 포함하고 있는 모서리를 앞으로 혹은 뒤로 이동시키면 그림이 역전되는 것을 경험할 것이다. 육면체는 푸른 원을 뒤로 하고 떠 있는 것으로 보이기도 하고, 푸른 원이 육면체가 보이는 구멍으로 보이기도 한다. 지각은 단순한 눈 이상의 것이다.

오랜 시간 동안, 게슈탈트 심리학자들은 감각이 지각으로 조직화되는 다양한 원리를 보였다. 이러한 원리들의 단순한 진리는 우리의 뇌는 세상에 대한 정보를 입력하는 것 이상의 일을 한다는 것이다. 지각은 조리개를 열어 그 상이 뇌에 인화되도록 하는 것이 아니다. 입력 정보를 여과(filter)하고 구성해낸다.

어떻게 형태를 지각하는가

한 번에 얼굴을 지각하는 우리의 눈-뇌 시스템과 유사한 비디오-컴퓨터 시스템을 개발한다고 생각해보자. 어떠한 기능을 갖추어야 하는가? 우선, 비디오-컴퓨터 시스템은 **전경-배경**(figure-ground)을 지각할 수 있어야 한다. 즉 얼굴을 배경으로부터 분리해내야 한다. 우리의 눈-뇌 시스템에서는 어떤 대상(전경)을 그 주변(배경)으로부터 분리해내는 것이 첫 번째 지각 과제이다. 지금 이 글을 읽고 있는 당신에게 단어는 전경이고, 흰 여백은 배경이다. 이러한 지각은 청각에도 적용된다. 파티에서 목소리를 듣는다면, 당신이 주의를 기울이고 있는 목소리는 전경이고, 다른 모든 소리는 배경이다. **그림 5.17**에서 보듯이, 종종 동일한 자극이 하나 이상의 지각 경험을 만들기도 한다. 이 그림에서는 꽃병을 보기도 하고, 두 얼굴을 보기도 하면서, 전경-배경 관계가 지속적으로 역전된다. 그러나 우리가 항상 보는 것은 배경에서 두드러지는 전경의 형태이다.

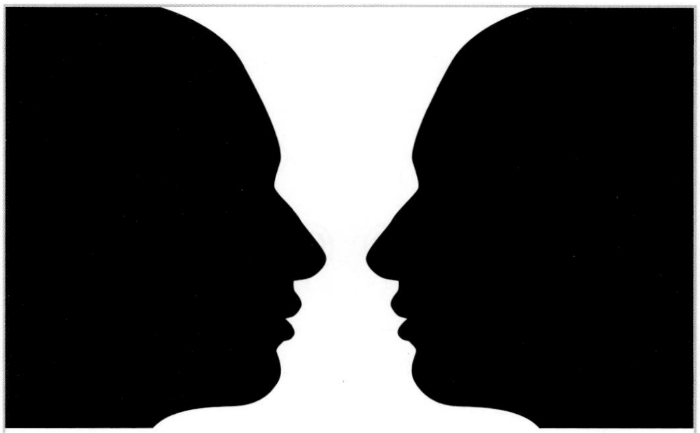

그림 5.17 전경과 배경의 역전 꽃병인가, 아니면 두 사람의 얼굴인가?

우리의 시스템은 전경을 배경에서 분리해내면서, 각각의 형태들을 의미있는 형태로 조직화한다. 장면의 기본 속성들—색, 운동, 명암 대조—은 즉각적으로 또 자동적으로 처리된다(Treisman, 1987). 우리의 마음은 게슈탈트 심리학자들이 발견한 조직화 원리를 따라, 다른 자극들에도 규칙과 형태를 적용한다. 이러한 규칙들은 전체는 부분의 합과 다르다는 것을 잘 보여준다(Gallace & Spence, 2011; Quinn et al., 2002; Rock & Palmer, 1990). 3개의 예를 보자.

근접성(proximity) 가까이 있는 형태들은 집단화한다. 6개의 분리된 선분을 보는 것이 아니라 2개씩 모여 있는 세 집단을 본다.

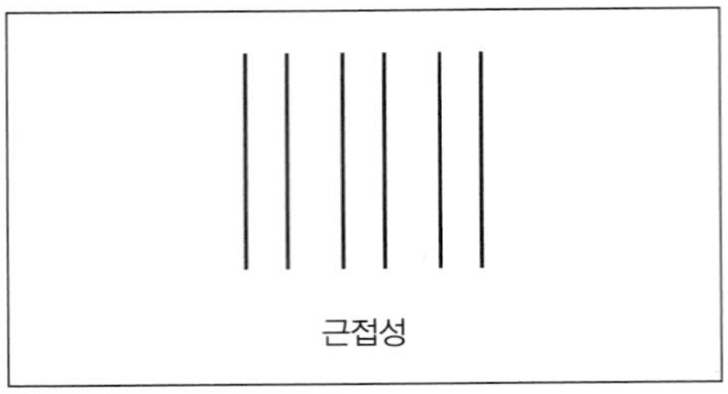
근접성

연속성(continuity) 단절된 것들이 아니라, 부드럽게 연결된 것으로 지각한다. 아래 패턴은 반원이 연속적으로 교차하는 것으로 보일 수도 있지만, 우리는 2개의 연속된 선, 즉 하나는 직선, 다른 하나는 파형이 있는 곡선으로 보려는 경향이 있다.

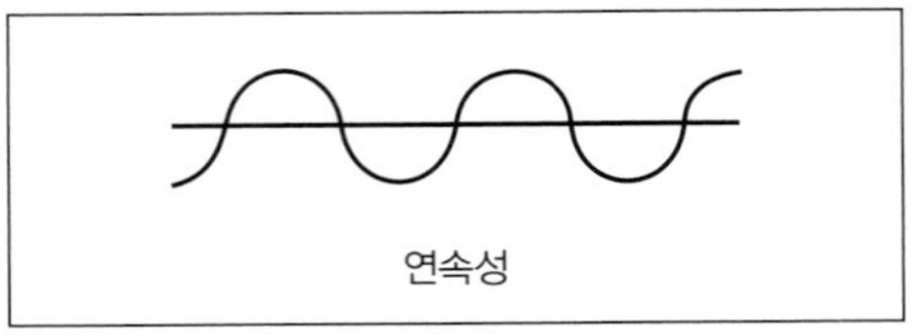
연속성

폐쇄(closure) 틈을 메꾸어 하나의 완전한, 전체의 상을 만들려고 한다. 즉 왼쪽의 원들은 (착시적) 삼각형에 의해서 부분적으로 가려진 상으로 보인다. 오른쪽처럼 작은 선분으로 이러한 원들을 닫아버리면 우리의 뇌는 더 이상 삼각형을 만들지 않는다.

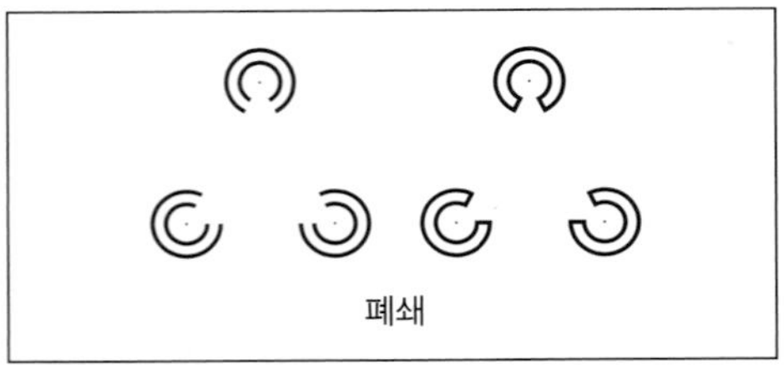
폐쇄

깊이를 어떻게 지각하는가

우리의 뇌는 놀라운 기술들을 사용한다. 아마도 **깊이 지각**(depth perception)은 그중 최고의 기술 중 하나일 것이다. 망막에 맺힌 2차원의 이미지에서 뇌는 3차원 지각을 구성해낸다. 다가오는 차의 거리를 계산하거나, 멀리 있는 집의 높이를 추측할 수 있다. 어떻게 이러한 능력을 획득하는가? 천성적인 것인가, 학습에 의한 것인가?

엘리너 깁슨(Eleanor Gibson)은 그랜드 캐니언의 절벽으로 소풍을 갔다가 실험의 영감을 얻었다. 유아는 절벽의 끝에서 추락을 감지하고 뒷걸음칠 것인가? 깁슨과 리처드 워크(Gibson & Walk, 1960)는 일련의 **시각절벽**(visual cliff) 실험을 만들었다. 이 실험에서 '추락' 영역은 안전 유리로 덮여 있었다. 6~14개월의 영 · 유아를 이 절벽 영역에 놓고, 이들이 유리를 기어갈 수 있도록 반대편에서 엄마가 아이를 부르도록 하였다(**그림 5.18**). 대부분의 아기들은 기어가기를 거부했는데, 이는 아이들이 깊이 지각을 할 수 있다는 것을 보여준다.

아기들은 깊이 지각을 *학습*한 것인가? 기는 동작을 획득하면서, 유아의 고소 공포증은 더 커진다(Adolph et al., 2014; Campos et al., 1992). 그러나 깊이 지각은 부분적으로 생득적이다. 기동력이 있는 갓 태어난 동물들은—심지어 어떤 시각 경험도 없는 어린 새끼들(갓 태어난 새끼 고양이, 생후 1일인 새끼 염소, 갓 부화한 병아리 등)도—시각 절벽을 건너는 것을 거부한다. 그러므로 생물학적으로 높이에 주의하도록 준비되어 있다. 경험은 이 공포를 증폭시킨다.

우리가 이 능력을 비디오-컴퓨터 시스템에 장착한다면, 어떤 규칙이 2차원의 상을 3차원의 지각으로 전환시킬 수 있을 것인가? 우선은 우리의 뇌가 한 눈(즉 단안) 혹은 양 눈(즉 양안)에서 제공하는 깊이 단서를 받는 것에서부터 출발해보자.

양안단서 부분적으로 **양안단서**(binocular cues) 덕분에 두 눈으로 보는 사람들은 깊이를 지각한다. 예를 들면 두 눈을 모두 뜨고, 각 손에 연필을 잡고 그 끝을 맞닿도록 해보자. 이번에는 한 눈을 감고 동일한 과제를 해보자. 한 눈이 훨씬 어렵지 않은가?

그림 5.18 시각절벽 깁슨과 워크는 투명한 유리로 추락 영역을 차폐한 절벽 모형을 이용하여 기는 유아들과 갓 태어난 동물들이 깊이를 지각할 수 있는지를 결정하였다. 건너도록 달래보아도 유아들은 절벽 위의 유리를 기어가는 것을 거부하였다.

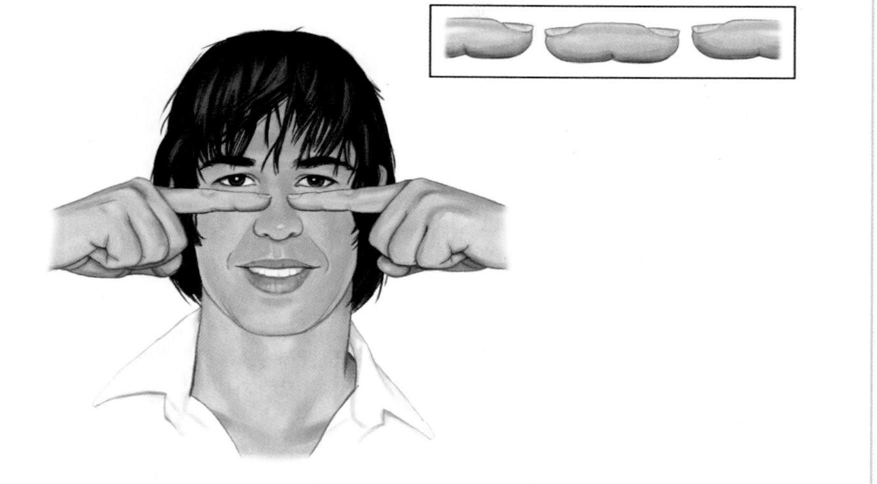

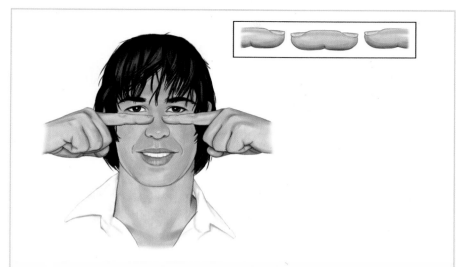

그림 5.19 손가락 소시지 2개의 집게손가락을 눈 앞에 약 13cm 떨어진 곳에 2.5cm 정도 떨어뜨려 마주보도록 들어보라. 손가락 너머를 보라. 한 눈을 번갈아가며 감고 관찰해보라. 손가락을 더 멀리 하여 이를 체험하면, 양안 부등의 크기는 훨씬 작아진다.

Tom Cheney/New Yorker Cartoon/Cartoon Bank

"이런 예민한 깊이 지각으로는 도저히 살아갈 수 없어!"

가까이 있는 물체들의 거리를 파악할 때 우리는 양안단서를 이용한다. 우리의 눈은 약 6.3cm 떨어져 있기 때문에 각 눈의 망막에 맺힌 상은 조금 다르다. 이것은 **망막 부등**(retinal disparity)의 단서를 만들게 된다. 이 두 상을 비교하면서, 우리의 뇌는 대상이 관찰자로부터 얼마나 떨어져 있는지를 판단한다. 두 망막 상의 부등(차이)이 커질수록 대상은 더 가깝다. 자, 이렇게 해보자. 코 앞에 2개의 집게손가락을 약 2.5cm 정도 거리를 두고 마주보도록 해보자. 각 망막에는 매우 다른 2개의 상이 맺힌다. 한 눈을 번갈아가면서 감아보라. 그 차이를 느낄 수 있을 것이다. (혹은 **그림 5.19**에서처럼 손가락 소시지를 만들어서 체험해봐도 좋다.) 더 먼 곳—팔을 뻗은 거리—에서 이를 시연한다면, 부등의 크기는 작아진다.

비디오-컴퓨터 시스템에 이러한 기능은 쉽게 첨부할 수 있다. 2개의 카메라를 약간 떨어뜨려 장면을 동시에 촬영하도록 한 후, 관객은 왼쪽 눈에는 왼쪽에서 찍은 영상을, 오른쪽에는 오른쪽에서 찍은 영상을 제공하는 안경을 통해 영상을 본다. 3-D 영화 팬들이 이미 알다시피, 이러한 기법은 망막 부등을 흉내내거나, 혹은 더 강조해 깊이 지각의 경험을 일으킨다.

단안단서 어떤 사람이 10m 떨어져 있는지, 혹은 100m 떨어져 있는지를 어떻게 추정하는가? 망막 부등은 별 도움이 안 된다. 왼쪽 망막이나 오른쪽 망막에 맺힌 상이 크게 다르지 않기 때문이다. 먼 거리의 깊이 감각은 **단안단서**(monocluar cues)에 의존한다(각 눈에 독자적으로 가용한 단서). **그림 5.20**에 그 예들이 있다.

어떻게 운동을 지각하는가

세상을 색, 형태, 깊이로 지각하지만, 움직임을 보지는 못한다고 상상해보자. 자전거를 탈 수도, 운전을 할 수도 없을 것이고, 글쓰기, 먹기, 걷기와 같은 행동들은 매우 어려워질 것이다.

우리의 뇌는 작아지고 있는 물체는 멀어지고 있고(실제로 작아지는 게 아니라), 커지는 물체는 다가오고 있다는 가정 아래 부분적으로 운동을 계산한다. 그러나 운동 지각은 불완전하다. 어린아이들은 다가오는(커지고 있는) 차량을 정확히 지각하는 능력이 완전히 발달하지 않아, 보행자 사고의 위험에 종종 처한다(Wann et al., 2011).

운동 지각(motion perception)에 어려움을 겪는 것은 어린이만이 아니다. 성인의 뇌도 실제와는 다른 것으로 보는 일들이 일어난다. 큰 물체와 작은 물체가 동일한 속도로 움직일 때, 큰 물체는 더 느린 것처럼 보인다. 동일한 속도라도 기차는 차보다 더 느리게 이동하는 것으로 보이고, 점보 여객기가 소형 비행기보다 더 느리게 착륙하는 것으로 지각된다.

지각 항등성

지금까지 형태, 위치, 그리고 움직임 지각에 대해서 언급하였다. 다음 과제는 색, 형태, 크기의 변화에 속지 말고 대상을 재인하는 것이다. 이러한 과정을 하향적 처리의 **지각 항등성**(perceptual constancy)이라고 한다. 이 과제는 가상의 비디오-컴퓨터 시스템에는 너무나 어려운 도전이 될 것이다.

상대적 높이 우리는 시야에서 높이 있는 것을 더 멀리 있는 것으로 지각한다. 전경-배경 그림에서 아래쪽은 더 가까운 것으로, 또한 전경으로 지각한다. 이 그림을 뒤집어 보면, 검은색이 밤하늘처럼 배경으로 보일 것이다.

"깊이 지각이 전혀 안 되서 그러는데요.
저 구석에 경찰관이 있는 건가요? 당신 머리 위에
작은 난쟁이가 있는 건가요?"
DRY CLEANERS
BIZARRO.COM

상대적 크기 2개 대상의 크기가 유사하다면, 대부분의 사람들은 작은 상을 맺는 대상을 더 멀리 있는 것으로 본다.

중첩 한 대상이 부분적으로 다른 것을 가린다면, 우리는 가린 것을 가려진 것보다 더 가까운 것으로 지각한다.

고정점
승객이 움직이는 방향

상대적 운동 관찰자가 이동하면, 멈춰 있는 대상도 움직이는 것처럼 보인다. 버스에 타서 창밖의 집을 보고 있다면, 이 고정점보다 뒤에 있는 것은 관찰자와 같은 방향으로 움직이는 것처럼, 고정점보다 앞에 있는 것은 뒤로 이동하는 것처럼 보인다. 대상이 고정점으로부터 더 멀리 위치할수록 더 빨리 움직이는 것처럼 보일 것이다.

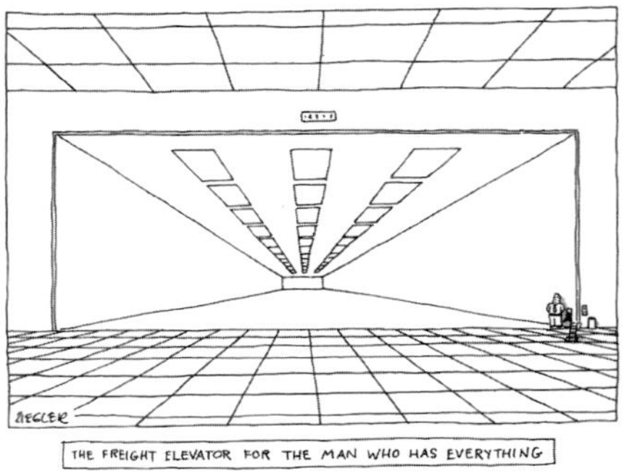
THE FREIGHT ELEVATOR FOR THE MAN WHO HAS EVERYTHING

선형 조망 평행한 선들이 먼 곳에서 서로 만나는 것처럼 보인다. 수렴의 각도가 더 클수록 지각된 거리도 더 커진다.

빛과 그림자 음영은 빛이 위에서 비춘다는 우리의 가정과 일치하는 깊이감을 제공한다. 이 그림을 뒤집어서 본다면, 가운데의 움푹 들어간 곳이 언덕으로 바뀔 것이다.

그림 5.20 단안 깊이 단서

색채 항등성 우리의 색 경험은 대상의 맥락에 의존한다. 이 사실은 하루종일 토마토를 종이관을 통해서 다른 맥락을 배제하고 본다면 분명해진다. 빛—즉 토마토의 반사 파장—이 변화함에 따라, 토마토의 색은 변화한다. 그러나 종이관을 버리고 샐러드 속의 토마토를 본다면 빛의 변화에도 불구하고 토마토의 색은 항상적인 것으로 지각된다. 이렇게 동일한 색으로 보는 우리의 지각을 **색채 항등성**(color constancy)이라고 한다.

물체의 주변과 상대적으로 물체의 표면에서 반사된 빛의 의미를 해독하는 뇌의 능력 덕택에 색을 경험한다. **그림 5.21**은 파란 물체의 색이 3개의 다른 맥락에서 극적으로 달라지는 것을 보여준다. 아무튼 이 원반들을 파란색으로 지각하는 데는 문제가 없다. 페인트 제조회사들은 이러한 사실을 이미 알고 있었다. 페인트 색의 지각이 집의 다른 색들에 의해서 결정된다는 것을 알고, 많은 회사들이 그 맥락에서 색을 볼 수 있도록 샘플을 제공하고 있다. 여기서 얻을 수 있는 핵심은 상대적 비교가 우리의 지각을 지배한다는 것이다.

형태와 크기 항등성 망막의 상은 바뀌지만, 문의 모양은 바뀌지 않는 것으로 지각하는 **그림 5.22**의 예처럼 형태 항등성(shape constancy) 덕분에 우리는 익숙한 사물의 형태를 지각한다. 크기 항등성(size constancy) 덕분에 거리가 바뀌더라도 사물의 크기는 동등한 것으로 지각한다. 두 블록 너머의 작은 차를 보더라도, 여전히 그 차는 사람들을 실어 나를 만큼 크다고 가정한다. 이러한 가정은 지각된 거리와 지각된 크기와의 밀접한 연관을 보여준다. 대상의 거리

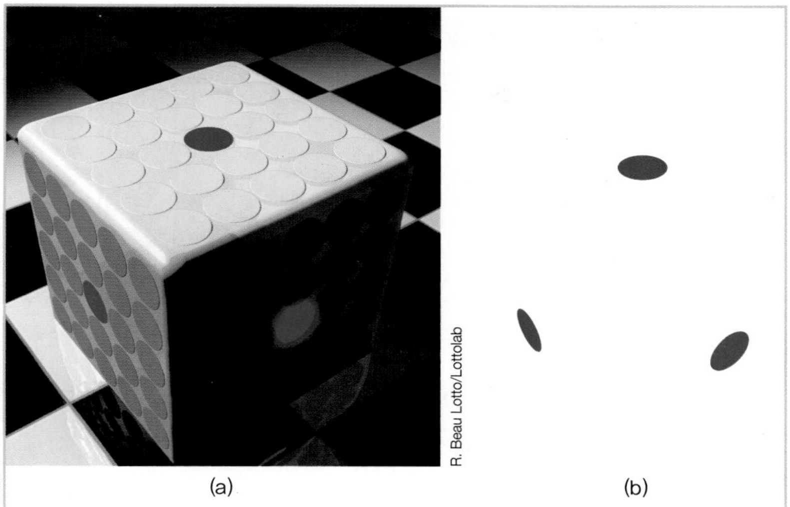
R. Beau Lotto/Lottolab
(a)
(b)

그림 5.21 맥락이 색을 결정한다 (a) 믿거나 말거나 3개의 푸른 원은 모두 동일한 색이다. (b) 주변의 맥락을 제거한 결과를 보자.

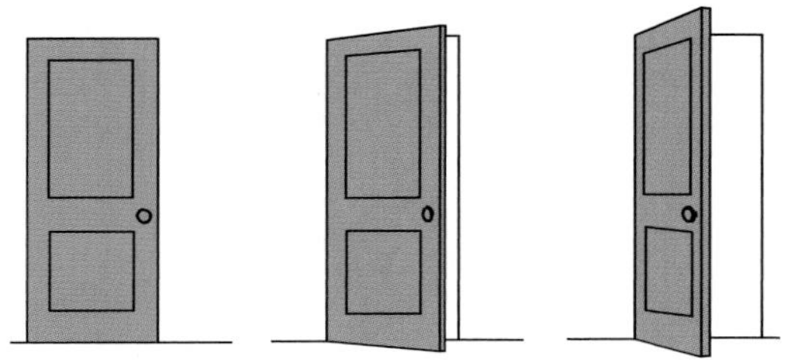

그림 5.22 형태 항등성 열린 문은 망막에 맺힐 때 사다리꼴에 가깝지만 우리는 여전히 직사각형으로 지각한다.

를 지각하는 것은 그 대상의 크기를 추정하는 단서를 제공한다. 마찬가지로, 대상의 일반적인 크기—만일 그 대상이 자동차라면—를 알면 그 거리를 추정할 단서로 활용할 수 있다.

크기-거리 판단 과제에서도 우리는 대상의 맥락을 고려한다. 지각된 크기와 지각된 거리 간의 상호작용은 달 착시와 같은 잘 알려진 착시 현상들을 설명해준다. 달은 지평선에 가깝게 있을 때, 하늘 위에 떠 있을 때보다 50% 더 커보인다. 왜 그런 것일까? 거리에 대한 단안단서들이 달을 더 멀리 있는 것처럼 보이게 하기 때문이다. 더 멀리 있다면, 우리의 뇌는 밤하늘에 떠 있는 달보다 지평선의 달을 더 큰 것으로 추정한다(Kaufman & Kaufman, 2000). 거리 단서를 제외하면—지평선의 달을 종이관을 통해서 바라보면—그 대상은 즉시 작아 보인다.

이러한 판단의 오류는 우리의 지각 처리가 정상적으로 작동하고 있음을 보여준다. 거리와 크기의 지각된 관계는 대체로 유효하다. 그러나, 특수한 환경에서만 이런 실수가 드러난다.

형태 지각, 깊이 지각, 그리고 지각 항등성은 우리가 시각 경험을 어떻게 조직화하는지를 보여준다. 지각 조직화는 다른 감각에도 적용할 수 있다. 낯선 언어를 들을 때, 어떤 단어에서 끝이 나고 다음 단어는 언제 시작하는지 듣기 어렵다. 모국어를 들을 때에는 자동적으로 단어를 구분해서 듣는다. 심지어는 낱개의 글자들—THEDOGATEMEAT—을 이해 가능한 구로 조직화한다. 'The do gate me at'보다는 'The dog ate meat'로 지각하는 것이다(McBurney & Collings, 1984). 그러므로, 지각은 자극의 조직화 그 이상의 것이다. 지각은 우리의 비디오-컴퓨터 시스템에 더 큰 도전 과제를 요구하는데, 바로 해석이다. 지각하는 것에서 의미를 찾는 것이다.

지각 해석

우리의 지각 능력이 선천적인 것인지, 후천적인 것인지에 대한 논쟁은 역사적으로 오래된 것이다. 어느 정도 지각을 배우는 것일까? 독일 철학자 임마누엘 칸트(1724-1804)는 지식은 감각적 경험을 조직화하는 선천적 방식으로부터 나온다고 주장하였다. 심리학적 발견들은 이 생각을 지지한다. 우리는 감각적 정보를 처리하는 능력을 갖고 태어났다. 그러나 영국의 철학자 존 로크(1632-1704)는 경험을 통해 세상을 지각하는 법을 배운다고 주장하였다. 심리학은 이 생각 또한 지지한다. 우리는 대상의 거리와 그 크기를 연결시키는 것을 배운다. 그렇다면 경험은 얼마나 중요한 것일까? 경험은 얼마나 지각적 해석을 형성하는 데 도움을 주는 것일까?

경험과 시각 지각

시각의 회복과 감각박탈 존 로크에게 한 친구가 편지를 썼다. "장님으로 태어난 사람이 촉각을 이용하여 육면체와 구를 구분하는 것을 배웠다면, 그가 성인이 되어, 볼 수 있게 되었을 때, 시각으로 이 둘을 구분할 수 있을까?" 로크의 대답은 '아니요'였다. 왜냐하면 장님은 그 차이를 '본' 적이 한 번도 없기 때문이다.

앞을 볼 수 없게 태어났으나, 성인이 되어 시각을 회복한 20~30명의 환자들을 통해 로크의 질문은 탐색되었다(Gregory, 1978;

Huber et al., 2015; von Senden, 1932). 대부분은 백내장을 갖고 태어나 혼탁한 수정체를 통해 빛과 어두움만을 볼 수 있는 환자들이었다. 백내장 수술 후 이 환자들은 전경과 배경을 구분할 수 있었고, 색도 감각할 수 있었다. 지각의 이러한 측면은 생득적인 것이라고 볼 수 있는 것이다. 그러나, 로크가 가정했듯이 촉각으로는 익숙한 사물들을 시각적으로 재인하지 못하였다.

임상 사례보다 더 통제된 실험을 하기 위해 연구자들은 새끼고양이와 원숭이에게 빛이 산란되어 비정형화된 빛만을 보게 되는 특수 안경을 씌웠다(Wiesel, 1982). 유아기가 지난 후 이 특수 안경을 제거하면, 동물의 반응은 백내장을 갖고 태어난 환자들과 비슷하였다. 색과 밝기는 구분하지만, 형태는 구분하지 못했다. 눈에는 아무 문제가 없고 망막은 시각 피질로 정보를 보내지만, 초기의 시각 경험 없이는 뇌의 피질 세포들은 정상적인 연결을 발달시키지 못했다. 이 동물들은 형태를 보지 못하는 기능적 장님이었다.

인도의 선천적 시각장애 어린이들에게 백내장 수술을 한 결과, 비장애아와 동등할 정도로 정확하지는 않았지만, 더 어린 나이에 수술을 할수록 그 예후는 더 좋았다(Sinha, 2013). 정상적인 감각과 지각 발달을 위해서는 **결정적 시기**(critical period, 특정 자극이나 경험을 필요로 하는 제한된 시기)가 필요하다. 생애 후기의 특정한 감각 제한은 인간이나 동물에게 영구적인 장애를 남기지 않는다. 연구자들이 다 자란 동물의 눈을 안대로 수개월간 가리고 이를 제거했을 때 어떤 손상도 없었다. 성인 후기에 백내장이 발병하여 이를 수술할 경우, 대부분의 성인들은 정상 시각으로 돌아오는 것에 환호한다.

지각 순응 안경을 새로 맞추면 조금 이상하게 느껴지거나 어지럽기까지 하다. 그러나 하루 이틀 지나면 적응한다. 바뀐 시각 정보에 대한 우리의 지각 순응은 다시 세상을 정상으로 보이게 한다. 대상을 왼쪽으로 40도 이동시키는 것과 같은 더 극적인 변화를 가져오는 안경을 생각해보자. 친구에게 공을 던질 때, 공은 왼쪽으로 쏠릴 것이다. 누군가와 악수를 하기 위해 다가갈 때도 왼쪽으로 치우칠 것이다. 이처럼 왜곡된 세상에도 적응할 수 있을까? 당신이 병아리라면 할 수 없을지도… 어린 병아리들은 왜곡된 렌즈를 끼면 음식이 '있는 것처럼' 보이는 곳을 계속 쪼았다(Hess, 1956; Rossi, 1968). 그러나 인간은 이 왜곡 렌즈에 빠르게 적응한다. 불과 수 분 이내에 공던지기는 다시 정확해지고, 걸음 방향도 제대로 맞춰진다. 렌즈를 벗으면, 던지기는 다시 반대 방향, 즉 오른쪽으로 치우치는 후유증을 경험한다. 그러나 다시 수 분 이내에 적응한다.

15

Marcio Jose Sanchez/AP Photo

보는 것을 배우기 마이크 메이는 세 살 때 폭발 사고로 시각을 잃었다. 수십 년 후 각막 복원 수술을 통해 오른쪽 눈의 시각을 회복하였고, 처음으로 아내와 아이들의 얼굴을 볼 수 있게 되었다. 시각 정보는 피질까지 도착하였으나, 메이에게는 그것을 해석하는 시각적 경험이 부족하였다. 그는 표정을 읽을 수 없었고, 머리카락 정보가 없는 얼굴은 재인할 수 없었다. 그러나, 움직이는 대상을 지각하거나 주변을 탐색하는 것을 배울 수 있었고, 햇빛에 떠다니는 먼지를 경이롭게 바라볼 수 있었다(Abrams, 2002; Gorlick, 2010).

Courtesy of Hubert Dolezal

감각 순응 이 사진은 세상이 역전되어 보이는 고글을 착용한 채 악수를 시도하려는 연구자 허버트 돌레잘(Hubert Dolezal)의 모습을 보여준다. 그러나, 믿거나 말거나, 고양이, 원숭이, 그리고 인간은 이 위아래가 뒤집힌 세상에 적응할 수 있다.

사실, 더 극단적인 특수 안경—위아래가 뒤집혀 보이는 렌즈—에도 우리는 여전히 적응한다. 심리학자 조지 스트라튼(George Stratton, 1896)은 위아래가 뒤집히고, 좌우가 바뀐 렌즈를 개발한 후, 8일간 이 헤드기어를 착용하였다. 뒤집어지지 않고, 위쪽이 위로 오는 상이 망막에 맺히는 경험을 한 최초의 사람일 것이다. 망막에는 바로 맺히지만, 실제 보는 것은 땅은 위에, 하늘은 아래에 있게 된다.

스트라튼은 일단 걷고 싶었다. 그는 이제는 '위'에 있는 발을 찾으려고 하였다. 먹는 행위는 거의 불가능해 보였다. 어지럽고, 우울해졌다. 그러나 지속적으로 착용하였고, 마침내 8일째에는 대상을 향해 제대로 손을 뻗고, 부딪치지 않고 편하게 걸을 수 있게 되었다. 헤드기어를 다시 벗었을 때에는 빠르게 재적응하였다. 이 광학장비를 장착한 다른 연구 참가자들도 마찬가지로—오토바이를 타면서, 알프스에서 스키를 타면서, 혹은 비행기를 운전하면서—적응에 어려움이 없었다(Dolezal, 1982; Kohler, 1962). 뒤죽박죽된 세상에서 적극적으로 움직이면서 새로운 맥락에 적응하였고, 움직임을 조정하는 것을 배웠다. 장비를 벗은 뒤에는 정상적인 생활에 재적응하였다.

세계를 지각하는 것을 배운 것일까? 바뀐 감각 정보에 끊임없이 적응하면서 부분적으로는 배웠다고 할 수 있다. 결정적 시기에 대한 연구들은 생애 초기의 환경이 생득적으로 제공받은 능력을 조각해준다는 것을 보여준다. 좀 덜 극적인 방식으로, 환경은 우리의 생애 전반에 걸쳐 이러한 영향을 준다.

비시각적 감각

시각은 인간의 주요 감각이다. 우리 뇌 피질의 대부분은 다른 감각 정보보다는 시각을 처리하기 위해 쓰인다. 그러나 청각, 촉각, 미각, 후각, 체운동감각 없이는 세상에 대한 경험은 훨씬 결핍될 것이다.

청각

다른 모든 감각처럼, **청각**(hearing)은 적응하고 살아남도록 도와준다. 보이지 않는 공기의 파장을 쏘아 보내고, 또 다른 사람으로부터 동일한 파장을 받음으로써 보지 않고도 의사소통이 가능하게 해준다. 그러므로 청력 상실은 보이지 않는 장애다. 다른 사람의 이름을 듣지 못하고, 타인이 묻는 것을 이해하지 못하고, 다른 사람들이 농담에 웃음을 터뜨릴 때 동참하지 못한다. 때로는 타인으로부터 소외된 기분이 든다. 나[저자 DM]는 청력을 상실한 사람으로서 이 기분을 아주 잘 알고 있다.

대부분의 사람들은 넓은 대역의 소리를 듣지만, 그래도 제일 잘 듣는 대역은 인간의 목소리이다. 정상적인 청력으로, 우리는 놀랄 정도로 작은 소리에도 민감한데, 이를테면 아기의 작은 칭얼거림같은 소리를 들을 수 있다(만일, 우리가 지금보다 조금 더 민감하다면, 공기 분자의 끊임없이 움직이는 소리도 들을지 모른다). 또한 매우 정확하게 소리의 다름을 지각할 수도 있다. 수천의 가능한 목소리 중에서 우리는 쉽게 친구의 목소리를 구분해낸다. 더구나, 청각은 빠르다. 돌발 소리에 대한 반응은, 돌발 시각 자극, "고개를 돌려, 그것을 인식하고, 반응하는"(Horowitz, 2012) 속도보다 10배 가까이 빠르다. 소리가 귀의 수용기에 도달하고, 수백만의 신경 세포들의 협업으로 필수적인 정보를 추출하고, 과거의 경험과 비교하여, 소리를 구분하는 과정은 1초도 채 걸리지 않는다(Freeman, 1991). 시각에 대해서 질문했듯이, 우리는 청각에 대해서 '어떻게 그런 일을 해낼 수 있는가?'라는 질문을 하게 된다.

음파 : 외부에서 뇌로

피아노의 건반을 두드리면, 음파에너지를 방출하게 된다. 공기의 분자를 움직이게 하고, 각 분자는 다음 분자에 충격을 주어 공기의 압축과 확장이라는 파형을 만들어낸다. 마치 연못에 돌을 던져 만들어지는 물의 파형처럼 말이다. 우리의 귀는 이러한 공기의 압력 변화를 감지한다.

광파와 마찬가지로 음파도 그 형태가 다양하다. 음파의 높이 혹은 **진폭**(amplitude)은 소리의 지각된 크기, **음강**(loudness)을 결정한다. 음파의 길이, 혹은 **주파수**(frequency)는 소리의 높낮이, **음고**(pitch)를 결정한다. 장파는 주파수가 낮고, 그래서 낮은 음을 갖는다. 단파는 주파수가 높고, 그래서 높은 음을 갖는다. 심판의 호루라기가 만드는 음파는 트럭의 경적보다 훨씬 짧고 빠르다.

소리는 **데시벨**(decibel) 단위로 측정하는데, 0dB은 인간이 지각할 수 있는 가장 작은 소리, 즉 절대 역치이다. 일상적인 대화의 소리는 약 60dB이다. 속삭이는 소리는 20dB, 150m 상공의 머리 위를 날아가는 비행기의 소음은 110dB 정도이다. 85dB 이상의 소리에 장기간 노출되면 청력이 손상될 수 있다.

음파의 재부호화

어떻게 공기의 진동이 우리의 뇌에서 신경 충동으로 전환되고 소리로 부호화되는가?

이러한 절차는 음파가 우리의 **외이**(outer ear)에 진입하며, 기계적

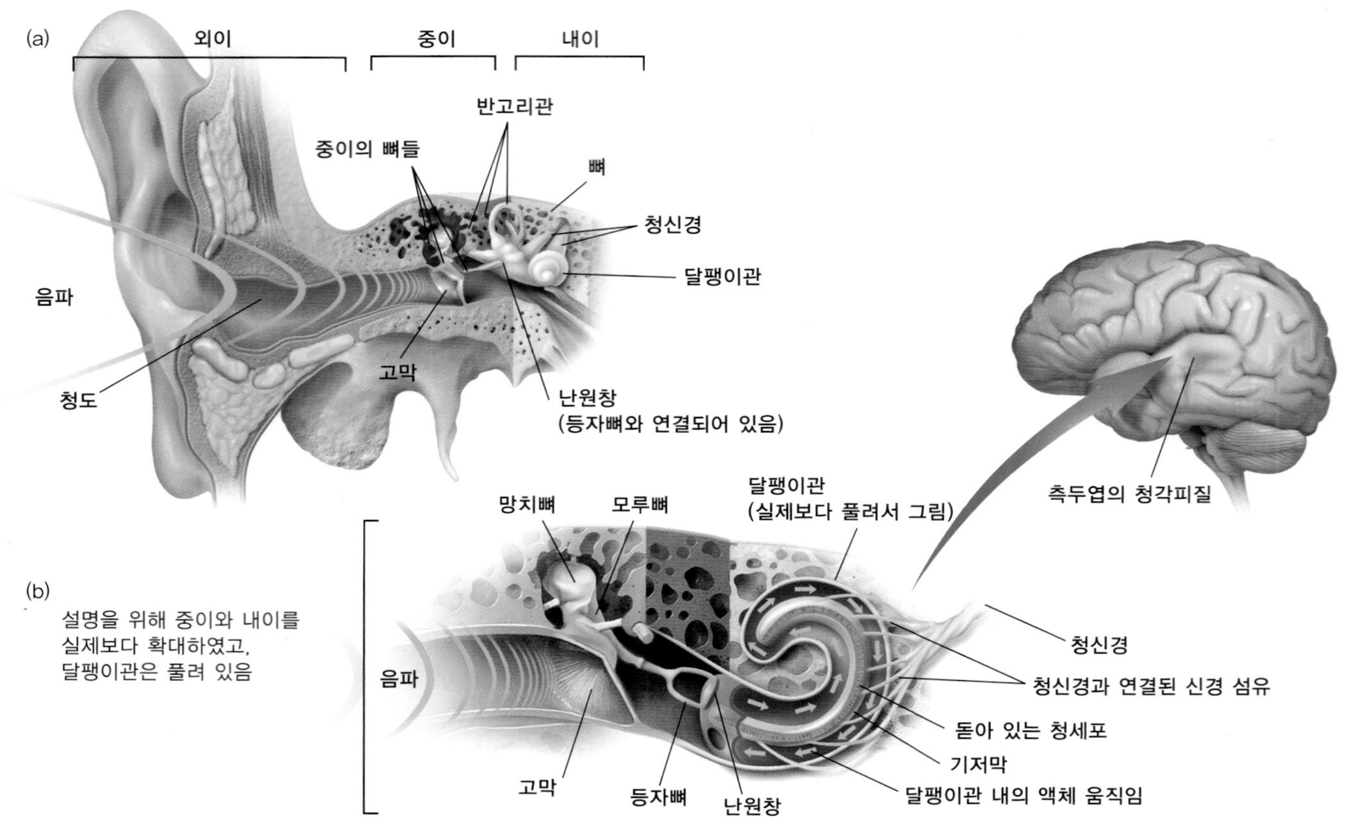
(a)
외이
중이
내이
반고리관
중이의 뼈들
뼈
청신경
달팽이관
음파
고막
청도
난원창
(등자뼈와 연결되어 있음)
측두엽의 청각피질
달팽이관
(실제보다 풀려서 그림)
망치뼈
모루뼈
(b)
설명을 위해 중이와 내이를
실제보다 확대하였고,
달팽이관은 풀려 있음
음파
청신경
청신경과 연결된 신경 섬유
돋아 있는 청세포
기저막
달팽이관 내의 액체 움직임
고막
등자뼈
난원창

그림 5.23 음파는 어떻게 해석 가능한 신경 충동으로 전환되는가 (a) 외이는 고막으로 음파를 전송한다. 중이의 뼈(망치뼈, 모루뼈, 등자뼈)는 파동을 증폭시키고, 고막의 진동을 난원창을 통해서 액체로 채워진 달팽이관으로 보낸다. (b) 중이와 내이의 상세도에서 보듯이, 이 압력은 달팽이관의 액체에 변화를 일으켜 기저막이 물결치게끔 하고, 표면의 모세포들이 휘어진다. 모세포의 운동은 기저의 신경 세포의 충동을 일으키는데, 이 세포들의 축색은 연결되어 시신경을 형성한다. 이 신경은 신경 정보를 시상으로, 다시 청각피질로 전송한다.

연쇄 작용을 일으켜 시작된다. 외이는 파동을 청도(auditory canal)로 보내, 질긴 막으로 이루어진 고막을 때려 진동하게끔 한다(**그림 5.23a**).

중이(middle ear)에서는 3개의 작은 뼈[망치뼈(hammer), 모루뼈(anvil), 등자뼈(stirup)]가 진동을 흡수하여 **내이**(inner ear)의 달팽이관(cochlea, 달팽이 모양으로 생긴 구조)으로 보낸다. 전달된 진동은 달팽이관의 막으로 덮인 입구인 난원창(oval window)을 진동시키고, 이 파동은 달팽이관 내의 액체를 통해 전달된다. 파동은 바람이 갈대를 흔들듯, 달팽이관 표면의 기저막(basilar membrane)에 일렬로 놓인 모세포(hair cell)를 휘게 한다.

모세포의 운동은 청신경(auditory nerve)과 축색 연결을 맺는 신경 세포의 충동을 만들어낸다. 청신경은 이 신경 충동을 시상으로 보내고, 그곳에서 다시 뇌의 측두엽에 위치한 청각피질로 신호를 보낸다(**그림 5.23b**).

진동하는 공기로부터 시작되어 기계적으로 움직이는 작은 뼛조각을 통해 액체에 파형을 일으키고, 다시 이것이 전기 충동으로 전환되어 뇌에 전달이 되면, 우리는 듣게 된다!

청각 처리 과정의 가장 놀라운 부분은 '민감도와 빠른 속도를 바탕으로' 소리라는 감각을 가능하게 해주는 흔들리는 다발인 모세포일 것이다(Goldberg, 2007). 달팽이관에는 약 16,000개의 모세포가 있다. 언뜻 많게 들리지만, 1억 3,000만 개의 시각 수용기 세포와 비교하면 그렇게 많지 않다. 그러나 이 모세포의 민감도를 생각해보자. 모세포 끝에 붙어 있는 섬모(cilia) 다발을 원자(atom)의 크기만큼만 구부리면, 신경 반응이 촉발되는 것이다(Corey et al., 2004).

달팽이관의 모세포 수용기 혹은 이와 관련된 신경 세포의 손상은 **감각신경성 청력 손상**[(sensorineural hearing loss, 혹은 신경성 난청(nerve deafness)]을 초래한다. 때로는 모세포 수용기의 손상에 의한 것이지만, 유전이나 노화에 의한 생물학적 변화 혹은 장기간 귀를 찢는 듯한 소음이나 음악에 노출되어 청력 손상이 일어나는 경우가 더 빈번하다. 감각신경성 청력 손상은 음파를 달팽이관에 전달하는 기계적 구조의 손상에 의해 일어나는 **전도난청**(conduction hearing loss)보다 더 흔하다.

모세포는 양탄자의 털에 비유되곤 한다. 양탄자를 밟고 다니면 털은 곧 다시 원상태로 돌아온다. 그러나 무거운 가구를 올려놓으면 다시 원상 복구되지 않을 수 있다. 일반적으로 대화가 불가능한 정도의 소음(시끄러운 기계소리나 팬들이 환호하는 스포츠 경기장 등)에 노출되는 것, 특히 자주 그리고 오랜 시간 노출되는 것은 좋지 않다(Roesser, 1998). 이러한 경험 후에 만일 귀가 먹먹하다면 불쌍한 모세포에게 나쁜 일을 했다는 것을 의미한다. 고통의 신호가 신체적 상해에 대한 경고음이듯, 귀의 먹먹한 감각은 청력 손상이 있었음을 경고해준다.

세계적으로 12억 명의 인구가 청력 손상으로 고생하고 있다(Global Burden of Disease, 2015). 1990년대 초기부터, 청소년들의 청력 손상은 약 30% 증가하였고, 현재 약 5명의 청소년 중 1명은 손실의 영향을 받고 있다(Shargorodsky et al., 2010). 남자 청소년이 여자 청소년이나 성인에 비해 더 오래 큰 소리에 노출되어 있다(Zogby, 2006). 전동 잔디깎이 기계를 다루거나 시끄러운 클럽에서는 귀마개를 해야만 한다. 그렇지 않을 경우 나중에 보청기를 낄 일이 생긴다.

감각신경성 청력 손상은 회복 불가능하다. 그러나, 최근에는 **달팽이관 이식**(cochlear implant)을 한다. 해마다 약 5만여 명(이 중 3만여 명은 어린이)의 사람들이 이 전자장치를 착용한다(Hochmair, 2013). 이 장치는 달팽이관의 신경 세포에 전기적으로 연결되어 소리를 전기 신호로 전환, 소리 정보를 뇌로 보낸다. 듣지 못하는 새끼고양이나 유아에게 달팽이관 이식을 하면, 들을 때 사용하는 뇌의 영역이 깨어나는 것처럼 보인다(Klinke et al., 1999; Sireteanu, 1999). 이 시술은 유아기, 이상적으로 1세 이전의 유아들이 대화로 소통할 수 있도록 도와준다(Dettman et al., 2007; Schorr et al., 2005).

소리의 위치를 어떻게 파악하는가

왜 우리의 귀는 2개일까? 우리의 귀는 약 15cm 떨어져 있다. 그리하여 두 귀는 약간 다른 정보를 얻는다. 오른쪽에서 차의 경적이 울린다고 하자(**그림 5.24**). 오른쪽 귀가 왼쪽 귀보다 더 강한, 그리고 약간 더 빠른 소리를 얻을 것이다. 소리는 시속 약 1,200km로 이동한다. 우리의 초민감 소리 시스템은 이 강도차와 시간차—약

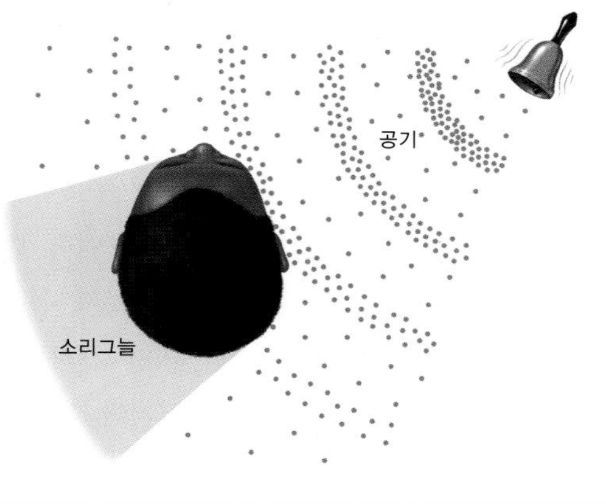
공기
소리그늘

그림 5.24 왜 두 귀가 하나의 귀보다 더 나은가 음파는 한 귀를 더 빨리, 더 강하게 때린다. 이 정보를 바탕으로 우리의 뇌는 소리의 위치를 계산한다. 그러므로 한 귀의 청력을 상실한 사람들은 소리의 위치를 파악하는 데 어려움을 갖는다.

0.000027초만큼이나 짧은!—를 탐지한다(Brown & Deffenbacher, 1979; Middlebrooks & Green, 1991).

촉각

감각 중 하나를 잃어야만 한다면, 어떤 것을 포기하겠는가? 단 하나의 감각만을 가질 수 있다면, 어떤 감각을 선택할 것인가? 촉각은 금방 떠오르는 감각은 아니지만, 촉각을 유지한다는 것은 좋은 선택이다. 생후 초기부터 촉각은 우리의 발달을 돕는다. 볼 수도, 들을 수도, 냄새를 맡을 수도 있지만, 어린 원숭이에게 어미와의 접촉을 차단시켰을 때, 새끼원숭이는 매우 고통스러워한다. 차단막으로 어미와 분리되어 있지만 작은 구멍을 통해 어미를 만질 수 있게 하면 훨씬 덜 절망적이다. 조산아들에게 손마사지를 해주면 체중도 빠르게 증가하고 퇴원도 일찍 하게 된다(Field et al., 2006). 성인이 되어서도 우리는 여전히 접촉을 갈망한다—키스를 하거나, 쓰다듬거나, 껴안는다.

촉각은 4개의 기본적이며 구분되는 피부 감각의 혼합물이다. 그것은 압각, 온각, 냉각, 통각이다. 피부 감각은 이 4개의 다채로운 조합이다. 예를 들어 좌우로 압력을 주며 쓰다듬으면 간지러운 감각을 일으킨다. 통각 부위를 반복적으로 부드럽게 쓰다듬으면 가려움을 느낀다.

그러나 촉각은 피부의 감각 이상이다. 이성애자인 남성의 다리를 매력적인 여성이 부드럽게 접촉하는 것과 다른 남성이 동일하게 만지는 것은 다른 피질 반응을 일으킨다(Gazzola et al., 2012). 이러한 반응은 얼마나 빨리 우리의 뇌가 감각에 영향을 줄 수 있는지를 잘

보여준다. 이러한 사고-감정 상호작용은 고통을 경험하고 이에 반응할 때에도 역시 나타난다.

통각—통각이란 무엇이고, 인간은 어떻게 이를 통제하는가

때때로 느껴지는 통각에 감사해야 한다. 통각은 우리의 신체가 무엇인가 잘못되어 가고 있다는 것을 알려주는 신호이다. 발목에 화상을 입거나, 부러졌거나, 접질린 경우를 생각해보자. 통증을 완화하기 위해 행동을 바꿀 것이다. 희귀하지만, 어떤 사람들은 고통을 느낄 수 없게 태어나는데, 심각한 부상이나 심지어 죽음에 이르는 매우 위협적인 상황에 처할 수 있다. 자세를 바꾸게 만드는 불편한 느낌이 없다면, 관절은 지나친 긴장으로 망가지게 되며, 통증의 경고 없이 감염은 더 빨리 퍼져나가고, 부상은 배가된다(Neese, 1991).

더 흔하게는, 많은 사람들이 꺼지지 않는 알람처럼 만성적 통증에 시달린다. 지속적인 요통, 관절염, 두통, 암에 의해 유발된 통증 등은 두 가지 질문을 갖게 한다. 통증이란 무엇인가? 어떻게 통제할 것인가?

통증에 대한 감각은 **상향적** 감각과 **하향적** 인지 둘 다를 반영한다. 통각은 생물심리사회적 사건이다(Hadjistavropoulos et al., 2011). 그러므로 통증에 대한 경험은 집단 간, 개인 간 변산이 매우 크다.

생물학적 영향 통증은 감각에 의해 만들어진 물리적 사건이다. 그러나 다른 감각과는 다르다. 빛이 시각을 유발하는 것처럼, 한 종류의 자극이 통증을 유발하는 것이 아니다. 또한 망막의 간상체나 원추체가 빛파장에 반응하듯이, 통증 신호에만 특화된 수용기 세포가 있는 것도 아니다. 대신 대부분 피부에 존재하는 **유해수용기**(nociceptor)가 통증을 일으키는 온도, 압력, 화학물질들을 감지한다.

통증의 체험은 또한 물려받은 유전자와 신체적 특징에 의해 일정 부분 좌우된다. 여자들이 남자들보다 통증에 더 민감한데, 여자들은 또한 청각과 후각에도 더 민감하다(Ruau et al., 2012; Wickelgren, 2009).

그러나, 통각은 마치 끈을 당겨 종을 울리는 것처럼, 손상된 신경세포가 충동을 뇌의 특정 영역으로 보내는 단순한 물리적 사건이 아니다. 사지 절단 후의 **환각지 감각**(phantom limb sensation)처럼 종종 뇌 스스로 고통을 만들어낸다. 감각 입력 없이도 뇌는 다른 신경활동들을 잘못 해석할 수 있다. 꿈을 꾸는 사람이 눈을 감고도 무언가를 보듯, 사지 절단 환자 10명 중 7명 정도는 더 이상 존재하지 않는 팔이나 다리에서 통증이나 움직임을 느낀다(Melzack, 1992, 2005).

다른 감각 손실 환자에게도 환각은 일어난다. 청각 손상 환자들은 귀에서 울리는 환각 소리인 이명을 경험한다. 당뇨나 백내장 등에 의해서 시각을 잃은 환자들도 비위협적 환시를 경험한다(Ramachandran & Blakeslee, 1998). 미각이나 후각 시스템의 신경 손상도 역시 환각을 일으키는데, 얼음물이 지나치게 달게 느껴지거나 신선한 공기에서 음식 썩는 냄새를 맡는다(Goode, 1999). 즉 우리는 뇌로 보고, 듣고, 맛보고, 냄새를 맡고, 통증을 느낀다.

심리적 영향 통증 지각의 강력한 요인 중 하나는 통증에 집중하는 우리의 주의이다. 승리에 목마른 운동 선수들은 통증을 다르게 지각하고, 부상 입은 채로 경기를 끝낸다. 매우 격렬한 경기의 전반전에서 태클을 당한 후, 스웨덴의 프로 축구 선수인 모하메드 알리 칸은 약간 통증을 느꼈고, '단순한 타박상'이라고 판단해서 경기를 진행했다. 후반전에서 주치의가 다리가 부러졌다고 하자 그는 깜짝 놀랐다. 골절의 통증은 주로 뇌에서 일어난 것이다.

또한 통증의 기억은 편집되는 것처럼 보인다. 우리가 경험한 통증과 기억하는 통증은 다르다. 실험에서 혹은 의료 시술에서 사람들은 통증의 지속 시간은 무시한다. 오직 두 가지 사건, 즉 고통이 최고조에 이른 순간과 종료 시 느낀 고통의 크기를 기억한다. 한 실험에서, 참여자들은 아플 정도로 차가운 물속에 60초간 한 손을 담그도록 하였고, 다른 조건에서는 마찬가지로 차가운 물에 60초간 담그도록 한 후, 다음에는 덜 차가운 물속에 30초간 손을 담갔다(Kahneman et al., 1993). 어떤 경험이 가장 고통스럽게 회상될까?

흥미롭게도 두 시행 중 어떤 시행을 다시 하겠냐는 질문에 대부분은 고통의 총합이 더 크고 더 긴 시행, 그러나 종료 시점의 고통의 크기는 작은 경우를 골랐다. 의사들은 환자들에게 결장 검사를 시행할 때 마지막 1분에 고통의 강도를 줄게 하여(불편감은 1분 더 길어졌지만) 이와 같은 원리를 적용한다(Kahneman, 1999). 연장된 시술을 경험한 환자들은 고통 중에 갑자기 검사가 끝난 환자들에 비해 그 검사가 덜 고통스러웠다고 회상했다. 끝이 중요한 것이다.

사회문화적 영향 고통은 주의(attention), 기대, 문화의 산물이다(Gatchel et al., 2007; Reimann et al., 2010). 그러므로, 고통의 지각이 우리가 처한 사회적 상황이나 문화적 전통에 따라 달라진다는 것은 그리 놀랍지 않다. 다른 사람이 아파하는 것을 보면 우리는 더 고통을 느끼게 된다(Symbaluk et al., 1997). 다른 사람의 고통에 공감을 할 때, 실제 고통을 느끼는 뇌의 영역이 부분적으로 활성화된다(Singer et al., 2004).

통증 제어 통증이 몸과 마음이 만나는 곳—즉 신체적, 정신적 사건의 결합—이라면, 통증은 신체적 · 심리적으로 치료 가능해야만 한다. 증상에 따라 약물, 수술, 침술, 전기 자극, 마사지, 운동, 최면, 이완 훈련, 사고 전환과 같은 통증 제어 치료법들이 사용된다.

통증 제어는 어느 정도 내장되어 있다. 극심한 고통이나 격렬한 운동에 대한 반응으로 뇌는 엔도르핀과 같은 자연 진통제를 분비한다. 이런 신경전달물질은 고통을 완화해주는 효과를 갖고 있다. 엔도르핀의 공급을 늘릴 수 있는 유전자를 갖고 태어난 사람들은 통증에 둔하다. 이러한 사람들의 뇌는 고통에 덜 반응한다(Zubieta et al., 2003). 통증 신경회로에 이상이 있는 유전자를 지니고 있는 사람들은 아예 통증을 느끼지 못할 수도 있다(Cox et al., 2006). 이러한 발견들은 미래의 통증 완화제는 이러한 유전적 효과를 모사해야 한다는 것을 시사한다.

고통스러운 경험에 반응하는 중추신경계의 주의와 반응을 약화시켜, 진통제의 효과를 흉내내는 위약(placebo)도 도움이 된다. 턱에 식염수를 주사한 후, 고통이 줄어들 것이라고 말하면, 시술받은 사람들은 실제로 즉시 통증이 줄어들었다. 사람들의 가짜 진통제에 대한 믿음이 엔도르핀을 분비하는 뇌의 반응을 촉발한 것이다(Scott et al., 2007; Zubieta et al., 2005).

엔도르핀이 주의 전환과 결합하면 놀라운 일이 일어난다. 치료 중 의사가 기분 좋은 것을 떠올려보라거나, 셋씩 거꾸로 수를 세어보라고 한 경험이 있는가? 이러한 방법들은 통증을 줄여주고 통증에 대한 내성을 높여주는 뇌의 경로를 활성화시킨다. 고통스러운 시술을 받는 화상 피해자들에게 컴퓨터로 구현된 3-D 세계로 빠져들게 하는 것은 더욱 효과적이다. 기능적 자기공명영상(fMRI)을 통해 가상현실에서 게임을 할 때, 뇌의 통증 관련 활동이 줄어드는 것이 관찰되었다(Hoffman, 2004).

주의 분산과 위약을 결합할 때 통증 완화 효과가 극대화되고 (Buhle et al., 2012), 또한 **최면**(hypnosis)은 그 효과를 증폭시킨다. 이제 막 최면에 들어가는 것을 상상해보라. 최면술사는 당신을 편안히 앉힌 후, 벽의 높은 부분에 시선을 고정시키고, 긴장을 풀라고 주문할 것이다. 부드럽고 낮은 음성이 들린다. "눈이 피곤해집니다. 눈꺼풀이 점점 무거워집니다. 더 무거워집니다. 더 무거워… 이제 두 눈이 감깁니다. 더 깊게 이완됩니다. 근육도 점점 더 편안히 이완됩니다. 몸 전체는 납덩어리처럼 느껴집니다." 이러한 몇 분의 최면 유도 후에 실제로 최면을 경험하게 된다.

최면술사는 마법으로 다른 사람의 마음을 제어하는 것이 아니다. 그들은 단순히 사람들이 특정 이미지나 행동에 집중하도록 도와준다. 어느 정도 우리는 모두 피암시성을 갖고 있다. 그러나 피암시성이 매우 높은 20% 정도의 사람들은 최면 상태에서 지독한 암모니아 냄새를 맡아도 어떤 반응도 하지 않는다(Barnier & McConkey, 2004; Silva & Kirsch, 1992).

최면이 통증을 완화할 수 있을까? 그렇다. 최면은 통증에 관련된 뇌의 활성화를 억제한다. 수술 상황에서 최면 상태의 환자들은 비최면 환자들에 비해 약이 덜 필요했고, 더 빨리 회복되었으며, 퇴원도 일찍 이루어졌다(Askay & Patterson, 2007; Hammond, 2008; Spiegel, 2007). 인구의 약 10%는 아주 깊은 최면 상태에서 마취제 없이 수술을 집도할 수도 있다. 인구의 반은 최면 상태에서 통증의 감소를 경험한다. 수술 시 최면 사용은 유럽에서는 활발하다. 벨기에는 한 해 약 5,000건의 수술이 최면과 결합된 국부마취, 소량의 진정제로 이루어진다(Song, 2006). 최면은 또한 만성통증의 완화에도 도움을 준다(Adachi et al., 2014).

어떻게 최면이 작용하는가? 심리학자들은 두 가지 설명을 제안하였다.

- 사회적 영향 이론 : 최면은 정상적인 사회적 · 정신적 과정의 부산물로 사회적 영향의 한 종류이다(Lynn et al., 1990, 2015; Spanos & Coe, 1992). 이러한 관점에서 최면에 빠진 사람들은 마치 역할 연기를 하는 사람들처럼 '말 잘 듣는 최면 환자'가 적절히 해야 할 방식대로 느끼고 행동한다. 최면술사는 그들의 주의를 고통에서 분산되게끔 하고, 환상으로 인도한다.
- 해리 이론 : 최면이 정상적인 감각과 의식적 인식 사이를 분리, 즉 해리(dissociation)하는 특수한 이중처리라고 본다. 해리 이론은 어떤 사람들은 최면 상황에서는 암시한 행동을 하지 않다가, 최면에서 깨어난 후, 주위에 아무도 없을 때 암시된 행동을 수행하는 **최면후 암시**(posthypnotic suggestion)를 설명해준다(Perugini et al., 1998). 또한 왜 통증 완화를 위해 최면에 걸린 사람들이 감각 정보를 입력하는 영역에서는 뇌의 활성화가 있지만, 정상적으로 통증 관련된 정보를 처리하는 영역에서는 활성화되지 않는지를 설명한다(Rainville et al., 1997). 선택적 주의(제2장)도 작동한다. 뇌영상 사진들은 최면이 뇌의 주의 체계 영역을 활성화한다는 것을 보여준다(Oakley & Halligan, 2013). 그러므로 최면은 감각 입력 자체를 차단하는 것이 아니라, 그러한 자극들에 우리의 주의가 집중되는 것을 차단해준다. 전투에서 부상당한 병사들이 전투 중에는 전혀 고통을 느끼지 않다가, 안전한 곳에 가서야 고통이 시작되는 이유를 설명해준다.

미각

촉각처럼, 미각은 몇 개의 기본 감각으로 이루어진다. 예전에는 미각은 단맛, 신맛, 짠맛, 쓴맛, 혹은 이 네 기본 맛의 결합으로 구성된다고 가정되었다. 이 네 맛의 감각에 반응하는 특수한 신경섬유를 찾는 과정 중에 연구자들은 새로운 감각을 발견하였다. 바로 육수의 맛 같은 **감칠맛**인데, 감미료인 MSG(monosodium glutamate)에서 경험할 수 있다.

맛은 우리에게 즐거움을 선사한다. 또한 생존할 수 있도록 도와준다. 기분 좋은 맛들은 우리의 선조들을 칼로리와 단백질이 많은 음식으로 유혹했다(**표 5.2**). 기분 나쁜 맛들은 독이 있을지 모를 새로운 음식들을 멀리하게끔 했다. 오늘날의 2~6세 아동의 맛 선호는 우리에게 전승되어 온 생물학적 지혜를 반영한다. 이 시기의 아동들은 편식이 심하고 새로운 고기 요리나 시금치처럼 쓴맛이 나는 채소에는 고개를 돌려버린다(Cooke et al., 2003). 그러나 선조들의 생존 키트 안에 들어 있는 또 다른 능력인 학습은 당황한 부모들을 도와준다. 비선호 음식을 조금씩 반복해서 맛보게 하면, 아동들은 결국 그 맛을 수용하게 된다. 인간은 자신이 먹는 음식을 결국 좋아하게 된다(Wardle et al., 2003). 바닐라 맛 분유를 먹은 독일 아기들은 성인이 된 후 바닐라 맛에 대한 놀랄 정도로 높은 선호도를 보여주었다(Haller et al., 1999).

맛은 화학적 감각이다. 거울로 혀를 관찰하면 혀의 위와 옆부분에 작은 돌기들을 발견하게 된다. 각각의 돌기는 약 200개 이상의 미뢰(taste bud)를 갖고 있다. 각 미뢰는 음식의 화학물을 탐지하는 작은 구멍을 포함하고 있는데, 이 구멍에는 50~100여 개의 미각 수용기 세포가 있다. 이 세포는 마치 안테나처럼 뻗어 음식 분자들에 반응한다. 단맛 분자에만 잘 반응하는 세포도 있고, 어떤 세포들은 짠맛, 신맛, 감칠맛, 쓴맛에 반응한다. 각각의 수용기는 뇌의 대응되는 신경 세포에 그 메시지를 전달한다(Barretto et al., 2015).

수용기의 반응을 일으키는 것은 매우 쉽다. 짠맛이 나는 응축액을 첨가한 물줄기가 혀를 훑고 지나가면, 10분의 1초 안에 이 맛은 주의를 끌 것이다(Kelling & Halpern, 1983). 친구가 "탄산음료 맛 좀 볼게" 하고 청할 때, 빨대 끝의 몇 방울만 줘도 되는 것이다.

표 5.2 기본 맛의 생존 기능

맛	기능
단맛	에너지원
짠맛	생리 과정에 필수적인 나트륨 제공
신맛	잠재적 유독 산성 물질
쓴맛	잠재적 독극물
감칠맛	신체조직을 성장시키고 복원하는 단백질

미각 수용기는 매주 혹은 격주로 다시 만들어진다. 그러므로 뜨거운 음식을 먹다가 혀를 데어도 전혀 문제되지 않는다. 그러나, 노화가 더 문제인데, 미뢰는 점점 줄어들게 되고, 맛에 대한 민감도도 떨어진다(Cowart, 1981). 어른들이 강한 맛을 좋아하는 것은 놀라운 일이 아니다. 흡연과 음주는 미뢰의 감소가 더욱 빠르게 이루어지도록 한다.

미각에 영향을 주는 것은 혀뿐만이 아니다. 우리의 기대도 맛에 영향을 준다. 실제로는 살코기 소시지를 콩으로 만든 채식주의자용 소시지라고 하고 맛 평가를 실시하면, 살코기 소시지보다 나쁘다는 평가를 받았다(Allen et al., 2008). 동일한 와인을 9만 원이라고 할 때와 1만 원이라고 할 때, 사람들은 비싼 와인을 더 맛있다고 평가했으며, 실제로 뇌의 쾌락 경험을 관장하는 영역이 활성화되었다(Plassman et al., 2008).

후각

출생할 때의 첫 들숨과 죽기 전의 마지막 날숨 사이, 우리의 코는 약 5억 번의 생을 지탱해주는 숨 속에서 냄새를 품은 분자들에 노출된다. 이러한 경험의 결과는 후각이다. 매 숨마다 우리는 냄새를 맡게 된다.

후각은 미각처럼 화학적 감각이다. 공기에 포함된 화학 분자가 비강 상단부의 약 2,000만 개의 후각 수용기 군집에 도달할 때 우리는 냄새를 맡게 된다. 이 수용기들은 바다 암초의 말미잘처럼 흔들리면서 빵 굽는 냄새, 담배 냄새, 친구의 향수 등에 선택적으로 반응한다. 후각은 뇌의 감각 통제 중추인 시상을 거치지 않고 뇌에 직접 신호한다.

냄새 분자들은 형태와 크기가 너무나 다양하여, 이러한 분자들을 구분하기 위해 수백 개의 서로 다른 수용기가 존재한다(Miller, 2004). 탐지 가능한 냄새마다 이에 특정적으로 반응하는 단일 수용기가 존재하는 것은 아니다. 대신에 비강의 표면에 있는 수용기들은 다양한 조합으로 뇌에 신호를 보내어, 후각 피질의 다양한 활동을 만들어낸다(Buck & Axel, 1991). 영어의 26개 알파벳의 조합이 다양한 단어들을 만들어내듯, 후각 수용기는 1조 가지의 냄새를 구분할 수 있는 다양한 활성화 패턴을 만들어낸다(Bushdid et al., 2014).

냄새의 도움으로 어미 물개는 수많은 아기 물개들 틈에서 자신의 아기를 찾을 수 있다. 엄마와 수유중인 아기도 서로의 냄새를 재빨리 학습한다(McCarthy, 1986). 좋은 냄새라는 것은 부분적으로는 학습된 연합이다(Herz, 2001). 미국인들은 윈터그린 나무의 냄새를 사탕이나 껌에 연관시키고 그 냄새를 좋아하지만, 영국에서는 윈터그린 냄새가 약 냄새로 여겨져 영국인들은 그 냄새를 덜 좋아한다.

우리의 후각은 시각이나 청각에 비해 그리 대단하지 않은 것처럼 보인다. 정원을 지나가면, 그 형태와 색은 놀랍도록 정밀하게 파악되고, 다양한 새들의 지저귀는 소리를 듣는다. 그러나 꽃봉오리에 코를 갖다대지 않는 이상, 맡을 수 있는 정원의 향기는 몇 개 되지 않는다. 또한 냄새는 언어로 회상할 수 없다. 그러나 오랫동안 잊혀진 향기에 대한 재인력은 놀랍도록 정확하다(Engen, 1987; Schab, 1991). 바다의 냄새, 누군가의 향수, 부엌에서 나는 냄새는 즐거운 회상에 젖게 한다.

뇌신경회로는 감정이나 기억, 특정 행동을 촉발하는 냄새의 힘을 잘 보여준다(**그림 5.25**). 코로부터 감각 입력을 받는 영역과 정서와 기억과 연관된 뇌의 영역은 직통 라인이 개설되어 있다. 신뢰 게임을 하는 동안, 피험자들이 생선 비린내에 노출된 경우에는 상대방을 더 의심하였다(Lee & Schwarz, 2012). 달콤한 향기에 노출되면 사람들은 애인을 더 다정하게 대하고, 타인을 더 많이 도와준다(Meier et al., 2012; Ren et al., 2015). 감귤향 세정제 향기가 나는 기차에 탑승한 승객들은 내릴 때 쓰레기를 덜 남겨두었다(de Lange et al., 2012).

Layne Bailey/The Charlotte Observer/AP Photo

코는 알고 있다 인간은 약 2,000만 개의 후각 수용기를 가진 반면, 사진 속의 블러드하운드 종의 개는 약 2억 2,000만 개의 수용기를 갖고 있다(Herz, 2007).

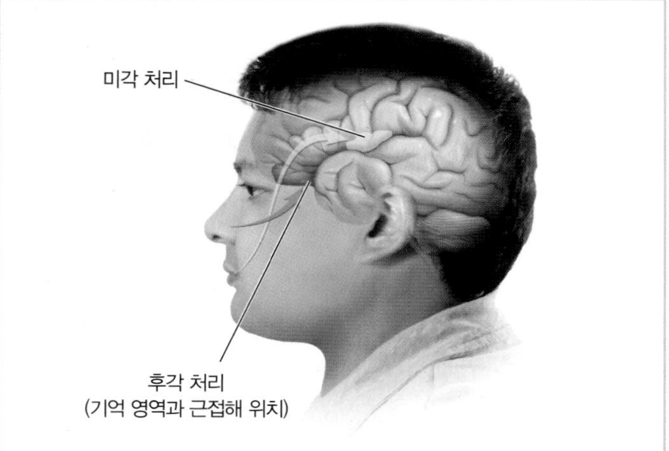
미각 처리
후각 처리
(기억 영역과 근접해 위치)

그림 5.25 미각, 후각, 그리고 기억 미뢰(노란 화살표)로부터의 정보는 뇌의 전두엽과 측두엽 사이의 영역으로 전송된다. 이곳은 맛과 상호작용하는 후각 정보가 입력되는 곳으로부터 멀지 않다. 후각(붉은 부분)을 위한 뇌회로는 또한 기억 창고에 해당하는 뇌영역과 연결되어 있어, 왜 냄새가 기억을 환기시키는지를 설명해준다.

신체 위치와 운동

지금까지 배운 우리에게 익숙한 이 5개의 감각만으로는 음식을 입에 넣을 수도, 일어설 수도, 누군가에게 다가갈 수도 없다. 아마 한 발짝 내딛는 '단순한' 동작도 불가능할 것이다. 이러한 행위들은 200여 개의 근육에 신호를 내리고, 또 그 피드백 정보들을 필요로 하는데, 때로 이러한 수고는 정신적 추론에 필요한 것보다도 더 많은 뇌활동을 요구한다. 다른 모든 수의적(voluntary) 동작과 마찬가지로, 한 발짝 내딛는 동작은 **운동감각**(kinesthesia) 때문에 가능하다. 운동감각이란 신체 부분의 위치와 운동을 파악하는 감각이다. 몸 전체의 근육, 힘줄, 관절에는 신체의 위치와 움직임에 대한 피드백을 끊임없이 뇌에 전달하는 수백만 개의 센서가 있다. 손목을 1도만 비틀어도 뇌는 즉시 이 정보를 업데이트한다.

눈이 보이지 않거나, 귀가 들리지 않는다는 상상은 쉽다. 지금 눈을 감거나 귀를 막으면 이러한 경험은 가능하다. 그러나 운동감각의 도움 없이 산다는 것이 무엇인지를 떠올리는 것은 쉽지 않다. 영국 햄프셔에 사는 이안 워터맨은 1972년, 당시 19세의 나이에 희귀 바이러스에 감염되어 접촉의 감각 및 신체 위치와 운동을 알려주는 신경이 파괴되었다. 이러한 상황의 사람들은 유체이탈과 같은 경험을 하는데, 마치 죽은 듯한 느낌, 내 몸이 진짜가 아니라는 느낌을 갖게 된다(Sacks, 1985). 오랜 연습 끝에, 워터맨은 걷고 먹는 것을 학습할 수 있었다. 시각에 의존하여 자신의 사지에 집중을 하고, 그것들을 움직이는 법을 터득했으나, 정전이 되어 컴컴해지면, 그는 바닥으로 고꾸라지고 만다(Azar, 1998).

시각은 운동감각과 상호작용한다. 오른쪽 발뒤꿈치를 왼쪽 발가락 앞에 높고 서보자. 쉽다. 자, 이제 눈을 감고 같은 동작을 해보자. 휘청할 것이다.

전정감각(vestibular sense)은 운동감각과 협조하여 머리와 몸의 위치 및 동작을 모니터한다. 내이의 2개의 구조물은 균형을 유지할 수 있도록 도와준다. 그중 하나는 세반고리관(semicircular canal)으로 3차원 프레첼처럼 생겼다(그림 5.23a). 다른 하나는 한 쌍의 전정낭(vestibular sacs)인데, 세반고리관을 달팽이관에 연결하며, 머리를 돌리거나 기울일 때 이 낭 안에 있는 액체가 같이 움직이게 된다. 이러한 움직임은 털처럼 생긴 수용기를 자극하고, 뇌의 뒤에 위치한 소뇌로 그 신호를 보내어, 신체의 위치를 감각하고 균형을 유지할 수 있게 해준다.

회전을 하다가 갑자기 멈추면, 세반고리관의 액체와 운동감각 수용기가 중립 상태로 돌아오는 데 수 초가 걸린다. 이 후유증은 어지러운 뇌에게 몸이 여전히 돌고 있다는 착각을 일으킨다. 정상적으로는 세상에 대해 적합한 해석을 가능하게 하는 기제가 특수한 상황에서는 우리를 속이는 지각적 착시의 원리를 잘 보여준다. 어떻게 속게 되는지에 대한 이해가 우리의 지각 시스템이 어떻게 작용하는지에 대한 단서를 제공한다.

감각 상호작용

시각과 운동감각이 상호작용하는 것을 배웠다. 사실, 우리의 모든 감각은 다른 감각이 무엇을 하는지를 엿듣고 있다(Rosenblum, 2013). **감각 상호작용**(sensory interaction)은 항상 작동하고 있다. 감각은 다른 감각에 영향을 준다.

냄새가 맛에 영향을 주는 것을 생각해보라. 코를 막고 눈을 감은 채 여러 음식을 맛보면, 사과 한 조각의 맛을 생감자 덩어리의 맛과 구분해낼 수 없다. 스테이크 한 조각은 마분지를 먹는 것처럼 느껴질 것이다. 냄새 없이는 차가운 커피나 적포도주나 비슷한 맛이다. 맛을 음미하기 위해, 코를 이용하여 그 향기를 들이마신다. 그래서 코감기에 걸리면 식욕을 잃게 된다. 냄새는 또한 미각을 돋우기도 한다. 딸기향은 음료의 단맛을 더욱 강하게 한다. 촉각도 맛에 영향을 준다. 식감에 따라 감자칩은 신선하게 느껴지기도 하고 퀴퀴하게 느껴지기도 한다(Smith, 2011). 냄새 + 식감 + 맛 = 풍미.

청각과 시각도 유사한 방식으로 상호작용한다. 짧은 돌발적인 소리와 연합되면, 희미한 불빛을 더 쉽게 본다(Kayser, 2007). 반대 방향의 작용도 발생한다. 약한 소리도 시각 단서와 함께 제공되면 더 잘 듣는다.

이러한 상호작용에 불협이 일어나면 어떻게 될까? 말하는 사람의 입모양과 그 내는 소리가 서로 다르면, 우리의 뇌는 제3의 소리를 만들어낸다. 입모양은 가(ga) 소리를 내고, 바(ba)라는 소리를 들려주면, 우리는 다(da)라는 소리를 듣는다. 최초 발견자의 이름을 따라 이러한 현상을 맥거크 효과(McGurk efffect)라고 한다(McGurk & MacDonald, 1976). 우리 모두에게, 입모양을 읽는 것은 듣는 과정의 한 부분이 된다.

지각은 2개의 과정, 즉 상향적 감각과 하향적 인지(기대, 태도, 사고, 기억)로 이루어진다. 이 장의 처음으로 되돌아가보자. 일상에서 감각과 지각은 연속선상의 두 점이다. 우리는 우리의 몸 안에서 사고한다. 우리의 신체감각을 담당하는 뇌회로는 인지를 다루는 뇌회로와 상호작용한다. 이것이 **체화된 인지**(embodied cognition)이다. 다음은 이와 관련된 흥미로운 실험들이다.

- 신체가 따뜻하면 사회적으로 따뜻한 지각과 행위를 촉진한다. 따뜻한 음료를 마신 후, 사람들은 타인을 더 따뜻한 사람으로 평가했고, 더 친밀감을 느꼈으며, 더 관용적으로 행동하였다(IJzerman & Semin, 2009; Williams & Bargh, 2008).
- 사회적 배척은 실제로 춥게 느껴진다. 다른 사람에게 냉대를 받은 사람들은 환대를 받은 사람들에 비해 실내온도를 낮게 평가했다(Zhong & Leonardelli, 2008).
- 타인에 대한 평가는 신체에 대한 감각을 모사한다. 흔들리는 책상과 의자에 앉아 있으면 타인과의 관계를 덜 안정적인 것으로 지각하였다(Kille et al., 2013).

세상을 해석하려고 시도할 때, 우리의 뇌는 다양한 경로의 입력 정보를 혼합한다. 대다수의 사람들은 박하나 초콜릿 냄새를 맡으면 맛의 감각을 떠올리게 된다. 희귀하지만 소수의 사람들은 2개 이상의 감각의 뇌회로가 통합된 공감각(synesthesia)이라고 하는 증상을 경험한다. 이를테면 소리를 들을 때 색을 보게 된다. 음악을 들으면, 색에 반응하는 뇌피질을 활성화시키고 색감각을 일으킨다(Brang et al., 2008; Hubbard et al., 2005). 숫자 3을 보면 맛의 감각을 일으킨다(Ward, 2003).

감각체계를 요약한 **표 5.3**을 보라.

ESP—감각 없는 지각?

감각, 인지, 정서의 샛강이 모여 지각의 강물을 만든다. 지각이 이러한 세 원천의 산물이라면, 감각 입력 없이 지각한다는 **초감각적 지각**(extrasensory perception, ESP)이 어떻게 가능할까?

누구에게 묻느냐에 따라 답은 달라지지만, 미국인의 반은 인간은 초감각적 지각이 가능하다고 믿는다(AP, 2007; Moore, 2005). ESP의 주장은 다음과 같다.

- **텔레파시** : 마음끼리의 소통
- **천리안** : 멀리 떨어진 곳의 사건을 지각하는 것. 다른 주의 화재 사건을 봄
- **예지** : 미래 사건에 대한 지각. 다음 달에 있을 죽음을 예견함

정신력으로만 탁자를 들어올리거나 주사위를 던지는, 물질에 대한 마음의 작동인 **염력**도 위의 주장과 유사하다.

미국립과학회의 설문조사에 따르면 약 96%의 심리학자들과 과학자들은 ESP의 주장에 대해서 회의적이다(McConnell, 1991). 어떤 심령술사도 복권 번호를 맞추거나 주식시장을 예측할 수 없었다. 지난 30년 동안 엉뚱한 미래 예측은 하나도 이루어지지 않았고, 심령술사들은 그 해 신문의 머리기사들을 미리 예견하지도 못했다(Emery, 2004, 2006). 9/11 테러 이후 5,000만 달러의 상금이 걸린 오사마 빈 라덴의 행방에 대해 어떤 심령술사도 해답을 내놓지 못했다.

경찰과 연합하여 일하는 수백의 심령술사들의 정보는 보통 사람들의 추측보다 더 정확하지 않다(Nickell, 1994, 2005; Radford, 2010; Reiser, 1982). 그러나 심령술사들은 예측을 많이 던지므로 많이 맞게 되고, 결과적으로 맞는 예측인 경우 심령술사들이 이를 미디어에 퍼뜨린다.

보통 사람들의 '예지 능력'은 정확할까? 꿈은 미래를 예측할까, 아니면 이미 일어난 일에 비추어 꿈을 재구성하거나 회상하여 마치 그런 것처럼 느끼는 것일까? 1932년 비행사 찰스 린드버그의 아기가 납치 살해되었다. 아직 살해 정보나 시신의 위치가 알려지기 전에, 2명의 심리학자는 이 아기의 꿈을 꾸었다고 주장하는 사람들을 모집하였다. 1,300명의 사람들이 응답하였다. 아기가 죽었다는 꿈을 꾼 사람은 이 중 65명, 나무들 사이에 매장(실제 그러한 곳에 매장되었다)되었다는 것까지 보고한 사람은 4명이었다. 이러한 숫자는 우연에 지나지 않을 수 있다. 그러나 그 4명에게는 그들의 정확도가 초자연적으로 느껴졌을 것이다.

매일 일어나는 수백억 개의 사건들 틈에 깜짝 놀랄 우연은 반드시 일어난다. 우연만으로도 하루에 수천 개의 사건은 예측될 수 있다. 지구상의 어떤 사람은 다른 사람을 떠올릴 수 있고, 수 분 내에 그 사람의 죽음에 대해서 듣게 되는 일이 있을 수 있다(Charpak & Broch, 2004). 그러므로, 깜짝 놀랄 사건을 설명할 때, 우리는 그것이 우연(chance)에 지나지 않을 수 있다는 기회(chance)를 주어야 한다(Lilienfeld, 2009). 충분한 시간과 충분한 수의 사람으로는 어떤 일이든 일어날 수 있다.

"말을 많이 하는 사람은 가끔 맞는 말도 한다."

스페인 속담

독심술이나 유체이탈 혹은 죽은 사람과 대화를 한다는 이들의 주장을 대할 때, 기묘한 생각의 것과 이상하게 들리지만 진실일 수도 있는 것을 어떻게

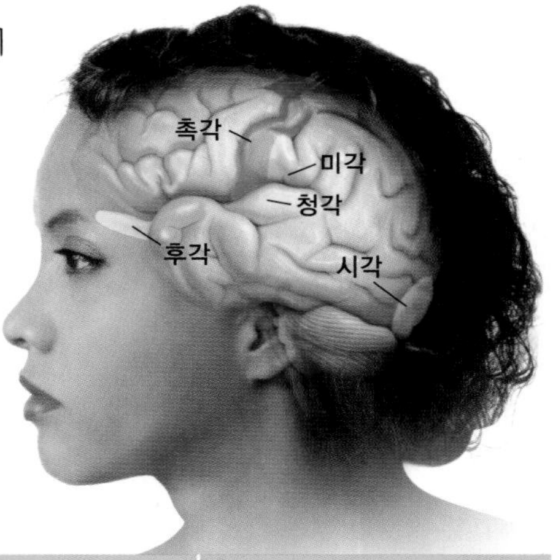
촉각
미각
청각
후각
시각

표 5.3 감각 요약

감각체계	정보원	수용기	핵심 뇌 영역
시각	눈에 도달하는 광파	망막의 간상체와 원추체	후두엽
청각	외이에 도달하는 음파	내이의 달팽이관 모세포	측두엽
촉각	압력, 온기, 냉기, 위해 분자(harmful chemicals)	압력, 온기, 냉기, 통증을 탐지하는 피부 수용기	체감각피질
미각	입안의 화학 분자	단맛, 신맛, 짠맛, 쓴맛, 감칠맛의 기본 혀 수용기	전두엽과 측두엽의 경계
후각	코로 숨쉴 때 들어오는 화학 분자	비강 상부에 있는 수백만 개의 수용기	후신경구
신체 위치-운동감각	시각과 상호작용하는 신체 부분의 위치의 모든 변화	관절, 힘줄, 근육의 운동센서	소뇌
신체 운동-전정감각	머리와 몸의 움직임에 의해서 촉발된 내이의 액체 운동	세반고리관과 전정낭의 털처럼 생긴 수용기	소뇌

Mind Machine
Mind Machine
Join in the world's largest test of psychic ability.
It's free and only takes 2 minutes.

Courtesy of Claire Cole

영국인들을 대상으로 심령술 검증하기 심리학자들은 사람들이 동전던지기 사건을 예측하거나 영향을 줄 수 있는지 파악하기 위해 '마음 기계'를 만들었다(Wiseman & Greening, 2002). 터치 스크린을 이용하여, 브리티시 페스티벌의 방문자들은 동전의 앞뒤 사건을 추측할 수 있는 네 번의 기회가 주어졌다. 이 실험이 종결되었을 때, 2만 8,000여 명의 사람들로부터 약 11만 959회의 동전던지기 게임 결과를 얻을 수 있었다. 결과는? 49.8%의 정확률을 보여주었다.

구분할 수 있을까? 과학적 방법에 간단한 해답이 있다. **진짜 작동이 되는지 실험해보면 된다.** 작동이 된다면 그들의 주장이 그럴듯한 것이고, 안 된다면 우리의 회의론이 더 맞는 것이다.

통제되고 검증 가능한 실험으로 ESP의 주장을 어떻게 시험해볼 수 있을까? 실험은 무대 위의 연출과 다르다. 실험실에서 실험자는 '영매'가 보고 듣는 것을 통제한다. 무대 위에서 '영매'는 관중이 보고 듣는 것을 통제한다.

유명한 사회심리학자인 대릴 벰(Daryl Bem)은 "영매는 영매의 역할을 연기하는 배우이다"라고 말했다(Bem, 1984). 그러나 한때는 회의론자였던 벰은 사람들이 미래의 사건을 예견하는 것처럼 보이는 9개의 실험을 통해 ESP를 과학적 증거로 지지할 수 있다는 희망을 다시 일으켰다(Bem, 2011). 예를 들어 한 실험에서, 참여자들은 모니터를 통해 에로틱한 사진이 두 위치 중 어느 곳에 나타날지를 추측하도록 하였다. 이 위치는 컴퓨터에 의해서 무선적으로 결정된 것이었다. 총 시행 중 참여자들은 53.1%의 정확도를 보였는데, 이는 50%라는 우연의 확률과는 통계적으로 유의미한 차이였다.

벰의 연구는 일류 저널의 까다로운 심사과정을 통과하였다. 그러나 이 연구에 대해 다른 비판가들은 방법론에 오점이 있고(Alcock, 2011), 혹은 통계적 분석이 '편파적'이라고 비난하였다(Wagenmakers et al., 2011). 또한, '독립적이고 회의적인 연구자들'에 의해서 이 결과는 반복될 수 없다고 비난하였다(Helfand, 2011).

이러한 회의론을 예상한 벰은 그의 연구를 검증하고자 하는 사람은 누구나 실험할 수 있도록 연구 자료를 공개하였고, 몇 차례의 시도는 성공하였다. 논쟁은 계속되고 있다(Bem et al., 2014; Galak et al., 2012; Ritchie et al., 2012; Wagenmakers, 2014).

회의론자이며 마술사인 제임스 랜디(James Randi)는 "올바른 관찰 조건에서 초자연적 힘을 보여줄 수 있는 사람"에게 100만 달러의 상금을 수여한다는 제안을 오래전부터 해왔고(Randi, 1999; Thompson, 2010), 프랑스, 호주, 인도의 단체들도 20만 유로의 상금까지 수여하는 비슷한 제안을 해왔다(CFI, 2003). 'ESP는 없다'라는 주장을 잠식하기 위해서는 반복 가능한 단 하나의 사례만으로도 충분하다. 말하는 돼지는 없다고 주장하는 사람에게 말하는 돼지 한 마리면 충분한 것처럼 말이다. 그러나 지금까지 이러한 사례는 발견되고 있지 않다.

색으로 가득한 음악을 듣는 것이 어떤 것인지, 고통을 느끼지 못한다거나, 친구와 가족의 얼굴을 인식하지 못하는 것은 어떨지 우리 대다수는 잘 모른다. 그러나 일상의 감각과 지각만으로도 너무나 놀라운 일이 벌어지고 있다. 한 세기 동안, 많은 연구들은 감각과 지각의 비밀들을 밝혀내었다. 그러나 미래세대의 연구자들에게는 더 심오하고 본질적인 문제들이 남아 있다.

주요 용어

감각	파장	게슈탈트	내이
지각	색상	전경-배경	감각신경성 청력 손상
상향 처리	강도	깊이 지각	전도난청
하향 처리	망막	시각절벽	달팽이관 이식
변환	간상체	양안단서	최면
절대 역치	원추체	지각 항등성	최면후 암시
역치하	시신경	색채 항등성	운동감각
차이 역치	맹점	지각 순응	전정감각
점화	영-헬름홀츠 삼원색 이론	주파수	감각 상호작용
베버의 법칙	대립과정 이론	음고	체화된 인지
감각 순응	특성 탐지기	중이	초감각적 지각(ESP)
지각 갖춤새	병렬 처리	달팽이관	

이 장의 구성

E+/Getty Images

6

학습

1940년대 초, 미네소타대학의 대학원생이었던 메리언 브릴랜드(Marian Breland)와 켈러 브릴랜드(Keller Breland)는 새로운 학습 기술의 힘을 목격했다. 이들의 스승이었던 스키너는 동물이 목표 행동에 다가갈 때마다 적절히 안배된 보상을 제공하여 쥐나 비둘기에게 새로운 행동을 **조성**(shaping)하는 것으로 유명세를 타고 있었다. 스키너의 결과에 강한 인상을 받은 이들은 고양이, 닭, 앵무새, 칠면조, 돼지, 오리, 햄스터들의 행동을 조성하기 시작했다. 이후 이들의 이야기는 전설이 되었다. 이들이 세운 회사는 이후 반세기 동안 140종 15,000마리의 동물들을 훈련시켜 영화, 순회 공연, 놀이공원, 기업, 정부기관의 활동에 출연시켰다.

동물 조련사와 관련된 글을 쓰면서, 에이미 서덜랜드(Amy Sutherland)라는 작가는 이 기법을 집에서도 쓸 수 있을까 궁금해했다(2006a, b). 고집 센 동물들에게 적용이 되는 기술이라면, 아마도 미국 남편들에게도 쓸 수 있지 않을까? 그녀는 2년 동안 남편을 이국적인 동물의 한 종류라고 생각하고 끈기있게 새 행동을 조성했다. 입던 옷을 빨래 바구니에 던질 때마다 키스와 함께 칭찬을 시작한 것이다. "결혼 생활은 훨씬 잘 굴러가기 시작했고, 남편도 더 사랑스러워지더군요."

에이미의 남편과 동물들처럼, 우리의 학습은 대부분 경험에서 온다. 자연의 가장 중요한 선물은 우리의 **적응 능력**—변화하는 세상에 적응할 수 있도록 도와주는 새로운 행동을 학습하는 능력—일 것이다. 인류는 짚으로 오두막을 짓고, 눈으로 주거공간을 만드는 것을 배울 수 있었다. 잠수함도 만들고, 우주 정거장도 만든다. 그야말로 어느 환경에서나 적응할 수 있는 것이다.

학습은 희망을 낳는다. 배울 수 있는 것은 가르칠 수도 있다. 이미 배운 것도 새로운 학습에 의해서 또한 바뀔 수도 있다. 이것은 스트레스 관리나 상담 프로그램의 중요한 전제조건이다. 불행하고, 실패하고, 사랑이 없는 지금의 모습도 언제든지 다시 배우고 바꿀 수 있다.

아마 **학습**만큼 심리학의 중심에 근접한 주제는 없을 것이다. 학습은 경험을 통해 새로운 정보와 행동을 습득하고 이를 유지하는 과정이다. (학습은 정보를 습득하고,

다음 장의 주제인 기억은 그것을 유지한다.) 앞선 장에서, 수면패턴, 성역할, 시지각의 학습을 배웠다. 이 장에서는 어떻게 학습이 우리의 사고, 정서, 성격, 그리고 태도를 형성하는지를 배울 것이다.

어떻게 학습하는가

학습(learning)을 통해 인간은 환경에 적응할 수 있다. 음식이나 고통(고전적 조건형성)과 같은 인간에게 유의미한 사건들을 예측하고 준비하는 것을 학습한다. 좋은 결과를 가져오는 행동은 반복하고, 나쁜 결과를 가져오는 행동은 피한다(조작적 조건형성). 다른 사람의 행동이나 사건을 관찰하는 것으로도 새로운 행동을 학습한다. 경험하지도 않고, 관찰하지도 않았지만, 언어를 통해서도 학습한다(인지 학습). 그렇다면, 어떻게 배우는가?

학습하는 방법 중 하나는 **연합**(association)이다. 우리의 마음은 연달아 일어난 2개의 사건을 연결한다. 갓 구운 빵 냄새를 맡고, 잘 먹고, 포만감을 느꼈다고 하자. 다음에 또 빵 냄새를 맡는다면, 빵을 먹은 후의 만족감을 기대할 것이다. 소리를 무서운 결과와 연합한다면, 소리만으로도 공포를 느낄 것이다.

학습된 연합은 습관적 행동을 일으킨다(Wood et al., 2014b). 습관은 주어진 맥락에서 동일한 행동을 반복—잠자리에서 특정 동작을 취해야지 편안히 자는 것, 수업 시간에 손톱 물어뜯기, 극장에 갈 때마다 팝콘을 먹는 것—하는 것이다. 행동이 맥락과 연결이 되면, 그 맥락에 처해질 때마다 습관적 행동이 튀어나온다. 특히 우리의 의지가 고갈되었을 때, 정신적으로 피곤할 때, 좋건 나쁘건 습관적 행동으로 돌아간다(Graybiel & Smith, 2014; Neal et al., 2013). 자기통제를 증진하거나, 결심을 긍정적 결과와 연합하기 위해서 '유익한 습관'을 길러야 한다(Galla & Duckworth, 2015). 유익한 습관을 만드는 기간은 얼마나 소요될까? 96명의 대학생들을 대상으로 저녁 식전 달리기, 점심과 함께 과일 섭취와 같은 건강에 유익한 행동들을 84일간 매일 반복하도록 하였다. 학생들은 자신의 행동이 자동적(생각 없이 행해지거나 하지 않는 것이 어려움)으로 느껴지는지도 매일 평가했다. 평균적으로 66일이 되었을 때 행동은 습관이 되었다(Lally et al., 2010). 삶에서 중요한 부분을 차지했으면 하는 습관이 있는가? 두 달만 매일 해보자. 새로운 습관이 만들어지는 것을 경험할 것이다.

동물들도 연합에 의해 학습한다. 자신을 보호하기 위해, 군소(Aplysia, 바다에 사는 민달팽이)는 분사되는 물에 닿으면 아가미를 수축시킨다. 물 분사가 지속되면, 자연 생태계에서 자주 그렇듯, 수축 반응이 약화된다. 만일 물 분사 후에 전기 충격이 주어지면, 분사에 대한 보호 반응은 더 강화된다. 물 분사가 앞으로 올 전기 충격을 예고하기 때문이다.

고등 동물들은 자신의 반응 결과를 연합할 수 있다. 수족관의 물개들은 박수치기나 짖는 행동을 반복하는데, 사람들이 그 행동 후에 정어리를 던져주기 때문이다. 근접해서 일어나는 2개의 사건을 연결하여, 군소나 물개가 **연합 학습**(associative learning)을 이루어냈음을 보여준다. 군소는 물 분사를 향후의 전기 충격과 연합하였고, 물개는 박수치는 것을 정어리 간식과 연합하였다. 각 동물들은 생존에 중요한 것, 즉 가까운 미래에 일어날 일을 예측하는 것을 학습하였다.

이러한 학습 연합 절차를 **조건형성**(conditioning)이라고 하며, 크게 두 종류가 있다.

- **고전적 조건형성**(classical conditioning)에서는 2개의 **자극**(stimulus)(반응을 일으키는 사건이나 상황)을 연합하는 것을 학습하고, 그러므로 사건을 예측한다. 벼락의 섬광 후에는 천둥 소리가 뒤따

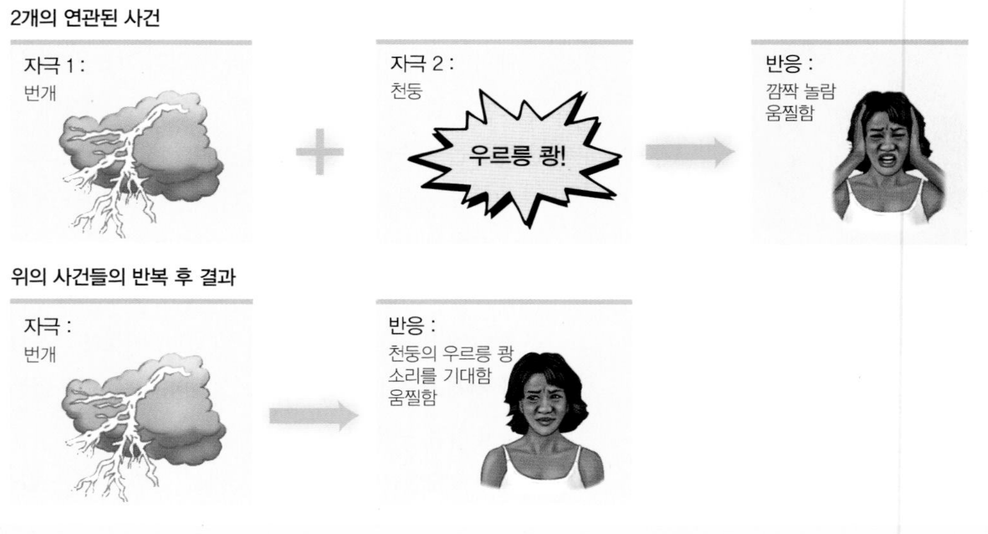
2개의 연관된 사건
자극 1 :
번개
자극 2 :
천둥
우르릉 쾅!
반응 :
깜짝 놀람
움찔함
위의 사건들의 반복 후 결과
자극 :
번개
반응 :
천둥의 우르릉 쾅
소리를 기대함
움찔함

그림 6.1 고전적 조건형성

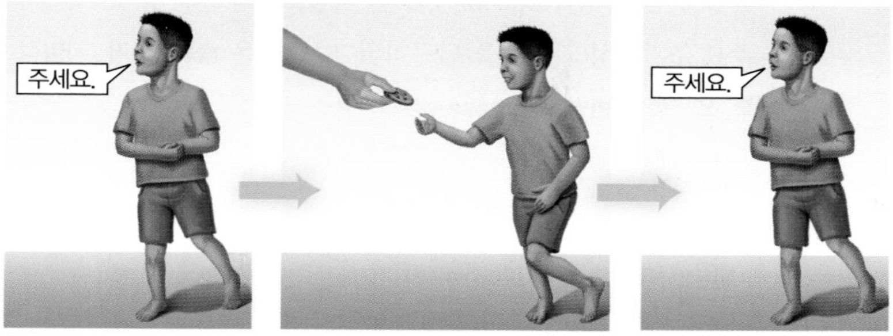
주세요.
주세요.

(a) 반응 : 공손하게 말하기 (b) 결과 : 간식을 받음 (c) 행동이 강화됨

그림 6.2 조작적 조건형성

라움을 학습한다. 그러므로, 번개를 보면 몸을 움츠리게 된다(**그림 6.1**). 이 자극들은 유기체가 통제할 수 없는 것이고, 그러므로 자동적으로 반응한다. 이것을 **수동 반응 행동**(respondent behavior)이라고 한다.

- 조작적 조건형성(operant conditioning)에서는 행동과 그것의 결과를 연합한다. 그러므로, 유기체는 좋은 결과를 가져오는 행동을 반복하려고 하고(**그림 6.2**), 나쁜 결과를 초래하는 행동은 하지 않으려 한다. 이러한 연합은 **조작 행동**(operant behaviors)을 만든다.

조건형성이 유일한 형태의 학습은 아니다. **인지 학습**(cognitive learning)을 통해, 우리는 우리의 행동을 안내하는 정보들을 습득한다. 인지 학습 중 하나인 관찰 학습은 타인의 경험으로부터 배울 수 있게 도와준다. 예를 들어 침팬지는 종종 다른 침팬지를 보고 배우는데, 침팬지가 퍼즐을 풀고 보상으로 음식을 받는 것을 보면, 이를 관찰한 침팬지는 더 빨리 배운다. 인간도 그렇다. 우리는 관찰하고 배운다.

고전적 조건형성

대부분의 사람들은 이반 파블로프(1849–1936)의 이름을 들어보았을 것이다. 심리학에서 가장 유명한 연구인 파블로프의 20세기 초 연구들은 이제 고전이 되었다. 그래서, 그가 탐구한 절차들을 **고전적 조건형성**(classical conditioning)이라고 한다.

파블로프의 실험

소화에 대한 연구로 (의학 학위를 소유한) 파블로프는 러시아에서 처음으로 노벨상을 받았다. 그러나 생애 마지막 30년 동안 진행한 학습에 관련한 그의 실험들이 역사 속에 파블로프의 이름을 올려놓았다.

다른 사람들에게는 중요하지 않은 사소한 것이 그의 창의적인 마음을 사로잡으면서 연구에 새로운 전환점이 되었다. 개의 입에 음식을 넣어주면, 이 사건은 예외 없이 개가 침—타액 반응—을 흘리게 만든다. 개는 음식의 맛뿐만 아니라, 음식을 보기만 해도 혹은 그 그릇만 보아도 침을 흘린다. 심지어 음식을 제공해 주는 사람을 보거나, 그 사람이 다가오는 발자국 소리만 들어도 침을 흘린다. 처음에 파블로프는 이러한 '심리적 분비(psychic secretion)'를 실험에서 통제해야만 하는 귀찮은 존재로 생각했다. 이것이 단순하지만 매우 중요한 학습의 형태를 알려준다는 것을 그는 나중에 깨달았다.

파블로프와 그의 조수들은 음식을 기대하고 침을 흘리는 개가 생각하고 느끼는 것이 무얼까 상상해보았다. 이것은 쓸데없는 논쟁으로 끝날 뿐이었다. 좀 더 객관적으로 연구하기 위해 그들은 실험을 개발하였다. 다른 가능한 영향들을 배제하려고 개를 작은 방에 격리한 뒤 벨트를 채우고, 타액의 양을 측정할 수 있는 장치를 부착하였다. 우선 밥그릇을 밀어 넣은 후, 정확한 순간에 고기 분말을 입안에 불어 넣었다. 다양한 **중성 자극**(neutral stimuli, NS)—이전에 음식과 연합이 이루어지지 않은 사건—과 먹이를 짝지어 제시하였다. 소리나 시각 자극이 규칙적으로 먹이의 제공을 신호한다면, 개는 이 두 사건을 연결시킬 것인가? 그렇다면, 개는 먹이에 대한 기대 때문에 침을 흘리는 것인가?

그렇다! 개의 입에 먹이를 넣어주기 전, 즉 침을 흘리기 전에, 파블로프는 소리를 들려주었다. 소리와 먹이를 수차례 짝지워 제시하자, 개는 그 의미를 이해했다. 고기 분말을 기대하며, 소리만으로도 침을 흘리기 시작한 것이다. 후속 실험에서, 버저 소리, 빛, 개를 쓰다듬는 것, 심지어 원을 제시하는 것만으로도 침 분비를 일으켰다.

개는 입에 놓인 먹이에 반응하여 침을 흘리는 것을 배운 것이 아니다. 입에 놓인 먹이는 자동적으로, 무조건적으로 반응을 촉발한다. 그러므로, 이것을 **무조건 반응**(unconditioned response, UR)이라고 하고, 먹이는 **무조건 자극**(unconditioned stimulus, US)이라고 한다.

그러나 소리에 반응하여 침을 흘리는 것은 학습된 것이다. 개의 소리와 먹이를 연합해야 가능한 **조건 반응**(conditioned response, CR)이다(**그림 6.3**). 중성적, 즉 과거에 무의미했던 자극이 이제는 침을 흘리게 하는 **조건 자극**(conditioned stimulus, CS)이 되었다. 이 2개의 자극을 조건적인 것 = 학습된 것, 무조건적인 것 = 학습되지

PEANUTS

캔 따는 소리가 귀에 들리네...
곧 저녁 먹는다는 걸 내 위는 알아.
어떻게 귀는 위에게 이걸 알려주는 걸까?
평생 알 수 없겠어.
© 1989 United Feature Syndicate, Inc
5-17

않은 것으로 외우면 쉽다.

파블로프의 연합 학습에 대한 시연이 이토록 간단하다면, 이후 30년 동안 파블로프는 무슨 연구를 한 것일까? 타액 분비 조건형성과 관련된 532개의 논문을 쏟아낸 그의 '실험 공장'에서는 어떤 발견들을 한 것일까(Windholz, 1997)? 파블로프와 그의 동료들은 5개의 주요 조건형성 과정들을 탐구하였다. 그것은 습득, 소거, 자발적 회복, 일반화와 변별이다.

기억하기
NS = Neutral Stimulus
US = Unconditioned Stimulus
UR = Unconditioned Response
CS = Conditioned Stimulus
CR = Conditioned Response

획득

획득(acquisition)은 고전적 조건형성의 첫 단계이다. 파블로프의 개가 NS(소리, 빛, 촉각)와 US(먹이)를 연결시키는 것을 학습하는 시점이다. 이 단계를 이해하기 위해서 파블로프와 동료들은 NS 제시 후 어느 정도 시간이 흐른 뒤에 먹이를 제시해야 하는지 궁금했다. 결과는 대부분의 경우 1초 미만일 때 연합이 제일 잘 이루어졌다.

먹이(US)가 소리(NS)보다 먼저 제시되면 어떤 일이 일어날까? 조건형성이 이루어질까? 거의 힘들다. 몇 개의 예외적 상황을 제외하고, 먹이가 먼저 제시될 경우 조건형성은 일어나지 않았다. 자, 다시 떠올려보자. 고전적 조건형성은 유기체가 좋은 혹은 나쁜 사건에 준비하

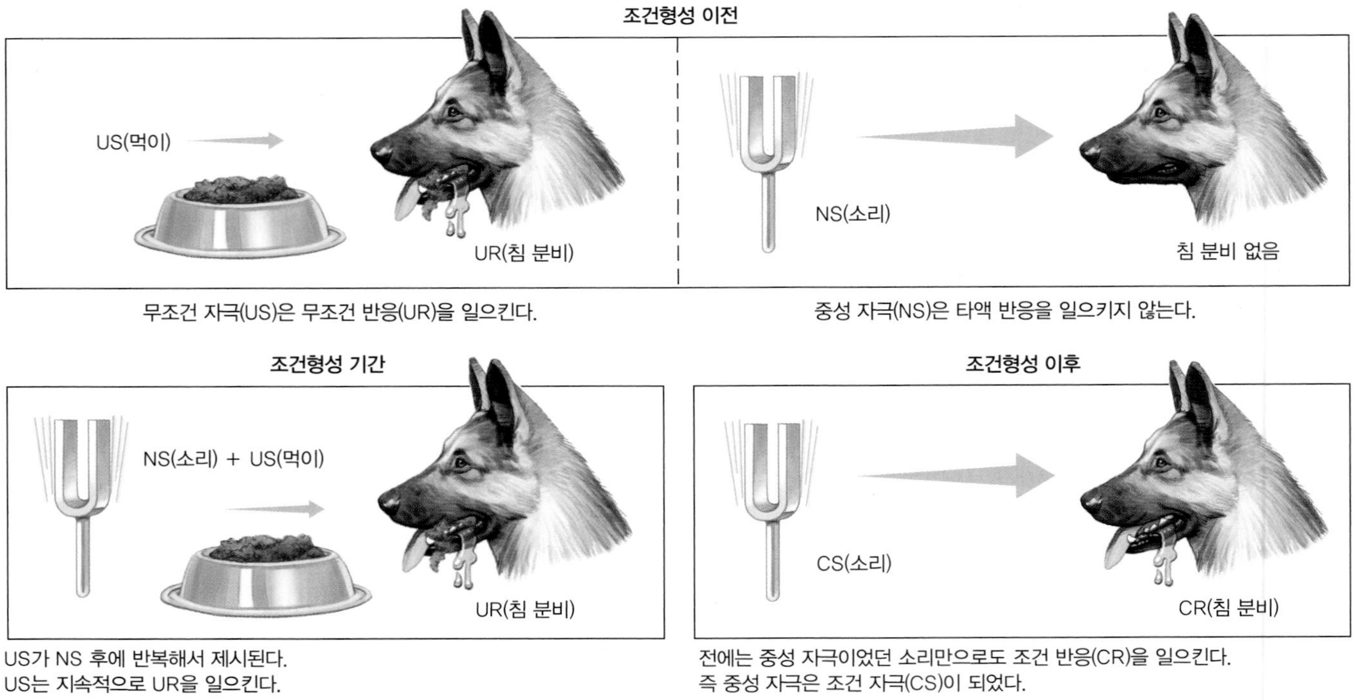
조건형성 이전
US(먹이)
UR(침 분비)
NS(소리)
침 분비 없음
무조건 자극(US)은 무조건 반응(UR)을 일으킨다.
중성 자극(NS)은 타액 반응을 일으키지 않는다.
조건형성 기간
NS(소리) + US(먹이)
UR(침 분비)
조건형성 이후
CS(소리)
CR(침 분비)
US가 NS 후에 반복해서 제시된다.
US는 지속적으로 UR을 일으킨다.
전에는 중성 자극이었던 소리만으로도 조건 반응(CR)을 일으킨다.
즉 중성 자극은 조건 자극(CS)이 되었다.

그림 6.3 파블로프의 고전적 실험 파블로프는 중성 자극(소리)을 무조건 자극(먹이) 바로 직전에 제시하였다. 중성 자극은 조건 반응을 일으키는 조건 자극이 되었다.

게끔 하는 생물학적 적응이다. 파블로프의 개에게는 처음에는 중성적이었던 소리가 생물학적으로 중요한 사건(먹이의 제공)을 신호하는 CS가 되었다. 숲속의 사슴에게는 가지가 꺾이는 것(CS)은 포식자(US)가 가까이 있다는 것을 예견해준다.

최근 연구는 CS가 일본 수컷 메추라기에게 또 다른 중요한 생물학적 사건을 어떻게 신호하는지를 보여준다(Domjan, 1992, 1994, 2005). 성적 접근이 가능한 암컷 메추라기를 보여주기 직전에, 연구자들은 빨간 불빛을 제시하였다. 이것을 반복하자, 빨간 불빛은 암컷의 도착을 알려주는 신호가 되었고, 불빛만으로도 수컷을 흥분하게끔 만들었다. 결국 수컷은 새장 안의 붉은 구역을 더 선호하게 되었다. 암컷이 도착하면, 이곳의 수컷들은 더 빨리 교미하고 더 많이 사정하였다(Matthews et al., 2007). 고전적 조건형성의 이러한 능력은 메추라기에게 개체번식에서 우위를 점하게 만들어준 것이다.

Eric Isselée/Shutterstock

인간도 사물, 광경, 냄새 등을 성적 쾌락과 연결할까? 당연히 그렇다(Byrne, 1982; Hoffman, 2012). 양파 숨결은 성적 각성을 일으키지 않는다(**그림 6.4**). 그러나 열정적 키스와 짝지어 반복 제시하면, 냄새는 결국 CS가 되고, 성적 각성을 일으킨다. 조건형성은 먹이를 얻게끔 도와주고, 위험을 피하게 하고, 짝을 만나게 하고, 후손을 낳아, 유기체가 생존하고 번식하게끔 도와준다(Hollis, 1997).

소거와 자발적 회복

조건형성 후에, US 없이 CS만 제시하면 어떤 일이 일어날 것인가? 소리는 계속 들리는데 먹이는 나타나지 않는다. 여전히 소리는 타액 분비를 일으킬까? 답은 그렇기도, 그렇지 않기도 하다. 개는 점점 침을 덜 흘리는 **소거**(extinction)라는 반응—CS(소리)가 더 이상 US(먹이)를 예고하지 않을 때 반응의 감소—을 보여준다. 그러나 일정 시간 후에 다시 소리를 제시하면, 개는 이 소리에 다시 침을 흘린다. 이 **자발적 회복**(spontaneous recovery)—약해진 CR이 시간 경과 후 다시 나타나는 것—은 소거란 반응이 완전히 제거된 것이 아니라, CR이 억제된 상태라는 것을 파블로프에게 시사하였다(**그림 6.5**).

일반화

파블로프와 제자들은 소리의 특정 음에 조건형성된 개들은 약간 다른 새로운 소리에도 역시 반응하는 것을 보았다. 마찬가지로, 쓰다

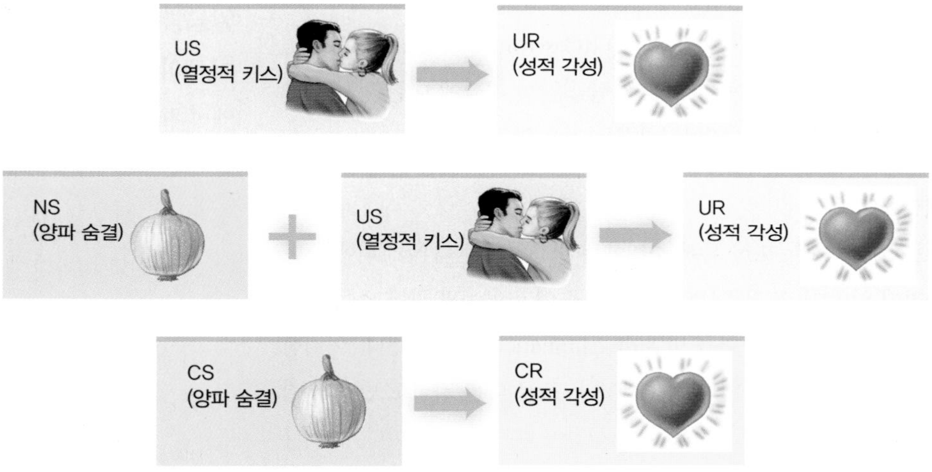
US
(열정적 키스)
UR
(성적 각성)
NS
(양파 숨결)
US
(열정적 키스)
UR
(성적 각성)
CS
(양파 숨결)
CR
(성적 각성)

그림 6.4 예상치 못한 CS 심리학자 티렐(Michael Tirrell, 1990)이 회상하길, "내 첫 번째 여자친구는 양파를 좋아했지요. 그래서 나는 양파 숨결과 키스를 연합하게 되었어요. 오래지 않아, 양파 숨결은 짜릿한 느낌을 내 척추까지 전달해주었어요!"

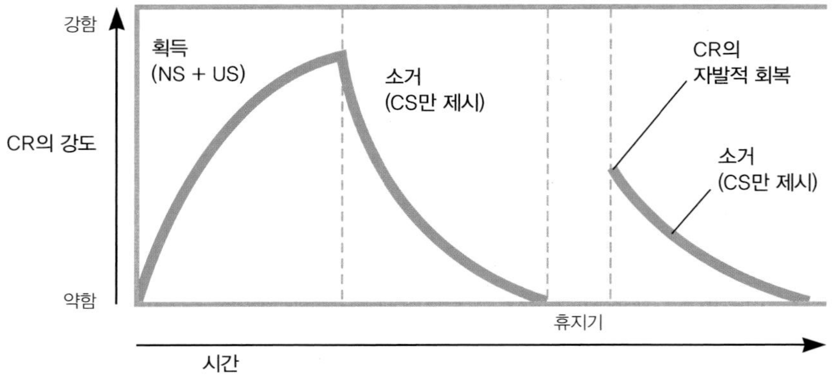
강함
약함
CR의 강도
획득
(NS + US)
소거
(CS만 제시)
휴지기
CR의
자발적 회복
소거
(CS만 제시)
시간

그림 6.5 획득, 소거, 자발적 회복 단순하게 표현된 상승 곡선은 US와의 반복된 연합(*획득*)으로, NS가 CS가 되어 CR이 점점 강해짐을 보여준다. CS만 제시하면서 CR은 빠르게 약화된다(*소거*). 휴지기 후에, (약해진) CR은 재등장한다(*자발적 회복*).

듣으면 침을 흘리도록 조건형성된 개들은 인접 영역을 쓰다듬어도 역시 침을 흘렸다(Windholz, 1989). CS와 유사한 자극에 비슷한 반응을 보이는 경향성을 **일반화**(generalization)라고 한다.

일반화는 적응을 돕는다. 움직이는 자동차가 위험하다는 것을 학습한 유아는 트럭이나 오토바이도 역시 무서워한다. 고문을 당한 경험이 있던 아르헨티나의 한 작가는 후에 검은 구두만 봐도 몸이 저절로 움츠러들었는데, 고문을 당하기 전 처음 흘끗 본 것이 검은 구두였기 때문이다. 일반화된 공포 반응은 학대받은 아동을 그렇지 않은 아동들과 실험실 반응에서 비교했을 때 역시 발견되었다. 화난 표정이 모니터에 제시될 때, 학대받은 아동의 뇌파는 극적으로 강해지고 또 오래 지속되었다(Pollak et al., 1998). 특정 얼굴을 선호(혹은 혐오)하게끔 조건형성한 후 이 얼굴을 유사한 형식으로 변형해도 선호(혹은 혐오) 반응은 지속되었다(Gawronski & Quinn, 2013). 이러한 인간 행동의 예를 통해, 사람들은 한 자극에 대한 정서적 반응을 유사한 자극으로 일반화한다는 것을 알 수 있다.

변별

파블로프의 개는 또한 특정 소리에는 반응하지만 다른 소리에는 반응하지 않았다. 조건형성된 자극(US를 예고하는)과 관련 없는 자극을 구분할 수 있는 능력을 **변별**(discrimination)이라고 한다. 이러한 차이를 인식하는 것 역시 적응적이다. 조금 다른 자극도 반응의 결과는 크게 다르다. 호신견을 보면 심장이 빠르게 뛸 것이다. 그러나 안내견을 보면 그렇지 않다.

파블로프의 유산

파블로프의 아이디어 중 어떤 것이 여전히 유용한가? 거의 대부분이다. 많은 심리학자들은 고전적 조건형성이 학습의 기본적 형태임을 인정한다. 조건형성에 미치는 생물학적 · 인지적 영향력에 대한 오늘날의 지식을 고려할 때, 파블로프의 아이디어는 완벽하지 않은 것처럼 보인다. 그러나, 우리가 파블로프보다 더 멀리 내다볼 수 있는 이유는, 바로 파블로프의 어깨 위에 올라타 있기 때문이다.

나이 든 개에게 새로운 개인기를 가르치는 것이 그의 연구의 전부라면 파블로프의 실험들은 오래전에 잊혀졌을 것이다. 왜 개가 조건형성된 소리에 침을 흘리는 것에 그리 관심을 갖는가? 첫째, **많은 동물에게서, 너무나 많은 자극들에, 너무나 많은 반응들이 조건형성된다.** 사실 지렁이에서부터 물고기, 개, 원숭이, 인간에 이르기까지, 거의 모든 종에서 이러한 조건형성 반응을 관찰할 수 있다. 고전적 조건형성은 거의 모든 동물이 환경에 적응하기 위해서 학습하는 기본이다.

둘째, **파블로프는 학습을 객관적으로 관찰할 수 있는 절차를 제시하였다.** 파블로프 스스로 그의 연구가 개의 마음을 유추해보는 것이 아니라, 타액 반응을 계량화하는 것 등의 객관적 절차에 기초했다는 것을 뿌듯해하였다. 파블로프의 성공은 갓 태어난 심리학이 어떻게 진보할 수 있는지에 대한 과학적 모형을 제시한 것이다. 이 모형은 인간의 복잡한 행동을 단순화하여 객관적 실험 절차를 통해 관찰하는 것이었다.

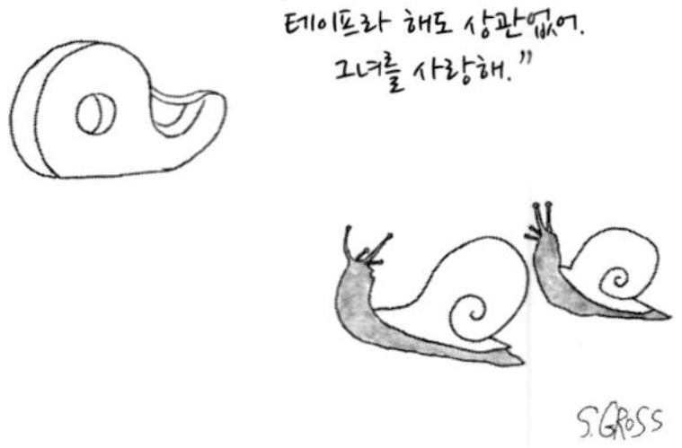
S.GROSS
일반화의 예 : "난 그녀가 테이프라 해도 상관없어. 그녀를 사랑해."

일상생활에서의 고전적 조건형성

이 책의 다른 장들(동기와 정서, 스트레스와 건강, 심리장애와 치료)에서 파블로프의 원리가 인간의 건강과 안녕에 어떤 영향을 주는지 살펴볼 것이다. 여기서는 두 가지 예를 들겠다.

- 암치료에 사용하는 약물은 어지러움과 구토를 일으킨다. 환자들은 병원과 연관된 광경, 소리, 그리고 냄새에 고전적으로 조건형성된 토할 것 같은 반응(혹은 불안)을 갖게 된다(Hall, 1997). 병원 대기실에 들어서는 것, 혹은 간호사를 보는 것 자체가 이러한 기분을 일으킬 수 있다(Burish & Carey, 1986).
- 마약 사용자들은 예전에 마약을 흡입했던 상황에 다시 처하면 약에 대한 강한 열망을 느낀다. 특정 장소, 특정 사람을 이전에 약에 취했던 경험과 연관시킨다. 그러므로 약물 상담자들은 이러한 열망을 부추길 수 있는 상황이나 사람들을 내담자로부터 격리시키도록 조언한다(Siegel, 2005).

파블로프의 연구는 우리 자신의 정서를 파악하는 데도 도움을 주는가? 존 왓슨은 인간의 정서와 행동은 일부 생물학적 영향 아래 있더라도, 대부분은 조건형성된 반응의 묶음이라고 생각했다(Watson, 1913). 왓슨은 대학원생이었던 로잘리 레이너(Rayner, 1920; Harris, 1979)와 함께 11개월 아이를 대상으로 특정 공포가 어떻게 형성되는지를 보였다. 대부분의 아기들처럼, '아기 앨버트(Little Albert)'는 커다란 소리는 무서워했지만, 흰 쥐는 무서워하지 않았다. 흰 쥐를 보여주면 앨버트는 손을 뻗어 만지려고 하였고, 이때 아기의 머리 바로 뒤에서 망치로 쇠막대기를 내리쳐 큰 소리를 내었다. 쥐와 함께, 깜짝 놀랄 큰 소리를 들려주는 7회의 시행 후에, 앨버트는 쥐만 봐도 울음을 터뜨리게 되었다. 닷새가 지난 후, 이러한 공포 반응을 토끼, 개, 모피코트 등으로 일반화했으나, 유사하지 않은 대상에 대해서는 공포 반응이 없었다.

오랫동안, 사람들은 아기 앨버트는 어떻게 성장했을까 궁금해했다. 러셀 파월과 동료들(Russell Powell et al., 2014)은 탐정에 의뢰해 실험이 행해졌던 대학 병원 간호사의 자녀 한 명과 아기 앨버트의 묘사가 일치함을 알아내었다. 이 아이의 이름은 윌리엄 앨버트 바저(William Albert Barger)였고, 앨버트 B(Albert B.)로 불렸는데, 왓슨과 레이너가 사용한 이름과 정확하게 일치한다. 앨버트는 2007년 작고했다. 그는 태평스러운 사람이었으나, 우연일지 모르지만 개를 혐오하였다. 앨버트는 본인이 심리학의 역사에서 해낸 역할에 대해 알지 못한 채 세상을 떠났다.

왓슨은 어떻게 되었을까. 레이너와의 염문(나중에 결혼하였음)으로 존스홉킨스대학에서 직위 해제된 후, 광고대행사의 상주 심리학자로 입사하였다. 그는 연합 학습에 대한 지식을 많은 광고 캠페인에 적용했다. 그중 하나는 맥스웰 하우스의 '커피 휴식(coffee break)'으로서, 커피와 휴식을 연관시키는 것은 많은 미국인들의 생활이 되었다(Hunt, 1993).

오늘날의 기준으로는 '아기 앨버트'에게 한 실험은 가혹해 보인다. 또한 다른 심리학자들은 왓슨과 레이너의 실험들을 반복 재현하는 데 어려움을 겪었다. 그럼에도 불구하고, 아기 앨버트의 학습된 공포는 많은 심리학자들을 우리들 각자는 조건형성된 정서의 창고는 아닐까 하는 질문으로 이끌었다. 그렇다면, 소거 절차 혹은 새로운 조건형성은 자극에 의해 유발된 부적절한 정서를 바꾸는 데 도움이 되지 않을까?

코미디언이자 작가인 마크 말코프(Mark Malkoff)는 비행 공포를 바로 그러한 방법에 의해 소거했다. 그는 30일간 거의 비행기에서 살며, 135회 비행기를 탑승하고, 하루에 14시간을 공중에서 지냈다. 열흘이 지나자 그의 공포심은 옅어졌고, 다른 승객들과 함께 게임을 즐기기도 했다(NPR, 2009). 제13, 14장에서 심리학자들이 역조건형성(counterconditioning)과 같은 행동 요법을 이용하여 정서장애를 치료하고 개인의 성장을 돕는 것을 배울 것이다.

조작적 조건형성

개가 소리에 침을 흘린다거나, 아이가 흰 쥐를 보고 무서워하는 것은 조건형성의 한 종류이다. 코끼리를 뒷발로 걷게 하거나, 아이에게 "주세요"를 가르칠 때는 다른 종류의 학습을 이용해야 한다. 바로 조작적 조건형성이다.

고전적 조건형성과 조작적 조건형성은 모두 연합 학습이다. 그러나 다음과 같은 분명한 차이점이 있다.

- 고전적 조건형성에서는 동물은 자신이 통제할 수 없는 2개의 사건을 연합한다. 고전적 조건형성에서 반응적 행동은 자극에 대한 자동적 반응이다(고기분말에 침을 흘리는 것, 학습 후 소리에 침을 흘리는 것).
- **조작적 조건형성**(operant conditioning)에서는 동물은 자신의 행동과 결과를 연합한다. 보상 경험이 뒤따르는 행동은 증가하고, 처벌 사건이 뒤따르면 행동은 감소한다. 보상을 만들거나, 처벌을 줄이기 위해 환경에 '가하는' 행동을 조작 행동이라고 한다.

2개의 질문을 통해 고전적 조건형성과 조작적 조건형성을 구분할 수 있다. 통제할 수 없는 2개의 사건을 연합(고전적 조건형성)했는가? 행동과 그 결과 사건의 연합을 학습(조작적 조건형성)했는가?

스키너의 실험

B. F. 스키너(1904–1990)는 작가가 되고자 했던 영문학도였다. 새로운 길을 모색했던 그는 심리학과 대학원생이 되었고, 결국에는 현대 행동주의의 가장 영향력 있는, 그리고 가장 논쟁적인 위인이 되었다.

스키너의 업적은 에드워드 손다이크(1874–1949)의 **효과의 법칙**(law of effect)이라는 원리를 바탕으로 세워진 것이다. 즉 강화된 행동은 반복되는 경향이 있다(**그림 6.6**). 이를 시작으로 스키너는 행동 통제의 원리를 드러낼 실험들을 개발하였다. 비둘기의 걸음이나 쪼는 행동에 기반하여, 새로운 방식으로 걷게 한다거나, 탁구를 치게 한다거나, 모니터의 목표 자극을 쪼아 미사일이 제 궤도대로 가게끔 하는 새 행동을 조성했다. 조작적 조건형성에 의해 비둘기는 유방암 환자의 사진에서 종양을 찾아내는 놀랄 만한 능력을 보여주기도 한다(Levenson et al., 2015).

연구를 위해, 스키너는 스키너의 상자로 유명한 **조작실**(operant chamber)을 설계했다(**그림 6.7**). 이 상자는 동물이 누르거나 쪼면 먹이나 물을 보상으로 제공하는 막대나 단추를 갖고 있다. 이러한 행동을 기록하는 장치도 부착되어 있다. 스키너 상자는 강화(앞선 반응을 강화하거나 반응의 빈도를 증가시키는 사건)의 개념을 쥐 혹은 다른 동물 등을 통해 보여주도록 적합하게 설계가 되었다. 무엇이 강화 사건이 되는지는 동물과 그 조건에 따라 다르다. 사람은 칭찬, 관심, 월급이 될 것이고, 배고프고 목마른 쥐에게는 먹이와 물일 것이다. 스키너의 실험은 쥐에게 특정 습관을 형성시키는 것 이상의

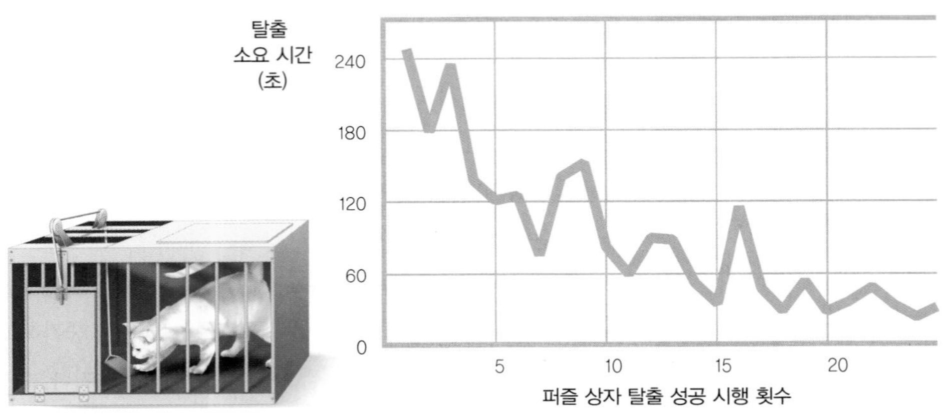
탈출
소요 시간
(초)
240
180
120
60
0
5
10
15
20
퍼즐 상자 탈출 성공 시행 횟수

그림 6.6 퍼즐 상자 안의 고양이 손다이크는 고양이가 퍼즐 상자 밖을 나가게 하기 위해 생선으로 유인했다. 이 상자를 빠져나가기 위해서는 일련의 조작을 완수해야만 한다. 고양이의 수행, 즉 탈출 시간은 성공 시행이 늘어나면서 점점 빨라졌다. (출처 : Thorndike, 1898)

더 많은 것을 알려준다. 그의 실험들은 효과적이고 지속적인 학습을 양성할 수 있는 엄밀한 조건들을 탐구했다.

행동 조성

배고픈 쥐가 막대를 누르는 행동을 조건형성한다고 생각해보자. 스키너처럼, 점진적으로 쥐의 행동을 목표 행동에 접근시키는 **조성**(shaping)의 방법을 통해 쥐가 누르는 행동을 시도하도록 할 것이다. 첫째, 동물이 자연스럽게 행동하는 모습을 관찰하여, 현재 갖고 있는 행동 목록을 작성한다. 쥐가 막대 근처에 갈 때마다, 조금씩 먹이를 준다. 쥐가 자주 막대 근처로 향하면, 이번에는 막대 앞에 다가가고, 그곳에 머물 때에만 먹이를 준다. 마지막으로 쥐가 막대를 건드릴 때만 먹이를 준다. **계기적 근사법**(successive approximation)에 의한 보상으로, 최종 목표 행동에 근접할 때에만 반응을 강화할 것이다. 목표 행동에만 보상하고 모든 다른 행동을 무시하여 연구자들과 동물 조련사들은 점진적으로 복잡한 행동도 조성할 수 있게 되었다.

조성은 또한 말을 할 수 없는 유기체들의 지각을 이해할 수 있도록 해준다. 개는 빨간색과 초록색을 볼까? 아기는 낮은 음과 높은 음을 구별할 수 있을까? 한 자극에는 반응을 하고, 다른 자극에는 반응하지 않도록 조성한다면, 이들이 자극의 차이를 구분할 수 있는지 알게 된다. 이러한 실험들은 어떤 동물들은 개념을 형성한다는 것을 보였다. 인간의 얼굴을 본 후 쪼는 행동을 하면 강화하고, 다른 그림에는 강화하지 않을 때, 비둘기가 인간의 얼굴을 재인할 수 있는 것을 발견하였다(Bhatt et al., 1988; Wasserman, 1993).

비록 의도하지는 않았지만, 우리가 지속적으로 다른 사람의 일상 행동을 강화하고 조성하는 것에 스키너는 주목하였다. 영호의 칭얼거림은 그의 아버지를 화나게 했다. 그러나 아버지가 전형적으로 어떻게 반응하는지 다음 예를 보자.

영호 : 백화점에 데려가 주면 안 돼요?
아빠 : (계속 신문을 본다.)
영호 : 아빠, 나 백화점에 가야 해요.
아빠 : (방해받음) 어, 음, 잠깐만.
영호 : 아아아빠아아!!! 백화점!!!!
아빠 : 예의 좀 차려라. 알았어, 자동차 키가 어디 있더라 …

영호의 칭얼거림은 강화되었다. 칭얼거리는 것으로 백화점에 가는 원하는 행동을 쟁취했기 때문이다. 아버지의 반응도 강화되었다. 혐오(유쾌하지 않은) 사건—영호의 칭얼거림—이 종결되었기 때문이다.

단어 시험에서 100점을 받은 학생에

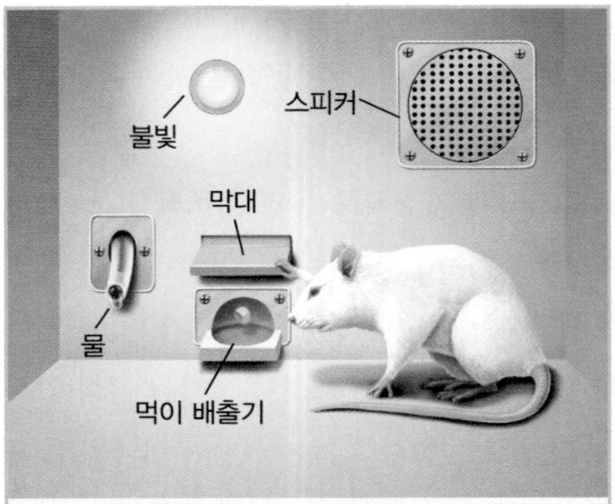
불빛
스피커
막대
물
먹이 배출기

그림 6.7 스키너 상자 상자 안에서, 쥐는 먹이 보상을 위해 막대를 누른다. 이 그림에서는 제시되지 않았으나, 상자 밖에는 동물의 누적 반응을 기록하는 측정 장치가 있다.

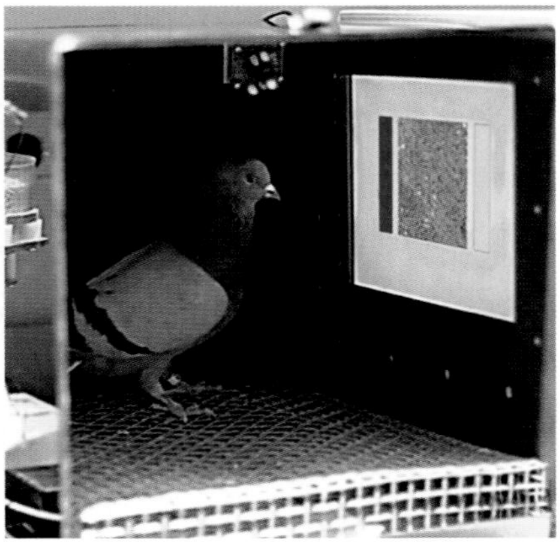

Levenson RM, Krupinski EA, Navarro VM, Wasserman EA (2015). Pigeons (Columba livia) as Trainable Observers of Pathology and Radiology Breast Cancer Images. PLoS ONE 10(11): e0141357.

종양을 탐지하는 새 정확하게 유방암을 탐지하면 먹이로 보상을 받은 후, 비둘기들은 건강한 조직과 암 조직을 인간만큼 구분할 수 있게 되었다.

게 칠판의 차트에 별 스티커를 붙여주는 교사를 생각해보자. 모두가 알고 있듯이 100점을 받는 학생은 거의 언제나 100점을 맞는다. 항상 100점을 받는 학생보다 더 많은 노력을 기울이는 다른 많은 학생들은 스티커를 받지 못한다. 조작적 조건형성의 원리를 이용하여, 모든 학생이 시험에 노력하도록 하기 위해 어떤 제안을 하겠는가?[1]

강화물의 종류

지금까지 행동 후에 즉시 쾌한(pleasurable) 자극을 제시하여 행동을 강화하는 **정적 강화**(positive reinforcement)에 대해서 배웠다. 그러나 칭얼거리는 영호의 예처럼, 기본적으로 두 종류의 강화물이 있다(**표 6.1**). **부적 강화**(negative reinforcement)는 원하지 않는 혹은 불쾌한 자극을 줄이거나 제거하여 행동을 강화하는 것이다. 영호의 칭얼거림은 정적으로 강화되었다. 영호는 원하는 것, 백화점 가기를 얻어냈기 때문이다. 아이의 칭얼거림에 대한 아버지의 반응(원하는 것을 들어주는 것)은 부적 강화되었다. 원하지 않는 사건, 영호의 짜증나는 칭얼거림이 제거되었기 때문이다. 아스피린을 먹는 것, 아침 알람을 끄는 것 역시 부적 강화이다. 두통이 감소하고, 신경 거슬리는 알람 소리가 사라진다. 제거 혹은 감소된 결과 때문에, 후에 이러한 행동을 할 확률은 증가할 것이다. 마약 중독자는 금단의 고통을 사라지게 하는 마약의 유혹 때문에 다시 약에 손을 댄다(Baker et al., 2004).

부적 강화가 처벌이 아니라는 것에 주목하자. 부적 강화는 처벌 사건을 제거한다. 부적 강화는 아이의 칭얼거림, 지끈거리는 두통, 짜증나는 아침 알람으로부터 구제되는 것이다. 이것을 기억하자. 달갑지 않은 것을 제거하든지, 아니면 좋아하는 것을 제공하든지, 강화는 행동의 강도와 빈도를 증가시키는 결과물이다.

표 6.1 행동을 증진하는 법

조작적 조건 형성 용어	설명	예
정적 강화	원하는 자극을 제시	강아지를 부르고 다가오면 쓰다듬음, 집을 페인트칠 해 준 이에게 사례비 지급
부적 강화	혐오 자극을 제거	통증을 없애기 위해 진통제를 복용, 시끄러운 경고음을 끄기 위해 안전벨트 착용

1 목표 점수에 접근을 하며, 점수의 향상이 있는 학생에게 강화하도록 제안하면 된다.

일차 강화물과 조건 강화물 배고플 때 음식을 먹는 것, 두통이 사라지는 것 등은 본질적으로 만족스러운 것이다. 이러한 **일차 강화물**(primary reinforcer)들은 학습된 것이 아니다. **조건 강화물**(conditioned reinforcer) 혹은 이차 강화물(secondary reinforcer)은 일차 강화물과의 학습된 연합을 통해 그 지위를 얻은 것이다. 먹이의 제공을 불빛이 신뢰성 있게 알려준다는 것을 학습하면, 스키너 상자의 쥐는 그 불빛을 켜려고 할 것이다. 불빛은 먹이와 연관된 이차 강화물이 되었다. 우리의 삶은 돈, 좋은 성적, 기분 좋은 목소리와 같은 이차 강화물로 가득 차 있다. 각각은 더 기초적인 보상—음식, 좋은 집, 안전, 사회적 지지—과 연합되어 왔다.

즉시 및 지연 강화물 조성 실험에서 쥐들은 즉시 보상(immediate reward)으로 조건형성된다. 쥐가 막대를 누르도록 하고 싶다. 막대 냄새를 맡으면(목표 행동에 한 걸음 다가간), 여러분은 즉시 먹이로 보상을 할 것이다. 즉시 보상이 방해를 받아 지연이 일어나면, 쥐는 막대 냄새를 맡은 것과 먹이 보상 사이의 관계를 학습하지 못할 것이다.

쥐와는 달리, 사람은 지연 보상(delayed reinforcer)에도 반응한다. 금요일에 받는 주급, 학기말에 받는 성적, 시즌이 끝날 때 받는 트로피 등을 앞선 행동과 연합한다. 사실, 더 가치 있는 보상을 얻기 위해 충동을 조절하는 것은 성숙의 밑거름이다(Logue, 1998a, b). 제3장에서 어떤 아동들은 자신의 충동을 억제하고 보상을 지연시켜 지금의 하나 대신 나중에 받는 두 개의 마시멜로를 선택하는 것을 보았다. 이러한 아이들은 나중에 커서 학업 성취도도 높고, 직업에서도 더 큰 성공을 거둔다(Mischel, 2014).

때로는 심야의 TV 시청처럼, 작지만 즉각적 즐거움이 지연된 보상(중요한 시험 후의 휴식)보다 더 매혹적이다. 많은 청소년들에게는 충동적이며 무방비한(콘돔을 사용하지 않는) 성행위의 만족감이 안전하고 나중에 성인이 되어 하는 지연된 성행위의 만족감을 압도한다(Loewenstein & Furstenberg, 1991). 또한 많은 사람들에게 기름 소비가 많은 자동차의 사용, 비행기 여행, 냉방기 작동 등과 같은 오늘날의 즉각적 보상이 기후 변화, 해수면 상승, 이상 기온과 같은 미래의 더 큰 결과를 압도한다.

강화 계획

앞선 많은 예에서 목표 반응은 매번 그 반응이 일어날 때마다 강화되었다. 그러나 **강화 계획**(reinforcement schedule)은 다양하다. **연속 강화**(continuous reinforcement)를 사용하면 학습은 빠르게 일어나므로, 어떤 행동을 숙련시키는 최선의 방법이 된다. 그러나 단점도 있다. 소거도 빠르게 일어난다. 강화가 종결되면—막대를 눌러도 먹이를 주지 않으면—행동도 즉시 멈춘다(소거된다). 잘 작동되던 간식 자판기가 연이어 2회 작동하지 않는다면, 우리는 더 이상 돈을 넣지 않는다(일주일이 흐른 후, 자발적 회복에 의해 또 시도할 수도 있지만).

실제 생활 속에서 연속 강화가 제공되는 예는 드물다. 영업 사원들이 매번 고객을 만날 때마다 계약을 성사시킬 수는 없다. 그러나 계속 시도할 것이다. 때때로 강화를 받기 때문이다. 이처럼 어떤 때는 강화받지만 다른 때에는 그렇지 않은 **부분(간헐) 강화**[partial/(intermittent) reinfocement] 계획은 장점도 있다. 학습은 연속 강화보다 느리게 진행되지만, 소거에 대한 저항도 높다. 먹이를 얻기 위해 키를 누르는 비둘기를 생각해보자. 예측 가능한 패턴 없이 거의 먹이가 제시되지 않을 정도로 강화를 점진적으로 줄이면, 비둘기는 강화 없이도 15만 회나 쪼는 행동을 한다(Skinner, 1953). 슬롯머신 앞의 도박사들도 이와 유사하게 강화를—때때로, 그러나 예측할 수 없는—받는다. 비둘기처럼, 당기고 또 당기고, 당긴다. 간헐적인 강화로 희망은 영속적으로 샘솟는다.

부모들에게 유용한 교훈 : 부분 강화는 또한 아동들에게 적용 가능하다. 평화롭고 조용한 시간을 위해, 때때로 아이들의 투정을 받아주면 어떻게 되는가. 우리는 칭얼거림에 간헐적 보상을 하게 된다. 이 계획은 칭얼거리는 행동을 더 지속시키게 된다.

스키너(Skinner, 1961)와 동료들은 네 종류의 서로 다른 부분 보상 계획법을 비교하였다. 일부는 고정 강화이고, 일부는 예상할 수 없는 변동 강화이다(**표 6.2**).

고정비율 계획(fixed-ratio schedule)은 정해진 반응의 수 후에 행동을 강화한다. 커피숍은 매 10회 구매 이후에 공짜 커피로 고객에게 보상을 제공한다. 실험실의 쥐는 매 30회 시행마다 고정비율로 먹이를 얻는다. 일단 조건형성되면, 쥐는 먹기 위해 잠시 멈출 뿐, 다시 먹이를 얻기 위해 높은 비율의 반응을 보일 것이다.

변동비율 계획(variable-ratio schedule)은 예측 불가능한 수의 반응 후에 강화한다. 이 예측 불가능한 강화는 슬롯머신이나 낚시와 유사하다. 이러한 강화 계획은 원하는 결과를 생산하지 않을 때에도 슬롯머신이나 낚시를 그만두는 것(소거)을 어렵게 한다. 반응이 늘어날수록 강화도 늘어나므로, 변동 강화 계획도 높은 비율의 반응을 만들어낸다.

고정간격 계획(fixed-interval schedule)은 일정한 시간이 흐른 후

정말 좋다!
이제 한밤중에 더 자주 깨서 울어야겠어!
3·9
CHANCE BROWNE

원하는 것을 부모가 제공할 때, 아이는 울음을 멈추어 부모를 부적 강화한다. 부모는 아이와 한 침대에 자는 것으로 아이를 보상하므로 아이를 정적 강화한다.

표 6.2 부분 강화 계획

	고정	변동
비율	고정 횟수 후 매번 : 10회 커피 구매마다 1번의 공짜 커피나, 혹은 만들어진 제품 개수마다 급여를 받는 근로자처럼 매 n번째 행동마다 강화	예측 불가능한 횟수 이후에 : 슬롯머신이나 낚시처럼 무선 횟수 행동 이후에 강화
간격	고정 간격 후 매번(예 : 화요일마다 세일)	예측 불가능한 간격 후(예 : 휴대전화 메시지 확인)

첫 행동에 강화한다. 고정간격 계획에 놓인 비둘기들은 강화 시간이 가까워질수록 더 빠르게 쪼는 행동을 한다. 중요한 이메일을 기다리는 사람들은 전송 시간이 가까워질수록 더 자주 이메일을 확인한다. 배고픈 요리사는 때가 되면 쿠키가 잘 익었는지를 보기 위해 더 자주 오븐을 들여다본다. 이러한 강화는 꾸준한 비율의 반응이 아니라 계단식의 멈춤-반응개시 패턴을 보인다.

변동간격 계획(variable-interval schedule)은 예측 가능하지 않은 시간이 흐른 후 첫 반응에 강화한다. 지속된 행동을 이끌기 위해, 스키너는 비둘기의 쪼는 행동을 예측 불가능한 간격 이후에 강화하였다. 오랫동안 기다렸던 문자 메시지를 확인하기 위해 지속적으로 휴대전화를 확인하다 마침내 그 꾸준함이 보상받는 것처럼, 변동간격 계획은 느리지만 꾸준한 반응을 만들어낸다. 언제 기다림이 끝날지 알 수 없기 때문이다.

일반적으로 반응 비율은 강화가 시간 간격보다는 반응 횟수에 연동되어 있을 때 더 높다. 그러나 예측 가능할 때(고정 계획)보다 강화가 변동적(변동 계획)일 때 반응이 더 일정하게 유지된다. 동물의 행동은 다양함에도 불구하고, 조작적 조건형성의 강화 원리들이 보편적이라는 사실을 스키너(Skinner, 1956)는 주장하였다. 이 원리는 어떤 반응이든지, 어떤 강화물이든지, 어떤 종류의 동물을 사용하든지에 상관없이 모두 적용되었다. 주어진 강화 계획의 효과는 거의 동일하였다. "비둘기, 쥐, 원숭이, 또는 무엇이든 상관없다. 행동은 놀랄 정도로 유사한 속성을 보인다."

처벌

강화는 행동을 증가시키고, **처벌**(punishment)은 뒤따르는 **행동을 감소시키는 어떤 사건이다**(**표 6.3**). 신속하고 확실한 처벌 자극은 원하지 않는 행동을 효과적으로 감소시킬 수 있다. 금지된 물건을 건드린 후에 전기 충격을 받은 쥐나, 뜨거운 가스레인지를 만져 화상을 입은 아이는 그러한 행동을 반복하지 않을 것을 학습한다.

대부분의 충동적인 범죄 행위들도 무거운 형량의 위협보다 신속하고 확실한 처벌 자극에 더 영향을 받는다(Darley & Alter, 2013). 애리조나주가 초범 음주 운전자에게 예외적으로 높은 형량을 도입했을 때, 음주운전 비율은 거의 변하지 않았다. 그러나 캔자스시티가 신속하고 확실한 처벌을 위해 우범지대를 순찰하자, 도시의 범죄율은 극적으로 감소하였다.

양육에서 처벌의 연구가 시사하는 바는 무엇인가? 행동을 바꾸기 위해 아동들에게 신체적 체벌을 가해야 하는가? 많은 심리학자들과 비폭력적 양육의 지지자들은 다음 4개의 신체적 체벌의 단점을 들어 '아니다'라고 말한다(Gershoff, 2002; Marshall, 2002).

1. **처벌된 행동은 망각된 것이 아니라 억제된 것이다. 이 임시적 상황이 부모의 처벌 행동을 (부적) 강화한다.** 아이가 욕을 하면, 부모가 회초리를 든다. 그러면 부모는 아이의 욕을 더 이상 듣지 않게 되고, 체벌이 성공적으로 욕을 멈추게 했다고 생각할 것이다. 엉덩이 때리기가 많은 부모들에게 사용되고 있는 것은 놀라운 일이 아니다. 70%의 미국 부모들은 때로는 아이에게 신체적 체벌이 필요하다는 것에 동의한다(Child Trends, 2013).
2. **처벌은 상황을 변별하도록 가르친다.** 조작적 조건형성에서 어떤 행동은 강화를 받지만 다른 행동은 그렇지 못하다는 것을 학습할 때 변별이 일어난다. 처벌이 효과적으로 아이들의 욕 사용을 멈추게 하는 것인가, 아니면 집에서 욕을 하면 안 되지만, 다른 곳에서는 괜찮다는 변별을 학습시키는가?
3. **처벌은 공포를 가르친다.** 조작적 조건형성에서, 유사한 자극에 대해서 반응할 때도 강화되면 일반화가 발생한다. 처벌을 받은 아동은 공포를 바람직하지 않은 행동에 대해서뿐만 아니라 처벌을 가하는 사람 혹은 그 상황에도 일반화한다. 그러므로, 아동은 처벌을 가하는 교사를 두려워하고, 학교가는 것을 싫어하며, 혹은 전반적으로 불안한 마음을 갖게 될 수 있다. 이러한 이유로 대부분의 유럽 국가들과 대부분의 미국 주들은 학교나 보육시설에서 신체적 체벌을 금지하고 있다(EndCorporalPunishment.org). 2015년 현재 47개국에서 부모의 체벌을 불법으로 간주하고, 아동에게 성인과 동등한 법적 보호권을 제공하고 있다.
4. **신체적 체벌은 문제를 해결하기 위한 수단으로 폭력을 모델링하므로, 공격성을 증가시킬 수 있다.** 신체적 체벌을 받은 아이들은 공격성을 더 많이 보인다(MacKenzie et al., 2013). 공격적인 성향을 보이는 범죄자들이나 아동 학대 부모들이 학대 가정에서 자란 경우가 많다(Straus et al., 1997).

표 6.3 행동을 감소시키는 방법

처벌의 종류	설명	예
정적 처벌	혐오 자극을 집행한다.	짖는 개에게 물세례, 과속에 범칙금 발부
부적 처벌	보상 자극을 철회한다.	말듣지 않는 청소년에게 운전을 금지, 연체 벌금을 내지 않은 이용자에게 도서관 카드 회수

그러나 위처럼 해석하는 논리에 의문을 갖는 학자들도 있다. 신체적 처벌을 받은 아이들이 더 공격적이라는 인과적 설명은 사실은 기존에 갖고 있던 문제들 때문에 상담소를 찾은 것임에도 불구하고, 마치 심리치료를 받은 사람들이 우울증에 걸릴 가능성이 높다는 것과 비슷한 해석이라는 것이다. 무엇이 원인이고 무엇이 결과인가? 사실 상관연구는 우리에게 해답을 제시하지 않는다.

논쟁은 여전하다. 어떤 학자들은 기존의 문제 행동을 통제한 연구를 통해 빈번한 신체적 체벌이 미래의 공격성을 예측한다고 주장한다(Taylor et al., 2010a). 다른 학자들은 가벼운 신체적 체벌은 문제를 덜 초래한다고 믿는다(Baumrind et al., 2002; Larzelere & Kuhn, 2005). 특히 처벌이 온건한 훈육의 보완으로 쓰이거나, 논증과 강화를 통한 적절량의 훈육과 함께 쓰일 때 그렇다.

비행청소년의 부모들은 소리치거나 때리기, 혹은 처벌에 대한 협박 없이 목표 행동을 성취하는 방법을 모를 수 있다. 부모 훈련 프로그램은 부모들의 무시무시한 협박("지금 당장 사과를 안 한다면, 휴대전화를 갖다버릴테다.")을 긍정적 보상("사과를 하면 휴대전화를 써도 좋아.")으로 전환하도록 도와준다. 한번 생각해보자. 처벌로 위협하는 것을 긍정적인 표현으로 바꾸었을 때 더 강력하고 효과적이지 않았는가? 그렇다면, "숙제를 다해 놓지 않으면 영화보러 갈 용돈은 없어!"라는 표현은 긍정적으로 어떻게 표현할 수 있을까?

교실에서도 마찬가지이다. 교사는 "아니야, 이렇게 해보렴… 바

David Strickler/The Image Works

아이는 보고, 배운다 신체적 체벌을 자주 경험한 아동들은 더 많은 공격성을 나타내는 경향이 있다.

로 그렇지!"라는 피드백을 제공할 수 있다. 이러한 반응은 바람직하지 않은 행동을 줄이고, 바람직한 대안을 더 강화할 수 있다. 기억하자. 처벌은 하지 말아야 할 것을 알려주고, 강화는 해야 할 것을 알려준다.

스키너의 표현에 따르면, 처벌은 처벌을 어떻게 회피하는지를 가르쳐준다. 대부분의 심리학자들은 강화를 추천한다. 사람들이 잘하고 있는 것에 주목하고, 그것을 칭찬하라.

스키너의 유산

스키너는 그의 확고한 신념으로 벌집을 들쑤셔놓았다. 외부의 영향(내부의 사고나 감정이 아니라)이 행동을 조성한다고 되풀이해 강조하였다. 학교, 직장 및 가정에서 타인의 행동에 영향을 주기 위해 조작적 조건형성의 원리를 사용하라고 주장하였다. 행동이 그 결과에 의해 조성이 되므로, 바람직한 행동을 유도하기 위해서 보상을 이용해야 한다는 것이다.

스키너를 비판하는 사람들은 개인적 자유를 무시한 채 인간의 행동을 조종하려는 스키너의 생각이 인간을 인간 이하의 것으로 취급했다며 반기를 들었다. 스키너의 답변은 이렇다. 외부 결과가 이미 인간의 행동을 통제하고 있다. 그렇다면, 그러한 결과를 인간의 향상을 위해 쓰면 왜 안 되는가? 가정, 학교, 그리고 교도소에서 처벌 대신 강화를 사용하는 것이 더 인간적이지 않은가? 우리의 역사가 지금의 우리를 만들었다고 생각하는 것이 겸허한 일이라면, 이러한 생각은 우리의 미래를 우리가 만들 수 있다는 희망 또한 품게 하지 않는가?

조작적 조건형성의 응용

뒷장에서 심리학자들이 혈당을 낮추고 사회성을 향상시키기 위해 조작적 조건형성의 원리를 어떻게 적용하는지를 배울 것이다. 강화 기법은 학교, 직장, 가정에 적용 가능하며, 이러한 원리들은 또한 자기계발을 지지한다(Flora, 2004).

학교 이미 50년도 더 전에, 스키너와 동료들은 기계와 교과서가 학습을 작은 단계로 나누고, 옳은 반응에는 즉각적으로 강화하는 시대가 도래할 것을 그려보았다. 이러한 기계와 교과서는 교육을 혁신하고, 학생 각각의 특수한 요구에 집중하게 도와줄 것이다. 스키너(Skinner, 1989)의 표현에 따르면, "좋은 교육은 두 가지를 필요로 한다. 학생에게 그들이 한 것이 맞았는지 틀렸는지 즉시 알려주고, 다음 이행해야 될 단계를 안내하는 것이다."

교육에 대해 갖고 있던 스키너의 이상이 현재 가능하다는 것을 알면 그는 매우 흡족해할 것이다. 교사는 각 학생의 서로 다른 학습 속도에 보조를 맞추고, 개별 피드백을 제공하는 일을 까다롭게 여겼다. 교과서와 같이 제공되는 온라인 퀴즈 프로그램들은 학생이 자신의 진도와 이해 수준에 맞추어 퀴즈를 진행하고, 즉각적 피드백을 제공받고, 맞춤화된 공부 계획을 도와준다.

직장 스키너의 아이디어는 직장에서도 드러났다. 강화가 생산성에 영향을 준다는 것을 알고 있으므로, 많은 회사들은 고용인들이 리스크를 나누어 부담하고 주식을 공유하는 제도를 제공한다. 혹은 성취에 대한 보상을 제공한다. 목표 성과가 잘 정의되어 있고, 도달 가능하다면, 보상은 대체로 생산성을 증진시킨다. 관리자들이 어떻게 성공적으로 사원들에게 동기를 부여할 것인가? 애매한 인사고과가 아니라 세부적이고 도달 가능한 행동에 보상하라.

조작적 조건형성은 강화가 즉각적이어야 한다는 것을 재고해준다. IBM의 전설인 토머스 왓슨은 이를 알고 있었다. 그는 성취를 목격하면, 사원에게 그 자리에서 수표를 써줬다(Peters & Waterman, 1982). 보상은 물질적이거나 화려할 필요가 없다. 효율적인 관리자는 단지 사무실로 걸어 들어와 사원의 훌륭한 성과에 대해서 진심으로 칭찬하거나, 완성된 프로젝트를 칭찬하는 이메일을 보낼 것이다. 스키너는 "업무의 생산성에 매번 물질적 보상을 하기 위해 온 세계가 얼마나 더 부유해져야 되는가?"라고 반문하였다.

양육 앞선 예에서처럼, 부모는 조작적 조건형성을 활용할 수 있다. 양육 훈련 연구자들은 "이제 밤이야. 잘 준비해야지"라고 할 때, 아이들의 이에 대한 저항이나 반항에 부모가 굴복한다면, 그러한 반항을 강화할 뿐이라고 말한다. 화가 치밀어 부모가 소리지르거나, 몸짓으로 위협한다면, 아이는 이제 움츠러들며 순종한다. 이는 결국 부모의 화내는 행동을 강화하게 된다. 시간이 지날수록 이런 파국적 부모 자녀 관계가 더 발전된다.

이러한 순환을 깨기 위해서는, 부모는 조성의 기본 원리에 대해서 기억해야 한다. 사람들이 잘하고 있는 것에 주목하고, 그것을 칭찬하라.

아이들이 좋은 행동을 하고 있을 때, 관심과 강화를 주어라. 특정 행동을 목표로 삼고, 그것에 보상하라. 그리고 그것이 증가하는지를 관찰하라. 자녀들이 나쁜 행동을 하거나 반항할 때는 소리지르거나 때리지 말라. 그저 그들이 무엇을 잘못했는지를 설명하고, 타임아웃(생각하는 의자 시간)을 주어라.

나 자신의 행동을 변화시키기 담배를 끊고 싶은가? 적게 먹고 싶은가? 공부나 운동하는 시간을 늘리고 싶은가? 바람직한 행동을 강화하고 바람직하지 않은 행동을 소거하기 위해, 심리학자들은 다섯 가지 단계의 조작적 조건형성의 적용을 제안한다.

1. **측정 가능한 현실적인 목표를 세우고 공표하라.** 이를테면 하루에 한 시간 더 공부하는 시간 목표를 세운다. 목표에 헌신하고 성공할 기회를 높이기 위해 친구들에게 목표를 알린다.
2. **목표를 위해 언제, 어떻게, 어디서 공부할 것인지를 결정하라.** 어떻게 목표를 달성할지 세부적 단계를 세운 사람들이 더 자주 성취해낸다(Gollwitzer & Oettingen, 2012).
3. **얼마나 자주 목표 행동에 종사하고 있는지 확인하라.** 현재 공부하는 시간을 적고, 어떤 상황에서 공부를 하고, 어떤 상황에서는 공부가 안 되는지 관찰하라. (저자인 DM은 이 교재를 쓰면서 매일 얼마나 책을 쓰는지를 기록하였고, 낭비하는 시간이 어찌나 많은지 알고 깜짝 놀랐다. 다른 저자 ND도 매일 글 쓰는 시간을 기록하였고, 역시 시간 낭비를 깨달았다.)
4. **바람직한 행동에는 보상하라.** 공부시간을 늘리기 위해, 한 시간 더 공부를 했을 때는 간식이나 좋아하는 활동으로 스스로 보상을 준다. 친구와의 주말 여가 활동은 현실적인 주간 공부 목표를 달성했을 때에만 함께한다.
5. **점차 보상을 줄여라.** 새로운 행동이 습관으로 굳어지면, 쿠키로 보상하는 대신에 스스로 칭찬하라.

고전적 조건형성과 조작적 조건형성의 비교

고전적, 조작적 조건형성 모두 연합 학습의 형태이다(**표 6.4**). 두 경우 모두, 행동이 획득되고, 나중에는 소거되고, 또 자발적으로 다시 나타날 수 있다. 반응은 자주 일반화되지만, 또한 다른 자극들 사이에서 변별하는 것을 학습하기도 한다.

이 두 조건형성은 또 다음과 같은 점에서 다르다. 고전적 조건형성을 통해서 우리는 우리가 통제할 수 없는 사건들을 연합하며, 자동적으로 반응한다(수동 반응 행동). 조작적 조건형성을 통해서는 우리는 행동-보상을 얻거나 처벌을 피하기 위해 환경에 가하는 행동(조작 행동)과 그 결과를 연합한다.

다음에서 보듯이, 우리의 생물학적 소인과 사고 과정도 고전적, 조작적 조건형성에 모두 영향을 준다.

생물학, 인지, 그리고 학습

침을 흘리는 개부터 달리는 쥐, 그리고 쪼는 행동을 하는 비둘기에 이르기까지 학습에 대한 기본 과정들에 대해서 배웠다. 그러나 조건형성 원리는 모든 이야기를 다 해준 것이 아니다. 다시 한 번 우리는 심리학의 큰 아이디어가 작동하는 것을 본다. 학습은 생물학적 소인, 심리학, 그리고 사회문화적 영향력의 상호작용의 산물이다.

조건형성의 생물학적 제약

진화 이론가인 찰스 다윈은 자연 선택(natural selection)은 생존을 돕는 특질을 선호한다고 제안하였다. 20세기 중반, 학자들은 학습에는 **생물학적 제약**(biological constraints)(한계)이 있음을 보였다. 개별 종들은 생존에 필수적인 것들을 학습하기 위해 생물학적으로 준

표 6.4 고전적 및 조작적 조건형성 비교

	고전적 조건형성	조작적 조건형성
기본 개념	통제할 수 없는 두 사건 간의 연합 학습	행동과 그 결과의 연합 학습
반응	불수의적, 자동적	수의적, 환경에 조작을 가함
획득	사건들의 연합 : NS가 US와 함께 반복 제시되고, CS로 변화	반응을 결과(강화 혹은 처벌)와 연합
소거	CS만 반복하여 제시하면 CR 감소	강화가 중지되면, 반응이 감소
자발적 회복	휴지기 이후, 소거된 CR이 다시 나타남	휴지기 이후 소거된 행동이 다시 나타남
일반화	CS와 유사한 자극에 반응함	특정 결과를 얻거나, 회피하기 위해 비슷한 자극에 반응함
변별	CS와 US를 예고하지 않는 자극을 구별하는 것을 학습	어떤 반응은 강화받지만, 다른 반응들은 그렇지 않음을 학습

비되어 있다.

고전적 조건형성의 제약

1960년대, 존 가르시아와 로버트 코엘링(Garcia & Koelling, 1966)의 발견은 대중적으로 가장 널리 알려진 심리학의 믿음을 종결시키는 데 도움을 주었다. 이 믿음의 일부는 거의 모든 자극(맛, 시각, 소리에 상관없이)은 동등하게 조건형성 자극의 역할을 한다는 것이다. 가르시아와 코엘링의 연구는 이러한 생각을 검증하였고, 그것이 잘못되었다는 것을 보였다. 쥐는 복통의 경험과 연관된 음식을 피했지만, 연관된 시각이나 소리 자극을 피하지는 않았다. 심지어 맛을 본 후 수 시간이 지나 아플 때에도 그렇다. 심리학자들이 **미각혐오**(taste aversion)라고 하는 이러한 반응은 적응적 의미가 있다. 쥐에게는 음식이 오염되었는지를 파악하기 가장 쉬운 방법은 그것을 맛보는 것이다. 미각혐오는 쥐약으로 '미끼에 조심스러운' 쥐를 박멸하는 것을 어렵게 만든다. 미끼를 먹어보고 아프게 되면, 그 후로는 이 맛을 피하도록 생물학적으로 준비되어 있는 것이다.

인간도 특정 자극을 더 잘 연합하도록 생물학적으로 준비된 것처럼 보인다. 상한 햄버거를 먹고 네 시간 후 심각하게 아프게 되었다면, 햄버거 맛을 혐오하게 될 것이다. 그러나 연관된 식당이나 그릇, 같이 있던 사람들, 그때 들었던 음악을 혐오하지는 않는다.

비록 가르시아와 코엘링의 미각혐오 연구가 실험실 동물의 불편함을 초래하는 것에서 시작하였지만, 다른 많은 동물들의 복지를 생각하는 방법으로도 쓰였다. 복통을 일으키는 물질이 첨가된 양고기를 코요테와 늑대에게 제공하자, 이들은 양고기를 피했다(Gustavson et al., 1974, 1976). 살아있는 양과 같은 우리에 놓인 두 마리의 늑대는 양을 두려워하는 것처럼 보였다. 이러한 연구는 양을 그 포식자로부터 구해줬을 뿐 아니라, 코요테와 양을 성난 목장주와 농부로부터도 구해주었다. 후속 실험에서 조건형성된 미각혐오는 아프리카의 비비원숭이들이 농토를 습격하는 것이나 너구리들이 닭을 공격하는 것, 까마귀들이 두루미의 달걀을 먹는 것을 막을 수 있게 해주었다. 이 모든 예에서, 미각혐오 연구는 피식자와 포식자 모두 보존되도록 도와준 것이다(Dingfelder, 2010; Garcia & Gustavson, 1997).

이러한 연구는 자연 선택은 생존에 도움이 되는 특질을 선호한다는 다윈의 원리를 지지한다. 미각혐오를 쉽게 학습한 우리의 조상들은 다시는 독이 든 음식을 먹지 않을 수 있었고, 생존할 가능성이 더 높았으며, 후손을 남길 수 있었다. 불안이나 통증처럼 구역질은 나름의 역할이 있다. 자동차의 연료 경고 시스템처럼, 신체가 위협을 받고 있다는 경고인 것이다(Davidson & Riley, 2015; Neese, 1991).

존 가르시아 캘리포니아 농부였던 부모를 도와 일꾼으로 일했기 때문에, 어린 시절 가르시아는 농한기에만 학교에 다닐 수 있었다. 20대 후반에 전문대에 입학하였고, 40대 후반에 박사학위를 받았으며, '조건형성과 학습 분야에서 독창적이며 선구자적인 연구로' 과학에 이바지한 공로로 미국심리학회로부터 과학 공로상(Distinguished Scientific Contribution Award)을 수상하였다. 그는 미국국립과학아카데미의 회원이기도 하다.

동물의 미각혐오 양을 습격하는 늑대나 코요테를 도살하는 것의 대안으로, 미각혐오를 일으키는 약물을 양고기에 섞어 제시함으로써 이 동물들에게 복통을 일으키는 방법을 사용한다.

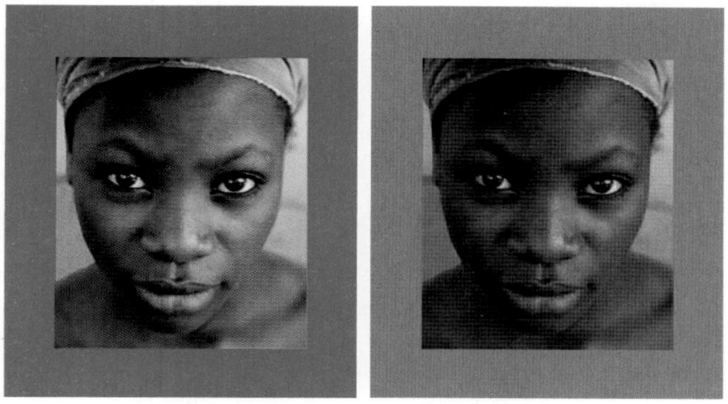
Andrew Elliot

그림 6.8 낭만적 빨강 다른 요인들(그림의 명도와 같은)을 통제한 여러 실험들에서, 이성애자 남성은 붉은 테두리 안의 여성을 더 성적 매력이 있는 것으로 평가하였다(Elliot & Niesta, 2008). 여성들은 배란기에 붉은 계열의 옷을 입는 것으로 관찰되었고, 붉은 옷을 입은 여성을 성적으로 더 수용적으로 지각하였다(Eisenbruch et al., 2015; Pazda et al., 2014). 이러한 현상은 북미와 유럽뿐 아니라 서아프리카에서도 발견되었다(Elliot et al., 2013).

자연 선택에 의해 선호되는 행동을 학습하려는 경향은 왜 인간이 빨간색과 성(sexuality)을 연합하도록 자연적으로 준비되어 있는지도 잘 설명해준다. 암컷 유인원은 배란기가 다가오면 붉은색을 띤다. 여성은 성적 흥분기에 증진된 혈류 탓에 얼굴이 붉어질 수 있다. 붉은색과 성적인 것—발렌타인데이의 하트, 홍등가, 붉은 립스틱—의 반복연합은 이성애자 남성이 여성에게 더 매혹되도록 만드는가? 실험(**그림 6.8**)은 실제로 그렇다는 것을 보여준다(Elliot et al., 2013; Pazda & Elliot, 2012).

조작적 조건형성의 제약

고전적 조건형성처럼, 자연은 각 종의 조작적 조건형성의 능력에도 한계를 설정한다. 공상과학 작가인 로버트 하인라인(Robert Heinlein, 1907-1988)은 이렇게 표현하였다. "절대 돼지에게 노래를 가르치려 하지 말라. 시간 낭비이며, 돼지를 화나게 할 뿐이다."

우리의 생물학적 소인을 반영하는 행동들은 쉽게 학습되며, 유지된다. 그러므로 음식과 같은 강화물을 이용해 햄스터가 땅을 파거나 뒷발로 서도록 조건형성하기 쉽다. 이러한 행동들은 햄스터의 자연스러운 먹이 찾기 행동 중 하나이기 때문이다. 그러나, 얼굴 씻기 혹은 먹이나 배고픔과 연관되지 않은 햄스터의 행동들을 먹이로 강화하여 조건형성하는 것은 더 어렵다(Shettleworth, 1973). 비슷한 방식으로, 비둘기에게 전기 충격을 피하기 위해서 날갯짓을 하고, 먹이를 얻기 위해 쪼는 행동을 가르치는 것은 쉽다. 날개로 도망치거나, 부리로 먹는 것은 자연스러운 비둘기의 행동이기 때문이다. 그러나 충격을 피하기 위해 부리로 쫀다거나, 음식을 얻기 위해 날갯짓하도록 비둘기가 학습하는 일은 어렵다(Foree & LoLordo, 1973). 생물학적 소인은 우리가 자연적으로 적응적인 연합을 학습하도록 만든다.

조건형성에 대한 인지적 영향

인지와 고전적 조건형성

'아기 앨버트'를 연구했던 왓슨은 파블로프의 업적에 기초한 많은 심리학자들 중 하나였다. 파블로프와 왓슨은 많은 신념을 공유했다. 이들 모두 내성, 감정, 동기와 같은 '정신적' 개념을 회피하였다(Watson, 1913). 학습의 기본 법칙은 모든 동물 — 개나 사람에게 모두 — 에게 동등하게 적용된다는 생각을 갖고 있었다. 그러므로, 심리학이라는 과학은 유기체가 환경 내의 자극에 어떻게 반응하는지를 탐구해야만 한다. 왓슨은 "심리학의 이론적 목적은 행동의 예측과 통제이다"라고 말하였다. 심리학은 관찰 가능한 행동에 기반한 객관적 과학이어야 한다는 관점을 **행동주의**(behaviorism)라고 한다. 행동주의는 20세기 초 북미 심리학에 지대한 영향을 주었다.

후속연구들은 파블로프와 왓슨의 학습에 대한 관점은 2개의 중요한 요인을 간과하고 있다는 것을 보였다. 첫째는, 앞서 살펴보았듯이, 생물학적 소인이 학습에 제약을 설정한다는 것이다. 둘째는 우리의 인지 과정—사고, 지각, 기대 등—이 학습에 미치는 영향이다.

초기 행동주의자들은 쥐와 개의 학습된 행동을 '인지가 부재한(mindless)' 기제라고 믿었다. 그러나 다른 실험들은 동물이 사건의 예측성(predictability)을 학습할 수 있다는 것을 보였다(Rescorla & Wagner, 1972). 소리를 전기 충격보다 항상 앞서 제시한 시행들 이후에, 소리와 빛을 제시하고 전기 충격을 제시하면, 쥐는 소리에는 공포 반응을 보이지만 빛에는 그렇지 않다. 비록 불빛 후에도 항상 전기 충격이 있었지만, 이 사건은 새로운 정보를 더하지 않는다. 소리가 더 좋은 예측인자인 것이다. 이것은 마치 동물이 US가 일어날 가능성에 대한 인식, 즉 사건에 대한 기대(expectancy)를 배웠다는 것을 시사한다.

인지는 인간에게도 역시 중요하다. 예를 들어 알코올중독 치료를 받는 사람들은 구역질을 유발하는 약물과 함께 알코올을 제공받는다. 그러나, 환자가 이 약물에 대해 인식하면, 알코올 섭취와 복통의 연합이 감소하고 치료를 방해하게 된다. 고전적 조건형성에서는, 특히 사람에게는 단순한 CS-US 연합이 아니라 사고 과정이 개입된다.

인지와 조작적 조건형성

스키너가 행동의 생물학적 토대와 사적인 사고 과정의 존재에 대해서 인정하였음에도 불구하고, 많은 심리학자들은 그가 인지의 중요성을 간과했다고 비난하였다.

폐렴으로 사망하기 불과 8일 전이던 1990년, 스키너는 미국심리학회 총회 연단에 섰다. 이 마지막 연설에서, 인지 과정이 심리학이라는 과학에, 심지어 조건형성을 이해하기 위해, 필수적인 위치를 점해야 한다는 주장에 대해 그는 다시 한 번 거부하였다. 스키너에게 사고와 정서란 다른 행동들과 동일한 법칙을 따르는 행동이었다.

그럼에도 불구하고, 인지 과정의 증거는 무시할 수 없다. 미로를 탐색하는 쥐는 보상이 주어지지 않음에도 미로에 대한 심적 표상인 **인지도**(cognitive map)를 발달시키는 것처럼 보인다. 어슬렁거리며 배회하던 쥐의 목표 출구 지점에 먹이를 놓았을 때, 이들은 목표에 도달하기 위해서 항상 먹이로 강화를 받았던 다른 쥐들만큼이나 혹은 이들보다 더 빨리 달려나갔다. 새로운 동네를 탐색하는 사람들처럼, 이 배회하던 쥐들은 앞선 여행 동안 **잠재 학습**(latent learning)을 경험하였다. 잠재 학습은 그것을 보여줄 이유가 있을 때만 드러난다.

인지적 관점은 보상의 제약도 보여준다. 이미 과제를 즐기고 있는 사람들에게 보상을 약속하면 역효과를 초래한다. 과도한 보상은 **내재적 동기**(intrinsic motivation)—그 과제 자체를 즐기려고 무언가를 잘 하려는 욕구—를 파괴한다. 독서를 할 때 아동에게 장난감이나 사탕으로 보상을 하자, 독서에 쓰는 시간이 오히려 줄어들었다(Marinak & Gambrell, 2008). 마치 이렇게 생각하는 것과 같다. "책을 읽으라고 이렇게 뇌물을 주는 걸 보니, 독서 그 자체에는 별 큰 가치가 없음이 확실해."

내재적 동기와 **외재적 동기**(extrinsic motivation)—외부 보상을 얻으려고, 혹은 위협적 처벌을 피하려고 특정한 방식으로 행동하는 것—의 차이를 구분하기 위해, 이 과목을 들을 때 여러분의 경험을 떠올려보라. 데드라인 이전에 교과서를 읽어야 한다는 압박을 느끼는가? 성적이 고민되는가? 졸업 이수 학점을 따는 데 혈안이 되어 있는가? 이러한 질문에 대한 답이 '예'라면, 당신은 외재적 동기화되어 있는 것이다(사실 모든 학생들은 어느 정도 그렇다). 교과서 내용이 흥미로운가? 학점이 걸려있지 않더라도 그 내용 자체의 흥미로움 때문에 공부하려는 호기심이 있는가? 그렇다면, 내재적 동기화가 당신의 수고에 기름을 부어줄 것이다. 과제의 의미와 중요성에 초점을 맞춘 사람들이 일도 더 잘할 뿐 아니라, 결국에는 더 많은 외재적 보상도 받게 된다(Wrzesniewski et al., 2014).

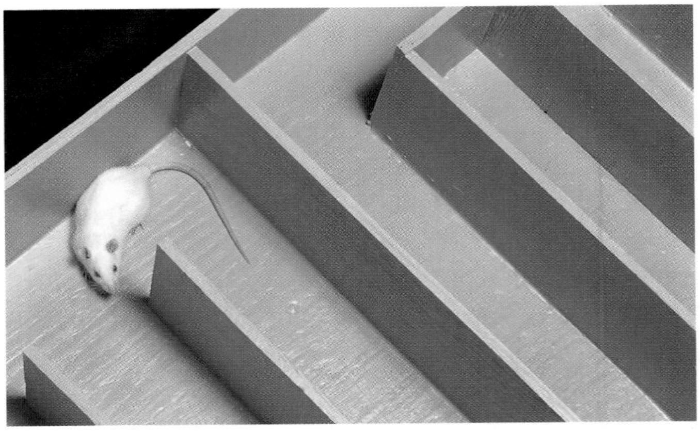
Will & Deni McIntyre/Science Source

잠재 학습 인간과 마찬가지로 동물들도 강화 없이 경험으로 배운다. 한 고전 실험에서, 한 집단의 쥐들은 반복해서 미로를 탐색하였고, 출구에서 항상 먹이로 강화받았다. 다른 집단의 쥐들은 미로를 탐색했지만, 먹이는 주어지지 않았다. 그러나, 출구에 먹이가 일단 주어지면, 두 번째 집단의 쥐들은 항상 강화받았던 쥐들만큼이나 (혹은 심지어 더 빨리) 미로를 빠져나왔다(Tolman & Honzik, 1930).

그럼에도 불구하고, 뇌물이나 행동을 통제하려는 것이 아니라 일이 잘 완수되었다는 정보를 주는 보상은 효과적일 수 있다(Boggiano et al., 1985). '가장 많이 향상된 선수'를 위한 상은 유능감과 스포츠에 대한 즐거움을 증가시킬 수 있다. 보상을 잘 집행하면 수행을 향상시키고 창의성도 고취된다(Eisenberger & Rhoades, 2001; Henderlong & Lepper, 2002). 합격, 장학금, 직업처럼 고된 일과 학문적 성취 후에 따라오는 외재적 보상은 마땅히 있어야만 한다.

표 6.5는 고전적, 조작적 조건형성의 생물학적 · 인지적 영향력을 요약하여 비교한다.

관찰 학습

인지는 **관찰 학습**(observational learning)을 지지한다. 고등 동물은

표 6.5 조건형성에 미치는 생물학적 · 인지적 영향

	고전적 조건형성	조작적 조건형성
생물학적 영향	생물학적 경향성은 쉽게 연합이 되는 자극과 반응의 종류에 제약을 준다. 불수의적, 자동적.	동물은 그들의 자연적 행동 목록에 있는 행동을 더 쉽게 학습한다. 자연적으로 적응적이지 않은 연합은 쉽게 학습되지 않는다.
인지적 영향	사고, 지각, 기대는 특정 CS와 US의 연합을 약화시킨다.	동물은 행동이 강화되거나 처벌받으리라는 기대를 형성한다. 잠재 학습은 강화 없이 일어난다.

다른 동물을 관찰하거나 모방하면서 직접 경험 없이 학습한다. 누나가 뜨거운 가스레인지에 손을 덴 것을 본 아이는 손을 데지 않고도 뜨거운 가스레인지가 화상을 입힐 수 있다는 것을 배운다. 우리는 타인을 관찰하고 모방하는 **모델링**(modeling)이라는 방법을 통해 모국어와 다양한 모든 종류의 특정 행동을 학습한다.

관찰 학습의 선두자인 앨버트 반두라가 개발한 이 실험을 눈에 그려보라(Bandura et al., 1961). 4~6세의 어린 아동이 그림을 그린다. 이 방의 다른 쪽에서는 한 성인이 블록 놀이를 하고 있다. 아동이 이 성인을 보면, 그는 일어나 거의 10분 동안, 공기를 주입해 부풀린 고무 풍선 보보 인형(Bobo doll)을 세게 두드리고, 발로 차고, 던지며 소리친다. "코를 납작하게 해주마. 세게 쳐 … 발로 차 …".

이후, 이 아동은 재미있는 장난감으로 가득 찬 다른 방으로 안내된다. 곧 실험자가 들어오더니, 이 방의 장난감들은 '다른 아이들을 위해서' 남겨놓기로 결정했다고 말한다. 좌절한 이 아이를 제3의 방으로 데려가는데, 몇 개의 장난감과 아까의 그 보보 인형이 있다. 혼자 남겨진 이 아이는 무엇을 할까?

이 실험의 다른 아동들과 비교해보면, 모델의 행동을 본 아동들은 그 인형을 집어던지는 경향이 더 높았다. 공격성을 분출하는 것을 본 것은 가시적으로 그들의 억제를 낮추었다. 또한, 억제 이상의 요인도 작동하였는데, 관찰된 바로 그 행동을 모방하는 아이들은 그들이 그 전에 들은 바로 그 단어들을 사용하였다(**그림 6.9**).

반두라가 제시한 억제 '이상의' 요인이란 이것이다. 모델을 관찰하면서, 우리는 모델이 경험하고 있는 것을 상상 속에서 대리 경험한다. 이 대리 강화(vicarious reinforcement) 혹은 대리 처벌(vicarious punishment)을 통해 관찰한 것과 유사한 상황에서 행동의 결과를 기대하는 것을 배운다. 특히 다음 상황에서 동일시하고, 대리 체험이 더 잘 이루어진다.

- 자신과 유사하거나
- 성공적이거나
- 존경할 만한 사람

기능적 자기공명영상(fMRI)은 누군가 보상을 받는 것을 관찰할 때, 마치 우리가 보상을 받는 것처럼 내 자신의 뇌 보상 시스템이 활성화되는 것을 보여준다(Mobbs et al., 2009). 심지어 우리의 학습된 공포는 타인이 그 상황을 안전하게 탐색하는 것을 관찰할 때 소거되기도 한다(Golkar et al., 2013).

뇌의 거울과 모방

이탈리아 파르마의 1991년 뜨거운 여름날, 실험실 원숭이는 연구자가 점심을 먹은 후에 돌아오는 것을 기다렸다. 연구자들은 운동을 계획하고 실행하는 데 중요한 역할을 하는 전두엽의 활동을 기록할 수 있는 모니터 장치를 원숭이의 뇌에 삽입하였다. 이 장치는 이 영역에서의 활동이 탐지되면 연구자에게 경고음을 준다. 예를 들어 원숭이가 땅콩을 입에 가져가면 버저 소리가 울린다. 그날, 연구자는 손에 아이스크림을 쥐고 실험실로 돌아왔고, 연구자가 콘을 들어 핥자, 꼼짝 않고 있는 원숭이가 움직인 것처럼 모니터 장치의 버

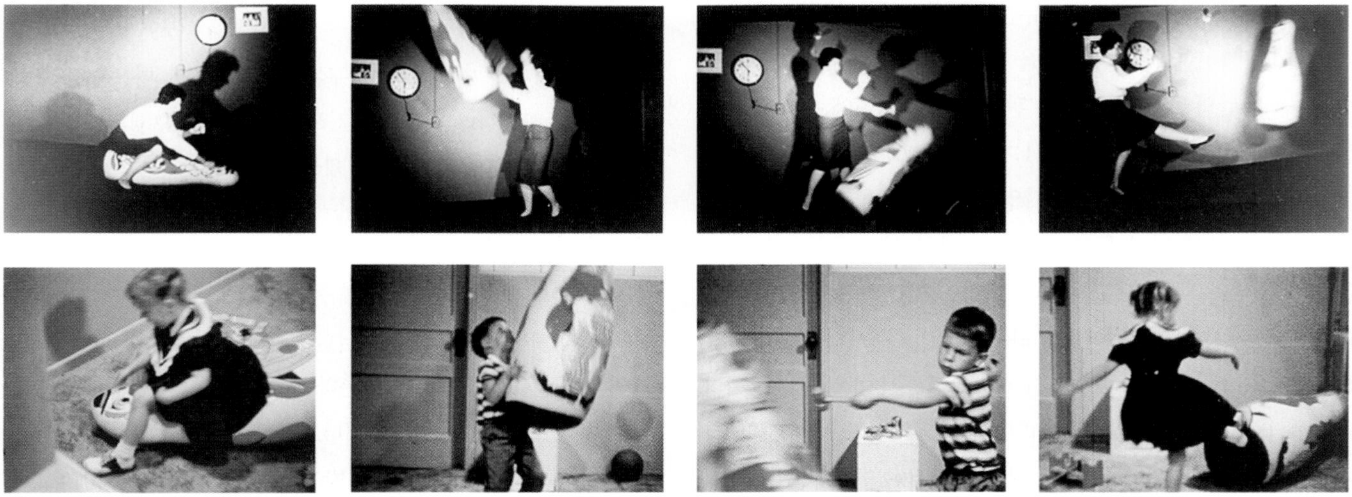

Courtesy of Albert Bandura, Stanford University

그림 6.9 유명한 보보 인형 실험 아동의 동작이 성인의 동작을 얼마나 비슷하게 흉내내고 있는지를 보라.

알버트 반두라 "보보 인형 실험은 내가 가는 곳마다 따라 다녔습니다. 실험 사진은 모든 심리학 교과서에 실렸는데, 또한 거의 모든 학부생들이 심리학 개론을 수강하지요. 최근에 워싱턴의 한 호텔에 묵었습니다. 프론트 데스크의 직원이 '아, 혹시 그 보보 인형 실험을 한 심리학자 아니세요?'라고 묻더군요. 나는 '그게 내 유산이 될까 걱정입니다'라고 했지요. 직원은 '업그레이드된 방을 쓸 충분한 자격이 있습니다. 호텔의 조용한 스위트 룸을 드릴게요'라더군요"(2005). 논문 인용 수, 수상, 및 교재 인용에 대한 최근의 분석에 따르면, 반두라를 가장 저명한 심리학자로 지명하였다(Diener et al., 2014).

저 소리가 울렸다(Blakeslee, 2006; Iacoboni, 2009). 이 소리는 그 전에 연구자나 다른 원숭이들이 땅콩을 입에 가져갈 때도 울렸던 것이다.

연구자들은 이 이상한 사건이 예전에는 알려지지 않았던 뉴런의 종류를 발견한 위대한 사건이 되었다고 믿었다(Rizzolatti et al., 2002, 2006). 그들의 관점에서, 이러한 **거울 뉴런**(mirror neuron)은 매일의 모방과 관찰 학습의 신경적 기초가 된다. 원숭이가 무언가를 잡거나, 쥐거나, 혹은 찢을 때 이 뉴런들은 발화한다. 마찬가지로 다른 원숭이가 그러한 일을 하는 것을 관찰할 때도 발화한다. [연구자들은 거울 뉴런의 존재와 의의 및 관련된 뇌 신경망에 대해서 여전히 논쟁 중이다(Gallese et al., 2011; Hickok, 2014).]

원숭이뿐만 아니라 모방은 다양한 동물 종에게서 일어나지만, 특히 인간에게 가장 두드러진다. 우리의 선전 문구, 전통, 도덕, 그리고 유행은 한 사람이 다른 사람을 따라하면서 널리 퍼진다. 어린이들, 심지어 신생아들도 타고난 모방가들이다(Marshall & Meltzoff, 2014). 태어나자마자, 신생아는 혀를 내미는 어른을 따라한다. 8~16개월된 영 · 유아들은 다양한 새로운 동작들을 흉내낸다(Jones, 2007). 12개월에 이르면, 어른의 시선이 멈추는 곳을 따라 본다(Meltzoff et al., 2009). 30개월 된 유아는 성인 침팬지의 지능에 도달하고, 다른 사람의 해법을 모방하는 문제와 같은 사회적 과제에서는 침팬지를 능가한다(Herrmann et al., 2007). 어린이들은 보고 배운다.

뇌의 반응 덕분에, 정서는 전염성이 있다. 타인의 자세, 표정, 목소리, 그리고 문장 스타일을 관찰하면서, 우리도 모르게 그것들을 따라한다. 그렇게 함으로써, 우리는 타인의 마음 상태를 이해하고, 상대가 느끼는 것을 동일하게 느낀다(Bernieri et al., 1994; Ireland & Pennebaker, 2010).

사랑하는 이의 고통을 볼 때, 우리의 표정은 사랑하는 이의 감정을 비추는 거울이 된다. 우리의 뇌도 그렇다. **그림 6.10**의 fMRI 영상을 보면, 서로 정서를 교감하는 한 배우자가 상상한 다른 배우자의 고통은 그 짝이 실제 고통을 경험할 때와 일부 동일한 뇌활동을 촉발하였다(Singer et al., 2004). 묘사된 감정과 행위를 비간접적으로 경험하면서, 소설 읽기도 교감 활동을 촉발한다(Mar & Oatley, 2008; Speer et al., 2009). 한 실험에서, 대학생들은 역경을 극복하고 투표를 하는 가상적인 동료 학생이 묘사된 이야기를 읽었다. 일주일 후, 1인칭 시점으로 그 이야기를 읽은 학생들은 대통령 선거에 더 많이 투표하였다(Kaufman & Libby, 2012). 또 다른 실험에서, 해리포터가 머글 태생(mudblood, 평범한 인간 부모에게서 태어난 마법사를 모욕적으로 부르는 호칭)의 사람들을 인정하는 이야기를 읽은 사람들은 이민자, 난민, 성적 소수자에 대한 편견이 줄어들었다(Vezzali et al., 2015).

이러한 마음의 작동은 관찰한 행위를 우리가 실제로 한 행위인 것처럼 사실적으로 기억되게도 한다(Lindner et al., 2010). 뇌활동은 고도의 사회적 특성을 뒷받침한다.

관찰 학습의 적용

반두라의 연구와 거울 뉴런 연구는 우리가 보고, 마음으로 모방하고, 그리고 학습한다는 놀라운 소식을 전해준다. 모델은—가족에서 혹은 이웃에서, 아니면 대중매체에서—좋건, 나쁘건 영향력을 가진다.

친사회적 효과

좋은 소식은 **친사회적**(긍정적, 남을 도우는) **행동**(prosocial behavior) 모델들은 친사회적 영향을 갖는다는 것이다. 한 연구팀은 7개 국가에 걸쳐 친사회적 TV, 영화, 비디오 게임을 보는 것은 후에 남을 돕는 행동을 향상시킨다는 것을 발견하였다(Prot et al.,2014). 반폭력적이고 남을 돕는 행위를 보여주는 실제의 사례들은 또한 타인에게 비슷한 행동을 유발한다. 인도의 마하트마 간디와 미국의 마틴

루터 킹 주니어는 반폭력적 행동을 사회 변화의 강력한 힘으로 만들어 두 국가에 모두 모델링의 위력을 보여주었다(Matsumoto et al., 2015). 부모 역시 강력한 모델이 된다. 나치 치하의 유대인을 구출하기 위해서 본인의 목숨을 걸었던 유럽계 기독교인들은 적어도 강한 도덕심, 혹은 인류애적 관심을 보여준 부모(적어도 한 부모 이상)와 친밀한 관계를 대체로 갖고 있었다. 1960년대의 미국 시민 운동가들의 연구에서도 역시 그러하였다(London, 1970; Oliner & Oliner, 1988).

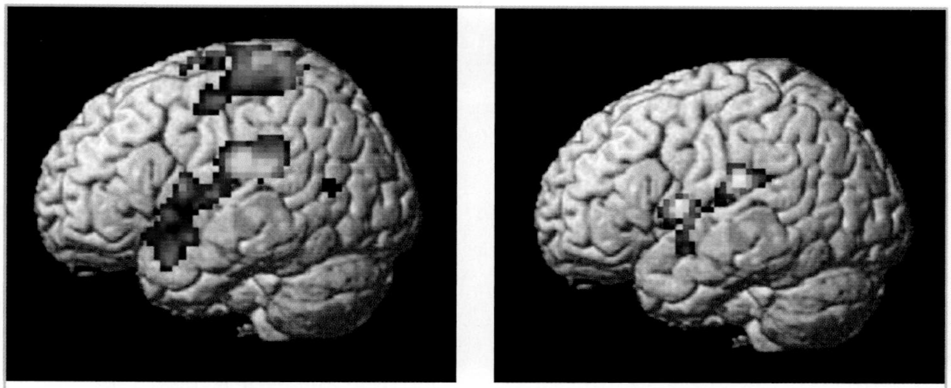
실제의 고통
공감

그림 6.10 뇌의 경험한 고통과 상상한 고통 실제의 고통(왼쪽)과 연관된 뇌활동은 애인의 통증을 목격할 때에도 반영된다(오른쪽). 공감은 정서를 관장하는 영역에서의 활동을 보여주지만, 실제 고통을 입력하는 영역은 활성화되지 않았다.

모델은 행위와 말이 일치할 때 가장 효과적이다. 아동의 독서를 격려하기 위해서는 책을 읽어주고, 주변에 책과 책을 읽는 사람도 많아야 한다. 자녀가 당신의 종교를 가질 확률을 높이기 위해, 같이 예배하고, 종교적 활동을 함께 한다. 많은 부모들은 "내가 말한 대로 하라. 내가 하는 것은 따라 하지 말고"라는 원리에 따라 양육하는 것처럼 보인다(Rice & Grusec, 1975; Rushton, 1975). 부모의 위선을 보면, 부모가 말하는 대로 하고, 행하는 대로 하며, 자녀는 부모의 위선을 따라할 것이다.

반사회적 효과

나쁜 소식은 관찰 학습이 **반사회적 효과**도 갖는다는 것이다. 이는 왜 학대 부모 밑에서 공격적인 자녀가 나오는지, 왜 아내에게 폭력을 행사하는 남편은 자신의 어머니를 때렸던 아버지를 가졌는지를 이해하도록 도와준다(Stith et al., 2000). 비판가들은 이러한 공격성은 유전적일 수 있다고 한다. 그러나 원숭이를 통해 이것이 환경에 기인할 수 있음을 보였다. 어머니로부터 분리되어 공격성이 높은 환경에서 자란 어린 원숭이들은 공격적인 원숭이로 자라났다(Chamove, 1980). 이러한 연구들의 시사점은 아동기에 배운 것은 성인이 되고 쉽게 바뀌지 않으며 다음 세대로 전달된다는 것이다.

TV 쇼, 영화, 온라인 비디오들은 관찰 학습의 원천이다. TV와 비디오를 보면서, 아이들은 따돌림이 타인을 통제하기 위한 효과적 수단이며, 나중에 올 고통이나 질병에 대한 걱정 없이 자유롭고 쉬운 섹스가 쾌락을 가져다주고, 남성은 터프해야 하고, 여자는 부드러워야 한다고 배울지 모른다. 또한 이들은 이런 것들을 배울 많은 시간을 갖고 있다. 생애 초기 18년 동안 선진국의 대부분의 아이들은 학교에서 보내는 시간보다 TV 앞에서 보내는 시간이 더 많다. 미국 청소년의 평균 TV 시청 시간이 하루 4시간 이상이다. 성인은 평균적으로 3시간이다(Robinson & Martin, 2009; Strasburger et al., 2010).

시청자들은 조금은 독특한 주인공, 특히 폭력 성향이 있는 인물로부터 인생에 대해 배운다. 한 심층 조사에 따르면, 공중파 및 케이블 프로그램 10개 중 거의 6개가 폭력을 다룬다. 그런 폭력 행위 중 74%가 처벌되지 않고, 피해자의 고통은 다루지 않는다. 거의 반 정도는 그러한 행위를 정당한 것으로 묘사하고, 공격자의 반 정도는 매력적으로 비춰진다(Donnerstein, 1998). 이러한 조건은 많은 연구에서 기술된 폭력 시청 효과의 처방전을 규정한다(Donnerstein, 1998, 2011).

2012년, 코네티컷의 샌디 훅 초등학교의 끔찍한 총기 난사 사건에서 총기로 무장한 남자는 어린아이들과 교사들을 목표물로 삼았다. 이 살해범의 집에 쌓여 있던 폭력 비디오 게임이 이 범인을 만들었다는 미디어들의 질문은 옳은가? ('비판적으로 생각하기 : 폭력적 미디어의 시청 효과'를 참조하라.)

모니터 앞에서 보내는 시간의 가장 큰 효과는 시청이 다른 활동을 대체한다는 것이다. 모니터 앞에서 시간을 보내는 청소년과 성인들은 대화, 공부, 놀기, 독서, 친구와 직접 만나 사회활동하기 등 다른 활동 추구에는 훨씬 적은 시간을 쓴다. 여러분이 모니터 앞에서 보내는 그 많은 시간의 반이라도 있다면, 그 여유시간으로 무엇을 해내었을까? 그럼, 지금의 당신은 어떻게 달라졌을까?

비판적으로 사고하기 | 폭력적 미디어의 시청 효과

RIP
RIP

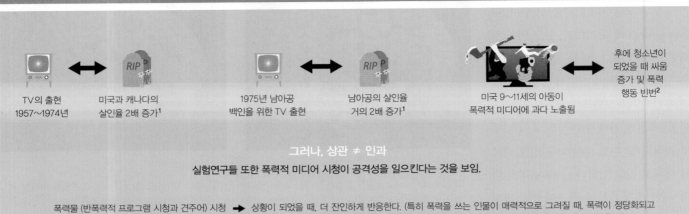

TV의 출현 1957~1974년 ⟷ 미국과 캐나다의 살인율 2배 증가[1]

1975년 남아공 백인을 위한 TV 출현 ⟷ 남아공의 살인율 거의 2배 증가[1]

미국 9~11세의 아동이 폭력적 미디어에 과다 노출됨 ⟷ 후에 청소년이 되었을 때 싸움 증가 및 폭력 행동 빈번[2]

그러나, 상관 ≠ 인과

실험연구들 또한 폭력적 미디어 시청이 공격성을 일으킨다는 것을 보임.

폭력물 (반폭력적 프로그램 시청과 견주어) 시청 → 상황이 되었을 때, 더 잔인하게 반응한다. (특히 폭력을 쓰는 인물이 매력적으로 그려질 때, 폭력이 정당화되고 사실적으로 묘사되었을 때, 행위가 처벌받지 않았을 때, 시청자가 고통이나 위해 상황을 보지 않았을 때)

무엇이 폭력 시청 효과를 일으키는가?

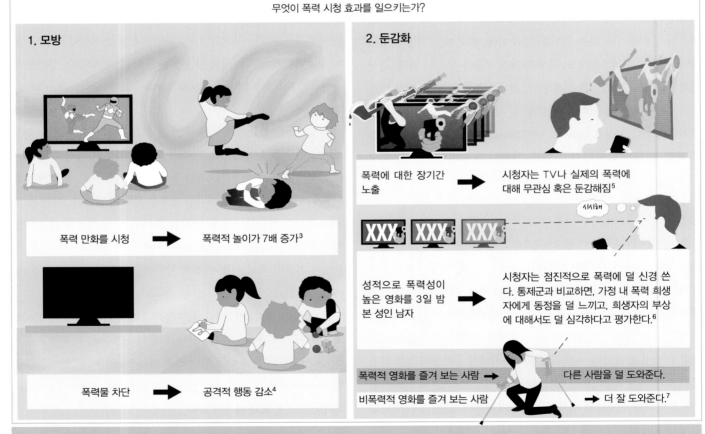

1. 모방

폭력 만화를 시청 → 폭력적 놀이가 7배 증가[3]

폭력물 차단 → 공격적 행동 감소[4]

2. 둔감화

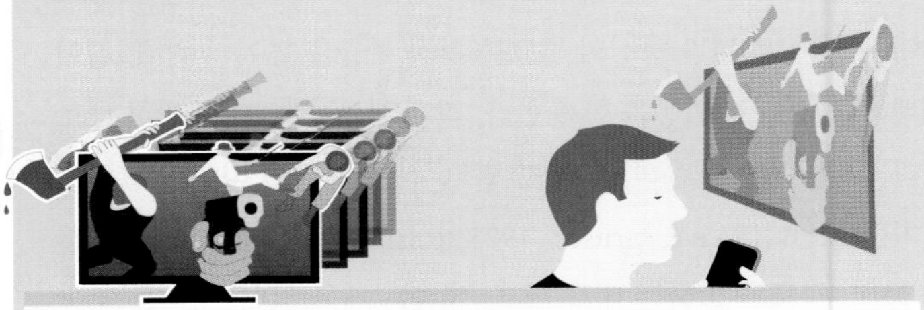

폭력에 대한 장기간 노출 → 시청자는 TV나 실제의 폭력에 대해 무관심 혹은 둔감해짐[5]

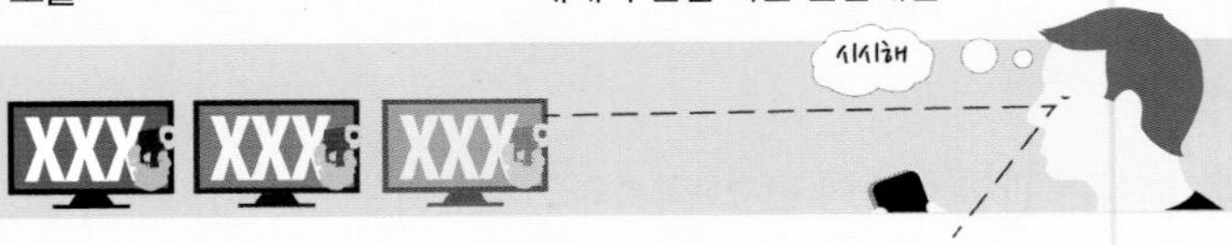
시시해
XXX
XXX
XXX

성적으로 폭력성이 높은 영화를 3일 밤 본 성인 남자 → 시청자는 점진적으로 폭력에 덜 신경 쓴다. 통제군과 비교하면, 가정 내 폭력 희생자에게 동정을 덜 느끼고, 희생자의 부상에 대해서도 덜 심각하다고 평가한다.[6]

폭력적 영화를 즐겨 보는 사람 → 다른 사람을 덜 도와준다.

비폭력적 영화를 즐겨 보는 사람 → 더 잘 도와준다.[7]

미국심리학회 폭력적 미디어 대책위원회(2015)는 "연구들은 폭력 비디오 게임과 공격성 간의 일관적인 관계를 발견하였는데, 공격 행동, 공격 조건, 공격 정서를 증가시키고 친사회적 행동, 공감, 공격성에 대한 민감도 등은 감소시킨다"는 것을 알아냈다.

미국소아과학회(2009)는 소아과 의사들에게 "폭력적 대중매체가 공격 행동, 폭력 둔감화, 악몽, 피해 공포 등을 조장한다"고 충고해왔다.

1. Centerwall, 1989. 2. Boxer at al., 2009; Gentile et al., 2011; Gentile & Bushman, 2012. 3. Boyatzis et al., 1995. 4. Christakis et al., 2013. 5. Fanti et al., 2009; Rule & Ferguson, 1986. 6. Mullin & Linz, 1995. 7. Bushman & Anderson, 2009.

주요 용어

학습
자극
연합 학습
수동 행동
조작 행동
인지 학습
고전적 조건형성
중성 자극(NS)
무조건 반응(UR)
무조건 자극(US)
조건 반응(CR)
조건 자극(CS)
획득
소거
자발적 회복
일반화
변별
조작적 조건형성
효과의 법칙
조작실
조성
정적 강화
부적 강화
일차 강화물
조건 강화물
강화 계획
연속 강화
부분(간헐) 강화
고정비율 계획
변동비율 계획
고정간격 계획
변동간격 계획
처벌
생물학적 제약
행동주의
인지도
잠재 학습
내재적 동기
외재적 동기
관찰 학습
모델링
거울 뉴런
친사회적 행동

이 장의 구성

7

기억

기억은 우리가 시간에 걸쳐 간직하고 있던 내용을 배우는 것을 말한다. 새로운 의식 기억을 형성할 수 없다고 상상해보라. 이것은 헨리 몰레이슨(Henry Molaison), 즉 H. M.의 삶이었다(심리학자들은 2008년 그가 사망할 때까지 그를 알고 있었다). 1953년에 외과 의사들은 심한 발작을 막기 위해 H. M.의 해마에서 많은 부분을 제거했다. 그는 여전히 지적이고 매일 십자말 퍼즐풀기를 했다. 그런데 수술 이후로 그는 이상한 내면의 삶을 살았다. "나는 1962년 이후로 H. M.을 알고 있었다. 그는 여전히 자신이 누구인지 모른다"(Corkin, 2005, 2013)라고 한 신경과학자는 보고하였다. 그는 대화하면서 약 20초 동안 마음속에 무엇인가를 간직할 수 있었다. 그러나 주의를 딴 데로 돌릴 때, 그는 방금 말한 것과 방금 전에 일어난 일들을 잊어버리곤 했다. 그래서 그는 당시 미국 대통령의 이름을 말할 수 없었다(Ogden, 2012).

나[저자 DM]의 아버지는 92세 때 약간의 뇌졸중으로 이와 비슷한 문제를 겪었다. 그의 낙관적인 성격은 변하지 않았다. 그는 가족 사진 앨범을 보면서 즐거운 시간을 보냈으며 뇌졸중 이전의 삶에 대한 이야기를 들려주었다. 그러나 그는 그날이 무슨 요일이었는지, 저녁에 먹었던 것이 무엇인지 말하지 못했다. 처남의 최근 죽음에 대해 반복적으로 들을 때, 그 소식을 들을 때마다 놀라고 슬퍼했다.

몇몇 장애는 서서히 기억을 갉아먹는다. 알츠하이머병은 수백만 명의 사람들, 대개 말년의 사람들에게 영향을 미친다. 새로운 정보를 기억하는 것이 어려워지다가 점차 일상 업무를 행하는 능력이 사라진다. 가족과 절친한 친구가 낯선 사람들이 된다. 복잡한 말은 단순한 문장으로 바뀐다. 한때는 강하던 뇌의 기억 중추가 약해지고 쇠퇴한다(Desikan et al., 2009). 이런 상태가 몇 년 동안 지속되면 사람들을 알지 못하고 알 수 없게 된다. 바로 이것이 기억을 잃을 때 나타나는 비극이다.

이와 반대되는 예로는 기억 올림픽에서 금메달을 수상한 사람들이 있다. 러시아 저널리스트인 솔로몬 셰레셰브스키(Solomon Shereshevskii, S)는 다른 기자들이 열심히 노트필기를 하는 동안 단순히 듣기만 했다(Luria, 1968). 사람들은 평균적으로 7개 정도의 문자나 숫자를 따라할 수 있었다. 조용한 방에서 약 3초 간격으로 숫자를 들으면 S는 최대 70개까지

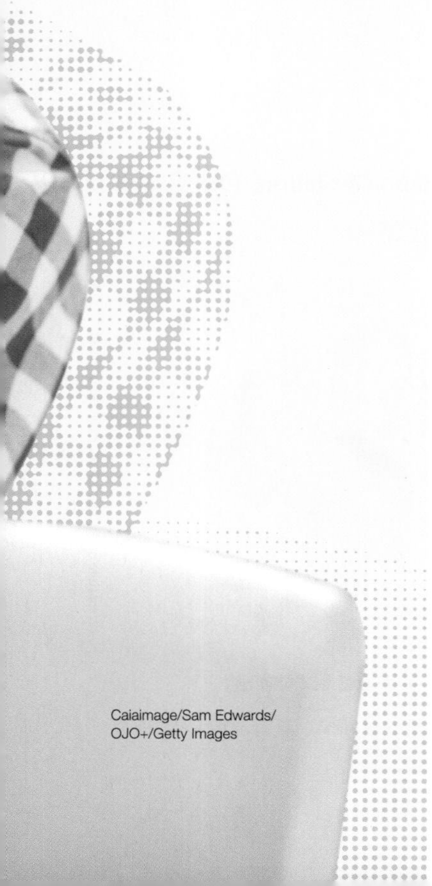

Caiaimage/Sam Edwards/
OJO+/Getty Images

따라할 수 있었다. 또한 그는 제시되는 순서대로 따라하는 것처럼 쉽게 거꾸로 따라할 수 있었다. 단어도 숫자와 마찬가지였다. 심지어 15년 지난 후에도 그 목록을 완벽하게 기억해냈다. "네, 맞아요. 이것은 우리가 당신 아파트에 있을 때 당신이 저에게 순서대로 보여준 거에요. … 당신은 테이블에 앉아 있었고 나는 흔들의자에 앉아 있었지요. … 당신은 회색 옷을 입고 있었고요.…"라고 그는 회상했다.

놀랍지 않은가? 그렇지만 당신 자신이 가지고 있는 인상적인 기억을 생각해보자. 수많은 얼굴, 장소 및 사건을 기억한다. 맛, 냄새 및 촉감, 목소리, 소리 및 노래. 한 연구에서 학생들은 대중 음악에서 발췌한 부분을 단지 4분의 1초만 들었다. 그들은 아티스트와 노래를 얼마나 자주 인식했을까? 대개 주어진 시간의 25% 이상을 인식하였다(Krumhansl, 2010). 우리는 종종 익숙한 목소리를 인식하는 것처럼 빨리 노래도 인식한다. 얼굴과 장소도 그렇다. 다른 실험에서 사람들은 매 3초마다 2,800개의 이미지에 노출되었다. 나중에 두 번째 실험에서 이들 이미지와 다른 이미지를 보여주었을 때 82% 정도로 정확하게 알아맞힐 수 있었다(Konkle et al., 2010). 특히 얼굴을 인식하는 데 비범한 기능을 보여주는 슈퍼 인식능력자도 있다. 한 경찰관은 무장 강도 사건 비디오를 본 지 18개월 만에 분주한 거리를 걷고 있는 강도를 발견하고 체포한 사례가 있다(Davis et al., 2013).

우리는 어떻게 그러한 기억의 기량을 갖게 되는 것일까? 우리는 수 년 동안 생각하지 않고 있었던 것을 어떻게 기억해내면서도 1분 전에 만난 사람의 이름을 잊어버리는 것일까? 우리의 기억은 우리의 두뇌에 어떻게 저장되어 있는가? 우리가 이 장의 뒷부분에서 질문할 것이기는 한데, 왜 우리는 다음 문장을 불러내는 데 어려움을 겪는 것인가?—"The angry rioter threw the rock at the window" (성난 폭도가 바위를 창문에 던졌다)? 이 장에서는 이러한 재미있는 질문들과 아울러 기억을 향상시키는 방법에 대한 몇 가지 팁 등을 고려해보기로 한다.

기억 연구

학습이 축적된 창고인 **기억**(memory)에 감사하자. 기억을 통해 가족을 인식하고, 언어를 말하고, 집으로 가는 길을 찾고, 음식과 물이 어디에 있는지 알 수 있다. 기억이 있어서 경험한 바를 즐기고 그것을 정신적으로 재생하고 다시 즐길 수 있게 된다. 기억이 없다면 과거의 업적을 맛볼 수 없고, 고통스러운 과거의 사건에 대해 죄책감이나 분노를 느끼지 못할 수도 있다. 당신은 매 순간이 신선한 끝없는 현재에서 살 것이다. 각 사람은 낯선 사람이고, 모든 언어는 외국어이고, 모든 일(옷 입기, 요리, 자전거 타기)은 매번 새로운 도전이 될 것이다. 먼 과거에서 현재의 순간까지 계속되는 자아에 대한 지속적인 감각이 부족하여 자신에게도 낯선 사람이 될 수도 있다.

이전에 우리는 '감각과 지각' 장에서 심리학의 커다란 질문 중 하나를 생각해보았다. 외부의 세계는 어떻게 우리의 뇌에 들어가는가? 이 장에서 우리는 이와 관련있는 질문을 생각해보기로 한다. 우리의 뇌는 우리 주위의 세계에서 어떻게 정보를 뽑아내 그것을 평생 사용하도록 저장하는가? 간단히 말하면, 우리의 뇌는 어떻게 우리의 기억을 구성하는가?

건축가는 장차 만들어질 건물을 고객이 상상해볼 수 있도록 하기 위하여 축소 모형을 만든다. 마찬가지로 심리학자들은 우리의 두뇌가 어떻게 기억을 형성하고 인출해내는지 생각해볼 수 있도록 하기 위하여 기억 모형을 만든다. 정보 처리 모형은 인간의 기억을 컴퓨터의 동작에 비유한다. 기억을 설명하기 위해서, 다음과 같은 과정을 가정한다.

- **부호화**(encoding) 과정 : 두뇌에 정보를 입력한다.
- **저장**(storage) 과정 : 그 정보를 간직한다.
- **인출**(retrieval) 과정 : 후에 정보를 끄집어낸다.

좀 더 자세히 살펴보자.

정보 처리 모형

리처드 앳킨슨과 리처드 시프린(Atkinson & Shiffrin, 1968)은 사람이 세 단계로 기억을 형성한다고 제안했다.

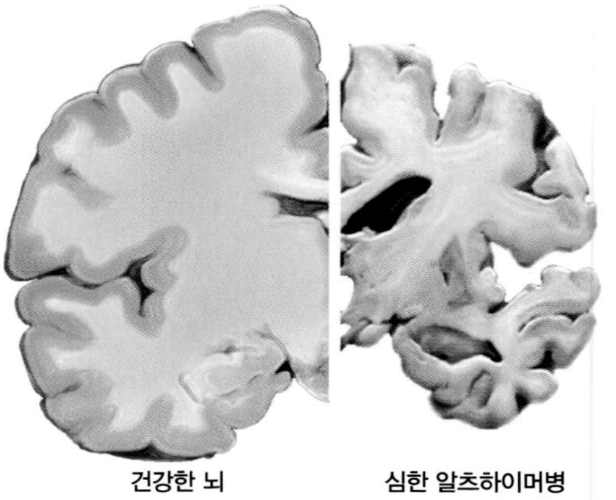
건강한 뇌
심한 알츠하이머병

National Institute on Aging, National Institutes of Health

극단적 망각 알츠하이머병은 뇌를 심각하게 손상시키고, 그 과정에서 기억을 갉아먹는다.

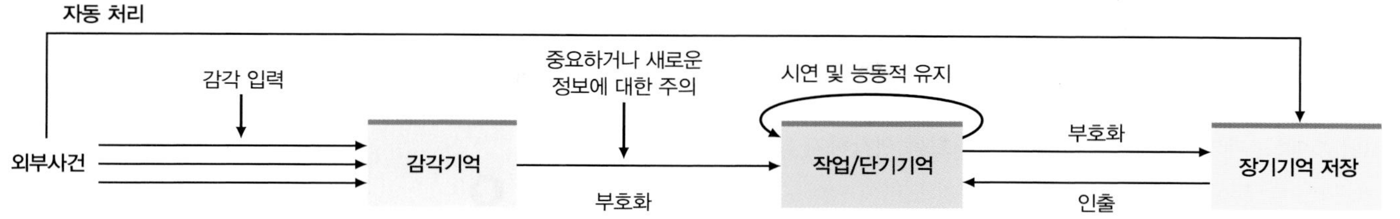
자동 처리
감각 입력
중요하거나 새로운 정보에 대한 주의
시연 및 능동적 유지
외부사건
감각기억
부호화
작업/단기기억
부호화
인출
장기기억 저장

그림 7.1 수정된 3단계 기억 처리 모형 앳킨슨과 시프린의 고전적인 3단계 모형을 수정한 3단계 기억 처리 모형은 기억이 어떻게 처리되는지 생각할 수 있도록 해준다. 그러나 오늘날의 연구자들은 장기기억은 다른 형태로 형성된다고 생각한다. 예를 들어 일부 정보는 의식적으로 주의를 기울이지 않고도(*자동 처리*) '후문'을 통해 장기기억 안으로 스며들어 온다고 본다. 단기기억 단계에서 훨씬 더 많은 능동적인 처리가 일어나므로 많은 학자들이 단기기억을 *작업기억*(working memory)이라고 부르는 것을 선호한다.

1. 우리는 먼저 기억해야 할 정보를 일시적인 **감각기억**(sensory memory)으로 기록한다.
2. 거기에서 **시연**을 통해 정보를 **단기기억**(short-term memory)으로 처리한다.
3. 마지막으로 정보는 나중에 인출할 수 있도록 **장기기억**(long-term memory)으로 이동한다.

다른 심리학자들은 작업기억과 자동 처리를 포함하여 중요한 새로운 개념으로 이 모형을 업데이트했다(**그림 7.1**)

작업기억

중간 단계에서 많은 활동적인 처리가 이루어지므로 심리학자들은 이제 **작업기억**(working memory)이라는 용어를 선호한다. 앳킨슨과 시프린의 원래 모형에서 두 번째 단계는 최근의 생각과 경험을 보유하고 있는 임시 선반인 것으로 보았다. 이제는 작업기억 단계가 당신의 두뇌가 중요한 정보를 적극적으로 처리하고 새로운 입력을 이해하고 장기기억과 연결시키는 곳으로 알려져 있다. 또한 반대 방향으로 작동하여 이미 저장된 정보도 처리한다. 구두 정보를 처리할 때, 당신의 활동적인 작업기억 장치는 당신이 이미 알고 있거나 상상한 것과 새로운 정보를 연결한다(Cowan, 2010; Kail & Hall, 2001). 누군가 'eye-scream'이라고 말하는 것을 듣는다면, 맥락(스낵 가게 또는 공포영화)과 경험에 따라 '아이스크림' 또는 '비명소리'로 부호화하게 될 것이다.

읽고 있는 내용은 시각을 통해 작업기억에 들어간다. 청각적으로 시연하면서 정보를 조용히 따라할 수도 있다. 이러한 기억 입력을 기존의 장기기억과 통합하려면 집중하여 주의를 기울여야 한다. 집중하지 않으면 정보가 사라진다. 나중에 다시 볼 수 있다고 생각하면 주의를 덜 기울이게 되고, 더 빨리 잊어버린다. 한 실험에서 사람들은 "An ostrich's eye is bigger than its brain(타조의 눈이 뇌보다 큽니다)"와 같은 새로운 정보를 읽고 타이핑하도록 하였다. 이 정보는 후에 사용할 수도 있는 것이었다. 이들이 온라인에서 정보를 이용할 수 있다는 것을 알고 있으면 기억하는 데 적은 에너지를 투자하였다(Sparrow et al., 2011; Wegner & Ward, 2013). 온라인에 있다면 마음 씀씀이도 줄어든다.

기억 형성하기 : 부호화

이중경로 기억 시스템

이 책에서 죽 보아왔듯이, 우리의 마음은 이중경로(two track)를 통하여 작동한다. 이 주제는 우리가 기억을 처리하는 방식에서도 또다시 등장한다.

- 한 경로에서 볼 때, 정보는 앳킨슨-시프린 단계를 건너뛰고 우리가 의식하지 않은 사이에 저장소로 직접 들어간다. 이러한 **암묵기억**(implicit memory, 비선언적 기억이라고도 함)은 의식적 노력 없이 형성된다. **자동 처리**(automatic processing)를 통해 형성된 암묵기억은 부호화 경로를 우회한다.
- 두 번째 경로에서 우리는 의식적으로 알고 선언할 수 있는 사실과 경험에 대한 **외현기억**(explicit memory)을 처리한다(외현기억은 선언적 기억이라고도 한다). 우리는 의식적이고, **노력이 필요한 처리**(effortful processing)를 통해 외현기억을 부호화한다. 앳킨슨-시프린 모형은 이 기억 경로가 어떻게 작동하는지 이해하는 데 도움이 된다.

그러므로 이중경로 모형은 자동 경로와 노력 경로 둘 다를 통하여 정보를 부호화하고, 간직하고, 회상하는 데 도움을 준다. 우선 자동 처리가 암묵기억 형성을 어떻게 도와주는지 알아보도록 하자.

자동 처리 및 암묵기억

암묵기억에는 자동적인 기술(자전거 타는 법과 같은)과 고전적으로 조건화된 연합이 포함된다. 어린 시절에 개에게 공격을 당하면 몇 년이 지난 후에도, 개가 접근할 때, 고전적 조건화를 생각하지 않더라도, 자동적으로 몸이 긴장될 수 있다. 의식적인 노력이 없이도 공간에 대한 정보는 자동으로 처리된다.

- 공간 : 공부하는 동안 특정 자료가 나타나는 페이지의 해당 위치를 부호화할 수 있다. 나중에 그 정보를 인출하려 할 때 그 페이지의 해당 위치를 시각화할 수 있다.
- 시간 : 하루를 보내는 동안, 뇌는 하루의 사건 순서를 기록하면서 뒤편에서 일하고 있다. 나중에 코트를 어딘가에 남겨 두었다는 것을 알게 되면 한 단계씩 순서대로 추적해 가서 기억을 되살린다.
- 빈도 : 우리 뒤편에 있는 마음은 또한 일이 얼마나 자주 일어났는지를 추적하여, 깨달아 알게 한다. "나는 오늘 그녀를 세 번째 만났습니다."

이중경로는 정보를 효율적으로 처리하게 한다. 한 경로가 일상적인 세부의 일들을 자동으로 처리해주기 때문에, 다른 경로는 의식적이고 노력이 드는 처리에 집중하게 된다. 이러한 업무 분담은 제2장과 제5장에서 보았던 **병렬 처리**(parallel processing)를 보여준다. 사고, 시각, 기억과 같은 정신적인 기량은 단일 능력처럼 보일 수 있지만 그렇지 않다. 오히려 두뇌는 동시에 처리하도록 하기 위해 별개의 영역에 서로 다른 하위과제를 할당해준다.

노력이 필요한 처리와 외현기억

자동 처리는 노력을 기울이지 않고도 이루어진다. 모국어로 된 단어를 볼 때 그 의미를 바로 알게 된다. 그러나 읽기 학습은 처음부터 자동적이지 않았다. 처음에는 글자를 골라 특정 소리에 연결하기 위해 열심히 노력했을 것이다. 그러나 경험과 연습을 통해 읽기가 자동적으로 이루어지게 되었다. 다음과 같이 거꾸로 문장을 읽는 법을 상상해보라.

.citamotua emoceb nac gnissecorp luftroffE

처음에는 노력이 필요하지만 연습을 하면 좀 더 자동적으로 된다. 우리는 운전, 문자 메시지, 새로운 언어를 말하는 등 많은 기술을 이런 방식으로 발전시켜 나간다. 연습을 하면 이러한 기술들이 자동적으로 된다.

K	Z	R
Q	B	T
S	G	N

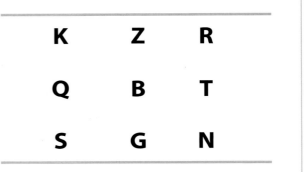

그림 7.2 전체 회상 조지 스펄링(George Sperling, 1960)이 1/20초 동안 비슷한 글자 그룹을 잠깐 보이도록 할 때, 사람들은 글자의 절반 정도만 기억할 수 있었다. 그러나 글자가 사라진 직후에 특정 줄을 회상하도록 신호를 받으면 거의 완벽할 정도로 정확하게 회상할 수 있었다.

감각기억

감각기억(**그림 7.1**)은 외현기억을 형성하는 첫 번째 단계이다. 기억되어야 할 내용은 아주 짧은 이미지 장면이나, 소리 울림 등의 감각을 통하여 우리의 작업기억으로 들어간다. 그러나 번쩍하고 사라지는 번개처럼 감각기억은 사라진다. 얼마나 빨리 사라지는가? 한 실험에서, 사람들에게 단지 1/20초 동안 3개의 글자로 된 3줄의 행을 보도록 하였다(**그림 7.2**). 그런 다음 9개의 글자가 사라졌다. 얼마나 많은 글자를 사람들이 기억할 수 있었을까? 단지 절반 정도만 기억하였다.

그들이 이 글자들을 볼 시간이 너무 짧았기 때문인가? 아니다. 연구자는 사람들이 실제로 모든 글자를 보았으며 아주 짧은 시간 동안만 회상할 수 있다는 것을 보여주었다(Sperling, 1960). 그는 9개의 글자를 잠깐 동안 제시하고 나서 바로 소리음이 들리게 했다. 사람들에게 높은 음에는 글자의 맨 윗줄을, 중간 음에는 가운데 줄을, 낮은 음에는 맨 아래 줄을 보고하도록 지시하였다. 이러한 단서들이 주어지자, 그들은 글자를 놓친 일이 거의 없었는데, 이것은 9개 글자 모두 쉽게 회상될 수 있음을 보여주는 것이다.

잠깐 나타나는 글자처럼 이렇게 사라지는 감각기억은 영상기억(iconic memory)이다. 우리의 눈은 1/10초 정도만 한 장면에 대한 그림 이미지를 보유한다. 이후 이 이미지는 우리의 시야에서 빨리 사라지고 새로운 이미지가 이전 이미지를 대체한다. 또한 우리는 소리에 있어서도 빨리 사라지는 감각기억을 가지고 있다. 이것은 우리 몸에서 3초 또는 4초 동안 울려 퍼지기 때문에 잔향기억(echoic memory)이라고 불린다.

단기기억 용량

단기기억은 우리가 짧게 보유할 수 있다는 것을 말한다. 단기기억과 연관된 단어로서, 작업기억은 우리의 두뇌가 유입되는 정보를 알아채고 그것을 저장된 기억과 연결할 때 적극적으로 처리하는 것과 관련이 있다. 이러한 기억에 있어 중간에 해당하는 단기기억 단계에서 우리가 보유할 수 있는 용량의 한계는 얼마인가?

기억 연구자인 조지 밀러(George Miller, 1956)는 이 중간 단계에서 약 7비트의 정보(7 ± 2)를 저장할 수 있다고 제안했다. 밀러의 마법의 수 7은 심리학이 마법 7목록(7가지 불가사의, 7가지 바다, 7가지 치명적인 죄, 7가지 기본 색, 7가지 음계, 일주일 7일)에 기여한 것이다. 밀러가 2012년 사망한 이후, 그의 딸은 아버지의 골프 인생에서 최고의 순간을 떠올렸다. "그는 77세의 나이에 일곱 번째 그린(홀 주변의 잔디를 짧게 자른 지역)에서 생애 딱 한 번의 홀인원을 기록했어요… 그것도 세븐 아이언으로요. 그는 이 사실을 매우 좋아했어요"(Vitello, 2012에서 인용).

다른 연구자들은 우리가 방해받지 않으면 약 7글자, 또는 약 6글자 또는 5단어를 회상할 수 있음을 확인했다(Baddeley et al., 1975). 우리의 단기기억은 얼마나 빨리 사라지는가? 연구원은 사람들에게 CHJ와 같은 세 가지 자음 그룹을 기억할 것을 요청했다(Peterson & Peterson, 1959). 시연하지 못하도록 방해과제를 하게 했다(예를 들어 100에서 시작하여 3만큼 뒤로 뺄셈을 하도록 요청함). 사람들이 능동적인 처리를 하지 않으면, 자음에 대한 단기적인 자음 기억이 사라졌다. 3초 후, 그들은 글자의 절반만을 회상했다. 12초 후, 그들은 글자를 전혀 회상하지 못했다(**그림 7.3**).

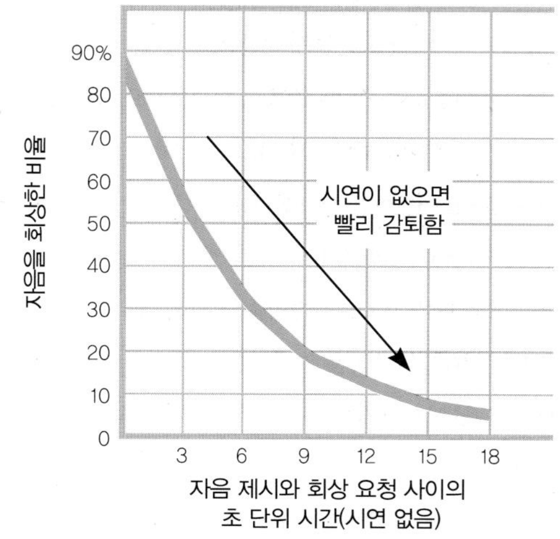
90%
80
70
60
50
40
30
20
10
0
자음을 회상한 비율
시연이 없으면
빨리 감퇴함
3
6
9
12
15
18
자음 제시와 회상 요청 사이의
초 단위 시간(시연 없음)

그림 7.3 단기기억 감퇴 구두(verbal) 정보는 시연하지 않으면 빨리 망각될 수 있다(출처 : Peterson & Peterson, 1959; 또한 Brown, 1958 참조).

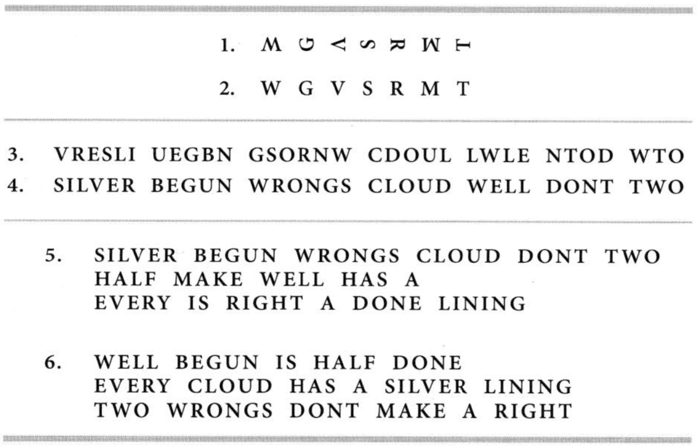
1.
2. W G V S R M T
3. VRESLI UEGBN GSORNW CDOUL LWLE NTOD WTO
4. SILVER BEGUN WRONGS CLOUD WELL DONT TWO
5. SILVER BEGUN WRONGS CLOUD DONT TWO
HALF MAKE WELL HAS A
EVERY IS RIGHT A DONE LINING
6. WELL BEGUN IS HALF DONE
EVERY CLOUD HAS A SILVER LINING
TWO WRONGS DONT MAKE A RIGHT

그림 7.4 청크 만들기 효과 문자, 단어 및 구와 같은 의미 있는 단위로 정보를 구성하면 보다 쉽게 기억할 수 있다(Hintzman, 1978).

작업기억 용량은 연령 및 기타 요인에 따라 다르다. 어린이 및 노인과 비교하여, 젊은 성인은 더 많은 작업기억 능력을 가지고 있다. 작업기억 용량이 크면(정보를 처리하는 동안 여러 가지 항목을 다룰 수 있는 능력) 수면 후에 더 많은 정보를 보유하고, 문제를 좀 더 창의적으로 해결하는 데 도움이 된다(De Dreu et al., 2012; Fenn & Hambrick, 2012; Wiley & Jarosz, 2012). 그럼에도 불구하고, 나이에 상관없이, 한 번에 한 가지 일에 집중할 때 더 효율적으로 일을 더 잘할 수 있다. 요점은 이것이다. TV 시청하기, 친구에게 문자하기, 심리학 논문 쓰기를 동시에 하려고 시도하는 것은 좋지 않은 생각이다(Willingham, 2010)!

노력이 필요한 처리 전략

요약해보자. 외현기억(사실이나 경험에 대한 지속적인 기억)을 형성하기 위해서는 우리의 주의를 집중하고 기억하려는 의식적인 노력을 하는 것이 도움이 된다. 그러나 우리의 작업기억 책상은 공간, 이미지, 소리가 제한되어 있으며, 여러 산만하게 만드는 일들은 주의를 기울이지 못하도록 한다.

우리는 **청크 만들기**와 **기억술**과 같은 특수한 노력적 처리 전략을 사용하여 외현기억을 새롭게 형성하는 능력을 향상시킬 수 있다.

- **청크 만들기**(chunking) : 정보를 청크할 때, 우리는 익숙하고 관리하기 쉬운 단위로 항목을 조직한다. **그림 7.4**의 1행을 몇 초간 보고 나서 멀리 보고 그 형태를 그려보라. 불가능할 것이다. 그러나 2행은 똑같이 복잡하지만 쉽게 재현할 수 있다. 그리고 4행은 3행보다 훨씬 쉽게 기억할 수 있다. 두 행 모두 동일한 문자를 포함하고 있지만 그렇다. 이렇게 정보를 청크로 만들면 더 쉽게 기억하는 데 도움이 된다.

청크 만들기는 대개 자연스럽게 발생하므로 당연한 것으로 간주한다. 43개의 개별 번호와 문자를 기억해보라. 예를 들어 "43개의 개별 숫자와 문자를 기억해보십시오!"와 같이 요청받을 때 7개의 의미 있는 덩어리로 분류되지 않는 한 불가능하다.

- **기억술** : 고대 그리스에서는 학자들과 대중 연사들이 긴 구절과 연설을 부호화할 수 있는 기억 보조 장치가 필요했다. 그들은 종종 생생한 이미지에 기반한 **기억술**(mnemonics)을 개발했다. 우리는 특히 정신적인 그림을 기억하는 데 능숙하다. 이러한 정신적 이미지를 만드는 구체적인 단어는 추상적인 아이디어를 묘사하는 다른 단어보다 기억하기 쉽다(우리가 나중에 여러분에게 '자전거, 텅 빈, 담배, 내재적인, 화재, 처리' 등의 단어퀴즈를 낼 때, 단어 중 세 가지를 기억하라고 하면 어떤 것을 말할 것인가?) 이 장의 시작 부분에 언급되었던 돌을 던지는 폭도에 관한 문장을 여전히 기억하는가? 그렇다면 아마 당신이 부호화한 의미뿐만 아니라 그 문장이 정신적인 이미지를 그렸기 때문일 수도 있다.

기억 천재들은 그 시스템의 능력을 이해한다. 세계 기억 챔피언십의 스타 출연자라고 해서 대개 특별한 지능을 가지고 있지는 않다. 오히려 연상법 전략을 사용함으로써 우월해진 것이다(Maguire et al., 2003). 평범한 기억력을 가지고 있다고 좌절한 과학 작가 조슈아 포어(Joshua Foer)는 자신이 기억력을 얼마나 향상시킬 수 있는지 보기를 원했다. 강하게 1년 정도 연습한 후에, 그는 2분 안에 52장의 카드를 암기하여 미국 기억 챔피언십에서 우승했다. 포어는 어떻게 한 것인가? 그는 친숙한 장소인 어린 시절의 집에 생생하고 새로운 세부 사항을 추가했다. 어떤 순서로든 제시된 각 카드는 그의 머리에 있는 분명한 그림 상과 일치하게 할 수 있었다. 자기 자신을 거친 기억 실험의 시험 대상으로 삼으면서, 그는 '마음이 어떻게 작동하는지에 대한 약간의 통찰력을 얻기 위해 카드 놀이를 기억할 필요가 없다'(Foer, 2011a, b)는 것을 배웠다.

노력이 필요한 처리에는 더 많은 주의와 노력을 기울여야 하며, 청크 만들기와 기억술은 의미 있고 쉽게 접근할 수 있는 기억을 형성하는 데 도움을 준다. 그러나 기억 연구자들은 우리가 정보를 어떻게 취해서 그것을 기억하는지에 중요한 영향을 미치는 것들에 대해 발견해 왔다.

간격 학습과 자기평가

부호화하는 시간이 분산되어 있으면 정보를 더 잘 보유할 수 있다. 심리학자들은 이것을 **간격 효과**(spacing effect)라고 부르며, 300개가 넘는 실험에서 분산하여 연습하는 것이 장기기억을 더 좋게 만든다는 것이 확인되었다(Cepeda et al., 2006). **집중법**(massed practice)(벼락치기)은 신속한 단기간의 학습 및 자신감을 갖게 할 수는 있다. 그러나 선구적인 기억 연구자인 헤르만 에빙하우스(Hermann Ebbinghaus, 1850–1909)의 말을 바꾸자면, 빨리 배우는 사람들은 빨리 잊어버리게 된다. 벼락치기보다는 시간 간격을 나누어서 학습하고 나중에 복습하면 내용을 더 잘 기억할 수 있다. 얼마나 후에 공부해야 할까? 지금부터 10일 되는 날 기억해야 할 것이 있으면 그것을 내일 다시 연습하라. 지금부터 6개월 후에 기억해야 한다면 지금부터 한 달 후에 다시 연습하라(Cepeda et al., 2008). 간격 효과는 심리학의 가장 신뢰할 만한 결과 중 하나이며, 이는 운동 기술과 온라인 게임을 하는 데도 적용이 된다(Stafford & Dewar, 2014). 기억 연구자 헨리 뢰디거(Henry Roediger, 2013)는 다음과 같이 요약한다. "수백 건의 연구를 통해 볼 때 분산 연습이 더 오래 지속될 수 있는 학습을 가능하게 해준다는 것을 알 수 있다." 단기간보다는 수개월에 걸쳐 분산하여 학습하면 평생 동안 정보를 보유할 수 있다.

효과적인 분산학습 방법 중 하나는 반복적으로 자기 테스트를 해보는 것이다. 이것을 종종 **검사효과**(testing effect)라고 한다(Roediger & Karpicke, 2006). 테스트는 학습을 평가하는 것 이상의 역할을 한다. 그것은 학습을 향상시킨다(Brown et al., 2014). 예를 들어 이 책에서 연습문제는 자체 테스트 기회를 제공한다. 자료를 다시 읽기만 하는 것(숙달했다고 잘못된 느낌을 갖게 할 수 있음)보다 시험을 칠 때처럼 인출해보려고 연습하는 것이 더 좋다. 다행히도 "인출 연습(또는 테스트)은 학습을 위한 강력하고 보편적인 전략

기억이 잘 되게끔 하라 검사효과를 자신의 학습에 적용하는 방법에 대한 제안으로 tinyurl.com/How-ToRemember에서 5분짜리 애니메이션을 시청하라.

이다"(Roediger, 2013). 일일 온라인 퀴즈를 풀면 심리학 입문 과정에 있는 학생의 학습 성과가 향상된다는 것은 놀랄 일이 아니다(Pennebaker et al., 2013).

여기 우리가 나중에 질문해볼 또 다른 문장이 있다 — 물고기가 수영 선수를 공격했다(The fish attacked the swimmer).

기억해야 할 점 : 간격 학습과 자기평가가 벼락치기와 다시 읽기보다 더 낫다. 연습만 한다고 해서 완벽해지지 않을 수도 있지만 현명하게 연습(때때로 시연하고 자기 테스트 하기)하면 지속적인 기억이 가능해진다.

새로운 정보를 의미 있게 만들기

간격 연습은 도움이 되지만, 새로운 정보가 의미가 없거나 사용자 경험과 관련이 없으면 그 정보를 처리하는 데 어려움이 있다. 다음 구절을 기억하도록 요청받았다고 상상해보라(Bransford & Johnson, 1972).

> 절차는 실제로 아주 간단하다. 먼저 서로 다른 그룹으로 일을 정리한다. 물론, 해야 할 일이 얼마나 많으냐에 따라 하나의 무더기로 충분하지 않을 수도 있다. … 절차가 완료된 후 물건들을 다른 그룹으로 다시 배열한다. 그런 다음 적절한 장소에 넣을 수 있다. 결국 그들은 다시 한 번 사용하게 될 것이고, 전체 주기가 반복되어야 한다. 그러나 그것은 삶의 일부이다.

일부 학생들은 여러분이 방금 읽은 단락을 의미가 있는 맥락이 없이 들었을 때 그 내용을 거의 기억하지 못했다. 다른 학생들은 세탁을 설명하는 단락(그들에게 의미 있는 것)이라고 들었다. 그들은 그것의 훨씬 더 많은 것을 기억했다. 아마 당신도 세탁이라는 말을 들을 때 더 많은 것을 기억할 것이다.

당신은 화난 폭도에 대한 문장(이 장의 시작 부분에서)을 반복할 수 있는가?

그 문장이 '성난 폭도가 돌을 던져 창문을 통과했는가?(The angry rioter threw the rock through the window)'와 '성난 폭도가 창문에 바위를 던졌다(The angry rioter threw the rock at the window)' 중에 어떤 것이었는가? 첫 번째가 더 정확해 보인다면, 원래 연구 참가자들과 마찬가지로, 여러분이 쓰여진 단어가 아니라 부호화한 의미를 회상했을 수 있다(Brewer, 1977). 그러한 실수를 할 때, 우리의 마음은 원 대본이 주어질 때, 최종적으로 제작된 무대를 상상하는 연극 감독과 같다(Bower & Morrow, 1990).

우리가 보거나 들었던 내용을 개인적으로 의미있는 용어로 번역함으로써 부호화 오류를 피할 수 있다. 에빙하우스는 자신의 실험을 통해 무의미한 자료를 학습하는 것보다 의미 있는 자료를 학습하는 데 1/10의 노력이 필요하다고 추정했다. 다른 기억 연구자가 지적했듯이, "읽고 있는 자료에 대해 생각하고 이전에 저장된 자료와 연결하는 데 시간을 들이는 것은 새로운 주제를 배우는 데 있어 가장 유용한 일이다"(Wickelgren, 1977, p. 346).

기억해야 할 점 : 당신이 공부하는 것에 개인적인 의미를 부여하는 시간을 들이면 이득을 얻을 수 있다.

기억 저장

아서 코난 도일(Arthur Conan Doyle)의 **주홍색 연구**(A Study in Scarlet)에서 셜록 홈즈는 기억 용량에 대한 대중적 이론을 제시한다.

> 나는 사람의 두뇌가 원래는 비어 있는 다락방과 같다고 생각한다. 그리고 당신은 선택한 가구를 채워 넣듯이 두뇌에 쌓아가게 된다. … 그 작은 방이 탄력 있는 벽으로 되어 있어서 어느 정도 확장될 수 있다고 생각하는 것은 잘못이다. 방에 따라, 지식을 추가할 때마다 이전에 알고 있던 것을 잊어버릴 때가 온다.

홈즈의 '기억 모형'과는 달리, 장기기억을 저장하는 우리의 역량에는 실질적으로 제한이 없다. 많은 내용들은 일생 동안 지속된다. 우리의 두뇌는 한 번 채워지면 낡은 것을 버릴 때만 더 많은 것을 저장할 수 있다고 보는 다락방과 같지 않다.

두뇌에 정보를 파지하기

나[저자 DM]는 은퇴한 피아니스트이자 오르간 연주자인 노년의 장모님을 보면 놀라움을 금치 못한다. 88세의 나이에 볼 수 없게 된 눈은 더 이상 악보를 읽을 수 없었다. 그러나 그녀는 피아노 앞에 앉아서 20년 동안 생각지도 못했던 것을 포함하여 수백 가지 찬송가 중 어떤 것도 완벽하게 연주하곤 했다. 그녀의 두뇌는 이런 수천 개의 음 패턴을 어디에 저장했던 것일까?

한동안 몇몇 외과 의사 및 기억 연구자들은 수술 중에 뇌를 자극하자 생생한 기억에 남는 것을 보고 놀라움을 금치 못했다. 이것은 단순히 잘 연습된 음악이 아니라 우리의 모든 과거가 '거기에 있다'는 것을 증명하는 것일까? 후속연구는 이러한 생각이 옳지 않은 것임을 증명했다. 플래시백(flashback, 과거의 회상을 나타내는 장면-역주)은 실제 기억이 아니라 뇌를 자극했을 때 새롭게 만들어진 것이었다(Loftus & Loftus, 1980). 우리는 도서관에 책을 저장할 때

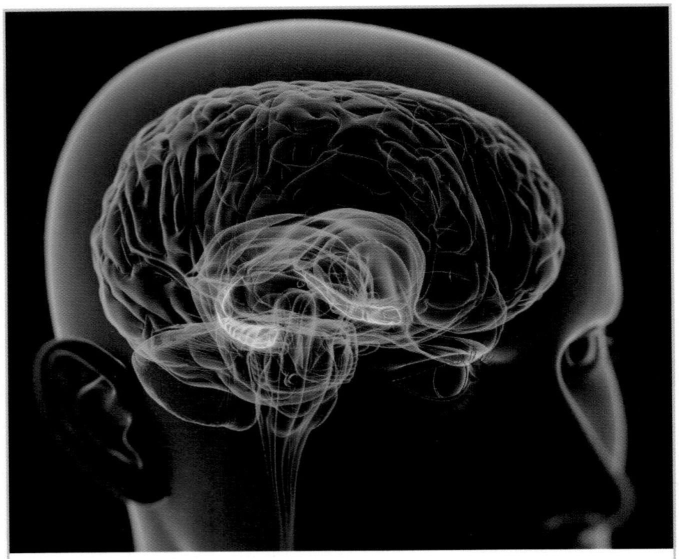
Roger Harris/Science Source

그림 7.5 해마 사실과 일화에 대한 외현기억은 해마(오렌지 구조)에서 처리되어 저장을 위해 다른 뇌 영역으로 입력된다.

처럼 하나의 특정 장소에 정보를 저장하지 않는다. 지각, 언어, 감정 등과 같이 기억력에는 두뇌의 연결 네트워크가 필요하다. 우리 두뇌의 많은 부분은 정보를 부호화, 저장 및 인출할 때 서로 상호작용한다.

외현기억 시스템 : 해마와 전두엽

별개의 두뇌 영역에서 외현기억과 암묵기억이 처리된다. 우리는 활동 중인 두뇌 스캔 자료와 여러 종류의 기억 상실을 겪은 사람들을 부검한 자료를 통해 이것을 알고 있다.

외현적, 의식적 기억은 **의미 있는**(semantic) 내용(사실 지식과 일반적인 지식)이거나, **일화적인**(episodic) 것(경험한 사건)이다. 이러한 사실과 일화에 대한 새로운 외현기억은 변연계 신경 중추인 **해마**(hippocampus)를 통해 저장되는데, 이 해마는 우리 두뇌의 '저장' 버튼(**그림 7.5**)과 같은 곳이다. 두뇌 스캔 파일을 보면 사람들이 이름, 이미지 및 사건에 대한 외현기억을 형성할 때 해마 및 주변 뇌 연결 네트워크에서 활동이 일어남을 알 수 있다(Squire & Wixted, 2011; Wang et al., 2014). 해마는 뇌가 여러 사건들의 측면(냄새, 느낌, 소리 및 위치)을 일시적으로 등록하고 저장하는 하역장같은 역할을 한다. 그런 다음 오래된 파일을 저장소로 이동하듯이, 기억은 다른 위치의 저장소로 이동한다. 이 저장 과정을 **기억 응고화**(memory consolidation)이라고 한다.

뇌의 오른쪽 및 왼쪽 전두엽에는 다른 정보가 저장된다. 예를 들어 패스워드를 회상하여 작업기억에 두고 있으면 왼쪽 전두엽이 활성화된다. 어젯밤의 파티 장면을 불러내는 데는 오른쪽 전두엽이 활성화될 가능성이 높다.

Tim Zurowski/
All Canada Photos/Corbis

해마 영웅 동물 중 기억 챔피언 후보 중의 하나는 새의 두뇌(캐나다 산갈가마귀)일 것이다. 이 두뇌로 겨울과 봄에 이전에 묻혀 있던 소나무 씨앗 6,000개 이상의 위치를 찾을 수 있다(Shettleworth, 1993).

숙면은 인간과 쥐 모두에서 기억을 강화하는 데 도움을 준다. 실험에서 쥐에게 맛있는 새로운 음식의 위치를 배우게 하였다. 음식 위치를 배운 후 3시간 후에 해마가 제거된다면, 장기기억은 형성되지 않을 것이다(Tse et al., 2007). 이들이 음식 위치를 학습하고 48시간 후에 해마가 제거되면, 여전히 음식 위치를 기억한다. 수면 중에 해마와 뇌 피질은 마치 서로 이야기하는 것처럼 리듬있는 활동 패턴을 보여준다(Ji & Wilson, 2007; Mehta, 2007). 연구자들은 하루의 경험을 대뇌 피질에 장기기억으로 저장하도록 하기 위해 두뇌가 다시 재생하고 있는 것일 수도 있다고 생각한다.

암묵기억 시스템 : 소뇌와 기저핵

자동화 처리 덕분에 해마를 잃은 후에도 여전히 새로운 조건화 연합 학습과 기술에 대한 암묵적인 기억을 생성할 수 있다. 한 여자 환자는 뇌손상 후 기억력 상실로 인해 의사를 알아볼 수 없었다. 의사는 매일 악수하며 자신을 소개했다. 어느 날 의사가 이 환자의 손에 닿았을 때, 손바닥을 압정으로 찔렀다. 그가 다음에 자신을 소개했을 때, 그녀는 그와 악수하기를 거절했지만 이유를 설명할 수 없었다. 고전적으로 조건화되자, 그녀는 그렇게 하려 하지 않았다(LeDoux, 1996). 암묵적으로, 그녀는 설명할 수 없는 사실을 느꼈던 것이다.

뇌간의 뒤쪽에 확장되어 있는 두뇌 영역인 소뇌는 고전적 조건화로 생성된 기억을 형성하고 저장하는 데 중요한 역할을 한다. 손상된 소뇌를 가진 사람들은 일부 조건 반사를 만들 수 없다. 예를 들어, '삐'소리를 들려주고 눈에 훅하고 바람을 불어넣을 경우, 소리가 나면 바로 눈을 깜빡이게 될 것이다. 그러나 소뇌가 손상되면 '삐' 소리와 '훅'바람을 연결할 수 없으므로 '훅'바람 직전에 눈을 깜빡거리지 않는다(Daum & Schugens, 1996; Green & Woodruff-Pak, 2000). 암묵기억 형성에는 소뇌가 필요하다.

걷기, 요리하기, 옷 입기 같은 신체적 기술을 기억하는 것 또한 암묵기억이다. 두뇌 깊은 곳에 위치하고 있는 기저핵(basal ganglia)은 운동 움직임에 관여하는 구조로서 이러한 기술에 대한 기억을 형성하는 데 도움을 준다(Mishkin, 1982; Mishkin et al., 1997). 자전거 타는 법을 배웠다면 기저핵에 고마워하라.

우리의 성인기 의식기억 체계의 일부는 아니지만 유아기에 배운 반응과 기술은 우리의 미래에까지 영향을 미치게 된다. 당신은 아기였을 때 말하고 걸은 것을 기억할 수 있는가? 할 수 없다고 해서, 당신만 그런 것은 아니다. 우리의 탄생 후 첫 4년간의 의식 기억은 거의 공백상태인데, 이것은 유아 기억 상실증(infantile amnesia)이라고 불린다. 외현기억을 형성하고 저장하기 위해서 우리는 언어를 구사해야 하고 해마가 발달되어 있어야 한다. 4세 이전에는 이러한 학습 도구가 없다.

편도, 감정, 기억

각성이 되면 뇌에 어떤 사건이 새겨지도록 할 수 있다(Birnbaum et al., 2004; McGaugh, 2015; Strange & Dolan, 2004). 흥분 또는 스트레스(아마도 당신이 군중 앞에서 공연했을 때)를 받으면 땀샘이 스트레스 호르몬을 생성하도록 유발한다. 스트레스 호르몬은 뇌 활동에 연료를 공급하기 위해 더 많은 포도당 에너지를 공급함으로써 중요한 일이 일어나고 있음을 뇌에 알려준다. 스트레스 호르몬은 또한 기억에 집중한다. 스트레스는 편도체(두 변연계, 감정 처리 영역)를 자극하여 두뇌의 기억 형성 영역의 활동을 촉진한다(Buchanan, 2007; Kensinger, 2007)(**그림 7.6**).

그 결과로 나타나는 감정은 이 감정을 유발한 것이 무엇인지 의식적으로 인식하고 있지 않아도 지속된다. 한 기발한 실험에서 이것을 보여주었다. 실험 참가자들은 해마 손상 환자들이었다. 이들은 새로운 외현기억을 형성할 수 없었다. 연구자는 처음에 이들에게 슬픈 영화, 그리고 나중에 행복한 영화를 보여주었다. 이런 영화를 본 사람들은 의식적으로 영화를 기억할 수는 없지만 슬프거나 행복한 감정이 계속 남아 있었다(Feinstein et al., 2010).

끔찍한 경험(학교 총격, 집 불, 강간 등) 후에, 이들 사건에 대한 생생한 기억은 반복적으로 떠오를 수 있다. 그 결과 '더 강력하고 더 믿을 만한 기억'이 된다(McGaugh, 1994, 2003). 그러한 기억이 지속되는 것은 적응하는 데 도움이 되기도 한다. 미래의 위험에 대해 우리에게 경계심을 갖도록 한다. 기억된 사건에 대한 정신적 터널 비전(제한된 시야를 갖는 것-역주)을 제공함으로써, 우리가 사소한 세부사항에 대한 관심을 줄이고 중심되는 사건에 집중하게 한다

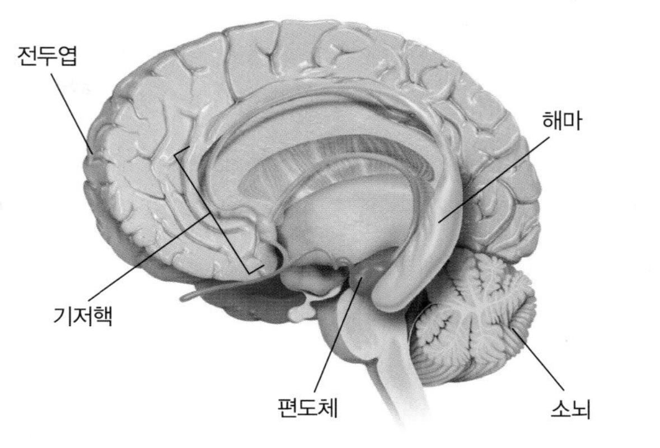
전두엽
해마
기저핵
편도체
소뇌

그림 7.6 뇌의 주요 기억 구조 복습 *전두엽과 해마* : 외현기억 형성, *소뇌와 기저핵* : 암묵기억 형성, *편도체* : 감정 관련 기억 형성

(Mather & Sutherland, 2012). 주변 맥락을 희생시키면서 우리의 관심을 끄는 것은 무엇이든 간에 더 잘 회상이 되게 한다.

왜 어떤 기억은 다른 기억보다 훨씬 더 강한가? 감정에 의해 유발된 호르몬 변화는 왜 우리가 처음으로 키스를 하였거나, 사랑하는 사람의 죽음과 같은 흥미진진하거나 충격적인 사건을 기억하는지 그 이유를 설명하는 데 도움을 준다. 심리학자들은 이것을 **섬광기억**(flashbulb memory)이라고 부른다. 그것은 두뇌가 "이것을 잡아라!"라고 명령한 것처럼 보인다. 2006년 몇몇 설문 조사에서 미국 성인의 95%는 9/11 테러 공격 소식을 처음으로 들었던 위치를 정확히 기억할 수 있다고 답했다. 시간이 지나면서 약간의 오류가 생기기는 했다. 그러나 9/11에 대한 대부분 사람들의 기억은 향후 2~3년 동안 일관되게 유지되었다(Conway et al., 2009; Hirst et al., 2009; Kvavilashvili et al., 2009).

당신의 경험과, 그 경험에 대한 당신의 기억 중에서 어느 것이 더 중요한가?

극적인 경험은 부분적으로는 우리가 그것을 연습하기 때문에 우리의 기억에 분명하게 남아 있다. 우리는 그 경험에 대해 생각하고 다른 사람들에게 설명한다. 기분 좋은 경험에 대한 기억은 우리가 회상하고 돌아보고 하기 때문에 오래 유지된다(Storm & Jobe, 2012; Talarico & Moore, 2012). 한 연구에서 보스턴 레드 삭스와 뉴욕 양키스 팬들 1,563명을 초대하여 이들에게 2003년(양키스 승리)과 2004년(레드 삭스 승리) 두 팀 간의 야구 챔피언십 경기를 회상하도록 하였다. 팬들은 자신의 팀이 승리한 게임을 훨씬 더 잘 회상하였다(Breslin & Safer, 2011).

시냅스 변화

이 장을 읽고 기억 과정에 대해 배울 때도, 여러분의 두뇌는 변화하고 있다. 일부 뇌 경로의 활동이 증가하고 있다. 신경망 연결이 형성되고 강화된다. 신경 세포가 화학 메신저(신경전달물질)를 통해 서로 통신하는 장소인 시냅스에서 변화가 일어나고 있다. 경험은 뇌의 신경망을 변화시킨다(제3장 참조).

에릭 캔들(Eric Kandel)과 제임스 슈워츠(James Schwartz)는 캘리포니아의 바다 민달팽이의 뉴런에 흔적을 남기는 새로운 기억을 확인할 수 있었다(Kandel & Schwartz, 1982). 이 단순 동물의 신경세포는 비정상적으로 크기가 커서 연구자들이 학습 과정에서 어떻게 변하는지 관찰할 수 있었다. 연구자들은 전기충격을 사용하여, 바다 민달팽이를 고전적으로 조건화하여 마치 우리가 폭죽 소리에 놀라 펄쩍 뛰는 것과 같이, 이들이 물을 뿜을 때 아가미를 철수시키도록 할 수 있었다. 이러한 조건화 이전과 이후에 민달팽이의 신경연결을 관찰함으로써, 캔들과 슈워츠는 변화를 정확하게 끄집어 내었다. 민달팽이가 학습할 때, 신경전달물질인 세로토닌을 특정 뉴런에 더 많이 방출한다. 이후에 이 세포의 시냅스는 신호를 전송할 때 좀 더 효율적으로 된다. 이렇게 단순 민달팽이에서조차도 경험과 학습을 통해 시냅스의 수가 2배 정도까지 증가할 수 있다(Kandel, 2012). 런던 택시 운전사가 거리의 복잡한 미로를 탐색하는 방법을 배우면서 공간기억을 처리하는 뇌 영역이 커지는 것은 놀라운 일이 아니다(Woolett & Maguire, 2011).

시냅스가 더욱 효율적으로 변함에 따라 신경망도 변한다. 송신뉴런은 이제 신경전달물질을 더 쉽게 방출한다. 수신뉴런은 수용체 부위를 추가로 성장시킬 수 있다. **장기상승작용**(long-term potentiation, LTP)이라고 하는 이 신경 효율성의 증가로 학습과 기억이 가능하게 된다(Lynch, 2002; Whitlock et al., 2006).

LTP가 기억을 위한 물리적 기초임을 확증해주는 몇 가지 증거가 있다.

- 시냅스 효율(LTP)을 향상시키는 약물을 투여받은 쥐는 미로를 찾는 데 있어 실수하는 횟수가 절반으로 줄어들었다(Service, 1994).
- LTP를 차단하는 약물은 학습을 방해한다(Lynch & Staubli, 1991).
- LTP에 필요한 효소를 생성할 수 없는 생쥐는 미로에서 벗어나는 방법을 배울 수 없었다(Silva et al., 1992).

LTP가 발생한 후에는 전류가 뇌를 통과해도 오래된 기억이 사라지지 않는다. LTP 이전에는, 동일한 크기의 전류가 흐르면 최근 기억이 모두 사라질 수 있다. 이것은 우울증이 심한 사람들이 전기충격 요법으로 치료받을 때 종종 발생한다(제14장). 운동선수가 뇌진탕을 일으켜 최근 기억이 모두 사라져버릴 수 있다. 타격을 입어 무의식 상태에 빠진 축구선수와 복싱선수는 일반적으로 머리에 타격을 입기 직전의 사건에 대한 기억이 없다(Yarnell & Lynch, 1970).

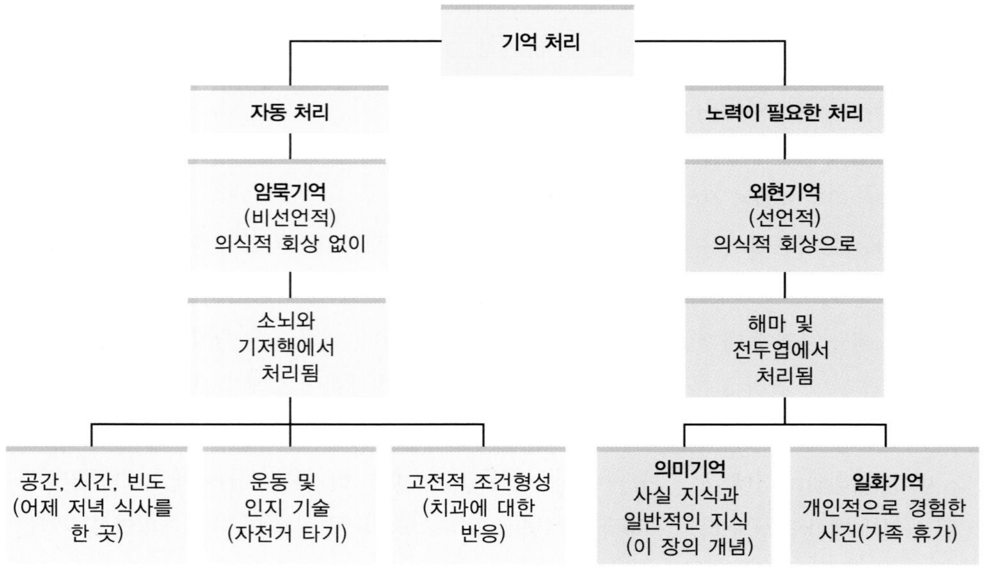

기억 처리
자동 처리
노력이 필요한 처리
암묵기억
(비선언적)
의식적 회상 없이
외현기억
(선언적)
의식적 회상으로
소뇌와
기저핵에서
처리됨
해마 및
전두엽에서
처리됨
공간, 시간, 빈도
(어제 저녁 식사를
한 곳)
운동 및
인지 기술
(자전거 타기)
고전적 조건형성
(치과에 대한
반응)
의미기억
사실 지식과
일반적인 지식
(이 장의 개념)
일화기억
개인적으로 경험한
사건(가족 휴가)

그림 7.7 두 가지 기억 시스템

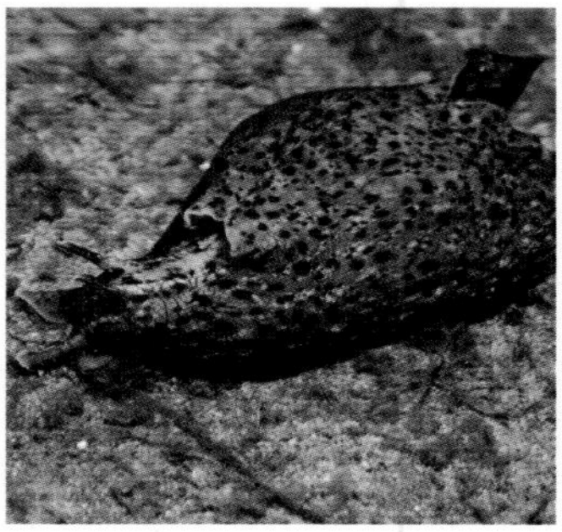

© Donna Ikenberry/Art Directors & TRIP Alamy

기억 민달팽이(memory slug) 캘리포니아 바다 민달팽이인 군소(Aplysia)로 많은 연구를 진행하였다. 이를 통해 학습과 기억의 신경 기초에 대해 많이 이해할 수 있게 되었다.

그들의 작업기억은 뇌진탕 이전의 정보를 장기기억으로 처리할 시간이 없는 것이다.

최근에 나[저자 DM]는 기억 강화에 대한 몇 가지 테스트를 수행했다. 농구를 하다 생긴 힘줄 손상을 치료받기 위한 수술대에서 얼굴이 마스크로 가려졌고 곧 마취 가스의 냄새를 맡을 수 있었다. 나는 "내가 당신과 얼마나 오래 있게 되나요?"라고 마취사에게 물었다. 나의 마지막 순간 기억은 그녀의 대답이었다. "약 10초요." 나의 뇌는 그 10초 동안 그녀의 말에 대한 기억은 남아있었지만, 춥다고 느껴지기 전의 어떠한 기억도 생각해낼 수 없었다.

그림 7.7은 암묵(자동)기억 및 외현(노력이 필요한)기억을 처리하는 뇌의 두 가지 경로 기억 처리 및 저장 체계를 요약한 것이다.

요점 : 무언가를 배우면 뇌가 조금 변화된다.

인출 : 정보 꺼내기

사건을 기억하는 데는 정보를 뇌로 가져와서 뇌에 저장하는 것 이상이 필요하다. 해당 정보를 사용하려면 정보를 인출해야 한다. 학습 내용을 시간이 지나도 보유하고 있는지 여부를 심리학자들은 어떻게 테스트하는가? 인출을 촉발하는 것은 무엇인가?

파지 측정

기억은 학습한 것이 시간이 지나도 계속 남아 있는 것이다. 무언가를 학습하고 보유하고 있는지 여부를 보여주는 다음의 세 가지 증거가 있다.

- **회상**(recall)—저장소에서 정보를 의식으로 꺼낸다(예 : 빈칸 채우기 질문).
- **재인**(recognition)—이전에 배운 항목을 식별한다(예 : 선다형 문제).
- **재학습**(relearning)—두 번 이상 학습하면 더 빠르게 학습한다(예 : 기말 시험 준비를 위해서 첫 주에 배운 과정을 복습하면 처음에 학습할 때보다 더 쉽게 학습할 수 있다).

오래전에 잊혀져서 고등학교 반 친구의 이름을 대부분 회상하기 힘들어지지만, 졸업앨범 사진을 보면 알아볼 수 있고, 이름 목록을 보면 이들의 이름을 정확하게 집어낼 수 있다. 한 연구팀은 25년 전에 졸업한 사람들은 옛 친구를 많이 회상하지는 못했지만, 그림과 이름의 90%를 재인할 수 있었다는 것을 보여주었다(Bahrick et al., 1975).

우리의 재인기억은 빠르고 광범위하다. "당신의 친구가 새 옷을 입었나요, 오래된 옷을 입었나요?" 오래된 것. "이 5초짜리 영화 동영상은 당신이 이전에 본 영화입니까?" 네. "전에 이 얼굴을 본 적 있나요?" 아니요. 이와 같은 수백만 개의 질문에 대해 우리 입이 답변하기 전에, 우리의 마음은 이미 그 답을 알고 있다. 그리고 인간만이 이렇게 놀라운 얼굴 기억을 보여주는 것은 아니다(**그림 7.8**).

National News/ZUMAPRESS.com/Newscom

I'M
500
MART!
National News/ZUMAPRESS.com/Newscom

과거의 사실들 기억하기 테일러 스위프트와 레오나르도 디카프리오가 유명해지지 않았더라도, 이들의 고교 친구들은 여전히 이 사진들을 매우 잘 알아볼 것이다.

정보를 회상하거나 재인할 때의 반응 속도는 재학습에서 보여주는 속도와 마찬가지로 기억 강도를 나타낸다. 기억 탐구자 에빙하우스는 오래전 자신의 학습과 기억을 연구하여 이것을 보여주었다.

자신이 직접 에빙하우스가 되어 실험해보라. 여러분은 새로운 항목을 얼마나 만들어낼 수 있는가? 에빙하우스의 대답은 2개의 자음 사이에 모음을 끼워서 모든 가능한 무의미 음절 목록을 만드는 것이었다. 그런 다음 특정 실험을 위해 무작위로 음절 샘플을 선택하고 연습하고 자신을 테스트한다. 그의 실험에 대한 느낌을 얻으려면 다음 목록을 빠르게 읽으면서 8번 반복해보라(Baddeley, 1982). 그런 다음, 보지 않고 항목을 회상해보라.

JIH, BAZ, FUB, YOX, SUJ, XIR, DAX,
LEQ, VUM, PID, KEL, WAV, TUV, ZOF,
GEK, HIW.

그런 목록을 배우고 난 다음 날, 에빙하우스는 단지 몇 개의 음절만 회상했다. 그러나 이 목록들은 완전히 잊어버린 것인가? 아니다. 그는 1일 차에 더 자주 목록을 연습할수록 2일 차에 다시 배우기 위해 연습해야 하는 횟수가 줄어들었다(**그림 7.9**).

기억해야 할 점 : 재인검사와 재학습을 통한 시간 감소를 보면 우리는 회상하는 것 이상을 기억한다는 것을 보여준다.

인출 단서

거미줄 중간에 매달려 있는 거미가 자기를 중심으로 서로 다른 지점을 향해 바깥쪽 여러 방향으로 많은 가닥이 뻗어 있는 것을 상상해

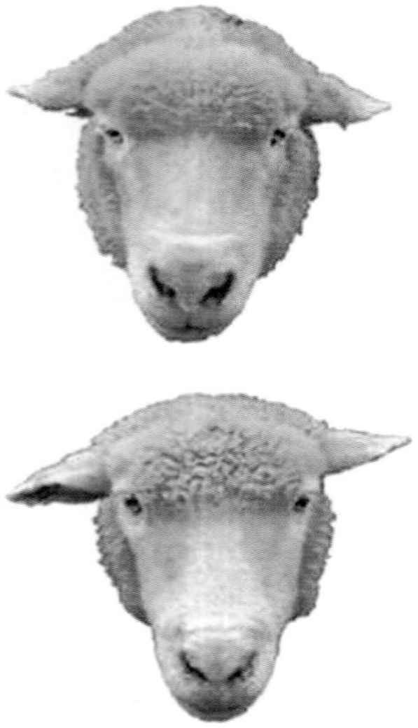

그림 7.8 다른 동물들도 얼굴을 영리하게 알아본다 다른 얼굴이 아니라 특정 양의 얼굴에 대해 반복적으로 음식을 주어 보상하면, 그 양은 2년 이상 지나도 그 얼굴을 기억한다 (Kendrick & Feng, 2011).

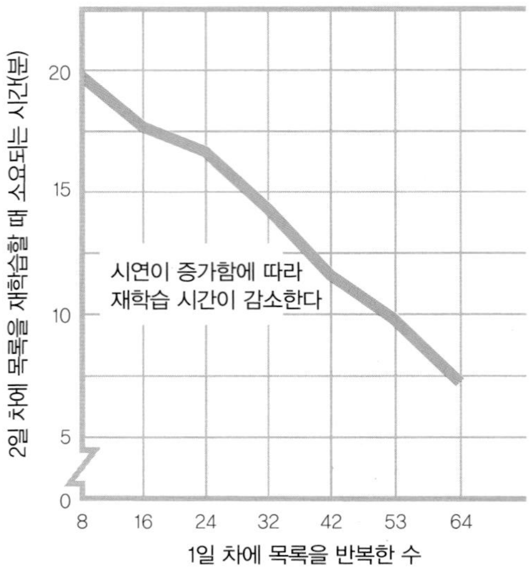
2일 차에 목록을 재학습할 때 소요되는 시간(분)
20
15
10
5
0
시연이 증가함에 따라
재학습 시간이 감소한다
8
16
24
32
42
53
64
1일 차에 목록을 반복한 수

그림 7.9 에빙하우스의 파지 곡선 그는 1일 차에 무의미 음절 목록을 더 많이 연습할수록 2일 차에 재학습하는 시간이 더 줄어들었다. 재학습 속도는 무언가를 학습하고 보유하고 있는지 여부를 측정하는 한 가지 방법이다(출처 : Baddeley, 1982).

보라. 당신은 어떤 지점에서 시작하더라도 붙어 있는 가닥을 따라가서 거미에 다다를 수 있다.

기억을 인출하는 것도 비슷하다. 기억은 저장소에 연합의 거미줄처럼 각각의 정보가 수많은 다른 것들과 연결되어 있다. 수업 시간에 옆에 앉아 있는 사람의 이름을 기억으로 부호화한다고 가정해보자. 이 이름과 더불어 주변 환경, 분위기, 좌석 위치 등과 같은 다른 정보 또한 부호화될 것이다. 이들 조각은 나중에 이름을 인출할 필요가 있을 때, 반 친구의 이름에 접속하는 경로의 기준점이나 **인출 단서**(retrieval cues) 역할을 한다. 부호화된 인출 단서가 많을수록 이러한 정보망에 연결된 기억의 경로를 찾을 가능성이 높아진다.

가장 좋은 인출 단서는 당신이 기억을 부호화할 때 형성하는 연합에서 나온다. 이 연합은 관련 인물이나 사건에 대한 기억을 불러일으킬 수 있는 냄새, 맛, 장면들이다. 어떤 것을 기억하려고 할 때 정신적으로 자신을 원래의 상황으로 옮길 수 있다. 우리 대부분에게 이렇게 하는 데는 시각적 정보가 포함된다. 시력을 잃은 영국의 학자 존 헐(John Hull)은 세부사항을 회상하는 데 어려움을 겪었다.

> 나는 어딘가에 있었고, 어떤 사람들과 특별한 일을 했다는 것은 알겠는데, 어디에서 했는가? 나는 대화한 것을 그 상황으로 옮길 수가 없다. … 장소를 알게 해줄 만한 배경이나, 특징들이 없는 것이다. 일반적으로 당신이 하루 동안 말한 사람들에 대한 기억은 배경을 포함하고 있는 틀 속에 저장된다(Hull, 1990, p. 174).

점화

종종 점화는 당신이 인식하지 않아도 활성화된다. rabbit이라는 단어를 보거나 들으면, 당신이 토끼를 보거나 들었던 것을 기억하지 못할지라도 hare에 대한 연합이 활성화될 수 있다(**그림 7.10**). **점화**(priming)라고 하는 이 과정은 의식 없이 일어나더라도, 그것은 태도와 행동에 영향을 줄 수 있다.

새로운 지식으로 친구에게 깊은 인상을 심어주고 싶은가? 그들에게 세 가지 빠른 질문을 해보라.

1. 눈(snow)의 색은 무엇인가?
2. 구름의 색은 무엇인가?
3. 소는 무엇을 마시는가?

세 번째 질문에 '우유'라고 답을 한다면, 점화를 보여주는 것이다.

맥락의존 기억

눈치챘는가? 무언가를 경험한 맥락에 자신을 되돌려 놓으면 기억 인출을 점화할 수 있다. 여러 면에서 기억은 우리의 환경에 의존하는 행동이다(Palmer, 1989). 어린 시절의 기억은 어린 시절의 집을 방문할 때 나타날 수 있다. 한 연구에서 스쿠버 다이버는 수중

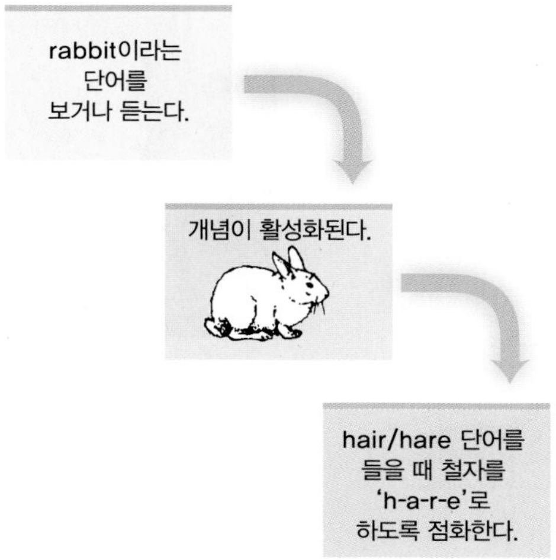
rabbit이라는
단어를
보거나 듣는다.
개념이 활성화된다.
hair/hare 단어를
들을 때 철자를
'h-a-r-e'로
하도록 점화한다.

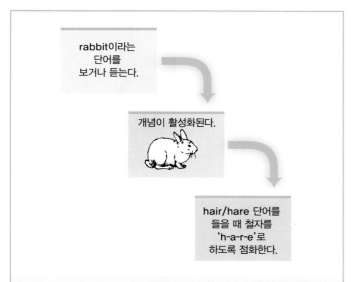

그림 7.10 점화-활성화 연합 토끼(rabbit)를 보거나 들은 후에 'hair/hare' 단어의 소리를 들으면 철자를 h-a-r-e로 쓰기 쉽다(Bower, 1986). 특정 연합이 무의식적으로 활성화되는 과정을 점화라고 한다.

3m 또는 해변에 앉아 있는 두 가지 상황에서 단어 목록을 들었다(Godden & Baddeley, 1975). 후에 다이버들은 테스트를 받을 때와 동일한 곳에서 테스트할 때 더 많은 단어를 회상하였다.

대조적으로, 일상적인 상황이 아닌 데서 무언가를 경험하면 혼란스러울 수 있다. 가게에서와 같이 일상적이지 않은 곳에서 선생님을 만난 적이 있는가? 어쩌면 당신은 그 사람을 알아보지만 그 사람이 누구이며 어떻게 알고 있는 것인지 알아내려고 애쓸지도 모른다. 우리의 기억은 맥락에 의존하고 있고, 그 맥락과 연관된 단서의 영향을 받는다.

상태의존 기억

상태의존 기억은 맥락의존 기억과 밀접한 관련이 있다. 우리가 한 상태에서(술에 취했는지, 맨정신인지) 학습한 것은 그 상태에 다시 있을 때 더 쉽게 회상될 수 있다. 사람들은 술에 취했을 때 배운 것은 어떤 상태에서든 잘 회상하지 못한다(알코올은 기억 저장을 방해한다). 그러나 다시 술이 취할 때 회상하는 것이 좀 더 나아진다. 취했을 때 돈을 숨긴 사람은 다시 술에 취할 때까지 그 위치를 잊어버릴 수 있다.

기분도 우리가 기억하는 것에 영향을 준다(Gaddy & Ingram, 2014). 행복해지면 달콤한 기억이 점화된다. 화나거나 우울해지면 좋지 않은 기억이 점화된다. 끔찍한 저녁이라고 말해보라. 데이트가 취소되고 휴대전화를 잃어버렸다. 그리고 새로 산 빨간 셔츠가 흰 세탁물 덩어리로 들어갔다. 기분이 나쁘면 불행한 기억이 촉발될 수 있다. 이 시점에 친구 또는 가족이 들어오면, 당신의 마음은 그 사람에 대한 나쁜 기억으로 가득 찰 수 있다.

우리의 기분과 같은 사건을 회상하는 경향성을 **기분일치 기억**(mood-congruent memory)이라고 한다. 대단한 기분 속에 있다면—최면에 처해 있든, 아니면 당일 좋은 사건이 있든(한 연구에서 독일 참가자들의 월드컵 축구 승리)—사람들은 색안경을 끼고 세상일을 회상한다(DeSteno et al., 2000; Forgas et al., 1984; Schwarz et al., 1987). 사람들은 자신의 행동이 유능하고 효과적이라고 회상한다. 이들은 다른 사람들이 친절하고 후하다고 생각한다. 그리고 그들은 불행한 사건보다 행복한 사건이 더 자주 일어날 것이라고 확신한다.

우리가 이러한 기분-기억 연결을 알면, 일부 연구에서는 현재 우울한 사람들이 부모를 거부적이고 처벌적인 것으로 회상하고 있다는 것에 그리 놀라지 않을 것이다. 과거에 우울했던 사람들은 결코 우울한 적이 없던 사람들처럼 자신의 부모를 좀 더 긍정적으로 묘사했다(Lewinsohn & Rosenbaum, 1987; Lewis, 1992). 마찬가지로 청년들이 부모의 따뜻함에 대해 1주 때에 평가한 것은 6주 후에 부모를 평가한 것에 대한 단서를 거의 제공하지 못했다(Bornstein et al., 1991). 십대들의 기분이 가라앉을 때, 그들의 부모는 잔인하게 보인다. 기분이 밝아지면 그 악마같은 부모는 천사가 된다.

인출에 대한 기분 효과는 우리의 기분이 지속되는 이유를 설명하는 데 도움이 된다. 행복할 때, 우리는 행복한 사건을 기억하고 세상을 행복한 장소로 보고, 그래서 우리의 좋은 기분은 연장된다. 우울해질 때, 우리는 슬픈 사건을 회상하고, 그래서 현재 사건에 대한 우리의 견해도 어두워진다. 우울한 경향성이 있는 사람들에게, 이 과정은 악순환의 어두운 사이클을 유지하게 만든다. 기분은 확대되어 나간다.

나는 우리가 무엇 때문에 이렇게 싸우고 있는지 모르겠소. 계속 소리 지릅시다. 아마도 왜 싸우는지 기억이 날 수도 있으니.

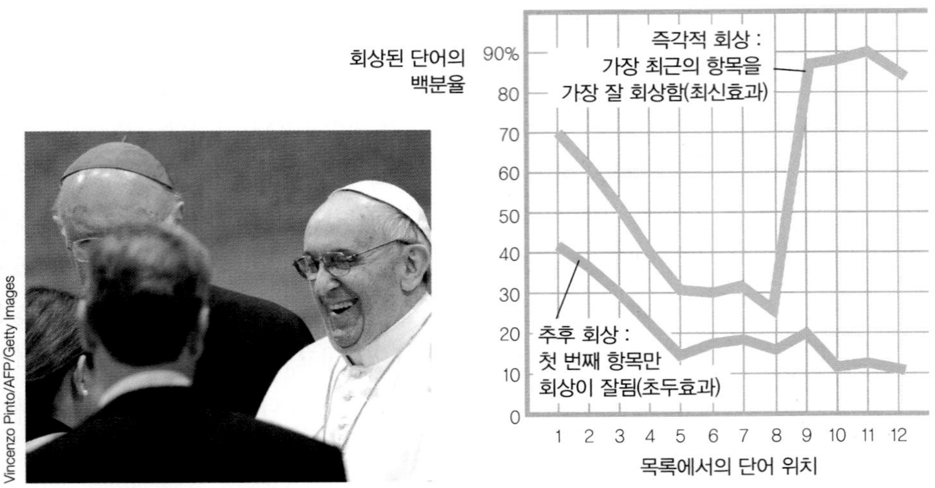

회상된 단어의 백분율
90%
80
70
60
50
40
30
20
10
0
즉각적 회상 : 가장 최근의 항목을 가장 잘 회상함(최신효과)
추후 회상 : 첫 번째 항목만 회상이 잘됨(초두효과)
1 2 3 4 5 6 7 8 9 10 11 12
목록에서의 단어 위치
Vincenzo Pinto/AFP/Getty Images

그림 7.11 계열위치 효과 프란치스코 교황은 특별한 손님들과 일렬로 인사하며 나아간 직후에는 마지막 몇 사람의 이름을 가장 잘 회상할 것이다(*최신효과*). 그러나 후에 그는 처음 몇 사람을 가장 잘 기억할 수 있었을 것이다(*초두효과*).

Dan Tuffs/Getty Images

망각이 안 되는 여자 질 프라이스는 작가 바트 데이비스(Bart Davis)와 함께 2008년 회고록에서 그녀의 이야기를 꺼내놓았다. 프라이스는 14세 때부터 그 이후로의 매일 매일의 자기 일생을 기억한다. 그것도 기쁨과 상처를 포함하여 상세하고 선명하게 기억한다. 연구자들은 슈퍼 기억을 가진 사람들의 뇌 영역이 확대되어 있는 것을 확인하였다(Ally et al., 2013; LePort et al., 2012).

계열위치 효과

기억-인출에 있어서 특이한 것 중 하나는 **계열위치 효과**(serial position effect)이다. 이것은 최근 사건 목록에 대한 기억에 왜 큰 구멍이 생기는지에 대한 이유를 설명해준다. 새로운 직장에서의 첫날을 상상해보라. 매니저가 직장 동료들에게 당신을 소개하고 있다. 각 사람을 만날 때마다, 처음부터 시작해서 모든 사람의 이름을 조용히 반복한다. 마지막 사람이 미소를 짓고 돌아갔을 때, 당신은 다음 날 새로운 동료들을 일일이 이름을 부르며 인사할 수 있을 것을 기대한다.

그러나 믿지 마라. 당신은 앞의 사람 이름을 나중의 사람보다 더 많이 연습했기 때문에 앞사람의 이름을 좀 더 쉽게 기억할 것이다. 여러 실험에서 사람들이 항목 목록(단어, 이름, 날짜, 심지어 냄새까지도)을 보고 나서 바로 어떤 순서로 이것들을 회상하려고 하였을 때, 이들은 계열위치 효과에 빠져들었다(Reed, 2000). 그들은 마지막 항목을 빠르게 잘 회상했다(최신효과). 아마도 마지막 항목이 작업 기억에 여전히 남아 있었기 때문일 것이다. 그러나 시간을 지연시키고 나서, 다른 데에 관심이 가 있을 때 회상하도록 했을 때는 첫 번째 항목에서 가장 좋았다(초두효과, **그림 7.11** 참조).

망각

기억력을 향상시키는 알약을 사용할 수 있게 되더라도, 그것이 너무 효과적이지는 않은 것이 좋겠다. 쓸모없는 정보 조각들을 버리는 것(지난 달에 낡아서 버린 옷, 이전 휴대전화 번호, 이미 조리되고 제공된 음식 주문 등)은 분명히 축복이다(Nørby, 2015). 이 장의 앞부분에 소개한 러시아 기억 천재 S를 기억해보라. 엄청난 기억 쓰레기들이 그의 의식을 지배했다. 그는 일반화, 조직화, 평가 같은 추상적으로 생각하는 것이 어려웠다. 질 프라이스(Jill Price)도 그러했는데, 그녀는 믿을 수 없을 만큼 정확한 기억을 가지고 있었다.

인생 사건이 연구되고 검증되었다. 그녀는 한 가지 기억이 다른 기억으로 계속 꼬리를 물어서 그녀의 슈퍼 기억이 그녀의 삶을 방해한다고 보고한다(McGaugh & LePort, 2014; Parker et al., 2006.) "결코 멈추지 않고 계속 돌아가는 영화 같다."

그러나 더 자주, 우리의 기괴한 기억은 우리가 전혀 기대하지 않을 때 우리에게 일어난다. 나[저자 DM]의 기억은 좋아하는 여자와의 멋진 첫 키스나 런던에서 디트로이트까지의 항공 마일리지 같은 사소한 사실과 같은 일화를 쉽게 불러올 수 있다. 그런데 학생의 이름이나 선글라스를 놓은 곳 등을 부호화, 저장 또는 인출하지 못한다는 것을 알게 되면 그 기억은 나를 떠난다.

우리가 정보를 처리할 때 우리는 그것을 가공하고 변화시키고 그 대부분을 잊어버린다(**그림 7.12**).

망각과 이중경로 마음

어떤 사람들에게는 이 장의 앞부분에서 만난 H. M.의 경우처럼 기억 상실이 심각하고 영구적이다. H. M.은 과거를 회상할 수는 있었지만 새로운 의식적 기억을 형성할 수는 없었다. 신경학자 올리버 색스(Oliver Sacks, 1933–2015)는 또 다른 환자 지미에 대해 묘사하였다. 그는 뇌손상을 입은 해인 1945년에 멈춰 있는 것 같았다. 지미가 자신의 나이를 19세라고 했을 때, 색스는 그에게 거울을 보여주었다. "거울을 보고 당신이 보는 것을 말해주세요. 거울에 보이는 모습이 19세 나이인가요?"(Sacks, 1985, pp. 26-27).

지미는 창백해지고, 의자를 움켜잡고, 저주하고, 그다음에는 광적으로 변했다. "도대체 어떻게 된 거야? 나에게 무슨 일이 일어난 거야? 이건 악몽인가? 내가 미쳤나? 이거 장난인가?" 그가 야구를 하는 어린이들에게 주의를 집중하자, 그의 공포는 끝났고 무서운 거울은 잊혀졌다.

색스는 지미에게 **내셔널 지오그래픽**(National Geographic)에 실린 사진을 보여주었다. "이게 뭐지요?"라고 그는 물었다.

"그것은 달이에요."라고 지미가 대답했다.

"아니요, 그렇지 않아요." 색스가 대답했다. "그것은 달에서 찍은 지구의 모습이에요."

"박사님, 농담하시는군요! 그러면 누군가 카메라를 들고 거기에 올라가야 했을 거 아니에요!"

"물론이죠."

"맙소사! 박사님 지금 농담하시는 거죠—어떻게 그렇게 말할 수 있어요?" 지미의 놀람은 1940년대로부터 온 밝은 젊은이가 미래로 여행함으로써 갖게 된 그러한 놀람이었다.

이 독특한 사람들을 주의 깊게 검사해보면 훨씬 더 이상한 것이 드러난다. 이들은 자신들이 최근에 한 일이나 새로운 사실을 기억하지는 못하더라도, 새로운 기술을 배우고 고전적으로 조건화할 수 있다. 숨은그림 찾기 그림('월리를 찾아라' 시리즈에 나오듯이)을 보게 하면, 나중에 더 빨리 찾아낼 수 있다. 그들은 욕실이 어디에 있는지를 말할 수는 없지만 그럭저럭 욕실에 가는 길을 찾을 수 있다. 그들은 거울상을 보고 글쓰기, 퍼즐 맞추기, 심지어 복잡한 직업 기술까지 마스터할 수 있다(Schacter, 1992, 1996; Xu & Corkin, 2001).

LEIGHTON

"오, 그게 오늘인가?"

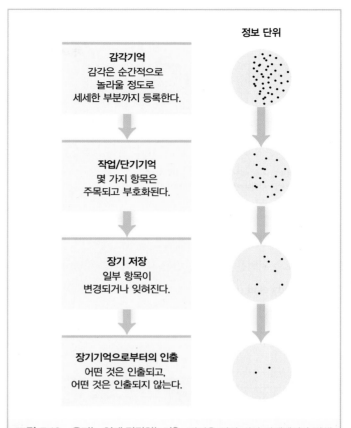

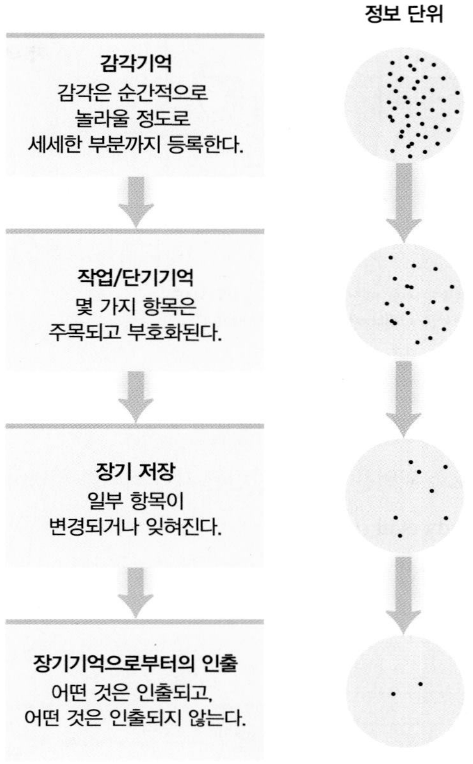
정보 단위
감각기억
감각은 순간적으로
놀라울 정도로
세세한 부분까지 등록한다.
작업/단기기억
몇 가지 항목은
주목되고 부호화된다.
장기 저장
일부 항목이
변경되거나 잊혀진다.
장기기억으로부터의 인출
어떤 것은 인출되고,
어떤 것은 인출되지 않는다.

그림 7.12 우리는 언제 망각하는가? 망각은 어떤 기억 단계에서나 발생할 수 있다. 정보를 처리할 때 우리는 정보를 거르고, 변경하고, 그중 많은 부분을 잊어버린다.

그러나 그들은 이런 기술을 배웠다는 것을 인식하지 못하면서도 이러한 모든 일을 한다. 그들은 **기억 상실**(amnesia)로 고통받는 것이다.

H. M.과 지미는 새로운 외현기억을 형성하는 능력은 상실했지만 자동 처리 능력은 그대로 유지되었다. 그들은 무언가를 하는 법을 배울 수 있었지만 새로운 기술을 배우고 있다는 것에 대한 의식적인 기억은 없었다. 이런 슬픈 사례들은 우리의 두뇌는 2개의 별개의 기억 체계를 가지고 있어서 뇌의 다른 부분에 의해 제어되고 있다는 사실을 확인시켜준다.

대부분의 우리에게는 망각이 위와 같이 그렇게 격렬하지는 않다. 우리가 망각하는 몇 가지 이유를 생각해보자.

부호화 실패

우리가 감지하는 것 중에서 많은 것을 우리는 알아채지 못한다. 그리고, 우리가 부호화에 실패한 것은 기억하지 못한다(**그림 7.13**). 나이가 부호화 능력에 영향을 줄 수 있다. 젊은 성인이 새로운 정보를 부호화할 때 뇌의 여러 영역이 바로 행동하게 된다. 노년층에서는

MANKOFF

"웨이터, 내가 먹지 않았다면 주문하고 싶어요. 내가 먹었다면 계산서를 가져와요."

이러한 영역이 더 느리게 반응한다. 새로운 이웃의 이름을 배우고 보유하거나 새로운 스마트폰 사용법을 익히는 것이 더 어려워진다. 이러한 부호화 지연은 연령과 관련된 기억 쇠퇴를 설명하는 데 도움이 된다(Grady et al., 1995).

그러나 우리가 아무리 젊더라도, 우리에게 몰려오는 엄청난 수의 장면과 소리의 일부분에만 의식적으로 관심을 기울이게 된다. 생각해보라. 당신은 수천 번 애플사 로고를 보았을 것이다. 당신은 그것을 그릴 수 있는가? 한 연구에서 85명의 UCLA 학생 중 1명(애플 기기 사용자 52명 포함)만이 정확하게 그릴 수 있었다(Blake et al., 2015). 부호화 노력이 없다면 기억할 수도 있었던 많은 기억을 형성하지 못한다.

저장 소멸

무언가를 잘 부호화한 후조차도 나중에 그것을 잊어버릴 수 있다. 무의미 음절 학습의 대가인 에빙하우스 또한 기억이 얼마나 오랫동안 지속되는지 연구했다. YOX와 JIH와 같은 무의미 음절 목록을 배운 후 그는 20분에서 30일 사이에 여러 번 기억하고 있는 정도를 측정했다. 결과는 그의 유명한 망각 곡선이었다—망각의 과정은 처음에는 빠르다가 시간이 흐르면 그 수준이 평평해진다(Wixted & Ebbesen, 1991).

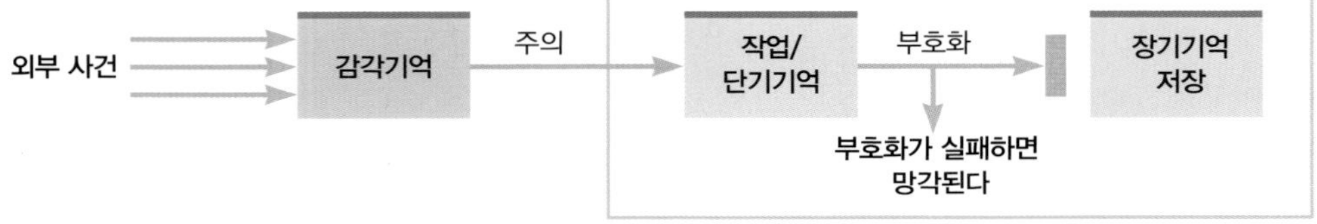
외부 사건
감각기억
주의
작업/
단기기억
부호화
장기기억
저장
부호화가 실패하면
망각된다

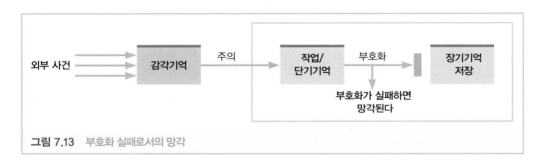

그림 7.13 부호화 실패로서의 망각

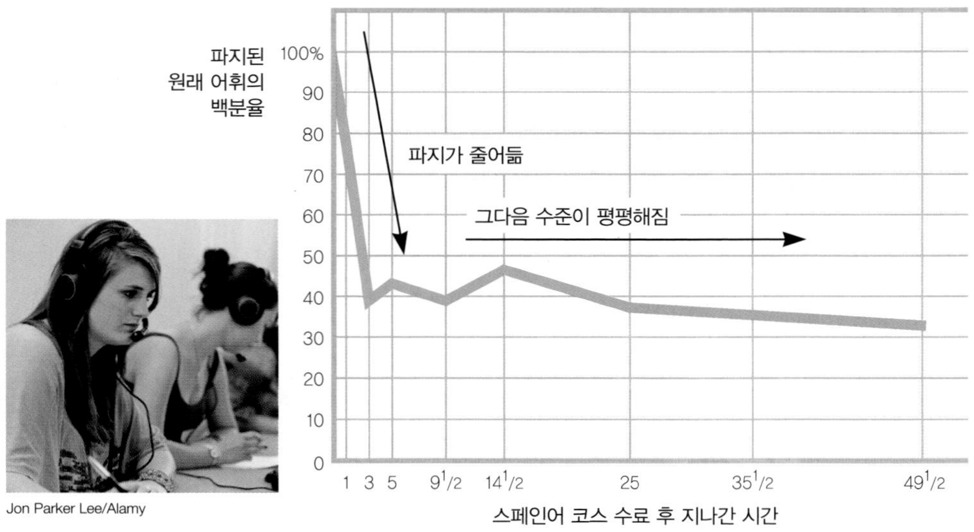
파지된 원래 어휘의 백분율
100%
90
80
70
60
50
40
30
20
10
0
파지가 줄어듦
그다음 수준이 평평해짐
1 3 5 9 1/2 14 1/2 25 35 1/2 49 1/2
스페인어 코스 수료 후 지나간 시간

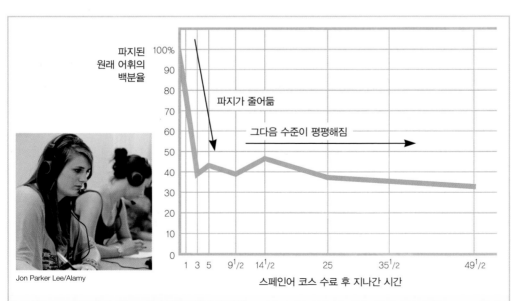

Jon Parker Lee/Alamy

그림 7.14 학교에서 배운 스페인어에 대한 망각 곡선 스페인어 코스를 방금 마친 사람들과 비교했을 때, 코스를 마친 지 3년이 지난 사람들은 훨씬 덜 기억했다(어휘 재인 검사에서). 그러나 3년 그룹과 비교해볼 때, 훨씬 더 오래전에 스페인어를 공부한 사람들이 그렇게 더 많이 망각하지는 않았다(Bahrick, 1984).

스페인어를 외국어로 공부하는 사람들은 스페인어 어휘에 있어 이러한 망각 곡선을 보여주었다(Bahrick, 1984). 방금 고등학교 또는 대학 스페인어 코스를 마친 다른 사람들과 비교했을 때, 3년 동안 학교에 다니지 못한 사람들은 그들이 배운 것을 많이 잊어버렸다. 그러나 그들이 그때 기억하고 있던 것은 25년 이상이 지났는데도 여전히 기억하고 있다. 그들의 망각 수준은 평평해졌다(**그림 7.14**).

이러한 망각 곡선에 대한 한 가지 설명은 물리적 **기억 흔적**(memory trace)이 점차적으로 사라지는 것이다. 이 흔적은 기억이 형성될 때 뇌에서 일어나는 물리적 변화이다.

연구자들은 기억에 대한 물리적 저장과 소멸에 대한 수수께끼를 푸는 데 좀 더 근접하고 있다. 그러나 기억은 여러 가지 이유로 사

나를 그렇게 크게 웃게 만든 문자가 뭐였는지 그에게 말할 수 있는 길이 있을 거야. 생각해, 제발. 생각해봐.
문자 보내는 사람 구역
Dave Coverly/Speed Bump

라진다. 그 한 가지 이유는 우리의 인출을 방해하는 다른 것을 학습하는 일이다.

인출 실패

사건을 망각하는 것은 지역 도서관에서 책을 찾지 못하는 것에 비유할 수 있다. 어떤 것은 습득되지 않았기 때문에(부호화되지 않았기 때문에) 사용할 수 없고, 또 다른 것들은 버려져서 그렇다(저장된 기억도 소멸한다).

그러나 세 번째 가능성이 있다. 책이나 기억은 우리가 이것에 접근할 수 있는 충분한 정보를 가지고 있지 않아서 사용할 수 없을 수도 있다. 예를 들어 좌절스러운 '혀끝' 망각을 일으키는 것은 무엇인가? [수화 통역에 능통한 청각장애인도 이와 유사한 '손가락 끝' 느낌을 경험할 수 있다(Thompson et al., 2005).] 이것들은 인출에 문제가 생겨서 일어난다(**그림 7.15**). 인출 단서("그것은 M으로 시작한다.")가 주어지면 쉽게 기억을 인출할 수 있다. 나이가 들면 이러한 좌절을 느끼게 하는 혀끝 경험을 자주 한다(Abrams, 2008; Salthouse & Mandell, 2013).

여기에 기억을 테스트하는 질문이 있다. 여러분에게 기억하도록 요청했던 두 번째 문장을 회상하는가—수영하는 사람에 대해서? 그렇지 않다면 상어라는 단어가 인출 단서 역할을 하는가? 실험에 따르면 상어(shark)(아마도 시각화한 이미지)는 문장의 실제 단어(fish)보다 당신이 저장한 이미지를 좀 더 쉽게 인출하게 해준다는 것을 보여준다(Anderson et al., 1976)(문장은 '물고기가 수영 선수를 공격했다'였다).

때때로 인출 문제는 간섭, 그리고 동기화된 망각으로부터 생긴다.

간섭

당신이 점점 더 많은 정보를 수집함에 따라 정신의 방이 결코 꽉 채워지지는 않지만, 어지럽혀진다. 새로운 것과 오래된 것이 서로 충돌하고 주의를 끌려고 서로 경쟁함에 따라 어수선하게 되어 방해받는다.

순행간섭(proactive interference)은 오래된 기억으로 인해 새로운 정보를 기억하기가 어려워질 때 발생한다. 당신이 새로운 조합 자물쇠를 구입하면, 이전의 조합 자물쇠를 잘 기억하고 있어서 새로운 것을 인출하는 데 방해가 된다.

역행간섭(retroactive interference)은 새로운 학습이 오래된 정보를 방해할 때 발생한다. 누군가가 오래된 노래의 곡에 맞추어 새로운 단어로 노래를 부른다면, 원래의 노래를 기억하는 데 어려움이 있을 수 있다. 연못에서 두 번째 돌을 던지는 것과 같아서 첫 번째 돌로 생긴 물결치는 파도를 방해한다. 잠들기 전에 새로운 것을 학습하면 기억이 방해받을 기회가 거의 없기 때문에 역행간섭으로 인한 손실이 줄어든다(Diekelmann & Born, 2010; Nesca & Koulack, 1994). 연구원들이 처음으로 이것을 발견하였는데, 이것은 지금으로 보아서는 고전적인 실험이었다(Jenkins & Dallenbach, 1924). 매일 두 사람이 각각 무의미 음절을 배웠다. 그들이 밤새 잠을 자고 나서 회상하려고 했을 때, 그들은 절반 이상의 항목을 인출할 수 있었다(**그림 7.16**). 그러나 그들이 자료를 배우고 나서 깨어 있는 상태에서 여러 다른 활동에 참여했을 때, 그들은 더 많은 것을 빨리 잊어버렸다.

수면 전 시간은 정보를 기억하도록 해주는 좋은 시간이다(Scullin & McDaniel, 2010) 그러나 수면 직전의 몇 초는 그렇지 않다(Wyatt & Bootzin, 1994). 자고 있는 동안 학습하는 것을 생각한다면, 아예 고려하지 않기를 바란다. 수면 중에 방에서 크게 들리는 정보는 우리의 귀가 그 소리를 등록하더라도 거의 기억되지 않는다(Wood et al., 1992).

물론 오래된 정보와 새로운 정보가 항상 경쟁하는 것은 아니다. 라틴어를 알면 실제로 프랑스어를 배우는 데 도움이 될 수 있다. 이런 효과를 **긍정적 전이**(positive transfer)라고 한다.

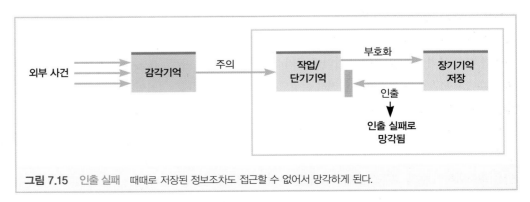

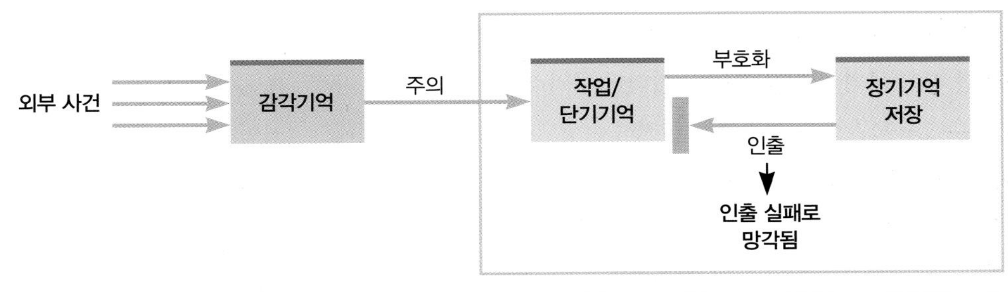
외부 사건
감각기억
주의
작업/단기기억
부호화
장기기억 저장
인출
인출 실패로 망각됨
그림 7.15 인출 실패 때때로 저장된 정보조차도 접근할 수 없어서 망각하게 된다.

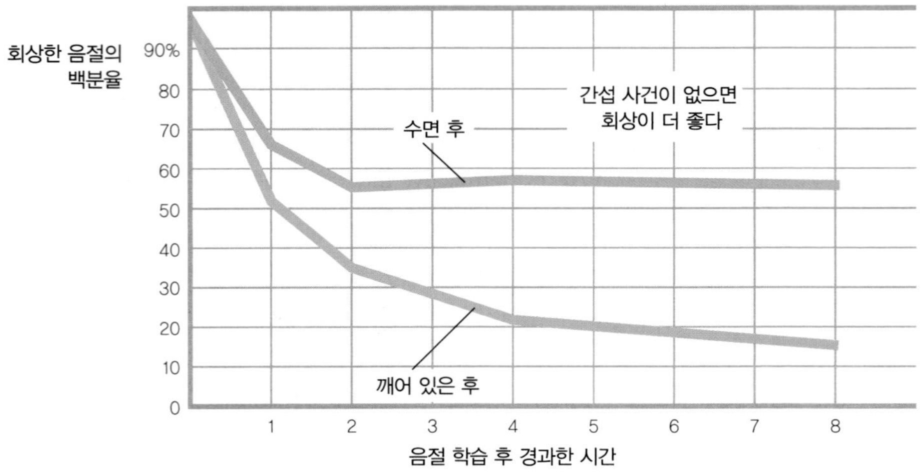
회상한 음절의 백분율
90%
80
70
60
50
40
30
20
10
0
간섭 사건이 없으면 회상이 더 좋다
수면 후
깨어 있은 후
1
2
3
4
5
6
7
8
음절 학습 후 경과한 시간

그림 7.16 역행간섭 사람들은 깨어 있고 다른 새로운 자료를 경험할 때 더 많이 망각한다(Jenkins & Dallenbach, 1924).

동기화된 망각

우리는 과거를 기억할 때 종종 그것을 변경한다. 몇 년 전, 나[저자 DM]의 부엌에 있는 커다란 쿠키 항아리에 갓 구운 쿠키가 가득 차 있었다. 식탁 위에서 많은 쿠키들을 식히고 있었다. 다음 날, 쿠키는 부스러기조차도 남지 않았다. 누가 먹어치운 것일까? 그 시간 동안 집 안에 있던 사람들은 아내, 세 자녀, 그리고 나뿐이었다. 그래서 기억이 아직 생생한 동안, 나는 약간의 기억 테스트를 실시했다. 앤디는 20개 정도 먹어치웠다고 시인했다. 피터는 자기가 15개를 먹었다고 생각했다. 로라는 6살 되는 자기 몸을 15개의 쿠키로 가득 채웠다고 추측해냈다. 아내 캐롤(Carol)은 6개를 먹었다고 회상했다. 나는 15개를 먹고 18개 이상을 사무실로 가지고 간 것으로 기억했다. 우리는 89개 쿠키에 대한 책임이 있다고 순진하게 동의했다. 여전히 실제 숫자에 한참 멀었다 : 쿠키는 160개가 있었다.

우리의 추정치가 왜 그렇게 차이가 났을까? 우리의 쿠키 혼란은 **부호화** 문제였는가? (우리는 우리가 먹은 것을 알아차리지 못했는가?) 그것은 **저장** 문제였는가? (에빙하우스의 무의미 음절에 대한 기억과 같이 쿠키에 대한 우리의 기억이 쿠키 자체만큼 빨리 녹아버릴 수 있을까?) 아니면 정보는 여전히 손상되지 않았지만 기억해내는 것이 당혹스러워서 **인출**할 수 없었던 것일까?

지그문트 프로이트는 우리의 기억 시스템이 이 정보를 자체 검열했다고 주장했을 것이다. 그는 우리의 자아 개념을 보호하고 불안을 최소화하기 위해 고통스럽거나 용납할 수 없는 기억을 **억압한다**(repress)고 제안했다. 그러나 억압된 기억은 계속 머물러 있고, 이후의 몇 가지 단서에 의해서 혹은 치료 동안에 인출될 수 있다고 그는 믿었다. 억압은 프로이트의 정신 분석 이론의 중심이었고(제12장에 더 자세히 설명되어 있다) 20세기 중반과 그 이후의 심리학에서 인기있는 아이디어였다. 미국의 한 연구에 따르면 대학생의 81%와 치료사의 60~90%(그들의 관점에 따라)는 '외상기억은 종종 억압된다'고 믿고 있다고 한다(Patihis et al., 2014a, b). 그러나 점점 더 많은 기억 연구자들은 억압은 있다 하더라도 거의 발생하지 않는다고 생각한다. 사람들은 원치 않는 중립적 정보(어제의 주차 장소)는 바로 잊어버리지만, 감정적인 사건을 잊기 위해 분투한다(Payne & Corrigan, 2007). 따라서 우리가 잊고 싶은 바로 그러한 외상에 대한 침습 기억(intrusive memory, 과거의 경험이 현재 속으로 침습하는 기억-역주)이 생길 수 있다.

기억 구성 오류

기억은 정확하지 않다. 공룡의 잔재를 보고 공룡의 모습을 추측하는 과학자들과 마찬가지로, 우리는 저장되어 있는 토막 정보와, 이후에 상상하고, 예상하고, 보고, 들었던 것 등을 더하여 우리의 과거를 추측한다. 우리는 단순하게 기억을 인출하는 것이 아니다. 우리는 그것들을 다시 재구성한다(Gilbert, 2006). 우리의 기억은 위키피디아 페이지와 같아서 지속적으로 개정하는 것이 가능하다. 우리가 기억을 '재생'할 때, 우리는 종종 약간 수정된 버전으로 원래의 것을 대체한다(Hardt et al., 2010). [기억 연구자들은 이것을 **재응고화**(reconsolidation)이라고 한다.] 그래서 어떤 의미에서 조제프 르두(Joseph LeDoux, 2009)가 말한 대로 "당신의 기억은 당신의 마지막 기억만이 제대로 된 것이다. 사용하는 횟수가 적을수록 원상태를 더 유지한다." 이 말은 모든 기억이 어느 정도는 거짓이라는 것을 의미한다(Bernstein & Loftus, 2009).

이 모든 것을 알고 있음에도 불구하고, 나[저자 DM]는 최근에 내 자신의 과거를 다시 썼다. 기억 연구자 엘리자베스 로프터스(Elizabeth Loftus, 2012)가 기억이 어떻게 작용하는지를 보여주는

오늘은 나에게 일어나지도 않은 일들에 대한 기억이 몰려오는 여름 날 중 하루구만.
SIPRESS

David Sipress

국제 컨퍼런스에서 일어난 일이다. 로프터스는 우리가 나중에 식별하게 될 소수의 개인적인 얼굴들을 경찰이 범인 식별하는 것처럼 보여주었다. 그런 다음 그녀는 우리에게 몇 쌍의 얼굴, 우리가 이전에 보았던 얼굴 하나, 그렇지 않은 얼굴 한 쌍을 보여주었고 우리가 본 것을 확인해 달라고 했다. 그러나 그녀가 보여주었던 한 쌍에는 2명의 새로운 얼굴이 포함되어 있었다. 그중 하나는 이전에 보았던 얼굴과 어느 정도 비슷해 보였다. 대부분의 우리들은 이 얼굴을 우리가 이전에 보았던 것으로 잘못 인식했다. 잘못 인식한다는 것은 이해할 만하지만 사실 잘못된 것이다. 실험의 절정으로, 그녀는 우리에게 원래 본 얼굴과 이전에 선택한 잘못된 얼굴을 보여주었다. 우리 중 대부분은 틀린 얼굴을 골랐다! 우리의 기억 재구성의 결과로, 우리는 더 잘 알았어야 하는 심리학자인 청중들이었지만, 원래의 기억을 잘못된 기억으로 바꾸었다.

임상 연구자들은 기억 재구성을 실험했다. 사람들은 외상이나 부정적인 경험을 회상하도록 한 다음 약이나 간단한 무통 전기충격 요법(Kroes et al., 2014; Lonergan, 2013)으로 그 기억의 재구성을 중단시켰다. 기억을 다시 활성화하고 저장되지 않도록 기억을 파괴함으로써 특정 외상 경험에 대한 기억을 지울 수 있게 되는 날이 올 수도 있다. 당신은 이렇게 되길 바라는가? 잔인하게 폭행당하면, 공격에 대한 기억과 그와 관련된 공포가 삭제되는 것을 바라는가?

오정보와 상상효과

20,000명이 넘는 사람들을 대상으로 200번 이상 실험을 한 결과, 로프터스는 범죄 또는 사고의 목격자가 후에 이에 대한 질문을 받았을 때 어떻게 기억을 재구성하는지 보여주었다. 한 가지 중요한 연구에서 두 그룹의 사람들이 교통사고 동영상을 보고 나서 그들이 본 것에 대한 질문에 답변하도록 했다(Loftus & Palmer, 1974). "자동차가 서로 부딪쳤을(hit) 때 얼마나 빨리 달렸는가?"라는 질문보다 "자동차가 서로 충돌하여 박살났을(smash) 때 자동차가 얼마나 빨리 달렸는가?"라고 질문받았던 사람들이 더 빠른 속도로 달렸다고 추정했다. 일주일 후, 이들에게 깨진 유리 조각을 보았느냐고 질문했다. 충돌하여 박살났다고(암시적으로) 유도한 질문을 받은 사람들이 유리 조각을 보았다고 2배 이상 많이 보고하였다(**그림 7.17**). 사실, 이 영상에는 깨진 유리가 없었다.

> 기억은 실질적이지 않다. 상황에 따라 기억은 계속 바뀐다. 스냅 사진들이 당신의 기억을 고정시키기도 하고 망치기도 할 것이다. 형편없는 스냅 사진 모음을 제외하면 당신의 여행에 대해 아무것도 기억할 수 없다.
>
> Annie Dillard, "To Fashion a Text," 1988

전 세계에서 많은 후속 실험이 이루어졌다. 사람들은 사건을 목격한 다음 이 사건에 대해 잘못 유도하는 정보를 받았거나 혹은 받지 못했다. 그리고 그들은 기억력 테스트를 받았다. 반복되어 나타난 결과는 **오정보 효과**(misinformation effect)이다. 잘못된 정보에 노출되면, 우리는 잘못 기억하는 경향이 있다(Loftus et al., 1992). 콜라 캔은 땅콩 캔이 된다. 아침 시리얼은 계란이 된다. 깨끗하게 면도한 남자는 콧수염 있는 남자로 변한다.

사건을 생생하게 다시 듣는 것만으로도 잘못된 기억을 심어줄 수 있다. 한 실험은 네덜란드 대학생들에게 아이들이 부패한 달걀 샐러드를 먹은 후 병에 걸렸다고 거짓으로 암시를 주었다(Geraerts et

유도 질문 :
"자동차가 서로 충돌하여
박살났을 때 자동차가
얼마나 빨리 달렸습니까?"
실제 사고의 이미지
기억 구성

그림 7.17 기억 구조 이 실험에서 사람들은 교통사고 동영상(왼쪽)을 보았다. 나중에 유도 질문을 받은 사람들은 자신들이 목격한 것보다 더 심각한 사고가 일어난 것으로 회상하였다(Loftus & Palmer, 1974).

al., 2008). 이러한 암시를 받아들인 후, 이들은 즉시 그리고 4개월 후에도 달걀 샐러드 샌드위치를 덜 먹게 되었다.

가짜 행동과 사건을 반복해서 상상하기만 해도 잘못된 기억이 생길 수 있다. 캐나다 대학생들에게 과거의 두 가지 사건을 회상하도록 요청했다. 한 사건은 실제로 일어났던 것이다. 다른 하나는 무기로 누군가를 폭행하는 등 범죄를 저질렀다고 하는 거짓의 사건이었다. 처음에, 법을 잘 지키는 학생들 중 어느 누구도 법을 어긴 것을 기억하지 못했다. 그러나 인터뷰를 반복한 결과, 학생의 70%가 범죄를 저지른 것에 대한 거짓 기억을 자세하게 보고했다(Shaw & Porter, 2015).

사진을 디지털로 변경했을 때 동일한 결과가 나온다는 사실에 우리는 놀라지 않을까? 여러 실험에서, 연구자들은 가족 앨범에서 사진을 변경하여 일부 가족 구성원이 열기구를 타는 모습을 보여주었다. 이 사진들(풍선만 보여주는 사진이 아니라)을 보고 나서, 아이들은 위조된 경험을 '기억했다'. 그리고 며칠 후, 그들은 그들의 거짓 기억에 대해 상세한 내용을 보고했다(Strange et al., 2008; Wade et al., 2002).

영국과 캐나다의 대학 조사에서 학생의 거의 1/4은 개인 기억을 보고했는데, 나중에 정확하지 않다고 깨달은 것들이다(Mazzoni et al., 2010). 나[저자 DM]도 공감한다. 수십 년 동안 나의 가장 소중한 기억은 우리 부모님이 버스에서 내리고 우리 집으로 걸어오면서, 아기 동생을 병원에서 데려오는 것이었다. 중년기에 아버지와 그 기억을 나누었을 때, 아버지는 시애틀 대중 교통을 이용해서 신생아를 데려오지 않았다고 나에게 확인시켜주었다. 인간의 마음은 내장된 포토샵 소프트웨어를 갖고 나오는 것 같다.

출처 기억 상실증

기억의 가장 약한 부분은 무엇인가? 그 출처이다. 누군가를 알아보았지만 그 사람을 어디서 만났는지 전혀 알지 못할 때가 있지 않은가? 또는 사건에 대해 꿈을 꾸었고, 나중에 실제로 일어난 일인지 궁금해하지 않았는가? 또는 뭔가에 대해 어떻게 배웠는지 대해 잘못 회상한 것은 아닌가(Henkel et al., 2000)? — 그렇다면 당신은 **출처 기억 상실증**(source amnesia)을 경험한 것이다. 사건의 기억은 그대로 보유하고 있지만 그 맥락은 그렇지 않은 것이다. 출처 기억 상실증은 오정보 효과와 더불어 많은 거짓 기억의 핵심이다. 책 저자와 작곡가들이 때때로 이 기억 상실증으로 고통 받는다. 그들은 자신이 이전에 읽었거나 들었던 무언가를 의도하지 않게 표절하면서도, 자신의 창의적인 상상력에서 아이디어가 나온 것이라고 생각한다.

심리학자 도널드 톰슨(Donald Thompson)은 강간에 대한 심문을 위해 경찰에 소환되었다. 사실 본인이 기억력 왜곡에 관한 연구의 일부가 된 셈이다. 강간범에 대한 피해자의 기억이 거의 완벽하게 맞았다고 하지만, 사실 톰슨은 빈틈없는 알리바이를 가지고 있었다. 강간 발생 직전에 그는 생방송으로 인터뷰를 진행하고 있어서 범죄 현장에 가는 것은 거의 가능하지 않았다. 이후 희생자가 그 인터뷰를 보았던 — 그래서 아이러니하게도 이 학자에 대한 얼굴 인식을 함 — 것이 밝혀졌다. 그녀는 출처 기억 상실증을 경험한 것이다. 그녀는 톰슨에 대한 그녀의 기억과 강간범에 대한 기억을 혼동하였다(Schacter, 1996).

출처 기억 상실은 또한 **데자뷰**(déjà vu, '이미 본'이란 뜻의 프랑스어) 현상을 설명하는 데 도움이 된다. 우리들 중 2/3는 '나는 전에 지금과 정확하게 똑같은 상황에 있었다'라고 하는 한순간의 기괴한 느낌을 경험한다. 데자뷰의 핵심은 우리가 어떤 자극이나 그와 비슷한 것에 친숙하지만, 그것을 전에 어디에서 만났는지 회상할 수 없을 때 생기는 것 같다(Cleary, 2008). 일반적으로 우리는 의식적으로(해마와 전두엽 처리 덕분에) 세부사항을 기억하기 전에 친숙한 느낌(측두엽 처리 덕분에)을 경험한다. 그러나 때로는 의식적 회상 없이도 친숙함을 느낄 수 있다. 우리의 놀라운 두뇌가 이 출처 기억 상실증을 이해하려고 시도함에 따라, 우리는 우리 삶의 전의 일부분을 되살리고 있다는 묘한 기분을 갖게 된다.

> "당신은 뷰자데(vujà dé)라고 하는 그 이상한 느낌을 받은 적 있나요? 데자뷰(déjà vu)가 아닙니다. 뷰자데예요. 이것은 분명히 일어난 일인데, 전에 결코 일어난 적이 없는 것 같이 느껴지는 그 독특한 느낌입니다. 어떤 것도 친숙해 보이지 않아요. 그러고 나서 곧 그 느낌이 사라집니다. 뷰자데."
> (뷰자데는 데자뷰를 뒤집어서 만든 단어이다. 그 의미도 데자뷰와 반대로서, 익숙하던 것이 갑자기 낯설게 느껴지는 것을 말한다-역주)
>
> George Carlin(1937–2008), *Funny Times*, 2001년 12월

오기억 재인하기

우리는 종종 부정확한 기억에 대해 확신한다. 잘못된 정보와 출처 기억 상실증은 우리의 인식 밖에서 발생하기 때문에 거짓 기억과 실제 기억을 분리하는 것은 어렵다(Schooler et al., 1986). 아마 당신은 어린 시절의 경험을 친구에게 묘사하느라 그럴듯한 추측을 해서

기억 사이의 간격을 채우려고 하면서 회상할 것이다. 우리 모두 그렇게 한다. 여러 번 많이 말한 후에는, 그렇게 추측한 세부내용이 당신의 기억에 실제로 흡수되어 당신이 실제로 관찰한 것처럼, 진짜처럼 느껴질 수 있다(Roediger et al., 1993). 가짜 다이아몬드처럼, 거짓 기억은 너무나 진짜 같다. 거짓 기억은 끈질기게 지속된다. 우리가 사탕, 설탕, 꿀, 맛과 같은 단어 목록을 큰 소리로 읽는다고 상상해보자. 나중에, 우리는 더 큰 목록에서 그 단어를 인식하도록 요청한다. 당신이 유명한 실험(Roediger & McDermott, 1995)에 있는 사람들과 비슷하다면, 네 번 중 세 번은 실수할 것이다. '달콤한' 같은 새롭지만 비슷한 단어를 잘못되게 기억한다. 우리는 단어 자체보다 요지(일반적인 생각)를 더 쉽게 기억한다.

기억 구성 오류는 왜 어떤 사람들은 절대로 저지르지 않은 범죄로 감옥에 보내진 이유를 이해하는 데 도움이 될 수 있다. 나중에 DNA 검사로 무죄로 입증된 337명 중 71%는 잘못된 목격자 증언으로 인해 유죄 판결을 받았다(Innocence Project, 2015; Smalarz & Wells, 2015). '최면술로 새로 고침'된 범죄에 대한 기억도 종종 비슷한 오류를 포함한다.

최면술사가 유도 질문("큰 소음을 들었습니까?")으로 묻는다면, 증인은 거짓 정보를 사건 기억에 짜넣을 수 있다. 기억 구성 오류는 어린 시절 학대받은 것에 대한 '회복된' 기억을 다룰 때도 일어나는 것 같다. '비판적으로 사고하기 : 어린 시절의 성적 학대의 기억이 억압되었다가 나중에 회복될 수 있는가?'를 참조하라.

아동의 목격자 회상

기억이 옳을 수도 있고, 옳다고 믿지만 틀릴 수도 있다면, 성적 학대에 대한 아이들의 기억만이 유일한 증거인 경우 어떻게 배심원들이 결정할 수 있을까?

스티븐 세시(Stephen Ceci, 1993)는 "아동 학대의 엄청난 사건을 못본 척하는 것이 참으로 끔찍한 일이다"라고 생각했다. 그러나 세시와 매기 브럭(Ceci & Maggie Bruck, 1993, 1995)의 연구는 아이들의 기억이 얼마나 쉽게 변경될 수 있는지를 알게 해주었다. 예를 들어 그들은 3살짜리 어린이에게 소아과 의사가 해부학적으로 정확하게 자신의 어디를 만졌는지 인형의 부위를 보여 달라고 요청했다. 생식기 검사를 받지 않은 어린이들 중 55%는 생식기 또는 항문 부위를 가리켰다.

다른 실험에서, 연구자들은 암시적 인터뷰 기법의 효과를 연구했다(Bruck & Ceci, 1999, 2004). 한 연구에서, 아이들은 여러 경우의 수가 일어날 수 있는 카드 조합에서 한 카드를 선택하고, 어른은 그 카드를 아이들에게 읽어 주었다. 예를 들어 "정말 진지하게 생각하고 이 일이 너에게 일어났는지 아닌지 나에게 말해주렴. 쥐덫 때문에 손가락을 다쳐서 병원에 갔던 것을 기억할 수 있니?" 매주 인터뷰에서 동일한 어른이 반복해서 아이들에게 여러 실제 사건 및 가상 사건에 대해 생각해보도록 요청했다. 10주 후에 새로운 어른이 똑같은 질문을 던졌다. 결과는 놀라웠다. 미취학 아동의 58%는 한 번도 경험하지 못했던 한 가지 이상의 사건에 대해 거짓(종종 생생한) 이야기를 만들었다(Ceci et al., 1994). 여기 그 한 예가 있다.

> 내 동생 콜린은 나에게 블로토치(캐릭터 인형)를 달라고 했는데, 나는 그것을 그에게 빼앗기지 않으려고 했다. 그러자 그는 나를 쥐덫이 있는 나무 더미에 밀어 넣었다. 그리고 내 손가락이 그 덫에 걸렸다. 그래서 우리는 병원이 멀리 있어서 엄마, 아빠, 콜린이 나를 데리고 밴 차량으로 병원까지 데려갔다. 의사가 손가락에 붕대를 감았다.

이러한 상세한 이야기가 주어지면, 어린이 인터뷰를 전문으로 하는 전문 심리학자라도 실제 기억을 거짓 정보와 확실하게 분리할 수 없다. 어린이 자신들도 그럴 수 없다. 위에 인용된 아이는 그의 부모님이 쥐덫 사건이 발생하지 않았다고, 그가 상상한 것이라고 여러 번 상기시켰다. 그러나 그는 "그러나 그것은 실제로 일어났어요. 기억해요!"라고 항의했다.

우리는 아이들이 정확한 목격자일 수 있다는 것을 잊어서는 안된다. 중립적인 사람이 사건 직후에 아이들이 이해할 수 있는 단어로 비유도 질문을 했을 때, 아이들은 종종 무슨 일이 일어났는지, 그리고 누가 그것을 했는지 정확하게 기억한다(Goodman & Quas, 2008; Pipe et al., 2004).

기억력 증진법

생물학의 연구 결과는 의학에 도움이 된다. 식물학의 발견은 농업에 도움이 된다. 심리학의 기억 연구가 수업 및 시험 성적에 도움이 될 수 있을까? 틀림없이 맞다!

© Sigrid Olsson/PhotoAlto/Corbis

생각하고 기억하기 새로운 정보를 보유하는 가장 좋은 방법은 무엇인가? 읽는 동안 적극적으로 생각하라. 여기에는 시연하기, 아이디어 연관시키기, 자료를 개인적으로 의미 있게 만들기 등이 포함된다.

비판적으로 사고하기 어린 시절의 성적 학대 기억이 억압되었다가 나중에 회복될 수 있는가?

두 가지 있을 법한 비극들

1. 사람들은 그들의 비밀을 말하고 있는 어린 시절의 성적 학대 생존자를 의심한다.

2. 치료사가 어린 시절의 성적 학대에 대한 '회복된' 기억을 불러일으킴으로써 **무고한 사람들이 잘못 고소당한다.**

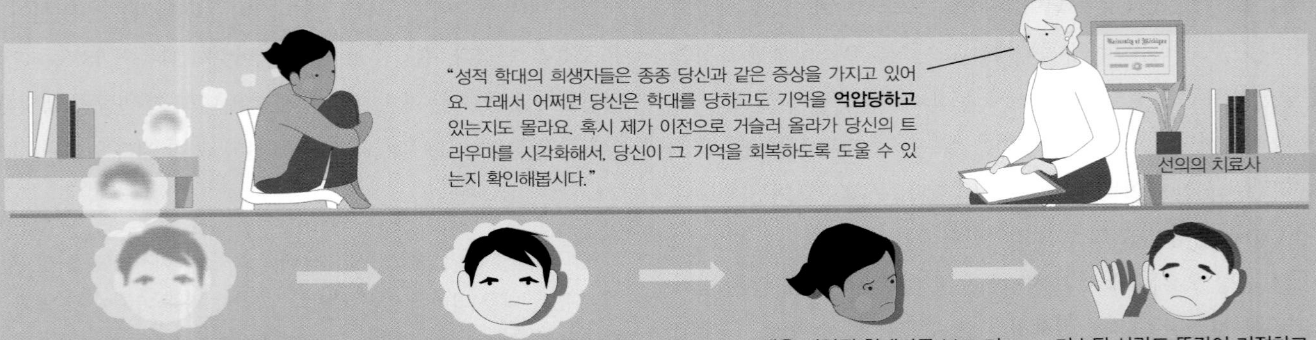
"성적 학대의 희생자들은 종종 당신과 같은 증상을 가지고 있어요. 그래서 어쩌면 당신은 학대를 당하고도 기억을 **억압당하고** 있는지도 몰라요. 혹시 제가 이전으로 거슬러 올라가 당신의 트라우마를 시각화해서, 당신이 그 기억을 회복하도록 도울 수 있는지 확인해봅시다."
선의의 치료사

잘못된 정보 효과 및 출처 기억 상실증 : 고객이 위협하는 사람의 이미지를 형성할 수 있다. → *시연*(반복 요법 세션)으로 이미지가 더욱 생생해진다. → 고객은 기억된 학대자를 보고 기절하거나, 화내거나, 대면하거나, 고소할 준비가 되어 있다. → 기소된 사람도 똑같이 기절하고 고소 사실에 대해 강력하게 부인한다.

전문기관(미국 의학, 미국 심리학 및 미국 정신과 협회 포함)은 심리학의 '기억 전쟁'을 해결할 합리적인 공통의 근거를 찾기 위해 노력하고 있다.[1]

- **어린 시절의 성적 학대**가 일어나면 희생자가 성기능 장애에서 우울증에 이르기까지 위험에 처할 수 있다.[2] 그러나 '생존자 증후군'이 없다 ― 성적 학대의 희생자라고 지정해주게 하는 그런 증상군은 없다.[3]
- **불의가 일어난다.** 무고한 사람들은 거짓으로 유죄 판결을 받았다. 그리고 죄가 있는 사람들은 진실을 말한 고소인들이 의심을 받게 하여 처벌을 면했다.
- **망각은 일어난다.** 아주 어릴 때 학대받은 아이들은 그들의 경험의 의미를 이해하지 못하거나 그것을 기억하지 못할 수도 있다. 오래전의 좋은 소식과 나쁜 소식을 망각하는 것은 흔한 일상 생활의 일부분이다.
- **기억이 회복되는 것은 흔한 일이다.** 어떤 말이나 경험이 힌트가 되어, 오랫동안 잊혀진 사건에 대한 즐겁거나 불쾌한 기억을 회복할 수 있다. 그러나 무의식적인 마음은 고통스러운 경험을 하고, 치료사 보조 기법으로 이들 경험이 회복될 수 있는가?[4] 자연스럽게 떠오르는 기억은 사실일 가능성이 더 높다.[5]
- **4세 이전의 기억은 신뢰할 수 없다.** 앞에서 언급했듯이 유아 기억 상실증은 아직 발달하지 않은 뇌 경로의 결과이다. 그러므로 대부분의 심리학자들은 유아기에 학대에 대한 기억을 '회복했다'는 것에 의문을 제기한다.[6] 어린이가 성적 학대를 당할 때의 나이가 더 많아질수록, 학대가 더 심해지고, 이 학대가 기억될 가능성이 더 높아진다.[7]
- **최면 상태에서 '회복된' 기억은 특히 신뢰할 수 없다.**
- **기억은, 사실이든 거짓이든, 감정적으로 격앙되어 있을 수 있다.** 단순한 제안으로 생겨난 것이 실제 사건처럼 되어, 신체적 스트레스를 유발하는 통렬한 기억이 될 수 있다.[8]

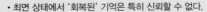

심리학자들은 억압이 실제로 일어나는지에 대해 의문을 제기한다(이 개념에 대한 자세한 내용은 제12장을 참조하라. 이 개념은 프로이트 이론과 수많은 대중적인 심리학의 기초이다).

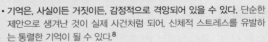

외상 경험(사랑하는 사람이 살인당하거나, 납치범이나 강간범에 의해 테러를 당하거나, 자연 재해로 모든 것을 잃어버리는 것)은 대중적인 심리학의 기초이다. → 대개 → **생생하고, 끈질기고, 뇌를 떠나지 않는 기억을 유발한다.**

1. Patihis et al., 2014a. 2. Freyd et al., 2007. 3. Kendall-Tackett et al., 1993. 4. McNally & Geraerts, 2009. 5. Geraerts et al., 2007. 6. Gore-Felton et al., 2000; Knapp & VandeCreek, 2000. 7. Goodman et al., 2003. 8. McNally, 2003, 2007. 9. Porter & Peace, 2007.

여기서는 쉽게 참조할 수 있도록 필요할 때 정보를 기억하는 데 도움이 되는 연구에 기초한 제안을 요약한다.

반복해서 시연하라 자료를 마스터하려면 간격 효과를 기억하고 분산하여(간격을 두고) 연습하라. 개념을 배우려면 많은 별도의 학습 세션을 자신에게 제공하라. 삶의 작은 조각 시간을 활용하라—버스 타기, 캠퍼스 걷기, 수업 시작을 기다리는 시간. 새로운 기억은 약하다. 기억을 활용하면 강해진다. 연구를 통해 알게 되는 것은 특정 사실이나 숫자를 암기하기 위해서는 "암기하려는 이름이나 번호를 시연하고, 몇 초 동안 기다렸다가 다시 시연하고, 좀 더 오래 기다렸다가 다시 시연하고, 그다음 더 오래 기다렸다가 다시 시연해야 해야 한다는 것이다. 가능한 한 정보를 잃지 않고 기다리는 시간이 길어야 한다"(Landauer, 2001). 시연은 자료를 보유하는 데 도움이 된다. 검사 효과가 보여준 바대로, 적극적으로 공부하는 것이 좋다. 손으로 강의 내용을 필기하라. 그렇게 하면 자신의 단어로 자료를 요약하게 해주어, 노트북 컴퓨터로 단어를 타이핑하는 것보다 더 잘 보존하게 된다. '펜은 키보드보다 강하다'고 연구자 팸 뮐러와 다니엘 오펜하이머(Pam Mueller & Daniel Oppenheimer, 2014)는 지적했다.

기억술에 대한 토론을 하면서 우리는 당신에게 여섯 단어를 주었고 나중에 당신이 퀴즈를 풀 것이라고 말했다. 얼마나 많은 단어를 기억할 수 있는가? 이 중 얼마나 많은 수가 구체적이고 생생한 이미지 단어인가? 얼마나 많은 단어가 추상적인 아이디어를 묘사하고 있는가?(아래에 있는 것과 비교하여 당신의 목록을 확인할 수 있다.)

자전거, ~없는, 담배, 고유의, 화재, 과정

자료를 의미 있게 만들라 자신의 말로 메모를 작성하여 인출 단서 네트워크를 구축한 다음 가능한 많이 연합시켜 이러한 단서를 늘릴 수 있다. 자신의 삶에 개념을 적용하라. 이미지를 만들라. 정보를 이해하고 조직화하라. 이미 알고 있거나 경험한 내용과 자료를 연결하라. 윌리엄 제임스(William James, 1890)가 제안한 것처럼, "이미 습득되어 있는 것에 각각의 새로운 것을 연결하여 묶어라." 단어가 의미하는 바를 정확하게 이해하기 위해서 시간을 들이지 않고 단어들을 무의미하게 반복한다면 많은 인출 단서를 얻을 수 없을 것이다. 시험을 볼 때 암기한 용어와 다른 용어를 사용하는 질문을 하면 어떻게 할지 모르는 경우가 있다.

인출 단서를 활성화하라 맥락의존 기억, 상태의존 기억의 중요성을 기억하라. 정신적으로 원래 학습이 일어난 상황을 재현하라. 동일한 장소로 돌아가고 동일한 기분에 있다고 상상해보라. 한 가지 생각이 다음이 생각나도록 하는 단서가 되도록 당신의 기억을 훈련하라.

기억 장치를 사용하라 생생한 이미지를 사용하는 스토리를 만들어보라. 보다 쉽게 인출하도록 청크를 만들어라.

순행간섭, 역행간섭을 최소화하라 잠자기 전에 공부하라. 스페인어와 프랑스어와 같이 서로 방해할 수 있는 주제를 앞뒤로 공부하도록 시간표를 짜지 말라.

잠을 충분히 자라 수면 중에 뇌는 장기기억을 위해 정보를 재구성하고 통합한다. 수면 부족은 이 과정을 분열시킨다(Frenda et al., 2014). 깨어 있는 휴식의 10분조차도 우리가 읽은 것에 대한 기억을 향상시킨다(Dewar et al., 2012). 따라서 어려운 학습 기간을 거친 후에는 다음 주제를 다루기 전에 몇 분 동안 앉아 있거나 누워 있을 수 있다.

자신의 지식을 테스트해보라 그것을 연습하고 그래도 아직 모르는 것이 무엇인지 발견하라. 검사효과는 분명하며 강력하다. 당신이 내용을 안다고 해서 너무 과신하지 말라. 빈 종이를 사용하여 각 절의 개요를 만들어보라. 복습문제를 풀어보라.

주요 용어

기억	외현기억	기억 응고화	기억 상실
부호화	노력이 필요한 처리	섬광기억	기억 흔적
저장	병렬 처리	장기상승작용(LTP)	순행간섭
인출	청크 만들기	회상	역행간섭
감각기억	기억술	재인	억압
단기기억	간격 효과	재학습	재응고화
장기기억	검사효과	인출 단서	오정보 효과
작업기억	의미기억	점화	출처 기억 상실증
암묵기억	일화기억	기분일치 기억	데자뷰
자동 처리	해마	계열위치 효과	

이 장의 구성

사고(思考)

개념
문제 해결
좋은(나쁜) 결정과 판단 내리기
창의적으로 사고하기
다른 동물도 사람의 인지 기술을 공유하는가?

언어

언어 발달
두뇌와 언어
언어 없는 사고
다른 동물들은 언어가 있는가?

지능

지능이란 무엇인가?
지능 평가
지능의 선천성과 후천성
평생에 걸친 지능
지능검사 점수의 집단 간 차이

Blend Images/Getty Images

8

사고, 언어 및 지능

역사를 통틀어 우리 인간은 우리의 지혜에 대해 축하하고 우리의 어리석음에 대해서는 슬퍼했다. 마찬가지로 이 책에서도 우리는 우리의 능력과 오류 둘 다에 대해 놀란다. 우리의 두뇌가 발달함에 따라, 우리의 마음도 꽃을 피운다. 우리는 신생아의 놀라운 능력에서 출발하여 청춘기의 논리, 그리고 노년의 지혜로 옮겨 간다. 우리의 감각 체계는 무수한 감각을 모아서 신경 충동으로 전환하고 여러 뇌 부위로 보내어 의미 있는 지각을 형성한다. 한편, 우리의 이중경로 마음은 인식하거나 인식하지 않은 두 가지 방식으로 방대한 양의 정보를 처리하고, 해석하고, 저장한다. 우리 두개골 안에 양배추 크기의 젖은 티슈 3파운드가 꽉 채워져 있다고 할 수 있는 두뇌가 이 정도 일을 하는 것은 그리 나쁜 편은 아니다.

그러나 우리는 때로 단순하거나 오류를 범하기 쉽다. 우리 인간은 쥐, 비둘기, 심지어는 민달팽이에서 배우는 것과 같은 원칙에 의해 영향을 받는다는 사실을 생각할 때 동물과 가까운 관계이다. 때때로 우리가 생각을 잘못하여 실패하기도 한다. 그렇게 지혜롭다고 할 수 없는 우리 인간들은 지각 착시, 가짜 심령술, 거짓 기억에 쉽게 속는다.

이 장에서 우리는 이 두 이미지—합리적 인간, 비합리적인 인간—에 대한 더 많은 예를 발견하게 된다. 우리가 우리 주위의 세계에 대한 정보를 어떻게 사용하는지, 때로는 이 정보를 어떻게 무시하거나 오용하는지 고려해볼 것이다. 우리는 언어에 대한 재능과 이 재능이 어떻게 발전해 나가는지 살펴볼 것이다. 그리고 우리는 지능에 대해 생각해볼 것이다. 우리 인간 종의 이름인 '호모 사피엔스(Homo sapiens, 현명한 인간)'라는 말처럼 우리는 현명하다고 할 만한 자격이 얼마나 있을까?

사고(思考)

개념

인지(cognition)를 연구하는 심리학자는 사고, 앎, 기억 및 정보 전달과 관련된 정신 활동에 초점을 맞춘다. 이러한 활동 중 하나가 **개념**(concepts)이다. 개념은 비슷한 대상, 사건, 아이디어 또는 사람들에 대해 정신적으로 집단을 형성하는 것이다. 의자라는 개념에는 많은 품목을 포함하고 있지 않다—아기의 높은 의자, 등받이 의자, 치과 의자.

개념은 우리의 사고를 단순화한다. 개념 없는 인생을 상상해보라. 우리는 던지는 것이나 공의 개념이 없기 때문에 아이에게 "공을 던져"라고 요청할 수 없다. 우리는 "그들이 화났다"고 말할 수 없다. 대신 우리는 얼굴 표정, 단어 등으로 기술해야 할 것이다. 공, 분노와 같은 개념이 있으므로 크게 정신적 노력을 기울이지 않고도 많은 정보를 얻을 수 있다.

우리는 종종 **원형**(prototype)을 개발함으로써 개념을 형성한다. 원형은 정신적 이미지 또는 범주의 가장 좋은 예다(Rosch, 1978). 사람들은 '펭귄은 새다'라는 것보다 '참새는 새다'라고 하는 것에 더 빨리 동의한다. 대부분 우리들에게는 참새는 '좀 더 새다운' 새다. 참새는 새의 원형에 더 가깝다. 어떤 대상이 개념의 원형에 좀 더 가깝다면, 그것을 개념의 예라고 좀 더 쉽게 인식한다.

그러나 때로는 우리의 경험이 전형과 딱 맞아 들어가지 않는다. 이 경우 범주의 경계가 흐려질 수 있다. 17세 여자는 소녀인가, 여성인가? 고래는 물고기인가, 포유류인가? 토마토는 과일인가? 토마토가 과일 전형과 일치하지 않기 때문에 과일로 인식하는 것이 더 느리다.

마찬가지로, 증상이 우리의 질병 전형들과 맞지 않을 때, 우리가 질병을 인지하는 것이 느리다(Bishop, 1991). 심장 발작 증상(호흡이 가빠짐, 가슴에 무거운 것이 느껴짐)을 가진 사람이 심장 발작의 전형(강렬한 흉부 통증)과 일치하지 않으면 도움을 청하지 못할 수도 있다. 개념은 우리의 사고를 빠르게 하고 안내해준다. 그렇다고 개념이 항상 우리를 현명하게 만들지는 않는다.

"모두 주목! 우리 가족의 새로운 식구를 소개할게요."

문제 해결

우리 합리성에 대해 찬사를 보낼 수 있는 한 가지는 우리가 문제 해결 기술이 탁월하다는 점이다. 교통정체 시 가장 좋은 경로는 무엇인가? 친구의 비판을 어떻게 다루어야 하는가? 열쇠 없이 집에 들어가려면 어떻게 해야 하는가?

어떤 문제들은 시행착오를 통해 해결한다. 토머스 에디슨은 수천 개의 전구 필라멘트를 시험하고 난 후에야 효과가 있는 것을 발견하게 되었다. 다른 문제의 경우 문제 해결을 보장하기 위해 **알고리즘**(algorithm)을 사용하여, 단계별 절차를 사용한다. 그러나 알고리즘으로 단계를 따르면 시간과 노력이 필요하다. 때로는 많은 시간과 노력을 필요로 한다. 예를 들어 SPLOYOCHYG의 1글자를 사용하여 단어를 찾으려면 10개의 각 위치에 각 문자 목록을 만들 수 있다. 그러나 서로 다른 907,200개 조합 목록이 되어 엄청나게 많아진다! 이러한 경우, 우리는 종종 **발견법**(heuristics), 즉 단순 사고 전략에 의지한다. 따라서 자주 함께 나타나는 문자(CH 및 GY)를 집단화하고 드문 조합(예 : YY)을 피함으로써 SPLOYOCHYG 예제의 선택 수를 줄일 수 있다. 발견법을 사용하고 이후 시행착오를 적용하면 답을 얻을 수 있다. 당신은 이 단어가 무엇인지 예측했는가?[1]

때로는 퍼즐을 풀 때 해답에 가까워지는 느낌이 들지 않기도 한다. 그때, 갑자기 번쩍이는 **통찰**(insight)이 생겨 모든 조각이 모여, 갑작스럽고 정답처럼 보이는 만족스러운 해결책이 나온다(Topolinski & Reber, 2010). 조니 애플턴은 10살 때 이런 '아하' 통찰이 생겨 많은 성인들을 난처하게 만들었던 문제를 해결했다. 시멘트 블록 벽의 약 75cm 깊이의 좁은 구멍에 빠진 새끼 울새를 어떻게 구조할 수 있을까? 조니의 해결책은 이랬다. 모래를 구멍에 천천히 부어 주어서, 조금씩 높이 올라오는 모래더미 위에 새가 발을 올려놓을 수 있도록 충분한 시간을 주는 것이었다(Ruchlis, 1990).

뇌 활동이 폭발하면 갑작스럽게 통찰력이 번뜩 나타난다(Kounios & Beeman, 2009; Sandkühler & Bhattacharya, 2008). 한 연구에서 연구자들은 사람들에게 pine, crab, sauce 같은 세 단어 집합을 제시한 후, 복합어나 구를 만드는 단어를 생각해보라고 요청했다. 사람들이 대답을 알았을 때 버튼을 누르면 벨소리가 들렸다(힌트가 필요한가? 그 단어는 과일이다[2]). 약 절반의 해결책은 갑작

---

1 답은 'PSYCHOLOGY'이다.

2 그 단어는 'apple'이다. pineapple, crabapple, applesauce

스러운 아하 통찰력이 생긴 후 나타났다! 아하! 순간 전에는, 문제를 푸는 사람들의 전두엽(주의집중에 관여하는)이 활동적이었다. 그다음, 발견의 순간에는, 귀 바로 위의 오른쪽 측두엽에 수많은 활동이 있었다(**그림 8.1**).

통찰은 우리에게 행복한 만족감을 준다. 농담의 즐거움은 두 가지 의미를 가진 일에 대해 "맞아!"라고 갑작스럽게 깨달을 때 생긴다. 또는 말 끝부분에 놀라게 만들 때 생긴다. "당신은 스카이다이빙을 하는 데 낙하산이 필요하지 않아요. 두 번째 스카이다이빙을 하기 위해서만 낙하산이 필요하지요(You don't need a parachute to skydive. You only need a parachute to skydive twice)." 코미디언 그루초 막스(Groucho Marx)는 이런 일에 대가다. "나는 잠옷에 있는 코끼리를 쏜 적이 있어요. 그것이 내 잠옷에 어떻게 들어왔는지는 알 수 없지요(I once shot an elephant in my pajamas. How he got into my pajamas I'll never know)."

우리가 통찰이 생길 때에도, 다른 인지적 경향이 있어서 혼란에 빠지기도 한다.

확증 편향(confirmation bias)은 우리의 아이디어에 반대되는 증거보다는 찬성하는 증거를 더 열심히 찾는 경향성을 말한다(Klayman & Ha, 1987; Skov & Sherman, 1986). 피터 웨이슨(Peter Wason, 1960)은 고전적 연구에서 확증 편향을 보여주었다. 그는 학생들에게 3개의 숫자 세트(2-4-6)를 주고 이들에게 규칙에 따라 순서가 정해져 있다고 말했다. 그들의 임무는 그 규칙을 추측하는 것이었다(그것은 간단했다. 각 숫자는 이전의 숫자보다 커야 한다). 대답을 하기 전에, 학생들은 자신의 3자리 숫자 세트를 만들고, 웨이슨은 세트가 자신의 규칙에 따라 작동하는지 여부를 그들에게 말했다. 그들이 규칙을 가지고 있다고 확신할 때, 그들은 그것을 발표할 수 있었다. 결과는 어떠했을가? 대부분의 학생들은 잘못된 아이디어("아마도 2씩 증가하는 수")를 생각해낸 다음, 잘못된 규칙을 확증하는 증거들만(6-8-10, 100-102-104 등을 검증하는 방식으로) 찾아냈다. 정답은 거의 없었지만, 이들은 결코 의심하지 않았다.

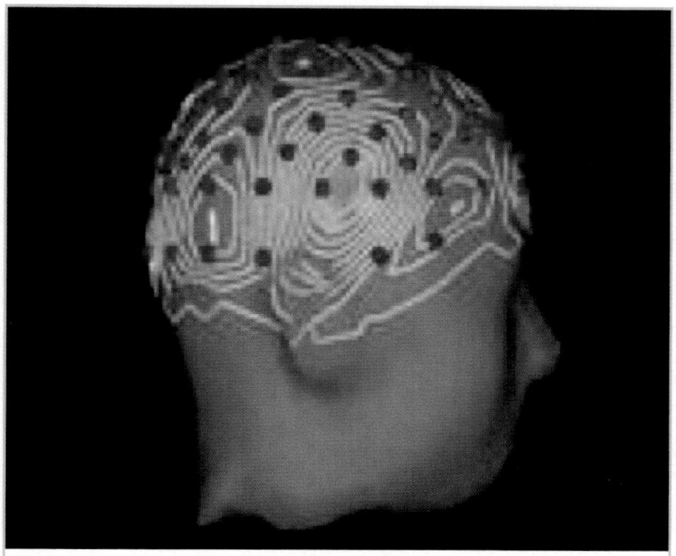

From Mark Jung-Beeman, Northwestern University and John Kounios, Drexel University

그림 8.1 아하! 순간 단어 풀기 문제에 통찰적인 해결책이 떠오르면 오른쪽 측두엽 뇌파 활동(노란색 영역)이 폭발적으로 일어난다(Jung-Beeman et al., 2004). 빨간색 점들은 EEG 전극의 위치를 보여준다. 밝은 회색 선은 통찰력이 생길 때 나타나는 두뇌 활동 패턴을 보여준다.

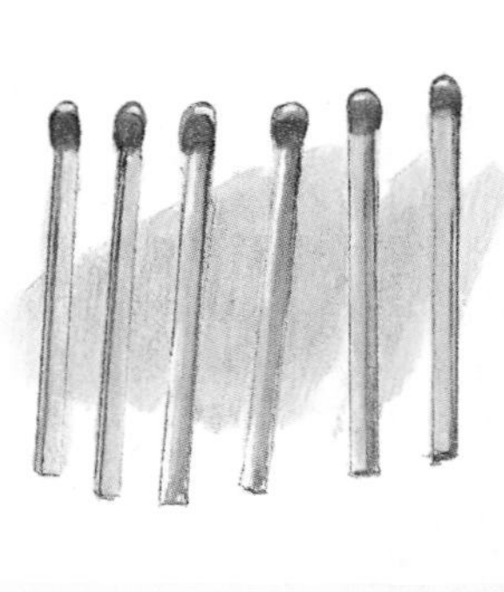

From "Problem Solving" by M. Scheerer. Copyright © 1963 by Scientific American, Inc. All Rights Reserved.

그림 8.2 성냥개비 문제 6개의 성냥개비를 가지고 4개의 정삼각형을 만들려면 어떻게 배열하겠는가?

실생활에서 이러한 경향은 심각한 결과를 가져올 수 있다. 사람들은 다음과 같은 믿음을 형성할 수 있다—백신은 자폐스펙트럼장애를 일으킨다(혹은 일으키지 않는다), 사람들이 성적 취향을 바꿀 수 있다(혹은 없다), 총기 규제가 목숨을 구한다(혹은 구하지 못한다). 일단 자기의 신념이 형성되면, 우리는 자기의 신념을 뒷받침하는 정보를 더 선호한다. 일단 특정 문제에 대해 부정확한 견해에 매달리면, 그 문제를 다른 각도에서 접근하기 힘들어진다. 문제 해결을 방해하는 이러한 장애물을 **고착**(fixation)이라고 한다. 이 고착은 새로운 관점으로 문제를 바라보지 못하게 만든다. **그림 8.2**에서 성냥개비 문제를 해결할 수 있는가? (**그림 8.3**의 해결책을 참조하라.)

좋은(나쁜) 결정과 판단 내리기

매일 우리는 수백 가지의 판단과 결정을 내린다(예 : 윗옷을 가져가야 하는가? 이 사람을 믿을 수 있는가? 나는 농구공으로 슛을 해야 할까, 아니면 잘하고 있는 선수에게 패스해야 할까?). 우리는 확률을 판단하고 결정을 내릴 때 시간을 들여서 체계적인 노력을 거의 기울이지 않는다. 우리는 우리의 **직관**(intuition), 즉 빠르고, 자동적이고, 비논리적인 감정과 생각을 따른다. 한 사회심리학자는 정부, 사업 및 교육 분야의 지도자들을 인터뷰한 후에, 종종 이들이 숙고하거나 여러 가지를 고려하지 않고 의사결정을 했다고 결론을 지었다. 당신이 그들에게 어떻게 결정했는지 묻는다면, 그들 대부분은 당신에게 "그냥, 육감으로 알지요"라고 말할 가능성이 많다(Janis, 1986).

"우리가 문제들을 일어나게 만들 때, 우리가 사람들을 속일 생각으로 그렇게 하는 것은 아니다. 우리의 모든 문제들이 우리를 역시 속였던 것이다"(Amos Tversky, 1985).

"직관적인 사고가 대부분의 경우에는 그리 문제가 되지 않는다. … 그러나 때로는 이러한 마음의 습관이 우리를 곤경에 처하게 만든다"(Daniel Kahneman, 2005).

그림 8.3 성냥개비 문제 해결 방법 당신은, 별 생각없이, 2차원적 해결방식에 고착된 것은 아닌가? 문제를 해결하려면 종종 주어진 상황에서 새로운 각도로 보아야 할 필요가 있다.

빠른-사고 발견법

우리가 빠른 판단을 내릴 필요가 있을 때, **발견법**이라고 하는 정신적 지름길이 있어서 의식적으로 인식할 필요없이 빠른 사고가 가능하게 된다. 인지심리학자인 아모스 트버스키와 대니얼 카너먼(Amos Tversky & Daniel Kahneman, 1974)은 이러한 자동적이고 직관적인 전략은 일반적으로 도움이 되긴 하지만, 때때로 아주 똑똑한 사람조차도 빠르기는 하나 멍청한 결정을 하게 만든다는 사실을 보여주었다.[3] **가용성 발견법**(availability heuristic)을 고려해보자. 이것은 어떤 사건이 얼마나 흔하게 일어나는 것인지를 알아볼 때 정신적 가용성에 기초하여 생각하는 것을 말한다. 우리 마음에 '튀어 오르게' 하는(생생함, 최근의 일, 차별성) 정보는 좀 더 흔한 일처럼 보이게 된다. 카지노 사업자는 이것을 알고 있다. 그들은 시끄러운 종소리와 번쩍이는 불빛으로 대박거리를 널리 알림으로써 우리를 도박으로 유혹한다. 큰 손실에 대해서는 소리도 없고 보이지도 않는다.

가용성 발견법은 다른 사람들에 대한 우리의 판단을 왜곡할 수 있다. 특정 민족이나 종교 단체의 사람들이 2001년 9월 11일에 일어난 것과 같은 테러 행위를 저지른다면 극적인 사건에 대한 우리의 기억이 전체 집단에 대한 우리의 인상을 형성할 수 있다. 그 끔찍한 해 동안에도 테러 행위로 인해 죽은 사람들은 비교적 적었다. 다른 원인으로 인한 사망 위험이 훨씬 더 높았음에도 불구하고(**그림 8.4**), 9/11 테러의 생생한 이미지가 마음에 더 쉽게 들어왔다. 감정이 가미된 공포의 이미지가 우리의 공포감을 불러일으켰다(Sunstein, 2007). 따라서 올해 테러리스트들이 미국에서 1,000명을 살해한다면 미국인들은 매우 두려워할 것이다. 그렇다면 그들은 매년 30,000명 이상의 목숨을 앗아가는 총기 살인, 자살, 우발적 죽음을 30배 더 두려워해야 할 이유가 있을 것이다. 요약하면, 우리는 종종 잘못된 것을 두려워한다는 점이다('비판적으로 사고하기 : 공포 요인' 참조).

40개 이상의 국가가 담뱃갑에 시선을 끄는 경고 및 그래픽 사진을 넣어 생생하고 기억에 남는 이미지의 긍정적인 위력을 이용하고자 노력하였다(Riordan, 2013). 이 캠페인은 효과가 있었다(Huang et al., 2013). 왜 그럴까?

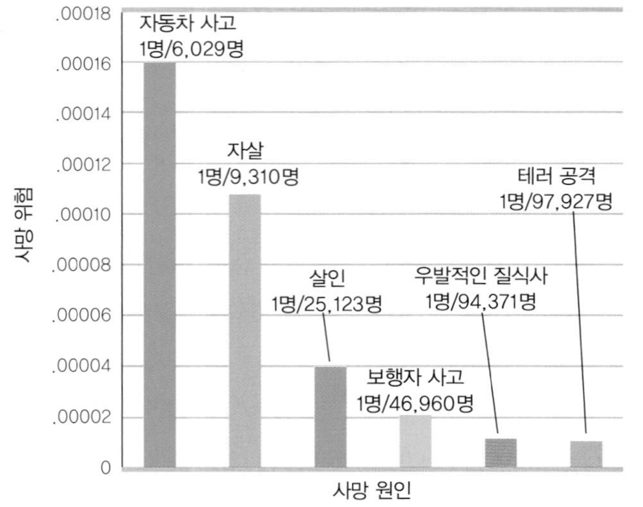
.00018
.00016
.00014
.00012
.00010
.00008
.00006
.00004
.00002
0
사망 위험
자동차 사고
1명/6,029명
자살
1명/9,310명
살인
1명/25,123명
보행자 사고
1명/46,960명
우발적인 질식사
1명/94,371명
테러 공격
1명/97,927명
사망 원인

그림 8.4 2001년 미국 내 여러 사망 위험 원인 (Marshall 등이 2007년 다양한 정부 자료에서 취합한 자료)

3 트버스키와 카너먼은 의사결정에 관한 공동 연구로 2002년 노벨상을 받았다. 슬프게도, 카너먼만이 생전에 이 영예를 안았다.

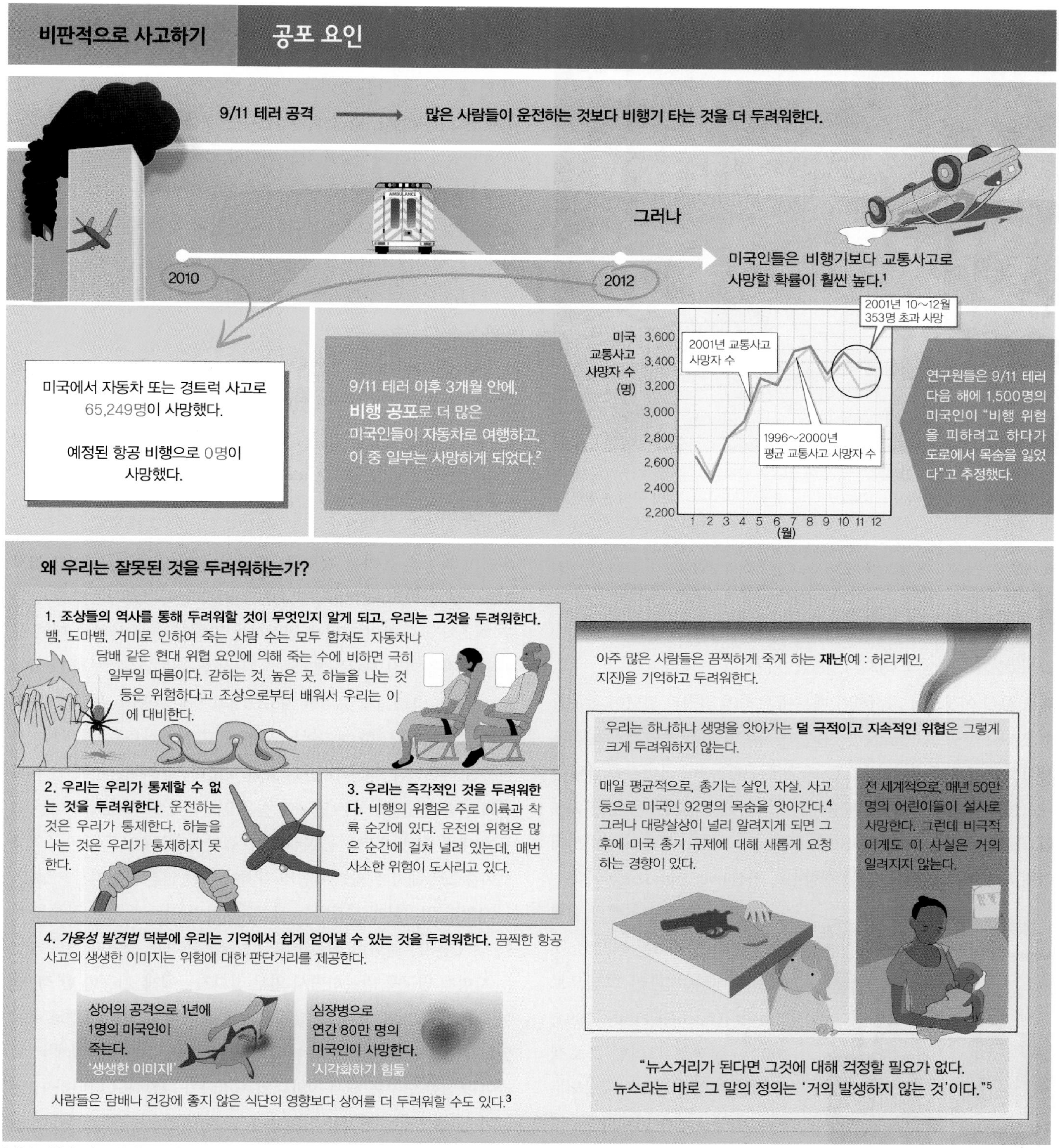
비판적으로 사고하기
공포 요인
9/11 테러 공격
많은 사람들이 운전하는 것보다 비행기 타는 것을 더 두려워한다.[1]
AMBULANCE
그러나
2010
2012
미국인들은 비행기보다 교통사고로 사망할 확률이 훨씬 높다.[1]
미국에서 자동차 또는 경트럭 사고로 65,249명이 사망했다.
예정된 항공 비행으로 0명이 사망했다.
9/11 테러 이후 3개월 안에, 비행 공포로 더 많은 미국인들이 자동차로 여행하고, 이 중 일부는 사망하게 되었다.[2]
미국 교통사고 사망자 수 (명)
3,600
3,400
3,200
3,000
2,800
2,600
2,400
2,200
1 2 3 4 5 6 7 8 9 10 11 12
(월)
2001년 교통사고 사망자 수
1996~2000년 평균 교통사고 사망자 수
2001년 10~12월 353명 초과 사망
연구원들은 9/11 테러 다음 해에 1,500명의 미국인이 "비행 위험을 피하려고 하다가 도로에서 목숨을 잃었다"고 추정했다.
왜 우리는 잘못된 것을 두려워하는가?
1. 조상들의 역사를 통해 두려워할 것이 무엇인지 알게 되고, 우리는 그것을 두려워한다. 뱀, 도마뱀, 거미로 인하여 죽는 사람 수는 모두 합쳐도 자동차나 담배 같은 현대 위협 요인에 의해 죽는 수에 비하면 극히 일부일 따름이다. 갇히는 것, 높은 곳, 하늘을 나는 것 등은 위험하다고 조상으로부터 배워서 우리는 이에 대비한다.
2. 우리는 우리가 통제할 수 없는 것을 두려워한다. 운전하는 것은 우리가 통제한다. 하늘을 나는 것은 우리가 통제하지 못한다.
3. 우리는 즉각적인 것을 두려워한다. 비행의 위험은 주로 이륙과 착륙 순간에 있다. 운전의 위험은 많은 순간에 걸쳐 널려 있는데, 매번 사소한 위험이 도사리고 있다.
4. 가용성 발견법 덕분에 우리는 기억에서 쉽게 얻어낼 수 있는 것을 두려워한다. 끔찍한 항공 사고의 생생한 이미지는 위험에 대한 판단거리를 제공한다.
상어의 공격으로 1년에 1명의 미국인이 죽는다. '생생한 이미지!'
심장병으로 연간 80만 명의 미국인이 사망한다. '시각화하기 힘듦'
사람들은 담배나 건강에 좋지 않은 식단의 영향보다 상어를 더 두려워할 수도 있다.[3]
아주 많은 사람들은 끔찍하게 죽게 하는 재난(예 : 허리케인, 지진)을 기억하고 두려워한다.
우리는 하나하나 생명을 앗아가는 덜 극적이고 지속적인 위협은 그렇게 크게 두려워하지 않는다.
매일 평균적으로, 총기는 살인, 자살, 사고 등으로 미국인 92명의 목숨을 앗아간다.[4] 그러나 대량살상이 널리 알려지게 되면 그 후에 미국 총기 규제에 대해 새롭게 요청하는 경향이 있다.
전 세계적으로, 매년 50만 명의 어린이들이 설사로 사망한다. 그런데 비극적이게도 이 사실은 거의 알려지지 않는다.
"뉴스거리가 된다면 그것에 대해 걱정할 필요가 없다. 뉴스라는 바로 그 말의 정의는 '거의 발생하지 않는 것'이다."[5]

1. National Safety Council, 2015. 2. Gigerenzer, 2004, 2006; Gaissmaier & Gigerenzer, 2012. 3. Daley, 2011. 4. Xu et al., 2016. 5. Schneier, 2007.

우리가 감정적으로 추론하기 때문에, 우리는 지나치게 감정적으로 느끼고 이성적으로 더 적게 생각한다. 한 실험에서, 굶주린 7살짜리 어린이를 위한 기부금은, 그녀같은 수백만 명의 궁핍한 아프리카 어린이를 보여주는 통계치 없이 그녀의 이미지가 혼자 나타날 때 더 커졌다(Small et al., 2007). 극적인 결과를 보면 우리의 마음은 크게 요동한다. 우리는 확률치에 대해서는 거의 파악하지 못한다.

Christophe Petit Tesson/EPA/Newscom

끔찍하게 여러 명이 사망하는 것을 보면 염려와 공포감이 일어난다 2015년 파리, 샌버나디노(캘리포니아), 그리고 사람들 마음에 밀려드는 여러 곳의 끔찍한 장면으로 인해 미국인의 27%는 테러리즘을 가장 큰 걱정거리로 생각했다. 파리 공격 직전에는 8%이던 것이 이후 더 높이 상승했다(로이터 통신, 2015). 테러리스트 총에 대한 두려움에 의해 합리성이 없어지므로(운전이나 인플루엔자 등의 다른 위험으로 훨씬 더 많은 사람이 죽는다), 과학적 뉴스의 주요 부분을 강조할 필요가 있다. 우리는 종종 잘못된 것을 두려워한다.

과신(過信) : 의심의 여지가 없었는가?

때로 사실 이상으로 과신하기 때문에 우리의 결정과 판단이 잘못될 수 있다. "압생트(absinthe)는 술인가 아니면 귀한 돌인가?"와 같은 사실적인 질문에 대답할 때, 한 연구에서 60%만이 올바르게 대답했다. (이것은 감초 맛을 내는 술이다.) 그러나 응답자들은 평균 75%의 확신이 있다고 느꼈다(Fischhoff et al., 1977). 우리의 정확성에 대해 과대평가하려는 이러한 경향성이 **과신**(overconfidence)이다.

Babs Reingold

자신의 행동을 예측해보라. 이 장을 읽는 것을 언제 끝내겠는가?

교실에는 일정보다 빨리 숙제를 끝내고 보고서를 작성할 것으로 기대하는 과신 학생으로 가득하다(Buehler et al., 1994, 2002). 실제로 그러한 프로젝트 일들은 일반적으로 예상되는 날짜의 약 2배가 걸린다. 우리는 또한 미래의 여가 시간에 대해서도 과신한다(Zauberman & Lynch, 2005). 확실히 우리는 오늘보다 더 많은 여가 시간을 다음 달에 갖게 될 것이라고 기대하면서 초대장을 기꺼이 받아들인다. 그러다가, 그 날짜가 다가오면 지금만큼이나 바쁘다는 것을 알게 된다. 그리고 우리는 내년에 반드시 더 많은 돈을 가질 것이라고 믿고 있어서, 우리는 대출을 받거나 신용으로 구매한다. 과거에 과신했다는 것을 알고서도, 다음번에도 여전히 지나치게 자신감을 갖고 임한다.

과신은 집단 차원에서도 우리에게 영향을 미친다. 역사에는 전쟁을 수행할 때 올바르다기보다는 자신감이 강한 지도자들로 가득 차 있다. 정치에서 과신은 극단적인 정치 견해를 갖게 만든다. 때때로 우리가 모르면 모를수록, 우리는 더욱 자신감이 넘치게 보일 수 있다.

그럼에도 불구하고 과신은 적응적 가치를 가질 수 있다. 자신의 결정이 옳았고 여유 시간이 있다고 믿는다면, 자신감 있는 사람들은 행복하게 사는 경향이 있다. 그들은 어려운 결정을 보다 쉽게 내리고 유능한 것처럼 보인다(Anderson et al., 2012).

때때로 잘못된 증거가 있어도 우리의 신념은 지속된다

우리의 과신은 놀라울 정도다. 똑같이 놀랄 만한 것은 **신념 집착**(belief perseverance)이다. 이것은 우리가 잘못되었다는 증거가 있을 때조차도 우리의 신념에 집착하는 경향성이다. 사형에 대한 상반된 의견을 가진 사람들에 대한 고전적 연구를 생각해보자(Lord et al., 1979). 양측에게 동일한 자료(2개의 새로운 연구 보고서)를 읽도록 요청하였다. 한 보고서는 사형 선고가 범죄율을 낮춘다는 사실을 보여주었다. 다른 것은 그 효과가 없다는 것이었다. 각 측은 자신의 신념을 뒷받침하는 연구에 깊은 인상을 받았으며 각각 다른 연구에 대해 즉시 비판했다. 따라서 두 집단에게 똑같이 혼합된 증거를 보여줌으로 해서 실제로 사형의 가치에 대한 의견 불일치가 커졌다.

그러면 영리하게 생각하는 사람들이라면 어떻게 신념 집착을 피할 수 있는가? 간단한 해결책은 그 반대를 고려하는 것이다. 연구자들은 사형제 연구를 반복하면서 일부 참가자들에게 '가능한 한 객관적이고 편견이 없도록' 요청했다(Lord et al., 1984). 이러한 요청도 사람들의 편견을 줄이는 데 도움이 되지 않았다. 또 다른 집단에게는 '똑같이 동일한 연구를 해서 정반대되는 결과가 나왔다고 하더라도, 똑같이 높거나 낮은 평가를 하였을지' 고려하도록 요청하였다. 이 집단에서는 사람들의 견해가 바뀌었다. 반대의 발견을 상상한 후에는 증거를 훨씬 덜 편향된 방식으로 판단했다.

우리의 신념이 사실일 수 있는 이유를 더 많이 알게 될수록 더 강하게 우리는 그것에 매달린다. 후보 X 또는 Y가 더 나은 사령관이 될 이유를 우리가 스스로 설명하면, 우리는 우리의 신념에 도전하는 증거를 무시하는 경향이 있다. 편견은 끈질기게 계속된다. 일단 신념이 뿌리를 내리면, 신념을 만들 때보다 신념을 바꿀 때 더 강한 증거가 필요하다. 신념은 종종 오래 지속된다.

틀 만들기 효과

논제를 제시하는 방식인 **틀 만들기**(framing)는 강력한 설득 도구가 될 수 있다. 정부는 이것을 알고 있다. 영국과 미국 두 나라 모두 사람들을 건전한 방향으로 부드럽게 움직이는 방법을 모색해왔다(Fox & Tannenbaum, 2015). 선택의 틀 만들기가 인식에 어떻게 영향을 미칠 수 있는지 고려해보자(Benartzi & Thaler, 2013, Thaler & Sunstein, 2008).

- **삶과 죽음을 선택하기** : 다가올 수술의 위험을 설명하는 2명의 외과의사를 상상해보라. 하나는 이런 유형의 수술 중에 환자의 10%가 사망한다고 설명한다. 다른 하나는 90%가 생존한다고 설명한다. 정보는 동일하다. 그 효과는 그렇지 않다. 실제 조사에서 환자와 의사는 10%가 사망한다는 소식을 들었을 때 위험이 압도적으로 더 커 보인다고 말한다(Marteau, 1989; McNeil et al., 1988; Rothman & Salovey, 1997).
- **장기 기증자가 되기로 선택하기** : 미국뿐만 아니라 많은 유럽 국가에서 운전 면허증을 갱신하는 사람들은 장기 기증자가 될지 여부를 결정할 수 있다. 일부 국가에서는 결정에 참여하지 않으면, 답이 '예'라고 추정된다. 이렇게 참여하지 않은 국가의 사람들 중 거의 10%가 기증자가 되는 것에 동의한다. 추정된 대답이 '아니요'인 국가에서는 절반 이하의 사람들이 기증자가 되기로 동의하였다(Hajhosseini et al., 2013; Johnson & Goldstein, 2003).
- **학생들을 보다 더 행복하게 만들기** : 한 경제학자의 학생들은 100점 만점에 평균이 72점이 되는 '어려운' 시험으로 화를 냈다. 그래서 다음 시험에서는 최고 가능 점수를 137점으로 만들었다. 수업 평균 점수 90점은 정확도가 단지 70%였지만 "학생들은 기뻐했다"(96점은 72점보다 훨씬 좋다고 느꼈다). 그래서 그는 그 이후에도 시험결과를 이렇게 새로 만든 틀로 계속해서 보여주었다(Thaler, 2015).

기억해야 할 점 : 틀 만들기가 우리 결정에 영향을 미칠 수 있다.

직관의 위험과 위력

우리는 비합리적 사고가 문제를 해결하고 위험을 평가하며 현명한 결정을 내리는 등의 우리 노력을 어떻게 곤경에 처하게 만드는지 보아왔다. 더욱이, 이러한 직관의 위험은 사람들이 똑똑한 사고를 하는 것에 대해 추가 비용을 내거나, 자신들의 답변을 정당화하도록 요구받을 때조차도 지속된다. 전문 의학자, 임상의 및 미국 연방 정보국 요원을 포함하여 고등 지능을 가진 사람들에게도 이러한 일들이 지속된다(Reyna et al., 2013; Shafir & LeBoeuf, 2002; Stanovich & West, 2008). 그러나 심리 과학은 또한 직관의 위력을 드러내고 있다.

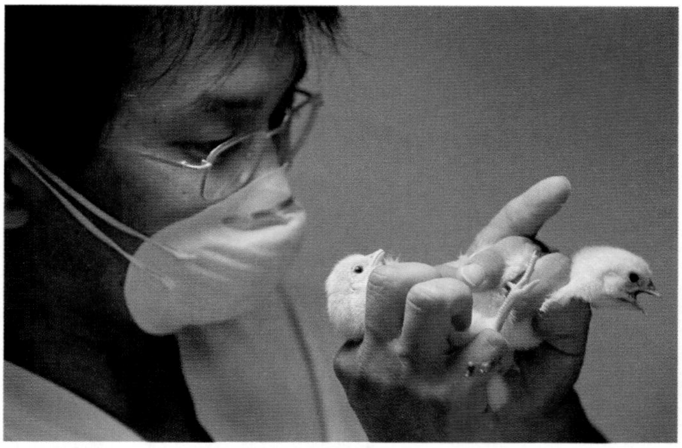
Jean Philippe Ksiazek/AFP/Getty

흠… 수컷인가 암컷인가? 경험 있는 병아리 성별 감별사와 마찬가지로, 획득한 전문성이 자동 습관이 되면, 이 전문성은 직관처럼 느껴진다. 그들은 한 번 보고 바로 안다. 그러나, 그들이 어떻게 알 수 있는지 쉽게 말하지 못한다.

- **직관은 '습관으로 굳어진' 분석이다**(Simon, 2001). 그것은 암묵적(무의식적) 지식이다—우리가 배웠고 뇌에 기록은 했지만 충분히 설명할 수는 없다(Chassy & Gobet, 2011; Gore & Sadler-Smith, 2011). 우리는 체스 마스터가 스피드 체스를 할 때 상황을 파악하고 눈 깜짝할 사이에 반응하는 능력을 보곤 한다. 이때 이들은 직관적으로 올바른 움직임을 알고 있다(Burns, 2004). 우리는 노련한 간호사, 소방관, 미술 비평가 및 자동차 수리공들이 현명하고 신속한 판단을 할 때 이러한 능력을 본다. 우리는 별 생각 없이 반응하는 숙련된 운동선수들에게서 그것을 본다. 사실, 의식적인 사고는 농구의 자유투 던지기와 같은 잘 훈련된 운동을 방해하여 숙련된 운동선수들이 숨이 막히는 압력을 느끼게 할 수 있다(Beilock, 2010). 그리고 경험을 바탕으로 깊고 특별한 지식을 개발한 것에 대해서도 우리는 이러한 즉각적인 직관력이 당신에게 있는 것을 보게 될 것이다.
- **직관은 일반적으로 적응에 도움이 된다.** 빠르고 소박한 발견법이 있어서 흐릿하게 보이는 물체는 멀리 떨어져 있다고 직관적으로 추정한다. 안개 낀 아침 날을 제외하고는 대개 그렇다. 우리는 직관으

Peter Muhly/AFP/Getty Images

부지런한 창의성 연구자 샐리 라이스(Sally Reis, 2001)는 창의적인 여성들은 소녀 시절에 전형적으로 '지성적이고, 열심히 일하고, 상상력이 풍부하고, 강한 의지'를 가지고 있음을 발견했다. 2013년 노벨 문학상 수상자인 앨리스 먼로(Alice Munro)는 창의성은 열심히 일하는 것이라고 말했다. "이야기는 세상에서 매우 중요하지요. … (가장 힘든 부분은) 이야기를 훑어보고 얼마나 형편없는지 깨닫는 것이에요. … 그때가 정말로 그것에 다시 붙어서 일을 해야 할 때입니다. 그리고 저로서는, 그렇게 하는 게 항상 옳은 일처럼 보여요."

로 과거의 경험과 연합하여 옳고 그르다고 피상적으로 판단한다. 우리에게 해를 끼치거나 위협한 사람처럼 보이는 낯선 사람을 보면 우리는 자동적으로 불신을 갖고 반응할 수도 있다. 신혼부부가 상대방에게 갖는 암묵적 태도를 보고 앞으로의 결혼이 얼마나 행복할지 예측한다(McNulty et al., 2013).

- **직관의 위력은 엄청나다.** 무의식적이고 자동화된 영향 요인들은 우리의 판단에 지속적으로 영향을 미친다(Custers & Aarts, 2010). 당신이 의사결정 실험에 참여한다고 상상해보라(Strick et al., 2010). 세 집단 중 하나에 배정받아서, 4개의 아파트 옵션에 대한 복잡한 정보를 받을 것이다. 첫 번째 집단의 멤버는 정보를 읽은 후 즉시 선택을 한다. 두 번째 집단 멤버는 옵션 중 하나를 선택하기 전에 정보를 분석한다. 세 번째인 당신의 집단은 정보를 고려하지만 잠시 동안 주의를 딴 데로 돌렸다가 이후 결정을 내린다. 어떤 집단이 가장 현명한 결정을 내릴까?

당신은 두 번째 집단이 최선의 선택을 할 것이라고 생각했는가? 대부분의 사람들이 그렇게 생각한다. 선택이 더 복잡할수록 직관적인 결정보다는 합리적으로 결정을 내리는 것이 더 똑똑하다고 믿기 때문이다(Inbar et al., 2010). 사실은, 세 번째 집단이 실제 실험에서 최선의 선택을 했다. 복잡한 결정을 내릴 때, 우리는 다른 일에 참여하면서 문제를 '부화'시키는 것이 좋다(Dijksterhuis & Strick, 2016). 수많은 일들에 연루되어 있는 어려운 결정을 내려야 하는 상황에서는, 우리가 할 수 있는 모든 정보를 모으고 나서 "이것을 생각하지 않는 시간을 달라"고 말하는 것이 현명하다. 심지어 시간을 내어 잠을 자도록 하여, 우리의 무의식적인 심적 기제가 작동하도록 한다. 그리고 이러한 자동 처리의 직관적인 결과를 기다린다. 우리의 끊임없이 활동하는 두뇌 덕분에, 무의식적 사고(추론, 문제 해결, 의사결정, 계획)는 놀랍게도 명민해진다(Creswell et al., 2013; Hassin, 2013; Lin & Murray, 2015).

그러나 비평가들은 대부분의 복잡한 업무에서 의도적이고 의식적인 사고가 도움이 된다는 것을 상기시켜준다(Lassiter et al., 2009; Newell, 2015; Nieuwenstein et al., 2015; Payne et al., 2008). 여러 가지 문제가 있을 때 똑똑하게 사고하는 사람들이 처음에는 직관적 선택의 희생물이 될 수도 있지만, 이후에는 나름대로 추론해 나가서 더 나은 해답을 이끌어낼 수도 있다. 무작위로 동전던지기를 생각해보라. 만약 누군가가 동전을 6번 던졌다면, 다음 중 앞면(H)과 뒷면(T)의 순서는 무엇과 같을 것으로 보이는가—HHHTTT, HTTHTH 또는 HHHHHH?

카너먼과 트버스키(Kahneman & Tversky, 1972)는 대부분의 사람들이 HTTHTH가 가장 확률이 높은 무작위 순서라고 믿는다고 보고했다(누군가에게 6개의 동전던지기를 예언하도록 요청하면 그들은 당신에게 이와 같은 순서를 말해줄 수도 있다). 사실, 이렇게 정확한 순서는 똑같은 일어날 가능성이 있다(혹은 그렇지 않을 수도 있다고 말할 수도 있다).

결론은 다음과 같다 : 우리의 광대하고 보이지 않는 마음의 창조적 속삭임에 현명하고 비판적인 사고가 귀를 기울이고, 증거를 평가하고, 결론을 테스트하고, 미래에 대한 계획을 세울 때에, 이중경로의 마음은 멋진 조화를 이루어낸다.

창의적으로 사고하기

창의성(creativity)은 새롭고 가치 있는 아이디어를 만들어낼 수 있는 능력이다(Hennessey & Amabile, 2010). 프린스턴대학의 수학자 앤드루 와일즈(Andrew Wiles)의 놀라운 창조적 순간을 생각해보라. 장난을 좋아하는 천재인 피에르 드 페르마(Pierre de Fermat, 1601–1665)는 다양한 이론 문제에 대한 해결책을 만들어보라고 학자들에게 도전거리를 내놓았다. 3세기 후, 퍼즐 문제를 해결하는 데 200만 달러의 상금(오늘날의 돈으로 환산하여)이 제공된 후에도, 그 문제 중 하나는 최고의 수학자들의 정신을 계속해서 괴롭혔다.

와일즈는 30년이 넘게 그 해답을 모색해왔는데, 해결의 순간이 다가왔다. 1994년 어느 날 아침 뜻밖의 '믿을 수 없는 계시'가 그를 때렸다. "그것은, 너무 … 아름다운 … 너무 간단하고, 너무 우아했다. 나는 그동안 내가 그것을 어떻게 몰랐었는지 이해할 수 없었다. … 그것은 내 일생에서 가장 중요한 순간이었다"(Singh, 1997, p. 25).

와일즈와 같은 창의성은 일정 수준의 적성(배우는 능력)을 필요로 한다. 그러나 창의성은 학교에서 잘하는 것 이상이며 다른 종류의 사고가 필요하다. 적성검사(예 : SAT)에는 하나의 정답을 찾는 능력인 **수렴적 사고**(convergent thinking)가 필요하다. 창의성 테스트(하나의 벽돌을 가지고 얼마나 많은 용도로 사용할 수 있는지 생각해내기)는 **확산적 사고**(divergent thinking)를 필요로 한다. 이것은 다양한 옵션을 고려하고 새로운 방식으로 생각할 수 있는 능력이다.

로버트 스턴버그(Robert Sternberg)와 그의 동료들(1988, 2003; Sternberg & Lubart, 1991, 1992)은 창의성이 다섯 가지 요소를 가지고 있다고 믿는다.

1. 확고한 지식 기반의 **전문성**(expertise)은 우리가 심적 구성단위로 사용하는 아이디어, 이미지 및 구절 등을 제공한다. 이 단위가 많을수록 새로운 방법을 더 많이 조합할 수 있다. 와일즈는 수학 지식 기반이 잘 발달되어 있어서 여러 아이디어와 방법을 다양하게 조합할 수 있었던 것이다.
2. **상상력이 풍부한 사고의 기술**(imaginative thinking skills)은 우리에게 사물을 새로운 방식으로 보고, 패턴을 인식하고, 연결하는 능력을 제공한다. 와일즈의 창의적 해결책은 두 가지 부분을 결합해서 나온 것이다.
3. **모험 지향적 성격**(venturesome personality)은 새로운 경험을 추구하고, 모호한 부분을 참아주고, 위험을 감수하고, 장애물이 있어도 꾸준히 집중한다. 와일즈는 집중력을 유지하고 산만함을 피하기 위해 수학 공동체에서 약간 떨어진 곳에서 일한다고 말했다. 이런 종류의 집중과 헌신은 오래 지속하는 특성이다.
4. **내재적 동기**(intrinsic motivation)는 외부의 보상이나 압력(외재적 동기)보다는 내부에서 일어난다(Amabile & Hennessey, 1992). 창의적인 사람들은 기한을 맞추거나, 사람을 감동시키거나, 돈을 벌어서가 아니라, 일 자체의 즐거움과 도전에 이끌리는 것처럼 보인다. 와일즈가 말했다. "나는 이 문제에 아주 사로잡혀 있어서 … 나는 아침에 일어났을 때부터 밤에 잠을 잘 때까지 항상 그것에 대해 생각하고 있었다"(Singh & Riber, 1997).
5. **창의적인 환경**(creative environment)은 창의적인 아이디어를 촉발하고, 지원하고, 개선해준다. 동료는 창의적 환경의 중요한 부분이다. 주요 과학자와 발명가 2,026명에 대한 한 연구에서, 그들 중 가장 잘 알려진 사람들은 동료들과 도전적이고 지지하는 관계를 갖고 있었다(Simonton, 1992). 많은 창의적인 환경은 또한 스트레스를 최소화하고 집중하여 관심을 갖도록 도와준다(Byron & Khazanchi, 2011). 수도원에 은둔해 있는 동안, 요나스 소크(Jonas Salk)는 소아마비 백신을 만들어낼 수 있는 문제를 해결했다. 나중에 그가 소크 연구소를 설계할 때, 그는 과학자가 간섭받는 것 없이 생각하고 작업할 수 있는 조용한 공간을 준비하였다(Sternberg, 2006).

자신의 창의성을 향상시키기 위해서 연구를 통해 확인된 팁을 원하는가? 다음 사항을 시도하라.

- **전문성을 개발하라.** 당신은 무엇에 가장 관심이 가는가? 당신은 무엇을 즐기고 있는가? 지식 기반을 확대하고 특별한 관심 분야에 전문가가 됨으로써 당신의 열정을 따라가라. 아는 것이 많아질수록 새로운 방법으로 당신이 조합할 수 있는 구성단위가 더 많아진다.
- **아이디어가 부화하도록 시간을 할애하라.** 문제를 골똘히 생각하라. 그러나, 그것을 따로 제껴두고 나서 나중에 그 문제로 다시 돌아오라. 주의를 기울이지 않는 동안('문제에 잠들어 있는'), 자동 처

그래, 네 샴푸에
효모를 넣으라고
내가 말했잖아.
"빌어먹을, 가족 중에 누구 의사 없어요?"

창의적 사고 만화가들은 종종 새로운 방식으로 사물을 보거나 흔치 않은 연결을 시도함으로써 창의성을 발휘한다.

표 8.1 인지 과정과 전략 비교하기

과정 또는 전략	기술	위력	위험
알고리즘	방법적 규칙 또는 절차	해결책을 보장한다.	시간과 노력이 필요하다.
발견법	가용성 발견법(마음에 쉽게 다가오는 것에 기초하여 개연성을 추정하는 것)과 같이 지름길로 간단히 생각하기	신속하고 효율적으로 행동하게 한다.	오류 위험에 처하게 한다.
통찰력	갑작스러운 아하! 반응	즉각적인 해결책이 실현되도록 한다.	일어나지 않을 수 있다.
확증 편향	우리 자신의 견해를 지지하는 것을 찾고 모순된 증거를 무시하려는 경향	지지하는 증거를 빨리 인식하게 한다.	모순된 증거가 인식되는 것을 방해한다.
고착	새로운 각도에서 문제를 보는 능력이 없음	사고에 집중한다.	창의적인 문제 해결을 방해한다.
직관	빠르고 자동적인 느낌과 사고	우리의 경험에 기초한다. 엄청나고 적응적이다.	우리를 과도하게 느끼고, 생각을 적게 하도록 할 수 있다.
과신	우리의 신념과 판단의 정확성을 과대평가	행복하게 하고 쉽게 결정 내릴 수 있게 해준다.	오류 위험에 처하게 한다.
신념 집착	우리의 신념이 틀렸다는 것을 증명하는 증거를 무시	우리의 지속적인 신념을 지지한다.	새로운 아이디어에 대해 우리의 마음을 닫는다.
틀 만들기	질문, 진술을 원하는 반응이 일어나도록 단어를 선택	다른 사람들의 결정에 영향을 미칠 수 있다.	잘못된 결과를 가져올 수 있다.
창의성	새롭고 가치 있는 아이디어를 생산할 수 있는 능력	신제품을 생산한다.	구조화되고 일상적인 작업을 방해할 수 있다.

리가 일어나서 연합이 형성되도록 도울 수 있다(Zhong et al., 2008).

- **마음이 자유롭게 돌아다닐 시간을 떼어놓으라.** 창의성은 '초점을 기울이지 않은 주의'에서 솟아난다(Simonton, 2012a, b). 그러므로 주의를 사로잡는 텔레비전, 소셜 네트워킹 및 비디오 게임에서 벗어나라. 조깅하고, 오래 산책하고, 명상하라. 고요함은 자생력이 싹트게 한다.
- **다른 문화와 다른 사고방식을 경험하라.** 다른 관점으로 인생을 바라보면 창의성이 흘러 넘치게 된다. 다른 나라에서 시간을 보내고 그들의 주요 문화를 받아들인 학생들은 문제에 대한 창의적인 해결책을 개발하는 데 좀 더 능숙하다(Lee et al., 2012; Tadmor et al., 2012). 자신의 근처 환경에서 벗어나 다문화 경험에 노출되어도 유연한 사고가 촉진된다. 이민자들은 많은 어려움에 직면하지만, 타인들과 다르다는 생각이 창의성을 촉발할 수 있다(Kim et al., 2013; Ritter et al., 2012).

표 8.1은 이 절에서 논의된 인지 과정과 전략을 요약한 것이다.

다른 동물도 사람의 인지 기술을 공유하는가?

다른 종들도 많은 사람들이 생각하는 것보다 더 똑똑하다. 신경과학자들은 '모든 포유 동물과 새를 포함한 비인간 동물'은 '의식을 발생시키는' 신경망을 가지고 있다고 하는 데 동의했다(Low, 2012). 그러면, 동물의 두뇌가 할 수 있는 일을 생각해보자.

개념과 숫자 사용하기 검은 곰은 사진을 보고 동물 및 비동물 범주 또는 개념으로 분류하는 방법을 배웠다(Vonk et al., 2012). 유인원(침팬지와 고릴라를 포함하는 집단)도 고양이와 개 같은 개념을 형성한다. 원숭이가 이러한 개념을 배운 후에, 뇌의 특정 전두엽 뉴런은 새로운 '고양이와 같은' 이미지에 대한 반응으로 발화하고, 다른 뉴런은 새로운 '개와 같은' 이미지에 대한 반응으로 발화한다(Freedman et al., 2001). 심지어 비둘기—단순한 새의 두뇌—도 물체(자동차, 고양이, 의자, 꽃의 그림)를 몇 가지 범주로 분류할 수 있다. 비둘기에게 전에 보지 못했던 의자 그림을 보여주면, 확실히 의자를 나타내는 판을 쪼게 될 것이다(Wasserman, 1995).

아프리카 회색 앵무새인 알렉스는 2007년에 죽을 때까지 놀라울 정도로 숫자 기술을 보여주었다. 그는 물체를 범주화하고 이름을 말하였다(Pepperberg, 2009, 2012, 2013). 그는 8까지 숫자를 이해할 수 있었다. 그는 물체의 수를 말할 수 있었다. 그는 2개의 작은 물체 덩어리를 더하고 그 합을 발표할 수 있었다. 그는 두 숫자 중 어느 것이 더 큰지 가리킬 수 있었다. 그리고 그에게 여러 집단의 물체들을 보여줄 때 정확하게 답하였다. 예를 들어, "4개의 색은 무엇인가?"(4개가 있는 물체의 색은 무엇인가?)라는 질문에 대한 답을 말할 수 있었다.

통찰력 나타내기 인간만이 통찰력을 보여주는 유일한 생물은 아니다. 심리학자인 볼프강 쾰러(Wolfgang Köhler, 1925)는 술탄이라고 부르는 침팬지 우리의 바깥에 손이 닿지 않게 과일 조각과 긴 막

Chris Bird & Nathan Emery
Neurology/PA/AP Photo
(a)
(b)

그림 8.5 도구를 사용하는 동물들 (a) 크리스토퍼 버드와 나단 에메리(Christopher Bird & Nathan Emery, 2009)가 연구한 까마귀는 돌을 물에 떨어뜨려서 튜브의 수위를 올리고 떠오르는 벌레를 잡는 법을 빨리 배웠다. (b) 스웨덴의 퍼빅 동물원에 있는 한 수컷 침팬지는 매일 아침 돌을 모아서 깔끔한 작은 더미로 쌓아 놓았다가 나중에 방문자들을 공격하는 탄약으로 사용했다(Osvath & Karvonen, 2012).

대기를 놓았다. 우리 안에는 짧은 막대기를 놓았다. 술탄은 막대기를 잡아 과일에 도달하려고 애를 썼다. 몇 차례 시도가 실패한 후, 침팬지는 막대기를 떨어뜨리고, 상황을 조사하는 것처럼 보였다. 그런 다음 갑자기("아하!"라고 생각하는 것처럼) 술탄이 뛰어올라 짧은 막대기를 다시 잡았다. 이번에 그는 더 긴 막대기를 잡아당기기 위해 그것을 사용했다. 그리고 과일에 닿기 위해 긴 막대기를 사용했다.

새들 또한 통찰력을 보여주었다. 이솝 우화(고대 그리스 이야기) 중 하나로 실험을 하였다. 이 우화에서는 목마른 까마귀가 어느 정도 가득 찬 주전자에 있는 물을 마실 수 없는 예가 있다. **그림 8.5**에서 까마귀의 해결책(우화에 있는 것과 똑같은)을 알아보라.

도구를 사용하고 문화를 전달하기 인간과 마찬가지로 다른 동물도 행동을 만들어내고 자신을 보고 있는 동료와 자식에게 문화적 패턴을 전달한다(Boesch-Achermann & Boesch, 1993). 숲에 사는 침팬지는 여러 다른 목적에 따라 다른 도구를 선택한다. 구멍을 만드는 데는 무거운 막대기, 흰개미를 잡기 위해서는 가볍고 유연한 막대기, 마시멜로를 굽기 위해서는 뾰족한 막대기 등을 선택한다[농담이다. 그들은 마시멜로를 굽지는 않지만 정교한 공구를 사용하여 우리들을 놀라게 했다(Sanz et al., 2004)]. 연구자들은 침팬지의 도구 사용, 몸단장, 구애하는 것과 관련하여 최소한 39개의 지역적 관습을 발견했다(Whiten & Boesch, 2001). 한 집단은 막대기에서 직접 흰개미를 훑어먹고, 다른 집단은 흰개미를 개별적으로 떼어낸다. 한 집단은 돌로 견과류를 쪼개고, 다른 집단은 나무 조각을 사용하여 쪼갠다. 의사소통과 사냥에서의 다양한 방법이 있는 것과 더불어, 이러한 집단 간 차이는 문화 다양성에 대한 침팬지 버전이라고 할 수 있다.

침팬지도 이타심, 협력 및 집단 공격성을 보인다. 인간과 마찬가지로 그들은 땅을 차지하기 위해 이웃을 죽이고, 죽은 친척에 대해 슬퍼한다(C. A. Anderson et al., 2010; D. Biro et al., 2010; Mitani et al., 2010). 코끼리는 거울 속에 있는 자신을 알아채고, 자기인식을 나타낸다. 그들은 또한 배우고, 기억하고, 냄새를 식별하고, 공감하고, 협력하고, 가르치고, 자발적으로 도구를 사용하는 능력을 보여준다(Byrne et al., 2009).

따라서 다른 종들이 주목할 만한 많은 인지 기술을 가지고 있다는 것은 의심의 여지가 없다. 또한 이들은 우리 인간이 언어(다음에 우리가 다룰 주제)라고 부르는 것을 사용할 수 있는가?

언어

공기 분자를 움직이게 하여 자신의 머리에 있는 생각을 다른 개체의 머리로 전달할 수 있는 외계 생물종을 상상해보자. 사실 우리가 그 생물이다! 우리가 말할 때 우리는 다른 사람의 고막을 울리는 음파를 보내어, 우리 두뇌의 생각을 그들에게 전달하게 된다. 우리는 때때로 몇 시간 동안 앉아서 "다른 사람이 숨을 쉬면서 만들어내는 소음을 듣고 있기도 한다. 그 이유는 그 쉿 소리, 삐걱거리는 소리에 정보가 포함되어 있기 때문이다"(Pinker, 1998). 그리고 당신 자신이 입을 벌린 후에 공기를 어떻게 진동시키느냐에 따라 상대방이 당신을 노려보거나, 당신에게 키스할 수도 있다.

언어(language)는 입으로 말하거나, 글로 쓰거나, 신호가 있는 단어다. 그리고 이것들을 의미 있게 조합하는 방법들이다. 내[저자 DM]가 이 단락을 작성할 때, 키보드에 있는 내 손가락은 전자 신호를 촉발한다. 이 신호는 여러분 앞에 있는 구불구불한 선으로 만들어진다. 여러분이 이 구불구불한 선들을 읽을 때, 이것들은 의미를 해독하는 여러분의 두뇌 영역으로 전달되는 신경 충동을 촉발한다. 우리가 서로 언어를 공유하고 있는 덕분에, 정보는 내 마음에서 여러분의 마음으로 곧 옮겨진다. 우리 인간은 언어를 사용하여 한 세대에서 다음 세대로 문명의 지식을 전달할 수 있다. 많은 동물들은 그들이 보는 것만을 알고 있다. 언어 덕분에, 우리는 우리가 결코 보지 못한 것과 조상들이 결코 알지 못했던 것을 많이 알게 된다.

언어는 또한 우리를 연결한다. 오직 한 가지 인지 능력만 가져야 한다면, 그것은 무엇이어야 할까? 시력이나 청력이 없이도 친구, 가족, 직업을 가질 수 있다. 그러나 언어가 없다면 이런 것들을 가질 수 있을까? "언어는 우리의 경험에 있어 너무나도 기본적이고, 인간 존재의 너무나도 깊은 일부이기 때문에, 언어가 없는 인생은 상상하기 어렵다"(Boroditsky, 2009).

언어 발달

빠르게 추측해보자. 첫 번째 생일과 고등학교 졸업 사이에 모국어로 얼마나 많은 단어를 배웠는가? 여러분이 말한 것의 절반 정도인 150단어만을 사용한다고 하더라도, 약 60,000단어 정도를 배웠을 것이다(Bloom, 2000; McMurray, 2007). 이 말은 평균(2세 이후) 매년 약 3,500단어, 즉 매일 거의 10단어를 배웠다는 것이다! 여러분의 학교 선생님이 의식적으로 여러분에게 매년 대충 200단어를 가르쳐주었다는 것을 생각해볼 때, 어떻게 이렇게 많이 배울 수 있는지는 인간의 위대한 경이로움 중 하나이다.

여러분이 유창하게 구사하는 언어에 대한 구문 규칙(문장을 구성하기 위해 단어를 함께 묶는 올바른 방법)을 말할 수 있는가? 우리 대부분은 그렇게 할 수 없다. 그러나 2 + 2 덧셈을 배우기도 전에, 여러분은 이미 여러분 자신의 문장을 만들고 이 규칙을 적용해왔다. 미취학 아동일 때, 언어를 이해하고 말하는 능력은 너무나 뛰어나서 새로운 언어를 배우려고 애쓰는 대학생을 부끄럽게 할 만하다.

우리 인간은 언어에 대한 놀라운 재능이 있다. 우리는 주저함 없이 우리의 기억에서 수만 단어를 추출하여, 힘들이지 않고 거의 완벽하게 구문을 결합하여 1초에 3단어씩 밖으로 내보낸다(Vigliocco & Hartsuiker, 2002). 우리는 말하기 전에 마음속에서 거의 문장을 만들지 않는다. 우리가 말할 때 그때그때 문장을 조직한다. 그리고 이 모든 것을 행하면서, 우리는 또한 우리의 언어를 우리 사회 및 문화적 배경에 맞게 미세하게 조정한다(우리는 어느 정도 거리를 두고 서 있어야 하는가? 말참견을 해도 되는가?). 잘못되어 엉망이 될 수 있는 경우가 상당히 많은 것을 감안하면, 우리가 이러한 사교춤 같은 언어를 마스터한다는 것은 참으로 놀라운 일이다. 그럼 이것은 언제, 어떻게 일어나는가?

Jaimie Duplass/Shutterstock

우리는 언제 언어를 배우는가?

수용성 언어 아이들의 언어 발달은 단순함에서 복잡함으로 이동한다. 유아는 언어 없이 시작한다(in fantis는 '말하지 않는'을 의미한다). 그러나 4개월이 지나면 아기는 말소리의 차이를 인식할 수 있다(Stager & Werker, 1997). 그들은 또한 입술을 읽을 수 있으며, 소리와 일치하는 얼굴 보는 것을 선호한다. 그들은 '아' 소리가 입을 넓게 열어서 나오고, '이' 소리는 입을 좌우로 당겨서 나온다는 것을 알 수 있다(Kuhl & Meltzoff, 1982). 이것은 아기의 **수용적 언어**(receptive language), 즉 들은 것을 이해하는 능력이 발달하기 시작하고 있음을 나타낸다. 어른들은 친숙하지 않은 언어를 들을 때 개별 단어로 분절하는 데 어려움을 겪는다. 그런데, 생후 7개월이 지나면 아이들은 이러한 말소리를 분절하는 능력이 성장한다.

표현성 언어 아기의 **표현성 언어**(productive language), 즉 말을 만드는 능력은 수용성 언어 이후에 성숙한다. 양육을 통해 아이들이 말을 형성하기 전에, 생후 4개월경, **옹알이 단계**(babbling stage)에 자연적으로 수많은 다양한 소리를 만들어낸다. 이 단계에서 아이들은 '아-구'와 같이 자신들이 만들 수 있는 모든 소리를 시도하는 것처럼 보인다. 옹알이는 어른의 말을 모방하는 것이 아니다. 우리는 옹알이가 집에서 사용하지 않는 언어의 소리가 포함되어 있기 때문에 이 사실을 알 수 있다. 이러한 초기 옹알이를 들을 때, 이 유아가 말하는 것이 프랑스어인지, 한국어인지, 에티오피아 말인지 확인할 수 없을 것이다. 청각장애가 있는 유아는 수화로 옹알이하는가? 실제로 그렇다. 특히 부모가 청각장애가 있어서 수화하는 것을 관찰해왔다면 그렇다. 수화하는 부모가 있는 경우(Petitto & Marentette, 1991) 그렇게 한다. 약 10개월 정도 되면, 옹알이는 변한다. 주의 깊게 들어보면 그 속에서 가족들이 사용하는 언어를 식별해낼 수 있다(de Boysson-Bardies et al., 1989). 다른 언어에 노출되지 않으면, 유아는 모국어 밖에서 발견되는 소리와 음색을 식별하고 만들어내는 능력을 상실한다(Meltzoff et al., 2009; Pallier et al., 2001). 따라서 성인기에 영어만 사용하는 사람들은 일본어의 특정 소리를 식별할 수 없다. 또한 영어 훈련을 전혀 받지 않은 일본인도 영어의 r과 l의 차이를 구분하여 듣지 못한다. 일본어를 사용하는 성인의 경우 la-la-ra-ra는 같은 음절이 반복되는 것처럼 들릴 수 있다. 1살을 전후하여, 대부분의 아이들은 **일어문 단계**(one-word stage)로 들어가게 된다. 이 아이들은 소리가 의미를 전달한다는 것을 알고 있다. 이제는 소리(대개 ma 또는 da와 같이 겨우 알아들을 수 있는 음절 하나만으로)를 사용하여 의미를 전달하기 시작한다. 그렇지만 가족들은 이해하는 법을 배우고, 유아의 언어는 점차 가족의 언어와 비슷하게 들리기 시작한다. 전 세계적으로 아기의 첫 단어는 종종 사물이나 사람의 이름을 지칭하는 명사들이다(Tardif et al., 2008). 이 일어문 단계에서 '멍멍이'같은 단일 단어는 문장에 해당할 수도 있다("밖에 있는 저 개를 보세요!").

약 18개월경에 아이의 단어 학습은 폭발하여, 매주 한 단어 정도이던 것이 매일 한 단어로 점프한다. 두 번째 생일경에는 대부분의 아이들이 **이어문 단계**(two-word stage)로 들어간다(**표 8.2**).

아이들은 **전보식 말**(telegraphic speech)로 2단어 문장을 말하기 시작한다. 오늘날의 문자 메시지나 과거의 전보처럼(조건 수락, 대금 송금), 2살 아이의 말은 대개 명사와 동사("주스 주세요")를 포함한다. 또한 전보처럼, 이들의 말은 구문 규칙을 지킨다. 단어를 의미 있는 순서로 배열한다. 영어를 말하는 아이들은 전형적으로 명사 앞에 형용사를 놓는다(house white보다는 white house). 스페인어는 casa blanca처럼 순서가 바뀐다.

이제 아이들은 이어문 단계에서 나아가, 더 긴 구절로 빨리 말하기 시작한다(Fromkin & Rodman, 1983). 초등학교에 들어가면, 아이들이 복잡한 문장을 이해한다. 이들은 2개의 뜻이 있는 농담을 즐길 수 있다—"You never starve in the desert because of all the sand-which-is there)"(문자 그대로는 '사막에 있는 모래 때문에 사막에서 굶어죽지 않는다'라는 뜻이지만, sand-which가 sandwich와 발음이 같다. 그래서 '거기에 있는 샌드위치 덕택에 굶어죽지 않는다'는 뜻도 된다-역주).

결정적 시기 특정 언어를 늦게 배우기 시작하면 어떻게 될까? 잘 들을 수 있도록 청각 수술을 받은 아동이나 다른 나라의 가정으로 입양된 아동에게는 늦게 배우는 것이 드문 일은 아니다. 이렇게 늦게 꽃피는 아이들에게 있어서, 언어 발달은 똑같은 순서를 따르지만 종종 학습 속도가 더 빠르다(Ertmer et al., 2007; Snedeker et al., 2007). 그러나 언어 학습이 얼마나 오랫동안 지연될 수 있는지에는 한계가 있다. 유년기는 언어 학습 창이 닫히기 전에 언어의 특정 측면을 습득하는 데 있어 결정적인(혹는 "민감한") 시기인 것처럼 보인다(Hernandez & Li, 2007; Lenneberg, 1967). 그 창은 서서히 닫힌다. 2세나 3세에 달팽이관 이식으로 청력을 얻은 청각장애 아동은 4세가 지난 후에 이식받는 아이들보다 구두 언어가 더 발달한다(Greers, 2004). 청각장애아와 일반 아동 모두에게 있어서, 정상보다 뒤늦게(2세나 3세에) 언어에 노출이 되면 두뇌에서 잠자고 있던 언어 능력이 깨어나서 언어가 급증하게 된다. 그러나 어린이들이 7세까지

표 8.2 언어 발달 요약

(개략)개월	단계
4	여러 가지 말소리로 옹알거린다("아-구").
10	옹알이 : 가족의 언어를 닮는다("마마").
12	일어문 단계("야옹이!")
24	이어문 단계("공 주세요.")
24+	완전한 문장으로 신속하게 발달한다.

Sidney Harris/Science Cartoons Plus

"생각을 해. 말을 더 잘해봐. 단어들을 조합해. 문장을 만들어."

말소리나 수화에 노출되지 않으면 언어 학습이 그렇게 급증하지 않는다. 이렇게 언어가 박탈된 어린이는 언어 습득 능력을 상실한다. 출생 시부터 청각장애가 있는 아이들의 언어 학습에 있어서 조기 경험의 영향은 분명하다. 그런 아이들 중 90% 이상이 청각장애가 없고 수화를 사용하지 않는 부모이다. 이 아이들은 일반적으로 초기에 수화 언어에 노출되지 않는다. 십대 또는 성인기에 수화를 배우는 사람들은 기본 단어를 습득하고 단어 순서에 대해 배울 수 있다. 그러나 그들은 **문법**(grammar)의 미묘한 차이를 사용하고 이해하는 데 있어 원어민 수화자만큼은 유창하지 않다(Newport, 1990).

언어 창이 닫힌 후에는 제2언어를 배우는 것조차 더 어려워진다. 당신은 성인기에 제2언어를 배웠는가? 그렇다면, 당신은 모국어의 악센트로 말하는 것이 거의 확실할 것이다. 그리고 아마 문법도 불완전할 것이다. 이러한 어려움은 한국인 및 중국인 이민자에 대한 한 연구에서 나타났다(Johnson & Newport, 1991). 그들의 과제는 "Yesterday the hunter shoots a deer(어제 사냥꾼이 사슴을 쏜다)"와 같은 문장 276개를 읽고 각 문장이 문법적으로 맞는지 틀린지를 결정하는 것이었다. 이들 모두는 10년 정도 미국에서 살았다. 일부는 아주 어린 아이였을 때, 다른 일부는 성인기에 도착했다. **그림 8.6**에서 알 수 있듯이, 제2언어를 초기에 배운 사람들이 가장 잘 학습하

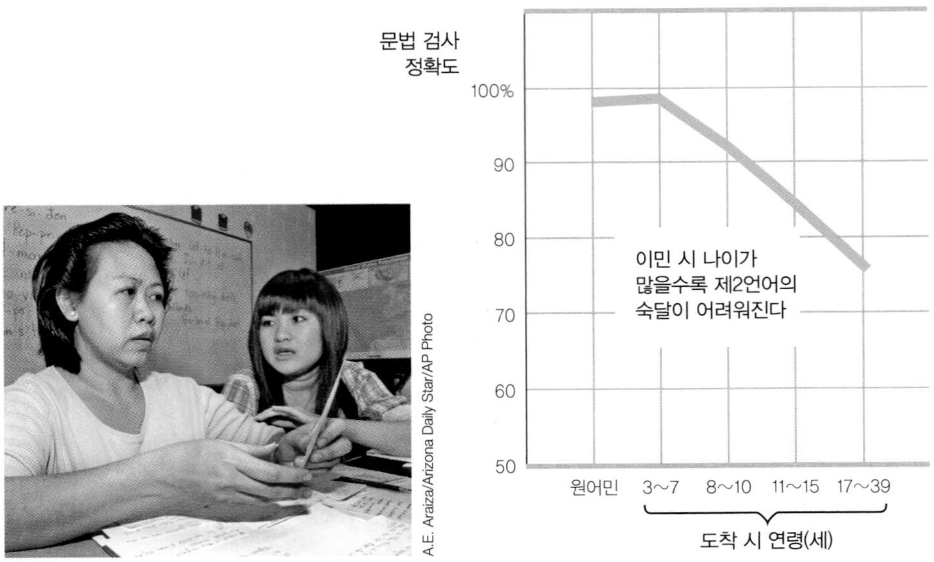
문법 검사
정확도
100%
90
80
70
60
50
이민 시 나이가
많을수록 제2언어의
숙달이 어려워진다
원어민
3~7
8~10
11~15
17~39
도착 시 연령(세)
A.E. Araiza/Arizona Daily Star/AP Photo

그림 8.6 나이가 들면서 새로운 언어를 배우는 능력은 감소한다 어린아이들은 언어를 배울 준비가 되어 있다. 미국에 온 지 10년 후에 아시아 이민자들에게 영어 문법 검사를 하였다. 그 결과 8세 이전에 도착한 사람들은 원어민만큼 영어 문법을 잘 이해했지만, 이후에 도착한 사람들은 그렇지 않았다(출처 : Johnson & Newport, 1991).

Susan Meiselas/Magnum Photos

언어 생성 니카라과의 청각장애 아동들은 마치 무인도에서 함께 자란 것처럼, 집에서 배운 수화 몸짓을 활용하여 자신들의 니카라과 수화를 만들었다. 이 수화는 단어와 복잡한 문법 면에서 완전하다. 우리가 생물학적 언어 소인이 있다고 해서 언어가 진공 상태에서 생기지는 않는다. 사회적 맥락에 의해 활성화되어, 선천성과 후천성이 함께 독창적으로 작용하는 것이다(Osborne, 1999; Sandler et al., 2005; Senghas & Coppola, 2001).

였다. 새로운 나라로 이주하는 나이가 많을수록 새로운 언어와 문화를 배우는 것이 어렵다(Cheung et al., 2011; Hakuta et al., 2003). 인지심리학자인 스티븐 코슬린(Stephen Kosslyn, 2008)은 이 사실을 다음과 같이 멋지게 요약했다. "사춘기 이전에 언어에 노출되어 있다면 아이들은 특유의 악센트 없이 문법에 맞게 여러 언어를 배울 수 있다. 그러나 사춘기 이후에 제2언어를 아주 잘 배우는 것은 매우 어렵다. 마찬가지로, 내가 처음 일본에 갔을 때, 일부러 인사하려고 애쓰지 말라는 말을 들었다. 사실 12개나 되는 서로 다른 인사법이 있는 것 같았고 나는 항상 특유의 억양으로 인사하려고 했다."

우리는 어떻게 언어를 배우는가?

전 세계 6,000개 이상의 언어는 구조적으로 매우 다양하다(Evans & Levinson, 2009). 그럼에도 불구하고 언어학자인 노암 촘스키(Noam Chomsky)는 모든 언어가 **보편 문법**(universal grammar)이라고 부르는 몇 가지 기본 요소를 공유하고 있다고 주장했다. 모든 인간 언어는 명사, 동사 및 형용사를 기본 구성요소로 사용한다. 또한 촘스키에 의하면 우리 인간은 문법 규칙을 배울 수 있도록 생득적 소인(生得的 素因, built-in predisposition)을 갖고 태어났다고 한다. 이것은 왜 미취학 아동들이 언어를 그렇게 쉽게 배우고 문법을 잘 사용하는지를 설명하는 데 도움이 된다. 이것은 새들이 자연스럽게 날아다니는 것처럼 자연스럽게 일어나므로 훈련은 거의 도움이 되지 않는다.

언어가 무엇이든 관계없이 동사와 형용사가 아닌 명사(예 : 야옹이)를 주로 사용하기 시작한다(Bornstein et al., 2004). 그러나 우리는 내재된 **특정** 언어를 갖고 태어난 것이 아니다. 멕시코에서 태어난 대부분의 아이들은 중국어가 아닌 스페인어로 말한다. 그리고 우리가 어릴 때 경험하는 언어(말소리, 수화)가 무엇이든 간에, 우리는 그 특정한 문법과 어휘를 쉽게 배운다(Bavelier et al., 2003). 다시 한 번, 우리는 생물학적 선천성과 후천적 경험이 함께 작용하는 것을 본다.

두뇌와 언어

우리는 말하기와 읽기, 쓰기와 읽기, 또는 노래와 말하기를 동일한 일반적인 능력인 언어의 다른 예일 뿐이라고 생각한다. 그러나 이 흥미있는 발견을 생각해보라. 뇌의 여러 피질 영역 중 하나에 손상이 있으면 언어가 손상될 수 있다. 더욱 흥미로운 것은 뇌손상을 입은 어떤 사람들은 유창하게 말할 수는 있으나, 시력은 좋아도 읽을 수가 없다는 점이다. 다른 사람들은 읽은 것을 이해할 수는 있지만 말할 수는 없다. 또 다른 사람들은 글을 쓸 수는 있지만 읽을 수는 없거나, 읽을 수 있으나 쓸 수 없다. 혹은 숫자는 읽으나 글자는 못 읽는다. 혹은 노래는 하나 말은 못한다. 이 수수께끼를 해결하기 위해 많은 과학자들이 영리하게 사고해야 했다. 모두들 '두뇌는 어떻게 언어를 처리하는가?'라는 질문에 대한 답을 찾으려고 하였다. 1865년 프랑스 의사 폴 브로카(Paul Broca)는 왼쪽 전두엽의 특정

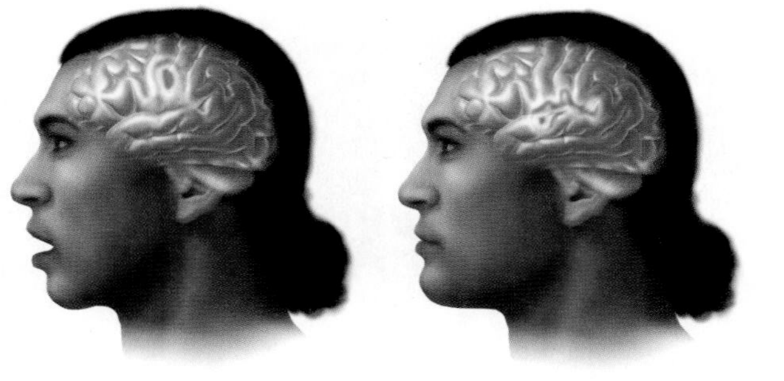

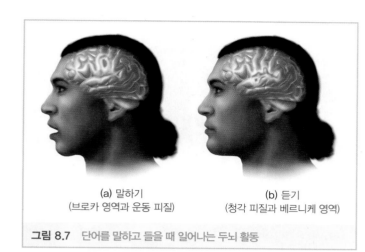

(a) 말하기
(브로카 영역과 운동 피질)

(b) 듣기
(청각 피질과 베르니케 영역)

그림 8.7 단어를 말하고 들을 때 일어나는 두뇌 활동

영역[후에 **브로카 영역**(Broca's area)이라고 부름]에 손상을 입은 후 사람이 말하기에 어려움을 겪었지만 익숙한 노래를 쉽게 부를 수 있음을 발견했다. 1년 후 독일의 수사관 칼 베르니케(Carl Wernicke)는 좌측두엽의 특정 부위[**베르니케 영역**(Wernicke's area)]가 손상된 사람들이 다른 사람의 말을 이해하지 못하고 의미 없는 단어만을 말할 수 있다는 것을 발견했다.

오늘날의 신경과학은 언어처리 과정에서 브로카와 베르니케 영역에서 두뇌 활동이 있다는 것을 확인했다(**그림 8.7**). 그러나 우리는 이제 뇌의 다른 영역에서도 언어를 처리한다는 것을 알고 있다. 여러분이 하나의 통일된 흐름으로 언어를 경험하더라도, fMRI 영상자료를 보면, 당신의 뇌가 바쁘게 동시에 여러 가지 일을 하고 네트워크를 구성하고 있음을 알 수 있다. 명사(사물)인지 동사(행동)인지에 따라 다른 뇌의 영역이 활성화된다. 어떤 모음인지에 따라서, 시각 경험 스토리인지, 운동 경험 스토리인지에 따라서, 누가 말했고, 무엇을 들었느냐에 따라서, 그리고 얼마나 많은 다른 자극이 있느냐에 따라서 다른 뇌의 영역이 활성화된다(Perrachione et al., 2011; Shapiro et al., 2006; Speer et al., 2009). 또한, 당신이 2개 언어를 유창하게 할 수 있는 능력이 있는 사람이라면, 열심히 일하는 당신의 두뇌는 두 가지 기능을 서로 다른 두 신경망 세트에 할당한다. 하나는 모국어를 처리하고 다른 하나는 제2언어를 처리한다(Perani & Abutalebi, 2005).

기억해야 할 점 : 여러 형태의 정보 처리와 마찬가지로 언어 처리에 있어서 두뇌는 말하기, 지각하기, 사고하기, 기억하기 등의 정신 기능을 좀 더 작은 작업으로 나누어 작동한다. 여러분이 이 페이지를 읽을 때 의식적으로 경험하는 것은 하나의 과제인 것처럼 보이지만 많은 다른 신경망이 각 단어의 형식, 소리 및 의미를 계산하기 위해 협력하여 일하고 있는 것이다(Posner & Carr, 1992).

언어 없는 사고

화장실에서 온수를 틀려면 수도꼭지를 어느 방향으로 돌려야 하는가? 이에 대답하기 위해, 당신은 아마도 말이 아니라 이미지로, 즉 수도꼭지를 돌리는 정신적인 이미지를 생각했을 것이다.

실제로 우리는 종종 이미지로 생각한다. 정신 연습은 이미지로 생각하는 것에 달려있다. 피아니스트 류치 쿵(Liu Chi Kung)은 전 세계 피아노 콩쿠르에서 2위를 차지한 지 1년 후, 중국의 문화 혁명 기간에 투옥되었다. 피아노를 치지 않고 보낸 지 7년 만에 석방되었다. 곧바로 리우는 음악투어를 시작했다. 비평가들은 그의 연주가 이전 어느 때보다 좋아졌다고 판단했다. 그의 팬들은 그가 연습하지도 않고 어떻게 계속 발전해왔는지 궁금했다. 리우가 말했다. "나는 매일 연습했어요. 나는 내가 이전에 연주한 모든 곡의 모든 음을 일일이 내 마음속에서 연습했어요."(Garfield, 1986).

테네시대학 여성 농구팀에 대한 실험을 통하여 정신적 되뇌기(mental rehearsal)의 이점이 관찰되었다(Savoy & Beitel, 1996). 35개가 넘는 게임에 걸쳐, 표준적인 신체 연습과 정신 연습을 한 후에 자유투를 쏠 때 팀의 기술이 어떤지 추적했다. 신체 연습 후에 팀은 약 52%의 슛을 기록했다. 정신 연습 후, 그 점수는 65%로 상승했다. 정신 연습을 하는 동안, 선수들은 상대편이 '모욕하는 말' 조건을 포함하여, 다양한 조건에서 자유투하는 것을 반복적으로 상상했다. 극적인 결과가 나왔는데, 테네시는 그 시즌의 전국 챔피언십 경기에서 연장전 끝에 우승했다. 부분적으로는 자유투 슈팅 덕분이었다.

일단 기술을 습득하면 그 해당 기술을 보기만 해도 실제로 기술을 사용할 때 활성화되는 동일 영역에서 뇌 활동이 유발된다. 발레리나가 발레 비디오를 시청하는 동안 일어나는 fMRI 스캔 영상을 보면 실제 발레를 할 때 일어나는 영상과 같다(CalvoMerino et al., 2004). 통증과 같은 신체적인 경험을 상상만 해도 유사한 결과가 나온다. 고통을 상상하면 실제 고통 받는 동안에 활동하는 동일한 신경망이 활성화된다(Grèzes & Decety, 2001).

정신적 되뇌기가 학업 목표를 달성하는 데 도움이 될 수 있을까? 분명히 그렇다! 일주일 후 중간고사 시험을 치러야 하는 심리학 입문 학생들을 대상으로 진행한 한 연구에서 이를 증명했다(Taylor et al., 1998)(아무런 정신 연습에 참여하지 않은 학생들은 대조군이 되었다). 첫 번째 집단은 매일 5분씩 시간을 들여서 게시된 성적 목록을 훑어보고, A를 받아서 기뻐하고 자랑스럽게 느끼는 것을 상상했다. 이러한 일일 결과 시뮬레이션(outcome simulation)은 효과가 거의 없었고 단지 평균 시험 점수에 2점만 추가되었다. 두 번째 집단은 매일 5분씩 시간을 들여서 교재를 읽고, 메모를 작성하고, 산만하게 하는 것을 제거하고, 외출 제안을 거절하는 등 자신이 효과적으로 공부하고 있는 것을 상상했다. 이 일일 프로세스 시뮬레이션(process simulation)은 성과가 나타났다. 실제 삶에서 이 두 번째 집단은 공부를 더 빨리 시작했으며, 공부에 더 많은 시간을 보냈다. 그리하여 이 집단이 다른 집단의 평균 점수를 8점 앞섰던 것이다.

기억해야 할 점 : 상상하는 시간을 활용하여 유익을 얻으려면, 원하는 목표에 집중하는 것보다 목표에 어떻게 도달할지 그 방법을 상상하는 것이 좋다.

다른 동물들은 언어가 있는가?

인간은 언어가 우리를 다른 모든 동물보다 우위에 있게 한다고 오랫동안 자랑스럽게 주장했다. "우리가 인간의 언어를 연구할 때 우리는 '인간의 본질'이라고 부를 수 있는 것에 다가가고 있는 것이다. 이 본질은, 우리가 알고 있는 한, 인간에게만 있는 고유한 정신적 특성이다"(Chomsky, 1972). 인간만이 언어를 가지고 있다고 하는 것은 사실인가?

동물들은 이해하고 의사소통하는 데 있어 그 능력이 뛰어나다. 버빗 원숭이는 여러 다른 포식자들에 대하여 다른 경보 소리를 낸다. 표범에 대해서는 짖는 소리, 독수리에 대해서는 기침소리, 뱀에 대해서는 떨리는 소리를 낸다. 표범 경보를 들으면, 버빗 원숭이는 가장 가까운 나무로 올라간다. 독수리 경보를 들으면, 그들은 덤불로 달려간다. 뱀 소리를 들으면, 그들은 일어서서 땅을 훑어본다(Byrne, 1991). 복잡한 경보음을 나타내기 위해 원숭이는 6개의 다른 호출소리를 조합할 수 있다. 특정 유형의 위협(독수리, 표범, 쓰러지는 나무, 다른 원숭이 집단)에 직면하면 25번의 연속된 소리를 촉발할 수 있다(Balter, 2010). 그러나 그러한 의사소통을 언어라고 할 수 있는가? 심리학자 앨런 가드너와 베아트릭스 가드너(Allen Gardner & Beatrix Gardner, 1969)는 수화를 사용한 과학 실험으로 이 질문을 해결하려고 시도한 첫 번째 사람들이었다. 1960년대 후반, 그들은 어린 침팬지인 워쇼(Washoe)로 엄청난 과학적이고 대중적인 관심을 불러일으켰다. 4년 후에 워쇼는 132개의 수화를 할 수 있었다. 2007년 이 원숭이가 죽어갈 즈음에는 250개의 수화를 사용하고 있었다(Metzler, 2011; Sanz et al., 1998). 청각장애 부모로부터 수화를 배운 한 뉴욕타임스 기자는 워쇼를 방문하고서 소리쳤다, "갑자기 나는 내 모국어로 다른 종과 대화하고 있다는 것을 깨달았다."

Susanne Baus/AFP/Getty Images/Newscom

개 이해하기 보더 콜리종의 애완견 리코(Rico)는 사람이 사용하는 200개의 어휘를 사용했다. 리코는 들어 본 적이 없는 장난감을 고르라는 요청을 받으면 익숙한 항목의 장난감들 사이에 새로운 장난감을 골라내곤 했다(Kaminski et al., 2004). 4주 후에 전에 들었던 이름을 다시 들으면, 종종 리코는 동일한 장난감을 가져오는 경우가 많았다. 또 다른 보더 콜리인 체이서(Chaser)는 1,022개의 물건 이름을 학습하여 동물 신기록을 세웠다(Pilley & Reid, 2011). 3세 아이처럼, 기능과 모양에 따라 물건들을 분류할 수도 있다. 그녀는 '공을 가져올 수' 있고, 또는 '인형을 가져올 수'도 있다.

1970년대에 점점 더 많은 보고서가 나왔다. 일부 침팬지는 수화를 연결하여 문장을 형성하였다. 예를 들어 워쇼는 "너 나를 나간다. 제발(You me go out, please)"이라고 수화하였다. 어떤 단어의 조합은 매우 창조적인 것처럼 보였다. '백조'는 '흰 새'로, '오렌지'는 '주황색인 사과'로 말했던 것이다(Patterson, 1978; Rumbaugh, 1977).

그러나 1970년대 후반에, 다른 심리학자들은 회의적으로 생각하기 시작하였다. 침팬지가 언어 챔피언인가, 아니면 연구자들이 바보인가? 회의론자의 관점을 생각해보자.

- 원숭이의 어휘와 문장은 2세 아동과 비슷하다. 원숭이는 아주 어렵게 노력해서 몇 개의 제한된 어휘를 알게 된다(Wynne, 2004, 2008). 아이들은 말하거나 수화를 하는 데 있어 매주 수십 개의 새로운 단어를 쉽게 흡수할 수 있으며, 성인기에는 6만 개 단어에 이른다.
- 침팬지는 보상을 받기 위해서 수화를 하거나 버튼을 계속하여 누를 수 있다. 비둘기 역시 곡물을 얻기 위해서 일련의 버튼을 계속 쪼을 수 있다(Straub et al., 1979). 원숭이들의 수화는 조련사의 수화를 흉내내거나, 특정 팔 움직임을 했을 때 보상이 주어진다는 것을 배우는 등의 것 이상을 하지는 못할 것이다(Terrace, 1979).

Paul Fusco/Magnum Photos

이것이 언어인가? 침팬지가 미국 수화로 표현하는 능력이 있다고 하여 언어의 본질에 대한 질문이 제기된다. 조련사가 "이게 뭐야?"라고 묻는다. 수화 반응은 "아기"이다. 이러한 반응을 언어라고 볼 수 있는가?

- 지각 갖춤새에 대한 연구에서(제5장 참조) 정보가 불분명할 경우 우리는 보기를 원하거나 기대하는 것을 보는 경향이 있음을 보여준다. 침팬지 수화를 언어로 해석하는 것은 조련사의 소망적 사고에 불과할 수 있다(Terrace, 1979). 워쇼가 water bird라고 수화했을 때, 이것은 water와 bird를 따로 명명했을 수도 있다.
- "Give orange me give eat orange me eat orange…"라는 반응은 3세 아이가 완벽한 구문의 문장을 말하는 것과는 너무나 거리가 멀다(Anderson, 2004, Pinker, 1995). 아이에게 있어, "You tickle(네가 간지럽힌다)"과 "Tickle you(너를 간지럽힌다)"는 다르게 의사소통되는 것이다. 인간의 구문 구조가 부족한 침팬지는 이 두 가지 문구에 대해서 동일한 순서로 수화할지도 모른다.

이 경우처럼 논쟁을 통해 발전이 촉진될 수 있다. 동물의 의사소통과 비인간 언어의 가능성에 관한 연구가 계속되어왔다. 초기의 놀라운 발견은 워쇼의 입양아 룰리스(Loulis)는 워쇼와 언어 훈련을 받은 세 마리의 침팬지가 함께 수화하는 것을 관찰하는 것만으로도 68개의 수화를 알게 되었다는 사실이다(Fouts, 1992, 1997). 더욱 놀라운 것은 384개의 어휘를 알고 있다고 보고된 보노보 침팬지 칸지(Kanzi)가 말소리 영어의 구문을 이해할 수 있다는 보고이다(Savage-Rumbaugh et al., 1993, 2009). 칸지에게 "불빛을 보여줄래?(Can you show me the light?)", "전등을 가져다줄래?(Can you bring me the [flash] light?)", "전등 불을 켜줄 수 있니?(Can you turn the light on?)"라고 물었을 때 적절하게 대답했다. 박제된 여러 동물을 처음으로 보여주고, "개가 뱀을 물게 해"라고 요청하면, 그는 뱀을 개 입에 넣었다.

그러한 연구를 어떻게 해석해야 하는가? 인간은 언어를 사용하는 유일한 동물인가? 우리가 언어라고 할 때 이것을 복잡한 문법을 가진 구두 언어나 수화 언어를 의미한다면, 대부분의 심리학자는 인간만이 언어를 소유한다고 하는 데 동의한다. 좀 더 간단하게, 의미 있는 연속된 상징을 통해서 의사소통하는 능력을 언어라고 한다면, 동물들도 진정 언어 능력이 있다고 할 수 있다.

한 가지는 확실하다. 동물의 언어와 사고에 대한 연구를 통해서 심리학자들은 다른 종의 뛰어난 능력을 인정하는 방향으로 가고 있다(Friend, 2004; Rumbaugh & Washburn, 2003; Wilson et al., 2014). 과거에는 많은 심리학자들이 다른 동물이 계획을 세우고, 개념을 형성하고, 계산하고, 도구를 사용하고, 동정심을 보여줄 수 있는지에 대해 의심하였다(Thorpe, 1974). 오늘날, 동물 연구자들 덕분에 우리는 더 잘 알고 있다. 다른 동물들도 통찰력을 나타내고, 가족 간에 충성심을 보여주고, 서로 의사소통하고, 서로를 돌보며, 여러 세대에 걸쳐 문화 양식을 전달한다. 이것이 다른 동물의 도덕적 권리에 있어 무엇을 의미하는지 알아내는 것은 끝나지 않는 과제이다.

다른 종의 능력에 대해 생각하다 보면 이 장의 앞부분에서 제기된 질문으로 다시 돌아간다. 우리는 얼마나 똑똑한가? 우리는 '호모 사피엔스–현명한 인간'(Homo sapiens–wise human)'이라는 꼬리표를 받을 자격이 있는가? 잠깐 멈추어서 점수를 매겨보자. 의사결정과 위험평가에서 보면, 똑똑하지만 오류를 범하기 쉬운 종은 B– 점수를 줄 수 있다. 문제 해결에 있어서 인간은 독창적이기는 하나 확증 편향과 고착에 빠질 수 있어서, 우리 인간은 아마 좀 더 나은 점수인 B+일 것이다. 창의력과 인지 능력에 있어서는, 우리 인간이 확산적 사고와 빠른(때로는 결함이 있기는 해도) 발견법이 있어 A–를 받을 수 있을 것이다. 그리고 의식 밖에서 일어나고 있는 언어처리 과정에 있어서는, 그 놀라움에 사로잡힌 전문가들이 분명히 인간 종에게 A+를 줄 것으로 보인다.

지능

학교위원회, 법원 및 과학자들은 사람들의 정신 능력을 평가하고 점수를 부여하는 테스트를 사용하는 것과 그 공정성에 대해 논쟁한다. 심리학의 가장 논란이 되고 있는 질문 중 하나는 우리 각자가 측정하고 숫자로 표현할 수 있는 일반적인 정신 능력을 가지고 있는지 여부이다.

이 절에서는 심리학자들이 다음의 질문들에 대한 답을 찾기 위해 1세기 이상 연구하면서 발견한 내용들을 검토한다.

- 지능이란 무엇인가? 그것은 하나의 일반적인 능력인가, 아니면 많은 다른 능력인가?
- 어떻게 하면 지능을 가장 잘 측정할 수 있는가?
- 선천성(유전)과 후천성(환경)은 어떻게 지능이라는 조직을 함께 엮어 가는가?
- 집단 간에 존재하는 지능검사 점수의 유사점과 차이점은 무엇이며, 그 차이점을 어떻게 설명할 수 있는가?

지능이란 무엇인가?

지능은 모든 세대에 걸쳐 동일한 의미를 지닌 키나 몸무게와 같은 자질이 아니다. 사람들은 지능이라는 용어를 자신의 시간과 장소에서 성공하도록 해주는 자질이라고 의미를 부여한다(Sternberg & Kaufman, 1998). 카메룬 적도의 숲에서 지능은 지역 식물의 의약적 특성을 이해하는 것일 수 있다. 북미 고등학교에서는 지능이 까다로운 교육과정에서 어려운 개념을 마스터하는 것일 수 있다. 두 곳 모두에서, **지능**(intelligence)은 경험을 통해 배우고, 문제를 해결하며, 지식을 사용하여 새로운 상황에 적응하는 능력이다.

당신은 아마도 과학이나 역사에서 재능을 가진 사람들과 육상, 예술, 음악 또는 춤에서 재능 있는 사람들을 알고 있을 것이다. 대단한 예술가지만 너무나도 간단한 수학 문제에는 쩔쩔매는 사람, 혹은 수학에 명석하지만 학기 논문을 작성하는 데는 재능이 없는 학생을 알고 있을지 모르겠다. 이 모든 사람들이 지능적인가? 이들의 지능을 단일 척도로 평가할 수 있는가? 아니면 몇 가지 다른 척도가 필요한가? 간단히 말해서, 지능은 하나의 전반적인 능력인가 아니면 몇 가지 특정적인 능력인가?

스피어먼의 일반지능(*g*)

찰스 스피어먼(Charles Spearman, 1863–1945)은 항해하는 것부터 공부하는 것까지 우리의 영리한 마음에는 하나의 **일반지능**(general intelligence, 종종 *g*로 표시함)이 있다고 믿었다. 그는 주목하기를 사람들은 흔히 특별하고 뛰어난 능력을 가지고 있는데, 한 영역에서 높은 점수를 받은 사람들(예 : 구술 능력)은 다른 영역(예 : 공간 또는 추론 능력)에서 평균 이상의 점수를 받는다. 스피어먼의 신념은 부분적으로 요인 분석(factor analysis), 즉 관련된 항목들의 군집을 검색하는 통계 도구에서 유래하였다.

스피어먼의 관점에서, 정신 능력은 신체 능력과 매우 흡사하다. 빨리 달리는 능력은 목표물에 공을 던지기 위해 필요한 눈-손 협응과 구분된다. 그러나 좋은 것들은 함께 묶이는 경향이 있다. 예를 들어 달리기 속도와 투구 정확도는 일반적인 운동 능력 덕분에 종종 상관관계가 있다. 마찬가지로 지능은 여러 구분된 능력과 관련이 있다. 그런데, 이러한 능력들은 일반요인 지능이 있다고 보기에 충분할 정도로 서로 상관이 있다(공통적 기술 세트를 *g*요인이라고 부른다). 이것을 현대의 신경과학 언어로 말하자면, 우리는 많은 별개의 신경망을 가지고 있는데 이 망으로 해서 우리의 다양한 능력이 가능하게 된다. 우리의 뇌는 그 모든 활동을 조정하는데, 그 결과가 *g*요인이다(Hampshire et al., 2012).

다중지능 이론

1980년대 중반 이후부터, 다른 심리학자들은 지능에 대한 정의가 학업 우수자라는 개념을 넘어서 확장되어야 한다고 제안했다.

가드너의 다중지능 하워드 가드너(Howard Gardner, 1983, 2006, 2011; Davis et al., 2011)는 지능을 상이한 패키지에 들어 있는 다중 능력으로 본다. 그는 뇌손상을 통해 한 가지 능력이 파괴되어도 다른 능력은 손상되지 않고 남아 있는 것에 주목한다. **서번트 증후군**(savant syndrome)을 가진 사람들에게 다중지능이 있다는 또 다른 증거를 볼 수 있다. 이들은 특정 영역에서는 천재성을 발휘하지만, 지능검사에서 점수가 낮으며 언어 능력이 제한적이거나 아예 없을 수도 있다(Treffert & Wallace, 2002). 어떤 사람들은 놀라운 예술이나 음악 작품을 만들 수 있다. 다른 사람들은 놀랄 만한 속도와 정확성으로 수치를 계산하거나, 역사상의 주어진 날짜와 일치하는 요일을 거의 즉시 식별할 수 있다(Miller, 1999).

서번트 증후군 환자의 약 5명 중 4명은 남성이다. 또한 발달장애인 자폐스펙트럼장애(ASD)를 앓고 있는 사람도 많다. 최근에 ASD가 없으면서도 기억의 천재였던 킴 피크는 〈레인맨(Rain Man)〉 영화에 영감을 주었다. 피크는 8~10초 만에 한 페이지를 읽고 다 기억할 수 있었다. 평생 동안 그는 셰익스피어 희곡과 성서 등을 포함하여 총 9,000권의 책을 암기했다. 그는 지도의 세부사항을 흡수했으며 미국의 주요 도시에의 여행경로를 GPS처럼 제시할 수 있었다. 그러나 그는 옷 단추를 잠그지 못했고, 추상적인 개념 능력이 거의 없었다. 식당에서 아버지가 그에게 "목소리를 낮춰"라고 말하자, 그는 발성기관의 위치를 낮추기 위해 의자 밑으로 기어들어갔다. 링컨의 게티즈버그 연설(Gettysburg Address)을 읽어보라고 하자, "227 북서쪽 프론트 거리. 그러나 그는 거기에서 하룻밤 머물렀다. 그는 다음 날 연설을 했다"고 반응했다(Treffert & Christensen, 2005)(address는 '연설'과 '주소'라는 뜻이 있다-역주).

자연탐구 지능
언어적 지능
자기이해 지능
논리-수학적 지능
음악적 지능
대인관계 지능
공간적 지능
신체-운동 지능

그림 8.8 가드너의 여덟 가지 지능 가드너는 또한 아홉 번째로 생각할 수 있는 지능은 실존지능(삶에 대한 깊은 의문을 제기하는 능력)이라고 제안했다.

가드너는 표준검사(**그림 8.8**)로 총 8개의 상대적으로 독립적인 지능을 확인했다. 여기에는 언어 및 수학 적성이 포함되어 있다[그는 또한 9번째 가능성인 실존지능(existential intelligence)을 제안했다. 이것은 인생의 깊은 문제에 대해 깊이 생각할 수 있는 능력이다]. 따라서 컴퓨터 프로그래머, 시인, 거리의 똑똑한 청소년, 농구 팀 플레이를 주도하는 포인트 가드 등은 다른 종류의 지능을 나타낸다(Gardner, 1998). 가드너에게 일반지능 점수는 도시의 전반적인 것을 평가하는 것과 같다. 즉 무언가를 당신에게 말해주기는 하지만, 도시의 학교, 거리 또는 밤 문화 등에 대한 구체적인 정보는 알려주지 않는다.

"당신이 무언가를 잘한다면 당신이 잘해야 할 필요가 없는 다른 일에도 잘할 것이라고 생각하지 않도록 조심해야 한다. … 나는 소프트웨어 개발에서 매우 성공적이었기 때문에, 사람들이 내게 와서 내가 하지 않는 주제에 대해서도 지혜가 있을 것이라고 기대한다."

Bill Gates(1998)

스턴버그의 세 가지 지능 로버트 스턴버그(Robert Sternberg, 1985, 2011)는 실제 삶에서 성공하려면 전통적인 지능 이상의 것이 있어야 하고, 여러 지능이 있다고 하는 데는 가드너에게 동의한다. 그러나 스턴버그는 8개나 9개가 아니라, 세 가지 지능, 즉 **삼원 이론**(triarchic theory)을 제안한다.

- **분석지능** : 학업 지능—전통적인 학문적 문제 해결
- **창의지능** : 선구적 지능—새로운 상황에 적응하고 새로운 아이디어를 창출하는 능력
- **현실지능** : 실생활 지능—제대로 정의되지 않은 일상 업무를 여러 가지 해결책으로 다룰 수 있는 기술

가드너와 스턴버그는 세부 영역에서는 다르지만 두 가지 중요한 점에는 동의한다. 다중의 능력이 인생의 성공에 기여하고, 재능의 다양성으로 인해 인생에 풍미를 더해주며, 교육에 도전거리를 줄 수 있다. 이러한 다양성의 가치를 인식하도록 훈련받은 많은 교사들은

The New Yorker Collection, 1988, Donald Reilly from cartoonbank.com

"네가 똑똑하기는 하지만, 나무의 현명함은 부족하잖아."

교실에서 다중지능 이론을 적용해 오고 있다.

다중지능 이론의 비판 한 영역의 약점이 다른 영역의 천재성과 균형을 이루도록 세계가 공평하게 되어 있다면 정말로 멋진 일이 아닐까? 불행하게도 비평가들에 따르면 세계는 공평하지 않다(Ferguson, 2009; Scarr, 1989). 요인 분석을 이용한 연구를 통해 일반지능 요인이 있다는 것을 확인했다(Johnson et al., 2008). 일반지능은 여러 복잡한 업무와 다양한 일터에서의 성취를 예측한다(Arneson et al., 2011; Gottfredson, 2002a, b, 2003a, b). 청소년의 지능검사 점수는 수십 년 후 이들의 수입을 예측한다(Zagorsky, 2007).

그러나 우리는 성공을 위한 처방이 그리 단순하지 않다는 것을 기억해야 한다. 인생의 수많은 영역에서 보여주고 있듯이, 성공에는 할 수 있다(능력)와 할 것이다(동기부여)의 두 가지 요소가 있다(Lubinski, 2009a). 높은 지능으로 전문 직업을 가질 수 있다(문을 열어놓은 학교와 훈련 프로그램을 통해). 일단 그 직업을 갖게 되면 당신은 **투지**(grit)—동기와 추진력—를 통해 성공에 이를 것이다.

성공한 사람들은 양심적이며, 대인관계가 좋고, 에너지가 흘러넘치는 경향이 있다. 이러한 자질은 종종 헌신적으로 열심히 노력하도록 해준다. 연구자들은 10년 규칙이 있다고 보고한다. 체스, 춤, 스포츠, 컴퓨터 프로그래밍, 음악 및 의학 분야에서의 전문가들은 모두 10년 동안 매일 집중적으로 연습하면서 보냈다(Ericsson & Pool, 2016; Simon & Chase, 1973). 예를 들어 전문 음악가가 되기 위해서는 타고난 능력이 매우 필요하다(Macnamara et al., 2014). 그러나 평균 수년 동안, 즉 평균 약 11,000시간, 적어도 3,000시간 이상 연습해야 한다(Campitelli & Gobet, 2011). 성공을 위한 처방은 천부적 재능에 엄청난 후천적 노력이 더해져야 한다는 것이다.

정서지능

일부 심리학자들은 사회 상황을 이해하고 자신을 성공적으로 관리하는 노하우인 비학문적 **사회지능**을 좀 더 탐구하였다(Cantor & Kihlstrom, 1987). 심리학자 에드워드 손다이크는 1920년에 처음으로 이 개념을 제안했다. 그는 "공장에서 최고의 기계공이라도 사회지능이 부족하면 반장으로서는 실패할 수 있다"고 지적했다(Goleman, 2006, p. 83).

사회지능의 중요 부분인 **정서지능**(emotional intelligence)에는 네 가지 능력이 포함되어 있다(Mayer et al., 2002, 2011, 2012).

- 정서를 **지각하기**(얼굴, 음악 및 이야기에서 정서를 인식하는 것)
- 정서를 **이해하기**(정서를 예측하고 그것이 어떻게 변화하고 완화될 수 있는지 아는 것)
- 정서를 **관리하기**(다양한 상황에서 정서를 표현하는 방법을 아는 것)
- 적응적이고 창의적인 사고가 가능하도록 정서를 **활용하기**

정서지능이 높은 사람들은 사교적이고 자기를 잘 인식한다. 그들은 과도한 우울증, 불안 또는 분노에 사로잡히는 것을 피한다. 그들은 다른 사람들의 감정을 읽고 슬픔에 잠긴 친구를 달래고, 직장

표 8.3 지능 이론 비교

이론	요약	장점	다른 고려사항
스피어먼의 일반지능(*g*)	기본적인 지능은 많은 다른 학문 분야에서의 능력을 예측한다.	언어 능력 및 공간 능력과 같이 다른 능력은 상호 연관성을 가지고 있다.	인간의 능력은 너무 다양해서 하나의 일반지능 요인으로 표현하기 어렵다.
가드너의 다중지능	우리의 능력은 8~9가지의 독립적 지능으로 분류되며, 여기에는 전통적인 학업지능 이상의 광범위한 기술이 포함된다.	지능은 단순한 언어 및 수학 기술 이상의 것이다. 똑같이 중요한 다른 능력들이 우리가 적응하는 데 도움이 된다.	모든 능력을 지능으로 간주해야 하는가? 어떤 것들은 덜 중요한 재능이라고 불러야 하지 않을까?
스턴버그의 삼원 이론	우리의 지능은 실제 삶의 성공을 예언하는 세 가지 영역으로 분류하는 것이 좋다—분석지능, 창의지능, 현실지능.	이 세 영역은 우리가 지능이라고 부르는 상이한 적성을 포괄한다.	이 세 영역은 스턴버그가 생각한 것보다 덜 독립적일 수 있으며 실제로 기저의 *g*요인을 공유할 수 있다.
정서지능	사회지능은 삶의 성공에 기여한다. 정서지능은 정서를 지각하고, 이해하고, 관리하는 것으로 구성된 핵심 측면이다.	사회적 성공을 예언하는 네 가지 요소.	이것은 지능의 개념을 너무 멀리 확장하는 것은 아닌가?

동료를 격려하고, 갈등을 관리하기 위해 무엇을 해야 할지를 알 수 있다. 감정 관리에 높은 점수를 받은 사람들은 친구들과 보다 품격 있게 상호작용하며, 직장에서 적절하게 일을 잘 수행한다(Lopes et al., 2004; O'Boyle et al., 2011). 직장 안팎에서 보다 장기간의 보상을 위하여 당장의 만족을 늦출 수 있다. 그들은 또한 감정적으로 행복하고 육체적으로 건강하다(Sánchez-Álvarez et al., 2015; Schutte et al., 2007). 따라서 정서지능이 높은 사람들은 학업적으로 더 똑똑하지만 정서적으로 덜 지능적인 사람들이 실패하는 직업, 결혼 및 양육 상황에서 성공하는 경향이 있다(Ciarrochi et al., 2006).

표 8.3은 이러한 지능 이론을 요약한 것이다.

지능 평가

지능검사(intelligence test)는 수치 점수를 사용하여 사람의 정신적 적성을 평가하고 다른 사람의 적성과 비교한다. 우리는 우리가 알고 싶은 것이 무엇이냐에 따라 사람들의 정신 능력을 두 가지 방법으로 검사할 수 있다.

- **성취검사**(achievement test)는 사람들이 무엇을 배웠는지 측정하기 위해 고안되었다. 기말 시험은 수업에서 배운 내용을 측정한다.
- **적성검사**(aptitude test)는 사람들이 무엇을 배울 수 있는지 측정하기 위해 고안되었다. 또한 미래의 행동을 예측하기 위한 것이다.

그렇다면 심리학자들은 어떻게 이러한 검사를 설계하는가? 그리고 왜 우리는 그러한 결과를 믿어야 하는가?

지능검사는 무엇을 검사하는가?

약 1세기 전에, 심리학자들은 사람들의 정신 능력을 평가하기 위한 검사를 시작했다. 현대식 지능검사는 20세기 초 프랑스에서 시작했다.

알프레드 비네 : 학업성취 예측하기 모든 어린이를 학교에 출석시켜야 한다는 새로운 프랑스 법률에 따라 공무원들은 파리에 온 많은 신규 이민자를 포함한 일부 어린이들에게 특별 수업이 필요하다는 것을 알고 있었다. 그러나 학교는 어떻게 아이들의 학습 잠재력에 대해 공정한 판단을 할 수 있는가? 교사는 사전 교육을 받지 않은 아동을 느린 학습자로 평가할 수 있다. 또는 사회적 배경을 토대로 아이들의 수업 반을 분류할 수도 있다. 이러한 편견을 피하기 위해 프랑스 공립 교육부 장관은 심리학자 알프레드 비네에게 공정한 검사를 설계하도록 임무를 부여했다.

1905년 비네와 그의 학생 테오도르 시몽이 처음으로 자신들의 연구를 발표했다(Nicolas & Levine, 2012). 그들은 모든 아이들이 똑같은 지적 발달 과정을 거치고 있지만 일부는 더 빨리 발달한다고 가정함으로써 시작되었다. 따라서 '둔한' 아이는 좀 더 어린 아이와 동일한 점수를 받게 되며, '총명한' 아이는 좀 더 나이 많은 아이와 동일한 점수를 받을 것이다. 비네와 시몽은 이제 분명한 목표를 갖게 되었다. 그들은 각 아동의 **정신연령**(mental age), 즉 특정 연대순 나잇대에 나타나는 전형적인 수행 수준을 측정한다. 예를 들어 보통 8세 아이는 8세의 정신연령을 갖는다. 평균 이하의 정신연령을 가진 8세 아이(아마도 전형적인 6세 수준의 수행 능력을 지님)는 8세 아이들이 정상적으로 행하는 학업을 하느라 씨름하게 된다.

알프레드 비네(1857-1911) 비네의 선구적 지능검사는 때때로 이민자 집단과 소수 집단을 차별하는 데 사용되었다. 그러나 그의 의도는 단지 아이들을 학교 교육에 적절하게 배치하는 것이었다.

비네와 시몽은 다양한 추론과 문제 해결 질문을 비네의 두 딸에게 테스트하고, 이후에는 '똑똑한', '뒤처진' 파리의 학생들에게 검사했다. 그들이 개발한 항목은 프랑스 아이들이 학업을 얼마나 잘 감당할 수 있을지 예측했다. 비네는 그의 검사가 아이들의 교육을 향상시키는 데 사용되기를 희망했다. 그러나 그는 또한 이 검사가 아이들에게 라벨을 붙이고 그들의 기회를 제한하는 데 사용될 것이라고 우려했다(Gould, 1981).

루이스 터먼 : 생득적 지능 비네가 우려한 것이 1911년 그의 사망 직후에 현실로 나타났다. 이때에 다른 연구자들이 그의 검사를 생득적 지능(inherited intelligence)을 수치로 측정하는 도구로 사용했던 것이다. 스탠퍼드대학의 루이스 터먼(Lewis Terman, 1877-1956) 교수는 파리에서 개발한 질문과 연령 규준을 캘리포니아주 학생들에게 적용하는 것을 시도했지만 제대로 맞아 들어가지 않는 것으로

© Richard T. Nowitz/Corbis

패턴 매칭하기 블록 설계 퍼즐은 시각적 처리 능력을 테스트한다. 개별적으로 실시하는 웩슬러 지능검사는 성인과 아동에게 적합한 형태로 제공된다.

나타났다. 그래서 그는 일부 항목을 조정하고, 다른 항목을 추가하고, 여러 연령대에 대한 새로운 표준을 수립했다. 그는 또한 십대에서부터 '나이 든 성인'까지 검사의 범위를 확장했다. 그는 자신의 개정판 검사를 **스탠퍼드-비네 검사**(Stanford-Binet test)라고 명명했는데, 이 명칭이 현재까지도 사용되고 있다.

터먼은 지능검사가 출생 시부터 갖고 있는 고정된 정신 능력을 드러내준다고 가정했다. 또한 일부 인종집단은 천부적으로 다른 집단보다 좀 더 지능적이라고 가정했다. 그리고 그는 논란거리가 되는 **우생학** 운동을 지지했다. 이 운동은 인간의 유전적 자질을 보호하고 향상시키는 수단으로서 선택적 번식과 불임(不姙)을 장려했다.

독일 심리학자 빌리암 슈테른(William Stern)이 지능검사에 기여한 것은 그 유명한 용어인 **지능지수**(intelligence quotient), 즉 IQ였다. IQ는 사람의 정신 연령을 실제 나이로 나눈 값에 100을 곱하여 소수점을 없앤 것이다. 따라서 정신연령 8세와 생활연령(chronological age) 8세인 아동의 IQ는 100이다. 그러나 전형적인 10세 수준의 질문을 풀 수 있는 8세 아동은 IQ가 125이다.

$$IQ = \frac{\text{정신연령 } 10}{\text{생활연령 } 8} \times 100 = 125$$

원래의 IQ 공식은 아이에게는 잘 맞지만 성인들에게는 그렇지 않다(평균 20세에 해당하는 검사를 40세 어른이 잘 푼다고 할 때 그 어른의 IQ를 50으로 정해야 하는가?). 스탠퍼드-비네 검사를 비롯한 대부분의 최신 지능검사는 더 이상 IQ를 계산하지 않는다(그렇지만 IQ라는 용어는 일상의 어휘에서 여전히 '지능검사 점수'의 줄임말로 남아 있다). 그 대신, 같은 연령대 다른 사람들의 **평균 수행 점수**(임의로 100으로 설정)와 상대적으로 비교하여 검사 응시자의 수행 정도를 나타내는 점수로 정한다. 지능검사를 받는 사람들의 약 68%는 85~115 사이가 된다(우리는 곧 정규 곡선에 대한 논의에서 이 숫자에 대해 배울 것이다).

데이비드 웩슬러 : 개별 강점 검사 심리학자 데이비드 웩슬러(David Wechsler)는 현재 가장 널리 사용되는 개인 지능검사인 **웩슬러 성인용 지능검사**(Wechsler Adult Intelligence Scale, WAIS)를 만들었다. 아동용 버전(Wechsler Intelligence Scale for Children, WISC)과 취학전 아동용 버전(Evers et al., 2012)이 있다. WAIS(2008년 판)는 15개의 하위 검사로 구성되어 있으며 언어 영역 및 수행 영역으로 나뉜다. 다음은 검사의 한 예이다.

- **유사점** 두 가지 물건이나 개념의 공통성을 생각하기. "어떤 면에서 양모와 면이 비슷한가?"
- **어휘** 그림의 물건 이름 대기, 물건의 정의 내리기("기타는 무엇인가?").
- **블록 설계** 시각자료를 추상적으로 처리하기. "4개의 블록을 사용하여 이와 같이 하나로 만드시오."
- **문자-숫자 연속** 'R-2-C-1-M-3'와 같은 일련의 숫자와 문자를 듣고, 숫자를 오름차순으로, 그리고 문자를 알파벳 순서대로 정렬하기.

WAIS는 전반적인 지능점수뿐만 아니라 언어 이해, 지각 구성, 작업기억 및 처리 속도에 대한 개별 점수도 보여준다. 이 점수들 사이의 두드러진 차이점을 통해 강점이나 약점에 대한 단서를 제공받을 수 있다. 예를 들어 언어 이해력은 낮지만 다른 하위 검사에서 높은 점수를 받은 사람은 읽기 또는 언어에 장애가 있을 수 있다. 다른 비교는 보건 의료 종사자가 뇌졸중 환자를 위한 치료 계획을 설계하는 데 도움이 될 수 있다. 이러한 방식으로 해서, 이들 검사는 비네의 목적을 실현하는 데 도움이 된다. 그의 목적은 교사와 다른 사람들이 얻을 수 있는 개선의 기회와 강점을 파악하는 것이다.

'좋은' 검사의 세 가지 조건

심리검사가 널리 받아들여지려면 **표준화되고**(standardized), **신뢰할 만하며**(reliable), **타당해야**(valid) 한다. 스탠퍼드-비네 검사와 웩슬러 검사는 이러한 요구사항을 충족한다.

검사가 표준화되었는가? 지능검사에서 정확하게 대답하는 질문의 수가 거의 없다고 드러날 수 있다. 당신이 얼마나 잘 수행했는지를 알기 위해서는 비교할 수 있는 근거가 필요할 것이다. 그렇기 때문에 검사 제작자는 사람들을 대표하는 표본에게 새로운 검사를 제공한다. 이 예비 검사 집단의 점수가 향후 비교를 위한 기초가 된다. 당신이 동일한 절차에 따라 검사를 행한다면, 당신의 점수는 다른 사람의 점수와 비교할 때 의미가 있다. 이러한 프로세스를 **표준화**(standardization)라고 한다.

점수를 비교하는 한 가지 방법은 그래프를 작성하는 것이다. 신장, 체중, 정신적 적성 등 측정하는 특성이 무엇이든 상관없이 사람들의 점수는 **벨 곡선**(bell curve) 또는 **정규 곡선**(normal curve)이라고 불리는 종 모양의 패턴을 형성하는 경향이 있다. 곡선의 가장 높은 점이 평균 점수이다. 평균에서 벗어나 양쪽 극단으로 나아감에 따라 사람들의 수가 점점 더 줄어든다.

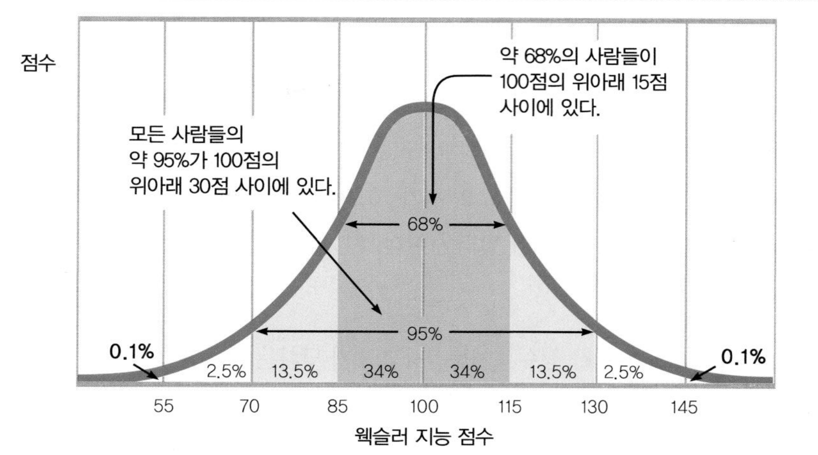
점수
약 68%의 사람들이
100점의 위아래 15점
사이에 있다.
모든 사람들의
약 95%가 100점의
위아래 30점 사이에 있다.
68%
95%
0.1%
2.5%
13.5%
34%
34%
13.5%
2.5%
0.1%
55
70
85
100
115
130
145
웩슬러 지능 점수

그림 8.9 정규 곡선 적성검사 점수는 평균 점수 주위에 정상적인, 즉 종 모양의 곡선을 그리는 경향이 있다. 예를 들어 웩슬러 척도에서 평균 점수는 100이다.

지능검사에서 평균 점수는 100이다(**그림 8.9**). 스탠퍼드-비네 검사와 웩슬러 검사의 경우 당신의 점수는 당신의 수행 정도가 평균보다 높거나 낮은지 여부를 보여준다. 예를 들어 130점은 모든 검사 응시자의 2.5%만이 당신보다 높은 점수를 가졌음을 나타낸다. 모든 사람들의 약 95%가 100점 위의 30점 또는 100점 이하의 30점 이내에 해당한다.

검사가 신뢰할 만한가? 당신의 점수를 표준화 집단 내 사람들의 점수와 비교하는 법을 알아도 검사가 **신뢰도**(reliability)가 없으면 당신에게 많은 정보를 줄 수 없게 된다. 신뢰할 수 있는 검사는 누가 검사를 하든, 언제 검사를 하든 상관없이 일관된 점수를 보여준다. 검사의 신뢰성을 확인하기 위해 연구자들은 많은 사람들을 여러 번 검사한다. 그들은 사람들에게 같은 검사를 사용하여 다시 검사하도록 할 수도 있고, 검사를 반으로 나누어 홀수 질문 점수와 짝수 질문 점수가 같은지 여부를 확인할 수도 있다. 두 세트의 점수가 전반적으로 일치하면—상관관계가 있는 경우—그 검사는 신뢰할 수 있다. 상관관계가 높을수록 검사의 신뢰성이 높아진다.

우리가 고려해온 스탠퍼드-비네, WAIS, WISC 검사들은 초기 아동기 이후에 매우 신뢰할 만한 검사이다. 재검사를 해보면, 사람들의 점수가 일반적으로 이들이 첫 번째에 실시한 점수와 밀접하게 일치한다—전 생애에 걸쳐서 그러하다(Deary et al., 2004, 2009)

검사가 타당한가? **타당한**(valid) 검사는 그것이 측정하고자 한 것을 측정하거나 예측한다. 검사는 신뢰성이 있으나 타당하지 않을 수 있다. 표시가 잘못된 줄자를 구입한다고 상상해보라. 사람의 신장을 재는 데 이 자를 사용하면 결과는 매우 신뢰할 만하게 나온다. 아무리 많은 시간을 측정해도 사람의 키는 동일할 것이다. 그러나 키가 잘못되게 나오면 그 결과는 타당하지 않다.

타당한 검사는 그들이 측정하기로 되어 있는 것을 측정할 때 **내용 타당도**(content validity)를 갖는다. 운전 면허증 발급을 위한 도로주행 검사는 운전자가 일상적으로 직면하는 과제를 표집하기 때문에 내용 타당도가 있다. 교과목 시험이 교과에서 배운 내용을 테스트하면 내용 타당도를 갖는다. 그러나 우리는 또한 지능검사가 **예측 타당도**(predictive validity)를 가질 것으로 기대한다. 지능검사는 미래의 성과를 예측할 수 있어야만 하는데, 어느 정도는 그렇다고 할 수 있다.

BASKETBALL

Claudia Daut/Reuters

칠레의 특수교육 철폐 다운 증후군을 가진 대부분의 칠레 아동들은 특별한 필요가 있는 학생들을 위한 별도의 학교에 출석한다. 그러나 이 소년은 다른 능력을 가진 아이들이 함께 교실을 사용하는 알타미라 학교(Altamira School)에 출석한다.

높은 점수, 낮은 점수를 받는 사람들 — 어떻게 다른가?

어떤 검사의 타당성과 중요성을 엿볼 수 있는 한 가지 방법은 정규곡선 두 극단의 점수를 받은 사람들을 비교하는 것이다. 그림 8.9에서 볼 수 있듯이, 지능검사 응시자의 약 5%는 극단 부분의 점수를 얻는다. 이는 2.5%가 130보다 높고 2.5%가 70보다 낮다. 검사가 타당하면 두 극단 집단이 현저하게 달라야 한다. 지능검사에서는 사실이 그러하다.

하위 극단(Low Extreme) 점수 지능검사 점수가 낮다는 사실만으로 지적장애(intellectual disability, 이전의 **정신지체**)로 알려진 발달 상태를 가진 사람임을 의미하지는 않는다. 지적장애는 18세 이전에 명백한 상태이다. 이것은 때때로 드러난 신체적 원인이 있다. 예를 들어 **다운 증후군**(Down syndrome)은 21번 염색체가 추가로 복제되어 생기는데, 지적 · 신체적으로 심각한 정도가 다양하다. 경도의 지적장애가 있다고 진단받은 사람들—70점 바로 아래의 사람들—은 독립적으로 살아갈 수도 있다.

미국 지적 · 발달장애협회 지침에는 지적장애 진단을 하기 위한 두 가지 요구사항이 나와 있다.

- 지능검사 점수는 응시자의 98% 미만의 수행 점수를 보인다(Schalock et al., 2010).
- 다음의 세 가지 영역이나 기술로 표현된 바와 같이, 정상적으로 혼자 생활할 때 필요한 요구사항을 맞추는 데 어려움이 있다. 그 세 가지는 **개념적**(언어, 독서, 돈과 시간과 숫자 개념 같은 것) 영역, **사회적**(대인관계기술, 사회적 책임 감당, 기본 규칙 및 법률 준수, 피해자가 되지 않도록 피하기 등) 영역, **현실적**(건강 및 개인 관리, 직업 기술 및 여행 같은 것) 영역이다.

상위 극단(High Extreme) 점수 지능검사 점수가 특별히 우수한 학업 재능을 보여주는 아이들은 대부분 번창한다. 1921년에 시작된 유명한 프로젝트에서 루이스 터먼은 IQ 점수가 135점이 넘는 1,500명 이상의 캘리포니아 학생들을 대상으로 연구했다. 이러한 고득점 아이들(나중에 '흰개미'라고 함)은 건강하고 잘 적응하고, 학문적으로는 유례가 없을 정도로 성공적이었다(Friedman & Martin , 2012; Koenen et al., 2009; Lubinski, 2009a). 그들의 성공은 이후의 70년 이상 계속되었다. 이들 대부분은 교육 수준이 높았으며 의사, 변호사, 교수, 과학자 및 작가들이 많았다(Austin et al., 2002; Holahan & Sears, 1995).

다른 연구들은 SAT에 탁월했던 젊은이들에게 초점을 맞추고 있다. 1,650명의 수학 천재들로 구성된 한 집단은 13세 때에 이들 연령대의 학생들 상위 1% 중에서도 25% 범위 안에 드는 점수를 받았다. 이들은 50대에, 개인이 681건의 특허권을 소유했다(Lubinski et al., 2014). 13세 때 언어적성 고득점자들인 또 다른 집단은 38세에 인문학 교수가 되거나 소설을 쓰는 면에 있어서 수학천재들보다 2배나 많았다(Kell et al., 2013). 전체 미국인 중 약 1%가 박사 학위를 취득한다. 그러나 12세 및 13세 때 SAT를 치르는 사람들의 상위 1% 중에서도 100위 안의 점수를 받은 사람들의 63%가 그렇게 했다(Lubinski, 2009b).

"나는 부모님께 말했어. 성적이 그렇게 중요하면 부모님이 좀 더 똑똑한 난자 기증자에게 돈을 지불했어야 한다고."

The New Yorker Collection, 1999, Donald Reilly from cartoonbank.com

20세기의 가장 유명한 발달심리학자인 장 피아제(Jean Piaget)는 이런 아이들과 함께 있었다면 마음이 편하게 느꼈을지도 모른다. 15세가 되었을 때, 그는 이미 연체 동물에 관한 과학 논문을 발표하고 있었다(Hunt, 1993).

지능의 선천성과 후천성

지능은 집안 내력이다. 하지만 왜 그런가? 우리는 지적 능력 대부분을 물려받았는가? 아니면 그 능력이 환경에 의해 형성되는가?

유전과 지능

유전성(heritability)은 유전자에 원인을 돌릴 수 있는 개인 간 차이(variation among individuals)의 일부이다. 지능의 유전성은 50~80%로 추정된다(Calvin et al., 2012, Johnson et al., 2009; Neisser et al., 1996). 이것은 지능의 50%가 유전자 때문이고, 나머지는 환경 때문이라고 가정할 수 있는가? 아니다. 유전성은 까다로운 개념이다. 기억해야 할 점 : 유전성은 개인에게 적용되는 것이 아니라, 집단 내 사람들이 나름의 이유가 있을 때만 적용할 수 있다.

지능의 유전성은 연구마다 다르다. 그 이유를 알기 위해, 유머작가 마크 트웨인이 12세 때까지 구멍을 통하여 먹을 것을 전해주면서, 통에 남자 아이를 키우는 것을 상상해보라. 그의 농담에 한 걸음 더 나아가서 모든 소년들에게 12세에 지능검사를 할 것이라고 말한다고 해보자. 그들의 환경이 모두 같기 때문에 검사 점수의 차이는 유전에만 의한 것일 수 있다. 이 '연구'에서 유전 가능성은 100%

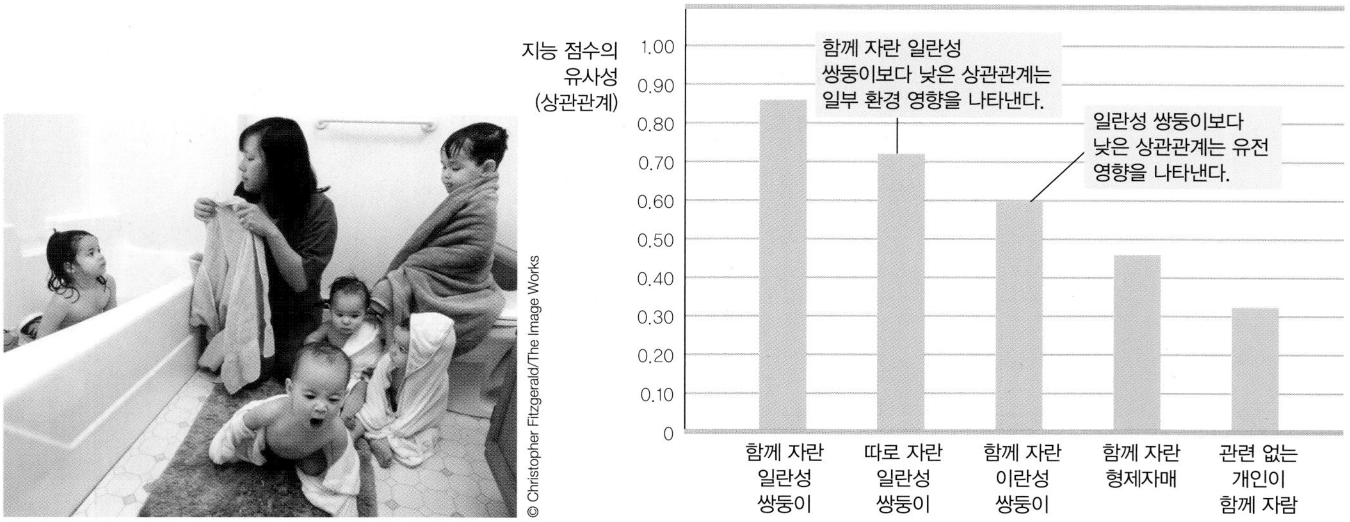
© Christopher Fitzgerald/The Image Works
지능 점수의
유사성
(상관관계)
1.00
0.90
0.80
0.70
0.60
0.50
0.40
0.30
0.20
0.10
0
함께 자란 일란성
쌍둥이보다 낮은 상관관계는
일부 환경 영향을 나타낸다.
일란성 쌍둥이보다
낮은 상관관계는 유전
영향을 나타낸다.
함께 자란 일란성 쌍둥이
따로 자란 일란성 쌍둥이
함께 자란 이란성 쌍둥이
함께 자란 형제자매
관련 없는 개인이 함께 자람

그림 8.10 지능 : 선천성과 후천성 유전적으로 가장 유사한 사람들이 가장 비슷한 지능 점수를 가지고 있다. 기억하라. 1.00은 완벽한 상관관계를 나타낸다. 0은 전혀 상관관계가 없음을 나타낸다(McGue et al., 1993).

일 것이다. 그런데 미친 과학자가 100명의 소년을 복제하여 이들을 철저하게 다른 환경에서(어떤 아이들은 통에, 다른 아이들은 저택에서) 키우면 어떻게 될까? 이 경우 그들의 유전은 동일할 것이므로 어떤 검사 점수의 차이도 그들의 환경 때문일 수 있다. 환경 효과는 100%이고 유전력은 0%일 것이다.

실생활에서, 심리학자들이 유전과 환경의 영향을 연구하기 위해 사람들을 복제할 수는 없는 노릇이다. 그러나 제3장에서 지적했듯이, 자연이 우리를 위해 그러한 일을 해왔다. 일란성 쌍둥이는 동일한 유전자를 공유한다. 이들은 또한 같은 정신적 능력을 가지고 있을까? 많은 연구를 요약한 **그림 8.10**에서 볼 수 있듯이, 대답은 '예'이다. 일란성 쌍둥이가 다른 두 가족에 의해 입양되더라도 지능검사 점수는 거의 같다. 그들이 성장해서 검사를 해보면, 그들의 점수는 한 사람이 동일한 검사를 두 번 받는 것과 같이 거의 유사하다(Haworth et al., Lykken, 1999; Plomin et al., 2016). 일란성 쌍둥이는 음악, 수학 및 스포츠와 같은 특정 재능에서도 매우 유사하다(Vinkhuyzen et al., 2009).

유전자가 중요하더라도, '천재' 유전자라고 알려진 것은 없다. 200명의 연구자가 126,559명의 자료를 모았을 때, 분석된 모든 유전자 간의 변이(차이)는 교육 성취도 차이의 약 2%만을 설명해줄 수 있었다(Rietveld et al., 2013). 똑똑한 유전자에 대한 탐색은 계속되고 있는데, 하나 분명한 사실은 많은 유전자가 지능에 기여한다는 점이다(Bouchard, 2014). 따라서 지능은 키와 같다(Johnson, 2010). 54가지 특정 유전자 변이를 함께 모아보더라도, 우리 각자의 키 차이에 대해 단지 5%를 설명할 따름이다.

환경과 지능

이란성 쌍둥이는 유전적으로 다른 두 형제자매 이상으로 더 비슷하지는 않다. 그러나 그들은 보통 환경을 공유하며, 같은 나이기 때문에 종종 서로 같게 다루어진다. 그러면, 지능검사 점수가 다른 형제자매의 지능검사 점수들보다는 더 유사한가? 그렇다—**그림 8.10**에서 볼 수 있듯이, 형제 쌍둥이의 시험 점수는 다른 두 형제의 점수보다 좀 더 비슷하다. 그러므로 어느 정도 환경의 영향이 있다고 볼 수 있다.

우리는 또한 입양 연구를 통해 지능에 대한 환경의 영향을 평가하는 데 도움을 받는다. 연구자들은 유전자와 환경의 영향을 해결하기 위해 입양된 아이들의 지능검사 점수를 다음과 같은 대상의 검사 점수와 비교하였다.

- **생물학적 부모** : 유전자를 제공한 사람
- **양부모** : 가정환경을 제공한 사람
- **입양된 형제** : 가정환경을 공유한 사람

몇몇 연구는 공유된 환경이 지능검사 점수에 약간의 영향을 미친다는 것을 암시해준다.

- '가상 쌍둥이(virtual twins)'의 지능 점수는 우연 수준보다는 훨

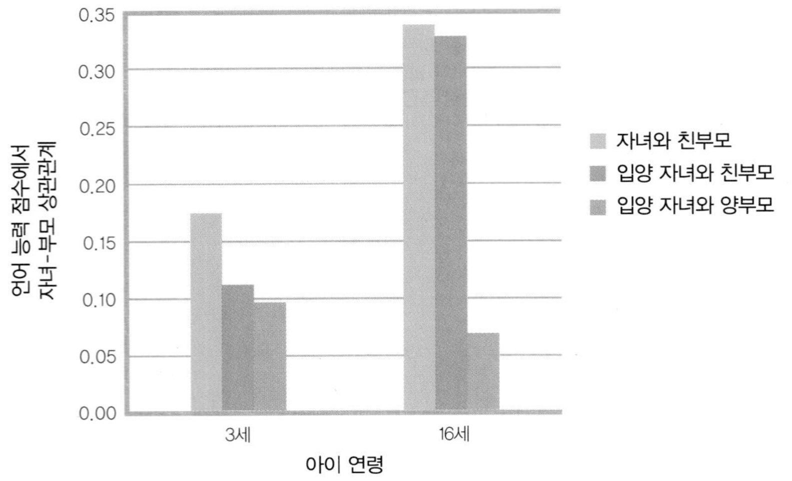
0.35
0.30
0.25
0.20
0.15
0.10
0.05
0.00
언어 능력 점수에서
자녀-부모 상관관계
3세
16세
아이 연령
자녀와 친부모
입양 자녀와 친부모
입양 자녀와 양부모

그림 8.11 언어 능력에서, 입양아는 누구를 닮는가? 입양 가정에서 시간이 흐를수록, 아이의 언어 능력 점수는 생물학적 부모 점수와 더 비슷해졌다(Plomin & DeFries, 1998).

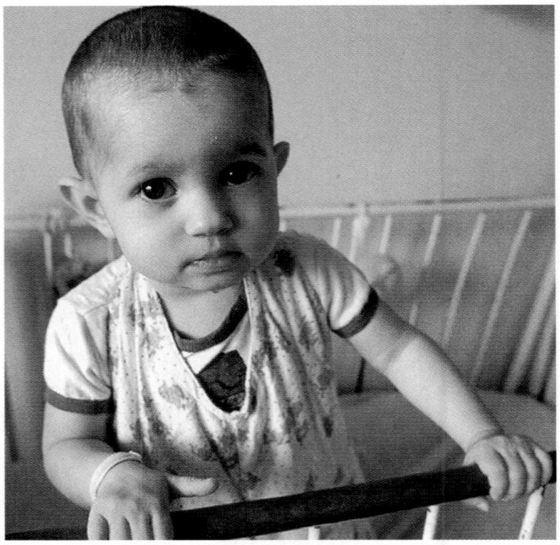

© Josef Polleross/The Image Works

파괴적인 방치 1990년 리가눌 펜트루 코피 고아원에 있는 이 아이에서 보듯이, 일부 루마니아 고아들은 돌보미와의 상호작용이 거의 없어서 발달지체를 겪었다.

씬 높은 +0.28의 상관관계가 있다(Segal et al., 2012). 여기서 가상 쌍둥이는 유아기에 입양되어 형제자매로 같이 자란 동일한 나이의 아이를 가리킨다.

- 빈곤층에서 중산층 가정으로 입양되면 아동의 지능검사 점수가 향상된다(Nisbett et al., 2012). 스웨덴에서 대규모로 수행한 연구를 통해 교육 수준이 더 높은 부모를 둔 부유한 가정에 입양된 아동들 사이에서 이러한 영향이 확인되었다. 입양아의 점수는 입양되지 않은 생물학적 형제자매의 점수보다 평균 4.4점 높았다(Kendler et al., 2015).
- 학대받거나 방임 상태의 아이들을 입양하면 또한 이들의 지능 점수가 향상된다(van IJzendoorn & Juffer, 2005, 2006).

따라서 어린 시절 입양된 아이의 형제자매 검사 점수는 어느 정도 상관관계가 있다고 할 수 있다. 나이가 들어서 입양된 아이는 입양 가족과 정착하면서 어떻게 될 것이라고 생각하는가? 공유된 가정환경 효과가 더 강해지고, 공유된 유전자 효과는 줄어들 것이라고 기대하는가?

그렇다고 말했다면, 당신은 놀랄 것이다. 입양아와 입양 가족 간의 정신적 유사성은 나이가 많아질수록 줄어든다. 성인기에 이르면, 그 유사성은 거의 0으로 떨어진다(McGue et al., 1993). 환경적 요인이 아닌 유전적 영향은 우리가 삶의 경험을 축적함에 따라 더욱 자명해진다. 예를 들어, 일란성 쌍둥이의 유사점은 80세까지 계속되거나 증가한다(Deary et al., 2009). 유사하게, 언어 능력에서, 입양아들은 해가 지날수록 생물학적 부모와 더 많이 닮아간다(**그림 8.11**). 당신은 이 사실을 짐작했는가?

유전자-환경 상호작용

우리는 생물학과 경험이 서로 얽혀 있음을 알아보았다. 제3장에서 **후성유전학**(epigenetics)은 이러한 선천성과 후천성의 만남에 대해 연구하는 분야이다. 당신은 유전자 덕택에 다른 사람들보다 약간 키가 크고 더 빠르다고 가정해보자(Flynn, 2003, 2007). 당신이 농구팀에 가입하려고 시도하면, 당신은 선택될 가능성이 더 많을 것이다. 일단 팀에 합류하면 다른 사람들보다 더 자주(더 많은 연습과 경험을 얻음) 경기하게 되고 더 많은 코칭을 받게 될 것이다. 떨어져 있는 일란성 쌍둥이도 마찬가지일 것이다. 그는 농구 스타가 될 수도 있다. 이것은 유전적 이유 때문만은 아닐 것이다. 신체 능력과 마찬가지로 정신 능력에서도, **우리 유전자는 우리를 형성시키는 경험을 형성해준다**(our genes shape the experiences that shape us). 학업에 대한 천부적 적성이 있다면, 당신은 학교에 머물러 책을 읽거나 질문을 할 가능성이 높아진다. 이 모든 것은 당신의 두뇌 역량을 증가시킬 것이다. 이러한 유전자-환경 상호작용에서, 작은 유전적 장점은 사회적 경험을 촉발하고, 이 경험은 당신이 원래 갖고 있는 기술을 증대시킬 수 있다.

그러나 때로는 환경 조건이 역으로 진행되어 인지발달을 저해한다. 맥비커 헌트(J. McVicker Hunt, 1982)가 이란의 한 고아원에서 관찰한 바와 같이, 심각한 박탈 상황은 두뇌에 흔적을 남긴다. 헌트가 관찰한 전형적인 아동은 2살 때 도움받지 않고는 앉지 못하고, 4살 때는 걷지 못했다. 이들이 거의 보살핌을 받지 못한 것은 이들이 울거나, 옹알이하거나, 다른 행동에 대한 반응이 없어서가 아니었다. 그래서, 아이들은 개인적으로 환경을 통제하는 것에 대한 감각을 거의 발달시킬 수 없었다. 대신, 이 아이들은 수동적인 '침울한 멍청이'가 되어가고 있었다. 극단적 박탈은 천부적 지능을 망가뜨린다. 이러한 발견은 루마니아 및 다른 여러 형편없는 고아원에서 자란 아이들에 대한 연구에서도 확인되고 있다(C. A. Nelson et al., 2009, 2013; van IJzendoorn et al., 2008).

초기 경험과 조기 개입의 효과를 염두에 두고 헌트는 11명의 유아를 대상으로 언어 양육 게임을 가르치는 이란 간병인 교육 프로그램을 시작했다. 그들은 아기 옹알이 모방하기를 배웠다. 그들로 하여금 목소리로 인도자를 따라하도록 하였다. 마침내 그들은 페르시아 언어의 유아 소리를 가르쳤다. 결과는 극적이었다. 22개월 때, 유아들은 다섯 가지 이상의 물건과 신체 부위를 명명할 수 있었다. 아이들은 방문객들을 너무 매료시켜서 대부분이 입양되었다. 이 고아원으로서는 너무나 인상적인 큰 성공이었다.

영양실조, 감각 박탈, 사회적 격리 등의 극한적 상황이 정상적인 두뇌 발달을 지체시킨다면, 그 반대도 사실일까? '풍부한' 환경을 제공함으로써 정상적인 뇌 발달을 증폭시킬 수 있는가? 대부분의 전문가들은 의문을 제기한다(Bruer, 1999; DeLoache et al., 2010; Reichert et al., 2010). 정상적인 아이를 천재로 빨리 만드는 처방은 없다. 모든 아기는 빛, 소리 및 말소리에 정상적으로 노출되어야 한다. 더 나아가, 발달심리학자 샌드라 스카(Sandra Scarr, 1984)의 의견은 여전히 널리 공감을 일으킨다. "자녀들에게 특별 교육을 제공하려고 노심초사하는 부모들은 시간을 낭비하고 있다."

그러나, 아동기 이후에 어떤 형태의 풍족한 상황은 지능 점수에 이득을 줄 수 있다(Protzko et al., 2013). 동기부여조차도 검사 점수에 영향을 미칠 수 있다. 청소년들에게 잘했을 때 돈을 주겠다고 약속하면, 더 높은 지능 점수를 받았다(Duckworth et al., 2011).

따라서 환경의 영향으로 인지 기술이 높아지거나 감소할 수 있다. 그러나 일반적인 경향은 무엇인가? 자궁에서 무덤으로 가는 여정에 있어서, 우리의 지능은 변하는 것인가, 아니면 안정적으로 남아 있는가?

평생에 걸친 지능

안정적인가 변화하는가?

지능은 지속된다. 4세 아이들의 지능검사 점수를 보고, 이들의 청소년기와 성인기의 점수를 예측하기 시작한다. 청소년기 후반까지, 지능 및 기타 적성 점수는 놀라운 안정성을 보여준다. 우리는 이것을 어떻게 알 수 있는가?

- **횡단적 연구**(cross-sectional studies)는 서로 다른 연령대의 사람들을 비교한다.
- **종단적 연구**(longitudinal studies)는 장기간에 걸쳐 동일한 사람들을 여러 번 연구하고 검사한다.

스코틀랜드의 이안 디어리(Ian Deary)와 그의 동료들(2004, 2009b, 2013)은 장기 연구의 신기록을 세웠으며, 그들의 이야기는 심리학의 위대한 이야기 중 하나이다. 1932년 6월 1일, 스코틀랜드는 어느 나라도 그 이전이나 그 이후에 행한 적이 없었던 것을 행했다. 노동자 계급 아동 중에서 누가 추가교육의 혜택을 누려야 하는지 확인하기 위해, 정부는 1921년에 스코틀랜드에서 태어난 모든 11세 아동(87,498명)에게 지능검사를 시행했다.

1997년 6월 1일, 디어리의 동료 로렌스 웰리(Lawrence Whalley)의 아내인 퍼트리샤 웰리(Patricia Whalley)는 디어리의 에든버러대학 사무실로부터 멀지 않은 곳에 위치한 스코틀랜드 교육연구위원회의 먼지투성이 창고 선반에서 검사 결과를 발견했다. 웰리가 디어리에게 이 소식을 전했을 때, 디어리는 "이것은 우리의 삶을 변화시킬 거예요"라고 말했다. 사실이 그러했다. 이 초기 검사 결과의 안정성과 예측 능력을 보여주는 수십 가지의 연구가 있다. 예를 들어, 1932년 검사한 후에 생존해 있는 542명을 80세에 다시 검사했다(Deary et al., 2004). 거의 70년 이상 동안 다양한 삶을 경험했지만, 검사 응시자의 두 검사 간 상관관계는 놀라울 정도이다(**그림 8.12**). 106명의 생존자들은 90세에 재검사하였다(Deary et al., 2013).

점수가 높은 어린이와 성인은 더 건강하고 오래 사는 경향이 있다. 왜 그런 것일까? Deary(2008)는 네 가지 있을 법한 설명을 했다.

- 지능은 사람들이 더 많은 교육, 더 나은 직업 및 더 건강한 환경에 보다 잘 접근하도록 해준다.
- 지능은 건강한 삶을 장려한다—흡연을 덜하고, 음식을 잘 먹고, 많이 운동하는 것.
- 태아기 또는 유아기의 질병은 지능과 건강 둘 다에 영향을 줄 수 있다.
- 빠른 반응 속도로 입증된 '잘 다져진 신체'는 지능과 장수를 촉진할 수 있다.

따라서, 지능 점수는 놀랍도록 안정적이다. 그리고 높은 지능은

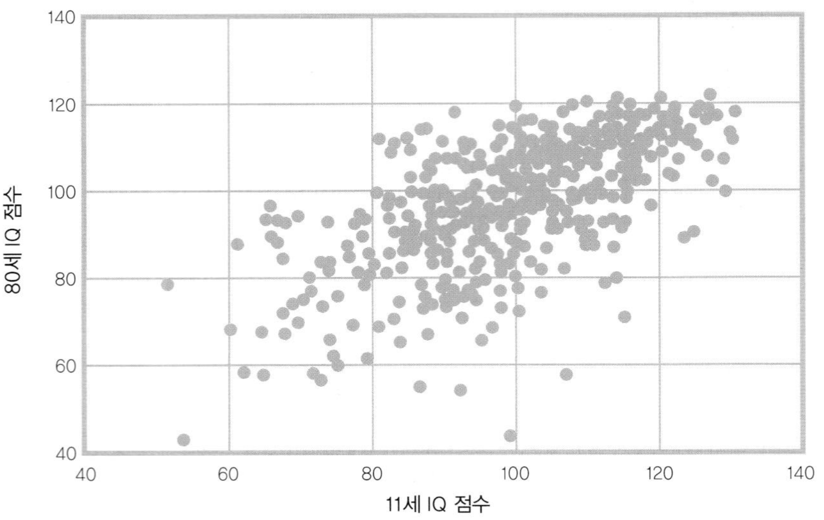
80세 IQ 점수
11세 IQ 점수
140
120
100
80
60
40
40
60
80
100
120
140

그림 8.12 지능은 지속된다 이안 디어리와 그의 동료들이 80세의 스코틀랜드 노인들에게 이들이 11세 때 받은 지능검사를 사용하여 재검사하도록 하였다. 여기에 표시된 바와 같이, 70년 차이가 나는 이들의 점수는 +0.66의 상관관계를 보여준다(Deary et al., 2004). 106명의 생존자들이 90세에 다시 검사받았을 때, 11세 때 점수와의 상관관계는 +0.54였다(Deary et al., 2013).

건강과 장수를 예측하는 지표이다. 그러나 우리가 다음에 보게 되는 것처럼, 나이가 들면서 우리의 지식과 정신적 민첩성은 변한다.

결정성 지능과 유동성 지능

우리의 지적 능력은 나이가 들어 감에 따라 어떻게 되는가? 이 질문에 대한 답은 과제의 종류와 유형에 달려 있다.

- **결정성 지능**(crystallized intelligence)—어휘력과 단어 능력 검사에서 보여주듯이, 축적된 지식은 나이가 들어 가면서 노년에 이르기까지 증가한다.
- **유동성 지능**(fluid intelligence)—익숙하지 않은 논리 문제를 해결할 때와 같이 신속하고 추상적으로 추론하는 능력은 20대, 30대 이후로 감소한다. 75세 전후까지 천천히 감소하고, 특히 85세 이후에는 더 급격히 감소한다(Cattell, 1963; Horn, 1982; Salthouse, 2009, 2013).

나이가 들면서, 우리는 잃기도 하고, 얻기도 한다. 회상기억과 처리 속도는 떨어지지만, 어휘와 지식을 얻는다(**그림 8.13**). 성인기 후반에, 우리의 사회적 추론기술은 향상된다. 우리는 다양한 관점을 보고, 지식의 한계를 인식하고, 갈등이 생길 때 유용한 지혜를 제공하는 것들을 더 잘할 수 있게 된다(Grossmann et al., 2010). 또한 우리의 결정은 불안, 우울증, 분노와 같은 부정적 감정에 의해 쉽게 왜곡되지 않는다(Blanchard-Fields, 2007; Carstensen & Mikels, 2005). 이러한 평생에 걸친 정신 능력의 차이를 알면 고령자가 신기술을 받아들이기 어려운 이유를 설명하는 데 도움이 된다(Charness & Boot, 2009;

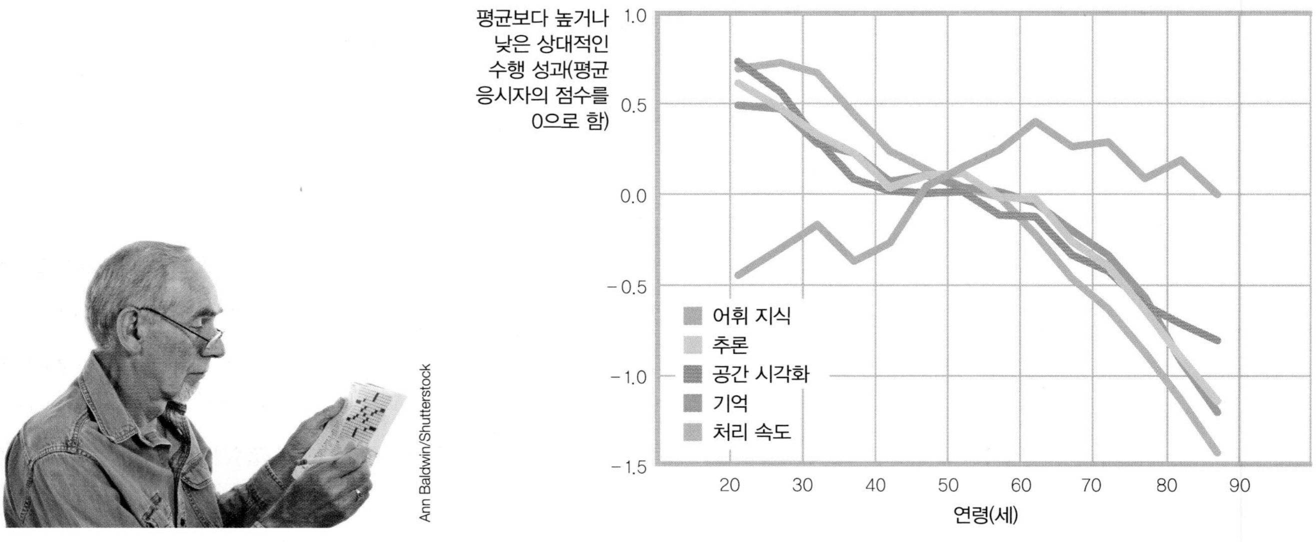
Ann Baldwin/Shutterstock
평균보다 높거나 낮은 상대적인 수행 성과(평균 응시자의 점수를 0으로 함)
1.0
0.5
0.0
−0.5
−1.0
−1.5
20
30
40
50
60
70
80
90
연령(세)
어휘 지식
추론
공간 시각화
기억
처리 속도

그림 8.13 나이가 들면서 우리는 잃기도 하고 얻기도 한다 연구에 따르면 나이가 들면서 어휘 능력은 커지는 반면 유동성 지능은 쇠퇴한다(Salthouse, 2010).

Pew, 2015). 또한 창의성에 관한 흥미로운 발견을 설명하는 데 도움이 된다. 수학자와 과학자들은 20대 후반이나 30대 초반에 가장 창의적인 작업의 대부분을 산출한다. 이 시기는 유동성 지능이 최고조에 이르는 때이다(Jones et al., 2014). 결정성 지능에 좀 더 의존한다고 볼 수 있는 산문 작가, 역사가 및 철학자는 40대, 50대나 그 이상의 나이에 최고의 작품을 산출하는 경향이 있다(Simonton, 1988, 1990).

지능검사 점수의 집단 간 차이

적성 점수에 집단 차이가 없다면, 심리학자들은 유전 및 환경의 영향에 대해 그리 논쟁할 것이 없을 것이다. 그러나 집단 차이가 있다. 그것은 무엇인가? 그리고 그것은 무엇을 의미하는가?

성별 유사점 및 차이점

매일의 삶과 마찬가지로, 과학에서도 흥미를 자극하는 것은 유사점이 아니라 차이점이다. 남녀의 신체적 차이와 비교해볼 때, 우리 지능의 차이는 미미하다. 예를 들어, 1932년에 스코틀랜드의 11세 청소년을 대상으로 한 검사에서, 소녀의 평균 지능 점수는 100.6이었고 소년은 100.5였다(Deary et al., 2003, 2009). *g*(일반지능)에 관한 한, 소년 소녀, 남녀는 같은 종(種)이다.

그러나, 대부분의 사람들은 차이점이 좀 더 뉴스거리가 된다고 생각한다. 소녀들은 철자법, 언어 유창성, 물건 찾기 등에서 소년보다 더 낫다(Voyer & Voyer, 2014). 그들은 감정을 더 잘 감지하며 촉감, 맛, 색상에 더 민감하다(Halpern et al., 2007). 수학 계산 및 전반적인 수학 학업에서 소녀와 소년은 거의 다르지 않다(Else-Quest et al., 2010; Hyde & Mertz, 2009; Lindberg et al., 2010). 그러나 공간 능력과 복잡한 수학 문제에 대한 검사에서 소년들은 소녀들보다 우위에 있다.

남성의 정신 능력 점수는 여성보다 더 다양하다. 전 세계적으로 소년들은 낮은 극단 점수와 높은 극단 점수 모두에서 소녀보다 수가 많다(Brunner et al., 2013). 예를 들어 소년들은 특수교육 수업에서 더 자주 발견되지만, SAT 수학 시험에서 매우 높은 점수를 얻은 사람들 중에서도 더 자주 발견된다.

가장 신뢰할 만한 남성 우위성은 **그림 8.14**와 같은 공간 능력 검사에 나타난다(Maeda & Yoon, 2013; Wei et al., 2012). 이 문제를 해결하려면 마음속으로 3차원 물체를 빠르게 회전시켜야 한다. 오늘날 이러한 기술은 여행 가방을 자동차 트렁크에 잘 맞추어 넣기, 체스게임하기, 특정 유형의 기하학 문제 해결하기 등에 도움이 된다. 진화심리학자들은 이와 같은 기술이 우리 조상들에게는 생존 가치가 있었을 것이라고 믿는다. 이 기술은 음식을 찾아내고, 집으로 돌아가는 데 도움을 주었을 것이다(Geary, 1995, 1996; Halpern et al., 2007). 우리의 조상 어머니들은 식용 식물의 위치에 대한 예리한 기억이 있어서 생존하는 데 더 많은 혜택을 보았을 것이다. 오늘날 그러한 유산은 물건과 그 위치에 대해 여성이 더 우수한 기억 속에 남아 있다. 그러나 사회적 기대와 기회 또한 중요하다. 과학과 공학이 남성 과목으로 간주되지 않는 러시아, 아시아 및 중동에서는 15세 소녀가 국제 과학 시험에서 소년보다 약간 우위에 있다. 북미와 영국에서는 남학생이 더 높은 점수를 받았다(Fairfield, 2012). 스

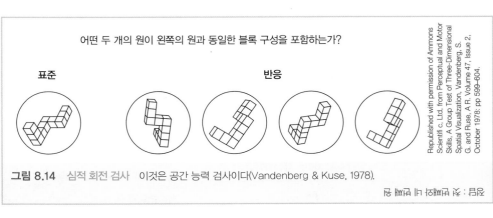

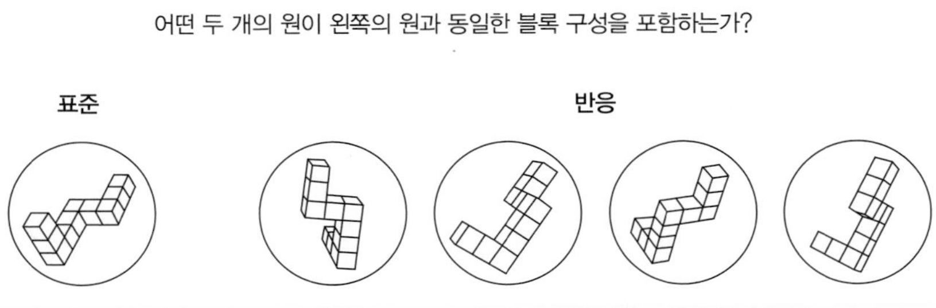
어떤 두 개의 원이 왼쪽의 원과 동일한 블록 구성을 포함하는가?
표준
반응

그림 8.14 심적 회전 검사 이것은 공간 능력 검사이다(Vandenberg & Kuse, 1978).

정답 : 첫 번째와 네 번째 원

웨덴과 아이슬란드 같은 남녀평등 문화에서는 터키, 한국과 같은 성 불평등 문화에서 발견되는 수학 점수의 성별 차이가 거의 없다(Guiso et al., 2008). 우리 인생의 여러 많은 분야에서 보았듯이, 경험이 중요하다.

인종과 민족의 유사점과 차이점

집단 간 차이에 대한 토론을 부채질하는 것은 다음의 혼란스럽지만 합의된 두 가지 다른 사실이다.

- 인종집단(racial group)과 민족집단(ethnic group)의 평균 지능검사 점수는 다르다.
- 높은 점수를 받은 사람들(및 집단)은 높은 수준의 교육 및 수입을 얻을 가능성이 더 많다.

평균 지능검사 점수에는 집단 간 차이가 많다. 유럽 출신의 뉴질랜드인은 뉴질랜드 마오리족 원주민보다 점수가 높았다. 이스라엘계 유대인들은 이스라엘계 아랍인들보다 점수가 높았다. 대부분의 일본인은 일본에서 멸시받는 소수민족인 부라쿠민보다 점수가 높았다. 그리고 백인 미국인들은 흑인 미국인보다 점수가 높게 나왔다. 이러한 흑-백 차이는 최근 몇 년 사이에 특히 어린이들 사이에서 다소 줄어들었다(Dickens & Flynn, 2006; Nisbett, 2009).

한 가지 더 동의한 사실은 집단 차이가 개인을 판단할 수 있는 근거를 거의 제공하지 않는다는 점이다. 전 세계적으로, 여성이 남성보다 4년 더 오래 살지만, 당신이 남성 또는 여성이라는 사실을 안다고 해서, 당신이 얼마나 오래 살지 말해줄 수는 없는 것이다.

우리는 유전이 지능의 개인차에 영향을 준다는 것을 보아왔다. 그러나 유전적 특성에서 집단 간 차이는 전적으로 환경에 의한 것일 수 있다. 이것은 전에 통 속에서 자란 소년과 저택에서 자란 소년의 예에서 확인했었다. 자연의 실험 중 하나를 생각해보자. 일부 어린이는 자기 문화의 우세 언어를 듣고 자라는 반면, 다른 아이들은 청각장애로 태어나서 그렇게 자라지 않는다. 이후 두 집단에게 우세 언어에 근거한 지능검사를 실시한다. 그 결과는? 놀랄 것도 없다. 우세 언어에 대한 전문 지식을 가진 사람들은 청각장애인으로 태어난 사람보다 더 높은 점수를 받을 것이다(Braden, 1994; Steele, 1990; Zeidner, 1990). 각 집단 내에서 개인 간 차이는 주로 유전적 차이가 있음을 반영해준다. 두 집단 간 차이는 주로 환경에 의한 것이다(**그림 8.15**).

인종 격차, 민족 격차는 비슷하게 환경에 영향을 받는가? 생각해 보자.

유전학 연구를 통해서 피부색으로 보면 우리 인간들은 놀라울 정도로 비슷하다는 것을 알 수 있다. 아이슬란드 두 부족인들 사이, 혹은 케냐 두 부족인들 사이의 평균 유전적 차이는 아이슬란드인들과 케냐인들 사이의 집단 차이를 훨씬 능가한다(Cavalli-Sforza et al., 1994; Rosenberg et al., 2002). 또한, 외모만 보면 속을 수 있다. 흰 피부의 유럽인과 검은 피부의 아프리카인은 검은 피부의 아프리카인과 검은 피부의 호주 원주민보다 유전적으로 더 가깝다.

인종은 깔끔하게 정의된 생물학 범주가 아니다. 많은 사회과학자들은 인종이 더 이상 의미 있는 용어가 아니라고 생각한다. 이들은 인종을 신체로 구분하는 경계가 아니라 주로 사회적 범주로 간주한다. 이들은 지적하기를 각 인종집단은 지리적으로 인접한 이웃에게 원활하게 섞여 들어간다고 한다(Helms et al., 2005; Smedley & Smedley, 2005). 더욱이 혼합된 혈통을 가진 사람들이 점점 더 증가

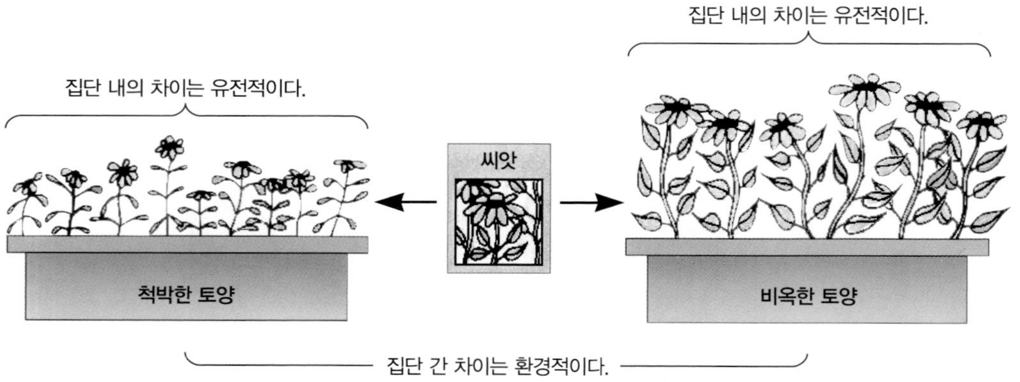
집단 내의 차이는 유전적이다.
집단 내의 차이는 유전적이다.
씨앗
척박한 토양
비옥한 토양
집단 간 차이는 환경적이다.

그림 8.15 집단 차이와 환경적 영향 집단 내 구성원 간 차이가 유전적 차이를 반영한다고 하더라도, 집단 간의 평균 차이는 전적으로 환경 때문일 수 있다. 동일한 혼합물에서 나온 씨앗이 다른 토양에 뿌려진다는 것을 상상해보라. 꽃의 각 상자 안의 높이 차이는 유전적일 수 있다. 그러나, 두 집단 간의 높이 차이는 환경적일 수 있다(Lewontin, 1976에 의해 영감을 받음).

하면서, 어느 한 범주에 깔끔하게 맞아떨어지는 사람들은 점점 더 줄어들고, 더 많은 사람들이 자신들을 다인종으로 인식하고 있다(Pauker et al., 2009).

동일한 인구집단 내에서도, 검사 점수상에 세대 간 차이가 있다. 오늘날 더 잘 먹고, 더 좋은 교육을 받고, 검사 준비를 잘한 인구의 검사 점수는 1930년대 인구의 점수를 능가한다(Flynn, 2012; Pietschnig & Voracek, 2015; Trahan et al., 2014). 두 세대 간 차이는 오늘날의 백인 평균과 흑인 평균 사이의 차이보다 더 크다. 오늘날의 사하라 사막 이남 아프리카인들의 평균 지능검사 성적은 1948년 영국 성인과 똑같다. 아무도 세대 간 차이의 원인을 유전학으로 돌리지 않는다.

동일한 정보가 주어지면, 흑인과 백인은 유사한 정보 처리 기술을 보여준다. 연구 결과를 통해서 보면, 정보에 접근하는 데 문화마다 차이가 있어서 지능검사 성적이 인종 간에 차이가 생길 수 있음을 알 수 있다(Fagan & Holland, 2007).

학교와 문화가 중요하다. 부유층과 빈민층 간의 경제 격차가 큰 국가는 지능검사 점수에서도 빈부 격차가 매우 큰 경향이 있다(Nisbett, 2009). 또한 유치원 출석, 학교 규율 및 연간 교육 시간과 같은 교육 정책을 보면 지능 및 지식 검사에 있어서의 국가적 차이를 예측할 수 있다(Rindermann & Ceci, 2009). 수학적 성취, 적성 검사의 차이, 특히 성적은 능력보다도 성실성을 반영하는 것일 수 있다(Poropat, 2014). 그런 검사에서 북미 학생들을 능가하는 아시아 학생들은 학교에서 30% 더 많은 시간을 보냈고, 학교 안과 밖에서 수학을 공부하는 데 훨씬 더 많은 시간을 보냈다(Geary et al., 1996; Larson & Verma, 1999; Stevenson, 1992).

여러 다른 민족 집단은 서로 다른 시기에 황금기(놀라운 성취의 시기)를 경험하였다. 2,500년 전에 그 민족은 그리스인, 이집트인, 로마인이었다. 8세기와 9세기에는 천재가 아랍 세계에 거주하는 것처럼 보였다. 500년 전에는, 아즈텍과 북유럽 사람들이 주도권을 잡았다. 오늘날, 우리는 아시아의 기술적 천재성과 유대인의 문화적 성공에 감탄한다. 문화는 수 세기에 걸쳐 융성하고 쇠퇴한다. 유전자는 그렇지 않다. 이러한 사실로 볼 때 인종 또는 민족집단이 천부적인 유전적 우위를 갖고 있다고 믿기 어렵다.

지능검사 질문은 편향되어 있는가?

지능검사 점수에 집단 차이가 있다는 것을 알면 이러한 차이점이 검사 자체에 들어 있는 것은 아닌지 의아해한다. 지능검사는 편향되어 있는가? 이 대답은 **편향**(bias)을 어떻게 정의하느냐에 달려 있다.

검사가 편향되는 한 가지 원인은 검사가 사람의 문화적 경험에

© David Turnley/Corbis; © Rob Howard/Corbis; © Barbara Bannister/Gallo Images/Corbis; © Dave Bartruff/Corbis; © Haruyoshi Yamaguchi/Corbis; © Richard T. Nowitz/Corbis; © Owen Franken/Corbis; © Sean De Burca/Corbis

자연은 스스로 형성해 나간다 자연은 인종 간에 분명한 경계선을 긋지 않는다. 지구 도처에서 한 인종은 서서히 옆의 인종과 혼합되는 것이다. 그러나 분류하려는 인간의 욕구로 인해서 인종이라는 범주로 자신들을 사회적으로 정의하려 든다. 이 범주는 신체적 특징, 사회적 정체성, 국적 등을 다 집어넣는 꼬리표가 된다.

영향을 받는 것이다. 사실 1900년대 초기 동유럽 이민자들에게 이러한 일이 일어났다. 이들은 새로운 문화에 관한 질문에 답하는 데 경험이 부족한 것이었는데, 이들 중 많은 사람들은 '심신이 미약한' 사람들로 분류되었다.

편향의 과학적 의미는 검사 타당도에 달려 있다. 타당한 지능검사라면 일부 응시자만이 아니라 모든 검사 응시자의 미래 행동을 예측해야 한다. 예를 들어 SAT가 여자 대학생의 성적은 정확하게 예측했지만 남자 대학생의 성적을 정확하게 예측하지 못하면, 그 검사는 편향이 있는 것이다. 거의 모든 심리학자들은 이러한 과학적 관점에서 볼 때 주요 미국 적성검사는 편향되어 있지 않다는 데 동의한다(Berry & Zhao, 2015; Neisser et al., 1996; Wigdor & Garner, 1982). 이 검사의 예측 타당도는 여성과 남성, 다양한 인종, 부유층과 빈곤층에서 거의 동일하다. 지능검사 점수 95점이 평균 성적보다 약간 낮다고 예측하면, 이 예측은 일반적으로 모든 검사 응시자 집단에게 똑같이 적용된다. 이 책의 여러 많은 맥락에서 보았듯이, 기대와 태도는 지각과 행동에 영향을 미친다. 이것들로 인해 지능검사 제작자가 편향을 가질 수도 있다. 지능검사 응시자에게는, 기대와 태도가 자기충족적 예언(self-fulfilling prophecy)이 될 수 있다.

고정관념 위협 당신의 집단이나 '유형'이 특정 종류의 검사에서 잘 수행하지 못한다고 걱정하면, 자기 의심과 자기 감시가 당신의 작업기억을 빼앗아, 당신의 성과에 해를 끼칠 수 있다(Schmader,

2010). 당신이 부정적 관점에 근거하여 판단받을 것이라고 보는 자기확인 염려(self-confirming concern)를 **고정관념 위협**(stereotype threat)이라고 한다. 이것은 당신의 주의와 학습에 지장을 줄 수 있다(Inzlicht & Kang, 2010, Rydell et al., 2010).

한 연구에서 동등하게 능력 있는 남자와 여자들에게 어려운 수학 시험을 보도록 했다. 여자들도 남자들만큼이나 시험을 잘 치른다고 기대하도록 했을 때를 제외하고는, 여자들이 남자들만큼 시험을 잘 치르지 못했다(Spencer et al., 1997). 도움되는 힌트가 없으면, 여자들은 분명히 잘하지 못할 것이라고 기대했다. 이러한 느낌은 그들에게 자신들이 기대한 바대로 수준을 낮추어 살게 만들었다. 흑인 학생들에게 언어 적성검사를 받기 직전에 자신들 인종을 상기시켰을 때, 고정관념 위협이 다시 나타나 수행점수가 떨어졌다(Steele et al., 2002). 부정적인 고정관념은 사람들의 학업 잠재력을 약화시킬 수 있다(Nguyen & Ryan, 2008; Walton & Spencer, 2009).

고정관념 위협은 흑인들은 백인보다 흑인에 의해 검사받을 때 더 높은 점수가 나오는 이유를 설명하는 데 도움이 된다(Danso & Esses, 2001; Inzlicht & Ben-Zeev, 2000). 그것은 왜 여자들이 남자 시험 응시자가 없어야 수학시험 점수가 더 높은지, 또한 온라인 체스 경기에서 여자는 남자 상대와 경기하고 있다고 생각할 때 성적이 급격히 떨어지는지에 대한 통찰력을 제공한다(Maass et al., 2008).

'소수자 지원' 교정 프로그램은 성과를 약화시킬 수 있는 고정관념으로 작용할 수 있는가? 일부 연구자들은 학생들에게 성공하지 못할 것이라는 메시지를 전달함으로써 그렇게 될 수 있다고 믿는다. 소수자 학생들에게 자신의 잠재력을 믿고, 소속감을 높이고, 지능이란 고정된 것이 아니라는 생각에 집중하도록 도전해주는 대학 프로그램은 좋은 결과를 얻었다. 학생들의 성적은 현저히 높았고 탈락률은 더 낮았다(Walton & Cohen, 2011; Wilson, 2006).

지능이 생물학적으로 고정되기보다는 변화될 수 있다고 믿으면 **성장 마음가짐**(growth mind-set, 학습과 성장에 초점 맞추기)을 조성할 수 있다(Dweck, 2012a, b, 2015a, b, 2016). 성장 마음가짐을 조성해주는 프로그램에서, 어린 십대들은 우리의 두뇌가 근육과 같다는 것을 배운다. 두뇌와 근육은 사용하면 할수록 신경 세포의 연결이 증가하여 더욱 강해진다. "새로운 종류의 문제를 수행하는 방법을 배우면 수학 두뇌가 성장한다!" 능력보다 노력에 칭찬을 받으면 열심히 공부하는 것과 성공 사이의 관련성을 이해하는 데 도움이 된다(Gunderson et al., 2013). 또한 다른 사람들이 그들을 좌절시킬 때에도 좀 더 회복력을 갖게 된다(Paunesku et al., 2015; Yeager et al., 2013, 2014). 사실, 스포츠에서 과학, 음악에 이르기까지 여러 분야에서의 뛰어난 업적은 능력, 기회 및 훈련된 노력이 결합해 생긴 것이다(Ericsson et al., 2007).

140
GOKUL
ST. LOUIS POST-DISPATCH
ST. LOUIS, MISSOURI
VAN
THE OLATHE NEWS
OLATHE, KANSAS
Claudia Daut/Reuters

미국의 철자대회 챔피언 반야 쉬바샨카(13세)와 고클 벤카타차람(14세)은 2015년 Scripps 국가 철자대회에서 공동우승했다. 반야는 정확하게 'scherenschnitte'를, 고클은 'nunatak'의 철자를 알아맞혔다.

300개 이상의 대학생 연구가 이 사실을 확증한다. 능력 + 기회 + 동기부여 = 성공. 고등학교 학생들의 수학 성적 및 대학 학생들의 학점은 자신의 적성뿐만 아니라 자기훈련, 노력의 힘에 대한 믿음, 그리고 호기심어린 '갈급한 마음(hungry mind)'을 반영한다(Credé & Kuncel, 2008; Murayama et al., 2013; Richardson et al., 2012; von Stumm et al., 2011). 인도계 미국인은 2008년부터 2016년까지 9개 국가 철자대회에서 모두 우승했다. 이 성과는 강인한 노력이 성공을 이룰 것이라는 문화적 신념에 의해 영향을 받았을 가능성이 크다(Rattan et al., 2012). 자신의 잠재력을 발휘하려면, 그 공식은 간단하다. 끈기 있게 노력해서 배우고 전념할 수 있는 자신의 능력을 믿으라.

아마도, 다음은 정신 능력 검사에 대한 우리의 목표가 되어야 할 것이다.

- 알프레드 비네가 예견한 이점을 깨닫는다. 그 이점은 조기 개입하여 가장 많은 이득을 얻을 수 있는 사람을 학교가 확인할 수 있게 해준다는 점이다.
- 비네가 두려워했던 사항에 민감하게 깨어 있어야 한다. 즉 지능검사 점

수는 사람의 지속적인 가치와 잠재력에 대해 문자 그대로의 척도로 잘못 해석될 수 있다는 것이다.

- 일반 지능검사에서 추출하는 '유능성(competence)'이 중요하다는 것을 기억하라. 그런 검사가 없다면 직장과 입사 여부를 결정하는 사람들은 개인적인 견해와 같은 다른 고려사항에 더 의존해야 할 것이다. 그러나 이러한 검사는 개인 유능함의 한 가지 측면만을 반영한다. 현실지능과 정서지능 또한 다른 형태의 창의성, 재능 및 성격과 마찬가지로 중요하다.

기억해야 할 점 : 성공하는 데는 많은 길이 있다. 사람 간의 차이점은 각자가 적응하는 정도가 다르기 때문이다. 삶의 위대한 업적은 능력(그리고 공평한 기회)뿐만 아니라 동기부여에서 비롯된다. 유능함 + 부지런함 = 성취.

지금 몇 시인가? 여러분이 과신 부분을 읽을 때, 얼마나 빨리 이 장을 마칠 것인지에 대해 본인을 과소평가하거나 과대평가했는가?

주요 용어

인지	틀 만들기	지능	정규 곡선
개념	창의성	일반지능(*g*)	신뢰도
원형	수렴적 사고	서번트 증후군	내용 타당도
알고리즘	확산적 사고	정서지능	예측 타당도
발견법	언어	지능검사	다운 증후군
통찰력	옹알이 단계	성취검사	유전성
확증 편향	일어문 단계	적성검사	횡단적 연구
고착	이어문 단계	정신연령	종단적 연구
직관	전보식 말	스탠퍼드-비네 검사	결정성 지능
가용성 발견법	문법	지능지수(IQ)	유동성 지능
과신	브로카 영역	웩슬러 성인용 지능검사(WAIS)	고정관념 위협
신념 집착	베르니케 영역	표준화	

이 장의 구성

© Hero Images/Getty Images

9

동기와 정서

심리학 개론 시간에 내[저자 DM]가 첫 토의 질문을 했을 때가 생생히 기억난다. 몇 명이 손을 들었는데, 한 명은 왼쪽 발을 들었다. 크리스 클라인의 발이었고, 크리스는 다른 학생들이 가장 기피하는 인물이었다. 크리스는 태어나자마자 40분 동안 CPR을 요구하는 산소 결핍을 겪었다. 크리스의 어머니는 "담당 의사가 크리스를 포기하자"고 제안했다고 진술했다.

그 결과는 심각한 뇌성마비(cerebral palsy)였다. 근육 운동을 관장하는 뇌 영역의 손상으로 크리스는 지속적으로 그의 손 동작을 통제할 수 없었다. 크리스는 먹지도 입지도 못하고 자신을 돌보거나 심지어 말을 할 수도 없었다. 그러나 크리스는 영리했고 왼쪽 발은 자유롭게 움직일 수 있었다. 그의 축복받은 발로 전동의자에서 크리스는 조이스틱을 가지고 놀았다. 왼쪽 엄지발가락을 사용해서 그는 문장을 타이핑할 수 있고, 또한 그의 의사소통 시스템을 이용해서 그의 문장을 저장하고 보내고 말할 수 있다. 물론 크리스는 수많은 동기를 가지고 있다.

시카고 변두리 지역에서 크리스가 고등학생이 되었을 때, 3명의 선생님은 크리스가 과연 대학을 가기 위해서 집을 떠날 수 있을지 의문스러워했다. 하지만 크리스가 끈질기게 원했고 또 주변의 많은 사람들의 격려 덕분에 크리스는 호프(Hope)라고 불리는 나의 대학에 입학했다. 5년 뒤, 크리스는 그의 왼쪽 발 덕분에 졸업장을 받게 되었고, 크리스에 대해서 감탄했던 모든 학생들은 기립 박수를 보냈다.

오늘날 크리스는 학교나 교회 혹은 지역사회에서 가난하거나 지체부자유한 사람들을 위해서 감동적인 강사로 활동하고 있다. 크리스는 *Lessons from the Big Toe*라는 책도 발간했다. 그리고 크리스는 사랑하는 사람을 만났고 결혼에 성공했다.

크리스 클라인처럼 어려운 도전에 직면하는 사람은 많지 않다. 그러나 우리 모두는 만족과 성공을 거둘 수 있는 에너지를 찾고 있다. 우리는 감정으로 동기부여를 받고 또한 다른 사람들에게 동기를 부여한다. 때로 우리는 생물학적인 동기인 배고픔이나 사회적 동기인 소속에 대한 욕구에 의해서 자극을 받는다. 크리스의 삶과 배움과 사랑에 대한 강력한 의지는 우리의 삶을 충전하고, 직접적으로 강화시키기 위해서는 동기와 정서가 매우 친밀한 관계임을 시사하고 있다.

동기의 개념

우리의 **동기**(motivation)는 신체와 같은 외적인 속성과 경험이나 사고 혹은 문화와 같은 내적인 속성 사이에서 일어난다. 동기는 행동을 결정한다. 그러한 행동은 일반적으로 바람직하다. 예를 들어 중독은 사람들로 하여금 음식이나 안전 그리고 사회적인 지지에 대한 욕구보다는 해로운 욕구에 만족하게 한다.

심리학자들이 대체로 동의하고 있는 동기부여된 행동들의 세 가지 관점에 대해서 논의해보자.

추동과 유인

추동감소 이론(drive-reduction theory)은 세 가지 가정을 전제한다.

- 우리는 음식이나 물에 대한 욕구와 같이 **생리적 욕구**(physiological needs)를 가지고 있다.
- 욕구(need)가 충족되지 않으면 **추동**(drive)이 나타난다. 이를테면 배고픔이나 갈증과 같은 각성되고(aroused) 동기화된(motivated) 상태를 뜻한다.
- 추동은 욕구를 감소시키기 위해서 우리로 하여금 음식을 먹거나 물을 마시게 한다.

욕구로부터 추동감소 행동에 이르기까지 이 세 단계의 목적(**그림 9.1**)은 **항상성**(homeostasis)이다. 즉 우리의 신체는 내적으로 안정된 상태를 유지하려는 경향을 가지고 있다. (Homeostasis의 의미도 '일정하게 유지하고 있는 상태'를 의미한다.) 예를 들면, 우리 몸은 실내 온도조절장치와 비슷하게 체온을 유지하려고 한다. 두 시스템

Katie Green/MLIVE.COM/Landov

동기부여된 사람 : 크리스 클라인 크리스가 들려주는 그의 이야기를 보고 듣기 위해서는 tinyurl.com/ChrisPsychStudent를 방문해보자.

은 온도를 감지하면서 통제장치에 정보를 제공한다. 만약 실내 온도가 너무 낮으면 화로에 불을 지핀다. 마찬가지로, 체온이 떨어지면 체온을 유지하기 위해서 혈관이 수축하고 우리는 따뜻한 옷이나 환경을 찾게 된다.

우리는 또한 **유인자극**(incentives), 즉 환경의 자극에 의해서 동기부여를 받는다. 만약 당신이 배고프다면 향긋한 음식 냄새가 당신을 자극할 것이다. 그 냄새가 갓 구운 빵인지 혹은 개미인지는 당신의 문화와 경험이 결정할 것이다.

욕구와 유인자극이 함께 작동하면 우리는 강력한 추동을 느낀다. 아직 식전이고 친구의 주방에서 빵 굽는 냄새가 진동을 한다면 배고픔을 충족하고 싶은 강력한 추동을 느낄 것이고 갓 구운 빵은 당신의 행동에 동기부여를 할 강력한 유인자극이다.

그러므로 모든 동기에 대해서 우리의 질문은 다음과 같다. "우리는 어떻게 선천적으로 가지고 있는 신체의 욕구와 환경의 유인에 대해서 영향을 받고 있는가?"

각성 이론

우리 신체는 탁월한 항상성 시스템을 갖추고 있다. 신체가 각성을 하게 되면 우리는 신체적으로 활성화되거나 긴장하게 된다. 어떤 동기부여된 행동들은 실제로 각성 반응(arousal)을 감소시키기보다는 증가시킨다. 배불리 먹어서 특별한 추동이 없는 동물들은 안전한 은신처에서 탐사하고 정보를 수집하려고 한다. 호기심이 가득한 원숭이들은 잠금쇠나 외부가 투명하게 보이는 창문을 어떻게 여는지 탐구할 것이다(Butler, 1954). 이제 갓 기어다니는 신생아는 호기심으로 방 구석구석을 돌아다닐 것이다. 호기심 탓에 과학자들은 교재를 가지고 토론할 것이다. 산악 모험가 조지 맬러리(George Mallory) 같은 사람들은 호기심이 매우 강한 사람들이다. 에베레스트산을 왜 오르느냐는 질문에 대해 뉴욕 타임스 인터뷰에서 맬러리는 "왜냐하면 산이 그곳에 있기 때문"이라고 대답했다. 맬러리 같이 지극히 높은 상태의 각성을 즐기는 사람들은 강력한 음악이나 품격 있는 음식, 혹은 위험한 행동들을 즐기는 경향이 있다(Roberti et al., 2004; Zuckerman, 1979, 2009).

사람들은 정보에 배고프다(Biederman & Vessel, 2006). 생리적 욕구가 모두 충족되면 우리는 지루함을 느끼고 우리의 각성을 증가시켜줄 또 다른 자극적인 것을 찾는다. 6~15분 정도 방에서 혼자 있으면 많은 대학생들은 아무것도 하지 않는 것이 아니라 신체에 전기자극을 주고 있는 것을 볼 수 있다(Wilson et al., 2014). 하지만 너

무 강한 자극은 스트레스를 가져오고 우리는 각성을 줄일 방법을 찾는다. 각성 이론은 우리의 행동을 활성화할 적절한 각성 수준에 대한 연구를 설명하고 있다.

20세기 초기 2명의 심리학자는 각성(arousal)과 성과(performance) 사이의 관계를 연구했다. 그들은 **여키스-도슨 법칙**(Yerkes-Dodson law)을 규명했는데, 적당한 각성은 낙관적인 성과를 창출한다는 사실을 발견했다(Yerkes & Dodson, 1908). 예를 들어 시험을 치를 때 신경질적일 정도는 아니지만 긴장이 될 만큼 어느 정도 각성을 한다. (만약 이미 흥분했다면 카페인이 함유된 음료는 더 각성을 시킬 것이다.) 지루함을 느낄 정도로 낮은 각성과 신경이 예민할 정도로 높은 각성 사이에 당신의 행복한 삶이 있다. 최적의 각성 상태는 과제에 달려 있다. 최상의 성과를 위해서 보다 낮은 각성을 요구하는 좀 더 어려운 과제여야 한다(Hembree, 1988)(**그림 9.2**).

욕구 위계

어떤 욕구들은 다른 욕구들보다 더 중요하다. 공기와 음식에 대한 욕구가 충족되면 다른 동기들이 당신의 행동에 영향을 미친다. 그러나 음식을 먹지 못하면 배고픔이 당신의 모든 사고를 장악할 것이다. 헝거 게임(Hunger game)에서 제비뽑기로 선택된 소년, 소녀들로 구성된 허구의 도시인 판엠(Panem)의 굶주린 사람들이 목숨을 걸고 싸우는 것이 대표적이다. 음식은 중요하다. 하지만 우리는 빵으로만 살지 않는다. 사람들은 또한 안전, 소속, 그리고 자기실현의 욕구도 있다.

매슬로(Maslow, 1970)는 사람의 동기를 **욕구 위계**(hierarchy of needs)(**그림 9.3**)의 피라미드로 설명하고 있다. 피라미드의 하부는 음식과 같은 생리적 욕구이다. 만약 생리적 욕구가 충족되지 않으면 인생은 헝거 게임이다. 매슬로(1971)에 의하면, 생리적 욕구가 충족되어야 우리는 안전, 그다음에는 서로 주고받는 사랑, 그리고 자존감을 실현하고자 한다. 피라미드의 제일 꼭대기는 사람의 가

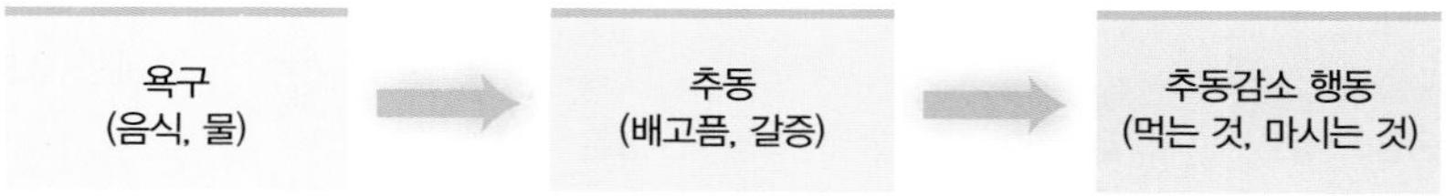
욕구
(음식, 물)
추동
(배고픔, 갈증)
추동감소 행동
(먹는 것, 마시는 것)

그림 9.1 추동감소 이론 추동감소 동기는 항상성—내적으로 안정된 상태를 유지하려는 신체의 자연적인 경향—으로부터 일어난다.

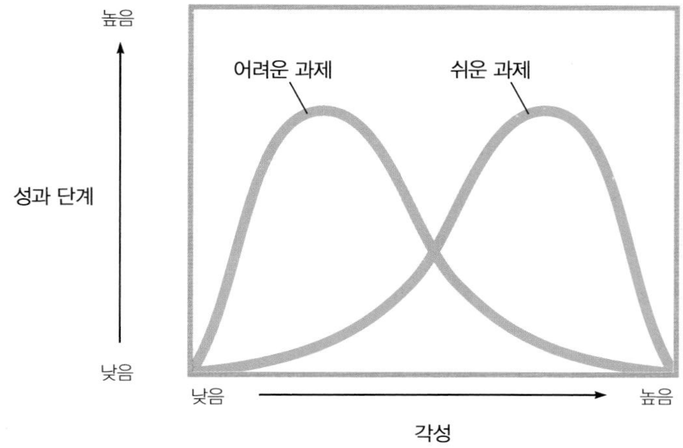
높음
어려운 과제
쉬운 과제
성과 단계
낮음
낮음
높음
각성

그림 9.2 최적의 각성은 수행되는 과제의 난이도에 따라 다양하다

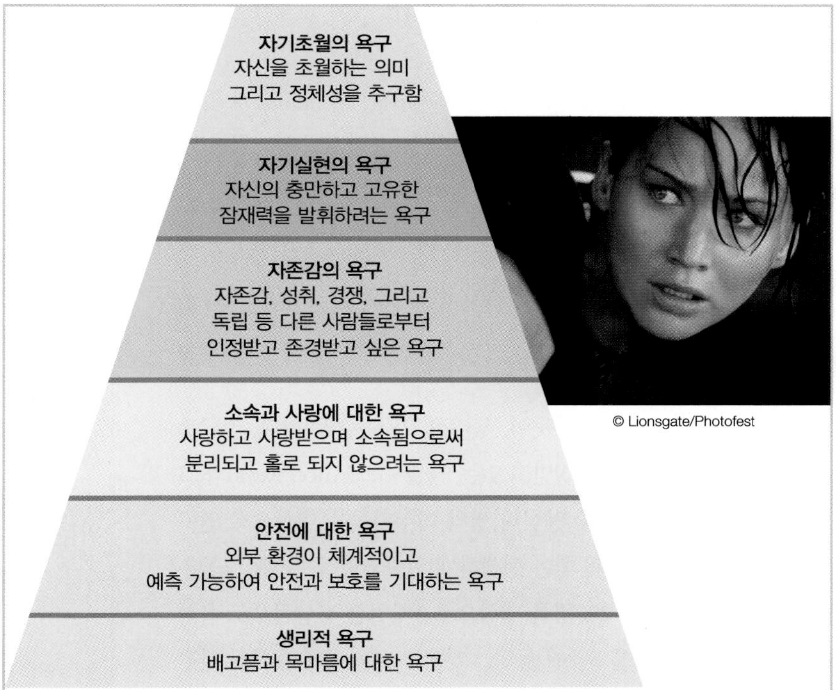
자기초월의 욕구
자신을 초월하는 의미
그리고 정체성을 추구함
자기실현의 욕구
자신의 충만하고 고유한
잠재력을 발휘하려는 욕구
자존감의 욕구
자존감, 성취, 경쟁, 그리고
독립 등 다른 사람들로부터
인정받고 존경받고 싶은 욕구
소속과 사랑에 대한 욕구
사랑하고 사랑받으며 소속됨으로써
분리되고 홀로 되지 않으려는 욕구
안전에 대한 욕구
외부 환경이 체계적이고
예측 가능하여 안전과 보호를 기대하는 욕구
생리적 욕구
배고픔과 목마름에 대한 욕구
© Lionsgate/Photofest

그림 9.3 매슬로의 욕구 위계 수잔 콜린스(Suzanne Collins)의 '헝거 게임'에서 배고픔과 생존에 대한 욕구가 감소하자 주인공 캣니스 에버딘(Katniss Everdeen)은 자기실현과 초월, 그리고 나라 전체에 영향을 미치는 높은 수준의 욕구를 표현한다.

표 9.1 고전적인 동기 이론

이론	핵심 개념
추동감소 이론	굶주림과 갈증 같은 생리적 욕구들은 각성 상태를 일으켜서 먹고 마시려는 욕구를 감소시키도록 한다.
각성 이론	최적의 각성 상태를 유지하려는 우리의 욕구는 자극이나 정보에 대한 갈망처럼 생리적 욕구를 충족하지 않는 행동들을 유발한다.
매슬로의 욕구 위계	우리는 자존감이나 의미에 대한 욕구보다 생존 그리고 소속에 대한 욕구를 우선시한다.

장 높은 욕망을 뜻한다. **자기실현**(self-actualization)의 단계에서 사람들은 그들의 잠재력을 실현하고자 한다. 피라미드의 제일 꼭대기는 **자기초월**(self-transcendence)의 단계로서 매슬로는 인생의 목적과 가깝다고 주장했다. 이 단계에서 사람들은 자신의 한계를 **초월하는**(transpersonal) 의미나 목적, 그리고 정체성을 찾는다(Koltko-Rivera, 2006).

매슬로의 욕구 위계에는 예외가 있다. 예를 들어 사람들은 정치적인 이유로 기아 상태에 빠졌다. 그럼에도 불구하고 어떤 욕구들은 다른 욕구들보다 더 기본적인 욕구들이다. 가난한 나라일수록 음식과 주거를 제공할 수 있는 돈은 훨씬 더 행복의 지름길로 느껴진다. 기본적인 욕구가 충족되는 부유한 나라에서는 사회 관계가 행복의 척도가 된다(Oishi et al., 1999).

이제 두 가지 동기를 좀 더 자세히 살펴보자. 즉 배고픔과 같은 기본적인 단계의 동기와 소속과 같은 보다 높은 단계의 동기를 살펴보자. 이 동기들에 대해서 읽었듯이 심리학적으로 '끌어당김'으로 표현되는 유인자극과 생리학적으로 '밀어붙이는' 신체적 욕구의 상호 관계에 대해서 주목해보자(**표 9.1**).

배고픔

다이어트하는 사람이 알고 있듯이, 생리적 욕구는 강력하다. 지금으로서는 고전적인 연구로 인정받고 있는 안셀 키스(Ancel Keys)와 그의 연구팀(1950)이 전시 중 양심적 병역 거부자들을 대상으로 연구를 했을 때, 생리적 욕구의 힘은 생생하게 입증되었다. 첫째, 그들은 성인 남성 자원 봉사자 200명을 대상으로 3개월간 정상적으로 음식을 제공했다. 그런 다음 6개월 동안, 그들 중 36명에게 음식의 양을 절반으로 줄였다. 효과가 곧 나타났다. 두 번 다시 생각할 필요도 없이, 연구 대상자들은 에너지를 보존하기 시작했다. 그들은 부진하고 둔한 것처럼 보였다. 결국, 그들의 체중은 처음보다 대략 25% 정도 안정화되었다.

매슬로도 짐작했겠지만, 사람들은 음식에 집착하게 되었다. 그들은 음식에 대해 이야기했다. 그들은 음식에 대해 공상에 잠겼다. 그들은 조리법을 모으고, 요리책을 읽고, 맛있지만 금단의 음식에 눈독을 들였다. 충족되지 않은 기본적인 욕구 때문에 섹스와 사회 활동에 관심을 가질 수가 없었다. 한 남자가 "우리가 쇼를 보게 되면, 가장 흥미로운 부분은 사람들이 음식을 먹는 장면이다. 나는 세상에서 가장 재미있는 그림을 보고 있어도 웃을 수 없고 사랑의 장면도 전혀 흥미가 가지 않을 것이다"라고 했다. 언론인 도로시 딕스(Dorothy Dix, 1861-1951)는 "배가 고프면 키스하고 싶은 마음도 없다"고 말했다.

동기는 우리의 의식을 사로잡을 수 있다. 우리가 배고프거나, 목이 마르거나, 피곤하거나, 성적으로 흥분할 때, 다른 것은 그다지 중요하지 않다. 그런 상태가 아니라면 식량, 물, 수면 또는 섹스는 지금까지도 삶의 큰 부분처럼 보이지 않는다. (제7장에서 우리의 기억에 대한 현재의 좋거나 나쁜 기분의 평행 효과를 상기할 수 있다.) 공복 상태에서 음식을 사러 가면 항상 당신이 좋아하는 젤리가 얹혀 있는 도너츠가 눈에 띄게 될 것이고 내일은 사게 될 것이다. 동기는 중대한 문제다.

배고픔의 생리학

정상적인 식량 공급이 부족했기 때문에 키스의 자원 봉사자들은 분명 배고파했다. 무엇이 배고픔을 유발할까? 공복 상태의 고통인가? 워시번(A. L. Washburn)은 공복 상태의 고통으로 추측했다. 월터 캐논(Walter Cannon)과의 공동 연구에서 워시번은 녹음 장치에 부착된 풍선을 삼키기로 동의했다(Cannon & Washburn, 1912)(**그림 9.4**). 위장에 가득 차도록 풍선을 부풀게 했을 때, 그 풍선은 그의 위장의 수축을 추적했다. 워시번은 배고픔을 느낄 때마다 버튼을 눌러 굶주림에 관한 정보를 제공했다. 발견 : 워시번이 배고픔을 느꼈을 때 그는 실제로 위축을 일으켰다.

위통 없이 배고픔이 존재할 수 있을까? 이 질문에 답하기 위해 연구자들은 일부 쥐들의 위를 제거하고 소장으로 가는 직접적인 경로를 만들었다(Tsang, 1938). 쥐들이 계속 먹이를 먹었을까? 실제로 그들은 먹이를 먹었다. 궤양이나 암 치료로 위장을 제거한 사람들 사이에서도 유사한 배고픔이 지속된다. 따라서 공복감이 배고픔의 유일한 원천이 될 수는 없다. 배고픔을 유발하는 또 다른 요인은 무엇인가?

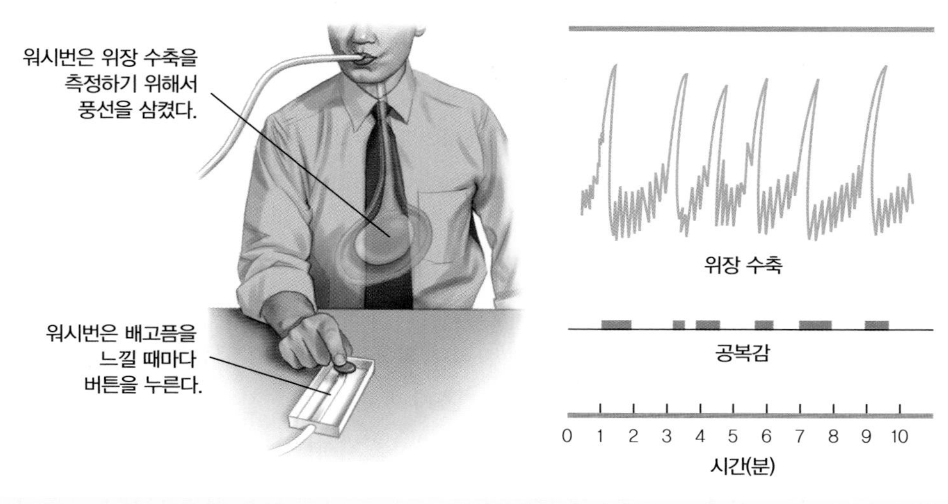
워시번은 위장 수축을
측정하기 위해서
풍선을 삼켰다.
워시번은 배고픔을
느낄 때마다
버튼을 누른다.
위장 수축
공복감
0 1 2 3 4 5 6 7 8 9 10
시간(분)

그림 9.4 위장 수축을 모니터링하는 장면 (Cannon, 1929)

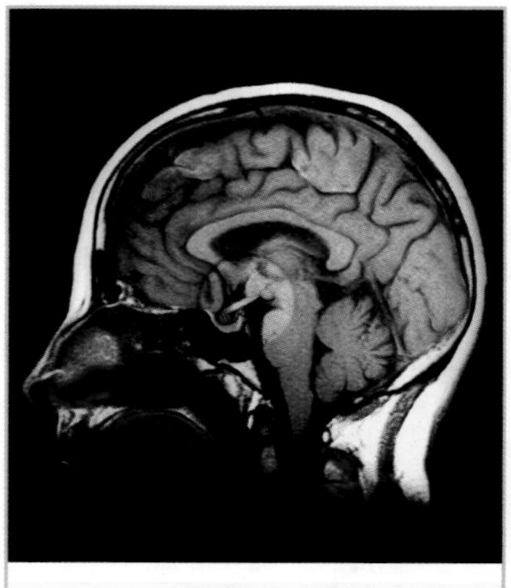
ISM/Phototake

그림 9.5 시상하부 오렌지색으로 표시된 시상하부는 다양한 신체 유지 기능을 수행한다. 그 기능 중 하나는 배고픔을 통제하는 것이다.

신체적 화학작용과 두뇌

어떻게든, 어딘가에, 당신의 신체는 신체가 수용하고 사용하는 에너지의 흐름을 인식하고 있다. 균형 잡힌 행동은 안정된 체중을 유지하게 한다. 신체 에너지의 주요한 원천은 혈류 안에서 순환하고 있는 **포도당**(glucose)이다. 혈당치가 떨어지면 혈당이 낮음을 의식적으로 느끼지 못할 것이다. 그러나 혈액의 화학작용과 신체 내부 상태를 자동으로 모니터하고 있는 당신의 두뇌가 허기감을 유발할 것이다.

뇌는 어떻게 경보를 울릴까? 이 작업은 여러 신경 영역에 의해 이루어지는데, 그중 일부는 뇌 깊숙이 자리 잡고 있는 시상하부를 통해서 이루어진다(**그림 9.5**). 이 신경계 교차점에는 식이에 영향을 미치는 영역이 포함된다. **궁상핵**(arcuate nucleus)으로 불리는 신경 영역에서는 중심부가 식욕 자극 호르몬을 배출하고 다른 중심부는 식욕 억제 호르몬을 배출한다. 연구자가 식욕 증진 중심부를 자극하면 이미 배가 부른 동물도 먹기를 시작할 것이다. 연구자들이 식욕 증진 중심부를 제거하면 심지어 굶주린 동물조차도 먹이에 대한 관심을 잃게 된다. 식욕 억제 영역에 자극을 가하면 그 반대 현상이 일어난다. 즉 동물은 더 이상 먹지 않는다. 이 중심부를 제거하면 동물들은 먹는 것을 멈출 수 없고 비만해질 것이다(Duggan & Booth, 1986; Hoebel & Teitelbaum, 1966)(**그림 9.6**).

혈관은 시상하부를 신체 전신에 연결해주어 혈액의 화학적 작용과 기타 유입되는 정보에 반응할 수 있도록 해준다. 시상하부의 과업 중 하나는 공복에 의해 분비되는 굶주림 유발 호르몬으로 알려진 **그렐린**(ghrelin)과 같은 식욕 호르몬 수치를 모니터링하는 것이다. 사람들이 고도비만으로 수술을 받을 때, 외과 의사들은 위장을 봉합하거나 그 일부를 제거한다. 남은 위장에서 그렐린의 양은 훨씬 줄어들고 환자의 식욕도 감소한다(Ammori, 2013; Lemonick, 2002). 다른 식욕 호르몬으로는 **인슐린**(insulin), **렙틴**(leptin), **오렉신**(orexin), PYY가 있다. **그림 9.7**은 식욕 호르몬이 공복감에 어떤 영향을 미치는지 설명한다.

식욕 호르몬과 뇌 활동의 상호작용은 신체에 '체중 자동조절장치'가 있음을 나타낸다. 상당히 굶주려서 정상 체중보다 낮은 쥐에게는 이 시스템이 잃어버린 체중을 회복시키라는 신호를 전신에 보낸다. 마치 지방 세포가 "나를 좀 먹여줘!"라고 외치는 것과 같으며 혈류에서 포도당을 끌어당기기 시작한다(Ludwig & Friedman, 2014). 배고픔이 증가하고 에너지 생산량이 감소한다. 쥐가 강제로 먹이를 먹었을 때와 같이 체중이 상승하면 배고픔이 감소하고 에너지 생산량이 증가한다. 이런 식으로 쥐(및 인간)는 유전에 의해 부분적으로 영향을 받는 안정된 체중[또는 **조절점**(set point)] 가까이 회복하려는 경향이 있다(Keesey & Corbett, 1983).

우리 인간은 물론이고 다른 동물들도 신체가 휴식을 취할 때 기본적인 신체 기능을 유지하기 위해 신체가 사용하는 에너지의 양을 측정하는 **기초 대사율**(basal metabolic rate)이 다양하다. 그러나 섭취 감소에 대해서는 공통된 반응을 공유한다—우리의 기초 대사율이 떨어진다. 키스의 실험 참가자들에게도 동일한 현상이 일어났다. 24주간 동안 절식을 한 후, 실험 참가자들은 이전 칼로리의 절반만 섭취하고 있었지만 정상 체중의 3/4 정도로 회복되었다. 그들의 몸은 이 다이어터의 악몽을 어떻게 성취했을까? 그들은 사용하는 에

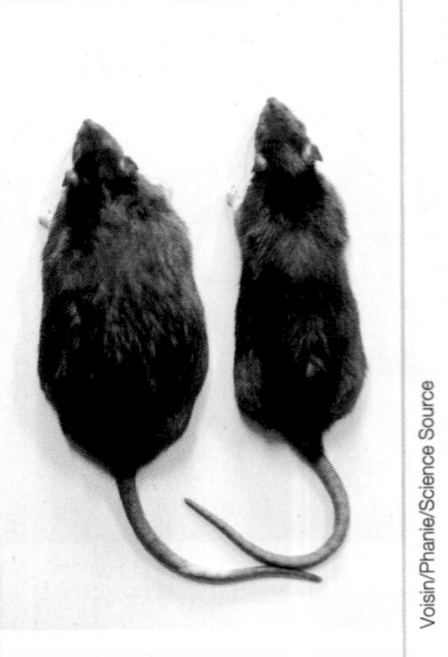
Voisin/Phanie/Science Source

그림 9.6 두뇌가 식욕을 통제하는 증거 왼쪽에 있는 살이 찐 쥐는 시상하부의 식욕 억제 부분이 작동하지 않는다.

너지의 양을 줄였는데, 부분적으로 활동이 감소되었다. 하지만 부분적으로는 기초 대사율이 29% 감소했기 때문이다.

일부 연구자들은 생물학적으로 **고정된 조절점**이라는 아이디어가 너무 엄격해서 체중의 느리고 꾸준한 변화가 사람의 조절점을 변화시킬 수 있는 이유를 설명할 수 없다고 제안했다(Assanand et al., 1998). 또는 우리가 다양한 맛있는 음식에 무제한으로 접근할 수 있을 때, 우리는 과식을 하고 체중이 증가하는 경향이 있다(Raynor & Epstein, 2001). 따라서 일부 연구자들은 칼로리 섭취 및 에너지 사용에 대한 반응으로 사람의 체중이 안정되는 수준을 나타내기 위해 좀 더 유연한 용어인 **조절 중인 수치**(settling point)를 선호한다. 우리가 다음에 보게 될 것처럼 생물학뿐만 아니라 환경 문제도 중요하다.

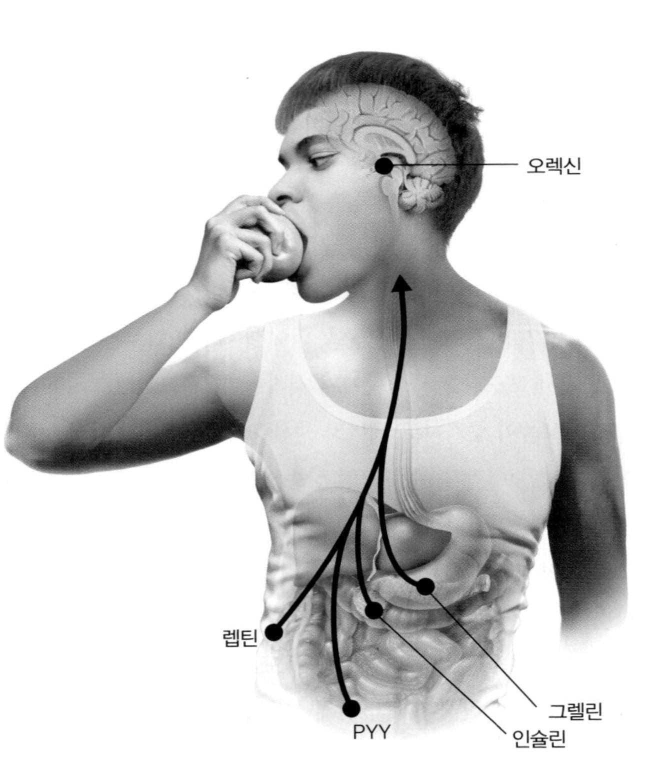
오렉신
렙틴
그렐린
PYY
인슐린

그림 9.7 식욕 호르몬 그렐린은 공복 상태의 위장에서 분비되는 호르몬이며 두뇌에 '배가 고프다'는 신호를 보낸다. 인슐린은 췌장에 의해서 분비되는 호르몬이며 혈당량을 조절한다. 렙틴은 지방 세포에서 분비되는 단백질 호르몬이다. 풍성할 때는 두뇌로 하여금 신진대사를 활성화시켜서 배고픔을 감소시킨다. 오렉신은 시상하부에서 분비되는 호르몬이며 공복감을 유발한다. PYY는 소화관 호르몬이며 '나는 배고프지 않아'라는 신호를 두뇌에 보낸다.

배고픔의 심리학

우리의 내적 굶주림이라는 게임은 우리의 신체 화학 및 뇌 활동 덕분에 일어난다. 그러나 위장을 채운다고 굶주림이 사라지지는 않는다. 놀랍게도 트릭스터 연구자가 1분 전에 발생하는 사건에 대해서 기억이 없는 2명의 환자를 검사했을 때 이 점이 명백했다(Rozin et al., 1998). 정상적인 점심 식사 후 20분 뒤에 두 번째 점심 식사를 제공하면 두 환자 모두 쉽게 먹었다. 보통 세 번째 식사는 두 번째 식사를 마친 뒤 20분 후에 제공되었다. 이것은 식사에 대한 결정은 마지막(지난) 식사의 시간에 대한 기억임을 시사한다. 시간이 지남에 따라 우리는 다시 먹는 것을 생각하며 그 생각은 공복감을 유발한다. 결국 먹는 행동에 미치는 심리적 영향은 우리 모두에게 어느 정도 영향을 준다.

선호하는 맛 : 생물학과 문화

신체 신호와 환경 모두 우리의 공복감과 우리가 무엇에 공복감을 느끼는지(맛에 대한 선호)에 대해서 영향을 준다. 긴장되거나 우울한 느낌이 들면 녹말, 탄수화물 함유 식품을 갈구하는가? 파스타, 감자칩 및 과자와 같은 고탄수화물 식품은 진정 효과가 있는 신경전달물질인 세로토닌의 수준을 높이는 데 도움이 된다. 스트레스를 받으면 쥐와 사람들은 오레오 쿠키를 게걸스럽게 먹음으로써 보상을 느낀다(Artiga et al., 2007; Sproesser et al., 2014).

달콤하고 짠맛에 대한 선호는 유전적이며 보편적이다. 맛에 대한 다른 취향은 학습된 것이다. 예를 들어 고염도의 음식을 먹은 사람들은 과잉 소금에 대한 미각이 발달한다(Beauchamp, 1987). 특정 음식을 먹은 후 심하게 앓았던 사람들은 종종 그 음식을 싫어한다. (잦은 질병은 어린이들이 특정 음식을 꺼리게 되는 기회를 제공한다.)

문화는 수용 가능한 음식을 알려준다. 많은 일본인들은 대두 발효 요리인 낫토를 즐긴다. 이 발효 콩은 "암모니아와 타이어가 결합한 것 같은 냄새가 난다"고 냄새 전문가 레이첼 헤르츠(Rachel Herz, 2012)는 감정했다. 아시아인들은 많은 서양인들이 좋아하는 '유제류(ungulate, 소나 말처럼 발굽이 있는 동물-역주)의 발효된 체액'(이를테면 치즈—일부 품종은 냄새 나는 발에 있는 박테리아와

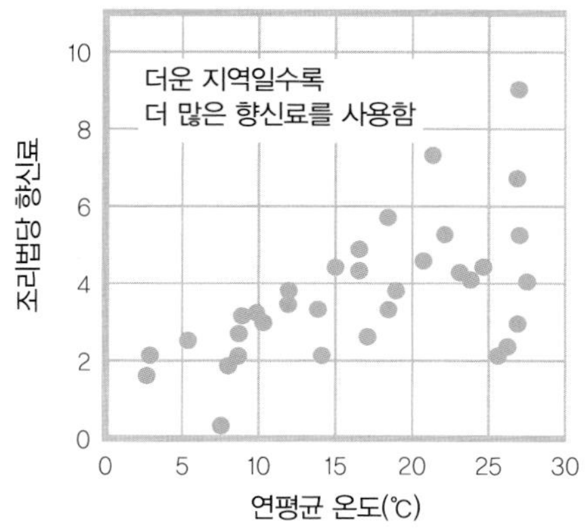
더운 지역일수록
더 많은 향신료를 사용함
조리법당 향신료
연평균 온도(℃)
0
2
4
6
8
10
0
5
10
15
20
25
30

그림 9.8 더운 지역에서는 매운 향신료를 선호한다 (Sherman & Flaxman, 2001)

동일한 박테리아이며 또한 동일한 냄새가 남) 때문에 구역질을 낸다고 덧붙였다.

또한 적응력이 있기 때문에 특정한 맛을 선호하는 법을 배울 수도 있다. 음식이 더 빨리 상해버리는 더운 지역에서는 조리법에 종종 박테리아의 성장을 늦추는 향신료가 포함된다(**그림 9.8**). 인도는 평균적으로 고기를 요리할 때 대략 10종류의 향신료를 사용하는 반면에 핀란드는 2종류의 향신료를 사용한다. 임신 중 음식을 기피하고 그와 관련된 메스꺼움이 적응성 취향 선호의 또 다른 예다. 이러한 혐오감은 발생하는 배아가 독소에 가장 취약한 10주차에 최고조에 이른다.

쥐는 낯선 음식을 피하는 경향이 있다(Sclafani, 1995). 사람도 마찬가지인데, 특히 동물을 기본으로 하는 음식에 대해서 뚜렷하게 회피하는 경향이 있다. 이것은 분명히 우리 조상들이 잠재적으로 유독한 물질로부터 그들 자신을 보호하기 위해 적응된 결과이다.

유혹적인 상황들

상황이 또한 당신이 음식을 먹는 것에 영향을 끼친다는 사실을 인지하고 있는가? 몇 가지 예를 찾아보자.

- **친구와 음식** 다른 사람들과 식사를 할 때 더 많이 먹는가? 대부분의 사람들은 더 많이 먹는 경향이 있다(Herman et al., 2003; Hetherington et al., 2006). 다른 사람들의 존재는 기본적인 욕구를 증폭시키는 경향이 있다. [이를 **사회적 촉진**(social facilitation)이라고 하며 제11장에서 좀 더 자세히 언급하겠다.]
- **서빙 크기가 중요하다** 연구원들은 사람들에게 다양한 종류의 간식을 제공함으로써 크기의 효과를 연구했다(Geier et al., 2006). 아파트 로비에서 연구원들은 전체 또는 절반 크기의 프레첼, 크거나 작은 투시 롤(Tootsie Rolls), 혹은 M&M's를 작거나 큰 사발에 담아서 배치해 놓았다. 일관된 결과 : 초대형 사이즈를 제공했더니 사람들은 더 많이 먹었다. 더 큰 접시에 파스타를 담으면 사람들은 더 많이 먹는다(Van Ittersum & Wansink, 2012). 아이스크림도 더 큰 스쿠프로 더 큰 용기에 담아주면 더 많이 먹는다. 사람들은 길고 좁은 유리잔보다 짧고 넓은 유리잔에 있는 음료수를 더 많이 마신다. 1인분 크기가 중요하다.
- **선택은 자극적이다** 다양한 음식은 식사를 촉진한다. 디저트 뷔페에서 사람들은 선호하는 디저트 중 하나를 선택했을 때보다 더 많은 디저트를 먹는다. 그리고 그들은 뷔페 라인에서 더 쉽게 도달할 수 있는 음식을 더 많이 먹는다(Marteau et al., 2012). 고대 인류들은 음식이 풍부하고 다양할 때 더 많이 먹는 것으로 적응했다. 각종 비타민과 무기질을 섭취하고 지방을 저장하면 겨울철의 추위나 기근에도 살아남는 데 유리했다. 나쁜 시기가 오면, 사람들은 겨울이나 기근이 끝날 때까지 적게 먹고 음식물을 비축했다(Polivy et al., 2008; Remick et al., 2009).
- **영양분을 넛지하기** 한 연구팀은 학생들이 점심 식사 시간에 다른 음식물을 선택하기 전에 학생들에게 당근을 제공함으로써 당근 섭취를 4배로 향상시켰다(Redden et al., 2015). 학교에서 도입한 새로운 점심 쟁반은 과일과 채소를 앞에 놓고 주메뉴를 얇은 부분에 펼쳐서 더 크게 보이게 했다(Wansink, 2014). 이러한 '넛지(nudges)'는 '미국 국민들에게 더 좋은 서비스를 제공하기 위해 행동과학의 통찰력'을 사용하라는 버락 오바마 대통령의 2015년 행정 명령을 지지한다.

비만과 체중 조절

비만은 신체 건강상 위험이 있지만, 자신에 대해 어떻게 생각하는지 그리고 다른 사람들이 당신에 대해서 어떻게 생각하는지에 대해 영향을 미치기 때문에 사회적으로도 유독하다. 뚱뚱함을 인정하지 않는 문화의 경우, 6~9세의 비만 인구가 괴롭힘을 당할 확률이 60% 더 높다(Lumeng et al., 2010). 성인 비만은 심리적으로 행복감이 낮고 우울증과 고용 차별을 증가시킨다(de Wit et al., 2010; Luppino et al., 2010; Riffkin, 2014). 그러나 과체중인 사람들은 비만과의 전투에서 거의 승리하지 못한다. 왜 그런가? 그리고 왜 어떤 사람들은 같은 양의 음식을 먹고 체중이 증가하지 않는 반면 어떤 사람들은 몸무게가 늘어나는가?

지방의 생존 가치와 건강의 적신호

해답은 부분적으로 우리 역사에 있다. 지방은 저장되어 있는 에너지이다. 지방은 음식이 부족할 때 우리가 지탱할 수 있는 예비 연료이다. [등산가들이 허리에 차고 있는 스낵팩처럼 허리둘레의 군살(spare tire)을 생물학적으로 에너지 창고라고 생각해보자.] 고대 빈곤한 유럽과 오늘날 세계의 일부 지역에서는 비만이 부와 사회적 지위를 의미했다(Furnham & Baguma, 1994; Swami, 2015; Swami et al., 2011).

고대의 굶주린 조상들은 간단한 규칙을 가지고 살았다. **에너지가 풍부한 지방이나 설탕을 발견하면, 그것을 먹어라!** 이 규칙은 건강에 해로운 가공 식품이 풍부하게 존재하는 세계에서는 더 이상 유용하지 않다. 이 책이 세계 거의 모든 곳에서 읽히면, 사람들은 점점 더 많은 문제에 직면한다. 전 세계적으로 비만은 1980년 이후 2배 이상 증가했으며, 현재 성인 19억 명이 과체중이다. 약 6억 명은 비만이며, **체질량지수**(BMI)가 30 이상으로 나타난다(Swinburn et al., 2011; WHO, 2015). 미국에서는 성인의 36%가 비만이다(Flegal et al., 2012).

심각한 비만은 당신의 삶을 단축시키고, 삶의 질을 떨어뜨리고, 건강관리 비용을 증가시킬 수 있다(Kitahara et al., 2014). 또한 당뇨병, 고혈압, 심장병, 담석, 관절염 및 특정 유형의 암 위험을 증가시킨다. 여성 비만은 알츠하이머병과 뇌 조직 손상을 포함하여 후기의 인지 기능 저하 위험이 높다(Bruce-Keller et al., 2009; Whitmer et al., 2008). 심각한 비만 증세를 앓던 환자들이 체중 감량 수술을 받고 상당한 체중 감량을 한 지 12주 후 기억력이 향상되었다는 실험보고도 있다. 수술을 받지 않은 사람들은 추가적인 인지 기능 저하를 보였다(Gunstad et al., 2011).

그렇다면 왜 비만인들이 초과 체중을 감량하지 않을까? 왜냐하면 그들의 신체가 반격을 하기 때문이다.

느릿느릿한 신진대사 일단 체중이 늘어나면, 체중이 늘어나기 전보다 체중을 유지하는 데 필요한 음식이 줄어든다. 근육 조직과 비교할 때 지방은 대사율이 낮다. 유지하는 데 필요한 음식 에너지가 적다. 과체중인 사람의 신체가 이전의 조절점 아래로 떨어지면, 굶주림이 증가하고 신진 대사가 감소한다. 신체는 기아로 인식하여 더 적은 칼로리를 태움으로써 적응한다. 체중이 다시 늘어난 것에 대해서 당신의 두뇌를 비난하자(Cornier, 2011).

왜소한 사람과 과체중인 사람들은 신진대사를 휴식하는 속도가 다르다. 왜소한 사람들은 자연스럽게 움직이는 것처럼 보이고, 이렇게 하면 더 많은 칼로리를 소모하는 것처럼 보인다. 과체중인 사람들은 더 오래 앉아 있어서 에너지를 보존하는 경향이 있다(Levine et al., 2005). 이것은 왜 한 사람이 다른 사람보다 훨씬 많은 것을 먹어도 같은 키와 나이를 가진 두 사람이 같은 무게를 유지할 수 있는지 그 이유를 설명하는 데 도움이 된다. (누가 인생이 공정하다고 했는가?)

유전적 결함 사실이다. 우리의 유전자는 청바지의 크기에 영향을 준다. 다음 사항을 숙고해보자.

- 입양된 아이들은 입양한 가정의 형제 및 부모와 식사를 나눈다. 그러나 그들의 몸무게는 그들의 생물학적 가족과 더 가깝다(Grilo & Pogue-Geile, 1991).
- 일란성 쌍둥이는 따로 떨어져서 키워져도 비슷한 무게를 유지하고 있다(Plomin et al., 1997; Stunkard et al., 1990). 이란성 쌍둥이의 체중은 훨씬 덜 유사하다. 그러한 발견은 유전자가 사람과 사람 사이 체중 차이의 2/3를 설명한다고 주장한다(Maes et al., 1997).

다른 행동 특성과 마찬가지로 유일한 '체중 유전자'는 없다. 오히려 많은 유전자들(최근 연구에서 확인된 100여 개의 유전자 포함)이 각각 작은 영향을 준다(Locke et al., 2015).

수면, 친구, 음식, 여가활동—모든 것이 중요하다 유전자는 비만 이야기의 중요한 부분을 말해준다. 그러나 환경적 요소 역시 대단히 중요하다.

유럽과 일본, 그리고 미국에서 행해진 연구에 따르면 수면장애를 앓고 있는 어린이와 성인은 비만의 위험이 더 컸다(Keith et al., 2006; Nedeltcheva et al., 2010; Taheri, 2004; Taheri et al., 2004). 수면 부족으로 우리 몸은 렙틴(체지방을 뇌에 보고함)을 더 적게 생성하고 그렐린(식욕 자극성 위 호르몬)을 더 많이 생성한다.

사회적 영향은 또 다른 요소이다. 12,067명을 상대로 32년간 연구한 결과 한 사람이 비만해지면 그의 친구들도 비만이 될 가능성이 높았다(Christakis & Fowler, 2007). 비만한 친구가 가까운 친구일 때 비만해질 확률은 거의 3배가 되었다. 또한 친구들 체중의 상호관계는 단순히 친구와 비슷한 사람들을 찾는 문제가 아니었다.

친구는 중요하지만, 환경이 체중에 영향을 미치는 증거는 섭식장애 연구(제13장 참조), 특히 우리를 살찌게 하는 세계(**그림 9.9**)에서 비롯된다. 이처럼 체중이 증가하는 문제를 어떻게 설명할 수 있을까? 음식 소비와 활동 수준의 변화가 영향을 끼쳤다. 우리의 라이프스타일은 이제 농부들이 음식을 많이 먹이고 활동량을 줄임으로

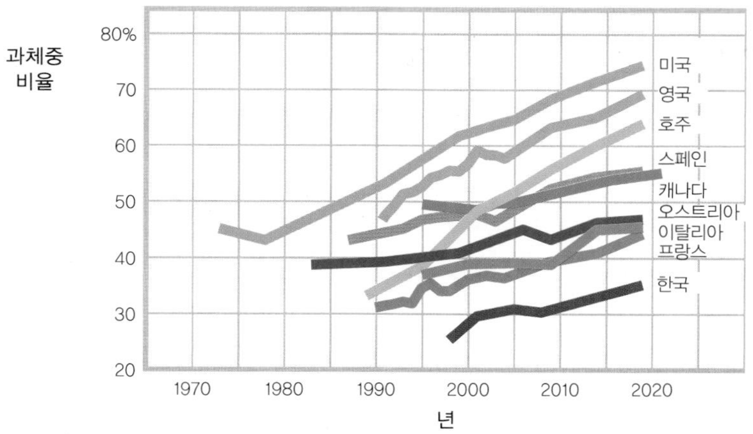
과체중 비율
80%
70
60
50
40
30
20
1970
1980
1990
2000
2010
2020
년
미국
영국
호주
스페인
캐나다
오스트리아
이탈리아
프랑스
한국

그림 9.9 과거에서부터 2020년까지 예상되는 과체중 비율 (출처 : Organisation for Economic Co-operation and Development)

써 동물들을 살찌게 하는 동물 사육장의 생활 방식과 유사한 것 같다. 우리는 더 많이 먹고 덜 움직이고 있다. 미국의 경우, 적절한 신체 활동을 필요로 하는 직업은 1960년의 약 50%에서 2011년에는 20%로 감소했다(Church et al., 2011).

비행기는 예외로 하고 경기장과 극장 및 지하철은 새로운 '최저' 선을 수용하기 위해 좌석을 넓히고 있다(Hampson, 2000; Kim & Tong, 2010). Washington State Ferries는 지난 50년 동안 준수해 온 표준을 포기했다. "18인치 엉덩이는 과거의 일이다"(Shepherd, 1999). 뉴욕 시민들의 체중이 증가하는 문제로 인해서 뉴욕시는 지하철 좌석을 17.5인치 1인용 스타일 의자로 대체했다(Hampson, 2000). 결국 오늘날 사람들은 더 많은 공간이 필요하다.

비만 연구 조사는 제8장의 지능 연구 결과와 유사한 교훈을 보여주고 있다. 집단 간 차이에 대한 유일한 설명이 유전성이 아니라면 높은 유전력(개체 차이에 유전적 영향)이 있을 수 있다. 오늘날 유전자는 왜 한 사람이 다른 사람보다 더 무거운지를 결정한다. 환경은 주로 오늘날 사람들이 50년 전의 사람들보다 더 무거운 이유를 결정한다.

우리의 식습관은 이 책의 큰 아이디어 중 하나를 다시 한 번 진술하고 있다—생물학적, 심리학적, 사회문화적 요소들이 상호작용한다. 우리는 과잉 체중을 줄이기를 원하는 사람들의 시도를 방해하는 많은 생물학적 그리고 심리적 영향력을 보았다. 실제로 대부분의 사람들이 장기간 다시 회복하는 단기간 체중 감량 프로그램에서 감소시키는 체중이 체중 감량 수술에 미치지 못한다(Mann et al., 2015). 원하지 않는 체중을 줄이는 방법은 **표 9.2**를 참조하라.

소속에의 욕구

당신의 남은 인생이 무인도에 홀로 떨어진 로빈슨 크루소와 같은 처지에 있다고 상상해보자. 음식, 은신처, 그리고 위로는 당신의 것이다. 그러나 주변에는 동료가 한 사람도 없고, 사랑하는 사람과 연락 할 수 있는 방법도 없다. 그러면 당신은 스트레스 없는 평온함을 맛볼 수 있겠는가?

분명히 아니다. 왜냐하면 고대 그리스 철학자 아리스토텔레스가 언급했던 것처럼 사람은 사회적 동물이기 때문이다. 친구나 가족과 떨어져 있는 교도소나 외국 혹은 새로운 학교에 있으면 대부분의 사람들은 중요한 사람들과의 연결이 끊어진다는 것을 느낀다. 어떤 사람들은 다른 사람들보다 더 사교적이지만, 이러한 소속에의 욕구가 인간에게 있어서 중요한 동기의 핵심으로 보인다(Baumeister & Leary, 1995). 페이스북 창업자인 마크 저커버그(Mark Zuckerberg, 2012)는 이러한 필요를 이해하고 있으며 페이스북은 "세상이 더 개방적이고 연결되게 만드는 사회적 사명을 완수하기 위해 만들어졌다."

소속의 유익함

사회적 결합은 인류의 생존 가능성을 급격하게 높였다. 이러한 결합은 보호자들로 하여금 아이들을 가까이에 두고 위협으로부터 보호하도록 동기를 부여했다(Esposito et al., 2013). 견고한 유대관계를 맺고 있는 성인들은 그들의 자손을 낳고 성숙할 때까지 잘 양육할 가능성이 더 크다. 중세 영어에서 기원한 '비참함(wretched)'이란 단어의 문자적 의미는 가까운 친족이 없음을 의미한다.

상호 협력 또한 생존의 주요한 도구이다. 일대일 전투에서 인류는 먹이사슬의 상위 동물이 될 수 없다. 그러나 사냥꾼들로서 인류는 8개의 손이 2개의 손보다 낫다는 사실을 알았다. 식량을 구하기 위해 장거리를 이동할수록 그룹으로 움직여야 안전하다는 사실을 알았다. 소속에의 욕구를 가진 사람들이 살아남고 번식했다. 그리고 이제 그러한 욕구들이 유전되었다.

지구상에 있는 모든 사람들은 집단에 속해 있다. (또한 제11장에서 설명한 것처럼 '그들'보다 '우리'라는 용어를 사용하기를 선호

표 9.2 체중 관리

비만 때문에 어려움을 겪고 있는 사람들은 의학적인 진단과 처방을 받아야 한다. 체중 감량을 희망하는 사람들을 위해서 전문가들은 다음과 같은 방안을 제시하고 있다.	
동기와 자제력이 확고하면 시작하라	영구적인 감량은 장기간의 식이 습관과 증가된 운동량을 요구한다.
운동과 충분한 수면을 취하라	매일 밤 7~8시간의 숙면을 취하면 운동은 지방 세포를 비우고, 근육을 강화하고, 신진대사를 향상시키고, 당신의 체중 감량 목표를 낮추는 데 이바지하며, 스트레스와 스트레스로 인해 야기되는 탄수화물이 풍부한 음식에 대한 욕구를 낮춰준다(Bennett, 1995; Kolata, 1987; Thompson et al., 1982).
유혹적인 음식의 노출을 최소화하라.	야채를 구입하러 마트에 갈 때는 음식을 든든히 먹은 후에 가라. 유혹적인 음식이나 특별한 음식은 집에 보관하지 마라.
종류를 제한하고 건강한 음식을 섭취하자.	음식의 종류가 다양하면 사람들은 과식을 하게 된다. 채소와 과일 그리고 통밀로 된 간단한 음식을 섭취하라. 올리브 오일이나 생선에서 발견되는 건강한 지방은 식욕을 자제하는 데 도움이 된다(Taubes, 2001, 2002). 수분과 비타민이 풍부한 야채는 저칼로리로 위장에 포만감을 줄 수 있다. 설탕이 듬뿍 묻은 도넛보다는 아삭아삭한 야채가 훨씬 낫다.
용기의 크기를 줄여라.	더 작은 그릇이나 접시를 사용하라.
하루 종일 굶다가 밤에 과식하지 말라.	이런 유형의 식사는 신진대사를 감퇴시킨다. 더구나 균형 잡힌 아침 식사를 하면 더 정신이 맑고 덜 피곤하다(Spring et al., 1992).
폭음이나 폭식을 주의하라.	술을 마시거나 감정이 격화되거나 우울하면 음식에 대한 욕구가 강하게 일어난다(Herman & Polivy 1980). 그리고 천천히 먹으면 덜 먹게 된다는 사실을 기억해야 한다(Martin et al., 2007).
다른 사람들과 식사를 하기 전에 얼마나 먹을지 미리 결정하라.	손님들과 식사를 하다 보면 평소보다 더 많이 먹게 된다(Ward & Mann, 2000).
대부분의 사람들은 실수를 한다.	실수는 실패가 아니다.
후원 그룹을 만들어라.	온라인이든 오프라인이든 목표와 진행 상황을 나눌 수 있는 그룹에 참여하라(Freedman, 2011).

빈둥거리는 미국인의 모습—오랫동안 앉아서 TV만 시청하는 것을 주의하라 TV 시청과 비만은 상관관계가 있다. 초과 근무가 빈번할수록 덜 활동적이게 된다. TV 시청이나 스크린 사용 시간이 증가함에 따라 영국과 캐나다 그리고 미국에서 과체중의 비율이 증가하고 있다(Pagani et al., 2001). TV 두께가 더 얇아질수록 사람들은 더 비만해지고 있다.

한다). 긴밀하고 협조적인 관계로 인해서 필요의 욕구가 만족되면 우리는 소속과 용납, 그리고 사랑을 느끼게 되며 우리의 자존감도 향상된다. 실제로, 자존감(self-esteem)은 우리가 얼마나 소중하게 여겨지고 받아들여지는지를 측정한다(Leary, 2012). 관련성에 대한 우리의 욕구가 **자율성**(개인의 통제감)과 **능력**이라는 두 가지 기본 심리적 욕구와 균형을 이룰 때 사람은 행복을 느낀다(Deci & Ryan, 2002, 2009; Milyavskaya et al., 2009). 자유롭고, 유능하며, 유대관계가 좋으면 행복한 삶을 누리고 있다.

놀라운 것은 사회적인 행동의 상당 부분이 우리의 소속감을 높이는 데 목표를 두고 있다는 사실이다. 우정을 획득하고 거절을 피하기 위해 우리는 일반적으로 그룹 표준을 준수한다. 우리는 좋은 인상을 주기 위해 우리의 행동을 자제한다. 사람들이 옷이나 화장품 혹은 식이 요법이나 건강 보조기구에 수많은 돈을 소비하는 이유도 사랑과 수용을 추구하려는 내적 동기가 자리 잡고 있다.

학교나 직장 혹은 하이킹 여행에서 사람들을 그룹으로 모아 놓으면, 사람들은 자석처럼 서로 결속력을 보인다. 가까운 사람들과 헤어지면 고통스럽다. 전화나 편지 혹은 상봉을 바라며 다시 돌아올 것을 약속한다. '우리' 주위에 뚜렷한 관계망을 만들기 위해서는 애착과 위협적인 협박이 동반된다. '우리'라는 의미를 규정하고 싶은 욕구로부터 사랑하는 가족이나 충실한 우정 혹은 팀 정신뿐만 아니라 10대 갱과 민족 대립 혹은 광신적인 민족주의까지 파생하고 있다.

심지어 서로 나쁜 관계일지라도 단절되면 사람들은 고통을 경험한다. 16개국을 대상으로 한 설문조사

Photodisc/Getty Images

와 또한 미국에서 반복한 조사에서 별거나 이혼한 사람들이 '매우 행복하다'고 진술한 숫자는 결혼한 사람들의 절반밖에 되지 않았다(Inglehart, 1990; NORC, 2007). 이혼은 또한 조기 사망률을 예측한다. 11개국에서 755,000명의 이혼자들을 분석한 결과, 이혼은 조기 사망과 연관이 있었다(Sbarra et al., 2011). 그러한 분리 이후 외로움과 분노, 그리고 때로는 이전의 파트너와 가까워지는 이상한 욕망이 오랫동안 남는다(Spielmann et al., 2015). 폭력적인 관계에 있는 사람들에게는 때때로 혼자 있는 것에 대한 두려움이 정서적 또는 육체적 고통의 확실성보다 더 나빠 보인다.

일련의 위탁 가정을 다니는 어린이들도 혼자 있는 것에 대한 두려움을 알고 있다. 친근한 관계가 반복적으로 단절된 후에, 아이들은 깊은 관계를 형성하는 것이 어려울 수 있다(Oishi & Schimmack, 2010). 그 증거는 극단적인 상황 속에 있는 아이들, 즉 개인적인 관계를 가질 수 없는 기관에서 자라거나 집에 가두어 놓고 개인적인 관계를 심각하게 소홀히 한 어린이들에게서 가장 분명히 나타난다. 제3장에서 보았듯이, 대부분은 무기력하고 내성적이며 소심하고 심지어 말도 제대로 하지 못한다.

어린 시절이 아무리 안전했다고 할지라도, 우리의 관계를 무너뜨리는 위협적인 것이 나타나면 우리는 불안, 외로움, 질투 또는 죄책감을 경험한다. 인생의 가장 좋은 순간은 긴밀한 관계가 시작되면서 발생한다. 이를테면 새 친구를 만들고, 사랑에 빠지고, 아기를 가질 때이다. 그리고 인생의 가장 나쁜 순간들은 긴밀한 관계가 끝날 때 일어난다(Jaremka et al., 2011). 그럴 때 우리는 삶이 공허하고 무의미하다고 느낄 수 있으며, 우리는 공허함을 채우기 위해 과식을 하기도 한다(Yang et al., 2016). 혼자서 새로운 곳으로 자주 여행하는 사람들의 경우, 스트레스와 외로움은 심각할 수 있다. 수년간 고립된 지역사회에 개별 난민과 이민자 가정을 배치했던 경험이 있는 미국의 기관들은 오늘날 체인 이주(chain migration)를 권장하고 있다(Pipher, 2002). 일반적으로 마을에 정착한 두 번째 시리아 난민 가족은 처음 가족들보다 쉽게 적응한다.

배척의 고통

때로는 소속의 욕구가 거부되기도 한다. 배척되거나 무시당하거나 기피당한 느낌이 들 때를 기억할 수 있는가? 아마도 당신은 온라인 상에서 불친절이나 무시를 경험한 적이 있을 것이다. 아니면 다른 사람들이 당신 앞에서 침묵하거나 회피하거나 시선을 피하거나 조롱하거나 혹은 다른 형식으로 당신을 소외시켰을 수도 있다.

이것은 **배척**(ostracism), 즉 사회적 추방을 의미한다(Williams, 2007, 2009). 전 세계적으로 사람들은 범죄자들을 처벌하고 사회를 통제하기 위해 여러 형태의 배척—추방, 투옥, 독방—을 사용하고 있다. 어린이들에게는 고립된 짧은 시간조차도 처벌이 될 수 있다. 죄수들 사이에서 모든 자살의 절반 정도가 독방 안에서 극단적인 배척을 경험한 사람들 사이에서 발생한다(Goode, 2012).

배척된다는 것은 소속에 대한 우리의 욕구를 위협한다(Vanhalst et al., 2015; Wirth et al., 2010). 어머니와 할머니가 침묵함으로써 평생 배척을 경험한 레아(Lea)는 이렇게 설명했다. "당신이 누군가에게 할 수 있는 가장 잔인한 일입니다. 특히 그들이 맞대응할 수 없다는 것을 안다면 더욱 그렇습니다. 나는 결코 태어나지 않았더라면 좋았겠습니다." 레아와 마찬가지로, 사람들은 종종 자신의 수용력을 회복시키고, 우울한 기분을 회복하고, 회피하려는 노력으로 배척에 반응한다. 윌리엄 블레이크(William Blake, 2013)는 25년 이상을 독방에서 보냈다. "나는 견딜 수밖에 없는 모든 것을 통해 살아가는 것보다 죽음이 어떻게 더 심해질 수 있는지를 짐작할 수 없다"고 회고했다. 많은 사람들에게 사회적 배척은 죽음보다 더 나쁜 처형이다.

> 많은 사람들을 하루에 23시간 동안 수개월에서 여러 해 동안 조그마한 독방에 감금해두는 것이 올바르다고 생각하십니까? 만약 그 사람들이 출소한다면, 어떻게 사회에 적응할 수 있겠습니까?
>
> 2015년 7월 14일, 미국 대통령 버락 오바마는 약 75,000명의 미국 독방 수감자들에 대해서 초당적 관심을 표명했다

거부당하고 무력한 사람들은 새로운 친구들을 찾을 수 있다. 또는 대학생들이 일련의 실험에서 거부감을 느낀 것처럼(Gaertner et al., 2008; Twenge et al., 2001, 2007) 심각하게 변할 수 있다. 일부 학생들은 자신이 수행한 성격 테스트에서 '나중에 인생을 혼자 끝낼 가능성이 있는 유형'이라는 보고를 받았다. 다른 사람들은 그들이 만난 사람들이 그들이 형성하는 그룹에서 그들을 원하지 않는다고 들었다. 또 다른 사람들은 좋은 소식을 들었다. 이 행운의 사람들은 '평생 동안 보람 있는 관계'를 갖거나 '모두가 당신과 함께 일하기를 원하는 사람'으로 선택했다. 관계 단절과 소속의 거부를 통보받고 학생들은 어떻게 반응했을까? 그들은 자멸적인 적성 검사를 수행할 확률이 훨씬 더 높았다. 나중에 그들을 배척한 사람들과 상호작용할 때, 그들은 또한 경멸적이거나 또는 공격적인 방식(예를 들면 고함

을 지른다든지)으로 행동할 가능성이 더 컸다. "지능적이고, 잘 조정되고, 성공한다면… 학생들은 사회적 배척의 작은 실험실 경험에 반응하여 공격적으로 변할 수 있다"고 연구팀은 지적했다. "실제 사회생활에서 원하는 집단으로부터 만성적인 배척을 경험함으로써 야기되는 공격적인 성향을 상상하고 싶지 않습니다." (실험의 말미에 연구 토론에 참가한 사람들은 기분이 회복되도록 충분히 설명을 들었다.)

Image Source/SuperStock

배척당하면 고통스럽다. 뇌 스캔은 신체적 통증에 반응하여 활성화되는 영역에서 활동이 증가하는 것을 보여준다(Lieberman & Eisenberger, 2015; Rotge et al., 2015). 그것은 또 다른 놀라운 사실을 설명하는 데 도움을 제공하고 있다. 통증 완화제인 아세트아미노펜(타이레놀에서와 같이)은 신체적 고통뿐만 아니라 사회적 고통도 경감시킨다(DeWall et al., 2010). 심리적으로 우리는 육체적 고통과 동일한 정서적 불쾌감으로 사회적 고통을 경험하는 것 같다. 그리고 문화를 넘어서서 우리는 사회적 통증과 신체적 통증에 대해 동일한 단어를 사용한다(예 : 상처를 입거나 뭉개진 것) (MacDonald & Leary, 2005).

사랑의 감정과 같은 배척의 반대는 보상, 만족과 관련된 뇌 영역을 활성화시킨다. 사랑을 받는 사람들은 신체적 고통의 감정을 약화시키는 뇌 영역을 활성화시킨다(Eisenberger et al., 2011). 한 실험에서 대학생들은 다른 누군가의 사진보다도 사랑하는 사람의 사진을 볼 때 고통이 현저히 줄어들었다(Younger et al., 2010).

결론 : 사회적 격리와 거부는 우울한 기분이나 정서적 마비를 조장하며 공격성을 유발할 수 있다(Bernstein & Claypool, 2012; Gerber & Wheeler, 2009). 또한 정신박약과 건강에 위험을 줄 수 있다(Cacioppo & Hawkley, 2009). 그러나 사랑은 천연 진통제이다. 수용과 연결의 감정이 자부심과 긍정적 감정 그리고 다른 사람들을 해치는 것보다는 돕기를 원하는 욕구를 일으킨다(Buckley & Leary, 2001).

관계와 사회관계망

사회적 동물로서, 우리는 관계를 맺고 살고 있다. 우리는 연결을 위해 살고 있다. 연구자 조지 베일런트(George Vaillant, 2013)는 1930년대생으로 노년에 이른 하버드대학 출신 238명의 남성을 대상으로 연구하고 결론을 이렇게 내렸다. "행복은 사랑이다." 남아프리카 줄루(Zulu)족의 속담은 관계의 중요성을 잘 묘사하고 있다. 우문투 구문투 가반투(Umuntu ngumuntu ngabantu)—"사람은 다른 사람들을 통해서 사람이 된다(a person is a person through other persons)."

모바일 네트워크와 소셜 미디어

주변을 둘러보면 인간들은 연결되어 있다. 대화, 트위터, 문자 메시지, 게시물, 채팅, 소셜 게임, 이메일 전송을 통해서 서로 연결되어 있다. 우리가 연결하는 방식의 변화는 빠르고 광범위하다.

- 2015년 말에 세계는 74억 인구와 70억 회 이상의 이동전화 가입(ITU, 2016)을 기록했다. 그러나 전화 통화는 미국 모바일 네트워크 트래픽의 절반에도 미치지 못한다(Wortham, 2010). 짧은 문자 메시지는 실제로 쓰는 것이 아니라 오히려 새로운 대화 형식이다(McWhorter, 2012).
- 휴대전화를 사용하는 전형적인 미국 청소년은 하루에 30개의 문자 메시지를 전송한다(Lenhart, 2015). 많은 경우 친구가 항상 곁에 있는 것처럼 보인다. 스마트폰을 사용하는 18~29세의 절반은 시간당 여러 번 스마트폰을 확인하고 있다. "스마트폰 없는 세상을 상상할 수 없다"(Newport, 2015; Saad, 2015).
- 우리 중 얼마나 많은 사람들이 소셜 네트워킹 사이트를 사용하고 있을까? 2014년에 입학한 미국 대학생들 중 94%가 사용하고 있었다(Eagan et al., 2014). 소셜 네트워크에 있는 많은 친구들과 관계를 맺는 유혹은 저항하기 어렵다. 그것은 소속에 대한 욕구가 있기 때문이다. 소속하든지 그렇지 않으면 배척된다.

관계의 결과 – 사회관계망의 사회적 유익

같은 생각을 가진 사람들을 연결함으로써, 인터넷은 사람들을 연결시켜주는 증폭기 역할을 하고 있다. 사회적으로나 개인적으로 위기를 겪을 때 인터넷은 관련 정보와 지지자들을 제공한다. 더 좋든 혹은 더 악화되었든 인터넷은 그들의 삶을 다른 사람들의 삶과 비교할 수 있게 해준다(Verduyn et al., 2015). 인터넷은 또한 중매쟁이 역할을 한다. 전자통신이 우리 삶에 깊이 영향을 미침에 따라서 연구원들은 전자통신이 어떻게 우리의 관계에 영향을 미쳤는지 탐구해 왔다.

사회관계망은 우리를 사회적으로 더 혹은 덜 격리시키고 있는가 고독한 사람들은 평균 이상의 시간을 온라인에서 보내는 경향이 있다(Bonetti et al., 2010; Stepanikova et al., 2010). 그러나 인터넷은 새로운 사회관계망을 위한 기회를 제공한다. (나[저자 DM]는 현재 전 세계의 다른 청각 기술 옹호자들과 연결되어 있다.) 사회관계망은 또한 우리가 이미 알고 있는 다양한 사람들과의 연결을 강화해준다(DiSalvo, 2010; Ugander et al., 2012; Valkenburg & Peter, 2009). 만약 사회관계망이 친구들과 연결에 도움이 되고 확장된 가족으로 지내며 위기 시에 지지자들을 찾는다면 당신은 더 이상 혼자가 아니다(Rainie et al., 2011). 사회관계망이 우리를 연결한다. 그러나 당신도 알다시피 사회관계망은 많은 시간과 관심을 요구한다. 대면과 온라인 사이에서 관계의 비율은 불균형일 수 있다.

전자통신은 건전한 자기공개에 동기부여를 하고 있는가 **자기노출**이란 우리의 기쁨이나 걱정 혹은 약점 등을 다른 사람들과 나누는 것이다. 제10장에서 언급하겠지만 다른 사람들에게 비밀을 털어놓는 것은 일상적인 문제를 극복할 수 있는 건강한 방법이 될 수 있다. 직접 대면하는 것이 아니라 전자통신으로 의사소통할 때 우리는 종종 다른 사람의 반응에 덜 집중한다. 남의 시선에서 좀 더 자유로워지기 때문에 자기공개를 억제하려는 심리적 압박감이 감소한다. 때로는 10대들이 두고두고 후회할 만한 사진을 보내거나 괴롭힘을 당하거나 희생자를 괴롭히거나 편견이나 증오심을 조장하는 사람들이 편견이나 범죄를 조장하는 메시지를 게시하는 등 극단적인 경우도 종종 있다. 그러나 자기공개는 종종 우정을 심화하는 역할을 한다(Valkenburg & Peter, 2009).

사회관계망은 나르시시즘을 증진시키는가 **나르시시즘**(narcissism)은 야생화된 자존감이다. 자기애착이 강한 사람들은 자신을 중요하게 생각하고 자기중심적이며 성취욕이 강하다. 성격 테스트에서 나르시시즘은 '나는 관심의 중심에 서기를 좋아합니다'와 같은 항목을 통해서 드러난다. 나르시시즘 테스트 성적이 높은 사람들은 특히 사회관계망 사이트에서 활발하게 활동한다. 그들은 보다 훌륭한 '친구들'과 관계를 맺는다. 그들은 더 많은 사이트에 게시한다. 그들은 부정적인 의견에 더 많은 보복을 한다. 그리고 놀랍지 않게, 그들은 자신의 페이지를 보는 낯선 사람들에게 상당히 나르시시즘이 강한 사람으로 보이기도 한다(Buffardi & Campbell, 2008; Weiser, 2015).

나르시시스트에게 사회관계망 사이트는 모임 장소 이상이다. 그것들은 먹이 골짜기다. 한 연구에서 대학생들은 무작위로 15분 동안 온라인 프로필을 편집하고 설명하거나 혹은 그 시간을 사용하여 구글 맵스 사용 절차를 연구하고 설명하게 했다(Freeman & Twenge, 2010). 작업을 완료한 후 모두 테스트를 보았다. 그런 다음 나르시시즘 측정에서 누가 더 높은 점수를 얻었을까? 자신을 위하여 시간을 보냈던 사람들이다.

균형과 집중

과도한 온라인 사교와 게임으로 인해서 학업에 지장이 있다는 것은 놀라운 일이 아니다(Chen & Fu, 2008; Kaiser Family Foundation, 2010). 미국의 한 설문조사에서 가장 많은 시간을 인터넷에 소모하는 학생들 중 47%, 그리고 가장 적은 시간을 소모하는 학생들의 23%가 C등급 이하의 학점을 받았다(Kaiser Family Foundation, 2010).

오늘날 우리는 현실 세계와 온라인에서 즐기는 시간의 건강한 균형을 유지해야 한다. 전문가는 몇 가지 실질적인 제안을 하고 있다.

- **시간을 모니터해보자.** 어떻게 시간을 사용했는지 기록해보자. 그런 다음 자신에게 물어보자. "소모된 시간은 나의 우선순위를 반영하고 있는가? 학교 또는 업무 성과에 방해가 되는 온라인 시간이 더 증가하고 있는가, 아니면 줄어들고 있는가? 가족이나 친구들이 이 점에 대해서 논평해주었는가?"
- **감정을 모니터해보자.** 자신에게 물어보자. "온라인 관심 분야로 인해서 감정적으로 혼란스러운가? 연결을 끊고 다른 활동으로 이동하면 어떤 느낌이 들까?"
- **필요한 경우 당신을 더 혼란스럽게 하는 온라인 친구와 관계를 끊자.** 그리고 자신의 글에서 황금률을 실천하라. 게시하기 전에 자신에게 물어보자. "누군가 다른 사람이 올렸다면 내가 읽어도 좋은 게시물일까?"
- **공부할 때 시간당 한 번만 휴대전화를 확인하는 습관을 갖자.** 마음의 손전등인 선택적 집중은 한 번에 한 위치에만 있을 수 있다. 한 번에 두 가지 일을 하려고 하면 둘 중 하나를 제대로 할 수 없다(Willingham, 2010). 생산적으로 공부하거나 일하기를 원한다면 언제나 연결 가능한 상태에 대한 유혹을 거부하라. 집중력을 발휘할 때 주의를 끌 수 있는 소리 알림이나 진동 및 팝업이 뜨지 않게 하라. (집중력을 방해받지 않기 위해 나[저자 DM]는 와이파이가 없는 커피숍에서 이 장을 집필하고 있다.)
- **사회관계망 단식을 해보자**(1시간 혹은 1일 또는 1주일간). 또는 시간 조절 소셜 미디어 다이어트(숙제를 마친 후에 또는 점심 시간에만 체크인)을 시도해보자. 당신의 새로운 다이어트를 통해서 잃어버린 것과 새로 얻은 것들을 기록해보자.

- **자연 산책을 하면서 다시 집중해보자.** 거리에서 바쁘게 걷는 것과 달리 공원에서 평화로운 산책을 통해서 집중력에 대한 용량이 회복되면 사람들의 학습능력이 향상된다(Berman et al., 2008).

심리학자 스티븐 핑커(Steven Pinker, 2010a)는 "해결책은 정서적 감정을 상하게 하는 것이 아니다. 인생의 모든 다른 유혹과 마찬가지로 기술을 먼저 파악하고 자기통제 전략을 개발하라"고 언급했다.

정서 : 각성, 행동, 그리고 인지

동기부여된 행동은 종종 강력한 정서와 관련이 있다. 내[저자 DM]가 첫 아기인 피터를 데리고 대형 마트에 갔을 때 나의 소속에 대한 욕구는 잊을 수 없을 정도로 혼란스러웠다. 내가 서류 작업을 위해서 피터를 잠시 옆에 세워두자마자, 지나가던 사람이 "조심하는 것이 좋을 겁니다. 그렇지 않으면 그 아이를 잃어버릴 거예요!"라고 경고했다. 몇 차례 숨을 내쉬기도 전에 나는 내 곁에 피터가 없다는 사실을 깨달았다.

경미한 불안감과 함께 고객 서비스 카운터의 한쪽 끝을 둘러보았다. 시야에 피터가 나타나지 않았다. 조금 더 불안해하면서 나는 다른 끝을 둘러보았고, 거기에 피터는 없었다. 이제 내 마음이 두근거리며 주변 카운터를 돌았다. 여전히 피터는 보이지 않았다. 불안이 공포로 바뀌면서 나는 상점 통로를 경주하기 시작했다. 여전히 피터를 발견하지 못했다. 점포 관리자는 나의 상태를 파악하고 공공 안내 시스템을 사용하여 고객들에게 아이 찾기에 도움을 요청했다. 얼마 후, 나는 조금 전 나에게 경고한 고객을 만났다. "내가 아이를 잃어버릴 거라고 했죠!" 그는 지금 나를 경멸했다. 일상적으로 납치범들은 아름다운 아이에게 마음을 둔다는 환상에 나의 방치로 인해 내가 무엇보다 사랑하는 아이를 잃어버렸을 가능성과 그리고 무엇보다도 가장 두려운 순간이 될 아이 없이 집으로 돌아가서 아내를 직면할 가능성이 더해졌다.

그러나 그때, 내가 다시 카운터에 도착했을 때, 거기에 아이가 있었다. 어떤 의무감 있는 고객이 찾아서 데리고 왔다! 순식간에, 공포의 각성은 엑스터시로 유출되었다. 갑자기 눈물을 흘리면서 아들을 와락 껴안았고, 적절한 감사의 말도 떠오르지 않았다. 나는 기쁨으로 가득 차 상점에서 빠져나왔다.

그런 정서는 어디에서 오는 것일까? 왜 우리가 그런 정서들을 가지고 있을까? 그런 정서들은 무엇으로 만들어졌을까? 정서는 단지 우리에게 흥미로운 경험을 주기 위해 존재하지 않는다. 그것들은 우리 몸의 적응적 반응이며, 우리의 생존을 지원한다. 우리가 도전에 직면할 때 정서는 우리의 주의를 집중시키고 행동에 활기를 불어넣는다(Cyders & Smith, 2008). 우리의 심장은 질주하고, 우리의 보폭은 빨라진다. 우리의 모든 감각은 높은 경계를 유지한다. 예상치 못한 좋은 소식을 받으면 우리의 눈에 눈물이 흐르는 것을 발견할 수 있다. 우리는 승리에 도취되어 손을 들어 올린다. 우리는 기쁨과 새로운 확신을 느낀다.

피터에 대한 나의 공포에 찬 탐색이 보여주는 것처럼, **정서**(emotion)는

- 신체적 각성(심장 박동이 빨라짐)
- 행동의 변화(보폭이 빨라짐)
- 사고("이것은 납치인가?")와 느낌(두려움, 공황, 기쁨)을 포함하는 의식적인 경험의 복합물이다.

심리학자의 임무는 이 세 부분을 맞추는 것이다. 그렇게 하기 위해서는 두 가지 큰 질문에 대한 답이 필요하다.

1. 닭과 계란에 관한 토론 : 당신의 육체적 각성은 당신의 정서적 감정 앞에 나오는가 아니면 뒤에 나오는가? (나는 심장 박동과 보폭이 빨라지는 것을 먼저 목격하고 피터를 잃는 것에 대한 공포를 느꼈는가? 아니면 먼저 공포를 느끼고 나의 심장과 다리가 반응했는가?)
2. 사고(인식)와 느낌은 어떻게 상호작용하는가? 인식이 항상 감정보다 먼저 오는가? (내가 정서적으로 반응하기 전에 납치 위협에 대해 생각했는가?)

정서의 역사 이론뿐만 아니라 현재의 연구도 이러한 질문에 답하려고 노력하고 있다.

정서의 역사 이론

정서에 대한 심리학 연구는 먼저 신체 반응이 정서와 어떻게 관련이 있는가에 대한 질문에서 시작한다. 두 가지 역사적 이론들이 서로 다른 해답을 제시한다.

신체 반응이 정서에 앞선다는 제임스-랑게 이론

우리는 슬프면 울부짖고 화가 나면 화를 내고 두려우면 몸을 떤다. 처음에는 의식적인 인식이 있고 그다음 느낌이 온다. 그러나 인간

정서에 대한 선구자인 윌리엄 제임스(William James)에게 정서에 관한 상식적인 견해는 받아들여지지 않았다. 오히려 "우리가 울기 때문에 슬프고 화를 냈기 때문에 화가 나며 또 몸을 떨었기 때문에 두려워한다"(1890, p. 1066). 제임스의 생각은 또한 덴마크의 생리학자 카를 랑게(Carl Lange)에 의해 제안되었으므로 **제임스-랑게 이론**(James-Lange theory)이라고도 불린다. 제임스와 랑게라면 나의 박동하는 심장과 두려움으로 떠는 몸짓을 보고 정서가 격해짐을 느꼈을 것이다. 내 몸의 반응이 먼저 일어나고 두려운 정서가 따라왔다.

신체 반응과 정서가 동시에 일어난다고 주장하는 캐논과 바드 이론

생리학자인 월터 캐논(Walter Cannon, 1871–1945)은 제임스와 랑게의 견해에 동의하지 않았다. 심장박동이 어떤 신호인가? 두려움 혹은 분노 아니면 사랑의 신호인가? 캐논은 신체의 반응—심박수, 발한 및 체온—은 서로 다른 감정을 유발하는 것과 유사하다고 주장한다. 캐논과 또 다른 생리학자인 필립 바드(Philip Bard)는 우리의 육체적 반응과 경험된 정서가 동시에 일어난다고 주장했다. 따라서 **캐논-바드 이론**(Cannon-Bard theory)에 따르면, 두려움을 경험하는 것과 동시에 내 심장이 두근거리기 시작했다. 정서 유발 자극은 내 교감신경계로 이동하여 몸의 각성을 유발했다. 동시에, 그것은 나의 두뇌의 피질로 여행하여 나의 정서에 대한 나의 인식을 불러일으켰다. 내 두근거리는 심장은 두려움을 느끼게 하지 못했고 두려움 때문에 내 심장이 두근거리지 않았다. 신체적 반응과 경험된 정서는 별개이다.

그러나 그들은 정말로 서로에게서 독립적일까? 캐논-바드 이론은 제2차 세계대전에 참전했다가 부상당한 25명의 군인들을 포함하는 심각한 척수 손상을 입은 환자들의 조사에서 도전을 받았다(Hohmann, 1966). 척수 하부 부상으로 오직 다리에만 감각을 잃은 환자들은 정서의 강도에 거의 변화가 없다고 보고했다. 척추 상부 부상으로 인해서 목 아래로 아무것도 느낄 수 없는 환자들은 변화가 있었다. 어떤 반응들은 부상당하기 전보다 강도가 약했다. 척추 상부 손상을 입은 한 남자는 분노가 "부상당하기 이전보다 뜨겁지 않았다"고 고백했다. 그것은 정신적인 분노이다. 대개 목 부위 위의 신체 부위에서 나타나는 감정들은 더욱 강렬하게 느껴졌다. 이 남자들은 울음소리의 증가, 목구멍의 덩어리 증가, 작별 인사를 할 때 목이 잠기고, 예배나 감동적인 영화 감상에 빠져들었다. 그러한 증거들 때문에 일부 연구자들로 하여금 감정은 우리의 육체적 반응과 행동에 대한 '그림자'라고 느끼게 했다(Damasio, 2003).

그러나 우리의 정서는 인지를 포함한다(Averill, 1993; Barrett, 2006). 여기서 우리는 정서에 대한 심리학의 두 번째 큰 질문에 도달했다—사고와 느낌은 어떻게 상호작용하는가? 우리가 어두운 길에서 우리 뒤에 있는 사람을 두려워하는지 여부는 전적으로 우리가 그의 행동을 어떻게 해석하는지 여부에 달려 있다.

샥터-싱어의 2요인 이론 : 각성+라벨=정서

스탠리 샥터와 제롬 싱어(Stanley Schachter & Jerome Singer, 1962)는 우리의 경험을 평가하거나 평가하는 방법이 대단히 중요하다는 것을 보여주었다. 우리의 육체적 반응과 생각(지각, 기억, 해석)이 함께 정서를 만든다. 따라서 **2요인 이론**(two-factor theory)에서 정서는 두 가지 요소, 즉 육체적 흥분과 인지적 평가를 가지고 있다. 그들은 정서적인 경험은 각성에 대한 의식적인 해석을 요구한다고 주장했다.

때때로 우리의 각성은 우리의 반응에 영향을 미치는 한 사건에서 다른 사건으로 흘러간다. 달리면서 귀가했고 집에 도착하니 오랫동안 기다렸던 취업 합격 통지서가 배달되어 있었다고 상상해보자. 달리기로 인해서 느껴지는 각성 상태에서 이 소식을 듣는 것이 밤새도록 깨어 있는 상태에서 이 소식을 듣는 것보다 더 흥분할 것 같은가?

이러한 파급 효과를 탐구하기 위해 샥터와 싱어는 흥분을 유발하는 호르몬인 에피네프린을 대학생들에게 주사했다. 참여자로 자신을 묘사하라. 주사를 맞으면 당신은 대기실로 간다. 당신은 즐겁거나 자극적인 다른 사람(실제로 실험자와 함께 일하는 사람)과 자신을 발견한다. 당신이 이 공범자를 관찰하면서, 당신은 당신의 심장박동이 빨라지고, 당신의 몸이 긴장이 되고, 그리고 당신의 호흡이 더 빨라짐을 느낀다. 주사를 맞을 때 당신이 이러한 효과들이 나타날 것이라고 들었다면, 당신은 어떤 느낌이 들겠는가? 실제 자원 봉사자들은 그들의 정서가 약물에 의한 것이라고 생각했기 때문에 거의 감정을 느끼지 못했다. 그러나 주사가 효과를 유발하지 않는다는 말을 들을 경우 어떤 느낌이 들겠는가? 아마도 당신은 다른 참가자 그룹이 반응했을 때와 같은 반응을 할 것이다. 그들은 대기실에 있는 다른 사람의 명백한 정서에 사로잡혔다. 공범자가 즐겁게 행동하면 행복해졌고, 만약 공범자가 짜증을 내면 같이 짜증을 냈다.

우리는 어떻게 해석하고 라벨을 붙이느냐에 따라 각성된 정서를 하나의 정서 또는 다른 정서로 경험할 수 있다. 수십 번의 실험이 이러한 효과를 입증했다(Reisenzein, 1983; Sinclair et al., 1994;

Zillmann, 1986). 한 행복한 연구자가 지적했듯이, "투명 느낌의 면전에서 공포로 해석되는 감정은 얇은 블라우스가 있는 상태에서 욕망으로 해석될 수 있다"(Gilbert, 2006).

기억해야 할 점 : 각성은 정서의 연료이며 인식은 그 통로이다.

자이언스, 르두, 라자러스 : 정서와 두뇌의 2개의 트랙

심장은 언제나 마음의 영향을 받는가? 우리가 정서를 경험하기 전에 항상 우리의 각성을 해석해야 하는가? '아니요!'라고 로버트 자이언스(Robert Zajonc, 1923-2008)는 말했다. 그는 상황에 대한 우리의 해석과는 별개로, 또는 심지어 상황 그 이전에도 우리는 많은 정서적인 반응을 실제로 가지고 있다고 주장했다(Zajonc, 1980, 1984). 이유를 모른 채 즉시 무엇인가 혹은 누군가를 좋아했던 것을 기억할 수 있는가? 이러한 반응은 종종 우리 마음의 두 가지 경로에서 일어나는 자동 처리를 반영한다.

우리의 정서적 반응은 시상을 통해 우리 두뇌의 두 가지 경로를 통해서 나타나는 최종적인 단계이다. 어떤 정서, 특히 증오와 사랑과 같은 더 복잡한 정서는 뇌의 피질에 '높은 길'로 이동한다(**그림 9.10**). 거기에서 우리는 편도체(정서 조절 센터)를 통해 반응을 지시하기 전에 정보를 분석하고 라벨을 붙인다.

그러나 때때로 우리의 정서(특히 단순히 좋아함, 싫어함, 그리고 두려움)는 조셉 르두(Joseph LeDoux, 2002, 2015)가 언급했듯이 '낮은 길'로 이동한다. 이 지름길 신경은 피질(**그림 9.10b**)을 우회한다. 낮은 길을 따라 두려움을 자극하는 자극은 눈이나 귀에서 편도체로 곧장 이동한다. 이 지름길은 우리 뇌가 정확한 위험의 원인을 해석하기 전에 기름에 불이 붙듯이 재빠른 정서적인 반응("위험한 삶!")을 가능하게 한다. 두뇌 피질에서 일어나는 재빠른 반사작용처럼 편도체의 반응은 너무 빨라서 우리는 어떤 일이 일어나고 있는지 알지 못할 수도 있다(Dimberg et al., 2000).

편도체 구조는 우리의 생각이 우리의 정서를 지배하는 것보다 우리의 정서가 우리의 생각을 더 쉽게 지배할 수 있도록 만든다(LeDoux & Armony, 1999). 편도체는 수신하는 것보다 피질에 더 많은 신경 투영을 보낸다. 숲 근처 수풀에서 갑자기 소리가 들리면 우리는 뛴다. 소리가 뱀이나 혹은 바람에 의해 만들어졌는지는 (높은 길을 통해) 나중에 결정한다. 이러한 경험은 우리의 정서적 반응 중 일부는 의도적인 생각을 수반하지 않는다는 자이언스의 믿음을 뒷받침한다.

정서 연구자인 리처드 라자러스(Richard Lazarus, 1991, 1998)는 우리 뇌가 의식이 없는 상태에서 방대한 양의 정보를 처리하고, 일부 정서적인 반응은 의식적 사고를 필요로 하지 않는다는 것에 동의했다. 우리의 정서적인 삶의 대부분은 자동적이고 신속하게 낮은 길을 통해 작동한다. 그러나 그는 상황을 평가하지 않았다면 우리가 어떤 반응을 해야 할지 어떻게 알 수 있는가라는 점에 의구심을 가졌다. 평가는 수월할 수 있으며 우리는 그것을 의식하지 않을 수도 있지만, 그것은 여전히 정신적인 기능이다. 자극이 좋든 나쁘든 간에 두뇌는 그 자극이 무엇인지에 대한 어떤 생각을 가져야 한다(Storbeck et al., 2006). 따라서 라자러스는 우리가 사실 유무를 떠나서 어떤 사건이 무해하거나 위험한 것으로 평가할 때 정서가 생긴다고 주장했다. 우리는 부스럭거리는 숲의 소리를 위협으로 평가한다. 나중에, 우리는 그것이 '단지 바람'이라는 것을 알게 된다.

정리해보자(**표 9.3** 참조). 자이언스와 르두가 진술한 것처럼, 감

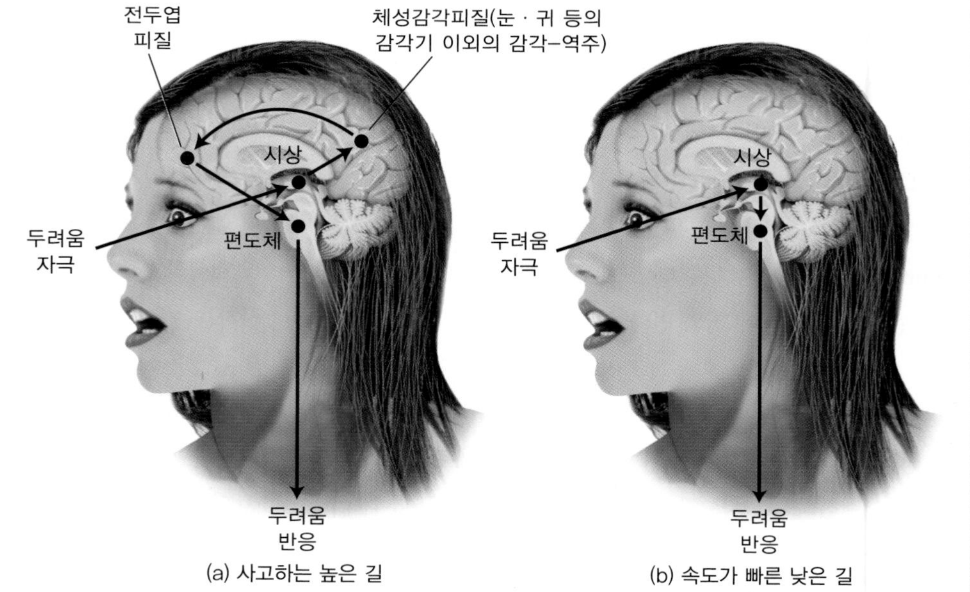
전두엽
피질
체성감각피질(눈 · 귀 등의
감각기 이외의 감각–역주)
시상
두려움
자극
편도체
두려움
반응
(a) 사고하는 높은 길
시상
두려움
자극
편도체
두려움
반응
(b) 속도가 빠른 낮은 길

그림 9.10 정서에 대한 두뇌 경로 2개의 다른 경로를 통해서 감각이 입력되는 과정. (a) 일련의 정보들은 분석을 위해서 시상을 경유해서 대뇌 피질로 전달된다. 그 뒤 편도체로 보내진다. (b) 다른 정보들은 즉각적으로 정서적인 반응을 드러내기 위해서 시상을 경유해서 직접 편도체로 보내진다.

표 9.3 정서 이론 요약

이론	정서에 대한 설명	사례
제임스-랑게	정서를 불러일으키는 자극에 대해서 특정한 신체의 반응들을 우리가 자각함	위협을 받으면 우리의 심장박동이 빨라지고 두려움을 느끼게 된다.
캐논-바드	신체의 반응 + 자극에 대한 주관적인 경험	우리가 두려움을 느끼는 것과 동시에 우리의 심장박동도 빨라진다.
색터-싱어	두 가지 요인 : 일반적인 각성 + 의식적인 인지적 라벨	상황에 따라서 우리는 우리의 각성을 두려움이나 흥분으로 라벨을 붙인다.
자이언스, 르두	인지하기 전에 즉각적으로	숲속에서 나는 소리를 듣고 위협으로 라벨 붙이기 전에 우리는 자동적으로 깜짝 놀란다.
라자러스	평가("위험한 것인가 그렇지 않은 것인가?")—우리의 자각 없이—가 정서를 결정한다.	소리는 "단지 바람 소리야."

정적인 반응—특히 단순히 좋아함, 싫어함, 두려움—은 의식적인 사고 없이 일어난다. 큰 거미가 유리 뒤에 갇혀 있는 것을 보았을 때 나는 거미가 나를 해할 수 없다는 것을 알고 있지만 두려움을 경험한다. 그러한 반응은 우리가 생각을 변화시킨다고 바뀌는 것이 아니다. 몇 초 내에 우리는 한 사람을 다른 사람보다 더 좋아하거나 신뢰할 수 있다고 자동으로 인식할 것이다(Willis & Todorov, 2006). 이 순간적 매력은 심지어 우리가 우리 자신과 가까운 입장을 표명하는 후보자에 대해(많은 사람들처럼) 투표한다면 우리의 정치적 결정에 영향을 미칠 수도 있다(Westen, 2007).

그러나 다른 정서들, 이를테면 우울증이나 증오, 사랑 같은 복잡한 감정은 우리의 해석, 기억 및 기대에 크게 영향을 받는다. 이러한 정서에 대해서 우리는 보다 의식적인 통제를 한다. 제11장에서 볼 수 있듯이, 우리 자신과 주위 세계에 대해 더 긍정적으로 생각하는 것을 배우는 것이 우리의 기분을 좋게 하는 데 도움이 될 수 있다.

체화된 정서

사랑에 빠지든, 사랑하는 사람의 죽음을 슬퍼하든, 정서가 몸과 연관이 있다는 확신은 거의 없다. 몸 없이 느끼는 것은 호흡과 같다. 실제로 많은 정서들은 뇌의 뉴런 수준에서 발생한다.

기본 정서

캐롤 아이자드(Carroll Izard, 1977)는 기쁨, 흥미-흥분, 놀라움, 슬픔, 분노, 혐오, 경멸, 공포, 수치심, 죄책감 등 10가지 기본 정서를 분리했다. 이것들 대부분은 유아기에 발달한다(**그림 9.11**). 다른 연구자들은 자부심과 사랑 또한 기본 정서라고 믿는다(Shaver et al., 1996; Tracey & Robins, 2004). 그러나 아이자드는 사랑이 예를 들어 기쁨과 흥미-흥분의 혼합인 기본 10가지의 조합이라고 주장했다. 또 다른 문제 : 우리의 서로 다른 정서에는 뚜렷한 각성 발자국이 있을까? (즉 우리 몸은 두려움과 분노의 차이점을 알고 있을까?) 그 질문에 답하기 전에 당신의 신체가 자극받을 때 자율신경계에서 일어나는 일을 검토해보자.

정서와 자율신경계

제2장에서 보았듯이, 위기 상황에서 자율신경계(ANS)의 공감대는 행동을 위해 당신의 몸을 준비시킨다(**그림 9.12**). 그것은 당신의 부신선이 스트레스 호르몬을 분비하도록 자극한다. 에너지를 공급하기 위해 간은 당신의 혈관 안으로 여분의 설탕을 붓는다. 설탕을 태우는 것을 돕기 위해 필요한 산소를 공급하기 위해서 호흡률이 증가한다. 심장박동과 혈압이 상승한다. 소화가 느려지고 피가 내장 조직에서 근육 쪽으로 이동한다. 커다란 근육으로 혈당을 보내면 달리기는 쉬워진다. 당신의 눈동자가 더 넓게 열리고, 더 많은 빛이 들어온다. 몸을 식히기 위해서 땀을 발산한다. 당신이 상처를 입었다면, 출혈은 더 빨리 멈출 것이다.

위기가 발생한 후에는 다음과 같이 생각해보자. 의식적인 노력 없이 위험에 대한 신체의 반응은 놀라울 정도로 조정되고 적응력이 뛰어나서 당신이 싸워야 할지 달아나야 할지 준비시켜준다. 위기가 지나면 스트레스 호르몬이 서서히 혈류를 벗어나기 때문에 점차적으로 ANS의 부교감신경계가 몸을 진정시킨다.

© Gary Dobner/Alamy

겁나는 황홀 극도의 행복감과 공포는 비슷한 심리학적 각성을 동반한다. 그러한 각성은 우리로 하여금 두 정서 사이에서 급격하게 극도로 흥분하게 한다.

Adrian Albritto/Getty Images

(a) 기쁨(입술이 미소를 형성하고 턱이 올라가 있으면 눈이 행복감으로 반짝거림)

Patrick Donehue/Photo Researchers

(b) 분노(이마가 전체적으로 아래로 내려와 있고 눈이 고정되어 있으며 입이 거의 사각형 모양을 이룸)

© Emma Kim/cultura/Corbis

(c) 흥미(이마가 올라가 있거나 눈살을 찌푸리고 입은 부드럽게 동그랗고 입술은 오므리고 있음)

lina aidukaite/Getty Images

(d) 혐오(코를 찡그리고 윗입술이 올라가 있으며 혀를 밖으로 냄)

Samuel Borges Photography/Shutterstock

(e) 놀람(이마가 올라가며 눈이 넓어지고 입은 계란형을 이룸)

Tao Peng/Getty Images

(f) 슬픔(이마 안쪽 모서리가 올라가고 입의 모서리가 아래로 내려옴)

Vladimir Godnik/Getty Images

(g) 두려움(이마가 안쪽과 위쪽으로 당겨지며 눈꺼풀이 올라가고 입의 모서리는 오므림)

그림 9.11 자연적으로 나타나는 유아의 정서 자연적으로 발생하는 유아의 정서를 알기 위해서 캐롤 아이자드는 유아들의 표정을 분석했다.

자율신경계는 신체의 각성을 조정한다

교감신경계(각성)		부교감신경계(안정)
동공 확장	눈	동공 축소
감소	타액	증가
땀을 흘림	피부	건조
증가	호흡	감소
빨라짐	심장	천천히
느려짐	소화	속도가 빨라짐
스트레스 호르몬 증가	부신선	스트레스 호르몬 감소
감소	면역신경계	향상

그림 9.12 정서적 각성 위기 시 자율신경계의 교감신경계가 우리를 각성시킨다. 위기가 지나가면 부교감신경계가 우리를 안정시킨다.

정서의 생리학

다른 정서에 대한 신체의 반응을 측정하는 실험을 수행한다고 상상해보자. 네 방의 각각에서 영화를 보는 사람이 있다. 첫 번째 방에서 그 사람은 공포물을 보고 있다. 두 번째 방에서 시청자는 분노를 유발하는 영화를 보고 있다. 세 번째 방에서는 성적으로 흥분하는 영화를 보고 있다. 네 번째 방에서는 완전히 지루한 영화를 보고 있다. 관리 센터에서 각 사람의 신체 반응을 추적하고 땀, 호흡 및 심장박동을 측정하고 있다. 누가 두려워하는지 말할 수 있다고 생각하는가? 화난 사람은 누구인가? 성적으로 자극받은 사람은 누구인가? 누가 지루해하고 있는가?

교육을 통해 지루해하는 시청자를 골라낼 수 있다. 그러나 두려움, 분노 및 성적 흥분 사이의 육체적 차이를 발견하는 것은 훨씬 더 어려울 것이다(Barrett, 2006). 다른 정서들은 공통의 생물학적 특성을 공유할 수 있다.

> 어느 누구도 나에게 슬픔은 두려움과 유사하다고 말하지 않았다. 나는 두려워하지 않는다. 그러나 슬픔은 두려움과 유사했다. 똑같이 위장이 울렁거리고 똑같이 안정이 되지 않고 하품을 해댔다. 나는 계속 마른침을 삼키기만 했다.
>
> C. S. Lewis, A Grief Observed, 1961

비슷한 신체 반응에도 불구하고 성적 흥분, 두려움, 분노는 다르게 느껴지며 종종 다르게 보인다. 우리는 '두려움으로 마비된' 듯이 혹은 '분노로 폭발할 준비가 된' 것처럼 보인다.

정교한 실험실 도구 덕분에 연구자들은 서로 다른 정서의 미묘한 지표를 정확히 지적할 수 있다(Lench et al., 2011). 공포에 수반되는 손가락 온도와 호르몬 분비물은 때때로 분노를 동반하는 것과 다르다(Ax, 1953; Levenson, 1992). 두려움과 기쁨은 전혀 다른 안면 근육을 자극한다. 두려워하는 동안 이마 근육이 긴장한다. 기쁨을 누리는 동안에는 뺨과 눈 밑의 근육이 미소를 띠게 된다(Witvliet & Vrana, 1995).

두뇌 스캔과 EEG는 정서들이 뇌 회로에서 어떻게 다른지를 보여준다(Panksepp, 2007). 혐오감과 같은 부정적인 정서를 경험할 때, 당신의 오른쪽 전두엽 피질은 당신의 왼쪽 전두엽 피질보다 더 활동적이다. 우울증에 걸리기 쉽거나 일반적으로 부정적인 성격을 가진 사람들은 오른쪽 전두엽에서 더 많은 활동을 보인다(Harmon-Jones et al., 2002). 불행하지 않은 한 아내는 뇌수술로 오른쪽 전두엽의 일부를 잃은 남편이 덜 짜증을 내서 애정 어린 것으로 나타났다고 보고했다(Goleman, 1995). 나[저자 DM]의 아버지는 92세에 우뇌에 뇌졸중을 앓은 후 삶의 마지막 2년 동안 행복한 감사와 불평이나 부정적인 정서 없이 살았다.

긍정적인 기분을 느낄 때—열정적이고 활기차고 행복할 때—왼쪽 전두엽이 활발해진다. 왼쪽 전두엽이 활발한 사람들은 긍정적인 성격을 가진 사람들, 즉 유쾌한 유아들과 주의 깊고, 정력적이며, 지속적으로 목표 지향적인 성인들에게서 발견된다(Davidson & Begley, 2012; Urry et al., 2004). 당신이 행복하고 당신이 그것을 알고 있다면, 당신의 두뇌는 반드시 그것을 보여줄 것이다.

요약하면, 우리는 심박수와 호흡 및 땀을 조사한다고 해서 정서의 차이를 쉽게 파악할 수 없다. 그러나 얼굴 표정과 두뇌 활동은 정서의 종류마다 다를 수 있다. 피노키오처럼 우리가 거짓말할 때 표지판을 내놓을까? **거짓말 탐지기**(polygraph)가 거짓말을 드러낼 수 있을까? 이 질문에 대한 더 자세한 정보는 사고에 대한 '비판적으로 사고하기 : 거짓말 탐지기'를 참조하라.

표현된 정서와 경험된 정서

사람들의 정서를 감지하는 간단한 방법이 있다—신체 언어를 읽고, 음성의 톤을 듣고, 얼굴 표정을 살펴본다. 사람들의 표현 행동은 자신의 정서를 드러낸다. 이 비언어적 언어는 문화에 따라 다를까? 그렇지 않으면 똑같을까? 그리고 우리의 표현이 우리가 느끼는 것에 영향을 미칠까?

다른 사람들의 정서를 파악하기

우리 모두는 말없이 의사소통한다. 서양인들은 악수할 때 손을 억세게 쥐고 흔드는 것을 외향적이고 표현력 있는 성격의 증거로 간주한다(Chaplin et al., 2000). 언뜻 보는 것은 친밀감의 표현일 수 있지만 또한 불안함의 신호이기도 하다(Kleinke, 1986; Perkins et al., 2012). 두 사람이 열정적으로 사랑에 빠져 있을 때는 서로의 눈을 응시하는 데 많은 시간을 보낸다(Bolmont et al., 2014; Rubin, 1970). 그러한 시선은 낯선 사람들 사이에서 이러한 감정을 자극하는 것일까? 연구자들은 남성-여성(및 이성애로 추정되는) 낯선 사람들에게 서로의 손이나 눈을 2분 동안 응시해줄 것을 요청했다. 서로 떨어진 후, 서로 바라보았던 사람들은 매력과 애정의 감정을 느꼈다고 보고했다(Kellerman et al., 1989).

우리 중 대부분은 비언어적인 단서를 상당히 잘 읽는다. 스피드 데이트의 마지막 10초짜리 비디오를 시청한 사람들은 종종 한 사

비판적으로 사고하기 거짓말 탐지기

거짓말 탐지기는 호흡과 심장박동, 그리고 땀과 관련해서 정서의 변화를 측정한다. 우리가 이러한 결과들을 거짓말을 탐지하기 위해서 사용할 수 있을까?

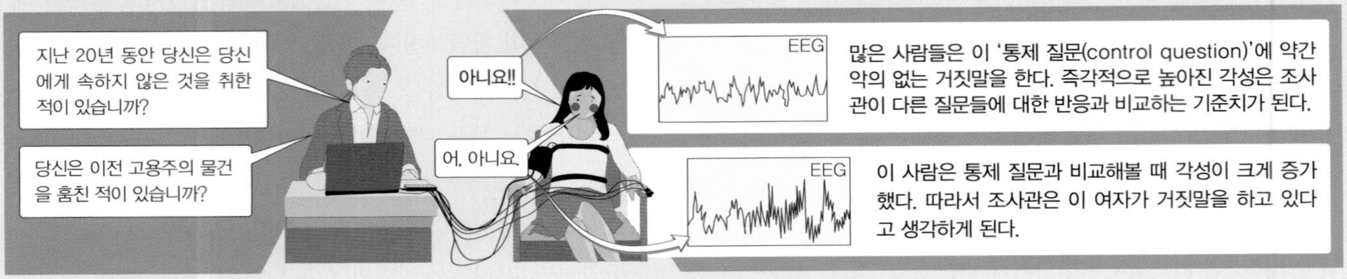
지난 20년 동안 당신은 당신에게 속하지 않은 것을 취한 적이 있습니까?
아니요!!
당신은 이전 고용주의 물건을 훔친 적이 있습니까?
어, 아니요.
EEG
많은 사람들은 이 '통제 질문(control question)'에 약간 악의 없는 거짓말을 한다. 즉각적으로 높아진 각성은 조사관이 다른 질문들에 대한 반응과 비교하는 기준치가 된다.
EEG
이 사람은 통제 질문과 비교해볼 때 각성이 크게 증가했다. 따라서 조사관은 이 여자가 거짓말을 하고 있다고 생각하게 된다.

그러나 절도범이 도둑질을 부인한다고 해서 불안해한다는 것이 사실일까?

1. 우리는 불안, 짜증, 유죄에 대해서 신체적으로 비슷하게 각성을 한다. 따라서 그 여자는 정말 유죄일까, 그렇지 않으면 불안한 것일까?
2. 죄가 없는 사람들이 범죄 혐의로 고소를 당하면 긴장이 되고 불안해진다. (예를 들어 강간 피해자들은 강간에 대해서 진술할 때 정서적으로 너무 강한 반응을 보이기 때문에 거짓말 탐지기 조사를 행할 수가 없다.[1])

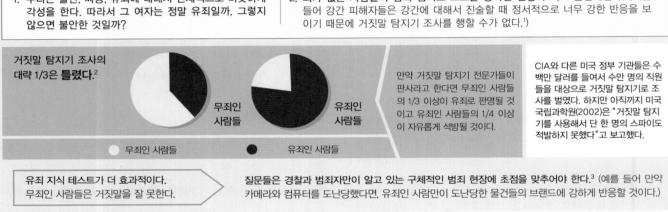

거짓말 탐지기 조사의 대략 1/3은 **틀렸다.**[2]

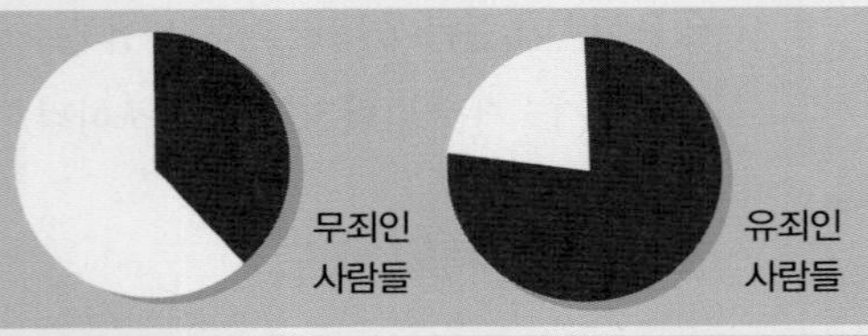
무죄인 사람들
유죄인 사람들
무죄인 사람들
유죄인 사람들

만약 거짓말 탐지기 전문가들이 판사라고 한다면 무죄인 사람들의 1/3 이상이 유죄로 판명될 것이고 유죄인 사람들의 1/4 이상이 자유롭게 석방될 것이다.

CIA와 다른 미국 정부 기관들은 수백만 달러를 들여서 수만 명의 직원들을 대상으로 거짓말 탐지기로 조사를 벌였다. 하지만 아직까지 미국 국립과학원(2002)은 "거짓말 탐지기를 사용해서 단 한 명의 스파이도 적발하지 못했다"고 보고했다.

유죄 지식 테스트가 더 효과적이다.
무죄인 사람들은 거짓말을 잘 못한다.

질문들은 경찰과 범죄자만이 알고 있는 구체적인 범죄 현장에 초점을 맞추어야 한다.[3] (예를 들어 만약 카메라와 컴퓨터를 도난당했다면, 유죄인 사람만이 도난당한 물건들의 브랜드에 강하게 반응할 것이다.)

1. Lykken, 1991. 2. Kleinmuntz & Szucko, 1984. 3. Ben-Shakhar & Elaad, 2003.

람이 다른 사람에게 끌리는지 여부를 감지할 수 있다(Place et al., 2009). 우리는 비언어적인 위협을 감지할 때 미묘한 미소를 감지하는 데 능숙하다. 하나의 화난 얼굴이 군중으로부터 튀어나올 것이다(Fox et al., 2000; Hansen & Hansen, 1988; Öhman et al., 2001).

© Ruby/Alamy

정서의 조용한 언어 힌두의 전통적인 춤은 얼굴과 신체가 효과적으로 열 가지 다른 정서들을 표현하도록 한다.

우리 두뇌의 정서 탐지 기술에도 불구하고, 속이는 표현을 발견하는 것은 어렵다(Porter & ten Brinke, 2008). 거짓말쟁이와 진실을 말하는 사람 간의 행동상 차이는 우리 중 대부분이 탐지하기에는 너무 미세하다(Hartwig & Bond, 2011). 연구원들이 거짓으로부터 진실을 분류하는 206개의 연구를 요약하면 사람들은 54%의 정확도를 나타낸다. 정확성이 동전 던지기보다 간신히 나은 정도이다(Bond & DePaulo, 2006). 전문가들은 거짓말을 더 잘 탐지할까? 그렇지 않다. 특별한 상황에 있는 경찰 전문가들일지라도 특별히 나은 것은 아니다(Bond & DePaulo, 2008; O'Sullivan et al., 2009).

그러나 우리 중 일부는 정서를 읽을 때 다른 사람들보다 숙련되어 있다. 한 연구에서, 수백 명의 사람들이 간단한 필름 클립으로 정서를 표시하도록 요청받았다. 이 클립에는 사람의 정서적 표현이 있는 얼굴이나 몸의 일부가 나타나고 때로는 왜곡된 음성이 함께 나타난다(Rosenthal et al., 1979). 예를 들어 2초짜리 장면은 화가 난 여성의 얼굴만 나타난다. 장면을 보고 난 후, 시청자들은 그 여성이 누군가를 비판하고 있는지 또는 이혼에 대해 이야기하고 있는지를 진술한다. 이러한 '미세한 단서'를 감안할 때, 여성들이 정서 탐지에 훨씬 우수하다(Hall, 1984, 1987). 여성의 장점은 성장 초기에 나타난다. 여성들은 유아기부터 어린이, 그리고 청소년기에 많은 분야에서 남성들보다 탁월한 성취를 보여준다(McClure, 2000).

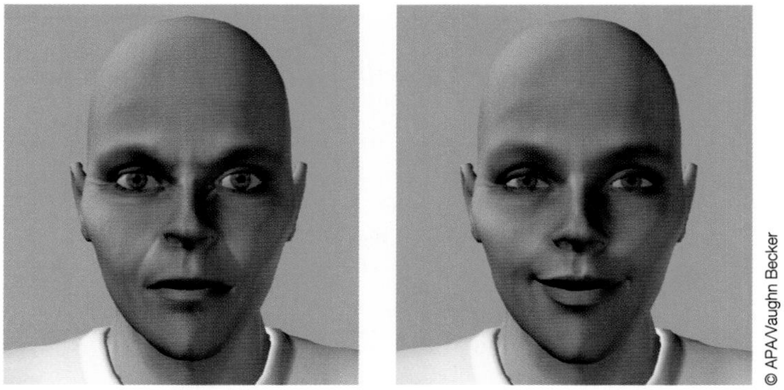
© APA/Vaughn Becker
그림 9.13 남성 혹은 여성? 연구자들은 중성 얼굴을 만들었다. 사람들은 이 얼굴을 보고 분노한 표현을 발견하면 남성으로 생각했고 미소를 발견하면 여성으로 간주했다(Becker et al., 2007).

정서를 해독하는 여성의 기술은 여성들이 왜 정서의 반응과 표현에 더 탁월한지 설명하는 데 도움이 될 수 있다(Fischer & LaFrance, 2015; Vigil, 2009). 26개 문화권의 2만 3,000명을 대상으로 한 연구에서 남성들보다 여성들이 정서에 더 많이 열려 있음이 보고되었다(Costa et al., 2001). 어린이도 성별 차이가 동일하다. 소녀들은 소년들보다 정서 표현이 더 강하다(Chaplin & Aldao, 2013). 이는 감성적으로 여성이 더 진실하다는 강렬한 사회적 통념(한 조사에서 거의 모든 18~29세의 미국인들이)을 설명해준다(Newport, 2001).

한 가지 예외가 있다 : 재빠르게 화난 얼굴을 상상해보자. 그 사람은 어떤 성별인가? 만약 당신이 4명 중 3명의 애리조나주립대학교 학생이라면, 당신은 남성을 상상할 것이다(Becker et al., 2007). 성 중립적 얼굴이 화가 난 모습을 띠면, 대부분의 사람들은 그것을 남성으로 인식한다. 미소 짓고 있는 얼굴이라면, 여성으로 인식할 확률이 더 높았다(**그림 9.13**). 분노는 대부분의 사람들이 더 남성적인 정서로 인식했다.

감정 이입에 성별 차이가 있을까? 당신이 공감할 수 있다면, 다른 사람들과 동일시하고 그들의 입장에서 생각하게 된다. 기뻐하는 사람들과 함께 기뻐하고 우는 사람들과 함께 운다. 설문조사에서 여성들은 남성들보다 공감지수가 훨씬 높은 것으로 드러났다. 그러나 다른 사람의 고통을 보는 동안 자신의 심장박동수와 같은 신체 반응의 척도는 훨씬 작은 성별 차이를 드러낸다(Eisenberg & Lennon, 1983; Rueckert et al., 2010).

그럼에도 불구하고 여성은 다소 공감을 표현할 가능성이 더 높다. 즉 다른 사람의 정서에 대해서 좀 더 정서적인 반응을 나타낸다. **그림 9.14**에서 볼 수 있듯이, 남성과 여성이 슬픈 장면(부모가 죽어가는 아이들), 행복한 장면(슬랩스틱 코미디), 또는 두려운 장면(남자가 고층 건물의 끄트머리에서 떨어지는)을 보았을 때 성별 차이는 명확했다(Kring & Gordon, 1998; Vigil, 2009). 여성들은 또한 신체 일부가 절단된 사진과 같은 자극적인 장면에 대해서 더 깊은 감정을 경험한다. (뇌 스캔은 정서에 민감한 영역에서 더 많은 활동을 보여준다.) 여성들은 3주 후에 그 장면들을 더 잘 기억하는 경향이 있다(Canli et al., 2002).

문화와 정서

몸짓의 의미는 문화마다 다르다. 리처드 닉슨 미국 대통령은 브라질 여행 중에 이 사실을 알게 되었다. 그는 북미의 'A-OK' 표지를 환영하는 군중 앞에서 했는데, 그 제스처는 브라질에서는 모욕적인 의미가 있다는 사실을 알지 못했다. 1968년 북한은 미국 해군 정탐정을 사로잡고 행복한 표정을 짓고 있다고 생각한 미국 군인들의 사진을 공개했다. 이 사진에서 3명의 남자가 그들의 중간 손가락을 들어 올렸고, 포로들의 문화적 제스처를 알지 못하는 북한 당국은 '하와이식 행운의 표시'라고 설명했다(Fleming & Scott, 1991).

표정도 문화권마다 다른 의미를 가지고 있을까? 연구자들은 세계 여러 곳의 사람들에게 얼굴 표정 사진을 보여주고 정서를 추측하도록 요청했다(Ekman, 1994; Ekman & Friesen, 1975; Ekman et al., 1987; Izard, 1977, 1994). 6개의 정서를 **그림 9.15**의 6개의 얼굴과 결합하여 일치시키는 작업을 당신도 직접 시도할 수 있다.

당신의 문화적 배경에 관계없이 아마 당신은 꽤 잘했을 것이다. 미소는 세상의 미소다. 슬픔이나 그보다는 덜 기본적인 표현들도 마찬가지다(Jack et al., 2012). (행복해하는 사람을 싫어하는 문화는

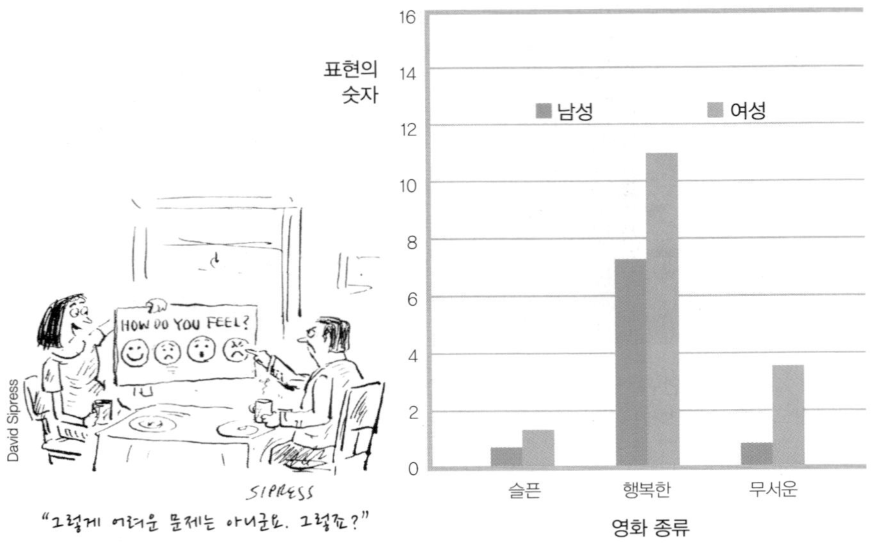
David Sipress
HOW DO YOU FEEL?
SIPRESS
"그렇게 어려운 문제는 아니군요. 그렇죠?"
표현의 숫자
16
14
12
10
8
6
4
2
0
남성
여성
슬픈
행복한
무서운
영화 종류

그림 9.14 성별과 표현 영화를 관람한 남성들과 여성들의 자가 보고에 의하면 정서와 생리적 반응이 현격하게 차이가 나지는 않았다. 그러나 여성들의 얼굴은 좀 더 정서적인 면을 드러냈다(출처 : Kring & Gordon, 1998).

Phil Noble/AP Photo
Tom Purslow/Manchester United/Getty Images

우주적인 표현들 당신이 지구 어디에 살고 있든지, 영국의 축구 선수인 마이클 오언과 그의 팬들이 마이클이 골인을 시키지 못한 것에 대해서 실망하는 사진과 마이클이 골인을 시킨 뒤에 기뻐하는 사진을 분별하는 데 어려움이 없을 것이다.

없다.) 익숙한 문화에서 정서적인 표시를 판단할 때 우리는 약간 더 낫다(Elfenbein & Ambady, 2002, 2003a, b). 그럼에도 불구하고 정서의 외적 징후는 일반적으로 문화 전반에서 동일하다.

정서의 음악적인 표현은 또한 문화를 교차한다. 행복하고 슬픈 음악은 전 세계에서 동일하게 행복하고 슬프게 받아들인다. 아프리카 마을이나 유럽 도시에 거주하든 빠른 속도의 음악이 행복해 보이며 느리게 진행되는 음악은 슬픈 것처럼 보인다(Fritz et al., 2009).

이러한 공유 감정 범주는 전 세계에서 볼 수 있는 영화 및 TV 프로그램과 같은 공유 문화 경험을 반영하는 것일까? 명백하게 그렇지 않다. 폴 에크만과 월러스 프리젠(Paul Ekman & Wallace Friesen, 1971)은 뉴기니의 고립된 사람들에게 "당신의 아이가 죽은 척하십시오"라고 말했다. 북미 대학생들이 기록된 응답을 보았을 때 뉴기니 사람의 얼굴 반응을 쉽게 읽을 수 있었다.

그래서 우리는 얼굴 표정이 보편적인 언어를 사용한다고 말할 수 있다. 이 발견은 찰스 다윈(1809–1882)을 놀라게 하지 않았다. 다윈은 **인간과 동물의 감정 표현에 대하여**(1872)에서 선사 시대에 조상들이 말로 의사소통하기 전에 위협, 인사 및 복종의 표정으로 의사를 전달했다고 주장했다. 그러한 표현은 생존에 도움이 되었고 우리의 공통된 유산의 일부가 되었다(Hess & Thibault, 2009). 예를 들어 비웃는 사람들은 동물들이 이빨을 드러내고 으르렁거리는 모습과 유사하다. 정서적인 표현은 다른 방식으로 우리의 생존을 향상시킬 수 있다. 놀랐을 때 우리의 눈썹을 높이고 눈이 커짐으로써 더 많은 정보를 얻을 수 있도록 도와준다. 혐오감이 우리 코를 주름지게 하고 더러운 냄새를 차단시킨다.

미소는 사회적 사건일 뿐 아니라 정서적인 사건이다. 올림픽 금메달리스트는 일반적으로 시상식을 기다리고 있을 때 미소를 짓지 않는다. 그러나 군중과 카메라를 대면할 때 활짝 웃는다(Fernández-Dols & Ruiz-Belda, 1995). 미소를 지켜본 적도 없는 시각장애인 운동선수조차도 그런 상황에서 미소를 활짝 짓는다(Matsumoto & Willingham, 2006, 2009).

> 심장에 대한 뉴스는 얼굴에게 물어보라.
>
> 기니 잠언

우리 인간은 보편적인 얼굴 언어를 공유하지만, 특정 상황에서 얼굴 표정을 해석하는 데 적응해왔다(**그림 9.16**). 사람들은 두려운 상황에서 화가 난 얼굴을 두려운 것으로, 고통스러운 상황에서 두려운 얼굴을 고통 받는 것으로 해석했다(Carroll & Russell, 1996). 영화감독들은 특정 정서에 대한 우리의 인식을 증폭시키는 장면과 사운드 트랙을 만들어 이러한 경향을 활용한다.

미소는 또한 문화적인 사건이다. 미국의 경우, 유럽 출신의 사람들은 흥분을 표시하는 경향이 있다. 중국에서는 사람들이 평온할 것을 강조한다(Tsai et al., 2006). 이러한 문화적 차이는 얼굴 표정에도 반영된다(Tsai et al., 2016). 유럽계 미국인 지도자들이 중국의 지도자들과 사진을 찍으면 6배나 더 미소 짓는 표정을 보여준다(**그림 9.17**). 우리가 행복해하고 그것을 알고 있다면, 우리 문화는 그것을 어떻게 보여줄지 가르쳐줄 것이다.

얼굴 표정의 효과

우울증과 슬픔에 관하여 연구를 했던 유명한 심리학자인 윌리엄 제임스(1890)는 우리가 경험하고자 하는 정서의 '외적 움직임을 통해' 우리의 감정을 조절할 수 있다고 믿게 되었다. "쾌활한 기분을 느낄 수 있도록 기분 좋게 앉아서 기분 좋게 주변을 둘러보고 즐거움이 이미 있는 것처럼 행동하는 것이 좋습니다."

제임스의 주장이 타당한가? 우리의 외적인 표현과 움직임이 우리의 내적 느낌과 정서를 유발할 수 있을까? 당신은 그의 생각을 테스트할 수 있다. 의도적으로 크게 웃어보라. 이제 노려보라. '웃음 치료법'의 차이를 느낄 수 있는가? 실험에 수십 번 참가한 사람들이 그 차이를 인정했다. 예를 들어 연구자들은 학생들에게 '이 근육을 수축'하고 '눈썹을 끌어당겨 달라고' 요청함으로써 놀란 표정을 짓게 했다(Laird, 1974, 1984; Laird et al., 1989). (학생들은 연구자들이 안면 전극을 부착하는 것을 돕고 있다고 생각했다.) 결과는 무엇인가? 학생들은 조금 화가 난 것 같았다고 보고했다.

그래서, 다른 기본 정서들도 마찬가지다. 예를 들어 사람들은 두려운 표정을 만들 때 분노, 혐오 또는 슬픔보다 두려움을 느끼는 것으로 보고했다(Duclos et al., 1989). (그들은 "당신의 눈썹을 들어 올리고, 눈을 크게 뜨고, 머리 전체를 뒤로 움직여서 턱을 약간 숙여 입을 편안하게 하고 조금

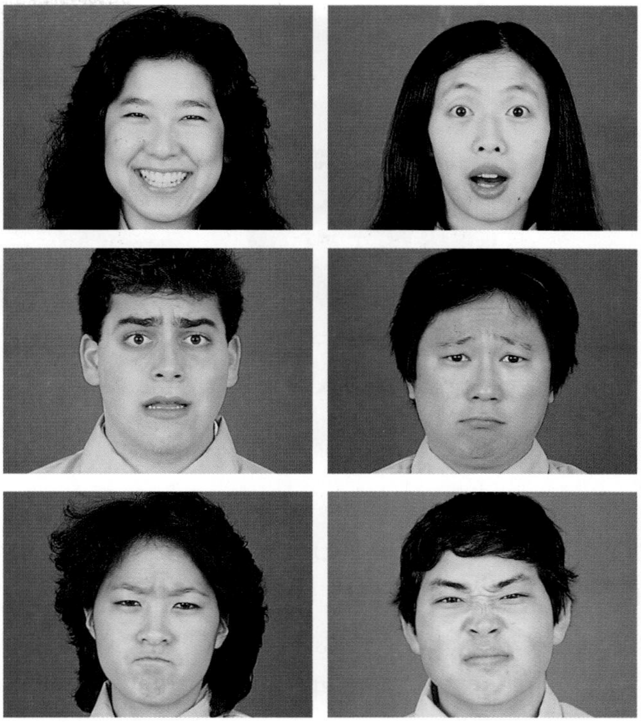

Ekman & Matsumoto, Japanese and Caucasian Facial Expressions of Emotions

그림 9.15 문화 보편성(culture-specific)인가 그렇지 않으면 문화를 초월하는 표정인가? 문화가 다르면 얼굴 표정도 달라지는가? 어떤 얼굴이 불편함, 분노, 두려움, 행복, 슬픔 혹은 놀람을 표현하고 있는가? (Matsumoto & Ekman, 1989.)

정답 : 왼쪽에서 오른쪽으로, 위에서 아래로 : 행복, 놀람, 두려움, 슬픔, 분노, 불편함.

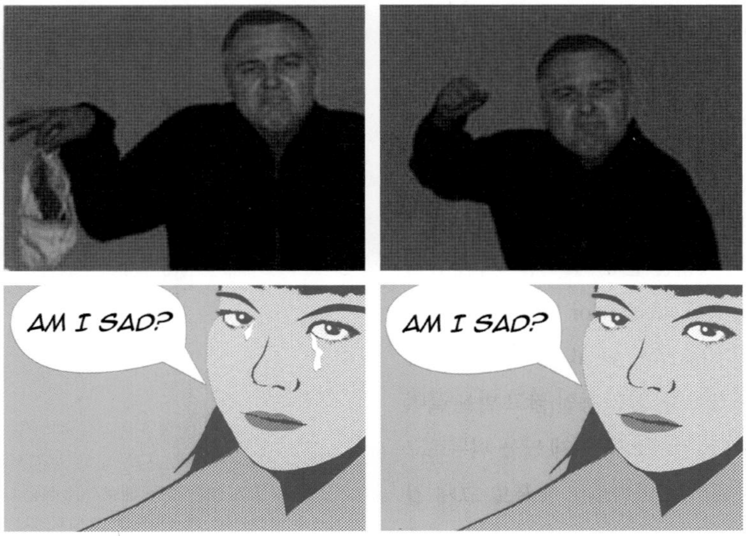
AM I SAD?
AM I SAD?

Paul Ekman, Ph.D./Paul Ekman Group, LLC.

R.R. Provine. Emotional tears and NGF: A biographical appreciation and research beginning. Archives Italiennes de Biologie, 149, 271–276.

그림 9.16 우리는 전후 사정 가운데 얼굴 표정을 읽는다 위에 있는 남성 사진에서 우리가 그 남성이 불편한지 혹은 분노한 것인지를 판별하기 위해서는 그의 얼굴이 그의 신체의 어느 부분을 표현하고 있는지에 달려있다. 아래쪽 그림에서 얼굴에 있는 눈물은 감정적으로 슬프게 보이도록 만든다(Provine et al. 2009).

Peter Probst/Alamy
Vincent Yu/AP Photo

그림 9.17 문화와 미소 미국 부통령 조 비든과 중국의 국가 주석 시진핑은 얼굴 표정에 있어서 양국 간 문화의 차이를 잘 보여주고 있다.

는 것을 느낄 수 있다. 자신의 얼굴이 다른 사람의 표현을 흉내 내면 어떻게 되는지 관찰해보자. 다른 사람의 행동을 모방하면 다른 사람이 어떻게 느끼고 있는지를 알 수 있다(Vaughn & Lanzetta, 1981). 실제로 다른 사람들의 정서를 자연스럽게 모방하는 것은 왜 정서가 전염성이 있는지 설명하는 데 도움이 된다(Dimberg et al., 2000; Neumann & Strack, 2000). 긍정적인 페이스북 게시물은 파급 효과를 만들어 페이스북 친구들이 긍정적인 정서를 표현하도록 유도한다(Kramer, 2012).

만 열리게 하십시오"라고 말했다.) **안면 피드백 효과**(facial feedback effect)는 수많은 장소에서 수없이 기본 정서로 발견된다(**그림 9.18**). 입에 펜을 물고 미소 짓는 근육 중 하나를 활성화하면(입안에서 부드럽게 말하면 중립적인 표정을 띠게 됨) 스트레스가 심한 상황에서 스트레스가 줄어들 것이다(Kraft & Pressman, 2012). 행복할 때 우리는 미소 짓고, 미소를 지으면 우리는 더욱 행복해진다.

그래서 당신의 얼굴은 당신의 감정을 나타내는 게시판 이상이다. 감정은 얼굴의 영향을 받는다. 어떤 우울증 환자들은 빰 근육을 동결시키는 보톡스 주사를 맞은 이후에 기분이 좋게 느껴졌다고 보고되었다(Wollmer et al., 2012). 보톡스 근육 마비는 또한 사람들이 슬픔 또는 분노 관련 상황을 읽는 속도를 늦추고 정서 관련 뇌 회로에서의 활동을 느리게 만든다(Havas et al., 2010; Hennenlotter et al., 2008).

다른 연구자들은 안면 피드백 효과와 유사한 **행동 피드백 효과**(behavior feedback effect)에 주목했다(Carney et al., 2015; Flack, 2006). 시도해보자. 잠깐 동안 짧고 발을 끌며 눈을 내리깔고 걸어보자. 이제 팔을 휘두르고 눈은 앞을 똑바로 바라보며 보폭도 크게 걸어보자. 기분 전환을 느낄 수 있는가? 행동을 통해 정서들이 깨어난다.

피드백 효과에 대한 이해를 통해 더 공감대를 확장할 수 있으며 다른 사람들이 느끼

우리는 자연과 육성의 힘에 의해 유발된 우리의 동기부여된 행동이 종종 정서적인 반응과 관련되어 있음을 보았다. 우리의 심리적 정서는 육체적인 반응과 연관되어 있다. 다가오는 날에 대한 긴장감으로 우리는 복통을 일으키기도 한다. 대중 연설을 앞두고 불안감 때문에 우리는 화장실로 향한다. 가족과의 갈등으로 인해 우리는 극심한 두통을 겪는다. 부정적 정서와 장기간에 걸친 높은 각성은 건강을 해칠 수 있다. 제10장에서 이에 대해 더 많이 보게 될 것이다. 제10장에서 우리는 또한 행복의 정서를 더 자세히 살펴볼 것이다.

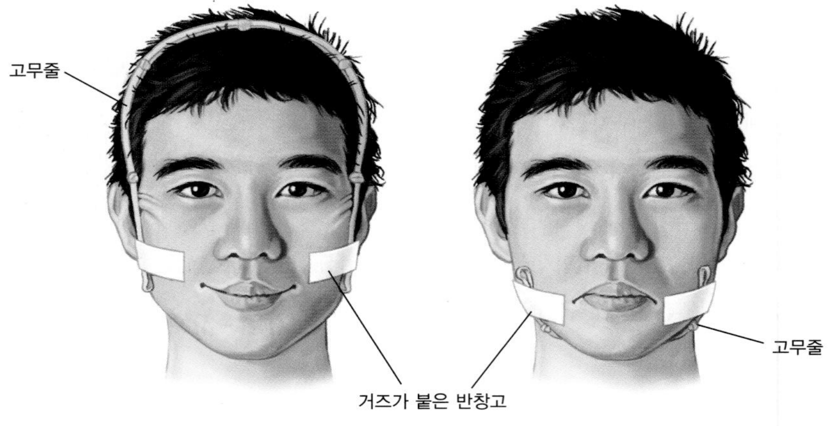
고무줄
고무줄
거즈가 붙은 반창고

그림 9.18 웃으라고 말하지 않고도 사람들을 웃게 하는 방법 일본에서 카주오 모리와 히데코 모리가 학생들과 함께 행한 것을 해보자(Kazuo Mori & Hideko Mori, 2009). 고무줄을 머리 위나 턱 아래를 가로질러서 반창고로 얼굴 양면에 고정시키자. (1) 안면 피드백 효과에 기초해서 고무줄이 미소를 짓는 것처럼 그들의 턱을 올라가게 했을 때 느낌을 학생들은 어떻게 보고했는가? (2) 턱이 내려가도록 했을 때 학생들은 그때의 느낌을 어떻게 보고했는가?

정답 : (1) 턱이 올라갔을 때 대부분의 학생들은 더 행복했다고 보고했다. (2) 턱이 아래로 내려갔을 때 대부분의 학생들은 행복감보다는 슬픔을 더 느꼈다고 보고했다.

주요 용어

동기
추동감소 이론
생리적 욕구
항상성
유인자극
여키스-도슨 법칙
욕구 위계
포도당
조절점
기초 대사율
배척
나르시시즘
정서
제임스-랑게 이론
캐논-바드 이론
2요인 이론
거짓말 탐지기
안면 피드백 효과

이 장의 구성

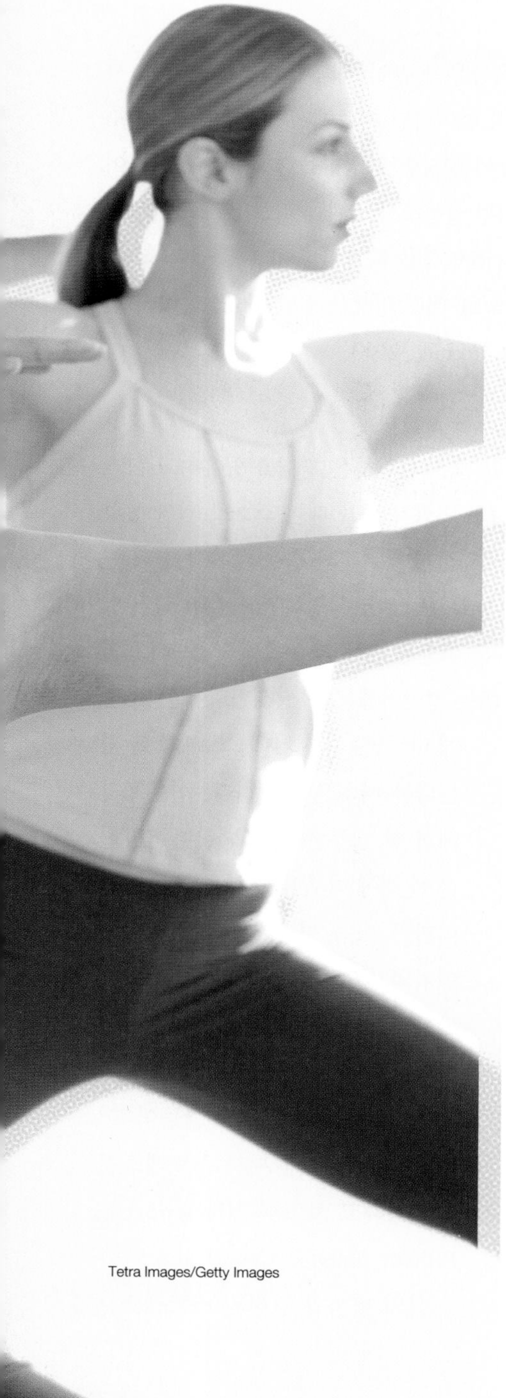

Tetra Images/Getty Images

10 스트레스와 건강, 그리고 활력 넘치는 인간

대학 진학은 많은 학생들에게 쉽지 않은 일이다. 대학 생활은 행복한 시간이지만 때로는 힘든 도전이다. 학자금 대출로 빚이 늘어나고, 매일매일 마감일에 맞춰 과제를 제출해야 한다. 대학에서는 새로운 관계를 형성하기도 하고 친구를 사귀는 데 실패하기도 한다. 가족들의 기대는 점점 높아지고 시험과 발표는 많은 스트레스를 준다. 교통 체증으로 지각하고 학교나 직장에 늦어 하루를 힘겹게 시작하는 일도 종종 있다. 이 모든 것이 학생들에게 두통을 주고 잠을 이루는 데 어려움을 준다. 85%의 대학생들이 지난 3개월 동안 주기적으로 또는 간헐적으로 스트레스를 받았다고 응답하였다(AP, 2009)

스트레스는 주로 갑작스럽게 발생한다. 21살의 벤 카펜터(Ben Carpenter)가 휠체어를 타고 가다가 겪은 경험을 예로 들어보자. 2007년 여름 어느 오후, 벤은 교차로를 건너고 있었다. 그때 한 대형 트럭이 벤을 보지 못한 채 교차로를 향해 달려왔다. 트럭이 휠체어를 덮쳤을 때, 벤의 휠체어는 트럭 앞부분에 끼었고, 얼굴은 바닥에 엎어져 있었다. 트럭 운전자는 벤의 울음소리를 듣지 못하고 계속해서 달렸다.

고속도로를 달리고 있던 다른 운전자들이 트럭에 끌려가는 휠체어를 보고 신고했다(첫 번째 신고자 : "믿기 힘든 광경을 보았습니다. 레드 애로 고속도로에서 트럭이 휠체어를 탄 남자를 끌고 달리고 있었어요!") 다행히도 근방의 잠복 경찰에게 발견되어 사태는 일단락되었다. 경찰은 급히 유턴을 하고 트럭 운전자에게 휠체어가 끼어 있다는 사실을 알렸다. 벤은 심각한 공포에 떨고 있었다.

이 장에서는 스트레스에 대해 알아보자. 스트레스가 무엇이고, 스트레스가 사람에게 어떠한 영향을 미치는지, 그리고 스트레스를 줄일 수 있는 방법을 검토해보겠다. 이후에는 인생의 중요한 척도인 행복에 대해 살펴보도록 하겠다. 우선, 스트레스에 대한 기본 용어를 살펴보자.

스트레스에 관한 기초 개념

스트레스는 파악하기 어려운 개념이다. 일상 속에서 오는 어려움을 묘사하거나(예 : 심각한 수준의 스트레스를 받은 벤) 그 사건에 대한 반응을 기술하기 위해 몇몇 표현을 사용하곤 한다(예 : 급격한 스트레스 상황에 놓인 벤). 심리학자들은 보다 정확한 용어를 사용하는데, 사건이나 도전에 직면한 상황(예 : 트럭에 끌려가는 위험한 상황)을 **스트레스 요인**(stressor)이라고 정의한다. 벤의 신체적, 정서적 대응은 **스트레스 반응**이다. 그가 위협을 받아들이는 과정 또한 스트레스이다.

따라서 **스트레스**(stress)란 위협적이거나 도전적인 상황에 직면했을 때 반응하는 과정이다(Lazarus, 1998). 중요한 수학 시험을 준비하는 것도 도전적인 상황이다. 도전으로 인해 자극을 받아 뛰어난 성과를 낼 수 있다(**그림 10.1**). 성공한 운동선수, 연예인, 동기부여를 받은 학생, 훌륭한 교사와 지도자들은 모두 도전에 직면하면 자극을 받아서 탁월한 결과를 창출한다(Blascovich & Mendes, 2010; Wang et al., 2015).

도전과 별개로 위협 상황에서 받는 스트레스는 강한 부정적인 반응으로 이어진다. 수학 시험을 준비하지 못하면 방해를 위협으로 받아들이며 정신적 괴로움(distress)이 된다.

장기간에 걸친 극단적인 스트레스는 건강을 해칠 수 있다. 정신적으로 힘든 직업은 근로자의 신체 건강에 해를 끼친다(Huang et al., 2010). 과활동성 스트레스를 받는 임산부는 미숙아를 출산할 확률이 높고 태아의 건강에 위험한 영향을 미친다(Entringer et al., 2011).

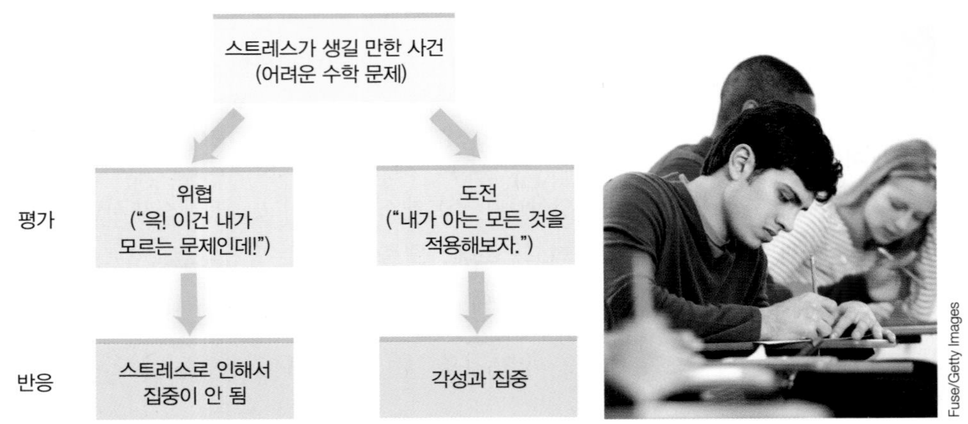
스트레스가 생길 만한 사건
(어려운 수학 문제)
평가
위협
("윽! 이건 내가 모르는 문제인데!")
도전
("내가 아는 모든 것을 적용해보자.")
반응
스트레스로 인해서 집중이 안 됨
각성과 집중
Fuse/Getty Images

그림 10.1 스트레스 평가 우리 삶의 사건들은 심리학적 필터를 통해서 흘러간다. 우리가 어떤 사건을 어떻게 평가하느냐는 우리가 얼마나 많은 스트레스를 경험하고 이것에 어떻게 효과적으로 반응하는지에 영향을 미친다.

우리의 정신과 건강은 긴밀하게 상호작용하고 있다. 상호작용을 탐구하기 전에 스트레스 요인과 스트레스 반응의 유형에 대해 자세히 살펴보자.

우리의 삶에 영향을 끼치는 스트레스

스트레스 요인은 세 가지 주요 유형, 즉 재난, 삶의 변화, 그리고 일상생활의 번거로움으로 분류된다. 이 세 가지는 모두 건강에 치명적이어서 질병과 사망의 위험성을 높인다.

재난

재난은 지진, 홍수, 화재, 폭풍우와 같이 예측 불가능한 대규모 사건을 뜻한다. 이러한 사건이 일어나면 서로에게 도움과 위로를 주지만, 정서적 · 신체적 건강에 굉장한 악영향을 끼친다. 예를 들어 9/11 테러 공격 3주 후 실시된 설문조사 결과에 따르면 58% 이상의 미국인이 보통 수준 이상의 불안증을 겪고 있다고 대답했다(Silver et al., 2002). 뉴스를 통해 9/11 테러 영상을 접한 사람들은 2~3년 후에 건강이 악화되었다(Silver et al., 2013).

삶의 변화

재앙에는 비극이 뒤따르지만 많은 사람들은 경험을 공유하고 함께 아파한다. 하지만 중요한 삶의 변화가 있을 때는 스스로 처한 상황을 견뎌내야 한다. 대학을 졸업하거나 결혼과 같은 행복한 삶의 변화에서도 스트레스 상황에 놓일 수 있다. 사랑하는 사람이 죽거나, 이혼하거나, 독립하고 학자금 대출을 갚는 과정에서도 스트레스를 받게 된다. 이러한 삶의 변화는 성인기에 주로 발생한다. 설문조사에 따르면, 이 시기에 스트레스를 겪는다는 사실은 분명하다. 설문조사에서 한 질문은 다음과 같다. "당신은 한 번에 너무 많은 일을 하려고 합니까?" 조사 결과, 여성과 젊은 성인기의 사람들이 가장 높은 스트레스를 받는 것으로 나타났다(APA, 2009). 65세 이상 인구 중 1/5과 20대의 절반에 달하는 사람들이 '어제 하루 동안 대부분' 스트레스를 경험했다고 보고했다(Newport & Pelham, 2009).

삶의 변화와 관련된 스트레스는

우리의 건강에 어떤 영향을 미칠까? 최근 미망인이 되거나 직장에서 해고당한 사람들 또는 이혼한 사람들을 장기적으로 연구한 결과, 질병에 더 취약한 것으로 나타났다(Dohrenwend et al., 1982; Sbarra et al., 2015; Strully, 2009). 96,000명의 미망인을 연구한 결과 배우자가 사망한 후 한 주 동안의 사망률이 2배 가까이 되었다(Kaprio et al., 1987). 학업에 뒤처지거나 해고를 당하거나 중요한 사람을 잃게 되는 등의 위기를 경험하면 위험에 더욱 취약해진다.

일상생활

사건을 통해 발생하는 스트레스가 우리의 삶을 휘청거리게 해서는 안 된다. 스트레스는 일상생활에서 일어나는 사소한 번거로움에서도 나타난다. 예를 들어 휴대전화 배터리가 없거나, 열쇠를 분실하거나, 가족이 귀찮게 하거나, 할 일이 산더미처럼 쌓인 상황 등과 같은 일들이 일상생활에서 일어나는 번거로움이다(Lazarus, 1990; Pascoe & Richman, 2009; Ruffn, 1993). 어떤 사람들은 이를 가볍게 여기지만 다른 사람들은 이런 번거로움을 그냥 넘어가길 어려워한다. 일상생활의 번거로움으로 스트레스를 받는 사람들은 대부분 월급에 쫓겨 살거나 주택 문제, 싱글 양육, 건강 문제 등에 직면하는 미국인들이다. 그러한 스트레스 요인은 육체적, 정신적 건강에 큰 타격을 준다(DeLongis et al., 1982, 1988; Piazza et al., 2013; Sin et al., 2015).

> "한 사람을 정신병원에 보내는 것은 대단한 일이 아니다… 아니, 그것은 일련의 작은 비극들의 연속이다… 그의 사랑의 끝이 아니라 시간은 없는데 딸까닥거리는 구두끈…"
>
> Charles Bukowski(1920–1994)

스트레스에 대한 반응—경고에서 탈진까지

스트레스에 대한 반응은 마음과 몸이 통합된 체계로 작용한다. 월터 캐논(Cannon, 1929)은 1920년대에 다음과 같은 사실을 내놓았다. 그는 극심한 감기, 산소 결핍 등 감정을 유발하는 사건이 부신선을 자극하여 스트레스 호르몬을 배출한다고 했다. 경고를 보내면 교감신경계(제2장 참조)가 반응하게 되는데, 이는 심장박동과 호흡을 가쁘게 하여 소화기관의 혈액을 골격근으로 돌게 하고 지방과 당을 소모하여 고통을 덜 느끼도록 한다. 이 모든 것이 신체를 스트레스 상황 속에서 빠르게 적응할 수 있도록 돕는다(제9장의 그림 9.12 참조). 그리고 이는 또한 생존 가능성도 높여준다.

한스 셀리에(Hans Selye, 1936, 1976)는 캐논의 발견을 근거로 연구를 진행하였다. 전기충격, 수술과 같은 다양한 스트레스 요인에 대한 동물의 반응을 연구하였고, 연구 내용은 스트레스 심리학과 의학의 주요 개념으로 자리 잡았다. 셀리에는 스트레스에 대한 신체의 적응 반응이 침입자에 반응하는 도난 경보처럼 당연하게 이루어진다는 사실을 발견했다. 그는 이 반응을 **일반 적응 증후군**(general adaptation syndrome, GAS)이라고 명명했으며, 이를 3단계 과정으로 나누었다(**그림 10.2**). 육체적 또는 정신적인 외상을 입었을 때 각 단계에 대한 반응은 다음과 같다.

- 1단계 : 교감신경계가 급격하게 활성화되며 **경보 반응**을 보인다. 심박수가 증가하며 피가 골격근으로 향한다. 그리고 충격으로 인한 어지럼증을 느낀다.
- 2단계 : 신체의 저항, 온도, 혈압 및 호흡이 높게 유지된다. 신체는 외상에 맞서 싸울 준비를 한다. 부신선은 스트레스 호르몬을

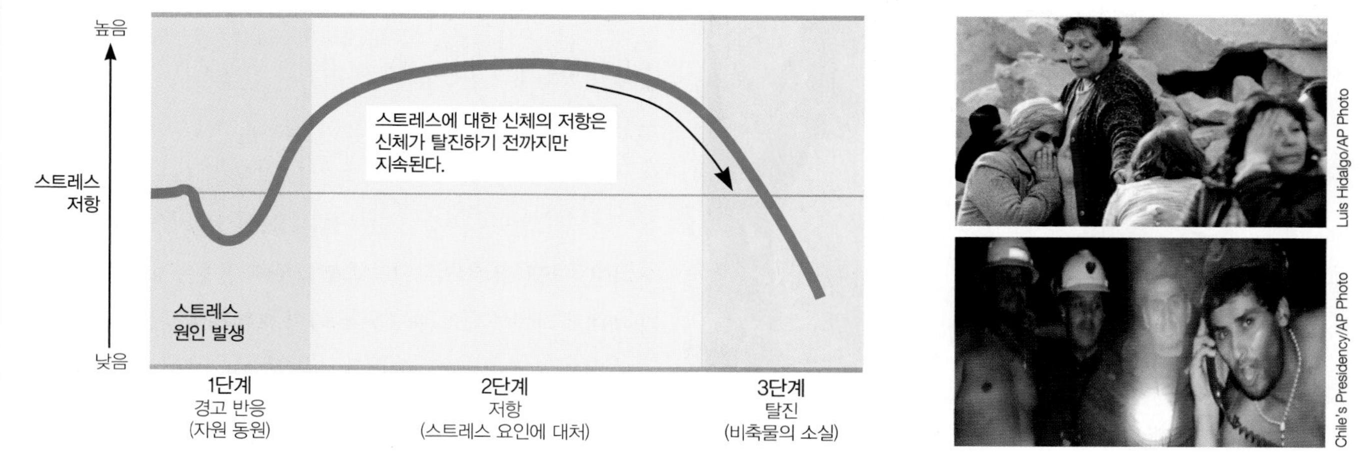
높음
스트레스 저항
낮음
스트레스에 대한 신체의 저항은 신체가 탈진하기 전까지만 지속된다.
스트레스 원인 발생
1단계
경고 반응
(자원 동원)
2단계
저항
(스트레스 요인에 대처)
3단계
탈진
(비축물의 소실)
Luis Hidalgo/AP Photo
Chile's Presidency/AP Photo

그림 10.2 셀리에의 일반 적응 증후군 2010년 칠레의 광산이 무너졌을 때 가족들과 친구들은 현장으로 달려갔다. 광산 밖에 있는 사람들은 오랫동안 기다림과 걱정으로 인해서 탈진 상태에 있었다. 그러고 나서 너무도 기쁜 소식이 들렸다! 18일 후에 33명의 광부들 전원이 살아 있다는 사실을 알았다.

혈류로 이동시킨다. 신체는 도전을 극복하기 위해서 저장하고 있던 지방과 당을 사용한다.

- 3단계 : 지속된 스트레스로 **피로감**을 느끼게 된다. 스트레스 해소 효과는 감소하고 당을 모두 사용하는 단계에 이른다. 신체는 일시적인 스트레스에 잘 대처하지만 스트레스가 장기간 지속되면 더 이상 견디지 못한다. 극단적인 경우에는 병에 걸리거나 사망에 이르게 된다. 연구 결과에 따르면, 지속적인 스트레스와 고통에 노출되었던 전직 포로는 동료 병사보다 더 일찍 사망했다(Solomon et al., 2014). 쥐도 비슷한 패턴을 보였다. 공포심이 많고 쉽게 스트레스를 받는 쥐가 다른 쥐들에 비해 약 15% 정도가 일찍 죽었다(Cavigelli & McClintock, 2003).

우리는 각기 다른 방식으로 스트레스에 반응한다. 사랑하는 사람이 사망했을 때 일어나는 가장 일반적인 반응은 조용하게 에너지를 아끼는 것이다. 어떤 사람들은 자동차가 물속에 가라앉는 것과 같은 극단적인 상황에 직면하면 두려움으로 마비가 된다. 그들은 수영하여 안전하게 탈출하는 대신 안전벨트에 묶인 채로 있다. 스트레스를 해결하는 또 다른 방법은 도움이 필요한 사람들을 찾는 것이다(Lim & DeSteno, 2016). 천재지변 후에 다른 사람들을 **돌보고 친구가 되어주는 반응**(tend-and-befriend response)에 참여할 수 있다.

이러한 반응은 특히 여성들 사이에서 자주 발견된다(Taylor, 2006; Taylor et al., 2000). 여성보다 남성이 더 스트레스 상황으로 인해 사회적으로 고립되고, 술에 의존하며, 감정적으로 무감각해지는 경향이 있다(Bodenmann et al., 2015). 여성은 옥시토신의 분비로 강한 결속력을 보여주며 서로 보듬어준다. 옥시토신은 스트레스를 완화해주는 호르몬으로 접촉과 관련이 있으며 껴안기, 마사지 및 모유 수유를 통해 방출된다(Taylor, 2006). 정신적인 고통 가운데 있는 여성은 높은 수준의 옥시토신을 보유하고 있으며, 이는 다른 사람의 도움을 구하기 위한 작용을 한다(Taylor et al., 2010b).

Krista Kennell/AFP/Getty Images

트라우마 관리 2013년 애리조나주에서 발생한 산불은 19명의 엘리트 소방관들의 목숨을 앗아갔다. 줄리안 애쉬크로프트(왼쪽)의 남편인 앤드루도 사망한 소방관들 중 한 사람이다. 그러한 슬픔을 겪고 있는 여인들은 종종 함께 서로를 위로하고 돌봄으로써 돌보고 친구가 되어주는 반응을 나타낸다.

외부 위협을 피하기 위해 인간은 정신적 · 신체적인 자원을 소비하는데 여기에는 대가가 따른다. 일시적인 스트레스는 큰 비용이 따르지 않지만 지속되는 스트레스는 정신 및 신체 건강에 치명적이다.

스트레스의 영향과 건강

어떻게 하면 건강한 생활을 할 수 있을까? 다른 사람의 재채기를 피하거나 휴식을 취하고 손을 자주 씻는 것 외에도 스트레스 관리를 해야 한다. 심리적인 요인이 신체적으로도 영향을 미친다. 스트레스도 예외는 아니다. 스트레스는 고혈압과 두통에 악영향을 준다. 스트레스를 통해 질병에 취약해지기도 한다. 스트레스를 관리하려면 다음과 같은 연결고리를 이해해야 한다.

정신신경면역학(psychoneuroimmunology)은 심신의 상호작용을 연구한다(Kiecolt-Glaser, 2009). 이를 곱씹어보면 사람의 감정(정신)은 당사자의 뇌(신경)에 영향을 미치며, 면역체계에 영향을 주는 내분비 호르몬을 조절하게 된다. 정신신경면역학은 이러한 상호작용에 대한 연구를 한다. 면역체계는 복잡한 보안 시스템과 유사하다. 제대로 작동하면 박테리아, 바이러스 및 기타 침입자를 파괴함으로써 건강을 유지하는 데 도움을 준다. 다음 네 가지 유형의 세포는 이러한 바이러스를 탐색하고 파괴하는 임무를 수행한다(**그림 10.3**).

- **B 림프구**는 세균 감염을 치료하기 위해서 항체를 방출한다.
- **T 림프구**는 암세포, 바이러스 및 이물질 또는 이식된 장기와 같은 '좋은' 균마저도 공격한다.
- **대식세포**('대식가')는 해로운 침입자와 마모된 세포를 확인하여 포획하고 파괴한다.
- **자연 살해 세포**(NK 세포)는 질병이 있는 세포(예 : 바이러스나 암에 감염된 세포)를 공격한다.

나이, 영양, 유전학은 면역체계 활동에 영향을 미친다. 면역체계가 제대로 작동하지 않는 경우 두 가지 오류가 발생한다.

1. 너무 강하게 반응하는 경우 신체 자체 조직을 공격하여 관절염이나 알레르기 반응을 일으킬 수 있다. 여성은 남성보다 강력한 면역체계를 가지고 있어 감염 가능성이 적다. 그러나 이와 동시에 여성은 루푸스나 다발성 경화증과 같은 자가 공격성 질

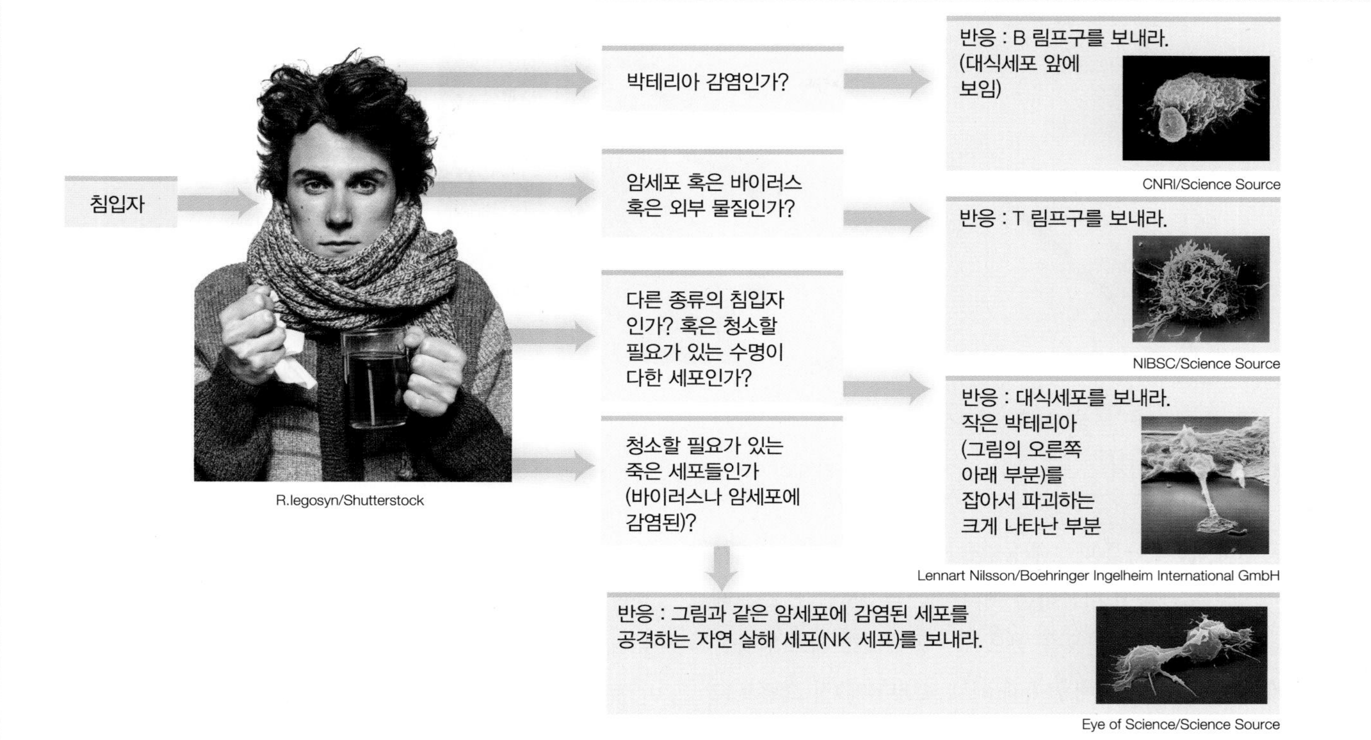
침입자
R.legosyn/Shutterstock
박테리아 감염인가?
암세포 혹은 바이러스
혹은 외부 물질인가?
다른 종류의 침입자
인가? 혹은 청소할
필요가 있는 수명이
다한 세포인가?
청소할 필요가 있는
죽은 세포들인가
(바이러스나 암세포에
감염된)?
반응 : B 림프구를 보내라.
(대식세포 앞에
보임)
CNRI/Science Source
반응 : T 림프구를 보내라.
NIBSC/Science Source
반응 : 대식세포를 보내라.
작은 박테리아
(그림의 오른쪽
아래 부분)를
잡아서 파괴하는
크게 나타난 부분
Lennart Nilsson/Boehringer Ingelheim International GmbH
반응 : 그림과 같은 암세포에 감염된 세포를
공격하는 자연 살해 세포(NK 세포)를 보내라.
Eye of Science/Science Source

그림 10.3 간단하게 설명한 면역 반응

병에 걸릴 위험이 더 높다(Nussinovitch & Schoenfeld, 2012; Schwartzman-Morris & Putterman, 2012).

2. 과소 반응의 경우 면역계는 박테리아 감염, 휴면 포진 바이러스 또는 암세포를 증식시킨다. 외과 의사는 신체가 침략으로 인식하는 이식 장기를 보호하기 위해 환자의 면역체계를 의도적으로 억제시키기도 한다.

스트레스 호르몬의 불균형은 면역체계를 억제한다. 실험 결과에 따르면 면역체계의 억제는 전기충격, 소음, 혼잡, 차가운 물, 사회적 패배, 또는 어미로부터의 분리로 인한 스트레스 상황에서 나타난다(Maier et al., 1994). 6개월 동안 원숭이를 대상으로 한 연구에서 매달 새로운 3~4마리의 원숭이를 한 우리에 집어넣었다(Cohen et al., 1992). 새로운 무리와 거주하고 적응하는 과정이 매달 반복된다면 스트레스를 받는 정도는 상상하기 힘들 정도일 것이다. 실험이 끝나자 매달 새로운 무리와 거주했던 원숭이의 면역체계는 안정된 그룹에 남아 있는 다른 원숭이의 면역체계에 비해 약해져 있었다.

사람의 면역체계도 마찬가지로 반응한다. 세 가지 예를 들겠다.

- **스트레스 상황에 놓여 있으면 외상이 더딘 속도로 치유된다.** 두 그룹의 치의학과 학생을 대상으로 피부에 작은 구멍을 뚫고 치유 속도를 실험하였다. 시험 기간 3일 전에 피부에 상처를 입은 그룹은 여름방학 동안 부상당한 그룹보다 40% 더 느린 속도로 상처가 치유되었다(Kiecolt-Glaser et al., 1998).
- **스트레스를 받는 사람은 감기에 걸릴 확률이 더 높다.** 스트레스가 높거나 낮은 생활을 하는 사람들로 나누어 이들의 코에 감기 바이러스를 주입하였다(**그림 10.4**). 그 결과, 높은 생활 스트레스를 받는 사람 중 47%가 감기에 걸렸다. 반대로 상대적으로 스트레스를 받지 않는 사람들 중 27%만이 감기에 걸렸다(Cohen et al., 2003, 2006; Cohen & Pressman, 2006).
- **백신은 스트레스를 받는 상황에서는 효과가 제대로 발휘되지 않는다.** 간호사는 노인에게 독감 백신을 투여한 후 체내에서 박테리아가 바이러스를 물리치는 데 얼마나 효과가 있는지 실험했다. 그 결과 백신은 스트레스가 낮은 사람들에게서 가장 효과적이었다(Segerstrom et al., 2012).

스트레스는 면역력과 반비례 관계를 갖고 있다. 몸에 침입한 인자를 추적하고 파괴하려면 에너지가 필요하다(Maier et al., 1994). 이 에너지는 질병을 예방하는 림프구에서 배출되는 스트레스 호르

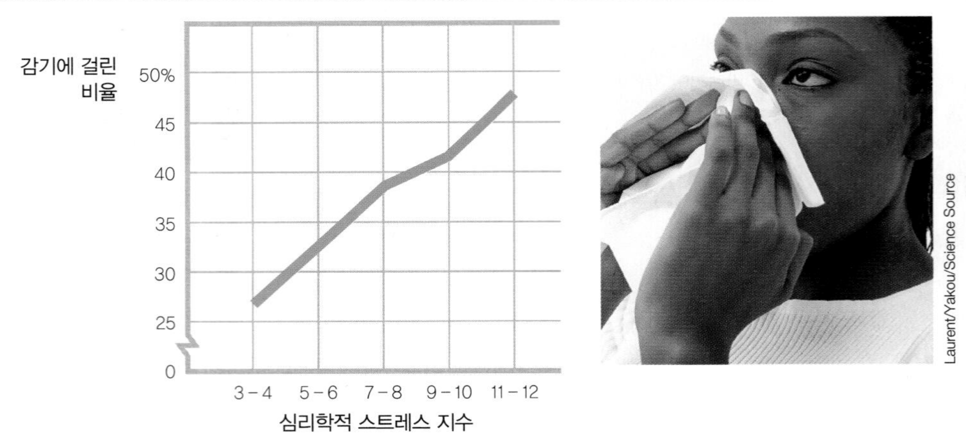

감기에 걸린 비율
50%
45
40
35
30
25
0
3-4
5-6
7-8
9-10
11-12
심리학적 스트레스 지수
Laurent/Yakou/Science Source

그림 10.4 스트레스와 감기 스트레스가 심할수록 사람들은 감기 바이러스에 취약했다(Cohen et al. 1991).

몬으로 사용된다. 몸이 아플 때는 활동량을 줄이고 수면량을 증가시키며 부분적으로는 근육이 사용하는 에너지를 감소시킨다. 스트레스는 그와 상반된다. 발작 반응을 일으키는 동안 스트레스 반응은 면역체계에서 에너지를 끌어내 근육과 뇌로 보낸다(제9장 그림 9.12 참조). 이 경쟁 에너지가 발생하면 질병에는 더욱 취약하게 된다.

스트레스 자체가 몸을 아프게 하지는 않는다. 그러나 면역체계 기능을 저하시키며 감염에 취약해진다.

스트레스가 AIDS와 암 및 심장 질환에 어떤 영향을 미치는지 알아보자.

스트레스와 AIDS

스트레스는 면역계 기능을 억제한다. AIDS(후천성 면역결핍증후군)로 고통 받는 사람들에게 이것은 무엇을 의미할까? AIDS 환자는 이미 면역체계가 손상된 상태이다. AIDS를 유발하는 바이러스 이름은 'HIV'로, 인간 면역 결핍 바이러스를 의미한다.

AIDS는 스트레스를 통해 감염되지 않는다. 스트레스와 부정적인 감정은 HIV에 감염된 환자를 더 빠른 속도로 AIDS에 걸리게 끔 할까? 스트레스가 AIDS에 악영향을 미칠까? 전 세계 33,252명을 분석한 결과 두 질문에 대한 답은 모두 '그렇다'라고 나타났다(Chida & Vedhara, 2009). HIV에 감염된 사람은 스트레스 상황에 놓일수록 질병의 진행 속도가 빨라졌다.

스트레스를 줄이면 AIDS를 조절할 수 있을까? 대답은 마찬가지로 '그렇다'이다. 마약 치료는 더더욱 그렇다. 마약 치료에 더 효과적이지만, 교육 프로그램, 슬픔 치료, 대화 치료, 이완 훈련 및 고통을 줄이는 운동 프로그램은 모두 HIV에 감염된 사람들에게 좋은 결과를 가져다주었다(Baum & Posluszny, 1999; McCain et al., 2008; Schneiderman, 1999).

스트레스와 암

스트레스는 암세포를 만들지 않는다. 건강하게 기능하는 면역체계는 림프구, 대식세포 및 NK 세포를 통해 암세포와 암에 손상된 세포를 찾아내 파괴한다. 스트레스가 면역체계를 약화시킨다면 암을 예방할 수 있는 능력도 약화될까? 연구진은 종양 세포를 설치류에 이식한 후 통제할 수 없는 스트레스(예 : 피할 수 없는 충격)에 노출시켰다. 스트레스를 받지 않은 설치류와 결과를 비교했을 때, 스트레스를 받은 설치류의 암 발병률이 더 높았으며 종양도 더 빠르게 커졌다(Sklar & Anisman, 1981).

이러한 스트레스와 암 사이의 연결고리가 사람에게도 적용될까? 결과는 대부분 동일했다(Lutgendorf & Andersen, 2015). 연구 결과에 따르면 우울증, 무기력 또는 슬픔을 경험한 후 1년 이내에 암에 걸릴 확률이 높았다. 한 대규모 연구에서는 대장암에 걸릴 확률에 대한 조사 결과로 직장에서 스트레스를 받는 사람이 그렇지 않은 사람보다 5.5배 더 높았다. 그 차이는 연령, 흡연, 음주 또는 신체적 특성과는 관련이 없었다(Courtney et al., 1993). 예외적으로 다른 연구에서는 스트레스와 암 발병률 사이의 연관성을 발견하지 못했다(Edelman & Kidman, 1997; Fox, 1998; Petticrew et al., 1999, 2002). 예를 들어 전쟁 포로의 암 발생률은 일반인에 비해 높지 않았다. 이 연관성에 대한 연구는 좀 더 이루어져야 결론을 도출할 수 있을 것이다.

태도와 암을 연관짓는 것은 위험하다. 유방암으로 죽어가는 여성은 스트레스와 암의 상관관계에 대한 보고서를 읽고 자신을 탓할 수도 있기 때문이다. '내가 더 표현력 있고, 편안하고, 희망적이었으면 암에 걸리지 않았을 텐데' 하는 생각을 가질 수도 있다. 여성의 주변 사람들은 그들이 질병을 초래했다는 사실에 "내가 어머니에게 스트레스를 주지 않았더라면…"과 같은 죄책감에 시달리게 할 수 있다.

> "나는 나 자신에게 암을 제공하지 않았다."
>
> Barbara Boggs Sigmund(1939–1990), 뉴저지주 프린스턴 시장

이것은 몇 번 반복해서 강조해도 모자라는 사실이다. **스트레스는 암세포를 만들지 않는다.** 최악의 경우, 스트레스는 신체의 방어체계를 약화시켜 암세포 증식을 촉진한다(Lutgendorf et al., 2008; Nausheen et al., 2010; Sood et al., 2010). 편안하고 희망적인 상황에서는 방어체계를 강화할 수 있지만, 과학과 긍정적인 생각을 구분해야 한다. 이미 AIDS나 암에 걸렸다면, 이 생물학적 과정은 스트레스를 피하거나 편안한 마음가짐을 가진다고 해서 벗어날 수 없다(Anderson, 2002; Kessler et al., 1991).

스트레스와 심장병

현실에서 잠시 벗어나 새로운 세상에서 눈을 떴다고 상상해보자. 그 세상에서 당신은 매일 일어나서 아침을 먹고 뉴스를 본다. 매일 뉴스에서 4대의 747항공기가 추락해 1,642명의 승객이 사망했다고 보도한다. 뉴스를 접한 뒤 아침 식사를 끝내고 가방을 메고 일상적인 생활을 하러 간다. 이러한 생활이 매일 반복된다고 생각해보자.

항공기 추락 사고를 미국의 주요 사망 원인인 **관상성 심장질환**(coronary heart disease)으로 바꿔 생각해보면, 매년 약 61만 명의 미국인이 심장질환으로 사망한다(CDC, 2016a). 심장병은 심장 근육에 영양을 공급하는 혈관이 좁아질 때 발생한다. 고혈압과 가족력은 신체를 이러한 질병에 더 취약하게 만든다. 흡연, 비만, 건강에 해로운 음식 등을 섭취하면 콜레스테롤 수치가 높아진다.

스트레스와 성격 또한 심장질환에 큰 영향을 미친다. 심리적 외상을 더 많이 경험할수록 심장 및 우울증과 같은 병에 걸릴 확률이 높아진다(Haapakoski et al., 2015; O'Donovan et al., 2012). 머리카락을 뽑아서 스트레스 호르몬인 코르티솔 수치를 측정하면 어린이가 장기간 스트레스를 경험했는지 여부와 성인의 심장 발작 여부를 예측할 수 있다(Karlén et al., 2015; Pereg et al., 2011; Vliegenthart et al., 2016).

개인적인 유형의 결과

고전 연구에서 메이어 프리드먼(Meyer Friedman)과 레이 로젠맨(Ray Rosenman) 및 그들의 동료들은 스트레스를 받는 시기와 받지 않는 시기에 놓인 40명의 미국 남성 회계사를 대상으로 혈중 콜레스테롤 수치와 응고 속도를 측정했다(Friedman & Ulmer, 1984). 1월부터 3월까지 이 수치는 정상적인 결과를 보였다. 그러나 회계사가 마감일인 4월 15일을 앞두고 고객의 세금 신고서 작성을 시작하면서 콜레스테롤 수치와 응고 속도가 위험한 수준으로 상승했다. 마감일이 지나고 5, 6월에는 정상으로 돌아왔다. 스트레스는 회계사의 심장 마비를 일으킬 것이라는 위험성을 가져왔으며, 스트레스를 많이 받는 시기에 콜레스테롤 응고 속도가 가장 빨리 상승했다는 사실을 알 수 있다. 중요한 시험을 앞둔 학생들의 혈압 또한 상승했다(Conley & Lehman, 2012).

어떤 사람들이 스트레스와 관련된 관상성 질환에 더 취약할까? 이 질문에 답하기 위해 35~59세 사이의 건강한 남성 세무회계사 3,000명을 대상으로 9년간의 종단적 연구를 시작했다. 연구자는 그들의 일과 식습관 및 행동 패턴 등에 대해 15분간 인터뷰했다. 일부는 경쟁심이 강하고 일에 몰두하며 참을성이 없고 시간에 민감하며 동기부여되어 있고 공격적이며 쉽게 분노했다. 이러한 남성을 유형 A로, 평균적인 남성을 유형 B로 나누었다. 어느 유형의 그룹에서 관상성 동맥 질환이 자주 발생했을까?

9년 후 이 연구에 참여한 남성 중 257명이 심장 발작을 겪었고 그 중 69%가 **유형 A**(Type A)였다. **유형 B**(Type B) 중 온화한 성격을 가진 이들은 단 한 사람도 심장 발작을 겪지 않았다.

이 흥미진진한 발견은 대중의 엄청난 관심을 불러일으켰다. 이후에 연구자들은 더 많은 것을 알고 싶어 했다. 연구자들은 이 상관관계가 믿을 만한 자료인지 의문을 품었고 좀 더 정확한 연구를 진행하고자 했다. 유형 A 중에 정확히 어떤 성격이 악영향을 미쳤을까? 시간에 쫓겨 사는 태도, 경쟁심, 분노 중에 건강에 악영향을 끼친 부정적인 감정은 바로 분노였다(Smith, 2006; Williams, 1993). 유형 A의 성격을 가진 사람들은 좀 더 전투적이다. 이들은 위협이나 도전을 받으면 공격적으로 반응했다. 그들의 교감신경계가 근육에 혈류를 재분배하여 내부 장기로부터 혈액을 끌어냈다. 혈액에서 콜레스테롤과 지방을 제거하는 내부 장기인 간은 제 역할을 하지 못하게 된다. 과도한 콜레스테롤과 지방은 혈액에서 순환하며 심장 주변에 침착된다. 본인의 성격으로 인해 초래된 과다한 양의 스트레스가 심장박동을 변화시킨다. 감정적으로 힘든 일을 겪고 있는 사람들에게 변화된 심장박동은 갑작스러운 죽음을 초래할 수 있다(Kamarck & Jennings, 1991). 심장과 마음은 긴밀한 관련이 있다.

> "당신의 적 때문에 준비해둔 불이 종종 당신의 적이 아니라 당신을 태워버린다."
>
> 중국 속담

청년들과 중년 남녀에 대한 수많은 연구를 통해 작은 것에 분노하는 사람은 관상성 동맥 질환에 취약하다는 사실이 밝혀졌다(Chida & Hamer, 2008; Chida & Steptoe, 2009). 연구자는 분노가 마치 심장 근육을 강타하는 것처럼 작용한다고 말했다(Spielberger & London, 1982).

최근에는 또 다른 성격 유형이 스트레스 및 심장질환 연구자의 관심을 끌었다. 유형 A 성격을 가진 사람은 다른 이들을 지배하려 하는 성향을 가지고 있다. 그리고 유형 D의 사람은 억제하는 유형이며, 주로 사회적 고립을 두려워하고 부정적인 감정을 억제했다. 유형 D와 같은 사람이 사회적 상호작용을 통해 경험하는 부정적인 감정은 주로 고통이다(Denollet, 2005; Denollet et al., 1996). 유형 D 성격에 대한 12개 연구를 바탕으로 한 분석에서 사망률과 비치명적인 심장 마비 위험이 유의미하게 증가했음을 알 수 있다(Grande et al., 2012).

비관론적이고 우울증을 앓고 있을 때의 결과

비관론자는 심장 발작의 위험 또한 높다. 40~90세 남성 1,306명을 대상으로 한 미국의 종단적 연구는 이들이 얼마나 비관적인지를 측정했다. 비관적 정도가 높은 사람은 그렇지 않은 사람들보다 10년 뒤에 치명적이거나 비치명적인 심장 발작이 올 확률이 2배로 높았다(Kubzansky et al., 2001)(**그림 10.5**).

수많은 연구에 따르면 우울증도 심장 발작에 치명적일 수 있다는 것을 보여준다(Wulsin et al., 1999). 다음 세 가지 예를 살펴보자.

- 영국 52~79세의 성인 4,000여 명의 기분을 하루 동안 조사한 결과 우울함을 가지고 생활했던 사람은 그렇지 않은 사람과 비교했을 때 5년 뒤에 사망할 확률이 2배 더 높았다(Steptoe & Wardle, 2011).
- 성인 164,102명을 대상으로 한 미국의 설문조사에서 심장 발작을 경험한 사람들은 삶의 어느 한 시점에서 우울증을 앓았을 확률이 2배 더 높았다(Witters & Wood, 2015).
- 심장 발작 후 수년간 우울증을 앓았던 이들은 심장병에 걸릴 확률이 4배 더 높은 것으로 나타났다(Frasure-Smith & Lesperance, 2005).

우울증이 심장질환에 심각한 위험을 초래하는 이유는 아직 불분명하지만, 우울증은 심장 기능을 악화시킨다.

스트레스는 우리의 건강에 다방면으로 영향을 미친다. 스트레스와 관련된 질병에 취약해지는 것은 스트레스를 통해 얻는 이익에 대한 대가이다. 스트레스는 우리를 자극하며 동기를 부여하는 등 삶을 풍요롭게 한다. 스트레스가 없는 삶은 도전적이거나 생산적이지 않다.

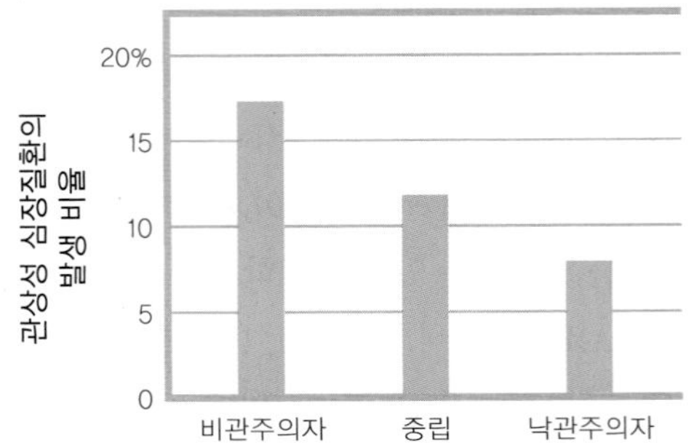
관상성 심장질환의 발생 비율
20%
15
10
5
0
비관주의자
중립
낙관주의자

그림 10.5 비관주의자와 심장병 (Kubzansky et al., 2001)

스트레스에 대처하는 방법

스트레스는 피할 수 없다. 건강을 보호하기 위한 유일한 방법은 스트레스에 **대처**(cope)하는 방법을 배우는 것이다.

스트레스 요인에 대처하기 위해서는 느끼고 생각하고 행동하는 데 새로운 방법을 찾아야 한다. 대부분은 **문제중심적 대처**(problem-focused coping) 방법으로 스트레스 요인을 다루고 있다. 예를 들어 조급함 때문에 가족과 다툼이 생길 경우 그들에게 직접 가서 문제를 해결할 수 있다. 통제 가능한 상황일 때 문제 해결 중심의 전략을 사용하며 적어도 상황을 다루기 위해서 스스로를 변화시키려 한다.

바꿀 수 없는 상황이 닥치게 되면 **정서중심적 대처**(emotion-focused coping) 방법을 사용한다. 최선을 다했지만 가족으로부터 친밀감을 느끼지 못하면 친구를 사귀어 그들로부터 지원과 위로를 받음으로써 스트레스를 덜 수 있다.

감정적 해결 방식은 건강에 좋다. 예를 들어, 중독에 빠지지 않도록 취미생활을 하거나 부정적인 관계로부터 감정적인 거리를 둘 수 있다. 이런 전략은 때론 악용되기도 한다. 예를 들어 숙제를 하지 않은 학생이 불안감을 해소하기 위해 놀러 나가거나 게임을 하며 현실을 도피하기도 한다. 때때로 문제에 초점을 둔 전략—숙제를 하는 것—은 스트레스를 효과적으로 줄이고 건강상태를 호전시킨다.

스트레스 대처에 대한 성공적인 요인은 통제력과 낙관적 태도 및 사회적 지지와 삶의 기복에 의미를 부여하는 방법에 있다.

통제력과 건강, 행복

통제력(personal control)이란 환경을 통제할 수 있다고 생각하는 정도를 말한다. 심리학자들은 성격 요소인 통제력의 효과를 두 가지 방법으로 연구했다.

비판적으로 사고하기 스트레스와 건강

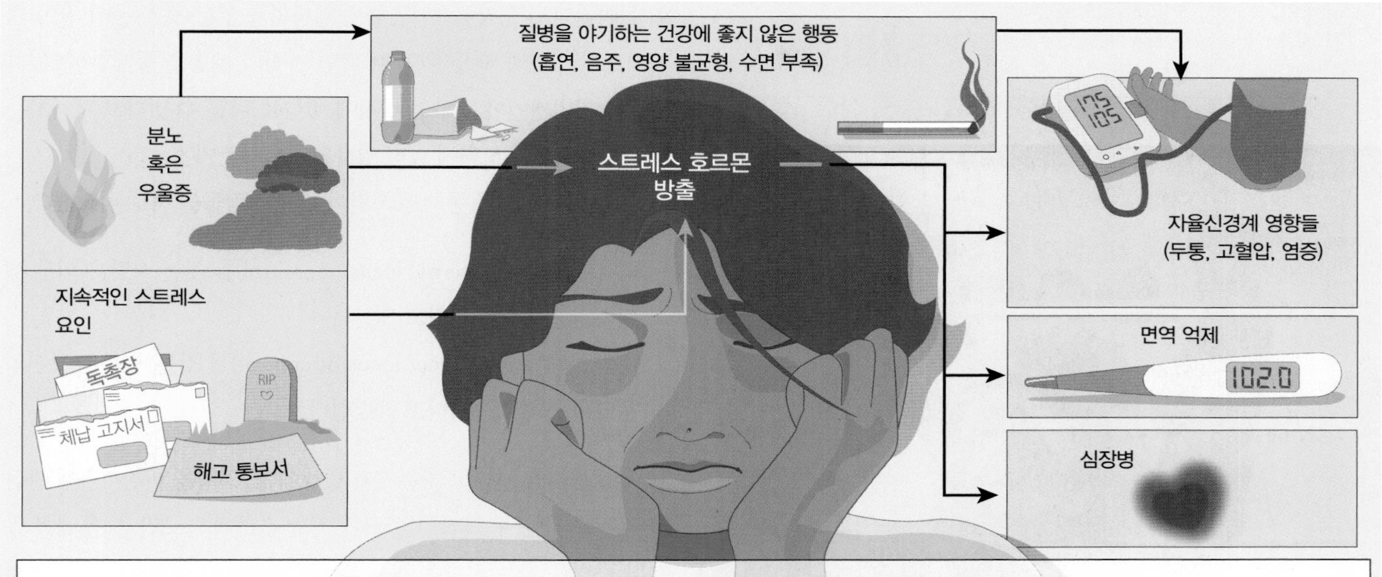
질병을 야기하는 건강에 좋지 않은 행동
(흡연, 음주, 영양 불균형, 수면 부족)
분노
혹은
우울증
스트레스 호르몬
방출
지속적인 스트레스
요인
독촉장
체납 고지서
RIP
해고 통보서
175
105
자율신경계 영향들
(두통, 고혈압, 염증)
면역 억제
102.0
심장병

스트레스는 직접적으로 질병을 야기하지 않는다. 그러나 우리의 건강과 심리에 영향을 끼침으로써 우리를 약화시킨다.

1. 통제력과 본인의 태도 및 업적을 상호 연관지었다.
2. 통제 감각을 높이거나 낮춤으로써 그 효과를 실험했다.

통제 불가능한 사건을 겪으면 무력감, 절망감, 우울함을 느끼게 된다. 일부 동물과 사람들은 통제할 수 없는 일련의 사건으로 **학습된 무력감**(learned helplessness)이 생긴다(**그림 10.6**). 마구에 묶인 개들에게 피할 수 없는 반복적인 충격을 주는 실험을 진행했다(Seligman & Maier, 1967). 장애물을 나중에 뛰어넘으면 처벌을 피할 수 있는 또 다른 상황에 놓이게 될 때, 개들은 희망 없이 움츠러들었다. 첫 번째 실험에서 충격을 피할 수 있었던 다른 개들은 다르게 반응했다. 그들은 상황을 통제할 수 있다는 사실을 알고 새로운 상황에서 쉽게 충격을 피했다(Seligman & Maier, 1967). 다른 실험에서, 사람도 비슷한 패턴의 학습된 무력감을 보였다(Abramson et al., 1978, 1989; Seligman, 1975).

학습된 무력감은 극적인 상황에 대한 통제력 상실로 인해 학습된다. 모든 사람들은 통제력을 상실한 경험을 한 적이 있다. 코르티솔과 같은 스트레스 호르몬이 상승하고 혈압이 증가하며 면역력이 약화되고 건강에 악영향을 끼친다(Rodin, 1986; Sapolsky, 2005). 간호사를 대상으로 업무량과 직무에 대한 개인적 통제 수준 연구가 진행되었다. 통제력이 없는 간호사들에게서만 업무량이 많을수록 코르티솔 수치와 혈압이 높아졌다(Fox et al., 1993). 포획된 동물들 사이에서도 스트레스 효과가 관찰되었다. 포획된 동물들은 삶이 통제 가능한 다른 야생 동식물보다 질병에 걸리기 쉬웠다(Roberts, 1988). 고밀도 지역, 교도소와 대학 기숙사에서 공동체 생활을 하는 사람에게도 유사한 효과가 발견되었다(Fleming et al., 1987; Fuller et al., 1993; Ostfeld et al., 1987). 통제감의 상실은 스트레스 호르몬 수치와 혈압을 상승시킨다.

통제감을 늘려 건강과 사기를 증진시키기 위한 방안이 있다(Humphrey et al., 2007; Ruback et al., 1986; Warburton et al., 2006).

- 감옥 죄수가 의자를 움직이고 방 조명과 텔레비전을 사용할 수 있게 한다.
- 근로자를 의사결정에 참여시킨다. 작업 공간을 개인화하도록 허용하는 것만으로도 55% 이상 업무 참여율을 높였다(Krueger & Killham, 2006)
- 요양원 환자에게 환경을 선택하게끔 했다. 한 연구에서 더 많은 통제력을 행사할 수 있었던 요양원 환자의 93%가 보다 적극적이고 활동적이며 행복하게 되었다(Rodin, 1986).

"통제감을 인식하는 것은 삶의 기본이다." 연구자 엘런 랭어(Ellen Langer, 1983, p. 291)는 "청년과 노인 모두를 위해 환경을 바꾸어 사람들의 통제력을 향상시켜야 한다"고 제안했다. 통제감이 높은 모바일 장치 및 온라인 스트리밍 서비스가 큰 인기를 끄는 것

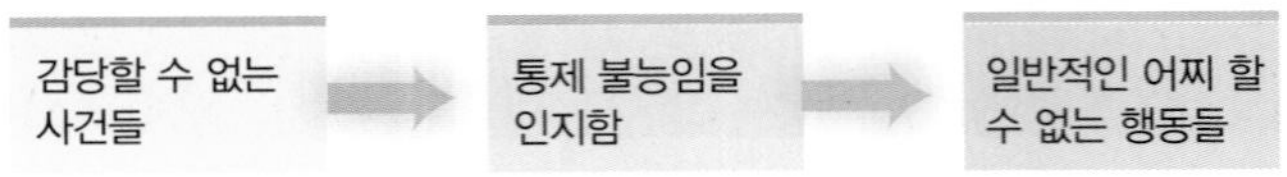
감당할 수 없는 사건들
통제 불능임을 인지함
일반적인 어찌 할 수 없는 행동들

그림 10.6 학습된 무력감 사람이나 동물이 반복되는 통제할 수 없는 사건들을 경험했을 때, 그들은 절망적임을 깨닫는다.

3542

PRNewsFoto/Home Interiors & Gifts; Habitat for Humanity Women Build/AP Photo

통제할 수 있는 행복 이 가족들은 수개월 동안 건물을 건축하는 해비타트 운동에 자원봉사자로 참여함으로써 그들 자신의 새 집을 가지는 기쁨을 경험하고 있다.

도 이러한 이유이다.

구글(Google)은 이를 효과적으로 사용했다. 구글 직원은 매주 근무 시간 중 20%를 개인적으로 사용할 수 있다. 이 혁신적 아이디어는 업무 환경에 대한 개인 통제력을 향상시켰다. G메일(Gmail)은 이렇게 개발되었고 이는 통제력 상승 효과를 증명해주었다.

통제력을 가지면 국가적 차원의 이득도 있다. 사람은 개인의 자유와 권한을 부여받은 환경 속에 살면서 번성한다. 예를 들어 안정된 민주주의 시민은 더 행복하게 산다(Inglehart et al., 2008).

적당한 자유와 통제감은 꼭 필요하다. 하지만 넓은 선택폭이 항상 행복감을 느끼게 해주는 것은 아니다. 일부 연구자는 오늘날의 서양 문화가 '자유의 과잉'을 제공한다고 주장하였다. 그 결과 삶의 만족도가 떨어지고, 우울증을 앓으며, 행동 마비가 올 수도 있다(Schwartz, 2000, 2004). 한 연구에서는, 여섯 가지 초콜릿 브랜드 중 하나의 브랜드를 선택하게 했던 그룹이 30가지의 브랜드 중 하나의 초콜릿 브랜드를 선택하게 된 그룹보다 더 큰 만족감을 보였다는 결과도 있다(Iyengar & Lepper, 2000). 왜냐하면 정보의 과다와 많은 선택지 속에서 선택하지 않은 나머지 것들에 대한 후회감 때문이다(많은 선택권들이 있을 때 고민하면서 시간을 낭비한 적이 있을 것이다).

누가 당신을 통제하는가?

당신의 삶은 통제 불능인가? 세상은 소수의 강력한 사람 입맛에 맞춰 돌아간다고 생각하는가? 좋은 일자리를 얻는 것은 운이 좋아 적시적소에 있었기 때문인가? 아니면 자신의 운명을 통제할 수 있다고 믿는가? 개인이 정부의 결정에 영향을 미칠 수 있다고 생각하는가? 성공 여부는 노력에 달려 있다고 생각하는가?

수백 가지 연구를 통해 통제력이 다른 사람들을 서로 비교했다.

- **외적 통제 소재**(external locus of control)를 찾는 사람은 외부 세력이 운명을 통제한다고 믿는다.
- **내적 통제 소재**(internal locus of control)를 찾는 사람은 자신의 운명을 통제 가능하다고 생각한다.

어느 관점을 지니고 사는지가 인생에 큰 영향을 미칠까? 두 관점을 가지고 사는 두 그룹을 비교한 연구 결과에 따르면, 내부에서 통제의 근원을 찾는 사람은 독립적으로 행동하며 성취감을 느끼면서 일하고 건강에 신경을 쓰며 우울함을 덜 느꼈다(Lefcourt, 1982; Ng et al., 2006). 7,500여 명의 사람들을 대상으로 한 장기 연구에서, 10세에 통제의 근원을 내부에서 찾았던 사람은 30대가 되었을 때 비만율과 혈압이 낮았으며 낙심을 덜하는 경향이 나타났다(Gale et al., 2008).

자신이 삶을 통제한다고 믿는 방법은 자유의지가 있으며 의지력을 통제할 수 있다고 선언하는 것이다. 연구에 따르면 자유의지를 믿는 사람들은 학습력이 높고 의사결정을 잘 내리며 직장에서 뛰어나고 다른 사람들에게도 또한 도움이 되었다(Clark et al., 2014; Feldman et al., 2014a; Stillman et al., 2010).

세상에 대한 인식은 통제감에 따라 다르다. 부모 세대와 비교했을 때 젊은 미국인들은 외부 통제 소재를 가지고 있다(Twenge et al., 2004). 이 변화는 우울증과 같은 심리장애가 증가하는 이유를 설명하는 데 도움이 된다(Twenge et al., 2010).

통제력을 향상시킴으로써 스트레스를 극복하기

구글은 개인 통제 권한의 중요성을 알고 이를 통해 이익을 얻었다. 자신의 행동을 관리함으로써 이익을 얻을 수 있을까? 이를 통해 **자기통제**(self-control), 즉 충동을 제어하고 즉각적인 만족을 지연시키는 능력을 키울 수 있다. 자기통제력을 기른다고 해서 모두 G메일과 같은 서비스를 개발할 수는 없지만, 이는 건강 및 복지와 깊은 관련이 있다(Moffitt et al., 2011; Tangney et al., 2004). 자기통제가 높은 사람은 소득이 높고 성적이 좋으며 건강한 삶을 살았다

(Kuhnle et al., 2012; Moffitt et al., 2011). 중학교 2학년 학생을 추적 조사한 결과, 자기통제는 지능 점수보다 학업적으로 성공하는 데 2배 이상 중요한 요인이 되었다(Duckworth & Seligman, 2005).

자기통제는 시시각각 변한다. 자기통제는 운동 후에 약화되고 휴식 후 회복되며 더 강하게 성장하는 근육과 같다(Baumeister & Tierney, 2012; Hagger et al., 2010; Vohs & Baumeister, 2011).

자기통제를 미리 사용하면 나중에 꼭 필요한 상황에서 부족할 수 있다(Grillon et al., 2015; Vohs et al., 2012). 실험 결과, 쿠키를 먹지 않고 참은 사람들은 복잡한 업무를 쉽게 포기했다(Baumeister et al., 1998b). 자극을 받으면 자기통제가 떨어지는 사람은 낯선 사람과 친밀한 사람들에게 공격적이었다(DeWall et al., 2007). 다른 실험에서는 자기통제가 낮은 사람이 연인을 나타내는 인형에 더 많은 분노감을 표출하며 핀을 꽂았다. 자기통제를 소모하지 않았던 참가자는 핀을 더 적게 사용했다(Finkel et al., 2012a).

자기통제를 하기 위해서는 뇌 에너지를 소모해야 하는 정신 집중이 필요하다(Wagner et al., 2013). 당을 섭취하면 자기통제로 인한 피로감을 줄일 수 있을까? 실제로 설탕은 정신적인 통제를 하는 데 도움을 준다(Chambers et al., 2009). 연구 결과 인공 첨가물이 들어간 레모네이드보다 설탕을 첨가한 음료가 공격성을 낮추고 충동적인 의사결정을 막아주었다(Pfundmair et al., 2015; Wang & Dvorak, 2010). 다른 실험에서도 자기통제가 바닥난 개에게 설탕을 주자 다시 통제하는 모습을 보였다(Miller et al., 2010). 그러나 자기통제를 늘리기 위해 과다한 당을 섭취할 필요는 없다. 설탕이 첨가된 약간의 액체로 입을 헹구기만 해도 자기통제를 관장하는 뇌 부분이 활성화된다(Hagger & Chatzisarantis, 2013; Sanders et al., 2012). 이 방법이라면 살을 찌우지 않고 자기통제를 강화할 수 있다.

자기통제 이후에 약화된 정신력은 일시적이다. 힘든 운동을 하면 일시적으로는 피곤하지만 장기적으로는 더 강해지듯이 자기통제의 장기적인 효과는 자제력을 강하게 만들어준다. 강화된 자기통제는 실제로 식사, 음주, 흡연 및 가사업무 등의 성과를 향상시켰다(Oaten & Cheng, 2006a, b).

기억해야 할 점 : 삶의 한 영역에서 자기통제를 높이면 보다 건강하고 행복하며 성공적인 삶을 만들어 나갈 수 있다(Tuk et al., 2015).

유리잔은 반쯤 차 있는가 아니면 반쯤 비어 있는가?

스트레스에 대처하는 또 다른 방법은 전망, 즉 세상을 바라보는 법을 바꾸는 것이다. **낙관론자**(optimist)는 '불확실한 시기에 최선을 기대한다'는 마음가짐을 가지고 살아간다(Scheier & Carver, 1992). 이들은 스트레스에 잘 대처하며 건강하기를 원한다(Aspinwall & Tedeschi, 2010; Boehm & Kubzansky, 2012; Hernandez et al., 2015). **비관론자**(pessimist)들은 앞서 언급한 바와 같이 이러한 기대를 하지 않는다. 그들은 항상 최악을 예상하며 나쁜 일이 생기면 이미 알고 있었다는 듯이 행동한다(Aspinwall & Tedeschi, 2010; Carver et al, 2010; Rasmussen et al., 2009). 최악을 바라는 것처럼 행동하며 상황에 대해 무기력하고 본인이 할 수 있는 일이 없다고 생각한다.

자기통제와 마찬가지로 낙관론자는 스트레스를 덜 받고 심장 우회 수술 후 회복을 더 빨리하는 등 더 나은 삶을 산다. 미국 로스쿨 학생들은 스트레스를 많이 받는 학기 초에도 낙관적인 마음가짐을 가지면서 더 나은 기분을 유지하는 면역체계를 가졌다(Segerstrom et al., 1998). 낙관론자 연인들은 대부분 건설적인 관계를 형성하여 만족스러운 만남을 가졌고 갈등을 원만하게 해결했다(Srivastava et al., 2006). 미국뿐만 아니라 중국과 일본에서도 세상을 바라보는 법을 긍정적으로 가지는 낙관론자들은 삶을 더 원만하게 살아간다(Qin & Piao, 2011).

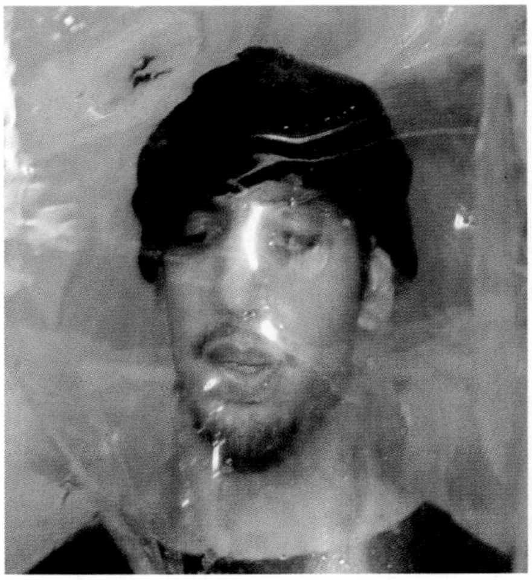

Marty Lederhandler/AP Photo

LatitudeStock/Brian Fairbrother/Getty Images

극단적인 자기통제 자기통제력은 연습할수록 증가하며, 우리 중 몇몇은 다른 사람보다 더 많이 연습했다! 마술사 데이비드 블레인(David Blaine)은 뉴욕의 타임 스퀘어에서 스턴트를 하기 위해 거의 62시간 동안 얼음상자 안에 있었다(왼쪽 사진). 스코틀랜드 에든버러의 로열 마일에서 공연하는 이 여배우(오른쪽 사진)처럼, 많은 공연 예술가들이 매우 설득력 있는 인물 동상을 연기한다.

Mark Andersen/Rubberball/Getty Images

웃음치료 웃음은 우리를 각성시키고 근육을 마사지하며 우리의 감성을 이완시킨다(Robinson, 1983). 유머(적대적으로 빈정거리는 것이 아닌)는 스트레스와 통증을 완화하고 면역력을 증가시킨다(Ayan, 2009; Berk et al., 2001; Dunbar et al., 2011; Kimata, 2001). 많이 웃는 사람들은 또한 심장병 발병률이 낮았다(Clark et al., 2001).

낙관론과 수명은 어떤 관련이 있을까? 네덜란드의 한 연구팀이 10여 년간 65~85세 사이 941명을 면밀히 조사했다(Giltay et al., 2004, 2007). 낙관론 점수를 수치로 기준화하여 네 그룹으로 나누었다. 그 결과, 낙관적이었던 실험대상은 그 그룹의 30%가 실험 중에 사망하였지만, 이는 비관적이었던 그룹의 사망률 57%와 비교하였을 때 현저히 낮은 수치를 기록했다.

낙관주의와 수명의 상관관계는 미국 가톨릭 수녀 180명을 대상으로 한 연구에서도 나타났다. 22살이 되었을 때 간단한 자서전을 쓰고, 수십 년 이후 생활을 비교한 결과 자서전에서 행복, 사랑 등 긍정적인 감정을 표현한 사람들은 그렇지 않은 수녀들보다 평균적으로 7년을 더 오래 살았다는 사실이 밝혀졌다(Danner et al., 2001). 80세가 되자 긍정적인 감정을 표현한 수녀 중 24%만 사망했지만 부정적이었던 수녀는 54%나 사망했다.

낙관론은 유전적이기 때문에 희망찬 전망을 가지고 태어난 사람들도 있다. 일란성 쌍둥이 중 하나가 낙관론자인 경우, 다른 쌍둥이도 마찬가지일 것이다(Bates, 2015; Mosing et al., 2009). 낙관론자를 결정하는 유전자는 사회적 역할을 돕는 호르몬인 옥시토신이 만든다(Saphire-Bernstein et al., 2011).

긍정적 사고와 약간의 현실감은 삶의 질을 높여준다(Schneider, 2001). 미래에 실패할지도 모른다는 현실적인 불안감은 더 노력하는 삶을 사는 원동력이 된다(Goodhart, 1986; Norem, 2001; Showers, 1992). 다가오는 시험을 걱정하는 학생은 더 많이 공부하기 때문에 시험에 자신만만하여 노력하지 않는 학생보다 뛰어난 성적을 낸다. 이는 아시아계 미국인 학생의 학업 성취도를 설명하는 데 도움이 된다. 유럽계 미국인과 비교하여 아시아계 미국인은 좀 더 비관적이었다(Chang, 2001). 성공하기 위해서는 낙관적인 희망을 가지며 충분한 현실감을 받기 위해 때로는 비관적이기도 해야 한다.

하지만, 과도하게 낙관적이면 위험하다(Weinstein, 1980, 1982, 1996). 대부분의 대학생은 비현실적으로 낙관적이다. 그들은 음주 문제를 일으키거나 학교를 그만두고 심장 발작을 일으킬 확률이 없다고 생각한다. 신용 카드 사용자는 월 사용액을 밀리지 않는다고 확신하기 때문에 낮은 수수료와 높은 이자율을 가진 카드를 선택하여 매달 더 많은 돈을 지불한다(Yang et al., 2006). 대부분의 청년과 노인처럼 낙관주의에 눈이 멀었던 유명 농구선수 매직 존슨은 HIV에 감염되자 "내게 이런 일이 일어날 것이라고 생각하지 못했다"고 말했다.

"신은 우리가 변화시킬 수 없는 것들을 받아들이는 평안과 우리가 할 수 있는 것들을 변화시킬 용기와 차이를 분별하는 지혜를 주셨다."

라인홀드 니버를 기억하며
익명의 알코올 중독자가 평안을 기원하는 기도문

사회적 지지

흡연, 비만, 활동량 부족, 사회적 관계를 형성하지 못하는 것 중 건강에 가장 나쁜 영향을 미치는 요인은 무엇일까? 이 네 가지 요인 모두 동등하게 건강에 나쁜 영향을 준다(Cacioppo & Patrick, 2008). 친구와 가족과 친밀한 관계를 유지하면 건강해지고 행복하게 살 수 있으며 스트레스에 대처하는 데 도움이 된다. 친지로부터 이러한 지원을 받지 못하면 건강에 악영향을 미치기도 한다.

수년 동안 수천 명의 사람들을 추적한 대규모 연구 7건도 비슷한 결론을 내렸다. 개인주의와 집단주의 문화에 따라 사회적 지지가 지닌 가치는 다르지만 보편적으로 더 큰 행복감을 느끼게 해주었다(Brannan et al., 2013; Chu et al., 2010; Gable et al., 2012). 긴밀한 관계를 유지하는 사람은 일찍 사망할 확률이 적었다(Shor et al., 2013). 이는 친구, 가족, 동료, 학생, 근로자, 신앙 공동체 구성원 또는 다른 지원 그룹 등과 관계로 말미암은 지지를 의미한다. 애완동물을 기르는 것도 스트레스를 줄이는 데 도움이 된다.

행복한 결혼생활은 가장 좋은 사회적 지원이다. 70년에 걸친 연

Photos.com/Getty Images

반려동물들도 친구들이다 반려동물들도 사회적 지지를 제공한다. 반려동물을 키우는 AIDS 환자들은 심장마비 이후 생존 확률을 높였고 우울증과 관상 동맥 질환의 위험 인자를 감소시켰다(Allen, 2003; McConnell et al., 2001; Wells, 2009). 혈압을 낮추는 데 반려동물이 효과적인 약이나 운동을 대체할 수는 없다. 그러나 동물을 좋아하는 사람들은, 특히 혼자 사는 사람들에게 반려동물은 건전한 기쁨이었다(Allen, 2003).

구 결과, 행복한 결혼생활이 낮은 콜레스테롤 수치를 가져오며, 보다 건강하게 노화가 진행되는지 여부를 쉽게 예측할 수 있게 해주었다(Vaillant, 2002). 반면에 이혼은 건강에 악영향을 미친다. 650만 명 이상을 대상으로 한 32건의 연구를 분석한 결과, 이혼한 사람들은 일찍 사망할 확률이 23% 높았다(Sbarra et al., 2011). 결혼 여부 자체보다는 얼마나 행복한 결혼생활을 하였냐가 건강식 섭취나 운동과 같이 건강에 영향을 끼친다는 사실을 발견했다(Robles, 2015; Robles et al, 2014).

사회적 지원은 적어도 두 가지 면에서 질병에 취약하지 않게끔 도와주었다. 첫째, 이는 혈압과 스트레스 호르몬 수치를 낮춰 심장혈관 시스템을 안정시켜준다(Baron et al., 2016; Uchino et al., 1996, 1999). 사회적 지원이 위협에 대한 반응을 진정시킬 수 있는지 알아보기 위해 한 연구팀은 행복한 결혼생활을 하는 여성을 fMRI 장비에 눕혀 발목에 전기충격을 가하는 실험을 진행했다(Coan et al., 2006). 실험은 남편이나 낯선 사람의 손을 잡게 하는 그룹 또는 아무의 손도 잡지 않게 하는 두 그룹으로 나누었다. 전기충격을 기다리는 동안 여성의 두뇌는 각기 다르게 반응했다. 남편의 손을 잡은 사람은 위협 반응을 관장하는 뇌 부위의 반응이 작았다. 행복한 결혼생활을 할수록 반응이 더 작았고 후속 실험을 통해 연인의 사진을 보는 것만으로도 고통스러운 불편함을 적게 느낀다는 사실을 발견했다(Master et al., 2009). 난소암이 있는 여성을 대상으로 한 연구에 따르면 사회적 지원이 암의 진행속도를 늦출 수 있었다. 연구진은 가장 높은 사회적 지원을 받는 여성이 암과 관련된 스트레스 호르몬 수치가 가장 낮았다는 사실을 발견했다.

두 번째로 사회적 지원은 스트레스에 대처할 수 있도록 도와주었다. 이는 면역력을 강화해 질병을 예방할 수 있게 했다. 스트레스는 면역체계에 악영향을 끼쳐 질병에 취약하게 하는데 사회적 지원은 면역체계를 재부팅하는 역할을 했다. 한 연구에서 사회적 지원을 충분히 받는 참여자는 감기 바이러스에 더 나은 저항력을 보였다(Cohen, 2004; Cohen et al., 1997). 두 그룹의 건강한 지원자는 감기 바이러스가 들어 있는 액체를 코에 소량 흡입한 후 5일 동안 격리되어 생활하는 실험 대상이 되었다. 이들은 실험에 참가한 대가로 각각 800달러를 받았다. 실험 결과 나이, 인종, 성별, 흡연 등의 다른 건강 습관을 통제하고 일상생활에서 긴밀한 사회적 유대 관계를 가진 사람이 감기에 걸릴 가능성이 가장 적었다. 이들은 감기에 걸리더라도 덜 아팠다. 자주 포옹하는 사람들도 마찬가지로 감기에 잘 걸리지 않았으며 심각한 증상을 앓지 않았다(Cohen et al., 2015). 결국, 사회적 관계의 효능은 감기에 걸릴 가능성을 낮춰주었다.

스트레스 요인에 대처할 때, 사회적 유대 관계는 목표를 향하게 하기도, 목표로부터 멀어지게도 한다. 운동을 하거나, 술을 적게 마시거나, 담배를 끊거나, 건강한 식습관을 가지려 한다면 사회적 유대 관계가 도움이 될지 방해가 될지 생각해보자. 사회적 유대 관계는 지인뿐만 아니라 친구, 그리고 친구의 지인들을 의미한다. 이는 당신이 인지하지 못하는 사이에 한 번도 만난 적 없는 사람의 생각, 감정 및 행동에 영향을 미칠 수 있음을 의미한다(Christakis & Fowler, 2009; Kim et al., 2015).

의미를 발견하는 것

재난과 같은 연유로 삶의 변화가 심각하게 일어난다면, 우리는 혼란스럽고 괴롭다. 이때 받은 스트레스에 잘 대처하기 위해 가장 중요한 부분은 삶의 의미를 찾는 것이다. 우리는 고통에서 구원의 목적을 찾을 수 있다(Guo et al., 2013; Taylor, 1983). 직장에서 해고당하면 삶이 휘청거리지만 반면에 아이들과 자유로운 시간을 보낼 수 있다. 사랑하는 사람을 잃으면 사회적 관계를 더 많이 형성할 수 있다. 심장 발작은 건강하고 활동적인 생활 습관을 갖게 한다. 일부는 의미를 찾는 것이 근본적이라고 말한다. 기대치를 충족하지 못하면 의미를 부여 한다(Heine et al., 2006). 나치 수용소에서 살아남은 정신 의학자 빅토르 프랭클(Viktor Frankl, 1962)은 "인생은 상황보다 의미와 목적이 없을 때 견디기 힘들다"고 말했다.

친밀한 관계는 열린 마음을 갖게 하는 효과를 준다. 또한 고통스러운 감정을 견디고 상황을 정리할 수 있게 도와준다(Frattaroli, 2006). 힘든 일에 관해 이야기를 나누는 것은 단기적으로는 자극적일 수 있지만 장기적으로 보면 신체적 스트레스 반응을 줄여 진

Kathryn Brownson
Alice DeWall

분위기 전환 기분이나 에너지가 축 처질 때, 운동보다 더 좋은 것은 별로 없다. 나[저자 DM]는 오후에 농구를 하고 나[저자 ND]는 달리기를 한다.

정 효과를 준다(Lieberman et al., 2007; Mendolia & Kleck, 1993; Niles et al., 2015). 스트레스를 받았던 일로부터 진정이 되면 이에 대해 이야기하거나 글을 쓰는 것은 의미를 찾는 데 도움이 된다(Esterling et al., 1999). 33명의 홀로코스트 생존자를 대상으로 한 연구에서 하루 2시간씩 이전에 말하지 못했던 끔찍한 경험을 서로 나누도록 하였다(Pennebaker et al., 1989). 영상으로 기록하여 가족과 친구에게 보여주었더니 경험을 나누기를 가장 꺼렸던 사람의 건강이 14개월 후 가장 좋아졌다. 털어놓는 것은 신체와 영혼 모두에 좋다. 또 다른 연구는 자살했거나 자동차 사고로 사망한 사람들의 살아남은 배우자를 대상으로 진행되었는데 슬픔을 홀로 감당할수록 건강이 좋지 않았다(Pennebaker & O'Heeron, 1984).

스트레스 관리

통제감을 갖고 낙관적 전망을 키우며 사회적 지지를 구축하고 의미를 찾는 것이 스트레스를 덜어주어 건강을 향상시키는 데 도움이 된다. 스트레스를 피할 수 없을 때는 어떻게 해야 할까? 스트레스를 관리해야 한다. 에어로빅 운동, 휴식, 명상, 그리고 적극적인 영적 생활은 내면의 힘을 모으고 스트레스를 줄이는 데 큰 도움이 된다.

유산소 운동

모든 사람에게 효과가 있는 약을 찾기 어렵다. **유산소 운동**(aerobic exercise)은 심장과 폐의 건강을 증진시키는 완벽한 약 중 하나이다. 운동을 하면 평균적으로 2년 이상 수명이 늘어난다. 또한 삶의 질이 높아지고 힘이 생기며 더 나은 기분과 좋은 유대 관계를 유지할 수 있다(Flueckiger et al., 2016; Hogan et al., 2015; Seligman, 1994; Wang et al., 2011).

이 책을 통해 심리학의 기본 주제인 유전 요인과 환경의 상호작용을 알아보았다. 신체 활동을 통해 비만의 유전적 요인을 약화시킬 수 있다. 45가지 연구를 분석한 결과, 비만 위험은 27% 감소했다(Kilpeläinen et al., 2012). 운동은 심장병을 예방하는 데 도움이 된다. 심장을 강화하고 혈류를 증가시키고 혈관을 막히지 않게 하여 혈압을 낮추고 스트레스에 대한 호르몬이 감소한다(Ford, 2002; Manson, 2002). 활동량이 적은 성인과 비교하여 운동하는 사람은 심장마비에 걸릴 확률이 절반도 되지 않는다(Powell et al., 1987; Visich & Fletcher, 2009). 운동을 하면 동맥을 막는 지방을 줄이고 근육을 기를 수 있다(Barinaga, 1997).

연구에 의하면 유산소 운동은 스트레스, 우울증 및 불안감을 감소시킨다. 일주일에 세 번씩 적어도 30분 운동을 하는 사람들은 스트레스 상황을 보다 잘 관리하고, 자기만족감이 높으며, 에너지가 넘치고, 활동하지 않는 사람에 비해 덜 우울하고 덜 불안해한다(Rebar et al., 2015; Smits et al., 2011). 650,000여 명의 미국 성인들을 대상으로 진행한 연구에서 주당 150분을 걸으면 수명이 7년가량 늘어났다(Moore et al., 2012). 꾸준히 운동하던 사람이어도 활동량이 줄어들면 우울증 위험이 2년 후에 51%까지 증가할 수 있다(Wang et al., 2011). 이러한 결과를 다른 방향에서 살펴볼 수 있는데, 스트레스가 많거나 우울한 사람들은 운동을 하지 않는다. 이는 상관관계 문제로 원인과 결과가 분명하지 않다.

원인과 결과를 분류하기 위해 진행한 연구에서 무작위로 유산소 운동 그룹과 통제 그룹으로 나눴다. 다음으로, 유산소 운동이 스트레스, 우울증, 불안과 건강 관련 변화를 일으키는지 여부를 측정했다. 비슷한 실험에서(McCann & Holmes, 1984) 우울증에 빠진 여대생을 하위 세 그룹 중 한 그룹에 무작위로 넣었다.

- 그룹 1은 유산소 운동을 완료했다.
- 그룹 2는 휴식 프로그램을 마쳤다.
- 그룹 3은 순수한 통제 그룹으로 기능했으며 특별한 활동을 완료하지 않았다.

그림 10.7에서 볼 수 있듯이 10주 후 유산소 운동 프로그램에 참

여한 여성의 우울증이 가장 크게 감소했고 많은 사람이 곤경에서 벗어났다.

또 다른 실험에서는 우울증에 걸린 사람을 무작위로 운동 그룹, 항우울제 그룹 또는 위약(플라시보) 그룹에 배정했다. 운동은 항우울제만큼 효과적이었으며, 오래 지속되었다(Hoffman et al., 2011). 유산소 운동은 두 가지 면에서 우울증에 효과가 있다. 첫째로 몸을 각성시키고 둘째로 처방약이 화학적으로 하는 일을 자연스럽게 한다. 뇌의 세로토닌 활성이 증가하는 것이다.

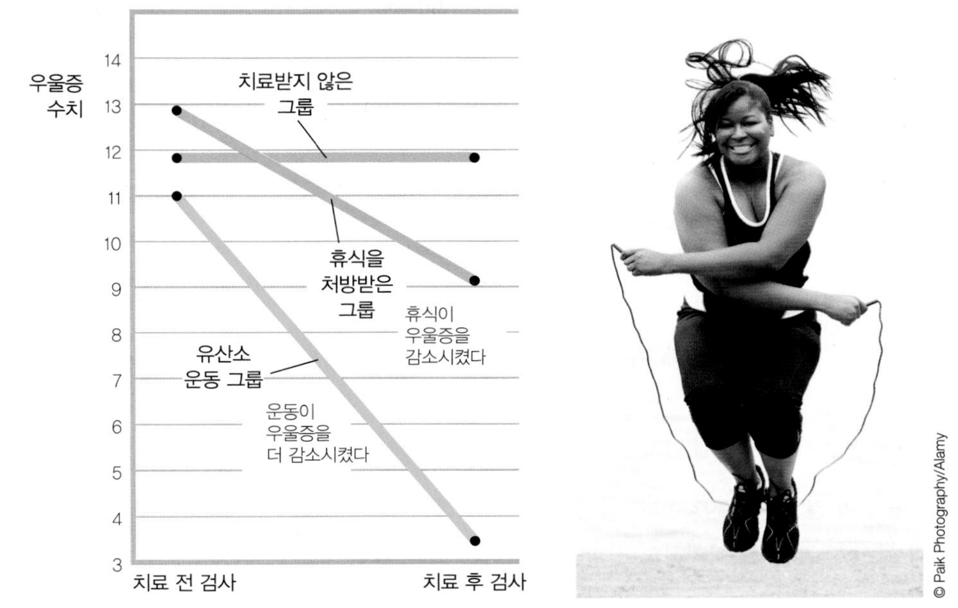
우울증
수치
14
13
12
11
10
9
8
7
6
5
4
3
치료받지 않은
그룹
휴식을
처방받은
그룹
휴식이
우울증을
감소시켰다
유산소
운동 그룹
운동이
우울증을
더 감소시켰다
치료 전 검사
치료 후 검사
© Paik Photography/Alamy

그림 10.7 에어로빅 운동과 우울증 (McCann & Holmes, 1984)

운동이 우울증과 불안을 감소시킨다는 150개 이상의 연구 결과가 있다. 근육은 우울증의 원인인 독소를 걸러준다(Agudelo et al., 2014). 우울증과 불안증에 대한 효과적인 치료법으로 유산소 운동과 항우울제와 정신 요법이 함께 자리를 잡았다(Arent et al., 2000; Berger & Motl, 2000; Dunn et al., 2005).

휴식과 명상

가장 편안하게 똑바로 앉아서 코를 통해 심호흡해보자. 입으로 천천히 숨을 내쉴 때마다 단어나 구절 또는 기도를 반복하자. 다섯 번 반복해보자. 긴장이 좀 풀렸는가?

휴식의 중요성

휴식은 유산소 운동처럼 건강을 향상시킨다. **그림 10.7**에서 휴식 프로그램을 진행한 여성의 우울증도 감소했다. 60개 이상의 연구 결과에 따르면 휴식이 두통, 고혈압, 불안 및 불면증을 완화시켰다(Nestoriuc et al., 2008; Stetter & Kupper, 2002).

연구자는 유형 A 심장마비 생존자에게 도움이 되도록 휴식 요법을 사용했다(Friedman & Ulmer, 1984). 무작위로 수백 명의 중년 남성을 두 그룹 중 하나에 배정했다. 첫 번째 그룹은 약물, 식이 요법 및 운동 습관에 관해서 심장학자로부터 조언을 받았다. 두 번째 그룹은 비슷한 조언을 받았지만 생활 방식을 바꾸는 방법도 함께 가르쳐주었다. 걷고, 말하고, 더 천천히 먹음으로써 긴장을 풀게 했다. 다른 사람과 자신에게 미소를 보여주고, 실수를 인정하고, 인생을 즐기며, 신앙심에 의지하게 했다. 성과는 놀라웠는데(**그림 10.8**) 향후 3년 동안 생활 습관을 바꾼 그룹은 첫 번째 그룹과 마찬가지로 심장마비 재발 확률이 절반으로 줄어들었다. 영국의 한 연구가 이 사실을 뒷받침했다. 생활 습관을 바꾸면 심장마비 발생 확률이 높은 사람의 심장마비 위험이 절반으로 줄었다(Eysenck & Grossarth-Maticek, 1991).

시간은 상처를 치유할 수 있지만 휴식이 그 과정을 빠르게 한다. 한 연구에서 수술한 환자를 두 그룹으로 무작위 배정했고 두 군 모두 표준 치료를 받았지만 두 번째 그룹은 45분간의 휴식 시간을 가졌다. 수술 일주일 후에 두 번째 그룹의 환자들은 스트레스를 덜 받았으며 회복 속도가 더 빨랐다(Broadbent et al., 2012).

돌아봄과 받아들임

명상은 다양한 종교에서 오랜 역사를 가진 관행이다. 명상은 고통을 줄이고 의식, 통찰력 및 연민을 향상시키는 데 사용되었다. 많은 연구들이 스트레스 관리를 위해 명상을 포함했고 심리적 이점을 확인했다(Goyal et al., 2014; Rosenberg et al., 2015; Sedlmeier et al., 2012). 내면의 상태에 편안하게 빠져들며 긴장을 푼다(Kabat-Zinn, 2001). 앉아서 눈을 감고 정신적으로 몸을 머리부터 발끝까지 훑어보자. 특정 신체 부위와 반응에 집중하면 이를 인식하고 수용할 수 있다. 호흡에 주의를 기울이고 각 호흡을 물질적으로 보아야 한다.

마음챙김 명상(mindfulness meditation)으로 건강을 향상시킬 수 있다. 1,140명을 대상으로 한 연구에서 몇몇 사람만 몇 주 동안 마음챙김 치료를 받았다. 마음챙김 치료를 받은 사람은 우울과 불안 수준이 더 낮았다(Hofmann et al., 2010). 마음챙김 훈련은 조기 유방암을 진단받은 여성 그룹에서 면역체계 기능을 개선했다(Witek-Janusek et al., 2008). 마음챙김 명상은 수면장애, 흡연, 폭음 및 기타 약물남용에도 도움을 주었다(Bowen et al., 2006; Brewer et al., 2011; Cincotta et al., 2011; de Dios et al., 2012; Kristeller et al., 2006).

마음챙김 명상을 연습할 때 뇌에서 무슨 일이 벌어지고 있을까? 상관연구와 실험적 연구를 통해 마음챙김 명상이 어떻게 긍정적 변화를 가져오는지에 대한 세 가지 설명이 있다.

- **두뇌 구역 간 연결을 강화한다.** 영향을 받는 구간은 주의 집중과 보고 듣는 것을 처리하고 상황을 인식하는 것과 관련이 있다(Berkovich-Ohana et al., 2014; Ives-Deliperi et al., 2011; Kilpatrick et al., 2011).
- **인식과 관련된 뇌 영역을 활성화시킨다**(Davidson et al., 2003; Way et al., 2010). 감정을 표시할 때 주의 깊은 사람들은 두려움과 관련된 뇌 영역인 편도체가 덜 활성화되고 감각 조절을 돕는 전두엽 피질이 좀 더 활성화된다(Creswell et al., 2007).
- **감정적인 상황에서 뇌를 진정시킨다.** 연구 대상자가 슬픈 영화와 보통 영화를 관람한 후에 뇌 활성화에 큰 차이가 나타났다. 하지만 마음챙김 훈련을 받은 사람은 두 영화에 대한 뇌 반응에 큰 변화가 없었다(Farb et al., 2010). 정서적으로 불쾌감을 주는 사진은 마음챙김 훈련을 받지 않은 사람에게 더 큰 뇌 반응을 유발했다(Brown et al., 2013). 마음챙김 명상을 한 두뇌는 강하고 반사적이며 침착하다.

운동과 명상만이 건강한 휴식은 아니다. 마사지는 미숙아(제3장 참조)와 고통을 겪고 있는 사람(제5장)을 편안하게 해주며 우울증을 완화하는 데 도움을 준다(Hou et al., 2010).

신앙 공동체와 건강

다양한 연구 결과에 따르면 신앙심과 건강은 흥미로운 상관관계를 나타낸다(Koenig et al., 2012). 종교적으로 활동적인 사람들은 그렇지 않은 사람들보다 오래 사는 경향이 있다. 16년에 걸친 연구에서 이스라엘인 3,900명으로 구성된 두 집단의 공동체를 추적 조사했다(Kark et al., 1996). 첫 번째 그룹은 11개의 종교적으로 정통적인 집단 정착촌에 거주했고 두 번째 집단은 비종교적인 집단 정착촌을 포함했다. 연구원은 '종교 집단에 속하는 것이 나이 또는 경제적 차이로 설명할 수 없는 강한 보호 효과와 관련이 있다'는 사실을 발견했다. 모든 연령 집단에서 종교 공동체 구성원은 비종교 공동체 구성원보다 일직 사망할 확률이 절반 정도였다.

상관관계가 인과관계를 의미하지 않는다는 사실을 명심하자. 이러한 보호 효과를 설명할 수 있는 다른 요소는 무엇인가? 한 가지 가능성이 있다. 여성은 남성보다 종교 활동을 많이 하며 여성은 남성보다 수명이 길다. 종교를 갖는 것이 성별과 장수의 연결고리를 풀어주는가? 비록 종교와 장수의 상관관계가 여성 사이에서 강하게 나타나지만, 남성 사이에서도 나타난다(McCullough et al., 2000; McCullough & Laurenceau, 2005). 28년 동안 지속된 연구와 20,000여 명을 대상으로 하는 연구 등 다양한 연구에서 종교적인 요인을 빼놓을 수 없다(Chida et al., 2009; Hummer et al., 1999; Schnall et al., 2010). 연구자가 나이, 성별, 인종, 민족, 교육 및 지역과 같은 요인을 통제해도 같은 결과가 나온다. 한

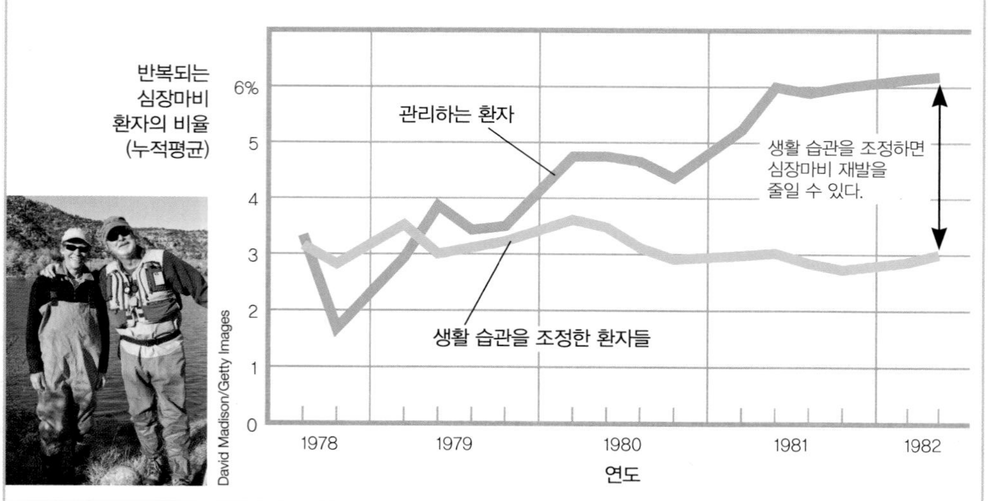
반복되는 심장마비 환자의 비율 (누적평균)
6%
5
4
3
2
1
0
관리하는 환자
생활 습관을 조정하면 심장마비 재발을 줄일 수 있다.
생활 습관을 조정한 환자들
1978
1979
1980
1981
1982
연도
David Madison/Getty Images

그림 10.8 심장마비 재발과 생활습관 조정 샌프란시스코의 관상동맥질환 재발방지협회는 심장 전문의부터 심장마비로 살아남은 환자들에 이르기까지 상담 결과를 공개했다. 유형 A 생활습관을 조정한 사람들은 심장마비 재발이 거의 없었다(Friedman & Ulmer, 1984).

연구에서 정기적으로 종교 활동에 참석한 사람들의 평균 수명은 83세였으며 무신자의 평균 수명은 75세였다(**그림 10.9**).

그렇다면 다른 요인을 바꾸지 않고 종교적인 사람이 된다면 오래 살 수 있을까? 대답은 '아니요'이다. 그러나 종교적 참여가 금연과 운동처럼 건강과 수명을 예측할 수는 있다. 종교적인 사람은 건강한 면역 기능을 가지고 입원 횟수가 적으며 AIDS 환자의 경우 스트레스 호르몬이 낮고 더 길게 생존한다(Ironson et al., 2002; Koenig & Larson, 1998; Lutgendorf et al., 2004).

왜 종교적인 사람들이 다른 사람들보다 더 건강하고 오래 살까? 다음은 상관관계를 설명하기 위한 세 가지 요소이다.

- 종교적인 사람은 대부분 담배를 거의 피우지 않는 등 **건강한 생활습관**을 가지고 있다(Islam & Johnson, 2003; Koenig & Vaillant, 2009; Koopmans et al., 1999). 미국인 55만 명을 대상으로 한 갤럽 설문조사에서 종교인과 비종교인 중 각각 15%와 28%가 흡연자였다(Newport et al., 2010). 건강한 생활습관이 장수의 유일한 요인은 아니다. 활동이 없거나 흡연과 같이 건강에 해로운 행동을 줄이면 약 75%의 수명 차이가 난다(Musick et al., 1999).
- **사회적 지지**로 서로를 지지해주는 신앙 공동체에 속한 사람은 이 네트워크에 접근 가능하다. 힘든 일이 있으면 서로를 의지할 수 있다. 더욱이 종교는 건강과 장수의 지표인 결혼을 장려한다. 예를 들어 이스라엘 종교 정착촌에서는 이혼하는 부부가 거의 없었다. 사회적 지지, 성별, 건강에 좋지 않은 행동 등의 요인을 통제해도 종교와 상당 부분 관련이 있다(Chida et al., 2009; George et al., 2000; Kim-Yeary et al., 2012; Powell et al., 2003).
- **긍정적인 감정**에 대해 연구한 결과 신앙은 스트레스로부터 보호하고 복지를 향상시키는 경향이 있다(**그림 10.10**). 종교적으로 활동적인 사람들은 안정된 세계관, 장기적인 미래에 대한 희망감, 궁극적인 수용감을 가지고 있다. 또한 기도 또는 다른 종교적인 명상을 하며 편안한 시간을 보낸다. 이러한 긍정적 감정, 기대, 관행은 행복에 영향을 미친다.

지금까지 배운 것을 요약해보자. 지속적인 스트레스 반응은 신체에 악영향을 미친다. 그러나 스트레스의 일부 자질과 영향은 정서적으로나 육체적으로 강하게 만들어 삶의 어려움을 극복하는 데 도움이 되기도 한다. 이는 통제 감각, 낙관적 전망, 이완 효과, 건강 습관, 사회적 지지, 의미, 신앙심이 포함된다(**그림 10.11**).

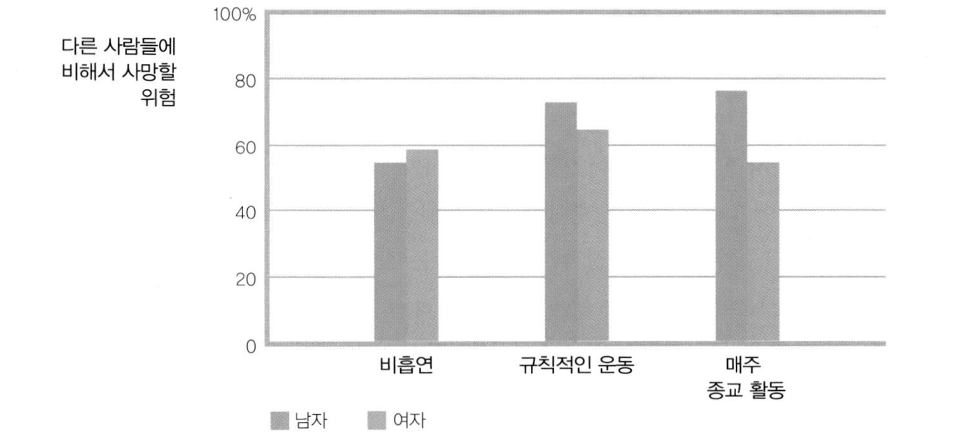
다른 사람들에
비해서 사망할
위험
100%
80
60
40
20
0
비흡연
규칙적인 운동
매주
종교 활동
남자
여자

그림 10.9 수명 예견 : 비흡연, 규칙적인 운동, 그리고 종교 활동 28년 동안 5,200명의 성인을 대상으로 한 연구 결과(Oman et al., 2002; Strawbridge, 1999; Strawbridge et al., 1997). 나이와 교육을 감안하더라도 연구자들은 비흡연과 규칙적인 운동, 그리고 종교적인 활동이 돌연사를 방지한다는 사실을 발견했다. 예를 들어 매주 종교적인 활동을 하는 여성들은 특정 연구를 하던 해에 종교적인 활동을 하지 않은 여성들이 사망한 숫자의 54%밖에 되지 않았다.

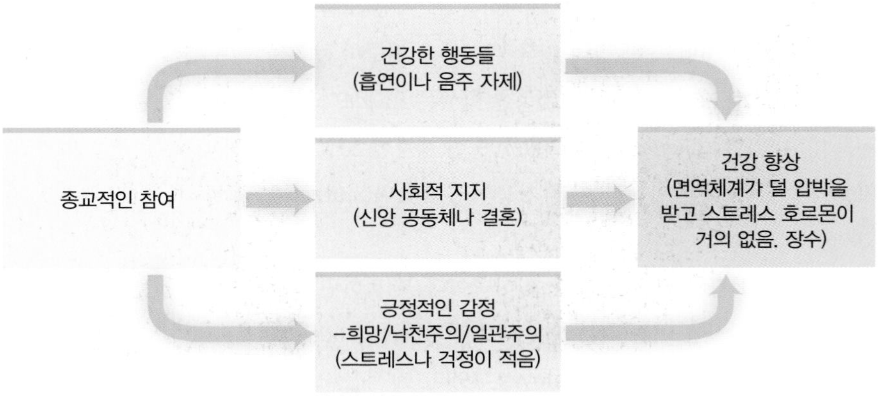
건강한 행동들
(흡연이나 음주 자제)
종교적인 참여
사회적 지지
(신앙 공동체나 결혼)
건강 향상
(면역체계가 덜 압박을
받고 스트레스 호르몬이
거의 없음. 장수)
긍정적인 감정
–희망/낙천주의/일관주의
(스트레스나 걱정이 적음)

그림 10.10 종교 활동과 건강, 그리고 장수 사이의 상호 연관관계에 대한 가능한 설명

이 장의 나머지 부분에서 행복 추구와 번영하는 방법에 대해 자세히 살펴보자.

행복

*The How of Happiness*에서 심리학자 소냐 류보머스키(Sonja Lyubomirsky, 2008)는 랜디(Randy)가 겪었던 일에 대해 이야기했다. 랜디는 힘든 삶을 살았다. 그의 아버지와 절친한 친구는 모두 자살했다. 랜디 어머니의 남자친구는 랜디를 괴롭혔다. 랜디의 첫 번째 아내는 바람을 폈고 이혼했다. 아픔에도 불구하고 랜디는 낙관론적인 행복한 사람이었다. 그는 재혼했고 세 소년의 의붓 아버지가 되었으며 직장생활에도 보람을 느꼈다. 랜디는 먹구름 속 한 줄기 희망을 꿈꾸며 삶의 스트레스 요인에서 살아남을 수 있었다고 말했다.

랜디처럼 암울한 시기를 극복하면 자긍심과 더불어 삶의 목표를 잡게 된다. 인생 초반에 겪었던 힘든 일로 성숙해지며 감정적으로도 유연해진다(Landauer & Whiting, 1979).

주위에 있는 사람이 당신을 웃음짓게 하는가? 랜디처럼 심각한 상황을 이겨내고 다시 힘을 얻은 적이 있는가? 행복하거나 불행한 상태는 생각과 행동에 영향을 미친다. 행복한 사람은 세상을 안전한 곳으로 인식한다. 그들의 시선은 긍정적인 감정을 주는 것에 이끌리며 현명한 결정을 내리고 협력하는 삶을 산다(Raila et al., 2015). 또한 더 건강하고 활력 있는 만족스러운 삶을 산다(Boehm et al., 2015; De Neve et al., 2013; Mauss et al., 2011, Stellar et al., 2015). 누구나 때때로 우울해지곤 한다. 그럴 때면 삶 자체가 무의미해 보이기도 한다. 기분을 환기시키고 생각을 넓혀 더 즐겁고 창조적인 생활을 하자(Baas et al., 2008; Forgas, 2008; Fredrickson, 2013). 당신의 관계, 자아상, 그리고 미래에 대한 희망은 더욱 유망해질 것이다.

이는 대학생의 행복 수준이 인생을 예측하는 데 어떤 도움이 되는지 설명해준다. 1976년 수천 명의 미국 대학생을 연구하고 그들이 37세가 되었을 때 재검토한 결과, 행복한 학생은 또래보다 훨씬 많은 돈을 벌고 있었다(Diener et al., 2002). 또한 행복한 20살은 결혼할 확률이 높았을 뿐만 아니라 이혼 가능성도 낮았다(Stutzer & Frey, 2006).

이는 심리학에서 가장 일관된 결과 중 하나이다. 행복하면 삶에 도움이 된다. 심리학자는 이를 **기분 좋음 선행 현상**(feel-good, do-good phenomenon)이라고 부른다(Salovey, 1990). 행복은 기분을 좋게 해주며 좋은 역할을 한다. 기분 전환되는 일(돈을 찾거나 어려

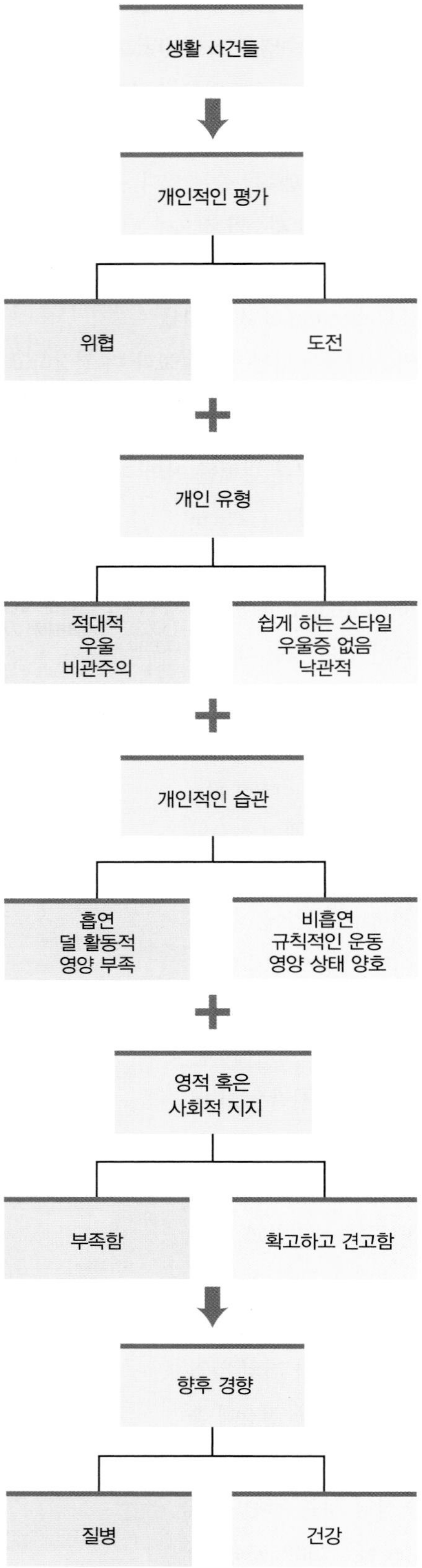
생활 사건들
개인적인 평가
위협
도전
개인 유형
적대적
우울
비관주의
쉽게 하는 스타일
우울증 없음
낙관적
개인적인 습관
흡연
덜 활동적
영양 부족
비흡연
규칙적인 운동
영양 상태 양호
영적 혹은
사회적 지지
부족함
확고하고 견고함
향후 경향
질병
건강

그림 10.11 행복의 비결

운 과제를 해결하거나 행복했던 경험을 되새김)이 있으면 다른 사람을 위해 기부나 봉사활동 같은 선행을 하게 된다.

그 반대도 사실이다. 좋은 일을 하는 것이 좋은 느낌을 준다. 136 개국에서 20만여 명을 대상으로 한 설문조사에 따르면 대부분이 자신이 아닌 다른 사람을 위해 돈을 지출하면 행복감이 높다고 한다(Aknin et al., 2013; Dunn et al., 2014). 왜 기분이 좋을까? 사회적 관계를 강화하기 때문이다(Aknin et al., 2015; Yamaguchi et al., 2015). 행복 코치와 강사들을 대상으로 일상에서 무작위한 친절을 베풀고 어떻게 느꼈는지 기록하도록 했다.

윌리엄 제임스는 1902년 행복의 중요성('우리 모두를 위한 비밀 동기')에 관해 글을 썼다. 21세기 긍정심리학의 등장으로(제1장 참조), 행복에 대한 연구가 시작되었다. 행복은 이 책에서 가장 중점적으로 다루는 부분이다. 심리학은 인간의 강점과 도전을 탐구한다. 행복에 대한 연구의 한 분야는 높은 비율의 긍정에서 부정적인 감정이나 또한 삶에 대한 만족으로 정의되기도 하는 **주관적 안녕감**(subjective well-being)이라는 학문이다. 이런 정보가 신체적 및 경제적 상태와 같은 객관적 척도와 결합해 삶의 질에 대한 정확한 판단을 내리는 데 도움이 된다.

감정 기복과 단명

일주일에 며칠 동안 다른 사람보다 행복한가? 심리학에서 가장 큰 데이터 샘플을 가지고 있는 사회심리학자 크레이머(Kramer, 2010—나[저자 DM]의 요청과 페이스북과의 협력 저자)는 수십억 개의 페이스북 기재 글을 통해 감정 표현을 자연스럽게 관찰했다. 휴일과 같은 특별한 날을 빼고 요일별로 긍정적이고 부정적인 단어의 빈도를 추적했다. 가장 긍정적인 날은 금요일과 토요일이었다(**그림 10.12**). 이와 유사한 설문조사 응답과 5,900만 건의 트위터 메시지를 통해 사람은 금요일에서 일요일까지 가장 행복한 것으로 나타났다(Golder & Macy, 2011; Helliwell & Wang, 2015; Young & Lim, 2014). 당신도 그런가?

장기적인 감정 기복은 균형을 찾는다. 이는 하루의 과정에서도 마찬가지이다. 긍정적인 감정은 대부분 하루의 시작부터 정오까지 상승한 다음 서서히 떨어진다(Kahneman et al., 2004; Watson, 2000). 아이가 아프거나 자동차에 문제가 생기거나 하는 스트레스 사건은 기분을 나쁘게 한다. 이는 당연한 사실이다. 하지만 다음날이 오면 다시 기분이 나아진다(Affleck et al., 1994; Bolger et al., 1989; Stone & Neale, 1984). 전날 기분이 나빴던 경우 평소보다 좋은 분위기로 돌아오는 경향이 있다. 장시간 동안 부정적인 사건으로 기분이 안 좋을지라도 시간이 지나면 대개 괜찮아진다. 연인과 헤어져서 힘들더라도 결국 상처가 치유된다.

사랑하는 사람을 잃은 뒤 겪는 상실감과 슬픔은 트라우마를 남긴다. 이런 비극조차도 영구적이지는 않다. 시각장애인이나 마비된 사람은 완전히 회복하기 어렵지만, 일정 시간이 흐르면 대부분의 사람은 보통 정상 수준의 일상적인 행복감을 느낀다(Boyce & Wood, 2011). 신장 투석이나 영구 결장증에 걸린 사람도 마찬가지다(Gerhart et al., 1994; Riis et al., 2005; Smith et al., 2009a). 심리학자 대니얼 카너먼(Daniel Kahneman, 2005)은 마비 상태가 되더라도 점차 다른 일에 대해 생각하기 시작하며, 그 시간이 길어질수록 덜 비참해진다고 설명했다. 전신마비 환자도 죽음을 원하지는

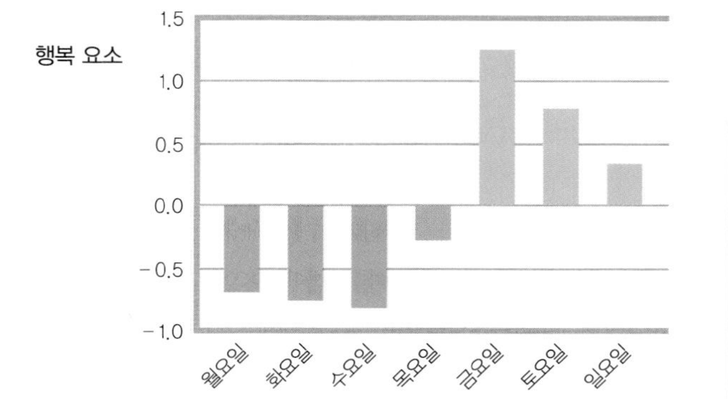
행복 요소
1.5
1.0
0.5
0.0
−0.5
−1.0
월요일
화요일
수요일
목요일
금요일
토요일
일요일

그림 10.12 행복한 날들을 추적하기 위해서 웹 과학을 사용하기 애덤 크레이머(2010)는 2007년 9월 7일부터 2010년 11월 17일 사이에 미국의 페이스북 사용자들이 게시한 수십억 개의 긍정적인 단어와 부정적인 단어들을 분석했다.

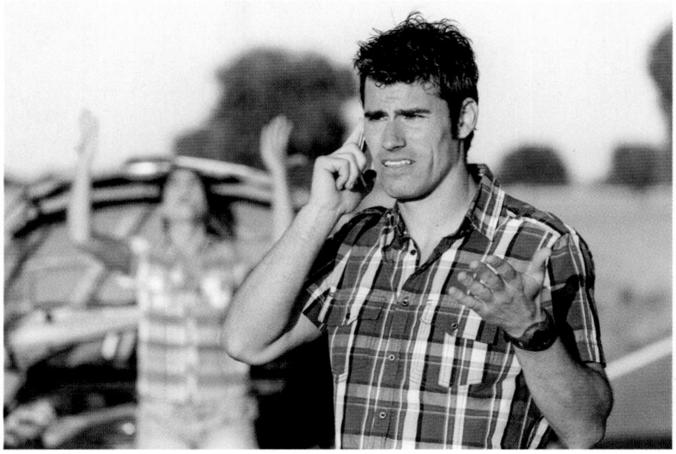

iStock/Getty Images

자신감을 갖자! 내일은 새로운 날이 될 것이다 차 사고는 가장 어려운 시기에 일어날 수 있다. 그러나 이 사람의 불쾌한 기분은 내일 평상시보다 더 좋은 기분을 경험할 때 확실하게 사라질 것이다.

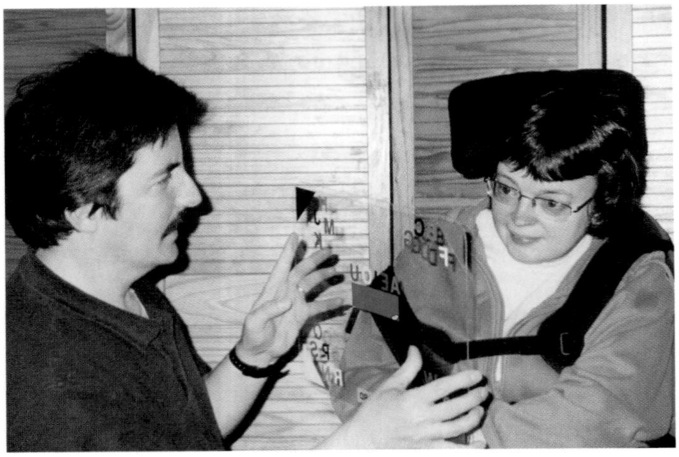

Courtesy of Anna Putt

사람의 회복탄력성 1994년 결혼식 후 7주 후에 영국의 사우스 미들랜즈에 살고 있는 애나 푸트(Anna Putt)—왼쪽은 남편인 데스(Des)—는 뇌출혈을 겪었고 전혀 움직일 수 없었다. 몇 달 뒤 그녀는 "나는 너무 힘들어서 말을 제대로 할 수도 없었어요. 대단히 힘든 시기였지요. 그러나 가족, 친구들, 신앙, 그리고 의료진들의 격려 덕분에 나는 긍정적인 마음을 유지하려고 노력했어요"라고 고백했다. 3년 동안 (단어들을 향하여 고개를 끄덕임으로써) 말하는 법과 그녀의 머리로 전동차를 조종하고 커서를 작동시키는 안경을 착용하여 컴퓨터를 사용하는 법을 배웠다. 신체 마비에도 불구하고 그녀는 "나는 밖으로 나가서 상쾌한 공기를 마시는 것을 좋아해요. 나의 좌우명은 '뒤를 돌아보지 말고 앞으로 나아가자'입니다. 신은 내가 멈추기를 원하지 않으며 나는 그럴 의향이 없어요. 인생은 당신이 만들기 나름이랍니다"라고 말했다.

않는다(Nizzi et al., 2012; Smith & Delargy, 2005). 놀라운 사실—사람은 감정의 기간을 과대평가하고 유연성을 과소평가하는 경향이 있다.

부와 행복

돈을 더 많이 벌면 더 행복할까? 2006년 갤럽 조사에서 미국인의 73%는 더 행복할 것이라고 생각했다. 미국 대학생 82%가 경제적으로 안정적인 것이 매우 중요하거나 필수적이라고 응답했다(Eagen et al., 2016).

돈은 행복과 연관이 있다. 굶주리지 않고 삶을 통제할 수 있을 만큼의 충분한 돈을 가지고 있으면 더 큰 행복을 경험한다(Fischer & Boer, 2011). 행복은 현재 소득에 달려 있다. 1,000달러의 연간 임금 인상은 선진국보다는 후진국 사람들에게 큰 도움이 된다. 일단 편안함과 안락한 생활을 위해 충분한 돈이 있다면 더 많은 돈은 점점 필요하지 않게 된다.

생각해보자. 지난 40년 동안 미국 시민의 평균 구매력은 거의 3배가 되었다. 대부분이 아이패드(iPad), 스마트폰과 더불어 이전에 비해 더 큰 집과 더 많은 자동차를 소유하고 있다. 이로 인해 더 행복

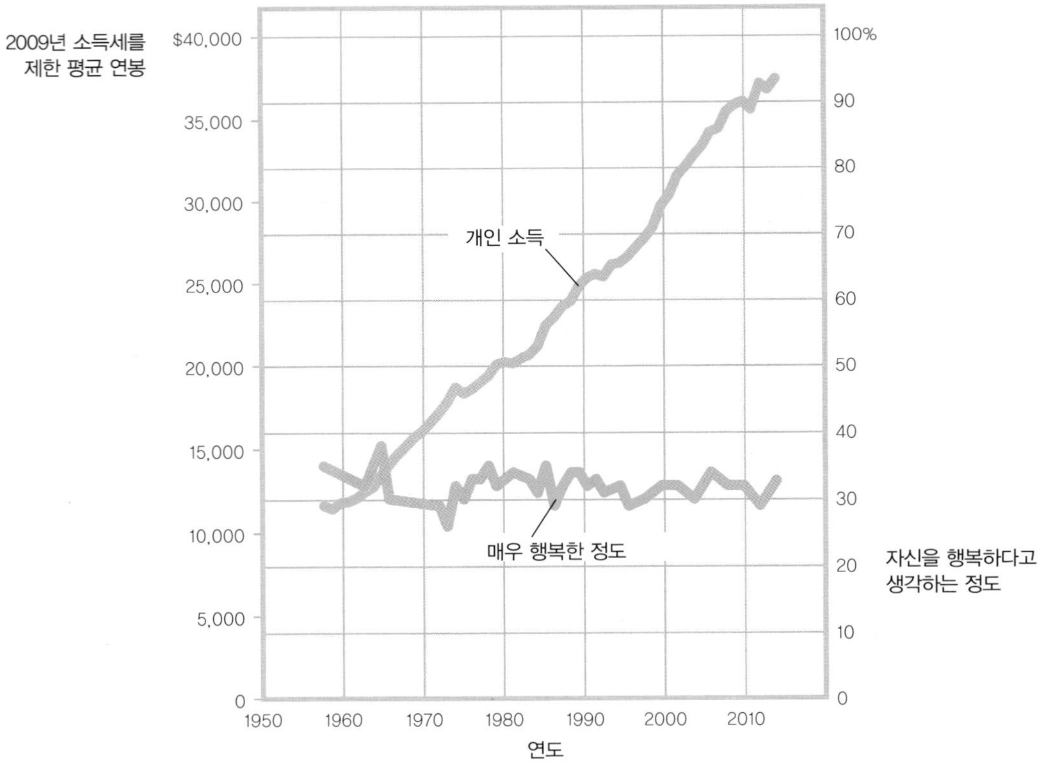
2009년 소득세를 제한 평균 연봉
$40,000
35,000
30,000
25,000
20,000
15,000
10,000
5,000
0
100%
90
80
70
60
50
40
30
20
10
0
개인 소득
매우 행복한 정도
자신을 행복하다고 생각하는 정도
1950
1960
1970
1980
1990
2000
2010
연도

그림 10.13 돈은 행복을 구매할 수 있는가? 돈은 특정한 고통에서 벗어날 수 있게 해준다. 1950년대에 비해서 구매력은 3배로 신장되었지만 미국인들의 평균 행복감은 전혀 변화가 없다. (행복 자료 출처 : 전국여론조사센터, 소득 자료 출처 : *Historical Statistics of the United States and Economic Indicators*.)

해졌을까? **그림 10.13**에서 보듯이, 더 행복해하지 않았다. 1957년에는 35%가, 2014년에는 그보다 약간 적은 33%가 '매우 행복하다'고 응답했다. 중국도 마찬가지로 생활수준은 향상되었지만 행복하지는 않았다(Davey & Rato, 2012; Easterlin et al., 2012). 이러한 사실은 현대 물질만능주의에 충격을 안겨주었다. 부유한 나라의 경제 성장이 국민들의 사기를 신장시켜주거나 사회복지를 향상시키지 못했다.

왜 돈은 더 많은 행복을 구매할 수 없을까?

가난하지 않은 사람에게 왜 더 많은 돈은 더 많은 행복을 불러오지 않을까? 돈이 많으면 더 많은 것을 살 수 있어서 더 행복해질까? 많이 사는 것이 사람을 행복하게도 불행하게도 할 수 있을까? 심리학은 행복이 상대적이라는 두 가지 의견을 제시했다.

나의 행복은 나의 경험에 대해서 상대적이다

사람은 과거의 경험과 비교하여 새로운 사건을 판단한다. 심리학자는 이것을 **적응 수준 현상**(adaptation-level phenomenon)이라고 부른다. 과거 경험은 중간 역할을 한다. 크지도 부드럽지도 않고, 뜨겁거나 차가운 것 같지 않은 느낌을 주며, 즐겁지도 불쾌하지도 않은 느낌을 주듯이 말이다. 중간을 기준으로 위 또는 아래로 넘어가는 부분을 발견하고 대응한다.

영원히 존재하는 완벽한 사회적 낙원을 만들 수 있을까? 아마 불가능할 것이다(Campbell, 1975; Di Tella et al., 2010). 로또에 당첨되거나 유산을 물려받아 횡재를 경험한 사람들은 일반적으로 기쁨과 만족을 느낀다(Diener & Oishi, 2000; Gardner & Oswald, 2007). 매일 바라는 모든 일이 일어난다면 당신도 그럴 것이다. 청구서가 없고 병에 걸리지 않고 완벽한 성적을 받는 세상에서 살면 즐겁지 않을까? 그러나 시간이 지나면 점차 이에 적응하게 될 것이다. 때로는 기쁨과 만족감을 느끼기도 하고(기대 이상의 일이 발생했을 때), 가라앉는 같은 기분을 느끼기도 하고, 그 중간에 있을 때도 있다.

기억해야 할 점은 만족감과 불만족감, 성공과 실패는 과거 경험에 부분적으로 기초하여 스스로 결정한 판단이라는 것이다(Rutledge et al., 2014).

나의 행복은 당신의 성공에 대해서 상대적이다

우리는 항상 자신을 다른 사람들과 비교한다. 기분이 좋은지 나쁜지는 다른 사람들이 얼마나 성공적인지에 대한 인식에 달려 있다(Lyubomirsky, 2001). 더 똑똑하거나 우아한 사람을 만났을 때 서투른 행동을 한다. 다른 사람에 비해 자신이 못하다고 느낄 때 **상대적 박탈감**(relative deprivation)을 경험한다.

성과가 기대에 미치지 못하면 실망한다. 따라서 가난한 사람과 자신을 비교할 수 있는 중산층과 고소득층은 그렇지 못한 사람에 비해 상대적으로 만족감을 얻는다. 그럼에도 불구하고 적당한 소득 수준에 도달하면, 더 큰 수입은 더 나은 행복으로 이어지지 않는다. 왜 그럴까? 성공할수록 더 나은 사람과 비교하며 경쟁해야 하기 때문이다(Gruder, 1977; Suls & Tesch, 1978; Zell & Alicke, 2010).

더 나은 사람과 비교하면 질투를 불러일으키듯이 자신보다 못한 사람과 비교하면 만족감을 증대시킨다. 여대생에게 다른 사람의 고통을 생각하게 하는 연구가 진행되었다(Dermer et al., 1979). 그들은 1900년대 어려운 도시 생활이 나타난 사진을 보았고 화상을 입어 얼굴이 흉해지는 등의 비극이 일어났다고 상상한 후 글로 적게 했다. 실험이 끝난 후에 이 여성은 삶에 더 큰 만족감을 느꼈다. 가벼운 우울증을 가진 사람은 심한 우울증을 앓고 있는 사람을 보며 기분이 다소 나아졌다고 했다(Gibbons, 1986). '발이 없는 남자를 만나기 전까지 신발이 없다고 울었다'는 페르시아 속담과 비슷하다.

행복 예측

행복한 사람은 많은 특징을 공유한다(**표 10.1**). 어떤 요인이 한 사람은 기쁨으로 가득 찬 하루를 보내고 다른 사람은 우울한 하루를 보내게 할까? 다른 분야와 마찬가지로, 그 답은 자연과 양육의 상호작용에서 발견된다.

유전자는 중요하다. 수백 명의 일란성 쌍둥이 연구는 유전적 요

표 10.1 행복은

행복한 사람들의 성향	실제로 행복과 연관이 없는 것들
자존감이 높음	나이
낙천적, 활동적, 수용적	성별(여성들은 우울증이 심할 수 있고 좀 더 쾌활할 수도 있음)
견고하고 긍정적이며 지속적인 인간관계가 있음	신체적인 매력
그들의 재능을 활용하는 일과 여가	
적극적인 종교 활동	
수면과 운동	

출처 : DeNeve & Cooper, 1998; Diener et al., 2003, 2011; Headey et al., 2010; Lucas et al., 2004; Myers, 1993, 2000; Myers & Diener, 1995, 1996; Steel et al., 2008. 벤호벤(Veenhoven, 2014)은 WorldDatabaseofHappiness.eur.nl에서 행복과 연관있는 13,000개 이상의 자료들을 제공했다.

인이 행복의 약 50%를 차지한다는 사실을 나타낸다(Gigantesco et al., 2011; Lykken & Tellegen, 1996). 서로 다른 곳에서 자란 쌍둥이도 비슷한 행복감을 가지고 있다.

유전자와 더불어 개인적인 경험과 문화 또한 중요하다. 개인적인 차원에서 감정은 경험에 의해 정의되는 경향이 있다. 문화마다 소중히 여기는 특성이 다르다. 자긍심은 개인주의를 중요시하는 서양인에게 더 중요하다. 사회적 수용과 조화는 일본과 같이 가족과 공동체를 강조하는 문화에서 더 중요하다(Diener et al., 2003; Fulmer et al., 2010; Uchida & Kitayama, 2009).

유전자, 전망, 그리고 최근의 경험에 따라 행복은 '행복 세트 포인트(happy set point)'를 기준으로 변화한다. 낙천적인 습관을 가지고 사는 사람과 비관적인 사람이 있다. 그럼에도 불구하고 삶에 대한 만족감은 변할 수 있다(Lucas & Donnellan, 2007). 인간의 힘을 연구한 결과 행복을 느끼면 이 요소를 통제할 수 있다(Sin & Lyubomirsky, 2009).

개인의 차원에서 행복을 향상시킬 수 있다면 연구를 통해 국가의 우선순위를 재검토할 수 있을까? 많은 심리학자는 이것이 가능하다고 믿는다. 정치인도 이에 동의하여 43개국이 시민의 복지를 측정했다(Diener et al., 2015). 행복한 사회는 번영하며 서로 신뢰하고 자유로움과 가까운 관계를 누리는 장소이다(Helliwell et al., 2013; Oishi & Schimmack, 2010; Sachs, 2012). 따라서 경제적 불평등, 세율, 이혼 관련 법 및 건강관리와 같은 문제를 논의할 때 심리적 복지를 고려해야 한다. 이는 스트레스를 줄이고 인류를 번성케 하며 행복을 추구하는 정책을 추진하는 데 도움이 될 수 있다.

행복한 삶을 누리기 위해 과학적으로 증명된 방법[1]

콜레스테롤 수치와 마찬가지로 행복은 유전적 영향을 받는다. 콜레스테롤을 식이 요법과 운동으로 조절 가능한 것처럼 행복도 개인의 통제하에 있다(Nes, 2010; Sin & Lyubomirsky, 2009). 다음은 인생에 대한 만족도를 높이기 위해 개인적 강점을 구축하는 10가지 제안이다.

1. **시간을 관리하자.** 행복한 사람들은 자신의 삶을 통제한다. 목표를 세우고 일일 목표를 세분화하자. 자신의 성취를 과대평가하는 경향이 있기 때문에 목표를 너무 높이 잡으면 실망할 수 있다. 매일 반복하면 1년 내에 큰 성과를 낼 수 있을 것이다.
2. **행복함을 가지고 행동하자.** 제9장에서 보았듯이, 웃는 표정을 한 사람의 기분이 더 좋았다. 행복한 얼굴을 하고 긍정적으로 말하고 이를 통해 자부심을 느끼며 낙천적이고 활발하게 행동하자. 행복한 척하는 연기가 진정한 행복을 불러올 수 있다.
3. **재능과 관련된 여가 활동을 시도해보자.** 행복한 사람은 일을 할 때 무아지경에 빠져 있다. 텔레비전을 시청하는 소극적인 여가 활동은 운동, 사교생활이나 음악과 같은 여가 활동보다 유익하지 않다. 이러한 여가 활동은 더 오래 지속되는 행복감을 준다.
4. **물건보다는 경험을 구입하자.** 물건에 소비하는 것보다 기대하고 즐기고 기억하고 이야기할 수 있는 경험을 사는 것이 더 큰 행복을 얻는다(Carter & Gilovich, 2010; Kumar & Gilovich, 2013). 특히 사회적으로 공유할 수 있는 경험이 좋다(Caprariello & Reis, 2013). 아트 버크월드(Art Buchwald) 교수는 "가족 여행을 떠나면 큰 비용이 들지만 인생에서 가장 좋은 것은 물건이 아닙니다"라고 말했다.
5. **'움직이는' 운동을 하자.** 유산소 운동은 건강과 에너지를 증진시키며 가벼운 우울증과 불안감을 완화한다. 건전한 마음은 건전한 신체로부터 나온다.
6. **충분한 수면을 취하자.** 행복한 사람은 활발한 삶을 살지만 충분한 잠을 잘 시간은 남겨둔다. 고등학생 및 대학생은 특히 수면 부족으로 고생한다. 결과적으로 매일 피곤하고 지치며 기민성이 감소하고 우울한 기분을 가지고 살아간다. 지금 수면을 취하면 나중에 웃게 될 것이다.
7. **긴밀한 관계를 우선시하자.** 신뢰를 주고받는 사이에 있으면 영혼

RubberBall Selects/Alamy

1 David G. Myers의 *The Pursuit of Happiness*(Harper)에서 발췌.

과 신체에 좋다. 이들은 당신이 어려움을 겪을 때 도움을 준다. 행복한 사람은 의미 있는 대화를 한다(Mehl et al., 2010). 사랑하는 사람을 당연시 여기지 않고 친절히 대하며 어울리고 가진 것을 나누면 가까운 관계를 키울 수 있다.

8. **자신 이외의 것에 집중하자.** 도움이 필요한 사람들에게 다가가자. 좋은 일을 하면 기분이 좋아진다. 그러나 선을 행하는 것도 우리의 기분을 좋게 만든다.

9. **축복을 세고 감사를 기록하자.** 감사하는 일을 기록하는 것은 삶의 질을 향상시킨다(Davis et al., 2016). 매일 좋은 순간과 긍정적인 사건을 기록하자. 다른 사람에게 감사를 표현하자.

10. **영적 자아를 기르자.** 많은 사람에게 신앙은 지원 공동체이며 자신 이외의 것에 집중하는 이유이자 목적과 희망을 제공한다. 신앙 공동체에서 활동하는 사람은 평균 이상의 행복을 가지며 위기에 잘 대처한다.

주요 용어

스트레스	유형 B	외적 통제 소재	마음챙김 명상
일반 적응 증후군(GAS)	대처	내적 통제 소재	기분 좋음 선행 현상
돌보고 친구가 되어주는 반응	문제중심적 대처	자기통제	주관적 안녕감
정신신경면역학	정서중심적 대처	낙관론자	적응 수준 현상
관상성 심장질환	통제력	비관론자	상대적 박탈감
유형 A	학습된 무력감	유산소 운동	

이 장의 구성

사회심리학의 주관심사는 무엇인가?

사회적 사고

기본적 귀인 오류

태도와 행동

사회적 영향

동조와 복종

집단영향

사회관계

편견

공격성

매력

이타주의

갈등 및 중재

Taxi/Getty Images

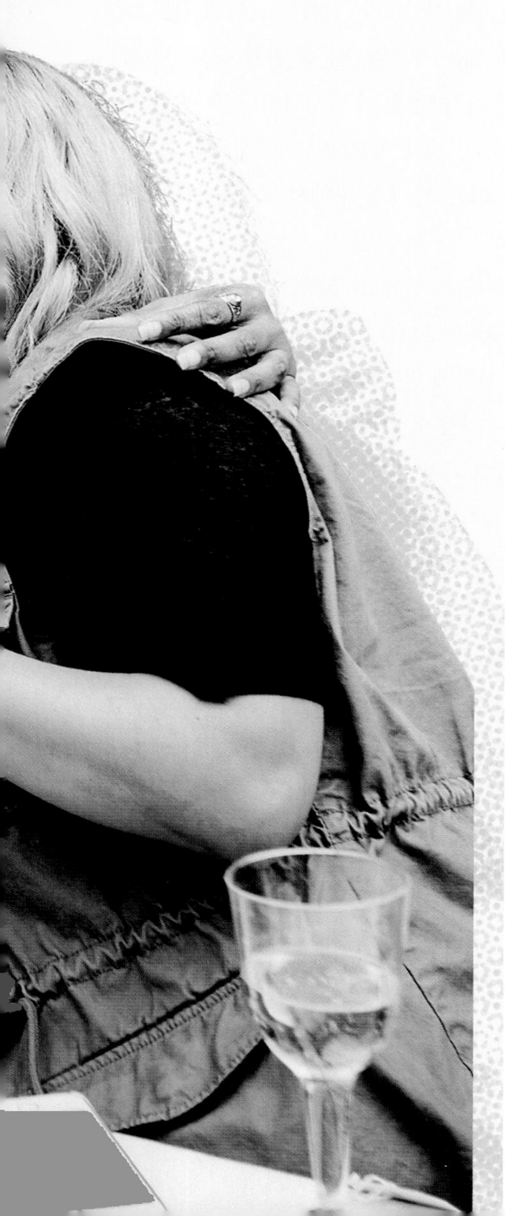

11

사회심리학

1569년 겨울 어느 날, 디르크 빌렘스(Dirk Willems)는 절체절명의 순간에 중요한 결정을 해야 했다. 그는 종교로 박해받던 소수인으로, 고문과 죽음에 직면해 있던 교도소에서 탈출했다. 빌렘스는 네덜란드의 아스페렌에서 얼음으로 덮인 호수를 건너고 있었고, 그의 뒤를 힘이 세고 육중한 교도소장이 쫓아오고 있었다. 갑자기 교도소장은 얼음으로 덮인 호수에 빠졌고 나올 수 없자 탈출을 도와달라고 빌렘스에게 도움을 청했다.

빌렘스는 자유를 향해 달려가는 대신 이타적으로 행동했다. 그는 뒤돌아가 교도소장을 구했다. 그 교도소장은 명령에 따라 빌렘스를 교도소로 데려갔고 몇 주 후 빌렘스는 화형당했다. 현재 아스페렌에는 그의 헌신에 대한 보답으로 그의 이름을 따서 민족의 영웅을 기리는 거리가 있다(Toews, 2004).

사람들이 빌렘스에게 한 것처럼 다른 사람들에게 매정하게 느끼고 행동하게 만드는 것은 무엇일까? 다른 사람을 구하려다 죽은 많은 사람들을 이타적이게 하는 것은 무엇일까?

우리가 다른 사람을 좋아하고 사랑하도록 하는 것은 무엇일까? 서로 비슷해서인가? 아니면 반대라서 그런가? 떨어져 있으면 더 애틋해지는가? 좋은 모습이 매력적인가? 아니면 좋은 성격이 더 중요한가?

이러한 물음들이 보여주듯이 우리는 사회적 동물이다. 타인의 장점과 단점을 추측할 수 있다. 우리는 그들에게 팔 벌려 다가가거나 그렇지 않을 수 있다. 소설가인 허먼 멜빌(Herman Melville)은 “우리는 다른 사람 없이 혼자 살 수 없다. 우리의 삶은 보이지 않는 1,000개의 실로 연결되어 있다”고 말했다. 이 장에서 이러한 연결들을 탐색하고 이에 대해 사회심리학자들이 어떻게 연구하였는지 살펴볼 것이다.

사회심리학의 주관심사는 무엇인가?

사회심리학자(social psychologist)들은 과학적인 방법을 적용하여 서로를 어떻게 생각하고, 영향을 미치고, 상호 간에 어떠한 관계를 맺는지를 연구한다. 예상치 못한 일이 일어났을 때, 그 사람이 왜 그렇게 행동하는지를 알고 싶어 한다. 성격심리학자들(제12장)은 서로 다른 사람이 동일한 상황에서 서로 다르게 반응하도록 만드는 개인적인 특성과 과정을 연구한다. 예를 들어 당신은 빌렘스가 얼음물에서 나올 수 있도록 교도소장을 도와준 것처럼 행동할 수 있는가? 사회심리학자들은 같은 사람이라도 다른 상황에서는 다르게 행동하도록 만드는 사회적 압력을 연구한다. 예컨대, 만약 상황이 달랐다면 교도소장은 빌렘스를 풀어주었을까?

사회적 사고

사람의 행동을 설명할 때 찾는 답은 두 가지 유형에서 선택하게 된다. 우리는 개인의 안정적이고 지속적인 특성에 의한 것으로 간주하거나 상황에 의한 것으로 간주할 수 있다(Heider, 1958). 우리의 설명이나 귀인(attribution)은 우리의 감정과 행동에 영향을 미친다.

기본적 귀인 오류

수업시간에 줄리엣이 좀처럼 말을 하지 않는다는 것을 관찰했다. 잭은 커피를 마시면서 쉬지 않고 이야기한다. 우리는 이들이 어떠한 사람일 것이라고 결정짓는다. 줄리엣은 수줍음을 타고, 잭은 외향적일 것이다. 그럴까? 아마 그럴 것이다. 사람들은 지속적인 성격적 특성을 지니고 있다. 그러나 우리의 설명은 자주 틀린다. 우리는 **기본적 귀인 오류**(fundamental attribution)에 빠진다. 우리는 성격적 영향에 많은 비중을 두며 상황적 영향에는 비중을 적게 둔다.

연구자들은 대학생을 대상으로 한 실험을 통해 이러한 경향성을 입증하였다(Napolitan & Goethals, 1979). 참가자들에게 차갑고 비판적으로 행동하거나 또는 따뜻하고 친절하게 행동하는 젊은 여성과 한 번씩 대화하도록 했다. 연구자는 여성과의 대화에 앞서 참가자의 절반에게는 여성의 행동이 정상적이고 자연스러운 것이라고 이야기했고, 나머지 절반의 학생에게는 그 여성에게 친절하게(또는 불친절하게) 행동하라고 지시했다고 말해주었다.

지시했다는 말을 듣는 것이 여성에 대한 참가자들의 인상에 영향을 미쳤는가? 천만에! 여성이 친절하게 행동했을 때, 두 집단 모두 그녀가 정말 따뜻한 사람이라고 했고, 여성이 불친절하게 행동했을 때는 두 집단 모두 그녀가 정말 차가운 사람이라고 했다. 달리 말하면, 그녀의 행동이 실험 상황의 일부라는 이야기를 들었음에도 불구하고 그들은 그녀의 행동을 성격적 특성으로 귀인했다.

기본적 귀인 오류는 몇몇 문화권에서 더 자주 나타난다. 개인주의적인 서양인은 개인의 행동을 개인의 성격적 특성에 의한 것으로 간주하는 경향이 강하다. 동아시아 문화권 사람들은 상황에 더 민감하다(Masuda & Kitayama, 2004; Riemer et al., 2014). 이러한 차이는 사람들에게 큰 물고기가 헤엄치는 장면을 보도록 한 실험에서 나타났다. 미국인들은 각각의 물고기에 더 집중했고, 일본인들은 전체적인 장면에 집중했다(Chua et al., 2005; Nisbett, 2003).

우리가 얼마나 쉽게 기본적 귀인 오류를 일으키는지 보려면 이 물음에 답해보라—심리학 개론을 담당하는 강사는 수줍음을 타는가 아니면 외향적인가?

만약 '외향적'이라고 대답하고 싶다면, 말을 해야 하는 상황인 교실에서의 강사 모습만 본 것임을 기억하라. 강사는 교실에서뿐만 아니라 가족, 친구 또는 동료와 있는 자신의 행동을 관찰하므로, "내가 외향적이라고? 그건 상황에 따라 달라. 수업시간이나 좋은 친구들과 함께 있을 때는 나는 외향적이지만 직업적인 면에서는 오히려 수줍음이 많아"라고 말할지도 모른다. 교실 밖에서 교수들은 덜 교수처럼 보이고, 학생들은 덜 학구적으로 보인다.

우리 자신의 행동을 설명할 때, 상황에 따라 행동이 어떻게 변하는지에 민감하다(Idson & Mischel, 2001). 또한 여러 상황에서 본 사람들의 행동을 설명할 때도 상황에 민감하다. 그렇다면 기본적 귀인 오류를 언제 가장 잘 범하는가? 낯선 사람이 나쁘게 행동할 때 기본적 귀인 오류를 범할 가능성이 가장 높다. 다른 상황에서 이 사람을 본 적이 없기 때문에 그가 나쁜 사람일 거라고 생각한다.

다른 사람의 관점을 지님으로써 사고의 폭을 넓힐 수 있을까? 이를 실험해보기 위해 연구자들은 행위자와 관찰자의 관점을 반대로 뒤집었다. 그들은 각 사람 뒤쪽에 카메라를 두고 두 사람이 상호작용하는 것을 촬영했다. 그다음 각 사람에게 다른 사람의 관점에서 그들의 상호작용이 찍힌 영상을 보여주었다. 아니나 다를까, 행동에 대한 참가자들의 귀인은 반대가 되었다. 행위자의 관점으로 세상을 볼 때, 관찰자들은 그 상황을 더 잘 인식했다. 관찰자의 관점을 취하자 행위자들은 그들 개인의 귀인 양식을 더 자각하게 되었다(Lassiter & Irvine, 1986; Storms, 1973). 자신의 귀인양식을 자각하는 것은 부정적인 사고를 제거하는 데 유용할 수 있다. 우울한 사람이 부정적인 렌즈로 그들의 행동을 설명한다는 것을 깨달을 때, 스스로를 사랑하고 받아들일 수 있다(Rubenstein et al., 2016).

5년, 10년 전 과거 자신을 되돌아보는 것 역시 우리의 관점을 바꾼다. 현재 우리 자신은 관찰자의 관점을 취하고 과거 행동을 대개 특성에 따른 것으로 간주한다(Pronin & Ross, 2006). 5년, 10년 후 여러분의 현재 자신은 다른 사람처럼 보일지도 모른다.

다른 사람의 행동을 그 개인의 성격 또는 상황 중 어느 것으로 설명하느냐는 현실에 중요한 영향을 미칠 수 있다(Fincham & Bradbury, 1993; Fletcher et al., 1990). 사람들은 다른 사람의 안부가 호의인지 호감인지 결정해야 한다. 배심원은 총격이 자기방어 행위였는지 잔인한 공격이었는지 결정해야 한다. 유권자는 지원자의 약속이 진실한지 곧 잊혀질 것인지 판단해야 한다. 배우자는 사랑하는 사람의 날카로운 말이 운이 나빠서 했는지 거절 반응인지 결정해야 한다.

마지막으로, 귀인의 사회적 영향을 고려해보자. 빈곤이나 실업을 어떻게 설명해야 하는가? 영국, 인도, 호주, 미국에서 정치 보수주의자들은 빈곤자와 실업자 개인적 특성에 책임을 두는 경향이 있다(Furnham, 1982; Pandey et al., 1982; Wagstaff, 1982; Zucker & Weiner, 1993). "사람들은 대개 마땅히 받아야 할 것을 받는다. 열심히 노력하는 사람은 여전히 앞으로 나아갈 수 있다." 실험에서, 자신의 선택을 회상하거나 다른 사람의 선택에 주의를 기울이는 등 선택의 영향을 받은 후 사람들은 불평등에 덜 신경썼다. 그들은 사람들이 마땅히 받아야 할 것을 얻는다고 생각하는 것 같다(Savani & Rattan, 2012). 선택의 영향을 받지 않은 사람들은 과거와 현재 상황을 더 비난하는 것 같다. 정치적 진보주의도 마찬가지다.

© Richard Ellis/Alamy

개인적 대 상황적 귀인 2015년 찰스턴에 있는 교회 성경 공부에 참석한 아프리카계 미국인 9명을 살해한 것은 용의자의 개인적 특성에 귀인해야 하는가? 사우스캐롤라이나 주지사 니키 헤일리(Nikki Haley)는 "증오에 가득찬 한 사람을 탓할 수 있다"라고 말했다. 미국의 총기문화에 귀인해야 하는가? 오바마 대통령은 "이런 유형의 집단폭력이 다른 선진국에서는 좀처럼 발생하지 않는다는 사실을 고려해야 할 것이다"라고 말했다. 아니면 두 가지 모두에 귀인해야 하는가?

기억해야 할 점 : 누군가의 개인적 특성이나 상황에 귀인하는 것은 실질적인 결과를 가져온다.

태도와 행동

태도(attitudes)는 우리가 특정 사물, 사람 및 사건에 반응하는 데 영향을 미칠 수 있는 신념을 바탕으로 한 감정이다. 만일 누군가가 인색하다고 생각하면 우리는 그 사람에게 반감을 느끼고 불친절하게 행동할지도 모른다. 이것은 주목할 만한 것을 설명하는 데 도움을 준다. 한 지역의 사람들이 다른 지역의 지도자를 열렬히 싫어한다면, 그 지역은 다른 지역에 테러를 일으킬 가능성이 더 크다(Krueger & Malecková, 2009). 증오적인 태도는 폭력적인 행동을 낳는다.

행동에 영향을 미치는 태도

공적인 태도가 공적인 정책에 영향을 미친다는 것을 알기 때문에, 논쟁자들은 설득을 목표로 한다. 설득은 일반적으로 두 가지 형태를 취한다.

- **주변경로 설득**(peripheral route persuasion)은 중요하지 않은 단서를 사용하여 빠르게 감정을 바탕으로 판단하도록 한다. 아름답고 유명한 사람들은 향수에서부터 기후 변화에 이르기까지 모든 것에 대한 사람들의 태도에 영향을 줄 수 있다.
- **중앙경로 설득**(central route persuasion)은 신중한 사고를 위해 증거와 준거를 제공한다. 이러한 형태는 분석적인 사람이나 사안에 관련된 사람들에게 효율적이다.

태도는 행동에 영향을 미치지만, 상황을 포함한 다른 요소들 또한 행동에 영향을 미친다. 예를 들어 정치인이 지지나 반대를 공개적으로 표명해야 하는 호명 투표 상황에서, 상황적 압력은 행동을 통제할 수 있다. 정치인들은 개인적으로 그 요구에 동의하지 않음에도 지지자들의 요구에 따라 투표할 수 있다(Nagourney, 2002).

태도가 행동에 가장 많이 영향을 미치는 것은 언제인가? 다음과 같은 상황에서이다(Glasman & Albarracin, 2006).

- 외부 영향이 최소화되었을 때
- 태도가 안정적인 상태일 때
- 태도가 특정 행동에 국한될 때
- 태도가 쉽게 회상될 때

한 실험에서 참가자들에게 지속적으로 피부를 태우면 이후 피부암을 유발할 수 있다는 것을 설득하기 위해 쉽게 회상되고 생생한 정보를 사용했다. 한 달 후 참가자 집단에서는 72%, 대기자 명단 대조군에서는 16%만 피부가 더 밝아졌다(McClendon & Prentice-Dunn, 2001). 태도의 변화는 행동을 변화시킬 수 있다.

태도에 영향을 미치는 행동

사람들은 그들이 옹호했던 것들을 믿게 된다. 많은 증거들이 **태도가 행동을 따르고 있음**을 확신하게 한다(**그림 11.1**).

문간에 발 들여놓기 현상 만약 누군가가 당신의 신념에 반하는 행동을 한다면 당신은 어떻게 반응할 것인가? 당신의 신념을 바꿀 것인가? 많은 사람들은 그렇게 한다. 한국전쟁 동안 많은 미국 죄수들은 중국 공산당에 포로로 잡혔다. 잔인한 행위 없이 중국 공안들은 다양한 활동에서 죄수에게 협력하도록 만들었다. 몇몇 포로는 단지 특권을 얻기 위해 간단한 일을 도왔다. 다른 사람들은 라디오를 이용해 항소를 하고 거짓 자백을 했다. 포로들 중 몇몇은 다른 포로를 고발하고 미국 군사 정보를 폭로하기도 했다. 전쟁이 끝나고 21명의 포로는 공산주의자들과 함께 머물기로 했다. 더 많은 이들은 공산주의가 아시아에는 좋다고 '세뇌'되어 집으로 돌아갔다.

행동
태도
Jeff J. Mitchell/Getty Images

그림 11.1 행동에 따른 태도 스포츠팀의 사람들이 보여주는 (여기에 2014년 월드컵 우승을 축하하고 있는 독일팀을 포함하여) 협동적인 행동들은 서로에게 호감을 느끼게 한다. 이러한 태도는 긍정적인 행동을 유도한다.

어떻게 중국 공안들은 이러한 놀라운 결과를 얻었는가? 중요한 점은 **문간에 발 들여놓기 현상**(foot-in-the-door phenomenon)을 효과적으로 사용한 것이다. 그들은 작은 부탁에 동의하는 사람들이 나중에 더 큰 부탁에 쉽게 동의한다는 것을 알고 있었다. 중국인은 간단한 진술서를 옮겨 적는 것과 같이 해가 되지 않는 부탁들로 시작했다. 그 뒤 점차 더 큰 부탁을 했다(Schein, 1956). 다음에 옮겨 적을 진술서에는 자본주의의 결점들이 포함될 것이다. 그다음, 특권을 얻기 위해 포로들은 집단 토론에 참여하거나 자기비평을 작성하거나, 공개적으로 자백했다. 일련의 작은 단계를 거친 후, 일부 미국인들은 자신의 신념을 자신이 했던 공개적 행동에 더 부합하도록 변화시켰다. 요점은 간단하다. 사람들이 큰 무언가에 동의하도록 하려면 작은 것부터 시작하고 설계하라(Cialdini, 1993). 간단한 행동을 하면 다음 행동은 더 쉽게 한다. 작은 거짓말로 포장하는 것은 더 큰 거짓말을 하게 한다. 유혹에 빠지면 다음 유혹에 저항하기 더 어려워진다.

수많은 실험에서 연구자들은 참가자들의 태도에 반하는 행동을 하거나 도덕적 기준을 위반하는 행동을 하도록 했다. 행동은 신념이 된다. 험악한 말을 하거나 전기충격을 주는 등 무고한 피해자를 위협하라는 요구를 받은 후 참가자들은 피해자를 무시하기 시작했다. 참가자들에게 확신할 수 없는 자신의 지위에 관해 말을 하고 적도록 하자 자신의 말을 믿기 시작했다.

다행스럽게도, 태도가 행동을 따르는 원리는 나쁜 행동에서처럼 좋은 행동에서도 잘 일어난다. 미국 학교에서 인종차별이 철폐되고 1964년 민권법이 통과된 후, 백인들의 인종차별 수준은 낮아졌다. 그리고 차별에 대한 보다 획일화된 국가 기준 덕분에 다른 지역의 미국인들도 비슷하게 **행동**하게 되면서 더 비슷하게 **생각**하기 시작했다. 실험은 관찰된 내용을 확증해준다. 도덕적인 행동은 도덕적인 신념을 강화한다.

역할연기가 태도에 영향을 미친다 최근에 얼마나 많은 **역할**(role)을 수용했는가? 대학생이 되는 것은 새로운 역할이다. 아마도 당신은 새로운 직업을 가졌거나, 새로운 관계를 시작했거나, 약혼이나 결혼을 했을 것이다. 그렇다면 당신은 사람들이 당신에게 조금 다르게 행동하길 기대하는 것을 깨달았을 것이다. 처음에 당신의 행동은 당신이 역할연기를 했기 때문에 거짓으로 느껴졌을 수도 있다. 군인들은 처음에 전쟁놀이를 하고 있다고 느꼈을지도 모른다. 신혼부부들은 '소꿉놀이'를 하고 있다고 느꼈을지도 모른다. 그러나 머지않아 삶이라는 무대에서 역할연기로 시작한 것이 곧 당신이 될 것이다. 이러한 사실은 알코올 자조모임인 AA에서 제공하는 조언에 잘 반영되어 있다. "성공할 때까지 스스로를 속여라."

유명한 실험에서 남자 대학생 참가자들에게 모의 교도소에서 지내게 했고, 이들이 실험에서 연기했던 역할은 실제 삶으로 변했다(Zimbardo, 1972). 스탠퍼드대학 심리학자 필립 짐바르도(Philip Zimbardo)는 무작위로 일부 참가자들을 교도관으로 지정했다. 이들에게 제복, 곤봉과 호각을 주었고 특정 규칙을 시행하라고 지시했다. 다른 참가자들은 죄수가 되었고, 척박한 수감실에 갇히고 수치스러운 죄수복을 입었다. 하루, 이틀 동안 참가자들은 자의적으로 그들의 역할을 수행했다. 그 후 '연기'였던 것이 너무도 현실로 되었다. 대부분의 교도관들은 죄수들에 대해 부적정인 태도를 지니게 되었고 어떤 이들은 엄격한 규칙을 만들어냈다. 죄수들은 한 명씩 무너지고, 반감을 드러내거나 그만두었다. 단 6일 만에 짐바르도는 연구를 중단해야만 했다.

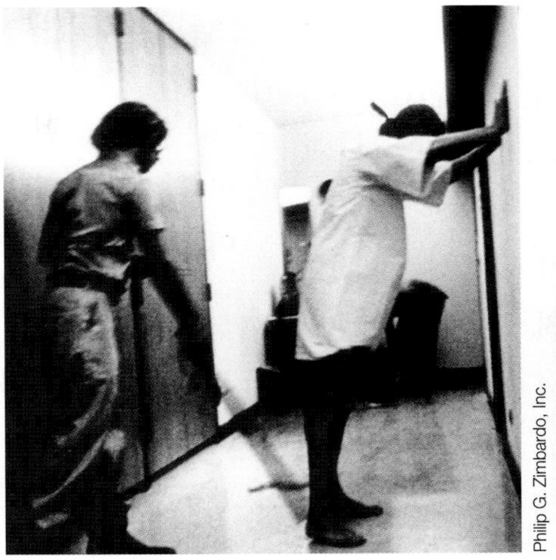
Philip G. Zimbardo, Inc.

AP Photo

상황의 힘 1972년 스탠퍼드 교도소 실험에서 필립 짐바르도는 혹독한 상황을 만들었다(왼쪽). 교도관 역할을 맡은 참가자들은 곧 죄수들을 비하했다. 2004년 현실에서 일부 미국 군인들은 미국이 운영하는 아부 그레이브 교도소에서 이라크 수감자들을 괴롭혔다(오른쪽). 짐바르도(2004, 2007)에 따르면, 학대를 이끄는 것은 몇 개의 썩은 사과들이 아니라 썩은 통이었다고 말했다. "대부분의 평범한 사람들이 교도소처럼 폐해한 장소에 노출될 때, 상황은 승리하고 사람은 패배한다."

비평가들은 짐바르도의 결과에 대한 신뢰성에 의문을 제기하지만 역할연기가 사람들을 실제로 고문자가 되도록 만든다는 증거가 있다(Griggs, 2014; Staub, 1989). 물론 모든 사람이 다 그렇지는 않다. 짐바르도의 교도소 실험과 잔인한 행위를 일으키는 상황에서, 어떤 사람들은 상황에 굴복했고 어떤 사람들은 그렇지 않았다(Carnahan & McFarland, 2007; Haslam & Reicher, 2007, 2012; Mastroianni & Reed, 2006; Zimbardo, 2007). 사람과 상황은 상호작용한다.

인지부조화 : 긴장으로부터 완화 행동이 태도에 영향을 미칠 수 있다는 것을 살펴보았다. 때로는 전쟁 포로들은 협력자로, 의심하는 사람은 믿는 사람으로, 보호자는 학대자로 변화시킬 수 있다. 왜 그럴까? 태도와 행동이 불일치하다는 것을 의식할 때 우리는 정신적 불편감이나 인지부조화를 경험한다. 게다가 인지적 갈등이나 부정적인 자극을 경험할 때 활성화되는 뇌 영역은 인지부조화가 일어났을 때도 활성화된다(de Vries et al., 2015; Kitayama et al., 2013). 레온 페스팅거(Leon Festinger)의 **인지부조화 이론**(cognitive dissonance theory)에 따르면 우리는 긴장을 완화하기 위해 우리의 태도를 행동과 일치시키려 한다.

태도가 행동을 따르는 원리를 다룬 실험은 상당히 많다. 많은 사람들은 자신의 태도와 일치하지 않은 행동에 대해 책임감을 느낀다. 당신은 한 실험에 참가하여 연구자의 지시를 듣고 적은 돈을 받고 등록금 인상과 같이 옳지 않다고 생각하는 것을 지지하는 글을 작성할 수도 있다. 당신의 태도가 반영되지 않은 글에 대한 책임감 때문에, 관리자가 당신의 글을 읽고 있다고 생각할 때 부조화를 느낄 것이다. 당신은 어떻게 이 불편감을 해결할 수 있을까? 한 가지 방법은 당신의 거짓말을 믿는 것이다. 이것은 마치 우리 스스로에게 '내가 그것을 선택했다면 또는 말했다면 그것을 믿어야 한다'라고 말하는 것과 같다. 따라서 우리는 행동을 정당화하기 위해 태도를 바꿀지도 모른다.

태도가 행동을 따르는 원리는 우리가 더 나은 사람이 되도록 돕기도 한다. 모든 감정을 통제할 수는 없지만, 행동을 바꿈으로써 영향을 줄 수 있다(제9장의 얼굴 표정과 몸의 자세의 감정적 효과를 회상해보라). 만일 우울해진다면 인지치료사가 조언하는 것처럼 할 수 있을 것이다—자기비하를 더 적게 하고 보다 긍정적이고 수용적인 방식으로 이야기를 할 수 있다.

기억해야 할 점 : 잔인한 행동은 자아를 형성한다. 선의의 행동도 그렇다. 당신이 누군가를 좋아하는 것처럼 행동하면 결국 당신은 그 누군가를 좋아하게 될 것이다. 우리의 행동을 변화시킴으로써 다른 사람을 어떻게 생각하고 우리 자신에 대해 어떻게 느끼는지를 변화시킬 수 있다.

사회적 영향

사회심리학은 사회적 영향력이 엄청난 힘을 지니고 있다는 것을 알려준다. 우리는 주변 사람들이 원하는 대로 우리의 견해를 맞춘다. 우리는 집단의 다른 구성원과 같은 행동을 한다. 캠퍼스에서는 청바지가 드레스 코드이고 뉴욕 월가에서는 양복이 표준이다. 이러한 사회적인 힘이 얼마나 강한지, 어떻게 작용하는지, 언제 이로부터 벗어날 수 있는지에 대해 이야기해보자.

동조와 복종

물고기는 떼를 지어 헤엄친다. 새는 무리 지어 날아간다. 그리고 사람도 자신이 속한 집단이 생각하는 것을 생각하고 집단이 행동하는 것을 행동하는 등 집단과 함께 하려는 경향이 있다. 행동은 전염성이 있다. 우리 중 한 명이 웃고, 기침하고, 하품하고, 가려운 데를 긁고, 하늘을 쳐다보거나, 휴대전화를 확인한다면 집단의 다른 사람들도 그렇게 할 것이다(Holle et al., 2012). 하품에 대해 읽는 것만으로도 하품의 빈도는 증가한다(Provine, 2012). 지금 알아챘는가? 주변환경의 색을 흉내 내는 카멜레온처럼, 인간은 주변 사람들의 감정 분위기를 받아들인다(Totterdell et al., 1998). 우리는 무의식적으로 다른 사람의 표정, 자세 및 목소리 톤을 자연스럽게 모방한다.

연구자들은 기발한 실험으로 **카멜레온 효과**(chameleon effect)를 증명했다(Chartrand & Bargh, 1999). 이들은 실험에 참여했던 학생들에게, 실제로는 보조 실험자였던 사람의 옆에서 일하게 했다. 보조 실험자는 가끔씩 자신의 얼굴을 문지르고 발을 흔들었다. 아니나 다를까, 학생들은 얼굴을 문지르는 사람과 있을 때는 얼굴을 문지르고, 발을 흔드는 사람과 있을 때는 발을 흔들었다.

이와 같은 무의식적인 모방은 우리가 공감하고 다른 사람들이 느끼는 것을 느끼도록 도와준다. 이것은 왜 우리가 우울한 사람들보다 행복한 사람들 옆에서 더 행복하게 느끼는지를 설명한다. 모방을 많이 할수록 공감이 강해져서 사람들이 우리를 더 많이 좋아하는 경향이 있다(Chartrand & van Baaren, 2009; Lakin et al., 2008).

집단 압력 및 동조

우리의 행동 또는 사고를 집단의 기준으로 맞추는 **동조**(conformity)를 연구하기 위해 솔로몬 애쉬(Solomon Asch, 1955)는 간단한 실험을 고안했다. 당신은 시지각 연구가 진행 중인 줄 알고 실험에 참가했고, 5명의 다른 참가자들과 실험실에 제시간에 도착한다. 실험자는 집단에게 3개의 비교선 중 어느 것이 표준선과 동일한지를 한 사람씩 진술해줄 것을 요청했다. 당신은 정답이 선분 2라는 것을 분명히 알고 있으며 말할 차례를 기다리고 있다(**그림 11.2**). 하지만 첫 번째 사람은 당신이 틀린 답이라고 생각한 '선분 3'이라고 말한다. 두 번째, 세 번째, 그리고 네 번째 사람까지 모두 오답을 말하면, 당신은 똑바로 앉아서 눈을 가늘게 뜨고 본다. 다섯 번째 사람이 처음 네 사람과 같이 오답을 말하면, 당신은 심장이 뛰는 것을 느낄 것이다. 당신은 다른 다섯 사람들의 의견과 자신의 눈으로 본 증거 사이에서 망설이면서 긴장하게 되고 갑자기 자신에 대해 확신하지 못하게 된다. 당신은 괴짜가 되는 고통을 겪어야 하는지 생각하며 대답하기 전에 잠시 기다린다. 어떤 대답을 하는가?

애쉬의 실험에서 대학생들은 이러한 갈등을 경험했다. 실험실에 혼자 있는 상황에서 질문에 답했을 때 틀릴 확률은 1% 미만이었다. 그러나 애쉬의 실험 공범자들이 오답을 말했을 때의 확률은 상당히 달랐다. 시행의 1/3에서 '지적이고 선의를 지닌' 대학생들은 '기꺼

5
6
7
William Vendivert/Scientifi c American
1
2
3
표준선
비교선

그림 11.2 애쉬의 동조 실험 3개의 비교선 중 표준선과 같은 것은 어느 것인가? 5명의 사람들이 '선분 3'이라 말한 것을 들은 후 대부분의 사람들은 뭐라 말하겠는가? 애쉬의 실험 사진에서, 가운데에 있는 학생은 다른 실험 참가자들(이 경우 실험자의 공범)의 반응에 동의하지 않을 때 나타나는 심각한 불편감을 보여준다.

이 흰 것을 검다'고 말하게 되었다.

실험 결과 아래 상황일 때 동조할 가능성이 더 많다는 것이 밝혀졌다.

- 무능하거나 불안정하다고 느낄 때
- 최소 3명의 사람들과 집단에 속해 있을 때
- 다른 사람이 모두 동의하는 집단에 속해 있을 때(만약 다른 한 사람이 동의하지 않는다면, 우리는 틀림없이 동의하지 않을 것이다)
- 특정 집단의 지위와 매력을 존경할 때
- 아직 어떤 대답도 하지 않았을 때
- 집단에서의 다른 사람이 우리의 행동을 관찰할 것을 알 때
- 사회적 기준에 대한 존중을 강하게 장려하는 문화권

> "좋은 것이든 나쁜 것이든 간에 한 가지 예가 어떻게 다른 사람들을 따르게 할 수 있는지 알고 있는가? 어떻게 불법 주차된 한 대의 차량이 다른 차들까지 불법 주차를 하도록 할 수 있는가? 어떻게 다른 인종 간에 농담을 부추길 수 있는가?"
>
> Marian Wright Edelman, *The Measure of Our Success*(1994)

왜 다른 사람들이 생각하는 것을 생각하고 그들이 하는 것을 하게 되는가? 왜, 논란이 되는 질문에 대해 공개적으로 손을 들 때보다 익명의 컴퓨터 키보드를 사용할 때 학생들의 대답이 더 다양한가(Stowell et al., 2010)? 왜 우리는 다른 사람들이 박수를 칠 때 박수를 치고, 다른 사람들이 먹는 것처럼 먹고, 다른 사람들이 믿는 것을 믿고, 심지어 다른 사람들이 보는 것을 보는가? 때때로 다른 사람의 거절을 피하거나 사회적 승인을 얻기 위해서이다(Williams & Sommer,1997). 이런 경우 **규범적 사회 영향**(normative social influence)에 반응하는 것이다. 다르게 행동할 때 지불해야 하는 대가가 심각할 수 있기 때문에 수용되거나 기대되는 행동에 대해 이해할 수 있는 사회규범에 민감하다. 그러나 때때로 정확해지고 싶어서 동조하기도 한다. 우리가 현실에 대한 다른 사람의 의견을 받아들일 때, 우리는 **정보적 사회 영향**(informational social influence)에 반응하는 것이다.

동조는 좋은 것일까 나쁜 것일까? 그 대답은 사람들이 자신이 믿는 것을 따르느냐에 달려 있다. 사람들이 자신의 가치에 따를 때, 우리는 '열린 마음'과 '감성적'이고 충분할 만큼 '반응적'임에 박수를 보낸다. 타인의 가치에 부합하려 할 때, 우리는 타인의 의도에 굴복하려는 '맹목적이고 경솔한' 의지를 비난한다.

제12장에서 보게 될 가치는 문화의 영향을 받는다. 서구 유럽과 대부분의 영어권 국가에 사는 사람들은 개인주의를 존중하는 경향이 있다. 많은 아시아, 아프리카, 라틴아메리카 국가의 사람들은 집단주의를 더 높이 평가한다(집단표준을 존중한다). 그렇다면 17개국에서 실시한 사회적 영향 실험 결과 집단주의적 문화보다 개인주의적 문화에서 동조 비율이 더 낮은 것은 놀라운 일이 아니다(Bond & Smith, 1996). 예를 들어 미국 대학생들은 자신이 다른 학생들에 비해 덜 순응하는 것으로 보는 경향이 있다(Pronin et al., 2007).

복종

필립 짐바르도의 고등학교 동창이자 솔로몬 애쉬의 제자인 사회심리학자 스탠리 밀그램(Stanley Milgram, 1963, 1974)은 사람들이 종종 사회적 압력에 굴복한다는 사실을 알았다. 하지만 그들이 노골적인 명령에 어떻게 반응하는지를 알아보기 위해 사회심리학에서 가장 유명하고 뜨거운 논쟁거리인 실험을 실시했다.

당신이 밀그램의 실험 참가자 약 1,000명 중 1명이라고 상상해보라. 당신은 처벌이 학습에 미치는 영향에 대한 예일대학 심리학 연구 광고를 보고 참가했다. 밀그램 교수의 조수가 당신과 다른 사람을 '교사'와 '학습자'로 나누기 위해 모자 안에 있는 쪽지를 뽑도록 하였다. 당신이 '교사' 쪽지를 뽑으면 여러 개의 라벨이 붙은 스위치가 있는 기계 앞에 앉게 될 것이다. '학습자'는 옆방에 놓인 의자에 묶인다. 의자의 전선들은 벽을 통과해 당신의 기계로 연결된다. 당신은 학습자에게 단어 쌍 목록을 가르치고 평가하는 과제를 부여받고 학습자가 틀린 답을 말하면 스위치를 당겨 짧은 전기충격을 가해야 한다. 첫 번째 문제에서 틀린 답을 말하면 당신은 '15볼트—약한 충격'이라고 표시된 스위치를 당긴다. 추가적으로 오답을 말할 때마다 다음 높은 수준의 전압으로 넘어가게 된다.

실험이 시작되고 당신은 첫 번째와 두 번째 오답 후에 충격을 가한다. 계속해서 세 번째, 네 번째, 다섯 번째 스위치를 누를 때마다 학습자의 불평하는 소리가 들릴 것이다. 당신이 여덟 번째 스위치('120볼트—중간 정도 충격')를 당기자 학습자는 고통스럽다고 외친다. 열 번째 스위치('150볼트—강한 충격')를 누르자 학습자가 소리치기 시작한다. "나를 여기서 꺼내 줘! 더 이상 실험에 참여하지 않겠어! 계속하는 걸 거부할 거야!" 당신은 뒤로 물러나려 하지만 실험자는 당신을 재촉한다. "계속 진행하십시오. 비슷한 과정을 계속 진행해야 합니다." 당신은 저항하지만 실험자는 "당신이 계속하는 것이 절대적으로 중요합니다." 또는 "다른 선택이 없습니다. 계

속해야 합니다"라고 말한다.

만약 당신이 복종한다면, 새로운 오답 이후 전기충격의 강도가 점진적으로 강해지므로 학습자가 지르는 고통스러운 비명을 들을 수 있을 것이다. 330볼트 이상이 되면 학습자는 대답하지 않고 침묵한다. 그래도 실험자는 당신이 마지막 450볼트 스위치를 누르도록 지시한다. 실험자는 질문을 하고, 정확한 답이 없다면 다음 수준의 충격을 가하도록 지시한다.

당신은 다른 사람에게 충격을 주도록 하는 실험자의 명령에 따를 것인가? 어느 정도 수준에서 복종을 거부할 것인가? 밀그램은 실험 시작 전, 참가자들에게 어떻게 할 것인지 물었다. 대부분의 사람들은 그들이 학습자가 처음 고통을 보이기 시작한 직후, 고통으로 비명을 지르기 전에, 충격을 주는 것을 그만둘 것이라고 확신했다. 40명의 정신과 의사들은 참가자들이 자신의 행동에 관해 예측한 것에 동의했다. 예측이 정확했는가? 비슷하지도 않았다. 밀그램이 실제로 다른 20~50세 남성에게 실험을 했을 때, 그는 놀랐다. 60% 이상이 최고 강도의 전기충격을 제공하는 스위치를 누르라는 명령까지 따랐다. 밀그램이 실시한 실험 중 40명의 교사들과 '경미한 심장질환'을 앓고 있는 학습자를 대상으로 이루어진 다른 연구의 결과도 동일했다. 교사의 65%가 450볼트까지 명령에 복종했다(**그림 11.3**).

이러한 결과를 어떻게 설명할 수 있는가? 이것이 1960년대 문화의 산물일 수 있는가? 오늘날의 사람들이 다른 사람을 해치는 명령에 복종할 가능성이 더 적은가? 아니다. 다른 연구자들이 밀그램의 기본 실험을 재실험했을 때 참가자 중 70%가 150볼트까지 복종했다(Burger, 2009). 이는 해당 수준에서 밀그램의 83%에 비해 약간

Stanley Milgram, from the fi lm "Obedience." Rights held by Alexandra Milgram

스탠리 밀그램(1933-1984) 사회심리학자인 밀그램의 복종 실험은 "우리 시대의 읽고 쓸 줄 아는 사람들에 대한 자기이해에 속한다"(Sabini, 1986).

감소한 수치이다. 그리고 프랑스의 리얼리티 TV쇼에서 환호하는 청중들에 의해 부추겨진 81%의 사람들은 복종을 하고 비명을 지르는 희생자를 고문했다(Beauvois et al., 2012).

밀그램의 연구 결과는 남성에게서만 발견되는 성 행동의 일부 측면을 반영할 수 있는가? 다시 말하지만, '아니다'. 10개의 후속 연구에서, 여성들도 남성들과 비슷한 비율로 복종했다(Blass, 1999).

교사들은 실제 충격이 전달되지 않았고, 실제로는 학습자가 고통을 느끼는 척했을 뿐이라는 거짓을 알아낼 수 있었을까? 이 실험은 처벌을 가하라는 명령에 복종하려는 참가자의 의지를 평가한다는 것을 알아차렸는가? 아니다. 교사들은 일반적으로 진정으로 고통스러워했다. 그들은 땀을 흘리고 몸을 떨고, 신경질적으로 웃으며, 입술을 깨물었다.

이후 실험에서, 밀그램은 사람들의 행동에 영향을 미치는 몇 가지 조건을 발견했다. 상황에 대한 세부사항을 다양하게 제시했을 때, 완전히 복종한 참가자의 비율은 0%에서 93%에 달했다. 복종은 아래의 상황일 때 가장 높았다.

- 명령을 내리는 사람이 가까이에 있고 정당한 권위자로 인식되었을 때
- 잘 알려진 기관의 권위 있는 인물의 지지를 받을 때
- 피해자가 비인격화되거나 아주 다른 방처럼 먼 거리에 있을 때. 이와 비슷하게, 전투 중인 병사들은 자신들이 볼 수 있는 거리의 적에게 총을 쏘지 않거나 제대로 조준하지 않는다. 이처럼 살인 거부는 먼 거리에서 총을 쏘는 사람들에게서는 드물었다. 원격 조종 무인 정찰기를 사용하는 퇴역 군인들은 지상에서의 아프가니스탄 및 이라크 참전 용사보다 외상 후 스트레스를 훨씬 덜 겪었다(Miller, 2012a; Padgett, 1989). 죽이는 것에 대한 거부는 멀리서 죽이는 사람들 중에서는 드물다.
- 저항에 대한 역할 모델이 없을 때(교사들은 다른 참가자가 실험자에게 불복종하는 것을 보지 못했다.)

합법적이고 손쉽게 얻을 수 있는 권력은 유대인을 학살하라는 나치의 명령을 받은 사람들 이야기에서 극적으로 드러난다. 복종만이 유대인 대학살을 설명하는 것이 아니다. 반유대적인 이념 또한 열렬한 살인자를 만들어냈다(Fenigstein, 2015; Mastroianni, 2015). 그러나 복종이 보다 중요한 요인이었다. 1942년 여름, 독일 예비 경찰관 500여 명은 독일이 점령하고 있는 폴란드의 유제푸프에 파견되었다. 7월 13일, 화가 난 사령관은 가정이 있는 경찰관들에게 적군

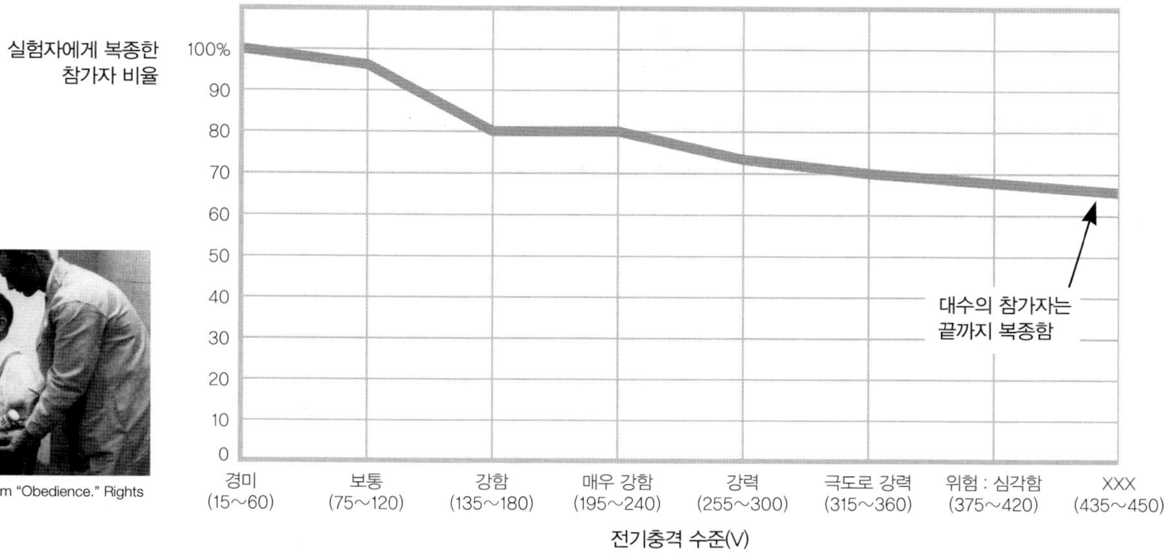
실험자에게 복종한
참가자 비율
100%
90
80
70
60
50
40
30
20
10
0
대수의 참가자는
끝까지 복종함
경미
(15~60)
보통
(75~120)
강함
(135~180)
매우 강함
(195~240)
강력
(255~300)
극도로 강력
(315~360)
위험 : 심각함
(375~420)
XXX
(435~450)
전기충격 수준(V)

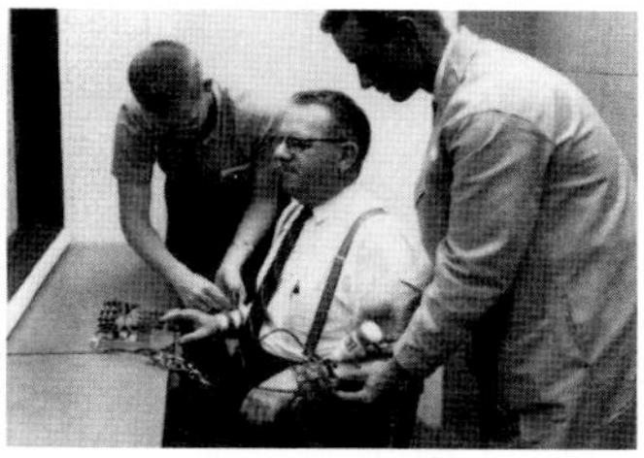

Stanley Milgram, from the film "Obedience." Rights held by Alexandra Milgram

그림 11.3 밀그램의 추수 복종 실험 이전 실험의 재실시 절차에서, 성인 남성 '교사'의 65%가 실험자의 계속하라는 명령에 완전히 복종했다. 이들은 '학습자'의 초기 심장 질환에 대한 언급과 갈수록 더 고통스러워하는 학습자들의 항의를 들음에도 점점 더 높은 전압을 가했다(출처 : Milgram, 1974).

을 돕는 것으로 알려진 유대인들을 체포하라고 명령했다. 건장한 사람들은 강제 노동 수용소로 보내고, 나머지는 처형되었다.

사령관은 경찰관들에게 사형 집행을 거부할 기회를 주었고 12명만 즉시 거부했다. 남은 485명의 경찰은 17시간 만에 여성, 어린이, 노약자 등 1,500명을 사살했으며, 이들은 엎드린 유대인들의 머리 뒤쪽에 총을 쏘았다. 희생자들의 호소를 듣고, 끔찍한 결과를 보았을 때, 약 20%의 경찰관들은 명령에 불복종했다. 이들은 피해자를 놓치거나 학살이 끝날 때까지 숨어 지내야 했다(Browning, 1992). 밀그램의 실험과 같이 실생활에서도 일찌감치 저항한 사람들은 소수에 불과했다.

"난 그저 명령만 수행할 뿐이었어."

나치의 유대인 강제 수용소 추방 감독, 아돌프 아이히만

프랑스의 르 샹봉 마을에서는 다른 이야기가 들려왔다. 그 마을 사람들은 공개적으로 '새로운 명령'에 협조하라는 지시를 거부했다. 마을 사람들은 프랑스 유대인들을 보호했고 그들이 스위스 국경을 넘어 탈출하는 것을 도왔다. 마을 사람들의 개신교 선조들은 박해를 받아왔다. 목사들은 마을 사람들에게 '우리의 신조에 반대되는 복종을 요구하는 상대에게 언제든지 저항하라'고 가르쳐왔다(Rochat,1993). 보호받는 유대인 명단을 경찰에 전달하라는 지시에 목사는 반항적인 태도를 보였다. "나는 유대인에 대해 모른다. 나는 인간에 대해서만 알고 있다." 개인적인 큰 위험에도 불구하고 마을 사람들은 저항을 약속했다. 전쟁 내내, 마을사람들은 가난에 시달렸고 복종하지 않아 처벌을 받았지만 자신들의 신념, 역할 모델, 서로 간의 상호작용, 그리고 자신들의 초기 행동들로부터 지지를 받을 수 있었다. 그들은 전쟁이 끝날 때까지 저항했다.

동조와 복종 연구의 교훈

사회적 영향력에 대한 실험은 일상생활과 어떻게 관련되어 있는가? 선의 길이를 판단하거나 전기충격 스위치를 누르는 것이 일상적인 사회적 행동과 어떻게 관련이 있는가? 심리학자들의 실험은 일상생

Jeff Widener/AP Photo

민주주의를 위한 준비 밀그램의 실험에서 참가자의 약 1/3 정도는 자신의 신념에 반하는 행동을 해야 한다는 사회적 압력에 저항한다. 1989년 중국 천안문 광장에서 전진하는 탱크에 무장하지 않은 한 베이징 남성이 혼자 도전했다. 이것은 중국 정부가 그곳에서 학생 폭동을 진압한 지 하루 만의 일이었다.

활에서의 행동을 똑같이 재창조하는 것이 아니라 무엇이 행동에 영향을 미치는지를 알아내는 것을 목표로 한다. 솔로몬 애쉬와 스탠리 밀그램은 선택을 강요한 실험을 실시했다. "기대와 상충하는 경우에도 내 기준에 충실할까?" 그것이 우리 모두가 직면하고 있는 딜레마다.

밀그램의 실험과 현대판 반복실험에서의 참가자들의 행동은 나뉘었다. 그들은 피해자의 호소에 반응해야 하는가, 실험자의 명령에 반응해야 하는가? 참가자들의 도덕적 의식은 다른 사람에게 해를 끼치지 말라고 경고했다. 하지만 도덕적 의식은 참가자들로 하여금 실험자에게 복종하게 했고 좋은 연구 참여자가 되도록 했다. 호의와 복종이라는 상충 과정에서 일반적으로 복종이 승리했다.

이러한 실험들은 강한 사회적 영향력이 사람들로 하여금 거짓말을 따르게 하거나 잔인한 행동을 하도록 할 수 있다는 것을 보여주었다. 밀그램은 이것을 자신의 실험에서 가장 기본적인 교훈으로 삼았다. "평범한 사람들은 단순히 자신의 일을 하면서 특별한 적대감이 없어도 끔찍하고 파괴적인 행위자가 될 수 있다"(1974, p. 6).

어떤 사회에서든 사람들이 작은 악을 수용함으로써 커다란 악이 생겨난다. 나치 지도자들은 대부분의 독일 경찰들이 유대인을 직접 쏘거나 가스를 쏘는 것에 직접적으로 저항할 것이라고 의심했다. 그러나 놀랍게도 독일 경찰들은 유대인 대학살을 기꺼이 행할 의향이 있음을 발견했다(Silver & Geller, 1978). 밀그램은 자신의 실험에서 비슷한 반응을 발견했다. 다른 사람이 전기충격을 가하는 동안 40명의 참가자들에게 학습 실험을 해줄 것을 요청했을 때 93%가 동의했다. 잔인함은 악마와 같은 악당을 필요로 하지 않는다. 나쁜 상황으로 타락한 평범한 사람들만 있으면 된다.

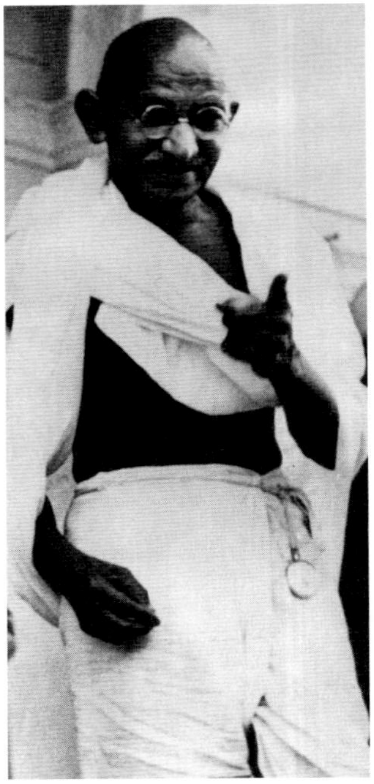
akg-images/Newscom

간디 힌두교 민족주의자이자 영적 지도자인 마하트마 간디의 일생이 강력하게 증언하듯이, 일관되고 지속적인 소수의 목소리가 때때로 다수를 움직일 수 있다. 간디의 비폭력적 호소와 단식은 1947년 인도가 영국으로부터 독립하는 데 도움을 주었다.

사회심리학자들은 개인의 힘에 대해서 무엇을 배우게 되었는가? **사회적 통제**(상황의 힘)와 **개인적 통제**(개인의 힘)는 상호작용한다. 물은 소금을 용해시키지만 모래는 용해시키지 못한다. 따라서 오염된 상황은 몇몇 사람을 나쁜 사람으로 만들고 다른 사람들은 이에 저항하게 만든다(Johnson, 2007).

사람들은 저항한다. 압박감을 느낄 때, 어떤 사람들은 예상했던 것과 반대되는 행동을 한다(Brehm & Brehm, 1981). 로사 파크스(Rosa Parks)는 버스의 뒷자리에 앉지 않겠다고 거부함으로써 미국의 시민운동에 불을 붙였다.

다수를 좌우하는 개인 한두 사람의 힘은 **소수 집단의 영향력**이다(Moscovici, 1985). 한 연구에서 반복해서 지적되는 현상이 있다. 당신이 소수 집단일 때, 자신의 입장을 고수한다면 다수를 좌우하게 될 가능성이 훨씬 더 크다. 이 전략은 당신을 보편적이지 않게 만들 것이다. 그래서 당신을 영향력 있게 만들 것이다. 특히 당신의 자신감이 다른 사람들을 자극하여 왜 당신이 그렇게 반응하는지 생각하게 만드는 경우 그러하다. 소수 집단의 영향력이 작을지라도 사람들은 개인적으로 소수 입장에 대해 동정심을 가질 것이고 자신의 견해를 재고할 수도 있다(Wood et al., 1994). 사회적 영향력은 거대하지만, 헌신적인 개인의 힘도 엄청나다.

집단 영향

낚싯대를 들고 방에 서 있는 것을 상상해보라. 당신은 릴을 최대한 빨리 감아야 한다. 어떤 경우에는 최대한 릴을 빨리 감는 다른 참가자 앞에서 감아야 한다. 이처럼 상대방의 존재가 나의 행동에 영향을 미칠까?

사회심리학 분야에서 이루어진 첫 실험 중 하나를 진행한 노먼 트리플릿(Norman Triplett, 1898)은 청소년들이 같은 일을 하는 사람 앞에서 릴을 더 빨리 감는다는 것을 발견했다. 그와 이후의 사회심리학자들은 다른 사람의 존재 유무가 자신의 행동에 어떻게 영향을 미치는지 연구했다. 집단의 영향력은 한 사람만 있는 단순한 집단과 더 복잡한 집단에서 모두 작용한다.

사회적 촉진

트리플릿이 발견한 현상, 즉 과업에 대한 개인의 반응이 다른 사람이 있을 때 더 강력해지는 것을 **사회적 촉진**(social facilitation)이라고 부른다. 이후의 연구들에서 다른 사람의 존재가 때로는 성과에 도움을 주고 때로는 해를 끼친다는 것을 밝혀냈다(Guerin, 1986; Zajonc, 1965). 그렇다면 왜 그러한 것일까? 다른 사람들이 우리를 관찰할 때, 우리는 각성하게 되고, 이 각성은 우리의 반응을 증폭시킨다. 사회적 촉진은 쉬운 과제에서 올바른 반응을 이끌고 어려운 과제에서는 올바르지 않은 반응을 이끌어낸다. 따라서 다른 사람들이 우리를 관찰할 때 익숙한 업무는 더 빠르고 정확하게 수행하지만 새롭고 어려운 작업은 속도도 느리고 정확도도 떨어진다.

이 효과는 홈팀의 이점을 설명하는 데 도움이 된다. 전 세계적으로 25만 개 이상의 대학과 다양한 국가에서 열리는 프로 스포츠 경기를 조사한 결과 홈팀의 장점이 사실인 것으로 나타났다(Allen & Jones, 2014; Jamieson, 2010). 열렬한 청중은 국내 스포츠팀에 활력을 불어넣어 주는 듯하다. 홈팀이 10경기에서 6승을 거두었다(**표 11.1**). 대부분의 스포츠에서 홈 이점이 최고다.

기억해야 할 점 : 당신이 잘할 수 있는 일은 청중들 앞에서, 특히 우호적인 청중들 앞에서 훨씬 더 잘할 가능성이 있다는 것이다. 그러나 누군가가 지켜볼 때 당신이 어렵다고 생각하는 일을 수행하는 것은 거의 불가능한 것처럼 느낄 수도 있다.

또한 사회적 촉진은 밀집성과 관련된 흥미로운 효과를 설명한다. 코미디언과 배우들은 객석이 다 찬 것이 좋은 것이라고 생각한다. 그러나 그들은 과밀이 각성을 유발한다는 것은 알지 못한다. 사람들이 꽉 찬 밀집된 곳에서 경쾌한 코미디 공연을 보는 것이 사람들이 붐비지 않는 곳에서 볼 때보다 더 재미있게 느껴진다(Aiello et al., 1983; Freedman & Perlick, 1979). 한 실험에서 다른 사람들과 가까운 거리에 앉은 참가자들은 비우호적인 경우보다 우호적인 경우가 더 많았다(Schiffenbauer & Schiavo, 1976; Storms & Thomas, 1977). 따라서 당신의 다음 행사에서 활발한 상호작용의 기회를 늘리기 위해서는 모든 관중들을 간신히 수용할 수 있는 크기의 방을 선택하거나 자리를 마련해야 한다.

사회적 태만

집단으로 작업을 수행할 때도 다른 사람의 존재 여부가 동일한 각성 효과를 갖는가? 팀 단결의 줄다리기 경기를 할 때 일대일 줄다리기 경기에서보다 더 많거나 적은, 혹은 비슷한 정도의 노력을 하는지에 대해 생각해보자. 만약 당신이 '덜 노력한다'고 생각했다면, 그것은 정답이다. 한 실험에서, 자신의 뒤에 3명의 다른 사람들이 함께 줄을 당기고 있다고 믿는 경우 혼자서 줄을 당길 때 발휘한 노력의 82%만을 가했다(Ingham et al., 1974). 그리고 눈가리개를 착용하게 한 상태에서 헤드폰을 통해 다른 사람들의 박수소리나 소리 지르는 것을 들려주면서 자신이 소리 낼 수 있는 만큼 박수를 치거나 소리 지르도록 했을 때, 어떤 일이 일어났을지 생각해보자(Latané, 1981). 한 조건에서 참가자는 연구자가 참가자 한 사람, 한 사람의

Hope College

사회적 촉진 숙련된 운동선수는 종종 그들이 청중 앞에서 'on' 상태라는 것을 알게 된다. 이들은 자신이 잘하는 것을 사람들이 보고 있을 때 더 잘한다.

표 11.1 팀 스포츠에서 홈 그라운드의 이점

스포츠	연도	홈 경기 승리율
일본 야구	1998~2009	53.6%
메이저리그 야구	1903~2009	53.9%
북미 아이스하키 리그	1917~2009	55.7%
국제럭비대회	1871~2009	56.9%
미국 프로미식축구 리그	1966~2009	57.3%
국제 크리켓 대회	1877~2009	57.4%
미국 프로농구협회	1946~2009	60.5%
미국 여자프로농구협회	2003~2009	61.7%
프리미어리그 축구	1993~2009	63.0%
NCAA 남자농구	1947~2009	68.8%
메이저리그 축구	2002~2009	69.1%

출처 : Moskowitz & Wertheim, 2011.

소리를 들을 수 있다고 믿었다. 또 다른 조건에서 참가자는 자신의 박수소리나 소리 지르는 것이 다른 사람들의 소리에 섞였다고 믿었다. 참가자들은 자신이 '혼자' 박수를 친다고 생각할 때보다 집단의 일원이라고 생각했을 때 약 1/3 이하의 소리를 냈다.

이처럼 개인의 줄어든 노력을 **사회적 태만**(social loafing)이라고 한다(Jackson & Williams, 1988; Latené, 1981). 유럽, 인도, 태국, 일본, 중국, 대만에서 실시된 실험은 다양한 작업에서 사회적 태만

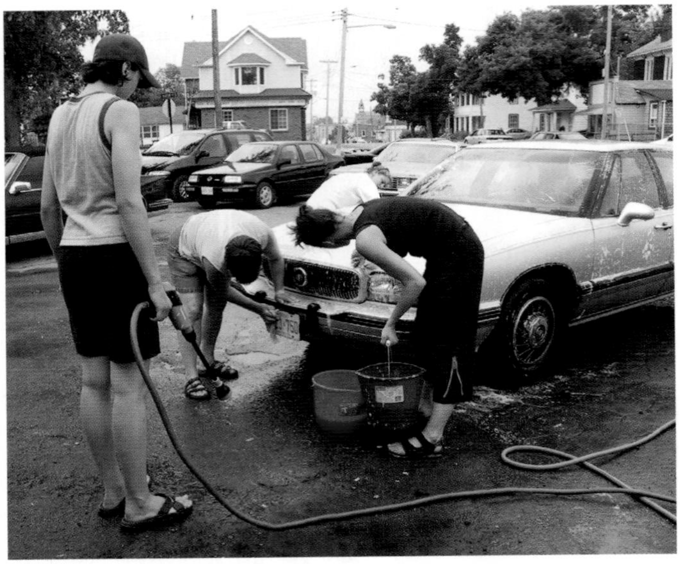
john t. fowler/Alamy

열심히 일하는 것일까 혹은 일하지 않는 것일까? 집단 과제에서 다른 사람의 노력에 무임승차하는 개인들처럼 사회적 태만은 자주 일어난다.

이 발생한다는 것을 보여준다. 특히 사회적 태만은 개인주의 문화의 남성들에게서 흔히 나타난다(Karau & Williams, 1993). 사회적 태만이 나타나는 원인은 다음의 세 가지다.

- 집단의 일원으로서 행동하는 사람은 책임감을 덜 느끼며, 다른 사람들이 자신을 어떻게 생각하는지를 덜 걱정한다.
- 집단 구성원들은 그들 개인의 기여가 변화를 이끌어낼 수 있다는 것을 믿지 않는다(Harkins & Szymanski, 1989; Kerr & Bruun, 1983).
- 태만은 그 자체의 보상이다. 집단 구성원들이 얼마만큼 기여하였는지, 누가 참여했는지에 상관없이 이익을 똑같이 나눌 경우(집단 과제를 해봤다면 이미 알고 있을 것이다), 의욕적이지 않은 사람이나 집단에서 자신의 정체성이 없는 사람은 다른 사람의 노력에 무임승차할 수 있다.

몰개인화

타인의 존재는 사람들을 각성시키거나 책임감을 덜 느끼게 할 수 있다. 하지만 가끔 다른 사람의 존재가 두 행동을 모두 하도록 하여 가벼운 음식 싸움(음식을 던지는 장난)부터 기물 파손, 폭동에 이르기까지의 다양한 행동을 유발할 수 있다. 이처럼 자기인식과 자제력을 잃어가는 과정을 **몰개인화**(deindividuation)라고 한다. 집단 참여로 사람들을 각성시키고 익명성을 느끼게 했을 때 몰개인화는 자주 일어난다. 한 실험에서 몇몇 여학생은 큐 클럭스 클랜(KKK단)의 후드티를 입어 자신의 정체성을 숨겼다. 통제집단은 후드티를 입지 않았다. 후드티를 입은 사람들은 피해자에게 2배의 전기충격을 주었다(Zimbardo, 1970). (모든 실험에서와 같이 '피해자'는 실제로 충격을 받지 않았다.)

몰개인화는 많은 다양한 환경에서 더 좋게 혹은 더 나쁘게 발전해왔다. 온라인 토론 게시판과 블로그 댓글의 익명성은 사람들로 하여금 조롱이나 잔인한 말을 하도록 촉발한다. 얼굴 분장을 하거나 가면을 쓴 부족의 전사들이 얼굴을 그대로 노출한 부족의 전사들보다 더 쉽게 포획한 적을 죽이고, 고문하고, 훼손하는 경향이 있다(Watson, 1973). 또한 상대방과 직접 대면하면 비하하지 못하는 사이버불링 집단은 익명성의 뒤에 숨어 있을 것이다. 군중, 록 콘서트, 야구경기장, 예배 등 어떤 곳이던 자기인식과 자제력이 낮아지면 좋거나 나쁜 집단 경험에 더욱 민감하게 반응하게 된다. **표 11.2**에 사회적 촉진, 사회적 태만, 몰개인화 현상을 비교해 놓았다.

집단양극화

대학생 집단 간의 차이는 시간이 지나면서 커지는 경향이 있다. X대학의 신입생은 정치적으로 더 보수적인 경향이 있고 Y대학의 신입생은 진보적인 경향이 있다면, 이들의 차이는 그들이 졸업할 때 더 커질 것이다.

각각의 경우에 집단에서 나타나는 학생들의 신념과 태도는 자신의 견해와 비슷한 사람들과 토론할 때 더욱 강해진다. **집단양극화**(group polarization)라는 과정은 인종 문제에 대해 토론하는 동안 편견이 적은 학생이 더 포용되는 긍정적인 결과를 얻을 수 있다. 그러나 인종 문제에 대해 토론할 때 높은 수준의 편견을 갖고 있는 학

표 11.2 타인의 존재가 행동에 미치는 영향

현상	사회적 맥락	타인의 존재로 인한 심리적 결과	행동적 결과
사회적 촉진	개인에 대한 관찰	각성의 증가	잘하는 일을 더 잘하는 것과 같은 우세한 행동의 증가(혹은 어려운 일은 더욱 못하는 것)
사회적 태만	집단 과제	개별적 책임이 부여되지 않는 경우 책임감 감소	노력의 감소
몰개인화	각성과 익명성을 높이는 집단 환경	자기인식 감소	낮은 자제력

생이 편견을 더욱 견고화하게 되는 부정적인 결과(**그림 11.4**)도 얻을 수 있다(Myers & Bishop, 1970). 혼합 의견 집단은 견해들을 완화하는 반면, 같은 의견을 지닌 집단의 반향은 양극화된다.

집단양극화는 극단주의와 심지어 자살 테러를 일으킬 수도 있다. 테러리스트의 심리는 충동적으로 갑작스럽게 분출되는 것이 아니다(McCauley, 2002; McCauley & Segal, 1987; Merari, 2002). 이는

MP
GD
GD

Lewis Whyld/PA Wire URN:11349922 Press Association via AP Image

몰개인화 2011년 영국에서 폭동과 약탈이 일어나는 동안, 폭동자들은 사회적 각성과 암흑, 후드티, 그리고 마스크가 제공한 익명성에 힘입어 탈억제되었다. 이후 체포된 사람들 중 일부는 자신의 행동에 당혹스러워했다.

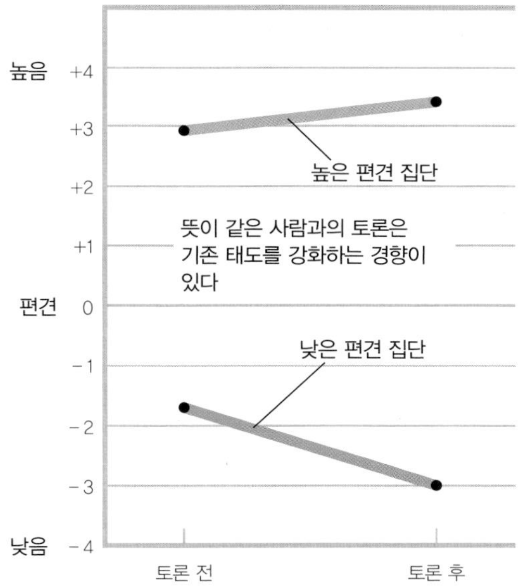
높음 +4
+3
높은 편견 집단
+2
+1
뜻이 같은 사람과의 토론은 기존 태도를 강화하는 경향이 있다
편견 0
−1
낮은 편견 집단
−2
−3
낮음 −4
토론 전
토론 후

그림 11.4 집단양극화 같은 의견을 지닌 집단의 경우 토론은 그 의견을 강화한다. 인종문제에 대해 이야기를 나누었을 때 높은 편견을 지닌 고등학생 집단은 편견이 강화되고, 낮은 편견을 지닌 집단은 편견이 줄어들었다(Myers & Bishop, 1970).

일반적으로 불만을 가지고 모인 사람들 사이에서 천천히 시작된다. 집단 구성원들이 고립된 상호작용을 할 때, 때때로 캠프의 다른 '형제', '자매'와 이루어지는 상호작용을 통해 그들의 견해는 점점 더 극단적으로 차이가 나타나게 된다. 그들은 점점 더 '우리'와 '다른 사람들'로 세계를 나누게 된다(Moghaddam, 2005; Qirko, 2004).

집단사고

집단 상호작용은 개인적인 결정에 영향을 줄 수 있다. 그렇다면 집단 상호작용이 중요한 국가적 결정에도 영향을 줄 수 있는가? 그럴 수 있으며 실제로도 그러하다. 유명한 의사결정의 사례로 '피그만 침공의 실패'가 있다. 미국의 대통령 존 F. 케네디와 그의 자문관들은 1961년에 쿠바 망명자 1,400명을 훈련시켜 쿠바를 침입하기로 결정했다. 그러나 침입자들이 쉽게 잡히고 재빠르게 미국 정부에 인계되는 것을 본 대통령은 "우리가 어떻게 이토록 멍청할 수 있지?"라며 크게 궁금해했다.

사회심리학자 어빙 제니스(Irving Janis, 1982)는 불행하게 끝난 역사에 대해 연구하여 침략의 의사결정 과정에 관한 몇 가지 단서를 발견했다. 사람들에게 인기 있고 최근에 선출된 대통령과 그의 자문관들의 사기는 급상승했다. 그들의 자신감은 상승했다. 다른 견해를 가진 집단 구성원들은 그들과의 좋은 감정을 유지하기 위해 이의를 제기하지 않았으며, 특히 케네디 대통령이 계획에 대한 열의를 표명한 후에 이의를 제기하지 않았다. 아무도 이 의견에 대해 항의하지 않았기 때문에, 모두 만장일치라고 생각했다. **집단사고**(groupthink)는 현실적인 판단보다 조화를 추구하도록 작동된다.

이후의 연구에 따르면 과신, 순응, 자기정당화, 그리고 집단양극화에 의한 집단사고가 실패에 기여하는 것으로 나타났다. 이러한 실패에는 1941년 일본 진주만 공격, 베트남 전쟁의 확산, 미국 워터게이트 은폐, 체르노빌 원자로 사고(Reason, 1987) 등이 있고, 미국 우주 왕복선 챌린저호 폭발 사고(Esser & Lindoerfer, 1989)는 예상하지 못했으며, 이라크 전쟁은 이라크에 대량 살상 무기가 있다는 잘못된 생각에 의해 일어났다(U.S. Senate Select Committee on Intelligence, 2004).

집단사고를 어떻게 방지할 수 있을까? 지도자는 열린 토론을 권장하고, 개발 계획에 대해 비판하는 전문가를 초빙하고, 구성원들이 발생할 수 있는 문제를 찾도록 해야 한다.

기억해야 할 점 : 한 사람보다 두 사람이 머리를 맞댈 때 더 좋은 결과가 도출되며, 특히 독자적인 사고와 열린 토론을 장려할 때 효과적이다.

비판적으로 사고하기 | **인터넷 : 사회적 증폭기**

인터넷은 뜻이 통하는 사람들을 연결해주고 그들의 생각을 강화한다.

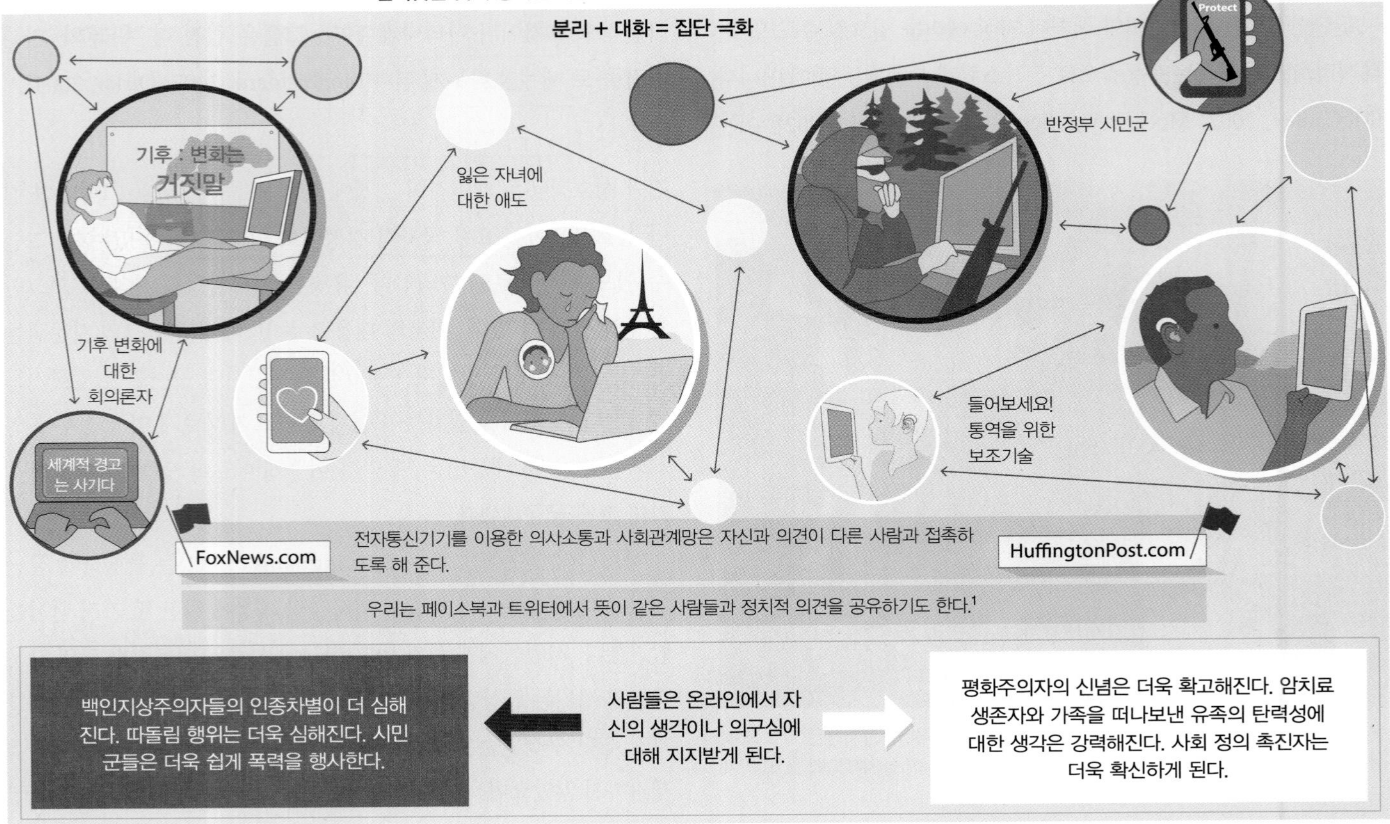
분리 + 대화 = 집단 극화
기후 : 변화는 거짓말
기후 변화에 대한 회의론자
세계적 경고는 사기다
잃은 자녀에 대한 애도
Protect
반정부 시민군
들어보세요! 통역을 위한 보조기술
FoxNews.com
전자통신기기를 이용한 의사소통과 사회관계망은 자신과 의견이 다른 사람과 접촉하도록 해 준다.
HuffingtonPost.com
우리는 페이스북과 트위터에서 뜻이 같은 사람들과 정치적 의견을 공유하기도 한다.[1]
백인지상주의자들의 인종차별이 더 심해진다. 따돌림 행위는 더욱 심해진다. 시민군들은 더욱 쉽게 폭력을 행사한다.
사람들은 온라인에서 자신의 생각이나 의구심에 대해 지지받게 된다.
평화주의자의 신념은 더욱 확고해진다. 암치료 생존자와 가족을 떠나보낸 유족의 탄력성에 대한 생각은 강력해진다. 사회 정의 촉진자는 더욱 확신하게 된다.

1. Bakshy et al., 2015; Barberá et. al., 2015.

사회관계

우리는 서로에 대해 어떻게 생각하고 영향을 주는지에 대한 표본을 추출했다. 이제 사회심리학의 세 번째 초점, 즉 서로가 어떻게 관계를 맺는지에 관해 살펴볼 것이다. 편견의 근원은 무엇인가? 다른 사람에게 해를 입히거나, 돕거나, 사랑에 빠지는 원인은 무엇일까? 어떻게 닫힌 공격의 주먹을 열린 동정심의 팔로 바꿀 수 있을까? 편견과 공격에서부터 매력, 이타주의, 중재에 이르기까지의 좋은 점과 나쁜 점에 대해 심사숙고해볼 것이다.

편견

편견(prejudice)은 '선입견'을 의미한다. 편견은 일부 집단에 대한 불공정하고 부정적인 태도이다. 편견의 대상은 종종 다른 문화, 민족 또는 성별 집단이다.

편견은 다음의 세 부분으로 이루어진 혼합체이다.

- 신념[**고정관념**(stereotype)이라고 부름]
- 감정(예 : 적대감, 질투 또는 두려움)
- 행동하는 사전경향성(차별)

> "불행하게도 세계는 아직 다양성을 가지고 살아가는 법을 배우지 못하고 있다."
>
> 요한 바오로 2세, UN 연설(1995)

일부 고정관념은 최소한 부분적으로는 정확할 수도 있다. 만약 비만인 사람이 정상 체중인 사람보다 건강이 좋지 않다고 추정한다면, 이는 옳을 수도 있다. 하지만 비만인 사람들이 대식가라고 믿고 비만인 사람을 싫어하는 것은 편견이다. 편견은 부정적인 태도이다. 데이트 사이트에서 모든 비만인 사람들을 무시하거나 잠재적인 취업 후보자로서 비만인 사람을 거부하는 것은 차별하는 것이다. **차별**(discrimination)은 부정적인 행동이다.

생각은 각자가 주목하고 사건을 해석하는 방식에 영향을 미친다.

1970년대의 고전적인 연구에서 흑인을 밀치는 백인을 본 대부분의 백인 참가자들은 그들이 '거칠게 다루고 있다'고 말했다. 백인 참가자들이 백인을 밀치는 흑인을 보았을 때, 그들은 같은 행동을 '난폭하다'고 해석했다(Duncan, 1976). 특정 상황에 대입한 생각들은 우리의 인식을 바꿀 수 있다.

사람들은 어떻게 편견을 갖게 되는가?

이 책을 통해 우리는 인간의 마음이 2개의 다른 경로에서 생각, 기억, 그리고 태도를 처리하고 있다고 보았다. 때때로 그 과정은 우리 의식의 레이더 화면 위에 **외현적(explicit)**으로 나타난다. 더 많은 경우에 그 과정은 레이더 아래의 보이지 않는 곳에 **암묵적(implicit)**으로 존재하기도 한다. 편견은 특정 민족, 성별, 성적 지향 또는 관점에 대한 명백하고 암묵적인 부정적 태도를 포함한다. 몇 가지 예를 살펴보자.

외현적 민족 편견 편견을 평가하기 위해 사람들이 말하는 것과 행동하는 것을 관찰해볼 수 있다. 미국인들의 인종적 태도는 지난 반세기 동안 극적으로 변해왔다. 1987년에 '흑인과 백인이 서로 데이트해도 된다'라고 동의한 미국인이 48%였고, 2012년에는 86%가 동의했다(Pew, 2012). '흑인과 백인의 결혼'에 관해서 1958년에는 미국인의 4%, 2013년에 87%가 동의했다(Newport, 2013a).

그러나 공개적인 편견이 줄어들면서 미묘한 편견이 남게 되었다. 인종 간 결혼에 대한 지지성명은 증가했음에도, 많은 사람들은 데이트, 춤, 결혼 등 사회적으로 친밀한 환경에서 다른 인종의 사람에게 불편함을 느낄 수 있다고 인정한다. 미묘한 편견은 또한 인종과 관련된 교통 정체나 다른 인종의 사람들 옆의 기차 좌석 선택하기를 꺼리는 것처럼 '미시적 공격'의 형태를 취할 수도 있다(Wang et al., 2011b).

암묵적 민족 편견 편견은 미묘할 뿐만 아니라 암묵적이기도 하며, 이는 의사결정이라기보다는 생각 없이 반사적으로 나오는 무릎반사와 같은 태도이다. 아래의 결과들을 고려해보자.

암묵적 인종 연합 인종차별을 하는 사람은 부정적 연합을 형성하고 있을 수도 있다(Fisher & Borgida, 2012; Greenwald et al., 1998, 2015). 예를 들어 백인 응답자 10명 중 9명은 평화, 낙원 등의 기분 좋은 단어를 '좋은 것'으로 식별하는 데 있어서 백인으로 들리는 이름(케이티, 이안)보다 흑인으로 들리는 이름(라티샤, 다넬)과 짝을 이루었을 때 더 오랜 시간이 걸렸다. 이러한 실험은 편견으로 개인을 평가하거나 분류하는 자동적 편견을 연구하는 데 유용하다 (Oswald et al., 2015). 그러나 비판가들은 편견으로 개인을 분류하거나 평가하는 데 사용하지 말라고 주의를 주고 있다(Oswald et al., 2015).

Hollister

Rex Features via AP Images

인종에 영향을 받은 지각이 무장하지 않은 흑인을 살해하는 데 영향을 줄 수 있는가? 자동적 인종 편견에 대한 연구가 2013년 트레이본 마틴(Trayvon Martin)의 죽음을 이해하는 데 도움이 되는가?(죽기 7개월 전의 모습) 마틴이 플로리다 근처에 있는 아버지의 약혼녀 집으로 혼자 걸어갈 때 수상한 주민이 따라와 싸우게 되었고, 마틴은 총에 맞아 죽었다. 해설가들은 궁금해했다—마틴이 무장하지 않은 백인 10대였어도 똑같은 방식으로 지각되고 다루어졌을까?

인종에 영향을 받은 인식 기대는 지각에 영향을 미친다. 1998년 브롱스 아파트 입구에서 무장하지 않은 남성 아마두 디알로(Amadou Diallo)가 총에 맞은 것을 회상해보자. 경찰관들은 그가 호주머니에서 총을 꺼냈다고 생각했다. 사실, 그는 지갑을 꺼냈다. 무고한 사람을 비극적으로 죽인 이 사건에 대해 궁금해하는 몇몇 연구팀은 비슷한 상황을 만들었다(Correll et al., 2007, 2015; Greenwald et al., 2003; Plant & Peruche, 2005; Sadler et al., 2012a). 이들은 시청자들에게 갑자기 화면에 나타난 남자를 쏘거나 쏘지 않기 위해 버튼을 빨리 누르도록 요청했다. 화면 속의 남성 중 몇 명은 총을 들고 있었고, 다른 이들은 손전등이나 병과 같이 무해한 물건을 들고 있었다. 흑인과 백인, 그리고 경찰을 포함한 사람들은 무해한 물건을 들고 있는 흑인을 더 자주 총으로 쏘았다(**그림 11.5**).

2015년 주거 차별 사례에서, 미국 대법원은 암묵적 편견 연구를 인정했다. 그들은 '무의식적 편견'은 사람들이 의식적으로 차별하

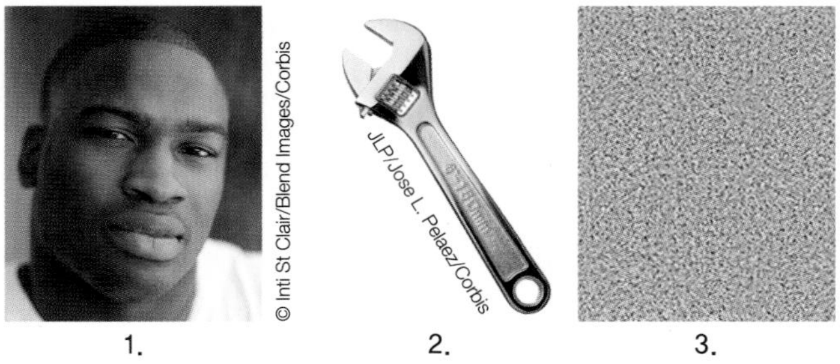
© Inti St Clair/Blend Images/Corbis
JLP/Jose L. Pelaez/Corbis
1.
2.
3.

그림 11.5 인종 점화 지각 키스 페인(Keith Payne, 2006)의 실험에서 참가자들은 (1) 흰색 또는 검은색 얼굴에 이어 즉시 (2) 총 또는 손 도구 다음으로는 (3) 검은색 화면이 제시되었다. 참가자들은 하얀 얼굴보다는 검은색의 얼굴일 때 뒤따르는 사물을 총으로 오인할 가능성이 더 많았다.

려는 의도가 없을 때도 차별을 야기할 수 있다고 지적했다. 때때로 다른 사람들에 대해 당신이 갖고 싶지 않은 감정을 경험한다는 것을 알고 있는가? 그렇다면 다음을 기억하라—우리는 감정에 따라 행동하는 것이다. 우리의 감정과 행동을 관찰하고, 새로운 우정에 기초하여 오래된 습관을 바꿈으로써 편견에서 벗어날 수 있다.

성 편견 성에 대한 편견과 차별 또한 지속된다. 지능 점수에서의 성 평등에도 불구하고, 일반적으로 아버지가 어머니보다 더 똑똑하다고 인식하는 경향이 있다(Furnham & Wu, 2008). 아이를 돌보는 사람(흔히 여성)보다 거리를 돌보는 사람(보통 남성)에게 더 많은 돈을 지불한다. 전 세계적으로, 여성들이 가난하게 살고 있을 가능성이 더 높다(Lipps, 1999). 그리고 글을 읽을 수 없는 성인들 가운데 2/3는 여성이다(CIA, 2010).

고대 그리스에서 원치 않는 여자아이를 산 중턱에 유기해 죽이는 것과 같은 일을 더 이상 하지 않는다. 그러나 정상적인 남성-여성 신생아 비율(105-100)은 전 세계적으로 추정되는 1억 6,300만 명(그 수를 천천히 말하라)의 '실종된 여성'을 설명하기 어렵다(Hvistendahl, 2011). 많은 곳에서 아들을 딸보다 더 가치 있게 평가한다. 그 예로, 중국에는 20세 미만의 여성보다 남성이 3,200만 명 더 많기 때문에 많은 독신 남자들이 배우자를 찾을 수 없을 것이다(Zhu et al., 2009). 또한 범죄, 폭력, 매춘, 여성의 인신 매매 증가가 여성의 부족을 야기한다(Brooks, 2012).

성적 취향의 편견 세계의 많은 곳에서 게이와 레즈비언은 자신이 누구이며, 누구를 사랑하는지 쉽게 인정할 수 없다(Katz-Wise & Hyde, 2012; United Nations, 2011). 수십 개의 국가가 동성 간의 관계를 범죄로 규정한다. 반-게이 편견은 서구 국가에서 급속히 쇠퇴하고 있음에도 여전히 존재한다. 미국 전역에 걸친 조사에서 LGBT(성적소수자) 미국인들의 39%가 '친구나 가족 구성원에게 자신들의 성적 성향 또는 성별 신원 때문에 거부당했다'고 보고했다. 그리고 58%는 '비방이나 농담의 대상'이라고 보고했다(Pew, 2013).

세상에는 정의가 전혀 없어.
세상에는 정의가 조금 있지.
세상은 정의로운 곳이야.
MANKOFF

The New Yorker Collection, 1981, Robert Mankoff from cartoonbank.com

전 세계적으로 반-게이 태도는 남성, 노인, 교육 수준이 낮은 사람들 사이에서 가장 흔하다(Jäckle & Wenzelburger, 2015).

편견의 사회적 근원

사회적 불평등 어떤 사람들은 돈, 권력, 그리고 명성을 가지고 있지만, 다른 사람들은 그렇지 않다. 이런 상황에서, '소유한 사람들'은 대개, 있는 그대로의 상황을 정당화하는 태도를 지닌다. **공정세계 현상**(just-world phenomenon)은 선은 보상받고 악은 처벌받는다는 것을 가정한다. 여기서 성공한 사람은 선한 사람이어야 하고, 고통을 겪고 있는 사람은 악한 사람이어야 한다고 가정하는 것은 아주 간단한 비약이다. 이러한 가정은 부자들이 자신의 부와 가난한 자의 불행을 합당하게 보도록 한다. 미국에 노예제도가 있던 시기에 노예 소유자들은 노예제를 '정당화'하기 위해 자신의 기존 태도를 바꾸었는데, 자신의 노예들이 천성적으로 게으르고, 무지하고, 무책임하다는 고정관념을 만들었다. 이러한 고정관념은 불평등을 합리화한다.

차별의 희생자는 전형적인 희생자에게 책임 돌리기(blame-the victim dynamic)로 편견을 심어줄 수 있다(Allport, 1954). 가난한 환경이 더 높은 범죄율을 낳는가? 만약 그렇다면, 더 높은 범죄율은 가난하게 사는 사람들에 대한 차별을 정당화하는 데 사용될 수 있다.

우리와 그들 : 내집단과 외집단 우리는 석기시대 조상들에게 살아남고 사랑하기 위해 집단에 포함되어 살아야 하는 것을 물려받았다. 우리의 집단을 응원하고, 집단을 위해 누군가를 죽이고, 집단을 위해 죽기도 한다. 사실, 부분적으로 집단의 관점에서 우리가 누구인지 정의하기도 한다. 사회적 정체성을 통해 우리 자신을 특정 집단과 연관 짓기도 하고, 다른 집단과 비교하기도 한다(Dunham et al., 2013; Hogg, 2006; Turner, 2007). 마크는 자신을 남자, 미국인, 정치인, 허드슨커뮤니티칼리지 학생, 가톨릭 신자, 파트타임 우편집배원으로 인식함으로써, 자신이 누구인지를 알고, 우리도 그러하다.

진화는 낯선 사람을 만났을 때 친구인지 적인지에 대한 즉각적인 판단을 할 수 있도록 준비시켜 주었다. 우리 집단의 사람들이나 우리를 닮은 사람들, 그리고 우리처럼 소리를 내는 사람들(우리와 같은 억양)은 어린 시절부터 즉시 좋아하게 되는 경향이 있다(Gluszek & Dovidio, 2010; Kinzler et al., 2009). 정신적으로 원을 그리는 것을 '우리'라는 **내집단**(ingroup)으로 정의할 수 있다. 그러나 사회적 정의에 우리는 우리가 아닌 것을 언급하기도 한다. 원 밖의 사람들은 '그들', 즉 **외집단**(outgroup)이다. 이렇게 집단이 구분되면, 우리

집단만 좋아하는 **내집단 편향**(ingroup bias)이 바로 형성된다. 심지어 동전을 던져서 우리 집단을 형성하는 것조차 편견을 만든다. 한 실험에서 사람들은 보상을 나눌 때 자신의 새로운 집단을 선호했다(Tajfel, 1982; Wilder, 1981). 차별은 종종 더 좋은 자격을 갖춘 후보자 대신에 친구의 아이를 고용하는 것과 같은 내집단 네트워크와 상호 지원을 포함한다(Greenwald & Pettigrew, 2014). 외집단 적대감 때문에 사람들을 차별하는 경우는 드물다.

> "선량한 사람들(good people)은 모두 동의한다.
> 모든 선량한 사람들은 말한다.
> 우리와 같은 좋은 사람들은 모두 우리다.
> 그 외 모든 사람은 그들이다."
>
> Rudyard Kipling, "We and They"(1926)

편견의 정서적 근원

편견은 사회의 분열에서뿐만 아니라 마음의 열정에서도 비롯된다. **희생양 이론**(scapegoat theory)은 일이 잘못되었을 때 비난할 누군가를 찾는다면 화낼 배출구를 제공할 수 있다고 설명한다. 9/11 테러 공격 이후 부정적인 고정관념이 형성되었는데, 이 때문에 일부 분노한 사람들은 무고한 아랍계 미국인들을 폭행했다. 다른 이들은 미국인들이 마지못해 용인하고 있지만, 9/11 테러 공격에 아무런 역할을 하지 않은 이라크 지도자 사담 후세인을 제거할 것을 요구했다. 필립 짐바르도(2001)는 "두려움과 분노가 공격을 야기하고, 다른 민족, 인종의 시민에 대한 공격이 인종차별을 만들고 새로운 형태의 테러리즘을 만든다"고 지적했다.

편견의 희생양 이론에 대한 근거는 다음의 두 가지에서 나타난다.

- 편견의 수준은 경제적으로 좌절된 사람들에게서 높은 경향이 있다.
- 실험에서 일시적인 좌절감은 편견을 증가시켰다. 일시적으로 불안정하다고 느끼게 된 학생들은 경쟁관계의 학교나 다른 교우를 나쁘게 말함으로써 자존심을 회복하려고 한다(Cialdini & Richardson, 1980, Crocker et al., 1987). 사랑과 지지를 느끼는 사람들은 다른 사람들에게 좀 더 개방적이고 인정받게 된다(Mikulincer & Shaver, 2001).

부정적인 감정은 편견을 키운다. 죽음에 직면하거나 위협을 두려워하거나 좌절을 경험할 때, 우리는 우리 내집단과 우리 친구들에게 더욱 단단히 의존하게 된다. 죽음의 공포는 애국심을 높여주며, 우리를 위협하는 '그들'에 대한 분노와 공격성을 낳는다(Pyszczynski et al., 2002, 2008).

편견의 인지적 근원

범주 형성 우리가 세상을 단순화하는 한 가지 방법은 사물들을 범주화하는 것이다. 화학자는 분자를 '유기(organic)'와 '무기(inorganic)'의 범주로 분류하고, 치료자는 심리장애를 분류한다. 또한 우리 모두는 인종에 따라 사람들을 분류하고, 혼혈 민족은 종종 소수집단의 정체성을 갖게 된다. 버락 오바마 대통령은 혼혈로 태어나 백인 어머니와 백인 조부모 슬하에서 양육되었음에도 백인 미국인들은 그를 흑인으로 인식했다. 연구자들은 익숙한 인종집단의 특징을 학습한 이후에는 관찰자가 덜 친숙한 소수민족의 특색 있는 특징에 선택적으로 주의를 기울이기 때문에 이러한 현상이 발생한다고 생각했다. 한 연구에서 뉴질랜드인들에게 중국인과 백인이 혼합된 얼굴 사진을 보여주었다(Halberstadt et al., 2011). 일부 참가자들은 유럽계였고, 다른 이들은 중국계였다. 유럽계의 사람들은 모호한 얼굴을 중국인으로 쉽사리 분류했다(**그림 11.6** 참조).

우리는 사람들을 집단으로 분류할 때 종종 그들의 유사점을 과대평가한다. 다른 사회집단이나 인종집단의 구성원들인 '그들'은 서로 비슷하게 보인다(Rhodes & Anastasi, 2012; Young et al., 2012). 성격과 태도에서도 역시 '우리'는 서로 다르지만, 그들은 실제보다 더 비슷하게 보인다(Bothwell et al., 1989). 자신의 인종 얼굴을 더 잘 인식하는 것을 **다른 인종 효과**(other-race effect, 타인종 효과 혹은 자기인종편파라고도 함)라고 하며, 이는 3~9개월 사이의 유아기 무렵 나타나기 시작한다(Anzures et al., 2013; Telzer et al, 2013).

생생한 사례의 기억 인지심리학자들은 마음에 쉽게 떠오르는 생생한 사례들을 상기하는 과정을 통해 사건의 가능성을 판단한다고 말한다. 고전적인 실험에서, 연구자들은 학생 참여자로 구성된 두 집단에게 50명의 남성에 대한 정보를 담고 있는 목록을 제시하였다. 첫 번째 집단의 목록에는 위조죄와 같은 비폭력 범죄로 체포된 10명의 남성이 포함되었고, 두 번째 집단의 목록에는 폭행과 같은 폭력 범죄로 체포된 10명의 남성이 포함되었다. 추후 두 집단에게 그들의 목록에 얼마나 많은 남성들이 범죄를 저질렀는지를 물었을 때, 두 번째 집단은 실제보다 과대평가했다. 생생한 사례—이 연구에서는 폭력적인 사례—는 쉽게 기억될 수 있고, 우리의 고정관념을 자극한다(**그림 11.7**).

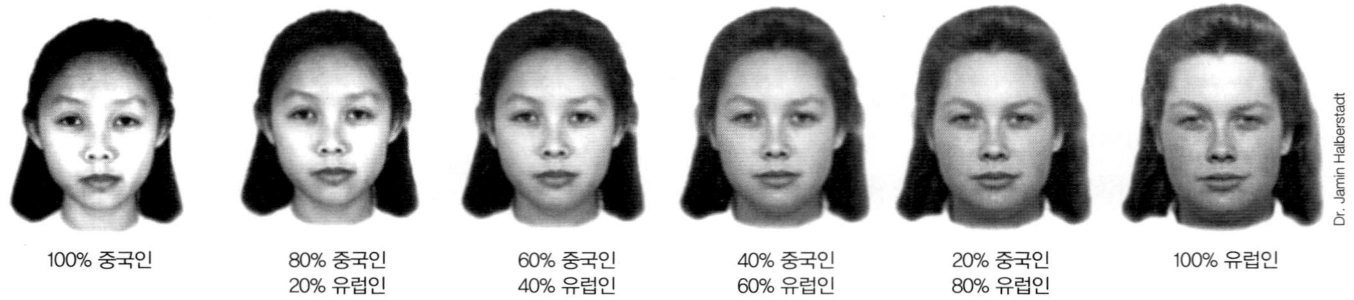
100% 중국인
80% 중국인 20% 유럽인
60% 중국인 40% 유럽인
40% 중국인 60% 유럽인
20% 중국인 80% 유럽인
100% 유럽인

Dr. Jamin Halberstadt

그림 11.6 혼혈 민족 분류 뉴질랜드인들에게 104장의 사진을 인종별로 재빨리 분류하도록 했을 때 중국계 사람들보다 유럽계 사람들이 모호한 가운데 2장의 사진을 중국인으로 더 많이 분류했다(Halberstadt et al., 2011).

공정세계 신념 앞서 언급했듯이 사람들은 종종 희생자를 비난함으로써 편견을 정당화한다. 그들은 세상이 공정하다면, 사람들이 마땅히 받아야 할 것을 얻어야 한다고 생각한다.

사람들은 그들 문화의 사회적 시스템을 정당화하는 기본적인 경향이 있다(Jost et al., 2009; Kay et al., 2009). 있는 그대로의 사물의 모습을 마땅히 그래야 하는 것으로 보는 경향이 있으며, 이러한 자연스러운 보수주의는 민법, 사회보장 또는 의료 개혁과 같은 주요한 사회적 변화의 법제화를 어렵게 만든다. 하지만 그러한 정책들이 일단 시행되면, 우리의 '시스템 정당화'가 그것들을 보존하려는 경향이 있다.

공격성

사회적 관계에서 가장 파괴적인 힘은 **공격성**(aggression)이다. 심리학에서 공격성은 악의적인 루머를 전달하는 것이든, 물리적으로 공격을 하는 것이든, 누군가에게 해를 끼치기 위해 의도된 말이나 신체적인 행동을 의미한다.

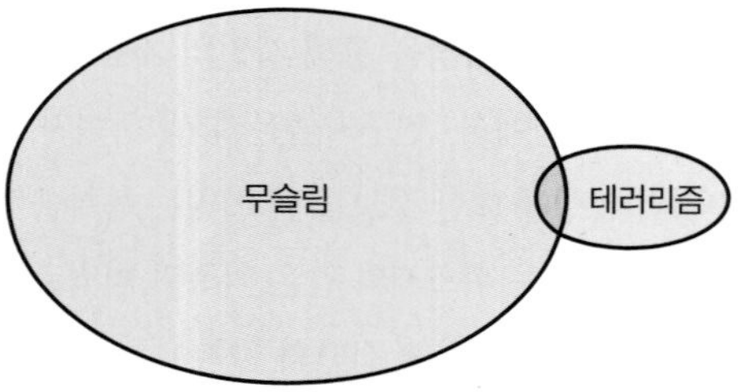
무슬림
테러리즘

그림 11.7 생생한 사례는 고정관념을 자극한다 9/11 무슬림 테러리스트들은 많은 사람들의 마음속에 무슬림들을 테러 용의자로 인식하게 하는 과장된 고정관념을 심어 놓았다. 실제로 테러에 관한 미국국립연구위원회는 이러한 부정확한 현상에 대해 언급하며 대부분의 테러리스트들은 무슬림이 아니고, 거의 대부분의 이슬람교도들은 테러와 아무런 관련도 없고 공감하지도 않는다고 언급하였다(Smelser & Mitchell, 2002).

공격적인 행동은 생물학이 경험과 상호작용할 때 나타난다. 총을 발사하려면 방아쇠를 당겨야 하는데, 어떤 이들은 헤어 트리거(hair-trigger) 총처럼 폭발하는 데 많은 시간이 걸리지 않는다. 먼저 공격적인 행동에 대한 역치에 영향을 미치는 몇 가지 생물학적 요인에 대해 살펴보자. 그런 다음 방아쇠를 당기는 심리적, 사회문화적 요소들을 살펴볼 것이다.

공격성의 생물학

유전자의 영향 유전자는 공격성에 영향을 미친다. 동물들이 때로는 스포츠나 연구를 위해 공격적으로 사육된 경우들을 보면 이를 알 수 있다. 유전자의 영향은 인간 **쌍둥이 연구**에서도 나타난다(Kendler et al., 2015; Miles & Carey, 1997). 만약 일란성 쌍둥이 중 한쪽이

Gilbert Laurie/Getty Images

집에 총을 두는 것이 더 많은 생명을 구하는가, 혹은 앗아가는가? 미국에서 지난 40년 동안 미국 역사상 모든 전쟁에서 사망한 사람들보다도 훨씬 많은 100만 명이 넘는 사람들이 비전쟁 환경에서 총기에 의해 살해당했다. 성별, 인종, 나이, 이웃이 같은 사람들과 비교했을 때, 아이러니하게도 보호 목적으로 가정에 총을 소지하는 사람이 살해될 가능성이 2배 더 높고, 자살 가능성이 3배 더 높다(Anglemyer et al., 2014; Stroebe, 2013). 총기 소유자의 비율이 높은 주나 국가에서는 총기 사망률이 높은 경향이 있다(VPC, 2013).

Karl Ammann/Getty Images

호리호리하고 사악한 싸움닭—테스토스테론을 함유하고 있는 암컷 하이에나 하이에나의 특이한 태생적 속성은 테스토스테론을 암컷 태아에 주입한다는 것이다. 그 결과, 마치 싸우기 위해 태어난 것처럼, 싸움에 재능 있는 어린 암컷 하이에나가 탄생하게 된다.

'난폭한 기질'을 지닌다면, 다른 쌍둥이도 종종 같은 기질을 보일 것이고, 이란성 쌍둥이들은 비슷하게 반응할 가능성이 훨씬 더 적다. 연구자들은 폭력을 자주 저지르는 사람의 유전자 표지나 예측인자를 계속해서 찾고 있다(Ficks & Waldman, 2014). 이미 잘 알려진 Y 염색체는 인류의 절반이 계승하고 있다.

생화학적 영향 유전자는 전기화학적으로 작동하는 개별적인 신경계를 조작한다. 예를 들어 테스토스테론은 혈류를 순환하며 공격성을 제어하는 신경계에 영향을 미친다. 거세를 통해 사나운 황소의 테스토스테론 수치를 감소시키면 온화한 거인이 되고, 거세된 온화한 쥐들에게 테스토스테론을 주입하면 다시 공격적으로 변한다.

인간의 경우, 높은 테스토스테론은 과민성, 자기표현 능력, 충동성 및 좌절에 대한 낮은 내성과 관련이 있다. 이러한 자질들은 사람들이 도발을 당하거나 지위를 놓고 경쟁할 때 다소 공격적인 반응을 보이게 만든다(Dabbs et al., 2001; McAndrew, 2009; Montoya et al., 2012). 10대 소년과 성인 남성 모두에서 높은 테스토스테론 수치는 비행, 약물 중독 및 좌절감에 대한 공격적인 대응과 연관된다(Berman et al, 1993; Dabbs & Morris, 1990; Olweus et al., 1988). 테스토스테론 수치를 현저히 감소시키는 약물은 남성의 공격적인 성향을 억제한다. 남성은 나이가 들수록 테스토스테론 수치와 공격성이 감소한다. 만약, 공격적인 17세 소년에게 호르몬을 투여하게 된다면 그는 조용하고 온화한 70세의 모습으로 성장하게 될 것이다.

혈류 내에서 순환하는 물질 중 하나인 알코올은 때때로 좌절에 대한 공격적인 반응을 촉발한다. 공격적 성향이 있는 사람들은 술을 마실 가능성이 더 높고, 술에 취하면 폭력적으로 될 가능성이 더 높다(White et al., 1993). 국가 범죄 자료에 따르면 러시아 살인자의 73%와 미국 살인자의 57%가 알코올의 영향을 받는 것으로 나타났다(Landberg & Norström, 2011). 알코올의 효과는 생물학적이면서도 심리학적이다. 단지 술을 마시고 있다는 생각만으로도 공격성이 증가할 수 있지만(Bègue et al., 2009), 알코올이 가미된 음료를 알코올에 대한 자각 없이 모르고 마실 수도 있다.

신경계의 영향 뇌에서 공격성을 통제하는 특정 영역은 존재하지 않는다. 공격성은 복잡한 행동이며, 특정한 맥락에서 발생한다. 그러나 인간과 동물의 뇌는 자극을 주었을 때 공격을 억제하거나 촉진하는 신경계를 가지고 있다(Dambacher et al., 2015; Denson, 2011; Moyer, 1983). 다음의 사항을 고려해보자.

- 연구자들은 원숭이 집단의 지배적인 지도자의 뇌에 무선 조종 전극을 이식했다. 자극을 받았을 때 공격성을 억제하는 뇌 영역에 전극을 이식해 놓았는데, 연구자들이 원숭이의 우리 안에 전극을 제어하는 버튼을 두자, 한 작은 원숭이는 지도자가 험악해질 때마다 그 버튼을 누르는 것을 학습했다.
- 한 신경의가 장애의 진단을 목적으로 온화한 성격을 가진 여자의 뇌에 전극을 이식했다. 전극은 변연계의 편도체에 이식되었는데, 뇌에는 감각수용기가 없기 때문에 그녀는 어떠한 자극도 느끼지 못했다. 그러나 스위치를 켜는 순간, 그녀는 "지금 당장 내 혈압을 측정해"라며 으르렁거렸고, 일어나서 의사를 때리기 시작했다.
- 폭력 범죄자들에 대한 연구에 따르면, 전두엽의 활동 감소가 충동 조절에 도움이 된다. 만약 전두엽이 손상되거나, 활동이 중단되거나, 연결이 끊어지거나, 완전히 성숙하지 않은 경우라면, 공격 가능성은 더 커질 수 있다.

공격성에 대한 심리적이고 사회-문화적인 영향들

혐오적 사건 고통은 때로는 인격을 형성한다. 한 실험실 연구에서 고통이 사람들을 비참하게 만들었는데, 이 반응을 **좌절-공격성 원리**(frustration-aggression principle)라고 한다. 좌절은 분노를 유발하여 공격성을 내보일 수 있다. 1960~2004년 사이에 발생한 27,667번의 몸에 맞는 공에 대한 메이저 리그 야구 분석은 이를 잘 보여준다(Timmerman, 2007). 투수들이 공으로 타자를 맞출 가능성은 다음의 상황에서 가장 높았다.

- 이전의 타자가 홈런을 친 것에 대한 좌절감을 느낄 때
- 현재의 타자가 마지막 타석에서 홈런을 쳤을 때

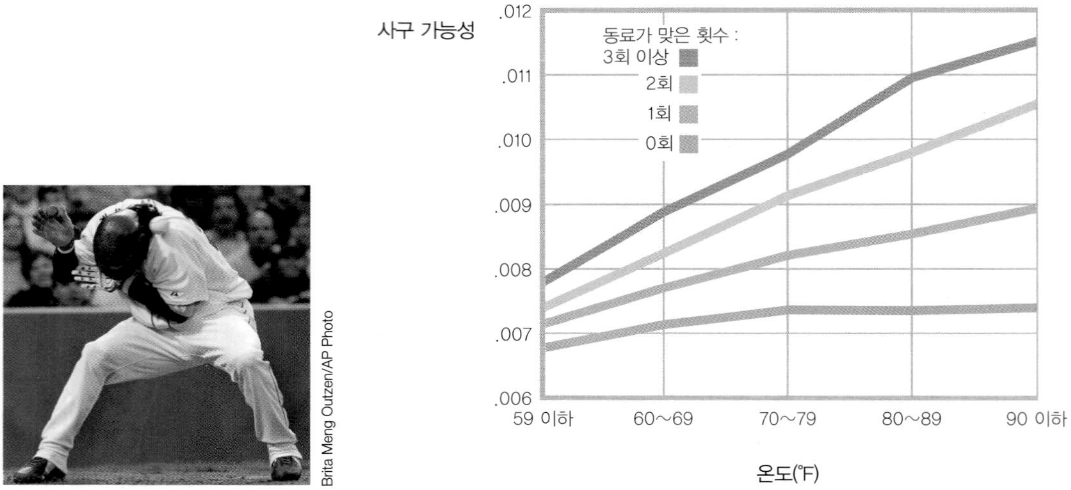
사구 가능성
.012
.011
.010
.009
.008
.007
.006
동료가 맞은 횟수 :
3회 이상
2회
1회
0회
59 이하
60~69
70~79
80~89
90 이하
온도(°F)
Brita Meng Outzen/AP Photo

그림 11.8 온도와 보복 리처드 래릭(Richard Larrik)과 그의 동료(2011)들은 1952년부터 개최된 57,293회의 메이저리그 경기에서 펼쳐진 4,566,468회의 투수-타자대응 동안 투수가 공으로 타자를 맞추는 사건들을 검토했다. 사구율은 같은 팀 동료가 한 번 이상 맞거나 기온이 올라감에 따라 높아졌다.

- 이전의 하프이닝(half-inning)에서 동료 투수가 맞았을 때

또한 높은 온도, 신체적 통증, 개인적 모욕, 악취, 담배 연기 및 과밀 등의 다른 혐오스러운 자극들도 분노를 유발할 수 있다. 사람들은 흥분하게 되면 더욱 공격적으로 생각하고, 느끼고, 행동하게 된다. 야구 경기에서 온도가 높아질수록 사구(hit batter)의 수가 증가한다(Reifman et al., 1991; **그림 11.8** 참조). 그리고 더 넓은 세계적 관점에서, 많은 연구들은 역사를 통틀어 더 높은 기온이 폭력 범죄, 배우자 학대, 전쟁 및 혁명을 증가시킬 것으로 예측했다(Anderson et al., 1997; Hsiang et al., 2013). 활용 가능한 자료에 근거한 한 가지 예측은 화씨 4도의 지구 온난화(약 섭씨 2도)가 수만 건의 추가적인 폭행과 살인을 유발할 수 있다는 것이다(Anderson et al., 2000; Anderson & Delisi, 2011).

강화와 모델링 공격성은 혐오스러운 사건들에 대한 자연스러운 반응일 수도 있지만, 학습은 이러한 자연스러운 반응들을 바꿀 수 있다. 제6장에서 지적한 것처럼, 행동에 대한 강화와 타인 관찰을 통해 학습한다. 공격이 다른 아이들을 충분히 위협하는 것을 경험한 아이는 다른 사람을 괴롭히는 사람으로 성장할 수 있다. 먹이나 짝을 얻기 위한 싸움이 성공적이었던 동물들은 갈수록 더 사나워진다. 친절하고 온화한 세상을 만들기 위해 부모들에게 자녀에 대한 훈육에서 비폭력적 방식의 훈육 방법을 훈련시킴으로써, 아이들은 어려서부터 최상의 모델링과 보상민감성의 협력을 받을 수 있게 된다.

폭력적인 방식 대신에 부모들은 바람직한 행동을 강화하고 긍정적인 말로 표현해야 한다. ("만약 식기세척기에 그릇을 넣지 않았다면 놀 수 없어." 대신에 "만약 네가 식기세척기에 그릇을 다 넣었으면 나가서 놀 수 있어.")

> 왜 사람들을 죽이는 것이 옳지 않다는 것을 보여주기 위해 살인자를 죽이는가?
>
> 사형제도 폐지를 위한 국가연합(1992)

폭력에 대한 미디어 모델 부모만이 공격적인 모델이 되는 것은 아니다. TV쇼, 영화, 비디오 게임 및 인터넷은 미국 전역에서 폭력의 극대화된 모습을 제공한다. 반복적으로 화면의 폭력적인 장면을 보는 것은 학대에 덜 민감하게 만드는 경향이 있다(Montag et al., 2012). 또한 화가 났을 때 공격적으로 대응할 수 있도록 준비시키며, 어떻게 행동할지에 대해 문화적으로 제공하는 정신적 파일인 사회적 스크립트를 가르친다. 스스로 새로운 상황에 처하거나, 어떻게 행동해야 할지 불확실할 경우 이런 방식으로 습득한 **사회적 스크립트**(social scripts)에 의존하게 된다. 많은 액션 영화를 본 후에 사춘기 소년들은 일상생활의 갈등에 직면했을 때 어떻게 해야 할지에 대한 스크립트를 얻을 것이다. 100개 이상의 연구 결과에서 사람들은 때때로 그들이 본 것을 모방한다고 한다. 또한 위험한 운전, 극한 스포츠, 보호되지 않은 섹스 등 위험을 자극하는 행동을 보는 것은 시청자의 실제 위험을 증가시킨다(Fischer et al., 2011).

음란물의 성적 스크립트에는 중독성이 있을 수 있으며, 반복적으로 음란물을 보는 것은 성적인 공격성이 덜 심한 것으로 느끼게 한

다(Harris, 1994). 한 실험에서 학부생들은 매주 6주 동안 6편의 짧은 성적으로 노골적인 영화를 보았고(Zillmann & Bryant, 1984), 통제집단은 같은 6주 동안 성적인 내용이 없는 영화를 보았다. 3주 후 두 집단은 히치하이커를 강간한 혐의로 유죄 판결을 받은 한 남자에 대한 신문 기사를 읽고 적당한 형량을 결정하라고 했을 때 성적으로 노골적인 영화를 본 참가자들은 통제집단이 제안한 형량의 반에 해당하는 형량을 제시했다.

비폭력적인 성적 내용은 성적 태도와 관련된 공격성에 영향을 미치는 것에 반해, 폭력적인 성적 내용은 실제로 여성에게 공격적인 행동을 하기 위한 준비 태세를 증가시킬 수 있다. 많은 대중의 의견과 달리 그러한 장면을 보는 것은 억제된 충동에 대한 출구를 제공하지 않는다. 오히려, "단기 효과를 측정하는 실험실 연구에서, 폭력적 음란물에 노출되면 여성에 대한 처벌 행위가 증가한다."

이보다 영향력이 미약할 수는 있지만 비폭력적인 음란물도 공격성에 영향을 줄 수 있다. 한 연구는 음란물이 파트너를 향한 공격성에 미치는 영향을 조사했다. 그 결과는 어땠을까? 음란물을 소비하는 행동은 자기보고된 공격성과 실험실에서 파트너에게 소리를 지르려는 참가자의 의지를 모두 예측했다(Lambert et al., 2011). 습관적인 음란물 소비를 끊음으로써 공격성을 감소시킬 수 있었다.

폭력적 비디오 게임은 폭력에 대한 사회적 스크립트를 가르쳐주는가? 북미, 서유럽, 싱가포르, 그리고 일본에서 이루어진 실험에서 긍정적 게임을 하는 것은 긍정적 효과가 있는 것으로 나타났다(Greitemeyer & Osswald, 2010, 2011; Prot et al., 2014). 예를 들어 다른 사람을 돕는 것이 목표인 레밍(Lemmings) 게임을 하는 것은 실제 생활에서 타인에 대한 도움행동을 증가시킨다. 이처럼 폭력적인 게임을 한 후에도 동일한 효과가 나타날까? 10대 청소년들이 20여 개 이상의 장소에서, 그들이 자주 하던 슈팅게임(shooter games)에 등장하는 대학살을 모방하는 행동을 보인 이후 폭력적인 비디오 게임은 공공의 논쟁거리가 되었다(Anderson, 2004, 2013).

2002년 미시간주에 사는 3명의 젊은이들은 밤에 맥주를 마시고 Grand Theft Auto III 게임을 했다. 그들은 시뮬레이션 된 차량을 타고, 보행자를 친 후 주먹으로 때리고 피범벅이 된 시체로 만들었다(Kolker, 2002). 그리고 이 젊은이들은 진짜로 운전을 했고, 운전하던 차로 자전거를 타고 있는 38세의 남성을 치고, 차에서 내려 그를 밟고 때렸다. 그리고 다시 게임을 하려고 집으로 돌아왔다. 세 아이의 아버지인 피해자는 6일 후 죽었다.

이러한 폭력의 모방은 의문점을 제기한다. 공격적인 역할을 자주 하는 것은 어떠한 영향을 미치는가? 이것이 청소년들을 폭력에 덜 민감하고, 폭력적인 행동에 더 개방적으로 만드는 것일까? 13만 명을 대상으로 한 약 400개의 연구가 이에 대한 답을 준다(Anderson et al., 2010a). 비디오 게임은 공격적인 생각을 하게 하고, 공감을 감소시키고, 공격성을 높일 수 있다. 폭력적인 비디오 게임을 하는 데 대부분의 시간을 보내는 청소년들과 대학생들은 다른 사람을 때리거나 공격을 더 많이 하는 것처럼 신체적으로 공격적인 경향을 보였다(Anderson & Dill, 2000; Exelmans et al., 2015). 그리고 신음하는 피해자들이 나오는 잔인한 살인 게임에 무선적으로 배정된 사람들은 비폭력적인 미스트(Myst) 게임을 하는 것보다 더 적대적이었다. 또한 후속 과제에서 친구에게 크게 소리를 지를 가능성이 더 높았다. 어린 청소년에 관한 연구는 폭력적인 비디오 게임을 많이 한 청소년들은 세상을 더 적대적으로 본다는 것을 밝혔다(Gentile, 2009; Hasan et al., 2013). 게임을 하지 않은 아이들보다 더 많은 말다툼과 싸움을 하게 되고, 성적이 더 나빴다.

그런데 이런 결과는 선천적으로 적대적인 아이들이 폭력적인 게임에 끌려서 그런 것일까? 명백하게 아니다. 적대성이 낮은 아이 중 게임하는 아이들과 게임하지 않은 아이들을 비교하면 싸움의 횟수에서 차이가 있다. 폭력적 게임을 한 10명 중 약 4명이 싸움을 했다.

Andrew Berwick via www.freak.no/Reuters/Landov

우연의 일치 또는 원인? 2011년 노르웨이의 아네르스 베링 브레이비크(Anders Behring Breivik)은 오슬로에 있는 정부 건물을 폭파하고 청소년 캠프에 가서 69명을 총으로 쏘아 죽였는데, 대부분 10대였다. 브레이비크는 1인칭 슈팅게임을 한 플레이어로서, "훈련의 일부로 다른 어떤 것보다 '모던 워페어 2'를 많이 본다"고 말하면서 논쟁을 불러일으켰다. 그가 폭력적인 게임을 한 것이 2012년 코네티컷주 뉴타운의 1학년 아이들의 집단 살인에 일조하였는가 아니면 단순한 우연의 일치인가? 이러한 문제를 탐색하기 위해 심리학자들은 실험한다.

폭력적 게임을 하지 않은 아이들은 100명 중 4명만이 싸움을 했다(Anderson, 2004). 더 능동적으로 참여하고 게임을 통해 폭력성을 획득할 수 있게 되므로 폭력적인 비디오 게임이 폭력적인 TV 프로그램과 영화보다 공격적인 행동과 인지에 훨씬 더 큰 영향을 미친다고 믿는다(Anderson & Warburton, 2012).

다른 연구자들은 이러한 연구 결과를 달가워하지 않는다(Ferguson, 2014, 2015). 1996년부터 2006년까지 청소년 폭력은 감소한 반면 비디오 게임 판매량은 증가했다고 지적한다. 우울증, 가정 폭력, 또래 영향과 같은 다른 요인들이 공격성을 더 잘 예측한다고 주장한다. 게임을 통해 얻는 재미는 유능함, 통제력, 사회적 유대감에 관한 기본적인 욕구를 충족시킬 수 있다(Granic et al., 2014).

요약하자면, 여러 연구 결과는 공격적인 행동에 대한 생물학적, 심리학적, 사회학적 영향을 보여준다. 폭력을 포함한 복잡한 행동들은 많은 원인이 있기 때문에 어느 하나만으로 설명하는 것은 지나친 단순화이다. 따라서 무엇이 폭력을 일으키는지 묻는 것은 암을 유발하는 원인을 묻는 것과 같다. 생물학, 심리학, 그리고 사회 환경의 다양한 측면은 상호작용한다. 다른 많은 것들과 마찬가지로, 공격성도 일종의 생물심리사회적인 현상이다.

다행스러운 결론을 말하자면, 역사적인 추세는 시간이 지나면서 덜 폭력적으로 되어 가고 있음을 시사한다(Pinker, 2011). 시간이 지남에 따라 사람들은 달라지고, 환경도 변한다. 어제의 약탈자인 바이킹들은 오늘의 평화를 약속하는 스칸디나비아 사람들이 되었다. 이와 같이, 공격성은 사람과 상황의 상호작용에서 비롯된다.

매력

잠깐 멈추고 당신과 가까운 친구, 그리고 사랑하는 사람과의 관계에 대해 생각해보라. 이러한 특별한 종류의 애착은 다른 모든 관계들에 대처하는 것을 돕는다. 우리를 함께 묶어주는 심리화학적 물질은 무엇일까? 사회심리학은 몇 가지 답을 제시한다.

매력의 심리학

근접성 우정이 가까워지기 전에, 그들은 시작해야 한다. 근접성—지리적 근접성—은 우정의 가장 강력한 예측변수이다. 다른 사람과 가까이 있는 것은 우리에게 공격성의 기회를 주지만 호감을 훨씬 더 많이 불러일으킨다. 연구 결과에 따르면 사람들은 주로 근처에 있는 사람들을 좋아하고 심지어 결혼하는 경향성이 있음을 보여준다. 우리는 같은 지역에 살고 있는 사람에게, 교실에서 근처에 앉아 있고, 같은 사무실에서 일하고, 같은 주차장을 공유하고, 같은 식당에서 밥을 먹는 사람에게 끌린다. 주위를 둘러보라. 결혼은 만남으로부터 시작된다.

근접성은 부분적으로 **단순노출효과**(mere exposure effect)로 인해 호감을 유발한다. 새로운 자극에 반복적으로 노출되면 우리는 그들에게 더 호감이 생기게 된다. 3개월쯤 된 유아들은 흔히 볼 수 있는, 즉 같은 인종의 사진을 더 선호한다(Kelly et al., 2007). 단순노출이 많아질수록 익숙한 얼굴뿐만 아니라 아무 의미 없는 음절, 선곡, 기하학적 도형, 중국어 그리고 우리 이름의 글자도 좋아진다(Moreland & Zajonc, 1982; Nuttin, 1987; Zajonc, 2001). 사람들은 심지어 자신의 이름이나 성과 비슷한 사람과 결혼할 가능성도 높다(Jones et al., 2004).

따라서 특정 범위 내에서 친숙함은 호감을 낳는다(Bornstein, 1989, 1999; Finkel et al., 2015b). 연구자들은 동등하게 매력적인 4명의 여성을 0, 5, 10, 15회씩 200명의 학생이 수강하는 수업에 몰래 출석하게 함으로써 이것을 증명했다(Moreland & Beach, 1992). 이 과정이 끝나고, 학생들은 각 여성들의 슬라이드를 보고 그녀들의 매력을 평가했다. 누가 가장 매력적인가? 가장 자주 본 사람들이었다. 이는 여자친구에게 자신과 결혼해달라고 설득하는 700통 이상의 편지를 쓴 젊은 대만 남성에게는 전혀 놀랄 만한 일이 아니다. 그녀는 집배원과 결혼을 했다(Steinberg, 1993).

Jeffrey Mayer/Getty Images

누가 소피아 베라가인가? 단순노출효과는 스스로에게도 적용된다. 인간의 얼굴은 완벽하게 대칭적이지 않고, 거울로 보는 자신은 친구들이 보는 것과 같지 않기 때문이다. 우리는 대부분 익숙한 거울상을 선호하지만, 친구들은 그 반대를 좋아한다(Mita et al., 1977). 소피아 베라가라는 배우는 매일 아침 거울에 오른쪽 사진의 얼굴이 보여지는데, 이 사진이 아마 그녀가 더 좋아하는 모습일 것이다. 우리는 역방향의 사진(왼쪽)이 더 편안하게 느껴질 수도 있다.

William Haefeli/The New Yorker Collection/Condé Nast
"우리가 잘 어울릴 거라고 생각하는 알고리즘을 만나고 싶어요."

"그가 어떻게 몸을 굽히는지 좀 봐…
그리고 그의 손가락 마디를 끌고가는
사랑스러운 방식! 그리고 튀어나온
턱뼈! 그는 정말 완벽하지 않니?"
By permission of Leigh Rubin and Creators Syndicate, Inc.
네안데르탈인이 사랑에 빠졌을 때.

현대의 중매 만약 당신이 당신과 가까운 곳에서 낭만적인 파트너를 찾지 못했다면, 더 넓은 그물을 던지는 것은 어떤가? 매년 약 3,000만 명의 사람들이 1,500개의 온라인 만남 사이트 중 하나에서 사랑을 찾는다(Ellin, 2009). 온라인 중매는 대부분 잠재적인 짝들의 영역을 확장해주는 것처럼 보인다(Finkel et al., 2012a, b).

온라인 중매 서비스가 얼마나 효과적인가? 직접 만나는 방식과 비교해서, 인터넷을 통해 하는 결혼은 평균적으로 더 행복하고 별거와 이혼 비율이 더 낮은 경향이 있다(Cacioppo et al., 2013). 한 조사에서 미국 내 1일 500건 이상의 결혼을 가능하게 하는 선두적인 온라인 중매쟁이를 발견하는 것은 크게 놀랄 일이 아니다(Harris Interactive, 2010). 한 추정에 따르면, 온라인 만남은 현재 미국 결혼의 약 1/5을 차지하고 있다(Crosier et al., 2012).

만남 사이트들은 특성 정보를 수집하지만, 이 정보는 장기적인 관계를 성공적으로 만드는 것의 일부분만을 차지한다. 게다가, 연구자들에 따르면, 정보는 두 사람이 서로를 알게 된 후에야 비로소 나타난다는 것이다. 예를 들면 어떻게 그들이 소통하고, 불일치를 해결하는지와 같은 것들이다(Finkel et al., 2012a, b). 회의론자들은 통제된 연구를 요구하고 있다. 온라인 중매가 실제로 효과가 있다는 것을 실험으로 입증하기 위해서는 두 집단으로 나뉘어야 한다. 실험집단은 만남 사이트의 중매 공식을 통해 연결된다. 통제집단은 무작위로 선별된 정보를 이용하여 연결시킨다. 만일 만남 사이트의 공식이 효과가 있다면, 특별한 중매 소스를 맛본 실험집단은 가장 행복한 관계를 즐기게 될 것이다.

스피드 데이트(speed dating)는 빠른 속도로 사랑을 찾게 한다. 사람들은 직접 또는 웹캠을 통해 일련의 예비 배우자들을 만나게 된다(Bower, 2009). 3~8분 정도의 대화를 나눈 후에 다음 사람으로 이동한다. (직접적인 이성 간의 만남에서, 한 집단—대개 여성—은 다른 한 집단이 돌아가는 동안 자리에 앉아 있는다.) 다시 만나기를 원하는 사람들은 다음의 만남을 위해 준비할 수 있다.

연구자들은 스피드 데이트가 낭만적인 연인이 될 사람들의 첫인상에 관한 연구를 하는 데 독특한 기회를 준다는 것을 신속히 깨달았다. 최근에 발견된 결과는 다음과 같다.

- 거절당하는 것을 두려워하는 사람들은 종종 거절을 야기한다. 종종 거절을 두려워하는 사람들은 3분의 스피드 데이트 후 다음 데이트에 가장 적게 선택되었다(McClure & Lydon, 2014).
- 더 많은 선택권이 주어지면 사람들은 더 피상적인 선택을 하게 된다. 그들은 키나 몸무게 같이 더 쉽게 평가되는 특성에 초점을 맞추고 있다(Lenton & Francesconi, 2010, 2012). 이는 심지어 연구자들이 각 파트너와 보내는 시간을 통제했을 때도 마찬가지였다.
- 남자들은 앞으로 더 많은 스피드 데이트 상대와 만나고 싶어 한다. 여자들은 더 까다롭게 구는 경향이 있다. 이러한 성별 차이는 관습적인 역할이 뒤바뀌면서 사라지게 되어, 여성들이 이동하는 동안 남성들은 계속 앉아 있는다(Finkel & Eastwich, 2009).

신체적 매력 즉 근접성이 만남을 제공하는 것이다. 첫인상에 가장 영향을 미치는 것은 무엇인가? 그 사람의 진실성인가, 지성인가, 혹은 성격인가? 정답은 신체적 외모이다. 이 발견은 '아름다움은 피상적인 것일 뿐이다' 그리고 '겉모습만으로 판단할 수 없다'고 배운 우리들을 불안하게 한다.

이전의 한 연구에서, 연구자들은 환영 주간 춤(Welcome Week dance)을 위해 새로운 학생들을 무작위로 짝지었다(Walster et al., 1966). 춤을 추기 전에, 연구자들은 각 학생들에게 성격검사와 적성검사를 실시하여 각 학생들의 신체적 매력을 평가했다. 커플들은 서로를 모르는 상태에서 2시간 이상 춤을 추고 이야기를 나누었고, 데이트 상대를 평가하기 위해 잠시 휴식을 취했다. 어떤 것이 서로를 마음에 들게 했는가? 단 한 가지가 중요해 보였다. 외모다. 여성과 남성 모두 예쁘고 잘생긴 상대를 가장 좋아했다. 여성들은 남성들보다 상대방의 외모가 자신에게 영향을 미치지 않는다고 말하는 경향이 있다(Jonason et al., 2015; Lippa, 2007). 그러나 연구에 따르면 남성의 외모가 여성의 행동에 영향을 미쳤다(Eastwick et al, 2014a,b). Tinder swipes와 같은 스피드 데이트 실험에서 매력은 남녀 모두의 첫인상에 영향을 미친다(Belot & Francesconi, 2006; Finkel & Eastwick, 2008).

또한 신체적 매력은 얼마나 자주 데이트를 하고 얼마나 인기를 느끼는지를 예측한다. 우리는 매력적인 사람들을 더 건강하고, 더 행복하고, 더 세심하고, 더 성공적이고, 사회적으로 더 노련한 사람들로 인식한다(Eagly et al., 1991; Feingold, 1992; Hatfield & Sprecher, 1986). 매력적이고 잘 차려 입은 사람들은 종종 예비 고용주들에게 긍정적인 인상을 주며, 그들은 직장에서 더 많은 성공을 경험하는 경향이 있다(Cash & Janda, 1984; Langlois et al., 2000; Solomon, 1987). 직장에서는 아름다움에 대한 프리미엄이 있고, 평범함과 비만에 대한 페널티가 있다(Engemann & Owyang, 2005).

외모의 중요성을 불공평하고 근시안적이라고 느끼는 우리들은 세 가지의 다른 발견들로 인해 안심할 것이다.

- 첫째, 사람들의 매력은 놀랍게도 그들의 자부심과 행복과는 무관한 것으로 보인다(Diener et al., 1995; Major et al., 1984). 우리 자신을 굉장히 매력적인 사람들과 비교하지 않는 한, (어쩌면 감사하게도 단순노출효과로 인해) 극소수만이 자신을 매력적이지 않은 사람으로 본다(Thornton & Moore, 1993).
- 둘째, 눈에 띄게 매력적인 사람들은 때때로 자신의 일에 대한 칭찬이 자신의 외모에 대한 반응일 뿐이라고 의심하기도 한다. 덜 매력적인 사람들이 칭찬을 더 진심으로 받아들일 가능성이 많다(Berscheid, 1981).
- 셋째, 연인이 되기 전에 친구였던 커플들의 경우—첫 만남 이후 오랫동안 사귀어온—외모가 덜 중요했다(Hunt et al., 2015). 천천히 만들어진 사랑은 외모보다 공통관심사가 더 중요하다.

'자신의 외모에 대해 끊임없이 생각하는' 남성과 여성의 비율

	남성	여성
캐나다	18%	20%
미국	17	27
멕시코	40	45
베네수엘라	47	65

출처 : 로퍼 스타치 조사(McCool, 1999)

아름다움은 또한 문화적인 시선에 따라 달라진다. 매력적으로 보이기를 바라는 전 세계 사람들은 몸을 뚫고, 문신을 하고, 목을 길게 하고, 발을 묶고, 인공적으로 피부와 머리카락을 밝게 하거나 어둡게 한다. 또한 문화적 이상은 시간이 지나면서 변한다. 1950년대 미국에서는 부드럽고 육감적인 메릴린 먼로가 이상적이었지만, 오늘날은 야위었지만 가슴이 풍만한 이상형으로 바뀌었다.

시간과 장소를 초월하는 이성적 매력이 있을까? 그렇다. 제4장에서 언급했듯이, 호주에서 잠비아에 이르는 많은 문화권의 남성들은 젊고 자식을 잘 낳을 수 있을 것 같은 외모, 허리-엉덩이 비율이 낮은 여성들이 더 매력적이라고 판단한다(Karremans et al., 2010; Perilloux et al., 2010; Platek & Singh, 2010). 여성들은 건강하게 보이는 남성에게 매력을 느끼는데, 특히 배란기에 더 성숙하고, 지배적이며, 남성적이고, 부유해 보이는 사람들에게 더욱 매력을 느낀다(Gallup & Frederick, 2010; Gangestad et al., 2010). 그러나 얼굴도 중요하다. 사람들이 이성의 얼굴과 몸을 나누어서 평가할 때, 얼굴은 전체 신체적 매력의 더 유용한 예측변수가 되는 경향이 있다(Currie & Little, 2009; Peters et al., 2007).

또한 감정은 매력 판단에 영향을 미친다. 두 사람을 상상해보라. 한 사람은 정직하고, 유머 있고, 예의 바르다. 다른 한 사람은 무례하고, 편파적이고, 폭력적이다. 누가 더 매력적인가? 대부분의 사람들은 매력적인 특성을 지닌 사람이 더 매력적이라고 인식한다(Lewandowski et al., 2007). 아니면 당신의 생각과 감정에 귀 기울이지 않는 것보다 당신의 이야기를 잘 들어 주는 낯선 이성과 짝지어진 것을 상상해보라. 만약 당신이 이성애자라면, 그 사람으로부터 성적 매력의 짜릿함을 느낄 수 있을 것인가? 여러 실험에서 학생 참여자들은 그러했다(Birnbaum & Reis, 2012). 우리의 감정은 우리의 지각에 영향을 미친다.

로저스와 해머스타인의 뮤지컬에서 차밍왕자는 신데렐라에게 "당신이 아름답기 때문에 내가 당신을 사랑하는 건가요? 아니면 내가 당신을 사랑하기 때문에 당신이 아름다운 것인가요?"라고 묻는다. 가능성은 둘 다 있다. 사랑하는 사람을 계속해서 볼 때, 그들의 신체적 결함을 덜 알아채고 그들의 매력은 점점 더 분명해진다(Beaman & Klentz, 1983; Gross & Crofton, 1997). 셰익스피어는 한여름 밤의 꿈에서 이렇게 말했다. "사랑은 눈으로 보는 것이 아니라 마음으로 보는 것이다." 누군가를 사랑하고 아름다움이 자라나는 것을 보러 오라.

유사성(similarity) 그래서 당신은 누군가를 만났고, 당신의 외모

는 괜찮은 첫인상을 남겼다. 그렇다면 친구를 사귀는 데는 무엇이 영향을 미치는가? 서로를 알아갈 때, 당신과 비슷한 사람 혹은 비슷하지 않은 사람 중에서 누구와 더 궁합이 잘 맞을까?

아놀드 로벨(Arnold Lobel)의 책에서 개구리와 두꺼비, 트와일라잇 시리즈의 에드워드와 벨라는 극단적으로 서로 다른 종류의 것을 좋아하거나 사랑하는 좋은 예시이다. 이 이야기들은 우리가 거의 경험하지 못하는 것을 표현함으로써 우리를 기쁘게 해준다. 현실에서는, 그 반대이다(Montoya & Horton, 2013; Rosenbaum, 1986). 우리는 주로 같은 성향을 가진 사람들끼리 함께 모인다. 무작위로 짝을 지어 놓은 사람들에 비해서 친구들과 연인들은 태도와 신념, 그리고 관심사들을 공유할 가능성이 훨씬 더 높다. 나이, 종교, 인종, 교육, 지능, 흡연행동, 그리고 경제적 지위도 그러하다.

© Mirjam Letsch/Alamy · © Danita Delimont/Alamy · Ingram Publishing/Getty Images

'매력적인' 것은 무엇인가? 그에 대한 대답은 문화와 시간이 지남에 따라 다르다. 그러나 건강한 외모와 대칭적인 얼굴과 같은 성인의 몇몇 신체적 특징들은 어디에서나 매력적으로 보인다.

John Shearer/Getty Images · Bennett Raglin/Getty Images

파격적인 변신 부유하고, 아름다움을 중요시하는 문화에서는, 리얼리티 TV스타 카일리 제너처럼 점점 더 많은 사람들이 자신의 외모를 바꾸기 위해 성형 수술을 받는다.

호감에 영향을 미치는 것은 근접성, 매력, 그리고 유사성뿐만이 아니다. 자신을 좋아하는 사람들을 좋아한다. 이것은 특히 자아상이 낮을 때 그렇다. 자신과 비슷한 사람을 믿을 때 기분이 좋아지고 따뜻하게 반응하게 된다. 우리의 따뜻한 반응은 그들이 우리를 더욱 좋아하게 만든다(Curtis & Miller, 1986). 호감을 사는 것은 아주 보람 있는 일이다.

사실 지금까지 살펴본 내용은 매력에 관한 간단한 보상 이론으로 설명할 수 있다. 우리의 목표를 달성하는 데 도움을 줄 수 있고, 기꺼이 도와주는 사람들을 포함하여 우리에게 만족감을 주는 사람들을 좋아할 것이다(Montoya & Horton, 2014). 가까운 곳에 살거나 일하는 사람들과는 더 적은 시간과 노력으로 우정을 발전시키고 그 혜택을 누릴 수 있다. 매력적인 사람들은 심미적으로 즐거우며, 그들과의 만남은 사교적으로 만족스러울 수 있다.

낭만적인 사랑

열정적 사랑 **열정적 사랑**(passionate love)의 핵심 요소는 각성이다. 정서의 2요인 이론(제9장)은 우리가 다른 사람에게 완전히 흡수된 강렬하고 긍정적인 감정 상태를 이해하는 데 유용하다(Hatfield, 1988). 이 이론은 다음의 두 가정을 전제로 한다.

- 감정에는 육체적 흥분과 인지적 평가라는 두 가지 요소가 있다.
- 각성은 우리가 어떻게 해석하고 꼬리표를 붙이느냐에 따라 감정을 향상시킬 수 있다.

한 유명한 실험에서, 연구자들은 브리티시컬럼비아주의 카필라노강 위에 있는 흔들리는 두 다리를 건너는 사람들을 연구했다(Dutton & Aron, 1974, 1989). 하나는 바위 위 70m에 위치해 있고, 다른 하나는 낮고 튼튼했다. 연구에서 매력적인 젊은 여성들이 각 다리에서 내려오는 사람들에게 짧은 설문지를 작성해달라고 요청했다. 그리고 연구에 대해 더 듣고 싶은 경우를 위해 그녀의 전화번호를 주었다. 어떤 남자가 번호를 받은 후 여성에게 전화를 했을까? 높은 다리를 막 건너서 심장이 뛰는 사람들이 훨씬 더 많이 전화를 했다. 각성된 상태와 호감 가는 사람과의 연결되는 경험을 하는 것은 열정을 끌어당긴다. 아드레날린은 좋아하는 마음이 커지도록 만든다. 성적 욕망 + 증가하는 애정 = 낭만적 사랑에 대한 열정.

"두 사람이 가장 난폭하고, 가장 미쳤으며, 가장 망상적이고, 가장 일시적인 열정의 영향을 받을 때, 그들은 죽을 때까지 계속해서 이러한 흥분되고 비정상적이고 지치는 상태를 유지할 것이라고 맹세한다."

George Bernard Shaw, *Getting Married*(1908)

우애적 사랑(동료애, 동반자적 애정) 열렬한 낭만적인 사랑은 좀처럼 지속되지 않는다. 일반적으로 다른 한쪽으로의 강렬한 몰입, 사랑의 전율, '구름 위를 떠다니는' 아찔한 감정은 점차 누그러진다. 프랑스 사람들의 '사랑은 시간을 지나가게 하고 시간은 사랑이 떠나게 한다'라는 말이 옳은가? 사랑이 성숙함에 따라 일반적으로 더 안정된 **동료애**(companionate love)—깊고 애정 어린 애착이 형성된다(Hatfield, 1988). 지나가는 폭풍처럼, 열정을 붓는 호르몬인 테스토스테론, 도파민, 아드레날린이 길을 튼다. 그러나 또 다른 호르몬인 옥시토신이 남아 신뢰감, 평온함, 그리고 배우자와의 유대감을 뒷받침한다. 가장 만족스러운 결혼생활은 매력과 성적 욕망은 지속되고 연애 초기 단계의 집착이 없어지는 것이다(Acevedo & Aron, 2009).

적응적 지혜가 열정에서 애착으로 변화시키는 것일 수도 있다(Reis & Aron, 2008). 열정적인 사랑의 결과 종종 자녀가 생기기도 하는데, 자녀가 생존하려면 부모가 서로에 대한 집착이 약해지는 것이 도움이 된다. 열정적인 사랑의 제한된 반감기를 깨닫지 못하면 관계가 파괴될 수 있다(Berscheid et al., 1984).

만족스럽고 지속적인 관계를 유지하기 위한 한 가지 핵심은 양측 파트너가 자신이 주는 것에 비례한 것을 받을 수 있다고 느끼는 **형평성**(equity)이다(Gray-Little & Burks, 1983; Van Yperen & Buunk, 1990). 한 국가 조사에서 '가사일을 분배하는 것'은 미국인들의 성공적인 결혼과 관련된 아홉 가지 요인에서 '충실함/정결'과 '행복한 성관계' 다음으로 3위를 차지했다. 퓨리서치센터에서는 "저는 포옹도 좋아하고, 키스도 좋아합니다. 하지만 제가 정말로 사랑하는 것은 설거지를 도와주는 것입니다"(2007)라는 말로 이를 요약했다.

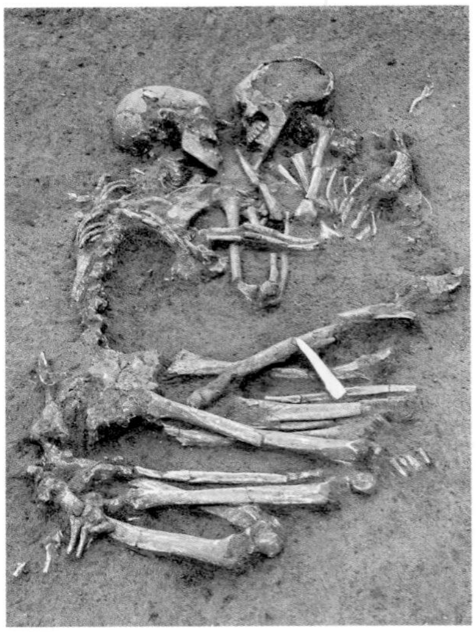

Archaeological Society SAP, ho/AP Photo

사랑은 아주 오래된 것이다 2007년 로마 근처에서 5,000~6,000년 된 '로미오와 줄리엣'이 포옹한 채 발견되었다.

© Jason Love

빌은 수잔을 보았고, 수잔은 빌을 보았다. 갑자기 죽음이 선택사항으로 보이지 않았다. 이것은 첫눈에 반한 사랑이었다.

형평성의 중요성은 결혼의 범위를 넘어선다. 상호적으로 자신의 것들을 공유하고, 함께 결정을 내리고, 서로 감정적 지지를 주고받고, 서로의 복지를 증진하고 돌보는 것으로, 이 모든 행동은 모든 사랑 관계의 핵심이다(Sternberg & Grajek, 1984). 이는 연인들, 부모와 자녀, 그리고 친한 친구와의 관계에서 매우 중요하다.

사랑하는 관계의 또 다른 중요한 요소는 **자기노출**(self-disclosure)이다. 이는 친밀한 세부사항, 즉 우리가 좋아하는 것과 싫어하는 것, 꿈과 걱정, 자랑스럽고 부끄러운 순간을 개방하는 것이다. 한 사람이 조금 개방하게 되면, 상대방은 그에 보답하여 자신을 드러내게 된다. 관계 초기에, 친구들이나 연인들은 점점 더 친밀해짐을 느끼게 되면서 자신에 관해 더 많은 것을 지속해서 개방하게 된다(Baumeister & Bratslavsky, 1999).

한 연구에서는 "마지막으로 노래를 부른 게 언제인가요?"와 같은 질문부터 "다른 사람 앞에서 울어본 게 언제인가요?"와 같은 질문으로 45분 동안 대화를 나누는 것에 대한 실험을 했다. 실험이 끝날 무렵, 친밀감이 증가하는 사람들은 "너의 고등학교 생활은 어때?"와 같은 잡담을 한 집단보다 위와 같은 대화를 한 상대와 훨씬 더 가까워졌다고 느꼈다(Aron et al., 1997).

사랑에 관한 수학공식은 자기개방적인 친밀감 + 상호 지지적인 형평성 = 변치 않는 동료애이다.

이타주의

이타주의(altruism)는 교도소장을 구출할 때 보여준 디르크 빌렘스와 같은 타인의 복지에 대한 사심 없는 걱정을 의미한다. 영웅들은 도덕적이고, 용기가 있으며, 도움이 필요한 사람들을 보호한다(Kinsella et al., 2015). 뉴욕 지하철역에서 일어난 이타적인 행동을 한 영웅적인 사례를 보자. 건설 노동자 웨슬리 오테리와 그의 6살, 4살짜리 딸들이 기차를 기다리고 있었을 때, 근처에 한 남자가 경련으로 쓰러진 후 일어나더니 플랫폼의 가장자리로 넘어져 선로에 떨어졌다. 오테리는 기차의 헤드라이트가 다가오는 가운데 "초를 다투는 결단을 내려야만 했다"라고 회상했다(Buckley, 2007). 딸들이 공포에 질려 바라보는 동안 그는 선로로 뛰어들어가 선로 사이의 한 발 남짓한 깊이의 공간으로 남성을 밀어넣고 바로 위에 눕기로 결정했다. 기차가 끽 소리를 내며 멈췄을 때, 5대의 차들이 그의 머리 바로 위로 날아가면서 그가 쓴 모자에 기름을 남겼다. 오테리가 "플랫폼에 두 딸이 있어요. 아빠가 괜찮다고 알려주세요"라고 소리쳤을 때 구경꾼들은 박수갈채를 보냈다.

그의 이러한 이타적인 선량함은 뉴욕 시민들이 뉴욕을 자신의 고향이라고 부르는 것을 자랑스러워하게 만들었다. 하지만 40년 전 뉴욕에서 일어났던 또 다른 이야기는 다른 결말을 보여주었다. 1964년, 한 스토커가 키티 제노비스라는 여성을 반복적으로 찌르고 나서, 새벽 3시 30분에 뉴욕 퀸즈 아파트 외곽에서 그녀를 강간했다. 제노비스는 새벽 정적 속에서 "오 세상에! 그가 날 찔렀어요!"라고 소리쳤다. "제발 나를 도와주세요!"라고 소리치는 그녀의 비명을 들은 이웃들이 창문을 열고 불을 켜자 그녀를 공격하던 사람이 달아났다. 하지만 잠시 후, 그는 돌아와서 다시 그녀를 칼로 찌르고 강간했다. 그가 영원히 도망친 후인 새벽 3시 50분에야 경찰에 신고가 되었다.

방관자 개입

긴급 상황에서 웨슬리 오테리가 했던 것처럼 어떤 사람들은 개입하여 도움을 주지만, 다른 이들은 도움을 주지 않기도 한다. 다른 사람들이 단지 서서 지켜보는 반면 어떤 사람들은 왜 영웅이 되는 걸까? 사회심리학자인 존 달리와 비브 라타네(John Darley & Bibb Latané, 1968b)는 방관자들이 누군가를 돕기 위해서는 다음의 세 가지 조건이 필요하다고 생각했다.

- 사건을 알려야 한다.
- 그 사건을 긴급 사태로 판단해야 한다.
- 도움에 대한 책임감을 느껴야 한다.

각 단계에서, 다른 사람들이 있다는 사실은 도움을 제공하는 과정에서 되돌아가게 만들 수 있다. 달리와 라타네(Darley & Latané, 1968a)는 일련의 실험 결과를 해석한 후 다음과 같은 결론을 내렸다. 예를 들어 별도의 실험실에 있는 학생들이 차례로 인터폰으로 말을 하면서 가짜 비상사태를 각색했다. 마이크를 켠 사람만 들을 수 있었다. 그의 차례가 왔을 때, 한 학생이 간질 발작을 일으킨 것처럼 행동했고, 그는 도움을 요청했다.

다른 사람들은 어떻게 반응했을까? **그림 11.10**에 나온 것처럼, 자신만 피해자의 목소리를 들을 수 있다고 믿었던 사람들은 그들 스스로가 그 피해자를 도와야 할 책임이 있다고 생각하고 그를 도왔다. 반면, 다른 사람들도 피해자의 울음소리를 들을 수 있다고 생각하는 학생들은 아무것도 하지 않을 가능성이 더 높았다. 더 많은 사람들이 도움에 대한 책임을 함께 했을 때나 어느 누구도 분명하게 책임감을 느끼지 못했을 경우에는 각 청취자가 많은 도움을 제공하지 않았다.

수백 개의 추가 실험들에서 이와 같은 **방관자 효과**(bystander

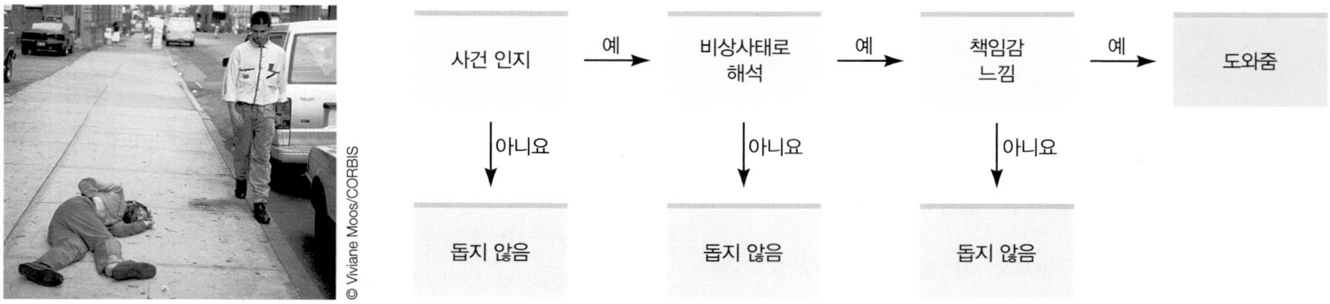
© Viviane Moos/CORBIS
사건 인지
예
비상사태로
해석
예
책임감
느낌
예
도와줌
아니요
돕지 않음
아니요
돕지 않음
아니요
돕지 않음

그림 11.9 방관자 개입을 위한 의사결정 과정 도움을 주기 전에 먼저 비상사태를 알아차린 다음 올바르게 해석하고 책임감을 느껴야 한다(Darely & Latané, 1968b).

effect)를 확인했다. 예를 들어 연구자와 보조 연구자들은 세 도시에서 1,497번의 엘리베이터를 탔고, 4,813명의 동료 승객들 앞에서 '우연을 가장하여' 동전이나 연필을 떨어뜨렸다(Latané & Dabbs, 1975). 도움이 필요한 사람과 홀로 있을 때에는 40%의 사람들이 도움을 주었지만, 다른 5명의 방관자가 함께 있는 상황에서는 20%의 사람들만이 도움을 주었다.

긴급 전화를 해주거나 고립된 자동차 운전자를 돕는 것, 헌혈하고, 떨어진 책을 주워주거나 돈을 기부하는 것, 그리고 시간을 내주는 것과 같은 여러 상황에서의 행동을 관찰한 결과 다음과 같은 상황에서 이타적 행동을 할 가능성이 가장 높다.

- 그 사람이 도움이 필요하고 도움을 받을 자격이 있는 것처럼 보일 때
- 그 사람이 어떤 면에서 우리와 비슷할 때
- 여자일 때
- 방금 다른 누군가가 도움을 주었던 것을 목격했을 때
- 우리가 서두를 필요가 없을 때
- 우리가 작은 마을이나 시골 지역에 있을 때
- 우리가 죄책감을 느끼고 있을 때

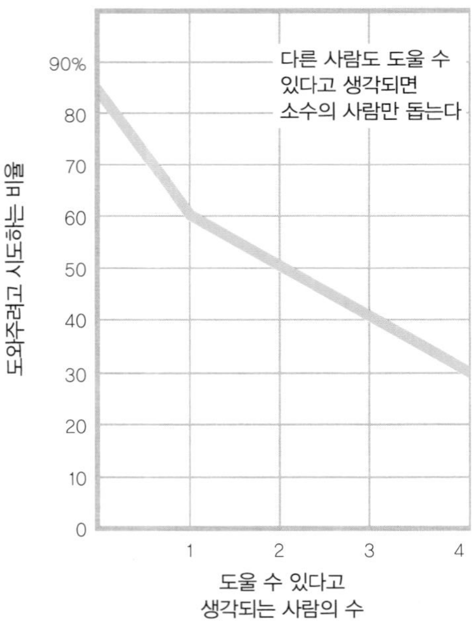
다른 사람도 도울 수
있다고 생각되면
소수의 사람만 돕는다
90%
80
70
60
50
40
30
20
10
0
1
2
3
4
도와주려고 시도하는 비율
도울 수 있다고
생각되는 사람의 수

그림 11.10 모의 응급 사태에 대한 대응 사람들은 간질 발작을 일으킨 사람이 청한 도움을 자신 혼자 들었다고 생각했을 때는 대개 도움을 주었지만, 다른 4명의 사람들도 함께 그 전화를 듣고 있다고 생각했을 때는 1/3 이하가 그 도움에 응답했다(Darley & Latané, 1968a).

- 타인에게 집중하고 다른 생각에 몰두하지 않을 때
- 기분이 좋을 때

행복은 도움을 낳는다. 하지만 도움을 주는 것이 행복을 낳는다는 것도 사실이다. 도움이 필요한 사람들을 돕는 행동은 보상과 관련된 두뇌 영역을 활성화한다(Harbaugh et al., 2007; Kawamichi et al., 2015). 이는 흥미로운 결과를 설명하는 데 유용하다. 돈을 기부하는 사람들은 전적으로 자신만을 위해 돈을 쓰는 사람들보다 더 행복하다. 한 실험에서, 연구자들은 사람들에게 현금과 지시를 담은 봉투를 주었다. 어떤 사람들에게는 자신을 위해 쓰라고 지시했고, 어떤 사람들에게는 다른 사람들을 위해 쓰라고 지시했다(Dunn et al., 2008; Dunn & Norton, 2013). 그날, 어느 집단이 가장 행복했을까? 실제로, 다른 사람들을 위해 지출을 한 집단이 더 행복했다.

도움을 위한 규범

왜 타인을 돕는가? 때때로 어떻게 행동해야 하는지에 관한 규범을 통해 사회화되어 있기 때문에 다른 사람에게 도움을 준다(Everett et al., 2015). 사회화를 통해서 우리는 **호혜성 규범**(reciprocity norm)이 무엇인지 배우는데, 그것은 우리를 도와준 사람에게 해를 끼치는 것이 아니라 도움을 돌려주어야 한다는 기대이다. 비슷한 신분의 다른 사람들과의 관계에서, 호혜성 규범은 우리가 받는 만큼 주도록 만든다. 관대하게 대우를 받은 사람들은 낯선 사람에게 관대할 가능성이 커진다—'선행 나누기(pay it forward)'(Tsvetkova & Macy, 2014).

애리조나주의 노숙자 톨리(Tally)가 애리조나주립대학 학생이 중고차를 사러 가던 중 잃어버린 3,300달러의 돈이 있는 가방을 발견한 이후부터 이와 같은 호혜성 규범이 시작되었다. 톨리는 식량이나 주거지, 그리고 절실히 필요했던 자전거 수리를 위해 그 현금을 사용했을 수도 있다. 그러나 그는 자원봉사를 했던 사회복지기관에 그 가방을 돌려보냈다. 톨리의 도움에 그 학생은 그에게 금전적인 보상으로 감사의 의미를 보답하였다. 톨리의 행동을 전해 들은 다른 수십 명의 사람들도 그에게 돈과 일자리를 주었다.

우리는 또한 **사회적 책임 규범**(social-responsibility norm)을 배운다. 즉 우리에게 의지하는 사람들을 도와야 하며, 그렇기 때문에 받는 만큼 되돌려줄 수 없는 아동이나 다른 사람들을 돕는다. 주간 종교 봉사에 참석하는 사람들은 종종 사회적 책임 규범을 실천하도록 촉구받고, 때로는 그렇게 한다. 2006년부터 2008년 동안 140개국 30만 명이 넘는 사람들을 대상으로 한 갤럽 여론조사에서 '신앙

심이 깊은' 사람(종교가 중요하며, 이전 주에 종교 행사에 참석했다고 말한 사람)과 덜 깊은 사람을 비교했다. 매우 종교적인 사람은 가난함에도 지난 달 자선기금을 기부하고 자원봉사한 적이 있다고 보고하는 비율이 50%가량 높았다(Pelham & Crabtree, 2008).

긍정적인 사회적 규범은 관대함을 장려하고 집단생활을 용이하게 하지만 갈등은 종종 우리를 갈라놓는다.

갈등 및 중재

우리는 놀라운 시대에 살고 있다. 최근의 민주화 운동은 놀라운 속도로 동유럽과 아랍 국가들의 전체주의적 통치를 휩쓸었다. 하지만 세계는 매일의 주거, 영양, 교육, 건강관리에 사용될 수 있는 약 50억 달러의 금액을 군대와 군사 시설에 쓰고 있다. 심리학자들은 인간의 마음속에서부터 전쟁이 시작된다는 것을 알고 있었기 때문에 궁금해했다. 무엇이 파괴적인 갈등을 일으키는가? 어떻게 하면 우리의 다름에 대한 위협적 인식이 협동심으로 바뀔 수 있을까?

사회심리학자에게 **갈등**(conflict)은 행동, 목표 또는 아이디어가 양립할 수 없다고 보는 인식을 말한다. 우리가 전쟁 중인 국가들, 사회 내에서 서로 앙숙인 문화집단을 말하든지, 혹은 관계 속에서 말다툼하는 파트너를 말하든지, 갈등의 요소들은 거의 똑같다. 각 상황마다 사람들은, 모두가 원하지 않는 결과를 만들어낼 수 있는 파괴적인 과정에 얽히게 된다.

적의 인식

심리학자들은 특이한 경향을 알아냈다. 갈등이 있는 사람들은 서로에게 악한 이미지를 형성한다. 이런 왜곡된 이미지는 우리가 **거울 이미지 지각**(mirror-image perceptions)이라 부르는 것과 비슷하다. 우리가 사악한 의도를 가지고 다른 사람을 미덥지 못한 사람으로 본다면 다른 사람도 똑같이 우리를 본다.

거울 이미지 지각은 적대감의 악순환을 조장할 수 있다. 만약 후안이 마리아가 그에게 짜증이 났다고 믿을 경우, 그는 그녀를 무시할 수 있다. 그에 대한 답례로, 그녀는 짜증을 내며 행동할 수 있고, 그의 지각을 정당화할 수도 있다. 개인 간에도 그렇고, 국가 간에도 마찬가지다. 지각은 **자기충족적 예언**(self-fulfilling prophecy)으로 작용한다. 즉 다른 나라가 스스로를 정당화하는 방식으로 행동하도록 영향을 줌으로써 확인하는 신념이 될 수 있다.

개인과 국가 모두 자신의 행동을 다음 따라올 문제의 원인이 아니라 도발에 대한 대응으로 보는 경향이 있다. 그들 자신이 보복을 돌려준 것으로 지각하고, 그들은 종종 한 실험에서 런던대학 참가자들이 했던 것처럼 더 심하게 반격한다(Shergill et al., 2003). 그들 자신의 손가락에 압력이 느껴지면 다른 지원자의 손가락에 압력을 주기 위해 기계장치를 사용할 것이다. 비록 같은 정도의 압력을 돌려줄 것을 지시했지만, 그들은 일반적으로 자신이 경험한 것보다 40% 정도 더 폭력적인 반응을 보였다. 가벼운 접촉이 순식간에 강한 압력으로 확대되었다.

Finbarr O'Reilly/Reuters/Landov

대량 학살은 왜 일어나는가? 1994년 르완다 집단이 투치족을 집단 살해했던 해에 약 80만 명이 사망했다. 사회심리학 연구는 대량 학살의 동기 요소 중 일부를 이해하는 데 유용하다. 일반적으로 세상을 우리와 그들로 분류하는 경향이 있다. 그리고 위협을 받았을 때는 외집단에 더 큰 적대감을 느끼기도 한다.

평화 촉진하기

어떻게 해야 인식을 바꾸고 평화를 가져올 수 있을까? 편견과 갈등으로 인한 분노와 두려움이 평화로운 태도로 바뀌어 접촉하고 협력할 수 있을까? 연구자들은 몇 가지 사례에서 그들이 그럴 수 있다는 것을 지적했다.

접촉 과연 접촉이 두 대립적인 당사자들을 친밀한 관계로 만드는 데 도움이 되는가? 이는 상황에 따라 다르다. 부정적인 접촉은 반감을 증가시킨다(Barlow et al., 2012). 하지만 긍정적인 접촉, 특히 두 당사자들 간에 마치 동료 가게의 점원과 같이 동등한 지위의 비경쟁적인 접촉은 전형적으로 도움이 된다. 이러한 상황에서, 처음에는 다른 인종에 대한 편견을 가진 동료들은 대개 서로를 받아들이게 된다. 38개국에서 25만 명의 사람들을 연구한 결과, 소수 민족, 노년층, 장애가 있는 사람들과의 친밀한 접촉은 대부분 편견을 줄여주었다(Lemmer & Wagner, 2015; Pettigrew & Tropp, 2011). 다음은 몇 가지 예시이다.

- 인종 간의 접촉으로 남아프리카의 인종 간 태도는 '더 친밀한 연계'로 변화했다(Dixon et al., 2007; Finchilescu & Tredoux, 2010).
- 동성애자를 향한 이성애자들의 태도는 그들이 알고 있는 것뿐만 아니라 누구를 알고 있는가에 따라 영향을 받는다(Collier et al., 2012; Smith et al., 2009b). 조사에서 동성 간 결혼을 한 사람들에게 가장 지지적인 사람들에게 '게이나 레즈비언인 지인, 친구, 가족'이 있었다(Pew, 2013).
- 외집단 사람과의 간접적인 접촉(역사를 읽거나 외집단 친구가 있는 지인을 거치는 것)조차도 편견을 감소시켜주었다(Cameron & Rutland, 2006; Pettigrew et al., 2007).

"꽉 진 주먹으로는 악수를 할 수 없다."

Indira Gandhi(1971)

그러나, 접촉이 항상 충분한 것은 아니다. 많은 학교에서, 민족집단에 따라 교내식당이나 운동장에서 스스로를 구분 짓는다(Alexander & Tredox, 2010; Clack et al., 2005; Schofield, 1986). 각 집단의 사람들은 다른 집단 사람들과의 더 많은 접촉을 반길 것이라고 생각하지만 그들은 다른 집단이 그들의 관심을 공유하지 않는다고 가정한다(Richeson & Shelton, 2007). 이와 같은 거울 이미지 허상을 바로잡고 나면 우정이 쌓이고, 편견이 녹는다.

협력 적들이 그들의 차이를 극복할 수 있을지 확인하기 위해, 연구자 무자퍼 셰리프(Muzafer Sherif, 1966)는 갈등을 만들어냈다. 그는 22명의 소년을 2개의 분리된 캠프 구역으로 나눴다. 그리고 두 집단이 일련의 활동에서 상을 걸고 경쟁하도록 했다. 실험이 시작되자 곧 자신의 집단에 대해서는 격하게 자랑스러워하고, 다른 집단의 '교활한', '잘난 체하는 골칫거리'에게 적대적이게 되었다. 식량 전쟁이 발생했다. 객실을 샅샅이 뒤져야 했고, 캠프 지도자들이 주먹다짐을 저지해야만 할 정도였다. 두 집단을 재회시켰을 때, 조롱하거나 위협할 때를 제외하고는 서로를 피했다. 그들은 며칠 내로 서로가 친구가 될 것이라고 알지 못했다.

셰리프는 오직 협력을 통해 달성될 수 있는 **상위 목표**(superordinate goals), 즉 공동 목표를 주는 것을 통해 화합을 이루었다. 캠프 내 물 공급이 이루어지지 않도록 조치해두자 22명의 소년은 물을 다시 채우기 위해 협력해야 했다. 넷플릭스 전날(pre-netflix days)에 영화를 대여하기 위해 모두 자원을 모아야 했다. 멈춰선 트럭을 움직이기 위해 모든 소년들이 힘을 합쳐 함께 당기고 밀었다. 셰리프는 적이 친구가 되도록 곤경과 목표를 함께 해결하게 한 것이다. 갈등을 감소시킨 것은 단순한 접촉이 아니라 협력적인 접촉이었다.

Shawn Baldwin/file/AP Photo

전 유엔 사무총장, 코피 아난 "대부분의 사람들은 매우 다른 집단인 서로를 결속시켜주는 공통된 정체성을 가지고 있다. 우리 자신과 우리가 아닌 것을 증오하지 않고도 우리 존재를 사랑할 수 있다. 우리는 다른 사람에게서 배울 때조차도 우리의 고유한 전통 안에서 성장할 수 있다"(2001).

또한 함께 맞은 곤경은 다른 집단과도 강렬하게 연합시키는 효과를 낼 수 있다. 어린이와 청소년이 전쟁에 노출되면, 그리고 소수집단 구성원들이 거절과 차별을 직면했을 때, 마찬가지로 강한 내집단 정체성이 발달한다(Bauer et al., 2014; Ramos et al., 2010).

이런 때에, 협동은 자신이 소속되었던 이전의 소집단을 녹이고 새롭고 폭넓은 집단으로 정의되도록 할 수 있다(Dovidio & Gaertner, 1999). 이것이 사회심리학 실험이라면, 당신은 두 그룹의 멤버들을 반대편이 아니라 원탁 탁자에 교대로 앉힐 수 있다. 그들에게 새로운 공유된 이름을 주어라. 함께 일하게 하라. 그리고 '우리'와 '그들'이 '우리 모두'가 되는 것을 지켜보라. 9/11 이후 한 18세의 뉴저지 남성이 자신의 사회적 정체성이 변화한 것을 다음과 같이 묘사했다. "나를 그저 흑인이라고만 생각했는데, 지금 그 어느 때보다 미국인으로 느낀다"(Sengupta, 2001).

만약 상위목표와 공유된 위협이 경쟁자 집단과 함께하는 것을 돕는다면, 다문화 학교에서도 이 원리가 사람들을 결속시킬 것인가?

다른 인종 간의 우정이 경쟁적인 교실 상황을 협력적으로 대체할 수 있을 것인가? 협력을 배우는 것이 학생들의 성취를 유지시키거나 높이는가? 대답은 '그렇다'이다. 이는 11개 국가 청소년들과 실험한 각 사례에서 확인되었다(Roseth et al., 2008). 스포츠 경기장에서와 마찬가지로 교실에서 프로젝트에 함께 참여한 다인종 집단의 구성원들은 일반적으로 서로 친밀한 느낌을 갖는다. 이것을 알고, 수천 명의 교사가 다인종 간 협동적 학습을 교실에서 경험하도록 했다.

이전의 적을 친구로 만든 협동적인 활동의 힘이 심리학자들로 하여금 국제적인 교류와 협동을 증가시킬 것을 권고하도록 이끌었다. 몇몇의 연구에서 기후 변화의 공유된 위협을 간단히 상상해보는 것만으로 국제적 적대감을 감소시켰다(Pyszczynski et al., 2012). 브라질 국가에서부터 유럽 국가에 이르기까지 과거 상충된 집단은 공동의 목표를 추구하면서 상호 연결, 상호 의존성, 그리고 공유된 사회적 정체성을 형성했다(Fry, 2012). 위기에 처한 행성에서의 공통된 운명을 보호하기 위해 서로 힘을 합치고 희망과 두려움을 함께 나눈다는 것을 더 잘 인식하여 상호 유익한 교역에 참여하자. 그러한 단계를 거치면서 우리를 별개로 이끄는 오해를 변화시킬 수 있고, 공유된 관심을 기반으로 한 공동의 주장에 함께 참여할 수 있다. 공유된 목표를 향해 함께 일하는 것은 우리가 다르기보다는 닮았다는 것을 상기시킨다.

주요 용어

사회심리학자	사회적 촉진	내집단 편향	이타주의
기본적 귀인 오류	사회적 태만	희생양 이론	방관자 효과
태도	몰개인화	다른 인종 효과	호혜성 규범
주변경로 설득	집단양극화	공격성	사회적 책임 규범
중앙경로 설득	집단사고	좌절-공격성 원리	갈등
문간에 발 들여놓기 현상	편견	사회적 스크립트	거울 이미지 지각
역할	고정관념	단순노출효과	자기충족적 예언
인지부조화 이론	차별	열정적 사랑	상위 목표
동조	공정세계 현상	동료애	
규범적 사회 영향	내집단	형평성	
정보적 사회 영향	외집단	자기노출	

이 장의 구성

12

성격

Rex Features/AP Images

레이디 가가는 독특한 음악적 편곡, 의상, 도발적인 공연을 통해 수백만 명의 사람들을 감탄하게 만든다. 레이디 가가가 전 세계를 다니며 하는 공연에서 가장 예측할 수 있는 특성은 예측하기 어렵다는 점이다. 그녀는 생고기로 만든 드레스를 입고 16인치 힐을 신고 미국 대통령 버락 오바마와 대화를 나눴는데, 오바마 대통령은 이 당시 "약간은 위협적이었다"고 회상하기도 했으며, 슈퍼볼 경기에서 국가를 부르며 시청자들을 열광하게도 했다.

또한 레이디 가가는 생각이나 감정, 그리고 행동에서 그녀만의 독특하면서도 지속되는 면들을 보여준다. 팬들과 비평가들은 그녀가 새로운 경험에 개방적이고 스포트라이트를 받는 것을 통해 에너지를 얻는 것을 볼 수 있다. 그리고 그녀가 자신의 음악과 공연에 헌신적으로 공을 들이는 노력도 신뢰한다. 그녀는 고등학교 때 자신의 모습을 '매우 헌신적이고, 학구적이며, 자기관리를 잘하는 사람'이라고 표현했다. 성인이 된 지금, 그녀는 여전히 과거처럼 자기관리를 잘하고 있다. "저는 아주 꼼꼼합니다. 쇼의 매 순간이 완벽해야 합니다." 이 장에서는 우리의 독특하고 고유한 생각이나 감정, 그리고 행동의 패턴인 우리의 **성격(personality)**에 초점을 맞출 것이다.

이 책의 많은 부분이 성격에 대해 다룬다. 앞 장에서는 성격에 미치는 생물학적 영향, 전 생애에 걸친 성격의 발달, 성격과 학습, 동기, 정서 및 건강 간의 관계, 성격에 미치는 사회적 영향을 다루었다. 다음 장에서는 성격장애를 다룰 것이고, 이 장은 성격 그 자체, 성격이 무엇이고, 어떻게 연구를 하는지를 집중적으로 살펴볼 것이다.

우리는 역사적으로 중요한 문화유산의 일부가 된 두 성격 이론인 지그문트 프로이트의 **정신분석 이론(psychoanalytic theory)**과 **인본주의 접근(humanistic approach)**을 우선 다룰 것이다. 인간의 본성에 대한 이러한 광범위한 관점들은 이후의 성격 이론가들과 이 장 후반부에서 다루는 성격에 대한 최신의 과학적 탐구내용의 토대를 마련해주었다. 우리의 고유함을 정의하는 특성을 살펴볼 것이며, 생물학과 심리학 및 환경이 서로 어우러져서 성격에 어떻게 영향을 주는지 살펴볼 것이다. 마지막으로 우리 자신에 대한 개념, 즉 '나는 누구인가'라는 지각이 우리의 사고, 감정 및 행동을 어떻게 구성하는지를 알아볼 것이다.

성격이란 무엇인가?

성격(personality)은 자신만의 특징적인 사고, 감정 및 행동 패턴이다. 프로이트의 정신분석 이론에서는 어린 시절의 성욕과 무의식적 동기가 인간의 성격에 영향을 미친다고 제안했다. 인본주의 이론은 성장과 자기 자아실현을 향한 내적 능력에 초점을 둔다. 후기의 이론가들은 이 두 광범위한 관점을 토대로 그들의 이론을 마련했다. 특질 이론(trait theory)은 특징적인 행동 패턴(특질)을 조사했으며, 사회인지 이론(social-cognitive theory)은 사고를 포함하여 사람들의 특질과 사회적 맥락 간의 상호작용을 탐구한다.

정신역동 이론

성격에 관한 **정신역동 이론**(psychodynamic theory)들은 인간의 행동을 의식과 무의식 간의 활발하고 역동적인 상호작용으로 보고, 그와 관련된 동기와 갈등을 고려한다. 이러한 이론들은 성격에 관한 이론 및 관련된 치료 기법을 포함하는 프로이트의 **정신분석**(psychoanalysis)에서 유래한다. 프로이트의 연구는 최초로 무의식적인 마음에 임상적 관심을 집중시킨 것이었다.

프로이트의 정신분석적 관점 : 무의식의 탐구

프로이트는 심리학에서 가장 중요한 인물이라고 할 수는 없지만 가장 유명한 심리학자이다. 행인 100명에게 자신이 알고 있는 과거 심리학자의 이름을 말해보라고 하면 프로이트가 단연 1위일 것이다(Keith Stanovich, 1996, p. 1). 그는 책, 영화 및 심리치료법 등 여러 영역에 영향력을 행사했다.

프로이트는 비엔나 의과대학을 졸업한 신경과 전문의였다. 그는 의학적으로는 근거가 없는 통증을 호소하는 사례를 접했다. 어떤 환자는 한 손의 모든 감각을 잃었는데, 실제로 손의 신경이 손상되었다 하더라도 손 전체의 감각 상실을 초래하는 신경경로는 없었다. 프로이트는 이러한 질병을 일으킬 수 있는 것이 무엇인지 궁금했다. 이러한 궁금증에 대해 그가 제시한 답을 연구함으로써 자기이해에 도전할 수 있을 것이다.

프로이트는 신체적 원인이 아닌 심리적 원인에 의해 이처럼 이상한 장애가 발생할 수 있다는 결론에 도달했다. 프로이트는 많은 환자를 만난 경험을 근거로 **무의식**(unconscious)을 '발견'할 수 있었다. 프로이트의 관점에서 볼 때 이 깊은 우물에 받아들일 수 없는 생각이나 소망, 감정을 보관하고 이에 대한 기억을 철저하게 숨겨 의식하지 못하게 한다. 그러나 이렇게 최선을 다해 노력함에도 그 생각들은 조금씩 드러난다. 프로이트에 따르면 환자들은 성기를 만지는 것에 대한 무의식적 두려움 때문에 손의 감각이 비정상적으로 사라질 수 있다. 또는 의학적으로 설명할 수 없는 실명은 무의식적으로 불안을 유발하는 대상을 보고 싶지 않기 때문에 유발될 수 있다.

지그문트 프로이트(1856-1939) "나는 이 분야에서 새로운 발견을 한 유일한 연구자다."

프로이트 이론의 기본 가정은 대부분의 마음은 숨겨져 있다는 것이다. 표면 아래에는 받아들일 수 없는 욕정과 생각이 숨어 있는 커다란 무의식적 영역이 있다. 프로이트는 우리가 이러한 무의식적인 감정과 생각을 억압한다고 믿었다. 그것들을 받아들이는 것이 너무 불안하기 때문에 의식에서 그 요소들을 막는다. 그럼에도 억압된 감정과 생각은 우리에게 강력한 영향을 미친다.

프로이트는 어떠한 것도 우연히 발생하는 것은 없다고 했다. 즉 무의식이 사람들의 곤란한 증상뿐만 아니라 일과 믿음, 일상적인 습관에 위장된 형태로 스며들어 있다는 것을 발견했다. 그에 따르면 농담도 억압된 성적, 공격적 성향이 왜곡된 형태로 표현된 것이다. 또한, '꿈은 무의식에 이르는 왕도'라고 말할 정도로 우리가 기억하

Dana Fradon

The New Yorker Collection, 1983, Dana Fradon from cartoonbank.com

"안녕히 주무셨습니까, 목을 베어야 할…
아… 모든 사람에게 칭송을 받는다는 뜻입니다."

는 꿈이 무의식적 소망에 대한 검열된 형태라고 생각했다.

프로이트는 무의식의 문을 열기 위해 '최면'을 시도했지만 결과는 좋지 않았다. 그래서 **자유연상법**(free association)으로 바꾸어 환자에게 긴장을 풀고 사소하든 어리석든 간에 어떤 말이라도 떠오르는 것을 말하도록 했다. 프로이트는 자유연상이 환자에게 문제가 되는 현재에서 먼 과거로 가는 길을 추적할 것이라고 믿었다. 이런 일련의 생각들은 종종 어린 시절부터 고통스러운 과거의 기억들이 숨겨져 있는 환자의 무의식으로 이어질 것이다. 그의 목표는 이러한 금기된 생각을 찾아서 풀어내는 것이었다.

성격의 구조

프로이트의 관점에서 볼 때, 인간의 성격은 충동과 억제 사이의 갈등에서 비롯된다. 프로이트는 사람은 '하등 동물'에서 진화했기 때문에 공격적이고 쾌락을 추구하는 충동을 타고난다는 유명한 말을 했다. 인간은 사회화됨에 따라 이러한 욕구들에 대한 사회적 제재를 내면화한다. 성격은 기본적 갈등을 해결하려는 노력의 결과로, 이러한 충동을 죄책감이나 처벌 없이 만족시키는 방식으로 표현하게 된다.

마음의 갈등을 이해하기 위해 프로이트는 세 가지 상호작용 시스템을 제안했다. 그것이 바로 **원초아**(id), **자아**(ego), **초자아**(superego)이다. 심리학자들은 마음의 구조를 빙산에 비유하여 쉽게 이해하게 되었다(**그림 12.1**).

원초아(id)는 무의식적 에너지를 저장하며 생존, 번식 및 공격적으로 행동하려는 기본적 욕구를 만족시키기 위해 고군분투한다. 또한 원초아는 즉각적인 만족을 추구하는 **쾌락의 원칙**(pleasure principle)에 따라 작동한다. 원초아의 힘을 이해하려면, 신생아가 현재 만족을 위해서 필요한 것이 생긴 그 순간에 우는 행위나 미래의 성공과 행복을 위해 오늘의 일시적인 즐거움을 희생하는 대신 마약을 남용하고 파티를 하는 사람들을 생각해보면 된다(Fernie et al., 2013; Friedel et al., 2014; Keough et al., 1999).

마음의 두 번째 요소인 **자아**(ego)는 **현실 원리**(reality principle)에 따라 작동한다. 자아는 의식적인 마음이며, 원초아의 충동을 현실적인 방법으로 충족시켜 고통이나 파괴보다는 장기적인 이득을 가져올 수 있도록 노력한다.

자아가 발달함에 따라 아이는 현실세계에 대처하는 법을 배운다. 프로이트의 이론에 따르면 아동이 4~5살 정도 되면 아동의 자아는 도덕적 나침반 또는 **양심**(conscience)의 소리인 **초자아**(superego)의 요구를 인식하기 시작한다. 초자아는 자아에게 현실뿐만 아니라 이상을 고려하도록 요구한다. 이러한 요구는 완벽한 세계에서 어떻게 **행동해야 하는지**(ought)에 초점을 맞춘다. 그것은 행동을 판단하고, 자존심에 대한 긍정적인 감정이나 죄책감에 대한 부정적인 감정을 만든다.

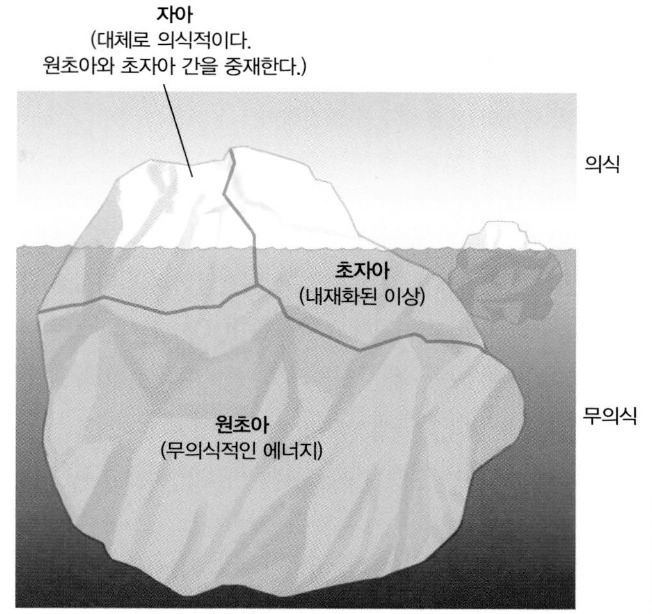
자아
(대체로 의식적이다.
원초아와 초자아 간을 중재한다.)
의식
초자아
(내재화된 이상)
원초아
(무의식적인 에너지)
무의식

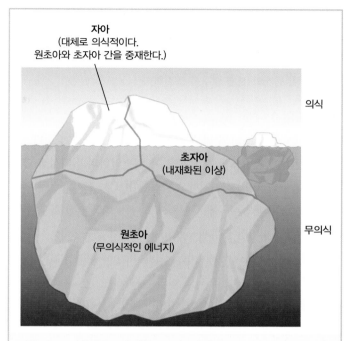

그림 12.1 마음의 구조에 대한 프로이트의 생각 빙산의 대부분은 수면 아래 숨겨져 있다. 심리학자들은 종종 이 그림을 사용하여 마음의 대부분 영역이 의식의 표면 아래에 숨겨져 있다는 프로이트의 생각을 설명한다. 원초아는 완전히 무의식에 자리 잡고 있지만, 자아와 초자아는 의식적 또는 무의식적으로 작동한다. 하지만 얼어 있는 빙산과 달리 원초아, 자아, 초자아는 상호작용한다.

현금 인출기
"50달러면 충분해."
"150달러."

프로이트에 따르면 자아는 초자아와 원초아의 욕구를 조절하기 위해 힘쓴다

짐작하겠지만 초자아의 요구는 원초아의 주장에 종종 상반된다. 초자아와 원초아를 화해시키는 것은 자아의 일인데, 성격의 '집행부'로서 자아는 원초아의 충동적인 요구, 초자아의 억압적인 요구, 그리고 외부세계의 실제 요구를 조절한다.

성격의 발달

프로이트는 삶의 초기 수년 동안 성격이 형성된다고 믿었다. 그는 아이들이 구강기에서 생식기에 이르는 일련의 **심리성적 단계**(psychosexual stages)를 거친다고 확신했다(**표 12.1**). 각 발달 단계에서 원초아의 쾌락추구 에너지는 서로 다른 특정한 신체 부위 중 쾌락에 민감한 영역인 성감대(erogenous zone)에 집중한다.

프로이트는 세 번째 단계인 남근기(phallic phase)에서 남아는 자신의 어머니에 대한 무의식적인 성적 욕망을 느끼고, 또한 어머니의 관심을 받는 데 있어 경쟁자인 아버지에게 질투와 증오를 경험한다고 했다. 이러한 감정은 죄책감, 그리고 아버지가 자신을 거세할 수도 있다는 잠재된 두려움으로 이어진다. 프로이트는 자신도 모르게 아버지를 죽이고 그의 어머니와 결혼한 그리스 전설 속 인물인 '오이디푸스(Oedipus)'와 같이 이와 같은 감정을 느끼는 것을 **오이디푸스 콤플렉스**(Oedipus complex)라고 했다. 프로이트 시대의 일부 정신분석학자들은 여아도 이와 유사한 엘렉트라 콤플렉스(Electra complex)를 경험한다고 믿었다.

프로이트에 따르면 아동은 억압으로 이러한 감정에 대처하는 것을 배우게 된다. 경쟁상대인 동성의 부모와 동일시하여 똑같아지려고 노력한다. 마치 아동의 내적세계에서 '이길 수 없다면, 같이 가라'고 결정하는 것과 같다. **동일시**(identification) 과정을 통해 부모의 많은 가치를 자신의 것으로 받아들임에 따라 아동의 초자아는 강해진다. 동성 부모와의 동일시는 현대 심리학자들이 말하는 성정체성(남성이나 여성 또는 이 둘의 조합)을 형성하도록 한다.

아동기의 어떤 단계에서도 다른 갈등이 발생할 수 있다. 어떤 단계에서든 해결되지 않은 갈등은 성인기에 문제를 초래할 수 있다.

표 12.1 프로이트의 심리성적 단계

단계	중점
구강기(0~18개월)	빨기, 물기, 씹기 등 구강에 쾌락이 집중됨
항문기(18~36개월)	변과 소변의 배출을 통한 쾌락에 집중됨. 통제에 대한 요구에 대처
남근기(3~6세)	생식기에 쾌락이 집중됨. 근친상간의 성적 감정에 대처
잠복기(6세에서 사춘기)	성적 감정이 잠복 중인 단계
생식기(사춘기 이후)	성적 관심의 성숙

그 결과 **고착**(fixation)이 발생할 수 있는데, 고착이란 갈등이 해결되지 않은 단계에 쾌락추구 에너지가 머물러 있는 것을 말한다. 예컨대, 구강적 욕구를 지나치게 충족시키거나 너무 급하게 이른 시기에 젖을 뗀 경우처럼 박탈한다면 구강기에 갇힐 수 있다. 구강기에 고착된 성인은 흡연이나 과식 등으로 구강적 만족감을 계속 추구할 것이다.

방어기제

프로이트는 불안은 문명화에 따라 지불해야 하는 대가라고 했다. 우리는 사회 구성원으로서 성적, 공격적 충동을 통제하고 행동으로 나타내지 않아야 한다. 때때로 자아는 원초아와 초자아 간의 내적 갈등을 통제하지 못할 것에 대한 두려움을 느끼게 되는데, 이로 인해 어두운 먹구름인 막연한 불안을 경험하게 되어 뭔가 불편하지만 왜 그런지를 알지 못한다.

자아는 스스로를 불안으로부터 보호하기 위해 현실을 왜곡한다. **방어기제**(defense mechanism)는 위협적인 충동을 위장하고 의식에 접근하지 못하게 하여 이러한 목표를 달성할 수 있도록 한다. 프로이트는 모든 방어기제가 간접적이고 무의식적으로 기능한다고 가정했다. 신체가 무의식적으로 질병에 대항하여 스스로 방어하는 것처럼 자아도 무의식적으로 불안으로부터 자신을 방어한다. 예를 들어 **억압**(repression)은 의식에서 불안을 유발하는 소망과 감정을 제거한다. 억압은 다른 모든 방어기제의 근간이 된다. 그러나 억압은 종종 불완전하기 때문에 억압된 충동은 꿈속에서 상징으로 나타나거나 일상적 대화에서의 말실수로 나타날 수 있다. **표 12.2**는 잘 알려진 6개의 방어기제를 기술하고 있다.

신프로이트 학파와 그 이후의 정신역동 이론가

프로이트의 저서는 많은 논쟁을 불러일으켰다. 프로이트가 살던 시대에는 성과 관련된 대화를 좀처럼 나누지 않았고, 당연히 부모에 대한 무의식적인 성적 욕망을 이야기하지 않던 시대였다. 따라서 프로이트가 가혹한 비판을 받은 것은 놀랄 만한 일이 아니다. 프로이트는 자신의 친구에게 보낸 편지에 다음과 같이 언급했다. "중세였다면 나를 불태웠겠지. 다행히 내 책을 불태우는 것에 만족해" (Jones, 1957). 이러한 논쟁에도 몇 명의 젊고 야심찬 의사들이 프로이트의 추종자가 되었다. 그 예로, 알프레드 아들러(Alfred Adler), 카렌 호나이(Karen Horney), 칼 융(Carl Jung)과 같은 신프로이트 학파(neo Freudians) 학자들이 있고, 이들은 다음과 같은 프로이트의 기본 개념을 수용했다.

표 12.2 6개의 방어기제

프로이트는 불안을 유발하는 충동을 제거하는 기본적 기제인 억압이 다른 방어기제를 작동하게 한다고 믿었으며, 그중 여섯 가지는 다음과 같다.

방어기제	불안을 유발하는 생각이나 감정을 피하기 위한 무의식적 과정	예
퇴행	심리적 에너지가 고착되어 있는 더 어린 심리성적 단계로의 후퇴(퇴행)	어린 소년은 등교 첫날 차 안에서 엄지손가락을 빨아 구강기의 편안함으로 돌아간다.
반동형성	받아들일 수 없는 충동을 반대의 것으로 전환	화난 감정을 억누르고 지나치게 친절히 대한다.
투사	자신의 위협적인 충동을 다른 사람의 충동인 것으로 왜곡	"도둑은 모든 사람이 도둑이라고 생각한다." (엘살바도르 격언)
합리화	자신의 행동에 대한 실제적이고 위협적인 무의식적 이유 대신 자신을 정당화하는 설명	습관적인 술꾼은 친구와 술을 마시는 것은 '사교적인 것'이라고 말한다.
전치	수용 가능하거나 덜 위협적인 대상 또는 사람에게 성적, 공격적 충동을 이동	어머니 때문에 타임아웃을 한 후 소녀는 개를 발로 찼다.
부정	고통스러운 현실을 믿거나 지각하기를 거부	연인은 자신이 사랑하는 사람의 불륜에 대한 증거를 부인한다.

© VStock/Alamy

Richard I'Anson/Lonley Planet Images/Getty Images

퇴행 프로이트는 아동과 새끼 오랑우탄이 스트레스 상황에 노출되면 초기 단계의 편안함을 제공했던 행동으로 퇴행할 수 있다고 설명했다.

- 성격은 원초아, 자아 및 초자아의 세 부분으로 구성된다.
- 무의식이 핵심이다.
- 성격은 아동기에 형성된다.
- 불안을 막기 위해 방어기제를 사용한다.

하지만 신프로이트 학파는 두 가지 중요한 점에서 프로이트와 구별된다. 첫째, 의식적인 마음의 역할을 더 강조했다. 둘째, 성과 공격성이 인간 동기의 전부라는 것에 회의적이었다. 그들은 보다 상위의 동기와 사회적 상호작용을 강조하는 경향이 있었다.

융은 인류의 보편적인 경험들을 통해 발전된 공동의 집단 이미지 또는 원형(archetypes)인 **집단무의식**(collective unconscious)이 있다고 믿었다. 융은 왜 많은 사람들에게 영적 관심이 뿌리 깊게 자리 잡혀 있는지, 그리고 다른 문화권의 사람들이 왜 특정한 신화와 표상을 공유하는지를 집단무의식으로 설명하였다. 오늘날 심리학자의 대부분은 계승된 경험에 대해 동의하지 않는다. 그러나 그들은 공유된 진화적 역사가 어떤 보편적인 성향을 형성했고, 그 경험은 유전자 발현에 영향을 미치는 후성유전학적(epigenetic) 표지를 남길 수 있다고 믿는다(Neel et al., 2016).

프로이트의 개념 중 일부는 현대 정신역동 이론을 구성하는 다양한 관점으로 통합되었다. 정신역동적 관점에서 성격을 연구하는 이론가와 임상가들은 프로이트의 영향과 현대 심리과학의 도움을 바탕으로 대부분의 정신활동은 무의식이라고 가정하였다. 그들은 우리가 소망과 두려움, 가치관 간의 내적 갈등으로 분투하고, 방어적으로 대응한다고 믿었다. 그리고 각 개인의 아동기가 성격 및 다른 사람과 애착을 형성하는 방식을 결정한다는 점에도 동의한다. 그러나 몇 가지 면에서는 프로이트와 다르다. 심리학자인 드루 웨스턴(Drew Westen, 1996)은 "대부분의 현대 [정신역동적] 이론가들과 치료자들은 성(性)이 성격의 근간이라고 생각하지 않을 것이다." 또한 "원초아와 자아에 대해 논하지 않으며, 환자를 구강기, 항문기, 또는 남근기 성격으로 분류하지 않는다"고 언급했다.

"우리는 사물을 있는 그대로 보지 않고 각자 보고 싶은 대로 본다."

탈무드

무의식 과정의 평가

성격검사는 특정 성격 이론의 기본 개념을 반영한다. 그렇다면 전통 프로이트 학파에 가장 적합한 평가 도구는 무엇일까?

무의식을 탐구하려면 일종의 '심리적 X-ray'가 필요하다. 이 검사는 표면의 사회적 공손함을 뚫고 내면에 숨겨진 갈등과 충동을 비춰야 할 것이다. **투사검사**(projective tests)는 수검자에게 모호한 이미지를 설명하거나 그에 관한 이야기를 만들도록 요청하여 이러한 목표를 달성한다. 이미지 자체는 실제로 아무런 의미가 없지만 수검자의 반응에서 그들의 무의식을 엿볼 수 있다. [프로이트 이론에서 투사(projection)란 자신의 위협적인 충동을 타인의 것으로 '보는' 방식으로 위장하는 방어기제라는 점을 기억하라]. **주제통각검사**(Thematic Apperception Test, TAT)는 수검자가 이미지를 보고 그것에 대한 이야기를 구성하는 검사 중 하나이다. 예컨대, TAT는 성

알프레드 아들러(1870–1937) 아들러는 아동기의 불안정감이 권력과 우월감을 불러일으키는 행동을 하도록 한다고 설명했다. 아들러는 열등감 콤플렉스라는 용어를 만들었다.

카렌 호나이(1885–1952) 호나이는 아동기의 의존감이 무력감과 불안을 유발한다고 제안했다. 이러한 감정은 성인으로 하여금 사랑과 안정감에 대한 욕구를 느끼도록 한다. 호나이는 프로이트의 성격에 대한 관점이 남성 편향적이라고 지적했다.

카를 융(1875–1961) 융은 프로이트가 제안한 무의식의 힘에 동의했다. 그는 먼 과거에서부터 우리 조상의 경험에 근거하는 집단 무의식이라는 개념을 제안했다. 오늘날 심리학에서는 경험이 세대 간에 전수될 수 있다는 점을 거부한다.

취동기를 평가하는 데 사용되었다(Schultheiss et al., 2014). 백일몽에 빠져 있는 소년의 이미지를 본 수검자가 소년은 성취에 대한 환상을 품고 있다고 기술한다면 수검자가 자신의 성취목표를 투사한 것으로 추정할 수 있다.

가장 유명한 투사검사인 **로르샤흐 잉크반점 검사**(Rorschach inkblot test)는 1921년에 소개되었다. 스위스 정신과 의사인 헤르만 로르샤흐(Hermann Rorschach)는 어린 시절 친구들과 했던 놀이를

Spencer Grant/Science Source

그림 12.2 로르샤흐 검사 이 투사검사에서 수검자들은 일련의 대칭적인 잉크반점에서 보이는 것을 말한다. 이 검사를 사용하는 검사자는 모호한 이미지에 대한 해석이 수검자의 성격에서 무의식적 측면을 반영할 것으로 확신한다.

바탕으로 이 검사를 제작했다. 이들은 종이에 잉크를 떨어뜨리고 접은 후 다시 펼쳤을 때 생기는 얼룩이 무엇으로 보이는지 말하는 놀이를 했다(Sdorow, 2005). 이 검사는 10개의 잉크반점에서 보이는 것이 내면의 감정과 갈등을 반영할 것이라고 가정한다. **그림 12.2**에서 포식 동물이나 무기가 보이는가? 그렇다면 아마도 당신은 공격적인 성향을 가지고 있을 것이다.

이것은 합리적인 가정일까? 로르샤흐 검사가 좋은 심리검사의 두 가지 기준(제8장)에 부합하는지 살펴보자.

- 신뢰성(결과의 일관성) : 서로 다른 로르샤흐 점수체계로 훈련받은 평가자들 간의 일치성은 높지 않았다(Sechrest et al., 1998).
- 타당도(측정하고자 하는 것을 잘 측정하는지) : 로르샤흐 검사는 행동을 예측하거나 자살충동이 있는 사람과 없는 사람처럼 구분하는 것에는 성공적이지 않았다. 잉크반점 검사의 결과를 근거로 구분한 결과 정상 성인에게 정신장애 진단을 내리기도 했다(Wood, 2003; Wood et al., 2006).

로르샤흐 검사의 신뢰도 및 타당도는 높지 않다. 그러나 일부 임상가들은 로르샤흐 검사를 암시적 단서, 아이스브레이킹 또는 면담기법으로서 가치 있다고 평가한다. 따라서 로르샤흐 검사는 '모든 심리학적 평가 도구 중에서 가장 가치 있게 여겨지는 동시에 가장 비난받는 등 양가적 평가'를 받는다(Hunsley & Bailey, 1999, p. 266).

프로이트의 정신분석학적 관점과 현대 무의식의 평가

프로이트의 지지자들과 비평가들은 최근 이루어진 연구 결과가 그

의 많은 개념과 모순된다는 것에 동의한다. 발달심리학자들은 발달이 어린 시절에 고정되어 있는 것이 아니라 전 생애에 걸쳐 발달된다고 본다. 그들은 유아의 뇌신경이 프로이트가 추측한 대로 정서적 외상을 처리할 만큼 충분히 성숙했는지에 대해 회의를 품는다. 일부 사람들은 프로이트가 부모의 영향력을 과대평가했고, 또래집단의 영향은 과소평가했다고 생각한다. 또한 5~6세에 오이디푸스 콤플렉스를 해결함으로써 양심과 성정체성이 형성된다는 점에도 회의를 품는다. 성정체성은 훨씬 이전부터 발달하고, 동성의 부모가 없는 경우에도 남성적이거나 여성적으로 변하게 된다. 그리고 이들은 프로이트의 아동기 성에 대한 개념이 여성 내담자의 아동기 성적 학대에 관한 이야기에서 비롯되었다고 지적하였다. 일부 학자들은 프로이트가 이 이야기들이 어린 시절의 성적 욕망과 갈등을 반영한다고 믿는 대신 의심했다고 한다(Esterson, 2001; Powell & Boer, 1994).

프로이트는 꿈은 무의식에 이르는 왕도라고 믿었지만, 그렇지 않다. 현대 꿈 연구자들은 꿈은 충족되지 않은 소망이 무의식에 숨어 있으면서 이를 위장한 것이라는 프로이트의 생각에 동의하지 않는다(제2장). 그리고 실언은 단지 기억체계에서 유사한 단어들을 선택하는 것의 경쟁으로 설명할 수 있다.

심리학의 강점은 생물학자, 화학자 및 물리학자들이 이론을 검증하기 위해 사용하는 것과 동일한 과학적인 방법을 사용한다는 것이다. 심리학자들은 다른 심리학적 이론을 검증한 것과 마찬가지로 프로이트의 이론도 동일하게 검증해야만 한다. 좋은 이론은 관찰 가능하며 행동이나 사건을 예측한다(제1장). 프로이트의 이론은 과학적 검증에 어떻게 대응하는가?

프로이트의 이론은 몇 가지 객관적인 관찰에 근거하고 있으며, 채택되거나 기각될 수 있는 몇몇 가설을 설정했다. 프로이트에게는 환자들의 자유연상, 꿈, 말실수에 대한 자신의 해석이 충분한 증거였다. 게다가 비평가들에 따르면 프로이트의 이론은 행동과 특질에 대해 사후적 설명은 가능하지만 예측은 어렵다고 했다. 이론을 반증할 방법도 없다. 프로이트의 이론을 적용해서 볼 때 만약 당신의 어머니가 돌아가실 때 당신이 화가 났다면 '아직 해결되지 않은 의존성 욕구가 위협받기 때문'이라고 설명할 수 있다. 만약 분노를 느끼지 않았다 하더라도 '분노를 억제하고 있다'고 설명할 수 있다. 즉 비평가들은 '경기가 끝난 후 말에게 돈을 거는 것과 같다'고 하였다(Hall & Lindzey, 1978, p. 68).

프로이트의 지지자들은 이에 반대하였다. 그들은 프로이트 이론이 검증 가능한 예측을 하지 않는다는 것에 대해 비판하는 것은 야구가 유산소 운동이 아니라고 비판하는 것과 같다고 하였다. 프로이트는 정신분석이 예측과학이라고 주장하지 않았다. 단지 정신분석가들은 내담자의 과거를 되돌아보고, 그들의 정신상태에서 의미를 발견할 수 있다고 주장하였다(Rieff, 1979).

프로이트의 지지자들은 그의 개념 중 일부는 아직도 유효하다고 주장한다. 프로이트는 무의식적이고 비이성적인 생각이라는 개념이 대중적이지 않았던 시기에 우리의 관심을 끌었다. 오늘날 많은 연구자들이 비합리성에 관해 연구한다(Ariely, 2010; Thaler, 2015). 심리학자 대니얼 카너먼은 잘못된 의사결정에 관한 연구로 2002년에 노벨상을 받았다. 프로이트는 성욕의 중요성에 대한 우리의 관심을 끌었다. 그는 생물학적 충동과 사회적 안녕 간의 긴장을 알게 하였다. 그는 우리의 독선에 도전하여 자기방어를 지적하였으며 잠재된 악을 상기시켰다.

억압에 대한 개념에 도전하는 현대적인 연구

정신분석 이론은 우리가 종종 불쾌한 소망을 **억압**한다는 가정으로 구성된다. 억압은 먼지로 뒤덮인 다락에 오랫동안 잊어버린 채 버려두었던 책처럼 다시 떠오를 때까지 무의식 속으로 감정을 몰아내는 것으로 추정된다. 오늘날 기억 연구자들은 인간이 때때로 위협적인 정보를 무시함으로써 자아를 지킨다는 것을 발견했다(Green et al., 2008). 그러나 억압은 끔찍한 외상에 대해서는 흔히 발생하지 않는 정신 반응이라는 것도 발견하였다. 엘리자베스 로프터스(Elizabeth Loftus, 1995)는 "억압의 신화는… 일부는 반박되었고 일부는 검증되지 않았으며, 일부는 시험할 수 없다"고 말했다. 부모의 살인을 목격했거나 나치의 죽음의 수용소에서 살아남은 사람들조차도 억압되지 않는 공포의 기억을 가지고 있다(Helmreich, 1992, 1994; Malmquist, 1986; Pennebaker, 1990).

일부 연구자들은 심각하게 학대받은 어린이들이 겪는 스트레스와 같은 극단적이고 지속적인 스트레스는 해마를 손상시켜 기억을 혼란시킬 수 있다고 주장한다(Schacter, 1996). 그러나 훨씬 더 보편적인 사실은 높은 스트레스와 관련된 스트레스 호르몬은 기억력을 **향상시킨다**는 것이다. 실제로 강간, 고문 및 기타 외상적 사건들은 생존자들을 심하게 괴롭히고, 이들로 하여금 원하지 않는 플래시백을 하도록 한다. 그 사건들은 각인되어 있다. 홀로코스트 생존자인 샐리(Sally H., 1979)는 "아기들이 보여요"라고 말했다. "비명을 지르는 엄마들이 보여요. 교수형을 당한 사람들이 보여요. 앉아서 저기 얼굴을 보세요. 잊을 수 없는 것이에요."

현대의 무의식적 사고

우리 마음속에서 일어나는 모든 일에 접근할 수 없다는 프로이트의 말은 옳았다(Erdelyi, 1985, 1988, 2006; Kihlstrom, 1990). 이원화된 마음(two-track mind)은 방대하여 눈에 들어오지 않는 영역도 있다. 어떤 연구자들은 "대부분의 일상생활은 무의식적 사고 과정에 의해 결정된다"고 주장한다(Bargh & Chartrand, 1999). 그러나 오늘날 인지연구자들이 연구한 무의식적 사고는 프로이트의 생각처럼 불안을 유발하는 생각과 들끓는 욕구들을 검열하여 저장하는 곳이 아니다. 오히려 이원화된 마음의 한 부분으로, 우리가 인식하지 않은 상황에서도 다음과 같이 더 멋진 정보 처리가 일어나는 곳이다.

- 분할 뇌 환자가 말로는 표현하지 못하는 지시를 왼손이 수행할 수 있도록 하는 우반구 뇌활동(제2장).
- 시각과 사고의 다른 측면들의 **병렬 처리**, 그리고 우리의 지각과 해석을 자동적으로 통제하는 스키마(제5장).
- 기억상실증을 앓는 사람조차도 의식적 기억 없이 작동하는 **암묵적 기억**(제7장).
- 의식적 분석을 하기 전에 즉각적으로 경험하는 **감정**(제9장).
- 자동적이고 무의식적으로 자신과 다른 사람들에 대한 정보처리에 영향을 주는 자기개념과 **고정관념**(제11장).

프로이트의 두 방어기제를 지지하는 연구도 있다. 예를 들어, 한 연구는 수용할 수 없는 충동을 반대로 바꾸는 반동형성을 다루었다. 강력한 반동성애자의 태도를 가진 남성이 남성 동성애자의 성관계 비디오를 시청하자 성적으로 흥분되지 않는다고 보고함에도 생리적 흥분(발기측정)은 더 컸다(Adams et al., 1996). 이와 마찬가지로, 의식적으로는 이성애자라고 밝혔으나 무의식적으로 동성애자임을 밝힌 사람은 게이에 대한 더 부정적인 태도를 보이고 친동성애 정책에 대한 지지적 태도가 더 낮은 것으로 나타났다(Weinstein et al., 2012).

위협적인 충동을 타인에게로 돌리는 것 프로이트의 **투사**도 연구를 통해 검증되었다. 사람들은 자신의 특징, 태도 및 목표를 다른 사람들에게서 보려는 경향이 있다(Baumeister et al., 1998b; Maner et al., 2005). 오늘날의 연구자들은 이것을 **허위적 합의효과**(false consensus effect)라고 부르는데, 이는 다른 사람들의 신념과 행동이 우리와 같을 것이라고 과대평가하는 경향을 말한다. 폭음을 하거나 제한속도를 어기는 사람들은 다른 사람들도 같을 것이라고 생각하는 경향이 있다. 그러나 방어기제는 프로이트가 추정한 대로 정확하게 작동하지는 않는다. 프로이트가 생각했던 만큼 성적, 공격적 충동이 동기화되지 않고, 오히려 스스로의 이미지를 보호하려는 욕구가 더 강했다.

인본주의 이론

1960년대쯤 몇몇 성격심리학자들은 이 분야에 신선한 개념과 새로운 방향이 필요하다고 판단했다. 그들은 프로이트의 견해가 너무 부정적이고, 마찬가지로 존 왓슨과 B. F. 스키너(제6장)의 엄격한 행동주의는 너무 기계적이라며 불편해했다. 이러한 변화에 따라 에이브러햄 매슬로(Abraham Maslow, 1908–1970)와 칼 로저스(Carl Rogers, 1902–1987)와 같은 인본주의 심리학자가 배출되었다. 그들은 어두운 갈등으로 발생하는 장애가 아니라, 건강한 사람들이 자기결정과 자기실현을 위해 노력하는 방법을 강조하는 데 중점을 두었다. 행동주의의 객관적인 실험실 실험과는 대조적으로 자신의 경험과 감정을 보고하도록 했다.

에이브러햄 매슬로의 자아실현적 인간

매슬로는 인간의 동기가 피라미드 형태의 **욕구 위계**(hierarchy of needs)를 형성한다고 제시했다(제9장). 가장 아래에 신체적 욕구가 있다. 신체적 욕구가 충족되면 다음 수준의 욕구인 개인적인 안전에 관심을 갖게 될 것이다. 안전하다고 느끼게 되면 사랑하고, 사랑받고, 우리 자신을 사랑하는 것을 추구한다. 사랑 욕구가 충족되면 자존감(자기가치의 감정)을 추구한다. 자존감을 얻은 후에는 최상위 욕구인 **자기실현**(self-actualization)과 **자기초월**(self-transcendence)을 위해 노력한다. 피라미드의 정상에서 이러한 동기는 우리의 모든 잠재력에 도달하는 것을 포함한다.

에이브러햄 매슬로 "주의를 기울일 가치가 있는 동기 이론은 손상된 영혼의 방어 기술뿐만 아니라 건강하고 강한 사람의 가장 큰 능력을 다루어야 한다"(*Motivation and Personality*, 1970, p. 33)

매슬로(Maslow, 1970)는 문제가 있는 임상사례보다 건강하고 창조적인 사람을 연구하여 개념을 창안했다. 자기실현은 에이브러햄 링컨과 같이 부유하고 생산적인 삶을 살았던 사람들로부터 설명되었다. 이들은 스스로를 자각했고, 자기수용적이었다. 개방적이고 자발적이며, 애정이 넘치고 배려심이 많았다. 다른 사람들의 의견에 대해 과도하게 신경 쓰지 않았지만, 자기중심적이지도 않았다. 세상에 대한 호기심이 있어서 불확실성을 극복하고 새로운 경험을 찾기 위해 스스로 나아갔다(Kashdan, 2009). 일단 그들이 특정한 일에 에너지를 집중하면 종종 그 일을 인생의 사명 혹은 '부름'으로 여겼다(Hall & Chandler, 2005). 대부분은 얕은 관계보다는 몇몇의 깊은 관계를 선호했다. 많은 사람들이 일반적인 의식을 넘어 영적 또는 개인적인 **절정 경험**(peak experiences)에 의해 움직였다.

매슬로는 이를 성숙한 성인의 자질로 간주하였다. 이처럼 건강한 사람들은 부모에 대한 복잡한 감정으로부터 벗어났다. 그들은 "인기가 없고, 공공연히 도덕적인 것에 대해 부끄러워하지 않을 만큼 충분히 용기를 얻었다." 매슬로는 대학생을 대상으로 한 연구를 통해 자기실현을 이룰 가능성이 높은 성인은 호감이 가고, "마땅한 자격이 있는 연장자에게 다정하고", "젊은 사람들에게서 흔히 볼 수 있는 잔인함, 비열함, 군중심리를 쉽게 받아들이지 않는다"고 생각하게 되었다.

칼 로저스의 인간중심적 관점

칼 로저스는 인간이 자기실현적인 성향을 갖고 있다는 것에 동의하였다. 로저스의 **인간중심적 관점**(person-centered perspective)에서는 인간을 근본적으로 선하다고 본다. 식물과 마찬가지로 성장을 촉진하는 환경이 주어진다면 잠재력에 도달할 준비가 되어 있다고 생각한다. 상대방은 우리를 성장시키고, 우리는 다음 세 방법을 통해 타인을 성장시킨다(Rogers, 1980).

- **진실되게 행동하기** : 우리가 다른 사람들에게 진실하다면, 자신의 감정에 대해 열린 마음을 갖게 될 것이다. 우리는 거짓된 면을 버리고 투명하게 스스로를 공개한다.
- **수용하기** : 우리가 수용한다면, 로저스가 **무조건적 긍정적 존중**(unconditional positive regard)이라 부르는 것을 상대방에게 제공하는 것이다. 이는 전적으로 수용하는 태도이다. 그 사람의 결점을 알더라도 그 사람을 존중한다. 가식적인 행동을 버리고, 최악의 감정을 고백했는데도 아직 받아들여지고 있다는 것을 발견하는 것은 큰 안도감을 준다. 행복한 결혼생활, 가까운 가족, 또는 친밀한 우정에서 다른 사람들이 어떻게 생각할지 두려워하지 않고 자유로운 자신이 될 수 있다.
- **공감하기** : 우리가 공감을 한다면, 다른 사람의 감정을 공유하고 그 의미를 그들에게 다시 반영한다. 로저스는 "진정한 공감과 진정한 이해심을 가지고 듣는 경우는 드물다"고 말했다. "그러나 이런 매우 특별한 종류의 경청은, 내가 아는, 변화를 불러일으키는 가장 강력한 힘 중 하나다"라고 말했다.

Dylan Martinez/Reuters/Landov

공감의 사진 듣는 사람이 진정한 이해를 보여줄 때 마음을 열고 신뢰감을 공유하는 것은 더 쉬워진다. 그러한 관계 속에서 우리는 진정한 자신을 편안하고 충분하게 보여줄 수 있다.

로저스는 진실성, 수용성, 공감이 물, 태양, 그리고 영양분처럼 인간이 떡갈나무로 자랄 수 있게 해준다고 믿었다. "사람들이 받아들여지고 존중받듯이, 그들은 자기 자신을 좀 더 배려하는 태도를 갖는 경향이 있다"(Rogers, 1980, p. 116). 사람들이 공감적 경청을 경험해보면 "내적 경험의 흐름에 더 정확히 귀를 기울일 수 있다."

로저스는 상담자와 내담자의 관계에 있어서 관대함, 수용, 공감이 필요하다고 했다. 또한 세 가지 자질이 지도자와 집단 구성원, 교

P. BYRNES.

"아들아, 네가 이기든 지든 그건 중요하지 않다. 네가 아빠의 사랑을 원하지 않는다면..."

무조건적 긍정적 존중을 제공하지 않는 아버지

사와 학생, 관리자와 직원, 부모와 자녀, 친구와 친구 사이 등 어떤 유형이든 두 사람 간의 성장을 도모한다고 믿었다.

매슬로와 로저스에게 있어서, 성격의 중심적인 특징은 '나는 누구인가?'라는 질문에 대한 우리의 생각과 느낌인 **자기개념**(self-concept)이다. 우리의 자기개념이 긍정적이라면 긍정적으로 인식하고 행동하는 경향이 있지만, 부정적이라면 이상적인 자아에 훨씬 못 미치게 될 것이다. 혼란스럽고 불행하다고 느낀다. 그러므로 로저스는 상담사, 부모, 교사, 친구들을 위한 가치 있는 목표는 다른 사람들이 자신을 알고, 받아들이고, 자신에게 진실하도록 돕는 것이라고 말했다.

자아 평가

인본주의 심리학자들은 자아개념을 평가할 수 있는 질문지를 작성하도록 하여 사람들의 성격을 평가하였다. 로저스의 개념에 영향을 받은 한 질문지는 수검자에게 자신이 **이상적으로** 되고 싶은 것과 **실제 모습**을 모두 묘사하라고 요구한다. 로저스는 이상적인 자신과 실제 자신이 거의 비슷할 때 긍정적인 자기개념이 형성될 수 있다고 하였다. 치료가 진행되는 동안 수검자의 개인적 성장을 평가하면서 로저스는 수검자의 실제적 자아와 이상적 자아에 대한 평가가 점진적으로 가까워지기를 기대하였다.

일부 인본주의 심리학자들은 성격에 대한 표준화된 평가, 심지어 질문지조차도 비인간적이라고 비판한다. 인본주의 심리학자들은 내담자들로 하여금 편협한 범주를 강제로 선택하도록 하는 것보다 면담과 친밀한 대화를 통해 각자의 고유한 경험을 더 잘 이해할 수 있다고 했다. 또 다른 연구자들은 개인의 정체성은 각 개인의 고유한 삶에 관해 상세히 기술하여 풍부한 이야기를 수집하는 **인생 이야기 접근법**(life story approach)으로 드러날 수 있다고 믿었다(Adler et al., 2016; McAdams & Guo, 2015). 일생에 걸친 이야기들은 몇 가지 질문에 대한 답보다 한 사람의 완전한 정체성을 더 많이 보여줄 수 있다.

인본주의 이론의 평가

인본주의 심리학은 심리학의 광범위한 영역에 영향을 미쳤다. 매슬로와 로저스의 개념은 상담, 교육, 아동양육, 그리고 경영에 영향을 미쳤다. 그리고 그들은 오늘날 과학적으로 **긍정심리학**의 토대를 마련했다(제1장).

이 이론가들은 때로는 의도하지 않은 방식으로 오늘날의 대중적 심리학의 많은 부분에 영향을 미쳤다. 긍정적인 자기개념이 행복과 성공의 열쇠일까? 수용과 공감은 우리 자신에 대한 긍정적인 감정을 길러줄까? 사람들은 근본적으로 선하고 개선할 수 있는 능력이 있는 것인가? 많은 사람들이 예, 예, 그리고 예라고 대답할 것이다. 2006년 미국 고등학생들은 1975년에 살고 있는 학생들에 비해 눈에 띄게 높은 자존감과 미래의 직업적 성공에 대한 더 큰 기대를 보고했다(Twenge & Campbell, 2008). 자신을 사랑하는 것의 중요성에 관한 이야기를 접할 때 인본주의적인 이론을 신뢰할 수 있을 것이다.

많은 심리학자들은 인본주의적 관점을 비판해왔다. 첫째로, 비평가들은 인본주의 개념은 과학적인 방법보다는 애매하고 이론가의 개인적인 의견에 근거한다고 지적한다. 매슬로는 자아실현적인 사람들인 개방적이고, 자발적이고, 애정이 있고, 자기수용적이고, 생산적이라고 묘사했다. 이것이 과학적인 설명일까? 아니면 단지 매슬로 개인에게 영웅적인 인물에게 보이는 가치관과 이상을 묘사한 것일까(Smith, 1978)?

다른 비평가들은 인본주의 심리학에서 장려하는 그 태도를 반대했다. 예를 들어 로저스는 "중요한 단 한 가지 질문은 내가 정말로 만족스럽게 살고 있는가, 나를 진정으로 표현하는 삶을 살고 있는가이다"(Wallach & Wallach, 1985)라고 하였다. 조별과제를 해야 하는데, 과제 내용이 만족스럽지 않거나 자신의 정체성을 진정으로 드러내지 않는 것이라고 생각하는 조원과 한 조라고 상상해 보라. 그러한 태도는 방종과 이기주의, 그리고 도덕적 절제의 결여로 이어질 수 있다(Campbell & Specht, 1985; Wallach & Wallach, 1983).

인본주의적 심리학자들은 다른 사람을 사랑하기 위한 중요한 첫 번째 단계는 안전하고 무조건적인 자기수용이라고 답한다. 실제로, 연인이 어떤 성과가 아니라 있는 그대로의 모습으로 나를 좋아해주고 받아들여준다는 것을 경험한다면 그 관계는 더 행복하며 연인에게 더 친절하게 행동한다고 보고한다(Gordon & Chen, 2010).

마지막으로, 인본주의적 관점에서는 인간의 사악한 능력을 이해하기 어렵다는 비판이 있다(May, 1982). 전 세계적인 기후변화, 인구과잉, 테러리즘, 그리고 핵무기의 확산에 직면하게 되면 우리는 두 가지 사고방식 중 어느 한 가지에 쏠리게 될 것이다. 한 가지는 위협을 부인하는 순진한 낙관주의이다. 즉 사람들은 선하다, 모든 게 잘 될 거예요 등이다. 다른 하나는 어두운 절망이다. 즉 희망이 없다, 왜 노력합니까? 등이다. 행동을 개시하려면 걱정을 유도할 만큼 충분한 현실감과 희망을 제공하기에 충분한 낙관주의를 필요로 한다. 비평가들은 인본주의 심리학이 필요한 희망은 장려하지만 그와 동일한 정도로 위협에 대한 현실감을 장려하지는 못한다고 지적한다.

특질 이론

프로이트 학파와 인본주의 이론의 공통된 목표는 성격 발달을 설명하는 것이다. 이들은 인간에게 작용되는 동인에 관심을 기울였다. 고든 올포트(Gordon Allport, 1897–1967)의 연구로 주도된 **특질**(trait)을 다루는 연구자들은 특질을 **설명**하는 것보다 **기술**하는 것에 더 많은 관심이 있었다. 특질 이론가들은 성격을 새로운 경험과 자기수양에 대한 레이디 가가의 개방성과 같은 **안정되고 지속적인 행동 패턴**으로 규정한다. 이러한 특질은 그녀의 성격을 기술하는 데 유용하다.

특질 탐구

당신이 온라인 데이트 서비스 회사에 고용되었다고 상상해보라. 당신의 업무는 데이트 및 결혼 상대자를 찾는 사람들에게 자신을 잘 기술하도록 돕는 새로운 앱을 만드는 데 사용할 설문지를 구상하는 것이다. 해마다 수백만 명의 사람들이 이러한 서비스를 사용함에 따라 심리과학을 이해하고 통합할 필요성이 더욱 커지고 있다(Finkel et al., 2012a, b).

기본 요인

우리의 성격을 구분하는 더 좋은 방법은 같이 발생하는 행동 경향군인 **요인**(factor)을 찾아보는 것이다(McCabe & Fleeson, 2016). 예를 들어 자신을 외향적이라고 표현하는 사람들은 자극과 농담을 좋아하고 조용한 독서를 싫어한다고 말할 수 있다. 이 행동군집은 기본적 요인 또는 특질을 반영하고, 이러한 요인은 **외향성**에 해당한다.

Haefeli

러스는 자신의 생각을 다른 사람들로부터 철저히 이해받고 싶어 하는 사람이다.

그렇다면 유용한 데이트 질문지가 되려면 얼마나 많은 특질로 구성되어야 할까? 심리학자 한스 아이젠크(Hans Eysenck)와 사이빌 아이젠크(Sybil Eysenck)가 당신과 같은 일을 하기 위해 고용되었다면, 그들은 두 가지를 말했을 것이다. 그들은 많은 정상적인 인간의 변화를 두 가지 기본 차원, 즉 외향성과 내향성 및 정서적 안정성과 불안정성으로 간소화할 수 있다고 믿었다(**그림 12.3**). 중국에서 우간다, 러시아에 이르는 35개국 사람들이 아이젠크의 성격 질문지에

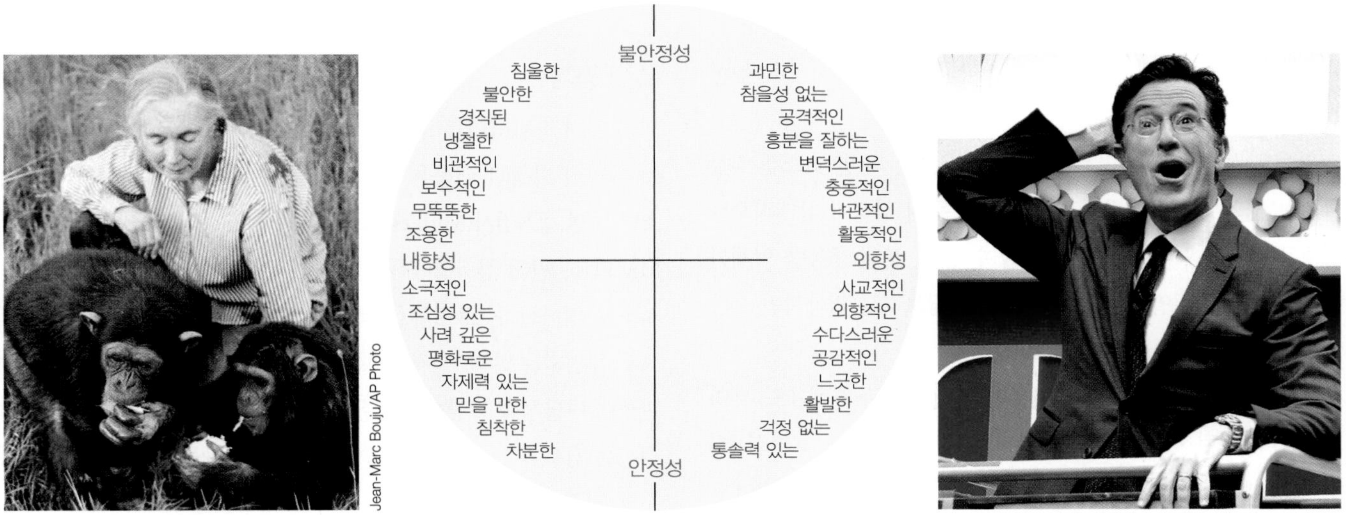
불안정성
침울한
불안한
경직된
냉철한
비관적인
보수적인
무뚝뚝한
조용한
내향성
소극적인
조심성 있는
사려 깊은
평화로운
자제력 있는
믿을 만한
침착한
차분한
안정성
과민한
참을성 없는
공격적인
흥분을 잘하는
변덕스러운
충동적인
낙관적인
활동적인
외향성
사교적인
외향적인
수다스러운
공감적인
느긋한
활발한
걱정 없는
통솔력 있는

그림 12.3 2개의 특질 차원 지도 제작자는 2개의 축인 남-북 그리고 동-서를 이용하여 많은 것을 알 수 있다. 두 가지 주요 성격 요소인 외향성-내향성과 안정성-불안정성은 다양한 성격을 설명할 수 있는 유용한 축이다. 다양한 조합은 서로 다른, 구체적인 특질을 정의한다(Eysenck & Eysenck, 1963). 영장류 학자인 제인 구달과 같이 천성적으로 내향적인 사람들은 특히 현장연구에 재능이 있을 수 있다. 스티븐 콜베어(Stephen Colbert)를 포함한 성공한 코미디언은 흔히 타고난 외향적인 사람이다.

비판적으로 사고하기 내향성의 낙인

서양문화는 외향성을 높이 평가한다.

슈퍼 영웅들은 외향성인 경향이 있다. 슈퍼맨은 대담하고 힘이 넘친다. 그의 내향적인 자아인 클라크 켄트는 온순하고 실수투성이다.

87%의 서양인은 더 외향적으로 되고 싶어 한다.[1]

내향적이라는 것은 '제대로 된 것'이 없다는 것을 의미한다.[2]

영화〈인크레더블(The Incredibles)〉에서 주도권을 잡은 엘라스티걸은 가까스로 궁지를 벗어난다.

매력적이고 성공적인 사람들은 외향적일 것으로 추측한다.

내향성은 무엇인가?

내향적이라고 수줍음이 많다는 것은 아니다.
(수줍은 사람들은 타인이 자신을 부정적으로 평가할 것에 대한 공포심 때문에 조용히 있다.)

내향적인 사람은 민감하기 때문에 환경으로부터의 자극을 추구하는 수준이 낮다. 예를 들어 레몬주스를 주면 내향적인 사람은 외향적인 사람에 비해 침을 더 많이 흘린다.[3]

내향성은 다음과 같은 장점이 있다.

- 내향적인 지도자들은 종업원이 새로운 아이디어를 제안하거나 기존의 기준에 도전할 때면 외향적인 지도자보다 더 눈부신 성과를 달성한다.[4]
- 35개의 연구를 분석한 결과 외향성과 판매실적 간에 상관이 없다.[5]
- 에이브러햄 링컨, 데레사 수녀, 간디 등을 포함하여 많은 내향적인 경향을 지닌 사람들이 훌륭한 삶을 살았다.

1. Hudson & Roberts, 2014. 2. Cain, 2012. 3. Corcoran, 1964. 4. Grant et al., 2011. 5. Barrick et al., 2001.

답한 결과에서 외향성과 정서적 요인들이 기본적인 성격 차원으로 밝혀졌다(Eysenck, 1990, 1992).

생물학과 성격

제3장에서 논의한 쌍둥이 입양 연구에서 떠올릴 수 있듯이 유전자는 성격을 결정하는 데 도움이 되는 기질과 행동양식에 관해 많은 것을 제공한다. 예를 들어 유아의 수줍음은 그들의 자율신경계에서의 차이와 관련이 있는 듯하다. 반응성이 높은 자율신경계를 가진 유아들은 스트레스에 더 많이 불안해하고 억압을 보인다(Kagan, 2010).

뇌 활동도 성격에 따라 다른 것으로 나타났다. 뇌 활동 스캔 영상을 살펴보면 외향적인 사람들은 정상적인 두뇌 각성이 상대적으로 낮기 때문에 자극을 추구하는 것을 알 수 있다. 또한 행동을 억제하는 것과 관련된 전두엽 부분은 내향적인 사람보다는 외향적인 사람이 덜 활동적이다(Johnson et al., 1999).

개들 간의 성격 차이는 개 주인뿐만 아니라 연구자에게도 분명히 드러난다. 이런 차이는 개의 에너지, 애정, 반응성 및 호기심, 지능에서 명백하고, 사람 간의 성격 차이와 마찬가지로 개들 간에도 일관되게 지적된다(Gosling et al., 2003; Jones & Gosling, 2005). 원숭이, 보노보, 침팬지, 오랑우탄, 심지어 새들도 안정적인 성격을 지니고 있다(Weiss et al., 2006, 2015). 미국의 조류인 박새 중에도 대담한 새들이 더 빨리 새로운 물체를 조사하고 나무를 탐험한다(Groothuis & Carere, 2005; Verbeek et al., 1994). 선택적인 번식을 통해, 연구자들은 대담하거나 수줍음이 많은 새를 만들어낼 수 있다. 둘 다 자연사에 있어서 그들의 위치를 가지고 있다. 흉년에는, 대담한 새들이 먹이를 찾아 먹을 가능성이 더 높다. 풍년에는, 수줍은 새들도 위험을 덜 감수하고 먹이를 찾는다.

특질 평가

널리 알려진 MMPI를 포함하여 **성격 질문지**(personality inventory)는 다양한 감정과 행동을 다루는 긴 일련의 문항의 집합이다. **미네소타 다면 성격검사**(Minnesota Multiphasic Personality Inventory, MMPI)는 원래 정서장애를 식별하기 위해 개발되었지만 사람들의 성격도 평가한다. 로르샤흐 검사처럼 대부분의 투사검사는 주관적으로 채점되는 반면, 성격검사는 객관적으로 채점한다. 그렇지만 객관성이 타당성을 보장하는 것은 아니다. 취업 목적으로 MMPI를 수검하는 경우 좋은 인상을 줄 수 있는 답으로 반응할 것이다. 그와 동시에 거짓을 평가하는 거짓말 척도에서도 높은 점수를 얻을 수 있다. MMPI는 객관성에 힘입어 대중적인 인기를 끌었고, 100개 이상의 언어로 번역되어 사용되고 있다.

성격 5요인

성격심리학에서 주요한 모델로, 성격 5요인에 관한 연구는 다양한 질문들을 탐구해왔다.

- **특질들은 얼마나 안정적인가?** 한 연구에서 10~65세 참가자 125만 명을 분석하였다. 그들은 성격이 후기 아동기와 청소년기에 계속해서 발달하고 변화한다는 것을 알게 되었다. 성인이 되면 우리의 특질은 상당히 안정되지만 성실성, 우호성, 개방성과 외향성은 일생 동안 계속해서 증가하고, 정서적 불안정성인 신경증은 감소한다(Soto et al., 2011).
- **특질들은 유전되는가?** 5요인에 대한 개인차에서 40%는 유전자에 기인한다고 볼 수 있다(Vukasović & Bratko, 2015).
- **특질들은 뇌의 구조나 기능의 차이를 반영하는가?** 서로 다른 뇌 영역의 크기는 5요인 중 몇몇 요인과 관련이 있다(DeYoung et al., 2010; Grodin & White, 2015). 예를 들어 성실성 점수가 높은 사람의 경우 행동을 계획하고 통제하는 것을 돕는 전두엽의 면적이 더 큰 경향이 있다. 뇌의 연결성(brain connections)도 5요인의 특질에 영향을 미친다(Adelstein et al., 2011). 개방성이 높은 사람들은 굉장한 상상력, 호기심, 그리고 공상을 경험할 수 있도록 뇌신경이 잘 연결된 두뇌를 가지고 있다.
- **시간이 지남에 따라 특질들의 수준이 변하는가?** 시간이 지나면서 문화는 변하고, 이는 성격의 변화에 영향을 미칠 수 있다. 미국과 네덜란드에서는 시간이 지남에 따라 외향성과 성실성이 증가해왔다(Mroczek & Spiro, 2003; Smits et al., 2011; Twenge, 2001).
- **특질들은 다양한 문화에 얼마나 잘 적용되는가?** 5요인 차원들은 다양한 문화에서의 성격을 상당히 잘 묘사한다(Schmitt et al., 2007; Vazsonyi et al., 2015; Yamagata et al., 2006). 로버트 매크레이(Robert McCrae)와 79명의 공동 연구자들은 50개의 서로 다른 문화권 사람들을 대상으로 한 연구 결과 "성격특질의 자질은 모든 인간에게 공통적이다"(2005)라고 결론지었다.
- **5요인 특질들은 실제 행동을 예측하는가?** 그렇다. 예를 들어 우리의 특질은 언어 패턴을 통해 나타난다. 블로그 게시물에서, 외향성은 '우리는, 우리의, 우리를' 등의 인칭 대명사를 많이 사용할 것을 예측해준다. 우호성은 긍정적 정서 단어의 사용을 예측해준다. 신경증은 부정적 정서 단어의 사용을 예측해준다(Yarkoni, 2010).

당신의 성격을 어떻게 측정하는지 알고 싶다면, **그림 12.4**에 있는 간단한 자기보고형 평가를 실시해보라. 데이트 설문지(dating questionnaire)에 5요인의 특질이 포함되도록 제작했다면 당신은 임무를 완수한 것이다.

특질 이론 평가

개인-상황 논쟁

많은 연구자들이 일생에 걸쳐 성격의 안정성을 연구해왔다. 152개의 장기연구를 다룬 연구는 삶의 초기에 평가한 특질을 7년이 경과한 후 다시 평가하여 비교하였다. 이 연구는 서로 다른 연령대를 대상으로 이루어졌고, 각 연령대를 기준으로 7년 후에 특정 특질의 점수를 비교한 결과 정적 상관이 지적되었다. 흥미로운 점은 성인기인 참가자를 대상으로 특질을 비교했을 때 상관이 가장 높았다는 것이다. 즉 어린 아동의 경우 초기와 후기의 특질 점수 간 상관이 +0.3인 반면 대학생은 +0.54였고, 70세의 경우 +0.73이었다(상관계수가 0이라는 것은 상관이 없다는 뜻이고, +1.0은 다른 하나를 완벽하게 예측한다는 의미이다).

나이가 들면서 성격적 특질은 안정된다. 흥미가 바뀔 수도 있다. 열대어에 열정을 쏟던 사람이 정원 가꾸기로 흥미가 바뀔 수 있다. 판매원으로 일을 잘하던 사람이 사회복지사로 직업을 바꿀 수도 있다. 하지만 대부분의 사람들은 자신의 특질을 그들 자신으로 인식한다.

한 상황에서 다른 상황으로 특정 **행동**이 일관되게 유지되는 것은

표 12.3 성격 '5요인'

연구자들은 성격의 5요인을 평가하고 채점하기 위해 자기보고식 검사와 동료 보고서를 사용한다.

[암기 팁 : CANOE(카누)를 생각하면 다섯 가지 특질을 기억할 수 있을 것이다.]		
무계획적인, 부주의한, 충동적인	성실성(C)	체계적, 주도면밀한, 규율 있는
냉소적, 의심 많은, 비협조적인	우호성(A)	마음이 여린, 신뢰할 수 있는, 잘 도와주는
침착한, 안정적인, 자기충족적인	신경증(N) (정서적 안정 대 불안정)	불안, 불안정, 자의식적
실질적, 제한적인 흥미 영역, 관습적	개방성(O)	창의적, 다양한 흥미 영역, 관습에 얽매이지 않은
내성적, 냉정한, 말수가 적은	외향성(E)	사교적, 즐거움 추구, 다정한

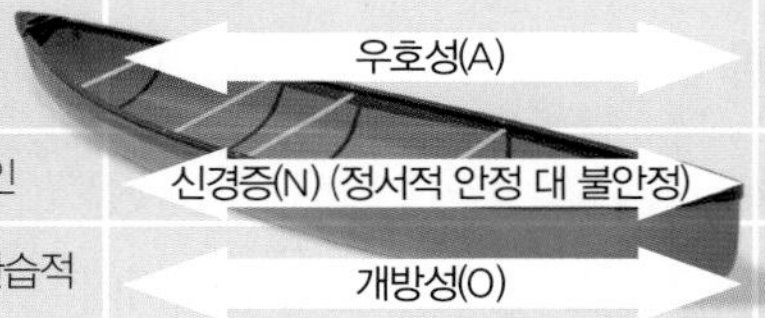

Steve Wisbauer/Getty Images

출처 : McCrae & Costa(1986, 2008).

또 다른 문제이다. 사람들이 언제나 예측 가능한 것은 아니다. 어떤 경우에는 수업에 제시간에 오는 것처럼 성실한 것과 또 다른 경우 몸에 해로운 음식을 피하는 것과 같은 성실성 간에 어떤 관계가 있다고 예측할 수 있는가? 만약 당신이 어떤 상황에서 매우 외향적이고 어떤 경우에는 말수가 줄어든다면 이 질문에 대해 '관계가 거의 없다'고 답했을 것이다. 이것이 바로 연구자들이 발견한 것이다. 즉 상관이 매우 낮았다(Mischel, 1968, 2004; Sherman et al., 2015). 이러한 비일관성은 성격특질이 행동을 예측하기 어렵게 한다. 성격특질은 서로 다른 많은 상황에 걸쳐 한 사람의 행동을 예측한다. 특질은 한 사람의 구체적인 한 상황에서의 행동만을 정확하게 예측하는 것은 아니다(Mischel, 1968, 1984; Mischel & Shoda, 1995).

당신을 어떻게 기술할 것인가?

미래에 원하는 모습이 아니라, 현재 전반적인 자신의 모습을 기술하라. 당신이 알고 있는 동일 성별, 연령대의 사람과 비교해서 자신에 관해 솔직하게 있는 그대로 기술하라. 아래 척도를 사용하여 각 진술문에서 자신에게 해당하는 정도를 평정척도를 이용해서 표시하고, 아래의 채점지침을 적용해서 5개 특질의 스펙트럼에서 당신이 해당하는 위치를 확인해보라.

1	2	3	4	5
매우 그렇지 않다	조금 그렇지 않다	보통이다	조금 그렇다	매우 그렇다

1. 나는 파티의 주인공이 되곤 한다. ____________
2. 상대방의 감정에 공감한다. ____________
3. 쉽게 스트레스 받는다. ____________
4. 항상 준비되어 있다. ____________
5. 아이디어가 풍부하다. ____________
6. 대화를 시작한다. ____________
7. 다른 사람을 위해 시간을 낸다. ____________
8. 계획을 따른다. ____________
9. 걱정이 많다. ____________
10. 생생한 상상을 한다. ____________

성격의 5요인 특질 채점지침
각 특질에 해당하는 문항번호

성실성 : 4, 8번
우호성 : 2, 7번
신경증 : 3, 9번
개방성 : 5, 10번
외향성 : 1, 6번

채점방법

각 특질에 해당하는 문항의 평정점수를 더하고 2로 나누어라. 예를 들어 '우호성'의 2번 문항(상대방의 감정에 공감한다)이 3점이고, 7번 문장(다른 사람을 위해 시간을 낸다)이 4점이라면 5점 평정척도를 기준으로 했을 때 '우호성'의 총점은 3 + 4 = 7 ÷ 2 = 3.5라는 것을 의미한다.

그림 12.4 5요인 자기평가 출처 : Goldberg, L. R. (1992)의 척도 자료. The development of markers for the Big-Five factor structure. *Psychological Assessment*, 4, 26-42.

이러한 결과를 기억한다면, 우리는 다른 사람에게 꼬리표를 다는 것에 더 주의를 기울일 것이다(Mischel, 1968, 2004). 우리는 누가 범죄자가 되는지, 자살하는지, 또는 유능한 직원이 될지를 예측하는 것이 얼마나 어려운 일인지를 알 수 있다. 몇 년 전부터 과학은 우리에게 지구에서 태양까지의 거리를 알려주고 있다. 기상학자들은 내일의 날씨를 예보해준다. 하지만 심리학자들은 당신이 내일 어떻게 느끼고 행동할 것인지에 대한 수수께끼를 아직 해결하지 못했다.

그렇다면 심리과학이 성격특질과 관련해서 의미 있는 것을 전혀 제공하지 못한다는 의미일까? 아니다! 특질은 여러 상황에 걸쳐 관찰할 수 있는 한 사람의 외향성, 행복, 부주의 등의 평균적인 행동을 예측하는 데 좋은 역할을 한다(Epstein, 1983a, b).

성격특질은 예상치 못한 곳에 잠재해 있다.

- **음악 선호도** : 당신의 재생 목록은 당신의 성격에 관해 많은 것을 말해준다. 클래식, 재즈, 블루스, 포크음악 애호가들은 경험적이고 지적인 경향이 있다. 외향적인 사람들은 낙관적이고 활기찬 음악을 선호하는 경향이 있다. 컨트리 음악, 팝, 종교음악 애호가들은 즐겁고, 외향적이고, 양심적인 경향이 있다(Langmeyer et al., 2012; Rentfrow & Gosling, 2003, 2006).
- **문어체**(written communication, 편지) : 여러분은 다른 사람들이 쓴 글에서 그 사람의 성격을 알아차려 본 적이 있는가? 그렇다! 얼마나 멋진 발견인가! 사람들이 쓴 글에서 외향성, 신경증 및 공격성의 수준을 예측할 수 있다(Gill et al., 2006; Park et al., 2015; Pennebaker, 2011). 예를 들어 외향적인 사람들은 '나, 나에게' 등의 1인칭 단수 대명사를 사용함으로써 자기 자신에게 관심을 집중한다. 신경증적인 사람은 부정적인 정서를 나타내는 단어를 더 많이 사용하고, 우호적인 사람은 욕설을 덜 사용한다.
- **온라인과 개인적 공간** : 온라인 프로필, 블로그, 웹사이트, 메시지 계정, 아바타도 자기를 표현하는 하나의 캔버스다. 페이스북에서 호감을 느끼는 사람에게 실제 만남에서도 호감을 느끼는 경향이 있다(Weisbuch et al., 2009). 당신의 온라인 자아는 실제 당신을 반영할 수 있다! 우리의 삶과 작업공간 또한 자신의 정체성을 표현하는 데 도움이 된다. 이들 모두 한 개인의 외향성, 우호성, 성실성, 개방성에 대한 단서를 제공한다(Back et al., 2010; Fong & Mar, 2015; Gosling, 2008). 옷, 표정 및 자세가 관여되는 한 장의 사진조차도 성격에 대한 단서를 제공할 수 있다(Naumann et al., 2009).

다른 문화권의 가정에 초대받아 방문하는 것처럼 낯선 공식적인 상황에 노출될 경우 사회적 단서에 주의를 기울이는 동안 자신의 특질들은 숨겨진 채로 있다. 반면에 친구들과 어울릴 때처럼 친숙하고 비공식적인 상황이라면 좀 더 편안함을 느끼고 자신의 특질이 쉽게 드러난다(Buss, 1989). 이처럼 비공식적인 상황에서 우리가 말하거나 몸짓을 하는 등 표현하는 양식은 일관적인 경향이 있다. 누군가의 행동을 '단편적으로 본다면' 그 사람의 기본적인 성격적 특징에 관해 많이 알 수 있을 것이다(Ambady, 2010; Rule et al., 2009).

사회인지 이론

상호 영향

개인적인 특질들은 환경과 상호작용하여 행동에 영향을 미친다. 앨버트 반두라(1986, 2006, 2008)는 이 과정을 **상호결정론**(reciprocal determinism)이라고 불렀고 "행동, 개인 내부적 요인, 그리고 환경적인 영향, 모든 요인이 상호 연계적인 결정 요인으로 작용한다"고 말했다(**그림 12.5**).

반두라가 제안한 성격에 대한 **사회인지적 관점**(social-cognitive perspective)은 여러 상황에서 개인의 특질과 사고가 사회적 세상과 상호작용하는 다양한 방식에 초점을 둔다. 대부분 각자가 속한 사회적 상황에서 많은 것을 얻게 된다. 과거의 학습을 가져오고, 종종 조건화 또는 타인을 관찰함으로써 배운다. **자기효능감**(self-efficacy)을 형성하게 된다—새로운 도전에 성공할 것인지, 도전을 시도할 것인지에 관한 기대(Bandura, 1977). 또한 특정한 상황에 대한 사고방식을 제시한다. 하지만 상황 그 자체는 우리에게 서로 다른 요구를 한다. 예를 들어 대부분은 조부모의 장례식에서 허용된 일반적인 사회적 규칙을 알고 있다. 또한 친구들과의 새해파티에서는 다른 규칙들이 허용될 수 있다는 것을 알고 있다. 결국, 어떤 상황에서든 우리의 행동은 부분적으로 자신의 특질의 결과이고, 부분적으로는 그 상황에 따른 결과이다.

간단히 말해서, 행동에 대한 단기적이고 외부적인 영향은 사회심리학의 관심사이고(제11장), 지속적이고 내부적인 영향은 성격심리학의 관심사이다. 실제로, 행동은 언제나 사람과 상황의 상호작용에 달려있다.

사람들과의 관계에서 이러한 상호작용을 볼 수 있다. 예를 들어 로사의 로맨틱한 과거(과거 행동)는 새로운 관계에 대한 그녀의 태도에 영향을 주고(내적 요인), 이는 현재 그녀가 라이언(환경 요인)을 대하는 방식에 영향을 준다. 사회인지 이론가들은 이 세 가지 영향력 간의 상호작용을 연구한다.

1. **서로 다른 사람은 서로 다른 환경을 선택한다.** 어느 학교에 다녀요? 무슨 책을 읽나요? 무슨 쇼를 보세요? 어떤 음악을 듣습니까? 누구와 시간을 보내는 것을 즐기나요? 이러한 선택은 당신이 선정하는 환경의 일부이고, 이러한 선택은 당신의 성격에 근거해서 이루어진다(Ickes et al., 1997). 우리는 환경을 선택하고, 환경은 우리를 만들어낸다.
2. **성격은 사건을 해석하고 반응하는 방법을 만들어낸다.** 불안한 사람들은 관계에 대한 위협에 강력하게 대처하고 반응하는 경향이 있다(Campbell & Marshall, 2011). 세상을 위협적이라고 인식한다면, 위협을 감시하고 스스로를 지킬 준비를 할 것이다.
3. **성격은 우리가 반응하는 상황을 조성하는 데 도움을 준다.** 사람들을 어떻게 보고 다루느냐는 그들이 우리를 대하는 방법에 영향을 준다. 다른 사람들이 우리를 좋아하지 않을 거라고 기대한다면, 우리가 사력을 다하여 그들의 인정을 받으려는 노력이 오히려 그들로부터 거부당하게 만들 수 있다. 우울증에 걸린 사람들은 종종 자신들의 부정적인 자기생각을 확인할 수 있는 과도한 확신을 추구한다(Coyne, 1976a,b).

이러한 면에서, 우리는 환경의 산물이기도 하고 제작자이기도 하다. 끓는 물은 계란을 단단하게 하고 국수를 부드럽게 한다. 학문적 도전은

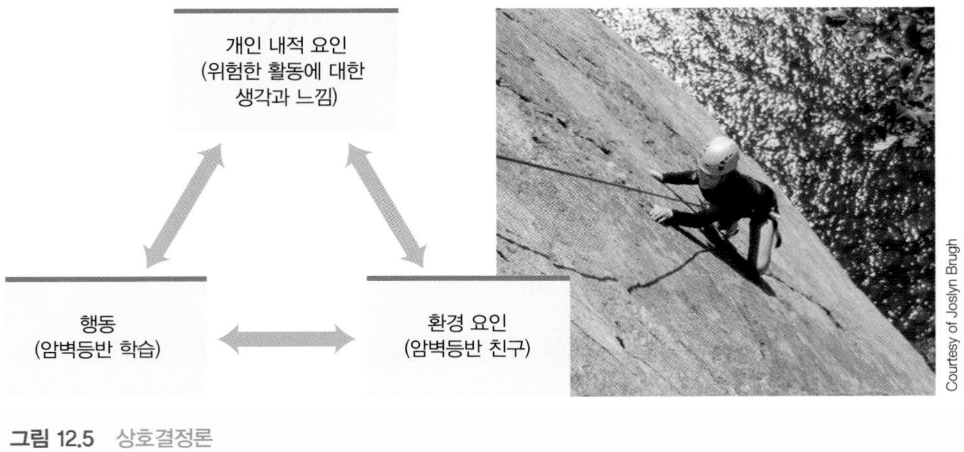
개인 내적 요인
(위험한 활동에 대한
생각과 느낌)
행동
(암벽등반 학습)
환경 요인
(암벽등반 친구)
Courtesy of Joslyn Brugh

그림 12.5 상호결정론

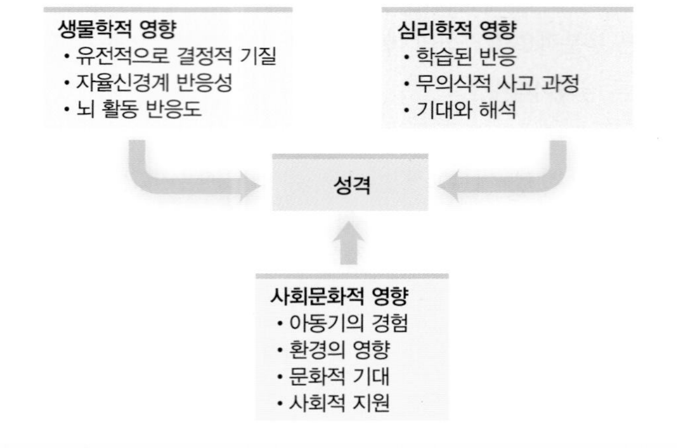
생물학적 영향
• 유전적으로 결정적 기질
• 자율신경계 반응성
• 뇌 활동 반응도
심리학적 영향
• 학습된 반응
• 무의식적 사고 과정
• 기대와 해석
성격
사회문화적 영향
• 아동기의 경험
• 환경의 영향
• 문화적 기대
• 사회적 지원

그림 12.6 성격연구에 대한 생물심리사회적 접근

한 사람은 성공으로 이끌지만 다른 한 사람은 붕괴로 이끈다(Harms et al., 2006). 매 순간, 우리의 행동은 생물학, 사회문화적 경험, 그리고 우리의 사고 과정과 특질에 영향을 받는다(**그림 12.6**).

상황에서의 행동평가

행동을 예측하기 위해, 사회인지심리학자들은 종종 실제 상황에서 행동관찰을 실시한다. 군사 및 교육 기관과 포춘지가 선정한 500대 기업 중 다수가 이러한 전략을 사용하고 있다(Bray & Byham, 1991, 1997; Eurich et al., 2009). AT&T는 미래의 매니저들이 가상 경영 작업을 하는 것을 관찰해왔다. 많은 대학에서 간호과 학생들의 임상실습을 관찰함으로써 이들의 잠재력을 가늠하고, 교수들의 강의 장면을 관찰하여 교수의 능력을 평가한다. 인구가 50,000명 이상인 대부분의 미국 도시는 경찰관과 소방관을 평가할 때 이런 전략을 적용해왔다(Lowry, 1997).

이러한 평가실제는 몇 가지 한계가 있다. 내면적 성취와 같이 눈에 띄지 않지만 중요한 특질들은 잘 드러나지 않을 수 있다(Bowler & Woehr, 2006). 이러한 절차들은 타당한 원칙을 활용한다. 미래의 행동을 예측하는 최선의 방법은 성격검사도 면접관의 직관도 아니다. 오히려 비슷한 상황에서 반복되는 과거의 행동 패턴이다(Lyons et al., 2011; Mischel, 1981; Schmidt & Hunter, 1998).

사회인지 이론의 평가

비평가들은 사회인지 이론이 상황을 지나치게 고려하느라 개인의 내적 특질을 충분히 다루지 못한다고 지적한다. 이들은 무의식적 동기, 감정, 그리고 우리의 특질들이 많은 경우에서 영향력을 행사한다는 것을 발견하였다. 성격특질은 직장, 사랑, 그리고 놀이에서의 행동을 예측할 수 있다. 퍼시 레이 프리젠과 찰스 길을 생각해보자. 이들은 9,000만 달러의 복권에 공동 당첨이 되어 똑같은 상황에 직면했다(Harriston, 1993). 프리젠은 당첨번호를 알았을 때, 걷잡을 수 없이 떨기 시작했고, 당첨을 믿지 못하고 당첨을 축하하는 동안 화장실 문 뒤에 친구와 웅크리고 있었다. 길은 그 소식을 듣고 아내에게 말하고 나서 잠자리에 들었다.

표 12.4 주요 성격 이론 비교

성격이론	주요 지지자	가정	성격에 대한 관점	성격평가 방법
정신분석	프로이트	정서장애는 미해결된 성적 갈등이나 어린 시절의 갈등과 같은 무의식적인 역동에서 비롯되며, 다양한 발달 단계에 고착된다. 방어기제는 불안을 해소한다.	성격은 쾌락추구(원초아), 현실 지향 집행(자아), 내면화된 이상(초자아)으로 구성된다.	자유연상법, 투사검사, 꿈 분석
정신역동	아들러, 호나이, 융	무의식과 의식 수준에서 정신이 상호작용한다. 어린 시절의 경험과 방어기제가 중요하다.	의식과 무의식적 동기 간 갈등의 역동적인 상호작용이 성격을 형성한다.	투사검사, 치료회기
인본주의	로저스, 매슬로	아픈 사람들의 고뇌를 시험하기보다는 건강한 사람들이 자아실현을 위해 노력하는 방법에 초점을 맞추는 것이 유용하다.	기본적인 욕구가 충족된다면, 자아실현을 위해 노력할 것이다. 무조건적인 긍정적 존중 속에서 자기인식과 보다 현실적이고 긍정적인 자기개념을 개발할 수 있다.	질문지, 치료회기
특질	올포트, 아이젠크, 맥크레이, 코스타	우리는 유전적 소인에 의해 영향을 받는 안정적이고 지속적인 특징을 가지고 있다.	특질에 대한 과학적 연구는 성격 5요인 특질(성실성, 우호성, 신경증, 개방성, 외향성)과 같이 중요한 성격 차원을 구분하였다.	성격검사
사회인지	반두라	특질은 사회적 맥락과 상호작용하여 행동을 구성한다.	조건화와 관찰학습은 행동 패턴을 만들기 위해 인지 패턴과 상호작용한다.	한 상황에서의 행동은 과거 유사한 상황에서의 행동을 떠올림으로써 잘 예측할 수 있다.

자아 탐구

가능한 자기(possible selves)에 대한 개념을 생각해보라(Cross & Markus, 1991; Markus & Nurius, 1986). 여러분의 가능한 자기는 여러분이 꿈꾸는 자신에 대한 비전을 포함한다. 즉 부자인 자신, 성공한 자신, 사랑하고 존경받는 자신 등이다. 가능한 자기에는 두려워하는 자신도 포함되어 있다. 즉 실직한 자신, 학업에 실패한 자신, 외롭고 인기 없는 자신 등이다. 가능한 자기는 에너지를 효과적이고 효율적으로 사용하도록 이끌어주는 구체적인 목표를 설정하도록 동기를 부여한다(Landau et al., 2014). 재정적으로 어려운 가정의 중학생이라 하더라도 학업에서 성공하겠다는 분명한 비전이 있다면 성적이 더 좋을 수 있다(Duckworth et al., 2013).

> "더 나은 시간으로 가는 첫 단계는 그것을 상상하는 것이다."
>
> 중국 포춘 쿠키

도가 지나치면, 우리의 자아초점은 다른 사람들이 우리를 주목하고 평가하고 있다는 사실을 너무 의식하게 만들 수 있다. 널리 알려진 심리학 실험 중 하나는 **조명효과**(spotlight effect)를 보여준 것으로, 이 실험에서 코넬대학교 학생들에게 록 가수인 배리 매닐로우(Barry Manilow)가 그려진 티셔츠를 입고 다른 학생들과 함께 강의실에 들어가도록 했다. 타인의 시선이 의식되는 티셔츠를 입고 있는 사람들은 강의실에 있던 학생들 중 절반 이상이 그 티셔츠를 주목할 것이라고 예상했다. 그러나 실제로는 23%만 주목했다(Gilovich, 1996). 기억해야 할 점 : 우리는 우리가 상상하는 것보다 눈에 잘 띄지 않는다. 심지어는 단정치 못한 옷이나 머리 모양이 이상하거나 도서관 경보장치를 울리는 실수를 저지르더라도 타인이 주목하지 않을 수 있다(Gilovich & Savitsky, 1999; Savitsky et al., 2001).

다이어리에게, 너를 또
성가시게 해서 미안해.

낮은 자존감

주목을 덜 받으려면 두 가지 전략을 사용할 수 있다. 첫째, 조명효과에 대해 아는 것만으로도 줄일 수 있다. 대중 연설가들은 그들이 느끼게 되는 긴장이 크게 표 나지 않는다는 것을 알게 되면 연설을 더 잘할 수 있다(Savitsky & Gilovich, 2003). 둘째, 청중의 입장이 되어 보는 것이다. 상황에 공감하는 청중들을 상상해본다면 우리가 혹독한 평가를 받지 않을 것으로 기대할 수 있다(Epley et al., 2002).

자존감의 특혜

만약 자신의 자아상을 좋아한다면, **자존감**(self-esteem)이 높은 사람일 것이다. 자존감이 높은 사람은 밤에 편안히 쉴 수 있고, 순응해야 한다는 압박을 덜 느낄 것이다. 어려운 일에 더 끈질기게 노력할 것이다. 수줍음을 덜 타고, 걱정도 외로움도 덜 느낄 것이며, 더 성공할 것이고, 더 행복할 것이다(Greenberg, 2008; Orth & Robins, 2014; Swann et al., 2007). 자존감은 나이가 들어감에 따라 변한다. 48개국의 약 100만 명의 사람들을 대상으로 이루어진 연구 결과 자존감은 청소년기에서 중년기에 걸쳐 증가했다(Bleidorn et al., 2016).

자존감은 흔히 쓰는 말이다. 대학생들은 음식이나 성관계보다 높은 자존감을 원한다고 보고하기도 한다(Bushman et al., 2011). 그러나 대부분의 연구에서 높은 자존감이 '삶의 문제로부터 아동을 보호하는 장치'라는 개념에 상반되는 결과가 나왔다(Baumeister, 2006, 2015; Dawes, 1994; Leary, 1999; Seligman, 1994, 2002). 문제와 실패는 자존감을 떨어뜨린다. 그래서 자존감은 단순히 현실을 반영하는 것일 수 있다. 어쩌면 도전을 직면하고 어려움을 겪는 부작용일 수 있다. 어쩌면 자존감이 높은 아동은 학교에서 더 잘할 수 있는데, 왜냐하면 학교에서 잘하는 것이 자존감을 더 고양시키기 때문일 수 있다. 어쩌면 자존감이 다른 사람과의 관계에서의 상태를 가늠하는 척도일 수 있다(Reitz et al., 2016). 그렇다면 자동차의 연료가 부족함에도 '가득 찬' 것처럼 보이도록 조작하는 것과 공허한 칭찬으로 자존감이 가득한 것처럼 부풀리는 것이 같은 것 아닌가?

좋은 일을 하고 기분이 좋아진다면, 좋은 성과가 없을 때 칭찬을 하는 것은 그 사람에게 실제로 해로울 수 있다. 매주 자존감 증진 메시지를 받은 후에도 어려움에 처한 학생들은 예상보다 자존감 점수가 낮았다(Forsyth et al., 2007). 다른 연구는 사람들에게 무작위로 보상을 주는 것이 오히려 생산성을 저하한다는 것을 보여주었다. 마틴 셀리그만(Martin Seligman, 2012)은 "슬롯머신에서 5센트가 나오는 것처럼 노력하지 않았음에도 좋은 일이 생겼을 때 사람들의 안녕감은 증진되지 않았다. 오히려 무력감을 낳았고, 사람들은 포기하거나 수동적으로 되었다"고 보고했다.

자존감이 낮아서 나타나는 분명한 효과가 있다. 자신에 대해 부정적으로 생각하는 사람들은 다른 사람들에게도 부정적으로 행동하는 경향이 있다(Amabile, 1983; Baumgardner et al., 1989; Pelham, 1993). 한 사람의 자존감을 꺾는 것도 비슷한 효과가 있다. 연구자들은, 시험점수가 형편없다고 말하거나 모욕함으로써 일시적으로 참가자의 자존감을 낮췄다. 이 참가자들은 다른 사람들을 모욕하거나 인종차별적 발언을 할 가능성이 더 높았다(vanDellen et al., 2011; van Dijk et al., 2011; Ybarra, 1999). 자아상의 위협은 무의식적인 인종차별을 증가시키기까지 했다(Allen & Sherman, 2011). 하지만 과도한 자존감도 문제가 될 수 있다. 모욕을 당하는 공격성(insulted-triggered aggression)에 관한 연구에서 연구자들은 '자만하고, 자존심이 강한 사람들은 자신에 대한 사랑의 거품에 구멍을 뚫어 터뜨리는 사람들에게 인색해진다'는 것을 발견하였다(Baumeister, 2001; Rasmussen, 2016). **자기애적**(narcissistic) 남녀는 남을 덜 용서하고, 그들의 로맨틱한 관계에서 게임을 즐기고, 성적으로 강압적인 행동을 한다(Blinkhorn et al., 2015; Bushman et al., 2003; Campbell et al., 2002; Exline et al., 2004).

자기고양적 편향

성격심리학자들은 대부분의 사람들이 특정 상황에서 긍정적인 자기생각을 해서 자기자신에게 좋은 평가를 하는 경향이 있다는 것을 발견했다. 우리는 자신을 호의적으로 이해하려는 **자기고양적 편향**(self-serving bias)을 보인다(Myers, 2010). 다음과 같은 두 가지 결과를 고려해보자.

사람들은 나쁜 일보다는 좋은 일, 그리고 실패보다는 성공에 대한 책임을 더 잘 받아들인다. 운동선수들은 성공했을 때 자신의 재능을 인정한다. 반면 실패했을 때는 나쁜 날씨, 불운, 형편없는 관계자들, 혹은 다른 팀의 놀라운 수행을 탓한다. 시험에서 낮은 점수를 받는 대부분의 학생들은 그들 자신이 아니라 시험이나 교사를 비난한다. 보험 서류를 작성할 때 운전자는 "교차로에 도달했을 때 울타리가 있어 시야가 가려졌고 다른 차를 보지 못했다", "보행자가 내 차에 달려든 뒤 차 밑으로 들어갔다"와 같은 단어로 사고를 설명한다. "내가 뭘 했기에 이런 일을 당해야 하지?"라는 질문은 문제 상황에서 늘 하는 것이지 성공 상황에서 하지는 않는다. 자기편향이 불편한 진실을 피하게 할 수도 있지만, 그것은 또한 우리가 절망 대신 자신감을 가지고 어려운 일에 도전하게 만든다(Tomaka et al., 1992; von Hippel & Trivers, 2011).

> "당신이 대부분의 사람들과 같다면, 대부분의 사람들처럼, 당신이 대부분의 사람들과 같은지를 모르고 있다. 과학은 우리에게 평범한 사람에 대해 많은 사실을 알려주었으며, 가장 신뢰할 만한 사실 중 하나는 평범한 사람들은 자신을 평범하다고 생각하지 않는다는 것이다."
>
> Daniel Gilbert, *Stumbling on Happiness*(2006)

대부분의 사람들은 자신을 보통 사람들보다 더 좋게 본다. 대부분의 사람과 비교해볼 때, 당신은 얼마나 나은가? 어울리기가 얼마나 쉬운가? 1부터 99까지 백분위로 본다면 자신의 순위는 어디인가? 대부분의 사람들은 중심 지점인 50번째 백분위보다 훨씬 높은 곳에 자신의 위치를 표시한다. 이처럼 평균보다 높다고 평가하는 효과는 거의 일반적이고 사회적으로 바람직한 행동으로 나타난다. 대부분의 기업체 임원들은 자신들이 일반적인 임원보다 더 윤리적이라고 말한다. 최소한 90%의 경영자들과 대학교수들은 그들의 실적을 동료들의 실적보다 더 우수하다고 평가한다. 이러한 경향은 겸손함을 중요시하는 아시아에서는 덜 나타난다(Heine & Hamamura, 2007). 하지만 자기고양적 편향은 네덜란드, 호주, 중국 학생, 일본 운전자, 인도 힌두교인과 대부분의 사람들에게서 관찰되었다. 조사대상 53개국의 모든 참가자들은 가장 널리 사용되는 자존감 척도에서 중간 이상의 점수를 보고했다(Schmitt & Allik, 2005). 두뇌 단층 촬영을 실시한 결과 자신을 평균보다 높다고 판단할수록 주의 깊은 자기반성을 조력하는 뇌의 영역이 덜 활성화되는 것을 알 수 있었다(Beer & Hughes, 2010). 두뇌는 기본적으로 자신이 다른 사람보다 낫다고 생각하는 모양이다.

대부분의 사람들은 심지어 자신이 다른 사람들보다 자기고양적 편향에 더 면역력이 강하다고 여긴다(Pronin, 2007). 그렇다. 사람들은 자신이 스스로를 평균 이상이라고 믿지 않는다는 사실에 평균 이상의 신뢰를 보인다. 또한 우리를 돋보이지 않게 하는 것보다 돋보이게 하는 것을 더 빨리 믿으며, 자신에 대한 좋은 결과를 보여주는 심리검사에 더 깊이 감동한다.

자기고양적 편향은 종종 관계상의 문제에 관해 배우자(연인)에게 책임을 묻거나 업무상의 문제에 관해서 조력자에게 책임을 돌리는 것과 같은 갈등의 근본 원인이기도 하다. 우리는 모두 그것이 학교든 인종집단 또는 국가든 자신이 속한 집단이 우월하다고 생각하는 경향이 있다. 민족 자부심은 나치의 공포심과 르완다의 대량학살을 부추겼다. 종교와 문학에서 자기애와 자부심의 위험에 대해 경고하는 것도 당연한 일이다.

만약 자기고양적 편향이 이렇게 흔하다면 왜 그렇게 많은 사람들이 자신을 낮추는 걸까?

아래의 네 가지 이유에서 그렇다.

1. 몇몇 부정적인 생각들—"내가 어떻게 그렇게 멍청할 수가 있어!"—은 같은 실수를 반복하지 않도록 보호한다.
2. 자기를 낮추는 것은 때때로 긍정적인 피드백을 유도하기 위한 것이다. "아무도 나를 좋아하지 않아"라고 말함으로써 적어도 여러분에게 "하지만 모두가 너를 만난 것은 아니야!"라고 말할 수도 있다.
3. 낮추는 일은 실패 가능성에 대비할 수 있도록 한다. 상대의 막강한 힘에 대해 이야기하는 감독은 경기에 지는 것을 이해할 수 있게 하고, 승리는 주목하게 만든다.
4. 종종 현재의 자신이 아닌 과거의 자신을 내려놓는다(Wilson & Ross, 2001). 어제는 힘들었지만 오늘은 승리자다. "18살 때 나는 바보였어. 지금 나는 더 기민해졌어."

자기고양적 편향에도 불구하고, 우리 모두는 때때로 열등감을 느낀다. 제10장에서 보았듯이, 이것은 종종 우리의 지위, 외모, 소득, 능력의 사다리에서 한두 단계 더 높은 사람들과 자신을 비교할 때 일어난다. 아깝게 금메달은 놓치고 은메달을 딴 올림픽 선수는 동메달 수여자에 비해 시상대에서 더 큰 슬픔을 보인다(Medvec et al., 1995). 우리가 그러한 감정을 더 깊고 더 자주 가지면 가질수록, 우리는 더 불행해지거나 심지어 우울해진다. 긍정적인 자존감은 실패 후 지속성과 행복을 예측한다(Baumeister et al., 2003). 그래서 아마도 대부분의 사람들에게 자연스럽게 긍정적 편향을 지니는 생각을 하도록 하는 것이 도움이 될 것이다.

연구자들은 자존감을 2개 범주로 나누는 것이 유용하다고 주장했다. 즉 방어적 범주와 안정적 범주이다(Kernis, 2003; Lambird & Mann, 2006; Ryan & Deci, 2004).

- 방어적인 자존감은 깨지기 쉽다. 자존감은 스스로를 유지하려는 목표가 있고, 이는 실패와 비난을 위협적으로 느끼게 한다. 방어적인 사람은 지각된 위협에 분노 또는 공격성으로 반응한다(Crocker & Park, 2004; Donnellan et al., 2005).
- 안정적인 자존감은 튼튼하다. 다른 사람의 평가에 영향을 덜 받는다. 외모나 부, 명성이 아닌 자기 자신으로서 인정받는다고 느낀다면 성공에 대한 압박에서 자유로울 것이다. 우리는 우리 자신보다 더 큰 관계와 목적에 몰두할 수 있다(Crocker & Park, 2004).

안정된 자존감은 삶의 질을 더 높여준다. 이는 건강한 자아상의 이점에 대한 인본주의적 심리학자들의 개념과 일치하는 것이다.

문화와 자아

만약 당신이 **개인주의자**(individualist)라면 '나'라는 독립적인 의식을 가지고 있고, 고유한 개인적 신념과 가치관을 인식할 것이다. 개인주의자들은 개인의 목표에 더 높은 우선순위를 부여한다. 그들은 대부분 그들의 정체성을 개인의 특질로 정의한다. 그들은 개인적인 통제와 개인적인 성취를 위해 노력한다.

물론 한 문화권에서도 다양할 수 있지만 문화권에 따라 개인주의 또는 **집단주의**(collectivism)를 강조하는 경향이 있다(Markus & Kitayama, 1991). 미국과 캐나다를 포함한 대부분의 서구 국가들은 개인주의에 젖어 있다. 다른 국민과 구별되기를 원했던 정착민에 기반을 둔 미국은 여전히 개척자적 정신을 소중히 여긴다(Kitayama et al., 2010). 85%의 미국인은 '자신이 되고 싶은 사람이 되는 것'이 가능하다고 말한다(Sampson, 2000). 더 자립적이기 때문에 개인주의자들은 사회적 집단 안팎으로 이동하는 것이 쉽고, 대인관계, 거주지나 직장을 쉽게 바꾼다.

지난 수십 년 동안 미국의 개인주의는 증가했다. 2012년 미국의 고등학생과 대학생들은 자신을 위한 이익을 얻는 것과 타인에 대한 관심을 줄이는 데 역대 최고로 많은 관심을 보였다(Twenge et al., 2012). 경쟁적이고 개인주의적인 문화권의 사람들은 개인적인 자유를 더 누린다(**표 12.5**). 그들은 개인적인 성취에 자부심을 더 느끼고, 가족과 지리적으로 더 멀리 살고, 사생활을 더 즐긴다. 그러나 개인주의의 혜택 이후에는 더 큰 외로움, 이혼, 살인, 그리고 스트레스 관련 질병 등의 대가가 따른다(Popenoe, 1993; Triandis et al., 1988). 또한 개인주의적 문화를 지닌 사람들은 결혼생활에서 더 많은 낭만과 개인적인 성취감을 요구하는데, 이것은 관계를 더 억압한다(Dion & Dion, 1993). 한 조사에서 '로맨스를 계속 유지하는 것'이 미국 여성들의 78%에게는 좋은 결혼생활에 중요한 역할을 하지만, 일본 여성들의 경우 29%만이 그렇게 평가하였다(*American Enterprise*, 1992).

만약 당신이 집단주의자라면, 당신의 정체성은 아마도 가족, 집단, 그리고 충성스러운 친구들과 밀접하게 연관되어 있을지도 모른

Sam Harrel/ZUMApress/Newscom

집단주의자 문화 미국은 대체로 개인주의 분위기가 만연하지만 많은 하위 문화권은 집단주의를 선호한다. 이는 부족 연장자들에 대한 존경심을 나타내는 많은 알래스카 원주민들 그리고 그들의 정체성이 주로 그들의 집단 친화에서 비롯된 많은 사람들에게 해당된다.

Kyodo/Reuters/Landov

사려 깊은 집단주의자 다른 사람들에 대한 의무와 사회적 조화를 포함한 일본의 집단주의적 가치는 2011년 대지진과 쓰나미 이후에 엿볼 수 있었다. 약탈은 거의 관찰되지 않았고, 식수를 기다리는 동안에도 차분하고 질서 정연했다.

다. 이 연결성은 바로 당신이 누군지를 정의한다. **집단 정체성(group identification)**은 집단주의적 문화에서 소속감과 가치관을 제공한다. 그 대가로, 집단주의자들은 그들의 집단(가족, 모임 또는 회사)에 더 깊고 안정적인 애착을 갖는다. 고령자는 존경을 받는다. 어떤 집단주의 문화권에서는 가족 내 연장자를 존중하지 않는 것은 법을 어기는 행위로 간주된다. 예를 들어 중화인민공화국(중국)의 노인 권리와 이익에 관한 보호법에 따르면 60세 이상의 부모는 자신의 자녀들이 '연세가 드신 분을 돌보고, 편안하게 하고, 요구를 충족시켜 주지 않을 경우' 고소할 수 있다고 명시되어 있다.

개인주의 격언 : "삐걱거리는 바퀴가 기름을 얻는다."
집단주의 격언 : "꽥꽥거리는 오리가 총에 맞는다."

집단주의자들은 자신의 단독 수행보다 팀의 승리에 더 큰 기쁨을 느끼는 운동선수와 같다. 그들은 개인적인 욕구를 희생하더라도 자신이 포함된 집단의 이익을 증진하는 데 만족감을 느낀다. 집단정신을 유지하고 사회적 곤란을 피하는 것이 중요한 목표이다. 따라서 집단주의자들은 직접적인 대립, 직설적인 정직함, 그리고 불편한 주제를 피한다. 그들은 자만이 아닌 겸손을 중요시한다(Bond et al., 2012). 집단주의자들은 대화를 지배하는 대신 낯선 사람을 만났을 때 주저하며 부끄러워한다(Cheek & Melchior, 1990).

집단주의 문화는 개인주의 문화보다 일관된 자기개념에 가치를 덜 둔다. 이러한 사회적 맥락에서 한 사람의 정체성은 다른 사람에게 달려있다(Heine & Buchtel, 2009). 동아시아인들이 서로 다른 연인을 만날 때 자기개념에 모순이 느껴지더라도 여전히 진실하다고

표 12.5 개인주의와 집단주의 비교

개념	개인주의	집단주의
자기	독립적(개인의 특질에 근거한 정체감)	상호 독립적(집단에 소속되어 있음에 근거한 정체감)
삶의 과업	개인의 고유성을 발견하고 표현	관계의 유지, 적절히 맞추기, 자신의 역할 수행
중요 사안	나—개인적 성취와 완수, 권리와 자유, 자존감	우리—집단의 목표와 연대책임, 사회적 책임과 관계, 가족의무
대처법	현실을 바꾸기	현실에 적응하기
도덕성	개인이 자기에 근거하여 정의	사회적 네트워크에 의해 의무에 근거하여 정의
관계	다수의 일시적 혹은 우연한 관계. 직면도 가능함	소수의 친밀하고 지속적인 관계. 화합이 중요함
행동의 의미	행동은 개인의 성격과 태도를 반영함	행동은 사회적 규준과 역할을 반영함

출처 : Thomas Schoeneman(1994), Harry Triandis(1994).

느낀다(English & Chen, 2011). 이와 달리 유럽계 미국인은 연인들 사이에서 자기개념이 바뀌면 진정성을 덜 느낀다.

프로이트의 정신분석학과 매슬로와 로저스의 인본주의적 관점에서부터 특질과 사회인지 이론, 그리고 오늘날 자아에 대한 연구까지 우리의 성격에 대한 이해는 오랜 여정으로 접어들었다! 이것은 제13장의 질문을 탐구하기 위한 좋은 바탕이다—어떻게, 그리고 왜 어떤 사람들은 무질서한 생각과 감정으로 고통을 받는가?

주요 용어

성격	오이디푸스 콤플렉스	욕구 위계	상호결정론
정신역동 이론	동일시	자기실현	사회인지적 관점
정신분석	고착	자기초월	자기효능감
무의식	방어기제	무조건적 긍정적 존중	조명효과
자유연상법	억압	자기개념	자존감
원초아	집단무의식	특질	자기고양적 편향
자아	투사검사	요인	개인주의
초자아	주제통각검사	미네소타 다면 성격검사(MMPI)	집단주의
심리성적 단계	로르샤흐 잉크반점 검사	성격 질문지	

이 장의 구성

13

심리장애

Delphine Le Berre/Moment Select/Getty Images

> 나는 매주 일요일에 인디애나폴리스에 있는 집에서 방청소를 할 필요를 느꼈고 4~5시간 청소를 하곤 했습니다. 책장에 있는 모든 책을 하나하나 꺼내서 먼지를 털고 다시 제자리에 꽂곤 했습니다. 그 순간에는 그렇게 하는 것이 좋았습니다. 그러고는 더 이상 하기 싫어졌습니다. 하지만 멈출 수가 없었습니다. 옷장의 옷들은 정확하게 손가락 두 마디 간격으로 걸려 있습니다. … 나는 방에서 나가기 전에 침실의 벽을 만지는 의식을 행합니다. 정확하게 수행하지 않으면 무언가 나쁜 일이 일어날 것 같기 때문입니다. 나는 어렸을 때도 지속적으로 불안했었고, 평생 처음으로 내가 미친 게 아닐까 하는 생각을 하게 되었습니다.
>
> 마크, 강박장애 진단(Summers, 1996)

> 내가 누구인지 모를 때마다 나는 우울해진다. 나는 스스로를 좋아할 이유를 찾을 수 없다. 내가 생각하기에 나는 못생겼다. 아무도 나를 좋아하지 않을 것 같다. … 나는 점점 투덜거리고 성미가 급해지는 것 같다. 아무도 내 곁에 있고 싶어 하지 않는다. 나는 혼자 남겨졌다. 혼자라는 것은 내가 못생겼고 남들과 함께할 가치가 없다는 걸 확실하게 해준다. 잘못 흘러가는 이 모든 것은 내 책임이라고 생각한다.
>
> 그레타, 우울증 진단(Thorne, 1993. p. 21)

> 여러 사람들의 함성과 같은 목소리가 들려왔다. 나는 예수처럼 느껴졌다. 나는 십자가에 못박혔다. 어두웠다. 약하다고 느끼며, 나는 계속 담요에 웅크리고 있었으며, 내가 더 이상 이해할 수 없는 잔인한 세상에 발가벗겨진 채로 노출되었다.
>
> 스튜어트, 조현병 진단(Emmons et al., 1997)

때때로 우리는 심리적 어려움을 가진 사람과 비슷한 방식으로 느끼거나, 생각하고, 행동한다. 우리는 불안해하거나, 우울해하고, 위축되거나 혹은 의심스러워한다. 단지 덜 강렬하고 더 짧은 기간에만 그럴 뿐이다. 그렇기 때문에 우리가 공부하는 심리장애 속에서 우리 자신을 그렇게 바라보는 것은 놀라운 일은 아니다. 윌리엄 제임스(1842-1910)는 '이상(異常)을 공부하는 것은 정상을 이

표 13.1 미국의 과거 심리장애 비율 보고

심리장애	비율
범불안장애	3.1
사회불안장애	6.8
특정 물체 혹은 상황 공포증	8.7
우울장애 또는 양극성장애	9.5
강박장애(OCD)	1.0
조현병	1.1
외상후 스트레스장애(PTSD)	3.5
주의력결핍 과잉행동장애(ADHD)	4.1

출처 : National Institute of Mental Health, 2013.

Carol Beckwith
© Image Source/Corbis

문화와 규범 서아프리카 워다베 부족의 젊은 남성들은 여성을 매혹시키기 위해 정교하게 화장을 하고 의상을 입는다. 미국의 젊은 남성들은 같은 이유로 시끄러운 스테레오가 달린 요란한 차를 구입한다. 각 문화는 다른 문화에서 보이는 행동을 비정상적인 것으로 바라본다.

해하는 최고의 방법'이라고 말했다.

개인적으로 혹은 친구나 가족들 통해서, 우리 중 많은 사람들은 설명되지 않는 신체적 증상, 비이성적인 두려움 혹은 인생을 살아갈 가치가 없다는 느낌으로 인해 생기는 혼돈과 고통을 알고 있다. 전 세계적으로 4억 5,000만 명의 사람들이 정신적 또는 행동적 장애로 고통 받고 있다(WHO, 2010). 미국 대학생 3명 중 1명은 분명한 정신건강문제를 보고한다(Eisenberg et al., 2011). 이 수치는 미국정신건강연구소(National Institute of Mental Health, NIMH)에서 추정한 성인 4명 중 1명이 정신과 장애로 진단받을 수 있는 수치보다 조금 더 높다(2013; **표 13.1**). 문화에 따라 증상과 유병률은 다양해도, 이 두 장애—주요우울장애와 조현병—는 전 세계에 있는 모든 사회에 존재한다(Baumeister & Härter, 2007; Draguns, 1990a, b, 1997). 이 장은 이러한 장애와 다른 장애들을 살펴본다. 그래도 첫째로 몇 가지 기본적인 질문들을 짚어보도록 하자.

심리장애란 무엇인가

우리 중 대부분은 우울해하고 3개월 동안 거의 침대에만 누워 있는 가족이 있다면 심리장애가 있다는 데 동의할 것이다. 하지만 아이를 잃은 지 3개월이 지난 아버지가 정상적인 사회생활로 되돌아오지 못했다면 우리는 뭐라고 말할 수 있을까? 우리는 임상적 우울과 이해할 수 있는 슬픔을 어떻게 구별할 수 있는가? 기괴한 불합리성과 괴짜 같은 창조성은 어떤가? 정상과 비정상은 어떻게 구별할 수 있는가?

이러한 질문에 답을 찾기 위해, 이론가와 임상가들은 다음과 같은 질문을 한다.

- 우리는 어떻게 심리장애를 정의해야 하는가?
- 우리는 어떻게 심리장애를 이해해야 하는가? 근본적인 생물학적 요인은 심리장애에 어떻게 기여하는가? 골치 아픈 주변환경은 우리의 웰빙에 어떻게 영향을 미치는가? 그리고 천성(nature)과 양육(nurture)의 영향은 어떻게 상호작용하는가?
- 우리는 어떻게 심리장애를 분류해야 하는가? 우리는 어떻게 사람들을 부정적으로 판단하거나 그들의 행동에 대해 변명을 하지 않으면서 치료를 제공하는 이름을 붙일 수 있는가?

심리장애 정의하기

심리장애(psychological disorder)란 '개인의 인지, 정서조절 또는 행동에 있어 임상적인 수준에서 심각한 어려움이 나타나는 증후군(증상의 집합체)'이다(American Psychiatric Association, 2013).

이러한 생각, 감정 또는 행동은 일상생활에 지장을 주기 때문에 **역기능적**(dysfunctional) 혹은 **부적응적**(maladaptive)이라고 한다. 거미에 대한 강렬한 공포는 비정상적이지만, 일상생활에 지장을 주지 않는다면 심리장애라고 할 수 없다. 집을 매주 주말마다 안팎으로 깨끗하게 청소해야 한다는 믿음은 장애가 아니다. 하지만 이번 장의 시작에서 다룬 마크의 사례처럼 청소 의식이 일과 여가에 지장을 준다면, 그것은 장애의 징후일 수도 있다. 또한 지속적으로 찾아와 아무것도 못하게 하는 슬픈 감정 역시 심리장애의 신호일 수 있다.

주관적 불편감(distress)은 종종 역기능적 생각, 감정, 혹은 행동을 동반한다. 마크, 그레타, 스튜어트 모두 자신의 행동과 감정으로 인해 고통 받았다. 특정 장애의 진단은 문화마다 다르고, 또한 같은 문화 속에서도 시간에 따라 다르다. 미국정신의학회는 1973년까지 동성애를 심리장애로 분류했다. 그 시점에서, 대부분의 정신건

비판적으로 사고하기 ADHD—에너지가 넘치는 정상 행동인가, 아니면 장애 행동인가?

진단

11%[1]
4~17세
2.5%[2]
성인

여자아이보다 남자아이에게서 2배 더 많이 진단된다.

증상

- 극도로 부주의함
- 과잉행동
- 충동성

회의주의자의 메모

에너지가 넘치는 아이 + 지루한 학교 = ADHD 과잉진단

- 아이들은 실내에서 몇 시간씩 의자에 앉아 있도록 설계되지 않았다.
- 나이 많은 학생들은 ADHD 처방약, 일명 '공부 잘하게 하는 약'인 각성제를 찾기도 한다.[3]
- 약물치료의 장기적인 효과는 무엇인가?
- 왜 과잉진단이 생기는가?

지지자의 메모

- 진단의 증가는 인식의 증가를 반영한다.
- "ADHD는 더 이상의 논란의 여지가 없는, 진정한 신경생물학적 장애다."[4]
- ADHD는 비정상적인 뇌의 행동 패턴과 관련이 있다.[5]

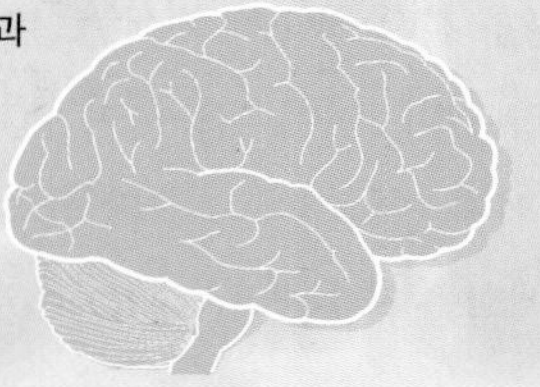

원인?

- 학습장애 또는 반항, 성마른 행동과 공존한다.
- 유전적이다.[6]

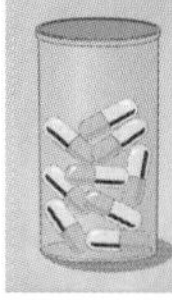

치료

- 각성제(리탈린과 애더럴)는 과잉행동을 차분하게 하며, 제자리에 앉아 집중하게 하는 능력을 향상시킨다.[7]
- 심리치료는 ADHD의 주관적 불편감을 줄여준다.[8]

1. Schwarz & Cohen, 2013. 2. Simon et al., 2009. 3. Schwarz, 2012. 4. World Federation for Mental Health, 2005. 5. Barkley et al., 2002. 6. Nikolas & Burt, 2010; Poelmans et al., 2011; Volkow et al., 2009; Williams et al., 2010. 7. Barbaresi et al., 2007. 8. Fabiano et al., 2008.

강 분야 종사자들은 더 이상 동성애를 역기능적이거나 주관적 불편감을 야기하는 것으로 보지 않아 심리장애 목록에서 삭제했다. 반면에, 1970년대에는 에너지가 넘치는, 조금 자유분방하게 뛰노는 정상 청소년으로 보였을 아동들이 오늘날에는 **주의력결핍 과잉행동장애**(attention-deficit/hyperactivity disorder, ADHD)로 진단받을 수 있다('비판적으로 사고하기 : ADHD—에너지가 넘치는 정상 행동인가, 아니면 장애 행동인가?' 참조). 시대가 바뀌면, 연구와 임상 관례 역시 바뀐다.

심리장애 이해하기

우리가 문제를 바라보는 방식은 어떻게 우리가 문제를 해결하려는지에 영향을 미친다. 초기에, 사람들은 이상한 행동을 이상한 힘이 작용하고 있는 증거라고 종종 생각했다. 당신이 중세시대에 살았더라면, 당신은 아마 "악마가 그렇게 시켰을 거야"라고 말했을 것이다. 미친 사람들에게서 악령을 쫓아내기 위해 그들을 우리에 가두거나 혹은 때리고, 성기의 일부를 절단하고, 이를 뽑거나, 장의 길이를 줄이거나, 동물의 피를 수혈하는 '치료'를 실시했다(Farina, 1982).

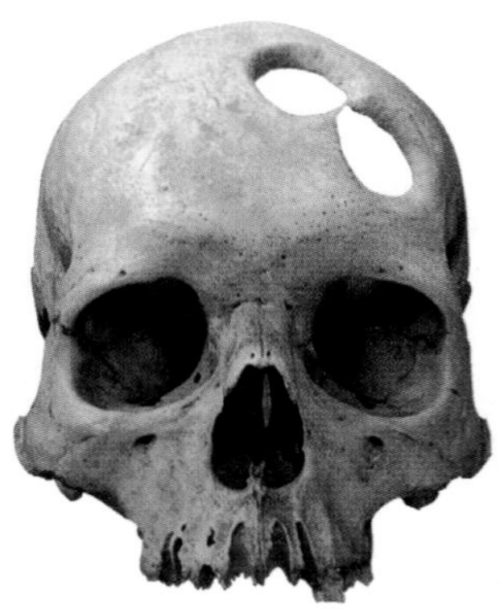
John W. Verano

예전의 '치료' 시대에 걸쳐 심리장애를 가진 개인은 잔인한 치료를 받았다. 석기시대 환자의 두개골을 보면 악령을 쫓아내는 치료를 위해 구멍을 낸 자국을 발견할 수 있다. 이 환자는 치료 후 살아남았을까?

필리프 피넬(Philippe Pinel, 1745-1826) 같은 프랑스의 개혁자들은 잔인한 치료를 반대했다. 그는 정신이상이 악령에 지배당해서 생기는 것이 아니라 심각한 스트레스와 비인간적인 환경 때문이라고 주장했다. 병을 치료하는 것은 환자를 사슬에서 풀어주고 대화를 통해 환자의 사기를 증진하는 '도덕적 치료'를 통해 가능하다고 보았다. 피넬과 다른 사람들은 잔인함을 온화함으로, 고립을 활동으로, 그리고 불결함을 깨끗한 공기와 햇빛으로 대체하기 위해 일했다.

어떤 곳에서는 정신병을 치료하기 위해 환자를 침대에 묶거나 야생동물과 같은 장소에 가두는 것과 같은 잔인한 치료법이 오늘날까지 남아 있다. 이에 대응하여 세계보건기구(WHO)에서 전 세계 병원을 '환자 친화적이며, 최소한의 규제가 있는 인도적인 장소'로 바꾸는 계획을 착수했다(WHO, 2014a).

의학 모형

1800년대에, 의학적 돌파구는 정신장애에 대한 새로운 관점을 제시했다. 연구자들은 성병인 매독이 뇌를 침범하고 정신을 왜곡하는 것을 발견하였다. 이 발견은 다른 정신질환의 물리적인 원인과 이에 대한 치료법을 찾는 것에 대한 관심을 불러일으켰다. 병원이 정신병원을 대체하고, 정신장애에 대한 **의학 모형**(medical model)이 탄생하였다. 우리는 정신건강 운동에 대해 이야기하는데, 정신질환은 증상을 근거로 진단되어야 한다. 정신질환은 정신과 병원에서의 처치(treatment)를 포함하는 치료(therapy)를 통해 치유되어야 한다. 비정상적인 뇌 구조와 생화학적 문제가 일부 장애에 기여한다는 최근의 연구들은 의학적 관점에 힘을 실어주었다. 점점 더 많은 임상심리학자들은 의사들과 함께 마음과 신체가 어떻게 작동되는지를 연구한다.

생물심리사회적 접근

심리장애를 '질병(sickness)'으로 부르는 것은 개인과 사회, 그리고 주변 문화의 영향보다는 생물학적 영향을 강조하는 것이다. 그러나 우리가 본문에서 보아왔듯이 우리의 행동, 생각, 감정들은 생물학, 심리학, 사회문화적 환경의 상호작용에 의해 형성된다. 우리가 겪는 스트레스의 양과 스트레스에 대처하는 방법은 개개인마다 차이가 있다. 문화 또한 스트레스의 원인을 만들어내는 방식과 대처 방법에 있어 차이점을 제공한다. 즉 우리는 신체와 사회를 통해 구체화된다.

환경의 영향은 특정한 문화에서 구체적인 증후군으로 나타난다(Beardsley, 1994; Castillo, 1997). 예를 들면 말레이시아에서는 폭력적 행동의 급작스러운 폭발을 '미친 듯이 날뛴다(run amok)'는 미국의 속담처럼, '아목(amok)'이라고 부른다. 전통적으로 이런 공격성은 악령 때문이라고 믿었다. 불안 또한 다른 문화에서 다른 양상을 띤다. 라틴아메리카 문화에서는 불안을 '수스토(susto)'라고 부르는데, 이때 수스토는 심각한 불안과 초조함, 그리고 흑마법에 대한 두려움을 의미한다. 일본 문화에서 사람들은 '다이진교후쇼(대인공포장애)', 즉 얼굴을 붉히거나 눈맞춤을 피하는 행동을 동반한 외모에 대한 사회적 불안을 경험할 수 있다. 섭식장애인 신경성 폭식증은 대부분 음식이 풍부한 서구문화에서 발생한다. 하지만 이러한 질병은 패스트푸드 체인점과 가공식품의 영향으로 인해 전 세계적으로 퍼져나가고 있다(Watters, 2010).

다른 두 장애—우울증과 조현병—는 전 세계적으로 발생한다. 아시아부터 아프리카, 아메리카를 건너, 조현병 환자들은 자주 비이성적으로 행동하고 와해된 언어를 구사한다. 이러한 장애는 심리적 역동과 문화 환경, 유전자와 생리학의 영향을 반영한다.

생물심리사회적 접근은 정신과 몸이 하나로 작동한다는 것을 상기시킨다. 부정적 감정은 신체적 질병을 일으키고, 비정상적인 신체적 과정은 부정적 감정을 일으킨다. **후성유전학**(epigenetics)의 연구에 따르면, 우리의 DNA와 환경은 상호작용한다. 특정 환경에서 표현되는 유전자는 다른 환경에서는 표현되지 않는다. 어떤 사람들에게는 이것이 장애를 발전시키는 것과 그렇지 않은 것의 차이점이 될 것이다.

장애 분류하기, 그리고 사람들에게 이름 붙이기

생물학에서, 분류는 질서를 만들고 우리가 의사 소통하는 데 도움을 준다. 한 동물이 '포유류'라고 하면 그것은 온혈이고, 털이 있으며, 새끼에게 먹일 우유를 생산하는 것을 의미한다. 정신의학과 심리학에서도 분류는 많은 것을 말해준다. '조현병'으로 분류된 개인은 와해된 언어를 구사하고, 기괴한 믿음을 가지고 있으며, 부적절하게

표 13.2 불면증

• 수면의 양 혹은 질에 대해 만족감을 느끼지 못함(잠을 들기 어렵거나, 수면을 유지하기 어렵거나, 자다가 깨면 다시 잠들기 어려워함)
• 수면의 어려움은 일상생활에서 불편감 혹은 기능 저하를 야기한다.
• 매주 3번 이상 나타난다.
• 최소한 3개월 연속해서 나타난다.
• 충분한 수면 기회가 있어도 발생한다.
• 다른 수면장애(예 : 기면증)와 독립적으로 발생한다.
• 물질사용 혹은 남용과 독립적으로 발생한다.
• 다른 정신장애 혹은 의학적 상태와 독립적으로 발생한다.

출처 : American Psychiatric Association, 2013.

감정을 표현하거나, 혹은 사회적으로 위축되어 있는 것을 의미한다. 즉 '조현병'의 분류는 복잡한 일련의 행동을 표현하는 빠른 방법이다.

하지만 진단적 분류는 한 사람의 무질서한 행동이나 생각 혹은 감정에 대해서 간략한 스케치 이상의 기능을 한다. 정신의학과 심리학에서 분류는 또한 **장애의 진행 과정을 예측하고, 치료를 제안할** 수 있다. 또한 원인규명을 위한 연구를 할 수도 있게 한다. 즉 우리는 장애에 대하여 이름을 짓고 그다음 설명을 해야 한다.

장애를 설명하고 유병률을 추정하는 데 사용되는 가장 일반적인 도구는 미국정신의학협회의 **정신질환의 진단 및 통계 편람**(Diagnostic and Statistical Manual of Mental Disorders, DSM)이며, 2013년에 5번째 개정판이 나왔다.[1] 의사와 정신건강 분야 종사자들은 **DSM-5**의 상세 목록을 의학적 진단과 치료를 위해 사용한다. 예를 들어 어떤 사람이 **표 13.2**에 제시된 **불면증**의 진단 기준에 부합한다면 그 사람은 불면증으로 진단되고 치료받게 된다.

새로운 DSM-5에서는 일부 진단명이 바뀌었는데, 예를 들면 '자폐증'과 '아스퍼거 증후군'은 **자폐스펙트럼장애**로 통합되었으며, '정신지체'는 **지적장애**로 변화되었다. **수집광**(hoarding disorder)이나 **폭식장애**(binge-eating disorder) 같은 새로운 범주들이 추가되었다. 새로운 DSM-5 범주들의 신뢰도를 평가하는 실제 테스트(현장 시험)에서 일부는 신뢰성이 좋았지만, 나머지는 좋지 않았다(Freedman et al., 2013). 예를 들어 성인기 외상후 스트레스장애와 아동기 자폐스펙트럼장애에 대한 임상적 신뢰도는 70% 가까이 이루어졌다(한 정신과 의사나 심리학자가 어떤 사람을 이러한 질환 중 하나로 진단했다면, 다른 정신건강 분야 종사자가 같은 진단을 내릴 확률이 70%이다). 하지만 반사회적 성격장애와 범불안장애의 경우 임상적 신뢰도는 20%에 머물렀다.

비평가들은 DSM 매뉴얼이 '정신의학 범위 내의 거의 모든 종류의 행동'을 진단의 범주로 가져오려고 한다고 비판한다(Eysenck et al., 1983). 일부 학자들은 DSM-5에서 이런 문제가 더 심화되어, 사별의 슬픔을 우울증으로, 아동의 안절부절못하는 행동을 ADHD로 확대했다고 걱정한다(Frances, 2013, 2014). 다른 학자들은 수그러들지 않은 슬픔 관련 우울과 지속적인 과잉행동이 진짜 장애라고 대답한다(Kendler, 2011; Kupfer, 2012).

다른 비평가들은 더 기본적인 불만사항을 제기한다. 그들은 기껏해야 이러한 이름 붙이기(labeling)가 주관적이며 개인의 의견이라고 말한다. 최악의 경우, 이러한 이름 붙이기는 과학적 판단으로 위장한 개인의 의견을 의미한다. 우리가 일단 이름을 붙이면, 우리는 그 사람을 다르게 본다(Bathje & Pryor, 2011; Farina, 1982; Sadler et al., 2012b). 이름을 붙이게 되면 우리는 자신의 관점을 지지해주는 증거를 찾게 된다. 만약 새로운 동료가 까다로운 사람이라는 이야기를 들으면, 우리는 그 사람을 까다로운 사람으로 의심하게 되고, 그러면 새로운 동료 역시 까다로운 사람이 행동하는 방식으로 우리를 대하게 될 것이다. 즉 이름 붙이기는 자기 충족적인 측면을 가진다.

이름 붙이기에 대한 편향의 힘은 현대 심리학의 고전이 된 연구에서 명확해졌다. 데이비드 로젠한(David Rosenhan, 1973)과 다른 7명이 병원 행정실로 가서 '비어 있고, 공허하고, 쿵 하는' 소리가 들린다고 (거짓으로) 불평했다. 거짓 불평과 이름, 직업을 말한 것을 제외하고는 그들은 질문에는 정직하게 대답했다. 이 건강한 8명의 사람 모두 심리장애가 있다고 잘못 진단되었다.

S. Harris
Sidney Harris

저는 항상 이래요. 그래서 제 가족들은 선생님이 약한 기분 억제제를 처방해주실 수 있는지 궁금해합니다.

1 이 장에 나오는 많은 사례들은 예전 DSM의 사례에서 가져왔다.

DEMOCRAT
Martin J.
WALSH
FOR MAYOR
www.MartyWalsh.org

Gretchen Ertl/The New York Times/Redux

투쟁과 회복 그의 선거기간 동안, 보스턴 시장인 마틴 월쉬는 과거에 알코중독으로 힘들었다는 이야기를 공개적으로 했다. 그 과정에서 그는 편견의 힘을 넘어 근소한 차로 이겨 마침내 시장으로 당선되었다.

S
STARK

Paramount Pictures/Photofest

더 나은 묘사 심리장애에 대한 미디어의 묘사도 서서히 대체되고 있다. 사진에 나온 *아이언맨 3*(2013)의 극중 주인공을 외상후 스트레스장애로 묘사하였다. *블랙스완*(2010)의 여주인공은 망상장애로, *싱글맨*(2009)에서는 우울증으로 극화하였다.

우리는 놀라야 하는가? 당연히 아니다. 한 정신과 의사가 지적했듯이, 만약 어떤 사람이 피를 삼킨 후 병원에 가서 피를 뱉을 경우 출혈성 궤양이라고 진단한 의사를 탓하지 않는다. 하지만 로젠한의 연구 결과는 사뭇 다르다. 평균 19일 후 풀려나기 전까지 이 '환자' 들은 아무런 증상을 보이지 않았지만, 이들의 (지극히 정상적인) 과거력을 분석한 후, 임상가들은 장애의 원인을 부모에 대한 뒤죽박죽인 감정 등에서 찾았으며, 심지어 일상적인 메모하는 행동조차도 증상으로 오인하였다.

이름 붙이기는 중요하다. 다른 실험에서 참가자들은 녹화된 면접을 보았는데, 직업 면접이라고 들었던 참가자들은 비디오에 나오는 사람들을 정상적이라고 인지했다(Langer & Abelson, 1974; Langer & Imber, 1980). 그러나 암이나 정신과 환자라고 들었던 참가자들은 그들을 '대부분의 사람들과 다르다'고 인지했다. 로젠한이 발견한 것처럼 이름 붙이기는 '그 자체로 생명과 영향력'을 가질 수 있다.

이름 붙이기의 힘은 실험실 밖에서도 마찬가지다. 정신과 병원에서 막 퇴원한 사람에게는 직장을 구하거나 살 집을 찾는 것이 어려울 수 있다. 누군가를 '정신적으로 아프다'고 이름 붙이면 사람들은 그들이 잠재적으로 난폭한 사람이라고 두려워한다. 이러한 반응은 사람들이 심리장애의 원인이 성격의 문제가 아니라 뇌의 질병이라는 것을 더 잘 이해하게 하면서 희미해진다(Solomon, 1996). 공인들은 자신의 우울증이나 물질남용과 같은 장애로 겪고 있는 어려움을 공식적으로 말하면서 이러한 이해를 발전시키는 데 도움을 준다.

이러한 위험에도 불구하고 진단명을 붙이는 것에는 이점이 있다. 정신건강 전문가들이 진단을 통해 의사소통할 수 있으며, 장애의 원인과 치료를 연구할 수 있다. 내담자는 자신의 고통에 이름이 있으며, 이러한 증상을 경험하는 것이 혼자가 아니라는 것을 알고 안심할 수도 있다. 이 장에서 우리는 DSM-5의 주요 장애에 대해 논의할 것이며, 다음 장인 제14장에서는 그 치료법에 대해 이야기할 것이다.

불안장애, 강박장애, 그리고 외상후 스트레스장애

불안은 삶의 일부이다. 여러분은 혹시 교실에서 발표를 하거나, 높은 절벽에서 아래를 내려다보거나, 혹은 큰 게임을 기다릴 때 불안을 느낀 적이 있는가? 이런 때에는 우리 모두 불안을 느낀다. 우리는 종종 눈맞춤이나 누군가의 대화를 피할 만큼 불안해지기도 한다. 우리는 이것을 '수줍음'이라고 부른다. 다행스럽게도 우리 대부분은 불안감을 그렇게 강하게 혹은 지속적으로 느끼지는 않는다. 그러나 우리 중 일부는 위협으로 인식되는 정보를 기억하고 주의하려는 경향에 취약하다(Mitte, 2008). 뇌의 위협감지 시스템이 과잉 활성화되면, 불안장애 또는 다른 두 불안장애(**강박장애와 외상후 스트레스장애**)로 발전할 가능성이 매우 커지게 된다.[2]

불안장애

불안장애(anxiety disorder)는 고통스럽고 지속적인 불안 또는 불안을 줄이려는 부적응적 행동을 특징으로 한다. 예를 들어 사회불안장애를 가지고 있는 사람들은 파티나 수업 발표 혹은 공공장소에서 식사하기처럼 다른 사람들에 의해 평가될 수 있을 만한 사회 장소에서 극도로 불안해진다. 불안한 생각과 감정들(땀을 흘리거나 떠는 신체적 증상을 포함하여)을 피하기 위해서, 그들은 외출하는 것 자체를 피할 것이다. 이러한 행동이 그들의 불안을 줄여준다고 해도, 이것은 부적응적이다. 왜냐하면 이들이 세상에 대처하는 것에 도움을 주지 않기 때문이다.

이 영역에서 우리는 세 가지 다른 불안장애에 초점을 맞추고 있다.

2 OCD와 PTSD는 예전에는 불안장애의 한 범주로 분류되었으나, DSM-5에서는 새로운 장애로 분류된다.

- **범불안장애** : 어떤 사람이 명백한 이유 없이 지속적으로 긴장감을 느끼고 불편해함
- **공황장애** : 어떤 사람이 공황발작(갑작스러운 극심한 공포감)을 경험하고 다음 발작이 언제 일어날지를 몰라 두려워하면서 사는 것
- **공포증** : 어떤 사람이 구체적인 물체나 활동 혹은 상황을 비이성적으로, 극도로 두려워하는 것

Sam Greenwood/Getty Images

Sam Greenwood/Getty Images

경기 중 패닉 골프선수 찰리 벨잔은 중요한 경기 도중에 공황발작을 경험했다는 것을 알게 되었다. 그의 뛰는 심장박동과 짧은 호흡이 심장마비를 겪고 있다고 생각하게 했다. 하지만 병원 검사 결과 그의 증상은 신체적인 질병과는 관련이 없었다. 그는 회복 후 84만 6,000달러의 우승 상금을 거머쥐었으며, 다른 사람들에게 영감을 주는 사람이 되었다.

범불안장애

27살의 전기 기사인 톰은 2년 동안 어지러움, 손바닥의 땀, 그리고 불규칙적인 심장박동에 시달렸다. 그는 초조함을 느꼈으며 가끔 떨고 있는 자신을 발견했다. 톰은 가족과 직장동료들로부터 증상을 숨기는 데 성공적이었지만, 가끔 직장을 떠나야만 했다. 그는 스스로 사회적 친분을 적게 만들었다. 그의 주치의나 신경과 의사도 아무런 신체적인 문제를 찾을 수 없었다.

톰의 초점이 산만해지고, 통제가 불가능하고, 불안한 감정은 **범불안장애**(generalized anxiety disorder)를 시사한다. 범불안장애의 증상 자체는 흔하게 발생한다. 그러나 이러한 증상들이 6개월 이상 지속되지는 않는다. 이 조건을 갖고 있는 사람들(2/3는 여성)은 계속해서 걱정한다. 그들은 종종 긴장하고, 초조해하며, 잠이 부족하다(McLean & Anderson, 2009). 그들의 시선은 잠재적 위협에 고정되어 있다(Pergamin-Hight et al., 2015). 관심의 대상이 걱정에서 걱정으로 이동하기 때문에 주의집중이 어렵다. 그들의 긴장은 이마에 주름이 잡히거나, 눈꺼풀을 실룩거리거나, 떨리거나, 땀을 흘리거나, 초조함으로 표현될 수 있다.

개인은 긴장의 원인을 알아낼 수 없어서 완화하거나 피할 수 없을 것이다. 프로이트의 용어로 설명하면, 막연한 불안이라고 표현할 수 있다(특정한 스트레스 요인이나 위협에 연관되어 있지 않다). 범불안장애와 우울증은 종종 함께 가지만, 우울증 없이도 이 장애는 사람을 망가뜨리는 경향이 있다(Hunt et al., 2004; Moffitt et al., 2007). 게다가 고혈압과 같은 신체장애를 유발하기도 한다.

공황장애

인생의 어느 시점에서, 우리 중 많은 사람들이 공황발작(어떤 무서운 일이 곧 일어날 것 같은 극심한 두려움을 몇 분간 느끼는 것)을 경험할 것이다. 불규칙한 심장박동, 가슴 통증, 숨이 차거나 숨이 막히고, 신체의 떨림, 혹은 어지러움이 두려움과 동반될 수 있다. 한 여성이 다음과 같은 급작스러운 경험을 이야기해주었다.

> 더웠고, 숨을 쉴 수가 없었다. 내 심장이 아주 급하게 뛰고 있었고, 나는 땀을 흘리며 떨기 시작했고, 기절할 것이라고 확신했다. 내 손가락들의 느낌이 무뎌지기 시작했고, 따끔거리고, 주변이 이상하게 느껴졌다. 내가 곧 죽을 것 같다는 생각이 들어서, 남편에게 응급실로 데려다 달라고 부탁했다. 우리가 거기 도착했을 때(약 10분), 발작은 거의 끝이 났고, 나는 녹초가 되었다(Greist et al., 1986).

75명 중 1명이 **공황장애**(panic disorder)이며, 공황발작은 반복된다. 이러한 불안의 소용돌이는 갑자기 나타나서 개인에게 피해를 입히고, 사라지지만, 다시 돌아온다. 몇 회의 공황발작을 경험하고 나면, 사람들은 두려움 그 자체를 두려워하게 된다. 공황발작을 겪은(혹은 관찰한) 사람들은 종종 증상을 심장 발작이나 심각한 육체적 질병으로 오해한다. 흡연자들은 최소 2배 더 공황발작의 위험이 있으며, 발작 시 보다 심한 증상을 경험한다(Knuts et al., 2010; Zvolensky & Bernstein, 2005).

다른 공황발작에 대한 지속적인 두려움은 공황발작이 일어날 상황을 피하려는 공황장애로 이어질 수 있다. 이 회피 자체가 별도의 심리장애인 광장공포증이라는 추가진단으로 이어질 수 있다. 공황발작을 겪는 동안 도움을 받거나 벗어날 수 없다는 두려움이 광장공포증을 경험하는 사람들이 집 밖으로 나가거나 군중 속 혹은 커피숍에 있는 것을 피하는 이유가 될 수 있다. 공황장애가 있는 모든 사람이

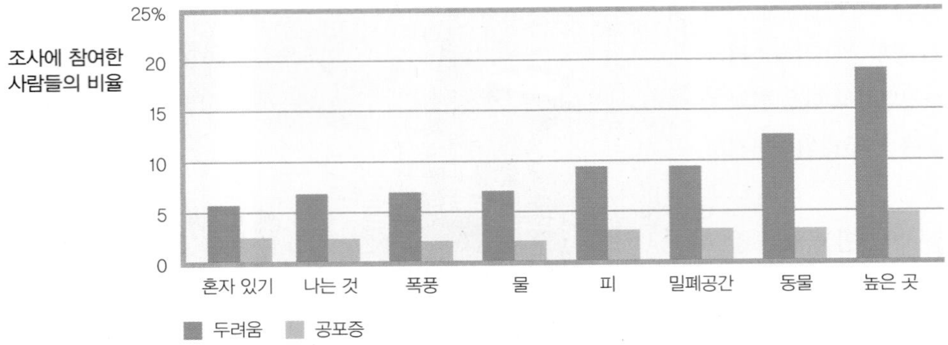
25%
조사에 참여한 사람들의 비율
20
15
10
5
0
혼자 있기
나는 것
폭풍
물
피
밀폐공간
동물
높은 곳
두려움
공포증

그림 13.1 흔하거나 흔하지 않은 특정 공포 연구자들은 네덜란드 사람들이 가장 흔하게 두려워하는 사건이나 물건이 무엇인지를 조사하였다. 강한 두려움이 두려움의 대상이 되는 물체나 상황을 피하려는 비이성적인 욕망을 불러일으킨다면, 그러한 강한 두려움이 공포증이 된다(Depla et al., 2008).

광장공포증으로 발전하는 것은 아니다.

공포증

우리 모두는 약간의 두려움을 가지고 살아간다. **공포증**(phobia)을 겪는 사람들은 어떤 상황이나 물체에 대한 지속적이고 비이성적인 두려움과 회피에 사로잡혀 있다. **특정공포증**은 특정한 동물이나 곤충, 높이, 피나 밀폐된 공간을 무서워한다(**그림 13.1**). 많은 사람들은 두려움을 일으키는 유발 요인(예 : 높은 곳)을 피하려 한다. 28세의 건강하고 행복한 여성인 메릴린은, 천둥번개가 너무 두려운 나머지 일기예보에서 폭풍이 올 것이라는 소식을 들으면 불안감을 느꼈다. 만약 그녀의 남편이 집에 없을 때 폭풍이 예고되면, 그녀는 가까운 친척 집에 머물렀다. 폭풍이 부는 동안에 그녀는 창문으로부터 떨어져 번개가 치는 것을 보지 않으려고 머리를 베개 속에 파묻었다.

강박장애

불안장애와 마찬가지로, **강박장애**(obsessive-compulsive disorder, OCD)에서도 우리는 특정 행동 양상을 볼 수 있다. **강박관념**(마크가 그의 방을 치우려고 했던 것을 떠올려보라)은 원하지 않는 생각들이, 절대 사라지지 않을 것처럼 반복되는 특징을 보인다. **강박행동**은 이러한 관념(청소하기 그리고 청소하기 그리고 청소하기)에 대한 반응이다.

소규모로 본다면, 강박관념과 강박행동은 일상생활의 일부이다. 당신은 손님이 도착하기 전에 손님에게 우리 집이 어떻게 보일까 걱정되어 청소하고 마지막으로 한 번 더 확인하는 그런 불안감을 느껴본 적이 있는가? 아니면 공부하기 전에 과제에 대해 걱정하다가 '그냥' 책이나 자료들을 정돈하는 자신을 발견한 적이 있지 않은가? 우리의 삶은 작은 의식과 유난스러운 행동들로 가득 차 있다. 이러한 행동들이 지속적으로 일상생활에 지장을 주고 고통을 유발할 때 정상과 장애 사이의 경계를 넘는다. 문을 잠갔는지 확인하는 것은 정상적인 행동이지만 그런 행동을 10번씩 한다면 그렇지 않을 것이다. 손을 씻는 것은 정상적인 행동이지만 피부가 벗겨지도록 손을 자주 씻는 것은 그렇지 않다. 불안감에 사로잡힌 강박관념들이 비이성적인 것을 알지만, 이러한 생각들은 떨쳐버릴 수 없고, 시간을 소모하는 강박적인 의식을 수행한다면, 일상생활에서 효율적으로 기능하는 것은 불가능해진다.

외상후 스트레스장애

군인이었던 제스는 군복무 중에 아이들과 여자들을 죽이는 것을 보았다. 그것은 누가 경험하던 끔직한 경험이었다. 집으로 돌아온 제스는 '정말 심각한 회상 기억'에 시달렸다(Welch, 2005).

제스만이 아니라, 이라크와 아프가니스탄에서 돌아온 참전군인 103,788명 중에서 25%가 심리장애로 진단받았다(Seal et al., 2007). 일부는 **외상성 뇌손상**(traumatic brain injuries, TBI) 진단을 받았지만, 대부분은 **외상후 스트레스장애**(posttraumatic stress disorder, PTSD)로 진단받았다. 사고, 천재지변, 그리고 폭력이나 성폭력(매춘부의 2/3를 포함)의 생존자들 또한 외상후 스트레스장애 증상을 경험한다(Brewin et al., 1999; Farley et al., 1998; Taylor et al., 1998b). PTSD의 전형적인 증상은 되풀이되는 끔찍한 기억과 악몽, 멍한 상태로 사회적으로 철수되고, 안절부절못하는 불안감, 그리고 수면의 어려움을 포함한다(Germain, 2013; Hoge et al., 2004, 2007; Hoge & Castro, 2006; Kessler, 2000).

우리 중 반 정도는 살면서 최소 한 번의 충격적 사건을 경험한다.

집으로 전쟁 가져오기 이라크와 아프가니스탄에서 참전했던 거의 25만 명의 참전군인이 외상후 스트레스장애나 외상성 뇌손상으로 진단받았다. 그들은 외상후 스트레스장애와 외상성 뇌손상을 치료하기 위해 심호흡, 마사지, 집단 및 개인 토론 기법에 참여하였다.

그리고 우리 중 대부분이 **생존 회복력**—심각한 스트레스 이후 회복하려는 경향—을 보여줄 것이다(Bonanno, 2004, 2005; Bonanno et al., 2006). 일부는 **외상후 성장**(제14장 참조)을 경험할 것이다. 하지만 우리 중 5~10%는 PTSD로 발전할 것이다(Bonanno et al., 2011). 왜 일부 사람들은 충격적 사건을 경험하면 PTSD로 발전하고 나머지는 그렇지 않은 것일까? 한 가지 요인은 충격적인 사건 동안 경험한 정서적 고통의 양으로 보인다. 즉 고통이 클수록 외상후 증상을 경험할 위험이 크다(Ozer et al., 2003).

- 아프가니스탄에서 활동한 군대 관련 인력 중에 전투원으로 근무한 사람의 7.6%가 PTSD로 발전하였지만, 비전투원의 경우 1.4%만이 PTSD로 발전하였다(McNally, 2012).
- 뉴욕 세계무역센터에서 일어난 9/11 테러의 생존자들 중, 건물 안에 있었던 사람의 PTSD 진단 비율은 건물 밖에 있었던 사람들보다 2배 높았다(Bonanno et al., 2006).

충격적 사건 이후 어떤 요인들이 PTSD로 발전하는 데 영향을 미칠까? 더 민감한 감정처리 변연계를 가지고 있어 스트레스 호르몬을 더 많이 분비하는 경우를 생각해볼 수 있다(Kosslyn, 2005; Ozer & Weiss, 2004). 다른 요인은 성별이다. 여성이 남성보다 PTSD로 발전될 가능성이 2배 더 높다(Olff et al., 2007; Ozer & Weiss, 2004).

일부 심리학자들은 PTSD가 과도하게 진단된다고 믿는다(Dobbs, 2009; McNally, 2003). 비평가들은 스트레스와 관련된 일반적인 나쁜 기억과 꿈까지 PTSD로 포함시키는 경우가 너무 많다고 말한다. 이러한 경우, '디브리핑'—사람들에게 충격적인 경험을 다시 떠올리게 하면서 감정을 분출하도록 하는 방법—과정으로 알려진 선의로 시작한 절차로 인해 스트레스 반응이 더욱 악화되기도 한다(Bonanno et al., 2010; Wakefield & Spitzer, 2002). 다른 연구들은 미디어 보도를 통해 충격적인 사건들(예를 들면 9/11 테러와 보스턴 마라톤 폭탄사건)을 재경험하는 것이 스트레스 반응을 지속시킨다고 한다(Holman et al., 2014). 그럼에도 불구하고 PTSD로 진단받은 사람들은 다른 치료법들을 통해 이득을 볼 수 있는데, 이것은 제14장에서 논의할 것이다.

불안장애, 강박장애, 그리고 PTSD 이해하기

불안은 자신의 안전이나 사회 기술에 대한 의구심을 평가하는 감정과 생각의 집합체이다. 이런 불안한 감정과 생각들이 왜 일어날까? 프로이트의 정신분석 이론(제12장 참조)은 어린 시절부터 사람들이 특정한 충동, 생각, 감정들을 억누른다고 주장하였다. 프로이트는 잠재되어 있던 이런 에너지가 손씻기와 같은 이상한 증상으로 새어 나온다고 믿었다. 오늘날의 심리학자들은 불안을 이렇게 해석하기보다는, 대부분은 조건형성, 인지, 그리고 생물학의 세 가지 관점에서 바라본다.

조건형성

조건형성은 우리가 함께 발생하는 두 가지 이상의 것들의 관련성을 학습할 때 일어난다. 고전적 조건형성을 통해 이전의 중립적 물체나 사건에 대해 두려움을 가질 수 있다. 제6장에서 살펴보았듯이 시끄러운 소리와 털로 덮인 물체를 연합시킴으로써 '아기 앨버트'라 불리는 유아가 털로 덮인 물체에 대해 두려움을 발전시켰던 실험을 기억할 것이다. 다른 실험에서는 연구자들이 쥐에게 예측할 수 없는 전기충격을 줌으로써 불안해하는 쥐를 만들어냈다(Schwartz, 1984). 범죄 현장으로 돌아갈 때 불안감을 느낀다고 보고하는 폭행 피해자들처럼, 이 쥐들도 실험실 환경에 놓이면 불안해지는데, 실험실이 바로 두려움에 대한 단서가 되기 때문이다.

이러한 연구는 불안 또는 충격적 사건을 경험한 사람들이 어떻게 불안과 특정 단서를 연관짓게 되는지를 설명한다(Bar-Haim et al., 2007; Duits et al., 2015). 사회불안장애를 가진 사람들의 58%는 충격적 사건을 겪은 이후에 증상이 시작되었다고 보고한다(Ost & Hugdahl, 1981). 불안 또는 불안 관련 장애는 예측할 수 없고 통제할 수 없는 나쁜 일이 발생했을 때 발생할 가능성이 크다(Field, 2006; Mineka & Oehlberg, 2008). 심지어 한 번의 고통스럽고 무서운 사건이 발달된 공포증을 유발할 수 있다. 하나는 고전적 조건형성의 **자극일반화**이고 다른 하나는 조작적 조건형성의 **강화**이다.

자극일반화는 공포스러운 사건을 경험한 후 유사한 사건을 경험하면서 형성될 수 있다. 예를 들면 정지 신호를 놓친 운전자 때문에 교통사고가 난 경험이 있다면, 이후 몇 달간 다가오는 차에 불안감을 느낄 수 있다. 또한 '아라크네의 비밀(거미가 나오는 공포 영화-역주)'이라는 공포 영화를 영화관에서 보고 있을 때, 격렬한 뇌우가 내리치고 영화관의 전원이 나가는 경험을 했다면, 이후 몇 달간 거미나 거미줄을 보면 불안감을 느낄 수 있다. 그러한 두려움은 결국에는 사라지지만, 가끔 다시 두려움을 느끼기도 한다. 메릴린의 천둥 번개에 대한 공포도 뇌우가 치는 동안 경험한 두려움이나 공포가 유사하게 일반화되어 나타날 수 있다.

강화는 학습된 공포와 불안들을 유지하는 역할을 한다. 걱정하는 상황에서 탈출하거나 피할 수 있게 해주는 것은 무엇이든 불안을 감소시킨다. 이러한 안도감은 어떤 부적응적 행동이라도 강화할 수 있다. 공황발작을 두려워하는 사람은 집을 떠나지 않기로 결정할 것이며, 편안하다는 느낌이 강화되면, 그 행동을 미래에도 반복할 가능성이 있다(Antony et al., 1992). 강박적인 행동도 유사하게 일어난다. 만약 손을 씻는 것이 불안감을 줄여준다면, 불안해질 때 다시 손을 씻을 것이다.

인지

학습은 단순한 조건형성 그 이상이다. 인지(생각, 기억, 해석, 기대 등)는 우리가 두려움의 학습을 포함하여 다양한 학습에 있어서 중요한 역할을 한다. 인지 학습의 한 형태로, 우리는 다른 사람들의 행동을 관찰하면서 학습한다(제6장). 뱀을 두려워하는 야생 원숭이를 고려해보라. 왜 야생에서 자란 거의 모든 원숭이들은 뱀을 두려워하고, 실험실에서 자란 원숭이는 그렇지 않을까? 대부분의 야생 원숭이들은 실제로 뱀에 물리지 않는다. 원숭이들도 관찰을 통해 두려움을 배웠을까? 그것을 알아내기 위해 실험이 진행되었다(Mineka, 1985, 2002). 연구자는 여섯 마리의 야생 원숭이(모두 뱀을 두려워함)와 연구실에서 태어난 새끼들(모두 뱀을 두려워하지 않음)를 대상으로 하였다. 어린 원숭이들은 뱀이 옆에 있을 때 음식을 먹지 않는 어른 원숭이나 동료 원숭이들을 반복적으로 관찰했다. 실험 결과, 어린 원숭이들도 뱀에 대한 강한 공포심을 키웠으며, 실험 3개월 후에도 이러한 학습된 공포감은 유지되었다. 사람 역시 다른 사람들을 관찰하면서 다양한 형태의 공포를 학습한다(Helsen et al., 2011; Olsson et al., 2007).

해석과 기대 또한 다양한 공포 반응을 형성한다. 낡은 집에서 삐거덕거리며 나는 소리를 바람소리 혹은 칼을 휘두르는 침입자의 소리로 해석하는지에 따라 다양한 반응이 만들어진다. 불안 관련 장애를 가진 사람들은 과민한 경향이 있다. 그들은 위협적인 자극에 더 자주 집중한다(예 : 심장이 뛰는 것을 심장마비의 증상으로 받아들인다. 침대 근처에 있는 거미 한 마리를 벌레의 습격으로 해석한다. 파트너나 상사와의 일상적인 충돌을 관계의 종말로 이해한다). 그리고 그들은 위협적인 사건들을 더 자주 기억한다(Van Bockstaele et al., 2014). 불안은 특히 사람들이 그러한 침투적인 생각을 막을 수 없고, 통제력의 상실과 무력감을 느낄 때 더욱 흔하다(Franklin & Foa, 2011).

생물학

학습은 불안장애, 강박장애, 그리고 PTSD의 모든 양상을 설명할 수 없다. 왜 우리 중 일부는 충격적인 사건을 겪은 후에 PTSD나 공포증이 나타나고, 다른 사람들은 그렇지 않을까? 왜 우리 중 일부는 다른 사람들보다 더 쉽게 두려움을 배울까? 그 해답은 부분적으로 우리의 생물학적 기제에 있다.

유전자 유전자는 중요하다. 원숭이 사이에서도 두려움은 유전된다. 어떤 원숭이의 생물학적 친척이 민감하고 극도로 흥분을 잘하는 기질을 가지고 있으면, 그 원숭이는 스트레스에 더 강하게 반응한다(Suomi, 1886).

사람도 마찬가지다(Ellis & Boyce, 2008; Pluess & Belsky, 2013). 즉 우리 중 일부는 불안, 강박장애, PTSD에 유전적으로 취약하다. 만약 일란성 쌍둥이 중 하나가 불안장애가 있다면, 다른 한 사람도 불안장애가 발병할 가능성이 높다(Hettema et al., 2001; Kendler et al., 2002a, b; Van Houtem et al., 2013). 심지어 따로 자랐을 때도 일란성 쌍둥이는 비슷한 공포증을 가지기도 한다(Carey, 1990; Eckert et al., 1981). 연구자들은 강박장애과 관련된 유전자와(Taylor, 2013), 다른 전형적인 불안장애 증상과 관련된 유전자를 (Hovatta et al., 2005) 발견했다.

하지만 우리가 많은 분야에서 보았듯이, 경험은 유전자가 어떻게 발현될 것인지에 영향을 미친다. 아동

Hemera Technologies/PhotoObjects.net/360/Getty Images

ZENITH
Red Bull Stratos/AP Photo

두려움 없는 행동 생물학적 관점은 왜 우리 대부분은 2012년 지구 위 약 39km 상공에서 스카이다이빙한 펠릭스 바움가르트너보다 높이에 대한 두려움을 가지고 있는지를 이해하는 데 도움을 준다.

학대와 같은 경험들은 뇌에 흔적을 남기고, PTSD와 같은 장애에 대한 유전적 취약성을 증가시킨다(Mehta et al., 2013; Zannas et al., 2015).

뇌 모든 불안 관련 장애는 생물학적 사건과 관련된다. 충격적 사건은 뇌에 변화를 주고, 더 많은 공포 경험이 쉽게 침투하도록 공포 경로를 생성한다(Armony et al., 1998).

범불안장애, 공황발작, 공포증, 강박장애, PTSD는 생물학적으로 충동 조절 및 습관적인 행동과 관련된 두뇌 영역의 과도한 각성으로 표현된다. 이러한 장애들은 뇌의 위험감지 시스템의 과잉활동(위험이 없어도 불안감을 형성함)을 반영한다. 예를 들어 강박장애에서는 뇌가 무언가 잘못되었다는 것을 감지하면, 생각이나 행동을 반복하는 정신적인 딸꾹질을 일으키는 것처럼 보인다(Gehring et al., 2000). 뇌스캔 사진은 충동적인 손 씻기, 확인하기, 주문하기, 또는 저장하기와 같은 강박적인 행동을 하는 동안 특정 두뇌 영역에서 증가된 활동을 보여준다(Insel, 2010; Mataix-Cols et al., 2004, 2005).

자연 선택 겁이 없거나 많은지에 상관없이, 우리 인간은 생물학적으로 우리 조상들이 직면했던 위협(예 : 거미, 뱀, 밀폐공간, 높이, 폭풍과 어둠 등)을 두려워할 준비가 된 것처럼 보인다(먼 과거에는 이러한 위협을 두려워하지 않는 사람들은 생존할 가능성이 적었고, 자손을 남길 가능성도 적었다). 석기시대에 두려움은 쉽게 형성되고, 없애기 힘들었을 것이다(Davey, 1995; Öhman, 1986). 심지어 영국에 독뱀은 한 종밖에 없지만, 사람들은 뱀을 두려워한다. 그리고 우리는 이런 공포심을 아주 어린 나이부터 갖게 된다. 9개월 된 유아도 현대의 위험을 나타내는 소리(예 : 폭탄이 폭발하거나 유리가 깨지는 소리)보다는 아주 오래된 위협을 알리는 소리(예 : 뱀이 내는 쉬익하는 소리나 천둥 소리 등)에 더 주의를 기울인다. 심지어 우리의 현대적 두려움의 일부는 진화에 뿌리를 두고 있을지 모른다. 비행 공포는 감금과 높이에 대한 두 가지 오래된 공포의 결합물이다.

Martin Harvey/Digital Vision/
Getty Images

쉽게 학습되는 두려움과 쉽게 학습되지 않는 두려움을 비교해보자. 예를 들어 제2차 세계대전의 공습을 생각해보자. 공습이 계속되면서 영국인, 일본인, 독일인 누구도 공습에 대한 공포를 발달시키지 않았다. 오히려 그들은 비행기에 대해 더욱 무관심해졌다(Mineka & Zinbarg, 1996). 진화는 우리가 하늘에서 떨어지는 폭탄을 두려워하도록 준비시키지 않는다.

우리의 공포증은 조상들이 직면했던 위험에 초점을 맞춘다. 강박적인 행동은 우리의 생존을 돕는 전형적인 행동들을 과장한 것이다. 몸치장을 하는 것은 생존 가치가 있다. 그러나 몸치장이 지나치면 강박적인 털뽑기가 되고, 씻는 것이 지나치면 손 씻는 의식이 된다. 영토의 경계를 확인하는 것이 지나치면 이미 잠긴 문을 확인하고 다시 확인하는 것이 행동이 된다(Rapoport, 1989). 자연 선택이 우리의 행동을 형성했음에도 불구하고, 지나치면 이러한 행동은 일상생활을 방해하게 된다.

물질사용장애와 중독행동

여러분은 기운을 차리기 위해 커피나 에너지 드링크와 같은 카페인에 의존하는가? 카페인은 해롭지는 않지만, 지각과 기분을 바꾸는 화학물질인 **향정신성 약물**(psychoactive drug)이다. 우리들 중 대부분은 삶을 방해하지 않는 선에서 이러한 물질(예 : 알코올과 진통제 등)을 적당히 사용한다. 하지만 지나친 약물 사용은 적절함을 넘어 **물질사용장애**(substance use disorder)로 우리를 인도한다. 물질사용장애는 우리의 일상을 심각하게 손상시키거나 신체적 위험에 빠트리도록 물질을 갈망할 때 발생한다(**표 13.3**). 물질사용장애는 대인관계, 직장, 학교생활, 돌보기, 자신과 타인의 안전을 위험하게 할 수 있다.

향정신성 약물의 세 가지 주요 범주는 진정제, 흥분제, 환각제이다. 모두 뇌의 시냅스에 작용한다. 이들은 뇌의 화학적 전달물질인 신경전달물질의 활동을 흥분

표 13.3 약물 사용은 언제 심리장애가 되는가?

미국정신의학협회에 의하면, 일상생활이 심각하게 파괴되어도 물질을 계속 사용할 때 물질사용장애로 진단될 수 있다. 그 결과 파생되는 두뇌의 변화는 물질사용을 중단한 후에도 지속될 수 있다(물질사용에 대한 기억을 유발하는 사람이나 상황에 노출되면 물질에 대한 강한 갈망이 일어난다). 물질사용장애의 심각도는 경도(아래 항목 중 1~3개가 해당), 중도(아래 항목 중 4~5개가 해당), 고도(6개 이상 해당)까지 다양하다(자료 : 미국정신의학협회, 2013).
통제력 감소 1. 의도했던 것보다 더 많은 물질을 사용하거나 더 오래 사용한다. 2. 물질사용을 조절하려고 시도했지만 실패한다. 3. 물질을 구하거나, 사용하거나 회복하는 데 많은 시간을 소비한다. 4. 물질에 대한 강한 갈망이 있다.
사회적 기능 감소 5. 물질사용이 직장, 학교 또는 가정에서의 기능을 방해한다. 6. 사회적 문제가 있음에도 불구하고 물질사용을 지속한다. 7. 사회적, 여가적, 그리고 업무 활동 감소를 유발한다.
위험한 사용 8. 위험에도 불구하고 물질사용을 지속한다. 9. 신체적, 심리적 문제가 악화됨에도 불구하고 계속 물질을 사용한다.
약물작용 10. 내성을 경험한다(원하는 효과를 위해 더 많은 물질사용을 필요로 한다). 11. 물질사용을 중단할 때 금단을 경험한다.

시키거나 억제시키고 유사한 작용을 하게 한다. 향정신성 약물의 생물학적 효과만이 우리의 반응을 결정하지 않는다. 사용자의 기대와 문화적 전통도 심리적 효과를 가져온다(Scott-Sheldon et al., 2012; Ward, 1994). 어떤 문화에서는 특정한 약물이 좋은 감정(혹은 공격적이거나 성적 흥분)을 만들어내지만, 다른 문화는 그렇지 않다면, 이는 각각의 문화가 서로 다른 기대를 충족하였음을 의미할 것이다. 나중에 특정 약물에 대한 논의에서 우리는 생물심리사회적 힘의 상호작용을 더 자세히 살펴볼 것이다. 하지만 먼저 우리 신체가 향정신성 약물의 지속적 사용에 어떻게 반응하는지 살펴보도록 하자.

내성과 중독행동

왜 술을 거의 마시지 않는 사람은 맥주 한 캔에 취하고, 장기간 술을 마신 사람은 많이 마셔도 거의 취하지 않을까? 그 답은 **내성**(tolerance)이다. 술과 일부 다른 약물들(대마초를 제외하고)은 지속적으로 사용하면, 사용자의 뇌는 약물 효과를 상쇄하도록 변화한다. 같은 효과를 경험하기 위해, 사용자는 더 많은 물질을 복용해야 한다(**그림 13.2**).

향정신성 약물 사용의 증가는 사람을 중독으로 이끌 수 있다. 물질사용을 중단하고자 할 때, 약물에 대한 강한 **금단**(withdrawal)을 경험하며 약물과 싸우지만, 결국에는 해로운 결과에도 불구하고 물질사용을 지속한다. 커피를 많이 마시는 사람들은 커피를 마시지 않으면 겪는 두통이나 불편감을 알 것이다. 헤로인, 처방받은 진통제, 혹은 진정제에 중독된 사람들에게 금단은 두통 그 이상을 의미를 가진다. 전 세계적으로, 9,000만 명의 사람들이 술과 기타 약물과 관련된 문제를 가지고 살아가고 있다(WHO, 2008).

물질을 남용하는 것처럼 **행동**도 강박적이고 역기능적일 수 있다. 아시아, 유럽, 그리고 북미 지역에서 비디오 게임 문제는 3~12%에 이른다고 한다(Anderson & Warburton, 2012; Ferguson et al., 2011). 이러한 '행위 중독' 중 하나가 DSM-5에 있는 도박장애이며, 인터넷게임장애는 '추가 연구'가 필요한 범주로 DSM-5에 제안되었다(American Psychiatric Association, 2013).

진정제

진정제(depressants)는 알코올, 바비튜르산유도체(신경안정제), 그리고 아편제처럼 신경활동을 가라앉히고 신체 기능을 억제하는 약물이다.

알코올 다량의 알코올은 진정제이지만, 소량은 흥분제인가? **그렇지 않다.** 아무리 적은 양이라도 알코올은 진정제이다. 알코올은 신경활동과 신체 기능을 감소시킨다.

느려진 신경 활동 소량의 알코올은 술 마시는 사람을 활기차 보이게 만들지만, 실제는 **탈억제** 역할을 함으로써 그렇게 하는 것이다. 알코올은 판단력과 억제를 조절하는 뇌의 활동을 둔화시킨다. 즉 술에 취하지 않았을 때 느끼는 충동을, 술에 취하면 행동으로 옮기게 되는 것이다. 알코올은 기회균등의 약물이다. 술취한 사람은 큰 팁을 남기고, 사교적인 음주가는 단체로 유대감을 가지는 것처럼, 남을 기꺼이 돕도록 한다(Hirsh et al., 2011; Lynn, 1988; Sayette et al., 2012). 또한 알코올 섭취는 성적으로 흥분한 남성들이 더 공격적이

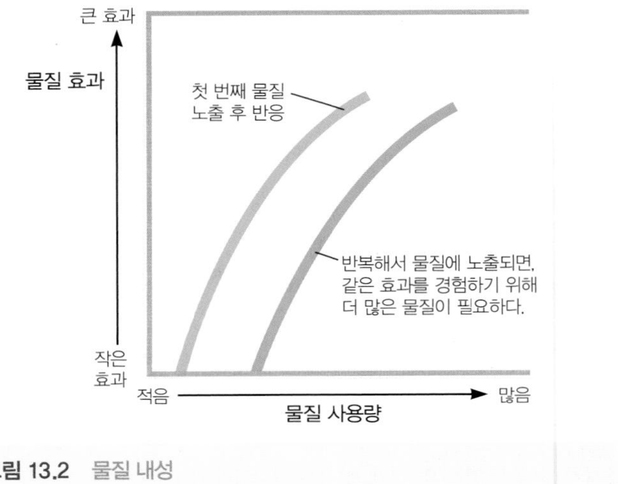
큰 효과
물질 효과
첫 번째 물질
노출 후 반응
반복해서 물질에 노출되면,
같은 효과를 경험하기 위해
더 많은 물질이 필요하다.
작은
효과
적음
물질 사용량
많음

그림 13.2 물질 내성

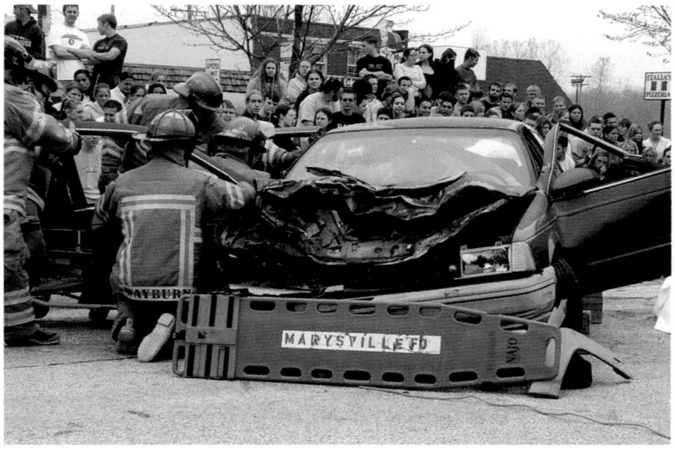
MARYSVILLE FD

© Lon C. Diehl/PhotoEdit

음주 피해 시연 소방관들이 고등학생들의 기억에 오래 남을, 음주운전 사고를 재연해 보여주고 있다. 술을 마시면 자신이 천하무적처럼 느껴지기 때문에, 음주운전으로 이어질 경우 특히 더 위험하다.

되도록 하며, 남성과 여성 모두 모르는 상대방과 성관계를 갖게 하기도 한다(Garcia et al., 2012).

심지어 우리가 술을 섭취했다는 믿음도 우리의 판단에 영향을 미칠 수 있다. 고전적 실험('음주 및 성적 흥분'에 관한 연구)에서 연구자들은 대학생인 남성 지원자들에게 알코올과 무알코올 음료를 제공했다(Abrams & Wilson, 1983)(두 가지 음료 모두 강한 향을 가지고 있어서 술맛을 느끼지 못하도록 하였다). 성적인 영화를 본 후, 자신이 술을 마셨다고 생각하는 남자들은 실제 알코올 섭취와는 상관없이 강한 성적 환상과 아무런 죄책감도 느끼지 않았다고 보고했다. 알코올이 사회적 행동에 영향을 미친다고 믿으며, 자신이 술을 마셨다고 믿으면, 사람들은 여기에 맞게 행동할 것이다(Scott-Sheldon et al., 2012). 제14장의 '개입 연구'에서, 음주에 대해 교육을 받은 대학생들은 술에 대해 낮은 긍정적인 기대를 가지게 되었으며, 다음 달에는 술을 덜 마셨다(Scott-Sheldon et al., 2014).

하지만 알코올은 우리의 정상적인 억제력을 약화시키는 것 이상의 작용을 한다. 알코올은 우리의 관심을 자극적인 상황(성적으로 매력적인 사람 또는 가벼운 모욕)에 집중시킴으로써 근시안을 만들어낸다. 즉 낮아진 억제력과 변화된 지각의 조합은 행동의 결과에 대해 생각하지 못하게 하고 자기 행동에 대한 스스로의 인식을 감소시킨다(Giancola et al., 2010; Hull & Bond, 1986; Steele & Josephs, 1990).

기억해야 할 점 : 알코올은 가장 성적인 기관인 우리의 마음에 영향을 미친다. 기대는 행동에 영향을 미친다는 것이다.

기억 혼란 가끔 사람들은 깨진 관계, 진 게임, 낙제한 시험 등과 같이 어려움을 잊기 위해 술을 마시고 잊어버린다. 어떻게? 알코올은 장기기억 과정을 방해하기 때문이다. 하루에 경험한 것들을 영구기억으로 만들어주는 REM 수면을 방해함으로써 기억에 영향을 미친다. 따라서 지난 밤 과음한 사람들은 깨어나면 지난 밤 누구를 만났는지, 무슨 말을 했고, 무엇을 했는지 등을 기억해내지 못하는 경험을 할 수 있다.

과음은 뇌에 장기적인 영향을 미칠 수 있다. 사람의 청소년기에 해당하는 쥐에게 다량의 알코올을 주입하면, 신경세포를 파괴하고 새로운 신경세포의 생성률을 감소시킨다. 또한 시냅스 연결을 손상시킨다(Crews et al., 2006, 2007).

신체 기능 저하 알코올은 교감신경계의 활동을 감소시킨다. 소량을 섭취하면 음주자는 긴장을 풀지만, 알코올을 다량 섭취할 경우 행동이 느려지고, 불분명하게 말하며, 숙련된 행동이 감소하는 반응을 보인다.

수면부족과 함께 알코올은 강한 진정제로 작용한다. 이러한 저하된 억제력에 신체적 효과가 더해지면, 그 결과는 치명적일 수 있다. 전 세계적으로 매년 수십만 명이 알코올 관련 사고와 폭력사건으로 인해 목숨을 잃는다. 술을 마시지 않을 때, 대부분의 음주자들은 음주 운전은 잘못된 것이며, 자신은 음주운전을 하지 않을 것이라고 주장한다. 그 믿음은 혈중알코올 농도가 상승하면서 흐릿해져, 음주 측정 결과 만취로 나와도 음주운전을 하게 된다(Denton & Krebs, 1990; MacDonald et al., 1995).

구토반응을 억제하는 중등도의 음주가 지속되면, 음주는 생명을 위협할 수 있다. 즉 개인은 구토를 통해 독성 물질을 배출하게 되는데, 지속적인 음주는 이러한 구토반응을 억제함으로써 음주자의 생명을 위협할 수 있다.

알코올사용장애 알코올중독은 **알코올사용장애**(alcohol use disorder)의 일반적인 이름이다. 알코올중독은 내성, 금단, 그리고 알코올 사용과 관련된 심각한 어려움이 있음에도 불구하고 지속적으로 알코올을 사용하고자 하는 충동을 가진다. 소녀와 젊은 여성들은 알코올을 소화하는 효소가 적기 때문에 알코올에 더욱 취약하다(Wuethrich, 2001). 이들은 남자들에 비해 빨리 알코올에 중독된다. 또한 소량의 알코올 섭취에도 폐, 뇌, 간이 손상된다(CASA, 2003)(**그림 13.3**).

바비튜르산유도체 알코올처럼, **바비튜르산유도체**(barbiturate) 약물 또는 신경안정제는 신경계 활동을 저하시킨다. 넴뷰탈(Nembutal), 세코날(Seconal), 아미탈(Amytal)과 같은 신경안정제

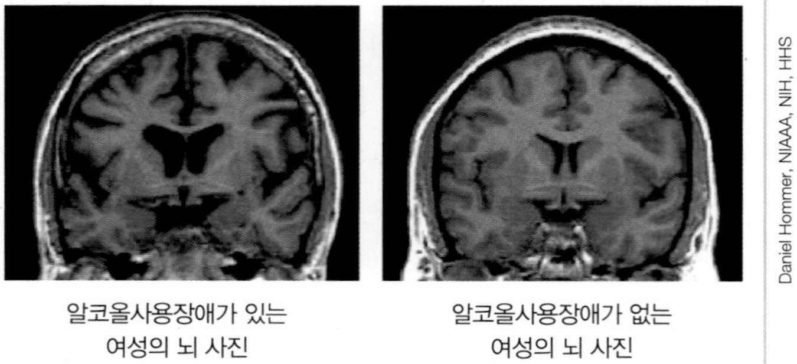
알코올사용장애가 있는
여성의 뇌 사진
알코올사용장애가 없는
여성의 뇌 사진
Daniel Hommer, NIAAA, NIH, HHS

그림 13.3 문제성 음주는 뇌를 수축시킨다 MRI 검사를 통해 알코올사용장애가 있는 여성의 뇌(왼쪽 그림)가 그렇지 않은 여성의 뇌(오른쪽 그림)보다 수축된 것으로 나타났다.

는 종종 수면 유도와 불안 감소를 위해 처방된다. 다량을 복용하게 되면 기억과 판단에 손상을 줄 수 있다. 알코올과 같이 복용하면 진정 효과는 신체 기능에 치명적인 영향을 미칠 수 있다. 이런 일은 과음 후 잠들기 전에 수면제를 복용할 때 발생하기도 한다.

아편제 **아편제**(opiates, 아편과 아편 파생물) 또한 신경계의 활동을 저하시킨다. 아편제는 코데인(codeine), 모르핀(morphine), 메타돈(methadone, 헤로인 대용으로 처방되는 합성 아편제)과 같은 의학적으로 처방되는 진통제와 헤로인을 포함한다. 쾌락이 고통과 불안을 대체할 때, 아편 사용자의 동공은 수축되고, 호흡은 느려지며, 무기력감(지나친 이완과 에너지 부족으로 축 늘어진 상태)을 경험한다. 이런 단기적 즐거움에 중독된 사람들은 장기적인 대가를 치르게 된다. 즉 또 다른 아편제에 대한 갈망, 점진적으로 더 많은 양을 복용해야 하며(내성), 그리고 금단으로 인한 극도의 불편감이 뒤따른다. 반복적으로 인공 아편제에 빠지게 되면, 뇌는 결국 우리 몸의 자연적인 아편제인 엔도르핀의 생산을 멈춘다. 만약 인공 아편제가 없어졌을 때, 뇌는 이러한 천연 진통제의 부족을 느끼게 되며, 이 상태를 견디지 못하는 사람들은 궁극적인 대가(과다복용으로 인한 사망)를 치르게 된다.

흥분제

흥분제(stimulant)는 신경 활동을 촉진하고, 신체 기능을 향상시킨다. 동공이 확장되고, 심박수와 호흡이 증가한다. 또한 혈당이 올라가서 식욕 저하를 유발한다. 활력과 자신감도 증가한다.

흥분제로는 카페인과 니코틴, 그리고 보다 강력한 흥분제로 코카인, 암페타민, 메스암페타민, 엑스터시 등이 있다. 사람들은 기민함을 느끼기 위해, 살을 빼기 위해, 혹은 기분이나 운동 성과를 올리기 위해 흥분제를 사용한다. 불행하게도, 사람은 흥분제에 중독될 수 있다. 커피, 차, 탄산음료, 또는 에너지 드링크 등의 평소 섭취량을 줄이면 피로, 두통, 성마름, 우울증 등을 경험할 수 있다(Silverman et al., 1992). 가벼운 양의 카페인의 효과는 일반적으로 3~4시간 정도 지속되고, 저녁 때 복용했을 경우 수면을 방해할 수 있다.

니코틴 흥분제 중에 가장 중독적인 **니코틴**(nicotine)은 담배, 전자

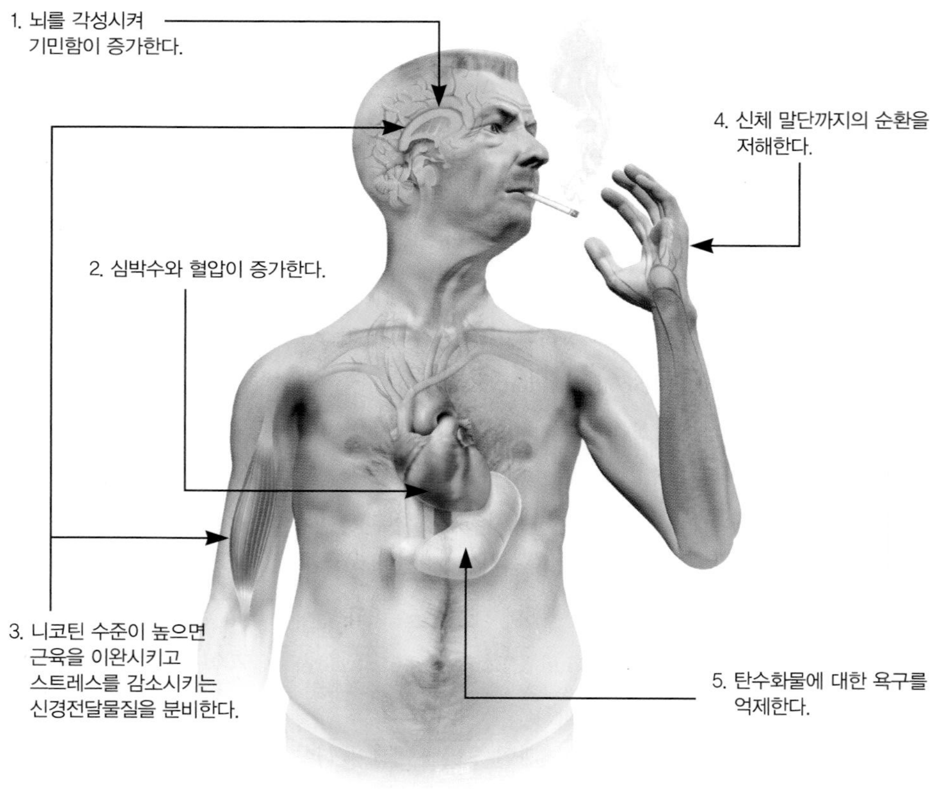
1. 뇌를 각성시켜
기민함이 증가한다.
2. 심박수와 혈압이 증가한다.
3. 니코틴 수준이 높으면
근육을 이완시키고
스트레스를 감소시키는
신경전달물질을 분비한다.
4. 신체 말단까지의 순환을
저해한다.
5. 탄수화물에 대한 욕구를
억제한다.

그림 13.4 담배를 피우면 … : 니코틴의 생리적 영향 니코틴은 7초 안에 뇌에 도달하는데, 이는 헤로인 정맥주사보다 2배나 빠른 속도이다. 몇 분 안에 혈류 내 니코틴의 농도가 치솟는다.

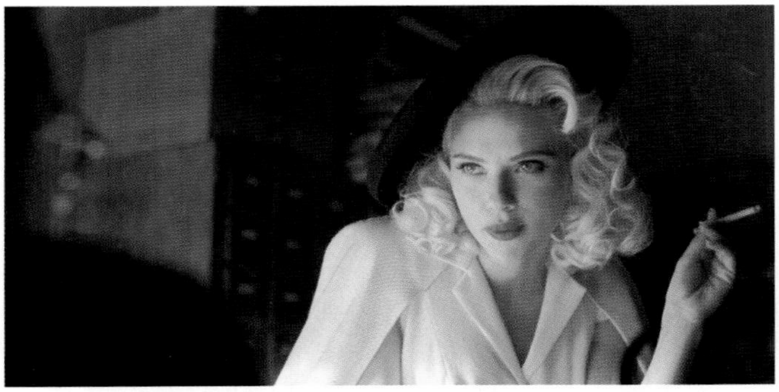
Pictorial Press Ltd/Alamy

10대 흡연 취약한 10대 시절을 지나 흡연을 시작하는 사람은 거의 없다. 앞으로 계속 담배를 피울 고객들을 확보하고자 혈안이 된 담배회사들은 10대를 표적으로 삼는다. 스칼렛 요한슨과 같은 유명 배우들이 담배를 피우는 영화(헤일 시저!) 장면은 10대들이 그러한 행동을 모방하도록 유혹한다.

담배, 그리고 다른 담배 상품에서 발견된다. 담배 상품은 최소한 헤로인이나 코카인만큼 중독적이다(**표 13.4**). 금연하고자 하는 시도는 종종 실패로 끝난다(DiFranza, 2008). 그리고 다른 중독처럼 흡연자들도 내성을 경험하며, 금연하려는 시도는 니코틴 금단 증상(갈망, 불면, 불안, 성마름, 산만함)을 가져온다. 어떤 일에 집중하려고 할 때, 흡연자들의 마음은 정상인들보다 3배 정도 산만해진다(Sayette et al., 2010). 이 모든 것을 없애기 위해서 흡연자들은 담배 한 모금을 빨게 된다.

7초 내에(헤로인 정맥주사보다 2배 빠르게) 니코틴은 중추신경계에 신경전달물질을 방출하도록 한다(**그림 13.4**). 에피네프린과 노르에피네프린은 식욕을 감퇴시키고, 기민성과 정신적 효율성을 증진시킨다. 도파민과 아편성 신경전달물질은 불안을 가라앉히고 통증에 대한 민감도를 감소시킬 것이다(Ditre et al., 2011; Gavin, 2004). 담배를 끊었던 흡연자들이 스트레스를 받으면 다시 담배를 피우기도 하는데, 9/11 테러 이후 수백만 명의 미국 사람들도 다시 담배를 피우게 되었다(Pesko, 2014).

이러한 보상 과정은 금연을 원하는 4명 중 3명이 계속 담배를 피우게 한다(Newport, 2013b). 매년 7명 중 1명보다 적은 수의 사람들이 금연을 한다. 흡연자들은 비흡연자보다 평균 10년 정도 빨리 죽지만, 이러한 사실에도 불구하고 금연을 하기 어렵다(Saad, 2002). 2030년에는, 흡연관련 사망자 수가 전 세계적으로 매년 800만 명에 이를 것으로 예상된다. 이것은 21세기 사람 중 10억 명이 흡연으로 인해 사망한다는 것을 의미한다(WHO, 2012). 금연은 어떤 다른 예방보다 인간의 기대수명을 증가시킬 것이다.

좋은 소식은 담배를 끊으려는 반복적인 시도가 성공으로 이어지고 있다는 것이다. 담배를 피웠던 미국인들의 절반이, 니코틴 대체 약물과 지지 집단의 도움으로 담배를 끊었다. 이러한 성공은 갑자기 금연하거나 점차적으로 금연하는 것에 상관없이 동일하게 가능하다(Fiore et al., 2008; Lichtenstein et al., 2010; Lindson et al., 2010). 극심한 갈망과 금단 증상은 6개월에 걸쳐 서서히 사라진다(Ward et al., 1997). 금연 후 단지 10%의 사람들이 1년 이내에 다시 담배를 피운다(Hughes et al., 2008).

표 13.4 다양한 약물에 중독될 가능성

대마초	9%
알코올	15%
코카인	17%
헤로인	23%
담배	32%

출처 : National Academy of Science, Institute of Medicine (Brody, 2003)

코카인 **코카인**(cocaine)은 코카 나무에서 나오는 강력한 중독성을 가진 흥분제이다. 원래 코카콜라는 코카 나무 추출물을 포함하여, 피로한 노인들을 위한 코카인 강장제를 만들었다. 1896~1905년 사이에 코카콜라는 진짜 코카인이었지만 지금은 아니다. 코카인은 이제 길거리 마약인 **크랙 코카인**으로 코로 들이마시시거나, 주사하거나, 담배처럼 피운다. 코카인은 빠르게 혈류로 들어가 강력한 **황홀감**(강렬한 행복감과 웰빙을 느낌)을 만들어낸다. 이러한 감각들은 뇌의 신경전달물질인 도파민, 세로토닌, 노르에피네프린의 공급이 줄어들 때까지 지속된다(**그림 13.5**). 그리고 한 시간 내에, 초조감을 동반한 우울증이 뒤따른다.

코카인 사용은 공격성과 같은 반응을 고조시킨다(Licata et al., 1993). 또한 정서적 혼란, 의심, 경련, 심장마비 또는 호흡 부전을 일으킬 수 있다. 약물의 심리적 효과는 사용량과 사용한 형태에 따라 달라지지만, 약물을 사용한 상황, 사용자의 기대 및 성격 또한 중요한 역할을 한다. 위약 효과 면에서, 코카인을 복용하고 있다고 생각하는 코카인 사용자들은 종종 코카인을 사용했을 때와 유사한 경험을 한다(Van Dyke & Byck, 1982).

메스암페타민 **암페타민**(amphetamine)은 신경활동을 흥분시킨다. 신체 기능이 빨라지면서, 사용자의 활력도 증가하고 기분도 치솟는다. 암페타민은 중독성이 높은 **메스암페타민**(methamphetamine)의 선조물질로, 화학적으로는 비슷하지만 효과는 암페타민보다 크다(NIDA, 2002, 2005). 메스암페타민은 활력과 기분을 향상시키는 뇌세포를 자극하는 신경전달물질인 도파민의 방출을 유발한다. 8시간 정도의 고조된 활력과 기분이 뒤따른다. 후유증은 성마름, 불면증, 고혈압, 발작, 사회적 고립, 우울증, 그리고 때때로 폭력적인 감

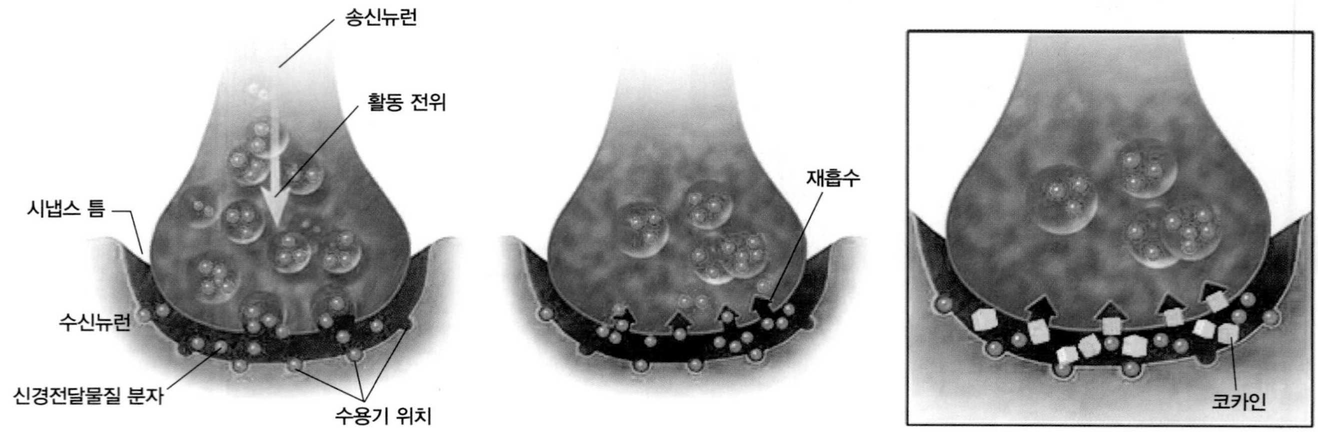
송신뉴런
활동 전위
시냅스 틈
수신뉴런
신경전달물질 분자
수용기 위치
재흡수
코카인

(a)
신경전달물질이 시냅스 전 뉴런으로부터 시냅스를 건너 시냅스 후 뉴런의 수용기 영역으로 메시지를 전달한다.

(b)
시냅스 전 뉴런은 여분의 신경전달물질 분자를 '재흡수'라고 부르는 과정을 통해서 다시 흡수한다.

(c)
일반적으로 신경전달물질 분자를 재흡수하는 위치에 결합함으로써 코카인은 도파민, 노르에피네프린, 세로토닌의 재흡수를 차단한다(Ray & Ksir, 1990). 여분의 신경전달물질 분자들이 시냅스에 남아서 기분전환 효과를 강화하고 황홀감을 나타낸다. 코카인 수준이 떨어지면, 이러한 신경전달물질의 결핍이 심리적 붕괴를 초래한다.

그림 13.5 코카인 황홀감과 심리적 붕괴

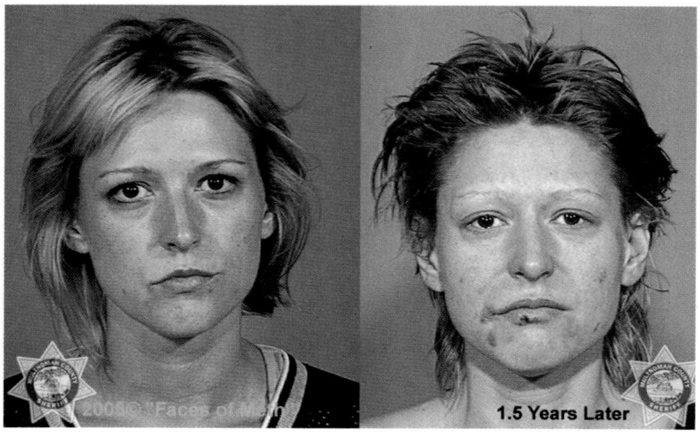
1.5 Years Later

Multnomah County Sheriff's Office

약물이 초래한 극적인 황폐화 메스암페타민 중독으로 인해 이 여성의 외모는 18개월 만에 극적으로 달라졌다.

정의 폭발을 들 수 있다(Homer et al., 2008). 시간이 갈수록 메스암페타민은 뇌의 도파민 생산을 감소시킨다.

엑스터시 **엑스터시**(ecstasy)는 메틸렌디옥시메스암페타민[methylenedioxymethamphetamine(MDMA), 분말 형태는 '몰리'라고 불림]의 일반적 이름으로, 흥분제이면서 동시에 가벼운 환각제이다(환각제는 지각을 왜곡하고 잘못된 감각적 이미지를 유발한다). 엑스터시는 암페타민의 파생물로 뇌의 도파민 생산을 유발한다. 하지만 엑스터시의 주된 효과는 저장된 세로토닌을 배출하고, 재흡수를 막아서, 세로토닌의 기분 좋은 상태를 연장시키는 것이다(Braun, 2001). 사용자들은 엑스터시 알약을 먹은 후 30분 정도가 지나면 이러한 효과를 느끼게 된다. 3~4시간 동안 그들은 높은 활력과 정서적 상승을 경험한다. 사회적 상황이라면, 그들은 주변 사람들과 매우 친밀하게 연결되어 있다고 느끼게 된다("나는 모두를 사랑해!").

1990년대 후반, 엑스터시는 나이트클럽과 댄스파티에서 복용하는 '클럽 약물'로 인기가 치솟았다(Landry, 2002). 하지만 엑스터시는 삼가야 할 이유가 있다. 엑스터시는 탈수증을 일으킨다. 춤을 오래 추게 되면, 이 효과는 체온 상승, 혈압 상승을 유발하여 죽음으로 이어질 수 있다. 장기적으로 반복 사용할 경우 세로토닌을 생성하는 뉴런을 손상시킬 수 있다. 세로토닌은 우리를 행복하게 만들어주는 이상의 것을 한다. 세로토닌은 수면을 포함하는 신체 리듬을 조절하고, 질병과 싸우는 면역체계, 그리고 기억과 인지 기능에 도움을 준다(Laws & Kokkalis, 2007; Pacifici et al., 2001; Schilt et al., 2007; Wagner et al., 2012b). 엑스터시는 이런 기능들을 방해한다. 세로토닌 생산 감소는 영구적일 수 있고, 영구적인 기분 저하로 이어질 수 있다(Croft et al., 2001; McCann et al., 2001; Roiser et al., 2005). 엑스터시는 밤을 즐겁게 하지만 내일을 어둡게 만든다.

환각제

환각제(hallucinogens)는 감각의 어떠한 입력도 없이 인식을 왜곡하고 감각적 이미지(소리나 눈에 보이는)를 불러온다. 이것이 이러한 약물이 '마음 나타내기'라는 의미의 '사이키델릭(psychedelics)'이라고 불리는 이유이다. 일부 환각제는 인공적인 것들로, 앞에서 설명한 MDMA(엑스터시)와 LSD 등이며, 천연 환각제로 효과가 약한 대마초가 있다.

약물, 산소의 부족, 혹은 심각한 감각 박탈에 의한 환각이든 원인에 상관 없이, 기본적으로 뇌에서 환각은 유사한 방식으로 일어난다(Siegel, 1982). 이런 경험은 대개 십자형이나 거미줄 혹은 나선형과 같은 단순 기하학적 형태로 시작한다. 다음 단계는 보다 의미 있는 이미지로 구현된다. 이러한 이미지는 터널 앞에서 보는 것처럼 보일 수 있으며, 다른 이미지는 과거의 감각적 경험의 재현일 수 있다. 환각이 절정에 달하면 사람들은 흔히 자신의 몸에서 분리된 것처럼 느낀다. 이러한 꿈과 같은 장면들은 너무 사실 같아서 공황상태에 빠지거나 스스로를 해칠 수도 있다.

이러한 감각들은 **근사체험**(near-death experience)과 놀라우리만큼 비슷하다. 이런 변화된 의식의 상태는 심박 정지에서 살아난 약 10~15%의 사람들이 보고하고 있다(Agrillo, 2011; Greyson, 2010; Parnia et al., 2014). 많은 이들이 터널 시야(**그림 13.6**), 밝은 빛 또는 빛의 존재, 오래된 기억의 재연 및 유체이탈 감각을 묘사하고 있다(Siegel, 1980). 뇌의 산소 결핍과 기타 손상으로 인해 철학자이자

그림 13.6 근사 시야 혹은 환각? 환각제 영향하에 있는 사람들은 "시야의 중심부에서 밝은 불빛을 종종 관찰한다. … 이러한 불빛의 위치는 터널과 같은 조망을 만든다"(Siegel, 1977). 이것은 근사체험과 매우 비슷하다.

신경과학자가 묘사한 '신경학적으로 재미있는 현상'이 생길 수 있다(Churchland, 2013, p. 70). 예를 들어 간질 발작과 편두통을 겪는 동안, 사람들은 때때로 기하학적 패턴의 환각을 경험한다(Billock & Tsou, 2012). 혼자 지내는 선원이나 극지방 탐험가들도 단조로움과 고립, 그리고 추위를 견디면서 신기한 경험을 한다고 보고한다(Suedfeld & Mocellin, 1987).

LSD 1943년 앨버트 호프먼(Albert Hofmann)은 '경이로운 모양의 강렬한 색채가 만화경처럼 펼쳐지는 환상적인 그림들이 끊임없이 이어지는' 것을 경험했다고 보고했다(Siegel, 1984). 화학자인 호프먼은 **LSD**(lysergic acid diethylamide)를 만드는 과정에서 실수로 LSD를 복용했다. LSD는 엑스터시와 같이 세로토닌 신경전달물질계를 방해한다. LSD '여행'은 사용자를 예상치 못한 장소로 이동시킬 수 있다. 사람의 기분과 기대에 따라 감정은 행복감에서부터 공포로의 분리까지 다양하다.

대마초 지난 5,000년 동안, 대마는 섬유를 얻기 위해 재배되어왔다. 대마초로 팔리는 이 식물의 잎과 꽃은 **THC**(delta-9-tetrahydrocannabinol)를 포함하고 있다. 피우거나(거의 7초 만에 뇌에 전달됨), 복용하거나(느리고 예측하기 힘든 속도로 뇌에 전달됨), THC는 복합적인 효과를 생산한다. 합성 대마초['K-2' 또는 '스파이스(Spice)'로 불림]는 THC를 모방하고 있지만 불안, 발작, 환각, 그리고 자살 또는 공격적 사고와 행동 같은 해로운 부작용을 일으킬 수 있다. 입법자들은 K-2를 불법화하기 위해 2012년 미국 합성 약물 남용 방지법안을 통과시켰다.

대마초는 종종 순한 환각제로 분류되는데 색, 소리, 맛, 그리고 냄새에 대한 민감도를 증가시키기 때문이다. 또한 대마초는 알코올과 비슷하다. 대마초는 긴장을 풀고, 탈억제를 가져오며, 행복감을 고조시킬 수 있다. 알코올처럼 운동협응 능력, 지각 능력, 반응 시간을 손상시키기 때문에 자동차나 다른 기계의 안전한 작동을 방해한다. 로널드 시글(Ronald Siegel)은 "THC가 동물들이 상황을 오판하는 원인이 된다"고 보고했다(1990, p. 163). "비둘기는 먹이가 준비되었다고 알려주는 불빛에 응답하는 데 시간이 오래 걸렸으며, 쥐들은 미로에서 잘못된 길을 선택하였다."

물론 대마초와 알코올은 다르다. 알코올은 체내에서 몇 시간 안에 제거되지만, THC와 그 부산물은 일주일 이상 신체에 남아 있는다. 즉 대마초를 정규적으로 사용하는 사람들은 갑작스러운 금단을 적게 경험한다는 것을 의미한다. 또한 평소보다 적은 사용량으로 기

표 13.5 향정신성 약물에 대한 지도

약물	유형	좋은 효과	부정적 효과
알코올	진정제	초기 황홀감에 이어 이완과 탈억제가 뒤따른다	우울, 기억상실, 장기 손상, 반응 저하
헤로인	진정제	황홀감, 통증 완화	생리적 반응의 저하, 고통스러운 금단 증상
카페인	흥분제	지속적인 각성	과복용 시 불안, 쉬지 못함, 불면증
니코틴	흥분제	각성과 이완, 안녕감	심장병, 암
코카인	흥분제	황홀감, 자신감, 활력	심혈관계 스트레스, 의심, 우울감
메스암페타민	흥분제	황홀감, 각성, 활력	성마름, 불면증, 고혈압, 발작
엑스터시(MDMA)	흥분제, 약한 환각제	정서적 고양, 탈억제	탈수증, 과체온, 우울한 기분, 인지 및 면역 기능의 손상
LSD	환각제	시각 '여행'	공황 위험
대마초(THC)	약한 환각제	감각 증가, 통증 완화, 시간 왜곡, 이완	학습과 기억의 손상, 심리장애 위험 상승, 흡연으로 인한 폐 손상

분 좋은 효과를 낼 수 있다. 이는 반복적으로 사용하는 사용자가 동일한 효과를 느끼기 위해 더 많은 양을 섭취해야 하는 내성과는 정반대이다.

대마초 사용자는 상황에 따라 다른 경험을 하게 된다. 만약 사용자가 불안하거나 우울하다면, 대마초는 그러한 감정을 강화할 것이다. 대마초를 더 자주 사용할수록 불안, 우울 또는 중독의 위험이 커진다(Bambico et al., 2010; Hurd et al., 2013; Murray et al., 2007).

대마초는 뇌에 해를 끼치고 인지에 손상을 주는가? 몇몇 증거들이 기억 형성에 지장을 준다고 보고한다(Bossong et al., 2012). 사고에 미치는 그러한 영향은 흡연기간보다 더 오래 지속된다(Messinis et al., 2006). 20년 이상 대마초를 사용한 성인의 경우, 기억과 감정을 처리하는 뇌 영역이 수축된 것으로 보인다(Filbey et al., 2014; Yücel et al., 2008). 1,000명을 출생부터 장기추적한 연구를 살펴보면, 18세 이전부터 지속적으로 대마초를 사용한 경우 낮은 지능검사 점수와의 연관성을 발견했다(Meier et al., 2012b). 다른 연구자들은 대마초를 피우는 것이 뇌에 해를 끼친다고 생각하지 않는다(Rogeberg, 2013; Weiland et al., 2015).

일부의 경우 대마초는 에이즈나 암과 같은 질병과 관련된 메스꺼움을 치료하는 의학적 용도로 합법화되어 왔다(Munsey, 2010; Watson et al., 2000). 이러한 치료법들에 있어서, 의학연구소는 의학용 흡입기를 이용하여 THC를 사용하기를 권고한다. 대마초 연기는 담배연기처럼 유독성이 있으며 암, 폐 손상, 임신 합병증을 유발할 수 있다(BLF, 2012).

표 13.5에 우리가 이 장에서 논의한 향정신성 약물을 요약했다. 모든 약물은 즉각적인 긍정적 효과를 상쇄하는 부정적 후유증을 유발하며 이러한 경향은 반복 사용으로 인해 강화된다. 이것은 내성과 금단 모두를 설명하는 데 도움이 된다. 부정적인 후유증이 심해지면서 원하는 효과를 만들어내기 위해서는 일반적으로 점점 많은 용량을 필요로 한다(내성). 이렇게 점점 많은 용량을 복용하는 것은 약물이 없는 상태에서 더 심한 후유증을 만들어낸다. 후유증이 악화되면서 더 많은 약물을 복용해서 금단 증상을 없애고자 하기 때문이다.

물질사용장애 이해하기

북미 청소년들의 약물 사용은 1970년대에 증가했다. 그 후 약물 교육의 확대와 대중매체의 보다 현실적인 접근 및 약물을 덜 매력적으로 묘사하는 것에 힘입어 1980년대 중반의 짧은 반등을 제외하고 물질사용은 급격히 감소했다. 1990년대 초 이후, 문화적으로 약물 반대의 목소리가 약해졌고, 한동안 음악과 영화에서 다시 매력적으로 묘사되기는 했다. 그러나 고등학생들 사이에서의 약물 사용은 꾸준히 낮은 상태로 유지되고 있다(**그림 13.7**).

많은 청소년들이 때로는 약물 사용을 통해 스릴을 추구한다. 그런데 어떤 청소년들은 약물 사용자가 되고, 어떤 청소년들은 되지 않는 것일까? 해답을 찾기 위해 연구자들은 생물학적, 심리적, 사회문화적 영향력을 찾기 위해 노력하고 있다.

생물학적 영향

아래의 증거에 따르면, 우리들 중 일부는 특정 약물에 취약하다(Crabbe, 2002).

- 일란성 쌍둥이의 경우, 쌍둥이 중 한 명이 알코올사용장애로 진단받았다면, 다른 한 명도 알코올 문제의 위험이 증가한다. 대

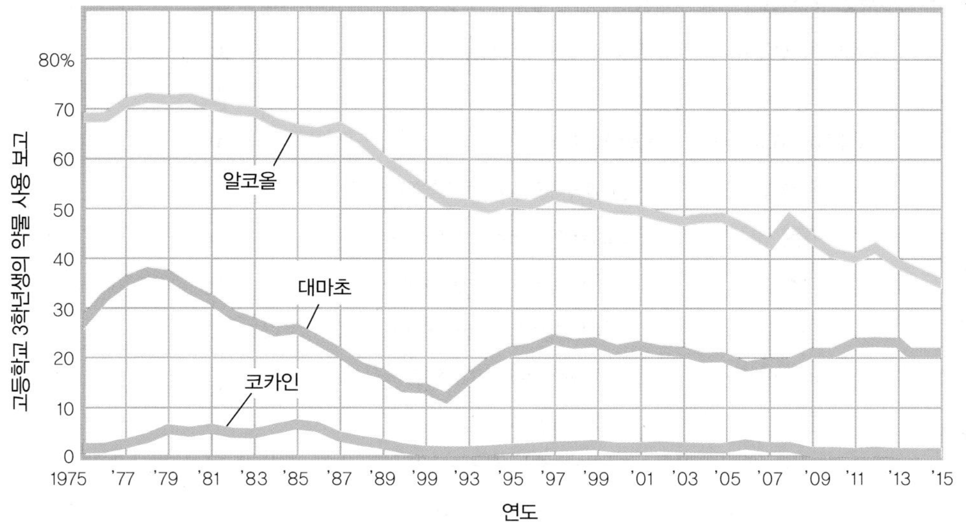
고등학교 3학년생의 약물 사용 보고
80%
70
60
50
40
30
20
10
0
알코올
대마초
코카인
1975
'77
'79
'81
'83
'85
'87
'89
'99
'93
'95
'97
'99
'01
'03
'05
'07
'09
'11
'13
'15
연도

그림 13.7 약물 사용의 경향 지난 30일 동안 알코올, 대마초, 코카인을 사용해왔다고 말한 미국의 고등학교 3학년 학생들의 비율은 비록 부분적으로 반등되었던 시기도 있었으나, 1970년대 말부터 1992년까지 크게 줄어들었다(Johnston et al., 2015).

옛날 옛적에는 또래 압력 때문에 담배를 피우기 시작했다.

20년이 지난 후, 또래 압력이 담배를 끊도록 강요한다.

© Jason Love

마초의 경우에도 일란성 쌍둥이는 서로 유사한 문제를 갖는다(Kendler et al., 2002c). 이러한 위험은 이란성 쌍둥이에게서는 발견되지 않는다.

- 연구자들은 알코올사용장애와 관련된 유전자를 발견했으며, 니코틴 중독에 기여하는 유전자도 찾고 있다(Stacey et al., 2012). 이러한 문제를 일으키는 유전자들은 뇌의 자연적인 도파민 보상 체계에 결핍을 일으키는 것으로 보인다.
- 18,115명의 입양아에 대한 대규모 연구에서 유전적 영향과 환경적 영향 두 가지 모두를 발견했다. 약물남용 경력이 있는 생물학적 부모를 가진 사람들은 약물남용의 위험이 2배로 높았다. 하지만 약물남용을 겪고 있는 입양된 형제자매를 가진 경우 입양아의 약물남용의 위험도 2배로 높았다. 그렇다면 이러한 환경적 영향은 무엇일까?

심리적 · 사회문화적 영향

이 책을 통해 여러분은 반복되는 주제를 보아왔다—**생물학적, 심리적, 사회문화적 영향들이 상호작용하여 행동에 영향을 미친다.** 약물 사용도 마찬가지다. 우리는 물질사용와 남용에 대한 생물학적 영향을 고려해왔다. 청소년과 젊은 성인들에 대한 연구에서 나타난 한 가지 심리적 요인은 삶이 무의미하고 방향이 없다는 느낌이다(Newcomb & Harlow, 1986). 이런 느낌은 직업 기술도, 특권도, 희망도 거의 없이 인생을 살아내려고 하는 학교 중퇴생 사이에서도 흔하다.

때때로 심리적인 영향은 명백하다. 알코올, 대마초, 코카인 중독자들은 심각한 스트레스나 실패를 경험하거나 우울증에 빠져 있다. 우울증, 섭식장애, 또는 성적 혹은 신체적 학대 이력이 있는 소녀들은 약물중독의 위험에 처해 있다. 청소년들의 힘든 학교생활이나 이웃의 변화도 그런 것이다(CASA, 2003; Logan et al., 2002). 향정신성 약물은 일시적으로 우울증, 분노, 불안 또는 불면증의 고통을 피하게 할 수 있다. 이러한 안정이 일시적임에도 불구하고, 이 책의 제6장에서 설명했듯이, 행동은 나중의 결과보다 현재의 직접적인 결과에 의해 지배된다.

물질사용의 비율도 문화와 민족에 따라 다양하다. 종교생활을 하는 사람들에게는 술이나 기타 물질중독률이 낮은데, 정교회 유대인, 모르몬 교도, 메노파 교도(기독교의 일파-역주), 아미시 교도(현대 기술 문명을 거부하고 소박한 농경생활을 하는 미국의 종교 집단-역주)에서 물질중독률은 더욱 낮다(Salas-Wright et al., 2012; Vaughn et al., 2011; Yeung et al., 2009). 아프리카계 미국 10대들의 음주, 흡연, 코카인 사용률은 다른 미국 10대들에 비해 현저히 낮다(Johnston et al., 2007).

물질사용은 또한 사회적 뿌리를 가지고 있다. 남의 시선을 의식하고 세상이 자신을 지켜보고 있다고 생각하는 청소년들이 특히 취약하다. 예를 들어 흡연은 보통 10대 초반에 시작된다. 10대들은 매력적인 유명인사들을 흉내내기 위해, 성숙한 이미지를 보여주기 위해, 스트레스에 대처하거나 다른 흡연자들에게 인정받기 위해 흡연을 시작한다(Cin et al., 2007; DeWall & Pond, 2011; Tickle et al., 2006).

도시에서나 혹은 시골에서나, 또래는 물질사용에 대한 태도에 영향을 미친다. 그들은 파티를 열고 약물을 제공한다(또는 제공하지 않는다). 만약 한 청소년의 친구들이 약물을 남용한다면, 그 청소년은 약물남용의 가능성이 높다. 친구들이 약물을 남용하지 않는다면, 약물남용의 기회는 생기지도 않을 것이다.

또래 영향은 친구들의 행동이나 말보다 중요하다. 청소년들의 기대, 즉 친구들이 하는 행동이고 선호할 것이라는 믿음도 중요하다. 미국 22개 주의 6학년 학생들을 대상으로 한 연구를 살펴보자. 학생들의 14%는 친구가 대마초를 피운다고 믿는다. 그러나 실제 대마초를 핀 친구는 겨우 4%이다(Wren, 1999). 대학생들도 이러한 오해로부터 자유롭지 않다. 음주 역시 사회적 모임에 영향력을 행사한다. 대학생은 술에 대한 또래 학생들의 열의를 과대평가하고 술의 위험은 과소평가한다(Moreira et al., 2009; Prentice & Miller, 1993; Self, 1994). 친구들의 약물 사용과 우리 자신의 약물 사용에는 관련성이 있지만, 항상 같은 방향은 아니다. 친구들은 우리에게 영향을 주지만, 우리는 자신의 선호도에 따라 친구를 선택하기도 한다.

10대들은 약물 사용으로 인한 신체적 · 심리적 해악을 알거나, 학교생활을 잘하고, 자신에 대해 긍정적으로 평가하며, 음주나 약물 사용을 반대하는 또래집단에 속해 있을 경우 약물남용에 빠지지 않는다(Bachman et al., 2007; Hingson et al., 2006). 이러한 발견을 통해 젊은 사람들의 물질사용과 중독을 예방하고 치료하기 위한 세 가지 방법이 제시되었다.

- 약물의 일시적인 쾌감에 대한 장기적인 해악에 대해 교육하라.
- 자아존중감을 높이고 삶의 목적을 발견하도록 도와라.
- 거절 기술을 훈련시킴으로써 또래와의 유대를 조정하거나 또래 압력에 대처하도록 훈련시켜라.

주요우울장애와 양극성장애

우리 중 대부분은 직간접적으로 우울증을 경험했을 것이다. 작년에 너무 우울해서 제대로 생활하기 어려웠던 적이 있었다면, 당신은 혼자가 아니다. 미국 대학생의 31%가 이러한 질문에 그렇다고 대답했다(ACHA, 2009).

대학 시절은 신나는 시간이지만 스트레스도 받을 수 있다. 고등학교를 졸업하자마자 대학에 들어가고 싶지만 그럴 형편이 되지 않는다면, 가족 및 일에 대한 책임감 속에서 학교에 갈 수 있는 시간을 찾기 위해 애를 쓸 것이다. 아마도 사회적 스트레스—연인과 이별 후 그리워하거나 인기 그룹에서 제외되는 것과 같은—는 당신을 고립되어 있다고 느끼게 하거나, 당신의 미래 또는 일반적인 삶에 대해 우울하게 만들 것이다. 당신은 일을 제때 끝내거나, 잠자리에서 일어나기 힘들 것이다. 또한 집중한다거나, 먹고, 잠자는 것도 어려울 수 있으며, 가끔은 당신은 죽는 것이 더 나을지도 모른다고 생각하게 된다.

Brad Wenner/Moment Select/Getty Images

일부 사람들에게 우울증은 특정 계절에만 나타난다. 가을이나 겨울에 우울증이 찾아오고 봄이 되면 나아진다. 대부분의 사람들에게는 겨울은 단지 더 우울한 기분을 의미한다. "오늘 울었니?"라고 물었을 때, 미국인들은 대개 겨울엔 그렇다고 답한다.

우울증은 진화적 관점에서 봤을 때 이치에 맞는다. 매우 슬픈 사건에 대해서 언짢게 느끼는 반응은 현실과 적절하게 접촉하는 것이다. 즉 우울증은 차의 연료가 부족할 때 들어오는 신호와 같다—우리는 차를 멈추고 적절한 조치를 취해야 한다. 생물학적인 관점으로 말하면, 삶의 목적은 행복이 아니라 생존과 번식이다. 기침, 구토, 그리고 다양한 형태의 고통이 위험한 독소로부터 우리의 몸을 보호하듯이, 우울증은 우리를 보호한다. 우울증은 우리를 느리게 만들고, 열심히 생각하게 하여 다양한 선택을 고려할 시간을 준다(Wrosch & Miller, 2009). 우울증은 공격성을 진정시키고, 위험을 무릅쓰지 않게 하고, 우리의 마음을 집중시킨다(Allen & Badcock, 2003; Andrews & Thomson, 2009a). 한 사회심리학자가 경고하기를, "만약 누군가가 당신을 영원하게 행복하게 해줄 약을 준다면, 당신은 가능한 빨리, 그리고 멀리 도망가는 것이 좋을 것이다. 감정은 우리가 무엇을 해야 할지 말해주는 나침반이며, 북쪽만을 가리키는 나침반은 쓸모가 없다"(Gilbert, 2006).

고통에는 의미가 있다. 우리의 삶을 재평가한 후에, 우리는 우리의 활력을 좀 더 희망적인 방향으로 바꿀 수 있다. 심지어 가벼운 슬픔도 사람들이 얼굴을 더 정확하게 처리하고 떠올리는 데 도움을 준다(Hills et al., 2011). 또한 세부사항에 더 많은 주의를 기울이고 더 나은 결정을 내리도록 한다(Forgas, 2009).

하지만 우울증은 때로 심각하게 부적응적이기도 하다. 비정상적인 우울증은 여러 가지 형태를 취할 수 있다. 그중 하나인 **주요우울장**

표 13.6 주요우울장애 진단하기

DSM-5는 주요우울장애를 지난 2주에 걸쳐 다음 증상 중 최소 5개 이상의 유무로 분류한다(우울한 기분이나 흥미의 감소 중 하나가 반드시 포함되어야 한다)(American Psychiatric Association, 2013).
• 대부분 우울한 기분이다.
• 대부분의 시간 동안 대부분의 활동에 대한 관심이나 즐거움이 극적으로 감소되어 있다.
• 식욕 및 체중 조절에 어려움이 있다.
• 수면 조절에 어려움이 있다.
• 신체적으로 불안하거나 무기력하다.
• 힘이 없거나 무기력하다고 느낀다.
• 가치 없다고 느끼거나 부적절한 죄책감을 느낀다.
• 사고, 집중 또는 의사결정에 어려움이 있다.
• 죽음과 자살에 대해 반복적으로 생각한다.

애는 희망이 없는 우울한 상태가 지속되는 것이고, 또 다른 하나인 **양극성장애**는 우울과 지나치게 흥분한 과잉행동이 번갈아 나타나는 상태이다.

주요우울장애

기쁨, 만족, 슬픔, 절망은 연속선상에 놓여 있는 어떤 정서 상태로, 우리들은 누구나 한 상황에 놓여 있을 것이다. 나쁜 일이 있은 후 우울한 기분과 **주요우울장애**(major depressive disorder) 간의 차이는 힘들게 달린 후 숨을 헐떡이는 것과 만성 천식을 앓는 것의 차이다. 주요우울장애는 최소 5개의 우울증 징후가 2주 이상 지속될 때 발생한다(**표 13.6**). 밤새 공부를 하고 나서 느끼는 피로감과 슬픔이 주는 고통을 결합한 것이 주요우울장애를 경험할 때의 느낌이다.

공포증이 더 흔하지만 우울증은 사람들이 정신건강서비스를 찾는 가장 큰 이유이다. 미국인 중 7.6%의 사람들이 중간 정도나 심각한 수준의 우울증을 경험한다(CDC, 2014a). 전 세계적으로 우울증은 장애를 유발하는 주요 원인 중 하나로 지목될 뿐이다(Global Burden of Disease Study, 2015).

지속성 우울장애(전에는 **기분저하증**으로 불림)로 진단받는 성인들은 적어도 2년 동안 약한 수준의 우울감을 경험하며, 적어도 2개 이상의 우울증 증상을 나타낸다.

양극성장애

우리의 유전자는 우리 중 일부를 다른 사람보다 좋은 일이나 나쁜 일에 더욱 감정적으로 반응하도록 한다(Whisman et al., 2014). **양극성장애**(bipolar disorder)는 개인의 감정을 한 끝에서 다른 끝으로 뛰게 한다(대개 매일 또는 매순간이라기보다는 주 단위로). 우울한 사건이 끝나면, 행복감에 넘치는, 지나치게 수다스럽고, 매우 활기차고 극도로 낙관적인 **조증**(mania) 상태가 이어진다. 하지만 머지않아, 그 기분은 정상으로 돌아오거나 다시 우울증에 빠지게 된다.

우울증이 느리게 사는 것이라면, 조증은 앞으로 빨리 움직이는 것이다. 조증을 겪는 동안 사람들은 잠을 잘 필요를 거의 느끼지 않고, 쉽게 짜증을 내며, 성적 억제력을 덜 보인다. 극단적인 낙관주의와 자존감을 느끼면서, 이들은 충고를 귀찮게 여긴다. 그러나 무분별한 소비나 안전하지 못한 성관계로 이어질 수 있는 형편없는 판단력을 주의해야 한다. 빨리 생각하는 것이 좋은 기분을 가져다주지만, 위험을 무릅쓰는 일을 증가시킨다(Chandler & Pronin, 2012; Pronin, 2013).

가벼운 형태일 때, 조증의 활력과 아이디어의 홍수는 창의성을 북돋울 수 있다. 가벼운 형태의 양극성장애를 앓고 있었다고 생각되는 고전음악 작곡가인 조지 프레더릭 헨델(1685–1759)은 4시간 분량의 '메시아'라는 곡을 열정적이고 창의적인 에너지가 충만했던 3주 동안에 작곡했다고 한다(Keynes, 1980). 양극성장애는 시인이나 예술가 같은 정서적 표현과 생생한 이미지에 의존하는 사람들 사이에서 더 자주 나타나고, 건축가, 디자이너, 저널리스트와 같은 정확하고 논리적인 것에 의지하는 사람들에게 더 적게 나타난다(Jamison, 1993, 1995; Kaufman & Baer, 2002; Ludwig, 1995).

양극성장애는 주요우울장애보다 훨씬 덜 흔하지만, 보다 역기능

배우 러셀 브랜드 | 작가 버지니아 울프 | 유머 작가 새뮤얼 클레멘스(마크 트웨인)

Dave Bedrosian/ZUMA Press/Newscom

George C. Beresford/Hulton Getty Picture Library

The Granger Collection, NYC—All rights reserved.

창의성과 양극성장애 양극성장애를 가진 창의적인 예술가, 작곡가, 작가, 연주가들이 있다.

Pills make you weak
Can't you just calm down?
Stop feeling so sorry for yourself
I don't get why you can't just act normal
Don't you have pills for this?
I keep trying to help you but you don't want it
Life as a Two-Headed Beast:
BIPOLAR
What do you have to be depressed about?
What's wrong with you?
You're deluded

양극성장애 예술가인 아비게일 사우스워스는 자신의 양극성장애 경험을 그림으로 보여주고 있다.

Life as a Two-Headed Beast: Bipolar, Abigail Southworth

적이다. 이것은 여자만큼 남자들도 괴롭힌다. 때때로 길어지는 감정 변화가 분노에서 경솔함까지 다양한 범위를 나타내는 청소년들 사이에서 진단이 증가하고 있다. 1994~2003년 사이의 10년 동안 20세 이하의 사람들에게서 40배 이상 증가한 양극성장애의 진단으로 인해 진단받은 청소년은 약 2만 명에서 80만 명으로 늘어났다(Carey, 2007; Flora & Bobby, 2008; Moreno et al., 2007). DSM-5 분류는 양극성장애로 진단받을 아동 및 청소년의 수를 감소시킬 것이다. 왜냐하면 지속적으로 신경질적이고, 주기적인 행동적 폭발을 보이는 청소년들은 **파괴적 기분조절부전장애**로 진단받기 때문이다(Miller, 2010).

주요우울장애와 양극성장애 이해하기

주요우울장애와 양극성장애의 원인, 치료, 예방에 대한 수천 개의 연구를 통해 연구자들은 몇 가지 공통점을 발견했다. 여기서 우리는 주요우울장애에 대해 집중적으로 다룰 것이다. 우울증에 대한 어떤 이론이라도 아래의 공통점을 설명할 수 있어야 한다(Lewinsohn et al., 1985, 1998, 2003).

- **행동과 사고는 우울증과 함께 변한다.** 우울한 기분에 갇힌 사람들은 비활동적이고, 외롭고, 공허하며, 의미 있는 미래가 없다고 느낀다(Bullock & Murray, 2014; Smith & Rhodes, 2014). 그들은 부정적인 일에 민감하다(Peckham et al., 2010), 부정적인 정보를 먼저 떠올리고, 부정적인 결과를 기대한다(예 : 내 팀은 경기에 질 것이고, 내 성적은 떨어질 것이며, 사랑은 실패할 거야). 우울증이 사라지면, 이러한 행동과 사고는 사라진다. 우울증을 가진 사람들은 우울한 시간의 절반가량, 불안 및 물질남용과 같은 다른 장애의 증상도 보인다.
- **우울증은 널리 퍼져 있다.** 전 세계적으로 3억 명의 사람들이 심각한 우울증이나 양극성장애를 앓고 있다(Global Burden of Disease, 2015).
- **여성이 주요우울장애에 걸릴 위험성은 남성의 2배에 가깝다.** 2009년 갤럽 여론조사자들이 25만 명 이상의 미국인에게 우울증으로 진단받은 적이 있냐고 물었을 때, 13%의 남성과 22%의 여성이 그렇다고 답했다(Phlham, 2009). 갤럽 조사에서 미국인들에게 '과거에 많은 기간 동안 하루종일' 슬픔을 경험했느냐고 물었을 때, 남성의 17%와 여성의 28%가 그렇다고 대답했다(Mendes & McGeeney, 2012). 이러한 우울증의 성차는 전 세계적으로 발견되고 있다(**그림 13.8**). 이런 경향은 청소년기에 시작된다. 사춘기 이전의 여아들은 남아보다 더 우울하지는 않다(Hyde et al., 2008).

  우울증의 성차는 더 큰 패턴을 설명한다. 여성들은 일반적으로 우울증, 불안, 그리고 억제된 성욕과 같은 내현적 장애에 더 취약하다. 여성들은 동등한 일에 대해 더 적은 임금을 받고, 여러 가지 역할을 맡아야 하며, 어린아이와 노인 가족을 돌보는 것과 같은 우울증에 걸릴 위험이 높은 상황을 빈번히 경험한다(Freeman & Freeman, 2013). 남성들은 알코올사용장애, 반사회적 행동, 충동 조절의 어려움 등 보다 외현적 장애에 더 취약하다. 여성들이 슬퍼지면, 대개 남성들보다 더 슬퍼하는 경향이 있으며, 남성들은 화를 내면, 대개 여성들보다 더 화를 내는 경향이 있다.
- **대부분의 주요 우울 삽화는 저절로 사라진다.** 치료가 회복을 촉진하지만, 대부분의 사람은 전문적인 도움 없이 저절로 우울증에서 회복한다. 우울증은 몇 주가 지나면 저절로 사라진다. 이런 사람들의 절반은 다시 우울증을 경험한다(Burcusa & Iacono, 2007; Curry et al., 2011; Hardeveld et al., 2010). 이 중에서 약 20%의 우울증은 만성적이다(Klein, 2010). 우울 삽화가 인생의 후반에 나타나고, 우울 삽화의 수가 적으며, 적은 스트레스를 경험하고, 많은 사회적 지지를 경험한 사람들은 우울증이 쉽게 재발하지 않는다(Fergusson & Woodward, 2002; Kendler et al., 2001; Richards, 2011).
- **스트레스를 주는 사건들이 때때로 우울증을 유발한다.** 불안은 미래

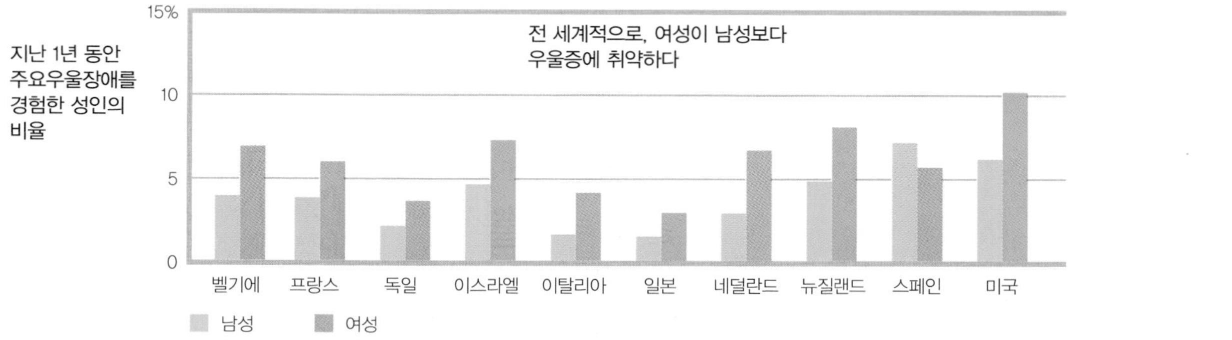
지난 1년 동안 주요우울장애를 경험한 성인의 비율
15%
10
5
0
전 세계적으로, 여성이 남성보다 우울증에 취약하다
벨기에
프랑스
독일
이스라엘
이탈리아
일본
네덜란드
뉴질랜드
스페인
미국
남성
여성

그림 13.8 성별과 주요우울장애 18개국의 89,037명의 성인을 대상으로 한 인터뷰(10개 나라만 여기에 나타남)는 여성의 주요우울장애 발병 위험이 남성의 2배임을 보여준다(Bromet et al., 2011).

손실의 위협에 대한 반응이라면, 우울증은 종종 과거와 현재 손실에 대한 반응이다. 의미 있는 손실이나 사건—사랑하는 사람의 죽음, 실직, 파혼, 또는 신체적 폭력—은 우울증에 걸릴 위험을 증가시킨다(Kendler et al., 2008; Monroe & Reid, 2009; Orth et al., 2009). 아직 정체성을 형성하지 못한 젊은이들에게 새로운 문화로 옮겨가는 것도 우울증의 위험을 증가시킨다(Zhang et al., 2013). 2000년에 실시된 한 연구는 사람들의 우울증 비율을 추적조사하였다(Kendler, 1998). 지난 달에 스트레스를 경험하지 않았던 사람들은 우울증에 걸릴 위험이 1%도 되지 않았다. 그러나 세 번의 스트레스 사건을 경험한 사람들은 위험이 24%로 증가하였다. 2012년에 허리케인 샌디를 경험한 지역 주민들은 우울증의 비율이 25%에 달했다(Witters & Ander, 2013). 하지만 일상적인 경미한 스트레스 또한 우울증을 유발할 수 있다. 경미한 스트레스(예를 들면 고장난 가전제품)에 대한 과민반응은 10년 후의 우울증을 예측하였다(Charles et al., 2013).

- 젊은 세대로 갈수록 우울증은 점점 인생의 초기(요즘은 종종 10대에서)에 발생하고 있으며, 더 많은 사람들에게 영향을 미치고 있다. 이러한 경향은 캐나다, 영국, 프랑스, 독일, 이탈리아, 레바논, 뉴질랜드, 푸에르토리코, 대만, 미국에서도 나타난다(Collishaw et al., 2007; Cross-National Collaborative Group, 1992; Kessler et al., 2010; Twenge et al., 2008). 북미에서 오늘날의 젊은이들은 그들의 조부모가 우울증에 걸렸거나 걸릴 위험보다 3배 이상 우울증에 시달리고 있다. 이들의 조부모들이 더 오랜 시간을 살아오면서 우울증에 걸릴 위험이 더 높았다는 점을 고려했을 때에도 젊은이들이 우울증에 걸릴 위험은 여전히 높다.

젊은이들 사이에서 증가한 우울증의 위험은 부분적으로 사실이지만, 이것은 문화적 차이를 반영하는 것일 수도 있다. 오늘날의 젊은이들은 우울증을 공개적으로 이야기하는 편이다. 또한 심리적 과정도 우울증의 증가에 기여한다. 노화와 기억에 관한 연구는 우리가 시간이 지나면서 부정적인 경험들을 잊어버리는 경향이 있다는 것을 보여준다. 나이 든 세대들은 더 적은 수의 우울증을 보고할 수도 있다. 왜냐하면 그들은 이전에 가졌던 우울한 감정을 간과하기 때문이다. 따라서, 객관적 사실로 무장한 오늘날의 연구자들은 생물심리사회적 관점에서 우울증의 원인을 생물학적이고 인지적인 입장에서 설명하려고 한다.

생물학적 영향

우울증은 몸과 마음 전체에 나타나는 장애이다. 우울증은 부정적인 생각과 기분뿐만 아니라, 유전적인 성향과 생화학적 불균형을 포함하고 있다.

유전자와 우울증 주요우울장애와 양극성장애는 유전된다. 만약 당신의 부모님이나 형제자매가 이러한 장애를 가지고 있다면, 당신도 이러한 장애 중 하나로 진단받을 위험이 증가한다(Sullivan et al., 2000). 만약 일란성 쌍둥이 중 한 명이 주요우울장애로 진단받는다면, 다른 쌍둥이도 언젠가는 진단받을 확률이 50%이다.

Terry Gatanis/Globe Photos/ZUMAPRESS.com/Newscom

우울증 이후의 삶 해리포터 시리즈의 작가인 J. K. 롤링은 25~28세 사이에 '암울한 시기'라고 말할 수 있는, 자살 사고를 가진 심각한 우울증을 경험했다. 그녀는 끔찍한 경험이었다고 말했지만, 동시에 '더 강해져서 돌아올 수 있게' 하는 토대를 마련했다고 말했다(McLaughlin, 2010).

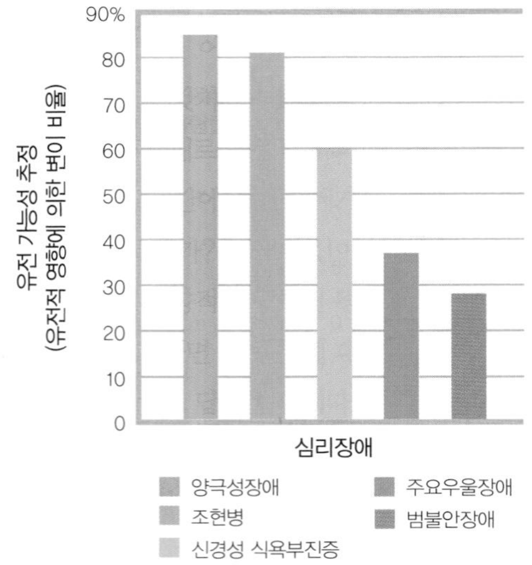
90%
80
70
60
50
40
30
20
10
0
유전 가능성 추정
(유전적 영향에 의한 변이 비율)
심리장애
양극성장애
조현병
신경성 식욕부진증
주요우울장애
범불안장애

그림 13.9 다양한 심리장애의 유전 가능성 일란성 및 이란성 쌍둥이에 대한 연구자료를 사용하여, 연구자들은 양극성장애, 조현병, 신경성 식욕부진증, 주요우울장애, 범불안장애의 유전 가능성을 추정하였다(Bienvenu et al., 2011).

만약 일란성 쌍둥이 중 하나가 양극성장애를 겪고 있다면, 쌍둥이가 떨어져서 자란 경우에도 다른 쌍둥이가 비슷한 진단을 받을 확률이 70% 이상이 된다(DiLalla et al., 1996). 이란성 쌍둥이의 경우 이러한 확률은 20% 이하이다(Tsuang & Faraone, 1990). 주요 쌍둥이 연구를 요약하면(**그림 13.9**), 주요우울장애의 유전 가능성—유전에 따른 개인의 우울증 비율—은 37%로 추정된다(Bienvenu et al., 2011).

사람들을 우울증에 빠지게 하는 유전자를 알아내기 위해 연구자들은 연관분석(linkage analysis)을 시도하고 있다. 여러 세대에 걸쳐 심리장애가 나타나는 가족을 발견한 후, 유전학자들은 영향을 받은 가족 구성원들과 영향을 받지 않은 가족 구성원의 DNA를 검사하여 이러한 차이점이 무엇인지 알아내고자 한다. 연관분석은 염색체의 위치를 가르쳐줄 것이며, "원인 유전자를 찾기 위해서는 DNA 하나 하나를 살펴볼 필요가 있다"(Plomin & McGuffin, 2003). 하지만 우울증은 복잡한 질환이다. 많은 유전자들이 함께 작용하면서 만들어내는 작은 영향력의 상호작용이 사람들을 위험에 빠뜨리게 한다. 원인 유전자 변이를 확인할 수 있다면, 더 효과적인 약물치료의 길을 열 수 있을 것이다.

우울한 뇌 스캔 장치는 우리의 두뇌 활동을 엿보게 해준다. 우울한 상태일 때 두뇌 활동은 느려지고, 조증 상태일 때 두뇌 활동은 증가한다(**그림 13.10**). 우울증은 뇌의 보상 센터가 덜 활동적이 되게 한다(Miller et al., 2015; Stringaris et al., 2015). 긍정적인 감정 상태일 때, 보상 센터는 보다 활동적이게 된다(Davidson et al., 2002; Heller et al., 2009; Robinson et al., 2012).

뇌가 활발하거나 활발하지 않은 동안 최소한 2개의 신경전달물질계가 작동한다. 노르에피네프린은 각성을 증진하고 기분을 띄운다. 우울한 상태일 때는 노르에피네프린의 양이 적으며, 조증 상태일 때는 과도하게 분비된다. 세로토닌 또한 우울한 상태일 때는 양이 적거나 비활성화된다(Carver et al., 2008).

제14장에서 우리는 우울증을 완화하는 약물이 어떻게 우울증에 걸린 뇌에 더 많은 노르에피네프린이나 세로토닌을 가용할 수 있게 하는지를 살펴볼 것이다. 세로토닌을 증가시키는 조깅과 같은 반복적인 운동은 약물과 비슷한 효과를 갖는다(Ilardi, 2009; Jacobs, 1994). 나쁜 기분에서 벗어나기 위해서 여러분의 두 발을 사용하면 된다.

심리적 · 사회적 영향

생물학적 영향도 우울증에 기여하지만, 우리가 흔히 보았듯이 천성(nature)과 양육(nurture)은 상호작용한다. 삶의 경험—다이어트, 약물, 스트레스, 기타 환경적 영향—은 염색체의 분자 수준에서 일정 표시를 남긴다. 이러한 후성유전학적(epigenetic) 변화는 우리의 DNA를 바꾸지는 못하지만, 유전자를 활성화하거나 비활성화할 수 있다. 동물실험에 따르면 지속적인 후생적 변화는 우울증에 영향을 미칠 수 있다(Nestler, 2011).

생각도 중요하다. 사회인지적 관점에서 볼 때, 사람의 가정과 기대는 개인의 지각에 영향을 미친다. 우울을 경험하는 많은 사람들은 낮은 자존

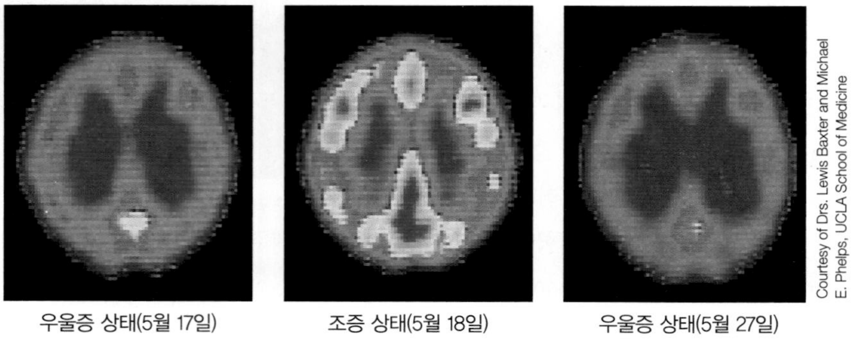
우울증 상태(5월 17일)
조증 상태(5월 18일)
우울증 상태(5월 27일)
Courtesy of Drs. Lewis Baxter and Michael E. Phelps, UCLA School of Medicine

그림 13.10 양극성장애의 우울증 및 조증 상태 PET스캔은 환자의 정서 상태에 따라 뇌의 에너지 소비량이 증가하고 감소하는 것을 보여준다. 적색 영역은 뇌가 포도당을 빠르게 소비하고 있음을 의미한다.

감이라는 어두운 안경을 통해 삶을 바라본다(Orth et al., 2016). 그들은 자신과 상황, 미래에 대해 매우 부정적인 관점을 가지고 있다. 대학 교수인 노먼이 자신의 우울증을 회상한 것을 들어보자(Endler, 1982, pp. 45-49).

> 내가 인간이라는 것에 절망하였다. 나는 솔직히 인간 이하이다. 아니, 가장 낮은 해충보다 더 낮게 느껴졌다. 게다가 나는… 사람들이 나를 사랑하는 것은 말할 것도 없고, 나와 어울리기를 원하는지를 이해할 수 없었다. … 나는 내가 사기꾼에 가짜이며, 박사학위를 받을 자격이 없다는 것에 대해 확신하였다. … 나는 내가 받았던 연구비를 받을 자격이 없었다. 나는 어떻게 책을 쓰고 잡지에 글을 썼는지 이해할 수 없었다. … 나는 많은 사람들을 속였음에 틀림없다.

최악을 기대하는 우울한 사람들은 나쁜 경험을 확대하고 좋은 경험을 축소한다(Wenze et al., 2012). 그들의 **자기패배적 신념**과 **부정적인 설명 방식**은 우울증을 불러온다.

부정적 사고와 기분의 상호작용 자기패배적 신념은 학습된 무력감에서 유래된다. 제10장에서 보았듯이, 개와 사람 모두 자신이 통제할 수 없는 괴로운 사건을 경험한 후에는 우울하고, 수동적이고, 위축된 행동을 보인다. 학습된 무력감은 스트레스에 강하게 반응하는 여성들에게 더 흔하다(Hankin & Abramson, 2001; Mazure et al., 2002; Nolen-Hoeksema, 2001, 2003). "내가 해야 할 모든 것에 의해 빈번히 압도당하는 느낌이 든다"라는 진술에 동의하는가 혹은 동의하지 않는가? 미국 대학에 입학하는 학생을 대상으로 한 조사에서 여성의 38%는 이 질문에 동의하였으나(Pryor et al., 2006). 남성의 경우 17%만이 이 질문에 동의하였다(당신의 답변은 이러한 패턴에 맞는가?).

왜 여성들은 남성에 비해 우울증에 2배나 취약한가(Kessler, 2001)? 이는 여성의 **반추**—과도하게 생각하고, 조바심을 내거나 곱씹음—경향과 관련이 있을 수 있다(Nolen-Hoeksema, 2003). 반추는 또한 적응적일 수 있다. 뇌의 주의유지 영역의 지속적인 발화 덕분에, 우리는 문제에 집중할 수 있다(Altamirano et al., 2010; Andrews & Thomson, 2009a, b). 하지만 끈질긴 자기초점적 반추는 부적응적이다. 이는 우리가 다른 인생 과제에 대해 생각하지 못하게 하고, 부정적인 감정에 빠지게 하며, 일상 활동을 방해한다(Kircanski et al., 2015; Kuppens et al., 2010; Kuster et al., 2012).

그런데 삶의 불가피한 실패가 왜 일부 사람들만 우울하게 만드는 것일까? 그 해답은 부분적으로 그들의 귀인 방식에 있다—그들이

아무도 내 곁에 있고 싶어 하지 않아.
나는 사람들에게 뭐라고 말할지 절대 모르겠어.
내가 직업을 가질 수나 있을까?
나한테서 냄새가 나나? 난 정말 못생겼어.

반추는 제멋대로 날뛴다 자신의 단점에 대해 생각하는 것은 정상적이다. 때때로 우리는 그 이상인 *반추*를 하게 된다. 우리는 계속해서 부정적인 생각, 특히 우리 자신에 대한 부정적인 생각에 머물게 된다. 반추는 우리 자신을 믿고 문제를 해결하는 것을 어렵게 한다. 어떤 경우에는, 사람들은 반추를 줄이기 위해 치료를 찾는다.

자신의 실패를 누구 또는 무엇 탓으로 돌린다(혹은 자신의 성공을 다른 사람의 공으로 돌린다). 시험에 떨어지면 어떤 기분일지 생각해보라. 만약 당신이 다른 누군가를 탓한다면("완전 불공평한 시험이네!") 화를 내게 될 것이다. 만약 당신이 스스로를 탓한다면, 스스로 멍청하고 우울하다고 느낄 것이다.

우울한 사람들은 자신을 비난하는 경향이 있다. **그림 13.11**에서 보듯이, 이들은 안정적이고("나는 절대 극복하지 못할 거야"), 전반적이며("나는 어떤 일도 제대로 하지 못해"), 내적("모두 내 잘못이야") 귀인을 통해 나쁜 일을 설명한다. 그들의 설명은 비관적이고, 과일반화되어 있으며, 자기초점적이고, 자기비난적이다(Huang, 2015; Mor & Winquist, 2002; Wood et al., 1990a, b). 그 결과는 절망감이라는 우울한 감정이 될 것이다(Abramson et al., 1989; Panzarella et al., 2006). 마틴 셀리그만의 말처럼 "심각한 우울증의 비결은 기존의 비관주의가 실패와 만나는 것이다"(1991, p. 78).

비평가들은 우울증의 사회인지적 설명은 '닭이 먼저냐 계란이 먼저냐'는 문제가 내포되어 있다고 지적한다. 어떤 것이 먼저 올까? 비관적인 귀인 양식 혹은 우울한 기분일까? 부정적인 설명은 우울한 기분과 동시에 일어나고, 이들은 우울증의 지표이다(Barnett & Gotlib, 1988). 마치 시속 120km로 읽히는 속도계가 과속을 유발하는 것이 아닌 것처럼, 비관적인 귀인 양식이 우울증을 유발하지는

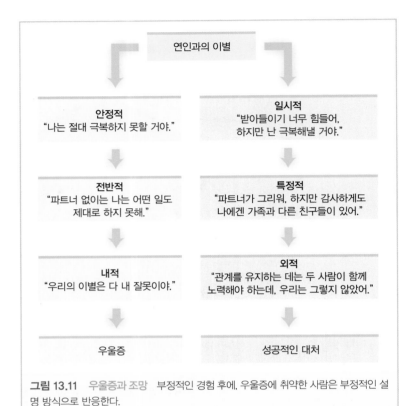

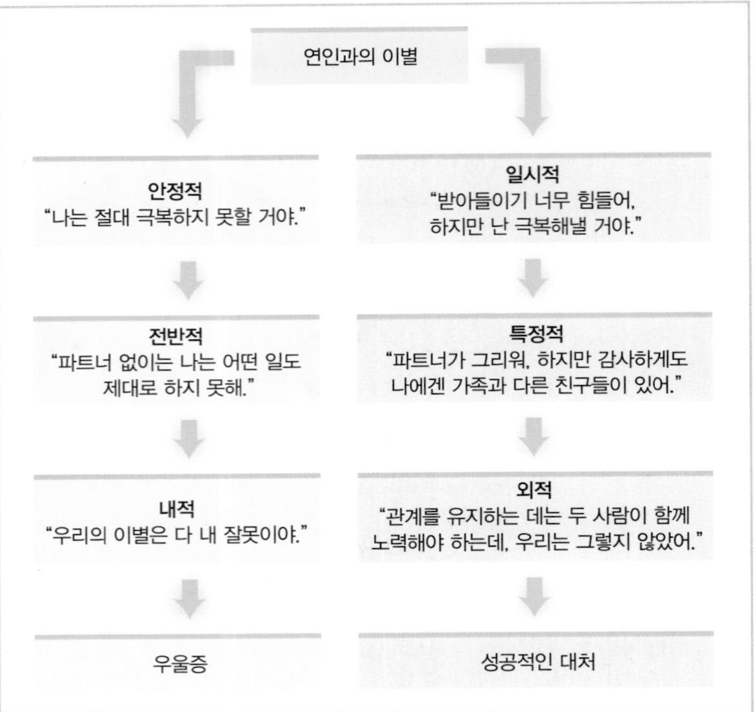
연인과의 이별
안정적
"나는 절대 극복하지 못할 거야."
일시적
"받아들이기 너무 힘들어, 하지만 난 극복해낼 거야."
전반적
"파트너 없이는 나는 어떤 일도 제대로 하지 못해."
특정적
"파트너가 그리워, 하지만 감사하게도 나에겐 가족과 다른 친구들이 있어."
내적
"우리의 이별은 다 내 잘못이야."
외적
"관계를 유지하는 데는 두 사람이 함께 노력해야 하는데, 우리는 그렇지 않았어."
우울증
성공적인 대처

그림 13.11 우울증과 조망 부정적인 경험 후에, 우울증에 취약한 사람은 부정적인 설명 방식으로 반응한다.

"당신은 지도감독 없이 자기성찰에 몰두하면 안 돼."

않는다. 우울하기 전이나 후에 사람들의 생각은 덜 부정적이다. 아마 우울한 기분이 부정적인 생각을 유발하는 것 같다. 만약 당신이 사람들을 일시적으로 기분 나쁘게 하거나 우울하게 만들면, 그들의 기억, 판단, 기대는 더욱 비관적이 된다. 기억 연구자들은 이러한 경향을 **상태의존적 기억**이라고 부르는데, 우리의 현재 기분 상태에 맞는 경험들을 떠올리려는 경향을 의미한다.

우울증의 악순환 우울증, 사회적 철회, 그리고 거절은 서로에게 부정적 영향을 미친다. 우울증은 우리 자신이 누구이고 우리가 왜 가치 있는 사람인지에 대한 인식을 방해한다. 이러한 혼란은 부정적인 감정을 자라게 하는 토대가 되는 곱씹음으로 인도한다. 철회되고, 자기초점적이며, 불평하는 부정적 성향은 다른 사람들이 우리를 거부하도록 만든다(Furr & Funder, 1998; Gotlib & Hammen, 1992). 실제로 우울증을 앓고 있는 사람들은 이혼, 실직, 스트레스가 높은 사건을 겪을 위험이 높다. 우울한 사람의 피로감, 절망적인 태도, 부정적인 말에 지쳐, 배우자는 떠나겠다고 위협하거나 상사는 그 사람의 능력을 의심하게 된다. 새로운 상실과 스트레스는 이미 우울증에 빠진 사람을 더 깊은 고통 속으로 빠트린다. 불행은 다른 사람과 함께하는 것을 좋아하지만, 사람들은 다른 사람의 불행을 좋아하지 않는다.

이제 우리는 우울증 악순환 구조를 정리할 수 있다(**그림 13.12**). (1) 스트레스 경험은 (2) 곱씹는 부정적인 귀인 양식을 통해 (3) 절망적인 우울한 상태를 만들어내며 (4) 사람이 생각하고 행동하는 방식에 부정적인 영향을 미친다. 이러한 생각과 행동은 결과적으로 거절과 같은 스트레스 경험들을 더 촉진한다. 우울증은 자신의 꼬리를 무는 뱀과 같다.

이러한 악순환은 우리가 인지할 수 있는 것으로, 기분이 가라앉으면 우리는 부정적으로 생각하고 나쁜 경험들을 기억한다. 영국의 수상이었던 윈스턴 처칠은 우울증을 주기적으로 자신을 괴롭히는 '검은 개'라고 표현하였다. 미국의 대통령이었던 애이브러햄 링컨은 젊은 시절에 너무 위축되고 우울해서 친구들은 그가 자살할까 봐 두려워했다(Kline, 1974). 이들의 삶이 우리에게 일깨우는 것은 사람들은 우울증과 싸워 이겨낼 수 있다는 것이다. 대부분의 우울한 사람들도 다시 사랑하고, 일하고, 희망을 갖고, 심지어 최고의 수준에서 성공할 수 있는 능력을 되찾는다.

자살과 자해

매년 전 세계적으로 80만 명이 넘는 사람들이 일시적인 문제로 끝날 일을 영구적인 해결책을 선택하여 해결한다(WHO, 2014b). 자살의 위험성은 우울증에 걸린 사람들이 일반인보다 최소 5배 더 높다(Bostwick & Pankratz, 2000). 사람들은 우울한 상태지만 활력과 의지가 부족할 때는 자살을 선택하지 않는다. 자살의 위험성은 그들이 회복하기 시작하고 이겨낼 수 있을 때 증가한다(Chu et al., 2016).

자살은 적대적이거나 복수의 행위만은 아니다. 사람들, 특히 나이 많은 성인들은 현재나 미래의 고통에 대한 대안으로 죽음을 선택하기도 한다. 즉 참을 수 없는 고통을 떨쳐버리고 가족 구성원들

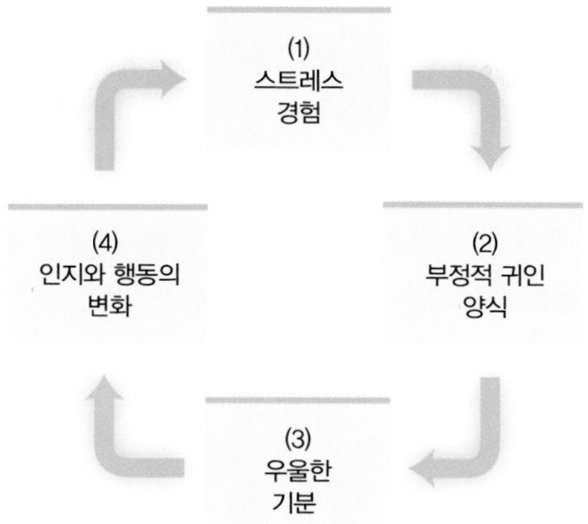
(1)
스트레스
경험
(2)
부정적 귀인
양식
(3)
우울한
기분
(4)
인지와 행동의
변화

그림 13.12 우울한 생각의 악순환 치료 전문가들은 제14장에서 보게 될 것처럼 이러한 악순환을 인지하고 있다. 그들은 우울증에 빠진 사람들의 부정적인 생각을 바꾸고, 관심을 바깥으로 돌리며, 좀 더 즐겁고 유능한 행동을 하도록 도와 우울증에서 탈출하도록 한다. 정신과 의사들은 지속적으로 우울한 기분의 생물학적 토대를 바꾸기 위해 약물을 처방한다.

에게 부담을 덜어주기 위한 방법으로 자살을 선택한다. "사람들은 두 가지 기본적인 욕구가 사라질 지경에 이르면 죽음을 택하게 된다"고 한다. "첫 번째 욕구는 사람들과 어울리거나 소속되고자 하는 욕구이며, 다른 욕구는 사람들에게 영향을 미치거나 효율적이고자 하는 욕구이다"(Joiner, 2006, p. 47). 자살충동은 대개 사람들과 단절되어 있고 그들에게 짐이 된다고 느낄 때, 또는 탈출할 수 없다고 믿는 상황에 갇혔고 패배했다고 느낄 때 일어난다(Joiner, 2010; Taylor et al., 2011). 따라서, 자살률은 경기침체 동안에 실업과 함께 증가한다(DeFina & Hannon, 2015; Reeves et al., 2014). 자살 생각은 날씬해지기, 이성애자 되기, 또는 부자 되기 등과 같이 도저히 도달할 수 없는 목표를 추구할 때 증가하기도 한다(Chatard & Selimbegović, 2011).

돌이켜보면, 가족과 친구들은 미리 알아차려야 했던 징후(구두암시, 물건을 나누어줌, 자해로 인한 부상, 철회되고 죽음에 집착)를 기억할지도 모른다. 하지만 자살에 대해 말하거나 생각하는 사람들(청소년과 대학생의 1/3을 포함한 수치)은 거의 자살을 시도하지 않는다. 자살을 시도하는 미국인 25명 중 1명만 죽는다(AAS, 2009). 대부분의 자살시도는 실패로 끝나지만, 자살을 시도한 사람들이 그렇지 않은 사람들에 비해 자살로 죽을 위험성이 7배 높다(Al-Sayegh et al., 2015). 매년 3만 명의 사람들이 자살하고, 그중 2/3가 총기를 사용한다(약물 과다복용은 자살시도의 80%를 차지하지만, 자살 사망자의 14%에 불과하다). 가난과 도시화를 통제한 후에도 총기 소지를 많이 한 주가 높은 자살률을 보인다(Miller et al., 2002, 2016; Tavernise, 2013). 따라서 비록 미국의 총기 소지자들은 안전을 위해 총을 소지하지만, 자살과 살인의 위험성은 가정에 총이 있을 경우 더욱 증가한다(Vyse, 2016).

자살에 대해 말하는 사람들, 예를 들어 "이 모든 걸 끝내고 싶어" 또는 "나는 내 인생이 싫어, 더 이상 할 수 없어"라고 말하는 사람들에게 우리가 어떻게 도움이 될 수 있을까? 만약 사람들이 온라인상에서 이런 말들을 쓴다면, 익명으로 다양한 소셜미디어 웹사이트(페이스북, 트위터, 인스타스램, 유튜브 등)의 안전팀에 연락할 수 있다. 친구나 가족이 자살에 대해 말한다면, (1) 경청하고 공감하고, (2) 대학건강서비스나 자살방지 전문가에게 연락을 하거나, (3) 즉각적인 위험에 처한 사람을 보호하기 위해서는 의사나 가장 가까운 응급실 또는 119에 도움을 청해야 한다. 장례식에 참석하는 것보다 비밀을 공유하는 것이 더 낫다.

비자살적 자해

자살만이 메시지를 보내거나 고통을 다루는 유일한 방법은 아니다. 일부 사람들, 특히 사춘기 청소년과 여성들은 **비자살적 자해**(nonsuicidal self-injury, NSSI)를 보인다(CDC, 2009). 그러한 행동은 고통스럽기는 하지만 치명적이지는 않다. 비자살적 자해를 하는 사람들은 피부를 베거나 태우고, 자신을 때리거나, 머리카락이나 털을 뽑고, 손톱이나 피부 밑에 물건을 집어넣거나, 스스로 문신을 한다(Fikke et al., 2011).

사람들은 왜 스스로를 해치는가? 그들은 왕따나 괴롭힘을 당한 경험이 있다(van Geel et al., 2015). 그들은 일반적으로 정서적인 고통을 참아내고 조절하는 능력이 떨어진다(Hamza et al., 2015). 이들은 종종 극도로 자기비판적이며, 의사소통 및 문제 해결에 어려움이 있다(Nock, 2010). 비자살적 자해를 통해, 그들은 아래의 목표를 성취할 수 있다.

- 고통을 통해 강렬한 부정적 사고로부터 벗어날 수 있다.
- 관심을 끌고 도움을 받을 수 있다.
- 자기처벌을 통해 죄책감에서 벗어날 수 있다.
- 왕따나 비난과 같은 상대방의 부정적인 행동을 변화시킬 수 있다.
- 또래와 어울릴 수 있다.

비자살적 자해는 자살로 이어지는가? 보통 그렇지 않다. 비자살적 자해를 하는 사람들은 자살 시도자라기보다는 자살 표현자이다

(Nock & Kessler, 2006). 격한 감정에 압도당할 때 자살 표현자들은 절망적이지만 생명에는 지장이 없는 비자살적 자해를 한다. 그러나 비자살적 자해는 자살사고와 미래 자살시도의 위험 요인으로 간주된다(Hawton et al., 2015; Willoughby et al., 2015). 만약 사람들이 도움을 받지 못한다면, 이들의 비자살적 행동이 자살사고로 확대될 수 있고, 마침내 자살시도로 이어질 수 있다.

조현병

조현병(schizophrenia)을 겪는 사람들은, 조현병이 가장 심각한 시기에, 이상한 생각과 이미지에 사로잡혀 지극히 사적인 내면세계에서 산다. 조현병이란 '분열된(schizo)' '정신(phrenia)'을 의미한다. 하지만 조현병은 정신이 다중인격으로 분열되는 것을 의미하지 않는다. 오히려, 정신이 현실에서 분리되어 혼란된 지각, 와해된 사고와 언어, 축소되거나 혹은 적절하지 않은 정서와 행동을 보여준다. 조현병은 **정신증적 장애**(psychotic disorder)의 대표적인 상태로, 비이성적이며 왜곡인 지각과 현실 검증력을 보여준다.

이러한 특성은 인간관계를 방해하고, 직업을 유지하는 것을 어렵게 만든다. 조현병을 겪는 사람들은 지지적인 환경에서 약물치료를 받으며 살고 있으며, 40% 이상의 사람들이 1년 이상 지속되는 정상적인 삶의 시기를 즐긴다(Jobe & Harrow, 2010). 하지만 7명 중 1명만이 완전하고 지속적인 회복을 보인다(Jääskeläinen et al., 2013).

CRAIG
2006

© Craig Geiser

조현병으로 진단받은 사람의 작품 시인이자 미술평론가인 존 애시버리(John Ashbery)는 여기 제시하고 있는 유형의 작품[미국 미시간주에서 열린 크레이그 가이서(Craig Geiser)의 2010년 작품 전시회에서 인용]에 논평을 하면서 다음과 같이 적고 있다. "작품의 매력은 대단하지만, 이 작품이 드러내고 있는 답할 수 없는 공포도 상당하다."

조현병의 증상

조현병을 앓는 사람들은 양성 증상(부적절한 행동이 존재) 또는 음성 증상(적절한 행동이 부재)을 보인다. 양성 증상을 겪는 사람들은 환각을 경험하거나 와해되고 망상적인 방식으로 이야기한다. 이들은 부적절한 때에 웃거나 울고, 격분하여 날뛸 수 있다. 음성 증상을 보이는 사람들은 생기 없는 목소리, 무표정한 얼굴, 혹은 말이 없고 경직된 몸을 나타낸다.

혼란된 지각과 믿음

조현병을 앓는 사람들은 때때로 환각(오직 그들의 마음에만 존재하는 것들을 보거나, 느끼고, 맛을 보거나 냄새를 맡는다)을 경험한다. 대부분의 환각은 환청이며, 대개 모욕적이거나 명령하는 내용이다. 환청은 조현병을 앓는 사람에게 너는 나쁜 사람이니 담뱃불로 몸을 태워야 한다고 말한다. 만약 꿈이 깨어 있는 의식으로 들어오게 되면, 조현병을 앓는 사람들은 실제 경험을 상상과 분리하는 것이 어려워진다. 스튜어트 에몬스는 아래와 같이 자신의 경험을 설명한다.

> 누군가 나에게 조현병에 대해 설명해달라고 하면, 꿈속에 당신이 나오고, 그 꿈이 악몽같이 느껴질 때를 떠올리라고 합니다. 저의 조현병은 마치 제가 꿈속을 걷고 있는데, 주변의 모든 것이 진짜처럼 느껴집니다. 세상이 너무 지루하게 느껴질 때는 다시 조현병의 꿈속으로 들어가고 싶습니다. 그렇지만 바로 무섭고 끔찍한 꿈속의 경험들을 기억해냅니다(Emmons et al., 1997).

비현실적인 것이 현실 같을 때 지각되는 것은 좋아봤자 이상한 것이고, 최악의 경우에는 공포스럽다.

환각은 잘못된 지각이다. 조현병을 앓는 사람들은 잘못된 믿음인 **망상**(delusion)에 의해 왜곡된, 와해되고 분열된 생각을 한다. 만약 망상이 편집증적이라면 사람들은 자신이 위협받거나 쫓기고 있다고 생각한다.

와해된 언어

논리적인 순서 없이 생각하는 바를 말로 털어놓는 젊은 여성 맥신과 이야기한다고 상상해보라. 그녀의 전기작가는 그녀가 특정한 상대방 없이 큰 소리로 말하는 것을 관찰하였다(Sheehan, 1982, p. 25). "저는 오늘 아침, 힐사이드(병원)에서 영화를 만들고 있었습니다. 저는 영화배우들에게 둘러싸여 있었죠. … 저는 메리 포핀스(메리 포핀스 영화의 여주인공으로 훌륭한 보모를 의미한다-역주)입니다. 날 화나게 하려고 파란색으로 이 방을 칠했나요? 할머니는 제 18번째 생일 4주 후에 돌아가셨어요."

뒤죽박죽 섞인 생각들은 한 문장 안에서도 의미가 없어 말비빔(word salad)이라고 불린다. 한 젊은 남성은 '치료에 알레그로를 약간 첨가할 것'을 요청하면서 '지평을 넓히려는 자유화 운동은 그렇기 때문에 강의에서의 재치를 왜곡한다'고 제안하였다.

와해된 사고는 선택적 주의의 붕괴 때문에 생긴다. 대개 우리는 관련 없는 자극을 걸러내면서 한 가지 감각 자극에 집중하는 놀라운 능력을 가지고 있다. 조현병을 앓는 사람들은 관련 없는 자극, 즉 벽돌의 홈이나 목소리의 어조과 같은 자극에 의해 쉽게 산만해진다. 그러나, 수십 개의 다른 인지적 불협화음도 조현병과 관련이 있다(Reichenberg & Harvey, 2007).

축소되고 부적절한 정서와 행동

조현병을 앓는 사람들이 표현하는 감정은 종종 부적절하고, 현실과 분리되어 있다(Kring & Caponigro, 2010). 맥신은 할머니의 죽음을 회상하고는 웃음을 터뜨렸다. 다른 경우에는 다른 사람들이 웃을 때 눈물을 흘리거나, 아무런 이유 없이 화를 냈다. 조현병을 앓는 다른 사람들은 감정이 드러나지 않는 좀비처럼, 아무런 감정을 보이지 않는 정동둔마(flat affect)를 보인다. 예를 들어 금전적인 특혜가 뇌 보상 센터를 활성화하지 못한다(Radua et al., 2015). 또한 대부분은 손상된 마음 이론을 가지고 있는데, 얼굴 정서를 지각하고 다른 사람의 마음 상태를 읽어내는 데 어려움이 있다(Green & Horan, 2010; Kohler et al., 2010). 이러한 정서적 특성은 조현병의 초기에 발생하고 유전적 토대를 가지고 있다(Bora & Pantelis, 2013).

부적절한 신체운동은 여러 가지 형태를 취한다. 조현병을 앓는 사람들 중 일부는 계속해서 팔을 흔들거나 문지르는, 무의미하고 강박적인 행동을 한다. 다른 사람들은 몇 시간 동안 움직이지 않고 있다가 불안해하는 모습을 보인다.

조현병의 발병과 발전

조현병의 유병률은 100명 중 1명(60%는 남성)으로, 현재 전 세계적으로 약 2,400만 명이 앓고 있는 것으로 추정된다(Global Burden of Disease, 2015). 이 병은 나라 간의 차이도 없으며, 젊은 사람들이 성인기에 접어들면서 발생한다. 남성들이 좀 더 일찍, 더 심각하게, 더 흔하게 발병하는 경향이 있다(Aleman et al., 2003; Eranti et al., 2013; Picchioni & Murray, 2007).

어떤 사람들에게는 조현병이 갑자기 나타난다. 이전에 잘 적응하던 사람이 조현병을 겪는 경우 **급성 조현병**(acute schizophrenia)이라고 하는데, 이는 특정한 생활 스트레스에 대한 빠른 반응이다. 급성 조현병을 겪는 사람들은 약물치료에 잘 반응하는, 양성 증상을 가지고 있는 경우가 많다(Fenton & McGlashan, 1991, 1994; Fowles, 1992).

만약 조현병이 느리게 진행되는 **만성 조현병**(chronic schizophrenia)이라면, 회복은 불확실해진다(Harrison et al., 2001). 이는 오랜 사회적 부적절감과 저조한 학업 성취도에서 시작하며, 조현병이 점진적으로 발전하였던 맥신의 경우에 해당한다(MacCabe et al., 2008). 사회적 철회 및 음성 증상이 만성 조현병에서 종종 발견된다(Kirkpatrick et al., 2006). 남성들이 여성보다 평균적으로 4년 정도 일찍 발병하며, 음성 증상과 만성 조현병을 더 많이 나타내는 경우가 많다(Räsänen et al., 2000).

조현병의 이해

조현병은 가장 많이 연구되는 심리장애 중 하나이다. 대부분의 연구들은 조현병을 비정상적인 뇌조직과 유전적인 소인으로 귀인한다. 조현병은 마음의 증상을 시각화한 두뇌의 질병이다.

비정상적 두뇌

어떤 종류의 두뇌 비정상이 조현병을 설명할 수 있을까? 생화학적 불균형? 비정상적인 두뇌 활동? 뇌의 구조나 기능의 문제? 연구자들은 이 모든 원인에 대해 연구하고 있다.

과학자들은 이상한 행동이 이상한 화학적 원인에 의한 것임을 오랫동안 알고 있었다. '모자 만드는 사람처럼 미쳐버린'이라는 표현을 들어본 적이 있는가? 이 말은 수은 성분이 든 모자의 챙을 입술로 축이면서 이들의 두뇌가 서서히 중독되었던 영국의 모자 만드는 사람들의 행동을 상기시킨다(Smith, 1983). 환각과 조현병의 다른 증상들은 유사한 화학적 요소를 가지고 있을까?

한 가지 가능성 있는 답은 연구자들이 조현병 환자의 뇌를 사후에 부검했을 때 나타났다. 그들은 도파민 수용체가 과다하게 많다는 것을 발견하였다(Seeman et al., 1993; Wong et al., 1986). 이것은 높은 수준의 도파민이 뇌의 신호를 강화하여 환각이나 편집증 같은 양성 증상을 일으킨 것일 수 있다(Grace, 2010). 다른 증거들이 이 발견을 확인해주었다. 도파민 수용체를 차단하는 약물은 종종 조현병의 양성 증상을 줄여준다. 암페타민이나 코카인과 같은 도파민 수치를 올려주는 약물은 양성 증상을 강화한다(Basu & Basu, 2015; Farnia et al., 2014). 하지만 조현병에는 비정상적 뇌의 화학작용 이상의 것이 있다.

뇌영상 사진은 비정상적인 뇌활동과 뇌구조가 조현병을 동반한다는 것을 보여준다. 조현병을 겪는 사람들 중 일부는 전두엽 활동이 비정상적으로 낮은데, 전두엽은 추리, 계획 세우기, 그리고 문제를 해결하는 데 도움을 준다(Morey et al., 2005; Pettegrew et al., 1993; Resnick, 1992). 다른 조현병 환자들은 특이한 뇌량을 가지고 있는 것으로 나타났다. 뇌량이란 우반구와 좌반구가 소통하도록 돕는 신경섬유를 말한다(Arnedo et al., 2015).

조현병 환자들이 환각을 경험하는 동안 뇌활동 PET 영상을 찍었는데(Silbersweig et al., 1995), 환자들이 어떤 목소리를 듣거나 어떤 것을 보았을 때, 뇌의 몇몇 핵심 영역이 활발하게 활성화되었다. 그 중 한 영역은 시상(수신된 감각신호를 여과하여 뇌의 피질로 전달하는 구조)이었으며, 다른 영역은 공포 처리에 관여하는 편도체로, 편집증을 겪는 사람들의 PET 영상을 통해 확인되었다(Epstein et al., 1998).

조현병의 경우 뇌척수액이 차 있는 뇌실 영역이 확대되고, 그에 상응하게 피질 조직이 수축되어 있었다(Goldman et al., 2009; van Haren et al., 2015; Wright et al., 2000). 이러한 뇌의 차이는 유전적인 것일 수 있다. 일란성 쌍둥이 중 한 사람이 그러한 두뇌 이상을 가지고 있으면, 다른 쌍둥이도 그러할 가능성이 최소 1/2이 된다(van Haren et al., 2012). 몇몇 연구들은 나중에 이 병을 가지게 된 사람도 뇌이상을 가졌음을 발견하였다(Karlsgodt et al., 2010). 뇌의 수축이 클수록 사고장애도 심각하다(Collinson et al., 2003; Nelson et al., 1998; Shenton, 1992).

결론적으로, 조현병은 두뇌의 한 영역만의 이상이 아니라 여러 두뇌 영역들, 그리고 그 영역들 간의 신경연결에서의 문제를 수반한다(Andreasen, 1997, 2001).

출생 이전 환경과 위험성

조현병을 겪는 사람들의 뇌이상을 일으키는 원인은 무엇인가? 몇몇 연구자들은 태내 발달이나 출산 시의 작은 사고를 지적한다(Fatemi & Folsom, 2009; Walker et al., 2010). 위험 요인으로는 저체중 출산, 산모의 당뇨병, 노령의 아버지, 출산 시의 산소결핍 등을 들 수 있다(King et al., 2010). 영양결핍도 위험성을 증가시킨다. 제2차 세계대전 당시 네덜란드에서 기근이 최고조에 달했을 때 태어난 사람들은 나중에 조현병을 일으키는 비율이 2배 높았다. 1959~1961년 중국 동부에 기근이 발생했을 때 태어난 사람들도 2배 높은 조현병 비율을 보여주었다(St. Clair et al., 2005; Susser et al., 1996).

또 다른 원인으로 임신 중 바이러스 감염이 태아의 두뇌 발달을 손상시키는 것은 아닐까(Brown & Patterson, 2011)? 이 태아-바이러스 아이디어를 검증하기 위해, 과학자들은 다음과 같은 질문을 던졌다.

- 태아가 발달하는 시기에 독감이 유행할 경우, 조현병의 위험이 증가하는가? 반복되는 답은 '그렇다'이다(Mednick et al., 1994; Murray et al., 1992; Wright et al., 1995).
- 바이러스에 의한 질병이 보다 쉽게 확산될 수 있는 인구밀도가 높은 지역에서 태어난 사람들은 조현병에 걸릴 위험성이 더 높은가? 175만 명의 덴마크 사람들을 관찰한 연구에서 확인된 답은 '그렇다'이다(Jablensky, 1999; Mortensen, 1999).
- 가을과 겨울의 독감 시즌이 지난 직후인 겨울과 봄에 태어난 사람들은 조현병 발병의 위험성이 더 높은가? 위험성이 5~8% 증가하였으므로 그 답은 '그렇다"이다(Fox, 2010; Schwartz, 2011; Torrey et al., 1997; Torrey & Miller, 2002).
- 계절이 북반구와 정반대인 남반구에서, 출생 계절에 따른 조현병 발병률은 마찬가지로 역전되는가? 답은 '그렇다'이다. 호주에서 8~10월 사이에 태어난 사람들이 더 높은 위험에 처한다. 하지만 북반구에서 태어나고 나중에 호주로 이주한 사람들의 경우에는 1~3월 사이에 태어난 사람들의 발병 위험률이 더 높다(McGrath et al., 1995; McGrath & Welham, 1999).
- 임신 중에 독감에 걸렸다고 보고하는 산모가 조현병으로 발병한 아이를 출산할 가능성이 더 높은가? 8,000명의 산모를 대상으로 한 연구에서 그 답은 '그렇다'였다. 조현병의 위험이 1%에서 2%로 증가하였다. 하지만 산모가 5~7개월 사이에 독감에 걸렸을 때만 적용된다(Brown et al., 2000).
- 나중에 조현병으로 발병한 자녀를 둔 산모에게서 채취한 혈액이 바이러스성 감염을 보여주는가? 2만 명의 임산부를 대상으로 한 연구를 포함한 많은 연구에서 답은 '그렇다'였다(Brown et al., 2004; Buka et al., 2001; Canetta et al., 2014).

이러한 수렴적인 증거들은 태아-바이러스 감염이 조현병 발병에 중요한 역할을 담당하고 있음을 시사한다. 따라서 미국 정부는 '임산부는 독감 예방접종이 필요하다'고 강조한다(CDC, 2014b).

유전과 위험성

태아 바이러스 감염은 아동의 조현병 발병 가능성을 증가시킨다. 많

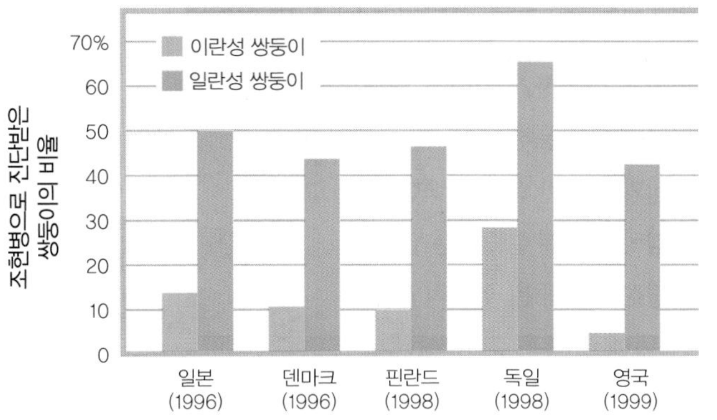
70%
60
50
40
30
20
10
0
조현병으로 진단받은 쌍둥이의 비율
이란성 쌍둥이
일란성 쌍둥이
일본 (1996)
덴마크 (1996)
핀란드 (1998)
독일 (1998)
영국 (1999)

그림 13.13 조현병 발병의 위험 평생에 걸쳐 조현병 발병 위험은 이 병을 앓고 있는 가족 구성원에 따라 달라진다. 이란성 쌍둥이는 10쌍 중 1쌍이, 일란성 쌍둥이의 경우 10쌍 중 5쌍이 조현병 진단을 받는다(Gottesman, 2001.)

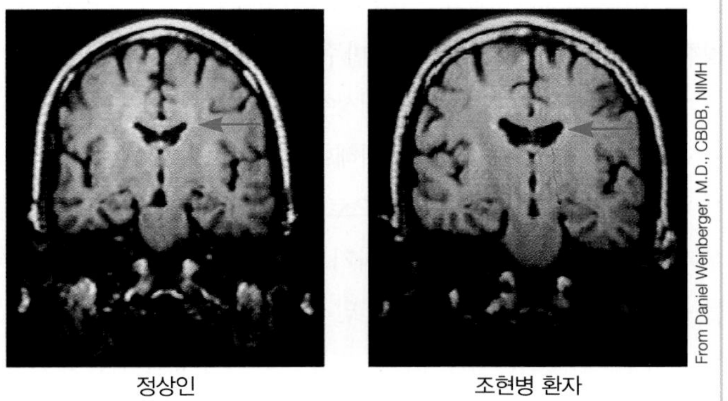
정상인
조현병 환자
From Daniel Weinberger, M.D., CBDB, NIMH

그림 13.14 일란성 쌍둥이에서의 조현병 쌍둥이 간에 차이가 나타날 경우, 조현병에 걸린 쌍둥이의 두뇌에서만 뇌척수액으로 가득 찬 뇌실(오른쪽)의 확장이 나타난다(Suddath et al., 1990). 쌍둥이 간의 이러한 차이는 바이러스와 같은 비유전적 요인이 작용한다는 사실을 보여준다.

은 산모들이 임신 5~7개월 사이에 독감에 걸리지만, 자녀 중 단지 2%만이 조현병으로 발전한다. 이러한 태내 감염이 왜 일부 아동은 위험에 빠뜨리지만 다른 아동은 그렇지 않은가? 장애의 소인이 유전되었기 때문에 더 취약한 것은 아닐까? 연구 결과는 '그렇다'고 답한다. 대부분의 사람들은 조현병에 걸릴 확률이 1/100이다. 조현병을 앓고 있는 형제나 부모가 있는 사람들은 유병률이 10명 중 1명으로 증가한다. 그리고 일란성 쌍둥이의 형제가 조현병을 앓을 경우, 그 확률은 거의 1/2이 된다(**그림 13.13**). 이 확률은 쌍둥이들이 떨어져서 성장해도 변하지 않는다(Plomin et al., 1997). (이러한 사례는 약 12개 정도만 보고되었다.)

일란성 쌍둥이는 태내 환경도 역시 공유한다. 따라서 공유된 유전자뿐만 아니라 공유된 세균에 의해 일란성 쌍둥이의 유사성이 나타날 수 있지 않을까? 이 가설을 지지하는 증거가 몇 가지 있다.

일란성 쌍둥이의 약 2/3는 동일한 태반과 혈액을 공유한다. 일란성 쌍둥이의 약 1/3은 분리된 태반을 갖는다. 태반을 공유하는 것은 조현병 발병의 가능성을 높인다. 만약 일란성 쌍둥이가 별도의 태반을 가지고 있다면 발병 가능성은 1/10이 된다. 태반을 공유한다면, 조현병 발병 가능성은 6/10이 된다(Davis et al., 1995; Davis & Phelps, 1995). 가능한 설명은 태반을 공유하는 일란성 쌍둥이는 동일한 태아기 바이러스를 공유할 가능성이 더 높다는 것이다(**그림 13.14**)

그렇다면 우리는 어떻게 이 장애에 대한 환경적 영향으로부터 유전적 영향을 분리할 수 있을까? 입양아 연구는 몇 가지 단서를 제공한다. 조현병이 발병한 사람에게 입양된 아이들은 조현병에 걸리지 않는다. 오히려 입양된 아이들은 그들의 **생물학적** 부모 중 한 명이 조현병을 앓고 있을 때 더 높은 위험성을 갖는다(Gottesman, 1991). 유전자가 중요한 것이다.

다른 유전자와 결합되어 있을 특정 유전자를 찾아내는 연구는 조현병을 유발하는 뇌이상을 설명할 수 있을 것이다(우리의 행동을 직접적으로 통제하는 것은 유전자가 아니라 뇌다). 정신과 장애에 대한 대규모의 유전학 연구에서, 35개국의 과학자들은 조현병을 앓고 있는 3만 7,000명의 사람들과 조현병이 없는 11만 3,000명의 사람들의 게놈(개체의 유전 정보의 총합으로, 유전체라고도 함-역주)으로부터 데이터를 모았다(Schizophrenia Working Group, 2014). 연구자들은 103개의 게놈 위치가 조현병과 관련되어 있다는 것을 발견하였다. 어떤 유전자는 도파민과 다른 뇌 신경전달물질의 활동에 영향을 미치며, 어떤 유전자는 수초(신경 세포의 축색돌기를 덮는 지방층으로, 신경망을 통해 빠른 속도로 정보가 전달되게 한다) 형성에 영향을 미친다.

유전자가 중요하지만, 유전 공식은 눈 색깔의 유전만큼 간단하지 않다. 조현병은 많은 유전자에 의해 영향을 받는 질환으로, 각 유전자의 작은 영향을 받는다(Arnedo et al., 2015; International Schizophrenia Consortium, 2009).

천성과 유전은 상호작용한다. 후성유전적 요인들이 유전자가 발현될 것인지에 영향을 미친다는 사실을 다시 상기시켜보라. 티백을 활성화하는 뜨거운 물과 같이, 바이러스성 감염, 영양실조, 그리고 산모의 스트레스와 같은 환경적 요인들이 우리들 중 일부를 이 병에 더 높은 위험으로 빠뜨리는 유전자들을 '작동시킬' 수 있다. 자궁 속에서 그리고 태어난 후에 일란성 쌍둥이의 상이한 개인사는 어째서 한 사람만이 유전자 발현을 나타내게 되는지 설명해준다(Dempster et al., 2013; Walker et al., 2010). 조상에게서 물려받은 것과 삶의 경험은 함께 작용한다. 손바닥도 마주쳐야 소리가 난다.

우리 중 대부분은 조현병의 이상한 사고, 지각, 행동보다 불안, 공포증, 우울의 기복을 더 쉽게 이해할 수 있다. 때때로 우리의 생각은 비약하지만, 우리는 비상식적으로 말하고 행동하지 않는다. 가끔 우리는 누군가를 부당하게 의심하기도 하지만, 우리는 세상이 우리를 상대로 음모를 꾸미고 있다고 믿지는 않는다. 종종 우리는 잘못된 지각을 하지만, 존재하지 않는 것들을 보거나 듣는 일은 드물다. 다른 사람의 불행을 비웃은 후에 후회하지만, 자신의 나쁜 소식에 대해서는 거의 웃지 않는다. 우리는 가끔 혼자 있고 싶을 때도 있지만, 사회적 고립 속에서는 살지 않는다. 그러나 전 세계 수백만 명의 사람들이 이상하게 말하고, 망상에 시달리며, 존재하지 않는 소리를 듣고, 존재하지 않는 것들을 보며, 부적절한 시기에 웃거나 울고, 자신만의 상상의 세계에 살고 있다. 그러므로 조현병의 잔인한 수수께끼를 풀려는 노력은 어느 때보다 활발하게 지속되고 있다.

기타 장애

섭식장애

우리의 몸은 음식을 먹지 못할 것에 대비해 에너지를 저장하여 안정적인 체중을 유지한다. 하지만 심리적 영향은 생물학적인 지혜를 압도할 수 있다. 따라서 섭식장애보다 더 고통스러운 것은 없다.

- **신경성 식욕부진증**(anorexia nervosa)에 빠진 사람들은(대부분 여자 청소년들이며, 여성, 남성, 소년들도 해당됨) 종종 굶는 것을 택한다. 식욕부진증은 종종 체중을 줄이기 위한 시도로 시작하지만, 다이어트는 끝나지 않는다. 심지어 저체중일 때도 식욕부진증인 사람들은 자신이 뚱뚱하다고 느끼고, 뚱뚱한 상태를 두려워하며, 살을 빼는 것에 집착하고, 때로는 지나치게 운동한다. 인생의 어느 시점에서 미국인의 0.6%가 신경성 식욕부진증의 진단 기준을 충족한다.

S.BURNS

"고맙지만, 우리는 먹지 않아요."

1999 Shannon Burns www.shannonburns.com/cartoon4.htm

- **신경성 폭식증**(bulimia nervosa)에서, 과도한 폭식 후 섭취한 음식을 배출하기 위해 구토나 설사제를 사용하거나, 때로는 단식과 과도한 운동을 택한다. 신경성 식욕부진증과는 달리, 신경성 폭식증은 정상적인 범위 내에서 혹은 그 이상에서 체중 변화가 나타나기 때문에 장애를 숨기기 쉽다. 폭식하고 배출하는 사람들은 음식(특히 달고 고칼로리)에 사로잡혀 있고 체중과 외모에 강박적이다. 이들은 특히 폭식하면서 또한 폭식 후에 죄책감, 우울증, 불안감을 경험한다(Hinz & Williamson, 1987; Johnson et al., 2002). 미국인의 약 1%인, 대부분이 10대 후반이나 20대 초반의 여성들이, 신경성 폭식증을 겪은 사람들이다.

Marcio Jose Sanchez/AP Photo

자매 간의 극한 경쟁 쌍둥이인 마리아 그리고 케이티 켐벨은 거식증을 앓고 있다. 어렸을 때 이들은 누가 더 날씬한지 경쟁했다. 이제 마리아는 그녀의 거식증을 "내 발목에 채워진 족쇄처럼 떼어낼 수 없다"고 말한다(Foster, 2011).

- **폭식장애**(binge-eating disorder)를 가진 사람들은 과식 후 후회를 한다. 하지만 이들은 음식을 토하거나, 금식하지도, 과도한 운동을 하지 않으며, 단지 과체중일 뿐이다. 일생 동안 어떤 시점에 2.8%의 미국인들이 폭식장애를 가진다(Hudson et al., 2007).

섭식장애의 이해

그렇다면 우리는 섭식장애를 어떻게 설명할 수 있을까? 유전이 중요하다. 일랑성 쌍둥이는 이란성 쌍둥이보다 섭식장애를 좀 더 공유한다(Culbert et al., 2009; Klump et al., 2009; Root et al., 2010). 과학자들은 원인이 되는 유전자를 찾고 있다. 15개의 연구에 기반한 자료에 따르면, 사용 가능한 세로토닌을 감소시키는 유전자를 가지고 있으면 식욕부진증이나 폭식증에 걸릴 위험이 30% 높다는 것을 보여준다(Calati et al., 2011).

환경 또한 중요하다. 식욕부진증을 겪는 사람들은 경쟁심이 강하고, 성취 지향적이며, 보호적인 가정에서 자란 경우가 많다(Berg et al., 2014; Pate et al., 1992; Yates, 1989, 1990). 그리고 섭식장애를 겪는 사람들은 낮은 자아존중감을 가지고 있고, 불가능한 기준을 세우며, 기대에 미치지 못하는 것에 대해서 걱정하고, 다른 사람들이 자신을 어떻게 지각할지에 대해서 걱정한다(Brauhardt et al., 2014; Pieters et al., 2007; Yiend et al., 2014).

우리의 환경은 우리의 문화와 역사를 포함한다. 이상적인 모습은 문화와 시간에 따라 다양하게 변화한다. 빈곤율이 높은 지역(통통한 것이 부유한 것을 의미하고, 마른 것은 가난하거나 아픈 것을 의미)에서는 큰 것이 좋은 것이다(Knickmeyer, 2001; Swami et al., 2010).

지난 50년 동안 섭식장애의 증가와 동시에 부정적인 신체상을 가진 여성들의 급격한 증가가 나타난 서구 문화에서 큰 것은 좋은 것이 아니다(Feingold & Mazzella, 1998). 섭식장애에 가장 취약한 사람들(보통 여성 그리고 동성애자 남성)은 마른 것을 이상적으로 생각하지만, 이들이 신체에 대한 불만족이 가장 높다(Feldman & Meyer, 2010; Kane, 2010; Stice et al., 2010). 마르고 싶은 욕구는 부자연스럽게 마른 모델들과 유명 인사들의 이미지에서 비롯된다(Tovee et al., 1997). 한 전직 모델은 허기와 식욕부진증으로 인한 장기 기능의 문제가 나타났을 당시 그녀의 에이전트와의 미팅을 회상했다(Caroll, 2013). 그녀의 에이전트가 말했다. "뭘 하고 있든지, 계속해서 해."

만약 이 문장이 우리를 놀라게 한다면, 그러한 이미지를 갖는 여성들은 종종 부끄러워하고, 우울하며, 자신의 몸에 만족하지 못한다는 의미인가(Myers & Crowther, 2009; Tiggeman & Miller, 2010)? 한 연구에서, 연구자들은 일부 여자 청소년들에게 10대 패션 잡지를 15개월 동안 구독하게 함(일부는 구독하지 않음)으로써 미디어의 영향력을 실험했다(Stice et al., 2001). 취약한 잡지 구독자들(불만감을 느끼고, 마른 것을 이상화하며, 사회적 지지가 부족한 소녀들)은 몸에 대한 불만과 섭식장애 경향을 보였다.

일부 비평가들은 미디어의 영향보다 신체에 대한 불만과 식욕부진증에 영향을 미치는 다른 요인이 훨씬 더 많다고 지적한다(Ferguson et al., 2011). 괴롭힘과 같은 또래의 영향도 중요하다. 그럼에도 불구하고, 오늘날의 섭식장애는 부분적으로 '지방은 나쁜 것이다'라고 끊임없이 이야기하는, 체중에 대한 강박적인 문화에서 기인한다.

만약 문화적 학습의 효과가 식습관에 영향을 미친다면, 예방 프로그램을 통해 자신의 신체를 있는 그대로 받아들이는 것을 증가시킬 수 있을까? 예방 연구는 '그렇다'고 대답한다. 특히 이러한 프로그램이 상호작용적이고 15세 이상의 소녀들에게 초점이 맞추어질 경우 더욱 효과적인 것으로 나타났다(Beintner et al., 2012; Melioli et al., 2016; Vocks et al., 2010).

해리장애

가장 당혹스러운 장애 중 하나는 드물게 나타나는 **해리장애**(dissociative disorder)이다. 개인의 의식적 자각이 고통스러운 기억, 사고, 감정과 분리/해리된다. 사람들은 엄청난 스트레스를 받는 상황에 대한 반응으로 갑자기 기억을 잃거나 정체성을 바꿀 수 있다.

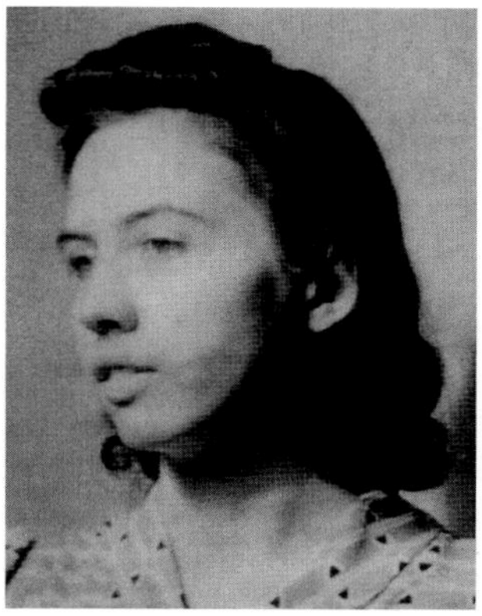

광범위한 해리 셜리 메이슨은 해리성 정체성장애로 진단받은 정신과 환자이다. 그녀의 삶은 베스트셀러인 *사이빌*(Sybil)(Schreiber, 1973)과 두 편의 영화의 토대가 되었다. 일부에서는 책과 영화의 인기가 해리성 정체성장애의 진단이 극적으로 증가하는 촉진제 역할을 했다고 주장한다. 회의론자들은 메이슨이 실제로 해리성 정체성장애 환자였는지 의심한다(Nathan, 2011).

해리 자체는 그렇게 드물지 않다. 우리는 누구나 비현실감, 신체로부터 분리된 느낌, 마치 영화에서처럼 자신을 바라보는 느낌을 가질 수 있다. 그러나 일상적인 의식으로부터 거대한 자기 분리가 일어날 경우 **해리성 정체성장애**[dissociative identity disorder(DID), 전에는 **다중성격장애**로 불림]에 해당한다. 서로 다른 상황에서, 둘 또는 그 이상의 개별적인 정체성이 사람의 행동을 통제하는 듯하고, 각각의 정체성은 자신만의 목소리와 습관을 갖는다. 따라서 한 순간에는 얌전하다가도 다른 순간에는 큰 소리로 추파를 던지는 사람이 되기도 한다. 전형적으로, 원래의 자아는 자신의 다른 자아들의 존재를 부정한다.

회의론자들은 해리성 정체성장애가 진짜로 존재하는지에 대해 의문을 제기한다. **해리성 정체성장애의 짧은 역사**가 첫째로 떠오르는 의심이다. 1930~1960년 사이에, 북미 해리성 정체성장애 진단 횟수는 10년간 2번이었다. 1980년대에 와서, DSM이 해리성 정체성장애를 처음으로 공식 진단으로 포함했을 때, 진단 횟수는 2만 번

치료비를 내는 인격과 이야기할 수 있을까요?

이상으로 폭발적으로 늘어났다(McHugh, 1995b). 한 환자당 자아의 평균 수도 3개에서 12개로 급격히 증가하였다(Goff & Simms, 1993).

둘째, 회의론자들은 해리성 정체성장애 비율이 문화에 따라 다르다는 점에 주목한다. 다른 문화권에서는 이상한 영혼에 '사로잡혀' 있다고 알려져 있지만, 북미 밖에서는 훨씬 덜 흔한 일이다(Aldridge-Morris, 1989; Kluft, 1991). 영국에서 해리성 정체성장애는 '별난 미국 유행'으로 여겨지고 있으며 매우 드물게 나타난다. 인도와 일본에서 해리성 정체성장애는 본질적으로 존재하지 않는다(혹은 적어도 보고되지 않았다). 회의론자들은 이러한 발견은 문화적 설명이 필요함을 시사한다. 회의론자들은 해리성 정체성장애는 남의 영향을 받기 쉽고, 공상을 좋아하는 사람들이 보이는 장애이며, 특정한 사회적 맥락에서 치료사들에 의해 만들어졌다고 제안한다(Giesbrecht et al., 2008, 2010; Lynn et al., 2014; Merskey, 1992).

셋째, 일부 회의론자들은 해리성 정체성장애가 성격 변화에 대한 정상적인 수용 능력의 확장이라고 생각한다. 아마도 해리성 정체성은 우리가 평상시에 보여주는 '자신'에 대한 극단적인 버전일 수 있다. 마치 친구들과 어울릴 때는 시끄럽고 바보같은 모습이지만 할머니, 할아버지 앞에서는 조용하고 공손한 모습을 보이는 것처럼 말이다. 만약 그렇다면 다수의 정체성을 발견한 임상가들은 단지 공상을 좋아하는 사람들에게 역할연기를 하도록 유도한 것일 수 있다. 결국 내담자들은 "제 여러 자아들을 소개하겠습니다"라고 말하면서 치료에 들어가는 것이 아니다. 오히려 일부 치료사들이 다중 인격을 찾으러 간다. "당신의 다른 자아가 당신이 할 수 없는 것들을 조절한다고 느낀 적이 있나요? 당신의 다른 자아는 이름이 있나요? 제가 당신의 화를 내고 있는 자아와 이야기할 수 있을까요?" 일단 치료자가 내담자의 다른 자아의 이름을 부르면서 '화난 것을 표현하는 당신의 다른 자아'와 이야기를 하게 되면, 내담자들은 공상을 현실로 옮기게 된다. 역할에 빠져든 배우가 자신을 잃어버리는 것처럼, 취약한 내담자들은 자신이 연기하는 역할에 빠지게 된다. 그 결과 다른 자아를 경험하게 되는 것이다.

다른 연구자들과 임상가들은 해리성 정체성장애는 실제 존재한다고 믿는다. 이들은 다른 자아와 관련된 독특한 두뇌 상태와 신체 상태가 나타난다고 이야기한다(Putnam, 1991). 해리성 정체성장애를 가진 사람들에게서 외상적인 기억을 통제하고 억압하는 뇌영역에서의 증가된 활동이 관찰된다(Elzinga et al., 2007). 뇌영상 사진은 기억력과 위협을 감지하는 데 도움이 되는 뇌 영역의 수축을 보여준다(Vermetten et al., 2006).

해리성 정체성장애의 이해

만약 해리성 정체성장애가 실제 장애라면, 우리는 어떻게 그것을 가장 잘 이해할 수 있을까? 정신역동과 학습 관점 모두 해리성 정체성장애의 증상은 불안에 대처하는 방법으로 해석한다. 일부 정신역동 이론가들은 이러한 증상들을 받아들일 수 없는 충동에 의해 야기되는 불안에 대한 방어로 본다. 이런 관점에서 보면 두 번째 자아는 금지된 충동을 방출할 수 있다. 학습 이론가들은 해리장애를 불안 감소에 의해 강화되는 행동으로 본다.

일부 임상가들은 해리장애를 PTSD의 하위범주로 포함시킨다. 이 관점에서 보면 해리성 정체성장애는 어린 시절의 충격적인 외상 경험에 대한 자연스럽고 방어적인 반응이다(Dalenberg et al., 2012). 해리성 정체성장애를 겪는 많은 사람들은 어린 시절 신체적, 성적, 정서적 학대로 고통 받았던 것을 회상한다(Gleaves, 1996; Lilienfeld et al., 1999). 해리성 정체성장애로 진단받은 12명의 살인자를 대상으로 한 연구에서, 11명이 어린 시절에 심각한 학대, 심지어 고문을 받기도 하였다(Lewis et al., 1997). 이 중 한 명은 부모가 몸에 불을 질렀다. 다른 한 명은 아동 포르노 영화에 나왔으며, 난로 위에 앉아 있게 해서 흉터가 남았다. 하지만 일부 회의론자들은 생생한 상상이나 치료자의 암시가 그러한 회상을 유발했다고 생각한다(Kihlstrom, 2005).

그래서 논쟁은 계속되고 있다. 다중인격을 믿는 쪽은 다중인격이라는 무서운 존재로부터 벗어나기 위해 필사적인 노력을 하는 사람이라고 생각한다. 그러나 다른 쪽은 해리성 정체성장애가 치료자와 내담자 간 상호작용으로 만들어진 것이고, 공상적이고 감정적으로 상처받기 쉬운 사람들에 의해 구성된 것이라고 생각한다.

성격장애

성격장애(personality disorder)가 실재하는지에 대해서는 논쟁의 여지가 거의 없다. 이렇게 융통성이 없고 오래 지속되는 행동 방식은 개인의 사회적 능력을 손상시킨다. 이러한 장애를 겪는 일부 사람들은 불안해하고, 내성적이며, 사회적 접촉을 피한다. 어떤 사람들은 기이하고 이상하게 행동하거나 감정을 드러내지 않는다. 또 다른 사람들은 자신들에게 지나치게 집중하면서 극단적이거나 충동적인 면모를 보인다.

가장 문제가 되어 가장 많이 연구된 성격장애는 **반사회성 성격장애**(antisocial personality disorder)이다. 이 장애를 가진 사람들은 전형적으로 남성이며, 대개 15세 이전에 양심의 결여가 명백히 드러난다. 이들은 거짓말을 하고, 도둑질하며, 싸우거나 거리낌없이 성적행동을 시작한다(Cale & Lilienfeld, 2002). 이들은 충동적으로 행동한 후 두려움을 거의 느끼지 않는다(Fowles & Dindo, 2009). 이러한 특성을 보이는 모든 아동이 반사회적인 성인이 되는 것은 아니다. 그렇게 행동하는 사람들(이들 중 반 정도)은 대개 폭력적이거나 다른 범죄에 연루되고, 직장을 유지할 수 없으며, 만약 배우자나 자녀가 있다면, 이들에게 무책임하게 행동한다(Farrington, 1991). 반사회성 성격장애(가끔 **소시오패스** 또는 **사이코패스**라고 불림)를 가진 사람들은 낮은 정서 지능(정서를 이해하고, 조절하며, 지각하는 능력)을 보이기도 한다(Ermer et al., 2012).

반사회적이라고 해서 반드시 범죄자라는 뜻은 아니다(Skeem & Cooke, 2010). 양심의 결여와 높은 지능이 결합될 때, 그 결과는 매력적이고 영리한 사기꾼이나 두려움을 모르는 무자비한 군인, 또는 CEO나 정치인이 될 수 있다(Dutton, 2012).

하지만 모든 범죄자들이 반사회성 성격장애를 가지고 있는가? 당연히 아니다. 대부분의 범죄자들은 그들의 친구와 가족에 대해서 책임감 있는 관심을 보인다.

반사회성 성격장애의 이해

반사회성 성격장애는 생물학적, 심리적 원인을 가진다. 범죄와 같은 복잡한 행동을 하게 하는 단일 유전자는 없다. 하지만, 두려움이나 거리낌없이 살려고 하는 유전적 성향은 있다. 쌍둥이와 입양 연구에 따르면 반사회적이며 감정을 드러내지 않는 사람들과 생물학적으로 가까운 사람들이 반사회적 행동을 보일 위험성이 증가한다고 했다(Frisell et al., 2012; Tuvblad et al., 2011).

EPA/Jeff Tuttle/Landov

후회를 보이지 않음 캔자스에서 'BTK 킬러'로 알려진 데니스 레이더는 30년 동안 10명을 살해한 혐의로 2005년에 기소되었다. 레이더는 반사회성 성격장애의 특징인 양심의 극단적인 결손을 나타냈다.

유전적 영향과 부정적인 환경 요인들(아동학대, 가정의 불안정성, 또는 가난)이 함께 작용하여 반사회적인 사람의 뇌를 만든다(Dodge, 2009). 반사회적이고 감정을 드러내지 않는 사람들은 유전적으로 낮은 흥분을 나타낸다. 대부분의 사람들이 전기충격이나 시끄러운 소음을 기다리면서 불안해하지만, 이들은 신체적 각성을 거의 보이지 않는다(Hare, 1975; van Goozen et al., 2007). 종단적 연구에 따르면, 이들은 어떤 범죄를 저지르기 전인 10대에도 스트레스 호르몬의 수치가 일반 10대들의 평균 수치보다 낮았다는 것을 보여준다(**그림 13.15**). 3살에 조건화된 두려움을 학습하는 것이 느린 사람들은 인생의 후반에 범죄를 저지를 가능성이 더 높았다(Gao et al., 2010).

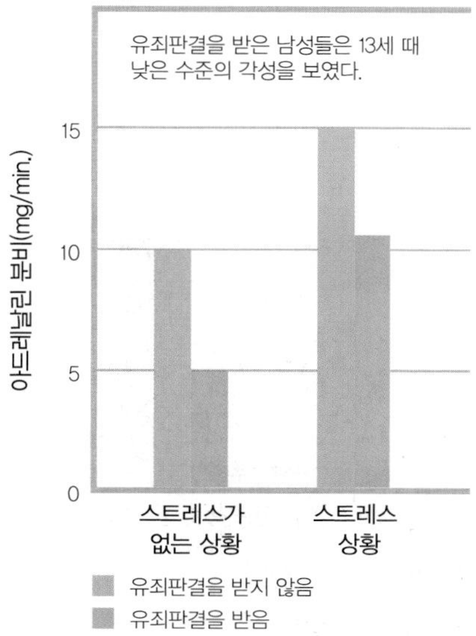
유죄판결을 받은 남성들은 13세 때 낮은 수준의 각성을 보였다.
아드레날린 분비(mg/min.)
15
10
5
0
스트레스가 없는 상황
스트레스 상황
유죄판결을 받지 않음
유죄판결을 받음

그림 13.15 냉혹한 각성과 범죄의 위험 스웨덴에서 두 집단의 13세 소년들을 대상으로 스트레스 호르몬인 아드레날린의 수준을 측정하였다. 나중에 범죄를 저지른 소년들은 18~26세 사이에 스트레스 상황과 스트레스가 없는 상황 모두에서 상대적으로 낮은 각성을 보여주었다(Magnusson, 1990).

반사회적인 범죄자들에 대한 연구에 따르면 이들은 두뇌 활동의 차이점을 보여준다. 대부분의 사람들에게 정서적인 반응을 일으킬 수 있는 사진(예를 들면 여성의 목에 칼을 들이댄 남자의 모습)을 보여주면, 반사회적인 범죄자들의 심박수와 땀분비가 정상 집단보다 낮으며, 전형적으로 정서적 자극에 반응하는 뇌의 영역은 덜 활성화된다(Harenski et al., 2010; Kiehl & Buckholtz, 2010). 또한 반사회적 범죄 경향을 가진 사람들의 뇌에서 감정을 조절하는 부분인 편도체가 정상인보다 작다는 것을 발견했다(Pardini et al., 2014). 또한 이들은 부정적인 결과에도 불구하고 보상을 주는 무언가를 하려는 충동적인 욕구의 성향을 보이는, 과잉활동적인 도파민 보상체계를 가지고 있다(Buckholtz et al., 2010).

41명의 살인자들의 PET 뇌영상 사진을 이들과 비슷한 나이와 성별을 가진 사람들과 비교한 연구에 따르면, 충동을 조절하는 역할을 하는 전두엽 영역이 살인자의 경우 감소된 활동성을 보였다(Raine, 1999, 2005). 이러한 감소는 충동적으로 살인을 저지른 사람들에게서 특히 두드러지게 나타났다. 후속 연구에서, 연구자들은 반복적인 폭력 범죄자들이 정상인보다 11% 더 작은 전두엽을 가지고 있다는 것을 발견했다(Raine et al., 2000). 이러한 결과는 반사회성 성격장애를 가진 사람들은 전두엽 기능인 계획, 조직화, 억제와 같은 사고 능력에서 정상인보다 한참 떨어지는 능력을 보여준다는 것이다(Morgan & Lilienfeld, 2000). 이러한 자료는 심리학적인 모든 것이 또한 생물학적인 것임을 상기시켜준다.

'장애'는 '위험'과 같은 뜻인가?

영화와 TV에서는 때때로 심리장애를 가진 사람들을 살인자로 묘사한다. 2012년에 콜로라도의 한 극장과 코네티컷의 한 초등학교에서 심리장애를 가진 사람들에 의해 일어난 대량 학살은 심리장애가 있는 사람들은 위험하다는 대중인식을 강화했다(Barry et al., 2013; Jorm et al., 2012). "정신병을 가진 사람들이 총을 소지하고 대량살상을 저지르고 있습니다"라고 미국 하원의장 폴 라이언이 말했다(Editorial Board, *New York Times*, 2015). 한 조사에 따르면, 84%의 미국인들은 '정신건강 검사와 치료에 정부가 지출을 늘리는 것'이 '학교에서 총기난사를 예방'하기 위한 '다소' 혹은 '아주' 효과적인 접근이라는 것에 동의했다(Newport, 2012).

장애가 실제로 폭력의 위험을 증가시키는가? 그리고 임상가들이 누가 해를 끼칠지 예측할 수 있을까? 현실에서는 대다수의 폭력범죄는 진단받지 않은 사람에 의해서 발생한다(Fazel & Grann, 2006; Skeem et al., 2016). 게다가 정신장애는 좀처럼 폭력으로 이어지지 않으며, 폭력을 임상적으로 예측할 수 없다. 즉 대부분의 폭력적인 범죄자들은 정신적으로 문제가 있는 것이 아니며, 정신적인 문제가 있는 대부분의 사람들은 폭력적이지 않다.

심리장애를 가지면서 폭력적인 행동을 하는 소수의 사람들은 위협적인 망상을 경험하거나 이들에게 행동으로 옮기라는 환청을 경험하는 사람들이거나, 또는 물질을 남용하는 사람들이다(Douglas et al., 2009; Elbogen & Johnson, 2009; Fazel et al., 2009, 2010). 심리장애가 있는 사람들은 폭력을 휘두르는 가해자보다는 희생자가 되기 쉽다(Marley & Bulia, 2001). 실제로 미국공중위생국(1999, p. 7)에 따르면, "정신장애가 있는 사람과 가볍게 접촉한 것으로 인해 폭력이나 피해의 위험은 거의 없다"고 보고하였다. 정신질환이 있는 사람들은 총기 관련 폭력사건을 거의 일으키지 않는다. 따라서 정신질환이 있는 사람들에게만 총기를 규제하는 것은 총기 사고를 현저히 줄일 수 있을 것 같지 않다(Friedman, 2012).

폭력을 예측하는 더 좋은 변인은 술이나 약물의 사용, 이전 폭력 경험과 총기 사용 가능성이다. 대량살상 사건의 가해자들에게는 한 가지 공통점이 있다. 이들은 젊은 남자들이다. 한 심리학자는 "신체 건강한 12~28세 남성들을 극저온 수면시킴으로써 범죄의 2/3를 피할 수 있다"고 말했다(Lykken, 1995).

이 장에서 기술된 결과들은 그 수가 증가하고 있는, 심리장애로 고통 받는 10대들과 젊은이들을 돕기 위한 연구와 치료가 필요하다는 것을 보여준다. 그들의 고통을 기억하면서도, 심리적 어려움을

NEWTOWN
REMEMBERS
OUR HEROES
DANIEL
JAMES
GRACE
EMILIE
JACK
NOAH
CAROLINE
JESSICA
AVIELLE
BENJAMIN

대량살상을 어떻게 예방할 수 있는가? 코네티컷의 뉴타운에 이어, 20명의 어린아이와 6명의 어른이 학살당하면서 사람들은 궁금해했다. 폭력의 위험이 높은 사람들을 정신건강 전문가들이 미리 찾아내 경찰에 보고할 수 있을까? 그러한 보고를 요구하는 법안이 정신장애를 가진 총기 소지자들이 심리치료를 받지 않도록 만들지 않을까?

Adrees Latif/Reuters/Landov

견뎌내고 훌륭한 업적을 이루어낸 사람들을 통해 용기를 얻을 수도 있다. 한 정신의학 분석에 따르면 역대 미국 대통령 중 18명이 그러한 사람들이다(Davidson et al., 2006). 심리장애로 인한 당혹감, 공포, 슬픔도 현실이지만, 다음 제14장에서 우리는 희망 또한 현실이라는 것을 알게 될 것이다.

주요 용어

심리장애
주의력결핍 과잉행동장애 (ADHD)
의학 모형
후성유전학
DSM-5
불안장애
범불안장애
공황장애
공포증
강박장애(OCD)
외상후 스트레스장애(PTSD)
향정신성 약물
물질사용장애
내성
금단
진정제
알코올사용장애
바르뷰르산유도체
아편제
흥분제
니코틴
코카인
암페타민
메스암페타민
엑스터시(MDMA)
환각제
근사체험
LSD
THC
주요우울장애
양극성장애
조증
조현병
정신증적 장애
망상
급성 조현병
만성 조현병
신경성 식욕부진증
신경성 폭식증
폭식장애
해리장애
해리성 정체성장애(DID)
성격장애
반사회성 성격장애

이 장의 구성

심리장애 치료하기

심리치료

정신분석과 정신역동치료
인본주의치료
행동치료
인지치료
집단치료와 가족치료

심리치료의 평가

심리치료는 효과적인가?
어떤 심리치료가 가장 효과적인가?
심리치료는 어떻게 사람을 돕는가?
문화와 가치관은 심리치료에 어떤 영향을 미치는가?
정신건강 전문가 찾기

생의학적 치료

약물치료
뇌 자극
정신외과수술

심리장애의 예방과 회복탄력성 구축

예방적 정신건강
회복탄력성 구축

Ryan McVay/Stone/Getty Images

14

치료

수상경력이 있는 임상심리학자이자 양극성장애의 극단적인 정서에 대한 세계적인 권위자인 케이 레드필드 재미슨(Kay Redfield Jamison)은 자신의 주제를 한 번에 알아보았다.

> 내가 기억하는 한, 나는 무섭고 놀라울 정도로 기분에 사로잡혀 있었다. … 아이일 때, 어린 소녀일 때… 청소년 때에도… 전문가로서의 삶을 시작했을 때도 조울증(양극성장애)에 붙잡혀 있었다. 따라서 나는 필연적이고도 지적인 선택 모두에 의해, 기분 전공자가 될 수밖에 없었다(1995, pp. 4-5).

재미슨의 삶은 강렬한 민감성과 열정적인 에너지라는 축복을 받았다. 하지만 그녀의 아버지와 마찬가지로, 어떨 때는 감정의 롤러코스터를 타기도 했다. 아무 생각 없이 소비하고, 끊임없이 이야기하며, 불면과 감정기복이 지나가면 '가장 어두운 동굴에 갇힌 듯한 상태'가 찾아왔다.

그녀는 '처절한 혼란 속에서' 삶을 바꾸는 결정을 내렸다. 전문가로서의 부끄러움을 무릅쓰고, 치료자인 정신과 의사와 몇 년간 매주 상담을 했다.

> 선생님은 나를 천 번도 넘게 살아 있도록 도와주었다. 광기, 절망, 아름답지만 끔찍하기도 했던 연애 사건, 환멸과 승리감, 병의 재발, 거의 죽을 뻔했던 자살시도, 내가 지독하게 사랑했던 남자의 죽음, 전문가 생활의 즐거움과 좌절감을 견디게 도와주었다. … 선생님은 매우 강인하면서도 친절했다. … 선생님은 내가 실패하는 상황에서 어떻게 느낄지를 그 누구보다 더 잘 이해해주었지만… 약물치료를 하면서도, 선생님은 내 병이 얼마나 나에게 위협적이며, 대가를 치르게 하고, 해로운지에 대한 전반적인 조망도 잃지 않았다. … 병을 치료하기 위해 선생님을 찾아갔지만, 선생님은 두뇌가 마음에, 마음이 두뇌에 어떻게 영향을 미치는지를 가르쳐주었다(pp. 87-89).

"심리치료는 효과가 있다. 혼란을 이해하게 만들며, 무시무시한 생각과 감정을 통제하고, 이 모든 것으로부터 얼마만큼의 제어력과 희망, 그리고 가능성을 되돌려준다"고 재미슨은 결론 내렸다.

이 장은 치료자와 도움을 청하는 사람들이 이용할 수 있는 치료법을 탐색한다.

심리장애 치료하기

심리장애를 치료하기 위한 노력의 오랜 역사는 가혹하면서도 온화한, 이상한 방법들을 포함한다. 치유자가 되고자 했던 사람들은 사람들의 머리에 구멍을 내고 묶거나 피를 뽑고, 또는 '악마를 때려' 몸에서 내쫓았다. 때로는 따뜻한 목욕과 마사지를 해주기도 했고, 볕이 환한 평화로운 곳에 환자를 두기도 했다. 약물을 사용하기도 했다. 또한 어린 시절의 경험, 현재의 감정과 부적응적 생각과 행동에 대해 이야기하기도 했다.

좀 더 온화한 치료방법으로의 전환은 필리프 피넬(1745–1826)과 도로시 딕스(Dorothea Dix, 1802–1887)와 같은 개혁자들이 인간적인 치료법을 요구하고 정신병원을 설립하면서 시작되었다. 1950년대부터 약물치료와 지역사회기반 치료 프로그램이 대부분의 병원을 대체해왔다.

현대 서구 치료는 두 가지 주요 범주로 나뉜다.

- **심리치료**(psychotherapy)에서는 훈련된 치료자들이 어려움을 극복하거나 개인적인 성장을 성취하려는 사람들을 돕기 위해 심리기법들을 사용한다. 치료자는 내담자의 초기 관계를 탐색하고, 새로운 사고방식을 수용하며, 오래된 행동들을 새로운 행동으로 대체할 수 있도록 격려한다.
- **생의학적 치료**(biomedical therapy)는 약물치료나 다른 생물학적 치료를 제안한다. 예를 들어 심각한 우울증을 겪는 사람들은 항우울제, 전기충격요법(electroconvulsive shock therapy, ECT) 또는 뇌심부자극술을 받는다.

장애 그 자체뿐만 아니라 치료자의 훈련과 전문지식도 치료 선택에 영향을 미친다. 심리치료는 종종 약물치료와 같이 제공된다. 케이 레드필드 재미슨은 정신과 의사에게 심리치료를 받았고, 감정기복을 조절하기 위해 약물치료를 받았다.

먼저 '대화치료'를 통해 도움을 줄 수 있는 심리치료를 먼저 살펴보자.

도로시 딕스 "나는… 여러분이 공화국의 우리 속에 갇혀 있는 정실질환자들의 상태에 주목해주셨으면 합니다."

치료의 역사 18세기에 정신병원을 방문한 사람들은 동물원에서 동물을 구경하는 것처럼 돈을 주고 환자를 구경하였다. 윌리엄 호가스(1697–1764)의 이 작품은 영국 런던 세인트메리 베들레헴 병원(보통 베들럼으로 불림)을 방문한 장면을 그린 것이다.

심리치료

여러 심리치료들 중에서 우리는 가장 영향력 있는 치료들에 초점을 맞출 것이다. 각 심리치료는 다음과 같은 심리학의 주요 이론 중 하나 이상을 기반으로 한다—정신역동 이론, 인본주의 이론, 행동 이론, 인지 이론. 대부분의 기법들은 개인 혹은 집단치료로 구성된다. 심리치료자들은 종종 여러 가지 방법을 결합한다. 실제로 많은 심리치료자들은 다양한 치료법을 사용하기 때문에 **절충적**(eclectic) 접근이라고 불린다.

정신분석과 정신역동치료

첫 번째의 중요한 심리치료는 지그문트 프로이트의 **정신분석**(psychoanalysis)이었다. 오늘날 프로이트가 했던 방법대로 치료를 하는 사람은 거의 없지만, 그 연구는 논의할 가치가 있다. 그의 이론은 심리장애를 치료하기 위한 토대를 형성하였으며, 정신역동적 관점에서 활동하는 현대 치료자들에게 지속적으로 영향을 주고 있다.

정신분석의 목표

프로이트는 치료에서 사람들이 이전에 원초아-자아-초자아 간의 갈등에 쏟아부은 에너지를 방출함으로써 더 건강하고 덜 불안한 삶을 살 수 있다고 믿었다(제12장). 프로이트는 우리가 스스로를 충분히 알지 못한다고 가정했다. 프로이트는 우리가 억압하고 있는 위협적인 것들이 있다고 믿었으며, 우리는 그것에 대해 알고 싶어 하지 않기 때문에 그것을 부인한다고 보았다.

프로이트의 치료법은 환자들의 억압된 감정들을 의식적 수준으로 가져오는 것을 목표로 하였다. 환자들의 무의식적인 생각과 감정을 가져와, 치료자(분석가)는 환자가 장애의 원인에 대한 통찰을 갖도록 한다. 이러한 통찰은 환자가 자신의 성장에 대해서 책임을 지도록 한다.

정신분석기법

정신분석 이론은 우리를 형성하는 어린 시절의 경험을 강조한다. 따라서 이 이론의 주된 치료 방법은 역사적 재구성이다. 현재와의 결속을 느슨하게 하면서 과거를 밝혀내는 것을 목표로 한다. 프로이트는 최면을 시도하고 포기한 후에 자유연상기법으로 돌아섰다.

당신 자신을 자유연상기법을 받고 있는 환자라고 상상해보라. 아마 소파에 누워서 긴장을 푸는 것부터 시작할 것이다. 당신이 볼 수 없는 곳에 앉아 있는 정신분석가는 당신에게 마음에 떠오르는 대로 말하라고 요구한다. 한 순간에는 어린 시절 기억에 대해, 다른 순간에는 꿈이나 최근 경험에 대해 이야기할 것이다.

당신은 말할 때 얼마나 자주 생각을 편집하는지 알게 될 것이다. 부끄러운 생각을 말하기 전에 잠시 멈추게 된다. 사소하거나 요점을 벗어나거나 부끄러워 보이는 생각들은 건너뛴다. 가끔 마음이 텅 빈 듯, 중요하고 세부적인 것들을 기억하지 못하기도 한다. 농담을 하거나 주제를 덜 위협적인 것으로 바꿀 수도 있다.

분석가들에게 이러한 깜박하는 현상은 **저항**(resistance)을 의미한다. 이것은 당신이 불안해졌으며, 민감한 내용으로부터 자신을 방어하고 있다는 사실을 암시한다. 분석가는 당신의 저항에 주목하고 그 의미에 대한 통찰을 제공한다. 이것이 만약 적절한 시기에 제공된다면, 이러한 **해석**(interpretation)—엄마에 대해서 이야기하기를 원하지 않거나, 전화나 문자를 하는 것도 원하지 않는 것—은 당신이 피하고 있는 근원적인 소망, 감정, 갈등을 드러낼 수 있다. 분석가는 이러한 저항이 당신의 꿈에서 등장한 다른 심리적 퍼즐 조각과 어떻게 맞는지 설명해줄 수도 있다.

이러한 회기가 무수히 반복되면 분석가와의 상호작용을 통해 당신의 인간관계 패턴이 표면화될 것이다. 당신은 분석가에 대해서 긍정적이거나 부정적인 강한 감정을 느끼게 될 것이다. 가족 구성원이나 다른 중요한 사람들과의 초기 대인관계에서 경험했던 의존감 혹은 사랑과 분노가 섞인 감정을 분석가에게 **전이**(transferance)하고 있음을 경험할 것이다. 이러한 감정들을 드러냄으로써, 당신은 현재 대인관계에 대한 통찰력을 얻을 수 있을 것이다.

현재 미국에서 전통적인 정신분석치료를 하는 사람은 거의 없다. 정신분석 이론의 많은 부분들이 과학적 연구에 의해 뒷받침되지 않는다(제12장). 분석가들의 해석은 과학적 방법을 따르지 않아, 맞거나 틀렸다고 입증하지 못한다. 그리고 정신분석은 매주 몇 회씩 만나 수년간 진행되기 때문에, 상당한 시간과 돈을 필요로 한다. 이러한 문제들이 정신분석에서 발전한 현대 정신역동적 관점에서 다루어져왔다.

정신역동치료

프로이트의 영향을 받았지만, **정신역동치료자**(psychodynamic therapist)들은 원초아, 자아, 초자아에 대해서 크게 다루지 않는다. 대신에, 이들은 어린 시절의 경험과 치료자-내담자 관계를 포함한 중요한 관계에 걸친 주제에 집중함으로써 사람들이 현재의 증상을 이해하는 것을 돕기 위해 노력한다. 한 정신역동치료자는 "우리는 동일한 사람에게 사랑의 감정과 증오의 감정을 동시에 가질 수 있다"고 말하면서 "우리는 무언가를 갈망하면서도 동시에 두려워할 수 있다"고 말한다(Shedler, 2009). 치료자-내담자의 회기는 일주일에 한두 번 정도이며(일주에 몇 회씩이라기보다는), 종종 몇 주 또는 몇 달에 한 번이기도 하다. 치료자의 시야에서 벗어나 소파에 누워 있는 것보다, 내담자와 치료자가 얼굴을 마주본다.

이러한 만남을 통해 내담자는 사고와 감정에 대한 방어적인 태도를 탐색하고 여기에 대한 통찰을 얻는다. 한 치료자는 사례를 통해 여자들을 사랑한다고 말했지만 실제는 사랑하지 않았던 한 젊은 남자의 사례를 설명한다(Shapiro, 1999, p. 8). 그러나 사랑한다고 말하기를 원하는 그의 아내에게 그는 그렇게 말할 수 없다는 것을 알았다. "왜 그런지는 모르겠지만, 사랑한다는 말을 못하겠어요."

> 치료자 : 할 수 있다면 하고 싶다는 말인가요?
>
> 환자 : 글쎄, 모르겠어요. 아마 말할 수 없을 것 같아요. 왜냐하면 그게 사실인지 확신할 수가 없어요. 아마 내가 그녀를 사랑하지 않는 것 같아요.

계속적인 상호작용을 통해서 사랑한다고 표현하지 못하는 이유가 그런 표현이 너무 '감상적이고 부드러워서' 남자답지 않다고 느끼기 때문이라는 사실이 드러났다. 치료자는 이 젊은 남성이 '자신에 대해 갈등을 겪고 있으며, 갈등의 본질로부터 스스로 차단시켰다는 것'을 확인했다. 이런 환자를 치료하는 정신역동치료자들은 "환자에게 환자 자신을 소개하는 입장에 처한다. 치료자는 환자 자신의 소망과 감정에 대해 자각하게 하고, 이러한 소망과 감정에 대한 자

PAUL NOTH

"네가 숨겨놓은 달걀들에 대한 이야기를 듣고 싶은데"
(달걀을 배달하는 부활절 토끼 이야기에서 유래함-역주)

신의 반응도 자각하게 만든다"(Shapiro, 1999, p. 8).

과거의 대인관계 문제를 탐색하는 것은 내담자가 현재 경험하는 어려운 문제들의 원인을 이해하는 데 도움을 줄 수 있다. 또 다른 치료자(Shedler, 2010a)는 자신을 지나치게 비판적이라고 생각하는 동료 및 아내와 잘 지내지 못하는 환자를 떠올렸다. 내담자 '제프리'는 "마치 나를 예측할 수 없는, 화가 난 적군처럼 대하기 시작했다." 제프리를 도와 대인관계 방식을 인식하게 해줄 기회를 잡으면서, 치료자는 아버지로부터 겪었던 공격과 수치심 속에서 제프리의 대인관계 패턴의 근원을 탐색할 수 있도록 도와주었다. 그 후 제프리는 사람들에 대한 이러한 방어적인 대응 방식에서 벗어날 수 있었다. 프로이트 이론의 일부 측면을 수용하지 않은 채, 정신역동치료자들은 사람들이 아동기의 경험과 무의식적인 역동에 대한 통찰력을 얻을 수 있도록 도와준다.

인본주의치료

인본주의적 관점(제12장)은 자기실현을 위한 개인의 내적 잠재력을 강조한다. 따라서 인본주의 치료는 개인의 발전과 성장을 방해하는 내적 갈등을 줄이려고 노력한다. 이 목표를 달성하기 위해, 인본주의 치료자들은 내담자들에게 새로운 통찰력을 주려고 노력한다. 사실 이러한 목표를 공유하고 있기 때문에, 인본주의치료와 정신역동치료는 종종 **통찰치료**(insight therapy)로 불린다. 하지만 인본주의 치료는 정신역동 치료와 여러 방면에서 다르다.

- 인본주의치료자들은 자기자각과 자기수용을 통해서 사람들이 성장하는 것을 도와줌으로써 자기실현을 촉진하고자 한다.

Tetra Images/Getty Images

면대면 치료 이러한 유형의 치료에서, 소파는 사라졌지만 정신분석의 영향은 아직 남아 있다. 특히 치료자가 환자의 아동기에 관한 정보를 탐색하여 환자의 무의식적 감정을 되찾도록 도와줄 때 나타난다.

- 질병을 치료하는 것이 아니라 성장시키는 것이 치료의 초점이다. 따라서 치료를 받는 사람은 '환자'가 아니라 '내담자'이거나 그저 '사람'이 된다(많은 치료자들이 채택한 변화).
- 성장의 길은 숨겨진 원인을 알아내는 것이 아니라 자신의 감정과 행동에 대해서 즉각적인 책임을 지는 것이다.
- 의식적 사고가 무의식보다 더 중요하다.
- 과거보다 현재와 미래가 더 중요하다. 그러므로 치료는 어린 시절 감정의 출처에 대해 통찰을 얻는 것보다 현재 일어나는 감정을 탐색하는 것에 초점을 둔다.

이 모든 주제들은 칼 로저스(1902–1987)가 개발하여 널리 사용되고 있는 인본주의 기법이다. **인간 중심 치료**(person-centered therapy)는 사람의 의식적인 자기인식에 초점을 둔다. 또한 비지시적으로, 치료자는 판단이나 해석 없이 들으며, 내담자가 특정한 통찰을 얻도록 지시하지 않는다.

로저스(Rogers, 1961, 1980)는 대부분의 사람들이 이미 성장을 위한 자원을 가지고 있다고 믿었다. 로저스는 치료자들이 진실성, 수용성, 공감을 나타냄으로써 내담자의 성장을 촉진할 것을 독려했다. 치료자 스스로 진실한 모습을 보임으로써, 내담자들도 자신의 진짜 감정을 표현하도록 하였다. 수용함으로써, 내담자들이 변화에 개방적이고 좀 더 자유롭게 느끼도록 하였다. 공감을 보여줌으로써—내담자의 감정을 알아차리고 반영함으로써—내담자들이 깊은 자기이해와 자기수용을 경험하도록 하였다(Hill & Nakayama, 2000). 로저스(Rogers, 1980, p. 10)는 다음과 같이 설명한다.

> 경청하는 것이 중요하다. 내가 진정으로 한 사람에 대해 듣고, 그 순간 그 사람에게 중요한 것의 의미를 들으면, 단순히 그 사람이 말하는 것만 듣는 것이 아니라, 그 사람에게 귀를 기울이면, 그리고 내가 그 사람의 개인적인 의미에 귀를 기울였다는 것을 알려주면, 많은 일들이 일어난다. 우선 감사하는 표정이 나타난다. 그 사람은 편안함을 느끼고, 자신의 세계에 대해 더 이야기하려고 한다. 처음 느끼는 자유로움이 밀려와 그는 변화의 과정에 더욱 개방적이 된다.
>
> 개인의 이야기 속 의미를 더 깊게 들을수록, 더 많은 일들이 일어난다는 것을 종종 주목하게 된다. 거의 언제나, 자신이 진정으로 누군가에게 깊이 이해되었다는 것을 깨달을 때, 그 사람의 눈가는 촉촉해진다. 나는 진정한 의미에서 그 사람은 기쁨의 눈물을 흘리고 있다고 생각한다. 이것은 마치 "아, 다행이다. 누군가 내 말을 들어주었어. 진짜 내가 어떤 사람인지 알고 있어"라고 말하는 것과 같다.

로저스에게는 '듣는 것'은 **적극적 경청**(active listening)이다. 치료자는 내담자가 언어적, 비언어적으로 표현하는 것을 반영하고, 재진술하고, 명료화한다. 또한 치료자는 표현된 감정들을 인정한다. 적극적인 경청은 이제 많은 학파, 대학, 그리고 병원에서 상담의 일부로 받아들여진다. 상담가들은 주의 깊게 듣는다. 이들은 재진술하고 감정을 확인하고, 이야기한 것을 수용하고, 어떤 것에 대한 내담자의 이해를 확인하기 위해서만 듣는 것을 중단한다. 다음의 간단한 발췌문은 내담자가 스스로를 좀 더 명확하게 볼 수 있도록 로저스가 자신을 심리적 거울로서 제공하고 있음을 보여준다.

로저스 : 지금도 그렇게 느끼고 있나요? 자신에게 전혀 도움이 되지 않고, 어느 누구에게도 도움 안 될 거라고. 앞으로도 그 어느 누구에게도 절대 쓸모가 없을 거라고. 당신이 완전히 쓸모없는 사람이라고요? 정말 비참한 느낌이네요. 누구에게도 전혀 도움이 되지 않는다고 느낀다는 거죠?

내담자 : 네. (의기소침한 목소리로, 중얼거리며) 어떤 친구랑 시내에 나갔을 때, 그 친구가 저에게 한 말입니다.

로저스 : 같이 시내에 갔었던 그 친구가 정말로 당신에게 쓸모없다고 말했나요? 지금 그렇게 말하고 있는 거죠? 제가 잘 이해했나요?

내담자 : 음 …

로저스 : 제가 바로 들었다면 그 의미는 당신에게 중요한 어떤 사람이, 당신에 대해서 생각하는 것을 말했다는 것이죠? 그렇다면 도대체 왜 그 친구는 당신이 전혀 도움이 되지 않는다고 말했을까요? 그 말이 당신을 무너뜨리게 만들었군요. (내담자가 조용히 흐느낀다) 그래서 눈물이 나는군요. (20초간 침묵)

내담자 : (다소 반항적으로) 그렇지만 난 신경쓰지 않아요.

로저스 : 스스로 신경쓰지 않는다고 말하지만, 눈물을 흘리는 것을 보니까 어느 정도는 신경을 쓰고 있는 것처럼 보이네요(Meador & Rogers, 1984, p. 167).

치료자는 반영된 것을 선택하거나 해석하지 않고 완벽한 심리적 거울이 될 수 있을까? 로저스는 누구도 완벽하게 비지시적일 수 없다고 시인한다. 하지만 로저스는 치료자의 가장 중요한 기여는 내담자를 수용하고 이해하는 것이라고 말한다. **무조건적 긍정적 존중**(unconditional positive regard)을 제공하는 무비판적이고, 감사가 충만한 환경 속에서, 사람들은 자신의 가장 나쁜 특성도 받아들이고, 자신을 소중하다고 느끼며, 전체로서 받아들인다.

적극적인 경청을 통해 어떻게 의사소통을 향상시킬 수 있을까? 로저스의 세 가지 힌트가 도움을 줄 수 있을 것이다.

Michael Rougier/The LIFE Picture Collection/Getty Images

적극적인 경청 칼 로저스(오른쪽)가 집단치료 회기 중에 내담자에게 공감하고 있다.

1. 요약하라. 내담자의 진술을 당신이 제대로 이해했는지 자신의 단어를 이용하여 되풀이하라.
2. 명료화하라. "그것의 예로는 무엇이 있을까요?"라고 말해 상대방이 더 이야기하도록 하라.
3. 감정을 반영하라. "초조했겠군요."라는 표현은 상대방의 몸짓과 감정의 강도를 통해 당신이 느낀 것이 무엇인지 반영해준다.

행동치료

통찰치료에서는 자기자각과 심리적 안녕이 같이 간다고 가정한다.

- 정신역동치료는 해결되지 않은 무의식적 긴장에 대한 통찰을 얻으면 개인의 문제가 줄어들 것이라고 가정한다.
- 인본주의치료는 자신의 진짜 감정을 알게 되면 개인의 문제가 줄어들 것이라고 가정한다.

하지만 **행동치료**(behavior therapy)는 다른 접근을 취한다. 내적 원인을 찾기보다는, 문제 행동 자체가 문제라고 가정한다(당신이 시험 볼 때 왜 그렇게 많이 걱정하고 지금까지 걱정하고 있는지 알게 될 것이다). 학습 원리를 활용하여 행동치료자들은 내담자가 원치 않는 행동을 제거한다. 예를 들어 이들은 공포증을 학습된 행동으로 본다. 따라서 공포 행동을 새로운 행동으로 대체하기 위해서 조건화 기법을 사용하면 된다.

고전적 조건형성 기법

일련의 행동치료는 이반 파블로프의 조건형성 실험에서 유래했다(제6장). 파블로프와 다른 연구자들이 보여준 것처럼, 우리는 고전적 조건형성을 통해 다양한 행동과 감정을 학습한다. 만약 우리가 개에

문제의 본질은 뭐고 언제
시작되었습니까?
운전을 하면서 무슨 일이
일어났는지 알아봅시다
프로이트 계열 치료자
행동치료자
ScienceCartoonsPlus.com

게 공격을 당했다면, 이후 우리는 다른 개가 접근해올 때 조건형성된 두려움을 보일지도 모른다(우리의 두려움은 일반화되어, 다른 모든 개들이 조건자극이 된다).

다른 원하지 않는 반응들도 조건형성에 의해 설명될 수 있을까? 만약 그렇다면, 재조건형성이 해결책이 될 수 있지 않을까? 학습이론가 O. H. 모러(O. H. Mowrer)는 그렇다고 생각한다. 그는 알람이 연결된 액체에 민감한 요를 이용하여, 야뇨증 환자를 위한 성공적인 조건형성 치료를 개발하였다. 수면 중에 아동이 요를 적시면, 소변이 알람을 울려 아동을 깨우게 된다. 이러한 경험이 수차례 반복되면, 아동은 소변방출과 자다가 일어나기를 연합시킨다. 4명 중 3명의 아동이 야뇨증을 멈췄으며 이러한 성공은 아동의 자아상을 개선했다(Christophersen & Edwards, 1992; Houts et al., 1994).

논의를 좀 더 넓혀보자. 무엇이 최악의 공포 반응을 촉발하는가? 대중 연설? 비행? 좁은 공간? 서커스 광대? 원인이 무엇이든 간에, 공포 반응을 없앨 수 있을까? 새로운 조건형성을 통해 많은 사람들이 공포 반응을 없앴다. 예를 들어보자. 엘리베이터를 타는 것에 대한 두려움은 종종 좁은 공간에 갇혀 있는 자극에 대한 학습된 두려움이다. 치료자들은 좁은 공간에 대해 두려움을 가진 사람들을 성공적으로 **역조건형성**(counterconditioning) 시켰다. 이들은 촉발 자극(엘리베이터의 폐쇄된 공간)을 두려움과 양립할 수 없는 새로운 반응(이완)과 연합했다.

원하지 않는 반응을 새로운 반응으로 대체하기 위해, 치료자들은 노출치료와 혐오적 조건형성을 사용한다.

노출치료 당신이 가장 무서워하는 동물을 떠올려보라. 아마 뱀, 거미, 심지어 고양이나 개일 수 있다. 3살인 피터에게 무서운 동물은 토끼였다. 토끼나 털이 난 대상에 대한 피터의 두려움을 없애기 위해, 심리학자 메리 커버 존스(Mary Cover Jones)는 두려움을 주는 토끼와 먹는 것에 관한 즐겁고 편안한 반응을 연합시켰다.

피터가 오후에 간식을 먹을 때, 그녀는 커다란 방 반대편에 우리에 들어 있는 토끼를 보여주었다. 피터는 토끼를 거의 알아채지 못한 채 열심히 과자를 씹고 우유를 마셨다. 존스는 매일 토끼를 조금씩 더 가까이 옮겼다. 두 달 만에 피터는 토끼를 무릎에 올려놓고 심지어 먹는 동안 쓰다듬기까지 했다. 토끼와 털이 난 대상에 대한 두려움이 사라졌다. 이것은 두려움과 공존할 수 없는 편안한 상태로 역조건화 혹은 대체된 것이다(Fisher, 1984; Jones, 1924).

안타깝게도 존스의 절차대로 도움을 받았을지도 모르는 많은 사람들에게, 1924년에 보고되었을 당시 피터와 토끼에 대한 그녀의 이야기는 심리학 범주에 포함되지 않았다. 30년이 지난 후에 정신과 의사 조셉 울프(Joseph Wolpe, 1958; Wolpe & Plaud, 1997)는 역조건형성 기술을 오늘날 사용하는 **노출치료**(exposure therapy)로 발전시켰다. 이러한 치료법은 다양한 방법으로 원하지 않는 반응을 유발하는 자극에 반복적으로 노출시킴으로써 사람들의 반응을 변화시키려고 노력한다. 우리 모두는 이러한 과정을 일상에서 경험한다. 새 아파트로 이사한 누군가는 아마도 근처에서 들리는 시끄러운 자동차 소리에 한동안 시달릴 것이다. 그렇지만 반복적으로 노출되면, 우리는 그 소리에 적응하게 된다. 특정 상황에 대해 두려운 반응을 보이는 사람들도 마찬가지다. 이들을 두렵게 했던 상황에 반복적으로 노출되면, 이들은 덜 불안하게 반응하는 법을 학습하게 된다(Barrera et al., 2013; Foa et al., 2013).

공포증을 치료하기 위해 널리 사용되는 노출치료의 한 가지 형태는 **체계적 둔감화**(systematic desensitization)이다. 당신은 불안해하면서도 동시에 편안함을 느낄 수 없다. 따라서, 만약 당신이 불안을 유발하는 자극이 제시될 때마다 반복적으로 편안감을 경험한다면, 점차적으로 불안감을 제거할 수 있다. 핵심은 점진적으로 시행하는 것이다. 당신이 대중 연설을 두려워한다고 상상해보라. 행동치료자는 먼저 당신에게 대중 연설 시 불안감을 유발하는 모든 상황을 기술하라고 할 것이다. 당신의 리스트는 약간 불안을 느끼게 하는 상황(아마 적은 수의 친구들 앞에서 이야기하는 것)에서부터 공황감을 일으키는 상황(많은 청중을 대상으로 하는 연설)까지 다양할 것이다.

그런 다음 치료자는 점진적 이완 기법으로 당신을 훈련시킬 것이다. 당신이 편안함과 안정감을 느낄 때까지, 근육을 차례대로 이완시키는 법을 가르쳐줄 것이다. 그런 다음 치료자는 당신에게 눈을 감고, 약간의 불안을 유발하는 상황을 상상하라고 요구할 것이다—아마 친구들과 커피를 마시면서, 이야기를 할지 말지를 결정하려는 모습일 것이다. 이 장면을 상상하면서 조금이라도 불안하다면 손가락을 들어서 신호를 보내라는 말을 들을 것이다. 치료자는 이 신호

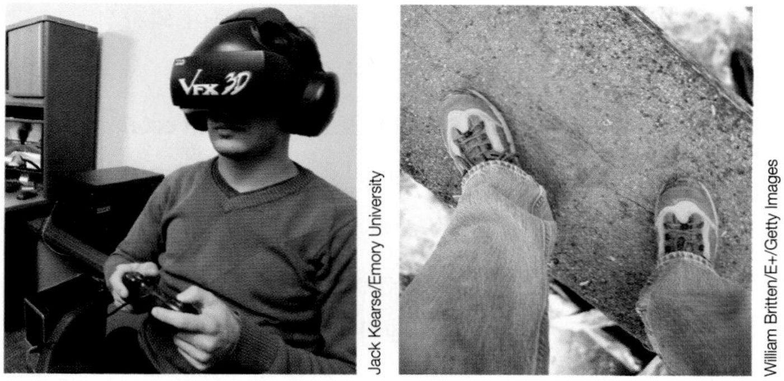

VFX 3D
Jack Kearse/Emory University
William Britten/E+/Getty Images

가상현실 노출치료 좁고 사방이 막힌 방 속에서, 가상현실 기술을 이용하여 사람들은 높은 곳에 위치한 곧 무너질 듯한 다리를 건너는 것과 같은 두려운 자극에 노출되는 생생한 시뮬레이션을 경험한다.

를 보고 당신에게 떠오르는 이미지는 없애고 깊은 이완 상태로 돌아가라고 지시할 것이다. 이런 이미지를 떠올렸을 때 더 이상 불안함을 느끼지 않을 때까지 반복적으로 이완 상태와 연합을 시킨다.

치료자는 당신이 작성한 목록 중 다음 항목으로 넘어가서, 다시 이완 기법을 사용하여 두려움을 유발하는 각각의 상황을 상상하면서 둔감화를 훈련시킨다. 수차례의 회기 후, 실제 상황으로 옮겨 당신이 머릿속으로 떠올렸던 것을 실행한다. 비교적 쉬운 것부터 시작해서 점점 더 불안감을 유발하는 상황으로 넘어간다. 상상뿐만 아니라 실제 상황에서 불안감을 극복하는 과정은 당신의 자신감을 높여준다(Foa & Kozak, 1986; Williams, 1987). 자연스럽게 당신은 자신감 넘치는 연설가가 될 수 있을 것이다.

만약 불안을 유발하는 상황이 너무 비싸거나, 어렵거나, 재현하기 힘든 경우 치료자는 **가상현실 노출치료**(virtual reality exposure therapy)를 추천할 수도 있다. 머리에 장착한 디스플레이 장치를 사용하여 눈앞에 3차원 가상세계를 투사한다. 당신의 특정 공포에 맞추어 실제와 같은 장면들이(머리를 움직일 때마다 장면들이 변화한다) 나타난다. 비행, 대중 연설, 동물과 높이에 대한 두려움에 대해 이러한 실험을 시도할 수 있다(Parsons & Rizzo, 2008). 만약 비행기를 타는 것이 두렵다면, 가상 비행기의 창문으로 밖을 내다보게 될 것이다. 비행기가 활주로를 달리다가 이륙할 때의 엔진 진동을 느끼고 소리도 들을 수 있을 것이다. 통제된 연구에서, 가상현실 노출치료를 받은 사람들은 실제 생활에서도 두려움이 상당히 감소된 것을 경험한다(Turner & Casey, 2014).

혐오적 조건형성 노출치료는 당신이 무엇을 해야 하는지를 학습하는 데에도 도움을 준다. 이것은 해롭지 않은 자극에 대해서 좀 더 편안하고 긍정적인 반응을 가능하게 한다.

혐오적 조건형성(aversive conditioning)은 하면 안 되는 것들을 학습하는 데 도움이 된다. 이것은 해로운 자극에 대해 부정적인(혐오적인) 반응을 일으킨다. 혐오적 조건형성의 절차는 간단하다. 원하지 않는 행동과 불쾌한 감정을 연합시킨다. 손톱 깨물기가 문제가 되는가? 치료자는 손톱에 역겨운 맛이 나는 매니큐어를 칠하는 것을 제안한다(Baskind, 1997). 알코올사용장애가 문제가 되는가? 치료자는 심한 메스꺼움을 유발하는 약물을 섞은 술을 내담자에게 제공한다. 알코올과 심한 메스꺼움이 연합하면, 알코올에 대한 사람의 반응은 긍정적인 것에서 부정적인 것으로 변하게 된다(**그림 14.1**).

혐오적 조건형성은 효과가 있는가? 단기적으로는 그런 것 같다. 혐오치료 프로그램을 이수한 685명의 환자들을 대상으로 한 연구를 살펴보자(Wiens & Menustik, 1983). 이들은 다음해에 알코올과 메스꺼움을 짝짓는 치료를 더 받았으며, 그해 말까지 63%가 술을 마시지 않았다. 하지만 3년 후에는 33%만이 금주를 유지했다.

혐오적 조건형성에는 기본적인 문제가 있다. 우리 생각은 조건형성 과정을 무시할 수 있다(제6장). 사람들은 알코올-메스꺼움 연합이 특정 상황에서만 적용되는 것을 알기 때문이다. 이러한 지식은 치료의 효과성을 제한한다. 따라서 치료자들은 종종 혐오적 조건형성을 다른 치료와 결합한다.

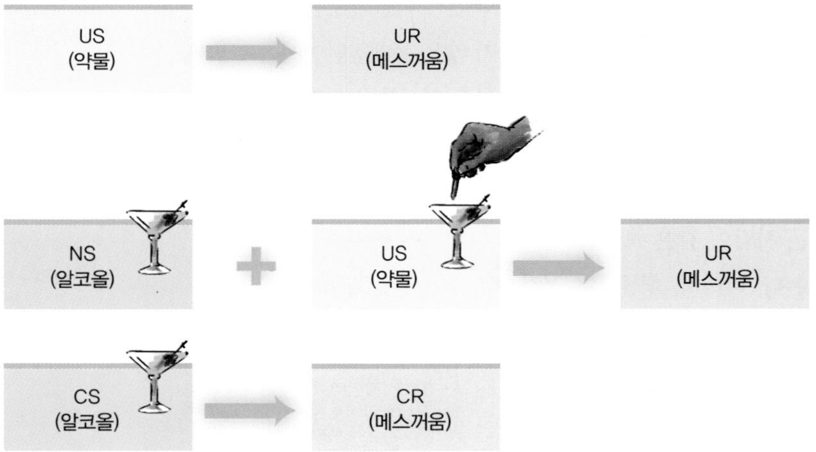

US
(약물)
UR
(메스꺼움)
NS
(알코올)
US
(약물)
UR
(메스꺼움)
CS
(알코올)
CR
(메스꺼움)

그림 14.1 알코올 사용장애의 혐오치료 심한 메스꺼움을 유발하는 약물을 섞은 술을 반복적으로 마신 후에, 알코올사용장애의 이력을 가진 사람들 중 일부는 최소한 일시적으로나마 알코올에 대한 혐오를 발달시킨다(US는 무조건자극, UR은 무조건반응, NS는 중성자극, CS는 조건자극, CR은 조건반응이다).

조작적 조건형성 기술

당신은 수영할 때 느끼는 두려움을 알 것이다. 시행, 착오, 지도를 통해 숨 막히지 않고 물속에 머리를 넣는 법, 물속에서 몸을 움직이는 법, 안전하게 다이빙하는 법도 배울 것이다. 조작적 조건형성은 수영 배우기를 조형해준다. 당신은 안전하고 효과적인 행동을 위해 강화를 받는다. 그리고 물을 삼켰을 때처럼, 부적절한 행동은 자연스럽게 처벌받는다.

기본적인 조작적 조건형성 개념을 기억하라. 결과가 우리의 자발적 행동을 이끈다(제6장). 이것을 알고 있다면, 치료자들은 **행동수정**을 시행할 수 있다. 바람직한 행동들을 강화한다. 그리고 바람직하지 않은 행동은 강화하지 않거나 처벌한다. 조작적 조건형성은 가망이 없어 보이는 사례의 특정 행동 문제를 해결할 수 있다. 지적장애 아동들에게 스스로 관리하는 법을 가르칠 수 있다. 사회적으로 철수된 자폐스펙트럼장애 아동들은 상호작용하는 법을 배울 수 있다. 조현병 환자들은 보다 이성적으로 행동하는 법을 배울 수 있다. 각 사례에서 치료자는 행동을 조형하기 위해 정적 강화를 사용한다. 이들은 원하는 행동에 점점 더 가까워질수록 보상을 받는다.

극단적인 사례의 경우 집중적인 치료가 필요하다. 사회적으로 철수되고 의사소통이 불가능한 3살짜리 자폐스펙트럼장애 아동 19명을 대상으로 집중치료를 실시하였다. 2년 동안 매주 40시간씩, 아이들의 부모들은 자녀들의 행동을 조형하기 위해 조작적 조건형성을 실시하였다(Lovaas, 1987). 부모들은 바람직한 행동에 대해서는 정적 강화를, 공격적이고 자기학대적인 행동은 무시하거나 처벌했다. 이러한 결합은 몇몇 아동에게 놀라운 효과를 나타냈다. 19명 중 9명이 초등학교 1학년이 되었을 때 학교에서 적절하게 기능하고, 정상 지능을 보여주었다. 이 치료를 받지 않은 통제집단에서는 1명의 아이만 비슷한 결과를 보여주었다. 이후 연구들은 **초기 집중 행동개입** 중 처벌이 아닌 효과적인 정적 강화에만 초점을 맞춘다(Reichow, 2012).

모든 사람이 같은 보상을 원하지는 않는다. 따라서, 행동을 수정하는 데 사용되는 보상은 다양하다. 어떤 사람은 관심이나 칭찬을 원한다. 다른 사람들은 음식과 같은 구체적인 보상을 필요로 한다. 게다가 모든 음식이 강화물로 작용하지 않는다. 어떤 사람에게는 초콜릿이나 피자가 강화물이 되지만, 어떤 사람에게는 둘 다 강화물이 되지 않는다(당신의 행동을 가장 잘 조성하는 것은 무엇인가?)

행동을 바꾸기 위해, 치료자들은 **토큰 경제**(token economy)를 사용할 수 있다. 사람들이 바람직한 행동—침대 밖으로 나오기, 씻기, 옷 입기, 먹기, 의미 있는 대화하기, 방 청소하기, 함께 놀기—을 보일 때 토큰을 받는다. 나중에 토큰을 사탕, TV 시청, 여행, 더 좋은 숙소 등과 같은 다른 보상으로 교환할 수 있다. 토큰 경제는 다양한 장면(가정, 학교, 병원, 소년원) 및 다양한 장애를 가진 사람들에게 적용할 수 있다(Matson & Boisjoli, 2009).

인지치료

특정 두려움과 문제행동을 가진 사람들은 행동치료로 도움을 받을 수 있다. 하지만 우울장애를 동반하는 다양한 행동은 어떻게 바꿀 수 있을까? 그리고 불안 위계를 작성할 수 없는, 일상생활에 만연해 있는 범불안장애를 다룰 수 있을까? 지난 반세기 동안 심리학의 다른 분야에도 영향을 준 **인지혁명**이 치료에도 영향을 미쳤다.

인지치료(cognitive therapy)는 우리의 사고가 감정에 영향을 미친다고 가정한다(**그림 14.2**). 사건에 대한 반응에 생각이 개입한다. 자기비난과 나쁜 상황에 대한 과일반화가 우울증을 키운다(제13장). 우울해지면 우리는 제안을 비난으로, 반대를 혐오로, 칭찬을 아첨으로, 친근감을 동정으로 해석할 수 있다. 이러한 생각에 계속 머물게 되면 나쁜 기분도 계속 유지된다. 인지치료는 사람들이 사건을 이해하고 해석하는 새로운 방법을 도입하여 우울증의 악순환에서 벗어나도록 돕는 것을 목표로 한다(Kazdin, 2015).

> "삶은 사실과 사건들로 구성되는 것이 아니다. 끊임없이 마음을 강타하는 생각들의 폭풍으로 이루어져 있다."
>
> Mark Twain(1835–1910)

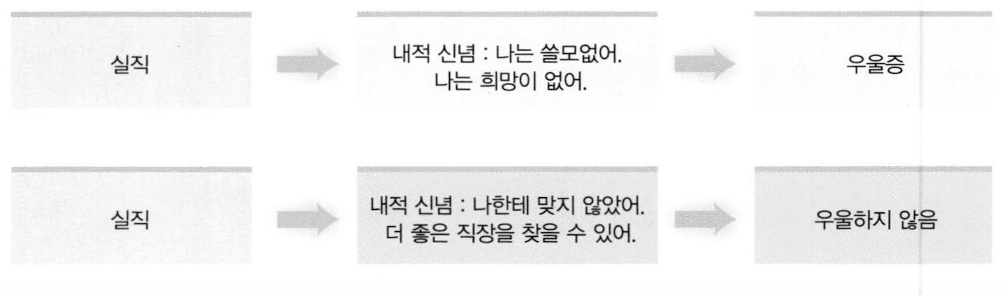
실직
내적 신념 : 나는 쓸모없어.
나는 희망이 없어.
우울증
실직
내적 신념 : 나한테 맞지 않았어.
더 좋은 직장을 찾을 수 있어.
우울하지 않음

그림 14.2 심리장애에 대한 인지적 관점 사람의 정서 반응은 사건에 의해 직접적으로 만들어지는 것이 아니라, 사건에 대한 생각에 의해 만들어진다.

GENTLE LUNCH
1. RELAX. FOCUS YOUR MIND TUNE IN WITH YOUR BODY
2. SLOWLY EAT YOUR MEAL BE AWARE OF TASTE & TEXTURE
Lara Jo Regan

일기 쓰기를 통한 섭식장애의 인지치료 인지치료자들은 좋았거나 나쁜 경험에 대해 새로운 방식의 설명을 소개한다. 긍정적인 사건 및 그런 일들이 어떻게 일어나게 되었는지 매일 기록함으로써, 이 여성은 스스로를 통제하고 더 낙관적으로 변할 수 있다.

벡의 우울증 치료

우울한 사람들은 장밋빛 색안경을 통해서 세상을 보지 않는다. 이들은 세상을 상실, 거절, 포기가 가득한 곳으로 인식한다. 일상생활에서 이들은 잠재적인 위협에 지나치게 신경을 쓰고, 이러한 지속적인 집중은 불안을 야기할 수 있다(MacLeod & Clarke, 2015). 치료 장면에서 이들은 종종 자신의 실패와 최악의 충동을 떠올리고 재연한다(Kelly, 2000).

인지치료자인 아론 벡(Aaron Beck)은 우울증을 겪고 있는 내담자들에게 그들의 비이성적인 사고방식을 보여주고, 자신과 상황, 그리고 미래를 부정적으로 바라보는 시각을 뒤집는 인지치료를 개발했다. 이 온화한 질문기법을 통해 비이성적인 생각을 드러내고, 자신이 삶을 바라보는 어두운 안경을 벗도록 설득한다(Beck et al., 1979, pp. 145-146).

내담자 : 나에 대한 설명은 맞는 것 같지만, 내가 생각하는 방식이 나를 우울하게 만들었다는 것은 동의할 수 없어요.

벡 : 어떻게 이해하고 계시죠?

내담자 : 일이 잘못되면 우울해져요. 시험에 떨어지는 것처럼요.

벡 : 시험에 떨어지는 것이 어떻게 당신을 우울하게 만들죠?

내담자 : 떨어지면 법학대학원에 들어갈 수 없으니까요.

벡 : 그렇다면 시험에 떨어지는 것은 당신에게 많은 걸 뜻하겠군요. 하지만 만약 시험에서 떨어지는 것이 사람들을 우울증에 빠뜨린다면, 시험에 떨어진 모든 사람이 우울증에 빠진다고 생각하나요?… 시험에 떨어진 모든 사람이 치료를 받을 만큼 우울해지던가요?

내담자 : 아니요, 하지만 그 시험이 그 사람에게 얼마나 중요한지에 따라 다르겠죠.

벡 : 맞습니다. 그리고 그 중요성을 누가 결정하나요?

내담자 : 제가요.

벡 : 그렇다면 우리가 따져보아야 할 것은 당신이 시험을 어떻게 바라보는지 그리고 그것이 법학대학원에 진학할 수 있는 가능성에 영향을 미치는 정도겠네요. 동의하시나요?

내담자 : 맞아요.

벡 : 당신이 시험결과를 해석하는 방식이 당신에게 영향을 미친다는 것에 동의합니까? 그래서 우울하다고 느끼고, 잠도 못자고, 먹지도 못하고, 심지어는 그 과목에서 낙제할 수도 있겠다는 걱정을 걱정할 수도 있겠군요.

내담자 : 낙제할 거라는 생각을 하고 있어요. 동의합니다.

벡 : 이제 시험에 떨어진다는 의미는 무엇인가요?

내담자 : (눈물을 흘리면서) 법학대학원에 들어갈 수 없다는 거요.

벡 : 그건 무슨 뜻인가요?

내담자 : 제가 충분히 똑똑하지 못하다는 것이죠.

벡 : 다른 뜻도 있을까요?

내담자 : 내가 절대 행복해질 수 없다는 것이죠.

벡 : 그리고 이런 생각들은 어떤 느낌을 줍니까?

내담자 : 매우 불행해요.

벡 : 그렇다면 시험에 떨어진다는 것은 당신을 매우 불행하게 만든다는 의미군요. 사실, 당신이 절대 행복해질 수 없다고 믿는 것은 불행을 만들어내는 가장 강력한 요소입니다. 이건 스스로를 함정에 빠뜨리는 겁니다. 법학대학원에 진학하지 못한다는 뜻은 곧 '나는 절대 행복해질 수 없어'라는 거죠.

우리는 종종 언어로 생각한다. 따라서 사람들이 말하는 방식을 변화시키는 것은 사고를 변화시키는 효과적인 방법이다. 당신은 시험 공부를 열심히 했지만, 시험 보기 전에 극도로 불안해진 적이 있는가? 시험 준비를 잘했어도 자기패배적인 사고는 문제를 악화시킨다. "이 시험은 너무 어려워. 다른 사람들은 편안하고 자신감에 차 있는 것 같아. 시험 공부를 더 많이 했어야 했어. 난 너무 긴장해서 결국 다 잊어버릴 거야." 심리학자들은 가치없고, 과잉일반화되고, 자기비난적인 행동을 **재앙화**라고 부른다.

이러한 부정적인 혼잣말을 바꾸기 위해서, 치료자들은 스트레스 상황에서 사람들이 생각하는 것을 바꾸도록 가르친다(Meichenbaum, 1977, 1985). 가끔 자신에게 더 긍정적인 것을 말하는 것으로 충분하다. "진정해. 시험이 어려울 수 있지만, 다른 사람들에게도 어려울 거야. 나는 다른 사람들보다 더 열심히 공부했어. 게다가 좋은 성적을 받는 게 꼭 만점일 필요는 없어." 부정적인 생각에 '말대꾸'하는 것을 배운, 우울증에 취약한 어린이, 10대, 그리고 대학생들은 우울증에 걸릴 확률이 크게 감소했다(Reivich et al., 2013; Seligman et al., 2009). 문제가 되는 것은 바로 생각이다(인지치료에서 일반적으로 사용되는 기법을 보려면 **표 14.1** 참조).

PEANUTS

찰리 브라운, 인생은 너무 일방적이야.
조금 이기고, 조금 지잖아.
정말?
와, 괜찮은데?
© 1973 United Feature Syndicate, Inc.
www.snoopy.com
SCHULZ

Drawing by Charles Schultz; © 1956. Reprinted by permission of United Features Syndicate

인지행동치료

치료자인 앨버트 엘리스(Albert Ellis, 1913–2007)는 "치료는 기분이 더 나아지도록 도와주어야 하는데, 문제는 기분이 좋아지지 않는다는 것이다. 기분의 변화가 행동을 통해서 뒷받침되어야 한다"고 말했다. **인지행동치료**(cognitive-behavioral therapy, CBT)는 우울증과 다른 장애에 통합적인 접근법을 취한다. 널리 시행되고 있는 **통합적**인 치료는 생각하는 방식뿐만 아니라 **행동하는** 방식 또한 바꾸는 것을 목표로 한다. 다른 인지치료와 마찬가지로 인지행동치료는 비이성적이고 부정적인 생각을 인식하게 하고 이를 새로운 사고방식으로 대체하려고 한다. 그리고 다른 행동치료와 마찬가지로, 일상적인 환경에서 좀 더 긍정적인 접근을 하도록 훈련시킨다.

불안, 우울장애, 양극성장애는 정서조절이라는 공통적인 문제를 공유한다(Aldao & Nolen-Hoeksema, 2010). 인지행동치료를 통해 더 현실적으로 문제를 평가하는 법을 배우고, 과제를 통해 자신의 문제와 양립할 수 없는 행동을 하도록 배운다(Kazantzis & Dattilio, 2010; Kazantzis et al., 2010; Moses & Barlow, 2006). 개인은 부정적 정서와 긍정적 정서와 연합된 매일의 상황을 기록하게 되면, 자신을 기분 좋게 만들어주는 활동을 더 많이 하게 될 것이다. 사회적 상황을 두려워하는 사람들은 사회적 불안을 유발하는 부정적인 생각들을 멈추고 사람들에게 접근하는 것을 배울 수 있다.

인지행동치료는 강박장애를 가진 사람들에게 효과적이다(Öst et al., 2015). 한 연구에서, 강박장애를 가진 사람들이 강박적 사고에 이름을 붙임으로써 강박행동을 차단하는 것을 학습하였다(Schwartz et al., 1996). 손을 씻고 싶은 충동을 느낄 때 "나는 강박충동을 가지고 있어"라고 말한다. 이들은 이전에 PET 스캔에서 본 것처럼 손을 씻고 싶은 충동이 뇌의 비정상적 활동 결과임을 떠올린다. 그러면 이들은 충동에 굴복하는 대신 15분 정도 악기를 연주하거나, 산책하기, 혹은 정원을 가꾸는 즐겁고 대안적인 행동을 취한다. 이것은 주의를 다른 곳으로 돌리고 뇌의 다른 부분이 활동하게 함으로써 뇌가 충동에 '휘둘리지 않게' 도움을 준다. 2~3개월 동안 매주, 강박 사고에 이름 다시 붙이기와 초점을 다른 곳으로 돌리는 훈련을 가정에서 계속한다. 이 연구가 끝날 무렵, 대부분의 참가자들의 증상이 감소했고, 이들의 PET 스캔은 정상적인 두뇌 활동을 보여주었다. 다른 많은 연구에서도 인지행동치료가 불안, 우울, 섭식장애를 치료하는 데 효과적임을 보여준다(Cristea et al., 2015; Milrod et al., 2015; Turner et al., 2016).

새로운 인지행동치료의 한 종류인 **변증법적 행동치료**(dialectical behavior therapy, DBT)는 유해하고 심지어 자살적인 행동 패턴을 변화시키는 데 도움이 된다(Linehan et al., 2015; Valentine et al., 2015). **변증법적**이라는 의미는 '반대'를 의미하며, 이 치료는 서로 대립하는 두 힘—수용과 변화—사이에서 평화를 만들도록 한다. 변증법적 행동치료는 인지전략(불편감을 참아내고 정서를 조절하기)

표 14.1 인지치료 기법

기법의 목표	기법	치료자의 지시
신념 드러내기	해석 물어보기	당신의 신념을 탐색하고, '모든 사람은 반드시 나를 좋아해야만 해'와 같은 잘못된 가정을 찾아낸다.
	사고와 정서의 순위 매기기	경미한 것에서부터 극단적인 것에 이르는 사고와 정서에 순위를 매김으로써 조망을 획득한다.
신념 검증하기	결과 조사하기	어려운 상황들을 탐색하여 가능한 결과를 평가하고 잘못된 추리를 찾아낸다.
	재앙적 사고 제거하기	직면했던 상황에서 일어난 최악의 결과를 살펴본다(종종 상상한 것처럼 나쁘지는 않다). 다음에는 이러한 상황에 어떻게 대응할지 결정한다.
신념 변화시키기	적절한 책임감 취하기	정말로 책임을 져야 했던 상황들과 전혀 책임을 질 필요가 없던 상황에서 자기비난과 부정적인 생각들에 도전한다.
	극단적 사고에 저항하기	부적응적 습관을 대체하는 새로운 사고방식과 감정을 찾는다. 예를 들어 "나는 완전 망했어" 대신 "이 시험에서는 낙제 점수를 받았지만 다음에는 성공할 수 있어"로 바꾼다.

과 사회적 기술훈련 그리고 마음챙김의 명상을 결합한다(제10장을 보라). 집단훈련 과정은 사회적 맥락에서 새로운 기술을 연습할 수 있는 추가적인 기회를 제공하며, 추가적인 연습은 숙제로 주어진다.

집단치료와 가족치료

지금까지 우리는 한 명의 치료자가 한 내담자를 치료하는 치료에 대해 다루었다. 대부분의 치료(전통적 정신분석을 제외하고)는 작은 집단으로 시행될 수 있다.

집단치료(group therapy)는 각 내담자에게 치료자의 동일한 개입이 주어지지 않는다. 그러나 다음과 같은 이점을 제공한다.

- **치료자의 시간과 내담자의 경제적 부담을 줄여주고,** 종종 개인치료보다 덜 효과적이지도 않다(Fuhriman & Burlingame, 1994; Jónsson et al., 2011).
- **사회적 행동을 탐색하고, 사회적 기술을 개발하는 장이 될 수 있다.** 치료자는 내담자의 문제가 가족 간 갈등이 있거나 개인의 행동이 다른 사람들에게 피해를 주는 상호작용에서 비롯될 때 집단치료를 권한다. 치료자는 사람들이 문제에 직면하고 새로운 행동을 시도할 때 이들의 상호작용을 안내한다.
- **다른 사람들도 자신과 비슷한 문제를 가지고 있다는 것을 알게 해준다.** 다른 사람들도 겉으로 보기에는 침착해 보이지만, 당신과 똑같은 갈등, 감정, 생각을 가진 것을 보면서 안도감을 찾을 수 있다.
- **내담자가 새로운 행동방식을 시도할 때 피드백을 제공해준다.** 불안감을 느끼고, 자의식적임에도 불구하고, 내담자가 자신감 있어 보인다는 다른 사람의 평가는 내담자에게 안정감을 줄 수 있다.

John Moore/Getty Images

가족치료 이러한 유형의 치료는 종종 예방적 정신건강 전략으로 사용되며, 이 사진처럼 군인 가족을 위한 결혼치료를 포함하기도 한다. 치료자는 가족 구성원들의 상호작용 방식이 어떻게 문제를 일으키는지를 이해하도록 도와준다. 치료는 개인의 변화보다는 가족 구성원 간의 관계와 상호작용을 변화시키는 데 초점을 맞춘다.

집단치료의 한 가지 유형인 **가족치료**(family therapy)는 어떤 사람도 외딴섬이 아니라고 가정한다. 우리는 다른 사람들, 특히 가족과의 관계 속에서 성장하지만, 또한 가족 밖에서 정체성을 찾으려고 노력한다. 상반되는 이 두 가지 경향은 개인과 가족에게 스트레스를 유발할 수 있다. 이것은 개인의 행동이 다른 사람의 반응을 유발하는 시스템의 입장에서 가족을 설명하는 데 도움이 된다. 부정적인 상호작용을 바꾸기 위해, 치료자는 가족 구성원들에게 긍정적인 관계와 향상된 의사소통을 가르치려 한다.

심리치료의 평가

많은 미국인들은 심리치료의 효과를 믿는다. 전문 조언 칼럼니스트는 종종 "상담을 요청하세요" 또는 "배우자에게 치료자를 찾아보도록 권유하세요"라고 충고한다. 1950년 이전에는 정신과 의사들이 정신건강관리의 주제공자였다. 오늘날, 많은 다른 사람들이 이 대열에 합류했다. 임상 및 상담심리학자, 임상 사회복지사들이 서비스를 제공하고 목사, 결혼상담가, 학대상담가, 학교상담가 및 정신과 간호사들도 심리치료를 제공한다.

심리치료는 많은 시간, 돈과 노력을 필요로 한다. 비판적인 사람은 다음과 같은 궁금증을 가질 수 있다. 전 세계 수백만 명의 사람들이 심리치료에 대해 갖는 믿음은 옳은가? 간단한 질문이지만 대답은 쉽지 않다.

심리치료는 효과적인가?

당신이 심리학을 공부하는 것을 알고 있는, 당신의 지인이 도움을 요청했다고 상상해보라. 그녀는 우울하고, 치료자와 약속을 잡을 생각을 하고 있다. 심리치료가 효과적이냐고 그녀가 묻는다면, 당신은 어떤 대답을 해줄 것인가? 답을 찾기 위해 어디에서부터 시작할 것인가? 누가 심리치료가 효과적이라는 것을 결정을 내릴 수 있을까? 내담자? 치료자? 친구와 가족들?

내담자의 지각

만약 내담자의 극찬이 유일한 측정척도라면, 당신의 일은 쉬웠을 것이다. 대부분의 내담자는 심리치료가 효과적이라고 믿는다. **컨슈머 리포트**(Consumer Reports)의 독자 2,900명이 정신건강 전문가와의 경험을 평정한 것을 살펴보자(1995; Kotkin et al., 1996; Seligman, 1995). '상당히 만족한' 사람은 거의 90% 정도였다(이 장의 초반에 있는 사례인, 케이 레드필드 재미슨도 그랬다). 처음 치료를 시작할 때 기분이 그저 그렇거나 형편없다고 회상한 사람들 10명 중 9명이 아주 좋다, 좋다, 최소한 괜찮다고 답변하였다.

하지만 내담자의 자기보고를 통해 비판가들은 다음과 같은 회의론을 제시한다.

- **사람들을 종종 위기상황에서 치료를 받는다.** 삶은 흥망성쇠가 있다. 위기가 지나가면 사람들은 자신의 발전을 치료의 결과라고 가정할 수 있다.
- **내담자들은 치료가 효과적일 것이라고 믿는다.** 긍정적 기대가 치료의 힘을 가지듯이 위약효과가 작용한다.
- **내담자는 일반적으로 치료자에 대해 좋게 이야기한다.** 심지어 아직까지 문제가 남아 있음에도 불구하고 "내담자들은 무엇인가 긍정적으로 말할 수 있는 것들을 열심히 찾는다. 치료자가 매우 이해심이 많았다거나, 내담자가 새로운 관점을 얻게 되었다거나, 보다 좋은 의사소통 방법을 찾았다거나, 마음이 편해졌다거나. 내담자는 치료가 실패라는 말을 하는 것이 아니라면 어떤 것이든 말하려고 한다"(Zilbergeld, 1983, p. 117).
- **내담자는 노력한 보람이 있음을 믿고 싶어 한다.** 당신이 만약 많은 시간과 돈을 어떤 것에 투자했다면, 무언가 긍정적인 것을 찾으려고 노력하지 않을까? 심리학자들은 이것을 **노력 정당화**라고 부른다.

임상가의 지각

만약 임상가의 인식이 치료 효과의 증거였다면, 축하할 더 많은 이유가 있을 것이다. 성공적인 치료에 대한 사례연구는 풍부하다. 게다가 치료자들은 우리와 비슷하다. 치료자는 내담자의 마지막 인사나 감사함을 칭찬으로 여긴다. 문제는 내담자들이 불행을 강조함으로써 심리치료를 시작하고, 웰빙을 강조하면서 심리치료를 끝낸다는 것이다. 그리고 이들은 오직 만족할 때만 다시 연락한다. 치료자들은 다른 치료자들의 실패를 잘 알고 있다(일시적인 안도감만 경험한 내담자들은 반복되는 문제에 대해 새로운 치료자를 찾는다). 따라서 동일한 불안, 우울 또는 결혼생활의 어려움을 겪고 있는 내담자는 다른 치료자에게는 '성공' 사례가 될 수 있다.

© Jon Carter/Cartertoons
치료자 : 그렇다면 당신은 얼마나 오랫동안 치료자가 되고 싶었나요?
내담자 : 그게 바로 제가 당신에게 묻고 싶은 질문입니다.
에드는 자신이 치료자라고 믿는 것 때문에 치료를 받고 있다.
Jon Carter/Cartoonstock

치료자들은 다른 면에서도 우리와 비슷하다. 비판적 사고에 대해 다음 두 가지 중 하나의 생각을 한다(Lilienfeld et al., 2014). 첫째는 **확증편향**으로, 우리는 무의식적으로 믿음을 확인하는 증거를 찾으며, 믿음과 모순되는 증거는 무시하는 경향이 있다. 둘째는 **착각적 상관**으로, 실제로 존재하지 않는 관계를 존재한다고 믿는 경향이다.

결과물 연구

만약 치료자와 내담자의 평가를 믿을 수 없다면, 심리치료 효과성에 대한 답은 어디서 찾을 수 있을까? 어떤 문제를 가진 사람들이 도움을 받고, 어떤 종류의 심리치료가 제공되었는지 찾아본다면 어떨까?

해답을 찾기 위해, 심리학자들은 통제군 연구로 눈을 돌렸다. 1800년대 당시에 유행하던 치료법(출혈, 설사제 사용)이 전혀 효과가 없으며, 대부분의 환자들은 저절로 호전된다는 것을 발견하였다. 미신에서 사실을 구분하기 위해서는 특정 치료를 받거나 받지 않은 환자들을 면밀히 관찰하고 기록하는 것이 필요하다. 예를 들어 장티푸스 환자들은 종종 피를 흘리게 한 후 호전되었는데, 이러한 결과는 대부분의 의사들에게 출혈치료가 효과가 있다는 확신을 주었다. 그러나 침대에서 5주간 쉬었던 통제집단에서 70%의 사람들이 호전되었다. 이러한 통제군 연구를 통해 출혈은 가치가 없다는 것을 알게 되었다(Thomas, 1992).

20세기의 심리학도 비슷한 도전에 직면했다. 영국의 심리학자인 한스 아이젠크(Hans Eysenck, 1952)는 심리치료 결과에 대한 24개의 연구를 요약하면서 치열한 논쟁을 시작하게 되었다. 아이젠크는 환각이나 망상이 없는 사람 중 2/3가 심리치료를 통해 호전되었다는 것을 발견했다. 또한 그는 대기자 명단에 있던 사람들, 즉 '치료를 받지 않은' 사람들에게서도 유사한 호전율을 발견하였다. 심리치료를 받거나 받지 않거나 2/3가 눈에 띄게 좋아졌다. 시간이 위대한 치료자였던 것이다.

아이젠크의 발견은 커다란 논쟁을 일으켰다. 일부 비평가들은 분석에 오류가 있다고 지적했다. 또 다른 이들은 단지 24개의 연구에만 근거를 두고 있다고 비판했다. 반세기가 넘는 시간 동안 수백 개의 비슷한 연구들이 실시되었다. 이러한 연구 중 가장 좋은 방법은

Feng Li/Getty Images

트라우마 이 여성들은 2010년 중국에서 일어난 지진으로 인해 상실한 삶과 가정에 대해 비통해하고 있다. 이러한 외상으로 고통 받는 많은 사람들은 상담을 통해서 도움을 받을 수도 있지만, 대부분은 스스로 회복하거나 가족, 친구와의 지지적 관계를 통해 회복되기도 한다. 정신역동치료자인 카렌 호나이는 '삶 자체가 매우 효과적인 치료자'라고 말한다(*Our Inner Conflicts*, 1945)

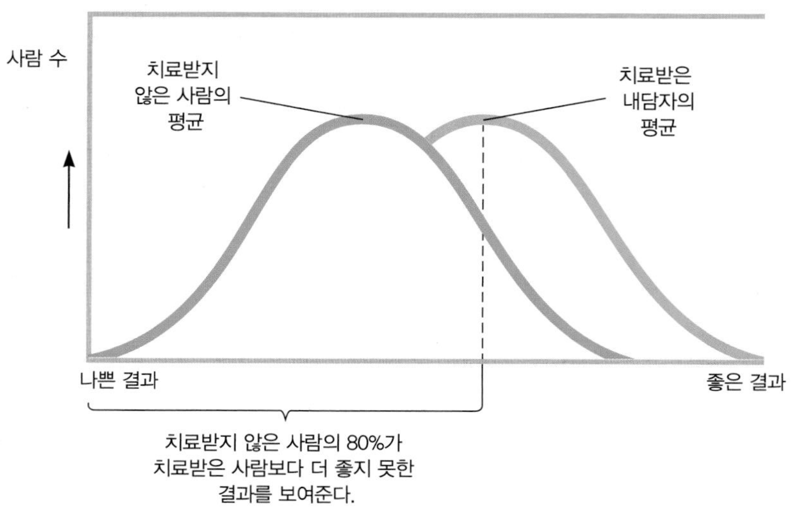
사람 수
치료받지 않은 사람의 평균
치료받은 내담자의 평균
나쁜 결과
좋은 결과
치료받지 않은 사람의 80%가 치료받은 사람보다 더 좋지 못한 결과를 보여준다.

그림 14.3 치료집단 대 통제집단 475개의 연구를 통해, 치료받은 사람들이 치료받지 않은 80%의 사람들보다 더 좋은 결과를 보여준다(Smith et al., 1980).

무작위 임상 실험으로 대기자 명단에서 사람들을 치료하는 집단과 하지 않는 집단으로 무선할당하는 것이다. 그리고 치료가 주어졌는지 여부를 모르는 다른 사람들에 의해 참가자를 평가하고 결과를 비교한다.

치료자들은 475개의 결과를 통합한 첫 번째 통계적 요약을 환영했다(Smith et al., 1980). 연구 결과 치료를 받지 않은 80%의 사람보다 치료를 받은 내담자의 평균 결과가 더 좋았다(**그림 14.3**).

유사한 수십 개의 연구는 **치료를 받지 않는 사람들이 종종 호전되기는 하지만, 치료를 받는 사람들이 호전될 가능성이 더 높고, 더 빨리 호전되며, 재발의 위험이 낮다는 것을 보여준다.** 게다가 우울증과 불안의 경우, 치료 도중 많은 사람들이 갑작스러운 증상의 감소를 경험한다. 이러한 '갑작스러운 성과'는 장기적인 차원에서 호전에 대한 희망을 제공한다(Aderka et al., 2012).

그래서 심리치료는 시간과 돈을 투자하는 좋은 방법이다. 산전 건강관리처럼, 심리치료는 장기적인 차원에서 건강관리비용을 줄여준다. 91개 연구를 통해 심리치료를 경험한 내담자들은 다른 의학적 치료법을 찾는 비율이 16% 정도 감소하였음을 보여준다(Chiles et al., 1999).

심리치료가 효과적이라는 대답은 좋은 것이지만, 정서적으로 괴로운 사람들과 이들의 치료비를 지불하는 사람들은 또 다른 질문에 대한 대답을 원한다. 특정한 문제에 대한 특정 치료법이 얼마나 효과적인가?

어떤 심리치료가 가장 효과적인가?

초기 통계수치와 연구는 한 종류의 심리치료가 다른 심리치료보다 낫다는 것을 발견하지 못했다(Smith & Glass, 1977; Smith et al., 1980). 이후의 연구에서도 이와 유사하게 내담자의 결과와 임상가의 경험, 수련, 지도감독 및 자격증 간에는 거의 관련이 없다는 것을 발견했다(Bickman, 1999; Luborsky et al., 2002; Wampold, 2007). **컨슈머 리포트**의 보고도 이러한 결과를 확인해준다. 내담자들이 정신과 의사, 심리학자 또는 사회복지사에게 치료받았습니까? 집단 또는 개인치료를 받았습니까? 치료자는 충분한 혹은 상대적으로 부족한 수련과 경험을 가지고 있습니까? 이것들은 심리치료 효과와 상관이 없었다. 내담자들은 모두 똑같이 만족스러워했다(Seligman, 1995).

일련의 연구를 통해 다음과 같은 결과들이 도출되었다. 문제가 구체적일수록 희망은 크다(Singer, 1981; Westen & Morrison, 2001). 게다가 어떤 형태의 심리치료는 특정한 문제에 대해 더욱 효과적이다. 행동치료는 야뇨증, 공포증, 강박증, 결혼문제, 성기능장애와 같은 특정한 행동문제에 좋은 결과를 나타낸다(Baker et al., 2008; Hunsley & Di Giulio, 2002; Shadish & Baldwin, 2005). 정신역동치료는 우울증과 불안을 치료하는 데 효과적이다(Driessen et al., 2010; Leichsenring & Rabung, 2008; Shedler, 2010b). 비지시적(인간 중심) 상담은 경미하거나 중간 수준의 우울증을 가진 사람에게 효과적이다(Cuijpers et al., 2013). 그리고 인지치료와 인지

행동치료는 불안, PTSD, 우울증에 (매우) 효과적이다(Baker et al., 2008; De Los Reyes & Kazdin, 2009; Stewart & Chambless, 2009; Tolin, 2010).

하지만 어떤 치료법은 전혀 효과적이지 않다(Arkowitz & Lilienfeld, 2006). 다음의 치료법은 과학적 지지를 거의 받지 못하는 치료법이다.

- **에너지 치료** : 눈에 보이지 않는 에너지를 조종하려고 한다.
- **기억회복 치료** : 어린 시절 학대받았던 '억압된 기억'을 밝혀내는 것을 목표로 한다.
- **재출생 치료** : 출생 외상을 재경험하도록 한다.
- **전환 치료** : 동성애자들의 성적 성향을 변화시키려고 한다.

이러한 치료 중 일부는 효과가 전혀 없을 뿐만 아니라 오히려 해로울 수 있다(Barlow, 2010; Castonguay et al., 2010; Dimidjian & Hollon, 2010). 국립과학기술위원회는 교도소 체험(Scared Straight) 프로그램(아동 및 청소년이 성인 재소자를 방문하여 범죄를 저지르지 않도록 함)이 좋은 의도를 가지고 시작했지만, 성공하지 못했고 오히려 해를 끼친 프로그램으로 인용하고 있다.

신뢰도가 떨어지는 치료들은 또 다른 문제를 야기한다. **어떤 심리치료는 신뢰성 있고 어떤 심리치료는 그렇지 않은지를 누가 결정할 수 있는가?** 임상 현장에서 과학은 어떤 역할을 해야 하며, 심리치료를 위해 돈을 지불하는 정책을 만들 때 과학은 정신건강 전문가와 보험회사가 얼마를 지불하도록 인도해야 하는가?

이 질문은 논쟁의 중심에 서 있다. 혹자는 이것을 심리학의 내전이라고 부른다. 한쪽은 과학적 방법을 사용하여 다양한 장애를 가진 사람들을 돕는 데 있어 입증된 결과를 가지고 명확한 치료법의 목록을 확장해야 한다는 연구심리학자들이다. 이들은 많은 임상가들이 '과학보다 개인적 경험에 더 비중을 두게' 될까 봐 걱정한다(Baker et al., 2008).

다른 한쪽은 비과학적 치료자들로 치료를 과학이 아닌 예술이라고 바라본다. 이들은 심리치료를 편람이나 실험을 통해 기술될 수 없는 무엇이라고 생각한다. 사람들은 너무 다양한데 모든 사람에게 두루 통용되는 심리치료는 있을 수 없다고 본다.

이 두 진영 사이에서 미국심리학회 등에 의해 지지되는 **증거기반 실천**(evidence-based practice, **그림 14.4**)을 요구하는 과학 지향적 임상가들이 있다(2006; Lilienfeld et al., 2013). 이 접근법을 사용하는 치료자들은 연구 증거, 임상적 경험, 환자에 대한 지식에 기초하여 결정을 내린다. 증거기반 치료를 필요로 하는 정신건강 서비스에 대한 정부 지원과 보험사의 지원은 점점 늘어나고 있다.

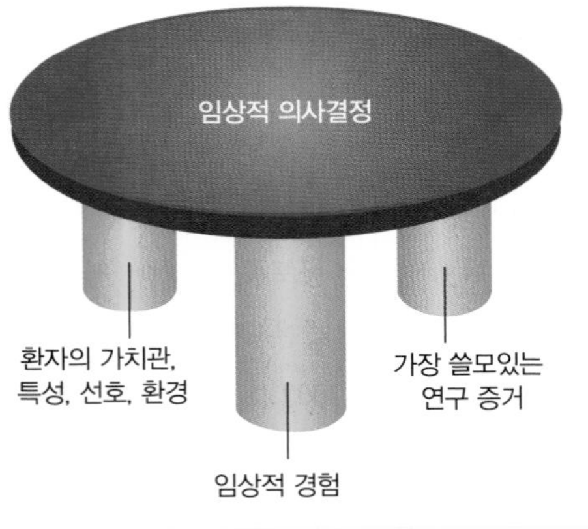
임상적 의사결정
환자의 가치관,
특성, 선호, 환경
가장 쓸모있는
연구 증거
임상적 경험

그림 14.4 증거기반 임상적 의사결정 이상적인 임상 결정은 세 다리를 가진 의자로 시각적으로 표현될 수 있는데, 연구 증거, 임상적 경험, 환자에 대한 지식을 기반으로 한다.

심리치료는 어떻게 사람을 돕는가?

치료자의 훈련과 경험이 내담자에게 거의 영향을 미치지 않는 이유는 무엇일까? 정답은 모든 심리치료가 세 가지 기본적인 이득을 제공한다는 것이다(Frank, 1982; Goldfried & Padawer, 1982; Strupp, 1986; Wampold, 2001, 2007). **이들은 모두 사기가 저하된 사람들에게 희망, 자신과 세상에 대한 새로운 관점, 그리고 공감할 수 있고 신뢰할 수 있으며 배려하는 관계를 제공해준다.**

사기가 저하된 사람들을 위한 희망 많은 사람들이 불안하고, 우울하고, 자신이 못마땅하고, 상황을 바꿀 수 없기 때문에 치료를 찾는다. 어떤 심리치료든 희망을 줄 수 있다—치료를 찾는 사람들의 헌신이 깃든, 상황이 나아질 것이라는 기대감. 자신의 치유력을 활용함으로써 이러한 믿음은 어떠한 치료 테크닉과는 별도로 사기를 증진하고, 내적 힘을 만들어내고, 증상을 줄일 수 있다(Corrigan, 2014; Frank, 1982; Prioleau et al., 1983).

새로운 관점 모든 심리치료는 사람들에게 자신의 증상에 대한 설명을 제공한다. 심리치료는 사람들의 행동과 자신에 대한 시각을 바꾸는 데 도움을 주는 새로운 경험이다. 신뢰할 만한 새로운 관점을 가지고, 사람들은 필요한 변화를 만들기 위한 새로운 활력으로 삶에 접근할 수 있다.

공감적, 신뢰적, 배려하는 관계 어떠한 기법을 사용하든, 효과적인 심리치료자들은 공감적이다. 이들은 사람들의 경험을 이해하려고 한다. 이들은 배려와 관심으로 소통한다. 그리고 존중적인 경청, 확신, 지도를 통해 신뢰를 얻는다. 이러한 특성들은 36명의 저명한 치료자들의 치료 회기 기록을 통해 명료해졌다(Goldfried et al., 1998). 일부는 인지행동적인, 다른 이들은 정신역동적 접근을 사용하지만, 회기 중 가장 중요한 순간에 이들은 놀랄 만큼 비슷했다. 이들은 내담자가 자신을 긍정적으로 평가하고, 삶의 다른 측면을 연결하고, 다른 사람들과의 상호작용에 대한 통찰을 얻도록 도왔다. 여기서 치료자와 내담자 간에 **치료 동맹**(therapeutic alliance)이라고 부르는 정서적 유대감이 형성된다. 이 유대감이 효과적인 심리치료의 핵심이다(Klein et al., 2003; Wampold, 2001). 미국국립정신건강연구소의 우울증 치료 연구에서, 가장 효과적인 치료자는 공감과 배려를 보여줌으로써 내담자와 치료적 관계를 형성한 사람들이었다(Blatt et al., 1996).

이 세 가지 기본적인 이득—희망, 새로운 관점, 공감적이고 배려하는 관계—은 왜 준전문가(최소한의 훈련을 받은 사람들)들도 고통을 받는 많은 사람들을 효과적으로 돌볼 수 있는지를 이해하는 데 도움을 준다(Christensen & Jacobson, 1994). 이들은 자조집단과 지지집단에서 중요한 역할을 한다. 또한 전통적인 치유자의 영역에서도 중요한 역할을 차지한다(Jackson, 1992). 정신과 의사이든, 주술사, 또는 무당이든 간에, 전 세계의 치유자들은 이해를 위해 경청한다. 그리고 이들은 공감하고, 안심시키고, 충고하고, 위로하고, 해석하고, 설명한다(Torrey, 1986). 효과적인 심리치료의 세 가지 요소들은 또 다른 설명을 제공한다. 가까운 관계에서 지지를 받는다고 느끼는 사람들—배려해주는 사람들과의 교제와 우정을 즐기는 사람—은 치료를 필요로 하거나 찾을 가능성이 더 적다(Frank, 1982; O'Connor & Brown, 1984).

요약하자면, 심리치료를 받으려는 사람들은 대개 호전된다. 또한 인간의 내적 자원과 서로를 돌보고자 하는 능력으로 인해 심리치료를 받지 않는 사람들도 호전된다. 치료자의 이론과 경험이 중요하기보다는, 심리치료를 받는 사람들은 그렇지 않은 사람들보다 더 빨리 호전된다. 구체적이고 특정한 문제를 가지고 있는 사람들일수록 더 빨리 호전되는 경향이 있다.

문화와 가치관은 심리치료에 어떤 영향을 미치는가?

모든 심리치료는 희망을 준다. 거의 모든 심리치료자들은 내담자의 민감성, 개방성, 개인적 책임감, 목적의식을 향상시키려고 노력한다(Jensen & Bergin, 1988). 그러나 문화나 가치에 따라 심리치료자들은 서로 다르며, 내담자들도 그렇다(Delaney et al., 2007; Kelly, 1990).

서로 다른 문화를 가진 치료자와 내담자가 만날 때 문제가 생길 수 있다. 예를 들어 북미, 유럽, 호주의 대부분의 심리치료자들은 개인주의를 반영하는데, 이것은 종종 개인 욕구와 정체성을 중요시한다. 아시아 문화에서 집단주의 관점을 지닌 내담자들은 사회와 가족의 책임감, 조화, 집단 목표를 중요하게 여긴다. 이러한 내담자들은 개인의 복지만을 고려하라는 치료자의 요구에 어려움을 경험하게 된다(Markus & Kitayama, 1991).

문화적 차이로 인해 일부 사람들은 정신건강 서비스를 이용하지 않으려 한다. '체면의 문화'에서는 강한 사람만이 인정받는다. 정신건강 서비스를 찾는 것은 이들에게는 약점을 인정하는 것으로 느껴질 수 있다(Brown et al., 2014b). 그리고 일부 소수 집단은 치료받기를 꺼리고, 치료를 조기 종료하는 경향이 있다(Broman, 1996; Chen et al., 2009; Sue, 2006). 한 실험에서 아시아계 미국인 내담자들은 (문화적 가치를 공유하지 않은 상담자보다는) 문화적 가치를 공유하는 상담자와 더 많이 공감하고, 유대감을 느꼈다(Kim et al., 2005).

내담자-심리치료자의 불일치는 종교적 가치에서 비롯될 수도 있다. 신앙심이 깊은 사람들은 자신의 가치관과 신념을 공유하는 치료자들을 선호하고 이들로부터 혜택을 받을 수 있다(Masters, 2010; Smith et al., 2007; Wade et al., 2006). 이들은 다른 가치관을 가지는 심리치료자와 정서적 유대를 맺는 데 어려움을 경험하기도 한다.

정신건강 전문가 찾기

모든 사람에게 있어서 삶은 평온함과 스트레스, 축복과 상실, 좋은 기분과 나쁜 기분의 혼합이다. 그렇다면 우리는 언제 정신건강 전문가의 도움을 찾아야 할까? 미국심리학회는 다음과 같은 일반적인 문제 신호를 보여준다.

- 절망감
- 심각하고 지속적인 우울
- 물질남용과 같은 자기파괴적 행동
- 일상생활에 지장을 주는 공포
- 급작스러운 기분 변화
- 자살사고
- 손 씻기와 같은 강박적 의식 절차
- 성적 어려움

Steve Szydlowski/KRT/Newscom

배려하는 관계 이 사진처럼 함선에서 일하는 군목과 같은 유능한 상담자는 사람들과 신뢰할 수 있는 유대관계를 형성한다.

• 다른 사람들은 경험하지 않는 것을 보거나 듣는 것

심리치료자를 찾을 때, 당신은 2~3명과 예비 만남을 갖고 싶을 수 있다. 대학 건강 센터가 좋은 시작점이 되며 이들은 무료 서비스를 제공한다. 만남에서 당신은 문제를 설명하고 각 치료자의 치료적 경향을 알 수 있다. 치료자가 갖는 가치와 자격, 그리고 비용에 대해 질문할 수 있다(**표 14.2**). 그리고 각 치료자에 대한 당신의 감정을 생각해볼 수 있다. 치료자와 내담자 간의 정서적 유대는 효과적인 치료에서 가장 중요한 요소일 것이다.

표 14.2 치료자와 훈련

유형	기술
임상심리학자	대부분 철학박사(연구 훈련을 포함) 또는 심리학 박사(치료에 초점) 학위를 가지는 심리학자이며, 슈퍼비전을 받는 수련과 박사후 연수가 추가된다. 이들 중 반은 기관이나 시설에서 일하며, 반은 개인 센터에서 일을 한다.
정신과 의사	정신과 의사들은 심리장애 치료를 전공한 의사들이다. 모든 정신과 의사들이 심리치료에 대한 폭넓은 훈련을 받은 것은 아니지만, 약물 처방을 할 수 있다. 따라서 이들은 심각한 문제를 가진 개인들을 진찰하는 경향이 있다. 많은 정신과 의사들이 개인 병원을 운영한다.
임상 또는 정신과 사회복지사	2년제 사회복지 대학원 석사과정을 졸업하고 석사후 슈퍼비전을 받으면 심리치료를 할 수 있으며, 대부분은 개인적 문제 혹은 가정 문제를 다룬다. 이들 중 절반이 국가공인 사회복지사인 임상 사회복지사 자격을 취득한다.
상담가	결혼과 가족상담가는 가족관계에서 발생하는 문제를 전문적으로 다룬다. 목회상담가는 수없이 많은 사람들을 상담한다. 학대/남용 상담가는 물질을 남용하는 사람과 배우자 및 아동을 학대하는 사람과 그 피해자를 상담한다. 정신건강과 다른 영역을 다루는 상담가들은 2년의 석사과정이 요구된다.

미국심리학회는 강력한 치료 동맹의 중요성을 인식하고 다양한 문화적 배경을 지닌 내담자들과 잘 지낼 수 있는 다양한 문화적 배경을 가진 치료자들을 환영한다. 미국심리학회는 문화적 민감성(예 : 다양한 가치와 의사소통방식 및 언어)을 훈련시키고, 소수 문화의 사람들을 모집하는 프로그램을 인증한다.

생의학적 치료

심리치료는 심리장애를 치료하는 한 가지 방법이다. 또 다른 방법은 **생의학적 치료**이다. 생의학적 치료는 약물을 통해 뇌의 화학작용을 바꾼다거나 전기 자극, 자기 충격 또는 정신외과적 수술로 뇌의 신경회로를 변화시키고, 생활방식에 대한 뇌의 반응을 변화시키는 것이다.

이 목록에 생활방식이 들어 있어서 놀라지 않았는가? 우리는 심리적 영향과 생물학적 영향을 종종 구분하여 이야기하지만, 심리적인 문제들은 동시에 생물학적 문제이기도 하다. 심리치료를 통해 강박장애나 조현병과 관련된 문제가 감소하면, PET 스캔 영상을 통해 우리는 더 안정된 뇌 상태를 볼 수 있다(Habel et al., 2010; Schwartz et al., 1996). 우리가 먹는 음식이나 참여하는 활동과 환경, 일상생활양식은 어떠한가? 이러한 선택들이 치료적일 수 있을까? ('비판적으로 사고하기 : 치유적인 생활방식으로의 변화' 참조)

이 영향은 쌍방향이다. 모든 사고와 감정은 기능하는 뇌에 달려 있다. 모든 창의적 아이디어, 매 순간의 기쁨이나 분노, 모든 우울한 기간은 살아 있는 두뇌의 전기화학적 활동에서 비롯된다.

약물치료

지금까지, 오늘날 가장 널리 사용되는 생의학적 치료는 약물치료이다. 불안과 우울증에 사용되는 약물은 주치의에 의해 가장 많이 처방되며, 정신과 의사들이 그다음이고, 몇 개의 주에서는 심리학자들이 처방을 한다. 1950년대 이후 약물치료는 심리치료에 새로운 장을 써왔다. 약물치료와 공동체 정신건강 프로그램의 지원 덕분에, 오늘날 미국의 주립 및 지역사회 정신병원의 입원환자 수는 반세기 전 수준으로 떨어졌다. 그러나 항우울제를 처방받은 미국인의 수는 10년 만에(1996년에서 2005년까지) 1,300만 명에서 2,700만 명으로 2배 늘어났다(Olfson & Marcus, 2009).

약물치료를 포함한 거의 모든 새로운 치료법은 분명히 향상되는 것처럼 보이기 때문에 처음에는 많은 사람들에게 열정적으로 환영받는다. 그러나 이러한 열정은 면밀한 조사에 의해 점점 줄어든다.

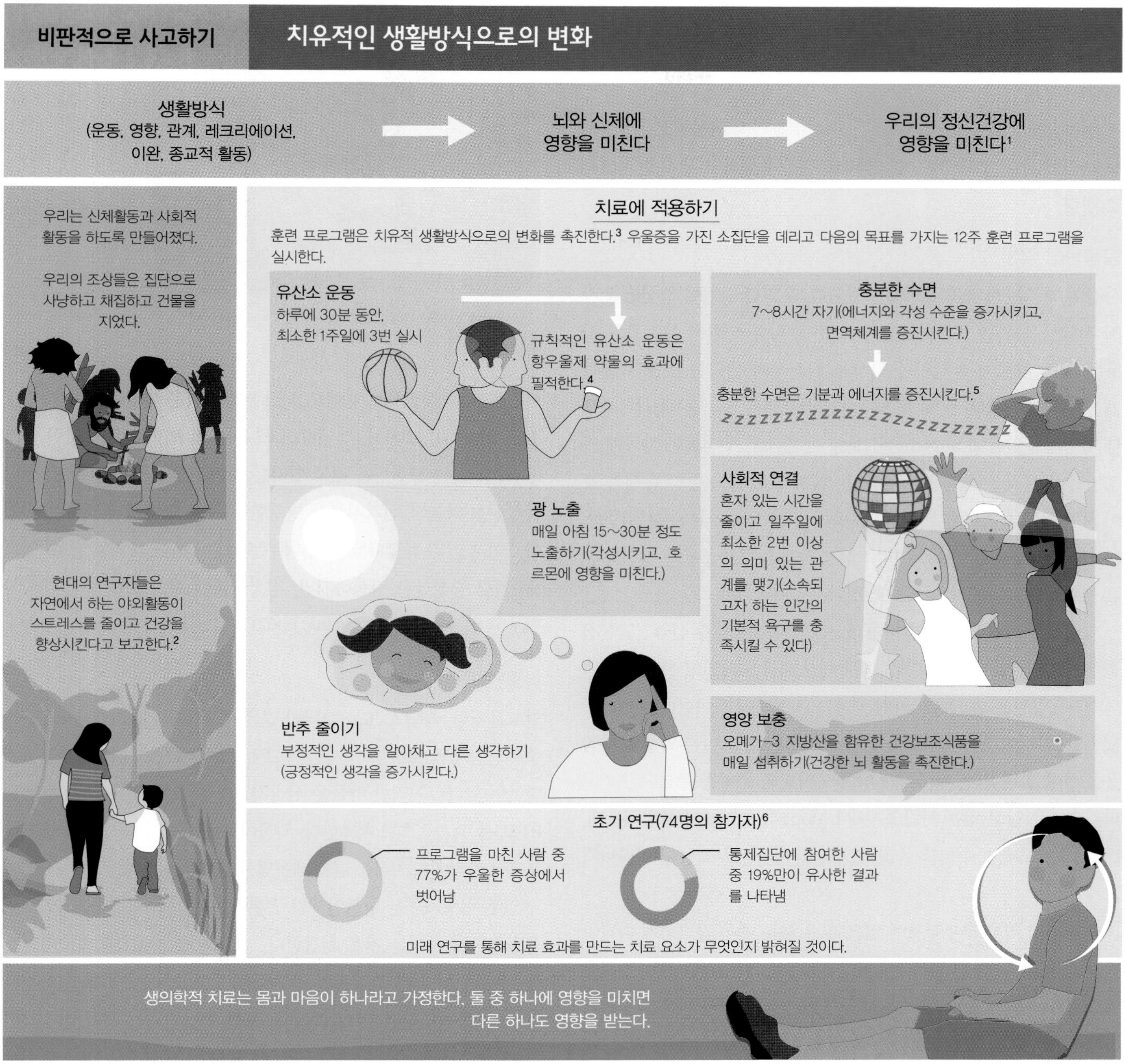
비판적으로 사고하기
치유적인 생활방식으로의 변화
생활방식
(운동, 영향, 관계, 레크리에이션,
이완, 종교적 활동)
뇌와 신체에
영향을 미친다
우리의 정신건강에
영향을 미친다1
우리는 신체활동과 사회적
활동을 하도록 만들어졌다.
우리의 조상들은 집단으로
사냥하고 채집하고 건물을
지었다.
현대의 연구자들은
자연에서 하는 야외활동이
스트레스를 줄이고 건강을
향상시킨다고 보고한다.2
치료에 적용하기
훈련 프로그램은 치유적 생활방식으로의 변화를 촉진한다.3 우울증을 가진 소집단을 데리고 다음의 목표를 가지는 12주 훈련 프로그램을 실시한다.
유산소 운동
하루에 30분 동안,
최소한 1주일에 3번 실시
규칙적인 유산소 운동은
항우울제 약물의 효과에
필적한다.4
충분한 수면
7~8시간 자기(에너지와 각성 수준을 증가시키고,
면역체계를 증진시킨다.)
충분한 수면은 기분과 에너지를 증진시킨다.5
ZZZZZZZZZZZZZZZZZZZZZZZZZZ
광 노출
매일 아침 15~30분 정도
노출하기(각성시키고, 호
르몬에 영향을 미친다.)
사회적 연결
혼자 있는 시간을
줄이고 일주일에
최소한 2번 이상
의 의미 있는 관
계를 맺기(소속되
고자 하는 인간의
기본적 욕구를 충
족시킬 수 있다)
반추 줄이기
부정적인 생각을 알아채고 다른 생각하기
(긍정적인 생각을 증가시킨다.)
영양 보충
오메가-3 지방산을 함유한 건강보조식품을
매일 섭취하기(건강한 뇌 활동을 촉진한다.)
초기 연구(74명의 참가자)6
프로그램을 마친 사람 중
77%가 우울한 증상에서
벗어남
통제집단에 참여한 사람
중 19%만이 유사한 결과
를 나타냄
미래 연구를 통해 치료 효과를 만드는 치료 요소가 무엇인지 밝혀질 것이다.
생의학적 치료는 몸과 마음이 하나라고 가정한다. 둘 중 하나에 영향을 미치면
다른 하나도 영향을 받는다.

1. Sánchez-Villegas et al., 2015; Walsh, 2011. 2. MacKerron & Mourato, 2013; NEEF, 2015; Phillips, 2011. 3. Ilardi, 2009. 4. Babyak et al., 2000; Salmon, 2001; Schuch et al., 2016. 5. Gregory et al., 2009; Walker & van der Helm, 2009. 6. Ilardi, 2009, 2016.

새로운 치료의 효과를 판단하기 위해서는 다음과 같은 사항을 알 필요가 있다.

- 치료받지 않은 사람들도 나아지는가? 만약 그렇다면, 얼마나 많고 얼마나 빠른가?
- 약물 또는 위약효과 때문에 회복이 이루어졌는가? 환자와 정신건강 분야 종사자가 긍정적인 결과를 기대하기 때문에, 실제 효과가 발생한 것이 아니라 단지 기대하는 효과가 나타난 것처럼 보일 수 있다. 추정되는 약물 효과를 광고로 보는 것만으로도 약물 효과를 증가시킬 수 있는 것으로 보인다(Kamenica et al., 2013).

신약을 시험할 때 이러한 영향을 통제하기 위해, 연구원들은 환자들의 절반에게는 약물을, 다른 절반에게는 유사하게 보이는 위약을 준다. 연구원이나 환자 모두 누가 어떤 약을 받을지 모르기 때문

에 이것을 **이중은폐 기법**(double-blind technique)이라고 부른다. 이중은폐 연구를 통해 몇몇 약물이 효과적으로 심리장애를 치료할 수 있다는 것을 알 수 있다.

심리장애 치료에 가장 흔하게 쓰이는 네 가지 약물치료는 **항정신성 약물, 항불안제, 항우울제, 기분안정제**로 각각에 대해 자세히 살펴보기로 한다.

항정신성 약물

사건이 때로는 혁명을 일으키는 것처럼, 우연한 발견이 정신병을 가진 사람들을 위한 치료혁명을 일으켰다. 다른 의학적 목적으로 사용된 어떤 약물이 환각이나 망상을 진정시켜 준다는 것을 우연하게 발견하게 되었다. 클로르프로마진(상표명은 소라진)과 같은 1세대 **항정신성 약물**(antipsychotic drug)은 환자가 부적절한 자극에 과잉반응하는 것을 줄여준다. 이것은 환청과 편집증 등의 증세를 보이는 조현병 환자에게 가장 큰 도움이 된다(Lehman et al., 1998; Lenzenweger et al., 1989). (항정신성 약물은 무관심이나 철수와 같은 조현병의 증상을 효과적으로 변화시키지는 못한다.)

항정신성 약물은 어떻게 작용하는가? 이것은 특정 신경전달물질을 모방한다. 일부는 수용체를 점유함으로써 도파민의 활성을 차단한다. 이 발견은 과도한 도파민 체계가 조현병에 기여한다는 견해를 뒷받침한다. 이 견해를 지지하는 추가적인 발견은 다른 약물의 부작용을 통해 밝혀졌다. 지나치게 낮은 도파민의 분비를 촉진하기 위해 파킨슨병을 앓고 있는 사람들에게 L-dopa라는 약물이 처방되는데, L-dopa는 도파민 수치를 올리지만, 환각이라는 부작용이 나타나기도 한다.

항정신성 약물도 부작용이 있으며, 일부는 매우 강력하게 나타난다. 이 약물들은 파킨슨병과 유사할 정도로 느린 운동, 떨림, 경련을 일으킬 수 있다(Kaplan & Saddock, 1989). 항정신성 약물을 장기간 사용하면 무의식적으로 얼굴 근육이 움직이고(찡그리는 것처럼), 혀와 사지가 움직이는 **지연성 운동장애**(tardive dyskinesia)가 나타날 수 있다. 조현병 증상을 통제하는 데 1세대 약물보다 더 효과적이지는 않지만, 리스페리돈, 올란자핀과 같은 신세대 항정신성 약물은 심각한 조현병 증상을 경감시키면서 부작용은 적게 나타난다(Furukawa et al., 2015). 그러나 이러한 약물들은 비만과 당뇨의 위험을 증가시킬 수 있다(Buchanan et al., 2010; Tiihonen et al., 2009).

이러한 단점에도 불구하고 항정신성 약물은 생활기술 프로그램과 가족 지지와 결합하여 조현병을 겪고 있는 많은 사람들에게 새로운 희망을 주었다(Guo et al., 2010). 수십만 명의 환자들이 정신

"만약 이 약이 걱정을 덜어드리는 데 도움이 되지 않는다면, 가짜약입니다."

병원을 떠나 직장으로 돌아오고 정상에 가까운 생활을 하게 되었다(Leucht et al., 2003). 서던캘리포니아대학 법학교수인 엘린 삭스(Elyn Saks)는 조현병을 겪고 있다는 것이 무엇을 의미하는지 안다. 항정신성 약물과 심리치료를 병행한 치료가 그녀에게 도움이 되었다. "이제 거의 괜찮아졌어요. 대부분 맑은 정신으로 생각할 수 있어요. 가끔 증상들을 경험하지만, 정상상태에 있기 위해 항상 증상과 싸우고 있지는 않아요"(Sachs, 2007).

항불안제

알코올처럼, 자낙스 또는 아티반 같은 **항불안제**(antianxiety drug)는 중추신경계의 활동을 억제한다(그러므로 알코올과 함께 사용하지 말아야 한다). 이러한 약물은 심리치료와 함께 불안장애, 강박장애, PTSD를 효과적으로 치료한다. 약물치료는 사람이 무서운 상황과 공포유발 자극에 대처하는 법을 배우면서 불안감을 가라앉힌다.

일부 비평가들은 항불안제가 근본적인 문제를 해결하지 않고 증상만을 감소시키는 것을 걱정한다. 긴장의 첫 신호 때마다 '자낙스를 복용하는 것'은 즉각적인 안도감을 제공할 수는 있지만, 이것은 불안할 때마다 약을 먹게 만든다. 또한 항불안제는 중독성이 강하다. 약물 복용을 중단할 경우 증가된 불안감, 불면증 등의 금단증상을 경험할 수 있다.

항우울제

항우울제(antidepressant drug)는 우울증 상태에서 사람들의 쳐진 기분을 끌어올릴 수 있으며, 현재 불안장애, 강박장애, PTSD를 치료하는 데 사용되고 있다(Wetherell et al., 2013). 이 약물은 노르에피네프린이나 세로토닌의 사용 가능성을 증가시킴으로써 효과를 낸다. 이러한 신경전달물질은 각성과 정서를 촉진하는데, 우울증이나 불안감을 경험하고 있을 때 그 양이 줄어들어 있다.

프로작(Prozac)과 비슷한 효과를 가지는 졸로프트(Zoloft), 팍실(Paxil)은 가장 흔하게 처방되는 항우울제로, 세로토닌 분자들이 두뇌의 시냅스에 남아 있는 시간을 연장함으로써 기운을 북돋는다. 이 약물들은 세로토닌의 정상적인 재흡수를 차단한다(제2장의 그림 2.4를 보라). 이러한 약물들은 **세로토닌 재흡수 억제제**(SSRI)로 불린다. 왜냐하면 이 약물들이 시냅스에서 세로토닌의 재흡수를 차단하기 때문이다.

일부 전문가들은 다른 항우울제보다 SSRI를 선호한다(Jakubovski et al., 2015; Kramer, 2011). SSRI는 몇 시간이 지나면 바로 영향이 나타나기 시작한다. 하지만 완전한 심리적 효과는 4주가 걸릴 수도 있다. 아마도 이 약물들이 새로운 뇌세포의 생성을 촉진하기 때문일 것이다(Becker & Wojtowicz, 2007; Jacobs, 2004). 연구자들은 빠르게 작용하는 항우울제를 탐색하고 있다(Grimm & Scheidegger, 2013; McGirr et al., 2015; Naughton et al., 2014).

약물이 우리의 기분을 끌어올리는 유일한 방법은 아니다. 유산소 운동은 불안한 사람들을 진정시키고, 우울한 사람들에게 활력을 주는 등 예상치 못한 긍정적 효과를 이들에게 제공한다. 부정적인 사고방식을 바꾸는 데 도움이 되는 인지치료는 약물로 인한 우울증 완화 효과를 높이고 재발을 줄일 수 있다(Hollon et al., 2002; Keller et al., 2000; Vittengl et al., 2007). 즉 인지행동치료는 일반적인 원칙에서 세부사항으로 접근하여 사고 과정을 바꾸는 데 효과가 있으며, 항우울제는 세부사항에서 일반적인 원칙으로 접근하여 감정을 일으키는 변연계에 영향을 미친다(Cuijpers et al., 2010; Hollon et al., 2014; Kennard et al., 2014; Walkup et al., 2008).

우울증을 겪고 있는 사람들은 항우울제 복용 한 달 후에 종종 증세가 나아지는데, 자연회복과 위약효과와 비교하면 그 효과는 생각보다 크지 않다(Kirsch, 2010; Kirsch et al., 2002, 2014; Kirsch & Sapirstein, 1998). 이중은폐 임상 실험에서, 위약은 활성 약물 효과의 약 75% 정도였으며, 후속 연구를 통해 항우울제 효과는 보통 정도로 나타났다(Kirsch et al., 2008). 다만 심각한 우울증을 겪고 있는 사람들에게는 항우울제가 효과적이었다(Fournier et al., 2010; Kirsch et al., 2008; Olfson & Marcus, 2009). "이러한 결과를 감안할 때, 대안적 치료가 실패하지 않는 한, 가장 심각한 우울증을 겪고 있는 환자를 제외하고는 항우울제를 처방할 이유가 거의 없어 보인다"고 한 연구자는 결론지었다(BBC, 2008).

기분안정제

기분안정제인 데파코테(Depakote)는 원래 간질치료에 사용되었다. 이 약물은 또한 양극성장애와 관련된 조증삽화장애를 통제하는 데 효과적이다. 또한 소금 결정체인 리튬은 양극성장애의 감정적 변화를 효과적으로 치료한다. 호주 의사인 존 케이드(John Cade)는 1940년대에 심한 조증을 보이는 환자에게 리튬을 처방하자 일주일도 지나지 않아 완치 효과가 나타났다고 보고하였다(Snyder, 1986). 이유는 모르지만, 리튬은 양극성장애에 효과가 있다. 양극성장애를 겪고 있는 10명 중 7명이 소금을 매일 장기적으로 복용하여 혜택을 받고 있다(Solomon et al., 1995). 이들의 자살위험은 리튬을 복용하지 않는 양극성장애를 겪는 사람들의 1/6이다(Oquendo et al., 2011). 케이 레드필드 재미슨(1995, pp. 88-89)은 그 효과를 다음과 같이 설명했다.

> 리튬은 유혹적이지만 재앙적인 심적 황홀경을 차단하고, 우울증을 감소시키며, 실타래처럼 얽혀 있는 생각을 풀어주고, 느긋하게 해주며, 부드럽게 만들어주고, 나의 경력과 인간관계를 손상시키지 않도록 해주며, 병원에서 퇴원하게 해주고, 심리치료가 가능하게 해준다.

뇌 자극

전기충격요법

전기충격요법(electro convulsive therapy, ECT)은 뇌에 충격을 가함으로써 뇌를 조절한다. 전기충격요법이 1938년에 처음 소개되었을 때, 마취하지 않은 환자에게 100볼트의 전기충격을 주었다. 심한 경련과 짧은 혼수상태를 일으킨 이 절차는 야만적인 이미지를 얻었다. 이러한 이미지가 여전히 남아 있지만, 오늘날의 전기충격요법은 더 친절하고 온화하다. 환자는 경련을 막기 위해 전신마취와 근육 이완제를 처방받는다. 그런 다음 정신과 의사가 환자의 뇌에 30~60초 동안 전기충격을 가한다(**그림 14.5**). 30분 안에 환자는 깨어나며, 치료나 이전의 몇 시간은 기억하지 못한다.

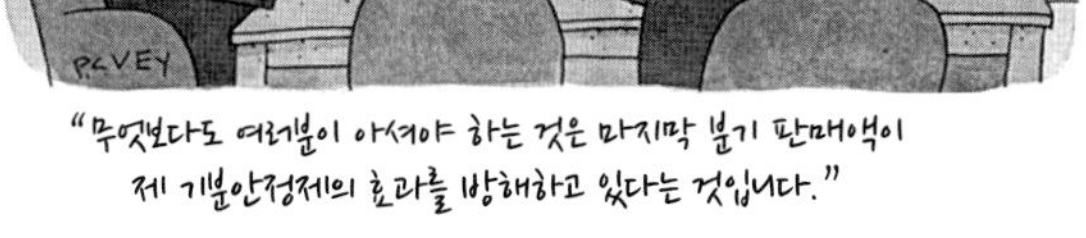

"무엇보다도 여러분이 아셔야 하는 것은 마지막 분기 판매액이 제 기분안정제의 효과를 방해하고 있다는 것입니다."

당신에게 혹은 당신이 사랑하는 사람에게 전기충격요법을 사용하는 데 동의하는가? 결정은 어려울 수 있어도 치료는 효과가 있다. 수많은 연구들이 약물치료에 효과가 없었던 심각한 우울증 환자들에게 전기충격요법이 효과적이라는 것을 확인시켜주고 있다(Bailine et al., 2010; Fink, 2009; Lima et al., 2013; Medda et al., 2015). 2~4주 동안 매주 3회기의 치료를 받은 후에, 전기충격요법을 받았던 환자 중 70%는 현저하게 호전되었다. 치료 기간 동안 약간의 기억상실이 나타나지만 특별한 뇌손상은 보이지 않는다(Bergsholm et al., 1989; Coffey, 1993). 오늘날 전기충격요법은 이전 기법보다 기억손상을 덜 일으킨다(HMHL, 2007). 전기충격요법은 또한 자살사고를 줄이고 많은 사람들의 생명을 구하고 있다(Kellner et al., 2005). 미국의학회지는 이렇게 결론짓는다. "심각한 우울증을 치료하는 데 있어서 전기충격요법은 모든 의학적 치료 중에서 가장 긍정적인 효과를 보이는 치료 중 하나다"(Glass, 2001).

전기충격요법은 어떻게 심각한 우울증을 완화하는가? 75년이 넘었지만 아무도 이유를 확신하지 못한다. 혹자는 전기충격요법을 천연두 백신과 비교하는데, 이 백신은 어떻게 작용하는지 밝혀지기 전부터 생명을 구하고 있었다. 아마도 짧은 전류가 우울증을 유발하는 과잉활동하는 신경중추를 안정시키는 것 같다. 일부 연구에 따르면 전기충격요법은 '과연결된' 신경중추의 연결을 약화시킴으로써 작동한다고 보고하였다(Perrin et al., 2012).

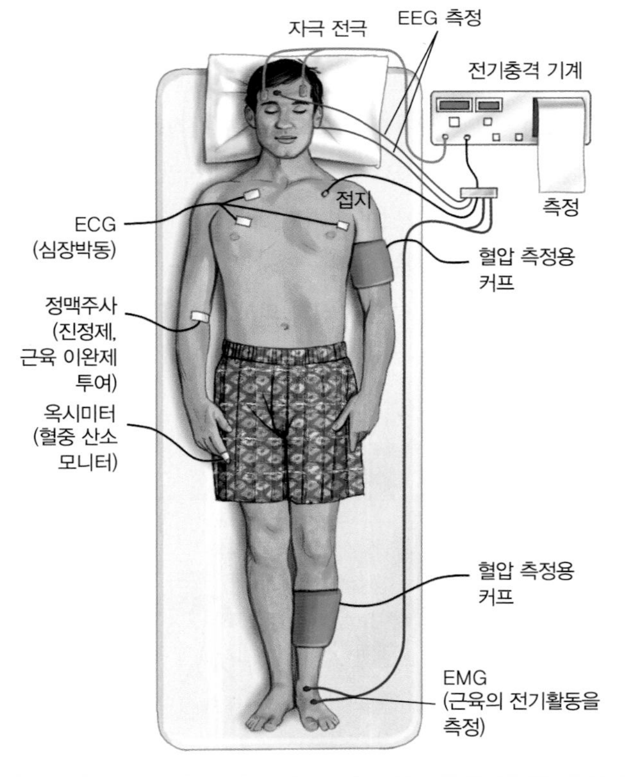
자극 전극
EEG 측정
전기충격 기계
접지
측정
ECG
(심장박동)
혈압 측정용
커프
정맥주사
(진정제,
근육 이완제
투여)
옥시미터
(혈중 산소
모니터)
혈압 측정용
커프
EMG
(근육의 전기활동을
측정)

그림 14.5 전기충격요법 논란거리이긴 하나, 약물치료에 반응하지 않는 우울증 환자에게 전기충격요법은 종종 효과적이다.

결과가 매우 인상적이더라도, 전기충격요법이 작용하는 이유를 여전히 모르면서 사람의 뇌에 전기충격을 준다는 아이디어는 전기충격을 야만적인 것으로 보이게 한다. 게다가 기분 상승이 오래 지속되지 않을 수 있다. 전기충격요법을 받은 환자 10명 중 4명 정도가 약물치료 유무에 상관없이 6개월 안에 우울증이 재발했다(Kellner et al., 2006; Tew et al., 2007).

그럼에도 불구하고 많은 정신과 의사들과 환자들의 마음속에 전기충격요법은 심각한 우울증의 고통의 비극, 괴로움, 자살의 위험보다는 덜 심각하다. 심각한 우울증을 앓았던 한 심리학자는 전기충격요법을 통해 완화된 후 '2주 만에 기적이 일어났다'고 보고하였다(Endler, 1982).

대안적 신경자극치료

두 가지 대안적인 신경자극 기법인 자기자극법과 뇌심부자극법이 우울한 뇌를 치료한다.

자기자극법 사람의 두개골에 가까이에 위치한 자석 코일을 통해 자기장을 반복적으로 흘려보냄으로써 우울한 기분을 개선할 수 있다(**그림 14.6**). 이러한 무통증 절차—**반복적 경두개 자기자극**(repetitive transcranial magnetic stimulation, rTMS)—는 몇 주에 걸쳐 마취 없이 환자에게 실시한다. 전기충격요법과는 다르게, 두통을 제외하고는 rTMS 절차는 기억 손상이나 다른 부작용을 일으키지 않는다.

rTMS가 항우울제 역할을 한다는 것을 발견했지만(Lepping et al., 2014), 이것이 어떻게 작용하는지는 분명하지 않다. 한 가지 가능한 설명은 우울할 때 상대적으로 비활성화되는 뇌의 좌전두엽 영역을 활성화시킨다는 것이다(Helmuth, 2001). 반복적인 자극은 장기적인 강화 과정을 통해 신경 세포가 새로운 연결망을 만들도록 할 수 있다(장기적인 강화 과정은 제7장에서 더 찾아볼 수 있다). rTMS가 우울증상을 감소시킨다는 것에 동의하지 않는 연구자들도 있지만(De Raedt et al., 2015), 후속연구를 통해 rTMS의 작동 원리가 밝혀질 것이다.

뇌심부자극 약물과 전기충격요법에 효과를 보이지 않은 우울증 환자들은 뇌의 우울한 부위에 초점을 맞춘 실험적 치료를 통해 효

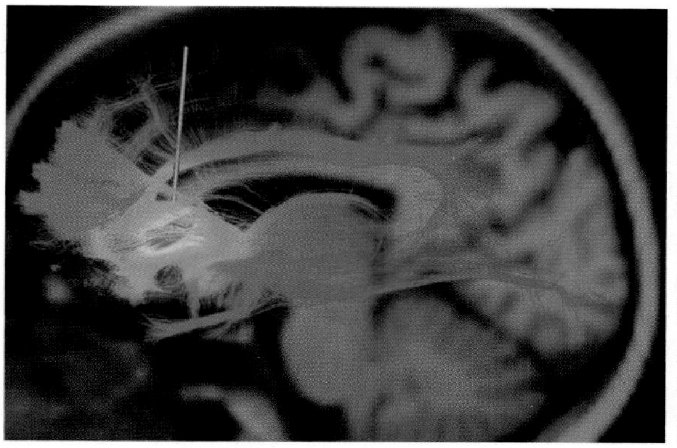
Helen Mayberg, M.D. Psychiatric Neuroimaging and Therapeutics, The Mayberg Lab at Emory University, Atlanta, GA/V. J. Wedeen and L. L. Wald/ Athinoula A. Martinos Center For Biomedical Imaging and The Human Connectome Project, Boston, MA

우울증 스위치? 우울증이 있는 환자와 없는 환자의 뇌를 비교함으로써, 연구자인 헬렌 메이버그(Helen Mayberg)는 우울하거나 슬플 때 활성화되는 영역을 확인하였다(붉은색 부분). 뇌심부자극을 통해 이러한 활동을 완화할 수 있다.

과를 보았다. **뇌심부자극**(deep brain stimulation)은 우울증을 조절하는 조율장치(pacemaker)를 이용한다. 조율장치를 통해 부정적인 감정과 사고에 관여하는 뇌 부위에 전극을 이식한다(Lozano et al., 2008; Mayberg et al., 2005). 뇌심부자극은 그러한 뇌 영역의 활동을 억제한다. 뇌심부자극을 통해 환자들은 우울증이 호전되거나, 약물이나 심리치료에 잘 반응하게 되었다.

뇌심부자극은 다른 심리적 문제를 가진 사람들에게도 사용될 수 있는 가능성을 보여준다. 연구자들은 이 기법이 강박장애, 약물 및 알코올 중독을 완화할 수 있는지 연구하고 있다(Corse et al., 2013; Kisely et al., 2014; Luigjes et al., 2012).

정신외과수술

정신외과수술(psychosurgery)은 사고와 행동을 바꾸기 위해 뇌 조직을 제거하거나 파괴하는 수술이다. 이 효과는 되돌릴 수 없기 때문에, 가장 적게 사용되는 생의학적 치료이다.

1930년대에 포르투갈 외과 의사인 에가스 모니즈(Egas Moniz)는 잘 알려진 정신외과수술법인 **전두엽 절제술**(lobotomy)을 개발하였다. 그는 (또한 다른 신경외과 의사) 통제할 수 없을 정도로 감정적이고 폭력적인 환자를 진정시키기 위해 사용했다. 투박하나 상대적으로 쉽고 저렴한 전두엽 절제술은 10분밖에 걸리지 않았다.

- 1단계 : 쇼크로 환자를 혼수상태에 빠트린다.
- 2단계 : 안구를 통해 얼음을 깨는 송곳과 같은 장치를 뇌에 집어넣는다.
- 3단계 : 장치를 움직여 정서조절 센터와 전두엽을 연결하는 신경망을 자른다.

심각한 상태에 놓여 있던 수만 명의 사람들이 1936~1954년 사이에 전두엽 절제술을 받았으며, 미국에서만 약 3만 5,000명의 사람들이 전두엽 절제술을 받았다.

모니즈는 이러한 업적으로 노벨상을 받았다(Valenstein, 1986). 하지만 오늘날 전두엽 절제술은 더 이상 실시되지 않는다. 이러한 기법의 의도는 감정을 사고에서 분리하는 것이었고, 실제로 고통이나 긴장을 줄여주었다. 그러나 그 효과는 종종 극단적이어서, 사람들을 영구적으로 무기력하고 미성숙하고 창의적이지 못하게 했다. 1950년대에 안정제가 등장하면서 정신외과수술은 사라졌다. 코미디언 W. C. 필즈는 종종 "나는 전두엽 절제술을 받느니 술 한 병을 마시겠다"고 말했다.

오늘날은 정밀하고 미세한 정신외과수술이 일부 극단적인 경우에만 사용되고 있다. 예를 들어 통제할 수 없는 발작으로 고통 받는 환자에게 의사는 발작을 일으키거나 전달하는 특정 신경 영역을 파괴할 수 있다. 심각한 강박장애를 겪는 환자의 신경 회로를 차단하기 위해 MRI를 통해 이러한 수술이 시행되기도 한다(Carey, 2009, 2011; Sachdev & Sachdev, 1997). 이러한 절차는 비가역적이기 때문에 최후의 수단으로만 사용된다.

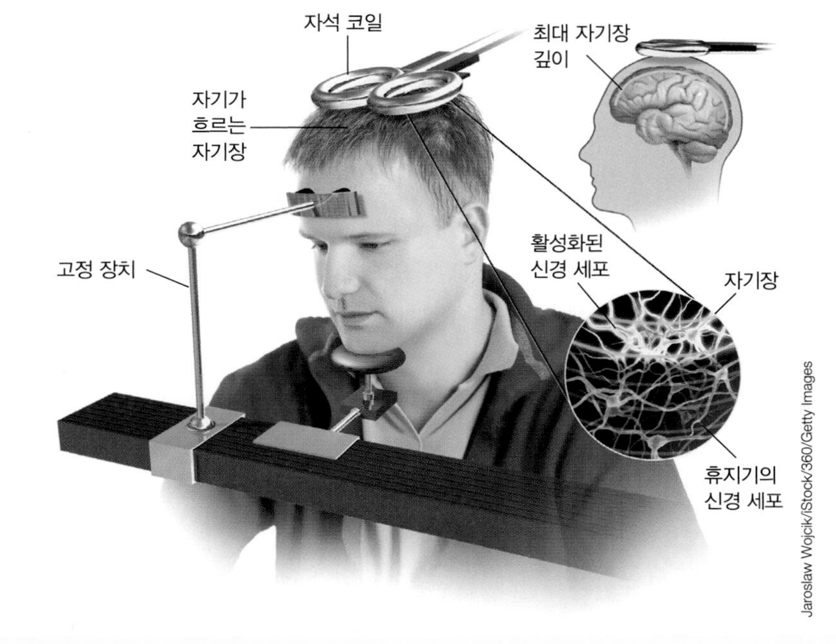
자석 코일
최대 자기장 깊이
자기가 흐르는 자기장
고정 장치
활성화된 신경 세포
자기장
휴지기의 신경 세포
Jaroslaw Wojcik/iStock/360/Getty Images

그림 14.6 마음을 위한 자석 반복적 경두개 자기자극(rTMS)은 두개골을 통해 통증이 없는 자기장을 뇌와 뇌표면으로 보낸다. 자기자극은 다양한 뇌 부위의 활동을 변화시키는 데 사용된다.

New York Times Co./Getty Images

실패한 전두엽 절제술 1940년에 찍은 이 사진은 당시 22세였던 로즈마리 케네디(중앙)가 남동생 존(미래의 미국 대통령), 여동생 진과 함께 있는 모습을 보여준다. 1년 후에 그녀의 아버지는 의학적 권유에 따라 폭력적 기분의 오르내림을 제어할 것이라고 기대한 전두엽 절제술을 승낙했다. 이 수술은 로즈마리가 2005년 86세의 나이로 사망할 때까지 유아의 정신수준에 머무른 채 63년 동안 병원에 갇혀 있게 만들었다.

심리장애의 예방과 회복탄력성 구축

심리치료와 생의학적 치료는 개인 안에서 심리장애의 원인을 찾아내려고 한다. 우리는 잔인하게 행동하는 사람은 잔인하고 '미친' 행동을 하는 사람은 '병자'가 틀림없다고 가정한다. 우리는 낙인효과를 통해 이들을 '정상적인' 사람들과 분리한다. 이들에게 자신의 문제에 대한 통찰을 제공하고, 사고방식을 변화시키며, 약물을 복용하도록 하여 우리는 '비정상적인' 사람들을 치료할 수 있다.

우리는 혼란스럽고 스트레스로 가득 찬 사회에 대한 반응으로서 심리장애를 바라볼 수 있다. 이러한 관점에서 보면 그 사람뿐만 아니라, 그 사람이 속한 사회적 맥락 또한 치료가 필요하다. 열악한 상황을 개혁하고 사람들의 대처 능력을 개발함으로써 정신건강문제를 예방하는 것이 정신건강문제가 일어나기를 기다렸다가 치료하는 것보다 훨씬 낫다.

예방적 정신건강

물에 빠진 사람을 구조하는 이야기는 예방이 무엇인지 알려준다. 첫 희생자를 성공적으로 응급치료한 구조대원은 물에 빠진 다른 사람을 발견하고 그 사람 또한 구조한다. 몇 번을 반복한 후에 구조대원은 갑자기 자리에서 일어나서 어디론가 달려간다. "다른 사람들을 구조하지 않을 겁니까?"하고 지나가는 사람이 물으면, 구조대원은 이렇게 대답한다. "하지 않을 겁니다. 상류로 가서 무슨 일이 일어나고 있는지 알아볼 겁니다".

예방적 정신건강 관리는 상류에서 하는 작업이다. 이는 심리장애를 초래하는 조건들을 찾아내서 제거하는 것을 목표로 한다. 가난, 무의미한 직업, 끊임없는 비판, 실업, 인종차별, 성차별은 개인의 자신감, 자기통제, 자아존중감을 약화시킬 수 있다(Albee, 1986, 2006). 이러한 스트레스는 우울증, 알코올사용장애, 자살의 위험성을 증가시킨다.

심리학자인 조지 앨비(George Albee)는 심리적 피해자를 예방하기 위해서, 스트레스가 많은 상황을 통제하거나 제거하는 프로그램을 지원해야 한다고 말했다. 우리는 고통 받는 사람이 아니라 건강한 사람에게 백신을 투여함으로써 천연두를 퇴치했다. 우리는 모기를 통제함으로써 황열병을 정복했듯이, 모기를 없애는 것보다 늪을 없애는 것이 더 효과적이다.

심리적 문제를 예방한다는 것은 무기력을 학습한 사람들에게 통제권을 주고, 외로움을 낳는 환경을 변화시키는 것을 의미한다. 또한 취약한 가족관계를 다시 회복시키며, 아동의 자신감을 키워주고 아동의 능력을 믿어주도록 부모와 교사를 격려하는 것이다. 간단히 말해서, "삶의 조건을 개선하고, 삶을 보다 충만하고 의미 있는 것으로 만들려는 모든 조치는 정신적 혼란과 정서적 갈등의 일차적 예방으로 간주할 수 있다"(Kessler & Albee, 1975, p. 557). 예방은 종종 이중보상을 제공한다. 삶의 의미를 중요시하는 사람들은 대인관계 지향적이다(Stillman et al., 2011). 삶의 의미에 대한 중요성을 강화할 수 있다면, 이들을 적극적인 동반자로 성장시키면서 동시에 이들의 외로움도 경감시킬 수 있을 것이다.

상류에서 일하는 사람들을 **지역사회 심리학자**라고 할 수 있을 것이다. 사람들이 환경과 어떻게 상호작용하는지 염두에 두고, 이들은 정신건강을 지원하는 환경을 만드는 데 초점을 맞춘다. 연구와 사회적 활동을 통해, 지역사회 심리학자들은 사람들에게 통제권을 주고, 그들의 능력과 건강 그리고 웰빙을 향상시키는 것을 목표로 한다.

회복탄력성 구축

우리는 생활방식의 변화가 심리장애를 경감시킬 수 있다는 것을 보아왔다. 이러한 변화가 개인의 **회복탄력성**(resilience)—스트레스에 대처하고 역경에서 회복하는 능력—을 구축함으로써 장애를 예방할 수 있을까?

예상하지 못한 충격적인 사건에 직면한 대부분의 성인들은 회복

표 14.3 치료적 접근법 비교

치료	가정하는 문제	치료 목표	치료 기법
정신역동	어린 시절의 무의식적 갈등	자기통찰을 통해 불안을 감소시킨다.	환자의 기억과 감정을 해석한다.
인간 중심	자기이해와 자기수용을 가로막는 장애물	무조건적 긍정적 존중, 진실함, 수용, 공감을 통해 성장을 가능하게 한다.	적극적으로 경청하고 내담자의 감정을 반영한다.
행동	역기능적 행동	적응적 행동을 배우고, 문제행동을 소거한다.	고전적 조건형성(노출이나 혐오치료를 통해) 혹은 조작적 조건형성(예 : 토큰경제)을 사용한다.
인지	부정적, 자기패배적 사고	건강한 사고와 자기대화를 증진시킨다.	부정적인 생각과 귀인에 대하여 논박하도록 훈련시킨다.
인지행동	자기파괴적 사고와 행동	건강한 사고와 적응적 행동을 증진시킨다.	자기파괴적 사고에 대응하고 새로운 사고방식을 실천하도록 훈련시킨다.
집단과 가족	스트레스 가득한 관계	관계를 치료한다.	가족과 다른 사회적 체계를 이해하고, 역할을 탐색하며, 의사소통을 증진시킨다.
치유적 생활방식 변화	스트레스와 건강하지 못한 생활방식	건강한 생물학적 상태로 회복시킨다.	적절한 운동, 수면, 기타 변화를 통해 생활방식을 바꾼다.
약물치료	신경전달물질의 기능 부전	심리장애의 증상을 조절한다.	약물을 통한 뇌의 화학적 구조를 변화시킨다.
뇌 자극	심각하고 치료 저항적인 우울	약물치료에 반응 없는 우울증을 완화한다.	전기충격, 자기충격, 뇌심부자극을 통해 뇌를 자극한다.
정신외과수술	뇌의 기능 부전	심각한 장애를 완화한다.	뇌 피질을 제거하거나 파괴한다.

력을 보여준다. 9/11 테러를 경험했던 뉴욕 사람들, 특히 지지적인 관계를 유지하며 최근 다른 스트레스 사건을 경험하지 않았던 사람들에게 적용할 수 있다(Bonanno et al., 2007). 뉴욕 시민 10명 중 9명은 9/11 테러에 의해 충격을 받고 비탄에 잠겼지만, 역기능적 스트레스 반응을 보이지 않았다. 이들 중 스트레스 반응을 보인 사람들도 다음 해 1월까지 증상의 대부분이 사라졌다(Person et al., 2006). 심지어 심각한 전투 외상을 경험한 퇴역군인, 고문에서 살아남은 정치적 반대파, 척수 손상을 겪은 사람 대부분도 PTSD를 보이지 않았다(Bonanno et al., 2012; Mineka & Zinbarg, 1996).

도전적인 위기에 맞서 싸우는 것은 **외상후 성장**(posttraumatic growth)을 이끌어낼 수 있다. 암을 극복한 많은 생존자들은 삶에 대해 더욱 감사하고, 의미 있는 관계를 추구하며, 개인적 견고함이 증가하고, 우선순위가 변화되며, 보다 풍부한 영적인 삶을 산다고 보고하였다(Tedeschi & Calhoun, 2004). 최악의 경험에서도 우리는 새로운 가능성을 상상할 수 있다면, 좋은 일이 일어날 수 있다(Roepke, 2015; Roepke & Seligman, 2015). 지역사회 건설과 개인의 성장과 같은 예방적인 노력을 통해서, 심리장애를 겪는 사람들의 수를 줄여나갈 수 있을 것이다.

주요 용어

심리치료	인간 중심 치료	토큰 경제	항우울제
생의학적 치료	적극적 경청	인지치료	전기충격요법(ECT)
절충적 접근	무조건적 긍정적 존중	인지행동치료(CBT)	반복적 경두개 자기자극
정신분석	행동치료	집단치료	정신외과수술
저항	역조건형성	가족치료	전두엽 절제술
해석	노출치료	증거기반 실천	회복탄력성
전이	체계적 둔감화	치료 동맹	외상후 성장
정신역동치료	가상현실 노출치료	항정신성 약물	
통찰치료	혐오적 조건형성	항불안제	

용어 해설

ㄱ

가상현실 노출치료(virtual reality exposure therapy) 비행, 거미 또는 대중연설과 같이 점진적으로 더 큰 공포를 초래하는 사람들이 가장 큰 두려움에 안전하게 직면할 수 있는 창의적인 전자 시뮬레이션을 통해 불안을 치료하는 대응 기술

가설(hypothesis) 검증 가능한 예측으로 종종 이론에 의해 암시된다.

가소성(plasticity) 특히 어린 시절에 손상 후에 재조직화하거나 경험에 기초하여 새로운 경로를 만드는 것에 의한 뇌의 변화 능력

가용성 발견법(availability heuristic) 사건의 가능성을 기억의 가용성에 근거하여 추정하는 방법. 사건들이 쉽게 마음에 떠오르며, 그러한 사건이 흔하다고 가정하게 된다.

가족치료(family therapy) 가족을 하나의 시스템으로 다루는 치료. 한 개인의 바람직하지 않은 행동을 가족 구성원의 영향을 받거나 그 구성원을 향한 것으로 간주한다.

간뉴런(interneuron) 뇌와 척수 내에 있는 뉴런. 감각 입력과 운동 출력 사이에서 내부적으로 의사소통하고 정보를 처리한다.

간상체(rods) 검은색, 흰색, 회색을 감지하고 움직임에 민감한 망막 수용체. 원추체가 반응하지 않는 주변 시야와 석양 무렵의 시각에 필요하다.

간성(intersex) 태어날 때의 상태. 생물학적으로 양성의 특성을 가지고 있는 것

갈등(conflict) 행위나 목표 또는 아이디어들 간의 지각된 대립

감각(sensation) 감각 수용기와 신경 시스템이 환경으로부터 자극 에너지를 받아들이고 표상하는 과정

감각기억(sensory memory) 기억 시스템에 감각 정보를 매우 짧은 시간 동안 기록하는 것

감각뉴런(sensory neuron) 들어오는 정보를 신체 조직과 감각 수용기로부터 중추신경계로 전달하는 뉴런

감각 상호작용(sensory interaction) 음식의 냄새가 맛에 영향을 미치는 것처럼 하나의 감각이 다른 감각에 영향을 미칠 수 있다는 원리

감각 순응(sensory adaptation) 일정한 자극에 대한 반응에서 민감도가 줄어드는 것

감각신경성 청력 손상(sensorineural hearing loss) 달팽이관 모세포의 손상이나 청신경의 손상에 의해 야기된 청력 손상. 청력 손상의 가장 흔한 형태이며, 신경성 난청이라고도 부른다.

감각운동기(sensory-motor stage) 피아제 이론에서 유아가 주로 감각적 인상과 신체활동을 통해서 세상을 알아가는 단계(출생부터 2세까지)

강도(intensity) 밝기나 소리 파장으로 인식하는 것에 영향을 미치는 광파나 음파에 들어 있는 에너지의 양. 강도는 파의 진폭에 의해서 결정된다.

강박장애(obsessive-compulsive disorder, OCD) 원치 않는 반복적 사고(강박)와 행동(강요) 또는 둘 다에 의해 특징지어지는 장애

강화(reinforcement) 조작적 조건형성에서 사건에 따르는 행동을 강화하는 모든 사건

강화 계획(reinforcement schedule) 원하는 반응이 얼마나 자주 강화될 것인지 정의하는 패턴

개념(concept) 유사한 사물, 사건, 아이디어 또는 사람들의 정신적 집단화

개인적 통제(personal control) 무력하게 느끼기보다는 환경을 통제한다는 느낌

개인주의(individualism) 집단 목표보다는 개인의 목표에 우선권을 부여하고 자신의 정체성을 집단과의 동일시보다는 개인적 특성으로 정의 내리는 입장

신경성 식욕부진증(anorexia nervosa) 정상 체중의 사람(일반적으로 청소년기의 여성)이 다이어트를 하고 심각하게 저체중이지만, 계속해서 굶는 섭식장애. 종종 과도한 운동을 동반한다.

거울 뉴런(mirror neuron) 특정한 행동을 수행하거나 다른 사람이 그렇게 행동하는 것을 관찰할 때 흥분하는 뉴런. 모방과 관찰 학습을 위한 신경 기반

거울 이미지 지각(mirror-image perceptions) 양측이 자신을 윤리적이고 평화적으로 보고, 상대방을 사악하고 공격적으로 보는 것처럼 종종 상충하는 사람들에 의해 지배되는 상호 견해들

거짓말 탐지기(polygraph) 거짓말을 탐지하기 위해 주로 사용되는 기계로, 감정을 동반하는 신체적 반응(땀, 심박수, 호흡의 변화 등)을 측정한다.

검사효과(testing effect) 단순히 정보를 다시 읽는 것보다 검색 후에 향상된 기억. 종종 검색연습 효과 또는 시험강화 학습이라고도 불린다.

게놈(genome) 유기체를 만드는 완벽한 명령으로, 그 유기체의 염색체에 들어 있는 모든 유전물질로 구성된다.

게슈탈트(Gestalt) 체제화된 전체. 게슈탈트 심리학자들은 부분 정보들을 의미 있는 전체로 통합하는 경향성을 강조하였다.

결정성 지능(crystallized intelligence) 인간의 축적된 지식과 구술 능력. 연령과 함께 향상되는 경향이 있다.

결정적 시기(critical period) 적절한 발달을 위해 특정 자극이나 경험에 대한 노출이 요구되는 출생 초기 시기

계열위치 효과(serial position effect) 목록에서 처음 항목과 마지막 항목들을 가장 잘 회상하는 경향성

고전적 조건형성(classical conditioning) 2개 이상의 자극과 예상되는 사건들을 연결 짓는 것을 배우는 학습의 유형

고정간격 계획(fixed-interval schedule) 조작적 조건형성에서 일정한 시간이 지난 후의 반응에 강화를 주는 계획

고정관념 위협(stereotype threat) 자신이 부정적 고정관념에 근거하여 평가될 것이라는 자기확정적 걱정

고정관념(stereotype) 집단에 대한 일반화된(때로는 정확하기도 하지만 종종 과잉일반화한다) 신념

고정비율 계획(fixed-ratio schedule) 조작적 조건형성에서 특정한 횟수의 반응이 일어난 후에만 반응을 강화하는 계획

고착(fixation) (1) 사고에서, 문제를 새로운 조망에서 보지 못하는 것. 문제 해결의 장애물이다. (2) 성격 이론에서, 프로이트에 따르면 초기 심리성적 단계에서 위기가 해결되지 않았을 때 쾌락을 추구하는 에너지에 오랫동안 집중하는 것

간격 효과(spacing effect) 집중적인 공부나 연습보다 분산된 공부나 연습이 더 우수한 장기 파지를 가져오는 경향성

공격성(aggression) 남을 해치려는 의도를 가진 신체적 또는 언어적 행동

공정세계 현상(just-world phenomenon) 세상은 공평하기 때문에 사람들은 어떤 것이든 받을 만한 것을 받는 것이라고 믿는 경향성

공포증(phobia) 지속적이고 불합리한 공포 그리고 특정한 대상이나 활동, 상황을 피하는 것이 특징인 불안장애

공황장애(panic disorder) 가슴 통증이나 숨막힘 또는 다른 무시무시한 감각을 수반하는 테러를 경험하는 강한 공포가 몇 분 동안 지속되는 예측 불가능한 사건이 반복되는 불안장애. 가능한 다음 공격에 대한 걱정에 뒤따르는 경우가 많다.

과신(overconfidence) 자신의 신념과 판단의 정확성을 실제보다 과잉 추정하는 경향성

과제 리더십(task leadership) 목표 지향적 리더십으로 기준을 설정하고 일을 조직하며 목표에 초점을 맞춘다.

관계적 공격성(relational aggression) 사람의 관계나 사회적 지위를 해치려는 공격 행위(신체적 또는 언어적)

관상성 심장질환(coronary heart disease) 심장근에 영양을 공급하는 혈관이 막히는 병. 미국이나 다른 많은 나라에서 사망의 주요 원인이다.

관찰 학습(observational learning) 타인을 관찰함으로써 학습하는 것

교감신경계(sympathetic nervous system) 신체를 활성화시키고, 스트레스 상황에서 에너지를 동원하는 자율신경계의 부분

교세포(glial cells, glia) 뉴런들을 지원하고 영양분을 제공하며 보호하는 신경계의 세포. 교세포는 학습, 사고, 기억에서 역할을 한다.

구체적 조작기(concrete operational stage) 피아제 이론에서 아동이 구체적 사건들에 대해 논리적으로 생각할 수 있게 해주는 정신적 조작을 획득하는 인지발달 단계(대략 6세에서 11세까지)

규범적 사회 영향(normative social influence) 인정을 획득하고 불인정을 피하려는 개인의 욕구로 인해서 발생하는 영향

증거기반 실천(evidence-based practice) 임상 전문 지식과 환자 특성 및 선호도를 포함한 최고의 이용 가능한 연구를 통합하는 중요한 의사결정

기본적 귀인 오류(fundamental attribution error) 상대방의 행동을 분석할 때 개인적 성향을 과대평가하고 상황의 영향을 과소평가하는 경향성

근사체험(near-death experience) 죽을 고비를 넘긴 후에 보고된 의식의 변화(예 : 심장마비). 약물에 의한 환각과 비슷한 경우가 많다.

글루코스(glucose) 혈관을 따라 순환하면서 신체 조직의 1차 에너지원을 공급해주는 당분의 형태. 이 수준이 낮아지면 배고픔을 느끼게 된다.

금단(withdrawal) 중독성 약물이나 행동 사용의 중지에 뒤따르는 불편함과 고통

급성 조현병(acute schizophrenia) (반응성 조현병이라고도 함) 조현병의 하나로 모든 연령층에서 다 나타날 수 있으며, 주로 정서적으로 충격적인 사건에 의해 발생하며 회복하는 데 시간이 걸림

긍정심리학(positive psychology) 개인과 지역사회를 번창하게 도와주는 강점과 미덕을 발견하고 장려하기 위한 목적으로 인간의 기능에 대한 과학적 연구

기능적 MRI(functional MRI, fMRI) 연속적인 MRI 영상을 비교함으로써 혈액의 흐름을 통해서 두뇌활동을 밝혀내는 기법. fMRI는 두뇌의 기능을 보여준다.

기면발작증(narcolepsy) 통제할 수 없는 수면 발작을 일으키는 수면장애로 종종 REM 수면으로 바로 빠져들기도 한다.

기본 신뢰(basic trust) 에릭슨에 따르면, 세상은 예측 가능하고 신뢰할 만하다는 느낌. 공감적인 보호자와의 적절한 경험을 통해서 유아기에 형성되는 것으로 알려져 있다.

기분 좋음 선행 현상(feel-good, do-good phenomenon) 좋은 기분 상태에 있을 때 남에게 도움을 주려는 경향성

기분일치 기억(mood-congruent memory) 현재의 좋은 기분이나 나쁜 기분과 일치하는 경험을 회상하는 경향성

기억(memory) 정보의 부호화, 저장과 인출을 통해서 시간이 경과하여도 학습한 내용을 유지하는 것

기억 상실(amnesia) 말 그대로 '기억이 없는' 것. 뇌의 외상이나 부상, 또는 질병으로 인한 기억의 손상

기억술(mnemonics) 선명한 심상과 체제화 도구를 사용하는 기억 지원 기법

기억 응고화(memory consolidation) 장기기억의 신경 저장

기억 흔적(memory trace) 기억이 형성하는 것과 같은 두뇌에서의 지속적인 신체적 변화

기질(temperament) 한 개인의 특징적인 정서적 반응과 강도

기초 대사율(basal metabolic rate) 신체의 기본 에너지 소비율

깊이 지각(depth perception) 망막 상은 2차원임에도 불구하고 사물을 3차원으로 지각하는 능력. 거리를 판단할 수 있게 해준다.

꿈(dream) 잠자는 사람의 마음에 흐르는 이미지와 정서, 그리고 사고의 연속

ㄴ

나르시시즘(narcissism) 지나친 자기 사랑과 자기도취

낙관론(optimism) 긍정적인 결과의 기대. 낙관주의자들은 가장 좋은 것을 기대하고 그들의 노력이 좋은 것으로 이어지기를 기대하는 사람들이다.

낯선 이 불안(stranger anxiety) 생후 8개월쯤부터 시작하여 유아가 흔히 보이는 낯선 사람들에 대한 공포

내분비계(endocrine system) 신체의 '느린' 화학적 의사소통 시스템. 호르몬을 혈관에 분비하는 일련의 내분비선

내성(tolerance) 동일한 양의 약물을 반복적으로 사용함으로써 효과가 감소하는 것. 약물의 효과를 경험하려면 점점 더 많은 양을 복용해야 한다.

내용 타당도(content validity) 검사가 관심을 기울이는 행동을 표집하고 있는 정도

내이(inner ear) 달팽이관, 반고리관, 그리고 전정낭을 포함한 귀의 가장 안쪽 부분

내재적 동기(intrinsic motivation) 행동 자체를 위해 행동을 잘하려는 욕구

내적 통제 소재(internal locus of control) 자신이 자신의 운명을 통제한다는 지각

내집단(ingroup) '우리'. 공통된 정체감을 공유하는 사람들

내집단 편향(ingroup bias) 자신의 집단을 선호하는 경향성

노력이 필요한 처리(effortful processing) 주의와 의식적 노력이 요구되는 부호화

노출치료(virtual reality exposure therapy) 체계적 둔감화나 가상현실 노출치료와 같이 사람들이 두려워하거나 피하려고 하는 것에 대한 상상이나 실제 상황에 노출시킴으로써 불안을 치료하는 행동기법

뇌간(brainstem) 두뇌에서 가장 오래 된 중추적 핵심 부분으로 척수가 두개골로 들어오면서 부풀어 오른 곳에서부터 시작한다. 뇌간은 자동적인 생존기능을 책임지고 있다.

뇌량(corpus callosum) 두 두뇌반구를 연결하는 커다란 신경섬유 다발로 두 반구 사이에서 메시지를 전달한다.

뇌전도(electroencephalograph, EEG) 두뇌 표면에 걸쳐 나타나는 전기파를 증폭시켜 기록하는 데 사용되는 기구(이러한 뇌파의 기록이 뇌전도이다.)

뇌하수체(pituitary gland) 내분비계에서 가장 영향력 있는 내분비선. 시상하부의 영향을 받아서 성장을 조절하며 다른 내분비선을 제어한다.

뉴런(neuron) 신경 세포. 신경계의 기본 구성요소

니코틴(nicotine) 담배에 들어 있는 자극적이고 중독성이 강한 향정신성 약물

ㄷ

다른 인종 효과(other-race effect) 자기 인종의 얼굴을 다른 인종의 얼굴보다 더 정확히 기억하는 경향

다운 증후군(Down syndrome) 21번째의 염색체 쌍에 여분의 염색체가 존재함으로써 초래되는 가벼운 상태에서 심각한 상태까지의 지적장애

단기기억(short-term memory) (전화를 거는 동안 일곱 자리 전화번호를 유지하는 것처럼) 정보가 저장되거나 망각되기 전에 소수의 항목을 잠시 유지하는 활성화된 기억

단순노출효과(mere exposure effect) 새로운 자극에 대한 반복적 노출이 그 자극의 호감도를 증가시키는 현상

단안단서(monocular cue) 중첩과 선형 조망과 같이 한쪽 눈만으로도 가용한 깊이 단서

달팽이관(cochlea) 내이에 들어 있는 나선형의 뼈로 만들어진, 액체가 들어 있는 튜브. 음파가 달팽이관 액체를 통해 이동하면서 신경흥분을 촉발한다.

달팽이관 이식(cochlea implant) 소리를 전기신호로 변환시키고 달팽이관에 이식한 전극을 통해서 청신경을 자극하는 장치

대뇌피질(cerebral cortex) 대뇌반구를 덮고 있는 복잡하게 상호 연결된 뉴런들의 얇은 층. 신체의 궁극적인 통제와 정보처리 센터이다.

대립과정 이론(opponent process theory) 망막과 시상에서의 대립적인 과정(빨간색-초록색, 노란색-파란색, 흰색-검은색)이 색채시각을 가능하게 만든다는 이론. 예컨대 어떤 세포는 초록색에 의해서 흥분하고 빨간색에 의해서 억제된다. 다른 세포는 빨간색에 의해서 흥분하고 초록색에 의해서 억제된다.

대상 영속성(object permanence) 지각할 수 없는 경우에도 대상이 계속해서 존재한다는 사실을 지각하는 것

대처(coping) 정서적, 인지적, 또는 행동적 방법을 사용하여 스트레스를 완화시키는 것

데자뷰(déjà vu) "이것을 전에 경험한 것이 있어"라는 기묘한 느낌. 현재 상황에 들어 있는 단서가 과거 경험의 인출을 무의식적으로 촉발시킬 수가 있다.

델타파(delta waves) 깊은 수면과 연합된 크고 느린 뇌파

독립변인(independent variable) 실험에서 처치 요인. 그 효과를 연구하는 변인이다.

돌보고 친구가 되어주는 반응(tend-and-befriend response) 스트레스를 받으면, 사람들(특히 여자들)은 종종 다른 사람들에게 도움을 주고, 다른 사람들과 유대 관계를 맺고 도움을 구한다.

동기(motivation) 행동을 활성화시키고 방향 지어주는 욕구와 갈망

동료애(companionate love) 우리의 삶이 얽혀 있는 사람에 대해서 느끼는 깊고 따뜻한 애착

동일시(identification) 프로이트에 따르면 아동이 부모의 가치관을 자신의 발달하는 초자아로 받아들이는 과정

동조(conformity) 자신의 행동이나 사고를 집단의 기준과 일치하도록 조정하는 것

동화(assimilation) 새로운 경험을 기존의 스키마로 해석하기

두정엽(parietal lobe) 머리 위쪽에서부터 뒤쪽으로 위치한 대뇌피질 영역. 촉각과 신체 위치에 대한 감각입력을 받아들인다.

ㄹ

로르샤흐 잉크반점 검사(Rorschach Inkblot Test) 헤르만 로르샤흐가 제작한 10장의 잉크반점으로 가장 널리 사용되는 투사검사이다. 반점들에 대한 해석을 분석함으로써 내적 감정을 확인해낸다.

ㅁ

마음 이론(theory of mind) 자신과 타인의 심적 상태(감정, 지각, 사고, 그리고 이러한 것들이 예측하는 행동 등)에 대한 사람들의 생각

마음챙김 명상(mindfulness meditation) 사람들이 현재의 경험에 판단을 피하고 수용적인 방식으로 주의를 기울이는 반성적 실습

만성 조현병(chronic schizophrenia) 조현병의 과정이라고도 부르며, 일반적으로 청소년 후기나 성인 전기에 증상이 나타나는 조현병의 한 유형. 사람들이 나이가 들면서 정신질환이 더 오래 지속되고, 회복 기간이 짧다.

말초신경계(peripheral nervous system, PNS) 중추신경계와 신체의 나머지 부분을 연결하는 감각 뉴런과 운동 뉴런들

망막(retina) 빛에 민감한 눈의 안쪽 면. 광수용기인 간상체와 원추체, 그리고 시각 정보처리를 시작하는 뉴런의 여러 층을 가지고 있다.

망막 부등(retinal disparity) 깊이지각을 위한 양안단서. 두 망막의 이미지를 비교함으로써 두뇌는 거리를 계산한다. 두 이미지 간의 부등(차이)이 클수록 사물은 가깝게 지각된다.

망상(delusion) 피해망상이거나 과대망상과 같은 정신병에 수반되는 거짓 신념

망상체(reticular formation) 두뇌를 관통해서 시상으로 통하는 신경망. 각성을 제어하는 데 있어서 중요한 역할을 담당한다.

맹점(blind spot) 시신경이 망막을 출발하는 지점. 그 영역에는 광수용기가 존재하지 않기 때문에 볼 수 없는 지점이 된다.

메스암페타민(methamphetamine) 중추신경계를 자극하는 강력한 중독성 약물로, 신체 기능을 촉진시키고 에너지와 기분 변화를 일으킨다. 시간이 경과함에 따라서 도파민 수준을 감소시키는 것으로 보인다.

모델링(modeling) 특정 행동을 관찰하고 흉내 내는 과정

모집단(population) 연구를 위한 표본이 추출되는 전체 집단(전국 연구를 제외하고는 전집이 한 국가의 모든 인구를 지칭하지 않는다-역주)

탈개인화(deindividuation) 흥분과 익명성을 조장하는 집단 상황에서 자각과 자기억제가 상실되는 현상

몰입(flow) 자신과 시간에 대한 자각의 감소와 함께 의식이 완전하게 관여되고 초점을 맞춘 상태. 자신의 기술을 완전히 활용한 결과이다.

몽정(spermarche) 첫 번째 사정

무선표본(random sample) 모집단의 모든 사람이 표본으로 선발될 가능성이 동일함으로써 모집단을 대표할 수 있는 표본

무선할당(random assignment) 실험참가자들을 실험집단과 통제집단으로 우연에 따라 할당함으로써 서로 다른 집단에 할당된 참가자들 간에 이미 존재하는 차이를 최소화한다.

무성애자(asexual) 남에게 성적 매력을 느끼지 못하는 사람

무의식(unconscious) 프로이트에 따르면 대부분의 용납될 수 없는 사고와 소망과 감정, 그리고 기억의 저장고. 오늘날의 심리학자들에 따르면 우리가 자각하지 못하는 정보 처리

무조건 반응(unconditioned response, UR) 고전적 조건형성에서 무조건 자극(US)에 대해서 학습되지 않고 자연적으로 일어나는 반응

무조건 자극(unconditioned stimulus, US) 고전적 조건형성에서 무조건적으로—자연스럽고 자동적으로—반응을 촉발하는 자극

무조건적 긍정적 존중(unconditional positive regard) 사람들이 자기인식과 자기수용성을 발달시키는 데 도움이 될 것으로 로저스가 믿었던 배려, 수용, 개인적인 판단을 피하는 태도

문법(grammar) 특정 언어에서 다른 사람들과 의사소통하고 다른 사람을 이해할 수 있게 해주는 규칙들의 체계

문간에 발 들여놓기 현상(foot-in-the-door phenomenon) 처음에 작은 요청에 동의하였던 사람이 나중에 더 어려운 요청에도 동의하는 경향성

문제중심적 대처(problem-focused coping) 스트레스원을 변화시키거나 스트레스원과 상호작용하는 방법을 변화시킴으로써 직접적으로 스트레스를 경감시키려는 시도

문화(culture) 한 집단의 사람들이 공유하며 한 세대에서 다음 세대로 전달되는 지속적인 행동, 생각, 태도, 가치, 그리고 전통

물질사용장애(substance use disorder) 심각한 생명 붕괴와 신체적 위험에도 불구하고 지속적인 물질 욕망과 사용이 특징인 장애

미네소타 다면 성격검사(Minnesota Multiphasic Personality Inventory, MMPI) 가장 많이 연구되고 임상적으로 많이 사용되는 성격검사. 원래 정서장애를 찾아내기 위하여 개발되었으나, 오늘날에는 다른 많은 검진 목적으로 사용되고 있다.

ㅂ

바비튜르산유도체(barbiturates) 중추신경계 활동을 억제하는 약물로 불안을 감소시키지만 기억이나 판단을 손상시킨다.

반복연구(replication) 기본적인 결과가 다른 참가자와 상황에도 재생될 수 있는 것인지를 알아보기 위하여 다른 상황에서 다른 참가자들을 대상으로 연구의 핵심을 반복하는 것

반복적 경두개 자기자극(repetitive transcranial magnetic, rTMS) 자기 에너지의 반복적인 파동을 두뇌에 적용하는 것. 두뇌활동을 자극하거나 억제하는 데 사용된다.

반사(reflex) 감각 자극에 대한 간단한 자동적 반응

반사회적 성격장애(antisocial personality disorder) 잘못에 대한 양심이 결여되어 있는 성격장애. 심지어는 친구와 가족에게도 그렇다. 공격적이고 무자비하거나 똑똑한 사기꾼이 될 수 있다.

발견법(heuristic) 종종 판단과 문제 해결을 효율적으로 할 수 있는 간단한 사고 방략. 일반적으로 알고리즘보다 빠르지만 실수를 범할 가능성도 크다.

발기부전(erectile disorder) 음경의 불충분한 혈류로 인해 발기를 하지 못하거나 유지할 수 없는 상태

발달심리학(developmental psychology) 일생을 통한 신체적, 인지적, 그리고 사회적 변화를 연구하는 심리학 분야

방관자 효과(bystander effect) 다른 방관자들이 있을 때 도움행동을 할 가능성이 줄어드는 경향성

방어기제(defense mechanism) 정신분석 이론에서 자아가 현실을 무의식적으로 왜곡함으로써 불안을 감소시키는 보호 방법

배아(embryo) 수정 후 2주부터 임신 2개월에 걸쳐 발달하고 있는 유기체

배척(ostracism) 개인이나 집단에 대한 고의적인 사회적 배척

범위(range) 분포에서 최고점과 최저점 간의 차이

베르니케 영역(Wernicke's area) 언어 수신 제어. 언어 이해와 표현을 관장하는 두뇌 영역으로, 일반적으로 좌반구 측두엽의 영역을 말한다.

베버의 법칙(Weber's law) 두 자극이 다르게 지각되기 위해서는 최소한 일정한 비율만큼(일정한 양이 아니라) 차이가 나야 한다는 원리

변동간격 계획(variable interval schedule) 조작적 조건형성에서 예측 불가능한 시간 경과 후의 반응에 강화를 주는 계획

변동비율 계획(variable ratio schedule) 조작적 조건형성에서 예측 불가능한 반응 수 이후의 반응에 강화를 주는 계획

변별(discrimination) (1) 고전적 조건형성에서 조건 자극과 US를 신호하지 않는 자극을 구분하는 학습된 능력(조작적 조건형성에서 강화된 반응과 강화되지 않은 반응을 구분하는 능력). (2) 사회심리학에서 집단이나 그 구성원에게 부당한 부정적인 행동

변연계(limbic system) 대뇌반구 아래에 위치한 신경체계(편도체, 시상하부, 해마가 포함된다). 정서 및 추동과 관련되어 있다.

변화 맹시(change blindness) 환경에서의 변화를 탐지하는 데 실패하는 것. 부주의적 맹시의 한 유형

변환(transduction) 한 형태의 에너지를 다른 형태로 바꾸는 것. 감각적으로 시각, 소리, 그리고 냄새와 같은 자극 에너지의 변화는 우리의 두뇌가 해석할 수 있는 신경 자극으로 해석된다.

병렬 처리(parallel processing) 문제나 장면의 여러 측면들을 동시에 처리하는 것. 뇌의 여러 기능을 위한 자연적인 정보 처리 방식이다.

보존(conservation) 사물의 모양이 달라져도 질량, 부피, 그리고 숫자와 같은 특성이 그대로 남아 있다는 원리(피아제는 구체적 조작기 추론의 한 부분이라고 믿음)

부교감신경계(parasympathetic nervous system) 신체를 안정시키고 에너지를 보존하는 자율신경계의 부분

부분(간헐) 강화(partial/intermittent reinforcement) 부분적으로만 반응을 강화하는 것. 연속 강화에 비해서 반응의 획득은 느리지만, 소거에 대한 저항은 매우 크다.

부신선(adrenal gland) 콩팥 바로 위에 있는 한 쌍의 내분비선. 부신선은 에피네프린과 노르에피네프린을 분비하는데, 이 호르몬은 스트레스 상황에서 신체를 각성시키는 데 일조한다.

부적 강화(negative reinforcement) 쇼크와 같은 부적 자극을 중지시키거나 감소시킴으로써 행동을 증가시키는 것. 부적 강화물은 반응 후에 제거함으로써 반응을 강력하게 만드는 자극이다(부적 강화는 처벌이 아니다-역주).

부주의적 맹시(inattentional blindness) 주의가 다른 곳을 향하고 있을 때 가시적 사물을 보지 못하는 것

부호화(encoding) 정보를 기억 시스템에 집어넣는 과정

분할뇌(split brain) 뇌의 두 반구가 이들 두 반구를 연결하는 섬유(주로 뇌량)를 절단하는 수술에 의해 분리된 상태

불면증(insomnia) 잠에 빠져들고 계속해서 잠을 자는 데 어려움이 있는 장애

불안장애(anxiety disorder) 고통스럽고 지속적인 불안 또는 불안을 완화하는 부적응 행동이 특징인 심리장애

불응기(refractory period) (1) 신경 처리에서, 뉴런이 발화한 후에 일어나는 잠깐 쉬는 휴식. 축색이 정지 상태로 돌아갈 때까지 후속 행동 전위가 발생할 수 없다. (2) 인간의 성에서, 오르가슴을 겪은 후에 일어나는 휴식의 정지 상태로는, 남성은 이 기간 중에 또 다른 오르가슴을 경험할 수 없다.

브로카 영역(Broca's area) 일반적으로 언어표현을 제어하는 좌반구 전두엽의 한 영역. 말하기에 관여하는 근육운동을 제어한다.

비관론(pessimism) 부정적인 결과의 예상. 비관론자들은 최악의 것을 기대하고 그들의 목표가 성취될 것이라는 것을 의심하는 사람들이다.

비판적 사고(critical thinking) 논쟁과 결론을 맹목적으로 받아들이지 않는 사고. 오히려 가정을 살펴보고, 숨어 있는 가치를 밝혀내며, 증거

를 따져보고, 결론을 평가한다.

ㅅ

사례연구(case study) 보편적 원리를 밝혀낼 것이라는 희망을 가지고 한 개인이나 집단을 심층적으로 연구하는 관찰 기법

사전 동의(informed consent) 사람들에게 그들이 참여하기를 원하는지 결정할 수 있도록 연구에 대한 충분한 정보를 주는 것

사춘기(puberty) 성적 성숙이 이루어지는 시기로, 이 시기에 자손번식이 가능해진다.

사회 정체성(social identity) 자아개념의 '우리'의 측면. "나는 누구입니까?"라는 질문에 대한 답변 중 일부는 우리 집단 멤버십에서 나온다.

사회심리학(social psychology) 우리가 상호 간에 어떻게 생각하고 영향을 미치며 관계를 맺는지를 과학적으로 연구하는 심리학의 분야

사회인지적 조망(social-cognitive perspective) 행동을 개인(그리고 사고)과 사회적 맥락 간의 상호작용에 영향 받는 것으로 간주하는 조망

사회적 리더십(social leadership) 집단 지향적 리더십으로 팀워크를 구축하고 갈등을 중재하며 지원을 해준다.

사회적 스크립트(social script) 다양한 상황에서 행동하는 방법에 대한 문화적으로 모델링된 가이드

사회적 시계(social clock) 결혼, 부모가 되는 것, 그리고 은퇴와 같은 사회적 사건에 대해서 문화적으로 선호되는 타이밍

사회적 책임 규범(social-responsibility norm) 자신에게 의존적인 사람을 도와줄 것이라는 기대

사회적 촉진(social facilitation) 타인이 존재할 때 단순하거나 충분하게 학습된 과제를 잘 수행하는 현상

사회적 태만(social loafing) 집단에 들어 있는 사람들이 개별적으로 책임을 질 때보다 공동의 목표를 달성하기 위해서 노력을 합해야 할 때 적은 노력을 들이는 경향성

사회조사(survey) 사람들이 자기보고한 태도나 행동을 확인하는 기술적 기법으로, 일반적으로는 대표성을 가진 무선표본에게 질문을 하게 된다.

사회 학습 이론(social learning theory) 관찰하고 흉내 내며 보상받거나 처벌받음으로써 사회적 행동을 학습한다는 이론

산업-조직심리학(industrial-organizational psychology, I/O psychology) 심리학의 개념과 방법들을 작업공간에서의 인간 행동에 적용하는 심리학의 한 분야

산포도(scatterplot) 두 변인의 값들을 나타내는 각 점들을 도표화한 군집. 점들의 기울기는 두 변인 간 관계의 방향을 시사한다. 분산된 정도는 상관관계의 강도를 시사한다(분산이 적을수록 높은 상관을 나타낸다).

상관계수(correlation coefficient) 두 변인 간 관계에 대한 통계적 지수 (−1.00~+1.00)

상관관계(correlation) 두 요인이 함께 변하는 정도에 대한 측정치이며, 한 요인이 다른 요인을 얼마나 잘 예언하는지에 대한 측정치이다. 상관계수는 −1.00에서부터 +1.00 범위 내에서 관계의 방향과 정도를 수학적으로 표현한 것이며, 0은 관계가 없음을 의미한다.

상대적 박탈감(relative deprivation) 자신이 비교하는 대상에 비추어 자신이 열등하다고 지각하는 것

상위 목표(superordinate goals) 사람들 간의 차이를 압도하고 협력을 필요로 하는 공유된 목표

상향 처리(bottom-up processing) 감각수용기로부터 시작하여 감각정보에 대한 두뇌의 통합으로 나아가는 분석

상호결정론(reciprocal determinism) 행동, 개인 내적 요인, 그리고 환경 간의 상호작용적 영향

상호작용(interaction) 한 요인(예 : 환경)의 효과가 다른 요인(예 : 유전)에 달라질 때 일어나는 상호작용

색상(hue) 빛의 파장에 의해서 결정되는 색 차원. 우리가 파란색, 초록색 등의 색깔 이름으로 알고 있는 것이다.

색채 항등성(color constancy) 조명이 변하면서 물체에서 반사되는 파장이 변화되는 경우조차도 친숙한 물체는 일정한 색채를 가지고 있는 것으로 지각하는 현상

생리적 욕구(physiological need) 기본적인 신체적 요구

생물심리사회적 접근(biopsychosocial approach) 생물학적, 심리학적, 그리고 사회문화적 관점으로부터 차이를 통합하고 보완적 시각을 취하는 접근

생물학적 심리학(biological psychology) 생물학과 심리학적 과정 사이의 연계에 대한 과학적 연구

생물학적 제약(biological constraints) 동물의 행동과 학습에 영향을 주는 진화된 생물학적 경향성. 특정의 행동들은 다른 행동보다 더 쉽게 학습된다.

생의학적 치료(biomedical therapy) 사람의 생리에 직접적으로 작용하는 처방된 약물이나 의학적 처치

서번트 증후군(savant syndrome) 다른 측면에서는 제한된 심적 능력을 가진 사람이 계산이나 그림 그리기처럼 특별한 능력을 가지고 있는 상태

선천성-후천성 논쟁(nature-nurture controversy) 유전자와 환경이 심리적 특질과 행동의 발달에 기여하는 상대적 공헌에 대한 해묵은 논쟁. 오늘날 심리학은 선천성과 후천성의 상호작용으로부터 특질과 행동이 발생한다고 본다.

선택 주의(selective attention) 특정한 자극에 의식적 자각의 초점을 맞추는 것

중앙경로 설득(central route persuasion) 사람들이 논쟁에 초점을 맞추고 찬성하는 태도로 응수할 때 발생한다.

섬광기억(flashbulb memory) 정서적으로 중요한 순간이나 사건에 대한 선명한 기억

성(sex) 심리학에서 사람들이 남자와 여자를 정의하는 생물학적으로 영

향을 받는 특성

성격(personality) 개인의 특징적인 사고, 감정, 그리고 행위 패턴

성격 질문지(personality inventory) 광범위한 감정과 행동을 재기 위해 설계된 항목들에 반응하는 질문지(종종 진위형 또는 동의-부동의 형태의 문항). 선택적인 성격특질을 평가하는 데 사용한다.

성격장애(personality disorder) 사회적 기능을 손상시키는 융통성이 없고 지속적인 행동 패턴

성기능장애(sexual dysfunction) 성적 흥분을 지속적으로 손상시키거나 제 기능을 못하는 문제

성별(gender) 심리학에서 사람들이 여성과 남성을 정의하는 사회적으로 영향을 받은 특성들

성숙(maturation) 경험의 영향을 거의 받지 않으면서 행동이 질서정연하게 변화하도록 해주는 생물학적 성장 과정

성역할(gender role) 남성과 여성에게 기대하는 일련의 행동, 태도, 특성

성유형화(gender typing) 전통적인 남성 역할이나 여성 역할을 획득하는 것

성적 반응주기(sexual response cycle) 매스터스와 존슨이 기술한 성적 반응의 네 단계(흥분, 고원, 오르가슴, 그리고 해소)

성적 지향(sexual orientation) 동성(동성애 지향)이나 이성(이성애 지향) 또는 양성(양성애 지향)의 사람에 대한 지속적인 성적 매력

성전환(transgender) 사람들의 성정체성이나 표현이 그들의 출생 성별과 다른 것을 묘사하는 상위 용어

성정체성(gender identity) 남성, 여성 또는 이들 둘의 어떤 조합에 대한 감각

성취검사(achievement test) 한 개인이 지금까지 학습한 것을 평가하는 검사

성취동기(achievement motivation) 기술이나 사고의 숙달, 통제, 그리고 높은 기준에 도달하는 등 중요한 성취를 달성하려는 욕구

소거(extinction) 고전적 조건형성에서 무조건 자극이 조건 자극에 뒤따르지 않을 때 조건 반응의 감소(조작적 조건형성에서는 반응이 더 이상 강화되지 않을 때 일어난다)

소뇌(cerebellum) 뇌간 뒤쪽에 붙어 있는 '작은 두뇌'. 감각 입력을 처리하고 운동 출력과 균형을 조정하며, 비언어적 학습과 기억을 가능하게 하는 기능을 가지고 있다.

수동 행동(respondent behavior) 어떤 자극에 대한 자동적인 반응으로서 일어나는 행동

수렴적 사고(convergent thinking) 문제에 대한 최상의 해결책을 알아내기 위해 가능한 해결책들을 좁히는 것

수면(sleep) 규칙적이고 자연적인 의식의 상실. 혼수상태나 일반적 마취 또는 동면으로 인해서 초래되는 무의식과는 구별된다(Dement, 1999).

수면성 무호흡(sleep apnea) 혈중 산소가 너무 부족해 잠에서 깨어 숨을 돌릴 수 있을 만큼의 시간이 지날 때까지 잠자는 사람이 반복적으로 호흡을 멈추는 수면장애

수상돌기(dendrites) 메시지를 받아들이고 신경흥분을 세포체 쪽으로 전도하는 뉴런의 나뭇가지 모양의 구조

순차 처리(sequential processing) 한 번에 한 가지 측면의 문제 처리. 새로운 과제 또는 복잡한 과제에 주의를 집중할 때 사용된다.

순행간섭(proactive interference) 과거의 학습이 새로운 정보의 회상을 방해하는 효과

스키마(schema) 정보를 조직화하고 해석하는 개념 또는 틀

스탠퍼드-비네 지능검사(Stanford-Binet Intelligence Test) 비네 지능검사의 널리 사용되는 미국판 검사(스탠퍼드대학교의 터먼 교수가 개발함)

스트레스(stress) 우리가 위협적이거나 도전적이라고 평가하는 스트레스원이라고 부르는 특정 사건을 지각하고 그 사건에 반응하는 과정

조명효과(spotlight effect) 자신의 외모와 수행, 그리고 실수를 다른 사람이 알아채고 평가하는 것을 과대평가하는 것(마치 스포트라이트가 우리를 비추고 있다고 추측하는 것처럼)

시각절벽(visual cliff) 유아와 어린 동물의 깊이지각을 검사하는 실험 도구

시교차상핵(suprachiasmatic nucleus, SCN) 체내의 리듬을 조절하는 시상하부에 있는 한 쌍의 세포 다발. 빛에 반응하여, SCN은 멜라토닌 생산을 조절하고, 따라서 우리의 졸음을 조절한다.

시냅스(synapse) 보내는 뉴런의 축색 끝부분과 받아들이는 뉴런의 수상돌기나 세포체 간의 접합 부분. 이 접합 부분의 미세한 간극을 시냅스 틈이라고 부른다.

시상(thalamus) 뇌간의 꼭대기에 위치한 두뇌의 감각 통제 센터. 피질의 감각 영역으로 메시지를 보내며 피질의 응답을 소뇌와 연수로 전달한다.

시상하부(hypothalamus) 시상 아래에 위치한 신경구조. 여러 신체 유지 활동(먹기, 마시기, 체온 등)을 관장하며, 뇌하수체를 통하여 내분비계를 지배하고, 정서 및 보상과 관련이 있다.

시신경(optic nerve) 눈에서의 신경흥분을 두뇌로 전달하는 신경

신경(nerve) 중추신경계를 근육, 내분비선, 그리고 감각기관과 연결시키는 신경 케이블을 형성하는 축색돌기 다발

신경계(nervous system) 말초신경계와 중추신경계의 모든 뉴런들로 구성된 신체의 신속한 전기화학적 의사소통망

신경 발생(neurogenesis) 새로운 뉴런의 생성

신경성 폭식증(bulimia nervosa) 일반적으로 고칼로리의 음식을 과식한 후에 토하거나, 설사약을 사용하거나, 단식하거나, 또는 지나치게 운동을 하는 섭식장애

신경전달물질(neurotransmitters) 시냅스 틈을 넘어 다른 뉴런이나 근육, 분비선으로 메시지를 전달하는 뉴런에서 생성된 화학물질

신념 집착(belief perseverance) 자기 생각의 토대가 잘못된 것임이 판명

된 후에도 처음의 생각에 매달리는 것

신뢰도(reliability) 검사가 일관적인 결과를 내놓는 정도. 반분검사, 동형검사, 또는 검사-재검사의 점수의 일관성에 의해 평가된다.

실무율적 반응(all-or-none response) (최고 강도 반응으로) 발화하든가 발화하지 않든가에 대한 신경 세포의 반응

실험(experiment) 연구자가 하나 이상의 요인(독립변인)에 처치를 가하고 행동이나 정신 과정(종속변인)에 미치는 효과를 관찰하는 연구방법이다. 참가자들을 무선 할당함으로써 연구자는 다른 관련 요인들을 통제하고자 한다.

실험집단(experimental group) 실험에서 독립변인의 하나인 처치에 노출된 집단

심리성적 단계(psychosexual stage) 프로이트에 따르면, 아동기 발달단계(구강기, 항문기, 남근기, 잠복기, 생식기)로 원초아의 쾌추구 에너지가 특정한 성감대에 초점을 맞추게 된다.

심리장애(psychological disorder) 사람의 인지, 정서 조절, 행동에 임상적으로 중대한 장애로 특징지어지는 증후군

심리치료(psychotherapy) 심리학적 기술을 포함한 치료. 훈련받은 치료자와 심리적 어려움을 극복하려는 사람이나, 개인의 성장을 달성하기 위한 사람들과의 상호작용으로 구성된다.

심리학(psychology) 행동과 심적 과정의 과학적 연구

투쟁 혹은 도피 반응(fight-or-flight response) 위협을 공격하거나 위협에서 탈출하는 에너지나 활동을 조절하는 교감신경 계통의 활동을 포함하는 비상 대응

ㅇ

아편제(opiates) 아편, 모르핀, 헤로인과 같은 유도체. 신경활동을 억제하며 일시적으로 통증과 불안을 완화한다.

안면 피드백 효과(facial feedback effect) 얼굴 근육 상태가 두려움, 분노, 행복과 같은 상응하는 감정을 유발하는 경향

알고리즘(algorithm) 특정한 문제의 해결을 보장해주는 논리적 규칙이나 절차. 일반적으로 신속하지만 실수를 저지르기도 쉬운 발견법(어림법)의 사용과 대비된다.

알코올사용장애(alcohol use disorder) 일반적으로 알코올중독으로 알려져 있음. 문제가 되는 알코올의 지속적 사용에 대한 용인, 금단, 충동 등으로 특징지어지는 알코올 사용

알파파(alpha wave) 깨어 있으면서 이완된 상태의 비교적 느린 뇌파

암묵기억(implicit memory) 의식적 인식 없이 학습된 기술 또는 고전적으로 조건화된 결합에 대한 기억

암페타민(amphetamine) 신경활동을 자극하여 신체 기능을 촉진시키고 에너지와 기분 변화를 일으키는 약물

애착(attachment) 다른 사람과의 정서적 유대. 어린 아동은 보호자와 가까이 있으려고 하고 헤어지면 불편함을 나타낸다.

양극성장애(bipolar disorder) 절망과 우울의 무기력, 그리고 지나치게 흥분된 조증 상태가 교대되는 기분장애. 전에는 조울증이라고 불렸다.

양성성(androgyny) 전통적인 남성과 여성의 심리적 특성을 둘 다 보이는 것

양안단서(binocular cue) 망막 부등과 같이 두 눈의 사용에 의존하는 깊이단서

양전자 방출 단층 촬영법(positron emission tomography scan, PET scan) 두뇌가 특정 과제를 수행하는 동안 방사능 물질이 포함된 포도당이 어디로 가는지 보여주는 시각적 영상

억압(repression) 정신분석 이론에서 불안을 유발하는 사고와 감정, 그리고 기억을 의식으로부터 밀어내는 기본적인 방어기제

언어(language) 구어, 문어, 또는 부호화된 낱말들, 그리고 의미를 전달하기 위해 그것들을 결합시키는 방법들

에스트로겐(estrogen) 여성의 성징에 기여하고, 남성보다 여성이 더 많이 분비하는 에스트라디올 등의 성호르몬. 에스트로겐 수준은 배란기에 최고조에 달한다. 인간을 제외한 포유류의 경우 에스트로겐이 성적 수용성을 촉진한다.

엑스터시(Ecstasy, MDMA) 합성 흥분제이며 약한 환각제. 도취감과 사회적 친밀감을 만들어내지만, 단기적으로는 건강의 위협 그리고 장기적으로는 세로토닌 생성 뉴런과 기분 그리고 인지를 손상시키게 된다.

엔도르핀(endorphins) '신체 내부의 모르핀'. 통증 조절과 쾌와 연결된 자연적인 마약과 같은 신경전도물질

여성오르가슴장애(female orgasmic disorder) 오르가슴을 가끔 경험하거나 전혀 경험하지 못해서 겪는 고통

역조건형성(counterconditioning) 고전적 조건형성에 근거하여 원하지 않는 행동을 촉발하는 자극에 새로운 반응을 조건형성시키는 행동치료절차. 노출치료와 혐오적 조건형성이 포함된다.

역치(threshold) 신경흥분을 촉발시키는 데 필요한 자극의 수준

역치하(subliminal) 의식적 자각을 위한 절대 역치 이하

역할(role) 사회적 위상에 대한 일련의 기대(규범)이며, 그 위상에 위치하는 사람이 어떻게 행동해야 할 것인지를 규정한다.

역행간섭(retroactive interference) 새로운 학습이 기존 정보의 회상을 방해하는 효과

연속강화(continuous reinforcement) 원하는 반응이 나타날 때마다 강화하는 것

연수(medulla) 뇌간의 토대. 심장박동과 호흡을 제어한다.

연합령(association area) 대뇌피질 영역. 주로 학습, 기억, 사고, 그리고 언어와 같은 고등정신기능에 관여한다.

연합 학습(associative learning) 특정 사건들이 함께 출현하는 것을 학습하는 것. 사건은 두 자극일 수도 있고(고전적 조건형성에서처럼) 반응과 그 결과일 수도 있다(조작적 조건형성에서처럼).

열정적 사랑(passionate love) 상대방에 강력하고도 긍정적으로 몰입된 흥

분된 상태. 일반적으로 낭만적인 사랑을 시작할 때 나타난다.

염색체(chromosome) 유전자를 담고 있는 DNA 분자로 구성된 실 같은 구조

영-헬름홀츠 삼원색 이론(Young-Helmholtz trichromatic theory) 망막에는 세 가지 상이한 색채 수용기—빨간색에 매우 민감한 수용기, 초록색에 민감한 수용기, 그리고 파란색에 민감한 수용기—있으며, 이것들이 적절하게 조합하여 활동함으로써 모든 색을 지각할 수 있게 된다는 이론

예언타당도(predictive validity) 검사가 예언하고자 계획한 행동을 실제로 예언하는 정도

여키스-도슨 법칙(Yerkes-Dodson law) 각성이 어느 지점까지는 수행을 증가시키지만, 그 이후로는 수행이 감소한다는 원리

오이디푸스 콤플렉스(Oedipus complex) 프로이트에 따르면, 어머니를 향한 남아의 성적 욕구 그리고 경쟁자인 아버지에 대한 질투와 혐오감

오정보 효과(misinformation effect) 오해의 소지가 있는 정보에 의해 기억이 흐려지는 효과

옹알이 단계(babbling stage) 대략 생후 4개월에서 시작하는 언어발달 단계로, 이 단계의 유아는 가정에서 사용하는 언어와는 무관한 다양한 소리를 자발적으로 낸다.

외상후 성장(posttraumatic growth) 극도로 도전적인 환경 및 삶의 위기와 싸운 결과로 나타나는 긍정적인 심리적 변화

외상후 스트레스장애(posttraumatic stress disorder, PTSD) 외상 경험 후에 4주 이상 맴도는 기억, 악몽, 사회적 철수, 급작스러운 불안, 무감각, 그리고 불면증 등이 특징적으로 나타나는 불안장애

외재적 동기(extrinsic motivation) 보상을 받거나 처벌을 피하기 위한 행동을 하려는 욕구

외적 통제 소재(external locus of control) 우연이나 자신의 개인적 통제를 벗어난 외부 힘이 자신의 운명을 결정한다는 지각

외집단(outgroup) '그들'. 자신의 내집단과 다르거나 분리된 것으로 지각되는 사람들

외현기억(explicit memory) 의식적으로 인출할 수 있는 사실과 경험의 기억(선언적 기억이라고도 부름)

요인(factor) 함께 일어나는 행동 경향성의 무리

욕구 위계(hierarchy of needs) 인간 욕구에 대한 매슬로의 피라미드로 가장 밑바닥에 생리적 욕구가 있다. 이러한 기본적인 욕구는 높은 수준의 안전 요구보다 먼저 충족되어야 하며, 그다음에는 심리적인 요구가 활성화된다.

운동감각(kinesthesia) 각 신체 부위의 위치와 움직임을 감지하는 시스템

운동 뉴런(motor neuron) 중추신경계에서 내보내는 정보를 근육과 내분비선에 전달하는 뉴런

운동피질(motor cortex) 전두엽 후면의 대뇌피질의 영역. 자발적 운동을 통제한다.

원초아(id) 프로이트에 따르면, 기본적인 성적 추동과 공격 추동을 만족시키려고 전력투구하는 무의식적 정신에너지의 저장고. 원초아는 쾌락 원리에 따라서 작동하며 즉각적인 만족을 요구한다.

원추체(cones) 망막 중심부에 집중되어 있으며 낮이나 조명이 밝을 때 기능하는 망막 수용기. 세부사항을 탐지하며 색채감각을 유발한다.

원형(prototype) 한 범주의 심상이나 최선의 사례. 새로운 항목을 원형과 대응시키는 것은 그 항목을 한 범주에 포함시키는 신속하고도 용이한 방법을 제공해준다(깃털이 달린 생물체를 개똥지빠귀와 같은 원형적인 새와 비교할 때처럼).

웩슬러 성인용 지능검사(Wechsler Adult Intelligence Scale, WAIS) 가장 널리 사용되는 지능검사. 언어 하위검사와 수행(비언어) 하위검사로 구성되어 있다.

위약(placebo) 실험집단에 주어진 치료 대신에 통제집단의 사람들에게 때때로 주어지는 효력이 없는 물질 또는 조건

위약 효과(placebo effect) 단지 기대에 의해 발생한 결과

유동성 지능(fluid intelligence) 빠르고 추상적으로 추리하는 능력. 성인기 후반에 감소하는 경향이 있다.

유산소 운동(aerobic exercise) 심장과 폐의 활력을 증진시키는 지속적인 운동. 우울과 불안을 완화시키기도 한다.

유인자극(incentive) 행동을 동기화시키는 긍정적이거나 부정적인 환경 자극

유전(heredity) 부모에서 자식으로의 유전적 형질 전환

유전성(heritability) 유전 탓으로 돌릴 수 있는 개인들 간 변산에서의 비율. 한 특질의 유전성은 연구하는 모집단과 환경의 범위에 따라서 다를 수 있다.

유전자(genes) 염색체를 구성하는 생화학적 유전단위. DNA의 부분

유형 A(Type A) 경쟁적이고, 가혹하고, 성급하고, 말로 공격적이고, 화를 잘 내는 사람들에 대한 프리드먼과 로젠맨의 용어

유형 B(Type B) 태평스럽고 느긋한 사람들에 대한 프리드먼과 로젠맨의 용어

음고(pitch) 소리의 높낮이. 주파수에 달려있다.

의미 기억(semantic memory) 사실과 일반적인 지식에 대한 외현기억. 두 의식적 기억체계 중 하나(다른 하나는 일화적 기억)

의식(consciousness) 우리 자신과 환경에 대한 자각

의학 모형(medical model) 질병은, 심리장애의 경우, 진단하고 치료하며 대부분의 경우에 (종종 병원에서의 치료를 통하여) 완치될 수 있는 신체적 원인을 가지고 있다는 개념

이란성 쌍둥이(fraternal twin, dizygotic twin) 서로 다른 수정란으로부터 발달한 쌍둥이. 유전적으로는 쌍둥이가 아닌 형제들이나 자매들보다 더 유사하지 않지만, 태내 환경을 공유한다.

이론(theory) 관찰을 조직화하고 행동이나 사건을 예측하는 원리들을 사용한 설명

이어문 단계(two-word stage) 대략 2세부터 시작하는 언어발달 단계로, 아동은 대체로 두 단어 표현을 사용한다.

이중은폐 절차(double-blind procedure) 실험연구에서 실험참가자와 실험자 모두 누가 실험처치를 받았는지 그리고 누가 가짜 약을 받았는지를 모르는 실험절차

이중처리(dual processing) 인간의 정신이 정보를 의식적이고 무의식적인 경로에서 동시에 처리한다는 원칙

이타성(altruism) 타인의 복지에 대한 헌신적 관여

인간요인 심리학(human factors psychology) 사람과 기계가 상호작용하는 방식, 그리고 기계와 물리적 환경을 안전하고도 사용하기 쉽게 설계하는 방법을 연구하는 산업-조직심리학과 관련된 심리학 분야

인간 중심 치료(person-centered therapy) 로저스가 개발한 인본주의적 치료법으로, 치료사가 고객들의 성장을 촉진하기 위해 진정한 수용적인 공감 환경 안에서 적극적인 청취와 같은 기술을 사용한다(고객 중심 치료라고도 한다).

인본주의 심리학(humanistic psychology) 인간의 성장 잠재력을 강조한 역사적으로 중요한 조망

인사심리학(personnel psychology) 산업-조직심리학의 하위 분야로 구직, 직원의 선발, 배치, 훈련, 평가, 개발에 초점을 맞춘다.

인지(cognition) 사고하기, 알기, 기억하기, 의사소통하기와 연합된 모든 심적 활동

인지도(cognitive map) 환경의 배열에 관한 심적 표상

인지부조화 이론(cognitive dissonance theory) 두 가지 생각이 일치하지 않을 때 우리가 느끼는 불편함(부조화)을 감소시키도록 행동한다는 이론. 예를 들어 태도와 행위에 대한 자각이 충돌할 때, 우리는 태도를 변화시킴으로써 보다 편안함을 느낀다.

인지신경과학(cognitive neuroscience) 인지와 연결된 뇌의 활동에 대한 학문 간 연구

인지치료(cognitive therapy) 사람들에게 새롭고 보다 적응적인 사고와 행동 방식을 가르치는 치료법. 사고가 사건과 정서반응을 매개한다는 가정에 근거한다.

인지학습(cognitive learning) 사건을 관찰하거나, 다른 사람들을 보거나, 언어를 통하여 정신적 정보를 획득하는 것

인지행동치료(cognitive-behavior therapy, CBT) 인지치료(자기파괴적 사고를 변화시킴)를 행동치료(행동을 변화시킴)와 결합한 널리 사용되는 통합적 치료법

인출(retrieval) 기억 저장소에서 정보를 끌어내는 과정

인출 단서(retrieval cue) 특정 기억과 관련된 자극(사건, 느낌, 장소 등)

일란성 쌍둥이(identical twin, monozygotic twins) 둘로 분할되어 유전적으로 동일한 두 유기체를 만들어내는 단일 수정란에서 발달한 쌍둥이

일반 적응 증후군(general adaptation syndrome, GAS) 스트레스에 대한 신체의 세 단계에 대한-경고, 저항, 그리고 소진단계-적응적 반응이라는 셀리에의 개념

일반지능(general intelligence, g) 스피어만에 의하면, 특수한 심적 능력들에 기저하는 일반 지능 요인이며, 지능검사에 들어있는 모든 과제를 가지고 측정하게 된다.

일반화(generalization) 고전적 조건형성 이론에서 일단 한 반응이 조건형성된 후, 조건 자극과 유사한 자극에도 반응하는 경향성(조작적 조건형성 이론에서는 비슷한 자극에 대한 반응에 강화가 주어질 때 일어남)

범불안장애(generalized anxiety disorder) 끊임없이 긴장하고 불안하며 자율신경계가 각성된 상태에 있는 불안장애

일어문 단계(one-word stage) 아이가 주로 한 마디 말로 말하는 나이가 1세에서 2세 사이인 언어 발달 단계

일주기 리듬(circadian rhythm) 생체 시계. 24시간 주기로 발생하는 규칙적인 신체리듬(예 : 체온과 각성의 리듬)

일차 강화물(primary reinforcer) 생물학적 욕구를 충족시킴으로써 본질적으로 강화되는 사건

일화기억(episodic memory) 개인적으로 경험했던 사건에 대한 외현적 기억. 인간의 2개의 의식적 기억 중 하나(다른 하나는 의미기억)

ㅈ

자극(stimulus) 반응을 불러일으키는 모든 사건이나 상황

자기충족적 예언(self-fulfilling prophecy) 자신의 성취를 이끄는 신념

자기(self) 자신에 대한 이미지와 자신이 누구인지에 대한 이해. 현대 심리학에서 이것이 성격의 중심이라고 생각함. 사고, 감정, 행동을 조직하는 것

자기개념(self-concept) "나는 누구인가?"라는 질문에 대한 대답에서 우리 자신에 대한 모든 생각과 감정

자기공명영상법(magnetic resonance imaging, MRI) 부드러운 조직의 컴퓨터 기반 영상을 만들어내기 위해 자기장과 전파를 사용하는 기술. MRI 검사는 뇌의 구조를 보여준다.

자기노출(self-disclosure) 상대방에게 자신의 속내를 드러내는 것

자기실현(self-actualization) 매슬로에 따르면, 기본적인 생리적 욕구와 심리적 욕구가 만족되고 자기존중감이 달성된 후에 발생하는 궁극적인 심리적 욕구이다. 자신의 잠재력을 충족시키려는 동기

자기고양적 편향(self-serving bias) 자신을 호의적으로 지각하려는 준비성

자기중심성(egocentrism) 피아제의 이론에서 전조작기 아동의 다른 사람의 관점을 이해하는 것에 대한 어려움

자기초월(self-transcendence) 매슬로에 의하면 자신을 초월한 정체성, 의미, 그리고 목적을 위한 노력

자기통제(self-control) 더 큰 장기적 보상을 위해 충동을 통제하고 단기간의 만족을 지연시키는 능력

자기효능감(self-efficacy) 자신의 능력과 효율성에 대한 지각

자동 처리(automatic processing) 공간, 시간, 빈도, 그리고 단어 의미와 같이 잘 학습된 정보와 같은 일상생활정보의 무의식적 부호화

자발적 회복(spontaneous recovery) 휴지기간 후에 소거되었던 조건 반응이 다시 나타나는 현상

자아(ego) 프로이트에 따르면, 원초아와 초자아, 그리고 현실의 요구를 중재하는 대체로 의식적이며 성격의 '집행자'에 해당한다. 자아는 현실원리에 따라서 작동하며, 현실적으로 고통보다는 쾌를 가져오게 되는 방식으로 원초아의 요구를 만족시킨다.

자연 선택(natural selection) 유전된 특질의 다양성이라는 범위에서 다음 세대로 전달될 가능성이 가장 큰 것들 중 하나는 그 유기체가 그것의 환경에서 생존하고 번식할 가능성을 증가시킨다는 원리

자유연상법(free association) 정신분석에서 사람이 긴장을 풀고 중요하지도 않고 당혹스러울지라도 마음에 떠오르는 것을 말하게 하는 무의식을 탐색하는 방법

자율신경계(autonomic nervous system, ANS) 내분비선과 신체기관(예 : 심장)의 근육을 제어하는 말초신경계의 부분. 교감신경계는 활성화하고, 부교감신경계는 안정을 유지한다.

자존감(self-esteem) 자신의 가치를 높게 또는 낮게 느끼는 것

자폐스펙트럼장애(autism spectrum disorder, ASD) 아동기에 나타나는 심리적 장애로 의사소통과 사회적 상호작용에 현저한 결함과 융통성 없이 집착된 관심과 반복적 행동이 특징이다.

작업기억(working memory) 단기기억에 대한 새로운 이해로서, 들어오는 청각 정보와 시공간 정보, 그리고 장기기억에서 인출된 정보의 의식적이고 적극적인 처리를 수반한다.

잠재내용(latent content) 프로이트에 따르면 꿈의 숨어 있는 의미

잠재 학습(latent learning) 학습이 일어났지만 그것을 나타낼 유인자극이 있을 때까지 외현적으로 나타나지 않는 학습

장기기억(long-term memory) 기억체계의 비교적 영속적이고 무제한의 기억 저장고. 지식과 기술, 경험 등이 포함된다.

장기상승작용(long-term potentiation, LTP) 세포의 발화 잠재력이 증가하는 것. 학습과 기억의 신경적 토대로 보인다.

재인(recognition) 선다형 검사에서와 같이 학습한 항목을 확인만 하면 되는 기억 측정방법

재응고화(reconsolidation) 이전에 저장된 기억을 검색할 때 다시 저장하기 전에 잠재적으로 변경될 수 있는 과정

재학습(relearning) 학습 자료를 두 번째로 학습할 때 절약되는 시간에 의해 입증되는 기억

재흡수(reuptake) 보내는 뉴런에 의한 신경전달물질의 재흡착

저장(storage) 부호화된 정보를 오랫동안 파지하는 과정

저항(resistance) 정신 분석학에서, 불안 가득한 물질의 의식에 대한 차단

적극적 경청(active listening) 듣는 사람이 따라 말해보고, 다시 표현해보며, 분명하게 확인하는 공감적 듣기. 로저스의 내담자 중심 치료의 특성

적성검사(aptitude test) 한 개인의 미래 수행을 예언하기 위해 고안된 검사. 적성이란 학습능력을 말한다.

적응 수준 현상(adaptation-level phenomenon) 과거 경험에 의해 정의된 중성적 수준에 비추어 (예 : 소리, 빛, 수입에 대해) 판단하는 경향성

전경-배경(figure-ground) 시야를 주변(배경)에 존재하는 사물(전경)로 체제화하는 것

전기충격요법(electroconvulsive therapy, ECT) 심각한 우울증 환자를 위한 생의학적 치료로 마취한 환자의 두뇌에 전류를 짧게 흐르게 하는 방법이다.

전도난청(conduction hearing loss) 흔하지 않은 난청의 형태로 음파를 달팽이관으로 전도하는 기계시스템의 손상이 원인이다.

전두엽(frontal lobes) 이마 쪽에 위치한 대뇌피질 영역. 말하기와 근육운동, 그리고 계획 세우기와 판단에 관여한다.

전두엽 절제술(lobotomy) 한때 정서를 통제할 수 없거나 난폭한 환자를 진정시키기 위해서 사용되었던 정신외과수술 절차. 전두엽을 정서조절 중추로 연결해주는 신경을 절단하는 절차이다.

전보식 말(telegraphic speech) 아동이 압축된 문장으로 말하는 초기 언어 단계로, 전보처럼 "우유 원해" 또는 "아빠 가게 간다" 등과 같이 대체로 명사와 동사를 사용한다.

전이(transference) 정신분석에서 다른 관계(예 : 부모에 대한 사랑이나 증오)와 연계된 정서를 환자가 분석가에게 전달하는 것

전정감각(vestibular sense) 균형감각을 포함하여 신체 운동과 위치에 대한 감각

전조작기(preoperational stage) 피아제 이론에서 아동이 언어를 학습하지만 구체적 논리의 심적 조작을 아직 수행하지 못하는 단계(대략 2세에서 7세까지)

절대 역치(absolute threshold) 특정한 자극을 50%의 시행에서 탐지하는 데 필요한 최소 자극

절충적 접근(eclectic approach) 내담자의 문제에 따라서 다양한 형태의 치료 기법을 사용하는 심리치료에 대한 접근 방법

점화(priming) 종종 무의식적으로 우리 마음속의 관련성들을 활성화시키는 것, 그래서 우리가 특정한 방식으로 사물이나 사건들을 인식하고 기억하고 대응하도록 설정하는 것

접합체(zygote) 수정란. 2주간에 걸친 급속한 세포 분열기에 접어들어 배아로 발달한다.

정규 곡선(normal curve) 데이터의 많은 유형의 분포를 묘사하는 대칭적이고 종 모양의 곡선. 대부분의 점수가 평균 주변에 위치하며(약 68%가 표준편차 ±1 사이에 위치한다), 극단으로 갈수록 적은 수의 점수가 위치한다.

정보적 사회 영향(informational social influence) 현실에 대한 타인의 견해를 받아들이려는 의지에서 발생하는 영향

정서(emotion) (1) 생리적 각성, (2) 표현적 행동, 그리고 (3) 의식적 경험을 수반하는 유기체의 반응

정서중심적 대처(emotion-focused coping) 스트레스원을 피하거나 무시하고 스트레스 반응과 관련된 정서적 욕구에 주의를 기울임으로써 스트레스를 경감시키려는 시도

정서지능(emotional intelligence) 정서를 지각하고, 이해하며, 처리하고, 사용하는 능력

정신분석(psychoanalysis) (1) 사고와 행위를 무의식적 동기와 갈등으로 귀인하는 프로이트의 성격 이론. (2) 정신질환 치료에 사용되는 프로이트의 치료법. 프로이트는 환자가 자기통찰을 얻을 수 있도록 환자의 자유로운 연결, 저항, 꿈 및 전이, 그리고 이전에 억압된 감정에 대한 분석가의 해석을 믿었다.

조현병(schizophrenia) 망상, 환각, 무질서한 말, 그리고 혐오스럽고 부적절한 감정 표현으로 특징지어지는 장애

정신신경면역학(psychoneuroimmunology) 심리적, 신경적, 그리고 내분비 과정이 어떻게 결합하여 면역체계와 건강에 영향을 미치는지에 대한 연구

정신역동 이론(psychodynamic theories) 무의식과 아동기 경험의 중요성에 초점을 맞춘 성격 관점

정신연령(mental age) 비네가 고안한 지능검사 수행의 측정치. 전형적으로 특정 생활연령의 아동들에 해당되는 수행 수준. 따라서 평균 8세 아동의 검사 성과를 나타내는 아동은 8세의 정신연령을 갖는다.

정신외과수술(psychosurgery) 행동을 변화시키기 위해서 두뇌 조직을 제거하거나 파괴하는 외과수술

정신기능적 장애(psychotic disorders) 비이성적인 생각, 왜곡된 인식, 현실과의 접촉 상실로 특징지어진 일군의 장애

정적 강화(positive reinforcement) 먹이와 같은 정적 자극을 제공함으로써 행동을 증가시키는 것. 정적 강화물은 반응 후에 제공함으로써 그 반응을 강력하게 만드는 자극이다.

정체감(identity) 자기의 지각. 에릭슨에 따르면 청소년의 과제는 다양한 역할을 검증하고 통합함으로써 자기지각을 공고하게 만드는 것이다.

제임스-랑게 이론(James-Lange theory) 정서 경험은 정서 유발 자극에 대한 생리적 반응을 자각하는 것이라는 이론

조건 강화물(conditioned reinforcer) 일차 강화물과 연합되어 강화의 힘을 획득한 사건. 이차 강화물이라고도 한다.

조건 반응(conditioned response, CR) 고전적 조건형성에서 이전에 중성적이었던(현재는 조건화된) 자극(CS)에 대한 학습된 반응

조건 자극(conditioned stimulus, CS) 고전적 조건형성에서 원래는 무관한 자극이었지만 무조건 자극과 연합된 후에 조건 반응을 촉발시키게 된 자극

조성(shaping) 강화물이 원하는 행동으로 조금씩 접근하도록 유도하는 조작적 조건형성 절차

조작실(operant chamber) 조작적 조건형성 연구에서 동물이 먹이나 물이라는 강화물을 얻기 위해서 조작을 가할 수 있는 지렛대나 원판이 있는 방(스키너 상자로도 알려져 있음). 부착된 장치는 동물이 지렛대를 누르거나 원판을 쪼는 비율을 기록한다.

조작적 정의(operational definition) 연구에 사용된 정확한 절차(조작)에 대한 세심한 진술. 예를 들어 인간 지능은 지능검사가 측정한 것이라고 조작적으로 정의할 수 있다.

조작적 조건형성(operant conditioning) 행동이 강화가 뒤따를 때 강력해지고 처벌이 뒤따를 때 약화되는 학습의 유형

조작 행동(operant behavior) 환경에 조작을 가하여 결과를 가져오는 행동

조절(accommodation) 새로운 정보를 받아들이기 위해서 그 정보에 현재의 이해(스키마)를 적응시키는 것

조절점(set point) 개인의 '체중 자동조절장치'가 설정될 수 있는 위치. 신체가 이 체중 이하로 떨어지면, 배고픔의 증가와 낮아진 신진대사율이 상실한 체중을 회복하도록 작동한다.

조증(mania) 판단력이 매우 나쁜 것이 보통인, 흔한 과잉행동과 지나치게 낙관적인 상태

조직심리학(organizational psychology) 산업-조직심리학의 하위 분야로 직업만족도와 생산성에 대한 조직의 영향을 연구하며 조직의 변화를 촉진한다.

종단적 연구(longitudinal study) 동일한 사람들을 오랜 기간에 걸쳐 재연구하고 재검사하는 연구

종속변인(dependent variable) 실험에서 측정되는 변인. 독립변인의 처치로 인해서 변하게 되는 변인

좌절-공격성 원리(frustration-aggression principle) 어떤 목표를 달성하려는 시도를 가로막는 좌절이 분노를 유발하고, 분노가 공격성을 만들어낼 수 있다는 원리

주관적 안녕감(subjective well-being) 스스로 지각한 행복이나 삶의 만족도. 사람들의 삶의 질을 평가하기 위해서 객관적 안녕감 측정치와 함께 사용한다(예 : 신체적 · 경제적 지표).

주변경로 설득(peripheral route persuasion) 사람들이 화자의 매력과 같은 중요하지 않은 단서에 의해 영향을 받을 때 일어난다.

주요우울장애(major depressive disorder) 약물이나 의학적 처치가 없는 상태에서 2주 이상 (1) 우울한 기분 또는 (2) 흥미나 즐거움의 감소 중 어느 하나를 반드시 포함한 다섯 가지나 그 이상의 증상을 경험하게 되는 장애

주의결핍 과잉행동장애(ADHD) 극단적 부주의, 과잉행동, 그리고 충동성으로 표현되는 심리장애

주제통각검사(Thematic Apperception Test, TAT) 모호한 장면에 대해서 만들어내는 이야기를 통해서 자신의 내적 감정과 관심을 표출하는 투사검사

주파수/빈도(frequency) 주어진 시간(예 : 1초마다)에 한 지점을 통과하는 완벽한 파장의 수

중성 자극(neutral stimulus, NS) 고전적 조건형성에서 조건화 이전에는 아무런 반응을 유발하지 않는 자극

중앙값(median) 분포의 중간 점수. 점수의 절반은 중앙값 위쪽에 그리고 나머지 절반은 아래쪽에 위치하게 된다.

중이(middle ear) 고막과 달팽이관 사이의 공간으로 달팽이관의 난원창에 고막의 진동을 집중시키는 3개의 작은 뼈(망치뼈, 모루뼈, 등자뼈)를 가지고 있다.

중추신경계(central nervous system, CNS) 두뇌와 척수

지각(perception) 두뇌가 감각정보를 체제화하고 해석하는 과정으로, 의미 있는 사물과 사건으로 변환하는 것이다.

지각 갖춤새(perceptual set) 사물을 한 가지 방식으로만 지각하려는 심적 성향

지각 순응(perceptual adaptation) 인공적으로 대체되거나 심지어는 반전된 시야를 포함해 변경된 감각 입력에 적응하는 능력

지각 항등성(perceptual constancy) 조명과 망막 상이 변해도 사물을 불변적인 것으로 지각하는 것(일정한 색깔, 밝기, 모양, 그리고 크기로 지각함)

지능(intelligence) 경험으로부터 학습하고, 문제를 해결하며, 지식을 사용하여 새로운 상황에 적응하는 능력

지능검사(intelligence test) 개인의 심적 적성을 평가하고 점수를 사용하여 다른 사람들의 적성과 비교하는 방법

지능지수(intelligence quotient, IQ) 처음에는 생활연령(CA)에 대한 정신연령(MA)의 비율에 100을 곱한 점수로 정의되었다(즉 IQ=MA/CA×100) 오늘날의 지능검사에서는 해당 연령에서의 평균적 수행에 100의 점수를 부여한다.

지적장애(intellectual disability) 지능검사 점수가 70 또는 그 이하이며 삶의 요구에 적응하는 데 어려움이 있는 제한된 정신적 능력의 상태(이전에는 정신지체라고 함)

직관(intuition) 명확한 의식적인 추론과 대조적으로, 아무런 노력 없이 즉각적이고 자동적인 느낌이나 생각

진정제(depressant) 신경활동을 감소(억제)시키고 신체 기능을 느리게 만드는 약물(알코올, 바르비트루산염과 아편 등)

진화 심리학(evolutionary psychology) 인간의 행동과 마음이 자연 선택으로 인한 시간의 경과에 따른 적응 방식이 어떻게 변화되어 왔는지를 연구하는 분야

집단무의식(collective unconscious) 조상의 역사로부터 공유하고 물려받은 기억에 대한 칼 융의 개념

집단사고(group think) 의사결정 집단에서 융화의 욕구가 대안들에 대한 현실적 평가를 압도할 때 발생하는 사고양식

집단양극화(group polarization) 집단 내에서의 토론을 통해 집단의 주도적 성향이 고양되는 현상

집단주의(collectivism) 집단(종종 자신의 확대 가족이거나 직장)의 목표에 우선권을 부여하며, 그에 따라서 자신의 정체성을 정의내리는 입장

집단치료(group therapy) 그룹 상호작용의 이점을 제공하기 위해 개인보다는 집단에서 수행하는 치료

집단화(grouping) 자극들을 의미 있는 집단으로 체제화시키는 지각경향성

ㅊ

차이 역치(difference threshold) 두 자극이 다르다는 것을 50% 탐지하는 데 필요한 최소한의 차이. 차이 역치를 최소가지 차이(just noticeable difference, JND)이라고도 부른다.

창의성(creativity) 새롭고 가치 있는 아이디어를 만들어내는 능력

처벌(punishment) 반응 후에 주어짐으로써 그 행동을 감소시키는 사건

청각(audition) 듣는 감각 또는 행위

청소년기(adolescence) 아동기에서 성인기로 넘어가는 과도기로, 사춘기에서부터 독립하는 시기까지를 말한다.

청크 만들기(chunking) 항목들을 친숙하고 처리 가능한 단위로 체제화하는 것. 종종 자동적으로 일어난다.

체계적 둔감화(systematic desensitization) 점차적으로 증가하는 즐겁고 편안한 상태와 불안유발 자극과 연합시키는 노출치료의 한 유형. 공포증을 치료하는 데 많이 사용된다.

체성감각피질(somatosensory cortex) 두정엽의 앞부분에 있는 대뇌피질의 영역. 신체의 접촉과 움직임의 감각을 기록하고 처리한다.

체신경계(somatic nervous system) 신체 골격근을 제어하는 말초신경계의 부분. 골격신경계라고도 불린다.

체화된 인지(embodied cognition) 인지 선호와 판단에 대한 신체적 감각, 몸짓, 그리고 다른 상태들의 영향

초감각적 지각(extrasensory perception, ESP) 지각이 감각적 입력과 분리되어 일어날 수 있다는 논란의 여지가 있는 주장

초경(menarche) 최초의 생리기간

초기 성인기(emerging adulthood) 서부 문화에서 더 이상 청소년은 아니지만 아직 성인으로서 완전히 독립하지 못하고 있는 18세에서 20대 중반의 시기

초자아(superego) 프로이트에 따르면 내재화된 이상을 대표하며 판단(양심)과 미래 포부의 기준을 제공하는 성격 부분

최면(hypnosis) 한 사람(최면술사)이 다른 사람(피최면자)에게 특정한 지각이나 감정, 사고나 행동이 저절로 나타날 것이라는 암시를 주는 사회적 상호작용

최면후 암시(posthypnotic suggestion) 최면을 거는 동안 최면이 풀린 후에 수행할 것이라고 주어진 암시. 몇몇 임상가들은 바람직하지 않은 증상과 행동을 제어하기 위해서 사용한다.

최빈값(mode) 분포에서 가장 빈번하게 나타나는 점수

추동감소 이론(drive-reduction theory) 생리적 욕구가 유기체로 하여금 그 욕구를 만족시키도록 동기화하는 각성된 긴장상태(추동)를 만들어낸다는 이론

축색(axon) 뉴런에서 뻗어 나와 다른 뉴런이나 근육 또는 내분비선에 메시지를 전달하는 구조

측두엽(temporal lobes) 귀 쪽에 위치한 대뇌피질 영역. 귀로부터 정보를 받아들이는 영역을 포함한다.

치료 동맹(therapeutic alliance) 고객의 문제를 극복하기 위해 건설적으로 협력하는 치료사와 고객 사이의 신뢰와 상호 이해관계

친밀성(intimacy) 에릭슨 이론에서 밀접하고 사랑하는 관계를 형성하는 능력. 성인기 초기의 1차적 발달과업이다.

친사회적 행동(prosocial behavior) 긍정적이고 건설적이며 도움이 되는 행동. 반사회적 행동의 반대

ㅋ

캐논-바드 이론(Cannon-Bard theory) 정서 유발 자극이 (1) 생리적 반응과 (2) 정서의 주관적 경험을 동시에 촉발시킨다는 이론

코카인(cocaine) 코카 식물에서 추출된 강력하고 중독성 있는 흥분제. 일시적으로 각성을 증가시키며 희열감을 유발한다.

ㅌ

타당도(validity) 검사가 측정하려는 것을 측정하거나 예언하는 정도(내용 타당도와 예측 타당도도 참조하라.)

태도(attitude) 신념에 근거한 대상과 사람, 그리고 사건에 특정한 방식으로 반응하도록 만드는 감정

태아(fetus) 임신 9주부터 출생 시까지 발달하는 뱃속의 유기체

태아알코올증후군(fetal alcohol syndrome, FAS) 임산부의 과도한 음주로 인해 아동에게 나타나는 신체적이고 정신적인 이상. 심한 경우에는 작고 비대칭적인 머리와 얼굴 이상의 증상이 나타난다.

테라토겐(teratogen) 화학물질과 바이러스와 같이 출생 전 발달 과정에서 배아나 태아에 침투하여 해를 끼치는 물질

테스토스테론(testosterone) 남성 호르몬 중에서 가장 중요한 호르몬. 남성과 여성 모두 가지고 있지만, 남성의 부가적 테스토스테론이 태아기에 남성 성기의 성장을 자극하며 사춘기 남성의 성징 발달을 촉진한다.

토큰 경제(token economy) 원하는 행동을 나타냄으로써 특정 유형의 토큰을 얻은 후에 다양한 특권이나 선물 등과 교환할 수 있게 하는 조작적 조건형성 절차

통계적 유의성(statistical significance) 결과가 우연히 얻어질 가능성이 얼마나 되는 것인지를 통계적으로 진술한 것

통제집단(control group) 실험에서 처치에 노출되지 않은 집단. 통제집단은 처치의 효과를 판단하기 위해 실험집단과의 비교를 위해 사용된다.

통찰(insight) 문제에 대한 해결책을 갑작스럽게 깨닫는 것. 방략기반 해결과 대비된다.

통찰치료(insight therapy) 근본적인 동기와 방어에 대한 사람들의 인식을 고취시킴으로써 심리적 기능을 향상시키기 위한 치료법

투사검사(projective test) 로르샤흐 검사와 같이, 피험자의 무의식적인 생각이나 감정의 투사를 촉발하기 위해 고안된 모호한 이미지를 제공하는 성격검사

투지(grit) 심리학에서 장기적인 목표를 추구하는 열정과 인내

특성 탐지기(feature detector) 모양이나 각도 또는 움직임과 같이 자극의 특수한 특성에 반응하는 두뇌의 신경 세포

특질(trait) 행동 또는 특정 방식으로 느끼고 행동하는 성향의 특징적 패턴. 자기보고식 검사와 또래 보고로 평가한다.

틀 만들기(framing) 문제를 제기하는 방법. 문제를 어떤 틀에 맞추느냐가 의사결정과 판단에 심각한 영향을 미칠 수 있다.

ㅍ

파장(wavelength) 광파나 음파의 한 정점에서 다음 정점까지의 거리

편견(prejudice) 집단과 그 구성원들에 대한 부당한 그리고 일반적으로 부정적인 태도. 일반적으로 편견에는 고정관념과 부정적 감정, 그리고 차별적 행위의 성향이 수반된다.

편도체(amygdala) 콩알만 한 크기의 두 신경군집으로 변연계의 한 구조이며, 정서와 관련되어 있다.

평균(mean) 점수들을 모두 합한 후에 점수의 수로 나누어줌으로써 얻게 되는 분포의 산술평균

평균으로의 회귀(regression to the mean) 극단적이거나 특이한 점수나 사건들이 평균으로 되돌아가는(회귀하는) 경향성

폐경(menopause) 생리주기가 중지되는 시점. 일상적으로 사용할 때, 이것은 여성이 생리 전후부터 끝날 때까지 경험하는 생물학적 변화를 의미할 수도 있다.

폭식장애(binge-eating disorder) 고통, 역겨움, 죄책감에 뒤따르는 주요 과식 에피소드. 폭식증처럼 토하거나 단식을 하지 않는다.

표준편차(standard deviation) 점수들이 평균을 중심으로 얼마나 변하는지를 계산한 측정치

표준화(standardization) 사전에 검사받은 표준화 집단의 성과와 비교함으로써 각 점수의 의미를 정의하는 것

표출내용(manifest content) 프로이트에 따르면, 꿈의 기억된 줄거리이다.

ㅎ

하향 처리(top-down processing) 경험과 기대에 근거하여 지각을 구성할 때와 같이, 상위 수준의 심적 과정에 의해 주도되는 정보 처리 과정

학습(learning) 경험을 통해 새롭고 비교적 오래 지속되는 정보나 행동

을 얻는 과정

학습된 무력감(learned helplessness) 동물이나 사람이 반복적인 혐오적 사건을 피할 수 없을 때 무력해지고 수동적으로 되는 것

항불안제(antianxiety drugs) 불안이나 동요를 억제하기 위해 사용하는 약물

항상성(homeostasis) 균형 있고 지속적인 내적 상태를 유지하려는 경향성. 혈당과 같은 신체의 화학적 상태를 특정한 수준으로 조절하는 것

항우울제(antidepressant drugs) 우울, 불안장애, 강박장애, 외상 후 스트레스를 치료하기 위해 사용하는 약물(널리 사용되고 있는 항우울제에는 세로토닌 재흡수 억제제가 있음)

항정신성 약물(antipsychotic drugs) 조현병이나 심각한 사고장애의 다른 형태를 치료하기 위해 사용하는 약물

해리성 정체성장애(dissociative identity disorder, DID) 한 사람이 둘 이상의 명확하게 구분되어 교대되는 성격을 나타내는 보기 드문 해리장애(이전에는 다중성격장애라고 부르기도 함)

해리장애(dissociative disorder) 의식적 자각이 이전의 기억, 사고, 느낌으로부터 분리되는 논란이 많고 보기 드문 장애

해마(hippocampus) 변연계에 자리 잡고 있는 중추신경. 사실과 사건의 명확한 기억을 저장하는 과정을 돕는다.

해명(debriefing) 실험이 끝난 후 연구 참여자들에게 연구의 목적과 연구자들이 사용한 속임수에 대해 설명하는 것

해석(interpretation) 정신분석에서 환자의 통찰을 촉진하기 위해서 꿈의 의미, 저항, 그리고 다른 중요한 행동들과 사건들에 대해서 분석자가 언급하는 것

행동주의(behaviorism) 심리학은 (1) 객관적 과학이며, (2) 심적 과정을 참조하지 않고 행동을 연구해야 한다는 견해. 오늘날 대부분의 심리학자들은 (1)에 동의하지만 (2)에는 동의하지 않는다.

행동치료(behavior therapy) 원하지 않은 행동을 제거하는 데 학습 원리를 적용하는 치료

향정신성 약물(psychoactive drug) 지각과 기분을 변화시키는 화학물질

혐오적 조건형성(aversive conditioning) 불쾌한 상태(예 : 구역질)를 원하지 않은 행동(예 : 술 마시기)과 연합시키는 역조건형성의 한 유형

형식적 조작기(formal operational stage) 피아제 이론에서 추상적 개념에 대해 논리적으로 사고하기 시작하는 인지발달 단계(정상적이라면 12세에서 시작함)

형평성(equity) 대인관계에서 자신이 준만큼 받게 되는 조건

호르몬(hormones) 내분비선에서 생산되는 화학적 전달물질로, 혈류를 통해 이동하고 다른 조직들에 영향을 미친다.

호혜성 규범(reciprocity norm) 자신을 도와주었던 사람을 해치지 않고 도와줄 것이라는 기대

혼재변인(confounding variable) 연구된 요인 이외의 연구 결과에 영향을 미칠 수 있는 요인

확산적 사고(divergent thinking) 문제의 가능한 해결책의 수를 확장하는 것. 창의적 사고가 다른 방향으로 확장되어 나온 것

확증 편향(confirmation bias) 자신의 선입견을 확증해주는 정보를 찾거나 자신의 선입견과 반대되는 증거를 무시하거나 왜곡하는 경향성

환각(hallucination) 외부 청각자극이 없음에도 무언가를 듣는 것처럼 잘못된 지각 경험

환각제(hallucinogens) LSD와 같이 지각을 왜곡하고 감각 입력이 없는 상태에서 감각 이미지를 촉발시키는 마약

환경(environment) 출생 전 영양에서부터 출생 이후의 사회적 지지까지 모든 외적인 영향

활동전위(action potential) 신경흥분. 축색을 따라 전달되는 짧은 전위.

회복탄력성(resilience) 대부분의 사람들이 스트레스에 대처하고 역경과 심지어 충격에서 회복하도록 도와주는 개인적인 힘

회상(recall) 완성형 검사에서와 같이 학습한 정보를 인출해야만 하는 기억의 측정 방법

획득(acquisition) 고전적 조건형성에서 첫 단계로 중성자극이 US와 짝지어져서 중성자극이 CR을 유발하게 되는 단계. 조작적 조건형성에서는 강화된 반응이 증가하는 것

횡단적 연구(cross-sectional study) 각기 다른 연령대의 사람들을 상호 비교하는 연구

효과의 법칙(law of effect) 좋은 결과가 뒤따르는 행동들이 더 가능성이 높아지고, 나쁜 결과들이 따르는 행동들이 덜 일어난다는 손다이크의 원리

후견편향(hindsight bias) 결과를 알고 난 후에, 그 결과를 예측할 수 있었던 것처럼 믿는 경향성('나는 진작 알고 있었어' 현상이라고도 알려져 있음)

후두엽(occipital lobes) 뒤통수 쪽에 위치한 대뇌피질 영역. 시야로부터 정보를 받아들이는 영역을 포함한다.

후성유전학(epigenetics) 유전자 변화 없이 발생하는 유전자 발현에 대한 환경 영향 연구

후천성 면역 결핍증(acquired immune deficiency syndrome, AIDS) HIV에 의해 성적으로 전염된 생명을 위협하는 전염병. AIDS는 사람들의 면역체계를 고갈시켜 감염에 취약하게 한다.

흥분제(stimulant) 신경활동을 증폭시키고 신체 기능을 촉진시키는 약물(카페인, 니코틴, 그리고 보다 강력한 코카인, 암페타민, 메스암페타민, 그리고 엑스터시)

희생양 이론(scapegoat theory) 편견이 다른 사람을 비난하도록 해줌으로써 분노의 방출구를 제공한다는 이론

기타

1차 성징(primary sex characteristics) 자손번식을 가능하게 만들어주는 신체 구조(난소, 고환, 그리고 외부의 성기)

2요인 이론(two-factor theory) 정서를 경험하기 위해서는 (1) 신체적으로 각성되고 (2) 인지적으로 그 각성에 이름을 붙여야만 한다는 색터와 싱어의 이론

2차 성징(secondary sex characteristics) 여성의 가슴과 엉덩이, 남성의 변성과 체모 등과 같은 비재생적 성징

DNA(deoxyribonucleic acid) 염색체를 구성하는 유전적 정보를 담고 있는 복잡한 분자

DSM-5 미국정신의학협회의 정신질환 진단 및 통계 편람(제5판)으로, 심리적 장애를 분류하는 데 널리 사용되는 시스템이다.

LSD 강력한 환각제이며, acid(lysergic acid diethylamide)라고도 부른다.

REM 반동(REM rebound) REM 수면이 박탈된 후에 REM 수면이 증가하는 경향성

REM 수면(REM sleep) 빠른 안구운동 수면. 일반적으로 선명한 꿈이 나타나는 반복적인 수면단계이다. 근육은 이완되지만(사소한 경련은 제외하고) 다른 신체 시스템은 활동적이기 때문에 역설적 수면이라고도 알려져 있다.

THC 마리화나의 주요 성분. 약한 환각을 포함한 다양한 효과를 일으킨다.

X 염색체(X chromosome) 남성과 여성 모두 존재하는 성염색체. 여성은 2개의 X 염색체를 가지고 있는 반면, 남성은 하나만 가지고 있다. 각 부모로부터 X 염색체를 물려받으면 여아가 된다.

Y 염색체(Y chromosome) 남성에게만 존재하는 성염색체. 어머니로부터의 X 염색체와 결합하여 남아가 된다.

참고문헌

AAA. (2010). *Asleep at the wheel: the prevalence and impact of drowsy driving.* AAA Foundation for Traffic Safety (aaafoundation.org/pdf/2010DrowsyDrivingReport.pdf).

AAA. (2015). *Teen driver safety: Environmental factors and driver behaviors in teen driver crashes.* AAA Foundation for Traffic Safety (aaafoundation.org/sites/default/files/2015TeenCrashCausationFS.pdf).

AAMC. (2014). Medical students, selected years, 1965–2013. Association of American Medical Colleges (aamc.org/download/411782/data/2014_table1.pdf).

AAS. (2009, April 25). *USA suicide: 2006 final data.* Prepared for the American Association of Suicidology by J. L. McIntosh (suicidology.org).

Abrams, D. B., & Wilson, G. T. (1983). Alcohol, sexual arousal, and self-control. *Journal of Personality and Social Psychology, 45,* 188–198.

Abrams, L. (2008). Tip-of-the-tongue states yield language insights. *American Scientist, 96,* 234–239.

Abrams, M. (2002, June). Sight unseen—Restoring a blind man's vision is now a real possibility through stem-cell surgery. But even perfect eyes cannot see unless the brain has been taught to use them. *Discover, 23,* 54–60.

Abramson, L. Y., Metalsky, G. I., & Alloy, L. B. (1989). Hopelessness depression: A theory-based subtype. *Psychological Review, 96,* 358–372.

Abramson, L. Y., Seligman, M. E. P., & Teasdale, J. D. (1978). Learned helplessness in humans: Critique and reformulation. *Journal of Abnormal Psychology, 87,* 49–74.

Academy of Science of South Africa. (2015). *Diversity in human sexuality: Implications for policy in Africa* (p. 36). Academy of Science of South Africa (assaf.org.za).

Acevedo, B. P., & Aron, A. (2009). Does a long-term relationship kill romantic love? *Review of General Psychology, 13,* 59–65.

Acevedo, B. P., Aron, A., Fisher, H. E., & Brown, L. L. (2012). Neural correlates of long-term intense romantic love. *Social Cognitive and Affective Neuroscience, 7,* 145–159.

ACHA. (2009). *American College Health Association-National College Health Assessment II: Reference group executive summary. Fall 2008.* Baltimore: American College Health Association.

Ackerman, D. (2004). *An alchemy of mind: The marvel and mystery of the brain.* New York: Scribner.

Adachi, T., Fujino, H., Nakae, A., Mashimo, T., & Sasaki, J. (2014). A meta-analysis of hypnosis for chronic pain problems: A comparison between hypnosis, standard care, and other psychological interventions. *International Journal of Clinical and Experimental Hypnosis, 62,* 1–28.

Adams, H. E., Wright, L. W., Jr., & Lohr, B. A. (1996). Is homophobia associated with homosexual arousal? *Journal of Abnormal Psychology, 105,* 440–446.

Adelmann, P. K., Antonucci, T. C., Crohan, S. F., & Coleman, L. M. (1989). Empty nest, cohort, and employment in the well-being of midlife women. *Sex Roles, 20,* 173–189.

Adelstein, J. S., Shehzad, Z., Mennes, M., DeYoung, C. G., Zuo, X.-N., Kelly, C., . . . Milham, M. P. (2011). Personality is reflected in the brain's intrinsic functional architecture. *PLoS ONE, 6,* e27633.

Aderka, I. M., Nickerson, A., Bøe, H. J., & Hofmann, S. G. (2012). Sudden gains during psychological treatments of anxiety and depression: A meta-analysis. *Journal of Consulting and Clinical Psychology, 80,* 93–101.

Adler, J. M., Lodi-Smith, J., Philippe, F. L., & Houle, I. (2016). The incremental validity of narrative identity in predicting well-being: A review of the field and recommendations for the future. *Personality and Social Psychology Review, 20*(2), 142–175.

Adolph, K. E., Kretch, K. S., & LoBue, V. (2014). Fear of heights in infants? *Current Directions in Psychological Science, 23,* 60–66.

Affleck, G., Tennen, H., Urrows, S., & Higgins, P. (1994). Person and contextual features of daily stress reactivity: Individual differences in relations of undesirable daily events with mood disturbance and chronic pain intensity. *Journal of Personality and Social Psychology, 66,* 329–340.

Agerström, J., Björklund, F., Carlsson, R., & Rooth, D.-O. (2012). Warm and competent Hassan = cold and incompetent Eric: A harsh equation of real-life hiring discrimination. *Basic and Applied Social Psychology, 34,* 359–366.

Agrillo, C. (2011). Near-death experience: Out-of-body and out-of-brain? *Review of General Psychology, 15,* 1–10.

Agudelo, L. Z., Femenía, T., Orhan, F., Porsmyr-Palmertz, M., Goiny, M., Martinez-Redondo, V., . . . Ruas, J. L. (2014). Skeletal muscle PGC-1 1 modulates kynurenine metabolism and mediates resilience to stress-induced depression. *Cell, 159,* 33–45.

Aiello, J. R., Thompson, D. D., & Brodzinsky, D. M. (1983). How funny is crowding anyway? Effects of room size, group size, and the introduction of humor. *Basic and Applied Social Psychology, 4,* 193–207.

Aimone, J. B., Jessberger, S., & Gage, F. H. (2010, last modified February 5). Adult neurogenesis. Scholarpedia (scholarpedia.org).

Ainsworth, M. D. S. (1973). The development of infant-mother attachment. In B. Caldwell & H. Ricciuti (Eds.), *Review of child development research* (Vol. 3). Chicago: University of Chicago Press.

Ainsworth, M. D. S. (1979). Infant-mother attachment. *American Psychologist, 34,* 932–937.

Ainsworth, M. D. S. (1989). Attachments beyond infancy. *American Psychologist, 44,* 709–716.

Aknin, L. B., Barrington-Leigh, C. P., Dunn, E. W., Helliwell, J. F., Burns, J., Biswas-Diener, R., & Norton, M. I. (2013). Prosocial spending and well-being: Cross-cultural evidence for a psychological universal. *Journal of Personality and Social Psychology, 104,* 635–652.

Aknin, L. B., Broesch, T., Kiley Hamlin, J., & Van de Vondervoort, J. W. (2015). Pro-social behavior leads to happiness in a small-scale rural society. *Journal of Experimental Psychology: General, 144,* 788–795.

Alanko, K., Santtila, P., Harlaar, N., Witting, K., Varjonen, M., Jern, P., . . . Sandnabba, N. K. (2010). Common genetic effects of gender atypical behavior in childhood and sexual orientation in adulthood: A study of Finnish twins. *Archives of Sexual Behavior, 39,* 81–92.

Albee, G. W. (1986). Toward a just society: Lessons from observations on the primary prevention of psychopathology. *American Psychologist, 41,* 891–898.

Albee, G. W. (2006). Historical overview of primary prevention of psychopathology: Address to the 3rd world conference on the promotion of mental health and prevention of mental and behavioral disorders. September 15–17, 2004, Auckland, New Zealand. *The Journal of Primary Prevention, 27,* 449–456.

Albert, D., Chein, J., & Steinberg, L. (2013). Peer influences on adolescent decision making. *Current Directions in Psychological Science, 22,* 80–86.

Alcock, J. E. (2011, March/April). Back from the future: Parapsychology and the Bem affair. *Skeptical Inquirer,* pp. 31–39.

Aldao, A., & Nolen-Hoeksema, S. (2010). Emotion-regulation strategies across psychopathology: A meta-analytic review. *Clinical Psychology Review, 30,* 217–237.

Aldridge-Morris, R. (1989). *Multiple personality: An exercise in deception.* Hillsdale, NJ: Erlbaum.

Aleman, A., Kahn, R. S., & Selten, J.-P. (2003). Sex differences in the risk of schizophrenia: Evidence from meta-analysis. *Archives of General Psychiatry, 60,* 565–571.

Alexander, L., & Tredoux, C. (2010). The spaces between us: A spatial analysis of informal segregation. *Journal of Social Issues, 66,* 367–386.

Allen, J. R., & Setlow, V. P. (1991). Heterosexual transmission of HIV: A view of the future. *Journal of the American Medical Association, 266,* 1695–1696.

Allen, K. (2003). Are pets a healthy pleasure? The influence of pets on blood pressure. *Current Directions in Psychological Science, 12,* 236–239.

Allen, M., D'Alessio, D., & Emmers-Sommer, T. M. (2000). Reactions of criminal sexual offenders to pornography: A meta-analytic summary. In M. Roloff (Ed.), *Communication yearbook 22* (pp. 139–169). Thousand Oaks, CA: Sage.

Allen, M., Emmers, T. M., Gebhardt, L., & Giery, M. (1995). Pornography and rape myth acceptance. *Journal of Communication, 45,* 5–26.

Allen, M. S., & Jones, M. V. (2014). The "home advantage" in athletic competitions. *Current Directions in Psychological Science, 23,* 48–53.

Allen, M. W., Gupta, R., & Monnier, A. (2008). The interactive effect of cultural symbols and human values on taste evaluation. *Journal of Consumer Research, 35,* 294–308.

Allen, N. B., & Badcock, P. B. T. (2003). The social risk hypothesis of depressed mood: Evolutionary, psychosocial, and neurobiological perspectives. *Psychological Bulletin, 129,* 887–913.

Allen, T., & Sherman, J. (2011). Ego threat and intergroup bias: A test of motivated-activation versus self-regulatory accounts. *Psychological Science, 22,* 331–333.

Allport, G. W. (1954). *The nature of prejudice.* New York: Addison-Wesley.

Ally, B. A., Hussey, E. P., & Donahue, M. J. (2013). A case of hyperthymesia: Rethinking the role of the amygdala in autobiographical memory. *Neurocase, 19,* 166–181.

Al-Sayegh, H., Lowry, J., Polur, R. N., Hines, R. B., Liu, F., & Zhang, J. (2015). Suicide history and mortality: A follow-up of a national cohort in the United States. *Archives of Suicide Research, 19,* 35–47.

Altamirano, L. J., Miyake, A., & Whitmer, A. J. (2010). When mental inflexibility facilitates executive control: Beneficial side effects of ruminative tendencies on goal maintenance. *Psychological Science, 21,* 1377–1382.

Alwin, D. F. (1990). Historical changes in parental orientations to children. In N. Mandell (Ed.), *Sociological studies of child development (Vol. 3).* Greenwich, CT: JAI Press.

Amabile, T. M. (1983). *The social psychology of creativity.* New York: Springer-Verlag.

Amabile, T. M., & Hennessey, B. A. (1992). The motivation for creativity in children. In A. K. Boggiano & T. S. Pittman (Eds.), *Achievement and motivation: A social-developmental perspective.* New York: Cambridge University Press.

Amabile, T. M., & Kramer, S. J. (2011). *The progress principle: Using small wins to ignite joy, engagement, and creativity at work.* Cambridge, MA: Harvard Business Review Press.

Ambady, N. (2010). The perils of pondering: Intuition and thin slice judgments. *Psychological Inquiry, 21,* 271–278.

Ambrose, C. T. (2010). The widening gyrus. *American Scientist, 98,* 270–274.

Amedi, A., Merabet, L. B., Bermpohl, F., & Pascual-Leone, A. (2005). The occipital cortex in the blind: Lessons about plasticity and vision. *Current Directions in Psychological Science, 14,* 306–311.

Amen, D. G., Stubblefield, M., Carmichael, B., & Thisted, R. (1996). BrainSPECT findings and aggressiveness. *Annals of Clinical Psychiatry, 8,* 129–137.

American Enterprise. (1992, January/February). Women, men, marriages and ministers. *The American Enterprise,* p. 106.

American Psychiatric Association. (2013). *Diagnostic and statistical manual of mental disorders* (5th ed.). Arlington, VA: American Psychiatric Publishing.

American Psychological Association [APA Presidential Task Force on Evidence-Based Practice]. (2006). Evidence-based practice in psychology. *American Psychologist, 61,* 271–285.

Ames, D. R., & Flynn, F. J. (2007). What breaks a leader: The curvilinear relation between assertiveness and leadership. *Journal of Personality and Social Psychology, 92,* 307–324.

Ammori, B. (2013, January 4). Viewpoint: Benefits of bariatric surgery. *GP* (gponline.com).

Andersen, R. A., Hwang, E. J., & Mulliken, G. H. (2010). Cognitive neural prosthetics. *Annual Review of Psychology, 61,* 169–190.

Andersen, S. M. (1998). *Service learning: A national strategy for youth development.* A position paper issued by the Task Force on Education Policy. Washington, DC: Institute for Communitarian Policy Studies, George Washington University.

Anderson, B. L. (2002). Biobehavioral outcomes following psychological interventions for cancer patients. *Journal of Consulting and Clinical Psychology, 70,* 590–610.

Anderson, C. A. (2004). An update on the effects of playing violent video games. *Journal of Adolescence, 27,* 113–122.

Anderson, C. A. (2013, June). Guns, games, and mass shootings in the U.S. *Bulletin of the International Society for Research on Aggression,* pp. 14–19.

Anderson, C. A., Anderson, K. B., Dorr, N., DeNeve, K. M., & Flanagan, M. (2000). Temperature and aggression. In M. P. Zanna (Ed.), *Advances in experimental social psychology* (pp. 63–133). San Diego: Academic Press.

Anderson, C. A., Brion, S., Moore, D. A., & Kennedy, J. A. (2012). A status enhancement account of overconfidence. *Journal of Personality and Social Psychology, 103,* 718–735.

Anderson, C. A., Bushman, B. J., & Groom, R. W. (1997). Hot years and serious and deadly assault: Empirical tests of the heat hypothesis. *Journal of Personality and Social Psychology, 73,* 1213–1223.

Anderson, C. A., & Delisi, M. (2011). Implications of global climate change for violence in developed and developing countries. In J. Forgas, A. Kruglanski., & K. Williams (Eds.), *The psychology of social conflict and aggression* (pp. 249–265). New York: Psychology Press.

Anderson, C. A., & Dill, K. E. (2000). Video games and aggressive thoughts, feelings, and behavior in the laboratory and in life. *Journal of Personality and Social Psychology, 78,* 772–790.

Anderson, C. A., Lindsay, J. J., & Bushman, B. J. (1999). Research in the psychological laboratory: Truth or triviality? *Current Directions in Psychological Science, 8,* 3–9.

Anderson, C. A., Shibuya, A., Ihori, N., Swing, E. L., Bushman, B. J., Sakamoto, A., . . . Saleem, M. (2010a). Violent video game effects on aggression, empathy, and prosocial behavior in Eastern and Western countries: A meta-analytic review. *Psychological Bulletin, 136,* 151–173.

Anderson, C. A., & Warburton, W. A. (2012). The impact of violent video games: An overview. In W. Warburton & D. Braunstein (Eds.), *Growing up fast and furious: Reviewing the impacts of violent and sexualized media on children* (pp. 56–84). Annandale, New South Wales, Australia: Federation Press.

Anderson, J. R., Gillies, A., & Lock, L. (2010b). *Pan* thanatology. *Current Biology, 20,* R349–R351.

Anderson, R. C., Pichert, J. W., Goetz, E. T., Schallert, D. L., Stevens, K. V., & Trollip, S. R. (1976). Instantiation of general terms. *Journal of Verbal Learning and Verbal Behavior, 15,* 667–679.

Anderson, S. E., Dallal, G. E., & Must, A. (2003). Relative weight and race influence average age at menarche: Results from two nationally representative surveys of U.S. girls studied 25 years apart. *Pediatrics, 111,* 844–850.

Anderson, S. R. (2004). *Doctor Dolittle's delusion: Animals and the uniqueness of human language.* New Haven: Yale University Press.

Andreasen, N. C. (1997). Linking mind and brain in the study of mental illnesses: A project for a scientific psychopathology. *Science, 275,* 1586–1593.

Andreasen, N. C. (2001). *Brave new brain: Conquering mental illness in the era of the genome.* New York: Oxford University Press.

Andrews, P. W., & Thomson, J. A., Jr. (2009a). The bright side of being blue: Depression as an adaptation for analyzing complex problems. *Psychological Review, 116,* 620–654.

Andrews, P. W., & Thomson, J. A., Jr. (2009b, January/February). Depression's evolutionary roots. *Scientific American Mind,* pp. 57–61.

Anglemyer, A., Horvath, T., & Rutherford, G. (2014). The accessibility of firearms and risk for suicide and homicide victimization among household members. *Annals of Internal Medicine, 160,* 101–112.

Annan, K. A. (2001, December 10). We can love what we are, without hating who—and what—we are not. Lecture delivered on receipt of the 2001 Nobel Peace Prize, Oslo, Norway.

Antonaccio, O., Botchkovar, E. V., & Tittle, C. R. (2011). Attracted to crime: Exploration of criminal motivation among respondents in three European cities. *Criminal Justice and Behavior, 38,* 1200–1221.

Antony, M. M., Brown, T. A., & Barlow, D. H. (1992). Current perspectives on panic and panic disorder. *Current Directions in Psychological Science, 1,* 79–82.

Antrobus, J. (1991). Dreaming: Cognitive processes during cortical activation and high afferent thresholds. *Psychological Review, 98,* 96–121.

Anzures, G., Quinn, P. C., Pascalis, O., Slater, A. M., Tanaka, J. W., & Lee, K. (2013). Developmental origins of the other-race effect. *Current Directions in Psychological Science, 22,* 173–178.

AP. (2007, October 25). AP/Ipsos poll: One-third in AP poll believe in ghosts and UFOs, half accept ESP. Associated Press (ap-ipsosresults.com/).

AP. (2009, May 9). AP-mtvU AP 2009 Economy, College Stress and Mental Health Poll. Associated Press (ap.org).

APA. (2002). *Ethical principles of psychologists and code of conduct.* Washington, DC: American Psychological Association.

APA. (2007). Report of the APA Task Force on the Sexualization of Girls. Washington, DC: American Psychological Association.

APA. (2009). Stress in America 2009. American Psychological Association (apa.org).

APA. (2010, accessed April 28). Answers to your questions about transgender individuals and gender identity. (apa.org/pi/women/programs/girls/report.aspx).

APA Task Force on Violent Media. (2015). *Technical report on the review of the violent video game literature.* American Psychological Association (apa.org/pi/families/review-video-games.pdf).

Archer, J. (2000). Sex differences in aggression between heterosexual partners: A meta-analytic review. *Psychological Bulletin, 126,* 651–680.

Archer, J. (2004). Sex differences in aggression in real-world settings: A meta-analytic review. *Review of General Psychology, 8,* 291–322.

Archer, J. (2007). A cross-cultural perspective on physical aggression between partners. *Issues in Forensic Psychology, No. 6,* 125–131.

Archer, J. (2009). Does sexual selection explain human sex differences in aggression? *Behavioral and Brain Sciences, 32,* 249–311.

Arent, S. M., Landers, D. M., & Etnier, J. L. (2000). The effects of exercise on mood in older adults: A meta-analytic review. *Journal of Aging and Physical Activity, 8,* 407–430.

Ariely, D. (2010). *Predictably irrational, revised and expanded edition: The hidden forces that shape our decisions.* New York: Harper Perennial.

Ariely, D., & Loewenstein, G. (2006). The heat of the moment: The effect of sexual arousal on sexual decision making. *Journal of Behavioral Decision Making, 19,* 87–98.

Aries, E. (1987). Gender and communication. In P. Shaver & C. Henrick (Eds.), *Review of Personality and Social Psychology, 7,* 149–176.

Arkowitz, H., & Lilienfeld, S. O. (2006, April/May). Psychotherapy on trial. *Scientific American Mind,* pp. 42–49.

Armony, J. L., Quirk, G. J., & LeDoux, J. E. (1998). Differential effects of amygdala lesions on early and late plastic components of auditory cortex spike trains during fear conditioning. *Journal of Neuroscience, 18,* 2592–2601.

Armstrong, E. A., England, P., & Fogarty, A. C. K. (2012). Accounting for women's orgasm and sexual enjoyment in college hookups and relationships. *American Sociological Review, 77,* 435–462.

Arnedo, J., Mamah, D., Baranger, D. A., Harms, M. P., Barch, D. M., Svrakic, D. M., . . . Zwir, I. (2015). Decomposition of brain diffusion imaging data uncovers latent schizophrenias with distinct patterns of white matter anisotropy. *NeuroImage, 120,* 43–54.

Arneson, J. J., Sackett, P. R., & Beatty, A. S. (2011). Ability-performance relationships in education and employment settings: Critical tests of the more-is-better and the good-enough hypotheses. *Psychological Science, 22,* 1336–1342.

Arnett, J. J. (2006). Emerging adulthood: Understanding the new way of coming of age. In J. J. Arnett & J. L. Tanner (Eds.), *Emerging adults in America: Coming of age in the 21st century.* Washington, DC: American Psychological Association.

Arnett, J. J. (2007). Socialization in emerging adulthood: From the family to the wider world, from socialization to self-socialization. In J. E. Grusec & P. D. Hastings (Eds.), *Handbook of socialization: Theory and research.* New York: Guilford Press.

Aron, A., Melinat, E., Aron, E. N., Vallone, R. D., & Bator, R. J. (1997). The experimental generation of interpersonal closeness: A procedure and some preliminary findings. *Personality and Social Psychology Bulletin, 23,* 363–377.

Aron, A., Norman, C. C., Aron, E. N., McKenna, C., & Heyman, R. E. (2000). Couples' shared participation in novel and arousing activities and experienced relationship quality. *Journal of Personality and Social Psychology, 78,* 273–284.

Aronson, E. (2001, April 13). Newsworthy violence. E-mail to SPSP discussion list, drawing from *Nobody Left to Hate.* New York: Freeman, 2000.

Artiga, A. I., Viana, J. B., Maldonado, C. R., Chandler-Laney, P. C., Oswald, K. D., & Boggiano, M. M. (2007). Body composition and endocrine status of long-term stress-induced binge-eating rats. *Physiology and Behavior, 91,* 424–431.

Asch, S. E. (1955). Opinions and social pressure. *Scientific American, 193,* 31–35.

Asendorpf, J. B., Penke, L., & Back, M. D. (2011). From dating to mating and relating: Predictors of initial and long-term outcomes of speed-dating in a community sample. *European Journal of Personality, 25,* 16–30.

Aserinsky, E. (1988, January 17). Personal communication.

Askay, S. W., & Patterson, D. R. (2007). Hypnotic analgesia. *Expert Review of Neurotherapeutics, 7,* 1675–1683.

Aspinwall, L. G., & Tedeschi, R. G. (2010). The value of positive psychology for health psychology: Progress and pitfalls in examining the relation of positive phenomena to health. *Annals of Behavioral Medicine, 39,* 4–15.

Aspy, C. B., Vesely, S. K., Oman, R. F., Rodine, S., Marshall, L., & McLeroy, K. (2007). Parental communication and youth sexual behaviour. *Journal of Adolescence, 30,* 449–466.

Assanand, S., Pinel, J. P. J., & Lehman, D. R. (1998). Personal theories of hunger and eating. *Journal of Applied Social Psychology, 28,* 998–1015.

Atkinson, R. C., & Shiffrin, R. M. (1968). Human memory: A control system and its control processes. In K. Spence (Ed.), *The psychology of learning and motivation* (Vol. 2). New York: Academic Press.

Austin, E. J., Deary, I. J., Whiteman, M. C., Fowkes, F. G. R., Pedersen, N. L., Rabbitt, P., . . . McInnes, L. (2002). Relationships between ability and personality: Does intelligence contribute positively to personal and social adjustment? *Personality and Individual Differences, 32,* 1391–1411.

Auyeung, B., Baron-Cohen, S., Ashwin, E., Knickmeyer, R., Taylor, K., Hackett, G., & Hines, M. (2009). Fetal testosterone predicts sexually differentiated childhood behavior in girls and in boys. *Psychological Science, 20,* 144–148.

Averill, J. R. (1993). William James's other theory of emotion. In M. E. Donnelly (Ed.), *Reinterpreting the legacy of William James.* Washington, DC: American Psychological Association.

Aviezer, H., Hassin, R. R., Ryan, J., Grady, C., Susskind, J., Anderson, A., . . . Bentin, S. (2008). Angry, disgusted, or afraid? Studies on the malleability of emotion perception. *Psychological Science, 19,* 724–732.

Ax, A. F. (1953). The physiological differentiation of fear and anger in humans. *Psychosomatic Medicine, 15,* 433–442.

Ayan, S. (2009, April/May). Laughing matters. *Scientific American Mind,* pp. 24–31.

Azar, B. (1998, June). Why can't this man feel whether or not he's standing up? *APA Monitor* (apa.org/monitor /jun98/touch.html).

Azevedo, F. A., Carvalho, L. R., Grinberg, L. T., Farfel, J. M., Ferretti, R. E., Leite, R. E., . . . Herculano-Houzel, S. (2009). Equal numbers of neuronal and nonneuronal cells make the human brain an isometrically scaled-up primate brain. *Journal of Comparative Neurology, 513,* 532–541.

Baas, M., De Dreu, C. K. W., & Nijstad, B. A. (2008). A meta-analysis of 25 years of mood-creativity research: Hedonic tone, activation, or regulatory focus? *Psychological Bulletin, 134,* 779–806.

Babyak, M., Blumenthal, J. A., Herman, S., Khatri, P., Doraiswamy, M., Moore, K., . . . Krishnan, K. R. (2000). Exercise treatment for major depression: Maintenance of therapeutic benefit at ten months. *Psychosomatic Medicine, 62,* 633–638.

Bachman, J., O'Malley, P. M., Schulenberg, J. E., Johnston, L. D., Freedman-Doan, P., & Messersmith, E. E. (2007). *The education-drug use connection: How successes and failures in school relate to adolescent smoking, drinking, drug use, and delinquency.* Mahwah, NJ: Erlbaum.

Back, M. D., Stopfer, J. M., Vazire, S., Gaddis, S., Schmukle, S. C., Egloff, B., & Gosling, S. D. (2010). Facebook profiles reflect actual personality not self-idealization. *Psychological Science, 21,* 372–274.

Backman, L., & MacDonald, S. W. S. (2006). Death and cognition: Synthesis and outlook. *European Psychologist, 11,* 224 –235.

Baddeley, A. D. (1982). *Your memory: A user's guide.* New York: Macmillan.

Baddeley, A. D., Thomson, N., & Buchanan, M. (1975). Word length and the structure of short-term memory. *Journal of Verbal Learning and Verbal Behavior, 14,* 575–589.

Baddeley, J. L., & Singer, J. A. (2009). A social interactional model of bereavement narrative disclosure. *Review of General Psychology, 13,* 202–218.

Badgett, M. V. L., & Mallory, C. (2014, December). *Relationship recognition patterns of same-sex couples by gender.* The Williams Institute, U.C.L.A. (williamsinstitute.law.ucla.edu/ wp-content/uploads/Badgett-Mallory-Gender-Dec-2014.pdf).

Bagemihl, B. (1999). *Biological exuberance: Animal homosexuality and natural diversity.* New York: St. Martins.

Bahrick, H. P. (1984). Semantic memory content in permastore: 50 years of memory for Spanish learned in school. *Journal of Experimental Psychology: General, 111,* 1–29.

Bahrick, H. P., Bahrick, P. O., & Wittlinger, R. P. (1975). Fifty years of memory for names and faces: A cross-sectional approach. *Journal of Experimental Psychology: General, 104,* 54–75.

Bailey, J. M., Dunne, M. P., & Martin, N. G. (2000). Genetic and environmental influences on sexual orientation and its correlates in an Australian twin sample. *Journal of Personality and Social Psychology, 78,* 524–536.

Bailey, J. M., Gaulin, S., Agyei, Y., & Gladue, B. A. (1994). Effects of gender and sexual orientation on evolutionarily relevant aspects of human mating psychology. *Journal of Personality and Social Psychology, 66,* 1081–1093.

Bailey, R. E., & Gillaspy, J. A., Jr. (2005). Operant psychology goes to the fair: Marian and Keller Breland in the popular press, 1947–1966. *The Behavior Analyst, 28,* 143–159.

Bailine, S., Fink, M., Knapp, R. Petrides, G., Husain, M. M., Rasmussen, K., . . . Kellner, C. H. (2010). Electroconvulsive therapy is equally effective in unipolar and bipolar depression. *Acta Psychiatrica Scandinavica, 121,* 431–436.

Baillargeon, R. (1995). A model of physical reasoning in infancy. In C. Rovee-Collier & L. P. Lipsitt (Eds.), *Advances in infancy research* (Vol. 9). Stamford, CT: Ablex.

Baillargeon, R. (2008). Innate ideas revisited: For a principle of persistence in infants' physical reasoning. *Perspectives in Psychological Science, 3,* 2–13.

Baker, M. & Maner, J. (2009). Male risk-taking as a context-sensitive signaling device. *Journal of Experimental Social Psychology, 45,* 1136–1139.

Baker, T. B., McFall, R. M., & Shoham, V. (2008). Current status and future prospects of clinical psychology: Toward a scientifically principled approach to mental and behavioral health care. *Psychological Science in the Public Interest, 9,* 67–103.

Baker, T. B., Piper, M. E., McCarthy, D. E., Majeskie, M. R., & Fiore, M. C. (2004). Addiction motivation reformulated: An affective processing model of negative reinforcement. *Psychological Review, 111,* 33–51.

Bakermans-Kranenburg, M. J., van IJzendoorn, M. H., & Juffer, F. (2003). Less is more: Meta-analyses of sensitivity and attachment interventions in early childhood. *Psychological Bulletin, 129,* 195–215.

Bakshy, E., Messing, S., & Adamic, L. A. (2015). Exposure to ideologically diverse news and opinion on Facebook. *Science, 348,* 1130–1132.

Balcetis, E., & Dunning, D. (2010). Wishful seeing: More desired objects are seen as closer. *Psychological Science, 21,* 147–152.

Ballini, A., Cantore, S., Fatone, L., Montenegro, V., De Vito, D., Pettini, F., . . . Foti, C. (2012). Transmission of nonviral sexually transmitted infections and oral sex. *Journal of Sexual Medicine, 9,* 372–384.

Balsam, K. F., Beauchaine, T. P., Rothblum, E. S., & Solomon, S. E. (2008). Three-year follow-up of same-sex couples who had civil unions in Vermont, same-sex couples not in civil unions, and heterosexual married couples. *Developmental Psychology, 44,* 102–116.

Balter, M. (2010). Animal communication helps reveal roots of language. *Science, 328,* 969–970.

Bambico, F. R., Nguyen N.-T., Katz, N., & Gobbi, G. (2010). Chronic exposure to cannabinoids during adolescence but not during adulthood impairs emotional behavior and monoaminergic neurotransmission. *Neurobiology of Disease, 37,* 641–655.

Bancroft, J., Loftus, J., & Long, J. S. (2003). Distress about sex: A national survey of women in heterosexual relationships. *Archives of Sexual Behavior, 32,* 193–208.

Bandura, A. (1977). Self-efficacy: Toward a unifying theory of behavior. *Psychological Review, 84,* 191–215.

Bandura, A. (1982). The psychology of chance encounters and life paths. *American Psychologist, 37,* 747–755.

Bandura, A. (1986). *Social foundations of thought and action: A social-cognitive theory.* Englewood Cliffs, NJ: Prentice-Hall.

Bandura, A. (2005). The evolution of social cognitive theory. In K. G. Smith & M. A. Hitt (Eds.), *Great minds in management: The process of theory development.* Oxford: Oxford University Press.

Bandura, A. (2006). Toward a psychology of human agency. *Perspectives on Psychological Science, 1,* 164–180.

Bandura, A. (2008). An agentic perspective on positive psychology. In S. J. Lopez (Ed.), *Positive psychology: Exploring the best in people: Vol. 1. Discovering human strengths* (pp. 167–196). Westport, CT: Praeger.

Bandura, A., Ross, D., & Ross, S. A. (1961). Transmission of aggression through imitation of aggressive models. *Journal of Abnormal and Social Psychology, 63,* 575–582.

Bar-Haim, Y., Lamy, D., Pergamin, L., Bakermans-Kranenburg, M. J., & van IJzendoorn, M. H. (2007). Threat-related attentional bias in anxious and nonanxious individuals: A meta-analytic study. *Psychological Bulletin, 133,* 1–24.

Barash, D. P. (2012). *Homo mysterius: Evolutionary puzzles of human nature.* New York: Oxford University Press.

Barbaresi, W. J., Katusic, S. K., Colligan, R. C., Weaver, A. L., & Jacobsen, S. J. (2007). Modifiers of long-term school outcomes for children with attention-deficit/hyperactivity disorder: Does treatment with stimulant medication make a difference? Results from a population-based study. *Journal of Developmental and Behavioral Pediatrics, 28,* 274–287.

Barberá, P., Jost, J. T., Nagler, J., Tucker, J. A., & Bonneau, R. (2015). Tweeting from left to right: Is online political communication more than an echo chamber? *Psychological Science, 26,* 1531–1542.

Bargh, J. A., & Chartrand, T. L. (1999). The unbearable automaticity of being. *American Psychologist, 54,* 462–479.

Barinaga, M. B. (1997). How exercise works its magic. *Science, 276,* 1325.

Barkley, R. A., Cook, E. H., Jr., Diamond, A., Zametkin, A., Thapar, A., Teeter, A., . . . Pelham, W., Jr. (2002). International consensus statement on ADHD: January 2002. *Clinical Child and Family Psychology Review, 5,* 89–111.

Barlow, D. H. (2010). Negative effects from psychological treatments: A perspective. *American Psychologist, 65,* 13–20.

Barlow, F. K., Paolini, S., Pedersen, A., Hornsey, M. J., Radke, H. R. M., Harwood, J., . . . Sibley, C. G. (2012). The contact caveat: Negative contact predicts increased prejudice more than positive contact predicts reduced prejudice. *Personality and Social Psychology Bulletin, 38,* 1629–1643.

Barnett, P. A., & Gotlib, I. H. (1988). Psychosocial functioning and depression: Distinguishing among antecedents, concomitants, and consequences. *Psychological Bulletin, 104,* 97–126.

Barnier, A. J., & McConkey, K. M. (2004). Defining and identifying the highly hypnotizable person. In M. Heap, R. J. Brown, & D. A. Oakley (Eds.), *The highly hypnotizable person: Theoretical, experimental and clinical issues* (pp. 30–60). London: Brunner-Routledge.

Baron, C. E., Smith, T. W., Uchino, B. N., Baucom, B. R., & Birmingham, W. C. (2016). Getting along and getting ahead: Affiliation and dominance predict ambulatory blood pressure. *Health Psychology, 35,* 253–261.

Baron-Cohen, S. (2008). Autism, hypersystemizing, and truth. *Quarterly Journal of Experimental Psychology, 61,* 64–75.

Baron-Cohen, S. (2009). Autism: The empathizing-systemizing (E-S) theory. *The Year in Cognitive Neuroscience, 1156,* 68–80.

Baron-Cohen, S., Bowen, D. C., Rosemary, J. H., Allison, C., Auyeung, B., Lombardo, M. V., & Lai, M.-C. (2015). The "reading the mind in the eyes" test: Complete absence of typical difference in ~400 men and women with autism. *PLoS One, 10,* e0136521.

Barrera, T. L., Mott, J. M., Hofstein, R. F., & Teng, E. J. (2013). A meta-analytic review of exposure in group cognitive behavioral therapy for posttraumatic stress disorder. *Clinical Psychology Review, 33,* 24–32.

Barrett, D. (2011, November/December). Answers in your dreams. *Scientific American Mind,* 26–33.

Barrett, L. F. (2006). Are emotions natural kinds? *Perspectives on Psychological Science, 1,* 28–58.

Barretto, R. P., Gillis-Smith, S., Chandrashekar, J., Yarmolinsky, D. A., Schnitzer, M. J., Ryba, N. J., & Zuker, C. S. (2015). The neural representation of taste quality at the periphery. *Nature, 517,* 373–376.

Barrick, M. R., Mount, M. K., & Judge, T. A. (2001). Personality and performance at the beginning of the new millennium: What do we know and where do we go next? *International Journal of Selection and Assessment, 9,* 9–30.

Barry, C. L., McGinty, E. E., Vernick, J. S., & Webster, D. W. (2013). After Newtown—Public opinion on gun policy and mental illness. *New England Journal of Medicine, 368,* 1077–1081.

Bashore, T. R., Ridderinkhof, K. R., & van der Molen, M. W. (1997). The decline of cognitive processing speed in old age. *Current Directions in Psychological Science, 6,* 163–169.

Baskind, D. E. (1997, December 14). Personal communication, from Delta College.

Basu, S., & Basu, D. (2015). The relationship between psychoactive drugs, the brain and psychosis. *International Archives of Addiction Research and Medicine, 1*(003).

Bates, T. C. (2015). The glass is half full and half empty: A population-representative twin study testing if optimism and pessimism are distinct systems. *Journal of Positive Psychology, 10,* 533–542.

Bathje, G. J., & Pryor, J. B. (2011). The relationships of public and self-stigma to seeking mental health services. *Journal of Mental Health Counseling, 33,* 161–177.

Bauer, M., Cassar, A., Chytilová, J., & Henrich, J. (2014). War's enduring effects on the development of egalitarian motivations and in-group biases. *Psychological Science, 25,* 47–57.

Baum, A., & Posluszny, D. M. (1999). Health psychology: Mapping biobehavioral contributions to health and illness. *Annual Review of Psychology, 50,* 137–163.

Baumeister, H., & Härter, M. (2007). Prevalence of mental disorders based on general population surveys. *Social Psychiatry and Psychiatric Epidemiology, 42,* 537–546.

Baumeister, R. F. (2000). Gender differences in erotic plasticity: The female sex drive as socially flexible and responsive. *Psychological Bulletin, 126,* 347–374.

Baumeister, R. F. (2001, April). Violent pride: Do people turn violent because of self-hate, or self-love? *Scientific American,* pp. 96–101.

Baumeister, R. F. (2006, August/September). Violent pride. *Scientific American Mind,* pp. 54–59.

Baumeister, R. F. (2010). *Is there anything good about men? How cultures flourish by exploiting men.* New York: Oxford.

Baumeister, R. F. (2015, April). Conquer yourself, conquer the world. *Scientific American,* pp. 61–65.

Baumeister, R. F., & Bratslavsky, E. (1999). Passion, intimacy, and time: Passionate love as a function of change in intimacy. *Personality and Social Psychology Review, 3,* 49–67.

Baumeister, R. F., Bratslavsky, E., Muraven, M., & Tice, D. M. (1998a). Ego depletion: Is the active self a limited resource? *Journal of Personality and Social Psychology, 74,* 1252–1265.

Baumeister, R. F., Campbell, J. D., Krueger, J. I., & Vohs, K. D. (2003). Does high self-esteem cause better performance, interpersonal success, happiness, or healthier lifestyles? *Psychological Science in the Public Interest, 4,* 1–44.

Baumeister, R. F., Catanese, K. R., & Vohs, K. D. (2001). Is there a gender difference in strength of sex drive? Theoretical views, conceptual distinctions, and a review of relevant evidence. *Personality and Social Psychology Review, 5,* 242–273.

Baumeister, R. F., Dale, K., & Sommer, K. L. (1998b). Freudian defense mechanisms and empirical findings in modern personality and social psychology: Reaction formation, projection, displacement, undoing, isolation, sublimation, and denial. *Journal of Personality, 66,* 1081–1125.

Baumeister, R. F., & Leary, M. R. (1995). The need to belong: Desire for interpersonal attachments as a fundamental human motivation. *Psychological Bulletin, 117,* 497–529.

Baumeister, R. F., & Tice, D. M. (1986). How adolescence became the struggle for self: A historical transformation of psychological development. In J. Suls & A. G. Greenwald (Eds.), *Psychological perspectives on the self* (Vol. 3). Hillsdale, NJ: Erlbaum.

Baumeister, R. F., & Tierney, J. (2012). *Willpower: Rediscovering the greatest human strength.* New York: Penguin.

Baumgardner, A. H., Kaufman, C. M., & Levy, P. E. (1989). Regulating affect interpersonally: When low esteem leads to greater enhancement. *Journal of Personality and Social Psychology, 56,* 907–921.

Baumrind, D. (1966). Effects of authoritative parental control on child behavior. *Child Development,* 887–907.

Baumrind, D. (1967). Child care practices anteceding three patterns of preschool behavior. *Genetic Psychology Monographs, 75,* 43–88.

Baumrind, D. (1996). The discipline controversy revisited. *Family Relations, 45,* 405–414.

Baumrind, D. (2013). Authoritative parenting revisited: History and current status. In R. E. Larzelere, A. S. E. Morris, & A. W. Harrist, (Eds.), *Authoritative parenting: Synthesizing nurturance and discipline for optimal child development* (pp. 11–34). Washington, DC: American Psychological Association.

Baumrind, D., Larzelere, R. E., & Cowan, P. A. (2002). Ordinary physical punishment: Is it harmful? Comment on Gershoff (2002). *Psychological Bulletin, 128,* 602–611.

Bavelier, D., Newport, E. L., & Supalla, T. (2003). Children need natural languages, signed or spoken. *Cerebrum, 5*(1), 19–32.

BBC. (2008, February 26). Anti-depressants "of little use." *BBC News* (news.bbc.co.uk).

Beaman, A. L., & Klentz, B. (1983). The supposed physical attractiveness bias against supporters of the women's movement: A meta-analysis. *Personality and Social Psychology Bulletin, 9,* 544–550.

Beardsley, L. M. (1994). Medical diagnosis and treatment across cultures. In W. J. Lonner & R. Malpass (Eds.), *Psychology and culture* (pp. 279–284). Boston: Allyn & Bacon.

Beauchamp, G. K. (1987). The human preference for excess salt. *American Scientist, 75,* 27–33.

Beauvois, J.-L., Courbet, D., & Oberlé, D. (2012). The prescriptive power of the television host: A transposition of Milgram's obedience paradigm to the context of TV game show. *European Review of Applied Psychology/Revue Européenne de Psychologie Appliquée, 62,* 111–119.

Beck, A. T., Rush, A. J., Shaw, B. F., & Emery, G. (1979). *Cognitive therapy of depression.* New York: Guilford Press.

Becker, D. V., Kenrick, D. T., Neuberg, S. L., Blackwell, K. C., & Smith, D. M. (2007). The confounded nature of angry men and happy women. *Journal of Personality and Social Psychology, 92,* 179–190.

Becker, M., Cortina, K. S., Tsai, Y., & Eccles, J. S. (2014). Sexual orientation, psychological well-being, and mental health: A longitudinal analysis from adolescence to young adulthood. *Psychology of Sexual Orientation and Gender Diversity, 1,* 132–145.

Becker, S., & Wojtowicz, J. M. (2007). A model of hippocampal neurogenesis in memory and mood disorders. *Trends in Cognitive Sciences, 11,* 70–76.

Becklen, R., & Cervone, D. (1983). Selective looking and the noticing of unexpected events. *Memory and Cognition, 11,* 601–608.

Beckman, M. (2004). Crime, culpability, and the adolescent brain. *Science, 305,* 596–599.

Beeman, M. J., & Chiarello, C. (1998). Complementary right- and left-hemisphere language comprehension. *Current Directions in Psychological Science, 7,* 2–8.

Beer, J. S., & Hughes, B. L. (2010). Neural systems of social comparison and the "above-average" effect. *NeuroImage, 49,* 2671–2679.

Bègue, L., Subra, B., Arvers, P., Muller, D., Bricout, V., & Zorman, M. (2009). A message in a bottle: Extrapharmacological effects of alcohol on aggression. *Journal of Experimental Social Psychology, 45,* 137–142.

Beilock, S. (2010). *Choke: What the secrets of the brain reveal about getting it right when you have to.* New York: Free Press.

Beintner, I., Jacobi, C., & Taylor, C. B. (2012). Effects of an Internet-based prevention programme for eating disorders in the USA and Germany: A meta-analytic review. *European Eating Disorders Review, 20,* 1–8.

Bell, A. P., Weinberg, M. S., & Hammersmith, S. K. (1981). *Sexual preference: Its development in men and women.* Bloomington: Indiana University Press.

Belluck, P. (2013, February 5). People with mental illness more likely to be smokers, study finds. *The New York Times* (nytimes.com).

Belot, M., & Francesconi, M. (2006, November). Can anyone be "the one"? Evidence on mate selection from speed dating. London: Centre for Economic Policy Research (cepr.org).

Belson, K. (2015, September 6). No foul mouths on this field: Football with a New Age twist. *The New York Times* (nytimes.com).

Bem, D., Tressoldi, P. E., Rabeyron, T., & Duggan, M. (2014, April 11). Feeling the future: A meta-analysis of 90 experiments on the anomalous anticipation of random future events. Retrieved from http://papers.ssrn.com/sol3/papers.cfm?abstract_id=2423692

Bem, D. J. (1984). Quoted in *The Skeptical Inquirer,* 8, 194.

Bem, D. J. (2011). Feeling the future: Experimental evidence for anomalous retroactive influences on cognition and affect. *Journal of Personality and Social Psychology, 100,* 407–425.

Bem, S. L. (1987). Masculinity and femininity exist only in the mind of the perceiver. In J. M. Reinisch, L. A. Rosenblum, & S. A. Sanders (Eds.), *Masculinity/femininity: Basic perspectives.* New York: Oxford University Press.

Bem, S. L. (1993). *The lenses of gender.* New Haven, CT: Yale University Press.

Benartzi, S., & Thaler, R. H. (2013). Behavioral economics and the retirement savings crisis. *Science, 339,* 1152–1153.

Benedict, C., Brooks, S. J., O'Daly, O. G., Almen, M. S., Morell, A., Åberg, K., . . . Schiöth, H. B. (2012). Acute sleep deprivation enhances the brain's response to hedonic food stimuli: An fMRI study. *Journal of Clinical Endocrinology and Metabolism, 97,* 2011–2759.

Bennett, W. I. (1995). Beyond overeating. *New England Journal of Medicine, 332,* 673–674.

Ben-Shakhar, G., & Elaad, E. (2003). The validity of psychophysiological detection of information with the guilty knowledge test: A meta-analytic review. *Journal of Applied Psychology, 88,* 131–151.

Benson, P. L., Sharma, A. R., & Roehlkepartain, E. C. (1994). *Growing up adopted: A portrait of adolescents and their families.* Minneapolis: Search Institute.

Berg, J. M., Wall, M., Larson, N., Eisenberg, M. E., Loth, K. A., & Neumark-Sztainer, D. (2014). The unique and additive associations of family functioning and parenting practices with disordered eating behaviors in diverse adolescents. *Journal of Behavioral Medicine, 37,* 205–217.

Berger, B. G., & Motl, R. W. (2000). Exercise and mood: A selective review and synthesis of research employing the profile of mood states. *Journal of Applied Sports Psychology, 12,* 69–92.

Bergsholm, P., Larsen, J. L., Rosendahl, K., & Holsten, F. (1989). Electroconvulsive therapy and cerebral computed tomography. *Acta Psychiatrica Scandinavia, 80,* 566–572.

Berk, L. S., Felten, D. L., Tan, S. A., Bittman, B. B., & Westengard, J. (2001). Modulation of neuroimmune parameters during the eustress of humor-associated mirthful laughter. *Alternative Therapies, 7,* 62–76.

Berkovich-Ohana, A., Glickson, J., & Goldstein, A. (2014). Studying the default mode and its mindfulness-induced changes using EEF functional connectivity. *Social Cognitive and Affective Neuroscience, 9,* 1616–1624.

Berkowitz, L. (1983). Aversively stimulated aggression: Some parallels and differences in research with animals and humans. *American Psychologist, 38,* 1135–1144.

Berkowitz, L. (1989). Frustration-aggression hypothesis: Examination and reformulation. *Psychological Bulletin, 106,* 59–73.

Berman, M., Gladue, B., & Taylor, S. (1993). The effects of hormones, Type A behavior pattern, and provocation on aggression in men. *Motivation and Emotion, 17,* 125–138.

Berman, M. G., Jonides, J., & Kaplan, S. (2008). The cognitive benefits of interacting with nature. *Psychological Science, 19,* 1207–1212.

Bernieri, F., Davis, J., Rosenthal, R., & Knee, C. (1994). Interactional synchrony and rapport: Measuring synchrony in displays devoid of sound and facial affect. *Personality and Social Psychology Bulletin, 20,* 303–311.

Bernstein, D. M., & Loftus, E. F. (2009). The consequences of false memories for food preferences and choices. *Perspectives on Psychological Science, 4,* 135–139.

Bernstein, M. J., & Claypool, H. M. (2012). Social exclusion and pain sensitivity: Why exclusion sometimes hurts and sometimes numbs. *Personality and Social Psychology Bulletin, 38,* 185–196.

Berry, C. M., & Zhao, P. (2015). Addressing criticisms of existing predictive bias research: Cognitive ability test scores still overpredict African Americans' job performance. *Journal of Applied Psychology, 100,* 162–179.

Berscheid, E. (1981). An overview of the psychological effects of physical attractiveness and some comments upon the psychological effects of knowledge of the effects of physical attractiveness. In G. W. Lucker, K. Ribbens, & J. A. McNamara (Eds.), *Psychological aspects of facial form* (Craniofacial growth series) (pp. 1–23). Ann Arbor: Center for Human Growth and Development, University of Michigan.

Berscheid, E. (2010). Love in the fourth dimension. *Annual Review of Psychology, 61,* 1–25.

Berscheid, E., Gangestad, S. W., & Kulakowski, D. (1984). Emotion in close relationships: Implications for relationship counseling. In S. D. Brown & R. W. Lent (Eds.), *Handbook of counseling psychology* (pp. 435–476). New York: Wiley.

Berti, A., Cottini, G., Gandola, M., Pia, L., Smania, N., Stracciari, A., . . . Paulesu, E. (2005). Shared cortical anatomy for motor awareness and motor control. *Science, 309,* 488–491.

Bertrand, M., & Mullainathan, S. (2003). Are Emily and Greg more employable than Lakisha and Jamal? A field experiment on labor market discrimination. Massachusetts Institute of Technology, Department of Economics, Working Paper 03–22.

Bhatt, R. S., Wasserman, E. A., Reynolds, W. F., Jr., & Knauss, K. S. (1988). Conceptual behavior in pigeons: Categorization of both familiar and novel examples from four classes of natural and artificial stimuli. *Journal of Experimental Psychology: Animal Behavior Processes, 14,* 219–234.

Bick, J., Zhu, T., Stamoulis, C., Fox, N. A., Zeanah, C., & Nelson, C. A. (2015). Effect of early institutionalization and foster care on long-term white matter development: A randomized clinical trial. *JAMA Pediatrics, 169,* 211–219.

Bickman, L. (1999). Practice makes perfect and other myths about mental health services. *American Psychologist, 54,* 965–978.

Biederman, I., & Vessel, E. A. (2006). Perceptual pleasure and the brain. *American Scientist, 94,* 247–253.

Bienvenu, O. J., Davydow, D. S., & Kendler, K. S. (2011). Psychiatric "diseases" versus behavioral disorders and degree of genetic influence. *Psychological Medicine, 41,* 33–40.

Bilefsky, D. (2009, March 11). Europeans debate castration of sex offenders. *The New York Times* (nytimes.com).

Billock, V. A., & Tsou, B. H. (2012). Elementary visual hallucinations and their relationships to neural pattern-forming mechanisms. *Psychological Bulletin, 138,* 744–774.

Bird, C. D., & Emery, N. J. (2009). Rooks use stones to raise the water level to reach a floating worm. *Current Biology, 19,* 1410–1414.

Birnbaum, G. E., & Reis, H. T. (2012). When does responsiveness pique sexual interest? Attachment and sexual desire in initial acquaintanceships. *Personality and Social Psychology Bulletin, 38*(7), 946–958.

Birnbaum, G. E., Reis, H. T., Mikulincer, M., Gillath, O., & Orpaz, A. (2006). When sex is more than just sex: Attachment orientations, sexual experience, and relationship quality. *Journal of Personality and Social Psychology, 91,* 929–943.

Birnbaum, S. G., Yuan, P. X., Wang, M., Vijayraghavan, S., Bloom, A. K., Davis, D. J., . . . Arnsten, A. F. T. (2004). Protein kinase C overactivity impairs prefrontal cortical regulation of working memory. *Science, 306,* 882–884.

Biro, D., Humle, T., Koops, K., Sousa, C., Hayashi, M., & Matsuzawa, T. (2010a). Chimpanzee mothers at Bossou, Guinea carry the mummified remains of their dead infants. *Current Biology, 20,* R351–R352.

Biro, F. M., Galvez, M. D., Greenspan, L. C., Succop, P. A., Vangeepuram, N., Pinney, S. M., . . . Wolff, M. S. (2010b). Pubertal assessment method and baseline characteristics in a mixed longitudinal study of girls. *Pediatrics, 126,* e583–e590.

Biro, F. M., Greenspan, L. C., & Galvez, M. P. (2012). Puberty in girls of the 21st century. *Journal of Pediatric and Adolescent Gynecology, 25,* 289–294.

Bishop, G. D. (1991). Understanding the understanding of illness: Lay disease representations. In J. A. Skelton & R. T. Croyle (Eds.), *Mental representation in health and illness* (pp. 32–59). New York: Springer-Verlag.

Bjork, E. L., & Bjork, R. (2011). Making things hard on yourself, but in a good way: Creating desirable difficulties to enhance learning. In M. A. Gernsbacher, M. A. Pew, L. M. Hough, & J. R. Pomerantz (Eds.), *Psychology and the real world.* New York: Worth Publishers.

Bjorklund, D. F., & Green, B. L. (1992). The adaptive nature of cognitive immaturity. *American Psychologist, 47,* 46–54.

Blake, A., Nazarian, M., & Castel, A. (2015). The Apple of the mind's eye: Everyday attention, metamemory, and reconstructive memory for the Apple logo. *Quarterly Journal of Experimental Psychology, 68,* 858–865.

Blake, W. (2013, March). Voices from solitary: A sentence worse than death. Solitary Watch (solitarywatch.com).

Blakemore, S.-J. (2008). Development of the social brain during adolescence. *Quarterly Journal of Experimental Psychology, 61,* 40–49.

Blakeslee, S. (2006, January 10). Cells that read minds. *The New York Times* (nytimes.com).

Blanchard, R. (2004). Quantitative and theoretical analyses of the relation between older brothers and homosexuality in men. *Journal of Theoretical Biology, 230,* 173–187.

Blanchard, R. (2008a). Review and theory of handedness, birth order, and homosexuality in men. *Laterality, 13,* 51–70.

Blanchard, R. (2008b). Sex ratio of older siblings in heterosexual and homosexual, right-handed and non-right-handed men. *Archives of Sexual Behavior, 37,* 977–981.

Blanchard, R. (2014, July). Detecting and correcting for family size differences in the study of sexual orientation and fraternal birth order. *Archives of Sexual Behavior, 43,* 845–852.

Blanchard-Fields, F. (2007). Everyday problem solving and emotion: An adult developmental perspective. *Current Directions in Psychological Science, 16,* 26–31.

Blanke, O. (2012). Multisensory brain mechanisms of bodily self-consciousness. *Nature Reviews Neuroscience, 13,* 556–571.

Blanken, L. M. E., Mous, S. E., Ghassabian, A., Muetzel, R. L., Schoemaker, N. K., El Marroun, H., . . . White, T. (2015). Cortical morphology in 6- to 10-year old children with autistic traits: A population-based neuroimaging study. *The American Journal of Psychiatry, 172,* 479–486.

Blascovich, J. & Mendes, W. B. (2010). Social psychophysiology and embodiment. In S. T. Fiske, D. T. Gilbert, & G. Lindzey (Eds.), *The handbook of social psychology* (5th ed., pp. 194–227). New York: John Wiley & Sons.

Blass, T. (1999). The Milgram paradigm after 35 years: Some things we now know about obedience to authority. *Journal of Applied Social Psychology, 29,* 955–978.

Blatt, S. J., Sanislow, C. A., III, Zuroff, D. C., & Pilkonis, P. (1996). Characteristics of effective therapists: Further analyses of data from the National Institute of Mental Health Treatment of Depression Collaborative Research Program. *Journal of Consulting and Clinical Psychology, 64,* 1276–1284.

Bleidorn, W., Arslan, R. C., Denissen, J. J. A., Rentfrow, P. J., Gebauer, J. E., Potter, J., & Gosling, S. D. (2016). Age and gender differences in self-esteem—A cross-cultural window. *Journal of Personality and Social Psychology.* Advance online publication. http://dx.doi.org/10.1037/pspp0000078

BLF. (2012). *The impact of cannabis on your lungs.* London: British Lung Foundation.

Blinkhorn, V., Lyons, M., & Almond, L. (2015). The ultimate femme fatale: Narcissism predicts serious and aggressive sexually coercive behavior in females. *Personality and Individual Differences, 87,* 219–223.

Bloom, B. C. (Ed.). (1985). *Developing talent in young people.* New York: Ballantine.

Bloom, F. E. (1993, January/February). What's new in neurotransmitters. *Brain-Work,* pp. 7–9.

Bloom, P. (2000). *How children learn the meanings of words.* Cambridge, MA: MIT Press.

Bockting, W. O. (2014). Transgender identity development. In W. O. Bockting (Ed.), *APA handbook of sexuality and psychology* (Vol. 1, pp. 739–758). Washington, DC: American Psychological Association.

Bodenmann, G., Meuwly, N., Germann, J., Nussbeck, F. W., Heinrichs, M. & Bradbury, T. N. (2015). Effects of stress on the social support provided by men and women in intimate relationships. *Psychological Science, 26,* 1584–1594.

Boecker, H., Sprenger, T., Spilker, M. E., Henriksen, G., Koppenhoefer, M., Wagner, K. J., . . . Tolle, T. R. (2008). The runner's high: Opioidergic mechanisms in the human brain. *Cerebral Cortex, 18,* 2523–2531.

Boehm, J. K., & Kubzansky, L. D. (2012). The heart's content: The association between positive psychological well-being and cardiovascular health. *Psychological Bulletin, 138,* 655–691.

Boehm, J. K., Trudel-Fitzgerald, C., Kivimaki, M., & Kubzansky, L. D. (2015). The prospective association between positive psychological well-being and diabetes. *Health Psychology, 34,* 1013–1021.

Boesch-Achermann, H., & Boesch, C. (1993). Tool use in wild chimpanzees: New light from dark forests. *Current Directions in Psychological Science, 2,* 18–21.

Bogaert, A. F. (2003). Number of older brothers and sexual orientation: New texts and the attraction/behavior distinction in two national probability samples. *Journal of Personality and Social Psychology, 84,* 644–652.

Bogaert, A. F. (2004). Asexuality: Prevalence and associated factors in a national probability sample. *Journal of Sex Research, 41,* 279–287.

Bogaert, A. F. (2006a). Biological versus nonbiological older brothers and men's sexual orientation. *PNAS, 103,* 10771–10774.

Bogaert, A. F. (2006b). Toward a conceptual understanding of asexuality. *Review of General Psychology, 10,* 241–250.

Bogaert, A. F. (2010). Physical development and sexual orientation in men and women: An analysis of NATSAL-2000. *Archives of Sexual Behavior, 39,* 110–116.

Bogaert, A. F. (2012). *Understanding asexuality.* Lanham, MD: Rowman & Littlefield.

Bogaert, A. F. (2015). Asexuality: What it is and why it matters. *Journal of Sex Research, 52,* 362–379.

Boggiano, A. K., Harackiewicz, J. M., Bessette, M. M., & Main, D. S. (1985). Increasing children's interest through performance-contingent reward. *Social Cognition, 3,* 400–411.

Bolger, N., DeLongis, A., Kessler, R. C., & Schilling, E. A. (1989). Effects of daily stress on negative mood. *Journal of Personality and Social Psychology, 57,* 808–818.

Bolmont, M., Cacioppo, J. T., & Cacioppo, S. (2014). Love is in the gaze: An eye-tracking study of love and sexual desire. *Psychological Science, 25,* 1748–1756.

Boly, M., Garrido, M. I., Gosseries, O., Bruno, M.-A., Boveroux, P., Schnakers, C., . . . Friston, K. (2011). Preserved feed-forward but impaired top-down processes in the vegetative state. *Science, 332,* 858–862.

Bonanno, G. A. (2004). Loss, trauma, and human resilience: Have we underestimated the human capacity to thrive after extremely aversive events? *American Psychologist, 59,* 20–28.

Bonanno, G. A. (2005). Adult resilience to potential trauma. *Current Directions in Psychological Science, 14,* 135–137.

Bonanno, G. A. (2009). *The other side of sadness: What the new science of bereavement tells us about life after loss.* New York: Basic Books.

Bonanno, G. A., Brewin, C. R., Kaniasty, K., & La Greca, A. M. (2010). Weighing the costs of disaster: Consequences, risks, and resilience in individuals, families, and communities. *Psychological Science in the Public Interest, 11,* 1–49.

Bonanno, G. A., Galea, S., Bucciarelli, A., & Vlahov, D. (2006). Psychological resilience after disaster. *Psychological Science, 17,* 181–186.

Bonanno, G. A., Galea, S., Bucciarelli, A., & Vlahov, D. (2007). What predicts psychological resilience after disaster? The role of demographics, resources, and life stress. *Journal of Consulting and Clinical Psychology, 75*(5), 671–682.

Bonanno, G. A., & Kaltman, S. (1999). Toward an integrative perspective on bereavement. *Psychological Bulletin, 125,* 760–777.

Bonanno, G. A., Kennedy, P., Galatzer-Levy, I. R., Lude, P., & Elfström, M. L. (2012). Trajectories of resilience, depression, and anxiety following spinal cord injury. *Rehabilitation Psychology, 57,* 236–247.

Bonanno, G. A., Westphal, M., & Mancini, A. D. (2011). Resilience to loss and potential trauma. *Annual Review of Clinical Psychology, 11,* 511–535.

Bond, C. F., Jr., & DePaulo, B. M. (2006). Accuracy of deception judgments. *Personality and Social Psychology Review, 10,* 214–234.

Bond, C. F., Jr., & DePaulo, B. M. (2008). Individual differences in detecting deception: Accuracy and bias. *Psychological Bulletin, 134,* 477–492.

Bond, M. H., Lun, V. M.-C., Chan, J., Chan, W. W.-Y., & Wong, D. (2012). Enacting modesty in Chinese culture: The joint contribution of personal characteristics and contextual features. *Asian Journal of Social Psychology, 15,* 14–25.

Bond, R., & Smith, P. B. (1996). Culture and conformity: A meta-analysis of studies using Asch's (1952b, 1956) line judgment task. *Psychological Bulletin, 119,* 111–137.

Bonetti, L., Campbell, M. A., & Gilmore, L. (2010). The relationship of loneliness and social anxiety with children's and adolescents' online communication. *Cyberpsychology, Behavior, and Social Networking, 13,* 279–285.

Bonezzi, A., Brendl, C. M., & DeAngelis, M. (2011). Stuck in the middle: The psychophysics of goal pursuit. *Psychological Science, 22,* 607–612.

Bono, J. E., & Judge, T. A. (2004). Personality and transformational and transactional leadership: A meta-analysis. *Journal of Applied Psychology, 89,* 901–910.

Bora, E., & Pantelis, C. (2013). Theory of mind impairments in first-episode psychosis, individuals at ultra-high risk for psychosis and in first-degree relatives of schizophrenia: Systematic review and meta-analysis. *Schizophrenia Research, 144,* 31–36.

Bornstein, M. H., Cote, L. R., Maital, S., Painter, K., Park, S.-Y., Pascual, L., . . . Vyt, A. (2004). Cross-linguistic analysis of vocabulary in young children: Spanish, Dutch, French, Hebrew, Italian, Korean, and American English. *Child Development, 75,* 1115–1139.

Bornstein, M. H., Tal, J., Rahn, C., Galperin, C. Z., Pêcheux, M.-G., Lamour, M., . . . Tamis-LeMonda, C. S. (1992a). Functional analysis of the contents of maternal speech to infants of 5 and 13 months in four cultures: Argentina, France, Japan, and the United States. *Developmental Psychology, 28,* 593–603.

Bornstein, M. H., Tamis-LeMonda, C. S., Tal, J., Ludemann, P., Toda, S., Rahn, C. W., . . . Vardi, D. (1992b). Maternal responsiveness to infants in three societies: The United States, France, and Japan. *Child Development, 63,* 808–821.

Bornstein, R. F. (1989). Exposure and affect: Overview and meta-analysis of research, 1968–1987. *Psychological Bulletin, 106,* 265–289.

Bornstein, R. F. (1999). Source amnesia, misattribution, and the power of unconscious perceptions and memories. *Psychoanalytic Psychology, 16,* 155–178.

Bornstein, R. F., Galley, D. J., Leone, D. R., & Kale, A. R. (1991). The temporal stability of ratings of parents: Test-retest reliability and influence of parental contact. *Journal of Social Behavior and Personality, 6,* 641–649.

Boroditsky, L. (2009, June 12). How does our language shape the way we think? *The Edge* (edge.org).

Boron, J. B., Willis, S. L., & Schaie, K. W. (2007). Cognitive training gain as a predictor of mental status. *Journal of Gerontology: Series B: Psychological Sciences and Social Sciences, 62B*(1), 45–52.

Bossong, M. G., Jansma, J. M., van Hell, H. H., Jagerm, G., Oudman, E., Saliasi, E., . . . Ramsey, N. F. (2012). Effects of delta-9-tetrahydrocannabinol in human working memory function. *Biological Psychiatry, 71,* 693–699.

Bostwick, J. M., & Pankratz, V. S. (2000). Affective disorders and suicide risk: A re-examination. *American Journal of Psychiatry, 157,* 1925–1932.

Bosworth, R. G., & Dobkins, K. R. (1999). Left-hemisphere dominance for motion processing in deaf signers. *Psychological Science, 10,* 256–262.

Bothwell, R. K., Brigham, J. C., & Malpass, R. S. (1989). Cross-racial identification. *Personality and Social Psychology Bulletin, 15,* 19–25.

Bouchard, T. J., Jr. (2004). Genetic influence on human psychological traits. *Current Directions in Psychological Science, 13,* 148–151.

Bouchard, T. J., Jr. (2014). Genes, evolution and intelligence. *Behavior Genetics, 44,* 549–577.

Boucher, J., Mayes, A., & Bigham, S. (2012). Memory in autistic spectrum disorder. *Psychological Bulletin, 138,* 458–496.

Bowden, E. M., & Beeman, M. J. (1998). Getting the right idea: Semantic activation in the right hemisphere may help solve insight problems. *Psychological Science, 9,* 435–440.

Bowen, S., Witkiewitz, K., Dillworth, T. M., Chawla, N., Simpson, T. L., Ostafin, B. D., . . . Marlatt, G. A. (2006). Mindfulness meditation and substance use in an incarcerated population. *Psychology of Addictive Behaviors, 20,* 343–347.

Bower, B. (2009, February 14). The dating go round. *Science News,* pp. 22–25.

Bower, G. H. (1986). Prime time in cognitive psychology. In P. Eelen & O. Fontaine (Eds.), *Behavior therapy: Beyond the conditioning paradigm* (pp. 22–47). Leuven, Belgium: Leuven University Press.

Bower, G. H., & Morrow, D. G. (1990). Mental models in narrative comprehension. *Science, 247,* 44–48.

Bower, J. M., & Parsons, L. M. (2003, August). Rethinking the "lesser brain." *Scientific American,* pp. 50–57.

Bowers, J. S., Mattys, S. L., & Gage, S. H. (2009). Preserved implicit knowledge of a forgotten childhood language. *Psychological Science, 20,* 1064–1069.

Bowler, M. C., & Woehr, D. J. (2006). A meta-analytic evaluation of the impact of dimension and exercise factors on assessment center ratings. *Journal of Applied Psychology, 91,* 1114–1124.

Bowling, N. A., Eschleman, K. J., & Wang, Q. (2010). A meta-analytic examination of the relationship between job satisfaction and subjective well-being. *Journal of Occupational and Organizational Psychology, 83,* 915–934.

Boxer, P., Huesmann, L. R., Bushman, B. J., O'Brien, M., & Moceri, D. (2009). The role of violent media preference in cumulative developmental risk for violence and general aggression. *Journal of Youth and Adolescence, 38,* 417–428.

Boyatzis, C. J. (2012). Spiritual development during childhood and adolescence. In L. J. Miller (Ed.), *The Oxford handbook of psychology and spirituality* (pp. 151–164). New York: Oxford University Press.

Boyatzis, C. J., Matillo, G. M., & Nebitt, K. M. (1995). Effects of the "Mighty Morphin Power Rangers" on children's aggression with peers. *Child Study Journal, 25,* 45–55.

Boyce, C. J., & Wood, A. M. (2011). Personality prior to disability determines adaptation: Agreeable individuals recover lost life satisfaction faster and more completely. *Psychological Science, 22,* 1397–1402.

Boyce, C. J., Wood, A. M., Daly, M., & Sedikides, C. (2015). Personality change following unemployment. *Journal of Applied Psychology, 100,* 991–1011.

Braden, J. P. (1994). *Deafness, deprivation, and IQ.* New York: Plenum.

Bradley, D. R., Dumais, S. T., & Petry, H. M. (1976). Reply to Cavonius. *Nature, 261,* 78.

Bradley, R. B., Binder, E. B., Epstein, M. P., Tang, Y., Nair, H. P., Liu, W., . . . Ressler, K. J. (2008). Influence of child abuse on adult depression: Moderation by the corticotropin-releasing hormone receptor gene. *Archives of General Psychiatry, 65,* 190–200.

Brainerd, C. J. (1996). Piaget: A centennial celebration. *Psychological Science, 7,* 191–195.

Brang, D., Edwards, L., Ramachandran, V. S., & Coulson, S. (2008). Is the sky 2? Contextual priming in grapheme-color synaesthesia. *Psychological Science, 19,* 421–428.

Brannan, D., Biswas-Diener, R., Mohr, C., Mortazavi, S., & Stein, N. (2013). Friends and family: A cross-cultural investigation of social support and subjective well-being among college students. *Journal of Positive Psychology, 8,* 65–75.

Brannon, L. A., & Brock, T. C. (1993). Comment on report of HIV infection in rural Florida: Failure of instructions to correct for gross underestimation of phantom sex partners in perception of AIDS risk. *New England Journal of Medicine, 328,* 1351–1352.

Bransford, J. D., & Johnson, M. K. (1972). Contextual prerequisites for understanding: Some investigations of comprehension and recall. *Journal of Verbal Learning and Verbal Behavior, 11,* 717–726.

Brasel, S. A., & Gips, J. (2011). Media multitasking behavior: Concurrent television and computer usage. *Cyberpsychology, Behavior, and Social Networking, 14,* 527–534.

Brauhardt, A., Rudolph, A., & Hilbert, A. (2014). Implicit cognitive processes in binge-eating disorder and obesity. *Journal of Behavioral Therapy and Experimental Psychiatry, 45,* 285–290.

Braun, S. (1996). New experiments underscore warnings on maternal drinking. *Science, 273,* 738–739.

Braun, S. (2001, Spring). Seeking insight by prescription. *Cerebrum,* pp. 10–21.

Braunstein, G. D., Sundwall, D. A., Katz, M., Shifren, J. L., Buster, J. E., Simon, J. A., . . . Watts, N. B. (2005). Safety and efficacy of a testosterone patch for the treatment of hypoactive sexual desire disorder in surgically menopausal women: A randomized, placebo-controlled trial. *Archives of Internal Medicine, 165,* 1582–1589.

Bray, D. W., & Byham, W. C. (1991, Winter). Assessment centers and their derivatives. *Journal of Continuing Higher Education,* pp. 8–11.

Bray, D. W., & Byham, W. C., interviewed by Mayes, B. T. (1997). Insights into the history and future of assessment centers: An interview with Dr. Douglas W. Bray and Dr. William Byham. *Journal of Social Behavior and Personality, 12,* 3–12.

Brayne, C., Spiegelhalter, D. J., Dufouil, C., Chi, L.-Y., Dening, T. R., Paykel, E. S., . . . Huppert, F. A. (1999). Estimating the true extent of cognitive decline in the old old. *Journal of the American Geriatrics Society, 47,* 1283–1288.

Breedlove, S. M. (1997). Sex on the brain. *Nature, 389,* 801.

Brehm, S., & Brehm, J. W. (1981). *Psychological reactance: A theory of freedom and control.* New York: Academic Press.

Breslin, C. W., & Safer, M. A. (2011). Effects of event valence on long-term memory for two baseball championship games. *Psychological Science, 22,* 1408–1412.

Brewer, J. A., Malik, S., Babuscio, T. A., Nich, C., Johnson, H. E., Deleone, C. M., . . . Rounsaville, B. J. (2011). Mindfulness training for smoking cessation: Results from a randomized controlled trial. *Drug and Alcohol Dependence, 119,* 72–80.

Brewer, W. F. (1977). Memory for the pragmatic implications of sentences. *Memory & Cognition, 5,* 673–678.

Brewin, C. R., Andrews, B., Rose, S., & Kirk, M. (1999). Acute stress disorder and posttraumatic stress disorder in victims of violent crime. *American Journal of Psychiatry, 156,* 360–366.

Briley, D. A., & Tucker-Drob, E. (2014). Genetic and environmental continuity in personality development: A meta-analysis. *Psychological Bulletin, 140,* 1303–1331.

Briscoe, D. (1997, February 16). Women lawmakers still not in charge. *Grand Rapids Press,* p. A23.

Brislin, R. W. (1988). Increasing awareness of class, ethnicity, culture, and race by expanding on students' own experiences. In I. Cohen (Ed.), *The G. Stanley Hall lecture series.* Washington, DC: American Psychological Association.

Broadbent, E., Kahokehr, A., Booth, R. J., Thomas, J., Windsor, J. A., Buchanan, C. M., . . . Hill, A. G. (2012). A brief relaxation intervention reduces stress and improves surgical wound healing response: A randomized trial. *Brain, Behavior, and Immunity, 26,* 212–217.

Brody, J. E. (2003, September 30). Addiction: A brain ailment, not a moral lapse. *The New York Times* (nytimes.com).

Brody, S., & Tillmann, H. C. (2006). The post-orgasmic prolactin increase following intercourse is greater than following masturbation and suggests greater satiety. *Biological Psychology, 71,* 312–315.

Broman, C. L. (1996). Coping with personal problems. In H. W. Neighbors & J. S. Jackson (Eds.), *Mental health in Black America* (pp. 117–129). Thousand Oaks, CA: Sage.

Bromet, E., Andrade, L. H., Hwang, I., Sampson, N. A., Alonso, J., de Girolamo, G., . . . Kessler, R. C. (2011). Cross-national epidemiology of DSM-IV major depressive episode. *BMC Medicine, 9,* 90. http://www.biomedcentral.com/1741-7015/9/90

Brooks, R. (2012). "Asia's missing women" as a problem in applied evolutionary psychology? *Evolutionary Psychology, 12,* 910–925.

Brose, A., de Roover, K., Ceulemans, E., & Kuppens, P. (2015). Older adults' affective experiences across 100 days are less variable and less complex than younger adults'. *Psychology and Aging, 30,* 194–208.

Brown, A. S., & Patterson, P. H. (2011). Maternal infection and schizophrenia: Implications for prevention. *Schizophrenia Bulletin, 37,* 284–290.

Brown, A. S., Begg, M. D., Gravenstein, S., Schaefer, C. A., Wyatt, R. J., Bresnahan, M., . . . Susser, E. S. (2004). Serologic evidence of prenatal influenza in the etiology of schizophrenia. *Archives of General Psychiatry, 61,* 774 –780.

Brown, A. S., Schaefer, C. A., Wyatt, R. J., Goetz, R., Begg, M. D., Gorman, J. M., & Susser, E. S. (2000). Maternal exposure to respiratory infections and adult schizophrenia spectrum disorders: A prospective birth cohort study. *Schizophrenia Bulletin, 26,* 287–295.

Brown, E. L., & Deffenbacher, K. (1979). *Perception and the senses.* New York: Oxford University Press.

Brown, J. A. (1958). Some tests of the decay theory of immediate memory. *Quarterly Journal of Experimental Psychology, 10,* 12–21.

Brown, K. W., Goodman, R. J., & Inzlicht, M. (2013). Dispositional mindfulness and the attenuation of neural responses to emotional stimuli. *Social Cognitive and Affective Neuroscience, 8,* 93–99.

Brown, P. C., Roediger, H. L., III, & McDaniel, M. A. (2014a). *Make it stick: The science of successful learning.* Cambridge, MA: Harvard University Press.

Brown, R. P., Imura, M., & Mayeux, L. (2014b). Honor and the stigma of mental healthcare. *Personality and Social Psychology Bulletin, 40,* 1119–1131.

Brown, S. L., Brown, R. M., House, J. S., & Smith, D. M. (2008). Coping with spousal loss: Potential buffering effects of self-reported helping behavior. *Personality and Social Psychology Bulletin, 34,* 849–861.

Browning, C. (1992). *Ordinary men: Reserve police battalion 101 and the final solution in Poland.* New York: HarperCollins.

Browning, R. (1868). "The ring and the book. IV—Tertium quid." New York: Thomas Y. Crowell.

Bruce-Keller, A. J., Keller, J. N., & Morrison, C. D. (2009). Obesity and vulnerability of the CNS. *Biochemica et Biophysica Acta, 1792,* 395–400.

Bruck, M., & Ceci, S. J. (1999). The suggestibility of children's memory. *Annual Review of Psychology, 50,* 419–439.

Bruck, M., & Ceci, S. J. (2004). Forensic developmental psychology: Unveiling four common misconceptions. *Current Directions in Psychological Science, 15,* 229–232.

Bruer, J. T. (1999). *The myth of the first three years: A new understanding of early brain development and lifelong learning.* New York: Free Press.

Brummelman, E., Thomaes, S., Nelemans, S. A., Orobio de Castro, B., Overbeek, G., & Bushman, B. J. (2015). Origins of narcissism in children. *PNAS, 112,* 3659–3662.

Brunner, M., Gogol, K. M., Sonnleitner, P., Keller, U., Krauss, S., & Preckel, F. (2013). Gender differences in the mean level, variability, and profile shape of student achievement: Results from 41 countries. *Intelligence, 41,* 378–395.

Buchanan, R. W., Kreyenbuhl, J., Kelly, D. L., Noel, J. M., Boggs, D. L., Fischer, B. A., . . . Schizophrenic Patient Outcomes Research Team (PORT). (2010). The 2009 schizophrenia PORT psychopharmacological treatment recommendations and summary statements. *Schizophrenia Bulletin, 36,* 71–93.

Buchanan, T. W. (2007). Retrieval of emotional memories. *Psychological Bulletin, 133,* 761–779.

Buck, L. B., & Axel, R. (1991). A novel multigene family may encode odorant receptors: A molecular basis for odor recognition. *Cell, 65,* 175–187.

Buckholtz, J. W., Treadway, M. T., Cowan, R. L., Woodward, N. D., Benning, S. D., Li, R., . . . Zald, D. H. (2010). Mesolimbic dopamine reward system hypersensitivity in individuals with psychopathic traits. *Nature Neuroscience, 13,* 419–421.

Buckingham, M. (2007). *Go put your strengths to work: 6 powerful steps to achieve outstanding performance.* New York: Free Press.

Buckingham, M., & Clifton, D. O. (2001). *Now, discover your strengths.* New York: Free Press.

Buckley, C. (2007, January 3). Man is rescued by stranger on subway tracks. *The New York Times* (nytimes.com).

Buckley, K. E., & Leary, M. R. (2001). *Perceived acceptance as a predictor of social, emotional, and academic outcomes.* Paper presented at the Society of Personality and Social Psychology annual convention.

Buehler, R., Griffin, D., & Ross, M. (1994). Exploring the "planning fallacy": Why people underestimate their task completion times. *Journal of Personality and Social Psychology, 67,* 366–381.

Buehler, R., Griffin, D., & Ross, M. (2002). Inside the planning fallacy: The causes and consequences of optimistic time predictions. In T. Gilovich, D. Griffin, & D. Kahneman (Eds.), *Heuristics and biases: The psychology of intuitive judgment* (pp. 250–270). Cambridge: Cambridge University Press.

Buffardi, L. E., & Campbell, W. K. (2008). Narcissism and social networking web sites. *Personality and Social Psychology Bulletin, 34,* 1303–1314.

Buhle, J. T., Stevens, B. L., Friedman, J. J., & Wager, T. D. (2012). Distraction and placebo: Two separate routes to pain control. *Psychological Science, 23,* 246–253.

Buka, S. L., Tsuang, M. T., Torrey, E. F., Klebanoff, M. A., Wagner, R. L., & Yolken, R. H. (2001). Maternal infections and subsequent psychosis among offspring. *Archives of General Psychiatry, 58,* 1032–1037.

Bullock, B., & Murray, G. (2014). Reduced amplitude of the 24 hour activity rhythm: A biomarker of vulnerability to bipolar disorder? *Clinical Psychological Science, 2,* 86–96.

Burcusa, S. L., & Iacono, W. G. (2007). Risk for recurrence in depression. *Clinical Psychology Review, 27,* 959–985.

Burger, J. M. (2009). Replicating Milgram: Would people still obey today? *American Psychologist, 64,* 1–11.

Burgess, M., Enzle, M. E., & Schmaltz, R. (2004). Defeating the potentially deleterious effects of externally imposed deadlines: Practitioners' rules-of-thumb. *Personality and Social Psychology Bulletin, 30,* 868–877.

Buri, J. R., Louiselle, P. A., Misukanis, T. M., & Mueller, R. A. (1988). Effects of parental authoritarianism and authoritativeness on self-esteem. *Personality and Social Psychology Bulletin, 14,* 271–282.

Burish, T. G., & Carey, M. P. (1986). Conditioned aversive responses in cancer chemotherapy patients: Theoretical and developmental analysis. *Journal of Counseling and Clinical Psychology, 54,* 593–600.

Burke, D. M., & Shafto, M. A. (2004). Aging and language production. *Current Directions in Psychological Science, 13,* 21–24.

Burke, M., Adamic, L. A., & Marciniak, K. (2013, July). *Families on Facebook.* Paper presented at the Seventh International AAAI Conference on Weblogs and Social Media, Cambridge, MA. Retrieved from http://www.aaai.org/ocs/index.php/ICWSM/ICWSM13/paper/view/5992

Burns, B. C. (2004). The effects of speed on skilled chess performance. *Psychological Science, 15,* 442–447.

Busby, D. M., Carroll, J. S., & Willoughby, B. J. (2010). Compatibility or restraint? The effects of sexual timing on marriage relationships. *Journal of Family Psychology, 24,* 766–774.

Bushdid, C., Magnasco, M. O., Vosshall, L. B., & Keller, A. (2014). Humans can discriminate more than 1 trillion olfactory stimuli. *Science, 343,* 1370–1372.

Bushman, B. J., & Anderson, C. A. (2009). Comfortably numb: Desensitizing effects of violent media on helping others. *Psychological Science, 20,* 273–277.

Bushman, B. J., Bonacci, A. M., van Dijk, M., & Baumeister, R. F. (2003). Narcissism, sexual refusal, and aggression: Testing a narcissistic reactance model of sexual coercion. *Journal of Personality and Social Psychology, 84,* 1027–1040.

Bushman, B. J., & Huesmann, L. R. (2010). Aggression. In S. T. Fiske, D. T. Gilbert, & G. Lindzey (Eds.), *Handbook of social psychology* (5th ed., Ch. 23, pp. 833–863). New York: John Wiley & Sons.

Bushman, B. J., Moeller, S. J., & Crocker, J. (2011). Sweets, sex, or self-esteem? Comparing the value of self-esteem boosts with other pleasant rewards. *Journal of Personality, 79,* 993–1012.

Bushman, B. J., Ridge, R. D., Das, E., Key, C. W., & Busath, G. L. (2007). When God sanctions killing: Effects of scriptural violence on aggression. *Psychological Science, 18,* 204–207.

Buss, A. H. (1989). Personality as traits. *American Psychologist, 44,* 1378–1388.

Buss, D. M. (1994). The strategies of human mating: People worldwide are attracted to the same qualities in the opposite sex. *American Scientist, 82,* 238–249.

Buss, D. M. (1995). Evolutionary psychology: A new paradigm for psychological science. *Psychological Inquiry, 6,* 1–30.

Buss, D. M. (2008). Female sexual psychology. World Question Center 2008 (edge.org).

Busteed, B. (2012, August 27). College grads need to interview the job. *Huffington Post* (huffingtonpost.com).

Buster, J. E., Kingsberg, S. A., Aguirre, O., Brown, C., Breaux, J. G., Buch, A., . . . Casson, P. (2005). Testosterone patch for low sexual desire in surgically menopausal women: A randomized trial. *Obstetrics and Gynecology, 105,* 944–952.

Butler, A., Oruc, I., Fox, C. J., & Barton, J. J. S. (2008). Factors contributing to the adaptation aftereffects of facial expression. *Brain Research, 1191,* 116–126.

Butler, R. A. (1954, February). Curiosity in monkeys. *Scientific American,* pp. 70–75.

Butts, M. M., Casper, W. J., & Yang, T. S. (2013). How important are work–family support policies? A meta-analytic investigation of their effects on employee outcomes. *Journal of Applied Psychology, 98,* 1–25.

Buxton, O. M., Cain, S. W., O'Connor, S. P., Porter, J. H., Duffy, J. F., Wang, W., . . . Shea, S. A. (2012). Adverse metabolic consequences in humans of prolonged sleep restriction combined with circadian disruption. *Science Translational Medicine, 4,* 129–143.

Byrne, D. (1982). Predicting human sexual behavior. In A. G. Kraut (Ed.), *The G. Stanley Hall lecture series* (Vol. 2). Washington, DC: American Psychological Association.

Byrne, R. W. (1991, May/June). Brute intellect. *The Sciences*, pp. 42–47.

Byrne, R. W., Bates, L. A., & Moss, C. J. (2009). Elephant cognition in primate perspective. *Comparative Cognition & Behavior Reviews, 4*, 1–15.

Byron, K., & Khazanchi, S. (2011). A meta-analytic investigation of the relationship of state and trait anxiety to performance on figural and verbal creative tasks. *Personality and Social Psychology Bulletin, 37*, 269–283.

Cacioppo, J. T., Cacioppo, S., Gonzaga, G. C., Ogburn, E. L., & VanderWeele, T. J. (2013). Marital satisfaction and break-ups differ across on-line and off-line meeting venues. *PNAS, 110*, 10135–10140.

Cacioppo, J. T., & Hawkley, L. C. (2009). Perceived social isolation and cognition. *Trends in Cognitive Sciences, 13*, 447–454.

Cacioppo, J. T., & Patrick, C. (2008). *Loneliness*. New York: W. W. Norton.

Caddick, A., & Porter, L. E. (2012). Exploring a model of professionalism in multiple perpetrator violent crime in the UK. *Criminological & Criminal Justice: An International Journal, 12*, 61–82.

Cain, S. (2012). *Quiet: The power of introverts in a world that can't stop talking*. New York: Crown.

Calati, R., De Ronchi, D., Bellini, M., & Serretti, A. (2011). The 5-HTTLPR polymorphism and eating disorders: A meta-analysis. *International Journal of Eating Disorders, 44*, 191–199.

Caldwell, J. A. (2012). Crew schedules, sleep deprivation, and aviation performance. *Current Directions in Psychological Science, 21*, 85–89.

Cale, E. M., & Lilienfeld, S. O. (2002). Sex differences in psychopathy and antisocial personality disorder: A review and integration. *Clinical Psychology Review, 22*, 1179–1207.

Callaghan, T., Rochat, P., Lillard, A., Claux, M. L., Odden, H., Itakura, S., . . . Singh, S. (2005). Synchrony in the onset of mental-state reasoning. *Psychological Science, 16*, 378–384.

Calvin, C. M., Deary, I. J., Webbink, D., Smith, P., Fernandes, C., Lee, S. H., . . . Visscher, P. M. (2012). Multivariate genetic analyses of cognition and academic achievement from two population samples of 174,000 and 166,000 school children. *Behavior Genetics, 42*, 699–710.

Calvo-Merino, B., Glaser, D. E., Grèzes, J., Passingham, R. E., & Haggard, P. (2004). Action observation and acquired motor skills: An fMRI study with expert dancers. *Cerebral Cortex, 15*, 1243–1249.

Cameron, L., & Rutland, A. (2006). Extended contact through story reading in school: Reducing children's prejudice toward the disabled. *Journal of Social Issues, 62*, 469–488.

Campbell, D. T. (1975). On the conflicts between biological and social evolution and between psychology and moral tradition. *American Psychologist, 30*, 1103–1126.

Campbell, D. T., & Specht, J. C. (1985). Altruism: Biology, culture, and religion. *Journal of Social and Clinical Psychology, 3*(1), 33–42.

Campbell, L., & Marshall, T. (2011). Anxious attachment and relationship processes: An interactionist perspective. *Journal of Personality, 79*, 1219–1249.

Campbell, S. (1986). *The Loch Ness Monster: The evidence*. Willingborough, Northamptonshire, U.K.: Acquarian Press.

Campbell, W. K., Foster, C. A., & Finkel, E. J. (2002). Does self-love lead to love for others? A story of narcissistic game-playing. *Journal of Personality and Social Psychology, 83*, 340–354.

Camperio-Ciani, A., Corna, F., & Capiluppi, C. (2004). Evidence for maternally inherited factors favouring male homosexuality and promoting female fecundity. *Proceedings of the Royal Society of London B, 271*, 2217–2221.

Camperio-Ciani, A., Lemmola, F., & Blecher, S. R. (2009). Genetic factors increase fecundity in female maternal relatives of bisexual men as in homosexuals. *Journal of Sexual Medicine, 6*, 449–455.

Camperio-Ciani, A., & Pellizzari, E. (2012). Fecundity of paternal and maternal non-parental female relatives of homosexual and heterosexual men. *PLoS One, 7*, e51088.

Campitelli, G., & Gobet, F. (2011). Deliberate practice: Necessary but not sufficient. *Current Directions in Psychological Science, 20*, 280–285.

Campos, J. J., Bertenthal, B. I., & Kermoian, R. (1992). Early experience and emotional development: The emergence of wariness of heights. *Psychological Science, 3*, 61–64.

Canetta, S., Sourander, A., Surcel, H., Hinkka-Yli-Salomäki, S., Leiviskä, J., Kellendonk, C., . . . Brown, A. S. (2014). Elevated maternal C-reactive protein and increased risk of schizophrenia in a national birth cohort. *American Journal of Psychiatry, 171*, 960–968.

Canli, T., Desmond, J. E., Zhao, Z., & Gabrieli, J. D. E. (2002). Sex differences in the neural basis of emotional memories. *PNAS, 99*, 10789–10794.

Cannon, W. B. (1929). *Bodily changes in pain, hunger, fear, and rage*. New York: Branford.

Cannon, W. B., & Washburn, A. L. (1912). An explanation of hunger. *American Journal of Physiology, 29*, 441–454.

Cantor, N., & Kihlstrom, J. F. (1987). *Personality and social intelligence*. Englewood Cliffs, NJ: Prentice-Hall.

Caplan, N., Choy, M. H., & Whitmore, J. K. (1992, February). Indochinese refugee families and academic achievement. *Scientific American*, pp. 36–42.

Caprariello, P. A., & Reis, H. T. (2013). To do, to have, or to share? Valuing experiences over material possessions depends on the involvement of others. *Journal of Personality and Social Psychology, 104*, 199–215.

Carey, B. (2007, September 4). Bipolar illness soars as a diagnosis for the young. *The New York Times* (nytimes.com).

Carey, B. (2009, November 27). Surgery for mental ills offers both hope and risk. *The New York Times* (nytimes.com).

Carey, B. (2011, February 14). Wariness on surgery of the mind. *The New York Times* (nytimes.com).

Carey, G. (1990). Genes, fears, phobias, and phobic disorders. *Journal of Counseling and Development, 68*, 628–632.

Carlson, M. (1995, August 29). Quoted by S. Blakeslee, In brain's early growth, timetable may be crucial. *The New York Times*, pp. C1, C3.

Carlson, M., Charlin, V., & Miller, N. (1988). Positive mood and helping behavior: A test of six hypotheses. *Journal of Personality and Social Psychology, 55*, 211–229.

Carnahan, T., & McFarland, S. (2007). Revisiting the Stanford Prison Experiment: Could participant self-selection have led to the cruelty? *Personality and Social Psychology Bulletin, 33*, 603–614.

Carney, D. R., Cuddy, A. J. C., & Yap, A. J. (2015). Review and summary of research on the embodied effects of expansive (vs. contractive) nonverbal displays. *Psychological Science, 26*, 657–663.

Carpusor, A., & Loges, W. E. (2006). Rental discrimination and ethnicity in names. *Journal of Applied Social Psychology, 36*, 934–952.

Carroll, H. (2013, October). Teen fashion model Georgina got so thin her organs were failing. But fashion designers still queued up to book her. Now she's telling her story to shame the whole industry. *The Daily Mail* (dailymail.co.uk).

Carroll, J. M., & Russell, J. A. (1996). Do facial expressions signal specific emotions? Judging emotion from the face in context. *Journal of Personality and Social Psychology, 70*, 205–218.

Carstensen, L. L. (2011). *A long bright future: Happiness, health and financial security in an age of increased longevity*. New York: PublicAffairs.

Carstensen, L. L., & Mikels, J. A. (2005). At the intersection of emotion and cognition: Aging and the positivity effect. *Current Directions in Psychological Science, 14*, 117–121.

Carstensen, L. L., Turan, B., Scheibe, S., Ram, N., Ersner-Hershfield, H., Samanez-Larkin, G. R., . . . Nesselroade, J. R. (2011). Emotional experience improves with age: Evidence based on over 10 years of experience sampling. *Psychology and Aging, 26*, 21–33.

Carter, T. J., & Gilovich, T. (2010). The relative relativity of material and experiential purchases. *Journal of Personality and Social Psychology, 98*, 146–159.

Carver, C. S., Johnson, S. L., & Joormann, J. (2008). Serotonergic function, two-mode models of self-regulation, and vulnerability to depression: What depression has in common with impulsive aggression. *Psychological Bulletin, 134*, 912–943.

Carver, C. S., Scheier, M. F., & Segerstrom, S. C. (2010). Optimism. *Clinical Psychology Review, 30*, 879–889.

CASA. (2003). *The formative years: Pathways to substance abuse among girls and young women ages 8–22*. New York: National Center on Addiction and Substance Abuse, Columbia University.

Casey, B. J., & Caudle, K. (2013). The teenage brain: Self-control. *Current Directions in Psychological Science, 22*, 82–87.

Casey, B. J., Getz, S., & Galvan, A. (2008). The adolescent brain. *Developmental Review, 28*, 62–77.

Cash, T., & Janda, L. H. (1984, December). The eye of the beholder. *Psychology Today*, pp. 46–52.

Caspi, A., McClay, J., Moffitt, T., Mill, J., Martin, J., Craig, I. W., . . . Poulton, R. (2002). Role of genotype in the cycle of violence in maltreated children. *Science, 297*, 851–854.

Cassidy, J., & Shaver, P. R. (1999). *Handbook of attachment*. New York: Guilford.

Castillo, R. J. (1997). *Culture and mental illness: A client-centered approach*. Pacific Grove, CA: Brooks/Cole.

Castonguay, L. G., Boswell, J. F., Constantino, M. J., Goldfried, M. R., & Hill, C. E. (2010). Training implications of harmful effects of psychological treatments. *American Psychologist, 65*, 34–49.

Cattell, R. B. (1963). Theory of fluid and crystallized intelligence: A critical experiment. *Journal of Educational Psychology, 54*, 1–22.

Cavalli-Sforza, L., Menozzi, P., & Piazza, A. (1994). *The history and geography of human genes*. Princeton, NJ: Princeton University Press.

Cavigelli, S. A., & McClintock, M. K. (2003). Fear of novelty in infant rats predicts adult corticosterone dynamics and an early death. *PNAS, 100*, 16131–16136.

Cawley, B. D., Keeping, L. M., & Levy, P. E. (1998). Participation in the performance appraisal process and employee reactions: A meta-analytic review of field investigations. *Journal of Applied Psychology, 83*, 615–633.

CDC. (2009). *Self-harm, all injury causes, nonfatal injuries and rates per 100,000*. Centers for Disease Control and Prevention. Retrieved from http://webappa.cdc.gov/cgi-bin/broker.exe

CDC. (2013). Diagnoses of HIV infection in the United States and dependent areas, 2013. *HIV Surveillance Report, Volume 25*. Washington, DC: Centers for Disease Control and Prevention.

CDC. (2014a, December). Depression in the U.S. household population, 2009–2012 (NCHS Data Brief No. 172). Centers for Disease Control and Prevention (cdc.gov/nchs/data/databriefs/db172.htm).

CDC. (2014b). *Pregnant women need a flu shot*. Centers for Disease Control and Prevention (cdc.gov/flu/pdf/freeresources/pregnant/flushot_pregnant_factsheet.pdf).

CDC. (2016a). Heart disease facts. Centers for Disease Control and Prevention (cdc.gov/heartdisease/facts.htm).

CDC. (2016b, accessed January 21). Reproductive health: Teen pregnancy. Centers for Disease Control and Prevention (cdc.gov/teenpregnancy).

CDC. (2016c, accessed January 21). STDs in adolescents and young adults. Centers for Disease Control and Prevention (cdc.gov/std/stats14/adol.htm).

CEA. (2014). Nine facts about American families and work. Office of the President of the United States: Council of Economic Advisers.

Ceci, S. J. (1993). Cognitive and social factors in children's testimony. Master lecture, American Psychological Association convention.

Ceci, S. J., & Bruck, M. (1993). Child witnesses: Translating research into policy. *Social Policy Report* (Society for Research in Child Development), 7(3), 1–30.

Ceci, S. J., & Bruck, M. (1995). *Jeopardy in the courtroom: A scientific analysis of children's testimony.* Washington, DC: American Psychological Association.

Ceci, S. J., Ginther, D. K., Kahn, S., & Williams, W. M. (2014). Women in academic science: A changing landscape. *Psychological Science in the Public Interest, 15,* 75–141.

Ceci, S. J., Huffman, M. L. C., Smith, E., & Loftus, E. F. (1994). Repeatedly thinking about a non-event: Source misattributions among preschoolers. *Consciousness and Cognition, 3,* 388–407.

Census Bureau. (2014). Industry and occupation. Table 1: Full-time, year-round workers and median earnings in the past 12 months by sex and detailed occupation. Washington, DC: Bureau of the Census.

Centerwall, B. S. (1989). Exposure to television as a risk factor for violence. *American Journal of Epidemiology, 129,* 643–652.

Cepeda, N. J., Pashler, H., Vul, E., Wixted, J. T., & Rohrer, D. (2006). Distributed practice in verbal recall tasks: A review and quantitative synthesis. *Psychological Bulletin, 132,* 354–380.

Cepeda, N. J., Vul, E., Rohrer, D., Wixted, J. T., & Pashler, H. (2008). Spacing effects in learning: A temporal ridgeline of optimal retention. *Psychological Science, 19,* 1095–1102.

Cerella, J. (1985). Information processing rates in the elderly. *Psychological Bulletin, 98,* 67–83.

CFI. (2003, July). *International developments.* Report. Amherst, NY: Center for Inquiry International.

Chabris, C. F., & Simons, D. (2010). *The invisible gorilla: And other ways our intuitions deceive us.* New York: Crown.

Chambers, E. S., Bridge, M. W., & Jones, D. A. (2009). Carbohydrate sensing in the human mouth: Effects on exercise performance and brain activity. *Journal of Physiology, 587,* 1779–1794.

Chamove, A. S. (1980). Nongenetic induction of acquired levels of aggression. *Journal of Abnormal Psychology, 89,* 469–488.

Champagne, F. A. (2010). Early adversity and developmental outcomes: Interaction between genetics, epigenetics, and social experiences across the life span. *Perspectives on Psychological Science, 5,* 564–574.

Chance News. (1997, 25 November). More on the frequency of letters in texts. Dartmouth College (Chance@Dartmouth.edu).

Chandler, J. J., & Pronin, E. (2012). Fast thought speed induces risk taking. *Psychological Science, 23,* 370–374.

Chandra, A., Mosher, W. D., & Copen, C. (2011, March). *Sexual behavior, sexual attraction, and sexual identity in the United States: Data from the 2006–2008 National Survey of Family Growth.* National Health Statistics Reports, Number 36 (Centers for Disease Control and Prevention).

Chang, A.-M., Aeschbach, D., Duggy, J. F., & Czeisler, C. A. (2015). Evening use of light-emitting eReaders negatively affects sleep, circadian timing, and next-morning alertness. *PNAS, 112,* 1232–1237.

Chang, E. C. (2001). Cultural influences on optimism and pessimism: Differences in Western and Eastern construals of the self. In E. C. Chang (Ed.), *Optimism and pessimism* (pp. 257–280). Washington, DC: APA Books.

Chang, Y. T., Chen, Y. C., Hayter, M., & Lin, M. L. (2009). Menstrual and menarche experience among pubescent female students in Taiwan: Implications for health education and promotion service. *Journal of Clinical Nursing, 18,* 2040–2048.

Chaplin, T. M. (2015). Gender and emotion expression: A developmental contextual perspective. *Emotion Review, 7,* 14–21.

Chaplin, T. M., & Aldao, A. (2013). Gender differences in emotion expression in children: A meta-analytic review. *Psychological Bulletin, 139,* 735–765.

Chaplin, W. F., Phillips, J. B., Brown, J. D., Clanton, N. R., & Stein, J. L. (2000). Handshaking, gender, personality, and first impressions. *Journal of Personality and Social Psychology, 79,* 110–117.

Charles, S. T., Piazza, J. R., Mogle, J., Sliwinski, M. J., & Almeida, D. M. (2013). The wear and tear of daily stressors on mental health. *Psychological Science, 24,* 733–741.

Charness, N., & Boot, W. R. (2009). Aging and information technology use. *Current Directions in Psychological Science, 18,* 253–258.

Charpak, G., & Broch, H. (2004). *Debunked! ESP, telekinesis, and other pseudoscience.* Baltimore, MD: Johns Hopkins University Press.

Chartrand, T. L., & Bargh, J. A. (1999). The chameleon effect: The perception-behavior link and social interaction. *Journal of Personality and Social Psychology, 76,* 893–910.

Chartrand, T. L., & van Baaren, R. (2009). Human mimicry. In M. P. Zanna (Ed.), *Advances in experimental social psychology* (pp. 219–274). San Diego, CA: Elsevier Academic Press.

Chassy, P., & Gobet, F. (2011). A hypothesis about the biological basis of expert intuition. *Review of General Psychology, 15,* 198–212.

Chatard, A., & Selimbegović, L. (2011). When self-destructive thoughts flash through the mind: Failure to meet standards affects the accessibility of suicide-related thoughts. *Journal of Personality and Social Psychology, 100,* 587–605.

Cheek, J. M., & Melchior, L. A. (1990). Shyness, self-esteem, and self-consciousness. In H. Leitenberg (Ed.), *Handbook of social and evaluation anxiety* (pp. 47–82). New York: Plenum Press.

Chein, J., Albert, D., O'Brien, L., Uckert, K., & Steinberg, L. (2011). Peers increase adolescent risk taking by enhancing activity in the brain's reward circuitry. *Developmental Science, 14,* F1–F10.

Chein, J. M., & Schneider, W. (2012). The brain's learning and control architecture. *Current Directions in Psychological Science, 21,* 78–84.

Chen, A. W., Kazanjian, A., & Wong, H. (2009). Why do Chinese Canadians not consult mental health services: Health status, language or culture? *Transcultural Psychiatry, 46,* 623–640.

Chen, S.-Y., & Fu, Y.-C. (2008). Internet use and academic achievement: Gender differences in early adolescence. *Adolescence, 44,* 797–812.

Chennu, S., Pinoia, P., Kamau, E., Allanson, J., Williams, G. B., Monti, M. M., . . . Bekinschtein, T. A. (2014). Spectral signatures of reorganised brain network in disorders of consciousness. *PLoS Computational Biology, 10:*e1003887.

Chess, S., & Thomas, A. (1987). *Know your child: An authoritative guide for today's parents.* New York: Basic Books.

Cheung, B. Y., Chudek, M., & Heine, S. J. (2011). Evidence for a sensitive period for acculturation: Younger immigrants report acculturating at a faster rate. *Psychological Science, 22,* 147–152.

Chick, C. F. (2015). Reward processing in the adolescent brain: Individual differences and relation to risk taking. *Journal of Neuroscience, 35,* 13539–13541.

Chida, Y., & Hamer, M. (2008). Chronic psychosocial factors and acute physiological responses to laboratory-induced stress in healthy populations: A quantitative review of 30 years of investigations. *Psychological Bulletin, 134,* 829–885.

Chida, Y., & Steptoe, A. (2009). The association of anger and hostility with future coronary heart disease: A meta-analytic review of prospective evidence. *Journal of the American College of Cardiology, 17,* 936–946.

Chida, Y., Steptoe, A., & Powell, L. H. (2009). Religiosity/spirituality and mortality. *Psychotherapy and Psychosomatics, 78,* 81–90.

Chida, Y., & Vedhara, K. (2009). Adverse psychosocial factors predict poorer prognosis in HIV disease: A meta-analytic review of prospective investigations. *Brain, Behavior, and Immunity, 23,* 434–445.

Child Trends. (2013). Attitudes toward spanking. Child Trends Data Bank (childtrends.org/?indicators=attitudes-towardspanking).

Chiles, J. A., Lambert, M. J., & Hatch, A. L. (1999). The impact of psychological interventions on medical cost offset: A meta-analytic review. *Clinical Psychology: Science and Practice, 6,* 204–220.

Chisholm, K. (1998). A three-year follow-up of attachment and indiscriminate friendliness in children adopted from Romanian orphanages. *Child Development, 69,* 1092–1106.

Chivers, M. L. (2005). A brief review and discussion of sex differences in the specificity of sexual arousal. *Sexual and Relationship Therapy, 20,* 377–390.

Chivers, M. L., Seto, M. C., Lalumière, M. L., Laan, E., & Grimbos, T. (2010). Agreement of self-reported and genital measures of sexual arousal in men and women: A meta-analysis. *Archives of Sexual Behavior, 39,* 5–56.

Choi, C. Q. (2008, March). Do you need only half your brain? *Scientific American,* p. 104.

Chomsky, N. (1972). *Language and mind.* New York: Harcourt Brace.

Chopik, W. J., Edelstein, R. S., & Fraley, R. C. (2013). From the cradle to the grave: Age differences in attachment from early adulthood to old age. *Journal of Personality, 81,* 171–183.

Chopik, W. J., Kim, E. S., & Smith, J. (2015). Changes in optimism are associated with changes in health over time among older adults. *Social Psychological and Personality Science, 6*(7), 814–822.

Christakis, D. A., Garrison, M. M., Herrenkohl, T., Haggerty, K., Rivara, K. P., Zhou, C., & Liekweg, K. (2013). Modifying media content for preschool children: A randomized control trial. *Pediatrics, 131,* 431–438.

Christakis, N. A., & Fowler, J. H. (2007). The spread of obesity in a large social network over 32 years. *New England Journal of Medicine, 357,* 370–379.

Christakis, N. A., & Fowler, J. H. (2009). *Connected: The surprising power of social networks and how they shape our lives.* New York: Little, Brown.

Christensen, A., & Jacobson, N. S. (1994). Who (or what) can do psychotherapy: The status and challenge of nonprofessional therapies. *Psychological Science, 5,* 8–14.

Christophersen, E. R., & Edwards, K. J. (1992). Treatment of elimination disorders: State of the art 1991. *Applied & Preventive Psychology, 1,* 15–22.

Chu, C., Podlogar, M. C., Hagan, C. R., Buchman-Schmitt, J. M., Silva, C., Chiurliza, B., . . . Joiner, T. E. (2016). The interactive effects of the capability for suicide and major depressive episodes on suicidal behavior in a military sample. *Cognitive Therapy and Research,* 40, 22–30.

Chu, P. S., Saucier, D. A., & Hafner, E. (2010). Meta-analysis of the relationships between social support and well-being in children and adolescents. *Journal of Social and Clinical Psychology, 29,* 624–645.

Chua, H. F., Boland, J. E., & Nisbett, R. E. (2005). Cultural variation in eye movements during scene perception. *PNAS, 102,* 12629–12633.

Chugani, H. T., & Phelps, M. E. (1986). Maturational changes in cerebral function in infants determined by 18FDG positron emission tomography. *Science, 231,* 840–843.

Chung, J. M., Robins, R. W., Trzesniewski, K. H., Noftle, E. E., Roberts, B. W., & Widaman, K. F. (2014). Continuity and change in self-esteem during emerging adulthood. *Journal of Personality and Social Psychology, 106,* 469–483.

Church, T. S., Thomas, D. M., Tudor-Locke, C., Katzmarzyk, P. T., Earnest, C. P., Rodarte, R. Q., . . . Bouchard, C. (2011). Trends over 5 decades in U.S. occupation-related physical activity and their associations with obesity. *PLoS ONE, 6*(5), e19657.

Churchland, P. S. (2013). *Touching a nerve: The self as brain.* New York: Norton.

CIA. (2010). The World Fact Book: Literacy. Washington, DC: Central Intelligence Agency (cia.gov/library/publications/the-world-factbook/fields/2103.html).

Cialdini, R. B. (1993). *Influence: Science and practice* (3rd ed.). New York: HarperCollins.

Cialdini, R. B., & Richardson, K. D. (1980). Two indirect tactics of image management: Basking and blasting. *Journal of Personality and Social Psychology, 39,* 406–415.

Ciarrochi, J., Forgas, J. P., & Mayer, J. D. (2006). *Emotional intelligence in everyday life* (2nd ed.). New York: Psychology

Press.

Cin, S. D., Gibson, B., Zanna, M. P., Shumate, R., & Fong, G. T. (2007). Smoking in movies, implicit associations of smoking with the self, and intentions to smoke. *Psychological Science, 18,* 559–563.

Cincotta, A. L., Gehrman, P., Gooneratne, N. S., & Baime, M. J. (2011). The effects of a mindfulness-based stress reduction programme on presleep cognitive arousal and insomnia symptoms: A pilot study. *Stress and Health, 27,* e299–e305.

Clack, B., Dixon, J., & Tredoux, C. (2005). Eating together apart: Patterns of segregation in a multi-ethnic cafeteria. *Journal of Community and Applied Social Psychology, 15,* 1–16.

Clancy, S. A. (2005). *Abducted: How people come to believe they were kidnapped by aliens.* Cambridge, MA: Harvard University Press.

Clark, A., Seidler, A., & Miller, M. (2001). Inverse association between sense of humor and coronary heart disease. *International Journal of Cardiology, 80,* 87–88.

Clark, C. J., Luguri, J. B., Ditto, P. H., Knobe, J., Shariff, A. F., & Baumeister, R. F. (2014). Free to punish: A motivated account of free will belief. *Journal of Personality and Social Psychology, 106,* 501–513.

Clark, K. B., & Clark, M. P. (1947). Racial identification and preference in Negro children. In T. M. Newcomb & E. L. Hartley (Eds.), *Readings in social psychology.* New York: Holt.

Clark, R. D., III, & Hatfield, E. (1989). Gender differences in receptivity to sexual offers. *Journal of Psychology & Human Sexuality, 2,* 39–55.

Cleary, A. M. (2008). Recognition memory, familiarity, and déjà vu experiences. *Current Directions in Psychological Science, 17,* 353–357.

Coan, J. A., Schaefer, H. S., & Davidson, R. J. (2006). Lending a hand: Social regulation of the neural response to threat. *Psychological Science, 17,* 1032–1039.

Coffey, C. E. (Ed.) (1993). *Clinical science of electroconvulsive therapy.* Washington, DC: American Psychiatric Press.

Cohen, D. (1995, June 17). Now we are one, or two, or three. *New Scientist,* pp. 14–15.

Cohen, P. (2010, June 11). Long road to adulthood is growing even longer. *The New York Times* (nytimes.com).

Cohen, S. (2004). Social relationships and health. *American Psychologist, 59,* 676–684.

Cohen, S., Alper, C. M., Doyle, W. J., Treanor, J. J., & Turner, R. B. (2006). Positive emotional style predicts resistance to illness after experimental exposure to rhinovirus or influenza A virus. *Psychosomatic Medicine, 68,* 809–815.

Cohen, S., Doyle, W. J., Alper, C. M., Janicki-Deverts, D., & Turner, R. B. (2009). Sleep habits and susceptibility to the common cold. *Archives of Internal Medicine, 169,* 62–67.

Cohen, S., Doyle, W. J., Skoner, D. P., Rabin, B. S., & Gwaltney, J. M., Jr. (1997). Social ties and susceptibility to the common cold. *Journal of the American Medical Association, 277,* 1940–1944.

Cohen, S., Doyle, W. J., Turner, R., Alper, C. M., & Skoner, D. P. (2003). Sociability and susceptibility to the common cold. *Psychological Science, 14,* 389–395.

Cohen, S., Janicki-Deverts, D., Turner, R. B., & Doyle, W. J. (2015). Does hugging provide stress-buffering social support? A study of susceptibility to upper respiratory infection and illness. *Psychological Science, 26,* 135–147.

Cohen, S., Kaplan, J. R., Cunnick, J. E., Manuck, S. B., & Rabin, B. S. (1992). Chronic social stress, affiliation, and cellular immune response in nonhuman primates. *Psychological Science, 3,* 301–304.

Cohen, S., & Pressman, S. D. (2006). Positive affect and health. *Current Directions in Psychological Science, 15,* 122–125.

Cohen, S., Tyrrell, D. A. J., & Smith, A. P. (1991). Psychological stress and susceptibility to the common cold. *New England Journal of Medicine, 325,* 606–612.

Colapinto, J. (2000). *As nature made him: The boy who was raised as a girl.* New York: HarperCollins.

Colarelli, S. M., Spranger, J. L., & Hechanova, M. R. (2006). Women, power, and sex composition in small groups: An evolutionary perspective. *Journal of Organizational Behavior, 27,* 163–184.

Collier, K. L., Bos, H. M. W., & Sandfort, T. G. M. (2012). Intergroup contact, attitudes toward homosexuality, and the role of acceptance of gender non-conformity in young adolescents. *Journal of Adolescence, 35,* 899–907.

Collinger, J. L., Wodlinger, B., Downey, J. E., Wang, W., Tyler-Kabara, E. C., Weber, D. J., . . . Schwartz, A. B. (2013). High-performance neuroprosthetic control by an individual with tetraplegia. *The Lancet, 381,* 557–564.

Collins, F. (2007, February 1). In the cathedral or the laboratory, it's the same God, National Prayer Breakfast told. On Faith (faithstreet.com/onfaith/2007/02/01/whether-cathedral-or-laborator/1867).

Collins, F. S., & Tabak, L. A. (2014). Policy: NIH plans to enhance reproducibility. *Nature, 505,* 612–613.

Collins, G. (2009, March 9). The rant list. *The New York Times* (nytimes.com).

Collins, R. L., Elliott, M. N., Berry, S. H., Danouse, D. E., Kunkel, D., Hunter, S. B., & Miu, A. (2004). Watching sex on television predicts adolescent initiation of sexual behavior. *Pediatrics, 114,* 280–289.

Collinson, S. L., MacKay, C. E., James, A. C., Quested, D. J., Phillips, T., Roberts, N., & Crow, T. J. (2003). Brain volume, asymmetry and intellectual impairment in relation to sex in early-onset schizophrenia. *British Journal of Psychiatry, 183,* 114–120.

Collishaw, S., Pickles, A., Natarajan, L., & Maughan, B. (2007, June). *20-year trends in depression and anxiety in England.* Paper presented at the Thirteenth Scientific Meeting on the Brain and the Developing Child, London.

Colvert, E., Beata, T., McEwen, F., Stewart, C., Curran, S. R., Woodhouse, E., . . . Bolton, P. (2015). Heritability of autism spectrum disorder in a UK population-based twin sample. *JAMA Psychiatry,* 72, 415–423.

Confer, J. C., Easton, J. A., Fleischman, D. S., Goetz, C. D., Lewis, D. M. G., Perilloux, C., & Buss, D. M. (2010). Evolutionary psychology: Controversies, questions, prospects, and limitations. *American Psychologist, 65,* 110–126.

Conley, C. S., & Rudolph, K. D. (2009). The emerging sex difference in adolescent depression: Interacting contributions of puberty and peer stress. *Development and Psychopathology, 21,* 593–620.

Conley, K. M. & Lehman, B. J. (2012). Test anxiety and cardiovascular responses to daily academic stressors. *Stress and Health, 28,* 41–50.

Conley, T. D. (2011). Perceived proposer personality characteristics and gender differences in acceptance of casual sex offers. *Journal of Personality and Social Psychology, 100,* 300–329.

Connor, C. E. (2010). A new viewpoint on faces. *Science, 330,* 764–765.

Conroy-Beam, D., Buss, D. M., Pham, M. N., & Shackelford, T. K. (2015). How sexually dimorphic are human mate preferences? *Personality and Social Psychology Bulletin, 41,* 1082–1093.

Consumer Reports. (1995, November). Does therapy help? pp. 734–739.

Conway, A. R. A., Skitka, L. J., Hemmerich, J. A., & Kershaw, T. C. (2009). Flashbulb memory for 11 September 2001. *Applied Cognitive Psychology, 23,* 605–623.

Conway, M. A., Wang, Q., Hanyu, K., & Haque, S. (2005). A cross-cultural investigation of autobiographical memory: On the universality and cultural variation of the reminiscence bump. *Journal of Cross-Cultural Psychology, 36,* 739–749.

Cooke, L. J., Wardle, J., & Gibson, E. L. (2003). Relationship between parental report of food neophobia and everyday food consumption in 2–6-year-old children. *Appetite, 41,* 205–206.

Cooper, M. (2010, October 18). From Obama, the tax cut nobody heard of. *The New York Times* (nytimes.com).

Cooper, W. H., & Withey, M. J. (2009). The strong situation hypothesis. *Personality and Social Psychology Review, 13,* 62–72.

Coopersmith, S. (1967). *The antecedents of self-esteem.* San Francisco: Freeman.

Copeland, W., Shanahan, L., Miller, S., Costello, E. J., Angold, A., & Maughan, B. (2010). Outcomes of early pubertal timing in young women: A prospective population-based study. *American Journal of Psychiatry, 167,* 1218–1225.

Corcoran, D. W. J. (1964). The relation between introversion and salivation. *The American Journal of Psychology, 77,* 298–300.

Coren, S. (1996). *Sleep thieves: An eye-opening exploration into the science and mysteries of sleep.* New York: Free Press.

Corey, D. P., Garcia-Añoveros, J., Holt, J. R., Kwan, K. Y., Lin, S. Y., Vollrath, M. A., & Zhang, D. S. (2004). TRPA1 is a candidate for the mechano-sensitive transduction channel of vertebrate hair cells. *Nature, 432,* 723–730.

Corina, D. P. (1998). The processing of sign language: Evidence from aphasia. In B. Stemmer & H. A. Whittaker (Eds.), *Handbook of neurolinguistics.* San Diego: Academic Press.

Corina, D. P., Vaid, J., & Bellugi, U. (1992). The linguistic basis of left hemisphere specialization. *Science, 255,* 1258–1260.

Corkin, S. (2013). *Permanent present tense: The unforgettable life of the amnesic patient.* New York: Basic Books.

Corkin, S., quoted by R. Adelson. (2005, September). Lessons from H. M. *Monitor on Psychology,* p. 59.

Cornier, M.-A. (2011). Is your brain to blame for weight regain? *Physiology & Behavior, 104,* 608–612.

Correll, J., Park, B., Judd, C. M., Wittenbrink, B., Sadler, M. S., & Keesee, T. (2007). Across the thin blue line: Police officers and racial bias in the decision to shoot. *Journal of Personality and Social Psychology, 92,* 1006–1023.

Correll, J., Wittenbrink, B., Crawford, M. T., & Sadler, M. S. (2015). Stereotypic vision: How stereotypes disambiguate visual stimuli. *Journal of Personality and Social Psychology, 108,* 219–233.

Corrigan, P. W. (2014). Can there be false hope in recovery? *British Journal of Psychiatry, 205,* 423–424.

Corse, A. K., Chou, T., Arulpragasm, A. R., Kaur, N., Deckersbach, T., & Cusin, C. (2013). Deep brain stimulation for obsessive-compulsive disorder. *Psychiatric Annals, 43,* 351–357.

Costa, P. T., Jr., & McCrae, R. R. (2011). The five-factor model, five-factor theory, and interpersonal psychology. In L. M. Horowitz & S. Strack (Eds.), *Handbook of interpersonal psychology: Theory, research, assessment, and therapeutic interventions* (pp. 91–104). Hoboken, NJ: John Wiley & Sons.

Costa, P. T., Jr., Terracciano, A., & McCrae, R. R. (2001). Gender differences in personality traits across cultures: Robust and surprising findings. *Journal of Personality and Social Psychology, 81,* 322–331.

Costello, E. J., Compton, S. N., Keeler, G., & Angold, A. (2003). Relationships between poverty and psychopathology: A natural experiment. *Journal of the American Medical Association, 290,* 2023–2029.

Coulter, K. C., & Malouff, J. M. (2013). Effects of an intervention designed to enhance romantic relationship excitement: A randomized-control trial. *Couple and Family Psychology: Research and Practice, 2,* 34–44.

Courtney, J. G., Longnecker, M. P., Theorell, T., & de Verdier, M. G. (1993). Stressful life events and the risk of colorectal cancer. *Epidemiology, 4,* 407–414.

Cowan, N. (2010). The magical mystery four: How is working memory capacity limited, and why? *Current Directions in Psychological Science, 19,* 51–57.

Cowart, B. J. (1981). Development of taste perception in humans: Sensitivity and preference throughout the life span. *Psychological Bulletin, 90,* 43–73.

Cox, J. J., Reimann, F. Nicholas, A. K., Thornton, G., Roberts, E., Springell, K., & Woods, C. G. (2006). An SCN9A channelopathy causes congenital inability to experience pain. *Nature, 444,* 894–898.

Coyne, J. C. (1976a). Toward an interactional description of depression. *Psychiatry, 39,* 28–40.

Coyne, J. C. (1976b). Depression and the response of others. *Journal of Abnormal Psychology, 85,* 186–193.

Crabbe, J. C. (2002). Genetic contributions to addiction. *An-*

nual Review of Psychology, 53, 435–462.

Crabtree, S. (2005, January 13). Engagement keeps the doctor away. *Gallup Management Journal* (gmj.gallup.com).

Crabtree, S. (2011, December 12). *U.S. seniors maintain happiness highs with less social time.* Gallup Poll (gallup.com).

Credé, M., & Kuncel, N. R. (2008). Study habits, skills, and attitudes: The third pillar supporting collegiate academic performance. *Perspectives on Psychological Science, 3*, 425–453.

Creswell, J. D., Bursley, J. K., & Satpute, A. B. (2013). Neural reactivation links unconscious thought to decision making performance. *Social Cognitive and Affective Neuroscience, 8*, 863–869.

Creswell, J. D., Way, B. M., Eisenberger, N. I., & Lieberman, M. D. (2007). Neural correlates of dispositional mindfulness during affect labeling. *Psychosomatic Medicine, 69*, 560–565.

Crews, F. T., He, J., & Hodge, C. (2007). Adolescent cortical development: A critical period of vulnerability for addiction. *Pharmacology, Biochemistry and Behavior, 86*, 189–199.

Crews, F. T., Mdzinarishvilli, A., Kim, D., He, J., & Nixon, K. (2006). Neurogenesis in adolescent brain is potently inhibited by ethanol. *Neuroscience, 137*, 437–445.

Cristea, I. A., Huibers, M. J., David, D., Hollon, S. D., Andersson, G., & Cuijpers, P. (2015). The effects of cognitive behavior therapy for adult depression on dysfunctional thinking: A meta-analysis. *Clinical Psychology Review, 42*, 62–71.

Crocker, J., & Park, L. E. (2004). The costly pursuit of self-esteem. *Psychological Bulletin, 130*, 392–414.

Crocker, J., Thompson, L. L., McGraw, K. M., & Ingerman, C. (1987). Downward comparison, prejudice, and evaluation of others: Effects of self-esteem and threat. *Journal of Personality and Social Psychology, 52*, 907–916.

Crockett, M. J., Kurth-Nelson, Z., Siegel, J. Z., Dayan, P., & Dolan, R. J. (2014). Harm to others outweighs harm to self in moral decision making. *PNAS, 111*, 17320–17325.

Croft, R. J., Klugman, A., Baldeweg, T., & Gruzelier, J. H. (2001). Electrophysiological evidence of serotonergic impairment in long-term MDMA ("Ecstasy") users. *American Journal of Psychiatry, 158*, 1687–1692.

Crook, T. H., & West, R. L. (1990). Name recall performance across the adult life-span. *British Journal of Psychology, 81*, 335–340.

Crosier, B. S., Webster, G. D., & Dillon, H. M. (2012). Wired to connect: Evolutionary psychology and social networks. *Review of General Psychology, 16*, 230–239.

Cross, S., & Markus, H. (1991). Possible selves across the life span. *Human Development, 34*, 230–255.

Cross-National Collaborative Group. (1992). The changing rate of major depression. *Journal of the American Medical Association, 268*, 3098–3105.

Crowell, J. A., & Waters, E. (1994). Bowlby's theory grown up: The role of attachment in adult love relationships. *Psychological Inquiry, 5*, 1–22.

Csikszentmihalyi, M. (1990). *Flow: The psychology of optimal experience.* New York: Harper & Row.

Csikszentmihalyi, M. (1999). If we are so rich, why aren't we happy? *American Psychologist, 54*, 821–827.

Csikszentmihalyi, M., & Hunter, J. (2003). Happiness in everyday life: The uses of experience sampling. *Journal of Happiness Studies, 4*, 185–199.

Cuijpers, P., Sijbrandij, M., Koole, S. L., Andersson, G., Beekman, A. T., & Reynolds, C. F. (2013). The efficacy of psychotherapy and pharmacotherapy in treating depressive and anxiety disorders: A meta-analysis of direct comparisons. *World Psychiatry, 12*(2), 137–148.

Cuijpers, P., van Straten, A., Schuurmans, J., van Oppen, P., Hollon, S. D., & Andersson, G. (2010). Psychotherapy for chronic major depression and dysthymia: A meta-analysis. *Clinical Psychology Review, 30*, 51–62.

Culbert, K. M., Burt, S. A., McGue, M., Iacono, W. G., & Klump, K. L. (2009). Puberty and the genetic diathesis of disordered eating attitudes and behaviors. *Journal of Abnormal Psychology, 118*, 788–796.

Currie, T. E., & Little, A. C. (2009). The relative importance of the face and body in judgments of human physical attractiveness. *Evolution and Human Behavior, 30*, 409–416.

Curry, J., Silva, S., Rohde, P., Ginsburg, G., Kratochvil, C., Simons, A., . . . March, J. (2011). Recovery and recurrence following treatment for adolescent major depression. *Archives of General Psychiatry, 68*, 263–269.

Curtis, R. C., & Miller, K. (1986). Believing another likes or dislikes you: Behaviors making the beliefs come true. *Journal of Personality and Social Psychology, 51*, 284–290.

Custers, R., & Aarts, H. (2010). The unconscious will: How the pursuit of goals operates outside of conscious awareness. *Science, 329*, 47–50.

Cyders, M. A., & Smith, G. T. (2008). Emotion-based dispositions to rash action: Positive and negative urgency. *Psychological Bulletin, 134*, 807–828.

Dabbs, J. M., Jr., Bernieri, F. J., Strong, R. K., Campo, R., & Milun, R. (2001). Going on stage: Testosterone in greetings and meetings. *Journal of Research in Personality, 35*, 27–40.

Dabbs, J. M., Jr., & Morris, R. (1990). Testosterone, social class, and antisocial behavior in a sample of 4,462 men. *Psychological Science, 1*, 209–211.

Dalenberg, C. J., Brand, B. L., Gleaves, D. H., Dorahy, M. J., Loewenstein, R. J., Cardeña, E., . . . Spiegel, D. (2012). Evaluation of the evidence for the trauma and fantasy models of dissociation. *Psychological Bulletin, 138*, 550–588.

Daley, J. (2011, July/August). What you don't know can kill you. *Discover* (discovermagazine.com).

Daly, M., Delaney, L., Egan, R. F., & Baumeister, R. F. (2015). Childhood self-control and unemployment throughout the life span: Evidence from two British cohort studies. *Psychological Science, 26*, 709–723.

Damasio, A. R. (2003). *Looking for Spinoza: Joy, sorrow, and the feeling brain.* New York: Harcourt.

Dambacher, F., Sack, A. T., Lobbestael, J., Arntz, A., Brugman, S., & Schuhmann, T. (2015). Out of control: Evidence for anterior insula involvement in motor impulsivity and reactive aggression. *Social Cognitive and Affective Neuroscience, 10*, 508–516.

Danelli, L., Cossu, G., Berlingeri, M., Bottini, G., Sberna, M., & Paulesu, E. (2013). Is a lone right hemisphere enough? Neurolinguistic architecture in a case with a very early left hemispherectomy. *Neurocase, 19*, 209–231.

Danner, D. D., Snowdon, D. A., & Friesen, W. V. (2001). Positive emotions in early life and longevity: Findings from the Nun Study. *Journal of Personality and Social Psychology, 80*, 804–813.

Danso, H., & Esses, V. (2001). Black experimenters and the intellectual test performance of white participants: The tables are turned. *Journal of Experimental Social Psychology, 37*, 158–165.

Darley, J. M., & Alter, A. (2013). Behavioral issues of punishment, retribution, and deterrence. In E. Shafir (Ed.), *The behavioral foundations of public policy* (pp. 181–194). Princeton, NJ: Princeton University Press.

Darley, J. M., & Latané, B. (1968a). Bystander intervention in emergencies: Diffusion of responsibility. *Journal of Personality and Social Psychology, 8*, 377–383.

Darley, J. M., & Latané, B. (1968b, December). When will people help in a crisis? *Psychology Today*, pp. 54–57, 70–71.

Darwin, C. (1872). *The expression of the emotions in man and animals.* London: John Murray, Albemarle Street.

Daum, I., & Schugens, M. M. (1996). On the cerebellum and classical conditioning. *Psychological Science, 5*, 58–61.

Davey, G., & Rato, R. (2012). Subjective well-being in China: A review. *Journal of Happiness Studies, 13*, 333–346.

Davey, G. C. L. (1995). Preparedness and phobias: Specific evolved associations or a generalized expectancy bias? *Behavioral and Brain Sciences, 18*, 289–297.

Davidson, J. R. T., Connor, K. M., & Swartz, M. (2006). Mental illness in U.S. presidents between 1776 and 1974: A review of biographical sources. *Journal of Nervous and Mental Disease, 194*, 47–51.

Davidson, R. J., & Begley, S. (2012). *The emotional life of your brain: How its unique patterns affect the way you think, feel, and live—and how you can change them.* New York: Hudson Street Press.

Davidson, R. J., Kabat-Zinn, J., Schumacher, J., Rosenkranz, M., Muller, D., Santorelli, S. F., . . . Sheridan, J. F. (2003). Alterations in brain and immune function produced by mindfulness meditation. *Psychosomatic Medicine, 65*, 564–570.

Davidson, R. J., Pizzagalli, D., Nitschke, J. B., & Putnam, K. (2002). Depression: Perspectives from affective neuroscience. *Annual Review of Psychology, 53*, 545–574.

Davidson, R. J., Putnam, K. M., & Larson, C. L. (2000). Dysfunction in the neural circuitry of emotion regulation—a possible prelude to violence. *Science, 289*, 591–594.

Davidson, T. L., & Riley, A. L. (2015). Taste, sickness, and learning. *American Scientist, 103*, 204–211.

Davies, P. (2007). *Cosmic jackpot: Why our universe is just right for life.* Boston: Houghton Mifflin.

Davis, B. E., Moon, R. Y., Sachs, H. C., & Ottolini, M. C. (1998). Effects of sleep position on infant motor development. *Pediatrics, 102*, 1135–1140.

Davis, D. E., Choe, E., Meyers, J., Wade, N., Varias, K., Gifford, A., . . . Worthington, E. L. (2016). Thankful for the little things: A meta-analysis of gratitude interventions. *Journal of Counseling Psychology, 63*, 20–31.

Davis, J. O., & Phelps, J. A. (1995). Twins with schizophrenia: Genes or germs? *Schizophrenia Bulletin, 21*, 13–18.

Davis, J. O., Phelps, J. A., & Bracha, H. S. (1995). Prenatal development of monozygotic twins and concordance for schizophrenia. *Schizophrenia Bulletin, 21*, 357–366.

Davis, J. P., Lander, K., & Jansari, A. (2013). I never forget a face. *The Psychologist, 26*, 726–729.

Davis, K., Christodoulou, J., Seider, S., & Gardner, H. (2011). The theory of multiple intelligences. In R. J. Sternberg & S. B. Kaufman (Eds.), *Cambridge handbook of intelligence* (pp. 485–503). Cambridge, UK; New York: Cambridge University Press.

Davison, S. L., & Davis, S. R. (2011). Androgenic hormones and aging—The link with female function. *Hormones and Behavior, 59*, 745–753.

Dawes, R. M. (1994). *House of cards: Psychology and psychotherapy built on myth.* New York: Free Press.

Dawkins, L., Shahzad, F.-Z., Ahmed, S. S., & Edmonds, C. J. (2011). Expectation of having consumed caffeine can improve performance and moods. *Appetite, 57*, 597–600.

de Boysson-Bardies, B., Halle, P., Sagart, L., & Durand, C. (1989). A cross-linguistic investigation of vowel formants in babbling. *Journal of Child Language, 16*, 1–17.

de Courten-Myers, G. M. (2005, February 4). Personal correspondence (estimating total brain neurons, extrapolating from her carefully estimated 20 to 23 billion cortical neurons).

de Dios, M. A., Herman, D. S., Britton, W. B., Hagerty, C. E., Anderson, B. J., & Stein, M. D. (2012). Motivational and mindfulness intervention for young adult female marijuana users. *Journal of Substance Abuse Treatment, 42*, 56–64.

De Dreu, C. K. W., Greer, L. L., Handgraaf, M. J. J., Shalvi, S., Van Kleef, G. A., Baas, M., . . . Feith, S. W. W. (2010). The neuropeptide oxytocin regulated parochial altruism in intergroup conflict among humans. *Science, 328*, 1409–1411.

De Dreu, C. K. W., Nijstad, B. A., Baas, M., Wolsink, I., & Roskes, M. (2012). Working memory benefits creative insight, musical improvisation, and original ideation through maintained task-focused attention. *Personality and Social Psychology Bulletin, 38*, 656–669.

de Gee, J., Knapen, T., & Donner, T. H. (2014). Decision-related pupil dilation reflects upcoming choice and individual bias. *PNAS, 111*, E618–E625.

de Hoogh, A. H. B., den Hartog, D. N., Koopman, P. L.,

Thierry, H., van den Berg, P. T., van der Weide, J. G., & Wilderom, C. P. M. (2004). Charismatic leadership, environmental dynamism, and performance. *European Journal of Work and Organisational Psychology, 13,* 447–471.

De Koninck, J. (2000). Waking experiences and dreaming. In M. Kryger, T. Roth, & W. Dement (Eds.), *Principles and practice of sleep medicine* (3rd ed.). Philadelphia: Saunders.

de Lange, M., Debets, L., Ruitenberg, K., & Holland, R. (2012). Making less of a mess: Scent exposure as a tool for behavioral change. *Social Influence, 7,* 90–97.

De Los Reyes, A., & Kazdin, A. E. (2009). Identifying evidence-based interventions for children and adolescents using the range of possible changes model: A meta-analytic illustration. *Behavior Modification, 33,* 583–617.

De Neve, J.-E., Diener, E., Tay, L., & Xuereb, C. (2013). The objective benefits of subjective well-being. In J. F. Helliwell, R. Layard, & J. Sachs (Eds.), *World happiness report 2013* (Vol. 2., pp. 54–79). New York: UN Sustainable Network Development Solutions Network.

De Raedt, R., Vanderhasselt, M. A., & Baeken, C. (2015). Neurostimulation as an intervention for treatment resistant depression: From research on mechanisms towards targeted neurocognitive strategies. *Clinical Psychology Review, 41,* 61–69.

de Vries, J., Byrne, M., & Kehoe, E. (2015). Cognitive dissonance induction in everyday life: An fMRI study. *Social Neuroscience, 10,* 268–281.

de Waal, F. (2011). Back cover quote for D. Blum, *Love at Goon Park: Harry Harlow and the science of affection.* New York: Basic Books.

de Wit, L., Luppino, F., van Straten, A., Penninx, B., Zitman, F., & Cuijpers, P. (2010). Depression and obesity: A meta-analysis of community-based studies. *Psychiatry Research, 178,* 230–235.

De Wolff, M. S., & van IJzendoorn, M. H. (1997). Sensitivity and attachment: A meta-analysis on parental antecedents of infant attachment. *Child Development, 68,* 571–591

Deary, I. J. (2008). Why do intelligent people live longer? *Nature, 456,* 175–176.

Deary, I. J., Batty, G. D., & Gale, C. R. (2008). Bright children become enlightened adults. *Psychological Science, 19,* 1–6.

Deary, I. J., Pattie, A., & Starr, J. M. (2013). The stability of intelligence from age 11 to age 90 years: The Lothian birth cohort of 1921. *Psychological Science, 24,* 2361–2368.

Deary, I. J., Thorpe, G., Wilson, V., Starr, J. M., & Whalley, L. J. (2003). Population sex differences in IQ at age 11: The Scottish mental survey 1932. *Intelligence, 31,* 533–541.

Deary, I. J., Whalley, L. J., & Starr, J. M. (2009). *A lifetime of intelligence: Follow-up studies of the Scottish Mental Surveys of 1932 and 1947.* Washington, DC: American Psychological Association.

Deary, I. J., Whiteman, M. C., Starr, J. M., Whalley, L. J., & Fox, H. C. (2004). The impact of childhood intelligence on later life: Following up the Scottish mental surveys of 1932 and 1947. *Journal of Personality and Social Psychology, 86,* 130–147.

Dechesne, M., Pyszczynski, T., Arndt, J., Ransom, S., Sheldon, K. M., van Knippenberg, A., & Janssen, J. (2003). Literal and symbolic immortality: The effect of evidence of literal immortality on self-esteem striving in response to mortality salience. *Journal of Personality and Social Psychology, 84,* 722–737.

Deci, E. L., & Ryan, R. M. (Eds.) (2002). *Handbook of self-determination research.* Rochester, NY: University of Rochester Press.

Deci, E. L., & Ryan, R. M. (2009). Self-determination theory: A consideration of human motivational universals. In P. J. Corr & G. Matthews (Eds.), *The Cambridge handbook of personality psychology* (pp. 441–456). New York: Cambridge University Press.

DeFina, L. F., Willis, B. L., Radford, N. B., Gao, A., Leonard, D., Haskell, W. L., . . . Berry, J. D. (2013). The association between midlife cardiorespiratory fitness levels and later-life dementia. *Annals of Internal Medicine, 158,* 162–168.

DeFina, R., & Hannon, L. (2015). The changing relationship between unemployment and suicide. *Suicide and Life-Threatening Behavior, 45,* 217–229.

Dehne, K. L., & Riedner, G. (2005). *Sexually transmitted infections among adolescents: The need for adequate health services.* Geneva: World Health Organization.

DeLamater, J. D. (2012). Sexual expression in later life: A review and synthesis. *Journal of Sex Research, 49,* 125–141.

DeLamater, J. D., & Sill, M. (2005). Sexual desire in later life. *Journal of Sex Research, 42,* 138–149.

Delaney, H. D., Miller, W. R., & Bisonó, A. M. (2007). Religiosity and spirituality among psychologists: A survey of clinician members of the American Psychological Association. *Professional Psychology: Research and Practice, 38,* 538–546.

Delaunay-El Allam, M., Soussignan, R., Patris, B., Marlier, L., & Schaal, B. (2010). Long-lasting memory for an odor acquired at the mother's breast. *Developmental Science, 13,* 849–863.

DeLoache, J. S., & Brown, A. L. (1987, October-December). Differences in the memory-based searching of delayed and normally developing young children. *Intelligence, 11*(4), 277–289.

DeLoache, J. S., Chiong, C., Sherman, K., Islam, N., Vanderborght, M., Troseth, G. L., . . . O'Doherty, K. (2010). Do babies learn from baby media? *Psychological Science, 21,* 1570–1574.

DeLongis, A., Coyne, J. C., Dakof, G., Folkman, S., & Lazarus, R. S. (1982). Relationship of daily hassles, uplifts, and major life events to health status. *Health Psychology, 1,* 119–136.

DeLongis, A., Folkman, S., & Lazarus, R. S. (1988). The impact of daily stress on health and mood: Psychological and social resources as mediators. *Journal of Personality and Social Psychology, 54,* 486–495.

DelPriore, D. J., & Hill, S. E. (2013). The effects of paternal disengagement on women's sexual decision making: An experimental approach. *Journal of Personality and Social Psychology, 105,* 234–246.

Dement, W. C. (1978). *Some must watch while some must sleep.* New York: Norton.

Dement, W. C. (1999). *The promise of sleep.* New York: Delacorte Press.

Dement, W. C., & Wolpert, E. A. (1958). The relation of eye movements, body mobility, and external stimuli to dream content. *Journal of Experimental Psychology, 55,* 543–553.

Demicheli, V., Rivetti, A., Debalini, M. G., & Di Pietrantonj, C. (2012, February 15). Vaccines for measles, mumps and rubella in children. *Cochrane Database of Systematic Reviews,* Issue 2, CD004407.

Demir, E., & Dickson, B. J. (2005). Fruitless splicing specifies male courtship behavior in *Drosophila*. *Cell, 121,* 785–794.

Dempster, E., Viana, J., Pidsley, R., & Mill, J. (2013). Epigenetic studies of schizophrenia: Progress, predicaments, and promises for the future. *Schizophrenia Bulletin, 39,* 11–16.

DeNeve, K. M., & Cooper, H. (1998). The happy personality: A meta-analysis of 137 personality traits and subjective well-being. *Psychological Bulletin, 124,* 197–229.

Denollet, J. (2005). DS14: Standard assessment of negative affectivity, social inhibition, and Type D personality. *Psychosomatic Medicine, 67,* 89–97.

Denollet, J., Sys, S. U., Stroobant, N., Rombouts, H. Gillebert, T. C., & Brutsaert, D. L. (1996). Personality as independent predictor of long-term mortality in patients with coronary heart disease. *The Lancet, 347,* 417–421.

Denson, T. F. (2011). A social neuroscience perspective on the neurobiological bases of aggression. In P. R. Shaver, & M. Mikulincer (Eds.), *Human aggression and violence: Causes, manifestations, and consequences* (pp. 105–120). Washington, DC: American Psychological Association.

Denton, K., & Krebs, D. (1990). From the scene to the crime: The effect of alcohol and social context on moral judgment. *Journal of Personality and Social Psychology, 59,* 242–248.

Depla, M. F. I. A., ten Have, M. L., van Balkom, A. J. L. M., & de Graaf, R. (2008). Specific fears and phobias in the general population: Results from the Netherlands Mental Health Survey and Incidence Study (NEMESIS). *Social Psychiatry and Psychiatric Epidemiology, 43,* 200–208.

Dermer, M., Cohen, S. J., Jacobsen, E., & Anderson, E. A. (1979). Evaluative judgments of aspects of life as a function of vicarious exposure to hedonic extremes. *Journal of Personality and Social Psychology, 37,* 247–260.

Desikan, R. S., Cabral, H. J., Hess, C. P., Dillon, W. P., Glastonbury, C. M., Weiner, M. W., . . . Alzheimer's Disease Neuroimaging Initiative. (2009). Automated MRI measures identify individuals with mild cognitive impairment and Alzheimer's disease. *Brain, 132,* 2048–2057.

DeSteno, D., Petty, R. E., Wegener, D. T., & Rucker, D. D. (2000). Beyond valence in the perception of likelihood: The role of emotion specificity. *Journal of Personality and Social Psychology, 78,* 397–416.

Dettman, S. J., Pinder, D., Briggs, R. J. S., Dowell, R. C., & Leigh, J. R. (2007). Communication development in children who receive the cochlear implant younger than 12 months: Risk versus benefits. *Ear and Hearing, 28*(2), Supplement 11S–18S.

Deutsch, J. A. (1972, July). Brain reward: ESP and ecstasy. *Psychology Today,* 46–48.

DeValois, R. L., & DeValois, K. K. (1975). Neural coding of color. In E. C. Carterette & M. P. Friedman (Eds.), *Handbook of perception: Vol. V. Seeing.* New York: Academic Press.

Dew, M. A., Hoch, C. C., Buysse, D. J., Monk, T. H., Begley, A. E., Houck, P. R., . . . Reynolds, C. F., III. (2003). Healthy older adults' sleep predicts all-cause mortality at 4 to 19 years of follow-up. *Psychosomatic Medicine, 65,* 63–73.

DeWall, C. N., Baumeister, R. F., Stillman, T. F., & Gailliot, M. T. (2007). Violence restrained: Effects of self-regulation and its depletion on aggression. *Journal of Experimental Social Psychology, 43,* 62–76.

DeWall, C. N., Lambert, N. M., Slotter, E. B., Pond, R. S., Jr., Deckman, T., Finkel, E. J., . . . Fincham, F. D. (2011). So far away from one's partner, yet so close to romantic alternatives: Avoidant attachment, interest in alternatives, and infidelity. *Journal of Personality and Social Psychology, 101,* 1302–1316.

DeWall, C. N., MacDonald, G., Webster, G. D., Masten, C. L., Baumeister, R. F., Powell, C., . . . Eisenberger, N. I. (2010). Acetaminophen reduces social pain: Behavioral and neural evidence. *Psychological Science, 21,* 931–937.

DeWall, C. N., & Pond, R. S., Jr. (2011). Loneliness and smoking: The costs of the desire to reconnect. *Self and Identity, 10,* 375–385.

Dewar, M., Alber, J., Butler, C., Cowan, N., & Sala, S. D. (2012). Brief wakeful resting boosts new memories over the long term. *Psychological Science, 23,* 955–960.

DeYoung, C. G., Hirsch, J. B., Shane, M. S., Papademetris, X., Rajeevan, N., & Gray, J. R. (2010). Testing predictions from personality neuroscience: Brain structure and the Big Five. *Psychological Science, 21,* 820–828.

Di Tella, R., Haisken-De New, J., & MacCulloch, R. (2010). Happiness adaptation to income and to status in an individual panel. *Journal of Economic Behavior & Organization, 76,* 834–852.

Diaconis, P., & Mosteller, F. (1989). Methods for studying coincidences. *Journal of the American Statistical Association, 84,* 853–861.

Diamond, L. (2008). *Sexual fluidity: Understanding women's love and desire.* Cambridge, MA: Harvard University Press.

Dickens, W. T., & Flynn, J. R. (2006). Black Americans reduce the racial IQ gap: Evidence from standardization samples. *Psychological Science, 17,* 913–920.

Dickler, J. (2007, January 18). Best employers, great returns. *CNN Money* (CNNMoney.com).

Dickson, B. J. (2005, June 3). Quoted in E. Rosenthal, For fruit flies, gene shift tilts sex orientation. *The New York Times* (nytimes.com).

Dickson, N., van Roode, T., Cameron, C., & Paul, C. (2013). Stability and change in same-sex attraction, experience, and identity by sex and age in a New Zealand birth cohort. *Archives of Sexual Behavior, 42,* 753–763.

Diekelmann, S., & Born, J. (2010). The memory function of sleep. *Nature Neuroscience, 11,* 114–126.

Diener, E., Nickerson, C., Lucas, R. E., & Sandvik, E. (2002). Dispositional affect and job outcomes. *Social Indicators Research, 59,* 229–259.

Diener, E., & Oishi, S. (2000). Money and happiness: Income and subjective well-being across nations. In E. Diener & E. M. Suh (Eds.), *Subjective well-being across cultures* (pp. 185–218). Cambridge, MA: MIT Press.

Diener, E., Oishi, S., & Lucas, R. E. (2003). Personality, culture, and subjective well-being: Emotional and cognitive evaluations of life. *Annual Review of Psychology, 54,* 403–425.

Diener, E., Oishi, S., & Lucas, R. E. (2015). National accounts of subjective well-being. *American Psychologist, 70,* 234–242.

Diener, E., Oishi, S., & Park, J. Y. (2014). An incomplete list of eminent psychologists of the modern era. *Archives of Scientific Psychology, 21,* 20–31.

Diener, E., Tay, L., & Myers, D. G. (2011). The religion paradox: If religion makes people happy, why are so many dropping out? *Journal of Personality and Social Psychology, 101,* 1278–1290.

Diener, E., Wolsic, B., & Fujita, F. (1995). Physical attractiveness and subjective well-being. *Journal of Personality and Social Psychology, 69,* 120–129.

DiFranza, J. R. (2008, May). Hooked from the first cigarette. *Scientific American,* pp. 82–87.

Dijksterhuis, A., & Strick, M. (2016). A case for thinking without consciousness. *Perspectives on Psychological Science, 11,* 117–132.

Dik, B. J., & Duffy, R. D. (2012). *Make your job a calling: How the psychology of vocation can change your life at work.* Conshohocken, PA: Templeton Press.

DiLalla, D. L., Carey, G., Gottesman, I. I., & Bouchard, T. J., Jr. (1996). Heritability of MMPI personality indicators of psychopathology in twins reared apart. *Journal of Abnormal Psychology, 105,* 491–499.

Dimberg, U., Thunberg, M., & Elmehed, K. (2000). Unconscious facial reactions to emotional facial expressions. *Psychological Science, 11,* 86–89.

Dimidjian, S., & Hollon, S. D. (2010). How would we know if psychotherapy were harmful? *American Psychologist, 65,* 21–33.

Dingfelder, S. F. (2010, November). A second chance for the Mexican wolf. *Monitor on Psychology,* pp. 20–21.

Dion, K. K., & Dion, K. L. (1993). Individualistic and collectivistic perspectives on gender and the cultural context of love and intimacy. *Journal of Social Issues, 49,* 53–69.

DiSalvo, D. (2010, January/February). Are social networks messing with your head? *Scientific American Mind,* pp. 48–55.

Ditre, J. W., Brandon, T. H., Zale, E. L., & Meagher, M. M. (2011). Pain, nicotine, and smoking: Research findings and mechanistic considerations. *Psychological Bulletin, 137,* 1065–1093.

Dixon, J., Durrheim, K., & Tredoux, C. (2007). Intergroup contact and attitudes toward the principle and practice of racial equality. *Psychological Science, 18,* 867–872.

Dobbs, D. (2009, April). The post-traumatic stress trap. *Scientific American,* pp. 64–69.

Dodge, K. A. (2009). Mechanisms of gene–environment interaction effects in the development of conduct disorder. *Perspectives on Psychological Science, 4,* 408–414.

Dohrenwend, B. P., Pearlin, L., Clayton, P., Hamburg, B., Dohrenwend, B. S., Riley, M., & Rose, R. (1982). Report on stress and life events. In G. R. Elliott & C. Eisdorfer (Eds.), *Stress and human health: Analysis and implications of research* (pp. 55–80). New York: Springer.

DOL. (2015, accessed March 4). *Women in labor force.* U.S. Department of Labor (dol.gov/wb/stats/facts_over_time.htm).

Dolezal, H. (1982). *Living in a world transformed.* New York: Academic Press.

Domhoff, G. W. (1996). *Finding meaning in dreams: A quantitative approach.* New York: Plenum.

Domhoff, G. W. (2003). *The scientific study of dreams: Neural networks, cognitive development, and content analysis.* Washington, DC: American Psychological Association.

Domhoff, G. W. (2007). Realistic simulations and bizarreness in dream content: Past findings and suggestions for future research. In D. Barrett & P. McNamara (Eds.), *The new science of dreaming: Content, recall, and personality characteristics.* Westport, CT: Praeger.

Domhoff, G. W. (2010). *The case for a cognitive theory of dreams.* Unpublished manuscript: University of California at Santa Cruz (dreamresearch.net/Library/domhoff_2010.html).

Domhoff, G. W. (2011). The neural substrate for dreaming: Is it a subsystem of the default network? *Consciousness and Cognition, 20*(4), 1163–1174.

Domjan, M. (1992). Adult learning and mate choice: Possibilities and experimental evidence. *American Zoologist, 32,* 48–61.

Domjan, M. (1994). Formulation of a behavior system for sexual conditioning. *Psychonomic Bulletin & Review, 1,* 421–428.

Domjan, M. (2005). Pavlovian conditioning: A functional perspective. *Annual Review of Psychology, 56, 179–206.*

Donlea, J. M., Ramanan, N., & Shaw, P. J. (2009). Use-dependent plasticity in clock neurons regulates sleep need in Drosophila. *Science, 324,* 105–108.

Donnellan, M. B., Trzesniewski, K. H., Robins, R. W., Moffitt, T. E., & Caspi, A. (2005). Low self-esteem is related to aggression, antisocial behavior, and delinquency. *Psychological Science, 16,* 328–335.

Donnerstein, E. (1998). Why do we have those new ratings on television? Invited address to the National Institute on the Teaching of Psychology.

Donnerstein, E. (2011). The media and aggression: From TV to the Internet. In J. Forgas, A. Kruglanski, & K. Williams (Eds.), *The psychology of social conflict and aggression* (pp. 267–284). New York: Psychology Press.

Donohue, J., & Gebhard, P. (1995). The Kinsey Institute/Indiana University report on sexuality and spinal cord injury. *Sexuality and Disability, 1, 7–85.*

Donvan, J., & Zucker, C. (2010, October). Autism's first child. *The Atlantic* (theatlantic.com/magazine/archive/2010/10/autismsfirst-child/308227/).

Douglas, K. S., Guy, L. S., & Hart, S. D. (2009). Psychosis as a risk factor for violence to others: A meta-analysis. *Psychological Bulletin, 135,* 679–706.

Douthat, R. (2010, November 28). The partisan mind. *The New York Times* (nytimes.com).

Dovidio, J. F., & Gaertner, S. L. (1999). Reducing prejudice: Combating intergroup biases. *Current Directions in Psychological Science, 8,* 101–105.

Downs, E., & Smith, S. L. (2010). Keeping abreast of hypersexuality: A video game character content analysis. *Sex Roles, 62,* 721–733.

Doyle, R. (2005, March). Gay and lesbian census. *Scientific American,* p. 28.

Draganski, B., Gaser, C., Busch, V., Schuierer, G., Bogdahn, U., & May, A. (2004). Neuroplasticity: changes in grey matter induced by training. *Nature, 427*(6972), 311–312.

Draguns, J. G. (1990a). Normal and abnormal behavior in cross-cultural perspective: Specifying the nature of their relationship. *Nebraska Symposium on Motivation 1989, 37,* 235–277.

Draguns, J. G. (1990b). Applications of cross-cultural psychology in the field of mental health. In R. W. Brislin (Ed.), *Applied cross-cultural psychology* (pp. 302–324). Newbury Park, CA: Sage.

Draguns, J. G. (1997). Abnormal behavior patterns across cultures: Implications for counseling and psychotherapy. *International Journal of Intercultural Relations, 21,* 213–248.

Drew, T., Võ, M. L.-H., & Wolfe, J. M. (2013). The invisible gorilla strikes again: Sustained inattentional blindness in expert observers. *Psychological Science, 24,* 1848–1853.

Driessen, E., Cuijpers, P., de Maat, S. C. M., Abbas, A. A., de Jonghe, F., & Dekker, J. J. M. (2010). The efficacy of short-term psychodynamic psychotherapy for depression: A meta-analysis. *Clinical Psychology Review, 30,* 25–36.

Drydakis, N. (2009). Sexual orientation discrimination in the labour market. *Labour Economics, 16,* 364–372.

Duckworth, A. (2016). *Grit: The power of passion and perseverance.* New York: Scribner.

Duckworth, A. L., Quinn, P. D., Lynam, D. R., Loeber, R., & Stouthamer- Loeber, M. (2011). Role of test motivation in intelligence testing. *PNAS, 108,* 7716–7720.

Duckworth, A. L., Quinn, P. D., & Seligman, M. E. P. (2009). Positive predictors of teacher effectiveness. *Journal of Positive Psychology, 4,* 540–547.

Duckworth, A. L., & Seligman, M. E. P. (2005). Discipline outdoes talent: Self-discipline predicts academic performance in adolescents. *Psychological Science, 12,* 939–944.

Duckworth, A. L., & Seligman, M. E. P. (2006). Self-discipline gives girls the edge: Gender in self-discipline, grades, and achievement tests. *Journal of Educational Psychology, 98,* 198–208.

Duckworth, A. L., Tsukayama, E., & Kirby, T. A. (2013). Is it really self-control? Examining the predictive power of the delay of gratification task. *Personality and Social Psychology Bulletin, 39,* 843–855.

Duclos, S. E., Laird, J. D., Sexter, M., Stern, L., & Van Lighten, O. (1989). Emotion-specific effects of facial expressions and postures on emotional experience. *Journal of Personality and Social Psychology, 57,* 100–108.

Duggan, J. P., & Booth, D. A. (1986). Obesity, overeating, and rapid gastric emptying in rats with ventromedial hypothalamic lesions. *Science, 231,* 609–611.

Duits, P., Cath, D. C., Lissek, S., Hox, J. J., Hamm, A. O., Engelhard, I. M., . . . Baas, J. M. P. (2015). Updated meta-analysis of classical fear conditioning in the anxiety disorders. *Depression and Anxiety, 32,* 239–253.

DuMont, K. A., Widom, C. S., & Czaja, S. J. (2007). Predictors of resilience in abused and neglected children grown-up: The role of individual and neighborhood characteristics. *Child Abuse & Neglect, 31,* 255–274.

Dunbar, R. I. M., Baron, R., Frangou, A., Pearce, E., van Leeuwin, E. J. C., Stow, J., . . . van Vugt, M. (2011). Social laughter is correlated with an elevated pain threshold. *Proceedings of the Royal Society: Series B, 279,* 1161–1167.

Duncan, B. L. (1976). Differential social perception and attribution of intergroup violence: Testing the lower limits of stereotyping of blacks. *Journal of Personality and Social Psychology, 34,* 590–598.

Dunham, Y., Chen, E. E., & Banaji, M. R. (2013). Two signatures of implicit intergroup attitudes: Developmental invariance and early enculturation. *Psychological Science, 24,* 860–868.

Dunn, A. L., Trivedi, M. H., Kampert, J. B., Clark, C. G., & Chambliss, H. O. (2005). Exercise treatment for depression: Efficacy and dose response. *American Journal of Preventive Medicine, 28,* 1–8.

Dunn, E., & Norton, M. (2013). *Happy money: The science of smarter spending.* New York: Simon & Schuster.

Dunn, E. W., Aknin, L. B., & Norton, M. I. (2008). Spending money on others promotes happiness. *Science, 319,* 1687–1688.

Dunn, E. W., Aknin, L. B., & Norton, M. I. (2014). Prosocial spending and happiness: Using money to benefit others pays off. *Current Directions in Psychological Science, 13,* 347–355.

Dunn, M., & Searle, R. (2010). Effect of manipulated prestige-car ownership on both sex attractiveness ratings. *British Journal of Psychology, 101,* 69–80.

Dunson, D. B., Colombo, B., & Baird, D. D. (2002). Changes with age in the level and duration of fertility in the menstrual cycle. *Human Reproduction, 17,* 1399–1403.

Dutton, D. G., & Aron, A. P. (1974). Some evidence for heightened sexual attraction under conditions of high anxiety. *Journal of Personality and Social Psychology, 30,* 510–517.

Dutton, D. G., & Aron, A. P. (1989). Romantic attraction and generalized liking for others who are sources of conflict-based arousal. *Canadian Journal of Behavioural Sciences, 21,* 246–257.

Dutton, K. (2012). *The wisdom of psychopaths: What saints, spies, and serial killers can teach us about success.* New York: Scientific American/Farrar, Straus and Giroux.

Dweck, C. S. (2012a). Implicit theories. In P. A. M. Van Lange, A. Kruglanski, & E. T. Higgins (Eds.), *Handbook of theories of social psychology* (Vol. 2, pp. 43–61). Thousand Oaks, CA: Sage.

Dweck, C. S. (2012b). Mindsets and human nature: Promoting change in the Middle East, the schoolyard, the racial divide, and willpower. *American Psychologist, 67,* 614–622.

Dweck, C. S. (2015a, January 1). The secret to raising smart kids. *Scientific American* (scientificamerican.com).

Dweck, C. S. (2015b, September 23). Carol Dweck revists the "growth mindset." *Education Week* (edweek.org)

Dweck, C. S. (2016, January/February). The remarkable reach of growth mindsets. *Scientific American Mind,* pp. 35–41.

Eagan, K., Stolzenberg, E. B., Bates, A. K., Aragon, M. C. Suchard, M. R., & Rios-Aguilar, C. R. (2016). *The American freshman: National norms 2015.* Los Angeles, Higher Education Research Institute, UCLA.

Eagan, K., Stolzenberg, E. B., Ramirez, J. J., Aragon, M. C., Suchard, M. R., & Hurtado, S. (2014). *The American freshman: National norms fall 2014.* Los Angeles: UCLA Higher Education Research Institute.

Eagly, A. H. (2007). Female leadership advantage and disadvantage: Resolving the contradictions. *Psychology of Women Quarterly, 31,* 1–12.

Eagly, A. H. (2009). The his and hers of prosocial behavior: An examination of the social psychology of gender. *American Psychologist, 64,* 644–658.

Eagly, A. H. (2013, March 20). Hybrid style works, and women are best at it. *The New York Times* (nytimes.com).

Eagly, A. H., Ashmore, R. D., Makhijani, M. G., & Kennedy, L. C. (1991). What is beautiful is good, but . . .: A meta-analytic review of research on the physical attractiveness stereotype. *Psychological Bulletin, 110,* 109–128.

Eagly, A. H., & Carli, L. (2007). *Through the labyrinth: The truth about how women become leaders.* Cambridge, MA: Harvard University Press.

Eagly, A. H., & Wood, W. (1999). The origins of sex differences in human behavior: Evolved dispositions versus social roles. *American Psychologist, 54,* 408–423.

Eagly, A. H., & Wood, W. (2013). The nature-nurture debates: 25 years of challenges in understanding the psychology of gender. *Perspectives on Psychological Science, 8,* 340–357.

Easterlin, R. A., Morgan, R., Switek, M., & Wang, F. (2012). China's life satisfaction, 1990–2010. *PNAS, 109,* 9670–9671.

Eastwick, P. W., Luchies, L. B., Finkel, E. J., & Hunt, L. L. (2014a). The many voices of Darwin's descendants: Reply to Schmitt (2014). *Psychological Bulletin, 140,* 673–681.

Eastwick, P. W., Luchies, L. B., Finkel, E. J., & Hunt, L. L. (2014b). The predictive validity of ideal partner preferences: A review and meta-analysis. *Psychological Bulletin, 140,* 623–665.

Eckensberger, L. H. (1994). Moral development and its measurement across cultures. In W. J. Lonner & R. Malpass (Eds.), *Psychology and culture.* Boston: Allyn & Bacon.

Eckert, E. D., Heston, L. L., & Bouchard, T. J., Jr. (1981). MZ twins reared apart: Preliminary findings of psychiatric disturbances and traits. In L. Gedda, P. Paris, & W. D. Nance (Eds.), *Twin research: Vol. 3. Pt. B. Intelligence, personality, and development* (pp. 178–188). New York: Alan Liss.

Economist. (2001, December 20). An anthropology of happiness. *The Economist* (economist.com/world/asia).

Edelman, S., & Kidman, A. D. (1997). Mind and cancer: Is there a relationship? A review of the evidence. *Australian Psychologist, 32,* 1–7.

Editorial Board of *The New York Times.* (2015, December 15). Don't blame mental illness for gun violence. *The New York Times* (nytimes.com).

Edwards, R. R., Campbell, C., Jamison, R. N., & Wiech, K. (2009). The neurobiological underpinnings of coping with pain. *Current Directions in Psychological Science, 18,* 237–241.

Egeland, M., Zunszain, P. A., & Pariante, C. M. (2015). Molecular mechanisms in the regulation of adult neurogenesis during stress. *Nature Reviews Neuroscience, 16,* 189–200.

Eichstaedt, J. C., Schwartz, H. A., Kern, M. L., Park, G., Labarthe, D. R., Merchant, R. M., . . . Seligman, M. E. P. (2015). Psychological language on Twitter predicts county-level heart disease mortality. *Psychological Science, 26,* 159–169.

Eippert, F., Finsterbush, J., Bingel, U., & Bùchel, C. (2009). Direct evidence for spinal cord involvement in placebo analgesia. *Science, 326,* 404.

Eisenberg, D., Hunt, J., Speer, N., & Zivin, K. (2011). Mental health service utilization among college students in the United States. *Journal of Nervous and Mental Disease, 199,* 301–308.

Eisenberg, N., & Lennon, R. (1983). Sex differences in empathy and related capacities. *Psychological Bulletin, 94,* 100–131.

Eisenberger, N. I., Master, S. L., Inagaki, T. K., Taylor, S. E., Shirinyan, D., Lieberman, M. D., & Nalifoff, B. D. (2011). Attachment figures activate a safety signal-related neural region and reduce pain experience. *PNAS, 108,* 11721–11726.

Eisenberger, R., & Rhoades, L. (2001). Incremental effects of reward on creativity. *Journal of Personality and Social Psychology, 81,* 728–741.

Eisenbruch, A. B., Simmons, Z. L., & Roney, J. R. (2015). Lady in red: Hormonal predictors of women's clothing choices. *Psychological Science, 26,* 1332–1338.

Ekman, P. (1994). Strong evidence for universals in facial expressions: A reply to Russell's mistaken critique. *Psychological Bulletin, 115,* 268–287.

Ekman, P., & Friesen, W. V. (1971). Constants across cultures in the face and emotion. *Journal of Personality and Social Psychology, 17,* 124–129.

Ekman, P., & Friesen, W. V. (1975). *Unmasking the face.* Englewood Cliffs, NJ: Prentice-Hall.

Ekman, P., Friesen, W. V., O'Sullivan, M., Chan, A., Diacoyanni-Tarlatzis, I., Heider, K., . . . Tzavaras, A. (1987). Universals and cultural differences in the judgments of facial expressions of emotion. *Journal of Personality and Social Psychology, 53,* 712–717.

Elbogen, E. B., & Johnson, S. C. (2009). The intricate link between violence and mental disorder: Results from the National Epidemiologic Survey on Alcohol and Related Conditions. *Archives of General Psychiatry, 66,* 152–161.

Elfenbein, H. A., & Ambady, N. (2002). On the universality and cultural specificity of emotion recognition: A meta-analysis. *Psychological Bulletin, 128,* 203–235.

Elfenbein, H. A., & Ambady, N. (2003a). When familiarity breeds accuracy: Cultural exposure and facial emotion recognition. *Journal of Personality and Social Psychology, 85,* 276–290.

Elfenbein, H. A., & Ambady, N. (2003b). Universals and cultural differences in recognizing emotions. *Current Directions in Psychological Science, 12,* 159–164.

Elkind, D. (1970). The origins of religion in the child. *Review of Religious Research, 12,* 35–42.

Elkind, D. (1978). *The child's reality: Three developmental themes.* Hillsdale, NJ: Erlbaum.

Ellenbogen, J. M., Hu, P. T., Payne, J. D., Titone, D., & Walker, M. P. (2007). Human relational memory requires time and sleep. *PNAS, 104,* 7723–7728.

Ellin, A. (2009, February 12). The recession. Isn't it romantic? *The New York Times* (nytimes.com).

Elliot, A. J., & Niesta, D. (2008). Romantic red: Red enhances men's attraction to women. *Journal of Personality and Social Psychology, 95,* 1150–1164.

Elliot, A. J., Tracy, J. L., Pazda, A. D., & Beall, A. T. (2013). Red enhances women's attractiveness to men: First evidence suggesting universality. *Journal of Experimental Social Psychology, 49,* 165–168.

Ellis, B. J., Bates, J. E., Dodge, K. A., Fergusson, D. M., John, H. L., Pettit, G. S., & Woodward, L. (2003). Does father absence place daughters at special risk for early sexual activity and teenage pregnancy? *Child Development, 74,* 801–821.

Ellis, B. J., & Boyce, W. T. (2008). Biological sensitivity to context. *Current Directions in Psychological Science, 17,* 183–187.

Ellis, L., & Ames, M. A. (1987). Neurohormonal functioning and sexual orientation: A theory of homosexuality-heterosexuality. *Psychological Bulletin, 101,* 233–258.

Else-Quest, N. M., Hyde, J. S., & Linn, M. C. (2010). Cross-national patterns of gender differences in mathematics: A meta-analysis. *Psychological Bulletin, 136,* 103–127.

Elzinga, B. M., Ardon, A. M., Heijnis, M. K., De Ruiter, M. B., Van Dyck, R., & Veltman, D. J. (2007). Neural correlates of enhanced working-memory performance in dissociative disorder: A functional MRI study. *Psychological Medicine, 37,* 235–245.

Emerging Trends. (1997, September). Teens turn more to parents than friends on whether to attend church. Princeton, NJ: Princeton Religion Research Center.

Emery, G., Jr. (2004). *Psychic predictions 2004.* Committee for the Scientific Investigation of Claims of the Paranormal (csicop.org).

Emery, G., Jr. (2006, January 17). Psychic predictions 2005. *Skeptical Inquirer* (csicop.org).

Emmons, S., Geisler, C., Kaplan, K. J., & Harrow, M. (1997). *Living with schizophrenia.* Muncie, IN: Taylor and Francis (Accelerated Development).

Endler, N. S. (1982). *Holiday of darkness: A psychologist's personal journey out of his depression.* New York: Wiley.

Engemann, K. M., & Owyang, M. T. (2005, April). So much for that merit raise: The link between wages and appearance. *Regional Economist* (stlouisfed.org).

Engen, T. (1987). Remembering odors and their names. *American Scientist, 75,* 497–503.

English, T., & Chen, S. (2011) Self-concept consistency and culture: The differential impact of two forms of consistency. *Personality and Social Psychology Bulletin, 37,* 838–849.

Entringer, S., Buss, C., Andersen, J., Chicz-DeMet, A., & Wadhwa, P. D. (2011). Ecological momentary assessment of maternal cortisol profiles over a multiple-day period predicts the length of human gestation. *Psychosomatic Medicine, 73,* 469–474.

Epel, E. S. (2009). Telomeres in a life-span perspective: A new "psychobiomarker"? *Current Directions in Psychological Science, 18,* 6–9.

Epley, N., Keysar, B., Van Boven, L., & Gilovich, T. (2004). Perspective taking as egocentric anchoring and adjustment. *Journal of Personality and Social Psychology, 87,* 327–339.

Epley, N., Savitsky, K., & Gilovich, T. (2002). Empathy neglect: Reconciling the spotlight effect and the correspondence bias. *Journal of Personality and Social Psychology, 83,* 300–312.

Epstein, J., Stern, E., & Silbersweig, D. (1998). Mesolimbic activity associated with psychosis in schizophrenia: Symptom-specific PET studies. *Annals of the New York Academy of Sciences, 877,* 562–574.

Epstein, S. (1983a). Aggregation and beyond: Some basic issues on the prediction of behavior. *Journal of Personality, 51,* 360–392.

Epstein, S. (1983b). The stability of behavior across time and situations. In R. Zucker, J. Aronoff, & A. I. Rabin (Eds.), *Personality and the prediction of behavior.* San Diego: Academic Press.

Eranti, S. V., MacCabe, J. H., Bundy, H., & Murray, R. M. (2013). Gender difference in age at onset of schizophrenia: A meta-analysis. *Psychological Medicine, 43,* 155–167.

Erdelyi, M. H. (1985). *Psychoanalysis: Freud's cognitive psychology.* New York: Freeman.

Erdelyi, M. H. (1988). Repression, reconstruction, and defense: History and integration of the psychoanalytic and experimental frameworks. In J. Singer (Ed.), *Repression: Defense mechanism and cognitive style* (pp. 1–31). Chicago: University of Chicago Press.

Erdelyi, M. H. (2006). The unified theory of repression. *Behavioral and Brain Sciences, 29,* 499–551.

Erickson, K. I. (2009). Aerobic fitness is associated with hippocampal volume in elderly humans. *Hippocampus, 19,* 1030–1039.

Erickson, K. I., Raji, C. A., Lopez, O. L., Becker, J. T., Rosano, C., Newman, A. B., . . . Kuller, L. H. (2010). Physical activity predicts gray matter volume in late adulthood: The Cardiovascular Health Study. *Neurology, 75,* 1415–1422.

Erickson, M. F., & Aird, E. G. (2005). *The motherhood study: Fresh insights on mothers' attitudes and concerns.* New York: The Motherhood Project, Institute for American Values.

Ericsson, K. A., & Pool, R. (2016). *PEAK: Secrets from the new science of expertise.* Boston: Houghton Mifflin.

Ericsson, K. A., Roring, R. W., & Nandagopal, K. (2007). Giftedness and evidence for reproducibly superior performance: An account based on the expert performance framework. *High Ability Studies, 18,* 3–56.

Erikson, E. H. (1963). *Childhood and society.* New York: Norton.

Erlich, N., Lipp, O. V., & Slaughter, V. (2013). Of hissing snakes and angry voices: Human infants are differentially responsive to evolutionary fear-relevant sounds. *Developmental Science, 16,* 894–904.

Ermer, E., Cope, L. M., Nyalakanti, P. K., Calhoun, V. D., & Kiehl, K. A. (2012). Aberrant paralimbic gray matter in criminal psychopathy. *Journal of Abnormal Psychology, 121,* 649–658.

Ertmer, D. J., Young, N. M., & Nathani, S. (2007). Profiles of focal development in young cochlear implant recipients. *Journal of Speech, Language, and Hearing Research, 50,* 393–407.

Escasa, M. J., Casey, J. F., & Gray, P. B. (2011). Salivary testosterone levels in men at a U.S. sex club. *Archives of Sexual Behavior, 40,* 921–926.

Escobar-Chaves, S. L., Tortolero, S. R., Markham, C. M., Low, B. J., Eitel, P., & Thickstun, P. (2005). Impact of the media on adolescent sexual attitudes and behaviors. *Pediatrics, 116,* 303–326.

Esposito, G., Yoshida, S., Ohnishi, R., Tsuneoka, Y., Rostagno, M., Yokota, S., . . . Kuroda, K. O. (2013). Infant calming responses during maternal carrying in humans and mice. *Current Biology, 23,* 739–745.

Esser, J. K., & Lindoerfer, J. S. (1989). Groupthink and the space shuttle *Challenger* accident: Toward a quantitative case analysis. *Journal of Behavioral Decision Making, 2,* 167–177.

Esterling, B. A., L'Abate, L., Murray, E. J., & Pennebaker, J. W. (1999). Empirical foundations for writing in prevention and psychotherapy: Mental and physical health outcomes. *Clinical Psychology Review, 19,* 79–96.

Esterson, A. (2001). The mythologizing of psychoanalytic history: Deception and self-deception in Freud's accounts of the seduction theory episode. *History of Psychiatry, 12,* 329–352.

Eurich, T. L., Krause, D. E., Cigularov, K., & Thornton, G. C., III. (2009). Assessment centers: Current practices in the United States. *Journal of Business Psychology, 24,* 387–407.

Evans, C. R., & Dion, K. L. (1991). Group cohesion and performance: A meta-analysis. *Small Group Research, 22,* 175–186.

Evans, N., & Levinson, S. C. (2009). The myth of language universals: Language diversity and its importance for cognitive science. *Behavioral and Brain Sciences, 32,* 429–492.

Everett, J. A. C., Caviola, L., Kahane, G., Savulescu, J., & Faber, N. S. (2015). Doing good by doing nothing? The role of social norms in explaining default effects in altruistic contexts. *European Journal of Social Psychology, 45,* 230–241.

Evers, A., Muñiz, J., Bartram, D., Boben, D., Egeland, J., Fernández-Hermida, J. R., . . . Urbánek, T. (2012). Testing practices in the 21st century: Developments and European psychologists' opinions. *European Psychologist, 17,* 300–319.

Exelmans, L., Custers, K., & Van den Bulck, J. (2015). Violent video games and delinquent behavior in adolescents: A risk factor perspective. *Aggressive Behavior, 41,* 267–279.

Exline, J. J., Baumeister, R. F., Bushman, B. J., Campbell, W. K., & Finkel, E. J. (2004). Too proud to let go: Narcissistic entitlement as a barrier to forgiveness. *Journal of Personality and Social Psychology, 87,* 894–912.

Eysenck, H. J. (1952). The effects of psychotherapy: An evaluation. *Journal of Consulting Psychology, 16,* 319–324.

Eysenck, H. J. (1990, April 30). An improvement on personality inventory. *Current Contents: Social and Behavioral Sciences, 22*(18), 20.

Eysenck, H. J. (1992). Four ways five factors are not basic. *Personality and Individual Differences, 13,* 667–673.

Eysenck, H. J., & Grossarth-Maticek, R. (1991). Creative novation behavior therapy as a prophylactic treatment for cancer and coronary heart disease: Part II—Effects of treatment. *Behaviour Research and Therapy, 29,* 17–31.

Eysenck, H. J., Wakefield, J. A., Jr., & Friedman, A. F. (1983). Diagnosis and clinical assessment: The DSM-III. *Annual Review of Psychology, 34,* 167–193.

Eysenck, S. B. G., & Eysenck, H. J. (1963). The validity of questionnaire and rating assessments of extraversion and neuroticism, and their factorial stability. *British Journal of Psychology, 54,* 51–62.

Fabiano, G. A., Pelham, W. E., Jr., Coles, E. K., Gnagy, E. M., Chronis-Tuscano, A., & O'Connor, B. C. (2008). A meta-analysis of behavioral treatments for attention-deficit/hyperactivity disorder. *Clinical Psychology Review, 29,* 129–140.

Fagan, J. F., & Holland, C. R. (2007). Equal opportunity and racial differences in IQ. *Intelligence, 30,* 361–387.

Fairfield, H. (2012, February 4). Girls lead in science exam, but NOT in the United States. *The New York Times* (nytimes.com).

Falk, R., Falk, R., & Ayton, P. (2009). Subjective patterns of randomness and choice: Some consequences of collective responses. *Journal of Experimental Psychology: Human Perception and Performance, 35,* 203–224.

Fanti, K. A., Vanman, E., Henrich, C. C., & Avraamides, M. N. (2009). Desensitization to media violence over a short period of time. *Aggressive Behavior, 35,* 179–187.

Farah, M. J., Rabinowitz, C., Quinn, G. E., & Liu, G. T. (2000). Early commitment of neural substrates for face recognition. *Cognitive Neuropsychology, 17,* 117–124.

Farb, N. A. S., Anderson, A. K., Mayberg, H., Bean, J., McKeon, D., & Segal, Z. V. (2010). Minding one's emotions: Mindfulness training alters the neural expression of sadness. *Emotion, 10,* 25–33.

Farina, A. (1982). The stigma of mental disorders. In A. G. Miller (Ed.), *In the eye of the beholder* (pp. 305–363). New York: Praeger.

Farley, M., Baral, I., Kiremire, M., & Sezgin, U. (1998). Prostitution in five countries: Violence and post-traumatic stress disorder. *Feminism and Psychology, 8,* 405–426.

Farnia, V., Shakeri, J., Tatari, F., Juibari, T. A., Yazdchi, K., Bajoghli, H., . . . Aghaei, A. (2014). Randomized controlled trial of aripiprazole versus risperidone for the treatment of amphetamine-induced psychosis. *The American Journal of Drug and Alcohol Abuse, 40*(1), 10–15.

Farrington, D. P. (1991). Antisocial personality from childhood to adulthood. *The Psychologist: Bulletin of the British Psychological Society, 4,* 389–394.

Farruggia, S. P., Chen, C., Greenberger, E., Dmitrieva, J., & Macek, P. (2004). Adolescent self-esteem in cross-cultural perspective: Testing measurement equivalence and a mediation model. *Journal of Cross-Cultural Psychology, 35,* 719–733.

Fatemi, S. H., & Folsom, T. D. (2009). The neurodevelopmental hypothesis of schizophrenia, revisited. *Schizophrenia Bulletin, 35,* 528–548.

Fazel, S., & Grann, M. (2006). The population impact of severe mental illness on violent crime. *American Journal of Psychiatry, 163,* 1397–1403.

Fazel, S., Langstrom, N., Hjern, A., Grann, M., & Lichtenstein, P. (2009). Schizophrenia, substance abuse, and violent crime. *JAMA, 301,* 2016–2023.

Fazel, S., Lichtenstein, P., Grann, M., Goodwin, G. M., & Långström, N. (2010). Bipolar disorder and violent crime: New evidence from population-based longitudinal studies and systematic review. *Archives of General Psychiatry, 67,* 931–938.

Federal Trade Commission. (2016). Lumosity to pay $2 million to settle FTC deceptive advertising charges for its "brain training" program. [Press release]. Retrieved from ftc.gov/news-events/press-releases/2016/01/lumosity-pay-2-million-settle-ftc-deceptive-advertising-charges

Feingold, A. (1992). Good-looking people are not what we think. *Psychological Bulletin, 111,* 304–341.

Feingold, A., & Mazzella, R. (1998). Gender differences in body image are increasing. *Psychological Science, 9,* 190–195.

Feinstein, J. S., Buzza, C., Hurlemann, R., Follmer, R. L., Dahdaleh, N. S., Coryell, W. H., . . . Wemmie, J. A. (2013). Fear and panic in humans with bilateral amygdala damage. *Nature Neuroscience, 16,* 270–272.

Feinstein, J. S., Duff, M. C., & Tranel, D. (2010, April 27). Sustained experiences of emotion after loss of memory in patients with amnesia. *PNAS, 107,* 7674–7679.

Feldman, G., Baumeister, R. F., & Wong, K. F. E. (2014a). Free will is about choosing: The link between choice and the belief in free will. *Personality and Social Psychology Bulletin, 55,* 239–245.

Feldman, M. B., & Meyer, I. H. (2010). Comorbidity and age of onset of eating disorders in gay men, lesbians, and bisexuals. *Psychiatry Research, 180,* 126–131.

Feldman, R., Rosenthal, Z., & Eidelman, A. I. (2014b). Maternal-preterm skin-to-skin contact enhances child physiologic organization and cognitive control across the first 10 years of life. *Biological Psychiatry, 75,* 56–64.

Fenigstein, A. (2015). Milgram's shock experiments and the Nazi perpetrators: A contrarian perspective on the role of obedience pressures during the Holocaust. *Theory and Psychology, 25,* 581–598.

Fenn, K. M., & Hambrick, D. Z. (2012). Individual differences in working memory capacity predict sleep-dependent memory consolidation. *Journal of Experimental Psychology: General, 141*(3), 404–410.

Fenton, W. S., & McGlashan, T. H. (1991). Natural history of schizophrenia subtypes: II. Positive and negative symptoms and long-term course. *Archives of General Psychiatry, 48,* 978–986.

Fenton, W. S., & McGlashan, T. H. (1994). Antecedents, symptom progression, and long-term outcome of the deficit syndrome in schizophrenia. *American Journal of Psychiatry, 151,* 351–356.

Ferguson, C. J. (2009, June 14). Not every child is secretly a genius. *The Chronicle Review* (chronicle.com/article/Not-Every-Child-Is-Secretly/48001).

Ferguson, C. J. (2013). Spanking, corporal punishment and negative long-term outcomes: A meta-analytic review of longitudinal studies. *Clinical Psychology Review, 33,* 196–208.

Ferguson, C. J. (2014). Is video game violence bad? *The Psychologist, 27,* 324–327.

Ferguson, C. J. (2015). Do angry birds make for angry children? A meta-analysis of video game influences on children's and adolescents' aggression, mental health, prosocial behavior, and academic performance. *Perspectives on Psychological Science, 10,* 646–666.

Ferguson, C. J., Winegard, B., & Winegard, B. M. (2011). Who is the fairest one of all? How evolution guides peer and media influences on female body dissatisfaction. *Review of General Psychology, 15,* 11–28.

Ferguson, M. J., & Zayas, V. (2009). Automatic evaluation. *Current Directions in Psychological Science, 18,* 362–366.

Fergusson, D. M., & Woodward, L. G. (2002). Mental health, educational, and social role outcomes of adolescents with depression. *Archives of General Psychiatry, 59,* 225–231.

Fernández-Dols, J.-M., & Ruiz-Belda, M.-A. (1995). Are smiles a sign of happiness? Gold medal winners at the Olympic Games. *Journal of Personality and Social Psychology, 69,* 1113–1119.

Fernie, G., Peeters, M., Gullo, M. J., Christianson, P., Cole, J. C., Sumnall, H., & Field, M. (2013). Multiple behavioral impulsivity tasks predict prospective alcohol involvement in adolescents. *Addiction, 108,* 1916–1923.

Fernyhough, C. (2008). Getting Vygotskian about theory of mind: Mediation, dialogue, and the development of social understanding. *Developmental Review, 28,* 225–262.

Ferriman, K., Lubinski, D., & Benbow, C. P. (2009). Work preferences, life values, and personal views of top math/science graduate students and the profoundly gifted: Developmental changes and gender differences during emerging adulthood and parenthood. *Journal of Personality and Social Psychology, 97,* 517–522.

Ferris, C. F. (1996, March). The rage of innocents. *The Sciences,* pp. 22–26.

Ficks, C. A., & Waldman, I. D. (2014). Candidate genes for aggression and antisocial behavior: A meta-analysis of association studies of the 5HTTLPR and MAOA-uVNTR. *Behavior Genetics, 44,* 427–444.

Fiedler, F. E. (1981). Leadership effectiveness. *American Behavioral Scientist, 24,* 619–632.

Fiedler, F. E. (1987, September). When to lead, when to stand back. *Psychology Today,* pp. 26–27.

Field, A. P. (2006). Is conditioning a useful framework for understanding the development and treatment of phobias? *Clinical Psychology Review, 26,* 857–875.

Field, T. (2010). Touch for socioemotional and physical well-being: A review. *Developmental Review, 30,* 367–383.

Field, T., Hernandez-Reif, M., Feijo, L., & Freedman, J. (2006). Prenatal, perinatal and neonatal stimulation: A survey of neonatal nurseries. *Infant Behavior & Development, 29,* 24–31.

Fielder, R. L., Walsh, J. L., Carey, K. B., & Carey, M. P. (2013). Predictors of sexual hookups: A theory-based, prospective study of first-year college women. *Archives of Sexual Behavior, 42,* 1425–1441.

Fields, R. D. (2011, May/June). The hidden brain. *Scientific American,* pp. 53–59.

Fikke, L. T., Melinder, A., & Landrø, N. I. (2011). Executive functions are impaired in adolescents engaging in non-suicidal self-injury. *Psychological Medicine, 41,* 601–610.

Filbey, F. M., Aslan, S., Calhoun, V. D., Spence, J. S., Damaraju, E., Caprihan, A., & Segall, J. (2014). Long-term effects of marijuana use on the brain. *PNAS, 111,* 16913–16918.

Fincham, F. D., & Bradbury, T. N. (1993). Marital satisfaction, depression, and attributions: A longitudinal analysis. *Journal of Personality and Social Psychology, 64,* 442–452.

Finchilescu, G., & Tredoux, C. (Eds.) (2010). Intergroup relations in post apartheid South Africa: Change, and obstacles to change. *Journal of Social Issues, 66,* 223–236.

Finer, L. B., & Philbin, J. M. (2014). Trends in ages at key reproductive transitions in the United States, 1951–2010. *Women's Health Issues, 24,* e271–e279. Retrieved from http://dx.doi.org/10.1016/j.whi.2014.02.002

Fingelkurts, A. A., & Fingelkurts, A. A. (2009). Is our brain hardwired to produce God, or is our brain hardwired to perceive God? A systematic review on the role of the brain in mediating religious experience. *Cognitive Processes, 10,* 293–326.

Fingerman, K. L., & Charles, S. T. (2010). It takes two to tango: Why older people have the best relationships. *Current Directions in Psychological Science, 19,* 172–176.

Fink, M. (2009). *Electroconvulsive therapy: A guide for professionals and their patients.* New York: Oxford University Press.

Finkel, E. J., Cheung, E. O., Emery, L. F., Carswell, K. L., & Larson, G. M. (2015a). The suffocation model: Why marriage in America is becoming an all-or-nothing institution. *Current Directions in Psychological Science, 24,* 238–244.

Finkel, E. J., DeWall, C. N., Slotter, E. B., McNulty, J. K., Pond, R. S., Jr., & Atkins, D. C. (2012a). Using I3 theory to clarify when dispositional aggressiveness predicts intimate partner violence perpetration. *Journal of Personality and Social Psychology, 102,* 533–549.

Finkel, E. J., & Eastwick, P. W. (2008). Speed-dating. *Current Directions in Psychological Science, 17,* 193–197.

Finkel, E. J., & Eastwick, P. W. (2009). Arbitrary social norms influence sex differences in romantic selectivity. *Psychological Science, 20,* 1290–1295.

Finkel, E. J., Eastwick, P. W., Karney, B. R., Reis, H. T., & Sprecher, S. (2012b, September/October). Dating in a digital world. *Scientific American Mind,* pp. 26–33.

Finkel, E. J., Eastwick, P. W., Karney, B. R., Reis, H. T., & Sprecher, S. (2012c). Online dating: A critical analysis from the perspective of psychological science. *Psychological Science in the Public Interest, 13,* 3–66.

Finkel, E. J., Norton, M. I., Reis, H. T., Ariely, D., Caprariello, P. A., Eastwick, P. W., . . . Maniaci, M. R. (2015b). When does familiarity promote versus undermine interpersonal attraction? A proposed integrative model from erstwhile adversaries. *Perspectives on Psychological Science, 10,* 3–19.

Fiore, M. C., Jaén, C. R., Baker, T. B., Bailey, W. C., Benowitz, N. L., Curry, S. J., . . . Wewers, M. E. (2008). *Treating tobacco use and dependence: 2008 update. Clinical practice guideline.* Rockville, MD: U.S. Department of Health and Human Services, Public Health Service.

Fischer, A., & LaFrance, M. (2015). What drives the smile and the tear: Why women are more emotionally expressive than men. *Emotion Review, 7,* 22–29.

Fischer, P., & Greitemeyer, T. (2006). Music and aggression: The impact of sexual-aggressive song lyrics on aggression-related thoughts, emotions, and behavior toward the same and the opposite sex. *Personality and Social Psychology Bulletin, 32,* 1165–1176.

Fischer, P., Greitemeyer, T., Kastenmüller, A., Vogrincic, C., & Sauer, A. (2011). The effects of risk-glorifying media exposure on risk-positive cognitions, emotions, and behaviors: A meta-analytic review. *Psychological Bulletin, 137,* 367–390.

Fischer, R., & Boer, D. (2011). What is more important for national well-being: money or autonomy? A meta-analysis of well-being, burnout, and anxiety across 63 societies. *Journal of Personality and Social Psychology, 101,* 164–184.

Fischhoff, B., Slovic, P., & Lichtenstein, S. (1977). Knowing with certainty: The appropriateness of extreme confidence. *Journal of Experimental Psychology: Human Perception and Performance, 3,* 552–564.

Fishbach, A., Dhar, R., & Zhang, Y. (2006). Subgoals as substitutes or complements: The role of goal accessibility. *Journal of Personality and Social Psychology, 91,* 232–242.

Fisher, E. L., & Borgida, E. (2012). Intergroup disparities and implicit bias: A commentary. *Journal of Social Issues, 68,* 385–398.

Fisher, H. E. (1993, March/April). After all, maybe it's biology. *Psychology Today,* pp. 40–45.

Fisher, H. T. (1984). Little Albert and Little Peter. *Bulletin of the British Psychological Society, 37,* 269.

Flack, W. F. (2006). Peripheral feedback effects of facial expressions, bodily postures, and vocal expressions on emotional feelings. *Cognition and Emotion, 20,* 177–195.

Flaherty, D. K. (2011). The vaccine-autism connection: a public health crisis caused by unethical medical practices and fraudulent science. *Annals of Pharmacotherapy, 45,* 1302–1304.

Flegal, K. M., Carroll, M. D., Kit, B. K., Ogden, C. L. (2012). Prevalence of obesity and trends in the distribution of body mass index among US adults, 1999–2010. *JAMA, 307,* 491–497.

Fleming, I., Baum, A., & Weiss, L. (1987). Social density and perceived control as mediator of crowding stress in high-density residential neighborhoods. *Journal of Personality and Social Psychology, 52,* 899–906.

Fleming, J. H. (2001, Winter/Spring). Introduction to the special issue on linkage analysis. *Gallup Research Journal,* pp. i–vi.

Fleming, J. H., & Scott, B. A. (1991). The costs of confession: The Persian Gulf War POW tapes in historical and theoretical perspective. *Contemporary Social Psychology, 15,* 127–138.

Fletcher, G. J. O., Fitness, J., & Blampied, N. M. (1990). The link between attributions and happiness in close relationships: The roles of depression and explanatory style. *Journal of Social and Clinical Psychology, 9,* 243–255.

Flora, S. R. (2004). *The power of reinforcement.* Albany, NJ: SUNY Press.

Flora, S. R., & Bobby, S. E. (2008, September/October). The bipolar bamboozle. *Skeptical Inquirer,* pp. 41–45.

Flueckiger, L., Lieb, R., Meyer, A., Witthauer, C., & Mata, J. (2016). The importance of physical activity and sleep for affect on stressful days: Two intensive longitudinal studies. *Emotion, 16*(4), 488–497.

Flynn, J. R. (2003). Movies about intelligence: The limitations of *g*. *Current Directions in Psychological Science, 12,* 95–99.

Flynn, J. R. (2007). *What is intelligence?* New York: Cambridge University Press.

Flynn, J. R. (2012). *Are we getting smarter? Rising IQ in the twenty-first century.* Cambridge: Cambridge University Press.

Foa, E. B., Gillihan, S. J., & Bryant, R. A. (2013). Challenges and successes in dissemination of evidence-based treatments for posttraumatic stress: Lessons learned from prolonged exposure therapy for PTSD. *Psychological Science in the Public Interest, 14,* 65–111.

Foa, E. B., & Kozak, M. J. (1986). Emotional processing of fear: Exposure to corrective information. *Psychological Bulletin, 99,* 20–35.

Foer, J. (2011a). *Moonwalking with Einstein: The art and science of remembering everything.* New York: Penguin.

Foer, J. (2011b, February 20). Secrets of a mind-gamer. *The New York Times* (nytimes.com).

Fong, C. J., Zaleski, D. J., & Leach, J. K. (2015). The challenge–skill balance and antecedents of flow: A meta-analytic investigation. *Journal of Positive Psychology, 10,* 425–446.

Fong, K., & Mar, R. A. (2015). What does my avatar say about me? Inferring personality from avatars. *Personality and Social Psychology Bulletin, 41,* 237–249.

Ford, E. S. (2002). Does exercise reduce inflammation? Physical activity and B-reactive protein among U.S. adults. *Epidemiology, 13,* 561–569.

Ford, M. T., Cerasoli, C. P., Higgins, J. A., & Deccesare, A. L. (2011). Relationships between psychological, physical, and behavioural health and work performance: A review and meta-analysis. *Work & Stress, 25,* 185–204.

Foree, D. D., & LoLordo, V. M. (1973). Attention in the pigeon: Differential effects of food-getting versus shock-avoidance procedures. *Journal of Comparative and Physiological Psychology, 85,* 551–558.

Forgas, J. P. (2008). Affect and cognition. *Perspectives on Psychological Science, 3,* 94–101.

Forgas, J. P. (2009, November/December). Think negative! *Australian Science,* pp. 14–17.

Forgas, J. P., Bower, G. H., & Krantz, S. E. (1984). The influence of mood on perceptions of social interactions. *Journal of Experimental Social Psychology, 20,* 497–513.

Forsyth, D. R., Lawrence, N. K., Burnette, J. L., & Baumeister, R. F. (2007). Attempting to improve academic performance of struggling college students by bolstering their self-esteem: An intervention that backfired. *Journal of Social and Clinical Psychology, 26,* 447–459.

Foss, D. J., & Hakes, D. T. (1978). *Psycholinguistics: An introduction to the psychology of language.* Englewood Cliffs, NJ: Prentice-Hall.

Foster, J. (2011, June 16). Our deadly anorexic pact. *The Daily Mail* (dailymail.co.uk).

Foubert, J. D., Brosi, M. W., & Bannon, R. S. (2011). Pornography viewing among fraternity men: Effects on bystander intervention, rape myth acceptance, and behavioral intent to commit sexual assault. *Sexual Addiction & Compulsivity, 18,* 212–231.

Foulkes, D. (1999). *Children's dreaming and the development of consciousness.* Cambridge, MA: Harvard University Press.

Fournier, J. C., DeRubeis, R. J., Hollon, S. D., Dimidjian, S., Amsterdam, J. D., Shelton, R. C., & Fawcett, J. (2010). Antidepressant drug effects and depression severity: A patient-level meta-analysis. *Journal of the American Medical Association, 303,* 47–53.

Fouts, R. S. (1992). Transmission of a human gestural language in a chimpanzee mother-infant relationship. *Friends of Washoe, 12/13,* pp. 2–8.

Fouts, R. S. (1997). *Next of kin: What chimpanzees have taught me about who we are.* New York: Morrow.

Fowles, D. C. (1992). Schizophrenia: Diathesis-stress revisited. *Annual Review of Psychology, 43,* 303–336.

Fowles, D. C., & Dindo, L. (2009). Temperament and psychopathy: A dual-pathway model. *Current Directions in Psychological Science, 18,* 179–183.

Fox, B. H. (1998). Psychosocial factors in cancer incidence and prognosis. In J. C. Holland (Ed.) *Psycho-oncology* (pp. 110–124). New York: Oxford University Press.

Fox, C. R., & Tannenbaum, D. (2015, September 26). The curious politics of the "nudge." *The New York Times* (nytimes.com)

Fox, D. (2010, June). The insanity virus. *Discover*, pp. 58–64.

Fox, E., Lester, V., Russo, R., Bowles, R. J., Pichler, A., & Dutton, K. (2000). Facial expression of emotion: Are angry faces detected more efficiently? *Cognition and Emotion, 14,* 61–92.

Fox, M. L., Dwyer, D. J., & Ganster, D. C. (1993). Effects of stressful job demands and control on physiological and attitudinal outcomes in a hospital setting. *Academy of Management Journal, 36,* 289–318.

Fraley, R. C., Roisman, G. I., Booth-LaForce, C., Owen, M. T., & Holland, A. S. (2013). Interpersonal and genetic origins of adult attachment styles: A longitudinal study from infancy to early adulthood. *Journal of Personality and Social Psychology, 104,* 817–838.

Fraley, R. C., Vicary, A. M., Brumbaugh, C. C., & Roisman, G. I. (2011). Patterns of stability in adult attachment: An empirical test of two models of continuity and change. *Journal of Personality and Social Psychology, 101,* 974–992.

Frances, A. J. (2013). *Saving normal: An insider's revolt against out-of-control psychiatric diagnosis, DSM-5, big pharma, and the medicalization of ordinary life.* New York: HarperCollins.

Frances, A. J. (2014, September/October). No child left undiagnosed. *Psychology Today,* pp. 49–50.

Frank, J. D. (1982). Therapeutic components shared by all psychotherapies. In J. H. Harvey & M. M. Parks (Eds.), *The Master Lecture Series: Vol. 1. Psychotherapy research and behavior change* (pp. 9–37). Washington, DC: American Psychological Association.

Frankenburg, W., Dodds, J., Archer, P., Shapiro, H., & Bresnick, B. (1992). The Denver II: A major revision and restandardization of the Denver Developmental Screening Test. *Pediatrics, 89,* 91–97.

Frankl, V. E. (1962). *Man's search for meaning: An introduction to logotherapy.* Boston: Beacon Press.

Franklin, M., & Foa, E. B. (2011). Treatment of obsessive-compulsive disorder. *Annual Review of Clinical Psychology, 7,* 229–243.

Frasure-Smith, N., & Lesperance, F. (2005). Depression and coronary heart disease: Complex synergism of mind, body, and environment. *Current Directions in Psychological Science, 14,* 39–43.

Frattaroli, J. (2006). Experimental disclosure and its moderators: A meta-analysis. *Psychological Bulletin, 132,* 823–865.

Fredrickson, B. L. (2013). Updated thinking on positivity ratios. *American Psychologist, 68,* 814–822.

Freedman, D. H. (2011, February). How to fix the obesity crisis. *Scientific American,* pp. 40–47.

Freedman, D. J., Riesenhuber, M., Poggio, T., & Miller, E. K. (2001). Categorical representation of visual stimuli in the primate prefrontal cortex. *Science, 291,* 312–316.

Freedman, J. L., & Perlick, D. (1979). Crowding, contagion, and laughter. *Journal of Experimental Social Psychology, 15,* 295–303.

Freedman, R., Lewis, D. A., Michels, R., Pine, D. S., Schultz, S. K., Tamminga, C. A., . . . Yager, J. (2013). The initial field trials of DSM-5: New blooms and old thorns. *American Journal of Psychiatry, 170,* 1–5.

Freeman, D., & Freeman, J. (2013). *The stressed sex: Uncovering the truth about men, women, and mental health.* Oxford, England: Oxford University Press.

Freeman, E. C., & Twenge, J. M. (2010, January). *Using MySpace increases the endorsement of narcissistic personality traits.* Poster presented at the annual conference of the Society for Personality and Social Psychology, Las Vegas, NV.

Freeman, W. J. (1991, February). The physiology of perception. *Scientific American,* pp. 78–85.

Frenda, S. J., Patihis, L., Loftus, E. F., Lewis, H. C., & Fenn, K. M. (2014). Sleep deprivation and false memories. *Clinical Psychological Science, 25,* 1674–1681.

Freud, S. (1935: reprinted 1960). *A general introduction to psychoanalysis.* New York: Washington Square Press.

Freyd, J. J., DePrince, A. P., & Gleaves, D. H. (2007). The state of betrayal trauma theory: Reply to McNally—Conceptual issues and future directions. *Memory, 15,* 295–311.

Freyd, J. J., Putnam, F. W., Lyon, T. D., Becker-Blease, K. A., Cheit, R. E., Siegel, N. B., & Pezdek, K. (2005). The science of child sexual abuse. *Science, 308,* 501.

Friedel, J. E., DeHart, W. B., Madden, G. J., & Odum, A. L. (2014). Impulsivity and cigarette smoking: Discounting of monetary and consumable outcomes in current and non-smokers. *Psychopharmacology, 231,* 4517–4526.

Friedman, H. S., & Martin, L. R. (2012). *The longevity project.* New York: Penguin (Plume).

Friedman, M., & Ulmer, D. (1984). *Treating Type A behavior—and your heart.* New York: Knopf.

Friedman, R., & James, J. W. (2008). The myth of the stages of dying, death and grief. *Skeptic, 14*(2), 37–41.

Friedman, R. A. (2012, December 17). In gun debate, a misguided focus on mental illness. *The New York Times* (nytimes.com).

Friedrich, M., Wilhelm, I., Born, J., & Friederici, A. D. (2015). Generalization of word meanings during infant sleep. *Nature Communications, 6,* Article 6004. doi:10.1038/ncomms7004

Friend, T. (2004). *Animal talk: Breaking the codes of animal language.* New York: Free Press.

Frisch, M., & Zdravkovic, S. (2010). Body size at birth and same-sex marriage in young adulthood. *Archives of Sexual Behavior, 39,* 117–123.

Frisell, T., Pawitan, Y., Långström, N., & Lichtenstein, P. (2012). Heritability, assortative mating and gender differences in violent crime: Results from a total population sample using twin, adoption, and sibling models. *Behavior Genetics, 42,* 3–18.

Frith, U., & Frith, C. (2001). The biological basis of social interaction. *Current Directions in Psychological Science, 10,* 151–155.

Fritz, T., Jentschke, S., Gosselin, N., Sammler, D., Peretz, I., Turner, R., . . . Koelsch, S. (2009). Universal recognition of three basic emotions in music. *Current Biology, 19,* 573–576.

Fromkin, V., & Rodman, R. (1983). *An introduction to language* (3rd ed.). New York: Holt, Rinehart & Winston.

Frühauf, S., Gerger, H., Schmidt, H. M., Munder, T., & Barth, J. (2013). Efficacy of psychological interventions for sexual dysfunction: A systematic review and meta-analysis. *Archives of Sexual Behavior, 42,* 915–933.

Fry, A. F., & Hale, S. (1996). Processing speed, working memory, and fluid intelligence: Evidence for a developmental cascade. *Psychological Science, 7,* 237–241.

Fry, D. P. (2012). Life without war. *Science, 336,* 879–884.

Fuhriman, A., & Burlingame, G. M. (1994). Group psychotherapy: Research and practice. In A. Fuhriman & G. M. Burlingame (Eds.), *Handbook of group psychotherapy* (pp. 3–40). New York: Wiley.

Fuhrmann, D., Knoll, L. J., & Blakemore, S. J. (2015). Adolescence as a sensitive period of brain development. *Trends in Cognitive Sciences, 19*(10), 558–566.

Fuller, M. J., & Downs, A. C. (1990). *Spermarche is a salient biological marker in men's development.* Poster presented at the American Psychological Society convention.

Fuller, T. D., Edwards, J. N., Sermsri, S., & Vorakitphokatorn, S. (1993). Housing, stress, and physical well-being: Evidence from Thailand. *Social Science & Medicine, 36,* 1417–1428.

Fulmer, C. A., Gelfand, M. J., Kruglanski, A. W., Kim-Prieto, C., Diener, E., Pierro, A., & Higgins, E. T. (2010). On "feeling right" in cultural contexts: How person–culture match affects self-esteem and subjective well-being. *Psychological Science, 21,* 1563–1569.

Funder, D. C., & Block, J. (1989). The role of ego-control, ego-resiliency, and IQ in delay of gratification in adolescence. *Journal of Personality and Social Psychology, 57,* 1041–1050.

Furnham, A. (1982). Explanations for unemployment in Britain. *European Journal of Social Psychology, 12,* 335–352.

Furnham, A., & Baguma, P. (1994). Cross-cultural differences in the evaluation of male and female body shapes. *International Journal of Eating Disorders, 15,* 81–89.

Furnham, A., & Wu, J. (2008). Gender differences in estimates of one's own and parental intelligence in China. *Individual Differences Research, 6,* 1–12.

Furr, R. M., & Funder, D. C. (1998). A multimodal analysis of personal negativity. *Journal of Personality and Social Psychology, 74,* 1580–1591.

Furukawa, T. A., Levine, S. Z., Tanaka, S., Goldberg, Y., Samara, M., Davis, J. M., . . . Leucht, S. (2015). Initial severity of schizophrenia and efficacy of antipsychotics: Participant-level meta-analysis of 6 placebo-controlled studies. *JAMA Psychiatry, 72,* 14–21.

Gable, S. L., Gosnell, C. L., Maisel, N. C., & Strachman, A. (2012). Safely testing the alarm: Close others' responses to personal positive events. *Journal of Personality and Social Psychology, 103,* 963–981.

Gaddy, M. A., & Ingram, R. E. (2014). A meta-analytic review of mood-congruent implicit memory in depressed mood. *Clinical Psychology Review, 34,* 402–416.

Gaertner, L., Iuzzini, J., & O'Mara, E. M. (2008). When rejection by one fosters aggression against many: Multiple-victim aggression as a consequence of social rejection and perceived groupness. *Journal of Experimental Social Psychology, 44,* 958–970.

Gaillard, R., Dehaene, S., Adam, C., Clémenceau, S., Hasboun, D., Baulac, M., . . . Naccache, L. (2009). Converging intracranial markers of conscious access. *PLoS Biology, 7*(e): e1000061.

Gaissmaier, W., & Gigerenzer, G. (2012). 9/11, Act II: A fine-grained analysis of regional variations in traffic fatalities in the aftermath of the terrorist attacks. *Psychological Science, 23,* 1449–1454.

Galak, J., Leboeuf, R. A., Nelson, L. D., & Simmons, J. P. (2012). Correcting the past: Failures to replicate psi. *Journal of Personality and Social Psychology, 103,* 933–948.

Galambos, N. L. (1992). Parent-adolescent relations. *Current Directions in Psychological Science, 1,* 146–149.

Galanter, E. (1962). Contemporary psychophysics. In R. Brown, E. Galanter, E. H. Hess, & G. Mandler (Eds.), *New directions in psychology.* New York: Holt Rinehart & Winston.

Gale, C. R., Batty, G. D., & Deary, I. J. (2008). Locus of control at age 10 years and health outcomes and behaviors at age 30 years: The 1970 British Cohort Study. *Psychosomatic Medicine, 70,* 397–403.

Galinsky, A. M., & Sonenstein, F. L. (2013). Relationship commitment, perceived equity, and sexual enjoyment among young adults in the United States. *Archives of Sexual Behavior, 42,* 93–104.

Galla, B. M., & Duckworth, A. L. (2015). More than resisting temptation: Beneficial habits mediate the relationship between self-control and positive life outcomes. *Journal of Personality and Social Psychology, 109,* 508–525.

Gallace, A. (2012). Living with touch. *The Psychologist, 25,* 896–899.

Gallace, A., & Spence, C. (2011). To what extent do Gestalt grouping principles influence tactile perception? *Psychological Bulletin, 137,* 538–561.

Gallese, V., Gernsbacher, M. A., Heyes, C., Hickok, G., & Iacoboni, M. (2011). Mirror neuron forum. *Perspectives on Psychological Science, 6,* 369–407.

Gallup, G. G., Jr., & Frederick, D. A. (2010). The science of sex appeal: An evolutionary perspective. *Review of General Psychology, 14,* 240–250.

Gallup, G. H. (1972). *The Gallup poll: Public opinion 1935–1971* (Vol. 3). New York: Random House.

Gallup Organization. (2004, August 16). Personal communication [T. Rath: bucketbook@gallup.com].

Gandhi, A. V., Mosser, E. A., Oikonomou, G., & Prober,

D. A. (2015). Melatonin is required for the circadian regulation of sleep. *Neuron, 85,* 1193–1199.

Gangestad, S. W., & Simpson, J. A. (2000). The evolution of human mating: Tradeoffs and strategic pluralism. *Behavioral and Brain Sciences, 23,* 573–587.

Gangestad, S. W., Thornhill, R., & Garver-Apgar, C. E. (2010). Men's facial masculinity predicts changes in their female partners' sexual interests across the ovulatory cycle, whereas men's intelligence does not. *Evolution and Human Behavior, 31,* 412–424.

Gangwisch, J. E., Babiss, L. A., Malaspina, D., Turner, J. B., Zammit, G. K., & Posner, K. (2010). Earlier parental set bedtimes as a protective factor against depression and suicidal ideation. *Sleep, 33,* 97–106.

Gao, Y., Raine, A., Venables, P. H., Dawson, M. E., & Mednick, S. A. (2010). Association of poor childhood fear conditioning and adult crime. *American Journal of Psychiatry, 167,* 56–60.

Garcia, J., & Gustavson, A. R. (1997, January). Carl R. Gustavson (1946–1996): Pioneering wildlife psychologist. *APS Observer,* pp. 34–35.

Garcia, J., & Koelling, R. A. (1966). Relation of cue to consequence in avoidance learning. *Psychonomic Science, 4,* 123–124.

Garcia, J. R., Massey, S. G., Merriwether, A. M., & Seibold-Simpson, S. M. (2013). *Orgasm experience among emerging adult men and women: Relationship context and attitudes toward uncommitted sex.* Poster presentation at the Association for Psychological Science convention, Washington, DC.

Garcia, J. R., Reiber, C., Massey, S. G., & Merriwether, A. M. (2012). Sexual hookup culture: A review. *Review of General Psychology, 16,* 161–176.

Garcia, J. R., Reiber, C., Massey, S. G., & Merriwether, A. M. (2013, February). Sexual hook-up culture. *Monitor on Psychology,* pp. 60–66.

Garcia-Falgueras, A., & Swaab, D. F. (2010). Sexual hormones and the brain: An essential alliance for sexual identity and sexual orientation. *Endocrine Development, 17,* 22–35.

Gardner, H. (1983). *Frames of mind: The theory of multiple intelligences.* New York: Basic Books.

Gardner, H. (1998, March 19). An intelligent way to progress. *The Independent* (London), p. E4.

Gardner, H. (2006). *The development and education of the mind: The selected works of Howard Gardner.* New York: Routledge/Taylor & Francis.

Gardner, H. (2011). *The theory of multiple intelligences: As psychology, as education, as social science.* Address on the receipt of an honorary degree from José Cela University in Madrid and the Prince of Asturias Prize for Social Science.

Gardner, J., & Oswald, A. J. (2007). Money and mental wellbeing: A longitudinal study of medium-sized lottery wins. *Journal of Health Economics, 6,* 49–60.

Gardner, R. A., & Gardner, B. I. (1969). Teaching sign language to a chimpanzee. *Science, 165,* 664–672.

Garfield, C. (1986). *Peak performers: The new heroes of American business.* New York: Morrow.

Garon, N., Bryson, S. E., & Smith, I. M. (2008). Executive function in preschoolers: A review using an integrative framework. *Psychological Bulletin,134,* 31–60.

Gartrell, N., & Bos, H. (2010). U.S. national longitudinal lesbian family study: Psychological adjustment of 17-year-old adolescents. *Pediatrics, 126,* 28–36.

Gatchel, R. J., Peng, Y. B., Peters, M. L., Fuchs, P. N., & Turk, D. C. (2007). The biopsychosocial approach to chronic pain: Scientific advances and future directions. *Psychological Bulletin, 133,* 581–624.

Gates, G. J., & Newport, F. (2012, October 18). *Special report: 3.4% of U.S. adults identify as LGBT.* (gallup.com).

Gavin, K. (2004, November 9). *U-M team reports evidence that smoking affects human brain's natural "feel good" chemical system* [Press release]. Retrieved from https://www.sciencedaily.com/releases/2004/10/041027141507.htm

Gawronski, B., & Quinn, K. (2013). Guilty by mere similarity: Assimilative effects of facial resemblance on automatic evaluation. *Journal of Experimental Social Psychology, 49,* 120–125.

Gazzaniga, M. S. (1967, August). The split brain in man. *Scientific American,* pp. 24–29.

Gazzaniga, M. S. (1983). Right hemisphere language following brain bisection: A 20-year perspective. *American Psychologist, 38,* 525–537.

Gazzaniga, M. S. (1988). Organization of the human brain. *Science, 245,* 947–952.

Gazzaniga, M. S. (2016). *Tales from both sides of the brain: A life in neuroscience.* New York: Ecco.

Gazzola, V., Spezio, M. L., Etzel, J.A., Catelli, F., Adolphs, R., & Keysers, C. (2012). Primary somatosensory cortex discriminates affective significance in social touch. *PNAS, 109,* E1657–E1666.

Ge, X., & Natsuaki, M. N. (2009). In search of explanations for early pubertal timing effects on developmental psychopathology. *Current Directions in Psychological Science, 18,* 327–441.

Geary, D. C. (1995). Sexual selection and sex differences in spatial cognition. *Learning and Individual Differences, 7,* 289–301.

Geary, D. C. (1996). Sexual selection and sex differences in mathematical abilities. *Behavioral and Brain Sciences, 19,* 229–247.

Geary, D. C. (2010). *Male, female: The evolution of human sex differences* (2nd ed.). Washington, DC: American Psychological Association.

Geary, D. C., Salthouse, T. A., Chen, G.-P., & Fan, L. (1996). Are East Asian versus American differences in arithmetical ability a recent phenomenon? *Developmental Psychology, 32,* 254–262.

Gehring, W. J., Wimke, J., & Nisenson, L. G. (2000). Action monitoring dysfunction in obsessive-compulsive disorder. *Psychological Science, 11(1),* 1–6.

Geier, A. B., Rozin, P., & Doros, G. (2006). Unit bias: A new heuristic that helps explain the effects of portion size on food intake. *Psychological Science, 17,* 521–525.

Gellis, L. A., Arigo, D., & Elliott, J. C. (2013). Cognitive refocusing treatment for insomnia: A randomized controlled trial in university students. *Behavior Therapy, 44,* 100–110.

Gentile, D. A. (2009). Pathological video-game use among youth ages 8 to 18: A national study. *Psychological Science, 20,* 594–602.

Gentile, D. A., & Bushman, B. J. (2012). Reassessing media violence effects using a risk and resilience approach to understanding aggression. *Psychology of Popular Media Culture, 1,* 138–151.

Gentile, D. A., Coyne, S., & Walsh, D. A. (2011). Media violence, physical aggression and relational aggression in school age children: A short-term longitudinal study. *Aggressive Behavior, 37,* 193–206.

George, L. K., Larson, D. B., Koenig, H. G., & McCullough, M. E. (2000). Spirituality and health: What we know, what we need to know. *Journal of Social and Clinical Psychology, 19,* 102–116.

Geraerts, E., Bernstein, D. M., Merckelbach, H., Linders, C., Raymaekers, L., & Loftus, E. F. (2008). Lasting false beliefs and their behavioral consequences. *Psychological Science, 19,* 749–753.

Geraerts, E., Schooler, J. W., Merckelback, H., Jelicic, M., Hauer, B. J. A., & Ambadar, Z. (2007). The reality of recovered memories: Corroborating continuous and discontinuous memories of childhood sexual abuse. *Psychological Science, 18,* 564–568.

Gerber, J., & Wheeler, L. (2009). On being rejected: A meta-analysis of experimental research on rejection. *Perspectives on Psychological Science, 4,* 468–488.

Gerhart, K. A., Koziol-McLain, J., Lowenstein, S. R., & Whiteneck, G. G. (1994). Quality of life following spinal cord injury: Knowledge and attitudes of emergency care providers. *Annals of Emergency Medicine, 23,* 807–812.

Germain, A. (2013). Sleep disturbances as the hallmark of PTSD: Where are we now? *Archives of Journal of Psychiatry, 170,* 372–382.

Gerrard, M., & Luus, C. A. E. (1995). Judgments of vulnerability to pregnancy: The role of risk factors and individual differences. *Personality and Social Psychology Bulletin, 21,* 160–171.

Gershoff, E. T. (2002). Parental corporal punishment and associated child behaviors and experiences: A meta-analytic and theoretical review. *Psychological Bulletin, 128,* 539–579.

Gershoff, E. T., Grogan-Kaylor, A., Lansford, J. E., Chang, L., Zelli, A., Deater-Deckard, K., & Dodge, K. A. (2010). Parent discipline practices in an international sample: Associations with child behaviors and moderation by perceived normativeness. *Child Development, 81,* 487–502.

Giancola, P. R., Josephs, R. A., Parrott, D. J., & Duke, A. A. (2010). Alcohol myopia revisited: Clarifying aggression and other acts of disinhibition through a distorted lens. *Perspectives on Psychological Science, 5,* 265–278.

Gibbons, F. X. (1986). Social comparison and depression: Company's effect on misery. *Journal of Personality and Social Psychology, 51,* 140–148.

Gibson, E. J., & Walk, R. D. (1960, April). The "visual cliff." *Scientific American,* pp. 64–71.

Giesbrecht, T., Lynn, S. J., Lilienfeld, S. O., & Merckelbach, H. (2008). Cognitive processes in dissociation: An analysis of core theoretical assumptions. *Psychological Bulletin, 134,* 617–647.

Giesbrecht, T., Lynn, S. J., Lilienfeld, S. O., & Merckelbach, H. (2010). Cognitive processes, trauma, and dissociation—Misconceptions and misrepresentations: Reply to Bremmer (2010). *Psychological Bulletin, 136,* 7–11.

Gigantesco, A., Stazi, M. A., Alessandri, G., Medda, E., Tarolla, E., & Fagnani, C. (2011). Psychological well-being (PWB): A natural life outlook? An Italian twin study of heritability on PWB in young adults. *Psychological Medicine, 41,* 2637–2649.

Gigerenzer, G. (2004). Dread risk, September 11, and fatal traffic accidents. *Psychological Science, 15,* 286–287.

Gigerenzer, G. (2006). Out of the frying pan into the fire: Behavioral reactions to terrorist attacks. *Risk Analysis, 26,* 347–351.

Gigerenzer, G. (2010). *Rationality for mortals: How people cope with uncertainty.* New York: Oxford University Press.

Gigerenzer, G., Gaissmaier, W., Kurz-Milcke, E., Schwartz, L. M., & Woloshin, S. (2008). Helping doctors and patients make sense of health statistics. *Psychological Science in the Public Interest, 8,* 53–96.

Gigerenzer, G., Gaissmaier, W., Kurz-Milcke, E., Schwartz, L. M., & Woloshin, S. (2009, April/May). Knowing your chances. *Scientific American Mind,* pp. 41–51.

Gilbert, D. T. (2006). *Stumbling on happiness.* New York: Knopf.

Gilbert, D. T., King, G., Pettigrew, S., & Wilson, T. D. (2016). Comment on "Estimating the reproducibility of psychological science." *Science, 351,* 1037-b.

Gildersleeve, K., Haselton, M., & Fales, M. R. (2014). Do women's mate preferences change across the menstrual cycle? A meta-analytic review. *Psychological Bulletin, 140,* 1205–1259.

Gilestro, G. F., Tononi, G., & Cirelli, C. (2009). Widespread changes in synaptic markers as a function of sleep and wakefulness in Drosophila. *Science, 324,* 109–112.

Gill, A. J., Oberlander, J., & Austin, E. (2006). Rating e-mail personality at zero acquaintance. *Personality and Individual Differences, 40,* 497–507.

Gillen-O'Neel, C., Huynh, V. W., & Fuligni, A. J. (2013). To study or to sleep? The academic costs of extra studying at the expense of sleep. *Child Development, 84,* 133–142.

Gillison, M. L., Broutian, T., Pickard, R. K. L., Tong, Z.-Y., Xiao, W., Kahle, L., . . . Chaturvedi, A. K. (2012). Prevalence of oral HPV infection in the United States, 2009–2010. *JAMA, 307,* 693–703.

Gilovich, T. D. (1996). *The spotlight effect: Exaggerated impressions of the self as a social stimulus.* Unpublished manuscript, Cornell University.

Gilovich, T. D., & Medvec, V. H. (1995). The experience

of regret: What, when, and why. *Psychological Review, 102,* 379–395.

Gilovich, T. D., & Savitsky, K. (1999). The spotlight effect and the illusion of transparency: Egocentric assessments of how we are seen by others. *Current Directions in Psychological Science, 8,* 165–168.

Giltay, E. J., Geleijnse, J. M., Zitman, F. G., Buijsse, B., & Kromhout, D. (2007). Lifestyle and dietary correlates of dispositional optimism in men: The Zutphen Elderly Study. *Journal of Psychosomatic Research, 63,* 483–490.

Giltay, E. J., Geleijnse, J. M., Zitman, F. G., Hoekstra, T., & Schouten, E. G. (2004). Dispositional optimism and all-cause and cardiovascular mortality in a prospective cohort of elderly Dutch men and women. *Archives of General Psychiatry, 61,* 1126–1135.

Gingerich, O. (1999, February 6). Is there a role for natural theology today? *The Real Issue* (origins.org/real/n9501/natural.html).

Gino, G., Wilmuth, C. A., & Brooks, A. W. (2015). Compared to men, women view professional advancement as equally attainable, but less desirable. *PNAS, 112,* 12354–12359.

Glasman, L. R., & Albarracin, D. (2006). Forming attitudes that predict future behavior: A meta-analysis of the attitude-behavior relation. *Psychological Bulletin, 132,* 778–822.

Glass, R. M. (2001). Electroconvulsive therapy: Time to bring it out of the shadows. *Journal of the American Medical Association, 285,* 1346–1348.

Gleaves, D. H. (1996). The sociocognitive model of dissociative identity disorder: A reexamination of the evidence. *Psychological Bulletin, 120,* 42–59.

Global Burden of Disease Study 2013 Collaborators. (2015). Global, regional, and national incidence, prevalence, and years lived with disability for 301 acute and chronic diseases and injuries in 188 countries, 1990–2013: A systematic analysis for the Global Burden of Disease Study 2013. *The Lancet, 386,* 743–800.

Gluszek, A., & Dovidio, J. F. (2010). The way they speak: A social psychological perspective on the stigma of nonnative accents in communication. *Personality and Social Psychology Review, 14,* 214–237.

Godden, D. R., & Baddeley, A. D. (1975). Context-dependent memory in two natural environments: On land and underwater. *British Journal of Psychology, 66,* 325–331.

Goethals, G. R., & Allison, S. T. (2014). Kings and charisma, Lincoln and leadership: An evolutionary perspective. In G. R. Goethals, S. T. Allison, R. M. Kramer, & D. M. Messick (Eds.), *Conceptions of leadership: Enduring ideas and emerging insights* (pp. 111–124). New York: Palgrave Macmillan.

Goff, D. C., & Simms, C. A. (1993). Has multiple personality disorder remained consistent over time? *Journal of Nervous and Mental Disease, 181,* 595–600.

Gold, M., & Yanof, D. S. (1985). Mothers, daughters, and girlfriends. *Journal of Personality and Social Psychology, 49,* 654–659.

Goldberg, J. (2007, accessed May 31). *Quivering bundles that let us hear.* Howard Hughes Medical Institute (hhmi.org/senses/c120.html).

Goldberg, L. R. (1992). The development of markers for the Big-Five factor structure. *Psychological Assessment, 4,* 26–42.

Golder, S. A., & Macy, M. W. (2011). Diurnal and seasonal mood vary with work, sleep, and day-length across diverse cultures. *Science, 333,* 1878–1881.

Goldfried, M. R., & Padawer, W. (1982). Current status and future directions in psychotherapy. In M. R. Goldfried (Ed.), *Converging themes in psychotherapy: Trends in psychodynamic, humanistic, and behavioral practice* (pp. 3–49). New York: Springer.

Goldfried, M. R., Raue, P. J., & Castonguay, L. G. (1998). The therapeutic focus in significant sessions of master therapists: A comparison of cognitive-behavioral and psychodynamic-interpersonal interventions. *Journal of Consulting and Clinical Psychology, 66,* 803–810.

Goldinger, S. D., & Papesh, M. H. (2012). Pupil dilation reflects the creation and retrieval of memories. *Current Directions in Psychological Science, 21,* 90–95.

Goldman, A. L., Pezawas, L., Mattay, V. S., Fischl, B., Verchinski, B. A., Chen, Q., . . . Meyer-Lindenberg, A. (2009). Widespread reductions of cortical thickness in schizophrenia and spectrum disorders and evidence of heritability. *Archives of General Psychiatry, 66,* 467–477.

Goldstein, I. (2000, August). Male sexual circuitry. *Scientific American,* pp. 70–75.

Goldstein, I., Lue, T. F., Padma-Nathan, H., Rosen, R. C., Steers, W. D., & Wicker, P. A. (1998). Oral sildenafil in the treatment of erectile dysfunction. *New England Journal of Medicine, 338,* 1397–1404.

Goleman, D. (1980, February). 1,528 little geniuses and how they grew. *Psychology Today,* pp. 28–53.

Goleman, D. (1995). *Emotional intelligence.* New York: Bantam.

Goleman, D. (2006). *Social intelligence.* New York: Bantam Books.

Golkar, A., Selbing, I., Flygare, O., Öhman, A., & Olsson, A. (2013). Other people as means to a safe end: Vicarious extinction blocks the return of learned fear. *Psychological Science, 24,* 2182–2190.

Gollwitzer, P. M., & Oettingen, G. (2012). Goal pursuit. In P. M. Gollwitzer & G. Oettingen (Eds.), *The Oxford handbook of human motivation* (pp. 208–231). New York: Oxford University Press.

Gómez-Robles, A., Hopkins, W. D., Schapiro, S. J., & Sherwood, C. C. (2015). Relaxed genetic control of cortical organization in human brains compared with chimpanzees. *PNAS, 112, 14799–14804.*

Goodale, M. A., & Milner, D. A. (2004). *Sight unseen: An exploration of conscious and unconscious vision.* Oxford: Oxford University Press.

Goodale, M. A., & Milner, D. A. (2006). One brain—two visual systems. *The Psychologist, 19,* 660–663.

Goode, E. (1999, April 13). If things taste bad, 'phantoms' may be at work. *The New York Times* (nytimes.com).

Goode, E. (2012, June 19). Senators start a review of solitary confinement. *The New York Times* (nytimes.com).

Goodhart, D. E. (1986). The effects of positive and negative thinking on performance in an achievement situation. *Journal of Personality and Social Psychology, 51,* 117–124.

Goodman, G. S., Ghetti, S. Quas, J. A., Edelstein, R. S., Alexander, K. W., Redlick, A. D., . . . Jones, D. P. H. (2003). A prospective study of memory for child sexual abuse: New findings relevant to the repressed-memory controversy. *Psychological Science, 14,* 113–118.

Goodman, G. S., & Quas, J. A. (2008). Repeated interviews and children's memory. *Current Directions in Psychological Science, 17,* 386–389.

Goodwin, P. Y., Mosher, W. D., & Chandra, A. (2010). Marriage and cohabitation in the United States: A statistical portrait based on Cycle 6 (2002) of the National Survey of Family Growth. National Center for Health Statistics. *Vital Health Statistics, 23*(28).

Gopnik, A., Griffiths, T. L., & Lucas, C. G. (2015). When younger learners can be better (or at least more open-minded) than older ones. *Current Directions in Psychological Science, 24,* 87–92.

Goranson, R. E. (1978). *The hindsight effect in problem solving.* Unpublished manuscript, cited by G. Wood (1984), Research methodology: A decision-making perspective. In A. M. Rogers & C. J. Scheirer (Eds.), *The G. Stanley Hall lecture series* (Vol. 4). Washington, DC.

Gorchoff, S. M., John, O. P., & Helson, R. (2008). Contextualizing change in marital satisfaction during middle age. *Psychological Science, 19,* 1194–1200.

Gordon, A. M., & Chen, S. (2010). When you accept me for me: The relational benefits of intrinsic affirmations from one's relationship partner. *Personality and Social Psychology Bulletin, 36,* 1439–1453.

Gordon, A. M., & Chen, S. (2014). The role of sleep in interpersonal conflict: Do sleepless nights mean worse fights? *Social Psychological and Personality Science, 5,* 168–175.

Gore, J., & Sadler-Smith, E. (2011). Unpacking intuition: A process and outcome framework. *Review of General Psychology, 15,* 304–316.

Gore-Felton, C., Koopman, C., Thoresen, C., Arnow, B., Bridges, E., & Spiegel, D. (2000). Psychologists' beliefs and clinical characteristics: Judging the veracity of childhood sexual abuse memories. *Professional Psychology: Research and Practice, 31,* 372–377.

Gorlick, A. (2010, January 13). Stanford scientists link brain development to chances of recovering vision after blindness. *Stanford Report* (news.stanford.edu).

Gorman, J. (2014, January 6). The brain, in exquisite detail. *The New York Times* (nytimes.com).

Gorrese, A., & Ruggieri, R. (2012). Peer attachment: A meta-analytic review of gender and age differences and associations with parent attachment. *Journal of Youth and Adolescence, 41,* 650–672.

Gosling, S. D. (2008). *Snoop: What your stuff says about you.* New York: Basic Books.

Gosling, S. D., Kwan, V. S. Y., & John, O. P. (2003). A dog's got personality: A cross-species comparative approach to personality judgments in dogs and humans. *Journal of Personality and Social Psychology, 85,* 1161–1169.

Gotlib, I. H., & Hammen, C. L. (1992). *Psychological aspects of depression: Toward a cognitive-interpersonal integration.* New York: Wiley.

Gottesman, I. I. (1991). *Schizophrenia genesis: The origins of madness.* New York: Freeman.

Gottesman, I. I. (2001). Psychopathology through a life span-genetic prism. *American Psychologist, 56,* 867–881.

Gottfredson, L. S. (2002a). Where and why *g* matters: Not a mystery. *Human Performance, 15,* 25–46.

Gottfredson, L. S. (2002b). *g*: Highly general and highly practical. In R. J. Sternberg & E. L. Grigorenko (Eds.), *The general factor of intelligence: How general is it?* (pp. 331–380). Mahwah, NJ: Erlbaum.

Gottfredson, L. S. (2003a). Dissecting practical intelligence theory: Its claims and evidence. *Intelligence, 31,* 343–397.

Gottfredson, L. S. (2003b). On Sternberg's "Reply to Gottfredson." *Intelligence, 31,* 415–424.

Gould, E. (2007). How widespread is adult neurogenesis in mammals? *Nature Neuroscience, 8,* 481–488.

Gould, S. J. (1981). *The mismeasure of man.* New York: Norton.

Goyal, M., Singh, S., Sibinga, E. S., Gould, N. F., Rowland-Seymour, A., Sharma, R., . . . Haythornthwaite, J. A. (2014). Meditation programs for psychological stress and well-being: A systematic review and meta-analysis. *JAMA Internal Medicine, 174,* 357–368.

Grace, A. A. (2010). Ventral hippocampus, interneurons, and schizophrenia: A new understanding of the pathophysiology of schizophrenia and its implications for treatment and prevention. *Current Directions in Psychological Science, 19,* 232–237.

Grady, C. L., McIntosh, A. R., Horwitz, B., Maisog, J. M., Ungeleider, L. G., Mentis, M. J., . . . Haxby, J. V. (1995). Age-related reductions in human recognition memory due to impaired encoding. *Science, 269,* 218–221.

Grande, G., Romppel, M., & Barth, J. (2012). Association between type D personality and prognosis in patients with cardiovascular diseases: A systematic review and meta-analysis. *Annals of Behavioral Medicine, 43,* 299–310.

Granic, I., Lobel, A., & Engels, R. C. M. E. (2014). The benefits of playing video games. *American Psychologist, 69,* 66–78.

Grant, A. M., Gino, F., & Hoffmann, D. A. (2011). Reversing the extraverted leadership advantage: The role of employee proactivity. *Academy of Management Journal, 54,* 528–550.

Gray-Little, B., & Burks, N. (1983). Power and satisfaction in marriage: A review and critique. *Psychological Bulletin, 93,* 513–538.

Graybiel, A. M., & Smith, K. S. (2014, June). Good habits, bad habits. *Scientific American,* pp. 39–43.

Green, J. D., Sedikides, C., & Gregg, A. P. (2008). Forgotten but not gone: The recall and recognition of self-threatening memories. *Journal of Experimental Social Psychology, 44,*

547–561.

Green, J. T., & Woodruff-Pak, D. S. (2000). Eyeblink classical conditioning: Hippocampal formation is for neutral stimulus associations as cerebellum is for association-response. *Psychological Bulletin, 126,* 138–158.

Green, M. F., & Horan, W. P. (2010). Social cognition in schizophrenia. *Current Directions in Psychological Science, 19,* 243–248.

Greenberg, J. (2008). Understanding the vital human quest for self-esteem. *Perspectives on Psychological Science, 3,* 48–55.

Greene, J. (2010). Remarks to an Edge conference: The new science of morality. Retrieved from edge.org

Greene, J., Sommerville, R. B., Nystrom, L. E., Darley, J. M., & Cohen, J. D. (2001). An fMRI investigation of emotional engagement in moral judgment. *Science, 293,* 2105.

Greenwald, A. G. (1992). *Subliminal semantic activation and subliminal snake oil.* Paper presented to the American Psychological Association Convention, Washington, DC.

Greenwald, A. G., Banaji, M. R., & Nosek, B. A. (2015). Statistically small effects of the implicit association test can have societally large effects. *Journal of Personality and Social Psychology, 108,* 553–561.

Greenwald, A. G., McGhee, D. E., & Schwartz, J. L. K. (1998). Measuring individual differences in implicit cognition: The implicit association test. *Journal of Personality and Social Psychology, 74,* 1464–1480.

Greenwald, A. G., Oakes, M. A., & Hoffman, H. (2003). Targets of discrimination: Effects of race on responses to weapons holders. *Journal of Experimental Social Psychology, 39,* 399.

Greenwald, A. G., & Pettigrew, T. F. (2014). With malice toward none and charity for some: Ingroup favoritism enables discrimination. *American Psychologist, 69,* 645–655.

Greenwald, A. G., Spangenberg, E. R., Pratkanis, A. R., & Eskenazi, J. (1991). Double-blind tests of subliminal self-help audiotapes. *Psychological Science, 2,* 119–122.

Greer, S. G., Goldstein, A. N., & Walker, M. P. (2013). The impact of sleep deprivation on food desire in the human brain. *Nature Communications, 4,* Article 2259. doi:10.1038/ncomms3259

Greers, A. E. (2004). Speech, language, and reading skills after early cochlear implantation. *Archives of Otolaryngology—Head & Neck Surgery, 130,* 634–638.

Gregory, A. M., Rijksdijk, F. V., Lau, J. Y., Dahl, R. E., & Eley, T. C. (2009). The direction of longitudinal associations between sleep problems and depression symptoms: A study of twins aged 8 and 10 years. *Sleep, 32,* 189–199.

Gregory, R. L. (1978). *Eye and brain: The psychology of seeing* (3rd ed.). New York: McGraw-Hill.

Gregory, R. L., & Gombrich, E. H. (Eds.). (1973). *Illusion in nature and art.* New York: Charles Scribner's Sons.

Greif, E. B., & Ulman, K. J. (1982). The psychological impact of menarche on early adolescent females: A review of the literature. *Child Development, 53,* 1413–1430.

Greist, J. H., Jefferson, J. W., & Marks, I. M. (1986). *Anxiety and its treatment: Help is available.* Washington, DC: American Psychiatric Press.

Greitemeyer, T., & Osswald, S. (2010). Effects of prosocial video games on prosocial behavior. *Journal of Personality and Social Psychology, 98,* 211–221.

Greitemeyer, T., & Osswald, S. (2011). Playing prosocial video games increases the accessibility of prosocial thoughts. *Journal of Social Psychology, 151,* 121–128.

Greyson, B. (2010). Implications of near-death experiences for a postmaterialist psychology. *Review of Religion and Spirituality, 2,* 37–45.

Grèzes, J., & Decety, J. (2001). Functional anatomy of execution, mental simulation, observation, and verb generation of actions: A meta-analysis. *Human Brain Mapping, 12,* 1–19.

Griggs, R. (2014). Coverage of the Stanford Prison Experiment in introductory psychology textbooks. *Teaching of Psychology, 41,* 195–203.

Grillon, C., Quispe-Escudero, D., Mathur, A., & Ernst, M. (2015). Mental fatigue impairs emotion regulation. *Emotion, 15,* 383–389.

Grilo, C. M., & Pogue-Geile, M. F. (1991). The nature of environmental influences on weight and obesity: A behavior genetic analysis. *Psychological Bulletin, 110,* 520–537.

Grimm, S., & Scheidegger, M. (2013, May/June). A trip out of depression. *Scientific American Mind,* pp. 67–71.

Griskevicius, V., Tybur, J. M., Gangestad, S. W., Perea, E. F., Shapiro, J. R., & Kenrick, D. T. (2009). Aggress to impress: Hostility as an evolved context-dependent strategy. *Journal of Personality and Social Psychology, 96,* 980–994.

Grobstein, C. (1979, June). External human fertilization. *Scientific American,* pp. 57–67.

Grodin, E. N., & White, T. L. (2015). The neuroanatomical delineation of agentic and affiliative extraversion. *Cognitive, Affective, and Behavioral Neuroscience, 15,* 321–334.

Groothuis, T. G. G., & Carere, C. (2005). Avian personalities: Characterization and epigenesis. *Neuroscience and Biobehavioral Reviews, 29,* 137–150.

Gross, A. E., & Crofton, C. (1977). What is good is beautiful. *Sociometry, 40,* 85–90.

Grossberg, S. (1995). The attentive brain. *American Scientist, 83,* 438–449.

Grossmann, I., Na, J., Varnum, M. E. W., Park, D. C., Kitayama, S., & Nisbett, R. E. (2010). Reasoning about social conflicts improves into old age. *PNAS, 107,* 7246–7250.

Gruder, C. L. (1977). Choice of comparison persons in evaluating oneself. In J. M. Suls & R. L. Miller (Eds.), *Social comparison processes* (pp. 21–41). New York: Hemisphere.

Guéguen, N. (2011). Effects of solicitor sex and attractiveness on receptivity to sexual offers: A field study. *Archives of Sexual Behavior, 40,* 915–919.

Guerin, B. (1986). Mere presence effects in humans: A review. *Journal of Personality and Social Psychology, 22,* 38–77.

Guiso, L., Monte, F., Sapienza, P., & Zingales, L. (2008). Culture, gender, and math. *Science, 320,* 1164–1165.

Gunderson, E. A., Gripshover, S. J., Romero, C., Dweck, C. S., Goldin-Meadow, S., & Levine, S. C. (2013). Parent praise to 1- to 3-year-olds predicts children's motivational frameworks 5 years later. *Child Development, 84,* 1526–1541.

Gunstad, J., Strain, G., Devlin, M. J., Wing, R., Cohen, R. A., Paul, R. H., . . . Mitchell, J. E. (2011). Improved memory function 12 weeks after bariatric surgery. *Surgery for Obesity and Related Diseases, 7,* 465–472.

Guo, M., Gan, Y., & Tong, J. (2013). The role of meaning-focused coping in significant loss. *Anxiety, Stress, & Coping, 26,* 87–102.

Guo, X., Zhai, J., Liu, Z., Fang, M., Wang, B., Wang, C., . . . Zhao, J. (2010). Effect of antipsychotic medication alone vs combined with psychosocial intervention on outcomes of early-stage schizophrenia. *Archives of General Psychiatry, 67,* 895–904.

Gustavson, C. R., Garcia, J., Hankins, W. G., & Rusiniak, K. W. (1974). Coyote predation control by aversive conditioning. *Science, 184,* 581–583.

Gustavson, C. R., Kelly, D. J., & Sweeney, M. (1976). Prey lithium aversions I: Coyotes and wolves. *Behavioral Biology, 17,* 61–72.

Gutchess, A. (2014). Plasticity in the aging brain: New directions in cognitive neuroscience. *Science, 346,* 579–582.

Guttmacher Institute. (1994). *Sex and America's teenagers.* New York: Alan Guttmacher Institute.

Guttmacher Institute. (2012). *Facts on American teens' sexual and reproductive health.* Retrieved from guttmacher.org/pubs/FB-ATSRH.html

H., Sally. (1979, August). *Videotape recording number T-3, Fortunoff Video Archive of Holocaust Testimonies.* New Haven, CT: Yale University Library.

Haapakoski, R., Mathieu, J., Ebmeier, K. P., Alenius, H., & Kivimäki, M. (2015). Cumulative meta-analysis of interleukins 6 and 1β, tumour necrosis factor α and C-reactive protein in patients with major depressive disorder. *Brain, Behavior, and Immunity, 49,* 206–215.

Habel, U., Koch, K., Kellerman, T., Reske, M., Frommann, N., Wolwer, W., . . . Schneider, F. (2010). Training of affect recognition in schizophrenia: Neurobiological correlates. *Social Neuroscience, 5,* 92–104.

Hadjistavropoulos, T., Craig, K. D., Duck, S., Cano, A., Goubert, L., Jackson, P. L., . . . Fitzgerald, T. D. (2011). A biopsychosocial formulation of pain communication. *Psychological Bulletin, 137,* 910–939.

Hagger, M. S., & Chatzisarantis, N. L. D. (2013). The sweet taste of success: The presence of glucose in the oral cavity moderates the depletion of self-control resources. *Personality and Social Psychology Bulletin, 39,* 28–42.

Hagger, M. S., Wood, C., Stiff, C., & Chatzisarantis, N. L. D. (2010). Ego depletion and the strength model of self-control: A meta-analysis. *Psychological Bulletin, 136,* 495–525.

Haidt, J. (2002). The moral emotions. In R. J. Davidson, K. Scherer, & H. H. Goldsmith (Eds.), *Handbook of affective sciences* (pp. 852–870). New York: Oxford University Press.

Haidt, J. (2006). *The happiness hypothesis: Finding modern truth in ancient wisdom.* New York: Basic Books.

Haidt, J. (2010). Moral psychology must not be based on faith and hope: Commentary on Narvaez. *Perspectives on Psychological Science, 5,* 182–184.

Hajhosseini, B., Stewart, B., Tan, J. C., Busque, S., & Melcher, M. L. (2013). Evaluating deceased donor registries: Identifying predictive factors of donor designation. *American Surgeon, 79,* 235–241.

Hakuta, K., Bialystok, E., & Wiley, E. (2003). Critical evidence: A test of the critical-period hypothesis for second-language acquisition. *Psychological Science, 14,* 31–38.

Halberstadt, J. B., Niedenthal, P. M., & Kushner, J. (1995). Resolution of lexical ambiguity by emotional state. *Psychological Science, 6,* 278–281.

Halberstadt, J., Sherman, S. J., & Sherman, J. W. (2011). Why Barack Obama is black. *Psychological Science, 22,* 29–33.

Haldeman, D. C. (1994). The practice and ethics of sexual orientation conversion therapy. *Journal of Consulting and Clinical Psychology, 62,* 221–227.

Haldeman, D. C. (2002). Gay rights, patient rights: The implications of sexual orientation conversion therapy. *Professional Psychology: Research and Practice, 33,* 260–264.

Hall, A. (2016, May 9). "They keep me young!": German grandmother who had IVF quads at 65 poses with her children on their first birthday and insists she is a fit mother. *Daily Mail* (dailymail.co.uk).

Hall, C. S., Dornhoff, W., Blick, K. A., & Weesner, K. E. (1982). The dreams of college men and women in 1950 and 1980: A comparison of dream contents and sex differences. *Sleep, 5,* 188–194.

Hall, C. S., & Lindzey, G. (1978). *Theories of personality* (2nd ed.). New York: Wiley.

Hall, D. T., & Chandler, D. E. (2005). Psychological success: When the career is a calling. *Journal of Organizational Behavior, 26, 155–176.*

Hall, G. (1997). Context aversion, Pavlovian conditioning, and the psychological side effects of chemotherapy. *European Psychologist, 2,* 118–124.

Hall, J. A. (1984). *Nonverbal sex differences: Communication accuracy and expressive style.* Baltimore: Johns Hopkins University Press.

Hall, J. A. (1987). On explaining gender differences: The case of nonverbal communication. In P. Shaver & C. Hendrick (Eds.), *Review of personality and social psychology* (Vol. 7, pp. 177–200). Thousand Oaks, CA: Sage Publications.

Hall, S. S. (2004, May). The good egg. *Discover,* pp. 30–39.

Haller, R., Rummel, C., Henneberg, S., Pollmer, U., & Köster, E. P. (1999). The influence of early experience with vanillin on food preference later in life. *Chemical Senses, 24,* 465–467.

Halpern, D. F., Benbow, C. P., Geary, D. C., Gur, R. C., Hyde, J. S., & Gernsbacher, M. A. (2007). The science of sex differences in science and mathematics. *Psychological Science in the Public Interest, 8,* 1–51.

Hammack, P. L., (2005). The life course development of human sexual orientation: An integrative paradigm. *Human Development, 48,* 267–290.

Hammer, E. (2003). How lucky you are to be a psychology major. *Eye on Psi Chi,* 4–5.

Hammersmith, S. K. (1982, August). *Sexual preference: An empirical study from the Alfred C. Kinsey Institute for Sex Research.* Paper presented at the meeting of the American Psychological Association, Washington, DC.

Hammond, D. C. (2008). Hypnosis as sole anesthesia for major surgeries: Historical and contemporary perspectives. *American Journal of Clinical Hypnosis, 51,* 101–121.

Hampshire, A., Highfield, R. R., Parkin, B. L., & Owen, A. M. (2012). Fractionating human intelligence. *Neuron, 76,* 1225–1237.

Hampson, R. (2000, April 10). In the end, people just need more room. *USA Today,* p. 19A.

Hamza, C. A., Willoughby, T., & Heffer, T. (2015). Impulsivity and nonsuicidal self-injury: A review and meta-analysis. *Clinical Psychology Review, 38,* 13–24.

Hänggi, J., Koeneke, S., Bezzola, L., Jäncke, L. (2010). Structural neuroplasticity in the sensorimotor network of professional female ballet dancers. *Human Brain Mapping, 31,* 1196–1206.

Hankin, B. L., & Abramson, L. Y. (2001). Development of gender differences in depression: An elaborated cognitive vulnerability–transactional stress theory. *Psychological Bulletin, 127,* 773–796.

Hansen, C. H., & Hansen, R. D. (1988). Finding the face-in-the-crowd: An anger superiority effect. *Journal of Personality and Social Psychology, 54,* 917–924.

Harbaugh, W. T., Mayr, U., & Burghart, D. R. (2007). Neural responses to taxation and voluntary giving reveal motives for charitable donations. *Science, 316,* 1622–1625.

Harden, K. P., & Mendle, J. (2011). Why don't smart teens have sex? A behavioral genetic approach. *Child Development, 82,* 1327–1344.

Hardeveld, H. S., De Graaf, R., Nolen, W. A., & Beckman, A. T. F. (2010). Prevalence and predictors of recurrence of major depressive disorder in the adult population. *Acta Psychiatrica Scandinavia, 122,* 184–191.

Hardt, O., Einarsson, E. O., & Nader, K. (2010). A bridge over troubled water: Reconsolidation as a link between cognitive and neuroscientific memory research traditions. *Annual Review of Psychology, 61,* 141–167.

Hare, R. D. (1975). Psychophysiological studies of psychopathy. In D. C. Fowles (Ed.), *Clinical applications of psychophysiology* (pp. 77–105). New York: Columbia University Press.

Harenski, C. L., Harenski, K. A., Shane, M. W., & Kiehl, K. A. (2010). Aberrant neural processing of moral violations in criminal psychopaths. *Journal of Abnormal Psychology, 119,* 863–874.

Harkin, B., Webb, T. L., Chang, B. P. I., Prestwich, A., Conner, M., Kellar, I., . . . Sheeran, P. (2016). Does monitoring goal progress promote goal attainment? A meta-analysis of the experimental evidence. *Psychological Bulletin, 142,* 198–229.

Harkins, S. G., & Szymanski, K. (1989). Social loafing and group evaluation. *Journal of Personality and Social Psychology, 56,* 934–941.

Harlow, H. F., Harlow, M. K., & Suomi, S. J. (1971). From thought to therapy: Lessons from a primate laboratory. *American Scientist, 59,* 538–549.

Harmon-Jones, E., Abramson, L. Y., Sigelman, J., Bohlig, A., Hogan, M. E., & Harmon-Jones, C. (2002). Proneness to hypomania/mania symptoms or depression symptoms and asymmetrical frontal cortical responses to an anger-evoking event. *Journal of Personality and Social Psychology, 82,* 610–618.

Harms, P. D., Roberts, B. W., & Winter, D. (2006). Becoming the Harvard man: Person-environment fit, personality development, and academic success. *Personality and Social Psychology Bulletin, 32,* 851–865.

Harper, C., & McLanahan, S. (2004). Father absence and youth incarceration. *Journal of Research on Adolescence, 14,* 369–397.

Harris, B. (1979). Whatever happened to Little Albert? *American Psychologist, 34,* 151–160.

Harris Interactive. (2010). 2009 eHarmony® marriage metrics study: Methodological notes. eHarmony (http://www.eharmony.com/press-release/31/).

Harris, J. R. (1998). *The nurture assumption.* New York: Free Press.

Harris, J. R. (2002). Beyond the nurture assumption: Testing hypotheses about the child's environment. In J. G. Borkowski, S. L. Ramey, & M. Bristol-Power (Eds.), *Parenting and the child's world: Influences on academic, intellectual, and social-emotional development* (pp. 3–20). Mahwah, NJ: Erlbaum.

Harris, R. J. (1994). The impact of sexually explicit media. In J. Brant & D. Zillmann (Eds.), *Media effects: Advances in theory and research* (pp. 247–272). Hillsdale, NJ: Erlbaum.

Harrison, G., Hopper, K. I. M., Craig, T., Laska, E., Siegel, C., Wanderling, J., . . . Holmberg, S. K. (2001). Recovery from psychotic illness: A 15-and 25-year international follow-up study. *The British Journal of Psychiatry, 178*(6), 506–517.

Harrison, L. A., Hurlemann, R., & Adolphs, R. (2015). An enhanced default approach bias following amygdala lesions in humans. *Psychological Science, 26,* 1543–1555.

Harriston, K. A. (1993, December 24). 1 shakes, 1 snoozes: Both win $45 million. *The Washington Post* release (in *Tacoma News Tribune,* pp. A1, A2).

Harter, J. K., Schmidt, F. L., Asplund, J. W., Killham, E. A., & Agrawal, S. (2010). Causal impact of employee work perceptions on the bottom line of organizations. *Perspectives on Psychological Science, 5,* 378–389.

Harter, J. K., Schmidt, F. L., & Hayes, T. L. (2002). Business-unit-level relationship between employee satisfaction, employee engagement, and business outcomes: A meta-analysis. *Journal of Applied Psychology, 87,* 268–279.

Hartwig, M., & Bond, C. F., Jr. (2011). Why do lie-catchers fail? A lens model meta-analysis of human lie judgments. *Psychological Bulletin, 137,* 643–659.

Hasan, Y., Bègue, L., Scharkow, M., & Bushman, B. J. (2013). The more you play, the more aggressive you become: A long-term experimental study of cumulative violent video game effects on hostile expectations and aggressive behavior. *Journal of Experimental Social Psychology, 49,* 224–227.

Haselton, M. G., & Gildersleeve, K. (2011). Can men detect ovulation? *Current Directions in Psychological Science, 20,* 87–92.

Haslam, S. A., & Reicher, S. (2007). Beyond the banality of evil: Three dynamics of an interactionist social psychology of tyranny. *Personality and Social Psychology Bulletin, 33,* 615–622.

Haslam, S. A., & Reicher, S. D. (2012). Contesting the "nature" of conformity: What Milgram and Zimbardo's studies really show. *PLOS Biology, 10*(11), e1001426. doi:10.1371/journal.pbio.1001426

Hassan, B., & Rahman, Q. (2007). Selective sexual orientation-related differences in object location memory. *Behavioral Neuroscience, 121,* 625–633.

Hassin, R. R. (2013). Yes it can: On the functional abilities of the human unconscious. *Perspectives on Psychological Science, 8,* 195–207.

Hatfield, E. (1988). Passionate and companionate love. In R. J. Sternberg & M. L. Barnes (Eds.), *The psychology of love* (pp. 191–217). New Haven, CT: Yale University Press.

Hatfield, E., Mo, Y., & Rapson, R. L. (2015). Love, sex, and marriage across cultures. *Oxford Handbooks Online* (oxfordhandbooks.com).

Hatfield, E., & Sprecher, S. (1986). *Mirror, mirror . . . The importance of looks in everyday life.* Albany: State University of New York Press.

Havas, D. A., Glenberg, A. M., Gutowski, K. A., Lucarelli, M. J., & Davidson, R. J. (2010). Cosmetic use of botulinum toxin-A affects processing of emotional language. *Psychological Science, 21,* 895–900.

Haworth, C. M. A., Wright, M. J., Martin, N. W., Martin, N. G., Boomsma, D. I., Bartels, M., . . . Plomin, R. (2009). A twin study of the genetics of high cognitive ability selected from 11,000 twin pairs in sex studies from four countries. *Behavior Genetics, 39,* 359–370.

Hawton, K., Bergen, H., Cooper, J., Turnbull, P., Waters, K., Ness, J., & Kapur, N. (2015). Suicide following self-harm: Findings from the Multicentre Study of self-harm in England, 2000–2012. *Journal of Affective Disorders, 175,* 147–151.

Haxby, J. V. (2001, July 7). Quoted by B. Bower, Faces of perception. *Science News,* pp. 10–12. See also J. V. Haxby, M. I. Gobbini, M. L. Furey, A. Ishai, J. L. Schouten & P. Pietrini, Distributed and overlapping representations of faces and objects in ventral temporal cortex. *Science, 293,* 2425–2430.

Headey, B., Muffels, R., & Wagner, G. G. (2010). Long-running German panel survey shows that personal and economic choices, not just genes, matter for happiness. *PNAS, 107,* 17922–17926.

Heckert, J. (2012, November 15). The hazards of growing up painlessly. *The New York Times* (nytimes.com).

Heider, F. (1958). *The psychology of interpersonal relations.* New York: Wiley.

Heiman, J. R. (1975, April). The physiology of erotica: Women's sexual arousal. *Psychology Today,* pp. 90–94.

Heine, S. J., & Buchtel, E. E. (2009). Personality: The universal and the culturally specific. *Annual Review of Psychology, 60,* 369–394.

Heine, S. J., & Hamamura, T. (2007). In search of East Asian self-enhancement. *Personality and Social Psychology Review, 11,* 4–27.

Heine, S. J., Proulx, T., & Vohs, K. D. (2006). Meaning maintenance model: On the coherence of human motivations. *Personality and Social Psychology Review, 10,* 88–110.

Hejmadi, A., Davidson, R. J., & Rozin, P. (2000). Exploring Hindu Indian emotion expressions: Evidence for accurate recognition by Americans and Indians. *Psychological Science, 11,* 183–187.

Helfand, D. (2011, January 7). An assault on rationality. *The New York Times* (nytimes.com).

Heller, A. S., Johnstone, T., Schackman, A. J., Light, S. N., Peterson, M. J., Kolden, G. G., . . . Davidson, R. J. (2009). Reduced capacity to sustain positive emotion in major depression reflects diminished maintenance of fronto-striatal brain activation. *PNAS, 106,* 22445–22450.

Heller, W. (1990, May/June). Of one mind: Second thoughts about the brain's dual nature. *The Sciences,* pp. 38–44.

Helliwell, J., Layard, R., & Sachs, J. (Eds.) (2013). *World happiness report.* New York: Earth Institute, Columbia University.

Helliwell, J. F., & Wang, S. (2015). How was the weekend? How the social context underlies weekend effects in happiness and other emotions for US workers. *PLoS One, 10,* e0145123.

Helmreich, W. B. (1992). *Against all odds: Holocaust survivors and the successful lives they made in America.* New York: Simon & Schuster.

Helmreich, W. B. (1994). Personal correspondence. Department of Sociology, City University of New York.

Helms, J. E., Jernigan, M., & Mascher, J. (2005). The meaning of race in psychology and how to change it: A methodological perspective. *American Psychologist, 60,* 27–36.

Helmuth, L. (2001). Boosting brain activity from the outside in. *Science, 292,* 1284–1286.

Helsen, K., Goubert, L., Peters, M. L., & Vlaeyen, J. W. S. (2011). Observational learning and pain-related fear: An experimental study with colored cold pressor tasks. *Journal of Pain, 12,* 1230–1239.

Hembree, R. (1988). Correlates, causes, effects, and treatment of test anxiety. *Review of Educational Research, 58,* 47–77.

Henderlong, J., & Lepper, M. R. (2002). The effects of praise on children's intrinsic motivation: A review and synthesis. *Psychological Bulletin, 128,* 774–795.

Henig, R. M. (2010, August 18). What is it about 20-somethings? *The New York Times* (nytimes.com).

Henkel, L. A., Franklin, N., & Johnson, M. K. (2000,

March). Cross-modal source monitoring confusions between perceived and imagined events. *Journal of Experimental Psychology: Learning, Memory, & Cognition, 26,* 321–335.

Hennenlotter, A., Dresel, C., Castrop, F., Ceballos Baumann, A., Wohschlager, A., & Haslinger, B. (2008). The link between facial feedback and neural activity within central circuitries of emotion: New insights from botulinum toxin-induced denervation of frown muscles. *Cerebral Cortex, 19,* 537–542.

Hennessey, B. A., & Amabile, T. M. (2010). Creativity. *Annual Review of Psychology, 61,* 569–598.

Henrich, J., Heine, S. J., & Norenzayan, A. (2010). The weirdest people in the world? *Behavioral and Brain Sciences, 33,* 61–135.

Herbenick, D., Reece, M., Schick, V., & Sanders, S. A. (2014). Erect penile length and circumference dimensions of 1,661 sexually active men in the United States. *Journal of Sexual Medicine, 11,* 93–101.

Herbenick, D., Reece, M., Schick, V., Sanders, S. A., Dodge, B., & Fortenberry, J. D. (2010). Sexual behavior in the United States: Results from a national probability sample of men and women ages 14–94. *Journal of Sexual Medicine, 7*(suppl. 5), 255–265.

Herculano-Houzel, S. (2012). The remarkable, yet not extraordinary, human brain as a scaled-up primate brain and its associated cost. *PNAS, 109*(Suppl. 1), 10661–10668.

Herholz, S. C., & Zatorre, R. J. (2012). Musical training as a framework for brain plasticity: Behavior, function, and structure. *Neuron, 76,* 486–502.

Herman, C. P., & Polivy, J. (1980). Restrained eating. In A. J. Stunkard (Ed.), *Obesity* (pp. 208–225). Philadelphia: Saunders.

Herman, C. P., Roth, D. A., & Polivy, J. (2003). Effects of the presence of others on food intake: A normative interpretation. *Psychological Bulletin, 129,* 873–886.

Herman-Giddens, M. E., Steffes, J., Harris, D., Slora, E., Hussey, M., Dowshen, S. A., . . . Reiter, E. O. (2012). Secondary sexual characteristics in boys: Data from the pediatric research in office settings network. *Pediatrics, 130,* 1058–1068.

Herman-Giddens, M. E., Wang, L., & Koch, G. (2001). Secondary sexual characteristics in boys: Estimates from the National Health and Nutrition Examination Survey III, 1988–1994. *Archives of Pediatrics and Adolescent Medicine, 155,* 1022–1028.

Hernandez, A. E., & Li, P. (2007). Age of acquisition: Its neural and computational mechanisms. *Psychological Bulletin, 133,* 638–650.

Hernandez, R., Kershaw, K. N., Siddique, J., Boehm, J. K., Kubzansky, L. D., Diez-Roux, A., . . . Lloyd-Jones, D. M. (2015). Optimism and cardiovascular health: Multi-Ethnic Study of Atherosclerosis (MESA). *Health Behavior and Policy Review, 2,* 62–73.

Herrmann, E., Call, J., Hernández-Lloreda, M. V., Hare, B., & Tomasello, M. (2007). Humans have evolved specialized skills of social cognition: The cultural intelligence hypothesis. *Science, 317,* 1360–1365.

Herrnstein, R. J., & Loveland, D. H. (1964). Complex visual concept in the pigeon. *Science, 146,* 549–551.

Hertenstein, M. J., Hansel, C., Butts, S., Hile, S. (2009). Smile intensity in photographs predicts divorce later in life. *Motivation and Emotion, 33,* 99–105.

Hertenstein, M. J., Keltner, D., App, B., Bulleit, B., & Jaskolka, A. (2006). Touch communicates distinct emotions. *Emotion, 6,* 528–533.

Herz, R. (2007). *The scent of desire: Discovering our enigmatic sense of smell.* New York: Morrow/HarperCollins.

Herz, R. (2012, January 28). You eat that? *The Wall Street Journal* (online.wsj.com).

Herz, R. S. (2001, October). Ah, sweet skunk! Why we like or dislike what we smell. *Cerebrum,* pp. 31–47.

Hess, E. H. (1956, July). Space perception in the chick. *Scientific American,* pp. 71–80.

Hess, U., & Thibault, P. (2009). Darwin and emotion expression. *American Psychologist, 64,* 120–128.

Hetherington, M. M., Anderson, A. S., Norton, G. N. M., & Newson, L. (2006). Situational effects on meal intake: A comparison of eating alone and eating with others. *Physiology and Behavior, 88,* 498–505.

Hettema, J. M., Neale, M. C., & Kendler, K. S. (2001). A review and meta-analysis of the genetic epidemiology of anxiety disorders. *American Journal of Psychiatry, 158,* 1568–1578.

Hickok, G. (2014). *The myth of mirror neurons: The real neuroscience of communication and cognition.* New York: Norton.

Hickok, G., Bellugi, U., & Klima, E. S. (2001, June). Sign language in the brain. *Scientific American,* pp. 58–65.

Hilgard, E. R. (1986). *Divided consciousness: Multiple controls in human thought and action.* New York: Wiley.

Hilgard, E. R. (1992). Dissociation and theories of hypnosis. In E. Fromm & M. R. Nash (Eds.), *Contemporary hypnosis research.* New York: Guilford.

Hill, C. E., & Nakayama, E. Y. (2000). Client-centered therapy: Where has it been and where is it going? A comment on Hathaway. *Journal of Clinical Psychology, 56,* 961–875.

Hills, P. J., Werno, M. A., & Lewis, M. B. (2011). Sad people are more accurate at face recognition than happy people. *Consciousness and Cognition, 20,* 1502–1517.

Hines, M. (2004). *Brain gender.* New York: Oxford University Press.

Hingson, R. W., Heeren, T., & Winter M. R. (2006). Age at drinking onset and alcohol dependence. *Archives of Pediatrics & Adolescent Medicine, 160,* 739–746.

Hintzman, D. L. (1978). *The psychology of learning and memory.* San Francisco: Freeman.

Hinz, L. D., & Williamson, D. A. (1987). Bulimia and depression: A review of the affective variant hypothesis. *Psychological Bulletin, 102,* 150–158.

Hirsh, J. B., Galinsky, A. D., & Zhong, C.-B. (2011). Drunk, powerful, and in the dark: How general processes of disinhibition produce both prosocial and antisocial behavior. *Perspectives on Psychological Science, 6,* 415–427.

Hirst, W., Phelps, E. A., Buckner, R. L., Budson, A. E., Cuc, A., Gabrieli, J. D., . . . Vaidya, C. J. (2009). Long-term memory for the terrorist attack of September 11: Flashbulb memories, event memories, and the factors that influence their retention. *Journal of Experimental Psychology: General, 138,* 161–176.

HMHL. (2007, February). Electroconvulsive therapy. *Harvard Mental Health Letter,* Harvard Medical School, pp. 1–4.

Hobson, J. A. (2003). *Dreaming: An introduction to the science of sleep.* New York: Oxford.

Hobson, J. A. (2004). *13 dreams Freud never had: The new mind science.* New York: Pi Press.

Hobson, J. A. (2009). REM sleep and dreaming: Towards a theory of protoconsciousness. *Nature Reviews, 10,* 803–814.

Hochberg, L. R., Bacher, D., Jarosiewicz, B., Masse, N. Y., Simeral, J. D., Vogel, J., . . . Donoghue, J. P. (2012). Reach and grasp by people with tetraplegia using a neutrally controlled robotic arm. *Nature, 485,* 375–375.

Hochmair, I. (2013, September). Cochlear implants: The size of the task concerning children born deaf. MED-EL (medel.com).

Hoebel, B. G., & Teitelbaum, P. (1966). Effects of forcefeeding and starvation on food intake and body weight in a rat with ventromedial hypothalamic lesions. *Journal of Comparative and Physiological Psychology, 61,* 189–193.

Hoffman, B. M., Babyak, M. A., Craighead, W. E., Sherwood, A., Doraiswamy, P. M., Coons, M. J., & Blumenthal, J. A. (2011). Exercise and pharmacotherapy in patients with major depression: One-year follow-up of the SMILE study. *Psychosomatic Medicine, 73,* 127–133.

Hoffman, D. D. (1998). *Visual intelligence: How we create what we see.* New York: Norton.

Hoffman, H. (2012). Considering the role of conditioning in sexual orientation. *Archives of Sexual Behavior, 41,* 63–71.

Hoffman, H. G. (2004, August). Virtual-reality therapy. *Scientific American,* pp. 58–65.

Hofmann, S. G., Sawyer, A. T., Witt, A. A., & Oh, D. (2010). The effect of mindfulness-based therapy on anxiety and depression: A meta-analytic review. *Journal of Consulting and Clinical Psychology, 78,* 169–183.

Hogan, C. L., Catalino, L. I., Mata, J., & Fredrickson, B. L. (2015). Beyond emotional benefits: Physical activity and sedentary behavior affect psychosocial resources through emotions. *Psychology & Health, 30,* 354–369.

Hoge, C. W., & Castro, C. A. (2006). Post-traumatic stress disorder in UK and US forces deployed to Iraq. *The Lancet, 368,* 837.

Hoge, C. W., Castro, C. A., Messer, S. C., McGurk, D., Cotting, D. I., & Koffman, R. L. (2004). Combat duty in Iraq and Afghanistan, mental health problems, and barriers to care. *New England Journal of Medicine, 351,* 13–22.

Hoge, C. W., Terhakopian, A., Castro, C. A., Messer, S. C., & Engel, C. C. (2007). Association of posttraumatic stress disorder with somatic symptoms, health care visits, and absenteeism among Iraq War veterans. *American Journal of Psychiatry, 164,* 150–153.

Hogg, M. A. (2006). Social identity theory. In P. J. Burke (Ed.), *Contemporary social psychological theories* (pp. 111–136). Stanford, CA: Stanford University Press.

Hohmann, G. W. (1966). Some effects of spinal cord lesions on experienced emotional feelings. *Psychophysiology, 3,* 143–156.

Holahan, C. K., & Sears, R. R. (1995). *The gifted group in later maturity.* Stanford, CA: Stanford University Press.

Holden, C. (2008). Poles apart. *Science, 321,* 193–195.

Holland, D., Chang, L., Ernst, T. M., Curran, M., Buchthal, S. D., Alicata, D., . . . Dale, A. M. (2014). Structural growth trajectories and rates of change in the first 3 months of infant brain development. *JAMA Neurology, 71,* 1266–1274.

Holland, J. L. (1996). Exploring careers with a typology: What we have learned and some new directions. *American Psychologist, 51,* 397–406.

Holle, H., Warne, K., Seth, A. K., Critchley, H. D., & Ward, J. (2012). Neural basis of contagious itch and why some people are more prone to it. *PNAS, 109,* 19816–19821.

Hollis, K. L. (1997). Contemporary research on Pavlovian conditioning: A "new" functional analysis. *American Psychologist, 52,* 956–965.

Hollon, S. D., DeRubeis, R. J., Fawcett, J., Amsterdam, J. D., Shelton, R. C., Zajecka, J., . . . Gallop, R. (2014). Effect of cognitive therapy with antidepressant medications vs. antidepressants alone on the rate of recovery in major depressive disorder. *JAMA Psychiatry, 71,* 1157–1164.

Hollon, S. D., Thase, M. E., & Markowitz, J. C. (2002). Treatment and prevention of depression. *Psychological Science in the Public Interest, 3,* 39–77.

Holman, E. A., Garfin, D. R., & Silver, R. C. (2014). Media's role in broadcasting acute stress following the Boston marathon bombings. *PNAS, 111,* 93–98.

Holstege, G., Georgiadis, J. R., Paans, A. M. J., Meiners, L. C., van der Graaf, F. H. C. E., & Reinders, A. A. T. S. (2003a). Brain activation during male ejaculation. *Journal of Neuroscience, 23,* 9185–9193.

Holstege, G., Reinders, A. A. T., Paans, A. M. J., Meiners, L. C., Pruim, J., & Georgiadis, J. R. (2003b). *Brain activation during female sexual orgasm.* Program No. 727.7. Washington, DC: Society for Neuroscience.

Homer, B. D., Solomon, T. M., Moeller, R. W., Mascia, A., DeRaleau, L., & Halkitis, P. N. (2008). Methamphetamine abuse and impairment of social functioning: A review of the underlying neurophysiological causes and behavioral implications. *Psychological Bulletin, 134,* 301–310.

Hooper, J., & Teresi, D. (1986). *The three-pound universe.* New York: Macmillan.

Hopkins, E. D., & Cantalupo, C. (2008). Theoretical speculations on the evolutionary origins of hemispheric specialization. *Current Directions in Psychological Science, 17,* 233–237.

Hor, H., & Tafti, M. (2009). How much sleep do we need? *Science, 325,* 825–826.

Horn, J. L. (1982). The aging of human abilities. In J. Wolman (Ed.), *Handbook of developmental psychology.* Englewood Cliffs, NJ: Prentice-Hall.

Horne, J. (2011). The end of sleep: "Sleep debt" versus biological adaptation of human sleep to waking needs. *Biological Psychology, 87,* 1–14.

Horowitz, S. S. (2012). The science and art of listening. *The New York Times* (nytimes.com).

Horwood, L. J., & Fergusson, D. M. (1998). Breastfeeding and later cognitive and academic outcomes. *Pediatrics, 101*(1), E9.

Hou, W.-H., Chiang, P.-T., Hsu, T.-Y., Chiu, S.-Y., & Yen, Y.-C. (2010). Treatment effects of massage therapy in depressed people: A meta-analysis. *Journal of Clinical Psychiatry, 71,* 894–901.

House, R. J., & Singh, J. V. (1987). Organizational behavior: Some new directions for I/O psychology. *Annual Review of Psychology, 38,* 669–718.

Houser-Marko, L., & Sheldon, K. M. (2008). Eyes on the prize or nose to the grindstone? The effects of level of goal evaluation on mood and motivation. *Personality and Social Psychology Bulletin, 34,* 1556–1569.

Houts, A. C., Berman, J. S., & Abramson, H. (1994). Effectiveness of psychological and pharmacological treatments for nocturnal enuresis. *Journal of Consulting and Clinical Psychology, 62,* 737–745.

Hovatta, I., Tennant, R. S., Helton, R., Marr, R. A., Singer, O., Redwine, J. M., . . . Barlow, C. (2005). Glyoxalase 1 and glutathione reductase 1 regulate anxiety in mice. *Nature, 438,* 662–666.

Hsee, C. K., Yang, A. X., & Wang, L. (2010). Idleness aversion and the need for justifiable busyness. *Psychological Science, 21,* 926–930.

Hsiang, S. M., Burke, M., & Miguel, E. (2013). Quantifying the influence of climate on human conflict. *Science, 341,* 1212.

Huang, C. (2010). Mean-level change in self-esteem from childhood through adulthood: Meta-analysis of longitudinal studies. *Review of General Psychology, 14,* 251–260.

Huang, C. (2015). Relation between attributional style and subsequent depressive symptoms: A systematic review and meta-analysis of longitudinal studies. *Cognitive Therapy and Research, 39*(6), 721–735.

Huang, J., Chaloupka, F. J., & Fong, G. T. (2013). Cigarette graphic warning labels and smoking prevalence in Canada: A critical examination and reformulation of the FDA regulatory impact analysis. *Tobacco Control,* published online.

Huang, M.-E., Wu, Z.-Q., & Tang, G.-Q. (2010). How does personality relate to mental health in service industry setting? The mediating effects of emotional labor strategies. *Acta Psychologica Sinica, 42,* 1175–1189.

Hubbard, E. M., Arman, A. C., Ramachandran, V. S., & Boynton, G. M. (2005). Individual differences among grapheme-color synesthetes: Brain-behavior correlations. *Neuron, 45,* 975–985.

Hubel, D. H. (1979, September). The brain. *Scientific American,* pp. 45–53.

Hubel, D. H., & Wiesel, T. N. (1979, September). Brain mechanisms of vision. *Scientific American,* pp. 150–162.

Huber, E., Webster, J. M., Brewer, A. A., MacLeod, D. I. A., Wandell, B. A., Boynton, G. M., . . . Fine, I. (2015). A lack of experience-dependent plasticity after more than a decade of recovered sight. *Psychological Science, 26,* 393–401.

Hucker, S. J., & Bain, J. (1990). Androgenic hormones and sexual assault. In W. Marshall, R. Law, & H. Barbaree (Eds.), *The handbook on sexual assault.* New York: Plenum.

Hudson, J. I., Hiripi, E., Pope, H. G., & Kessler, R. C. (2007). The prevalence and correlates of eating disorders in the National Comorbidity Survey Replication. *Biological Psychiatry, 61,* 348–358.

Hudson, N. W., & Roberts, B. W. (2014). Goals to change personality traits: Concurrent links between personality traits, daily behavior, and goals to change oneself. *Journal of Research in Personality, 53,* 68–83.

Huey, E. D., Krueger, F., & Grafman, J. (2006). Representations in the human prefrontal cortex. *Current Directions in Psychological Science, 15,* 167–171.

Hughes, J. R., Peters, E. N., & Naud, S. (2008). Relapse to smoking after 1 year of abstinence: A meta-analysis. *Addictive Behaviors, 33,* 1516–1520.

Hughes, M. L., Geraci, L., & De Forrest, R. L. (2013). Aging 5 years in 5 minutes: The effect of taking a memory test on older adults' subjective age. *Psychological Science, 24,* 2481–2488.

Hull, J. G., & Bond, C. F., Jr. (1986). Social and behavioral consequences of alcohol consumption and expectancy: A meta-analysis. *Psychological Bulletin, 99,* 347–360.

Hull, J. M. (1990). *Touching the rock: An experience of blindness.* New York: Vintage Books.

Hull, S. J., Hennessy, M., Bleakley, A., Fishbein, M., & Jordan, A. (2011). Identifying the causal pathways from religiosity to delayed adolescent sexual behavior. *Journal of Sex Research, 48,* 543–553.

Human Connectome Project. (2013). The Human Connectome Project (humanconnectome.org/).

Hummer, R. A., Rogers, R. G., Nam, C. B., & Ellison, C. G. (1999). Religious involvement and U.S. adult mortality. *Demography, 36,* 273–285.

Humphrey, S. E., Nahrgang, J. D., & Morgeson, F. P. (2007). Integrating motivational, social, and contextual work design features: A meta-analytic summary and theoretical extension of the work design literature. *Journal of Applied Psychology, 92,* 1332–1356.

Hunsley, J., & Bailey, J. M. (1999). The clinical utility of the Rorschach: Unfulfilled promises and an uncertain future. *Psychological Assessment, 11,* 266–277.

Hunsley, J., & Di Giulio, G. (2002). Dodo bird, phoenix, or urban legend? The question of psychotherapy equivalence. *Scientific Review of Mental Health Practice, 1,* 11–22.

Hunt, C., Slade, T., & Andrews, G. (2004). Generalized anxiety disorder and major depressive disorder comorbidity in the National Survey of Mental Health and Well-Being. *Depression and Anxiety, 20,* 23–31.

Hunt, J. M. (1982). Toward equalizing the developmental opportunities of infants and preschool children. *Journal of Social Issues, 38*(4), 163–191.

Hunt, L. L., Eastwick, P. W., & Finkel, E. J. (2015). Leveling the playing field: Longer acquaintance predicts reduced assortative mating on attractiveness. *Psychological Science, 26,* 1046–1053.

Hunt, M. (1990). *The compassionate beast: What science is discovering about the humane side of humankind.* New York: William Morrow.

Hunt, M. (1993). *The story of psychology.* New York: Doubleday.

Hunter, S., & Sundel, M. (Eds.). (1989). *Midlife myths: Issues, findings, and practice implications.* Newbury Park, CA: Sage.

Hurd, Y. L., Michaelides, M., Miller, M. L., & Jutras-Aswad, D. (2013). Trajectory of adolescent cannabis use on addiction vulnerability. *Neuropharmacology, 76,* 416–424.

Hutchinson, R. (2006). *Calum's road.* Edinburgh, Scotland: Burlinn Limited.

Hvistendahl, M. (2011). China's population growing slowly, changing fast. *Science, 332,* 650–651.

Hyde, J. S. (2005). The gender similarities hypothesis. *American Psychologist, 60,* 581–592.

Hyde, J. S. (2014). Gender similarities and differences. *Annual Review of Psychology, 65,* 373–398.

Hyde, J. S., & Mertz, J. E. (2009). Gender, culture, and mathematics performance. *PNAS, 106,* 8801–8807.

Hyde, J. S., Mezulis, A. H., & Abramson, L. Y. (2008). The ABCs of depression: Integrating affective, biological, and cognitive models to explain the emergence of the gender difference in depression. *Psychological Review, 115,* 291–313.

Iacoboni, M. (2009). Imitation, empathy, and mirror neurons. *Annual Review of Psychology, 60,* 653–670.

Ibos, G., & Freedman, D. J. (2014). Dynamic integration of task-relevant visual features in posterior parietal cortex. *Neuron, 83,* 1468–1480.

Ickes, W., Snyder, M., & Garcia, S. (1997). Personality influences on the choice of situations. In R. Hogan, J. Johnson, & S. Briggs (Eds.). *Handbook of personality psychology* (pp. 165–195). San Diego, CA: Academic Press.

Idson, L. C., & Mischel, W. (2001). The personality of familiar and significant people: The lay perceiver as a social-cognitive theorist. *Journal of Personality and Social Psychology, 80,* 585–596.

IJzerman, H., & Semin, G. R. (2009). The thermometer of social relations: Mapping social proximity on temperature. *Psychological Science, 20,* 1214–1220.

Ikonomidou, C. C., Bittigau, P., Ishimaru, M. J., Wozniak, D. F., Koch, C., Genz, K., . . . Olney, J. W. (2000). Ethanol-induced apoptotic neurodegeneration and fetal alcohol syndrome. *Science, 287,* 1056–1060.

Ilardi, S. (2016, accessed May 2). Therapeutic lifestyle change (TLC). University of Kansas (tlc.ku.edu).

Ilardi, S. S. (2009). *The depression cure: The six-step program to beat depression without drugs.* Cambridge, MA: De Capo Lifelong Books.

Inbar, Y., Cone, J., & Gilovich, T. (2010). People's intuitions about intuitive insight and intuitive choice. *Journal of Personality and Social Psychology, 99,* 232–247.

Ingalhalikar, M., Smith, A., Parker, D., Satterthwaite, T. D., Elliott, M. A., Ruparel, K., . . . Verma, R. (2013). Sex differences in the structural connectome of the human brain. *PNAS, 111,* 823–828.

Ingham, A. G., Levinger, G., Graves, J., & Peckham, V. (1974). The Ringelmann effect: Studies of group size and group performance. *Journal of Experimental Social Psychology, 10,* 371–384.

Inglehart, R. (1990). *Culture shift in advanced industrial society.* Princeton, NJ: Princeton University Press.

Inglehart, R., Foa, R., Peterson, C., & Welzel, C. (2008). Development, freedom, and rising happiness: A global perspective (1981–2007). *Perspectives on Psychological Science, 3,* 264–285.

Innocence Project. (2015). Eyewitness misidentification. Retrieved from http://www.innocenceproject.org/understand/Eyewitness-Misidentification.php

Insel, T. R. (2010, April). Faulty circuits. *Scientific American,* pp. 44–51.

International Schizophrenia Consortium. (2009). Common polygenic variation contributes to risk of schizophrenia and bipolar disorder. *Nature, 460,* 748–752.

Inzlicht, M., & Ben-Zeev, T. (2000). A threatening intellectual environment: Why females are susceptible to experiencing problem-solving deficits in the presence of males. *Psychological Science, 11,* 365–371.

Inzlicht, M., & Kang, S. K. (2010). Stereotype threat spillover: How coping with threats to social identity affects aggression, eating, decision making, and attention. *Journal of Personality and Social Psychology, 99,* 467–481.

Ipsos. (2010, April 8). One in five (20%) global citizens believe that alien beings have come down to earth and walk amongst us in our communities disguised as humans. Ipsos (ipsos-na.com).

IPU. (2015, January 1). Women in national parliaments: Situation as of 1 January 2015. International Parliamentary Union (ipu.org/wmn-e/world.htm).

Ireland, M. E., & Pennebaker, J. W. (2010). Language style matching in writing: Synchrony in essays, correspondence, and poetry. *Journal of Personality and Social Psychology, 99,* 549–571.

Ironson, G., Solomon, G. F., Balbin, E. G., O'Cleirigh, C., George, A., Kumar, M., . . . Woods, T. E. (2002). The Ironson-Woods spiritual/religiousness index is associated with long survival, health behaviors, less distress, and low cortisol in people with HIV/AIDS. *Annals of Behavioral Medicine, 24,* 34–48.

Isaacowitz, D. M. (2012). Mood regulation in real time: Age differences in the role of looking. *Current Directions in Psychological Science, 21,* 237–242.

Islam, S. S., & Johnson, C. (2003). Correlates of smoking behavior among Muslim Arab-American adolescents. *Ethnicity & Health, 8,* 319–337.

Iso, H., Simoda, S., & Matsuyama, T. (2007). Environmental change during postnatal development alters behaviour. *Behavioural Brain Research, 179,* 90–98.

ITU. (2016, accessed April 20). ICT facts and figures. International Telecommunications Union (itu.int/en/ITU-D/Statistics/Documents/facts/ICTFactsFigures2015.pdf).

Ives-Deliperi, V. L., Solms, M., & Meintjes, E. M. (2011). The neural substrates of mindfulness: An fMRI investigation. *Social Neuroscience, 6,* 231–242.

Iyengar, S. S., & Lepper, M. R. (2000). When choice is demotivating: Can one desire too much of a good thing? *Journal of Personality and Social Psychology, 79,* 995–1006.

Izard, C. E. (1977). *Human emotions.* New York: Plenum Press.

Izard, C. E. (1994). Innate and universal facial expressions: Evidence from developmental and cross-cultural research. *Psychological Bulletin, 114,* 288–299.

Jääskeläinen, E., Juola, P., Hirvonen, N., McGrath, J. J., Saha, S., Isohanni, M. , . . .Miettunen, J. (2013). A systematic review and meta-analysis of recovery in schizophrenia. *Schizophrenia Bulletin, 39,* 1296–1306.

Jablensky, A. (1999). Schizophrenia: Epidemiology. *Current Opinion in Psychiatry, 12,* 19–28.

Jack, R. E., Garrod, O. G. B., Yu, H., Caldara, R., & Schyns, P. G. (2012). Facial expressions of emotion are not culturally universal. *PNAS, 109,* 7241–7244.

Jäckle, S., & Wenzelburger, G. (2015). Religion, religiosity, and the attitudes toward homosexuality—A multilevel analysis of 79 countries. *Journal of Homosexuality, 62,* 207–241.

Jackson, G. (2009). Sexual response in cardiovascular disease. *Journal of Sex Research, 46,* 233–236.

Jackson, J. M., & Williams, K. D. (1988). *Social loafing: A review and theoretical analysis.* Unpublished manuscript, Fordham University.

Jackson, S. W. (1992). The listening healer in the history of psychological healing. *American Journal Psychiatry, 149,* 1623–1632.

Jacobs, B. L. (1994). Serotonin, motor activity, and depression-related disorders. *American Scientist, 82,* 456- 463.

Jacobs, B. L. (2004). Depression: The brain finally gets into the act. *Current Directions in Psychological Science, 13,* 103–106.

Jacques, C., & Rossion, B. (2006). The speed of individual face categorization. *Psychological Science, 17,* 485–492.

Jaffe, E. (2004, October). Peace in the Middle East may be impossible: Lee D. Ross on naive realism and conflict resolution. *APS Observer,* pp. 9–11.

Jakubovski, E., Varigonda, A. L., Freemantle, N., Taylor, M. J., & Bloch, M. H. (2015). Systematic review and meta-analysis: Dose-response relationship of selective serotonin reuptake inhibitors in major depressive disorder. *American Journal of Psychiatry, 173*(2), 174–183.

James, W. (1890). *The principles of psychology* (Vol. 2). New York: Holt.

Jamieson, J. P. (2010). The home field advantage in athletics: A meta-analysis. *Journal of Applied Social Psychology, 40,* 1819–1848.

Jamison, K. R. (1993). *Touched with fire: Manic-depressive illness and the artistic temperament.* New York: Free Press.

Jamison, K. R. (1995). *An unquiet mind.* New York: Knopf.

Janis, I. L. (1982). *Groupthink: Psychological studies of policy decisions and fiascoes.* Boston: Houghton Mifflin.

Janis, I. L. (1986). Problems of international crisis management in the nuclear age. *Journal of Social Issues, 42*(2), 201–220.

Jaremka, L. M., Gabriel, S., & Carvallo, M. (2011). What makes us feel the best also makes us feel the worst: The emotional impact of independent and interdependent experiences. *Self and Identity, 10,* 44–63.

Jaschik, S. (2013, January 14). Spoiled children. Inside Higher Education (insidehighered.com).

Jayakar, R., King, T. Z., Morris, R., & Na, S. (2015). Hippocampal volume and auditory attention on a verbal memory task with adult survivors of pediatric brain tumor. *Neuropsychology, 29,* 303–319.

Jedrychowski, W., Perera, F., Jankowski, J., Butscher, M., Mroz, E., Flak, E., . . . Sowa, A. (2012). Effect of exclusive breastfeeding on the development of children's cognitive function in the Krakow prospective birth cohort study. *European Journal of Pediatrics, 171,* 151–158.

Jeffrey, K., Mahoney, S., Michaelson, J., & Abdallah, S. (2014). *Well-being at work: A review of the literature.* Retrieved from http://www.neweconomics.org/publications/entry/well-being-at-work

Jenkins, J. G., & Dallenbach, K. M. (1924). Obliviscence during sleep and waking. *American Journal of Psychology, 35,* 605–612.

Jenkins, J. M., & Astington, J. W. (1996). Cognitive factors and family structure associated with theory of mind development in young children. *Developmental Psychology, 32,* 70–78.

Jensen, J. P., & Bergin, A. E. (1988). Mental health values of professional therapists: A national interdisciplinary survey. *Professional Psychology: Research and Practice, 19,* 290–297.

Jepson, C., Krantz, D. H., & Nisbett, R. E. (1983). Inductive reasoning: Competence or skill? *The Behavioral and Brain Sciences, 3,* 494–501.

Jessberger, S., Aimone, J. B., & Gage, F. H. (2008). *Neurogenesis. In Learning and memory: A comprehensive reference.* Oxford: Elsevier.

Ji, D., & Wilson, M. A. (2007). Coordinated memory replay in the visual cortex and hippocampus during sleep. *Nature Neuroscience, 10,* 100–107.

Jobe, T. H., & Harrow, M. (2010). Schizophrenia course, long-term outcome, recovery, and prognosis. *Current Directions in Psychological Science, 19,* 220–225.

Joel, D., Berman, Z, Tavor, I., Wexler, N., Gaber, O., Stein, Y., . . . Assaf, Y. (2015, December) Sex beyond the genitalia: The human brain mosaic. *PNAS, 112*(50), 15468–15473.

John, O. P., & Srivastava, S. (1999). The Big Five trait taxonomy: History, measurement, and theoretical perspectives. In L. A. Pervin & O. P. John (Eds.), *Handbook of personality: Theory and research* (Vol. 2, pp. 102–138). New York: Guilford.

Johnson, D. L., Wiebe, J. S., Gold, S. M., Andreasen, N. C., Hichwa, R. D., Watkins, G. L., & Ponto, L. L. B. (1999). Cerebral blood flow and personality: A positron emission tomography study. *American Journal of Psychiatry, 156,* 252–257.

Johnson, E., & Novak, W. (1992). *My life.* New York: Fawcett Books.

Johnson, E. J., & Goldstein, D. (2003). Do defaults save lives? *Science, 302,* 1338–1339.

Johnson, J. A. (2007, June 26). Not so situational. Commentary on the SPSP listserv (spsp-discuss@stolaf.edu).

Johnson, J. G., Cohen, P., Kotler, L., Kasen, S., & Brook, J. S. (2002). Psychiatric disorders associated with risk for the development of eating disorders during adolescence and early adulthood. *Journal of Consulting and Clinical Psychology, 70,* 1119–1128.

Johnson, J. S., & Newport, E. L. (1991). Critical period effects on universal properties of language: The status of subjacency in the acquisition of a second language. *Cognition, 39,* 215–258.

Johnson, M. (2014). *Morality for humans: Ethical understanding from the perspective of cognitive science.* Chicago: University of Chicago Press.

Johnson, M. D., & Chen, J. (2015). Blame it on the alcohol: The influence of alcohol consumption during adolescence, the transition to adulthood, and young adulthood on one-time sexual hookups. *Journal of Sex Research, 52,* 570–579.

Johnson, M. H., & Morton, J. (1991). *Biology and cognitive development: The case of face recognition.* Oxford, England: Blackwell.

Johnson, M. P. (2008). *A typology of domestic violence: Intimate terrorism, violent resistance, and situational couple violence.* Boston: Northeastern University Press.

Johnson, W. (2010). Understanding the genetics of intelligence: Can height help? Can corn oil? *Current Directions in Psychological Science, 19,* 177–182.

Johnson, W., Carothers, A., & Deary, I. J. (2008). Sex differences in variability in general intelligence: A new look at the old question. *Perspectives on Psychological Science, 3,* 518–531.

Johnson, W., Turkheimer, E., Gottesman, I. I., & Bouchard, T. J., Jr. (2009). Beyond heritability: Twin studies in behavioral research. *Current Directions in Psychological Science, 18,* 217–220.

Johnston, L. D., O'Malley, P. M., Bachman, J. G., & Schulenberg, J. E. (2007, May). *Monitoring the Future national results on adolescent drug use: Overview of key findings, 2006.* Bethesda, MD: National Institute on Drug Abuse.

Johnston, L. D., O'Malley, P. M., Miech, R. A., Bachman, J. G., & Schulenberg, J. E. (2015, February). *Monitoring the Future national results on drug use: 1975–2014: 2014 overview, key findings on adolescent drug use.* Ann Arbor: Institute for Social Research, University of Michigan.

Joiner, T. E., Jr. (2006). *Why people die by suicide.* Cambridge, MA: Harvard University Press.

Joiner, T. E., Jr. (2010). *Myths about suicide.* Cambridge, MA: Harvard University Press.

Jonason, P. K., Garcia, J. R., Webster, G. D., Li, N. P., & Fisher, H. E. (2015). Relationship dealbreakers: Traits people avoid in potential mates. *Personality and Social Psychology Bulletin, 41,* 1697–1711.

Jones, A. C., & Gosling, S. D. (2005). Temperament and personality in dogs *(Canis familiaris):* A review and evaluation of past research. *Applied Animal Behaviour Science, 95,* 1–53.

Jones, B., Reedy, E. J., & Weinberg, B. A. (2014, January). *Age and scientific genius.* NBER Working Paper Series (nber.org/papers/w19866).

Jones, E. (1957). *The life and work of Sigmund Freud: Vol. 3. The last phase (1919–1939)* (Pt. 1, chap. 4). New York: Basic Books.

Jones, J. M. (2013, December 19). *In U.S., 40% get less than recommended amount of sleep.* Gallup Poll (gallup.com).

Jones, J. T., Pelham, B. W., Carvallo, M., & Mirenberg, M. C. (2004). How do I love thee? Let me count the Js: Implicit egotism and interpersonal attraction. *Journal of Personality and Social Psychology, 87,* 665–683.

Jones, M. C. (1924). A laboratory study of fear: The case of Peter. *Journal of Genetic Psychology, 31,* 308–315.

Jones, S. S. (2007). Imitation in infancy: The development of mimicry. *Psychological Science, 18,* 593–599.

Jónsson, H., Hougaard, E., Bennedsen, B. E. (2011). Randomized comparative study of group versus individual cognitive behavioural therapy for obsessive compulsive disorder. *Acta Psychiatrica Scandinavica, 123,* 387–397.

Jorm, A. F., Reavley, N. J., & Ross, A. M. (2012). Belief in the dangerousness of people with mental disorders: A review. *Australian and New Zealand Journal of Psychiatry, 46,* 1029–1045.

Jose, A., O'Leary, D., & Moyer, A. (2010). Does premarital cohabitation predict subsequent marital stability and marital quality? A meta-analysis. *Journal of Marriage and Family, 72,* 105–116.

Jost, J. T., Kay, A. C., & Thorisdottir, H. (Eds.) (2009). *Social and psychological bases of ideology and system justification.* New York: Oxford University Press.

Judge, T. A., Thoresen, C. J., Bono, J. E., & Patton, G. K. (2001). The job satisfaction/job performance relationship: A qualitative and quantitative review. *Psychological Bulletin, 127,* 376–407.

Jung-Beeman, M., Bowden, E. M., Haberman, J., Frymiare, J. L., Arambel-Liu, S., Greenblatt, R., . . . Kounios, J. (2004). Neural activity when people solve verbal problems with insight. *PloS Biology 2*(4), e111.

Just, M. A., Keller, T. A., & Cynkar, J. (2008). A decrease in brain activation associated with driving when listening to someone speak. *Brain Research, 1205,* 70–80.

Kabat-Zinn, J. (2001). Mindfulness-based interventions in context: Past, present, and future. *Clinical Psychology: Science and Practice, 10,* 144–156.

Kagan, J. (1976). Emergent themes in human development. *American Scientist, 64,* 186–196.

Kagan, J. (1984). *The nature of the child.* New York: Basic Books.

Kagan, J. (1995). On attachment. *Harvard Review of Psychiatry, 3,* 104–106.

Kagan, J. (1998). *Three seductive ideas.* Cambridge, MA: Harvard University Press.

Kagan, J. (2010). *The temperamental thread: How genes, culture, time, and luck make us who we are.* Washington, DC: Dana Press.

Kagan, J., Lapidus, D. R., & Moore, M. (1978, December) Infant antecedents of cognitive functioning: A longitudinal study. *Child Development, 49(4),* 1005–1023.

Kagan, J., & Snidman, N. (2004). *The long shadow of temperament.* Cambridge, MA: Belknap Press.

Kahneman, D. (1985, June). Quoted by K. McKean, Decisions, decisions. *Discover,* pp. 22–31.

Kahneman, D. (1999). Assessments of objective happiness: A bottom-up approach. In D. Kahneman, E. Diener, & N. Schwartz (Eds.), *Understanding well-being: Scientific perspectives on enjoyment and suffering.* New York: Russell Sage Foundation.

Kahneman, D. (2005, January 13). What were they thinking? Q&A with Daniel Kahneman. *Gallup Management Journal* (gmj.gallup.com).

Kahneman, D. (2011). *Thinking, fast and slow.* New York: Farrar, Straus, and Giroux.

Kahneman, D., Fredrickson, B. L., Schreiber, C. A., & Redelmeier, D. A. (1993). When more pain is preferred to less: Adding a better end. *Psychological Science, 4,* 401–405.

Kahneman, D., Krueger, A. B., Schkade, D. A., Schwarz, N., & Stone, A. A. (2004). A survey method for characterizing daily life experience: The day reconstruction method. *Science, 306,* 1776–1780.

Kahneman, D., & Tversky, A. (1972). Subjective probability: A judgment of representativeness. *Cognitive Psychology 3,* 430–454.

Kail, R. (1991). Developmental change in speed of processing during childhood and adolescence. *Psychological Bulletin, 109,* 490–501.

Kail, R., & Hall, L. K. (2001). Distinguishing short-term memory from working memory. *Memory & Cognition, 29,* 1–9.

Kaiser Family Foundation. (2010, January). *Generation M2: Media in the lives of 8- to 18-year-olds* (by V. J. Rideout, U. G. Foehér, & D. F. Roberts). Menlo Park, CA: Henry J. Kaiser Family Foundation.

Kakinami, L., Barnett, T. A., Séguin, L., & Paradis, G. (2015). Parenting style and obesity risk in children. *Preventive Medicine, 75,* 18–22.

Kamarck, T., & Jennings, J. R. (1991). Biobehavioral factors in sudden cardiac death. *Psychological Bulletin, 109,* 42–75.

Kamel, N. S., & Gammack, J. K. (2006). Insomnia in the elderly: Cause, approach, and treatment. *American Journal of Medicine, 119,* 463–469.

Kamenica, E., Naclerio, R., & Malani, A. (2013). Advertisements impact the physiological efficacy of a branded drug. *PNAS, 110,* 12931–12935.

Kamil, A. C., & Cheng, K. (2001). Way-finding and landmarks: The multiple-bearings hypothesis. *Journal of Experimental Biology, 204,* 103–113.

Kaminski, J., Cali, J., & Fischer, J. (2004). Word learning in a domestic dog: Evidence for "fast mapping." *Science, 304,* 1682–1683.

Kandel, E. (2008, October/November). Quoted in S. Avan, Speaking of memory. *Scientific American Mind,* pp. 16–17.

Kandel, E. R. (2012, March 5). Interview by Claudia Dreifus: A quest to understand how memory works. *The New York Times* (nytimes.com).

Kandel, E. R., & Schwartz, J. H. (1982). Molecular biology of learning: Modulation of transmitter release. *Science, 218,* 433–443.

Kane, G. D. (2010). Revisiting gay men's body image issues: Exposing the fault lines. *Review of General Psychology, 14,* 311–317.

Kaplan, H. I., & Saddock, B. J. (Eds.). (1989). *Comprehensive textbook of psychiatry, V.* Baltimore, MD: Williams & Wilkins.

Kaprio, J., Koskenvuo, M., & Rita, H. (1987). Mortality after bereavement: A prospective study of 95,647 widowed persons. *American Journal of Public Health, 77,* 283–287.

Karacan, I., Goodenough, D. R., Shapiro, A., & Starker, S. (1966). Erection cycle during sleep in relation to dream anxiety. *Archives of General Psychiatry, 15,* 183–189.

Karasik, L. B., Adolph, K. E., Tamis-LeMonda, C. S., & Bornstein, M. H. (2010). WEIRD walking: Cross-cultural research on motor development. *Behavioral and Brain Sciences, 33,* 95–96.

Karau, S. J., & Williams, K. D. (1993). Social loafing: A meta-analytic review and theoretical integration. *Journal of Personality and Social Psychology, 65,* 681–706.

Kark, J. D., Shemi, G., Friedlander, Y., Martin, O., Manor, O., & Blondheim, S. H. (1996). Does religious observance promote health? Mortality in secular vs. religious kibbutzim in Israel. *American Journal of Public Health, 86,* 341–346.

Karlén, J., Ludvigsson, J., Hedmark, M., Faresjö, Å., Theodorsson, E., & Faresjö, T. (2015). Early psychosocial exposures, hair cortisol levels, and disease risk. *Pediatrics, 135,* e1450–e1457. doi:10.1542/peds.2014-2561

Karlsgodt, K. H., Sun, D., & Cannon, T. D. (2010). Structural and functional brain abnormalities in schizophrenia. *Current Directions in Psychological Science, 19,* 226–231.

Karpicke, J. D. (2012). Retrieval-based learning: Active retrieval promotes meaningful learning. *Current Directions in Psychological Science, 21,* 157–163.

Karpicke, J. D., & Roediger, H. L., III. (2008). The critical importance of retrieval for learning. *Science, 319,* 966–968.

Karremans, J. C., Frankenhis, W. E., & Arons, S. (2010). Blind men prefer a low waist-to-hip ratio. *Evolution and Human Behavior, 31,* 182–186.

Kasen, S., Chen, H., Sneed, J., Crawford, T., & Cohen, P. (2006). Social role and birth cohort influences on gender-linked personality traits in women: A 20-year longitudinal analysis. *Journal of Personality and Social Psychology, 91,* 944–958.

Kashdan, T. B. (2009). *Curious? Discover the missing ingredient to a fulfilling life.* New York: William Morrow.

Katz-Wise, S. L., & Hyde, J. S. (2012). Victimization experiences of lesbian, gay, and bisexual individuals: A meta-analysis. *Journal of Sex Research, 49,* 142–167.

Katz-Wise, S. L., Priess, H. A., & Hyde, J. S. (2010). Gender-role attitudes and behavior across the transition to parenthood. *Developmental Psychology, 46,* 18–28.

Kaufman, G., & Libby, L. K. (2012). Changing beliefs and behavior through experience-taking. *Journal of Personality and Social Psychology, 103,* 1–19.

Kaufman, J. C., & Baer, J. (2002). I bask in dreams of suicide: Mental illness, poetry, and women. *Review of General Psychology, 6,* 271–286.

Kaufman, L., & Kaufman, J. H. (2000). Explaining the moon illusion. *PNAS, 97,* 500–505.

Kawamichi, H., Yoshihara, K., Sugawara, S. K., Matsunaga, M., Makita, K., Hamano, Y. H., . . . Sadato, N. (2015). Helping behavior induced by empathic concern attenuates anterior cingulate activation in response to others' distress. *Social Neuroscience, 11*(2), 109–122. doi:10.1080/17470919.2015.1049709

Kay, A. C., Baucher, D., Peach, J. M., Laurin, K., Friesen, J., Zanna, M. P., & Spencer, S. J. (2009). Inequality, discrimination, and the power of the status quo: Direct evidence for a motivation to see the way things are as the way they should be. *Journal of Personality and Social Psychology, 97,* 421–434.

Kayser, C. (2007, April/May). Listening with your eyes. *Scientific American Mind,* pp. 24–29.

Kazantzis, N., & Dattilio, F. M. (2010). Definitions of homework, types of homework and ratings of the importance of homework among psychologists with cognitive behavior therapy and psychoanalytic theoretical orientations. *Journal of Clinical Psychology, 66,* 758–773.

Kazantzis, N., Whittington, C., & Dattilio, F. M. (2010). Meta-analysis of homework effects in cognitive and behavioral therapy: A replication and extension. *Clinical Psychology: Science and Practice, 17,* 144 –156.

Kazdin, A. E. (2015). Editor's introduction to the special series: Targeted training of cognitive processes for behavioral and emotional disorders. *Clinical Psychological Science, 3,* 38.

Kearney, M. S., & Levine, P. B. (2014). *Media influences on social outcomes: The impact of MTV's 16 and Pregnant on teen childbearing.* The National Bureau of Economic Research: NBER Working Paper No. 19795.

Keesey, R. E., & Corbett, S. W. (1983). Metabolic defense of the body weight set-point. In A. J. Stunkard & E. Stellar (Eds.), *Eating and its disorders* (pp. 87–96). New York: Raven Press.

Keith, S. W., Redden, D. T., Katzmarzyk, P. T., Boggiano, M. M., Hanlon, E. C., Benca, R. M., . . . Allison, D. B. (2006). Putative contributors to the secular increase in obesity: Exploring the roads less traveled. *International Journal of Obesity, 30,* 1585–1594.

Kell, H. J., Lubinski, D., & Benbow, C. P. (2013). Who rises to the top? Early indicators. *Psychological Science, 24,* 648–659.

Keller, M. B., McCullough, J. P., Klein, D. N., Arnow, B., Dunner, D. L., Gelenberg, M. D., . . . Zajecka J. (2000), A comparison of nefazodone, the cognitive behavioral-analysis system of psychotherapy, and their combination for the treatment of chronic depression. *New England Journal of Medicine, 342,* 1462–1470.

Kellerman, J., Lewis, J., & Laird, J. D. (1989). Looking and loving: The effects of mutual gaze on feelings of romantic love. *Journal of Research in Personality, 23,* 145–161.

Kelley, J., & De Graaf, N. D. (1997). National context, parental socialization, and religious belief: Results from 15 nations. *American Sociological Review, 62,* 639–659.

Kelling, S. T., & Halpern, B. P. (1983). Taste flashes: Reaction times, intensity, and quality. *Science, 219,* 412–414.

Kellner, C. H., Fink, M., Knapp, R., Petrides, G. Husain, M., Rummans, T., . . . Malur, C. (2005). Relief of expressed suicidal intent by ECT: A consortium for research in ECT study. *American Journal of Psychiatry, 162,* 977–982.

Kellner, C. H., Knapp, R. G., Petrides, G., Rummans, T. A., Husain, M. M., Rasmussen, K., . . . Fin, M. (2006). Continuation electroconvulsive therapy vs. pharmacotherapy for relapse prevention in major depression: A multisite study from the Consortium for Research in Electroconvulsive Therapy (CORE). *Archives of General Psychiatry, 63,* 1337–1344.

Kelly, A. E. (2000). Helping construct desirable identities: A self-presentational view of psychotherapy. *Psychological Bulletin, 126,* 475–494.

Kelly, D. J., Quinn, P. C., Slater, A. M., Lee, K., Ge, L., & Pascalis, O. (2007). The other-race effect develops during infancy: Evidence of perceptual narrowing. *Psychological Science, 18,* 1084–1089.

Kelly, T. A. (1990). The role of values in psychotherapy: A critical review of process and outcome effects. *Clinical Psychology Review, 10,* 171–186.

Kendall-Tackett, K. A. (Ed.) (2004). *Health consequences of abuse in the family: A clinical guide for evidence-based practice.* Washington, DC: American Psychological Association.

Kendall-Tackett, K. A., Williams, L. M., & Finkelhor, D. (1993). Impact of sexual abuse on children: A review and synthesis of recent empirical studies. *Psychological Bulletin, 113,* 164–180.

Kendler, K. S. (1998, January). Major depression and the environment: A psychiatric genetic perspective. *Pharmacopsychiatry, 31*(1), 5–9.

Kendler, K. S. (2011). A statement from Kenneth S. Kendler, M.D., on the proposal to eliminate the grief exclusion criterion from major depression. American Psychiatric Association DSM-5 Development (www.dsm5.org).

Kendler, K. S., Jacobson, K. C., Myers, J., & Prescott, C. A. (2002a). Sex differences in genetic and environmental risk factors for irrational fears and phobias. *Psychological Medicine, 32,* 209–217.

Kendler, K. S., Maes, H. H., Lönn, S. L., Morris, N. A., Lichtenstein, P., Sundquist, J., & Sundquist, K. (2015). A Swedish national twin study of criminal behavior and its violent, white-collar and property subtypes. *Psychological Medicine, 45,* 2253–2262.

Kendler, K. S., Myers, J., & Prescott, C. A. (2002b). The etiology of phobias: An evaluation of the stress-diathesis model. *Archives of General Psychiatry, 59,* 242–248.

Kendler, K. S., Myers, J., & Zisook, S. (2008). Does bereavement-related major depression differ from major depression associated with other stressful life events? *American Journal of Psychiatry, 165,* 1449–1455.

Kendler, K. S., Neale, M. C., Thornton, L. M., Aggen, S. H., Gilman, S. E., & Kessler, R. C. (2002c). Cannabis use in the last year in a U.S. national sample of twin and sibling pairs. *Psychological Medicine, 32,* 551–554.

Kendler, K. S., Sundquist, K., Ohlsson, H., Palmer, K., Maes, H., Winkleby, M. A., & Sundquist, J. (2012). Genetic and familial environmental influences on the risk for drug abuse: A Swedish adoption study. *Archives of General Psychiatry, 69,* 690–697.

Kendler, K. S., Thornton, L. M., & Gardner, C. O. (2001). Genetic risk, number of previous depressive episodes, and stressful life events in predicting onset of major depression. *American Journal of Psychiatry, 158,* 582–586.

Kendler, K. S., Turkheimer, E., Ohlsson, H., Sundquist, J., & Sundquist, K. (2015). Family environment and the malleability of cognitive ability: A Swedish national home-reared and adopted-away cosibling control study. *PNAS, 112,* 4612–4617.

Kendrick, K. M., & Feng, J. (2011). Neural encoding principles in face perception revealed using non-primate models. In G. Rhodes, A. Calder, M. Johnson, & J. V. Haxby (Eds.), *The Oxford handbook of face perception* (pp. 675–690). Oxford, England: Oxford University Press.

Kennard, B. D., Emslie, G. J., Mayes, T. L., Nakonezny, P. A., Jones, J. M., Foxwell, A. A., & King, J. (2014). Sequential treatment of fluoxetine and relapse-prevention CBT to improve outcomes in pediatric depression. *American Journal of Psychiatry, 171,* 1083–1090.

Kennedy, S., & Over, R. (1990). Psychophysiological assessment of male sexual arousal following spinal cord injury. *Archives of Sexual Behavior, 19,* 15–27.

Kenrick, D. T., & Gutierres, S. E. (1980). Contrast effects and judgments of physical attractiveness: When beauty becomes a social problem. *Journal of Personality and Social Psychology, 38,* 131–140.

Kenrick, D. T., Gutierres, S. E., & Goldberg, L. L. (1989). Influence of popular erotica on judgments of strangers and mates. *Journal of Experimental Social Psychology, 25,* 159–167.

Kenrick, D. T., Nieuweboer, S., & Bunnk, A. P. (2009). Universal mechanisms and cultural diversity: Replacing the blank slate with a coloring book. In M. Schaller, S. Heine, A. Norenzayan, T. Yamagishi, & T. Kameda (Eds.), *Evolution, culture, and the human mind* (pp. 257–271). Mahwah, NJ: Erlbaum.

Kensinger, E. A. (2007). Negative emotion enhances memory accuracy: Behavioral and neuroimaging evidence. *Current Directions in Psychological Science, 16,* 213–218.

Keough, K. A., Zimbardo, P. G., & Boyd, J. N. (1999). Who's smoking, drinking, and using drugs? Time perspective as a predictor of substance use. *Basic and Applied Social Psychology, 2,* 149–164.

Kernis, M. H. (2003). Toward a conceptualization of optimal self-esteem. *Psychological Inquiry, 14,* 1–26.

Kerr, N. L., & Bruun, S. E. (1983). Dispensability of member effort and group motivation losses: Free-rider effects. *Journal of Personality and Social Psychology, 44,* 78–94.

Kessler, M., & Albee, G. (1975). Primary prevention. *Annual Review of Psychology, 26,* 557–591.

Kessler, R. C. (2000). Posttraumatic stress disorder: The burden to the individual and to society. *Journal of Clinical Psychiatry, 61*(suppl. 5), 4–12.

Kessler, R. C. (2001). Epidemiology of women and depression. *Journal of Affective Disorders, 74,* 5–1.

Kessler, R. C., Brinbaum, H. G., Shahly, V., Bromet, E., Hwang, I., McLaughlin, K. A., . . . Stein, D. J. (2010). Age differences in the prevalence and co-morbidity of DSM-IV major depressive episodes: Results from the WHO World Mental Health Survey Initiative. *Depression and Anxiety, 27,* 351–364.

Kessler, R. C., Foster, C., Joseph, J., Ostrow, D., Wortman, C., Phair, J., & Chmiel, J. (1991). Stressful life events and symptom onset in HIV infection. *American Journal of Psychiatry, 148,* 733–738.

Keyes, K. M., Maslowsky, J., Hamilton, A., & Schulenberg, J. (2015). The great sleep recession: Changes in sleep duration among U.S. adolescents, 1991–2012. *Pediatrics, 135,* 460–468.

Keynes, M. (1980, December 20/27). Handel's illnesses. *The Lancet,* pp. 1354–1355.

Keys, A., Brozek, J., Henschel, A., Mickelsen, O., & Taylor, H. L. (1950). *The biology of human starvation.* Minneapolis: University of Minnesota Press.

Khera, M., Bhattacharya, R. K., Blick, G., Kushner, H., Nguyen, D., & Miner, M. M. (2011). Improved sexual function with testosterone replacement therapy in hypogonadal men: Real-world data from the Testim Registry in the United States (TriUS). *Journal of Sexual Medicine, 8,* 3204–3213.

Kiecolt-Glaser, J. K. (2009). Psychoneuroimmunology: Psychology's gateway to the biomedical future. *Perspectives on Psychological Science, 4,* 367–369.

Kiecolt-Glaser, J. K., Page, G. G., Marucha, P. T., MacCallum, R. C., & Glaser, R. (1998). Psychological influences on surgical recovery: Perspectives from psychoneuroimmunology. *American Psychologist, 53,* 1209–1218.

Kiehl, K. A., & Buckholtz, J. W. (2010, September/October). Inside the mind of a psychopath. *Scientific American Mind,* pp. 22–29.

Kihlstrom, J. F. (1990). Awareness, the psychological unconscious, and the self. Address to the American Psychological Association convention.

Kihlstrom, J. F. (2005). Dissociative disorders. *Annual Review of Clinical Psychology, 1,* 227–253.

Kihlstrom, J. F. (2006). Repression: A unified theory of a will-o'-the-wisp. *Behavioral and Brain Sciences, 29,* 523.

Kille, D. R., Forest, A. L., & Wood, J. V. (2013). Tall, dark, and stable: Embodiment motivates mate selection preferences. *Psychological Science, 24,* 112–114.

Killingsworth, M. A., & Gilbert, D. T. (2010). A wandering mind is an unhappy mind. *Science, 330,* 932.

Kilpatrick, L. A., Suyenobu, B. Y., Smith, S. R., Bueller, J. A., Goodman, T., Creswell, J. D., . . . Naliboff, B. D. (2011). Impact of mindfulness-based stress reduction training on intrinsic brain activity. *Neuroimage, 56,* 290–298.

Kilpeläinen, T. O., Qi, L., Brage, S., Sharp, S. J., Sonestedt, E., Demerath, E., . . . Loos, R. J. F. (2012). Physical activity attenuates the influence of FTO variants on obesity risk: A meta-analysis of 218,166 adults and 19,268 children. *PLoS Medicine.* http://www.plosmedicine.org/article/info%3Adoi%2F10.1371%2Fjournal.pmed.1001116

Kim, B. S. K., Ng, G. F., & Ahn, A. J. (2005). Effects of client expectation for counseling success, client-counselor worldview match, and client adherence to Asian and European American cultural values on counseling process with Asian Americans. *Journal of Counseling Psychology, 52,* 67–76.

Kim, D. A., Hwong, A. R., Stafford, D., Hughes, D. A., O'Malley, A. J., Fowler, J. H., & Christakis, N. A. (2015). Social network targeting to maximize population behaviour change: A cluster randomized controlled trial. *The Lancet, 386,* 145–153.

Kim, G., & Tong, A. (2010, February 23). Airline passengers have grown, seats haven't. *Sacramento Bee* (reprinted by *Grand Rapids Press,* pp. B1, B3).

Kim, J. L., & Ward, L. M. (2012). Striving for pleasure without fear: Short-term effects of reading a women's magazine on women's sexual attitudes. *Psychology of Women Quarterly, 36,* 326–336.

Kim, S. H., Vincent, L. C., & Goncalo, J. A. (2013). Outside advantage: Can social rejection fuel creative thought? *Journal of Experimental Psychology: General, 142,* 605–611.

Kimata, H. (2001). Effect of humor on allergen-induced wheal reactions. *Journal of the American Medical Association, 285,* 737.

Kim-Yeary, K. H., Ounpraseuth, S., Moore, P., Bursac, Z., & Greene, P. (2012). Religion, social capital, and health. *Review of Religious Research, 54,* 331–347.

King, S., St.-Hilaire, A., & Heidkamp, D. (2010). Prenatal factors in schizophrenia. *Current Directions in Psychological Science, 19,* 209–213.

Kinnier, R. T., & Metha, A. T. (1989). Regrets and priorities at three stages of life. *Counseling and Values, 33,* 182–193.

Kinsella, E. L., Ritchie, T. D., & Igou, E. R. (2015). Zeroing in on heroes: A prototype analysis of hero features. *Journal of Personality and Social Psychology, 108,* 114–127.

Kinzler, K. D., Shutts, K., Dejesus, J., & Spelke, E. S. (2009). Accent trumps race in guiding children's social preferences. *Social Cognition, 27,* 623–634.

Kirby, D. (2002). Effective approaches to reducing adolescent unprotected sex, pregnancy, and childbearing. *Journal of Sex Research, 39,* 51–57.

Kircanski, K., Thompson, R. J., Sorenson, J. E., Sherdell, L., & Gotlib, I. H. (2015). Rumination and worry in daily life: Examining the naturalistic validity of theoretical constructs. *Clinical Psychological Science, 3*(6), 926–939.

Kirkpatrick, B., Fenton, W. S., Carpenter, W. T., Jr., & Marder, S. R. (2006). The NIMHMATRICS consensus statement on negative symptoms. *Schizophrenia Bulletin, 32,* 214–219.

Kirsch, I. (2010). *The emperor's new drugs: Exploding the antidepressant myth.* New York: Basic Books.

Kirsch, I., Deacon, B. J., Huedo-Medina, T. B., Scoboria, A., Moore, T. J., & Johnson, B. T. (2008) Initial severity and antidepressant benefits: A meta-analysis of data submitted to the Food and Drug Administration. *Public Library of Science Medicine, 5,* e45.

Kirsch, I., Kong, J., Sadler, P., Spaeth, R., Cook, A., Kaptchuk, T. J., & Gollub, R. (2014). Expectancy and conditioning in placebo analgesia: Separate or connected processes? *Psychology of Consciousness: Theory, Research, and Practice, 1,* 51–59.

Kirsch, I., Moore, T. J., Scoboria, A., & Nicholls, S. S. (2002, July 15). New study finds little difference between effects of antidepressants and placebo. *Prevention and Treatment* (journals.apa.org/prevention).

Kirsch, I., & Sapirstein, G. (1998). Listening to Prozac but hearing placebo: A meta-analysis of antidepressant medication. *Prevention and Treatment, 1,* posted June 26 at (journals.apa.org/prevention/volume1).

Kisely, S., Hall, K., Siskind, D., Frater, J., Olson, S., & Crompton, D. (2014). Deep brain stimulation for obsessive-compulsive disorder: A systematic review and meta-analysis. *Psychological Medicine, 44,* 3533–3542.

Kish, D. (2015, March). How I use sonar to navigate the world. Retrieved from ted.com/talks/daniel_kish_how_i_use_sonar_to_navigate_the_world?language=en.

Kitahara, C. M., Flint, A. J., de Gonzalez, A. B., Bernstein, L., Brotzman, M., MacInnis, R. J., . . . Hartge, P. (2014, July 8). Association between class III obesity (BMI of 40–59 kg/m^2) and mortality: A pooled analysis of 20 prospective studies. *PLOS Medicine.* doi:10.1371/journal.pmed.1001673

Kitayama, S., Chua, H. F., Tompson, S., & Han, S. (2013). Neural mechanisms of dissonance: An fMRI investigation of choice justification. *NeuroImage, 69,* 206–212.

Kitayama, S., Conway, L. G., III, Pietromonaci, P. R., Park, H., & Plaut, V. C. (2010). Ethos of independence across regions in the United States: The production–adoption model of cultural change. *American Psychologist, 65,* 559–574.

Klayman, J., & Ha, Y.-W. (1987). Confirmation, disconfirmation, and information in hypothesis testing. *Psychological Review, 94,* 211–228.

Klein, D. N. (2010). Chronic depression: Diagnosis and classification. *Current Directions in Psychological Science, 19,* 96–100.

Klein, D. N., Schwartz, J. E., Santiago, N. J., Vivian, D., Vocisano, C., Castonguay, L. G., . . . Keller, M. B. (2003). Therapeutic alliance in depression treatment: Controlling for prior change and patient characteristics. *Journal of Consulting and Clinical Psychology, 71,* 997–1006.

Kleinke, C. L. (1986). Gaze and eye contact: A research review. *Psychological Bulletin, 1000,* 78–100.

Kleinmuntz, B., & Szucko, J. J. (1984). A field study of the fallibility of polygraph lie detection. *Nature, 308,* 449–450.

Kleitman, N. (1960, November). Patterns of dreaming. *Scientific American,* pp. 82–88.

Klemm, W. R. (1990). Historical and introductory perspectives on brainstem-mediated behaviors. In W. R. Klemm & R. P. Vertes (Eds.), *Brainstem mechanisms of behavior.* New York: Wiley.

Klimstra, T. A., Hale, W. W., III, Raaijmakers, Q. A. W., Branje, S. J. T., & Meeus, W. H. J. (2009). Maturation of personality in adolescence. *Journal of Personality and Social Psychology, 96,* 898–912.

Kline, D., & Schieber, F. (1985). Vision and aging. In J. E. Birren & K. W. Schaie (Eds.), *Handbook of the psychology of aging.* New York: Van Nostrand Reinhold.

Kline, N. S. (1974). *From sad to glad.* New York: Ballantine Books.

Klinke, R., Kral, A., Heid, S., Tillein, J., & Hartmann, R. (1999). Recruitment of the auditory cortex in congenitally deaf cats by long-term cochlear electrostimulation. *Science, 285,* 1729–1733.

Kluft, R. P. (1991). Multiple personality disorder. In A. Tasman & S. M. Goldfinger (Eds.), *Review of Psychiatry* (Vol. 10, pp. 161–188). Washington, DC: American Psychiatric Press.

Klump, K. L., Suisman, J. L., Burt, S. A., McGue, M., & Iacono, W. G. (2009). Genetic and environmental influences on disordered eating: An adoption study. *Journal of Abnormal Psychology, 118,* 797–805.

Klüver, H., & Bucy, P. C. (1939). Preliminary analysis of functions of the temporal lobes in monkeys. *Archives of Neurology and Psychiatry, 42,* 979–1000.

Knapp, S., & VandeCreek, L. (2000, August). Recovered memories of childhood abuse: Is there an underlying professional consensus? *Professional Psychology: Research and Practice, 31,* 365–371.

Knickmeyer, E. (2001, August 7). In Africa, big is definitely better. *Seattle Times,* p. A7.

Knight, R. T. (2007). Neural networks debunk phrenology. *Science, 316,* 1578–1579.

Knight, W. (2004, August 2). Animated face helps deaf with phone chat. *New Scientist* (NewScientist.com).

Knuts, I. J. E., Cosci, F., Esquivel, G., Goossens, L., van Duinen, M., Bareman, M., . . . Schruers, K. R. J. (2010). Cigarette smoking and 35% CO2 induced panic in panic disorder patients. *Journal of Affective Disorders, 124,* 215–218.

Koenen, K. C., Moffitt, T. E., Roberts, A. L., Martin, L. T., Kubzansky, L., Harrington, H., . . . Caspi, A. (2009). Childhood IQ and adult mental disorders: A test of the cognitive reserve hypothesis. *American Journal of Psychiatry, 166,* 50–57.

Koenig, H. G., King, D. E., & Carson, V. B. (2012). *Handbook of religion and health* (2nd ed.). New York: Oxford University Press.

Koenig, H. G., & Larson, D. B. (1998). Use of hospital services, religious attendance, and religious affiliation. *Southern Medical Journal, 91,* 925–932.

Koenig, L. B., McGue, M., Krueger, R. F., & Bouchard, T. J., Jr. (2005). Genetic and environmental influences on religiousness: Findings for retrospective and current religiousness ratings. *Journal of Personality, 73,* 471–488.

Koenig, L. B., & Vaillant, G. E. (2009). A prospective study of church attendance and health over the lifespan. *Health Psychology, 28,* 117–124.

Koenigs, M., Young, L., Adolphs, R., Tranel, D., Cushman, F., Hauser, M., & Damasio, A. (2007). Damage to the prefrontal cortex increases utilitarian moral judgements. *Nature, 446,* 908–911.

Koestner, R., Lekes, N., Powers, T. A., & Chicoine, E. (2002). Attaining personal goals: Self-concordance plus implementation intentions equals success. *Journal of Personality and Social Psychology, 83,* 231–244.

Kohlberg, L. (1981). *The philosophy of moral development: Essays on moral development* (Vol. I). San Francisco: Harper & Row.

Kohlberg, L. (1984). *The psychology of moral development: Essays on moral development* (Vol. II). San Francisco: Harper & Row.

Kohler, C. G., Walker, J. B., Martin, E. A., Healey, K. M., & Moberg, P. J. (2010). Facial emotion perception in schizophrenia: A meta-analytic review. *Schizophrenia Bulletin, 36,* 1009–1019.

Kohler, I. (1962, May). Experiments with goggles. *Scientific American,* pp. 62–72.

Köhler, W. (1925; reprinted 1957). *The mentality of apes.* London: Pelican.

Kolata, G. (1987). Metabolic catch-22 of exercise regimens. *Science, 236,* 146–147.

Kolb, B. (1989). Brain development, plasticity, and behavior. *American Psychologist, 44,* 1203–1212.

Kolb, B., & Whishaw, I. Q. (1998). Brain plasticity and behavior. *Annual Review of Psychology, 49,* 43–64.

Kolker, K. (2002, December 8). Video violence disturbs some: Others scoff at influence. *Grand Rapids Press,* pp. A1, A12.

Koltko-Rivera, M. E. (2006). Rediscovering the later version of Maslow's hierarchy of needs: Self-transcendence and opportunities for theory, research, and unification. *Review of General Psychology, 10,* 302–317.

Komisaruk, B. R., & Whipple, B. (2011). Non-genital orgasms. *Sexual and Relationship Therapy, 26,* 356–372.

Konkle, T., Brady, T. F., Alvarez, G. A., & Oliva, A. (2010). Conceptual distinctiveness supports detailed visual long-term memory for real-world objects. *Journal of Experimental Psychology: General, 139,* 558–578.

Koopmans, J. R., Slutske, W. S., van Baal, G. C. M., & Boomsma, D. I. (1999). The influence of religion on alcohol use initiation: Evidence for a genotype x environment interaction. *Behavior Genetics, 29,* 445–453.

Kosslyn, S. M. (2005). Reflective thinking and mental imagery: A perspective on the development of posttraumatic stress disorder. *Development and Psychopathology, 17,* 851–863.

Kosslyn, S. M. (2008). The world in the brain. In 2008: What have you changed your mind about? Why? *The Edge* (edge.org).

Kosslyn, S. M., & Koenig, O. (1992). *Wet mind: The new cognitive neuroscience.* New York: Free Press.

Kotchick, B. A., Shaffer, A., & Forehand, R. (2001). Adolescent sexual risk behavior: A multi-system perspective. *Clinical Psychology Review, 21,* 493–519.

Kotkin, M., Daviet, C., & Gurin, J. (1996). The Consumer Reports mental health survey. *American Psychologist, 51,* 1080–1082.

Kounios, J., & Beeman, M. (2009). The Aha! moment: The cognitive neuroscience of insight. *Current Directions in Psychological Science, 18,* 210–215.

Kraft, T., & Pressman, S. (2012). Grin and bear it: The influence of the manipulated facial expression on the stress response. *Psychological Science, 23,* 1372–1378.

Kramer, A. (2010). Personal correspondence.

Kramer, A. D. I. (2012). The spread of emotion via Facebook. In *Proceedings of the SIGCHI Conference on Human Factors in Computing Systems* (pp. 767–770). New York: Association for Computing Machinery.

Kramer, P. D. (2011, July 9). In defense of antidepressants. *The New York Times* (nytimes.com).

Kranz, F., & Ishai, A. (2006). Face perception is modulated by sexual preference. *Current Biology, 16,* 63–68.

Kranz, G. S., Hahn, A., Kaufmann, U., Küblböck, M., Hummer, A., Ganger, S., . . . Lanzenberger, R. (2014). White matter microstructure in transsexuals and controls investigated by diffusion tensor imaging. *The Journal of Neuroscience, 34,* 15466–15475.

Kring, A. M., & Caponigro, J. M. (2010). Emotion in schizophrenia: Where feeling meets thinking. *Current Directions in Psychological Science, 19,* 255–259.

Kring, A. M., & Gordon, A. H. (1998). Sex differences in emotion: Expression, experience, and physiology. *Journal of Personality and Social Psychology, 74,* 686–703.

Kringelbach, M. L., & Berridge, K. C. (2012, August). The joyful mind. *Scientific American,* pp. 40–45.

Kristeller, J. L., Baer, R. A., & Quillian-Wolever, R. (2006). Mindfulness-based approaches to eating disorders. In R. A. Baer (Ed.), *Mindfulness-based treatment approaches: A clinician's guide to evidence base and applications* (pp. 75–91). San Diego, CA: Academic Press.

Kroes, M. C. W., Tendolkar, I., van Wingen, G. A., van Waarde, J. A., Strange, B. A., & Fernández, G. (2014). An electroconvulsive therapy procedure impairs reconsolidation of episodic memories in humans. *Nature Neuroscience, 17,* 204–206.

Krosnick, J. A., & Alwin, D. F. (1989). Aging and susceptibility to attitude change. *Journal of Personality and Social Psychology, 57,* 416–425.

Krosnick, J. A., Betz, A. L., Jussim, L. J., & Lynn, A. R. (1992). Subliminal conditioning of attitudes. *Personality and Social Psychology Bulletin, 18,* 152–162.

Kross, E., Bruehlman-Senecal, E., Park, J., Burson, A., Dougherty, A., Shablack, H., . . . Ayduk, O. (2014). Self-talk as a regulatory mechanism: How you do it matters. *Journal of Personality and Social Psychology, 106,* 304–324.

Krueger, A. B., & Malecková, J. (2009). Attitudes and action: Public opinion and the occurrence of international terrorism. *Science, 325,* 1534–1536.

Krueger, J., & Killham, E. (2005, December 8). At work, feeling good matters. *Gallup Management Journal* (gmj.gallup.com).

Krueger, J., & Killham, E. (2006, March 9). Why Dilbert is right: Uncomfortable work environments make for disgruntled employees—just like the cartoon says. *Gallup Management Journal* (gmj.gallup.com).

Kruger, J., Epley, N., Parker, J., & Ng, Z.-W. (2005). Egocentrism over e-mail: Can we communicate as well as we think? *Journal of Personality and Social Psychology, 89,* 925–936.

Krumhansl, C. L. (2010). Plink: "Thin slices" of music. *Music Perception, 27,* 337–354.

Kubzansky, L. D., Sparrow, D., Vokanas, P., & Kawachi, I. (2001). Is the glass half empty or half full? A prospective study of optimism and coronary heart disease in the normative aging study. *Psychosomatic Medicine, 63,* 910–916.

Kuhl, P. K., & Meltzoff, A. N. (1982). The bimodal perception of speech in infancy. *Science, 218,* 1138–1141.

Kuhnle, C., Hofer, M., & Kilian, B. (2012). Self-control as predictor of school grades, life balance, and flow in adolescents. *British Journal of Educational Psychology, 82,* 533–548.

Kumar, A. & Gilovich, T. (2013). *Talking about what you did and what you have: The differential story utility of experiential and material purchases.* http://www.acrwebsite.org/volumes/1014578/volumes/v41/NA-41

Kumsta, R., Kreppner, J., Kennedy, M., Knights, N., Rutter, M., & Sonuga-Barke, E. (2015). Psychological consequences of early global deprivation: An overview of findings from the English & Romanian adoptees study. *European Psychologist, 20,* 138–151.

Kupfer, D. J. (2012, June 1). Dr Kupfer defends DSM-5. *Medscape Psychiatry* (medscape.com/viewarticle/764735).

Kuppens, P., Allen, N. B., & Sheeber, L. B. (2010). Emotional inertia and psychological maladjustment. *Psychological Science, 21,* 984–991.

Kurdziel, L., Duclos, K., & Spencer, R. M. C. (2013). Sleep spindles in midday naps enhance learning in preschool children. *PNAS, 110,* 17267–17272.

Kuster, F., Orth, U., & Meier, L. L. (2012). Rumination mediates the prospective effect of low self-esteem on depression: A five-wave longitudinal study. *Personality and Social Psychology Bulletin, 38,* 747–759.

Kutas, M. (1990). Event-related brain potential (ERP) studies of cognition during sleep: Is it more than a dream? In R. R. Bootzin, J. F. Kihlstrom, & D. Schacter (Eds.), *Sleep and cognition* (pp. 43–57). Washington, DC: American Psychological Association.

Kuttler, A. F., La Greca, A. M., & Prinstein, M. J. (1999). Friendship qualities and social-emotional functioning of adolescents with close, cross-sex friendships. *Journal of Research on Adolescence, 9,* 339–366.

Kvavilashvili, L., Mirani, J., Schlagman, S., Foley, K., & Kornbrot, D. E. (2009). Consistency of flashbulb memories of September 11 over long delays: Implications for consolidation and wrong time slice hypotheses. *Journal of Memory and Language, 61,* 556–572.

Kwon, P. (2013). Resilience in lesbian, gay, and bisexual individuals. *Personality and Social Psychology Review, 17,* 371–383.

Lacayo, R. (1995, June 12). Violent reaction. *Time,* pp. 25–39.

Lacey, M. (2010, December 11). He found bag of cash, but did the unexpected. *The New York Times* (nytimes.com).

Lafer-Sousa, R., Hermann, K. L., & Conway, B. R. (2015). Striking individual differences in color perception uncovered by "the dress" photograph. *Current Biology, 25,* R545–R546.

Lai, M.-C., Lombardo, M. V., Auyeung, B., Chakrabarti, B., & Baron-Cohen, S. (2015). Sex/gender differences and autism: Setting the scene for future research. *Journal of the American Academy of Child & Adolescent Psychiatry, 54,* 11–24.

Laird, J. D. (1974). Self-attribution of emotion: The effects of expressive behavior on the quality of emotional experience. *Journal of Personality and Social Psychology, 29,* 475–486.

Laird, J. D. (1984). The real role of facial response in the experience of emotion: A reply to Tourangeau and Ellsworth, and others. *Journal of Personality and Social Psychology, 47,* 909–917.

Laird, J. D., Cuniff, M., Sheehan, K., Shulman, D., & Strum, G. (1989). Emotion specific effects of facial expressions on memory for life events. *Journal of Social Behavior and Personality, 4,* 87–98.

Lakin, J. L., Chartrand, T. L., & Arkin, R. M. (2008). I am too just like you: Nonconscious mimicry as an automatic behavioral response to social exclusion. *Psychological Science, 19,* 816–822.

Lally, P., Van Jaarsveld, C. H. M., Potts, H. W. W., & Wardle, J. (2010). How are habits formed: Modelling habit formation in the real world. *European Journal of Social Psychology, 40,* 998–1009.

Lam, C. B., & McBride-Chang, C. A. (2007). Resilience in young adulthood: The moderating influences of gender-related personality traits and coping flexibility. *Sex Roles, 56,* 159–172.

Lambert, N. M., DeWall, C. N., Bushman, B. J., Tillman, T. F., Fincham, F. D., Pond, R. S., Jr., & Gwinn, A. M. (2011). *Lashing out in lust: Effect of pornography on nonsexual, physical aggression against relationship partners.* Paper presentation at the Society for Personality and Social Psychology convention.

Lambert, N. M., Negash, S., Stillman, T. F., Olmstead, S. B., & Fincham, F. D. (2012). A love that doesn't last: Pornography consumption and weakened commitment to a romantic partner. *Journal of Social and Clinical Psychology, 31,* 410–438.

Lambird, K. H., & Mann, T. (2006). When do ego threats lead to self-regulation failure? Negative consequences of defensive high self-esteem. *Personality and Social Psychology Bulletin, 32,* 1177–1187.

Landau, M. J., Oyserman, D., Keefer, L. A., & Smith, G. C. (2014). The college journey and academic engagement: How metaphor use enhances identity-based motivation. *Journal of Personality and Social Psychology, 106,* 679–698.

Landauer, T. (2001, September). Quoted in R. Herbert, You must remember this. *APS Observer,* p. 11.

Landauer, T. K., & Whiting, J. W. M. (1979). Correlates and consequences of stress in infancy. In R. Munroe, B. Munroe, & B. Whiting (Eds.), *Handbook of Cross-Cultural Human Development.* New York: Garland.

Landberg, J., & Norström, T. (2011). Alcohol and homicide in Russia and the United States: A comparative analysis. *Journal of Studies on Alcohol and Drugs, 72,* 723–730.

Landry, M. J. (2002). MDMA: A review of epidemiologic data. *Journal of Psychoactive Drugs, 34,* 163–169.

Langer, E. J. (1983). *The psychology of control.* Beverly Hills, CA: Sage.

Langer, E. J., & Abelson, R. P. (1974). A patient by any other name . . .: Clinician group differences in labeling bias. *Journal of Consulting and Clinical Psychology, 42,* 4–9.

Langer, E. J., & Imber, L. (1980). The role of mindlessness in the perception of deviance. *Journal of Personality and Social Psychology, 39,* 360–367.

Langlois, J. H., Kalakanis, L., Rubenstein, A. J., Larson, A., Hallam, M., & Smoot, M. (2000). Maxims or myths of beauty? A meta-analytic and theoretical review. *Psychological Bulletin, 126,* 390–423.

Langmeyer, A., Guglhör-Rudan, A., & Tarnai, C. (2012). What do music preferences reveal about personality? A cross-cultural replication using self-ratings and ratings of music samples. *Journal of Individual Differences, 33,* 119–130.

Långström, N. H., Rahman, Q., Carlström, E., & Lichtenstein, P. (2010). Genetic and environmental effects on same-sex sexual behavior: A population study of twins in Sweden. *Archives of Sexual Behavior, 39,* 75–80.

Lankford, A. (2009). Promoting aggression and violence at Abu Ghraib: The U.S. military's transformation of ordinary people into torturers. *Aggression and Violent Behavior, 14,* 388–395.

Larkin, J. E., Brasel, A. M., & Pines, H. A. (2013). Cross-disciplinary applications of I/O psychology concepts: Predicting student retention and employee turnover. *Review of General Psychology, 17,* 82–92.

Larkin, K., Resko, J. A., Stormshak, F., Stellflug, J. N., & Roselli, C. E. (2002). *Neuroanatomical correlates of sex and sexual partner preference in sheep.* Paper presented at Society for Neuroscience convention.

Larrick, R. P., Timmerman, T. A., Carton, A. M., & Abrevaya, J. (2011). Temper, temperature, and temptation: Heat-related retaliation in baseball. *Psychological Science, 22,* 423–428.

Larson, R. W., & Verma, S. (1999). How children and adolescents spend time across the world: Work, play, and developmental opportunities. *Psychological Bulletin, 125,* 701–736.

Larzelere, R. E. (2000). Child outcomes of non-abusive and customary physical punishment by parents: An updated literature review. *Clinical Child and Family Psychology Review, 3,* 199–221.

Larzelere, R. E., & Kuhn, B. R. (2005). Comparing child outcomes of physical punishment and alternative disciplinary tactics: A meta-analysis. *Clinical Child and Family Psychology Review, 8,* 1–37.

Larzelere, R. E., Kuhn, B. R., & Johnson, B. (2004). The intervention selection bias: An underrecognized confound in intervention research. *Psychological Bulletin, 130,* 289–303.

Lassiter, G. D., & Irvine, A. A. (1986). Video-taped confessions: The impact of camera point of view on judgments of coercion. *Journal of Personality and Social Psychology, 16,* 268–276.

Lassiter, G. D., Lindberg, M. J., Gonzáles-Vallego, C., Bellezza, F. S., & Phillips, N. D. (2009). The deliberation-without-attention effect: Evidence for an artifactual interpretation. *Psychological Science, 20,* 671–675.

Latané, B. (1981). The psychology of social impact. *American Psychologist, 36,* 343–356.

Latané, B., & Dabbs, J. M., Jr. (1975). Sex, group size and helping in three cities. *Sociometry, 38,* 180–194.

Laumann, E. O., Gagnon, J. H., Michael, R. T., & Michaels, S. (1994). *The social organization of sexuality: Sexual practices in the United States.* Chicago: University of Chicago Press.

Laws, K. R., & Kokkalis, J. (2007). Ecstasy (MDMA) and memory function: A meta-analytic update. *Human Psychopharmacology: Clinical and Experimental, 22,* 381–388.

Lazarus, R. S. (1990). Theory-based stress measurement. *Psychological Inquiry, 1,* 3–13.

Lazarus, R. S. (1991). Progress on a cognitive-motivational-relational theory of emotion. *American Psychologist, 46,* 352–367.

Lazarus, R. S. (1998). *Fifty years of the research and theory of R. S. Lazarus: An analysis of historical and perennial issues.* Mahwah, NJ: Erlbaum.

Lea, S. E. G. (2000). Towards an ethical use of animals. *The Psychologist, 13,* 556–557.

Leaper, C., & Ayres, M. M. (2007). A meta-analytic review of gender variations in adults' language use: Talkativeness, affiliative speech, and assertive speech. *Personality and Social Psychology Review, 11,* 328–363.

Leary, M. R. (1999). The social and psychological importance of self-esteem. In R. M. Kowalski & M. R. Leary (Eds.), *The social psychology of emotional and behavioral problems: Interfaces of social and clinical psychology* (pp. 197–221). Washington, DC: American Psychological Association.

Leary, M. R. (2012). Sociometer theory. In L. Van Lange, A. W. Kruglanski, & E. T. Higgins (Eds.), *Handbook of theories of social psychology* (Vol. 2, pp. 141–159). Los Angeles: Sage Publications.

LeDoux, J. (2015). *Anxious: Using the brain to understand and treat fear and anxiety.* New York: Viking.

LeDoux, J. E. (1996). *The emotional brain: The mysterious underpinnings of emotional life.* New York: Simon & Schuster.

LeDoux, J. E. (2002). *The synaptic self.* London: Macmillan.

LeDoux, J. E. (2009, July/August). Quoted by K. McGowan, Out of the past. *Discover,* pp. 28–37.

LeDoux, J. E., & Armony, J. (1999). Can neurobiology tell us anything about human feelings? In D. Kahneman, E. Diener, & N. Schwartz (Eds.), *Well-being: The foundations of hedonic psychology* (pp. 489–499). New York: Sage.

Lee, C. S., Therriault, D. J., & Linderholm, T. (2012). On the cognitive benefits of cultural experience: Exploring the relationship between studying abroad and creative thinking. *Applied Cognitive Psychology, 26,* 768–778.

Lee, L., Frederick, S., & Ariely, D. (2006). Try it, you'll like it: The influence of expectation, consumption, and revelation on preferences for beer. *Psychological Science, 17,* 1054–1058.

Lee, S. W. S., & Schwarz, N. (2012). Bidirectionality, mediation, and moderation of metaphorical effects: The embodiment of social suspicions and fishy smells. *Journal of Personality and Social Psychology, 103,* 737–749.

Lefcourt, H. M. (1982). *Locus of control: Current trends in theory and research.* Hillsdale, NJ: Erlbaum.

Lehman, A. F., Steinwachs, D. M., Dixon, L. B., Goldman, H. H., Osher, F., Postrado, L., . . . Zito, J. (1998). Translating research into practice: The schizophrenic patient outcomes research team (PORT) treatment recommendations. *Schizophrenia Bulletin, 24,* 1–10.

Lehman, D. R., Wortman, C. B., & Williams, A. F. (1987). Long-term effects of losing a spouse or child in a motor vehicle crash. *Journal of Personality and Social Psychology, 52,* 218–231.

Leichsenring, F., & Rabung, S. (2008). Effectiveness of long-term psychodynamic psychotherapy: A meta-analysis. *JAMA, 300,* 1551–1565.

Leitenberg, H., & Henning, K. (1995). Sexual fantasy. *Psychological Bulletin, 117,* 469–496.

Lemmer, G., & Wagner, U. (2015). Can we really reduce ethnic prejudice outside the lab? A meta-analysis of direct and indirect contact interventions. *European Journal of Social Psychology, 45,* 152–168.

Lemonick, M. D. (2002, June 3). Lean and hungrier. *Time,* p. 54.

Lench, H. C., Flores, S. A., & Bench, S. W. (2011). Discrete emotions predict changes in cognition, judgment, experience, behavior, and physiology: A meta-analysis of experimental emotion elicitations. *Psychological Bulletin, 137,* 834–855.

Lenhart, A. (2012, March 19). Teens, smartphones & texting.

Pew Internet & American Life Project (pewinternet.org).

Lenhart, A. (2015, April 9). Teens, social media & technology overview 2015. Pew Internet & Research Center (pewinternet.org).

Lenhart, A., & Duggan, M. (2014, February 11). Couples, the Internet, and social media. Pew Research Center (pewinternet.org).

Lenneberg, E. H. (1967). *Biological foundations of language.* New York: Wiley.

Lennox, B. R., Bert, S., Park, G., Jones, P. B., & Morris, P. G. (1999). Spatial and temporal mapping of neural activity associated with auditory hallucinations. *Lancet, 353,* 644.

Lenton, A. P., & Francesconi, M. (2010). How humans cognitively manage an abundance of mate options. *Psychological Science, 21,* 528–533.

Lenton, A. P., & Francesconi, M. (2012). Too much of a good thing? Variety is confusing in mate choice. *Biology Letters, 7,* 528–531.

Lenzenweger, M. F., Dworkin, R. H., & Wethington, E. (1989). Models of positive and negative symptoms in schizophrenia: An empirical evaluation of latent structures. *Journal of Abnormal Psychology, 98,* 62–70.

Leonhard, C., & Randler, C. (2009). In sync with the family: Children and partners influence the sleep-wake circadian rhythm and social habits of women. *Chronobiology International, 26,* 510–525.

LePort, A. K. R., Mattfeld, A. T., Dickinson-Anson, H., Fallon, J. H., Stark, C. E. L., Kruggel, F., . . . McGaugh, J. L. (2012). Behavioral and neuroanatomical investigation of highly superior autobiographical memory (HSAM). *Neurobiology of Learning and Memory, 98,* 78–92.

Lepping, P., Schönfeldt-Lecuona, C., Sambhi, R. S., Lanka, S. V. N., Lane, S., Whittington, R., . . . Poole, R. (2014). A systematic review of the clinical relevance of repetitive transcranial magnetic stimulation. *Acta Psychiatrica Scandinavica, 130,* 326–341.

Lereya, S. T., Copeland, W. E., Costello, E. J., & Wolke, D. (2015). Adult mental health consequences of peer bullying and maltreatment in childhood: Two cohorts in two countries. *Lancet Psychiatry, 2,* 524–531.

Leslie, M. (2011). Are telomere tests ready for prime time? *Science, 322,* 414–415.

Leucht, S., Barnes, T. R. E., Kissling, W., Engel, R. R., Correll, C., & Kane, J. M. (2003). Relapse prevention in schizophrenia with new-generation antipsychotics: A systematic review and exploratory meta-analysis of randomized, controlled trials. *American Journal of Psychiatry, 160,* 1209–1222.

Leuner, B., Glasper, E. R., & Gould, E. (2010). Sexual experience promotes adult neurogenesis in the hippocampus despite an initial elevation in stress hormones. *PLoS One, 5,* e11597.

LeVay, S. (1991). A difference in hypothalamic structure between heterosexual and homosexual men. *Science, 253,* 1034–1037.

LeVay, S. (1994, March). Quoted in D. Nimmons, Sex and the brain. *Discover,* p. 64–71.

LeVay, S. (2011). *Gay, straight, and the reason why: The science of sexual orientation.* New York: Oxford University Press.

Levenson, R. M., Krupinski, E. A., Navarro, V. M., & Wasserman, E. A. (2015, November 18). Pigeons *(Columba livia)* as trainable observers of pathology and radiology breast cancer images. *PLoS ONE, 10:*e0141357.

Levenson, R. W. (1992). Autonomic nervous system differences among emotions. *Psychological Science, 3,* 23–27.

Levine, J. A., Lanningham-Foster, L. M., McCrady, S. K., Krizan, A. C., Olson, L. R., Kane, P. H., . . . Clark, M. M. (2005). Interindividual variation in posture allocation: Possible role in human obesity. *Science, 307,* 584–586.

Levine, R., Sato, S., Hashimoto, T., & Verma, J. (1995). Love and marriage in eleven cultures. *Journal of Cross-Cultural Psychology, 26,* 554–571.

Lewandowski, G. W., Jr., Aron, A., & Gee, J. (2007). Personality goes a long way: The malleability of opposite-sex physical attractiveness. *Personality Relationships, 14,* 571–585.

Lewinsohn, P. M., Hoberman, H., Teri, L., & Hautziner, M. (1985). An integrative theory of depression. In S. Reiss & R. Bootzin (Eds.), *Theoretical issues in behavior therapy* (pp. 331–359). Orlando, FL: Academic Press.

Lewinsohn, P. M., Petit, J., Joiner, T. E., Jr., & Seeley, J. R. (2003). The symptomatic expression of major depressive disorder in adolescents and young adults. *Journal of Abnormal Psychology, 112,* 244–252.

Lewinsohn, P. M., Rohde, P., & Seeley, J. R. (1998). Major depressive disorder in older adolescents: Prevalence, risk factors, and clinical implications. *Clinical Psychology Review, 18,* 765–794.

Lewinsohn, P. M., & Rosenbaum, M. (1987). Recall of parental behavior by acute depressives, remitted depressives, and nondepressives. *Journal of Personality and Social Psychology, 52,* 611–619.

Lewis, D. O., Yeager, C. A., Swica, Y., Pincus, J. H., & Lewis, M. (1997). Objective documentation of child abuse and dissociation in 12 murderers with dissociative identity disorder. *American Journal of Psychiatry, 154,* 1703–1710.

Lewis, M. (1992). Commentary. *Human Development, 35,* 44–51.

Lewontin, R. (1976). Race and intelligence. In N. J. Block & G. Dworkin (Eds.), *The IQ controversy: Critical readings.* New York: Pantheon.

Li, J., Laursen, T. M., Precht, D. H., Olsen, J., & Mortensen, P. B. (2005). Hospitalization for mental illness among parents after the death of a child. *New England Journal of Medicine, 352,* 1190–1196.

Li, T., & Chan, D. K.-S. (2012). How anxious and avoidant attachment affect romantic relationship quality differently: A meta-analytic review. *European Journal of Social Psychology, 42,* 406–419.

Liang, K. Y., Mintun, M. A., Fagan, A. M., Goate, A.M., Bugg, J. M., Holtzman, D. M., . . . Head, D. (2010). Exercise and Alzheimer's disease biomarkers in cognitively normal older adults. *Annals of Neurology, 68,* 311–318.

Liberman, M. C. (2015, August). Hidden hearing loss. *Scientific American,* pp. 49–53.

Licata, A., Taylor, S., Berman, M., & Cranston, J. (1993). Effects of cocaine on human aggression. *Pharmacology Biochemistry and Behavior, 45,* 549–552.

Lichtenstein, E., Zhu, S.-H., & Tedeschi, G. J. (2010). Smoking cessation quitlines: An underrecognized intervention success story. *American Psychologist, 65,* 252–261.

Liddle, J. R., Shackelford, T. K., & Weekes-Shackelford, V. W. (2012). Why can't we all just get along?: Evolutionary perspectives on violence, homicide, and war. *Review of General Psychology, 16,* 24–36.

Lieberman, M. D., & Eisenberger, N. I. (2015). The dorsal anterior cingulate is selective for pain: Results from large-scale fMRI reverse inference. *PNAS, 12,* 15250–15255.

Lieberman, M. D., Eisenberger, N. L., Crockett, M. J., Tom, S. M., Pfeifer, J. H., & Way, B. M. (2007). Putting feelings into words: Affect labeling disrupts amygdala activity in response to affective stimuli. *Psychological Science, 18,* 421–428.

Lilienfeld, S. O. (2009, Winter). Tips for spotting psychological pseudoscience: A student-friendly guide. *Eye on Psi Chi,* pp. 23–26.

Lilienfeld, S. O., Lynn, S. J., Kirsch, I., Chaves, J. F., Sarbin, T. R., Ganaway, G. K., & Powell, R. A. (1999). Dissociative identity disorder and the socio-cognitive model: Recalling the lessons of the past. *Psychological Bulletin, 125,* 507–523.

Lilienfeld, S. O., Ritschel, L. A., Lynn, S. J., Cautin, R. L., & Latzman, R. D. (2013). Why many clinical psychologists are resistant to evidence-based practice: Root causes and constructive remedies. *Clinical Psychology Review, 33,* 883–900.

Lilienfeld, S. O., Ritschel, L. A., Lynn, S. J., Cautin, R. L., & Latzman, R. D. (2014). Why ineffective psychotherapies appear to work: A taxonomy of causes of spurious therapeutic effectiveness. *Perspectives on Psychological Science, 9,* 355–387.

Lim, D., & DeSteno, D. (2016). Suffering and compassion: The links among adverse life experiences, empathy, compassion, and prosocial behavior. *Emotion, 16*(2), 175–182.

Lim, J., & Dinges, D. F. (2010). A meta-analysis of the impact of short-term sleep deprivation on cognitive variables. *Psychological Bulletin, 136,* 375–389.

Lima, N., Nascimento, V., Peixoto, J. A. C., Moreira, M. M., Neto, M. L. R., Almeida, J. C., . . . Reis, A. O. A. (2013). Electroconvulsive therapy use in adolescents: A systematic review. *Annals of General Psychiatry, 12,* 17. http://www.annals-generalpsychiatry.com/content/12/1/17

Lin, Z., & Murray, S. O. (2015). More power to the unconscious: Conscious, but not unconscious, exogenous attention requires location variation. *Psychological Science, 26,* 221–230.

Lindau, S. T., Schumm, L. P., Laumann, E. O., Levinson, W., O'Muircheartaigh, C. A., & Waite, L. J. (2007). A study of sexuality and health among older adults in the United States. *New England Journal of Medicine, 357,* 762–774.

Lindberg, S. M., Hyde, J. S., Linn, M. C., & Petersen, J. L. (2010). New trends in gender and mathematics performance: A meta-analysis. *Psychological Bulletin, 136,* 1125–1135.

Lindner, I., Echterhoff, G., Davidson, P. S. R., & Brand, M. (2010). Observation inflation: Your actions become mine. *Psychological Science, 21,* 1291–1299.

Lindson, N., Aveyard, P., & Hughes, J. R. (2010). Reduction versus abrupt cessation in smokers who want to quit (review). Cochrane *Collaboration* (Cochrane Library, Issue 3; thecochranelibrary.com).

Linehan, M. M., Korslund, K. E., Harned, M. S., Gallop, R. J., Lungu, A., Neacsiu, A. D., . . . Murray-Gregory, A. M. (2015). Dialectical behavior therapy for high suicide risk in individuals with borderline personality disorder: A randomized clinical trial and component analysis. *JAMA Psychiatry, 72,* 475–482.

Lippa, R. A. (2007). The relation between sex drive and sexual attraction to men and women: A cross-national study of heterosexual, bisexual, and homosexual men and women. *Archives of Sexual Behavior, 36,* 209–222.

Lippa, R. A. (2009). Sex differences in sex drive, sociosexuality, and height across 53 nations: Testing evolutionary and social structural theories. *Archives of Sexual Behavior, 38,* 631–651.

Lipps, H. M. (1999). *A new psychology of women: Gender, culture, and ethnicity.* Mountain View, CA: Mayfield Publishing.

Lipsitt, L. P. (2003). Crib death: A biobehavioral phenomenon? *Current Directions in Psychological Science, 12,* 164–170.

Liu, Y., Balaraman, Y., Wang, G., Nephew, K. P., & Zhou, F. C. (2009). Alcohol exposure alters DNA methylation profiles in mouse embryos at early neurulation. *Epigenetics, 4,* 500–511.

Livingstone, M., & Hubel, D. (1988). Segregation of form, color, movement, and depth: Anatomy, physiology, and perception. *Science, 240,* 740–749.

Locke, A. E., Kahali, B., Berndt, S. I., Justice, A. E., Pers, T. H., Day, F. R., . . . Speliotes, E. K. (2015). Genetic studies of body mass index yield new insights for obesity biology. *Nature, 518,* 195–206.

Loewenstein, G., & Furstenberg, F. (1991). Is teenage sexual behavior rational? *Journal of Applied Social Psychology, 21,* 957–986.

Loftus, E. F. (1995, March/April). Remembering dangerously. *Skeptical Inquirer,* pp. 20–29.

Loftus, E. F. (2012, July). Manufacturing memories. Invited address to the International Congress of Psychology, Cape Town.

Loftus, E. F., & Ketcham, K. (1994). *The myth of repressed memory: False memories and allegations of sexual abuse.* New York: St. Martin's Press.

Loftus, E. F., Levidow, B., & Duensing, S. (1992). Who remembers best? Individual differences in memory for events that occurred in a science museum. *Applied Cognitive Psychology, 6,* 93–107.

Loftus, E. F., & Loftus, G. R. (1980). On the permanence of stored information in the human brain. *American Psychologist, 35,* 409–420.

Loftus, E. F., & Palmer, J. C. (October, 1974). Reconstruction of automobile destruction: An example of the interaction between language and memory. *Journal of Verbal Learning & Verbal Behavior, 13*(5), 585–589.

Logan, T. K., Walker, R., Cole, J., & Leukefeld, C. (2002). Victimization and substance abuse among women: Contributing factors, interventions, and implications. *Review of General Psychology, 6,* 325–397.

Logue, A. W. (1998a). Laboratory research on self-control: Applications to administration. *Review of General Psychology, 2,* 221–238.

Logue, A. W. (1998b). Self-control. In W. T. O'Donohue (Ed.), *Learning and behavior therapy* (pp. 252–273). Boston, MA: Allyn & Bacon.

London, P. (1970). The rescuers: Motivational hypotheses about Christians who saved Jews from the Nazis. In J. Macaulay & L. Berkowitz (Eds.), *Altruism and helping behavior* (pp. 241–250). New York: Academic Press.

Lonergan, M. H., Olivera-Figueroa, L., Pitman, R. K., & Brunet, A. (2013). Propranolol's effects on the consolidation and reconsolidation of long-term emotional memory in healthy participants: A meta-analysis. *Journal of Psychiatry & Neuroscience, 38,* 222–231.

Lopes, P. N., Brackett, M. A., Nezlek, J. B., Schutz, A., Sellin, II, & Salovey, P. (2004). Emotional intelligence and social interaction. *Personality and Social Psychology Bulletin, 30,* 1018–1034.

Loprinzi, P. D., Loenneke, J. P., & Blackburn, E. H. (2015). Movement-based behaviors and leukocyte telomere length among US adults. *Medical Science and Sports Exercise, 47,* 2347–2352.

Lord, C. G., Lepper, M. R., & Preston, E. (1984). Considering the opposite: A corrective strategy for social judgment. *Journal of Personality and Social Psychology, 47,* 1231–1247.

Lord, C. G., Ross, L., & Lepper, M. (1979). Biased assimilation and attitude polarization: The effects of prior theories on subsequently considered evidence. *Journal of Personality and Social Psychology, 37,* 2098–2109.

Louie, K., & Wilson, M. A. (2001). Temporally structured replay of awake hippocampal ensemble activity during rapid eye movement sleep. *Neuron, 29,* 145–156.

Lourenco, O., & Machado, A. (1996). In defense of Piaget's theory: A reply to 10 common criticisms. *Psychological Review, 103,* 143–164.

Lovaas, O. I. (1987). Behavioral treatment and normal educational and intellectual functioning in young autistic children. *Journal of Consulting and Clinical Psychology, 55,* 3–9.

Low, P. (2012). *The Cambridge Declaration on Consciousness.* Publicly proclaimed in Cambridge, UK, on July 7, 2012, at the Francis Crick Memorial Conference on Consciousness in Human and non-Human Animals (fcmconference.org/img/CambridgeDeclarationOnConsciousness.pdf).

Lowry, P. E. (1997). The assessment center process: New directions. *Journal of Social Behavior and Personality, 12,* 53–62.

Lozano, A., Mayberg, H., Giacobbe, P., Hami, C., Craddock, R., & Kennedy, S. (2008). Subcallosal cingulate gyrus deep brain stimulation for treatment-resistant depression. *Biological Psychiatry, 64,* 461–467.

Lubinski, D. (2009a). Cognitive epidemiology: With emphasis on untangling cognitive ability and socioeconomic status. *Intelligence, 37,* 625–633.

Lubinski, D. (2009b). Exceptional cognitive ability: The phenotype. *Behavioral Genetics, 39,* 350–358.

Lubinski, D., Benbow, C. P., & Kell, H. J. (2014). Life paths and accomplishments of mathematically precocious males and females four decades later. *Psychological Science, 25,* 2217–2232.

Luborsky, L., Rosenthal, R., Diguer, L., Andrusyna, T. P., Berman, J. S., Levitt, J. T., . . . Krause, E. D. (2002). The dodo bird verdict is alive and well—mostly. *Clinical Psychology: Science and Practice, 9,* 2–34.

Lucas, A., Morley, R., Cole, T. J., Lister, G., & Leeson-Payne, C. (1992). Breast milk and subsequent intelligence quotient in children born preterm. *Lancet, 339,* 261–264.

Lucas, R. E., Clark, A. E., Georgellis, Y., & Diener, E. (2004). Unemployment alters the set point for life satisfaction. *Psychological Science, 15,* 8–13.

Lucas, R. E., & Donnellan, M. B. (2007). How stable is happiness? Using the STARTS model to estimate the stability of life satisfaction. *Journal of Research in Personality, 41,* 1091–1098.

Lucas, R. E., & Donnellan, M. B. (2011). Personality development across the life span: Longitudinal analyses with a national sample from Germany. *Journal of Personality and Social Psychology, 101,* 847–861.

Ludwig, A. M. (1995). *The price of greatness: Resolving the creativity and madness controversy.* New York: Guilford Press.

Ludwig, D. S., & Friedman, M. I. (2014). Increasing adiposity: Consequence or cause of overeating? *JAMA, 311,* 2167–2168.

Luigjes, J., van den Brink, W., Feenstra, M., van den Munckhof, P., Schuurman, P. R., Schippers, R., . . . Denys, D. (2012). Deep brain stimulation in addiction: A review of potential brain targets. *Molecular Psychiatry, 17,* 572–583.

Lumeng, J. C., Forrest, P., Appugliese, D. P., Kaciroti, N., Corwyn, R. F., & Bradley, R. H. (2010). Weight status as a predictor of being bullied in third through sixth grades. *Pediatrics, 125,* e1301–1307.

Lund, T. J., & Dearing, E. (2012). Is growing up affluent risky for adolescents or is the problem growing up in an affluent neighborhood? *Journal of Research on Adolescence, 23,* 274–282.

Luppino, F. S., de Wit, L. M., Bouvy, P. F., Stijnen, T., Cuijpers, P., Penninx, W. J. H., & Zitman, F. G. (2010). Overweight, obesity, and depression. *Archives of General Psychiatry, 67,* 220–229.

Luria, A. M. (1968). In L. Solotaroff (Trans.), *The mind of a mnemonist.* New York: Basic Books.

Lutfey, K. E., Link, C. L., Rosen, R. C., Wiegel, M., & McKinlay, J. B. (2009). Prevalence and correlates of sexual activity and function in women: Results from the Boston Area Community Health (BACH) survey. *Archives of Sexual Behavior, 38,* 514–527.

Lutgendorf, S. K., & Andersen, B. L. (2015). Biobehavioral approaches to cancer progression and survival. *American Psychologist, 70,* 186–197.

Lutgendorf, S. K., Lamkin, D. M., Jennings, N. B., Arevalo, J. M. G., Penedo, F., DeGeest, K., . . . Sood, A. K. (2008). Biobehavioral influences on matrix metalloproteinase expression in ovarian carcinoma. *Clinical Cancer Research, 14,* 6839–6846.

Lutgendorf, S. K., Russell, D., Ullrich, P., Harris, T. B., & Wallace, R. (2004). Religious participation, interleukin-6, and mortality in older adults. *Health Psychology, 23,* 465–475.

Luthar, S. S., Barkin, S. H., & Crossman, E. J. (2013). "I can, therefore I must": Fragility in the upper-middle classes. *Development and Psychopathology, 25,* 1529–1549.

Luyckx, K., Tildesley, E. A., Soenens, B., Andrews, J. A., Hampson, S. E., Peterson, M., & Duriez, B. (2011). Parenting and trajectories of children's maladaptive behaviors: A 12-year prospective community study. *Journal of Clinical Child and Adolescent Psychology, 40,* 468–478.

Lykken, D. T. (1991, August). *Science, lies, and controversy: An epitaph for the polygraph.* Invited address at the 99th Annual Convention of the American Psychological Association, San Francisco, CA.

Lykken, D. T. (1995). *The antisocial personalities.* New York: Erlbaum.

Lykken, D. T. (1999). *Happiness: The nature and nurture of joy and contentment.* New York: Golden Books.

Lykken, D. T., & Tellegen, A. (1996). Happiness is a stochastic phenomenon. *Psychological Science, 7,* 186–189.

Lynch, G. (2002). Memory enhancement: The search for mechanism-based drugs. *Nature Neuroscience, 5* (suppl.), 1035–1038.

Lynch, G., & Staubli, U. (1991). Possible contributions of long-term potentiation to the encoding and organization of memory. *Brain Research Reviews, 16,* 204–206.

Lynn, M. (1988). The effects of alcohol consumption on restaurant tipping. *Personality and Social Psychology Bulletin, 14,* 87–91.

Lynn, S. J., Laurence, J., & Kirsch, I. (2015). Hypnosis, suggestion, and suggestibility: An integrative model. *American Journal of Clinical Hypnosis, 57,* 314–329.

Lynn, S. J., Lilienfeld, S. O., Merckelbach, H., Giesbrecht, T., McNally, R. J., Loftus, E. F., . . . Malaktaris, A. (2014). The trauma model of dissociation: Inconvenient truths and stubborn fictions. Comment on Dalenberg et al. (2012). *Psychological Bulletin, 140,* 896–910.

Lynn, S. J., Rhue, J. W., & Weekes, J. R. (1990). Hypnotic involuntariness: A social cognitive analysis. *Psychological Review, 97,* 169–184.

Lynne, S. D., Graber, J. A., Nichols, T. R., Brooks-Gunn, J., & Botvin, G. J. (2007). Links between pubertal timing, peer influences, and externalizing behaviors among urban students followed through middle school. *Journal of Adolescent Health, 40,* 181.e7–181.e13.

Lyons, B. D., Hoffman, B. J., Michel, J. W., & Williams, K. J. (2011). On the predictive efficiency of past performance and physical ability: The case of the National Football League. *Human Performance, 24,* 158–172.

Lyons, H. A., Manning, W. D., Longmore, M. A., & Giordano, P. C. (2015). Gender and casual sexual activity from adolescence to emerging adulthood: Social and life course correlates. *Journal of Sex Research, 52,* 543–557.

Lyons, L. (2005, January 4). *Teens stay true to parents' political perspectives.* Gallup Poll News Service (gallup.com).

Lyubomirsky, S. (2001). Why are some people happier than others? The role of cognitive and motivational processes in well-being. *American Psychologist, 56,* 239–249.

Lyubomirsky, S. (2008). *The how of happiness.* New York: Penguin.

Maas, J. B., & Robbins, R. S. (2010). *Sleep for success: Everything you must know about sleep but are too tired to ask.* Bloomington, IN: Author House.

Maass, A., D'Ettole, C., & Cadinu, M. (2008). Checkmate? The role of gender stereotypes in the ultimate intellectual sport. *European Journal of Social Psychology, 38,* 231–245.

Macapagal, K. R., Janssen, E., Fridberg, D. J., Finn, P. R., & Heiman, J. R. (2011). The effects of impulsivity, sexual arousability, and abstract intellectual ability on men's and women's go/no-go task performance. *Archives of Sexual Behavior, 40,* 995–1006.

MacCabe, J. H., Lambe, M. P., Cnattingius, S., Torrång, A., Björk, C., Sham, P. C., . . . Hultman, C. M. (2008). Scholastic achievement at age 16 and risk of schizophrenia and other psychoses: A national cohort study. *Psychological Medicine, 38,* 1133–1140.

Maccoby, E. E. (1990). Gender and relationships: A developmental account. *American Psychologist, 45,* 513–520.

Maccoby, E. E. (1998). *The paradox of gender.* Cambridge, MA: Harvard University Press.

Maccoby, E. E. (2002). Gender and group process: A developmental perspective. *Current Directions in Psychological Science, 11,* 54–58.

MacDonald, G., & Leary, M. R. (2005). Why does social exclusion hurt? The relationship between social and physical pain. *Psychological Bulletin, 131,* 202–223.

MacDonald, T. K., & Hynie, M. (2008). Ambivalence and unprotected sex: Failure to predict sexual activity and decreased condom use. *Journal of Applied Social Psychology, 38,* 1092–1107.

MacDonald, T. K., Zanna, M. P., & Fong, G. T. (1995). Decision making in altered states: Effects of alcohol on attitudes toward drinking and driving. *Journal of Personality and Social Psychology, 68,* 973–985.

MacFarlane, A. (1978, February). What a baby knows. *Human Nature,* pp. 74–81.

Mackenzie, J. L., Aggen, S. H., Kirkpatrick, R. M., Kendler, K. S., & Amstadter, A. B. (2015). A longitudinal twin study of insomnia symptoms in adults. *Sleep, 38,* 1423–1430.

MacKenzie, M. J., Nicklas, E., Waldfogel, J., & Brooks-Gunn, J. (2013). Spanking and child development across the first decade of life. *Pediatrics, 132,* e1118–e1125. doi:10.1542/

peds.2013-1227

MacKerron, G., & Mourato, S. (2013). Happiness is greater in natural environments. *Global Environmental Change, 23,* 992–1000.

MacLeod, C., & Clarke, P. J. F. (2015). The attentional bias modification approach to anxiety intervention. *Clinical Psychological Science, 3,* 58–78.

Macmillan, M., & Lena, M. L. (2010). Rehabilitating Phineas Gage. *Neuropsychological Rehabilitation, 17,* 1–18.

Macnamara, B. N., Hambrick, D. Z., & Oswald, F. L. (2014). Deliberate practice and performance in music, games, sports, education, and professions: A meta-analysis. *Psychological Science, 25,* 1608–1618.

MacNeilage, P. F., Rogers, L. J., & Vallortigara, G. (2009, July). Origins of the left and right brain. *Scientific American,* pp. 60–67.

Maddi, S. R., Harvey, R. H., Khoshaba, D. M., Fazel, M., & Resurreccion, N. (2009). Hardiness training facilitates performance in college. *Journal of Positive Psychology, 4,* 566–577.

Maeda, Y., & Yoon, S. Y. (2013). A meta-analysis on gender differences in mental rotation ability measured by the Purdue spatial visualization tests: Visualization of rotations (PSVT:R). *Educational Psychology Review, 25,* 69–94.

Maes, H. H. M., Neale, M. C., & Eaves, L. J. (1997). Genetic and environmental factors in relative body weight and human adiposity. *Behavior Genetics, 27,* 325–351.

Magnusson, D. (1990). Personality research—Challenges for the future. *European Journal of Personality, 4,* 1–17.

Maguire, E. A., Gadian, D. G., Johnsrude, I. S., Good, C. D., Ashburner, J., Frackowiak, R. S. J., & Frith, C. D. (2000). Navigation-related structural change in the hippocampi of taxi drivers. *PNAS, 97,* 4398–4403.

Maguire, E. A., Valentine, E. R., Wilding, J. M., & Kapur, N. (2003). Routes to remembering: The brains behind superior memory. *Nature Neuroscience, 6,* 90–95.

Maguire, E. A., Woollett, & Spiers, H. J. (2006). London taxi drivers and bus drivers: A structural MRI and neuropsychological analysis. *Hippocampus, 16,* 1091–1101.

Maher, S., Ekstrom, T., & Chen, Y. (2014). Greater perceptual sensitivity to happy facial expression. *Perception, 43,* 1353–1364.

Maier, S. F., Watkins, L. R., & Fleshner, M. (1994). Psychoneuroimmunology: The interface between behavior, brain, and immunity. *American Psychologist, 49,* 1004–1017.

Major, B., Carrington, P. I., & Carnevale, P. J. D. (1984). Physical attractiveness and self-esteem: Attribution for praise from an other-sex evaluator. *Personality and Social Psychology Bulletin, 10,* 43–50.

Major, B., Schmidlin, A. M., & Williams, L. (1990). Gender patterns in social touch: The impact of setting and age. *Journal of Personality and Social Psychology, 58,* 634–643.

Makin, S. (2015a, November/December). What really causes autism. *Scientific American,* pp. 57–63.

Makin, S. (2015b, July/August). Can you train your brain? *Scientific American Mind,* pp. 64–69.

Malamuth, N. M., & Check, J. V. P. (1981). The effects of media exposure on acceptance of violence against women: A field experiment. *Journal of Research in Personality, 15,* 436–446.

Malmquist, C. P. (1986). Children who witness parental murder: Posttraumatic aspects. *Journal of the American Academy of Child Psychiatry, 25,* 320–325.

Maner, J. K., Kenrick, D. T., Neuberg, S. L., Becker, D. V., Robertson, T., Hofer, B., . . . Schaller, M. (2005). Functional projection: How fundamental social motives can bias interpersonal perception. *Journal of Personality and Social Psychology, 88,* 63–78.

Mann, T., Tomiyama, A. J., & Ward, A. (2015). Promoting public health in the context of the "obesity epidemic": False starts and promising new directions. *Perspectives on Psychological Science, 10,* 706–710.

Manning, W., & Cohen, J. A. (2012). Premarital cohabitation and marital dissolution: An examination of recent marriages. *Journal of Marriage and Family, 74,* 377–387.

Manson, J. E. (2002). Walking compared with vigorous exercise for the prevention of cardiovascular events in women. *New England Journal of Medicine, 347,* 716–725.

Maquet, P. (2001). The role of sleep in learning and memory. *Science, 294,* 1048–1052.

Mar, R. A., & Oatley, K. (2008). The function of fiction is the abstraction and simulation of social experience. *Perspectives on Psychological Science, 3,* 173–192.

Margolis, M. L. (2000). Brahms' lullaby revisited: Did the composer have obstructive sleep apnea? *Chest, 118,* 210–213.

Marinak, B. A., & Gambrell, L. B. (2008). Intrinsic motivation and rewards: What sustains young children's engagement with text? *Literacy Research and Instruction, 47,* 9–26.

Marjonen, H., Sierra, A., Nyman, A., Rogojin, V., Gröhn, O., Linden, A.-M., . . . Kaminen-Ahola, N. (2015). Early maternal alcohol consumption alters hippocampal DNA methylation, gene expression and volume in a mouse model. *PLOS ONE, 10*(5), e0124931. doi:10.1371/journal.pone.0124931

Markus, H. R., & Kitayama, S. (1991). Culture and the self: Implications for cognition, emotion, and motivation. *Psychological Review, 98,* 224–253.

Markus, H. R., & Nurius, P. (1986). Possible selves. *American Psychologist, 41,* 954–969.

Marley, J., & Bulia, S. (2001). Crimes against people with mental illness: Types, perpetrators and influencing factors. *Social Work, 46,* 115–124.

Marshall, M. J. (2002). *Why spanking doesn't work.* Springville, UT: Bonneville Books.

Marshall, P. J., & Meltzoff, A. N. (2014). Neural mirroring mechanisms and imitation in human infants. *Philosophical Transactions of the Royal Society: Series B, 369*(1644). doi:10.1098/rstb.2013.0620

Marshall, R. D., Bryant, R. A., Amsel, L., Suh, E. J., Cook, J. M., & Neria, Y. (2007). The psychology of ongoing threat: Relative risk appraisal, the September 11 attacks, and terrorism-related fears. *American Psychologist, 62,* 304–316.

Marteau, T. M. (1989). Framing of information: Its influences upon decisions of doctors and patients. *British Journal of Social Psychology, 28,* 89–94.

Marteau, T. M., Hollands, G. J., & Fletcher, P. C. (2012). Changing human behavior to prevent disease: The importance of targeting automatic processes. *Science, 337,* 1492–1495.

Martin, C. K., Anton, S. D., Walden, H., Arnett, C., Greenway, F. L., & Williamson, D. A. (2007). Slower eating rate reduces the food intake of men, but not women: Implications for behavioural weight control. *Behaviour Research and Therapy, 45,* 2349–2359.

Martin, C. L., & Ruble, D. (2004). Children's search for gender cues. *Current Directions in Psychological Science, 13,* 67–70.

Martin, C. L., Ruble, D. N., & Szkrybalo, J. (2002). Cognitive theories of early gender development. *Psychological Bulletin, 128,* 903–933.

Martín, R., Bajo-Grañeras, R., Moratalla, R., Perea, G., & Araque, A. (2015). Circuit-specific signaling in astrocyte-neuron networks in basal ganglia pathways. *Science, 349,* 730–734.

Martins, Y., Preti, G., Crabtree, C. R., & Wysocki, C. J. (2005). Preference for human body odors is influenced by gender and sexual orientation. *Psychological Science, 16,* 694–701.

Maslow, A. H. (1970). *Motivation and personality* (2nd ed.). New York: Harper & Row.

Maslow, A. H. (1971). *The farther reaches of human nature.* New York: Viking Press.

Mason, C., & Kandel, E. R. (1991). Central visual pathways. In E. R. Kandel, J. H. Schwartz, & T. M. Jessell (Eds.), *Principles of neural science* (3rd ed.). New York: Elsevier.

Mason, R. A., & Just, M. A. (2004). How the brain processes causal inferences in text. *Psychological Science, 15,* 1–7.

Massimini, M., Ferrarelli, F., Huber, R., Esser, S. K., Singh, H., & Tononi, G. (2005). Breakdown of cortical effective connectivity during sleep. *Science, 309,* 2228–2232.

Master, S. L., Eisenberger, N. I., Taylor, S. E., Naliboff, B. D., Shirinyan, D., & Lieberman, M. D. (2009). A picture's worth: Partner photographs reduce experimentally induced pain. *Psychological Science, 20,* 1316–1318.

Masters, K. S. (2010). The role of religion in therapy: Time for psychologists to have a little faith? *Cognitive and Behavioral Practice, 17,* 393–400.

Masters, W. H., & Johnson, V. E. (1966). *Human sexual response.* Boston: Little, Brown.

Mastroianni, G. R. (2015). Obedience in perspective: Psychology and the Holocaust. *Theory and Psychology, 25,* 657–669.

Mastroianni, G. R., & Reed, G. (2006). Apples, barrels, and Abu Ghraib. *Sociological Focus, 39,* 239–250.

Masuda, T., & Kitayama, S. (2004). Perceiver-induced constraint and attitude attribution in Japan and the US: A case for the cultural dependence of the correspondence bias. *Journal of Experimental Social Psychology, 40,* 409–416.

Mataix-Cols, D., Rosario-Campos, M. C., & Leckman, J. F. (2005). A multi-dimensional model of obsessive-compulsive disorder. *American Journal of Psychiatry, 162,* 228–238.

Mataix-Cols, D., Wooderson, S., Lawrence, N., Brammer, M. J., Speckens, A., & Phillips, M. L. (2004). Distinct neural correlates of washing, checking, and hoarding symptom dimensions in obsessive-compulsive disorder. *Archives of General Psychiatry, 61,* 564–576.

Mather, M., & Sutherland, M. (2012, February). The selective effects of emotional arousal on memory. APA Science Brief (apa.org).

Matson, J. L., & Boisjoli, J. A. (2009). The token economy for children with intellectual disability and/or autism: A review. *Research on Developmental Disabilities, 30,* 240–248.

Matsumoto, D., & Ekman, P. (1989). American-Japanese cultural differences in intensity ratings of facial expressions of emotion. *Motivation and Emotion, 13,* 143–157.

Matsumoto, D., Frank, M. G., & Hwang, H. C. (2015). The role of intergroup emotions on political violence. *Current Directions in Psychological Science, 24,* 369–373.

Matsumoto, D., & Willingham, B. (2006). The thrill of victory and the agony of defeat: Spontaneous expressions of medal winners of the 2004 Athens Olympic Games. *Journal of Personality and Social Psychology, 91,* 568–581.

Matsumoto, D., & Willingham, B. (2009). Spontaneous facial expressions of emotion of congenitally and noncongenitally blind individuals. *Journal of Personality and Social Psychology, 96,* 1–10.

Matthews, R. N., Domjan, M., Ramsey, M., & Crews, D. (2007). Learning effects on sperm competition and reproductive fitness. *Psychological Science, 18,* 758–762.

Maurer, D., & Maurer, C. (1988). *The world of the newborn.* New York: Basic Books.

Mauss, I. B., Shallcross, A. J., Troy, A. S., John, O. P., Ferrer, E., Wilhelm, F. H., & Gross, J. J. (2011). Don't hide your happiness! Positive emotion dissociation, social connectedness, and psychological functioning. *Journal of Personality and Social Psychology, 100,* 738–748.

Mautz, B., Wong, B., Peters, R., & Jennions, M. (2013). Penis size interacts with body shape and height to influence male attractiveness. *PNAS, 110,* 6925–6693.

Maxwell, S. E., Lau, M. Y., & Howard, G. S. (2015). Is psychology suffering from a replication crisis? What does "failure to replicate" really mean? *American Psychologist, 70,* 487–498.

May, C., & Hasher, L. (1998). Synchrony effects in inhibitory control over thought and action. *Journal of Experimental Psychology: Human Perception and Performance, 24,* 363–380.

May, P. A., Baete, J., Russo, A. J., Elliott, J., Blankenship, J., Kalberg, W. O., . . . Hoyme, H. E. (2014). Prevalence and characteristics of fetal alcohol spectrum disorders. *Pediatrics, 134,* 855–866.

May, R. (1982). The problem of evil: An open letter to Carl Rogers. *Journal of Humanistic Psychology, 22,* 10–21.

Mayberg, H. S., Lozano, A. M., Voon, V., McNeely, H. E., Seminowicz, D., Hamani, C., . . . Kennedy, S. H. (2005). Deep brain stimulation for treatment-resistant depression. *Neuron, 45,* 651–660.

Mayer, J. D., Salovey, P., & Caruso, D. R. (2002). *The Mayer-Salovey-Caruso emotional intelligence test (MSCEIT).* Toronto: Multi-Health Systems, Inc.

Mayer, J. D., Salovey, P., & Caruso, D. R. (2012). The validity of the MSCEIT: Additional analyses and evidence. *Emotion Review, 4,* 403–408.

Mayer, J. D., Salovey, P., Caruso, D. R., & Cherkasskiy, L. (2011). Emotional intelligence. In R. J. Sternberg & S. B. Kaufman (Eds.), *The Cambridge handbook of intelligence* (pp. 528–249). New York: Cambridge University Press.

Mazure, C., Keita, G., & Blehar, M. (2002). *Summit on women and depression: Proceedings and recommendations.* Washington, DC: American Psychological Association (apa.org/pi/women/programs/depression/summit-2002.pdf).

Mazzoni, G., Scoboria, A., & Harvey, L. (2010). Nonbelieved memories. *Psychological Science, 21,* 1334–1340.

McAdams, D. P., & Guo, J. (2015). Narrating the generative life. *Psychological Science, 26,* 475–483.

McAndrew, F. T. (2009). The interacting roles of testosterone and challenges to status in human male aggression. *Aggression and Violent Behavior, 14,* 330–335.

McBurney, D. H. (1996). *How to think like a psychologist: Critical thinking in psychology.* Upper Saddle River, NJ: Prentice-Hall.

McBurney, D. H., & Collings, V. B. (1984). *Introduction to sensation and perception* (2nd ed.). Englewood Cliffs, NJ: Prentice-Hall.

McBurney, D. H., & Gent, J. F. (1979). On the nature of taste qualities. *Psychological Bulletin, 86,* 151–167.

McCabe, K. O., & Fleeson, W. (2016). Are traits useful? Explaining trait manifestations as tools in the pursuit of goals. *Journal of Personality and Social Psychology, 110,* 287–301.

McCain, N. L., Gray, D. P., Elswick, R. K., Jr., Robins, J. W., Tuck, I., Walter, J. M., . . . Ketchum, J. M. (2008). A randomized clinical trial of alternative stress management interventions in persons with HIV infection. *Journal of Consulting and Clinical Psychology, 76,* 431–441.

McCann, I. L., & Holmes, D. S. (1984). Influence of aerobic exercise on depression. *Journal of Personality and Social Psychology, 46,* 1142–1147.

McCann, U. D., Eligulashvili, V., & Ricaurte, G. A. (2001). (+/−)3,4 Methylenedioxymethamphetamine ("Ecstasy")-induced serotonin neurotoxicity: Clinical studies. *Neuropsychobiology, 42,* 11–16.

McCarthy, P. (1986, July). Scent: The tie that binds? *Psychology Today,* pp. 6, 10.

McCauley, C. R. (2002). Psychological issues in understanding terrorism and the response to terrorism. In C. E. Stout (Ed.), *The psychology of terrorism* (Vol. 3, pp. 3–29). Westport, CT: Praeger/Greenwood.

McCauley, C. R., & Segal, M. E. (1987). Social psychology of terrorist groups. In C. Hendrick (Ed.), *Group processes and intergroup relations: Review of personality and social psychology* (Vol. 9, pp. 231–256). Beverly Hills, CA: Sage.

McClendon, B. T., & Prentice-Dunn, S. (2001). Reducing skin cancer risk: An intervention based on protection motivation theory. *Journal of Health Psychology, 6,* 321–328.

McClintock, M. K., & Herdt, G. (1996, December). Rethinking puberty: The development of sexual attraction. *Current Directions in Psychological Science, 5,* 178–183.

McClung, M., & Collins, D. (2007). "Because I know it will!": Placebo effects of an ergogenic aid on athletic performance. *Journal of Sport & Exercise Psychology, 29,* 382–394.

McClure, E. B. (2000). A meta-analytic review of sex differences in facial expression processing and their development in infants, children, and adolescents. *Psychological Bulletin, 126,* 424–453.

McClure, M. J., & Lydon, J. E. (2014). Anxiety doesn't become you: How attachment compromises relational opportunities. *Journal of Personality and Social Psychology, 106,* 89–111.

McConnell, A. R., Brown, C. M., Shoda, T. M., Stayton, L. E., & Martin, C. E. (2011). Friends with benefits: On the positive consequences of pet ownership. *Journal of Personality and Social Psychology, 101,* 1239–1252.

McConnell, R. A. (1991). National Academy of Sciences opinion on parapsychology. *Journal of the American Society for Psychical Research, 85,* 333–365.

McCool, G. (1999, October 26). Mirror-gazing Venezuelans top of vanity stakes. *The Toronto Star.* Retrieved from web.lexis-nexis.com

McCrae, R. R., & Costa, P. T., Jr. (1986). Clinical assessment can benefit from recent advances in personality psychology. *American Psychologist, 41,* 1001–1003.

McCrae, R. R., & Costa, P. T., Jr. (2008). The Five-Factor Theory of personality. In O. P. John, R. W. Robins, & L. A. Pervin (Eds.), *Handbook of personality: Theory and research* (3rd ed., pp. 159–181). New York: Guilford.

McCrae, R. R., Costa, P. T., Jr., Ostendorf, F., Angleitner, A., Hrebicková, M., Avia, M. D., . . . Smith, P. B. (2000). Nature over nurture: Temperament, personality, and life span development. *Journal of Personality and Social Psychology, 78,* 173–186.

McCrae, R. R., Terracciano, A., & 78 Members of the Personality Profiles of Cultures Project. (2005). Universal features of personality traits from the observer's perspective: Data from 50 cultures. *Journal of Personality and Social Psychology, 88,* 547–561.

McCrae, R. R., Terracciano, A., & Khoury, B. (2007). Dolce far niente: The positive psychology of personality stability and invariance. In A. D. Ong & M. H. Van Dulmen (Eds.), *Oxford handbook of methods in positive psychology* (pp. 176–188). New York: Oxford University Press.

McCullough, M. E., Hoyt, W. T., Larson, D. B., Koenig, H. G., & Thoresen, C. (2000). Religious involvement and mortality: A meta-analytic review. *Health Psychology, 19,* 211–222.

McCullough, M. E., & Laurenceau, J.-P. (2005). Religiousness and the trajectory of self-rated health across adulthood. *Personality and Social Psychology Bulletin, 31,* 560–573.

McDaniel, M. A., Howard, D. C., & Einstein, G. O. (2009). The read-recite-review study strategy: Effective and portable. *Psychological Science, 20,* 516–522.

McEvoy, S. P., Stevenson, M. R., McCartt, A. T., Woodward, M., Haworth, C., Palamara, P., & Cercelli, R. (2005). Role of mobile phones in motor vehicle crashes resulting in hospital attendance: A case-crossover study. *British Medical Journal, 331,* 428. http://dx.doi.org/10.1136/bmj.38537.397512.55

McEvoy, S. P., Stevenson, M. R., & Woodward, M. (2007). The contribution of passengers versus mobile phone use to motor vehicle crashes resulting in hospital attendance by the driver. *Accident Analysis and Prevention, 39,* 1170–1176.

McGaugh, J. L. (1994). Quoted by B. Bower, Stress hormones hike emotional memories. *Science News, 146,* 262.

McGaugh, J. L. (2003). *Memory and emotion: The making of lasting memories.* New York: Columbia University Press.

McGaugh, J. L. (2015). Consolidating memories. *Annual Review of Psychology, 66,* 1–24.

McGaugh, J. L., & LePort, A. (2014, February). Remembrance of all things past. *Scientific American,* pp. 41–45.

McGhee, P. E. (1976, June). Children's appreciation of humor: A test of the cognitive congruency principle. *Child Development, 47*(2), 420–426.

McGirr, A., Berlim, M. T., Bond, D. J., Fleck, M. P., Yatham, L. N., & Lam, R. W. (2015). A systematic review and meta-analysis of randomized, double-blind, placebo-controlled trials of ketamine in the rapid treatment of major depressive episodes. *Psychological Medicine, 45,* 693–704.

McGrath, J. J., & Welham, J. L. (1999). Season of birth and schizophrenia: A systematic review and meta-analysis of data from the Southern hemisphere. *Schizophrenia Research, 35,* 237–242.

McGrath, J. J., Welham, J., & Pemberton, M. (1995). Month of birth, hemisphere of birth and schizophrenia. *British Journal of Psychiatry, 167,* 783–785.

McGue, M., & Bouchard, T. J., Jr. (1998). Genetic and environmental influences on human behavioral differences. *Annual Review of Neuroscience, 21,* 1–24.

McGue, M., Bouchard, T. J., Jr., Iacono, W. G., & Lykken, D. T. (1993). Behavioral genetics of cognitive ability: A life-span perspective. In R. Plomin & G. E. McClearn (Eds.), *Nature, nurture and psychology* (pp. 59–76). Washington, DC: American Psychological Association.

McGurk, H., & MacDonald, J. (1976). Hearing lips and seeing voices. *Nature, 264,* 746–748.

McHugh, P. R. (1995b). Witches, multiple personalities, and other psychiatric artifacts. *Nature Medicine, 1*(2), 110–114.

McLaughlin, M. (2010, October 2). J. K. Rowling: Depression, the "terrible place that allowed me to come back stronger." *The Scotsman* (scotsman.com).

McLean, C. P., & Anderson, E. R. (2009). Brave men and timid women? A review of the gender differences in fear and anxiety. *Clinical Psychology Review, 29,* 496–505.

McMurray, B. (2007). Defusing the childhood vocabulary explosion. *Science, 317,* 631.

McNally, R. J. (2003). *Remembering trauma.* Cambridge, MA: Harvard University Press.

McNally, R. J. (2007). Betrayal trauma theory: A critical appraisal. *Memory, 15,* 280–292.

McNally, R. J. (2012). Are we winning the war against posttraumatic stress disorder? *Science, 336,* 872–874.

McNally, R. J., & Geraerts, E. (2009). A new solution to the recovered memory debate. *Perspectives on Psychological Science, 4,* 126–134.

McNeil, B. J., Pauker, S. G., & Tversky, A. (1988). On the framing of medical decisions. In D. E. Bell, H. Raiffa, & A. Tversky (Eds.), *Decision making: Descriptive, normative, and prescriptive interactions* (pp. 562–568). New York: Cambridge University Press.

McNulty, J. K., Olson, M. A., Meltzer, A. L., & Shaffer, M. J. (2013). Though they may be unaware, newlyweds implicitly know whether their marriage will be satisfying. *Science, 342,* 1119–1120.

McWhorter, J. (2012, April 23). Talking with your fingers. *The New York Times* (nytimes.com).

Meador, B. D., & Rogers, C. R. (1984). Person-centered therapy. In R. J. Corsini (Ed.), *Current psychotherapies* (3rd ed.). Itasca, IL: Peacock.

Medda, P., Toni, C., Mariani, M. G., De Simone, L., Mauri, M., & Perugi, G. (2015). Electroconvulsive therapy in 197 patients with a severe, drug-resistant bipolar mixed state: Treatment outcome and predictors of response. *The Journal of Clinical Psychiatry, 76*(9), 1168–1173.

Mednick, S. A., Huttunen, M. O., & Machon, R. A. (1994). Prenatal influenza infections and adult schizophrenia. *Schizophrenia Bulletin, 20,* 263–267.

Medvec, V. H., Madey, S. F., & Gilovich, T. (1995). When less is more: Counterfactual thinking and satisfaction among Olympic medalists. *Journal of Personality and Social Psychology, 69,* 603–610.

Mehl, M. R., Vazire, S., Holleran, S. E., & Clark, C. S. (2010). Eavesdropping on happiness: Well-being is related to having less small talk and more substantive conversations. *Psychological Science, 21,* 539–541.

Mehta, D., Klengel, T., Conneely, K. N., Smith, A. K., Altmann, A., Pace, T. W., . . . Binder, E. B. (2013). Childhood maltreatment is associated with distinct genomic and epigenetic profiles in posttraumatic stress disorder. *PNAS, 110,* 8302–8307.

Mehta, M. R. (2007). Cortico-hippocampal interaction during up-down states and memory consolidation. *Nature Neuroscience, 10,* 13–15.

Meichenbaum, D. (1977). *Cognitive-behavior modification: An integrative approach.* New York: Plenum Press.

Meichenbaum, D. (1985). *Stress inoculation training.* New York: Pergamon.

Meier, B. P., Moeller, S. K., Riemer-Peltz, M., & Robinson, M. D. (2012a). Sweet taste preferences and experiences predict prosocial inferences, personalities, and behaviors. *Journal of Personality and Social Psychology, 102,* 163–174.

Meier, M. H., Caspi, A., Ambler, A., Harrington, H., Houts, R., Keefe, R. S., . . . Moffitt, T. E. (2012b). Persistent cannabis users show neuropsychological decline from childhood to midlife. *PNAS, 109,* E2657–2664.

Melby-Lervåg, M., & Hulme, C. (2013). Is working memory training effective? A meta-analytic review. *Developmental Psychology, 49,* 270–291.

Melioli, T., Bauer, S., Franko, D. L., Moessner, M., Ozer, F., Chabrol, H., & Rodgers, R. F. (2016). Reducing eating disorder symptoms and risk factors using the internet: A meta-analytic review. *International Journal of Eating Disorders, 49*(1), 19–31.

Meltzoff, A. N., Kuhl, P. K., Movellan, J., & Sejnowski, T. J. (2009). Foundations for a new science of learning. *Science, 325,* 284–288.

Meltzoff, A. N., & Moore, M. K. (1997). Explaining facial imitation: A theoretical model. *Early Development and Parenting, 6,* 179–192.

Melzack, R. (1992, April). Phantom limbs. *Scientific American,* pp. 120–126.

Melzack, R. (2005). Evolution of the neuromatrix theory of pain. *Pain Practice, 5,* 85–94.

Mendes, E., & McGeeney, K. (2012, July 9). *Women's health trails men's most in former Soviet Union.* Gallup (gallup.com).

Mendle, J., Turkheimer, E., & Emery, R. E. (2007). Detrimental psychological outcomes associated with early pubertal timing in adolescent girls. *Developmental Review, 27,* 151–171.

Mendolia, M., & Kleck, R. E. (1993). Effects of talking about a stressful event on arousal: Does what we talk about make a difference? *Journal of Personality and Social Psychology, 64,* 283–292.

Merari, A. (2002). Explaining suicidal terrorism: Theories versus empirical evidence. Invited address to the American Psychological Association.

Merskey, H. (1992). The manufacture of personalities: The production of multiple personality disorder. *British Journal of Psychiatry, 160,* 327–340.

Merzenich, M. (2007). Quoted at Posit Science Brain Fitness Program (positscience.com).

Messias, E., Eaton, W. W., & Grooms, A. N. (2011). Economic grand rounds: Income inequality and depression prevalence across the United States: An ecological study. *Psychiatric Services, 62,* 710–712.

Messinis, L., Kyprianidou, A., Malefaki, S., & Papathanasopoulos, P. (2006). Neuropsychological deficits in long-term frequent cannabis users. *Neurology, 66,* 737–739.

Meston, C. M., & Buss, D. M. (2007). Why humans have sex. *Archives of Sexual Behavior, 36,* 477–507.

Metzler, D. (2011, Spring). Vocabulary growth in adult cross-fostered chimpanzees. *Friends of Washoe, 32*(3), 11–13.

Meyer, A., Proudfit, G. H., Bufferd, S. J., Kujawa, A. J., Laptook, R. S., Torpey, D. C., & Klein, D. N. (2015). Self-reported and observed punitive parenting prospectively predicts increased error-related brain activity in six-year-old children. *Journal of Abnormal Child Psychology, 43,* 821–829.

Meyer-Bahlburg, H. F. L. (1995). Psychoneuroendocrinology and sexual pleasure: The aspect of sexual orientation. In P. R. Abramson & S. D. Pinkerton (Eds.), *Sexual nature/sexual culture* (pp. 135–153). Chicago: University of Chicago Press.

Michael, R. B., Garry, M., & Kirsch, I. (2012). Suggestion, cognition, and behavior. *Current Directions in Psychological Science, 21,* 151–156.

Middlebrooks, J. C., & Green, D. M. (1991). Sound localization by human listeners. *Annual Review of Psychology, 42,* 135–159.

Miers, R. (2009, Spring). Calum's road. *Scottish Life,* pp. 36–39, 75.

Mikulincer, M., & Shaver, P. R. (2001). Attachment theory and intergroup bias: Evidence that priming the secure base schema attenuates negative reactions to out-groups. *Journal of Personality and Social Psychology, 81,* 97–115.

Milan, R. J., Jr., & Kilmann, P. R. (1987). Interpersonal factors in premarital contraception. *Journal of Sex Research, 23,* 289–321.

Miles, D. R., & Carey, G. (1997). Genetic and environmental architecture of human aggression. *Journal of Personality and Social Psychology, 72,* 207–217.

Milgram, S. (1963). Behavioral study of obedience. *Journal of Abnormal & Social Psychology, 67*(4), 371–378.

Milgram, S. (1974). *Obedience to authority.* New York: Harper & Row.

Miller, C. H., Hamilton, J. P., Sacchet, M. D., & Gotlib, I. H. (2015). Meta-analysis of functional neuroimaging of major depressive disorder in youth. *JAMA Psychiatry, 72*(10), 1045–1053.

Miller, G. (2004). Axel, Buck share award for deciphering how the nose knows. *Science, 306,* 207.

Miller, G. (2010). Anything but child's play. *Science, 327,* 1192–1193.

Miller, G. (2012a). Drone wars: Are remotely piloted aircraft changing the nature of war? *Science, 336,* 842–843.

Miller, G. A. (1956). The magical number seven, plus or minus two: Some limits on our capacity for processing information. *Psychological Review, 63,* 81–97.

Miller, H. C., Pattison, K. F., DeWall, C. N., Rayburn-Reeves, R., & Zentall, T. R. (2010). Self-control without a "self"? Common self-control processes in humans and dogs. *Psychological Science, 21,* 534–538.

Miller, J. G., & Bersoff, D. M. (1995). Development in the context of everyday family relationships: Culture, interpersonal morality and adaptation. In M. Killen & D. Hart (Eds.), *Morality in everyday life: A developmental perspective.* New York: Cambridge University Press.

Miller, L. K. (1999). The savant syndrome: Intellectual impairment and exceptional skill. *Psychological Bulletin, 125,* 31–46.

Miller, M., Azrael, D., & Hemenway, D. (2002). Household firearm ownership levels and suicide across U.S. regions and states, 1988–1997. *Epidemiology, 13,* 517–524.

Miller, M., Swanson, S. A., & Azrael, D. (2016). Are we missing something pertinent? A bias analysis of unmeasured confounding in the firearm-suicide literature. *Epidemiologic Reviews, 38,* 62–69.

Miller, P. (2012b, January). A thing or two about twins. *National Geographic,* pp. 38–65.

Milrod, B., Chambless, D. L., Gallop, R., Busch, F. N., Schwalberg, M., McCarthy, K. S., . . . Barber, J. P. (2015, June 9). Psychotherapies for panic disorder: A tale of two sites. *Journal of Clinical Psychiatry.*

Milyavskaya, M., Gingras, I., Mageau, G. A., Koestner, R., Gagnon, H., Fang, J., & Bolché, J. (2009). Balance across contexts: Importance of balanced need satisfaction across various life domains. *Personality and Social Psychology Bulletin, 35,* 1031–1045.

Mineka, S. (1985). The frightful complexity of the origins of fears. In F. R. Brush & J. B. Overmier (Eds.), *Affect, conditioning and cognition: Essays on the determinants of behavior* (pp. 55–73). Hillsdale, NJ: Erlbaum.

Mineka, S. (2002). Animal models of clinical psychology. In N. Smelser & P. Baltes (Eds.), *International encyclopedia of the social and behavioral sciences* (pp. 2020–2025). Oxford, England: Elsevier Science.

Mineka, S., & Oehlberg, K. (2008). The relevance of recent developments in classical conditioning to understanding the etiology and maintenance of anxiety disorders. *Acta Psychologica, 127,* 567–580.

Mineka, S., & Zinbarg, R. (1996). Conditioning and ethological models of anxiety disorders: Stress-in-dynamic-context anxiety models. In D. Hope (Ed.), *Perspectives on anxiety, panic, and fear* (Nebraska Symposium on Motivation, pp. 135–210). Lincoln: University of Nebraska Press.

Minsky, M. (1986). *The society of mind.* New York: Simon & Schuster.

Mischel, W. (1968). *Personality and assessment.* New York: Wiley.

Mischel, W. (1981). Current issues and challenges in personality. In L. T. Benjamin, Jr. (Ed.), *The G. Stanley Hall lecture series* (Vol. 1, pp. 85–99). Washington, DC: American Psychological Association.

Mischel, W. (1984). Convergences and challenges in the search for consistency. *American Psychologist, 39,* 351–364.

Mischel, W. (2004). Toward an integrative science of the person. *Annual Review of Psychology, 55,* 1–22.

Mischel, W. (2014). *The marshmallow test: Mastering self-control.* Boston: Little, Brown.

Mischel, W., & Shoda, Y. (1995). A cognitive-affective system theory of personality: Reconceptualizing situations, dispositions, dynamics, and invariance in personality structure. *Psychological Review, 102,* 246–268.

Mischel, W., Shoda, Y., & Peake, P. K. (1988). The nature of adolescent competencies predicted by preschool delay of gratification. *Journal of Personality and Social Psychology, 54,* 687–696.

Mischel, W., Shoda, Y., & Rodriguez, M. L. (1989). Delay of gratification in children. *Science, 244,* 933–938.

Mishkin, M. (1982). A memory system in the monkey. *Philosophical Transactions of the Royal Society of London: Biological Sciences, 298,* 83–95.

Mishkin, M., Suzuki, W. A., Gadian, D. G., & Vargha-Khadem, F. (1997). Hierarchical organization of cognitive memory. *Philosophical Transactions of the Royal Society of London: Biological Sciences, 352,* 1461–1467.

Mita, T. H., Dermer, M., & Knight, J. (1977). Reversed facial images and the mere-exposure hypothesis. *Journal of Personality and Social Psychology, 35,* 597–601.

Mitani, J. C., Watts, D. P., & Amsler, S. J. (2010). Lethal intergroup aggression leads to territorial expansion in wild chimpanzees. *Current Biology, 20,* R507–R509.

Mitte, K. (2008). Memory bias for threatening information in anxiety and anxiety disorders: A meta-analytic review. *Psychological Bulletin, 134,* 886–911.

Mobbs, D., Yu, R., Meyer, M., Passamonti, L., Seymour, B., Calder, A. J., . . . Dalgeish, T. (2009). A key role for similarity in vicarious reward. *Science, 324,* 900.

Moffitt, T. E., Arsenault, L., Belsky, D., Dickson, N., Hancox, R. J., Harrington, H., . . . Caspi, A. (2011). A gradient of childhood self-control predicts health, wealth, and public safety. *PNAS, 108,* 2693–2698.

Moffitt, T. E., Caspi, A., Harrington, H., & Milne, B. J. (2002). Males on the life-course-persistent and adolescence-limited antisocial pathways: Follow-up at age 26 years. *Development and Psychopathology, 14,* 179–207.

Moffitt, T. E., Harrington, H., Caspi, A., Kim-Cohen, J., Goldberg, D., Gregory, A. M., & Poulton, R. (2007). Depression and generalized anxiety disorder: Cumulative and sequential comorbidity in a birth cohort followed prospectively to age 32 years. *Archives of General Psychiatry, 64,* 651–660.

Moghaddam, F. M. (2005). The staircase to terrorism: A psychological exploration. *American Psychologist, 60,* 161–169.

Molenberghs, P., Ogilivie, C., Louis, W. R., Decety, J., Bagnall, J., & Bain, P. G. (2015). The neural correlates of justified and unjustified killing: An fMRI study. *Social Cognitive and Affective Neuroscience, 10,* 1397–1404.

Möller-Levet, C. S., Archer, S. N., Bucca, G., Laing, E. E., Slak, A., Kabijo, R., . . . Dijk, D.-J. (2013). Effects of insufficient sleep on circadian rhythmicity and expression amplitude of the human blood transcriptome. *PNAS, 110,* E1132–E1141.

Mondloch, C. J., Lewis, T. L., Budreau, D. R., Maurer, D., Dannemiller, J. L., Stephens, B. R., & Kleiner-Gathercoal, K. A. (1999). Face perception during early infancy. *Psychological Science, 10,* 419–422.

Money, J. (1987). Sin, sickness, or status? Homosexual gender identity and psychoneuroendocrinology. *American Psychologist, 42,* 384–399.

Money, J., Berlin, F. S., Falck, A., & Stein, M. (1983). *Antiandrogenic and counseling treatment of sex offenders.* Baltimore, MD: Department of Psychiatry and Behavioral Sciences, The Johns Hopkins University School of Medicine.

Monroe, S. M., & Reid, M. W. (2009). Life stress and major depression. *Current Directions in Psychological Science, 18,* 68–72.

Montag, C., Weber, B., Trautner, P., Newport, B., Markett, S., Walter, N. T., . . . Reuter, M. (2012). Does excessive play of violent first-person-shooter-videogames dampen brain activity in response to emotional stimuli? *Biological Psychology, 89,* 107–111.

Montoya, E. R., Terburg, D., Box, P. A., & van Honk, J. (2012). Testosterone, cortisol, and serotonin as key regulators of social aggression: A review and theoretical perspective. *Motivation and Emotion, 36,* 65–73.

Montoya, R. M., & Horton, R. S. (2013). A meta-analytic investigation of the processes underlying the similarity-attraction effect. *Journal of Social and Personal Relationships, 30,* 64–94.

Montoya, R. M., & Horton, R. S. (2014). A two-dimensional model for the study of interpersonal attraction. *Personality and Social Psychology Review, 18,* 59–86.

Mook, D. G. (1983). In defense of external invalidity. *American Psychologist, 38,* 379–387.

Moore, D. W. (2004, December 17). *Sweet dreams go with a good night's sleep.* Gallup News Service (gallup.com).

Moore, D. W. (2005, June 16). *Three in four Americans believe in paranormal. Gallup Poll* (gallup.com).

Moore, S. C., Patel, A. V., Matthews, C. E., Berrington de Gonzalez, A., Park, Y., Katki, H. A., . . . Lee, I.-M. (2012). Leisure time physical activity of moderate to vigorous intensity and mortality: A large pooled cohort analysis. *PLOS Medicine, 9*(11), e1001335. doi:10.1371/journal.pmed.1001335

Mor, N., & Winquist, J. (2002). Self-focused attention and negative affect: A meta-analysis. *Psychological Bulletin, 128,* 638–662.

More, H. L., Hutchinson, J. R., Collins, D. F., Weber, D. J., Aung, S. K. H., & Donelan, J. M. (2010). Scaling of sensorimotor control in terrestrial mammals. *Proceedings of the Royal Society B, 277,* 3563–3568.

Moreira, M. T., Smith, L. A., & Foxcroft, D. (2009). Social norms interventions to reduce alcohol misuse in university or college students. *Cochrane Database of Systematic Reviews,* Issue 3, Art. No. C06748.

Moreland, R. L., & Beach, S. R. (1992). Exposure effects in the classroom: The development of affinity among students. *Journal of Experimental Social Psychology, 28,* 255–276.

Moreland, R. L., & Zajonc, R. B. (1982). Exposure effects in person perception: Familiarity, similarity, and attraction. *Journal of Experimental Social Psychology, 18,* 395–415.

Morelli, G. A., Rogoff, B., Oppenheim, D., & Goldsmith, D. (1992). Cultural variation in infants' sleeping arrangements: Questions of independence. *Developmental Psychology, 26,* 604–613.

Moreno, C., Laje, G., Blanco, C., Jiang, H., Schmidt, A. B., & Olfson, M. (2007). National trends in the outpatient diagnosis and treatment of bipolar disorder in youth. *Archives of General Psychiatry, 64,* 1032–1039.

Morey, R. A., Inan, S., Mitchell, T. V., Perkins, D. O., Lieberman, J. A., & Belger, A. (2005). Imaging frontostriatal function in ultra-high-risk, early, and chronic schizophrenia during executive processing. *Archives of General Psychiatry, 62,* 254–262.

Morgan, A. B., & Lilienfeld, S. O. (2000). A meta-analytic review of the relation between antisocial behavior and neuropsychological measures of executive function. *Clinical Psychology Review, 20,* 113–136.

Mori, K., & Mori, H. (2009). Another test of the passive facial feedback hypothesis: When your face smiles, you feel happy. *Perceptual and Motor Skills, 109,* 1–3.

Morris, M. (2015, September 18). Damaging labels do transgender people a disservice. *Edmonton Journal* (edmontonjournal.com).

Morrison, A. R. (2003, July). The brain on night shift. *Cerebrum,* pp. 23–36.

Morrison, M., Tay, L., & Diener, E. (2014). *Subjective well-being across the lifespan worldwide.* Paper presented at the Society for Personality and Social Psychology convention, Austin, Texas.

Mortensen, P. B. (1999). Effects of family history and place and season of birth on the risk of schizophrenia. *New England Journal of Medicine, 340,* 603–608.

Moruzzi, G., & Magoun, H. W. (1949). Brain stem reticular formation and activation of the EEG. *Electroencephalography and Clinical Neurophysiology, 1,* 455–473.

Moscovici, S. (1985). Social influence and conformity. In G. Lindzey & E. Aronson (Eds.), *The handbook of social psychology* (3rd ed., pp. 347–412). Hillsdale, NJ: Erlbaum.

Moses, E. B., & Barlow, D. H. (2006). A new unified treatment approach for emotional disorders based on emotion science. *Current Directions in Psychological Science, 15,* 146–150.

Mosher, C. E., & Danoff-Burg, S. (2008). Agentic and communal personality traits: Relations to disordered eating behavior, body shape concern, and depressive symptoms. *Eating Behaviors, 9,* 497–500.

Mosing, M. A., Zietsch, B. P., Shekar, S. N., Wright, M. J., & Martin, N. G. (2009). Genetic and environmental influences on optimism and its relationship to mental and self-rated health: A study of aging twins. *Behavior Genetics, 39,* 597–604.

Moskowitz, T. J., & Wertheim, L. J. (2011). *Scorecasting: The hidden influences behind how sports are played and games are won.* New York: Crown Archetype.

Motivala, S. J., & Irwin, M. R. (2007). Sleep and immunity: Cytokine pathways linking sleep and health outcomes. *Current Directions in Psychological Science, 16,* 21–25.

Moulin, S., Waldfogel, J., & Washbrook, E. (2014). Baby bonds: Parenting, attachment, and a secure base for children. *Sutton Trust,* 1–42.

Moyer, K. E. (1983). The physiology of motivation: Aggression as a model. In C. J. Scheier & A. M. Rogers (Eds.), *The G. Stanley Hall lecture series* (Vol. 3, pp. 123–139). Washington, DC: American Psychological Association.

Mroczek, D. K., & Kolarz, D. M. (1998). The effect of age on positive and negative affect: A developmental perspective on happiness. *Journal of Personality and Social Psychology, 75,* 1333–1349.

Mroczek, D. K., & Spiro, A., III. (2003). Modeling intra-individual change in personality traits: Findings from the Normative Aging Study. *Journals of Gerontology: Series B. Psychological Sciences and Social Sciences, 58,* P153–P165.

Mueller, P. A., & Oppenheimer, D. M. (2014). The pen is mightier than the keyboard: Advantages of longhand over laptop note-taking. *Psychological Science, 25,* 1159–1168.

Muller, J. E., Mittleman, M. A., Maclure, M., Sherwood, J. B., & Tofler, G. H. (1996). Triggering myocardial infarction by sexual activity. *Journal of the American Medical Association, 275,* 1405–1409.

Mullin, C. R., & Linz, D. (1995). Desensitization and resensitization to violence against women: Effects of exposure to sexually violent films on judgments of domestic violence victims. *Journal of Psychiatric Research, 26,* 225–235.

Munsey, C. (2010, June). Medicine or menace? Psychologists' research can inform the growing debate over legalizing marijuana. *Monitor on Psychology,* pp. 50–55.

Murayama, K., Pekrun, R., Lichtenfeld, S., & vom Hofe, R. (2013). Predicting long-term growth in students' mathematics achievement: The unique contributions of motivation and cognitive strategies. *Child Development, 84,* 1475–1490.

Murray, H. A. (1938). *Explorations in personality.* New York: Oxford University Press.

Murray, H. A., & Wheeler, D. R. (1937). A note on the possible clairvoyance of dreams. *Journal of Psychology, 3,* 309–313.

Murray, R., Jones, P., O'Callaghan, E., Takei, N., & Sham, P. (1992). Genes, viruses, and neurodevelopmental schizophrenia. *Journal of Psychiatric Research, 26,* 225–235.

Murray, R. M., Morrison, P. D., Henquet, C., & Di Forti, M. (2007). Cannabis, the mind and society: The hash realities. *Nature Reviews: Neuroscience, 8,* 885–895.

Musick, M. A., Herzog, A. R., & House, J. S. (1999). Volunteering and mortality among older adults: Findings from a national sample. *Journals of Gerontology, 54B,* 173–180.

Mustanski, B. S., & Bailey, J. M. (2003). A therapist's guide to the genetics of human sexual orientation. *Sexual and Relationship Therapy, 18,* 1468–1479.

Muusses, L. D., Kerkhof, P., & Finkenauer, C. (2015). Internet pornography and relationship quality: A longitudinal study of within and between partner effects of adjustment, sexual satisfaction and sexually explicit internet material among newly-weds. *Computers in Human Behavior, 45,* 77–84.

Myers, D. G. (1993). *The pursuit of happiness.* New York: Harper.

Myers, D. G. (2000). *The American paradox: Spiritual hunger in an age of plenty.* New Haven, CT: Yale University Press.

Myers, D. G. (2010). *Social psychology* (10th ed.). New York: McGraw-Hill.

Myers, D. G., & Bishop, G. D. (1970). Discussion effects on racial attitudes. *Science, 169,* 778–779.

Myers, D. G., & Diener, E. (1995). Who is happy? *Psychological Science, 6,* 10–19.

Myers, D. G., & Diener, E. (1996, May). The pursuit of happiness. *Scientific American* (scientificamerican.com).

Myers, D. G., & Scanzoni, L. D. (2005). *What God has joined together.* San Francisco: HarperSanFrancisco.

Myers, T. A., & Crowther, J. H. (2009). Social comparison as a predictor of body dissatisfaction: A meta-analytic review. *Journal of Abnormal Psychology, 118,* 683–698.

Nagamatsu, L. S., Chan, A., Davis, J. C., Beattie, B. L., Graf, P., Voss, M. W., . . . Liu-Ambrose, T. (2013). Physical activity improves verbal and spatial memory in older adults with probable mild cognitive impairment: A 6-month randomized controlled trial. *Journal of Aging Research, 2013,* Article 861893. doi:10.1155/2013/861893

Nagourney, A. (2002, September 25). For remarks on Iraq, Gore gets praise and scorn. *The New York Times* (nytimes.com).

Nanni, V., Uher, R., & Danese, A. (2012). Childhood maltreatment predicts unfavorable course of illness and treatment outcome in depression: A meta-analysis. *American Journal of Psychiatry, 169,* 141–151.

Napolitan, D. A., & Goethals, G. R. (1979). The attribution of friendliness. *Journal of Experimental Social Psychology, 15,* 105–113.

Narvaez, D. (2010). Moral complexity: The fatal attraction of truthiness and the importance of mature moral functioning. *Perspectives on Psychological Science, 5,* 163–181.

Nathan, D. (2011). *Sybil exposed: The extraordinary story behind the famous multiple personality case.* New York: Simon & Schuster.

National Academy of Sciences. (2001). *Exploring the biological contributions to human health: Does sex matter?* Washington, DC: Institute of Medicine, National Academy Press.

National Academy of Sciences. (2002). *The polygraph and lie detection.* Washington, DC: National Academies Press.

National Center for Health Statistics. (1990). *Health, United States, 1989.* Washington, DC: U.S. Department of Health and Human Services.

National Institute of Mental Health. (2013, October 1). *The numbers count: Mental disorders in America.* Retrieved from http://www.lb7.uscourts.gov/documents/12-cv-1072url2.pdf

National Safety Council. (2015). Transportation mode comparison in *Injury Facts.* (nsc.org)

National Sleep Foundation. (2013). 2013 International Bedroom Poll: Summary of findings. Retrieved from sleepfoundation.org/sites/default/files/RPT495a.pdf

Naughton, M., Clarke, G., O'Leary, O. F, Cryan, J. F., & Dinan, T. G. (2014). A review of ketamine in affective disorders: Current evidence of clinical efficacy, limitations of use and pre-clinical evidence on proposed mechanisms of action. *Journal of Affective Disorders, 156,* 24–35.

Naumann, L. P., Vazire, S., Rentfrow, P. J., & Gosling, S. D. (2009). Personality judgments based on physical appearance. *Personality and Social Psychology Bulletin, 35,* 1661–1671.

Nausheen, B., Carr, N. J., Peveler, R. C., Moss-Morris, R.,

Verrill, C., Robbins, E., . . . Gidron, Y. (2010). Relationship between loneliness and proangiogenic cytokines in newly diagnosed tumors of colon and rectum. *Psychosomatic Medicine, 72,* 912–916.

Neal, D. T., Wood, W., & Drolet, A. (2013). How do people adhere to goals when willpower is low? The profits (and pitfalls) of strong habits. *Journal of Personality and Social Psychology, 104,* 959–975.

Nedeltcheva, A. V., Kilkus, J. M., Imperial, J., Schoeller, D. A., & Penev, P. D. (2010). Insufficient sleep undermines dietary efforts to reduce adiposity. *Annals of Internal Medicine, 153,* 435–441.

NEEF. (2015). Fact sheet: Children's health and nature. National Environmental Education Foundation (neefusa.org/resource/children%E2%80%99s-health-and-nature-fact-sheet).

Neel, R., Kenrick, D. T., White, A. E., & Neuberg, S. L. (2016). Individual differences in fundamental social motives. *Journal of Personality and Social Psychology.* Advance online publication. http://dx.doi.org/10.1037/pspp0000068

Neese, R. M. (1991, November/December). What good is feeling bad? The evolutionary benefits of psychic pain. *The Sciences,* pp. 30–37.

Neimeyer, R. A., & Currier, J. M. (2009). Grief therapy: Evidence of efficacy and emerging directions. *Current Directions in Psychological Science, 18,* 352–356.

Neisser, U. (1979). The control of information pickup in selective looking. In A. D. Pick (Ed.), *Perception and its development: A tribute to Eleanor J. Gibson* (pp. 209–219). Hillsdale, NJ: Erlbaum.

Neisser, U., Boodoo, G., Bouchard, T. J., Jr., Boykin, A. W., Brody, N., Ceci, S. J., . . . Urbina, S. (1996). Intelligence: Knowns and unknowns. *American Psychologist, 51,* 77–101.

Neitz, J., Carroll, J., & Neitz, M. (2001). Color vision: Almost reason enough for having eyes. *Optics & Photonics News, 12,* 26–33.

Nelson, C. A., III, Fox, N. A., & Zeanah, C. H., Jr. (2013a, April). Anguish of the abandoned child. *Scientific American,* pp. 62–67.

Nelson, C. A., III, Fox, N. A., & Zeanah, C. H., Jr. (2014). *Romania's abandoned children.* Cambridge, MA: Harvard University Press.

Nelson, C. A., III, Furtado, E. Z., Fox, N. A., & Zeanah, C. H., Jr. (2009). The deprived human brain. *American Scientist, 97,* 222–229.

Nelson, M. D., Saykin, A. J., Flashman, L. A., & Riordan, H. J. (1998). Hippocampal volume reduction in schizophrenia as assessed by magnetic resonance imaging. *Archives of General Psychiatry, 55,* 433–440.

Nelson, S. K., Kushlev, K., English, T., Dunn, E. W., & Lyubomirsky, S. (2013b). In defense of parenthood: Children are associated with more joy than misery. *Psychological Science, 24,* 3–10.

Nes, R. B. (2010). Happiness in behaviour genetics: Findings and implications. *Journal of Happiness Studies, 11,* 369–381.

Nesca, M., & Koulack, D. (1994). Recognition memory, sleep and circadian rhythms. *Canadian Journal of Experimental Psychology, 48,* 359–379.

Nestler, E. J. (2011, December). Hidden switches in the mind. *Scientific American,* pp. 77–83.

Nestoriuc, Y., Rief, W., & Martin, A. (2008). Meta-analysis of biofeedback for tension-type headache: Efficacy, specificity, and treatment moderators. *Journal of Consulting and Clinical Psychology, 76,* 379–396.

Neubauer, D. N. (1999). Sleep problems in the elderly. *American Family Physician, 59,* 2551–2558.

Neumann, R., & Strack, F. (2000). "Mood contagion": The automatic transfer of mood between persons. *Journal of Personality and Social Psychology, 79,* 211–223.

Newcomb, M. D., & Harlow, L. L. (1986). Life events and substance use among adolescents: Mediating effects of perceived loss of control and meaninglessness in life. *Journal of Personality and Social Psychology, 51,* 564–577.

Newell, B. R. (2015). "Wait! Just let me not think about that for a minute": What role do implicit processes play in higher-level cognition? *Current Directions in Psychological Science, 24,* 65–70.

Newport, E. L. (1990). Maturational constraints on language learning. *Cognitive Science, 14,* 11–28.

Newport, F. (2001, February). Americans see women as emotional and affectionate, men as more aggressive. *The Gallup Poll Monthly,* pp. 34–38.

Newport, F. (2012, December 19). *To stop shootings, Americans focus on police, mental health.* Gallup (gallup.com).

Newport, F. (2013a, July 25). *In U.S. 87% approve of Black-White marriage, vs. 4% in 1958.* Gallup Poll (gallup.com).

Newport, F. (2013b, July 31). *Most U.S. smokers want to quit, have tried multiple times: Former smokers say best way to quit is just to stop "cold turkey."* Gallup (gallup.com).

Newport, F. (2015, July 9). *Most U.S. smartphone owners check phone at least hourly.* Gallup Poll (gallup.com).

Newport, F., Argrawal, S., & Witters, D. (2010, December 23). *Very religious Americans lead healthier lives.* Gallup (gallup.com).

Newport, F., & Pelham, B. (2009, December 14). *Don't worry, be 80: Worry and stress decline with age.* Gallup (gallup.com).

Newport, F., & Wilke, J. (2013, August 2). *Most in U.S. want marriage, but its importance has dropped.* Gallup Poll (gallup.com).

Newton, I. (1704). *Opticks: Or, a treatise of the reflexions, refractions, inflexions and colours of light.* London: Royal Society.

Ng, T. W. H., Sorensen, K. L., & Eby, L. T. (2006). Locus of control at work: A meta-analysis. *Journal of Organizational Behavior, 27,* 1057–1087.

Ng, T. W. H., Sorensen, K. L., & Yim, F. H. K. (2009). Does the job satisfaction–job performance relationship vary across cultures? *Journal of Cross-Cultural Psychology, 40,* 761–796.

Nguyen, H.-H. D., & Ryan, A. M. (2008). Does stereotype threat affect test performance of minorities and women? A meta-analysis of experimental evidence. *Journal of Applied Psychology, 93,* 1314–1334.

Nickell, J. (Ed.). (1994). *Psychic sleuths: ESP and sensational cases.* Buffalo, NY: Prometheus Books.

Nickell, J. (2005, July/August). The case of the psychic detectives. *Skeptical Inquirer* (skeptically.org/skepticism/id10.html).

Nickerson, R. S. (2002). The production and perception of randomness. *Psychological Review, 109,* 330–357.

Nickerson, R. S. (2005). Bertrand's chord, Buffon's needles, and the concept of randomness. *Thinking & Reasoning, 11,* 67–96.

Nicolas, S., & Levine, Z. (2012). Beyond intelligence testing: Remembering Alfred Binet after a century. *European Psychologist, 17,* 320–325.

NIDA. (2002). Methamphetamine abuse and addiction. *Research Report Series.* National Institute on Drug Abuse, NIH Publication Number 02–4210.

NIDA. (2005, May). Methamphetamine. *NIDA Info Facts.* National Institute on Drug Abuse.

Nieuwenstein, M. R., Wierenga, T., Morey, R. D., Wicherts, J. M., Blom, T. N., Wagenmakers, E., & van Rijn, H. (2015). On making the right choice: A meta-analysis and large-scale replication attempt of the unconscious thought advantage. *Judgment and Decision Making, 10,* 1–17.

NIH. (2001, July 20). *Workshop summary: Scientific evidence on condom effectiveness for sexually transmitted disease (STD) prevention.* Bethesda: National Institute of Allergy and Infectious Diseases, National Institutes of Health.

NIH. (2010). Teacher's guide: Information about sleep. National Institutes of Health (science.education.nih.gov/).

Nikolas, M. A., & Burt, A. (2010). Genetic and environmental influences on ADHD symptom dimensions of inattention and hyperactivity: A meta-analysis. *Journal of Abnormal Psychology, 119,* 1–17.

Niles, A. N., Craske, M. G., Lieberman, M. D., & Hur, C. (2015). Affect labeling enhances exposure effectiveness for public speaking anxiety. *Behavior Research and Therapy, 68,* 27–36.

Nisbett, R. E. (2003). *The geography of thought: How Asians and Westerners think differently . . . and why.* New York: Free Press.

Nisbett, R. E. (2009). *Intelligence and how to get it: Why schools and culture count.* New York: Norton.

Nisbett, R. E., Aronson, J., Blair, C., Dickens, W., Flynn, J., Halpern, D. F., & Turkheimer, E. (2012). Intelligence: New findings and theoretical developments. *American Psychologist, 67,* 130–159.

Nizzi, M. C., Demertzi, A., Gosseries, O., Bruno, M. A., Jouen, F., & Laureys, S. (2012). From armchair to wheelchair: How patients with a locked-in syndrome integrate bodily changes in experienced identity. *Consciousness and Cognition, 21,* 431–437.

Nock, M. K. (2010). Self-injury. *Annual Review of Clinical Psychology, 6,* 339–363.

Nock, M. K., & Kessler, R. C. (2006). Prevalence of and risk factors for suicide attempts versus suicide gestures: Analysis of the National Comorbidity Survey. *Journal of Abnormal Psychology, 115,* 616–623.

Nolen-Hoeksema, S. (2001). Gender differences in depression. *Current Directions in Psychological Science, 10,* 173–176.

Nolen-Hoeksema, S. (2003). *Women who think too much: How to break free of overthinking and reclaim your life.* New York: Holt.

Nolen-Hoeksema, S., & Larson, J. (1999). *Coping with loss.* Mahwah, NJ: Erlbaum.

Nørby, S. (2015). Why forget? On the adaptive value of memory loss. *Perspectives on Psychological Science, 10,* 551–578.

NORC. (2007). National Opinion Research Center (University of Chicago) General Social Survey data, 1972 through 2004 (accessed via sda.berkeley.edu).

Norem, J. K. (2001). *The positive power of negative thinking: Using defensive pessimism to harness anxiety and perform at your peak.* New York: Basic Books.

Norris, A. L., Marcus, D. K., & Green, B. A. (2015). Homosexuality as a discrete class. *Psychological Science, 26,* 1843–1853.

Nowak, A., Gelfand, M. J., Borkowski, W., Cohen, D., & Hernandez, I. (2016). The evolutionary basis of honor cultures. *Psychological Science, 27,* 12–24.

NPR. (2009, July 11). Afraid to fly? Try living on a plane. National Public Radio (npr.org).

NSC. (2010, January 12). NSC estimates 1.6 million crashes caused by cell phone use and texting. National Safety Council (nsc.org).

Nurmikko, A. V., Donoghue, J. P., Hochberg, L. R., Patterson, W. R., Song, Y.-K., Bull, C. W., . . . Aceros, J. (2010). Listening to brain microcircuits for interfacing with external world—Progress in wireless implantable microelectronic neuroengineering devices. *Proceedings of the IEEE, 98,* 375–388.

Nussinovitch, U., & Shoenfeld, Y. (2012). The role of gender and organ specific autoimmunity. *Autoimmunity Reviews, 11,* A377–A385.

Nuttin, J. M., Jr. (1987). Affective consequences of mere ownership: The name letter effect in twelve European languages. *European Journal of Social Psychology, 17,* 381–402.

O'Boyle, E. H., Jr., Humphrey, R. H., Pollack, J. M., Hawyer, T. H., & Story, P. A. (2011). The relation between emotional intelligence and job performance: A meta-analysis. *Journal of Organizational Behavior, 32,* 788–818.

O'Brien, L., Albert, D., Chein, J., & Steinberg, L. (2011). Adolescents prefer more immediate rewards when in the presence of their peers. *Journal of Research on Adolescence, 21,* 747–753.

O'Connor, P., & Brown, G. W. (1984). Supportive relationships: Fact or fancy? *Journal of Social and Personal Relationships, 1,* 159–175.

O'Donnell, L., Stueve, A., O'Donnell, C., Duran, R., San Doval, A., Wilson, R. F., . . . Pleck, J. H. (2002). Long-term reduction in sexual initiation and sexual activity among urban middle schoolers in the reach for health service learning program. *Journal of Adolescent Health, 31,* 93–100.

O'Donovan, A., Neylan, T. C., Metzler, T., & Cohen, B. E. (2012). Lifetime exposure to traumatic psychological stress is associated with elevated inflammation in the Heart and Soul Study. *Brain, Behavior, and Immunity, 26,* 642–649.

O'Hara, R. E., Gibbons, F. X., Gerrard, M., Li, Z., & Sargent, J. D. (2012). Greater exposure to sexual content in popular movies predicts earlier sexual debut and increased sexual risk taking. *Psychological Science, 23,* 984–993.

O'Sullivan, M., Frank, M. G., Hurley, C. M., & Tiwana, J. (2009). Police lie detection accuracy: The effect of lie scenario. *Law and Human Behavior, 33,* 530–538.

Oakley, D. A., & Halligan, P. W. (2013). Hypnotic suggestion: Opportunities for cognitive neuroscience. *Nature Reviews Neuroscience, 14,* 565–576.

Oaten, M., & Cheng, K. (2006a). Improved self-control: The benefits of a regular program of academic study. *Basic and Applied Social Psychology, 28,* 1–16.

Oaten, M., & Cheng, K. (2006b). Longitudinal gains in self-regulation from regular physical exercise. *British Journal of Health Psychology, 11,* 717–733.

Oelschläger, M., Pfannmöller, J., Langer, I., & Lotze, M. (2014). Usage of the middle finger shapes reorganization of the primary somatosensory cortex in patients with index finger amputation. *Restorative Neurology and Neuroscience, 32,* 507–515.

Offer, D., Ostrov, E., Howard, K. I., & Atkinson, R. (1988). *The teenage world: Adolescents' self-image in ten countries.* New York: Plenum.

Ogden, J. (2012, January 16). HM, the man with no memory. *Psychology Today* (psychologytoday.com).

Öhman, A. (1986). Face the beast and fear the face: Animal and social fears as prototypes for evolutionary analyses of emotion. *Psychophysiology, 23,* 123–145.

Öhman, A., Lundqvist, D., & Esteves, F. (2001). The face in the crowd revisited: A threat advantage with schematic stimuli. *Journal of Personality and Social Psychology, 80,* 381–396.

Oishi, S., Diener, E. F., Lucas, R. E., & Suh, E. M. (1999). Cross-cultural variations in predictors of life satisfaction: Perspectives from needs and values. *Personality and Social Psychology Bulletin, 25,* 980–990.

Oishi, S., Kesebir, S., & Diener, E. (2011). Income inequality and happiness. *Psychological Science, 22,* 1095–1100.

Oishi, S., Schiller, J., & Blair, E. G. (2013). Felt understanding and misunderstanding affect the perception of pain, slant, and distance. *Social Psychological and Personality Science, 4,* 259–266.

Oishi, S., & Schimmack, U. (2010). Culture and well-being: A new inquiry into the psychological wealth of nations. *Perspectives in Psychological Science, 5,* 463–471.

Okimoto, T. G., & Brescoll, V. L. (2010). The price of power: Power seeking and backlash against female politicians. *Personality and Social Psychology Bulletin, 36,* 923–936.

Olds, J. (1975). Mapping the mind onto the brain. In F. G. Worden, J. P. Swazey, & G. Adelman (Eds.), *The neurosciences: Paths of discovery.* Cambridge, MA: MIT Press.

Olds, J., & Milner, P. (1954). Positive reinforcement produced by electrical stimulation of the septal area and other regions of rat brain. *Journal of Comparative and Physiological Psychology, 47,* 419–427.

Olff, M., Langeland, W., Draijer, N., & Gersons, B. P. R. (2007). Gender differences in posttraumatic stress disorder. *Psychological Bulletin, 135,* 183–204.

Olfson, M., & Marcus, S. C. (2009). National patterns in antidepressant medication treatment. *Archives of General Psychiatry, 66,* 848–856.

Oliner, S. P., & Oliner, P. M. (1988). *The altruistic personality: Rescuers of Jews in Nazi Europe.* New York: Free Press.

Olivé, I., Templemann, C., Berthoz, A., & Heinze, H.-J. (2015). Increased functional connectivity between superior colliculus and brain regions implicated in bodily self-consciousness during the rubber band illusion. *Human Brain Mapping, 36,* 717–730.

Olson, K. R., Key, A. C., & Eaton, N. R. (2015). Gender cognition in transgender children. *Psychological Science, 26,* 467–474.

Olson, R. L., Hanowski, R. J., Hickman, J. S., & Bocanegra, J. (2009, September). Driver distraction in commercial vehicle operations. Washington, DC: U.S. Department of Transportation, Federal Motor Carrier Safety Administration.

Olsson, A., Nearing, K. I., & Phelps, E. A. (2007). Learning fears by observing others: The neural systems of social fear transmission. *Social Cognitive and Affective Neuroscience, 2,* 3–11.

Olweus, D., Mattsson, A., Schalling, D., & Low, H. (1988). Circulating testosterone levels and aggression in adolescent males: A causal analysis. *Psychosomatic Medicine, 50,* 261–272.

Oman, D., Kurata, J. H., Strawbridge, W. J., & Cohen, R. D. (2002). Religious attendance and cause of death over 31 years. *International Journal of Psychiatry in Medicine, 32,* 69–89.

Open Science Collaboration. (2015). Estimating the reproducibility of psychological science. *Science, 349,* 943.

Oquendo, M. A., Galfalvy, H. C., Currier, D., Grunebaum, M. F., Sher, L., Sullivan, G. M., . . . Mann, J. J. (2011). Treatment of suicide attempters with bipolar disorder: A randomized clinical trial comparing lithium and valproate in the prevention of suicidal behavior. *American Journal of Psychiatry, 168,* 1050–1056.

Orth, U., Maes, J., & Schmitt, M. (2015). Self-esteem development across the life span: A longitudinal study with a large sample from Germany. *Developmental Psychology, 51,* 248–259.

Orth, U., & Robins, R. W. (2014). The development of self-esteem. *Current Directions in Psychological Science, 23,* 381–387.

Orth, U., Robins, R. W., Meier, L. L., & Conger, R. D. (2016). Refining the vulnerability model of low self-esteem and depression: Disentangling the effects of genuine self-esteem and narcissism. *Journal of Personality and Social Psychology, 110,* 133–149.

Orth, U., Robins, R. W., Trzesniewski, K. H., Maes, J., & Schmitt, M. (2009). Low self-esteem is a risk factor for depressive symptoms from young adulthood to old age. *Journal of Abnormal Psychology, 118,* 472–478.

Osborne, L. (1999, October 27). A linguistic big bang. *The New York Times Magazine* (nytimes.com).

Oskarsson, A. T., Van Voven, L., McClelland, G. H., & Hastie, R. (2009). What's next? Judging sequences of binary events. *Psychological Bulletin, 135,* 262–285.

Ossher, L., Flegal, K. E., & Lustig, C. (2012). Everyday memory errors in older adults. *Aging, Neuropsychology, and Cognition, 20,* 220–242.

Öst, L. G., Havnen, A., Hansen, B., & Kvale, G. (2015). Cognitive behavioral treatments of obsessive–compulsive disorder. A systematic review and meta-analysis of studies published 1993–2014. *Clinical Psychology Review, 40,* 156–169.

Öst, L. G., & Hugdahl, K. (1981). Acquisition of phobias and anxiety response patterns in clinical patients. *Behaviour Research and Therapy, 16,* 439–447.

Ostfeld, A. M., Kasl, S. V., D'Atri, D. A., & Fitzgerald, E. F. (1987). *Stress, crowding, and blood pressure in prison.* Hillsdale, NJ: Erlbaum.

Osvath, M., & Karvonen, E. (2012). Spontaneous innovation for future deception in a male chimpanzee. *PLoS ONE, 7*(5), e36782.

Oswald, F. L., Mitchell, G., Blanton, H., Jaccard, J., & Tetlock, P. E. (2015). Using the IAT to predict ethnic and racial discrimination: Small effect sizes of unknown societal significance. *Journal of Personality and Social Psychology, 108,* 562–571.

Ott, B. (2007, June 14). Investors, take note: Engagement boosts earnings. *Gallup Management Journal* (gallup.com).

Ott, C. H., Lueger, R. J., Kelber, S. T., & Prigerson, H. G. (2007). Spousal bereavement in older adults: Common, resilient, and chronic grief with defining characteristics. *Journal of Nervous and Mental Disease, 195,* 332–341.

Owen, A. M. (2014). Disorders of consciousness: Diagnostic accuracy of brain imaging in the vegetative state. *Nature Reviews Neurology, 10,* 370–371.

Owen, A. M., Coleman, M. R., Boly, M., Davis, M. H., Laureys, S., & Pickard, J. D. (2006). Detecting awareness in the vegetative state. *Science, 313,* 1402.

Owen, R. (1814). First essay in *New view of society, Or the formation of character.* Quoted in *The story of New Lanark Mills,* Lanark, Scotland: New Lanark Conservation Trust, 1993.

Owens, J. A., Belon, K., & Moss, P. (2010). Impact of delaying school start time on adolescent sleep, mood, and behavior. *Archives of Pediatric Adolescent Medicine, 164,* 608–614.

Oxfam. (2005, March 26). *Three months on: New figures show tsunami may have killed up to four times as many women as men.* Oxfam Press Release (oxfam.org.uk).

Ozer, E. J., Best, S. R., Lipsey, T. L., & Weiss, D. S. (2003). Predictors of posttraumatic stress disorder and symptoms in adults: A meta-analysis. *Psychological Bulletin, 1*(9), 52–73.

Ozer, E. J., & Weiss, D. S. (2004). Who develops posttraumatic stress disorder? *Current Directions in Psychological Science, 13,* 169–172.

Pacifici, R., Zuccaro, P., Farre, M., Pichini, S., Di Carlo, S., Roset, P. N., . . . de la Torre, R. (2001). Effects of repeated doses of MDMA ("Ecstasy") on cell-mediated immune response in humans. *Life Sciences, 69,* 2931–2941.

Padgett, V. R. (1989). *Predicting organizational violence: An application of 11 powerful principles of obedience.* Paper presented to the American Psychological Association convention.

Pagani, L. S., Fitzpatrick, C., Barnett, T. A., & Dubow, E. (2010). Prospective associations between early childhood television exposure and academic, psychosocial, and physical well-being by middle childhood. *Archives of Pediatric and Adolescent Medicine, 164,* 425–431.

Paller, K. A., & Suzuki, S. (2014). The source of consciousness. *Trends in Cognitive Sciences, 18,* 387–389.

Pallier, C., Colomé, A., & Sebastián-Gallés, N. (2001). The influence of native-language phonology on lexical access: Exemplar-based versus abstract lexical entries. *Psychological Science, 12,* 445–448.

Palmer, D. C. (1989). A behavioral interpretation of memory. In L. J. Hayes (Ed.), *Dialogues on verbal behavior: The first international institute on verbal relations* (pp. 261–279). Reno, NV: Context Press.

Pandey, J., Sinha, Y., Prakash, A., & Tripathi, R. C. (1982). Right-left political ideologies and attribution of the causes of poverty. *European Journal of Social Psychology, 12,* 327–331.

Panksepp, J. (2007). Neurologizing the psychology of affects: How appraisal-based constructivism and basic emotion theory can coexist. *Perspectives on Psychological Science, 2,* 281–295.

Panzarella, C., Alloy, L. B., & Whitehouse, W. G. (2006). Expanded hopelessness theory of depression: On the mechanisms by which social support protects against depression. *Cognitive Theory and Research, 30,* 307–333.

Pardini, D. A., Raine, A., Erickson, K., & Loeber, R. (2014). Lower amygdala volume in men is associated with childhood aggression, early psychopathic traits, and future violence. *Biological Psychiatry, 75,* 73–80.

Park, D. C., & McDonough, I. M. (2013). The dynamic aging mind: Revelations from functional neuroimaging research. *Perspectives on Psychological Science, 8,* 62–67.

Park, G., Schwartz, H. A., Eichstaedt, J. C., Kern, M. L., Kosinski, M., Stillwell, D. J., . . . Seligman, M. E. P. (2015). Automatic personality assessment through social media language. *Journal of Personality and Social Psychology, 108,* 934–952.

Parker, C. P., Baltes, B. B., Young, S. A., Huff, J. W., Altmann, R. A., LaCost, H. A., & Roberts, J. E. (2003). Relationships between psychological climate perceptions and work outcomes: A meta-analytic review. *Journal of Organizational Behavior, 24,* 389–416.

Parker, E. S., Cahill, L., & McGaugh, J. L. (2006). A case of unusual autobiographical remembering. *Neurocase, 12,* 35–49.

Parker, K., & Wang, W. (2013). Modern parenthood. *Pew Research Center, Social & Demographic Trends.* (Accessed August 10, 2015, pewsocialtrends.org/2013/03/14/modern-parenthood-roles-of-moms-and-dads-converge-as-they-balancework-and-family).

Parkes, A., Wight, D., Hunt, K., Henderson, M., & Sargent, J. (2013). Are sexual media exposure, parental restrictions on media use and co-viewing TV and DVDs with parents and friends associated with teenagers' early sexual behavior? *Journal of Adolescence, 36,* 1121–1133.

Parnia, S., Fenwick, P., Spearpoint K., & Devos, G. (2014). Awareness during resuscitation (AWARE). *Circulation, 128,* A236.

Parsons, T. D., & Rizzo, A. A. (2008). Affective outcomes of virtual reality exposure therapy for anxiety and specific phobias: A meta-analysis. *Journal of Behavior Therapy and Experimental Psychiatry, 39,* 250–261.

Parthasarathy, S., Vasquez, M. M., Halonen, M., Bootzin, R., Quan, S. F., Martinez, F. D., & Guerra, S. (2015). Persistent insomnia is associated with mortality risk. *American Journal of Medicine, 128,* 268–275.

Pascoe, E. A., & Richman, L. S. (2009). Perceived discrimination and health: A meta-analytic review. *Psychological Bulletin, 135,* 531–554.

Pate, J. E., Pumariega, A. J., Hester, C., & Garner, D. M. (1992). Cross-cultural patterns in eating disorders: A review. *Journal of the American Academy of Child and Adolescent Psychiatry, 31,* 802–809.

Patihis, L., Ho, L. Y., Tingen, I. W., Lilienfeld, S. O., & Loftus, E. F. (2014a). Are the "memory wars" over? A scientist-practitioner gap in beliefs about repressed memory. *Psychological Science, 25,* 519–530.

Patihis, L., Lilienfeld, S. O., Ho, L. Y., & Loftus, E. F. (2014b). Unconscious repressed memory is scientifically questionable. *Psychological Science, 25,* 1967–1968.

Patterson, F. (1978, October). Conversations with a gorilla. *National Geographic,* pp. 438–465.

Patterson, G. R., Chamberlain, P., & Reid, J. B. (1982). A comparative evaluation of parent training procedures. *Behavior Therapy, 13,* 638–650.

Patterson, M., Warr, P., & West, M. (2004). Organizational climate and company productivity: The role of employee affect and employee level. *Journal of Occupational and Organizational Psychology, 77,* 193–216.

Pauker, K., Weisbuch, M., Ambady, N., Sommers, S. R., Adams, R. B., Jr., & Ivcevic, Z. (2009). Not so Black and White: Memory for ambiguous group members. *Journal of Personality and Social Psychology, 96,* 795–810.

Paunesku, D., Walton, G. M., Romero, C., Smith, E. N., Yeager, D. S., & Dweck, C. S. (2015). Mind-set interventions are a scalable treatment for academic underachievement. *Psychological Science, 26,* 784–793.

Paus, T., Zijdenbos, A., Worsley, K., Collins, D. L., Blumenthal, J., Giedd, J. N., Rapaport, J. L., & Evans, A. C. (1999). Structural maturation of neural pathways in children and adolescents: In vivo study. *Science, 283,* 1908–1911.

Pavlov, I. (1927). *Conditioned reflexes: An investigation of the physiological activity of the cerebral cortex.* Oxford: Oxford University Press.

Payne, B. K. (2006). Weapon bias: Split-second decisions and unintended stereotyping. *Current Directions in Psychological Science, 15,* 287–291.

Payne, B. K., & Corrigan, E. (2007). Emotional constraints on intentional forgetting. *Journal of Experimental Social Psychology, 43,* 780–786.

Payne, J. W., Samper, A., Bettman, J. R., & Luce, M. F. (2008). Boundary conditions on unconscious thought in complex decision making. *Psychological Science, 19,* 1118–1123.

Pazda, A. D., & Elliot, A. J. (2012). The color of attraction: How red influences physical appeal. In M. Paludi (Ed.), *The psychology of love.* Santa Barbara, CA: Praeger.

Pazda, A. D., Prokop, P., & Elliot, A. J. (2014). Red and romantic rivalry: Viewing another woman in red increases perceptions of sexual receptivity, derogation, and intentions to mate-guard. *Personality and Social Psychology Bulletin, 40,* 1260–1269.

Peck, E. (2015, April 29). Harvard Business School launches new effort to attract women. *Huffington Post* (huffingtonpost.com).

Peckham, A. D., McHugh, R. K., & Otto, M. W. (2010). A meta-analysis of the magnitude of biased attention in depression. *Depression and Anxiety, 27,* 1135–1142.

Pelham, B. W. (1993). On the highly positive thoughts of the highly depressed. In R. F. Baumeister (Ed.), *Self-esteem: The puzzle of low self-regard.* New York: Plenum.

Pelham, B. W. (2009, October 22). *About one in six Americans report history of depression.* Gallup (gallup.com).

Pelham, B., & Crabtree, S. (2008, October 8). *Worldwide, highly religious more likely to help others.* Gallup (gallup.com).

Pennebaker, J. W. (1990). *Opening up: The healing power of confiding in others.* New York: William Morrow.

Pennebaker, J. W. (2011). *The secret life of pronouns: What our words say about us.* New York: Bloomsbury Press.

Pennebaker, J. W., Barger, S. D., & Tiebout, J. (1989). Disclosure of traumas and health among Holocaust survivors. *Psychosomatic Medicine, 51,* 577–589.

Pennebaker, J. W., Gosling, S. D., & Ferrell, J. D. (2013). Daily online testing in large classes: Boosting college performance while reducing achievement gaps. *PLOS ONE, 8*(11), e79774.

Pennebaker, J. W., & O'Heeron, R. C. (1984). Confiding in others and illness rate among spouses of suicide and accidental death victims. *Journal of Abnormal Psychology, 93,* 473–476.

Peplau, L. A., & Fingerhut, A. W. (2007). The close relationships of lesbians and gay men. *Annual Review of Psychology, 58,* 405–424.

Pepperberg, I. M. (2009). *Alex & me: How a scientist and a parrot discovered a hidden world of animal intelligence—and formed a deep bond in the process.* New York: Harper.

Pepperberg, I. M. (2012). Further evidence for addition and numerical competence by a grey parrot *(Psittacus erithacus). Animal Cognition, 15,* 711–717.

Pepperberg, I. M. (2013). Abstract concepts: Data from a grey parrot. *Behavioural Processes, 93,* 82–90.

Perani, D., & Abutalebi, J. (2005). The neural basis of first and second language processing. *Current Opinion in Neurobiology, 15,* 202–206.

Pereg, D., Gow, R., Mosseri, M., Lishner, M., Rieder, M., Van Uum, S., & Koren, G. (2011). Hair cortisol and the risk for acute myocardial infarction in adult men. *Stress, 14,* 73–81.

Pereira, A. C., Huddleston, D. E., Brickman, A. M., Sosunov, A. A., Hen, R., McKhann, G. M., . . . Small, S. A. (2007). An in vivo correlate of exercise-induced neurogenesis in the adult dentate gyrus. *PNAS, 104,* 5638–5643.

Pereira, G. M., & Osburn, H. G. (2007). Effects of participation in decision making on performance and employee attitudes: A quality circles meta-analysis. *Journal of Business Psychology, 22,* 145–153.

Pergamin-Hight, L., Naim, R., Bakermans-Kranenburg, M. J., van IJzendoorn, M. H., & Bar-Haim, Y. (2015). Content specificity of attention bias to threat in anxiety disorders: A meta-analysis. *Clinical Psychology Review, 35,* 10–18.

Perilloux, H. K., Webster, G. D., & Gaulin, S. J. (2010). Signals of genetic quality and maternal investment capacity: The dynamic effects of fluctuating asymmetry and waist-to-hip ratio on men's ratings of women's attractiveness. *Social Psychological and Personality Science, 1,* 34–42.

Perkins, A. M., Inchley-Mort, S. L., Pickering, A. D., Corr, P. J., & Burgess, A. P. (2012). A facial expression for anxiety. *Journal of Personality and Social Psychology, 102,* 910–924.

Perkins, A., & Fitzgerald, J. A. (1997). Sexual orientation in domestic rams: Some biological and social correlates. In L. Ellis & L. Ebertz (Eds.), *Sexual orientation: Toward biological understanding* (pp. 107–128). Westport, CT: Praeger Publishers.

Perrachione, T. K., Del Tufo, S. N., & Gabrieli, J. D. E. (2011). Human voice recognition depends on language ability. *Science, 333,* 595.

Perrin, J. S., Merz, S., Bennett, D. M., Currie, J., Steele, D. J., Reid, I. C., & Schwarzbauer, C. (2012). Electroconvulsive therapy reduced frontal cortical connectivity in severe depressive disorder. *PNAS, 109,* 5464–5468.

Perry, J. R. B., Day, F., Elks, C. E., Sulem, P., Thompson, D. J., Ferreira, T., & 260 others. (2014). Parent-of-specific allelic associations among 106 genomic loci for age at menarche. *Nature, 514,* 92–97.

Person, C., Tracy, M., & Galea, S. (2006). Risk factors for depression after a disaster. *Journal of Nervous and Mental Disease, 194,* 659–666.

Pert, C. B., & Snyder, S. H. (1973). Opiate receptor: Demonstration in nervous tissue. *Science, 179,* 1011–1014.

Perugini, E. M., Kirsch, I., Allen, S. T., Coldwell, E., Meredith, J., Montgomery, G. H., & Sheehan, J. (1998). Surreptitious observation of responses to hypnotically suggested hallucinations: A test of the compliance hypothesis. *International Journal of Clinical and Experimental Hypnosis, 46,* 191–203.

Peschel, E. R., & Peschel, R. E. (1987). Medical insights into the castrati in opera. *American Scientist, 75,* 578–583.

Pesko, M. F. (2014). Stress and smoking: Associations with terrorism and causal impact. *Contemporary Economic Policy, 32,* 351–371.

Peters, M., Rhodes, G., & Simmons, L. W. (2007). Contributions of the face and body to overall attractiveness. *Animal Behaviour, 73,* 937–942.

Peters, T. J., & Waterman, R. H., Jr. (1982). *In search of excellence: Lessons from America's best-run companies.* New York: Harper & Row.

Petersen, J. L., & Hyde, J. S. (2010). A meta-analytic review of research on gender differences in sexuality, 1993–2007. *Psychological Bulletin, 136,* 21–38.

Petersen, J. L., & Hyde, J. S. (2011). Gender differences in sexual attitudes and behaviors: A review of meta-analytic results and large datasets. *Journal of Sex Research, 48,* 149–165.

Peterson, C., Peterson, J., & Skevington, S. (1986). Heated argument and adolescent development. *Journal of Social and Personal Relationships, 3,* 229–240.

Peterson, L. R., & Peterson, M. J. (1959). Short-term retention of individual verbal items. *Journal of Experimental Psychology, 58,* 193–198.

Petitto, L. A., & Marentette, P. F. (1991). Babbling in the manual mode: Evidence for the ontogeny of language. *Science, 251,* 1493–1496.

Pettegrew, J. W., Keshavan, M. S., & Minshew, N. J. (1993). ^{31}P nuclear magnetic resonance spectroscopy: Neurodevelopment and schizophrenia. *Schizophrenia Bulletin, 19,* 35–53.

Petticrew, C., Bell, R., & Hunter, D. (2002). Influence of psychological coping on survival and recurrence in people with cancer: Systematic review. *British Medical Journal, 325,* 1066.

Petticrew, M., Fraser, J. M., & Regan, M. F. (1999). Adverse life events and risk of breast cancer: A meta-analysis. *British Journal of Health Psychology, 4,* 1–17.

Pettigrew, T. F., Christ, O., Wagner, U., & Stellmacher, J. (2007). Direct and indirect intergroup contact effects on prejudice: A normative interpretation. *International Journal of Intercultural Relations, 31,* 411–425.

Pettigrew, T. F., & Tropp, L. R. (2011). *When groups meet: The dynamics of intergroup contact.* New York: Psychology Press.

Pew. (2006). *Remembering 9/11.* Pew Research Center (pewresearch.org).

Pew. (2007, July 18). *Modern marriage: "I like hugs. I like kisses. But what I really love is help with the dishes."* Pew Research Center (pewresearch.org).

Pew. (2010, July 1). *Gender equality universally embraced, but inequalities acknowledged.* Pew Research Center Publications (pewresearch.org).

Pew. (2011, December 15). *17% and 61%—Texting, talking on the phone and driving.* Pew Research Center (pewresearch.org).

Pew. (2012, June 4). *Section 8: Values about immigration and race.* Pew Research Center (people-press.org/2012/06/04/section-8-values-about-immigration-and-race/).

Pew. (2013). *The global divide on homosexuality: Greater acceptance in more secular and affluent countries.* [Data file]. Pew Research Center (pewglobal.org/files/2013/06/Pew-Global-Attitudes-Homosexuality-Report-FINAL-JUNE-4-2013.pdf).

Pew. (2015a). *Broadband technology fact sheet.* Pew Research Center (pewinternet.org/fact-sheets/broadband-technology-fact-sheet/).

Pew. (2015b, November 4). *Raising kids and running a household: How working parents share the load.* Pew Research Center (pewsocialtrends.org).

Pfaff, L. A., Boatwright, K. J., Potthoff, A. L., Finan, C., Ulrey, L. A., & Huber, D. M. (2013). Perceptions of women and men leaders following 360-degree feedback evaluations. *Performance Improvement Quarterly, 26,* 35–56.

Pfundmair, M., DeWall, C. N., Fries, V., Geiger, B., Krämer, T., Krug, S., . . . Aydin, N. (2015). Sugar or spice: Using I3 metatheory to understand how and why glucose reduces rejection-related aggression. *Aggressive behavior, 41*(6), 537–543.

Phillips, A. L. (2011). A walk in the woods. *American Scientist, 69,* 301–302.

Piaget, J. (1930). *The child's conception of physical causality* (M. Gabain, Trans.). London: Routledge & Kegan Paul.

Piaget, J. (1932). *The moral judgment of the child.* New York: Harcourt, Brace & World.

Piazza, J. R., Charles, S. T., Silwinski, M. J., Mogle, J., & Almeida, D. M. (2013). Affective reactivity to daily stressors and long-term risk of reporting a chronic health condition. *Annals of Behavioral Medicine, 45,* 110–120.

Picardi, A., Fagnani, C., Nisticò, L., & Stazi, M. A. (2011). A twin study of attachment style in young adults. *Journal of Personality, 79,* 965–992.

Picchioni, M. M., & Murray, R. M. (2007). Schizophrenia. *British Medical Journal, 335,* 91–95.

Piekarski, D. J., Routman, D. M., Schoomer, E. E., Driscoll, J. R., Park, J. H., Butler, M. P., & Zucker, I. (2009). Infrequent low dose testosterone treatment maintains male sexual behavior in Syrian hamsters. *Hormones and Behavior, 55,* 182–189.

Pieters, G. L. M., de Bruijn, E. R. A., Maas, Y., Hultijn, W., Vandereycken, W., Peuskens, J., & Sabbe, B. G. (2007). Action monitoring and perfectionism in anorexia nervosa. *Brain and Cognition, 63,* 42–50.

Pietschnig, J., & Voracek, M. (2015). One century of global IQ gains: A formal meta-analysis of the Flynn effect (1909–2013). *Perspectives on Psychological Science, 10,* 282–306.

Piliavin, J. A. (2003). Doing well by doing good: Benefits for the benefactor. In C. L. M. Keyes & J. Haidt (Eds.), *Flourishing: Positive psychology and the life well-lived.* Washington, DC: American Psychological Association.

Pillemer, D. B. (1998). *Momentous events, vivid memories.* Cambridge, MA: Harvard University Press.

Pilley, J. W., & Reid, A. K. (2011). Border collie comprehends object names as verbal referents. *Behavioural Processes, 86,* 184–195.

Pinker, S. (1995). The language instinct. *The General Psychologist, 31,* 63–65.

Pinker, S. (1998). Words and rules. *Lingua, 106,* 219–242.

Pinker, S. (2008). *The sexual paradox: Men, women, and the real gender gap.* New York: Scribner.

Pinker, S. (2010a). 2010: How is the Internet changing the way you think? Not at all. *Edge* (edge.org).

Pinker, S. (2010b, June 10). Mind over mass media. *The New York Times,* A31.

Pinker, S. (2011, September 27). A history of violence. *Edge* (edge.org).

Pinquart, M. (2015). Associations of parenting styles and dimensions with academic achievement in children and adolescents: A meta-analysis. *Educational Psychology Review,* 1–19. doi:10.1007/s10648-015-9338-y

Pipe, M.-E., Lamb, M. E., Orbach, Y., & Esplin, P. W. (2004). Recent research on children's testimony about experienced and witnessed events. *Developmental Review, 24,* 440–468.

Pipher, M. (2002). *The middle of everywhere: The world's refugees come to our town.* New York: Harcourt Brace.

Place, S. S., Todd, P. M., Penke, L., & Asendorph, J. B. (2009). The ability to judge the romantic interest of others. *Psychological Science, 20,* 22–26.

Plant, E. A., & Peruche, B. M. (2005). The consequences of race for police officers' responses to criminal suspects. *Psychological Science, 16,* 180–183.

Plassmann, H., O'Doherty, J., Shiv, B., & Rangel, A. (2008). Marketing actions can modulate neural representations of experienced pleasantness. *PNAS, 105,* 1050–1054.

Platek, S. M., & Singh, D. (2010) Optimal waist-to-hip ratios in women activate neural reward centers in men. *PLoS ONE 5*(2): e9042. doi:10.1371/journal.pone.0009042.

Plöderl, M., Wagenmakers, E., Tremblay, P., Ramsay, R., Kralovec, K., Fartacek, C., & Fartacek, R. (2013). Suicide risk and sexual orientation: A critical review. *Archives of Sexual Behavior, 42,* 715–727.

Plomin, R. (2011). Why are children in the same family so different? Nonshared environment three decades later. *International Journal of Epidemiology, 40,* 582–592.

Plomin, R., & Daniels, D. (1987). Why are children in the same family so different from one another? *Behavioral and Brain Sciences, 10,* 1–60.

Plomin, R., & DeFries, J. C. (1998, May). The genetics of cognitive abilities and disabilities. *Scientific American,* pp. 62–69.

Plomin, R., DeFries, J. C., Knopik, V. S., & Neiderhiser, J. M. (2016). Top 10 replicated findings from behavioral genetics. *Perspectives on Psychological Science, 11,* 3–23.

Plomin, R., DeFries, J. C., McClearn, G. E., & Rutter, M. (1997). *Behavioral genetics.* New York: Freeman.

Plomin, R., McClearn, G. E., Pedersen, N. L., Nesselroade, J. R., & Bergeman, C. S. (1988). Genetic influence on childhood family environment perceived retrospectively from the last half of the life span. *Developmental Psychology, 24,* 37–45.

Plomin, R., & McGuffin, P. (2003). Psychopathology in the postgenomic era. *Annual Review of Psychology, 54,* 205–228.

Plous, S., & Herzog, H. A. (2000). Poll shows researchers favor lab animal protection. *Science, 290,* 711.

Pluess, M., & Belsky, J. (2013). Vantage sensitivity: Individual differences in response to positive experiences. *Psychological Bulletin, 139,* 901–916.

Poelmans, G., Pauls, D. L., Buitelaar, J. K., & Franke, B. (2011). Integrated genomewide association study findings: Identification of a neurodevelopmental network for attention deficit hyperactivity disorder. *American Journal of Psychiatry, 168,* 365–377.

Polderman, T. J. C., Benyamin, B., de Leeuw, C., Sullivan, P. F., van Bochoven, A., Visscher, P. M., & Posthuma, D. (2015). Meta-analysis of the heritability of human traits based on fifty years of twin studies. *Nature Genetics, 47,* 702–709.

Poldrack, R. A., Halchenko, Y. O., & Hanson, S. J. (2009). Decoding the large-scale structure of brain function by classifying mental states across individuals. *Psychological Science, 20,* 1364–1372.

Polivy, J., Herman, C. P., & Coelho, J. S. (2008). Caloric restriction in the presence of attractive food cues: External cues, eating, and weight. *Physiology and Behavior, 94,* 729–733.

Pollak, S., Cicchetti, D., & Klorman, R. (1998). Stress, memory, and emotion: Developmental considerations from the study of child maltreatment. *Developmental Psychopathology, 10,* 811–828.

Polusny, M. A., & Follette, V. M. (1995). Long-term correlates of child sexual abuse: Theory and review of the empirical literature. *Applied & Preventive Psychology, 4,* 143–166.

Poon, L. W. (1987). Myths and truisms: Beyond extant analyses of speed of behavior and age. Address to the Eastern Psychological Association convention.

Pope, D., & Simonsohn, U. (2011). Round numbers as goals: Evidence from baseball, SAT takers, and the lab. *Psychological Science, 22,* 71–79.

Popenoe, D. (1993, October). *The evolution of marriage and the problem of stepfamilies: A biosocial perspective.* Paper presented at the First Annual Symposium on Stepfamilies, State College, PA.

Poropat, A. E. (2014). Other-rated personality and academic performance: Evidence and implications. *Learning and Individual Differences, 34,* 24–32.

Porter, S., & Peace, K. A. (2007). The scars of memory: A prospective, longitudinal investigation of the consistency of traumatic and positive emotional memories in adulthood. *Psychological Science, 18,* 435–441.

Porter, S., & ten Brinke, L. (2008). Reading between the lies: Identifying concealed and falsified emotions in universal facial expressions. *Psychological Science, 19,* 508–514.

Posner, M. I., & Carr, T. H. (1992). Lexical access and the brain: Anatomical constraints on cognitive models of word recognition. *American Journal of Psychology, 105,* 1–26.

Poundstone, W. (2014). *How to predict the unpredictable. The art of outsmarting almost everyone.* London: OneWorld Publications.

Powell, K. E., Thompson, P. D., Caspersen, C. J., & Kendrick, J. S. (1987). Physical activity and the incidence of coronary heart disease. *Annual Review of Public Health, 8,* 253–287.

Powell, L. H., Schahabi, L., & Thoresen, C. E. (2003). Religion and spirituality: Linkages to physical health. *American Psychologist, 58,* 36–52.

Powell, R., Digdon, N. A., Harris, B., & Smithson, C. (2014). Correcting the record on Watson, Rayner and Little Albert: Albert Barger as "Psychology's Lost Boy." *American Psychologist, 69,* 600–611.

Powell, R. A., & Boer, D. P. (1994). Did Freud mislead patients to confabulate memories of abuse? *Psychological Reports, 74,* 1283–1298.

Prentice, D. A., & Miller, D. T. (1993). Pluralistic ignorance and alcohol use on campus: Some consequences of misperceiving the social norm. *Journal of Personality and Social Psychology, 64,* 243–256.

Prince Charles. (2000). BBC Reith Lecture.

Prioleau, L., Murdock, M., & Brody, N. (1983). An analysis of psychotherapy versus placebo studies. *The Behavioral and Brain Sciences, 6,* 275–310.

Pronin, E. (2007). Perception and misperception of bias in human judgment. *Trends in Cognitive Sciences, 11,* 37–43.

Pronin, E. (2013). When the mind races: Effects of thought speed on feeling and action. *Current Directions in Psychological Science, 22,* 283–288.

Pronin, E., Berger, J., & Molouki, S. (2007). Alone in a crowd of sheep: Asymmetric perceptions of conformity and their roots in an introspection illusion. *Journal of Personality and Social Psychology, 92,* 585–595.

Pronin, E., & Ross, L. (2006). Temporal differences in trait self-ascription: When the self is seen as another. *Journal of Personality and Social Psychology, 90,* 197–209.

Prot, S., Gentile, D., Anderson, C. A., Suzuli, K., Swing, E., Lim, K. M., . . . Lam, B. C. P. (2014). Long-term relations among prosocial-media use, empathy, and prosocial behavior. *Psychological Science, 25,* 358–368.

Protzko, J., Aronson, J., & Blair, C. (2013). How to make a young child smarter: Evidence from the database of raising intelligence. *Perspectives on Psychological Science, 8,* 25–40.

Provine, R. R. (2011). Emotional tears and NGF: A biographical appreciation and research beginning. *Archives Italiennes de Biologie, 149,* 271–276.

Provine, R. R. (2012). *Curious behavior: Yawning, laughing, hiccupping, and beyond.* Cambridge, MA: Harvard University Press.

Provine, R. R., Krosnowski, K. A., & Brocato, N. W. (2009). Tearing: Breakthrough in human emotional signaling. *Evolutionary Psychology, 7,* 52–56.

Pryor, J. H., Hurtado, S., DeAngelo, L., Blake,

L. P., & Tran, S. (2011). *The American freshman: national norms fall 2010.* Los Angeles: Higher Education Research Institute, UCLA.

Pryor, J. H., Hurtado, S., Saenz, V. B., Korn, J. S., Santos, J. L., & Korn, W. S. (2006). *The American freshman: National norms for fall 2006.* Los Angeles: Higher Education Research Institute, UCLA.

Pryor, J. H., Hurtado, S., Saenz, V. B., Lindholm, J. A., Korn, W. S., & Mahoney, K. M. (2005). *The American freshman: National norms for fall 2005.* Los Angeles: Higher Education Research Institute, UCLA.

Pryor, J. H., Hurtado, S., Sharkness, J., & Korn, W. S. (2007). *The American freshman: National norms for fall 2007.* Los Angeles: UCLA Higher Education Research Institute.

Psychologist. (2003). Who's the greatest? *The Psychologist, 16,* 170–175.

Putnam, F. W. (1991). Recent research on multiple personality disorder. *Psychiatric Clinics of North America, 14,* 489–502.

Pyszczynski, T. A., Motyl, M., Vail, K. E., III, Hirschberger, G., Arndt, J., & Kesebir, P. (2012). Drawing attention to global climate change decreases support for war. *Peace and Conflict: Journal of Peace Psychology, 18,* 354–368.

Pyszczynski, T. A., Rothschild, Z., & Abdollahi, A. (2008). Terrorism, violence, and hope for peace: A terror management perspective. *Current Directions in Psychological Science 17,* 318–322.

Pyszczynski, T. A., Solomon, S., & Greenberg, J. (2002). *In the wake of 9/11: The psychology of terror.* Washington, DC: American Psychological Association.

Qin, H.-F., & Piao, T.-J. (2011). Dispositional optimism and life satisfaction of Chinese and Japanese college students: Examining the mediating effects of affects and coping efficacy. *Chinese Journal of Clinical Psychology, 19,* 259–261.

Qirko, H. N. (2004) "Fictive kin" and suicide terrorism. *Science, 304,* 49–50.

Quinn, P. C., Bhatt, R. S., Brush, D., Grimes, A., & Sharpnack, H. (2002). Development of form similarity as a Gestalt grouping principle in infancy. *Psychological Science, 13,* 320–328.

Quoidbach, J., Gilbert, D. T., & Wilson, T. D. (2013). The end of history illusion. *Science, 339,* 96–98.

Raby, K. L., Cicchetti, D., Carlson, E. A., Cutuli, J. J., Englund, M. M., & Egeland, B. (2012). Genetic and caregiving-based contributions to infant attachment: Unique associations with distress reactivity and attachment security. *Psychological Science, 23,* 1016–1023.

Raby, K. L., Roisman, G. I., Fraley, R. C., & Simpson, J. A. (2014). The enduring predictive significance of early maternal sensitivity: Social and academic competence through age 32 years. *Child Development, 86,* 695–708.

Racsmány, M., Conway, M. A., & Demeter, G. (2010). Consolidation of episodic memories during sleep: Long-term effects of retrieval practice. *Psychological Science, 21,* 80–85.

Radford, B. (2010, March 5). Missing persons and abductions reveal psychics' failures. *DiscoveryNews* (news .discovery.com).

Radua, J., Schmidt, A., Borgwardt, S., Heinz, A., Schlagenhauf, F., McGuire, P., & Fusar-Poli, P. (2015). Ventral striatal activation during reward processing in psychosis: A neurofunctional meta-analysis. *JAMA Psychiatry, 72*(12), 1243–1251.

Rahman, Q. (2015, July 24). "Gay genes": Science is on the right track, we're born this way. Let's deal with it. *The Guardian* (theguardian.com).

Rahman, Q., & Koerting, J. (2008). Sexual orientation-related differences in allocentric spatial memory tasks. *Hippocampus, 18,* 55–63.

Rahman, Q., & Wilson, G. D. (2003). Born gay? The psychobiology of human sexual orientation. *Personality and Individual Differences, 34,* 1337–1382.

Rahman, Q., Wilson, G. D., & Abrahams, S. (2004). Biosocial factors, sexual orientation and neurocognitive functioning. *Psychoneuroendocrinology, 29,* 867–881.

Raila, H., Scholl, B. J., & Gruber, J. (2015). Seeing the world through rose-colored glasses: People who are happy and satisfied with life preferentially attend to positive stimuli. *Emotion, 15,* 449–462.

Raine, A. (1999). Murderous minds: Can we see the mark of Cain? *Cerebrum: The Dana Forum on Brain Science 1*(1), 15–29.

Raine, A. (2005). The interaction of biological and social measures in the explanation of antisocial and violent behavior. In D. M. Stoff & E. J. Susman (Eds.) *Developmental psychobiology of aggression* (pp. 13–42). New York: Cambridge University Press.

Raine, A. (2013). *The anatomy of violence: The biological roots of crime.* New York: Pantheon.

Raine, A., Lencz, T., Bihrle, S., LaCasse, L., & Colletti, P. (2000). Reduced prefrontal gray matter volume and reduced autonomic activity in antisocial personality disorder. *Archives of General Psychiatry, 57,* 119–127.

Rainie, L., Purcell, K., Goulet, L. S., & Hampton, K. H. (2011, June 16). *Social networking sites and our lives.* Pew Research Center (pewresearch.org).

Rainville, P., Duncan, G. H., Price, D. D., Carrier, B., & Bushnell, M. C. (1997). Pain affect encoded in human anterior cingulate but not somatosensory cortex. *Science, 277,* 968–971.

Rajendran, G., & Mitchell, P. (2007). Cognitive theories of autism. *Developmental Review, 27,* 224–260.

Ramachandran, V. S., & Blakeslee, S. (1998). *Phantoms in the brain: Probing the mysteries of the human mind.* New York: Morrow.

Ramos, M. R., Cassidy, C., Reicher, S., & Haslam, S. A. (2012). A longitudinal investigation of the rejection-identification hypothesis. *British Journal of Social Psychology, 51,* 642–660.

Randall, D. K. (2012, September 22). Rethinking sleep. *The New York Times* (nytimes.com).

Randi, J. (1999, February 4). 2000 club mailing list e-mail letter.

Randler, C., & Bausback, V. (2010). Morningness-eveningness in women around the transition through menopause and its relationship with climacteric complaints. *Biological Rhythm Research, 41,* 415–431.

Rapoport, J. L. (1989, March). The biology of obsessions and compulsions. *Scientific American,* pp. 83–89.

Räsänen, S., Pakaslahti, A., Syvalahti, E., Jones, P. B., & Isohanni, M. (2000). Sex differences in schizophrenia: A review. *Nordic Journal of Psychiatry, 54,* 37–45.

Rasmussen, H. N., Scheier, M. F., & Greenhouse, J. B. (2009). Optimism and physical health: A meta-analytic review. *Annals of Behavioral Medicine, 37,* 239–256.

Rasmussen, K. (2016). Entitled vengeance: A meta-analysis relating narcissism to provoked aggression. *Aggressive Behavior. 42*(4), 362–379. doi:10.1002 /ab.21632

Rattan, A., Savani, K., Naidu, N. V. R., & Dweck, C. S. (2012). Can everyone become highly intelligent? Cultural differences in and societal consequences of beliefs about the universal potential for intelligence. *Journal of Personality and Social Psychology, 103,* 787–803.

Ray, J., & Kafka, S. (2014, May 6). *Life in college matters for life after college.* Gallup Poll (gallup.com).

Raynor, H. A., & Epstein, L. H. (2001). Dietary variety, energy regulation, and obesity. *Psychological Bulletin, 127,* 325–341.

Reason, J. (1987). The Chernobyl errors. *Bulletin of the British Psychological Society, 40,* 201–206.

Reason, J., & Mycielska, K. (1982). *Absent-minded? The psychology of mental lapses and everyday errors.* Englewood Cliffs, NJ: Prentice-Hall.

Rebar, A. L., Stanton, R., Geard, D., Short, C., Duncan, M. J., & Vandelanotte, C. (2015). A meta-meta-analysis of the effect of physical activity on depression and anxiety in non-clinical adult populations. *Health Psychology Review, 9,* 366–378.

Redden, J. P., Mann, T., Vickers, Z., Mykerezi, E., Reicks, M., & Elsbernd, E. (2015). Serving first in isolation increases vegetable intake among elementary schoolchildren. *PLoS ONE, 10*(4), e0121283. doi:10.1371/journal.pone.0121283

Redick, T. S., Shipstead, Z., Harrison, T. L., Hicks, K. L., Fried, D.E., Hambrick, D. Z., . . . Engle, R. W. (2013). No evidence of intelligence improvement after working memory training: A randomized, placebo-controlled study. *Journal of Experimental Psychology: General, 142,* 359–379.

Reed, P. (2000). Serial position effects in recognition memory for odors. *Journal of Experimental Psychology: Learning, Memory, and Cognition, 26,* 411–422.

Reeves, A., McKee, M., & Stuckler, D. (2014). Economic suicides in the Great Recession in Europe and North America. *British Journal of Psychiatry, 205,* 246–247.

Reichenberg, A., & Harvey, P. D. (2007). Neuropsychological impairments in schizophrenia: Integration of performance-based and brain imaging findings. *Psychological Bulletin, 133,* 833–858.

Reichert, R. A., Robb, M. B., Fender, J. G., & Wartella, E. (2010). Word learning from baby videos. *Archives of Pediatrics & Adolescent Medicine, 164,* 432–437.

Reichow, B. (2012). Overview of meta-analyses on early intensive behavioral intervention for young children with autism spectrum disorders. *Journal of Autism and Developmental Disorders, 42,* 512–520.

Reifman, A., & Cleveland, H. H. (2007). *Shared environment: A quantitative review.* Paper presented to the Society for Research in Child Development, Boston, MA.

Reifman, A. S., Larrick, R. P., & Fein, S. (1991). Temper and temperature on the diamond: The heat-aggression relationship in Major League Baseball. *Personality and Social Psychology Bulletin, 17,* 580–585.

Reimann, F., Cox, J. J., Belfer, I., Diatchenko, L., Zaykin, D. V., McHale, D. P., & Woods, C. G. (2010). Pain perception is altered by a nucleotide polymorphism in SCN9A. *PNAS, 107,* 5148–5153.

Reiner, W. G., & Gearhart, J. P. (2004). Discordant sexual identity in some genetic males with cloacal exstrophy assigned to female sex at birth. *New England Journal of Medicine, 350,* 333–341.

Reis, H. T., & Aron, A. (2008). Love: What is it, why does it matter, and how does it operate? *Perspectives on Psychological Science, 3,* 80–86.

Reis, S. M. (2001). Toward a theory of creativity in diverse creative women. In M. Bloom & T. Gullotta (Eds.), *Promoting creativity across the life span* (pp. 231–276). Washington, DC: CWLA Press.

Reisenzein, R. (1983). The Schachter theory of emotion: Two decades later. *Psychological Bulletin, 94,* 239–264.

Reiser, M. (1982). *Police psychology.* Los Angeles: LEHI.

Reitz, A. K., Motti-Stefanidi, F., & Asendorpf, J. B. (2016, June). Me, us, and them: Testing sociometer theory in a socially diverse real-life context. *Journal of Personality and Social Psychology. 110*(6), 908–920. http://dx.doi.org/10.1037/pspp0000078

Reivich, K., Gillham, J. E., Chaplin, T. M., & Seligman, M. E. P. (2013). From helplessness to optimism: The role of resilience in treating and preventing depression in youth. In S. Goldstein & R. B. Brooks (Eds.), *Handbook of resilience in children* (pp. 201–214). New York: Springer Science+Business Media.

Rekker, R., Keijsers, L., Branje, S., & Meeus, W. (2015). Political attitudes in adolescence and emerging adulthood: Developmental changes in mean level, polarization, rank-order stability, and correlates. *Journal of Adolescence, 41,* 136–147.

Remick, A. K., Polivy, J., & Pliner, P. (2009). Internal and external moderators of the effect of variety on food intake. *Psychological Bulletin, 135,* 434–451.

Remington, A., Swettenham, J., Campbell, R., & Coleman, M. (2009). Selective attention and perceptual load in autism spectrum disorder. *Psychological Science, 20,* 1388–1393.

Remley, A. (1988, October). From obedience to independence. *Psychology Today,* pp. 56–59.

Ren, D., Tan, K., Arriaga, X. B., & Chan, K. Q. (2015). Sweet love: The effects of sweet taste experience on romantic perceptions. *Journal of Social and Personal Relationships*. Advance online publication. doi:10.1177/0265407514554512

Renner, M. J., & Renner, C. H. (1993). Expert and novice intuitive judgments about animal behavior. *Bulletin of the Psychonomic Society, 31*, 551–552.

Renner, M. J., & Rosenzweig, M. R. (1987). *Enriched and impoverished environments: Effects on brain and behavior.* New York: Springer-Verlag.

Renninger, K. A., & Granott, N. (2005). The process of scaffolding in learning and development. *New Ideas in Psychology, 23*(3), 111–114.

Rentfrow, P. J., & Gosling, S. D. (2003). The Do Re Mi's of everyday life: The structure and personality correlates of music preferences. *Journal of Personality and Social Psychology, 84*, 1236–1256.

Rentfrow, P. J., & Gosling, S. D. (2006). Message in a ballad: The role of music preferences in interpersonal perception. *Psychological Science, 17*, 236–242.

Rescorla, R. A., & Wagner, A. R. (1972). A theory of Pavlovian conditioning: Variations in the effectiveness of reinforcement and nonreinforcement. In A. H. Black & W. F. Perokasy (Eds.), *Classical conditioning II: Current theory* (pp. 64–99). New York: Appleton-Century-Crofts.

Resnick, M. D., Bearman, P. S., Blum, R. W., Bauman, K. E., Harris, K. M., Jones, J., . . . Udry, J. R. (1997). Protecting adolescents from harm: Findings from the National Longitudinal Study on Adolescent Health. *Journal of the American Medical Association, 278*, 823–832.

Resnick, S. M. (1992). Positron emission tomography in psychiatric illness. *Current Directions in Psychological Science, 1*, 92–98.

Reuters. (2000, July 5). *Many teens regret decision to have sex* (National Campaign to Prevent Teen Pregnancy survey). *The Washington Post* (washingtonpost.com).

Reuters. (2015, November 25). *Most important problem facing the US today.* Reuters Polling (polling.reuters.com/#!poll/SC8/type/smallest/dates/20150901-20151125/collapsed/true/spotlight/1).

Reyna, V. F., Chick, C. F., Corbin, J. C., & Hsia, A. N. (2013). Developmental reversals in risky decision making: Intelligence agents show larger decision biases than college students. *Psychological Science, 25*, 76–84.

Reyna, V. F., & Farley, F. (2006). Risk and rationality in adolescent decision making: Implications for theory, practice, and public policy. *Psychological Science in the Public Interest, 7*(1), 1–44.

Rhoades, G. K., Stanley, S. M., & Markman, H. J. (2009). The pre-engagement cohabitation effect: A replication and extension of previous findings. *Journal of Family Psychology, 23*, 107–111.

Rhodes, M. G., & Anastasi, J. S. (2012). The own-age bias in face recognition: A meta-analytic and theoretical review. *Psychological Bulletin, 138*, 146–174.

Rhodes, S. R. (1983). Age-related differences in work attitudes and behavior: A review and conceptual analysis. *Psychological Bulletin, 93*, 328–367.

Rice, E., Gibbs, J., Winetrobe, H. Rhoades, H., Plant, A., Montoya, J., & Kordic, T. (2014). Sexting and sexual behavior among middle school students. *Pediatrics, 134*, e21–e28.

Rice, M. E., & Grusec, J. E. (1975). Saying and doing: Effects on observer performance. *Journal of Personality and Social Psychology, 32*, 584–593.

Richards, D. (2011). Prevalence and clinical course of depression: A review. *Clinical Psychology Review, 31*, 1117–1125.

Richardson, M., Abraham, C., & Bond, R. (2012). Psychological correlates of university students' academic performance: A systematic review and meta-analysis. *Psychological Bulletin, 138*, 353–387.

Richeson, J. A., & Shelton, J. N. (2007). Negotiating interracial interactions. *Current Directions in Psychological Science, 16*, 316–320.

Rickard, I. J., Frankenhuis, W. E., & Nettle, D. (2014). Why are childhood family factors associated with timing of maturation? A role for internal prediction. *Perspectives on Psychological Science, 9*, 3–15.

Rieff, P. (1979). *Freud: The mind of a moralist* (3rd ed.). Chicago: University of Chicago Press.

Riemer, H., Shavitt, S., Koo, M., & Markus, H. R. (2014). Preferences don't have to be personal: Expanding attitude theorizing with a cross-cultural perspective. *Psychological Review, 121*, 619–648.

Rietveld, C. A., Medland, S. E., Derringer, J., Yang, J., Esko, T., Martin, N. W., . . . Koellinger, P. D. (2013). GWAS of 126,559 individuals identifies genetic variants associated with educational attainment. *Science, 340*, 1467–1471.

Riffkin, R. (2014, July 9). *Obesity linked to lower social well-being.* Gallup-Healthways Well-Being Index (gallup.com).

Riis, J., Loewenstein, G., Baron, J., Jepson, C., Fagerlin, A., & Ubel, P. A. (2005). Ignorance of hedonic adaptation to hemodialysis: A study using ecological momentary assessment. *Journal of Experimental Psychology: General, 134*, 3–9.

Rindermann, H., & Ceci, S. J. (2009). Educational policy and country outcomes in international cognitive competence studies. *Perspectives on Psychological Science, 4*, 551–577.

Riordan, M. (2013, March 19). *Tobacco warning labels: Evidence of effectiveness.* Washington, DC: The Campaign for Tobacco-Free Kids (tobaccofreekids.org).

Ritchie, S. J., Dickie, D. A., Cox, S. R., Hernandez, M. del C. V., Corley, J., Royle, N. A., . . . Deary, I. J. (2015). Brain volumetric changes and cognitive ageing during the eighth decade of life. *Human Brain Mapping, 36*, 4910–4925.

Ritchie, S. J., Wiseman, R., & French, C. C. (2012). Failing the future: Three unsuccessful attempts to replicate Bem's "retroactive facilitation of recall" effect. *PLOS ONE, 7*(3), e33r23. doi:10.1371/journal.pone.0033423

Ritter, S. M., Damian, R. I., Simonton, D. K., van Baaren, R. B., Strick, M., Derks, J., & Dijksterhuis, A. (2012). Diversifying experiences enhance cognitive flexibility. *Journal of Experimental Social Psychology, 48*, 961–964.

Rizzolatti, G., Fadiga, L., Fogassi, L., & Gallese, V. (2002). From mirror neurons to imitation: Facts and speculations. In A. N. Meltzoff & W. Prinz (Eds.), *The imitative mind: Development, evolution, and brain bases.* Cambridge, UK: Cambridge University Press.

Rizzolatti, G., Fogassi, L., & Gallese, V. (2006, November). Mirrors in the mind. *Scientific American*, pp. 54–61.

Roberti, J. W., Storch, E. A., & Bravata, E. A. (2004). Sensation seeking, exposure to psychosocial stressors, and body modifications in a college population. *Personality and Individual Differences, 37*, 1167–1177.

Roberts, B. W., Caspi, A., & Moffitt, T. E. (2001). The kids are alright: Growth and stability in personality development from adolescence to adulthood. *Journal of Personality and Social Psychology, 81*, 670–683.

Roberts, B. W., Caspi, A., & Moffitt, T. E. (2003). Work experiences and personality development in young adulthood. *Journal of Personality and Social Psychology, 84*, 582–593.

Roberts, B. W., Walton, K. E., & Viechtbauer, W. (2006). Patterns of mean-level change in personality traits across the life course: A meta-analysis of longitudinal studies. *Psychological Bulletin, 132*, 1–25.

Roberts, L. (1988). Beyond Noah's ark: What do we need to know? *Science, 242*, 1247.

Roberts, T.-A. (1991). Determinants of gender differences in responsiveness to others' evaluations. *Dissertation Abstracts International, 51*(8–B).

Robins, R. W., & Trzesniewski, K. H. (2005). Self-esteem development across the lifespan. *Current Directions in Psychological Science, 14*(3), 158–162.

Robinson, F. P. (1970). *Effective study.* New York: Harper & Row.

Robinson, J. P., & Martin, S. (2008). What do happy people do? *Social Indicators Research, 89*, 565–571.

Robinson, J. P., & Martin, S. (2009). Changes in American daily life: 1965–2005. *Social Indicators Research, 93*, 47–56.

Robinson, O. J., Cools, R., Carlisi, C. O., & Drevets, W. C. (2012). Ventral striatum response during reward and punishment reversal learning in unmedicated major depressive disorder. *American Journal of Psychiatry, 169*, 152–159.

Robinson, T. N., Borzekowski, D. L. G., Matheson, D. M., & Kraemer, H. C. (2007). Effects of fast food branding on young children's taste preferences. *Archives of Pediatric and Adolescent Medicine, 161*, 792–797.

Robinson, V. M. (1983). Humor and health. In P. E. McGhee & J. H. Goldstein (Eds.), *Handbook of humor research: Vol. 2. Applied studies* (pp. 109–128). New York: Springer-Verlag.

Robles, T. F. (2015). Marital quality and health: Implications for marriage in the 21st century. *Current Directions in Psychological Science, 23*, 427–432.

Robles, T. F., Slatcher, R. B., Trombello, J. M., & McGinn, M. M. (2014). Marital quality and health: A meta-analytic review. *Psychological Bulletin, 140*, 140–187.

Rochat, F. (1993). *How did they resist authority? Protecting refugees in Le Chambon during World War II.* Paper presented at the American Psychological Association convention.

Rock, I., & Palmer, S. (1990, December). The legacy of Gestalt psychology. *Scientific American*, pp. 84–90.

Rodin, J. (1986). Aging and health: Effects of the sense of control. *Science, 233*, 1271–1276.

Rodriguez, T. (2015, June 11). Teenagers who don't get enough sleep at higher risk for mental health problems. *Scientific American* (scientificamerican.com).

Roediger, H. L., III. (2013). Applying cognitive psychology to education: Translational educational science. *Psychological Science in the Public Interest, 14*, 1–3.

Roediger, H. L., III, & Finn, B. (2010, March/April). The pluses of getting it wrong. *Scientific American Mind*, pp. 39–41.

Roediger, H. L., III, & Karpicke, J. D. (2006). Test-enhanced learning: Taking memory tests improves long-term retention. *Psychological Science, 17*, 249–255.

Roediger, H. L., III, & McDermott, K. B. (1995). Creating false memories: Remembering words not presented in lists. *Journal of Experimental Psychology: Learning, Memory, and Cognition, 21*, 803–814.

Roediger, H. L., III, Wheeler, M. A., & Rajaram, S. (1993). Remembering, knowing, and reconstructing the past. In D. L. Medin (Ed.), *The psychology of learning and motivation: Advances in research and theory* (Vol. 30, pp. 97–134). Orlando, FL: Academic Press.

Roehling, P. V., Roehling, M. V., & Moen, P. (2001). The relationship between worklife policies and practices and employee loyalty: A life course perspective. *Journal of Family and Economic Issues, 22*, 141–170.

Roelofs, T. (2010, September 22). Somali refugee takes oath of U.S. citizenship year after his brother. *The Grand Rapids Press.* Retrieved from http://www.mlive.com/news/grand-rapids/index.ssf/2010/09/somali_refugee_takes_oath_of_u.html

Roenneberg, T., Kuehnle, T., Pramstaller, P. P., Ricken, J., Havel, M., Guth, A., & Merrow, M. (2004). A marker for the end of adolescence. *Current Biology, 14*, R1038–R1039.

Roepke, A. M. (2015). Psychosocial interventions and posttraumatic growth: A meta-analysis. *Journal of Consulting and Clinical Psychology, 83*(1), 129.

Roepke, A. M., & Seligman, M. E. P. (2015). Doors opening: A mechanism for growth after adversity. *Journal of Positive Psychology, 10*, 107–115.

Roese, N. J., & Summerville, A. (2005). What we regret most . . . and why. *Personality and Social Psychology Bulletin, 31*, 1273–1285.

Roese, N. J., & Vohs, K. D. (2012). Hindsight bias. *Perspectives on Psychological Science, 7*, 411–426.

Roesser, R. (1998). What you should know about hearing conservation. *Better Hearing Institute* (betterhearing.org).

Rogeberg, O. (2013). Correlations between cannabis use and IQ change in the Dunedin cohort are consistent with confounding from socioeconomic status. *PNAS, 110*, 4251–4254.

Rogers, C. R. (1961). *On becoming a person: A therapist's view of psychotherapy.* Boston: Houghton Mifflin.

Rogers, C. R. (1980). *A way of being.* Boston: Houghton Mifflin.

Rohan, M. J., & Zanna, M. P. (1996). Value transmission in families. In C. Seligman, J. M. Olson, & M. P. Zanna (Eds.), *The psychology of values: The Ontario Symposium* (Vol. 8, pp. 253–276). Mahwah, NJ: Erlbaum.

Rohner, R. P. (1986). *The warmth dimension: Foundations of parental acceptance-rejection theory.* Newbury Park, CA: Sage.

Rohrer, J. M., Egloff, B., & Schmukle, S. C. (2015). Examining the effects of birth order on personality. *PNAS, 112*(6), 14224–14229. doi:10.1073/pnas.1506451112

Roiser, J. P., Cook, L. J., Cooper, J. D., Rubinsztein, D. C., & Sahakian, B. J. (2005). Association of a functional polymorphism in the serotonin transporter gene with abnormal emotional processing in Ecstasy users. *American Journal of Psychiatry, 162,* 609–612.

Romens, S. E., McDonald, J., Svaren, J., & Pollak, S. D. (2015). Associations between early life stress and gene methylation in children. *Child Development, 86,* 303–309.

Ronay, R., & von Hippel, W. (2010). The presence of an attractive woman elevates testosterone and physical risk taking in young men. *Social Psychology and Personality Science, 1,* 57–64.

Root, T. L., Thornton, L. M., Lindroos, A. K., Stunkard, A. J., Lichtenstein, P., Pedersen, N. L., . . . Bulik, C. M. (2010). Shared and unique genetic and environmental influences on binge eating and night eating: A Swedish twin study. *Eating Behaviors, 11,* 92–98.

Roque, L., Verissimo, M., Oliveira, T. F., & Oliveira, R. F. (2012). Attachment security and HPA axis reactivity to positive and challenging emotional situations in child–mother dyads in naturalistic settings. *Developmental Psychobiology, 54,* 401–411.

Rosch, E. (1978). Principles of categorization. In E. Rosch & B. L. Lloyd (Eds.), *Cognition and categorization* (pp. 27–48). Hillsdale, NJ: Erlbaum.

Rose, A. J., & Rudolph, K. D. (2006). A review of sex differences in peer relationship processes: Potential trade-offs for the emotional and behavioral development of girls and boys. *Psychological Bulletin, 132,* 98–131.

Rose, J. S., Chassin, L., Presson, C. C., & Sherman, S. J. (1999). Peer influences on adolescent cigarette smoking: A prospective sibling analysis. *Merrill-Palmer Quarterly, 45,* 62–84.

Rose, R. J., Viken, R. J., Dick, D. M., Bates, J. E., Pulkkinen, L., & Kaprio, J. (2003). It does take a village: Nonfamiliar environments and children's behavior. *Psychological Science, 14,* 273–277.

Roselli, C. E., Larkin, K., Schrunk, J. M., & Stormshak, F. (2004). Sexual partner preference, hypothalamic morphology and aromatase in rams. *Physiology and Behavior, 83,* 233–245.

Roselli, C. E., Resko, J. A., & Stormshak, F. (2002). Hormonal influences on sexual partner preference in rams. *Archives of Sexual Behavior, 31,* 43–49.

Rosenbaum, M. (1986). The repulsion hypothesis: On the nondevelopment of relationships. *Journal of Personality and Social Psychology, 51,* 1156–1166.

Rosenberg, E. L., Zanesco, A. P., King, B. G., Aichele, S. R., Jacobs, R. L., Bridwell, D. A., . . . Saron, C. D. (2015). Intensive meditation training influences emotional responses to suffering. *Emotion, 15,* 775–790.

Rosenberg, N. A., Pritchard, J. K., Weber, J. L., Cann, H. M., Kidd, K. K., Zhivotosky, L. A., & Feldman, M. W. (2002). Genetic structure of human populations. *Science, 298,* 2381–2385.

Rosenblum, L. D. (2013, January). A confederacy of senses. *Scientific American,* pp. 73–78.

Rosenfeld, M. J. (2013, August 26). Personal communication.

Rosenfeld, M. J. (2014). Couple longevity in the era of same-sex marriage in the United States. *Journal of Marriage and Family, 76,* 905–911.

Rosenfeld, M. J., & Thomas, R. J. (2012). Searching for a mate: The rise of the Internet as a social intermediary. *American Sociological Review, 77,* 523–547.

Rosenhan, D. L. (1973). On being sane in insane places. *Science, 179,* 250–258.

Rosenthal, R., Hall, J. A., Archer, D., DiMatteo, M. R., & Rogers, P. L. (1979). The PONS test: Measuring sensitivity to nonverbal cues. In S. Weitz (Ed.), *Nonverbal communication* (2nd ed., pp. 357–370). New York: Oxford University Press.

Rosenzweig, M. R. (1984). Experience, memory, and the brain. *American Psychologist, 39,* 365–376.

Roseth, C. J., Johnson, D. W., & Johnson, R. T. (2008). Promoting early adolescents' achievement and peer relationships: The effects of cooperative, competitive, and individualistic goal structures. *Psychological Bulletin, 134,* 223–246.

Rosin, H. (2010, July, August). The end of men. *The Atlantic* (theatlantic.com).

Rossi, P. J. (1968). Adaptation and negative aftereffect to lateral optical displacement in newly hatched chicks. *Science, 160,* 430–432.

Rotge, J.-Y., Lemogne, C., Hinfray, S., Huguet, P., Grynszpan, O., Tartour, E., . . . Fossati, P. (2015). A meta-analysis of the anterior cingulate contribution to social pain. *Social Cognitive and Affective Neuroscience, 10,* 19–27.

Rothbart, M., Fulero, S., Jensen, C., Howard, J., & Birrell, P. (1978). From individual to group impressions: Availability heuristics in stereotype formation. *Journal of Experimental Social Psychology, 14,* 237–255.

Rothbart, M. K. (2007). Temperament, development, and personality. *Current Directions in Psychological Science, 16,* 207–212.

Rothman, A. J., & Salovey, P. (1997). Shaping perceptions to motivate healthy behavior: The role of message framing. *Psychological Bulletin, 121,* 3–19.

Rottensteiner, M., Leskinen, T., Niskanen, E., Aaltonen, S., Mutikainen, S., Wikgren, J., . . . Kujala, U. M. (2015). Physical activity, fitness, glucose homeostasis, and brain morphology in twins. *Medicine and Science in Sports and Exercise, 47,* 509–518.

Rovee-Collier, C. (1989). The joy of kicking: Memories, motives, and mobiles. In P. R. Solomon, G. R. Goethals, C. M. Kelley, & B. R. Stephens (Eds.), *Memory: Interdisciplinary approaches* (pp. 151–179). New York: Springer-Verlag.

Rovee-Collier, C. (1997). Dissociations in infant memory: Rethinking the development of implicit and explicit memory. *Psychological Review, 104,* 467–498.

Rovee-Collier, C. (1999). The development of infant memory. *Current Directions in Psychological Science, 8,* 80–85.

Rowe, D. C. (1990). As the twig is bent? The myth of child-rearing influences on personality development. *Journal of Counseling and Development, 68,* 606–611.

Rowe, D. C., Vazsonyi, A. T., & Flannery, D. J. (1994). No more than skin deep: Ethnic and racial similarity in developmental process. *Psychological Review, 101*(3), 396.

Rowland, C. A. (2014). The effect of testing versus restudy on retention: A meta-analytic review of the testing effect. *Psychological Bulletin, 140,* 1432–1463.

Rozin, P., Dow, S., Mosovitch, M., & Rajaram, S. (1998). What causes humans to begin and end a meal? A role for memory for what has been eaten, as evidenced by a study of multiple meal eating in amnesic patients. *Psychological Science, 9,* 392–396.

Ruau, D., Liu, L. Y., Clark, J. D., Angst, M. S., & Butte, A. J. (2012). Sex differences in reported pain across 11,000 patients captured in electronic medical records. *Journal of Pain, 13,* 228–234.

Ruback, R. B., Carr, T. S., & Hopper, C. H. (1986). Perceived control in prison: Its relation to reported crowding, stress, and symptoms. *Journal of Applied Social Psychology, 16,* 375–386.

Rubenstein, J. S., Meyer, D. E., & Evans, J. E. (2001). Executive control of cognitive processes in task switching. *Journal of Experimental Psychology: Human Perception and Performance, 27,* 763–797.

Rubenstein, L. M., Freed, R. D., Shapero, B. G., Fauber, R. L., & Alloy, L. B. (2016, June). Cognitive attributions in depression: Bridging the gap between research and clinical practice. *Journal of Psychotherapy Integration, 26,* 103–115. http://dx.doi.org/10.1037/int0000030

Rubin, D. C., Rahhal, T. A., & Poon, L. W. (1998). Things learned in early adulthood are remembered best. *Memory and Cognition, 26,* 3–19.

Rubin, L. B. (1985). *Just friends: The role of friendship in our lives.* New York: Harper & Row.

Rubin, Z. (1970). Measurement of romantic love. *Journal of Personality and Social Psychology, 16,* 265–273.

Rubio-Fernández, P., & Geurts, B. (2013). How to pass the false-belief task before your fourth birthday. *Psychological Science, 24,* 27–33.

Ruchlis, H. (1990). *Clear thinking: A practical introduction.* Buffalo, NY: Prometheus Books.

Rueckert, L., Doan, T., & Branch, B. (2010). *Emotion and relationship effects on gender differences in empathy.* Presented at the annual meeting of the Association for Psychological Science, Boston, MA, May, 2010.

Ruffin, C. L. (1993). Stress and health—little hassles vs. major life events. *Australian Psychologist, 28,* 201–208.

Rule, B. G., & Ferguson, T. J. (1986). The effects of media violence on attitudes, emotions, and cognitions. *Journal of Social Issues, 42*(3), 29–50.

Rule, N. O., Ambady, N., & Hallett, K. C. (2009). Female sexual orientation is perceived accurately, rapidly, and automatically from the face and its features. *Journal of Experimental Social Psychology, 45,* 1245–1251.

Rumbaugh, D. M. (1977). *Language learning by a chimpanzee: The Lana project.* New York: Academic Press.

Rumbaugh, D. M., & Washburn, D. A. (2003). *Intelligence of apes and other rational beings.* New Haven, CT: Yale University Press.

Rushton, J. P. (1975). Generosity in children: Immediate and long-term effects of modeling, preaching, and moral judgment. *Journal of Personality and Social Psychology, 31,* 459–466.

Rutledge, R. B., Skandali, N., Dayan, P., & Dolan, R. J. (2014). A computational and neural model of momentary subjective well-being. *PNAS, 111,* 12252–12257.

Ryan, C., Huebner, D., Diaz, R. M., & Sanchez, J. (2009). Family rejection as a predictor of negative health outcomes in White and Latino lesbian, gay, and bisexual young adults. *Pediatrics, 123,* 346–352.

Ryan, R. M., & Deci, E. L. (2004). Avoiding death or engaging life as accounts of meaning and culture: Comment on Pyszczynski et al. (2004). *Psychological Bulletin, 130,* 473–477.

Rydell, R. J., Rydell, M. T., & Boucher, K. L. (2010). The effect of negative performance stereotypes on learning. *Journal of Personality and Social Psychology, 99,* 883–896.

Saad, L. (2002, November 21). *Most smokers wish they could quit.* Gallup (gallup.com).

Saad, L. (2015, July 13). *Nearly half of smartphone users can't imagine life without it.* Gallup (gallup.com).

Sabbagh, M. A., Xu, F., Carlson, S. M., Moses, L. J., & Lee, K. (2006). The development of executive functioning and theory of mind: A comparison of Chinese and U.S. preschoolers. *Psychological Science, 17,* 74–81.

Sabini, J. (1986). Stanley Milgram (1933–1984). *American Psychologist, 41,* 1378–1379.

Sachdev, P., & Sachdev, J. (1997). Sixty years of psychosurgery: Its present status and its future. *Australian and New Zealand Journal of Psychiatry, 31,* 457–464.

Sachs, A. (2007, August 27). A memoir of schizophrenia. *Time* (time.com).

Sachs, J. (2012). Introduction. In J. Helliwell, R. Layard, & J. Sachs (Eds.), *World happiness report.* New York: The Earth Institute, Columbia University.

Sacks, O. (1985). *The man who mistook his wife for a hat.* New York: Summit Books.

Sadler, M. S., Correll, J., Park, B., & Judd, C. M. (2012a). The world is not Black and White: Racial bias in the decision to shoot in a multiethnic context. *Journal of Social Issues, 68,*

286–313.

Sadler, M. S., Meagor, E. L., & Kaye, M. E. (2012b). Stereotypes of mental disorders differ in competence and warmth. *Social Science and Medicine, 74,* 915–922.

Sagan, C. (1977). *The dragons of Eden: Speculations on the evolution of human intelligence.* New York: Ballantine.

Salas-Wright, C. P., Vaughn, M. G., Hodge, D. R., & Perron, B. E. (2012). Religiosity profiles of American youth in relation to substance use, violence, and delinquency. *Journal of Youth and Adolescence, 41,* 1560–1575.

Salmon, P. (2001). Effects of physical exercise on anxiety, depression, and sensitivity to stress: A unifying theory. *Clinical Psychology Review, 21,* 33–61.

Salovey, P. (1990, January/February). Interview. *American Scientist,* pp. 25–29.

Salthouse, T. A. (2004). What and when of cognitive aging. *Current Directions in Psychological Science, 13,* 140–144.

Salthouse, T. A. (2009). When does age-related cognitive decline begin? *Neurobiology of Aging, 30,* 507–514.

Salthouse, T. A. (2010). Selective review of cognitive aging. *Journal of the International Neuropsychological Society, 16,* 754–760.

Salthouse, T. A. (2013). Within-cohort age-related differences in cognitive functioning. *Psychological Science, 24,* 123–130.

Salthouse, T. A., & Mandell, A. R. (2013). Do age-related increases in tip-of-the tongue experiences signify episodic memory impairments? *Psychological Science, 24,* 2489–2497.

Sampson, E. E. (2000). Reinterpreting individualism and collectivism: Their religious roots and monologic versus dialogic person–other relationship. *American Psychologist, 55,* 1425–1432.

Sánchez-Álvarez, N., Extremera, N., & Fernández-Berrocal, P. (2015). The relation between emotional intelligence and subjective well-being: A meta-analytic investigation. *The Journal of Positive Psychology,* 1–10.

Sánchez-Villegas, A., Henríquez-Sánchez, P., Ruiz-Canela, M., Lahortiga, F., Molero, P., Toledo, E., & Martínez-González, M. A. (2015). A longitudinal analysis of diet quality scores and the risk of incident depression in the SUN Project. *BMC Medicine, 13*(1), 1.

Sanders, A. R., Martin, E. R., Beecham, G. W., Guo, S., Dawood, K. Rieger, G. . . Bailey, J. M. (2015). Genome-wide scan demonstrates significant linkage for male sexual orientation. *Psychological Medicine, 45,* 1379–1388.

Sanders, M. A., Shirk, S. D., Burgin, C. J., & Martin, L. L. (2012). The gargle effect: Rinsing the mouth with glucose enhances self-control. *Psychological Science, 23,* 1470–1472.

Sandfort, T. G. M., de Graaf, R., Bijl, R., & Schnabel, P. (2001). Same-sex sexual behavior and psychiatric disorders. *Archives of General Psychiatry, 58,* 85–91.

Sandkühler, S., & Bhattacharya, J. (2008). Deconstructing insight: EEG correlates of insightful problem solving. *PloS ONE, 3,* e1459.

Sandler, W., Meir, I., Padden, C., & Aronoff, M. (2005). The emergence of grammar: Systematic structure in a new language. *PNAS, 102,* 2261–2265.

Sandstrom, A. (2015, December 2). *Religious groups' policies on transgender members vary widely.* Pew Research Center (pewresearch.org).

Sanz, C., Blicher, A., Dalke, K., Gratton-Fabri, L., McClure-Richards, T., & Fouts, R. (1998, Winter-Spring). Enrichment object use: Five chimpanzees' use of temporary and semi-permanent enrichment objects. *Friends of Washoe, 19*(1,2), 9–14.

Sanz, C., Morgan, D., & Gulick, S. (2004). New insights into chimpanzees, tools, and termites from the Congo Basin. *American Naturalist, 164,* 567–581.

Sapadin, L. A. (1988). Friendship and gender: Perspectives of professional men and women. *Journal of Social and Personal Relationships, 5,* 387–403.

Saphire-Bernstein, S., Way, B. M., Kim, H. S, Sherman, D. K., & Taylor, S. E. (2011). Oxytocin receptor gene (OXTR) is related to psychological resources. *PNAS, 108,* 15118–15122.

Sapolsky, R. (2005). The influence of social hierarchy on primate health. *Science, 308,* 648–652.

Sarro, E. C., Wilson, D. A., & Sullivan, R. M. (2014). Maternal regulation of infant brain state. *Current Biology, 24,* 1664–1669.

Savage-Rumbaugh, E. S., Murphy, J., Sevcik, R. A., Brakke, K. E., Williams, S. L., & Rumbaugh, D. M., with commentary by Bates, E. (1993). Language comprehension in ape and child. *Monographs of the Society for Research in Child Development, 58*(233), 1–254.

Savage-Rumbaugh, E. S., Rumbaugh, D., & Fields, W. M. (2009). Empirical Kanzi: The ape language controversy revisited. *Skeptic, 15,* 25–33.

Savani, K., & Rattan, A. (2012). A choice mind-set increases the acceptance and maintenance of wealth inequality. *Psychological Science, 23,* 796–804.

Savic, I., Berglund, H., & Lindstrom, P. (2005). Brain response to putative pheromones in homosexual men. *PNAS, 102,* 7356–7361.

Savin-Williams, R., Joyner, K., & Rieger, G. (2012). Prevalence and stability of self-reported sexual orientation identity during young adulthood. *Archives of Sexual Behavior, 41,* 103–110.

Savitsky, K., Epley, N., & Gilovich, T. (2001). Do others judge us as harshly as we think? Overestimating the impact of our failures, shortcomings, and mishaps. *Journal of Personality and Social Psychology, 81,* 44–56.

Savitsky, K., & Gilovich, T. (2003). The illusion of transparency and the alleviation of speech anxiety. *Journal of Experimental Social Psychology, 39,* 618–625.

Savoy, C., & Beitel, P. (1996). Mental imagery for basketball. *International Journal of Sport Psychology, 27,* 454–462.

Sawyer, A. C. P., Miller-Lewis, L. R., Searle, A. K., & Sawyer, M. G. (2015). Is greater improvement in early self-regulation associated with fewer behavioral problems later in childhood? *Developmental Psychology, 51,* 1740–1755.

Sayal, K., Heron, J., Golding, J., Alati, R., Smith, G. D., Gray, R., & Emond, A. (2009). Binge pattern of alcohol consumption during pregnancy and childhood mental health outcomes: Longitudinal population-based study. *Pediatrics, 123,* e289.

Sayette, M. A., Creswell, K. G., Kimoff, J. D., Fairbairn, C. E., Cohn, J. F., Heckman, B. W., . . . Moreland, R. L. (2012). Alcohol and group formation: A multimodal investigation of the effects of alcohol on emotion and social bonding. *Psychological Science, 23,* 869–878.

Sayette, M. A., Schooler, J. W., & Reichle, E. D. (2010). Out for a smoke: The impact of cigarette craving on zoning out during reading. *Psychological Science, 21,* 26–30.

Sbarra, D. A., Hasselmo, K., & Bourassa, K. J. (2015). Divorce and health: Beyond individual differences. *Current Directions in Psychological Science, 24,* 109–113.

Sbarra, D. A., Law, R. W., & Portley, R. M. (2011). Divorce and death: A meta-analysis and research agenda for clinical, social, and health psychology. *Perspectives on Psychological Science, 6,* 454–474.

Scarr, S. (1984, May). What's a parent to do? A conversation with E. Hall. *Psychology Today,* pp. 58–63.

Scarr, S. (1989). Protecting general intelligence: Constructs and consequences for interventions. In R. J. Linn (Ed.), *Intelligence: Measurement, theory, and public policy.* Champaign: University of Illinois Press.

Scarr, S. (1993, May/June). Quoted in Nature's thumbprint: So long, superparents. *Psychology Today,* p. 16.

Schab, F. R. (1991). Odor memory: Taking stock. *Psychological Bulletin, 109,* 242–251.

Schachter, S., & Singer, J. E. (1962). Cognitive, social and physiological determinants of emotional state. *Psychological Review, 69,* 379–399.

Schacter, D. L. (1992). Understanding implicit memory: A cognitive neuroscience approach. *American Psychologist, 47,* 559–569.

Schacter, D. L. (1996). *Searching for memory: The brain, the mind, and the past.* New York: Basic Books.

Schafer, S. M., Colloca, L., & Wager, T. D. (2015). Conditioned placebo analgesia persists when subjects know they are receiving a placebo. *Journal of Pain, 16,* 412–420.

Schaie, K. W., & Geiwitz, J. (1982). *Adult development and aging.* Boston: Little, Brown.

Schalock, R. L., Borthwick-Duffy, S., Bradley, V. J., Buntinx, W. H. E., Coulter, D. L., Craig, E. M. (2010). *Intellectual disability: Definition, classification, and systems of supports* (11th edition). Washington, DC: American Association on Intellectual and Developmental Disabilities.

Scheier, M. F., & Carver, C. S. (1992). Effects of optimism on psychological and physical well-being: Theoretical overview and empirical update. *Cognitive Therapy and Research, 16,* 201–228.

Schein, E. H. (1956). The Chinese indoctrination program for prisoners of war: A study of attempted brainwashing. *Psychiatry, 19,* 149–172.

Schick, V., Herbenick, D., Reece, M., Sanders, S. A., Dodge, B., Middlestadt, S. E., & Fortenberry, J. D. (2010). Sexual behaviors, condom use, and sexual health of Americans over 50: Implications for sexual health promotion for older adults. *Journal of Sexual Medicine, 7*(suppl 5), 315–329.

Schiffenbauer, A., & Schiavo, R. S. (1976). Physical distance and attraction: An intensification effect. *Journal of Experimental Social Psychology, 12,* 274–282.

Schilt, T., de Win, M. M. L, Koeter, M., Jager, G., Korf, D. J., van den Brink, W., & Schmand, B. (2007). Cognition in novice ecstasy users with minimal exposure to other drugs. *Archives of General Psychiatry, 64,* 728–736.

Schizophrenia Working Group of the Psychiatric Genomics Consortium. (2014). Biological insights from 108 schizophrenia-associated genetic loci. *Nature, 511,* 421–427.

Schlaffke, L., Golisch, A., Haag, L. M., Lenz, M., Heba, S., Lissek, S., . . . Tegenthoff, M. (2015). The brain's dress code: How the dress allows to decode the neuronal pathway of an optical illusion. *Cortex, 73,* 271–275.

Schlomer, G. L., Del Giudice, M., & Ellis, B. J. (2011). Parent-offspring conflict theory: An evolutionary framework for understanding conflict within human families. *Psychological Review, 118,* 496–521.

Schmader, T. (2010). Stereotype threat deconstructed. *Current Directions in Psychological Science, 19,* 14–18.

Schmidt, F. L., & Hunter, J. E. (1998). The validity and utility of selection methods in personnel psychology: Practical and theoretical implications of 85 years of research findings. *Psychological Bulletin, 124,* 262–274.

Schmitt, D. P. (2007). Sexual strategies across sexual orientations: How personality traits and culture relate to sociosexuality among gays, lesbians, bisexuals, and heterosexuals. *Journal of Psychology and Human Sexuality, 18,* 183–214.

Schmitt, D. P., & Allik, J. (2005). Simultaneous administration of the Rosenberg Self-esteem Scale in 53 nations: Exploring the universal and culture-specific features of global self-esteem. *Journal of Personality and Social Psychology, 89,* 623–642.

Schmitt, D. P., Allik, J., McCrae, R. R., & Benet-Martínez, V. (2007). The geographic distribution of Big Five personality traits: Patterns and profiles of human self-description across 56 nations. *Journal of Cross-Cultural Psychology, 38,* 173–212.

Schmitt, D. P., Jonason, P. K., Byerley, G. J., Flores, S. D., Illbeck, B. E., O'Leary, K. N., & Qudrat, A. (2012). A reexamination of sex differences in sexuality: New studies reveal old truths. *Current Directions in Psychological Science, 21,* 135–139.

Schnall, E., Wassertheil-Smnoller, S., Swencionis, C., Zemon, V., Tinker, L., O'Sullivan, M. J., . . . Goodwin, M. (2010). The relationship between religion and cardiovascular outcomes and all-cause mortality in the Women's Health Initiative Observational Study. *Psychology and Health, 25,* 249–263.

Schneider, S. L. (2001). In search of realistic optimism: Meaning, knowledge, and warm fuzziness. *American Psychologist, 56,* 250–263.

Schneiderman, N. (1999). Behavioral medicine and the management of HIV/AIDS. *International Journal of Behavioral Medicine, 6,* 3–12.

Schneier, B. (2007, May 17). Virginia Tech lesson: Rare risks breed irrational responses. *Wired* (wired.com).

Schoen, R., & Canudas-Romo, V. (2006). Timing effects on divorce: 20th century experience in the United States. *Journal of Marriage and Family, 68,* 749–758.

Schoeneman, T. J. (1994). Individualism. In V. S. Ramachandran (Ed.), *Encyclopedia of human behavior.* San Diego: Academic Press.

Schofield, J. W. (1986). Black-White contact in desegregated schools. In M. Hewstone & R. Brown (Eds.), *Contact and conflict in intergroup encounters* (pp. 79–92). Oxford: Basil Blackwell.

Schonfield, D., & Robertson, B. A. (1966). Memory storage and aging. *Canadian Journal of Psychology, 20,* 228–236.

Schooler, J. W., Gerhard, D., & Loftus, E. F. (1986). Qualities of the unreal. *Journal of Experimental Psychology: Learning, Memory, and Cognition, 12,* 171–181.

Schorr, E. A., Fox, N.A., van Wassenhove, V., & Knudsen, E. I. (2005). Auditory-visual fusion in speech perception in children with cochlear implants. *PNAS, 102,* 18748–18750.

Schreiber, F. R. (1973). *Sybil.* Chicago: Regnery.

Schuch, F. B., Vancampfort, D., Richards, J., Rosenbaum, S., Ward, P. B., & Stubbs, B. (2016). Exercise as a treatment for depression: a meta-analysis adjusting for publication bias. *Journal of Psychiatric Research, 77,* 42–51.

Schultheiss, O., Wiemers, U. & Wolf, O. (2014). Implicit need for achievement predicts attenuated cortisol responses to difficult tasks. *Journal of Research in Personality, 48,* 84–92.

Schuman, H., & Scott, J. (June, 1989). Generations and collective memories. *American Sociological Review, 54*(3), 359–381.

Schumann, K., & Ross, M. (2010). Why women apologize more than men: Gender differences in thresholds for perceiving offensive behavior. *Psychological Science, 21,* 1649–1655.

Schurger, A., Pereira, F., Treisman, A., Cohen, J. D. (2010, January). Reproducibility distinguishes conscious from nonconscious neural representations. *Science, 327,* 97–99.

Schutte, N. S., Malouff, J. M., Thorsteinsson, E. B., Bhullar, N., & Rooke, S. E. (2007). A meta-analytic investigation of the relationship between emotional intelligence and health. *Personality and Individual Differences, 42,* 921–933.

Schwartz, B. (1984). *Psychology of learning and behavior* (2nd ed.). New York: Norton.

Schwartz, B. (2000). Self-determination: The tyranny of freedom. *American Psychologist, 55,* 79–88.

Schwartz, B. (2004). *The paradox of choice: Why more is less.* New York: Ecco/HarperCollins.

Schwartz, H. W., Eichstaedt, J., Kern, M. L., Dziurzynski, L., Ramones, S., Agrawal, M., . . . Ungar, L. (2013). Personality, gender, and age in the language of social media: The open-vocabulary approach. *PLOS ONE, 8,* e73791.

Schwartz, J. M., Stoessel, P. W., Baxter, L. R., Jr., Martin, K. M., & Phelps, M. E. (1996). Systematic changes in cerebral glucose metabolic rate after successful behavior modification treatment of obsessive-compulsive disorder. *Archives of General Psychiatry, 53,* 109–113.

Schwartz, P. J. (2011). Season of birth in schizophrenia: A maternal–fetal chronobiological hypothesis. *Medical Hypotheses, 76,* 785–793.

Schwartz, S. H., & Rubel-Lifschitz, T. (2009). Cross-national variation in the size of sex differences in values: Effects of gender equality. *Journal of Personality and Social Psychology, 97,* 171–185.

Schwartzman-Morris, J., & Putterman, C. (2012). Gender differences in the pathogenesis and outcome of lupus and of lupus nephritis. *Clinical and Developmental Immunology, 2012,* 604892. doi:10.1155/2012/604892.

Schwarz, A. (2012, June 9). Risky rise of the good-grade pill. *The New York Times* (nytimes.com).

Schwarz, A., & Cohen, S. (2013, March 31). A.D.H.D. seen in 11% of U.S. children as diagnoses rise. *The New York Times* (nytimes.com).

Schwarz, N., Strack, F., Kommer, D., & Wagner, D. (1987). Soccer, rooms, and the quality of your life: Mood effects on judgments of satisfaction with life in general and with specific domains. *European Journal of Social Psychology, 17,* 69–79.

Sclafani, A. (1995). How food preferences are learned: Laboratory animal models. *Proceedings of the Nutrition Society, 54,* 419–427.

Scott, D. J., Stohler, C. S., Egnatuk, C. M., Wang, H., Koeppe, R. A., & Zubieta, J.-K. (2007). Individual differences in reward responding explain placebo-induced expectations and effects. *Neuron, 55,* 325–336.

Scott, K. M., Wells, J. E. Angermeyer, M., Brugha, T. S., Bromet, E., Demyttenaere, K., . . . Kessler, R. C. (2010). Gender and the relationship between marital status and first onset of mood, anxiety and substance use disorders. *Psychological Medicine, 40,* 1495–1505.

Scott, W. A., Scott, R., & McCabe, M. (1991). Family relationships and children's personality: A cross-cultural, cross-source comparison. *British Journal of Social Psychology, 30,* 1–20.

Scott-Sheldon, L. A. J., Carey, K. B., Elliott, J. C., Garey, L., & Carey, M. P. (2014). Efficacy of alcohol interventions for first-year college students: A meta-analytic review of randomized controlled trials. *Journal of Consulting and Clinical Psychology, 82,* 177–188.

Scott-Sheldon, L. A. J., Terry, D. L., Carey, K. B., Garey, L., & Carey, M. P. (2012). Efficacy of expectancy challenge interventions to reduce college student drinking: A meta-analytic review. *Psychology of Addictive Behaviors, 26,* 393–405.

Scullin, M. K., & McDaniel, M. A. (2010). Remembering to execute a goal: Sleep on it! *Psychological Science, 21,* 1028–1035.

Sdorow, L. M. (2005). The people behind psychology. In B. Perlman, L. McCann, & W. Buskist (Eds.), *Voices of experience: Memorable talks from the National Institute on the Teaching of Psychology* (pp. 1–16). Washington, DC: American Psychological Society.

Seal, K. H., Bertenthal, D., Miner, C. R., Sen, S., & Marmar, C. (2007). Bringing the war back home: Mental health disorders among 103,788 U.S. veterans returning from Iraq and Afghanistan seen at Department of Veterans Affairs facilities. *Archives of Internal Medicine, 167,* 467–482.

Sechrest, L., Stickle, T. R., & Stewart, M. (1998). The role of assessment in clinical psychology. In A. Bellack, M. Hersen (series eds.), & C. R. Reynolds (vol. ed.), *Comprehensive clinical psychology: Vol. 4. Assessment* (pp. 1–32). New York: Pergamon.

Sedgh, G., Finer, L. B., Bankole, A., Eilers, M. A., & Singh, S. (2015). Adolescent pregnancy, birth, and abortion rates across countries: Levels and recent trends. *Journal of Adolescent Health, 56,* 223–230.

Sedlmeier, P., Eberth, J., Schwarz, M., Zimmermann, D., Haarig, F., Jaeger, S., & Kunze, S. (2012). The psychological effects of meditation: A meta-analysis. *Psychological Bulletin, 138,* 1139–1171.

Seeman, P., Guan, H.-C., & Van Tol, H. H. M. (1993). Dopamine D4 receptors elevated in schizophrenia. *Nature, 365,* 441–445.

Seery, M. D. (2011). Resilience: A silver lining to experiencing adverse life events. *Current Directions in Psychological Science, 20,* 390–394.

Segal, N. L., McGuire, S. A., & Stohs, J. H. (2012). What virtual twins reveal about general intelligence and other behaviors. *Personality and Individual Differences, 53,* 405–410.

Segall, M. H., Dasen, P. R., Berry, J. W., & Poortinga, Y. H. (1990). *Human behavior in global perspective: An introduction to cross-cultural psychology.* New York: Pergamon.

Segerstrom, S. C., Hardy, J. K., Evans, D. R., & Greenberg, R. N. (2012). Vulnerability, distress, and immune response to vaccination in older adults. *Brain, Behavior, and Immunity, 26,* 747–753.

Segerstrom, S. C., Taylor, S. E., Kemeny, M. E., & Fahey, J. L. (1998). Optimism is associated with mood, coping, and immune change in response to stress. *Journal of Personality and Social Psychology, 74,* 1646–1655.

Seibert, S. E., Wang, G., & Courtright, S. H. (2011). Antecedents and consequences of psychological and team empowerment in organizations: A meta-analytic review. *Journal of Applied Psychology, 96,* 981–1003.

Seidel, A., & Prinz, J. (2013). Sound morality: Irritating and icky noises amplify judgments in divergent moral domains. *Cognition, 127,* 1–5.

Self, C. E. (1994). *Moral culture and victimization in residence halls.* Dissertation: Thesis (M.A.). Bowling Green University.

Seligman, M. E. P. (1975). *Helplessness: On depression, development and death.* San Francisco: Freeman.

Seligman, M. E. P. (1991). *Learned optimism.* New York: Knopf.

Seligman, M. E. P. (1994). *What you can change and what you can't.* New York: Knopf.

Seligman, M. E. P. (1995). The effectiveness of psychotherapy: The Consumer Reports study. *American Psychologist, 50,* 965–974.

Seligman, M. E. P. (2002). *Authentic happiness: Using the new positive psychology to realize your potential for lasting fulfillment.* New York: Free Press.

Seligman, M. E. P. (2011). *Flourish: A visionary new understanding of happiness and well-being.* New York: Free Press.

Seligman, M. E. P. (2012, May 8). Quoted in A. C. Brooks, America and the value of "earned success." *The Wall Street Journal* (wsj.com).

Seligman, M. E. P., Ernst, R. M., Gillham, J., Reivich, K., & Linkins, M. (2009). Positive education: Positive psychology and classroom interventions. *Oxford Review of Education, 35,* 293–311.

Seligman, M. E. P., & Maier, S. F. (1967). Failure to escape traumatic shock. *Journal of Experimental Psychology, 74,* 1–9.

Seligman, M. E. P., Steen, T. A., Park, N., & Peterson, C. (2005). Positive psychology progress: Empirical validation of interventions. *American Psychologist, 60,* 410–421.

Seligman, M. E. P., & Yellen, A. (1987). What is a dream? *Behavior Research and Therapy, 25,* 1–24.

Sellers, H. (2010). *You don't look like anyone I know.* New York: Riverhead Books.

Selye, H. (1936). A syndrome produced by diverse nocuous agents. *Nature, 138,* 32.

Selye, H. (1976). *The stress of life.* New York: McGraw-Hill.

Senghas, A., & Coppola, M. (2001). Children creating language: How Nicaraguan Sign Language acquired a spatial grammar. *Psychological Science, 12,* 323–328.

Sengupta, S. (2001, October 10). Sept. 11 attack narrows the racial divide. *The New York Times* (nytimes.com).

Senju, A., Southgate, V., White, S., & Frith, U. (2009). Mindblind eyes: An absence of spontaneous theory of mind in Asperger syndrome. *Science, 325,* 883–885.

Service, R. F. (1994). Will a new type of drug make memory-making easier? *Science, 266,* 218–219.

Shadish, W. R., & Baldwin, S. A. (2005). Effects of behavioral marital therapy: A meta-analysis of randomized controlled trials. *Journal of Consulting and Clinical Psychology, 73,* 6–14.

Shafir, E., & LeBoeuf, R. A. (2002). Rationality. *Annual Review of Psychology, 53,* 491–517.

Shaki, S. (2013). What's in a kiss? Spatial experience shapes directional bias during kissing. *Journal of Nonverbal Behavior, 37,* 43–50.

Shalev, I., Moffitt, T. E., Sugden, K., Williams, B., Houts, R. M., Danese, A., . . . Caspi, A. (2013). Exposure to violence during childhood is associated with telomere erosion from 5 to 10 years of age: A longitudinal study. *Molecular Psychiatry, 18,* 576–581.

Shallcross, A. J., Ford, B. Q., Floerke, V. A., & Mauss, I. B. (2013). Getting better with age: The relationship between age, acceptance, and negative affect. *Journal of Personality and Social Psychology, 104,* 734–749.

Shamir, B., House, R. J., & Arthur, M. B. (1993). The motivational effects of charismatic leadership: A self-concept based theory. *Organizational Science, 4,* 577–594.

Shan, W., Shengua, J., Davis, H., Hunter, M., Peng, K., Shao, X., . . .Wang, Y. (2012). Mating strategies in Chinese culture: Female risk-avoiding vs. male risk-taking. *Evolution and Human Behavior, 33,* 182–192.

Shanahan, L., McHale, S. M., Osgood, D. W., & Crouter, A. C. (2007). Conflict frequency with mothers and fathers from middle childhood to late adolescence: Within- and between-families comparisons. *Developmental Psychology, 43,* 539–550.

Shane, S. (2015, June 24). Homegrown extremists tied to deadlier toll than jihadis in U.S. since 9/11. *The New York Times* (nytimes.com).

Shannon, B. J., Raichle, M. E., Snyder, A. Z., Fair, D. A., Mills, K. L., Zhang, D., . . . Kiehl, K. A. (2011). Premotor functional connectivity predicts impulsivity in juvenile offenders. *PNAS, 108,* 11241–11245.

Shapiro, D. (1999). *Psychotherapy of neurotic character.* New York: Basic Books.

Shapiro, K. A., Moo, L. R., & Caramazza, A. (2006). Cortical signatures of noun and verb production. *PNAS, 103,* 1644–1649.

Shargorodsky, J., Curhan, S. G., Curhan, G. C., & Eavey, R. (2010). Changes of prevalence of hearing loss in US adolescents. *Journal of the American Medical Association, 304,* 772–778.

Shariff, A. F., Greene, J. D., Karremans, J. C., Luguri, J. B., Clark, C. J., Schooler, J. W., . . . Vohs, K. D. (2014). Free will and punishment: A mechanistic view of human nature reduces retribution. *Psychological Science, 25,* 1563–1570.

Sharma, A. R., McGue, M. K., & Benson, P. L. (1998). The psychological adjustment of United States adopted adolescents and their nonadopted siblings. *Child Development, 69,* 791–802.

Shaver, P. R., Morgan, H. J., & Wu, S. (1996). Is love a basic emotion? *Personal Relationships, 3,* 81–96.

Shaw, B. A., Liang, J., & Krause, N. (2010). Age and race differences in the trajectories of self-esteem. *Psychology and Aging, 25,* 84–94.

Shaw, J., & Porter, S. (2015). Constructing rich false memories of committing crime. *Psychological Science, 26,* 291–301.

Shedler, J. (2009, March 23). *That was then, this is now: Psychoanalytic psychotherapy for the rest of us.* Unpublished manuscript, Department of Psychiatry, University of Colorado Health Sciences Center.

Shedler, J. (2010a, November/December). Getting to know me. *Scientific American Mind,* pp. 53–57.

Shedler, J. (2010b). The efficacy of psychodynamic psychotherapy. *American Psychologist, 65,* 98–109.

Sheehan, S. (1982). *Is there no place on earth for me?* Boston: Houghton Mifflin.

Sheltzer, J. M., & Smith, J. C. (2014). Elite male faculty in the life sciences employ fewer females. *PNAS, 111,* 10107–10112.

Shenton, M. E. (1992). Abnormalities of the left temporal lobe and thought disorder in schizophrenia: A quantitative magnetic resonance imaging study. *New England Journal of Medicine, 327,* 604–612.

Shepard, R. N. (1990). *Mind sights.* New York: Freeman.

Shepherd, C. (1999, June). News of the weird. *Funny Times,* p. 21.

Shergill, S. S., Bays, P. M., Frith, C. D., & Wolpert, D. M. (2003). Two eyes for an eye: The neuroscience of force escalation. *Science, 301,* 187.

Sherif, M. (1966). *In common predicament: Social psychology of intergroup conflict and cooperation.* Boston: Houghton Mifflin.

Sherman, P. W., & Flaxman, S. M. (2001). Protecting ourselves from food. *American Scientist, 89,* 142–151.

Sherman, R. A., Rauthmann, J. F., Brown, N. A., Serfass, D. S., & Jones, A. B. (2015). The independent effects of personality and situations on real-time expressions of behavior and emotion. *Journal of Personality and Social Psychology, 109,* 872–888.

Sherry, D., & Vaccarino, A. L. (1989). Hippocampus and memory for food caches in black-capped chickadees. *Behavioral Neuroscience, 103,* 308–318.

Shettleworth, S. J. (1973). Food reinforcement and the organization of behavior in golden hamsters. In R. A. Hinde & J. Stevenson-Hinde (Eds.), *Constraints on learning.* London: Academic Press.

Shettleworth, S. J. (1993). Where is the comparison in comparative cognition? Alternative research programs. *Psychological Science, 4,* 179–184.

Shiell, M. M., Champoux, F., & Zatorre, R. (2014). Enhancement of visual motion detection thresholds in early deaf people. *PLOS ONE, 9*(2), e90498. doi:10.1371/journal.pone.0090498

Shifren, J. L., Monz, B. U., Russo, P. A., Segreti, A., Johannes, C. B. (2008). Sexual problems and distress in United States women: Prevalence and correlates. *Obstetrics & Gynecology, 112,* 970–978.

Shilsky, J. D., Hartman, T. J., Kris-Etherton, P. M., Rogers, C. J., Sharkey, N. A., & Nickols-Richardson, S. M. (2012). Partial sleep deprivation and energy balance in adults: An emerging issue for consideration by dietetics practitioners. *Journal of the Academy of Nutrition and Dietetics, 112,* 1785–1797.

Shipstead, Z., Hicks, K. L., & Engle, R. W. (2012a). Cogmed working memory training: Does the evidence support the claims? *Journal of Applied Research in Memory and Cognition, 1,* 185–193.

Shipstead, Z., Redick, T. S., & Engle, R. W. (2012b). Is working memory training effective? *Psychological Bulletin, 138,* 628–654.

Shiromani, P. J., Horvath, T., Redline, S., & Van Cauter E. (Eds.) (2012). *Sleep loss and obesity: Intersecting epidemics.* New York: Springer Science.

Shockley, K. M., Ispas, D., Rossi, M. E., & Levine, E. L. (2012). A meta-analytic investigation of the relationship between state affect, discrete emotions, and job performance. *Human Performance, 25,* 377–411.

Shor, E., Roelfs, D. J., & Yogev, T. (2013). The strength of family ties: A meta-analysis and meta-regression of self-reported social support and mortality. *Social Networks, 35,* 626–638.

Shors, T. J. (2014). The adult brain makes new neurons, and effortful learning keeps them alive. *Current Directions in Psychological Science, 23,* 311–318.

Showers, C. (1992). The motivational and emotional consequences of considering positive or negative possibilities for an upcoming event. *Journal of Personality and Social Psychology, 63,* 474–484.

Shrestha, A., Nohr, E. A., Bech, B. H., Ramlau-Hansen, C. H., & Olsen, J. (2011). Smoking and alcohol during pregnancy and age of menarche in daughters. *Human Reproduction, 26,* 259–265.

Shuffler, M. L., Burke, C. S., Kramer, W. S., & Salas, E. (2013). Leading teams: Past, present, and future perspectives. In M. G. Rumsey (Ed.), *The Oxford handbook of leadership* (pp. 144–166). New York: Oxford University Press.

Shuffler, M. L., DiazGranados, D., & Salas, E. (2011). There's a science for that: Team development interventions in organizations. *Current Directions in Psychological Science, 20,* 365–372.

Shuwairi, S. M., & Johnson, S. P. (2013). Oculomotor exploration of impossible figures in early infancy. *Infancy, 18,* 221–232.

Siegel, J. M. (2012). Suppression of sleep for mating. *Science, 337,* 1610–1611.

Siegel, R. K. (1977, October). Hallucinations. *Scientific American,* pp. 132–140.

Siegel, R. K. (1980). The psychology of life after death. *American Psychologist, 35,* 911–931.

Siegel, R. K. (1982, October). Quoted by J. Hooper, Mind tripping. *Omni,* pp. 72–82, 159–160.

Siegel, R. K. (1984, March 15). Personal communication.

Siegel, R. K. (1990). *Intoxication.* New York: Pocket Books.

Siegel, S. (2005). Drug tolerance, drug addiction, and drug anticipation. *Current Directions in Psychological Science, 14,* 296–300.

Siegler, R. S., & Ellis, S. (1996). Piaget on childhood. *Psychological Science, 7,* 211–215.

Silber, M. H., Ancoli-Israel, S., Bonnet, M. H., Chokroverty, S., Grigg-Damberger, M. M., Hirshkowitz, M., . . . Iber, C. (2008). The visual scoring of sleep in adults. *Journal of Clinical Sleep Medicine, 3,* 121–131.

Silbersweig, D. A., Stern, E., Frith, C., Cahill, C., Holmes, A., Grootoonk, S., . . . Frackowiak, R. S. J. (1995). A functional neuroanatomy of hallucinations in schizophrenia. *Nature, 378,* 176–179.

Silva, A. J., Stevens, C. F., Tonegawa, S., & Wang, Y. (1992). Deficient hippocampal long-term potentiation in alpha-calcium-calmodulin kinase II mutant mice. *Science, 257,* 201–206.

Silva, C. E., & Kirsch, I. (1992). Interpretive sets, expectancy, fantasy proneness, and dissociation as predictors of hypnotic response. *Journal of Personality and Social Psychology, 63,* 847–856.

Silver, M., & Geller, D. (1978). On the irrelevance of evil: The organization and individual action. *Journal of Social Issues, 34,* 125–136.

Silver, N. (2012). *The signal and the noise: Why so many predictions fail—but some don't.* New York: Penguin.

Silver, R. C., Holman, E. A., Anderson, J. P., Poulin, M., McIntosh, D. N., & Gil-Rivas, V. (2013). Mental- and physical-health effects of acute exposure to media images of the September 11, 2001 attacks and Iraq War. *Psychological Science, 24,* 1623–1634.

Silver, R. C., Holman, E. A., McIntosh, D. N., Poulin, M., & Gil-Rivas, V. (2002). Nationwide longitudinal study of psychological responses to September 11. *Journal of the American Medical Association, 288,* 1235–1244.

Silverman, K., Evans, S. M., Strain, E. C., & Griffiths, R. R. (1992). Withdrawal syndrome after the double-blind cessation of caffeine consumption. *New England Journal of Medicine, 327,* 1109–1114.

Simon, H. (2001, February). Quoted by A. M. Hayashi, When to trust your gut. *Harvard Business Review,* pp. 59–65.

Simon, H. A., & Chase, W. G. (1973) Skill in chess. *American Scientist, 61,* 394–403.

Simon, V., Czobor, P., Bálint, S., Mésáros, A., & Bitter, I. (2009). Prevalence and correlates of adult attention-deficit hyperactivity disorder: Meta-analysis. *British Journal of Psychiatry, 194,* 204–211.

Simons, D. J., & Chabris, C. F. (1999). Gorillas in our midst: Sustained inattentional blindness for dynamic events. *Perception, 28,* 1059–1074.

Simons, D. J., & Levin, D. T. (1998). Failure to detect changes to people during a real-world interaction. *Psychonomic Bulletin & Review, 5,* 644–649.

Simonton, D. K. (1988). Age and outstanding achievement: What do we know after a century of research? *Psychological Bulletin, 104,* 251–267.

Simonton, D. K. (1990). Creativity in the later years: Optimistic prospects for achievement. *The Gerontologist, 30,* 626–631.

Simonton, D. K. (1992). The social context of career success and course for 2,026 scientists and inventors. *Personality and Social Psychology Bulletin, 18,* 452–463.

Simonton, D. K. (2012a). Teaching creativity: Current findings, trends, and controversies in the psychology of creativity. *Teaching of Psychology, 39,* 217–222.

Simonton, D. K. (2012b, November–December). The science of genius. *Scientific American Mind,* pp. 35–41.

Sin, N. L., Graham-Engeland, J. E., Ong, A. D., & Almeida, D. M. (2015). Affective reactivity to daily stressors is associated with elevated inflammation. *Health Psychology, 34,* 1154–1165.

Sin, N. L., & Lyubomirsky, S. (2009). Enhancing well-being and alleviating depressive symptoms with positive psychology interventions: A practice-friendly meta-analysis. *Journal of Clinical Psychology: In session, 65,* 467–487.

Sinclair, R. C., Hoffman, C., Mark, M. M., Martin, L. L., & Pickering, T. L. (1994). Construct accessibility and the misattribution of arousal: Schachter and Singer revisited. *Psychological Science, 5,* 15–18.

Singer, J. L. (1981). Clinical intervention: New developments in methods and evaluation. In L. T. Benjamin, Jr. (Ed.), *The G. Stanley Hall lecture series* (Vol. 1, pp. 105–128). Washington, DC: American Psychological Association.

Singer, T., Seymour, B., O'Doherty, J., Kaube, H., Dolan, R. J., & Frith, C. (2004). Empathy for pain involves the affective but not sensory components of pain. *Science, 303,* 1157–1162.

Singh, S. (1997). *Fermat's enigma: The epic quest to solve the world's greatest mathematical problem.* New York: Bantam Books.

Singh, S., & Riber, K. A. (1997, November). Fermat's last stand. *Scientific American,* pp. 68–73.

Sinha, P. (2013, July). Once blind and now they see. *Scientific American,* pp. 49–55.

Sio, U. N., Monahan, P., & Ormerod, T. (2013). Sleep on it, but only if it is difficult: Effects of sleep on problem solving. *Memory and Cognition, 41,* 159–166.

Sipski, M. L., Alexander, C. J., & Rosen, R. C. (1999). Sexual response in women with spinal cord injuries: Implications for our understanding of the able bodied. *Journal of Sexual & Marital Therapy, 25,* 11–22.

Sireteanu, R. (1999). Switching on the infant brain. *Science, 286,* 59, 61.

Skeem, J., Kennealy, P., Monahan, J., Peterson, J., & Appelbaum, P. (2016). Psychosis uncommonly and inconsistently precedes violence among high-risk individuals. *Clinical Psychological Science, 4*(1), 40–49.

Skeem, J. L., & Cooke, D. J. (2010). Is criminal behavior a central component of psychopathy? Conceptual directions for resolving the debate. *Psychological Assessment, 22,* 433–445.

Skinner, B. F. (1953). *Science and human behavior.* New York: Macmillan.

Skinner, B. F. (1956). A case history in scientific method. *American Psychologist, 11,* 221–233.

Skinner, B. F. (1961, November). Teaching machines. *Scientific American,* pp. 91–102.

Skinner, B. F. (1983, September). Origins of a behaviorist. *Psychology Today,* pp. 22–33.

Skinner, B. F. (1989). Teaching machines. *Science, 243,* 1535.

Sklar, L. S., & Anisman, H. (1981). Stress and cancer. *Psychological Bulletin, 89,* 369–406.

Skov, R. B., & Sherman, S. J. (1986). Information-gathering processes: Diagnosticity, hypothesis-confirmatory strategies, and perceived hypothesis confirmation. *Journal of Experimental Social Psychology, 22,* 93–121.

Slaughter, V., Imuta, K., Peterson, C. C., & Henry, J. D. (2015). Meta-analysis of theory of mind and peer popularity in the preschool and early school years. *Child Development, 86,* 1159–1174.

Slutske, W. S., Moffitt, T. E., Poulton, R., & Caspi A. (2012). Undercontrolled temperament at age 3 predicts disordered gambling at age 32: A longitudinal study of a complete birth cohort. *Psychological Science, 23,* 510–516.

Smalarz, L., & Wells, G. L. (2015). Contamination of eyewitness self-reports and the mistaken identification problem. *Current Directions in Psychological Science, 24,* 120–124.

Small, D. A., Loewenstein, G., & Slovic, P. (2007). Sympathy and callousness: The impact of deliberative thought on donations to identifiable and statistical victims. *Organizational Behavior and Human Decision Processes, 102,* 143–153.

Small, M. F. (1997). Making connections. *American Scientist, 85,* 502–504.

Smedley, A., & Smedley, B. D. (2005). Race as biology is fiction, racism as a social problem is real: Anthropological and historical perspectives on the social construction of race. *American Psychologist, 60,* 16–26.

Smelser, N. J., & Mitchell, F. (Eds.). (2002). *Terrorism: Perspectives from the behavioral and social sciences.* Washington, DC: National Academies Press.

Smith, A. (1983). Personal correspondence.

Smith, B. C. (2011, January 16). The senses and the multisensory. World Question Center, *Edge* (edge.org).

Smith, D. M., Loewenstein, G., Jankovic, A., & Ubel, P. A. (2009a). Happily hopeless: Adaptation to a permanent, but not to a temporary, disability. *Health Psychology, 28,* 787–791.

Smith, E., & Delargy, M. (2005). Clinical review: Locked-in syndrome. *British Medical Journal, 330,* 406–409.

Smith, J. A., & Rhodes, J. E. (2014). Being depleted and being shaken: An interpretative phenomenological analysis of the experiential features of a first episode of depression. *Psychology and Psychotherapy: Theory, Research and Practice, 88,* 197–209.

Smith, M. B. (1978). Psychology and values. *Journal of Social Issues, 34,* 181–199.

Smith, M. L., & Glass, G. V. (1977). Meta-analysis of psychotherapy outcome studies. *American Psychologist, 32,* 752–760.

Smith, M. L., Glass, G. V., & Miller, R. L. (1980). *The benefits of psychotherapy.* Baltimore: Johns Hopkins Press.

Smith, P. B., & Tayeb, M. (1989). Organizational structure and processes. In M. Bond (Ed.), *The cross-cultural challenge to social psychology* (pp. 116–127). Newbury Park, CA: Sage.

Smith, S. J., Axelton, A. M., & Saucier, D. A. (2009b). The effects of contact on sexual prejudice: A meta-analysis. *Sex Roles, 61,* 178–191.

Smith, T. B., Bartz, J., & Richards, P. S. (2007). Outcomes of religious and spiritual adaptations to psychotherapy: A meta-analytic review. *Psychotherapy Research, 17,* 643–655.

Smith, T. W. (1998, December). *American sexual behavior: Trends, sociodemographic differences, and risk behavior.* National Opinion Research Center GSS Topical Report No. 25.

Smith, T. W. (2006). Personality as risk and resilience in physical health. *Current Directions in Psychological Science, 15,* 227–231.

Smits, I. A. M., Dolan, C. V., Vorst, H. C. M., Wicherts, J. M., & Timmerman, M. E. (2011). Cohort differences in big five personality traits over a period of 25 years. *Journal of Personality and Social Psychology, 100,* 1124–1138.

Snedeker, J., Geren, J., & Shafto, C. L. (2007). Starting over: International adoption as a natural experiment in language development. *Psychological Science, 18,* 79–86.

Snyder, S. H. (1984). Neurosciences: An integrative discipline. *Science, 225,* 1255–1257.

Snyder, S. H. (1986). *Drugs and the brain.* New York: Scientific American Library .

Solomon, D. A., Keitner, G. I., Miller, I. W., Shea, M. T., & Keller, M. B. (1995). Course of illness and maintenance treatments for patients with bipolar disorder. *Journal of Clinical Psychiatry, 56,* 5–13.

Solomon, J. (1996, May 20). Breaking the silence. *Newsweek,* pp. 20–22.

Solomon, M. (1987, December). Standard issue. *Psychology Today,* pp. 30–31.

Solomon, Z., Greene, T., Ein-Dor, T., Zerach, G., Benyamini, Y., & Ohry, A. (2014). The long-term implications of war captivity for mortality and health. *Journal of Behavioral Medicine, 37,* 849–859.

Song, S. (2006, March 27). Mind over medicine. *Time,* p. 47.

Sood, A. K., Armaiz-Pena, G. N., Halder, J., Nick, A. M., Stone, R. L., Hu, W., . . . Lutgendorf, S. K. (2010). Adrenergic modulation of focal adhesion kinase protects human ovarian cancer cells from anoikis. *Journal of Clinical Investigation, 120,* 1515–1523.

Soto, C. J., John, O. P., Gosling, S. D., & Potter, J. (2011). Age differences in personality traits from 10 to 65: Big five domains and facets in a large cross-sectional sample. *Journal of Personality and Social Psychology, 100,* 330–348.

Spanos, N. P., & Coe, W. C. (1992). A social-psychological approach to hypnosis. In E. Fromm & M. R. Nash (Eds.), *Contemporary hypnosis research.* New York: Guilford.

Sparrow, B., Liu, J., & Wegner, D. M. (2011). Google effects on memory: Cognitive consequences of having information at our fingertips. *Science, 333,* 776–778.

Speer, N. K., Reynolds, J. R., Swallow, K. M., & Zacks, J. M. (2009). Reading stories activates neural representations of visual and motor experiences. *Psychological Science, 20,* 989–999.

Spencer, S. J., Steele, C. M., & Quinn, D. M. (1997). *Stereotype threat and women's math performance.* Unpublished manuscript, Hope College.

Spengler, M., Brunner, M., Damian, R. I., Lüdtke, O., Martin, R., & Roberts, B. W. (2015). Student characteristics and behaviors at age 12 predict occupational success 40 years later over and above childhood IQ and parental socioeconomic status. *Developmental Psychology, 51*(9), 1329.

Sperling, G. (1960). The information available in brief visual presentations. *Psychological Monographs, 74* (Whole No. 498).

Sperry, R. W. (1964). Problems outstanding in the evolution of brain function. James Arthur Lecture, American Museum of Natural History, New York. Cited by R. Ornstein (1977), *The psychology of consciousness* (2nd ed.). New York: Harcourt Brace Jovanovich.

Spiegel, D. (2007). The mind prepared: Hypnosis in surgery. *Journal of the National Cancer Institute, 99,* 1280–1281.

Spielberger, C., & London, P. (1982). Rage boomerangs. *American Health, 1,* 52–56.

Spielmann, S. S., MacDonald, G., Joel, S., & Impett, E. A. (2015). Longing for ex-partners out of fear of being single. *Journal of Personality.* doi:10.1111/jopy.12222

Spring, B., Pingitore, R., Bourgeois, M., Kessler, K. H., & Bruckner, E. (1992). *The effects and non-effects of skipping breakfast: Results of three studies.* Paper presented at the American Psychological Association convention.

Sproesser, G., Schupp, H. T., & Renner, B. (2014). The bright side of stress-induced eating: Eating more when stressed but less when pleased. *Psychological Science, 25,* 58–65.

Squire, L. R., & Wixted, J. T. (2011). The cognitive neuroscience of human memory since H.M. *Annual Review of Neuroscience, 34,* 259–288.

Srivastava, S., John, O. P., Gosling, S. D., & Potter, J. (2003). Development of personality in early and middle adulthood: Set like plaster or persistent change? *Journal of Personality & Social Psychology, 84,* 1041–1053.

Srivastava, S., McGonigal, K. M., Richards, J. M., Butler, E. A., & Gross, J. J. (2006). Optimism in close relationships: How seeing things in a positive light makes them so. *Journal of Personality and Social Psychology, 91,* 143–153.

St. Clair, D., Xu, M., Wang, P., Yu, Y., Fang, Y., Zhang, F., . . . He, L. (2005). Rates of adult schizophrenia following prenatal exposure to the Chinese famine of 1959–1961. *Journal of the American Medical Association, 294,* 557–562.

Stacey, D., Bilbao, A., Maroteaux, M., Jia, T., Easton, A. E., Longueville, S., . . . the IMAGEN Consortium. (2012). RASGRF2 regulates alcohol-induced reinforcement by influencing mesolimbic dopamine neuron activity and dopamine release. *PNAS, 109,* 21128–21133.

Stafford, T., & Dewar, M. (2014). Tracing the trajectory of skill learning with a very large sample of online game players. *Psychological Science, 25,* 511–518.

Stager, C. L., & Werker, J. F. (1997). Infants listen for more phonetic detail in speech perception than in word-learning tasks. *Nature, 388,* 381–382.

Stahl, A. E., & Feigenson, L. (2015). Observing the unexpected enhances infants' learning and exploration. *Science, 348,* 91–94.

Stanley, S. M., Rhoades, G. K., Amato, P. R., Markman, H. J., & Johnson, C. A. (2010). The timing of cohabitation and engagement: Impact on first and second marriages. *Journal of Marriage and Family, 72,* 906–918.

Stanovich, K. E. (1996). *How to think straight about psychology.* New York: HarperCollins.

Stanovich, K. E., & West, R. F. (2008). On the relative independence of thinking biases and cognitive ability. *Journal of Personality and Social Psychology, 94,* 672–695.

State, M. W., & Šestan, N. (2012). The emerging biology of autism spectrum disorders. *Science, 337,* 1301–1304.

Staub, E. (1989). *The roots of evil: The psychological and cultural sources of genocide.* New York: Cambridge University Press.

Steel, P., Schmidt, J., & Schultz, J. (2008). Refining the relationship between personality and subject well-being. *Psychological Bulletin, 134,* 138–161.

Steele, C. M. (1990, May). A conversation with Claude Steele. *APS Observer,* pp. 11–17.

Steele, C. M., & Josephs, R. A. (1990). Alcohol myopia: Its prized and dangerous effects. *American Psychologist, 45,* 921–933.

Steele, C. M., Spencer, S. J., & Aronson, J. (2002). Contending with group image: The psychology of stereotype and social identity threat. *Advances in Experimental Social Psychology, 34,* 379–440.

Steinberg, L. (1987, September). Bound to bicker. *Psychology Today,* pp. 36–39.

Steinberg, L. (2001). We know some things: Parent–adolescent relationships in retrospect and prospect. *Journal of Research on Adolescence, 11*(1), 1–19.

Steinberg, L. (2010, March). Analyzing adolescence. Interview with Sara Martin. *Monitor on Psychology,* pp. 26–29.

Steinberg, L. (2013). The influence of neuroscience on U.S. Supreme Court decisions involving adolescents' criminal culpability. *Nature Reviews Neuroscience, 14,* 513–518.

Steinberg, L., Cauffman, E., Woolard, J., Graham, S., & Banich, M. (2009). Are adolescents less mature than adults? Minors' access to abortion, the juvenile death penalty, and the alleged APA "flip-flop." *American Psychologist, 64,* 583–594.

Steinberg, L., Lamborn, S. D., Darling, N., Mounts, N. S., & Dornbusch, S. M. (1994). Over-time changes in adjustment and competence among adolescents from authoritative, authoritarian, indulgent, and neglectful families. *Child Development, 65,* 754–770.

Steinberg, L., & Morris, A. S. (2001). Adolescent development. *Annual Review of Psychology, 52,* 83–110.

Steinberg, L., & Scott, E. S. (2003). Less guilty by reason of adolescence: Developmental immaturity, diminished responsibility, and the juvenile death penalty. *American Psychologist, 58,* 1009–1018.

Steinberg, N. (1993, February). Astonishing love stories (from an earlier United Press International report). *Games,* p. 47.

Stellar, J. E., John-Henderson, N., Anderson, C. L., Gordon, A. M., McNeil, G. D., & Keltner, D. (2015). Positive affect and markers of inflammation: Discrete positive emotions predict lower levels of inflammatory cytokines. *Emotion, 15,* 129–133.

Stepanikova, I., Nie, N. H., & He, X. (2010). Time on the Internet at home, loneliness, and life satisfaction: Evidence from panel time-diary data. *Computers in Human Behavior, 26,* 329–338.

Steptoe, A., & Wardle, J. (2011). Positive affect measured using ecological momentary assessment and survival in older men and woman. *PNAS, 108,* 18244–18248.

Sternberg, R. J. (1985). *Beyond IQ: A triarchic theory of human intelligence.* New York: Cambridge University Press.

Sternberg, R. J. (1988). Applying cognitive theory to the testing and teaching of intelligence. *Applied Cognitive Psychology, 2,* 231–255.

Sternberg, R. J. (2003). Our research program validating the triarchic theory of successful intelligence: Reply to Gottfredson. *Intelligence, 31,* 399–413.

Sternberg, R. J. (2006). The Rainbow Project: Enhance the SAT through assessments of analytical, practical, and creative skills. *Intelligence, 34,* 321–350.

Sternberg, R. J. (2011). The theory of successful intelligence. In R. J. Sternberg & S. B. Kaufman (Eds.), *The Cambridge handbook of intelligence.* New York: Cambridge University Press.

Sternberg, R. J., & Grajek, S. (1984). The nature of love. *Journal of Personality and Social Psychology, 47,* 312–329.

Sternberg, R. J., & Kaufman, J. C. (1998). Human abilities. *Annual Review of Psychology, 49,* 479–502.

Sternberg, R. J., & Lubart, T. I. (1991). An investment theory of creativity and its development. *Human Development, 34,* 1–31.

Sternberg, R. J., & Lubart, T. I. (1992). Buy low and sell high: An investment approach to creativity. *Psychological Science, 1,* 1–5.

Stetter, F., & Kupper, S. (2002). Autogenic training: A meta-analysis of clinical outcome studies. *Applied Psychophysiology and Biofeedback, 27,* 45–98.

Stevenson, H. W. (1992, December). Learning from Asian schools. *Scientific American,* pp. 70–76.

Stewart, R. E., & Chambless, D. L. (2009). Cognitive–behavioral therapy for adult anxiety disorders in clinical practice: A meta-analysis of effectiveness studies. *Journal of Consulting and Clinical Psychology, 77,* 595–606.

Stice, E., Ng, J., & Shaw, H. (2010). Risk factors and prodromal eating pathology. *Journal of Child Psychology and Psychiatry, 51,* 518–525.

Stice, E., Spangler, D., & Agras, W. S. (2001). Exposure to media-portrayed thin-ideal images adversely affects vulnerable girls: A longitudinal experiment. *Journal of Social and Clinical Psychology, 20,* 270–288.

Stickgold, R. (2000, March 7). Quoted by S. Blakeslee, For better learning, researchers endorse, "sleep on it" adage. *The New York Times,* p. F2.

Stickgold, R. (2012). Sleep, memory and dreams: Putting it all together. In *Aquém e além do cérebro* [Behind and beyond the brain]. Bial: Fundação Bial Institution of Public Utility.

Stickgold, R., & Ellenbogen, J. M. (2008, August/September). Quiet! Sleeping brain at work. *Scientific American Mind,* pp. 23–29.

Stillman, T. F., Baumeister, R. F., Vohs, K. D., Lambert, N. M., Fincham, F. D., & Brewer, L. E. (2010). Personal philosophy and personnel achievement: Belief in free will predicts better job performance. *Social Psychological and Personality Science, 1,* 43–50.

Stillman, T. F., Lambet, N. M., Fincham, F. D., & Baumeister, R. F. (2011). Meaning as magnetic force: Evidence that meaning in life promotes interpersonal appeal. *Social Psychological and Personality Science, 2,* 13–20.

Stith, S. M., Rosen, K. H., Middleton, K. A., Busch, A. L., Lunderberg, K., & Carlton, R. P. (2000). The intergenerational transmission of spouse abuse: A meta-analysis. *Journal of Marriage and the Family, 62,* 640–654.

Stockton, M. C., & Murnen, S. K. (1992). *Gender and sexual arousal in response to sexual stimuli: A meta-analytic review.* Paper presented at the American Psychological Society convention.

Stone, A. A., & Neale, J. M. (1984). Effects of severe daily events on mood. *Journal of Personality and Social Psychology, 46,* 137–144.

Stone, A. A., Schneider, S., & Harter, J. K. (2012). Day-of-week mood patterns in the United States: On the existence of "Blue Monday," "Thank God it's Friday" and weekend effects. *Journal of Positive Psychology, 7,* 306–314.

Stone, A. A., Schwartz, J. E., Broderick, J. E., & Deaton, A. (2010). A snapshot of the age distribution of psychological well-being in the United States. *PNAS, 107,* 9985–9990.

St-Onge, M. P., McReynolds, A., Trivedi, Z. B., Roberts, A. L., Sy, M., & Hirsch, J. (2012). Sleep restriction leads to increased activation of brain regions sensitive to food stimuli. *American Journal of Clinical Nutrition, 95,* 818–824.

Storbeck, J., Robinson, M. D., & McCourt, M. E. (2006). Semantic processing precedes affect retrieval: The neurological case for cognitive primary in visual processing. *Review of General Psychology, 10,* 41–55.

Storm, B. C., & Jobe, T. A. (2012). Retrieval-induced forgetting predicts failure to recall negative autobiographical memories. *Psychological Science, 23,* 1356–1363.

Storms, M. D. (1973). Videotape and the attribution process: Reversing actors' and observers' points of view. *Journal of Personality and Social Psychology, 27,* 165–175.

Storms, M. D. (1983). *Development of sexual orientation.* Washington, DC: Office of Social and Ethical Responsibility, American Psychological Association.

Storms, M. D., & Thomas, G. C. (1977). Reactions to physical closeness. *Journal of Personality and Social Psychology, 35,* 412–418.

Stowell, J. R., Oldham, T., & Bennett, D. (2010). Using student response systems ("clickers") to combat conformity and shyness. *Teaching of Psychology, 37,* 135–140.

Strain, J. F., Womack, K. B., Didenbani, N., Spence, J. S., Conover, H., Hart, J., Jr., . . . Cullum, C. M. (2015). Imaging correlates of memory and concussion history in retired National Football League athletes. *JAMA Neurology, 72,* 773–780.

Stranahan, A. M., Khalil, D., & Gould, E. (2006). Social isolation delays the positive effects of running on adult neurogenesis. *Nature Neuroscience, 9,* 526–533.

Strange, B. A., & Dolan, R. J. (2004). b-Adrenergic modulation of emotional memory-evoked human amygdala and hippocampal responses. *PNAS, 101,* 11454–11458.

Strange, D., Hayne, H., & Garry, M. (2008). A photo, a suggestion, a false memory. *Applied Cognitive Psychology, 22,* 587–603.

Strasburger, V. C., Jordan, A. B., & Donnerstein, E. (2010). Health effects of media on children and adolescents. *Pediatrics, 125,* 756–767.

Stratton, G. M. (1896). Some preliminary experiments on vision without inversion of the retinal image. *Psychological Review, 3,* 611–617.

Straub, R. O., Seidenberg, M. S., Bever, T. G., & Terrace, H. S. (1979). Serial learning in the pigeon. *Journal of the Experimental Analysis of Behavior, 32,* 137–148.

Straus, M. A., Sugarman, D. B., & Giles-Sims, J. (1997). Spanking by parents and subsequent antisocial behavior of children. *Archives of Pediatric Adolescent Medicine, 151,* 761–767.

Strawbridge, W. J. (1999). *Mortality and religious involvement: A review and critique of the results, the methods, and the measures.* Paper presented at Harvard University conference on religion and health sponsored by the National Institute for Health Research and the John Templeton Foundation.

Strawbridge, W. J., Cohen, R. D., & Shema, S. J. (1997). Frequent attendance at religious services and mortality over 28 years. *American Journal of Public Health, 87,* 957–961.

Strick, M., Dijksterhuis, A., & van Baaren, R. B. (2010). Unconscious thought effects take place off-line, not on-line. *Psychological Science, 21,* 484–488.

Stringaris, A., Vidal-Ribas Belil, P., Artiges, E., Lemaitre, H., Gollier-Briant, F., Wolke, S., . . . Fadai, T. (2015). The brain's response to reward anticipation and depression in adolescence: Dimensionality, specificity, and longitudinal predictions in a community-based sample. *American Journal of Psychiatry,172*(12), 1215–1223.

Stroebe, M., Finenauer, C., Wijngaards-de Meij, L., Schut, H., van den Bout, J., & Stroebe, W. (2013). Partner-oriented self-regulation among bereaved parents: The costs of holding in grief for the partner's sake. *Psychological Science, 24,* 395–402.

Stroebe, W. (2013). Firearm possession and violent death: A critical review. *Aggression and Violent Behavior, 18,* 709–721.

Stroebe, W., Schut, H., & Stroebe, M. S. (2005). Grief work, disclosure and counseling: Do they help the bereaved? *Clinical Psychology Review, 25,* 395–414.

Stroud, L. R., Panadonatos, G. D., Rodriguez, D., McCallum, M., Salisbury, A. L., Phipps, M. G., . . . Marsit, C. J. (2014). Maternal smoking during pregnancy and infant stress response: Test of a prenatal programming hypothesis. *Psychoneuroendocrinology, 48,* 29–40.

Strully, K. W. (2009). Job loss and health in the U.S. labor market. *Demography, 46,* 221–246.

Strupp, H. H. (1986). Psychotherapy: Research, practice, and public policy (how to avoid dead ends). *American Psychologist, 41,* 120–130.

Štulhofer, A., Šoh, D., Jelaska, N., Baćak, V., & Landripet, I. (2011). Religiosity and sexual risk behavior among Croatian college students, 1998–2008. *Journal of Sex Research,*

48, 360–371.

Stunkard, A. J., Harris, J. R., Pedersen, N. L., & Mc-Clearn, G. E. (1990). A separated twin study of the body mass index. *New England Journal of Medicine, 322,* 1483–1487.

Stutzer, A., & Frey, B. S. (2006). Does marriage make people happy, or do happy people get married? *Journal of Socio-Economics, 35,* 326–347.

Su, R., Rounds, J., & Armstrong, P. I. (2009). Men and things, women and people: A meta-analysis of sex differences in interests. *Psychological Bulletin, 135,* 859–884.

Subrahmanyam, K., & Greenfield, P. (2008). Online communication and adolescent relationships. *The Future of Children, 18,* 119–146.

Suddath, R. L., Christison, G. W., Torrey, E. F., Casanova, M. F., & Weinberger, D. R. (1990). Anatomical abnormalities in the brains of monozygotic twins discordant for schizophrenia. *New England Journal of Medicine, 322,* 789–794.

Sue, S. (2006). Research to address racial and ethnic disparities in mental health: Some lessons learned. In S. I. Donaldson, D. E. Berger, & K. Pezdek (Eds.), *Applied psychology: New frontiers and rewarding careers.* (pp. 119–134).Mahwah, NJ: Erlbaum.

Suedfeld, P., & Mocellin, J. S. P. (1987). The "sensed presence" in unusual environments. *Environment and Behavior, 19,* 33–52.

Sulik, M. J., Blair, C., Mills-Koonce, R., Berry, D., Greenberg, M., & Family Life Project Investigators. (2015). Early parenting and the development of externalizing behavior problems: Longitudinal mediation through children's executive function. *Child Development, 86,* 1588–1603.

Sullivan, P. F., Neale, M. C., & Kendler, K. S. (2000). Genetic epidemiology of major depression: Review and meta-analysis. *American Journal of Psychiatry, 157,* 1552–1562.

Suls, J. M., & Tesch, F. (1978). Students' preferences for information about their test performance: A social comparison study. *Journal of Experimental Social Psychology, 8,* 189–197.

Summers, M. (1996, December 9). Mister Clean. *People Weekly,* pp. 139–142.

Sundie, J. M., Kenrick, D. T., Griskevicius, V., Tybur, J. M., Vohs, K. D., & Beal, D. J. (2011). Peacocks, Porsches, and Thorsten Veblen: Conspicuous consumption as a sexual signaling system. *Journal of Personality and Social Psychology, 100,* 664–680.

Sundstrom, E., De Meuse, K. P., & Futrell, D. (1990). Work teams: Applications and effectiveness. *American Psychologist, 45,* 120–133.

Sunstein, C. R. (2007). On the divergent American reactions to terrorism and climate change. *Columbia Law Review, 107,* 503–557.

Suomi, S. J. (1986). Anxiety-like disorders in young nonhuman primates. In R. Gettleman (Ed.), *Anxiety disorders of childhood* (pp. 1–23). New York: Guilford Press.

Suomi, S. J., Collins, M. L., Harlow, H. F., & Ruppenthal, G. C. (1976). Effects of maternal and peer separations on young monkeys. *Journal of Child Psychology and Psychiatry, 17,* 101–112.

Surgeon General. (1986). *The Surgeon General's workshop on pornography and public health,* June 22–24. Report prepared by E. P. Mulvey & J. L. Haugaard and released by Office of the Surgeon General on August 4, 1986.

Surgeon General. (1999). *Mental health: A report of the Surgeon General.* Rockville, MD: U.S. Department of Health and Human Services.

Susser, E., Neugenbauer, R., Hoek, H. W., Brown, A. S., Lin, S., Labovitz, D., & Gorman, J. M. (1996). Schizophrenia after prenatal famine. *Archives of General Psychiatry, 53*(1), 25–31.

Sutherland, A. (2006a). *Bitten and scratched: Life and lessons at the premier school for exotic animal trainers.* New York: Viking.

Sutherland, A. (2006b, June 25). What Shamu taught me about a happy marriage. *The New York Times* (nytimes.com).

Swami, V. (2015). Cultural influences on body size ideals: Unpacking the impact of Westernization and modernization. *European Psychologist, 20,* 44–51.

Swami, V., Frederick, D. A., Aavik, T., Alcalay, L., Allik, J., Anderson, D., . . . Zivcic-Becirevic, I. (2010). The attractive female body weight and female body dissatisfaction in 26 countries across 10 world regions: Results of the international body project I. *Personality and Social Psychology Bulletin, 36,* 309–325.

Swami, V., Henderson, G., Custance, D., & Tovée, M. J. (2011). A cross-cultural investigation of men's judgments of female body weight in Britain and Indonesia. *Journal of Cross-Cultural Psychology, 42,* 140–145.

Swann, W. B., Jr., Chang-Schneider, C., & McClarty, K. L. (2007). Do people's self-views matter? Self-concept and self-esteem in everyday life. *American Psychologist, 62,* 84–94.

Swinburn, B. A., Sacks, G., Hall, K. D., McPherson, K., Finegood, D. T., Moodie, M. L., & Gortmaker, S. L. (2011). The global obesity pandemic: Shaped by global drivers and local environments. *The Lancet, 378,* 804–814.

Symbaluk, D. G., Heth, C. D., Cameron, J., & Pierce, W. D. (1997). Social modeling, monetary incentives, and pain endurance: The role of self-efficacy and pain perception. *Personality and Social Psychology Bulletin, 23,* 258–269.

Tadmor, C. T., Galinsky, A. D., & Maddux, W. W. (2012). Getting the most out of living abroad: Biculturalism and integrative complexity as key drivers of creative and professional success. *Journal of Personality and Social Psychology, 103,* 520–542.

Taheri, S. (2004, 20 December). Does the lack of sleep make you fat? *University of Bristol Research News* (bristol.ac.uk).

Taheri, S., Lin, L., Austin, D., Young, T., & Mignot, E. (2004). Short sleep duration is associated with reduced leptin, elevated ghrelin, and increased body mass index. *PloS Medicine, 1*(3), e62.

Tajfel, H. (Ed.). (1982). *Social identity and intergroup relations.* New York: Cambridge University Press.

Takizawa, R., Maughan, B., & Arseneault, L. (2014). Adult health outcomes of childhood bullying victimization: Evidence from a five-decade longitudinal British birth cohort. *American Journal of Psychiatry, 171,* 777–784.

Talarico, J. M., & Moore, K. M. (2012). Memories of "The Rivalry": Differences in how fans of the winning and losing teams remember the same game. *Applied Cognitive Psychology, 26,* 746–756.

Tamres, L. K., Janicki, D., & Helgeson, V. S. (2002). Sex differences in coping behavior: A meta-analytic review and an examination of relative coping. *Personality and Social Psychology Review, 6,* 2–30.

Tangney, J. P., Baumeister, R. F., & Boone, A. L. (2004). High self-control predicts good adjustment, less pathology, better grades, and interpersonal success. *Journal of Personality, 72,* 271–324.

Tannen, D. (1990). *You just don't understand: Women and men in conversation.* New York: Morrow.

Tannenbaum, P. (2002, February). Quoted by R. Kubey & M. Csikszentmihalyi, Television addiction is no mere metaphor. *Scientific American,* pp. 74–80.

Tanner, J. M. (1978). *Fetus into man: Physical growth from conception to maturity.* Cambridge, MA: Harvard University Press.

Tardif, T., Fletcher, P., Liang, W., Zhang, Z., Kaciroti, N., & Marchman, V. A. (2008). Baby's first 10 words. *Developmental Psychology, 44,* 929–938.

Taubes, G. (2001). The soft science of dietary fat. *Science, 291,* 2536–2545.

Taubes, G. (2002, July 7). What if it's all been a big fat lie? *The New York Times* (nytimes.com).

Tavernier, R., & Willoughby, T. (2014). Bidirectional associations between sleep (quality and duration) and psychosocial functioning across the university years. *Developmental Psychology, 50,* 674–682.

Tavernise, S. (2013, February 13). To reduce suicide rates, new focus turns to guns. *The New York Times* (nytimes.com).

Taylor, C. A., Manganello, J. A., Lee, S. J., & Rice, J. C. (2010a). Mothers' spanking of 3-year-old children and subsequent risk of children's aggressive behavior. *Pediatrics, 125,* 1057–1065.

Taylor, P. J., Gooding, P., Wood, A. M., & Tarrier, N. (2011). The role of defeat and entrapment in depression, anxiety, and suicide. *Psychological Bulletin, 137,* 391–420.

Taylor, S. (2013). Molecular genetics of obsessive–compulsive disorder: A comprehensive meta-analysis of genetic association studies. *Molecular Psychiatry, 18,* 799–805.

Taylor, S., Kuch, K., Koch, W. J., Crockett, D. J., & Passey, G. (1998b). The structure of posttraumatic stress symptoms. *Journal of Abnormal Psychology, 107,* 154–160.

Taylor, S. E. (1983). Adjustment to threatening events: A theory of cognitive adaptation. *American Psychologist, 38,* 1161–1173.

Taylor, S. E. (2002). *The tending instinct: How nurturing is essential to who we are and how we live.* New York: Times Books.

Taylor, S. E. (2006). Tend and befriend: Biobehavioral bases of affiliation under stress. *Current Directions in Psychological Science, 15,* 273–277.

Taylor, S. E., Cousino, L. K., Lewis, B. P., Gruenewald, T. L., Gurung, R. A. R., & Updegraff, J. A. (2000). Biobehavioral responses to stress in females: Tend-and-befriend, not fight-or-flight. *Psychological Review, 107,* 411–430.

Taylor, S. E., Pham, L. B., Rivkin, I. D., & Armor, D. A. (1998a). Harnessing the imagination: Mental simulation, self-regulation, and coping. *American Psychologist, 53,* 429–439.

Taylor, S. E., Saphire-Bernstein, S., & Seeman, T. E. (2010b). Are plasma oxytocin in women and plasma vasopressin in men biomarkers of distressed pair-bond relationships? *Psychological Science, 21,* 3–7.

Tedeschi, R. G., & Calhoun, L. G. (2004). Posttraumatic growth: Conceptual foundations and empirical evidence. *Psychological Inquiry, 15,* 1–18.

Teghtsoonian, R. (1971). On the exponents in Stevens' law and the constant in Ekman's law. *Psychological Review, 78,* 71–80.

Teller. (2009, April 20). Quoted by J. Lehrer, Magic and the brain: Teller reveals the neuroscience of illusion. Wired (wired.com).

Telzer, E. H., Flannery, J., Shapiro, M., Humphreys, K. L., Goff, B., Gabard-Durman, L., . . . Tottenham, N. (2013). Early experience shapes amygdala sensitivity to race: An international adoption design. *Journal of Neuroscience, 33,* 13484–13488.

Tenenbaum, H. R., & Leaper, C. (2002). Are parents' gender schemas related to their children's gender-related cognitions? A meta-analysis. *Developmental Psychology, 38,* 615–630.

Terrace, H. S. (1979, November). How Nim Chimpsky changed my mind. *Psychology Today,* pp. 65–76.

Terre, L., & Stoddart, R. (2000). Cutting edge specialties for graduate study in psychology. *Eye on Psi Chi,* 23–26.

Tesser, A., Forehand, R., Brody, G., & Long, N. (1989). Conflict: The role of calm and angry parent-child discussion in adolescent development. *Journal of Social and Clinical Psychology, 8,* 317–330.

Tew, J. D., Mulsant, B. H., Haskett, R. F., Joan, P., Begley, A. E., Sackeim, H. A. (2007). Relapse during continuation pharmacotherapy after acute response to ECT: A comparison of usual care versus protocolized treatment. *Annals of Clinical Psychiatry, 19,* 1–4.

Thaler, L., Arnott, S. R., & Goodale, M. A. (2011). Neural correlates of natural human echolocation in early and late blind echolocation experts. *PLoS One, 6,* e20162.

Thaler, L., Milne, J. L., Arnott, S. R., Kish, D., & Goodale, M. A. (2014). Neural correlates of motion processing through echolocation, source hearing, and vision in blind echolocation experts and sighted echolocation novices. *Journal of Neurophysiology, 111,* 112–127.

Thaler, R. H. (2015, May 8). Unless you are Spock, irrelevant things matter in economic behavior. *The New York Times* (nytimes.com).

Thaler, R. H., & Sunstein, C. R. (2008). *Nudge: Improving decisions about health, wealth, and happiness.* New Haven, CT: Yale University Press.

Thatcher, R. W., Walker, R. A., & Giudice, S. (1987). Human cerebral hemispheres develop at different rates and ages. *Science, 236,* 1110–1113.

Thiel, A., Hadedank, B., Herholz, K., Kessler, J., Winhuisen, L., Haupt, W. F., & Heiss, W.-D. (2006). From the left to the right: How the brain compensates progressive loss of language function. *Brain and Language, 98,* 57–65.

Thomas, A., & Chess, S. (1986). The New York Longitudinal Study: From infancy to early adult life. In R. Plomin & J. Dunn (Eds.), *The study of temperament: Changes, continuities, and challenges.* Hillsdale, NJ: Erlbaum.

Thomas, L. (1992). *The fragile species.* New York: Scribner's.

Thompson, G. (2010). The $1 million dollar challenge. *Skeptic Magazine,* 15, 8–9.

Thompson, J. K., Jarvie, G. J., Lahey, B. B., & Cureton, K. J. (1982). Exercise and obesity: Etiology, physiology, and intervention. *Psychological Bulletin, 91,* 55–79.

Thompson, P. M., Giedd, J. N., Woods, R. P., MacDonald, D., Evans, A. C., & Toga, A. W. (2000). Growth patterns in the developing brain detected by using continuum mechanical tensor maps. *Nature, 404,* 190–193.

Thompson, R., Emmorey, K., & Gollan, T. H. (2005). "Tip of the fingers" experiences by Deaf signers. *Psychological Science, 16,* 856–860.

Thompson-Schill, S. L., Ramscar, M., & Chrysikou, E. G. (2009). Cognition without control: When a little frontal lobe goes a long way. *Current Directions in Psychological Science, 18,* 259–263.

Thorndike, E. L. (1898). Animal intelligence: An experimental study of the associative processes in animals. *Psychological Review Monograph Supplement 2,* 4–160.

Thorne, J., with Larry Rothstein. (1993). *You are not alone: Words of experience and hope for the journey through depression.* New York: HarperPerennial.

Thornton, B., & Moore, S. (1993). Physical attractiveness contrast effect: Implications for self-esteem and evaluations of the social self. *Personality and Social Psychology Bulletin, 19,* 474–480.

Thorpe, W. H. (1974). *Animal nature and human nature.* London: Metheun.

Tickle, J. J., Hull, J. G., Sargent, J. D., Dalton, M. A., & Heatherton, T. F. (2006). A structural equation model of social influences and exposure to media smoking on adolescent smoking. *Basic and Applied Social Psychology, 28,* 117–129.

Tiggemann, M., & Miller, J. (2010). The Internet and adolescent girls' weight satisfaction and drive for thinness. *Sex Roles, 63,* 79–90.

Tiihonen, J., Lönnqvist, J., Wahlbeck, K., Klaukka, T., Niskanen, L., Tanskanen, A., & Haukka, J. (2009). 11-year follow-up of mortality in patients with schizophrenia: A population-based cohort study (FIN11 study). *The Lancet, 374,* 260–267.

Timmerman, T. A. (2007) "It was a thought pitch": Personal, situational, and target influences on hit-by-pitch events across time. *Journal of Applied Psychology, 92,* 876–884.

Tirrell, M. E. (1990). Personal communication.

Tobin, D. D., Menon, M., Menon, M., Spatta, B. C., Hodges, E. V. E., & Perry, D. G. (2010). The intrapsychics of gender: A model of self-socialization. *Psychological Review, 117,* 601–622.

Toews, P. (2004, December 30). *Dirk Willems: A heart undivided.* Mennonite Brethren Historical Commission (nbhistory.org/profiles/dirk.en.html).

Tolin, D. F. (2010). Is cognitive–behavioral therapy more effective than other therapies? A meta-analytic review. *Clinical Psychology Review, 30,* 710–720.

Tolman, E. C., & Honzik, C. H. (1930). Introduction and removal of reward, and maze performance in rats. *University of California Publications in Psychology, 4,* 257–275.

Tomaka, J., Blascovich, J., & Kelsey, R. M. (1992). Effects of self-deception, social desirability, and repressive coping on psychophysiological reactivity to stress. *Personality and Social Psychology Bulletin, 18,* 616–624.

Tononi, G., & Cirelli, C. (2013, August). Perchance to prune. *Scientific American,* pp. 34–39.

Topolinski, S., & Reber, R. (2010). Gaining insight into the "aha" experience. *Current Directions in Psychological Science, 19,* 401–405.

Torrey, E. F. (1986). *Witchdoctors and psychiatrists.* New York: Harper & Row.

Torrey, E. F., & Miller, J. (2002). *The invisible plague: The rise of mental illness from 1750 to the present.* New Brunswick, NJ: Rutgers University Press.

Torrey, E. F., Miller, J., Rawlings, R., & Yolken, R. H. (1997). Seasonality of births in schizophrenia and bipolar disorder: A review of the literature. *Schizophrenia Research, 28,* 1–38.

Totterdell, P., Kellett, S., Briner, R. B., & Teuchmann, K. (1998). Evidence of mood linkage in work groups. *Journal of Personality and Social Psychology, 74,* 1504–1515.

Tovee, M. J., Mason, S. M., Emery, J. L., McCluskey, S. E., & Cohen-Tovee, E. M. (1997). Supermodels: Stick insects or hourglasses? *The Lancet, 350,* 1474–1475.

Tracey, J. L., & Robins, R. W. (2004). Show your pride: Evidence for a discrete emotion expression. *Psychological Science, 15,* 194–197.

Trahan, L. H., Stuebing, K. K., Fletcher, J. M., & Hiscock, M. (2014). The Flynn effect: A meta-analysis. *Psychological Bulletin, 140,* 1332–1360.

Treffert, D. A., & Christensen, D. D. (2005, December). Inside the mind of a savant. *Scientific American,* pp. 108–113.

Treffert, D. A., & Wallace, G. L. (2002). Island of genius—The artistic brilliance and dazzling memory that sometimes accompany autism and other disorders hint at how all brains work. *Scientific American, 286,* 76–86.

Treisman, A. (1987). Properties, parts, and objects. In K. R. Boff, L. Kaufman, & J. P. Thomas (Eds.), *Handbook of perception and human performance* (pp. 35-1–35-70). New York: Wiley.

Triandis, H. C. (1994). *Culture and social behavior.* New York: McGraw-Hill.

Triandis, H. C., Bontempo, R., Villareal, M. J., Asai, M., & Lucca, N. (1988). Individualism and collectivism: Cross-cultural perspectives on self–ingroup relationships. *Journal of Personality and Social Psychology, 54,* 323–338.

Trickett, P. K., & McBride-Chang, C. (1995). The developmental impact of different forms of child abuse and neglect. *Developmental Review, 15,* 311–337.

Trillin, C. (2006, March 27). Alice off the page. *The New Yorker,* p. 44.

Triplett, N. (1898). The dynamogenic factors in pacemaking and competition. *American Journal of Psychology, 9,* 507–533.

Trotter, J. (2014, January 23). The power of positive coaching. *Sports Illustrated* (http://mmqb.si.com/2014/01/23/pete-carroll-seattle-seahawkssuper-bowl-48).

Tsai, J. L., Ang, J. Y. Z., Blevins, E., Goernandt, J., Fung, H. H., Jiang, D., . . . Haddouk, L. (2016). Leaders' smiles reflect cultural differences in ideal affect. *Emotion, 16(2),* 183–195.

Tsai, J. L., Knutson, B., & Fung, H. H. (2006). Cultural variation in affect valuation. *Journal of Personality and Social Psychology, 90,* 288–307.

Tsang, Y. C. (1938). Hunger motivation in gastrectomized rats. *Journal of Comparative Psychology, 26,* 1–17.

Tse, D., Langston, R. F., Kakeyama, M., Bethus, I., Spooner P. A., Wood, E. R., . . . Morris, R. G. M. (2007). Schemas and memory consolidation. *Science, 316,* 76–82.

Tsuang, M. T., & Faraone, S. V. (1990). *The genetics of mood disorders.* Baltimore, MD: Johns Hopkins University Press.

Tsvetkova, M., & Macy, M. W. (2014). The social contagion of generosity. *PLOS ONE, 9*(2), e87275. doi:10.1371/journal.pone.0087275

Tuber, D. S., Miller, D. D., Caris, K. A., Halter, R., Linden, F., & Hennessy, M. B. (1999). Dogs in animal shelters: Problems, suggestions, and needed expertise. *Psychological Science, 10,* 379–386.

Tucker, K. A. (2002, May 20). I believe you can fly. *Gallup Management Journal* (gallup.com).

Tuk, M. A., Zhang, K., & Sweldens, S. (2015). The propagation of self-control: Self-control in one domain simultaneously improves self-control in other domains. *Journal of Experimental Psychology: General, 144,* 639–654.

Turner, H., Marshall, E., Wood, F., Stopa, L., & Waller, G. (2016). CBT for eating disorders: The impact of early changes in eating pathology on later changes in personality pathology, anxiety and depression. *Behaviour Research and Therapy, 77,* 1–6.

Turner, J. C. (2007) Self-categorization theory. In R. Baumeister & K. Vohs (Eds.), *Encyclopedia of social psychology* (pp. 793–795). Thousand Oaks, CA: Sage.

Turner, N., Barling, J., & Zacharatos, A. (2002). Positive psychology at work. In C. R. Snyder & S. J. Lopez (Eds.), *The handbook of positive psychology* (pp. 715–728). New York: Oxford University Press.

Turner, W. A., & Casey, L. M. (2014). Outcomes associated with virtual reality in psychological interventions: Where are we now? *Clinical Psychology Review, 34,* 634–644.

Tuvblad, C., Narusyte, J., Grann, M., Sarnecki, J., & Lichtenstein, P. (2011). The genetic and environmental etiology of antisocial behavior from childhood to emerging adulthood. *Behavior Genetics, 41,* 629–640.

Tversky, A. (1985, June). Quoted in K. McKean, Decisions, decisions. *Discover,* pp. 22–31.

Tversky, A., & Kahneman, D. (1974). Judgment under uncertainty: Heuristics and biases. *Science, 185,* 1124–1131.

Twenge, J. M. (2001). Birth cohort changes in extraversion: A cross-temporal meta-analysis, 1966–1993. *Personality and Individual Differences, 30,* 735–748.

Twenge, J. M., Baumeister, R. F., DeWall, C. N., Ciarocco, N. J., & Bartels, J. M. (2007). Social exclusion decreases prosocial behavior. *Journal of Personality and Social Psychology, 92,* 56–66.

Twenge, J. M., Baumeister, R. F., Tice, D. M., & Stucke, T. S. (2001). If you can't join them, beat them: Effects of social exclusion on aggressive behavior. *Journal of Personality and Social Psychology, 81,* 1058–1069.

Twenge, J. M., & Campbell, W. K. (2008). Increases in positive self-views among high school students: Birth-cohort changes in anticipated performance, self-satisfaction, self-liking, and self-competence. *Psychological Science, 19,* 1082–1086.

Twenge, J. M., Campbell, W. K., & Freeman, E. C. (2012). Generational differences in young adults' life goals, concern for others, and civic orientation, 1966–2009. *Journal of Personality and Social Psychology, 102,* 1045–1062.

Twenge, J. M., Gentile, B., DeWall, C. D., Ma, D., & Lacefield, K. (2008). *A growing disturbance: Increasing psychopathology in young people 1938–2007 in a meta-analysis of the MMPI.* Unpublished manuscript, San Diego State University.

Twenge, J. M., Gentile, B., DeWall, C. N., Ma, D., Lacefield, K., & Schurtz, D. R. (2010). Birth cohort increases in psychopathology among young Americans, 1938–2007: A cross-temporal meta-analysis of the MMPI. *Clinical Psychology Review, 30,* 145–154.

Twenge, J. M., Zhang, L., & Im, C. (2004). It's beyond my control: A cross-temporal meta-analysis of increasing externality in locus of control, 1960–2002. *Personality and Social Psychology Review, 8,* 308–319.

Twiss, C., Tabb, S., Crosby, F. (1989). Affirmative action and aggregate data: The importance of patterns in the perception of discrimination. In F. Blanchard & F. Crosby (Eds.), *Affirmative action: Social psychological perspectives* (pp. 159–167). New York: Springer-Verlag.

Tyler, K. A. (2002). Social and emotional outcomes of childhood sexual abuse: A review of recent research. *Aggression and Violent Behavior, 7,* 567–589.

U.S. Senate Select Committee on Intelligence. (2004, July 9). *Report of the Select Committee on Intelligence on the U.S. intelligence community's prewar intelligence assessments on Iraq.* Washington, DC: U.S. Senate Select Committee on Intelligence.

Uchida, Y., & Kitayama, S. (2009). Happiness and unhappiness in East and West: Themes and variations. *Emotion, 9,* 441–456.

Uchino, B. N., Cacioppo, J. T., & Kiecolt-Glaser, J. K. (1996). The relationship between social support and physiological processes: A review with emphasis on underlying mechanisms and implications for health. *Psychological Bulletin, 119,* 488–531.

Uchino, B. N., Uno, D., & Holt-Lunstad, J. (1999). Social support, physiological processes, and health. *Current Directions in Psychological Science, 8,* 145–148.

Udry, J. R. (2000). Biological limits of gender construction. *American Sociological Review, 65,* 443–457.

Ugander, J., Backstrom, L., Marlow, C., & Kleinberg, J. (2012). Structural diversity in social contagion. *PNAS, 109,* 5962–5966.

UNAIDS. (2013, accessed May 17). *Data and analysis.* Joint United Nations Programme on HIV/AIDS (unaids.org/en/data-analysis).

United Nations. (2011, November 17). *Discriminatory laws and practices and acts of violence against individuals based on their sexual orientation and gender identity.* Report of the United Nations High Commissioner for Human Rights.

United Nations. (2015). *Human development report 2015.* New York: United Nations Development Programme.

Urry, H. L., & Gross, J. J. (2010). Emotion regulation in older age. *Current Directions in Psychological Science, 19,* 352–357.

Urry, H. L., Nitschke, J. B., Dolski, I., Jackson, D. C., Dalton, K. M., Mueller, C. J., . . . Davidson, R. J. (2004). Making a life worth living: Neural correlates of well-being. *Psychological Science, 15,* 367–372.

Vaillant, G. (2013, May). Quoted in S. Stossel, What makes us happy, revisited. *The Atlantic* (theatlantic.com/magazine/archive/2013/05/thanks-mom/309287/).

Vaillant, G. E. (2002). *Aging well: Surprising guideposts to a happier life from the landmark Harvard study of adult development.* Boston: Little, Brown.

Valenstein, E. S. (1986). *Great and desperate cures: The rise and decline of psychosurgery.* New York: Basic Books.

Valentine, S. E., Bankoff, S. M., Poulin, R. M., Reidler, E. B., & Pantalone, D. W. (2015). The use of dialectical behavior therapy skills training as stand-alone treatment: A systematic review of the treatment outcome literature. *Journal of Clinical Psychology, 71,* 1–20.

Valkenburg, P. M., & Peter, J. (2009). Social consequences of the Internet for adolescents: A decade of research. *Current Directions in Psychological Science, 18,* 1–5.

Vallone, R. P., Griffin, D. W., Lin, S., & Ross, L. (1990). Overconfident prediction of future actions and outcomes by self and others. *Journal of Personality and Social Psychology, 58,* 582–592.

van Anders, S. M. (2012). Testosterone and sexual desire in healthy women and men. *Archives of Sexual Behavior, 41,* 1471–1484.

Van Bockstaele, B., Verschuere, B., Tibboel, H., De Houwer, J., Crombez, G., & Koster, E. H. W. (2014). A review of current evidence for the causal impact of attentional bias on fear and anxiety. *Psychological Bulletin, 140,* 682–721.

van de Bongardt, D., Reitz, E., Sandfort, T., & Deković, M. (2015). A meta-analysis of the relations between three types of peer norms and adolescent sexual behavior. *Personality and Social Psychology Review, 19,* 203–234.

van den Boom, D. C. (1990). Preventive intervention and the quality of mother-infant interaction and infant exploration in irritable infants. In W. Koops, H. J. G. Soppe, J. L. van der Linden, P. C. M. Molenaar, & J. J. F. Schroots (Eds.), *Developmental psychology research in The Netherlands.* The Netherlands: Uitgeverij Eburon. Cited by C. Hazan & P. R. Shaver (1994). Deeper into attachment theory. *Psychological Inquiry, 5,* 68–79.

van den Boom, D. C. (1995). Do first-year intervention effects endure? Follow-up during toddlerhood of a sample of Dutch irritable infants. *Child Development, 66,* 1798–1816.

van den Bos, K., & Spruijt, N. (2002). Appropriateness of decisions as a moderator of the psychology of voice. *European Journal of Social Psychology, 32,* 57–72.

van der Lee, R., & Ellemers, N. (2015). Gender contributes to personal research funding success in The Netherlands. *PNAS, 112*(40), 12349–12353.

Van Dijk, W. W., Van Koningsbruggen, G. M., Ouwerkerk, J. W., & Wesseling, Y. M. (2011). Self-esteem, self-affirmation, and schadenfreude. *Emotion, 11,* 1445–1449.

van Dyke, C., & Byck, R. (1982, March). Cocaine. *Scientific American,* pp. 128–141.

van Engen, M. L., & Willemsen, T. M. (2004). Sex and leadership styles: A meta-analysis of research published in the 1990s. *Psychological Reports, 94,* 3–18.

van Geel, M., Goemans, A., & Vedder, P. (2015). A meta-analysis on the relation between peer victimization and adolescent non-suicidal self-injury. *Psychiatry Research, 230*(2), 364–368.

van Goozen, S. H. M., Fairchild, G., Snoek, H., & Harold, G. T. (2007). The evidence for a neurobiological model of childhood antisocial behavior. *Psychological Bulletin, 133,* 149–182.

van Haren, N. E., Schnack, H. G., Koevoets, M. G., Cahn, W., Pol, H. E. H., & Kahn, R. S. (2016). Trajectories of subcortical volume change in schizophrenia: A 5-year follow-up. *Schizophrenia Research, 173*(3), 140–145.

van Haren, N. M., Rijsdijk, F., Schnack, H. G., Picchioni, M. M., Toulopoulou, T., Weisbrod, M., . . . Kahn, R. S. (2012). The genetic and environmental determinants of the association between brain abnormalities and schizophrenia: The Schizophrenia Twins and Relatives Consortium. *Biological Psychiatry, 71,* 915–921.

van Honk, J., Schutter, D. J., Bos, P. A., Kruijt, A.-W., Lentje, E. G. & Baron-Cohen, S. (2011). Testosterone administration impairs cognitive empathy in women depending on second-to-fourth digit ratio. *PNAS, 108,* 3448–3452.

Van Horn, J., Irimia, A., Torgerson, C., Chambers, M., Kikinis, R., & Toga, A. (2012). Mapping connectivity damage in the case of Phineas Gage. *PLOS ONE, 7*(5), e37454. doi:10.1371/journal.pone.0037454

Van Houtem, C. M. H. H., Lain, M. L., Boomsma, D. I., Ligthart, L., van Wijk, A. J., & De Jongh, A. (2013). A review and meta-analysis of the heritability of specific phobia subtypes and corresponding fears. *Journal of Anxiety Disorders, 27,* 379–388.

van IJzendoorn, M. H., & Juffer, F. (2005). Adoption is a successful natural intervention enhancing adopted children's IQ and school performance. *Current Directions in Psychological Science, 14,* 326–330.

van IJzendoorn, M. H., & Juffer, F. (2006). The Emanual Miller Memorial Lecture 2006: Adoption as intervention. Meta-analytic evidence for massive catch-up and plasticity in physical, socio-emotional, and cognitive development. *Journal of Child Psychology and Psychiatry, 47,* 1228–1245.

van Ijzendoorn, M. H., Juffer, F., & Poelhuis, C. W. K. (2005). Adoption and cognitive development: A meta-analytic comparison of adopted and nonadopted children's IQ and school performance. *Psychological Bulletin, 131,* 301–316.

van IJzendoorn, M. H., & Kroonenberg, P. M. (1988). Cross-cultural patterns of attachment: A meta-analysis of the strange situation. *Child Development, 59,* 147–156.

van IJzendoorn, M. H., Luijk, M. P. C. M., & Juffer, F. (2008). IQ of children growing up in children's homes: A meta-analysis on IQ delays in orphanages. *Merrill-Palmer Quarterly, 54,* 341–366.

Van Ittersum, K., & Wansink, B. (2012). Plate size and color suggestibility: The Delboeuf illusion's bias on serving and eating behavior. *Journal of Consumer Research, 39,* 215–228.

Van Kesteren, P. J. M., Asscheman, H., Megens, J. A. J., & Gooren, J. G. (1997). Mortality and morbidity in transsexual subjects treated with cross-sex hormones. *Clinical Endocrinology, 47,* 337–342.

Van Yperen, N. W., & Buunk, B. P. (1990). A longitudinal study of equity and satisfaction in intimate relationships. *European Journal of Social Psychology, 20,* 287–309.

Van Zeijl, J., Mesman, J., van IJzendoorn, M. H., Bakermans-Kranenburg, M. J., Juffer, F., Stolk, M. N., . . . Alink, L. R. A. (2006). Attachment-based intervention for enhancing sensitive discipline in mothers of 1- to 3-year-old children at risk for externalizing behavior problems: A randomized controlled trial. *Journal of Consulting and Clinical Psychology, 74,* 994–1005.

vanDellen, M. R., Campbell, W. K., Hoyle, R. H., & Bradfield, E. K. (2011). Compensating, resisting, and breaking: A meta-analytic examination of reactions to self-esteem threat. *Personality and Social Psychological Review, 15,* 51–74.

Vandenberg, S. G., & Kuse, A. R. (1978). Mental rotations: A group test of three-dimensional spatial visualization. *Perceptual and Motor Skills, 47,* 599–604.

VanderLaan, D. P., Forrester, D. L., Petterson, L. J., & Vasey, P. L. (2012). Offspring production among the extended relatives of Samoan men and fa'afafine. *PloS One, 7,* e36088.

VanderLaan, D. P., & Vasey, P. L. (2011). Male sexual orientation in Independent Samoa: Evidence for fraternal birth order and maternal fecundity effects. *Archives of Sexual Behavior, 40,* 495–503.

Vanhalst, J., Soenens, B., Luyckx, K., Van Petegem, S., Weeks, M. S., & Asher, S. R. (2015). Why do the lonely stay lonely? Chronically lonely adolescents' attributions and emotions in situations of social inclusion and exclusion. *Journal of Personality and Social Psychology, 109,* 932–948.

Vaughn, E. L., de Dios, M. A., Steinfeldt, J. A., & Kratz, L. M. (2011). Religiosity, alcohol use attitudes, and alcohol use in a national sample of adolescents. *Psychology of Addictive Behaviors, 25,* 547–553.

Vaughn, K. B., & Lanzetta, J. T. (1981). The effect of modification of expressive displays on vicarious emotional arousal. *Journal of Experimental Social Psychology, 17,* 16–30.

Vazsonyi, A., Ksinan, A., Mikuška, J., & Jiskrova, G. (2015). The Big Five and adolescent adjustment: An empirical test across six cultures. *Personality and Individual Differences, 83,* 234–244.

Vecera, S. P., Vogel, E. K., & Woodman, G. F. (2002). Lower region: A new cue for figure-ground assignment. *Journal of Experimental Psychology: General, 13,* 194–205.

Veenhoven, R. (2014). *World database of happiness.* Retrieved from worlddatabaseofhappiness.eur.nl/

Verbeek, M. E. M., Drent, P. J., & Wiepkema, P. R. (1994). Consistent individual differences in early exploratory behaviour of male great tits. *Animal Behaviour, 48,* 1113–1121.

Verduyn, P., Lee, D. S., Park, J., Shablack, H., Orvell, A., Bayer, J., . . . Kross, E. (2015). Passive Facebook usage undermines affective well-being: Experimental and longitudinal evidence. *Journal of Experimental Psychology: General, 144,* 480–488.

Verhaeghen, P., & Salthouse, T. A. (1997). Meta-analyses of age-cognition relations in adulthood: Estimates of linear and nonlinear age effects and structural models. *Psychological Bulletin, 122,* 231–249.

Vermetten, E., Schmahl, C., Lindner, S., Loewenstein, R. J., & Bremner, J. D. (2006). Hippocampal and amygdalar volumes in dissociative identity disorder. *American Journal of Psychiatry, 163,* 630–636.

Vezzali, L., Stathi, S., Giovannini, D., Capozza, D., & Trifiletti, E. (2015). The greatest magic of Harry Potter: Reducing prejudice. *Journal of Applied Social Psychology, 45,* 105–121.

Victora, C. G., Horta, B. L., de Mola, C. L., Quevedo, L., Pinheiro, R. T., Gigante, D. P., . . . Barros, F. C. (2015). Association between breastfeeding and intelligence, educational attainment, and income at 30 years of age: A prospective birth cohort study from Brazil. *Lancet Global Health, 3,* e199–205 (thelancet.com/lancetgh).

Vidoni, E. D., Johnson, D. K., Morris, J. K., Van Sciver, A., Greer, C. S., Billinger, S. A., & Burns, J. M. (2015). Dose-response of aerobic exercise on cognition: A community-based, pilot randomized controlled trial. *PLoS One, 10,* e0131647.

Vigil, J. M. (2009). A socio-relational framework of sex differences in the expression of emotion. *Behavioral and Brain Sciences, 32,* 375–428.

Vigliocco, G., & Hartsuiker, R. J. (2002). The interplay of meaning, sound, and syntax in sentence production. *Psychological Bulletin, 128,* 442–472.

Vining, E. P. G., Freeman, J. M., Pillas, D. J., Uematsu, S., Carson, B. S., Brandt, J., . . . Zukerberg, A. (1997). Why would you remove half a brain? The outcome of 58 children after hemispherectomy—The Johns Hopkins Experience: 1968 to 1996. *Pediatrics, 100,* 163–171.

Vinkhuyzen, A. A. E., van der Sluis, S., Posthuma, D., & Boomsma, D. I. (2009). The heritability of aptitude and exceptional talent across different domains in adolescents and young adults. *Behavior Genetics, 39,* 380–392.

Visich, P. S., & Fletcher, E. (2009). Myocardial infarction. In J. K. Ehrman P. M. Gordon, P. S. Visich, & S. J. Keleyian (Eds.). *Clinical exercise physiology* (2nd ed.). Champaign, IL: Human Kinetics.

Vitello, P. (2012, August 1). George A. Miller, a pioneer in cognitive psychology, is dead at 92. *The New York Times* (nytimes.com).

Vittengl, J. R., Clark, L. A., Dunn, T. W., & Jarrett, R. B. (2007). Reducing relapse and recurrence in unipolar depression: A comparative meta-analysis of cognitive-behavioral therapy's effects. *Journal of Consulting and Clinical Psychology, 75,* 475–488.

Vliegenthart, J., Noppe, G., van Rossum, E. F. C., Koper, J. W., Raat, H., & van den Akker, E. L. T. (2016). Socioeconomic status in children is associated with hair cortisol levels as a biological measure of chronic stress. *Psychoneuroendocrinology, 65,* 9–14.

Vocks, S., Tuschen-Caffier, B., Pietrowsky, R., Rustenbach, S. J., Kersting, A., & Herpertz, S. (2010). Meta-analysis of the effectiveness of psychological and pharmacological treatments for binge eating disorder. *International Journal of Eating Disorders, 43,* 205–217.

Vogel, N., Schilling, Wahl, H.-W., Beekman, A. T. F., & Penninx, B. W. J. H. (2013). Time-to-death-related change in positive and negative affect among older adults approaching the end of life. *Psychology and Aging, 28,* 128–141.

Vohs, K. D., & Baumeister, R. F. (Eds.) (2011). *Handbook of self-regulation,* (2nd ed.). New York: Guilford.

Vohs, K. D., Baumeister, R. F., & Schmeichel, B. J. (2012). Motivation, personal beliefs, and limited resources all contribute to self-control. *Journal of Experimental Social Psychology, 48,* 943–947.

Volkow, N. D., Wang, G. J., Kollins, S. H., Wigal, T. L., Newcorn, J. H., Telang, F., . . . Swanson, J. M. (2009). Evaluating dopamine reward pathway in ADHD: Clinical implications. *Journal of the American Medical Association, 302,* 1084–1091.

von Hippel, W. (2007). Aging, executive functioning, and social control. *Current Directions in Psychological Science, 16,* 240–244.

von Hippel, W. (2015, July 17). Do people become more prejudiced as they grow older? *BBC News Magazine* (bbc.com/news/magazine-33523313).

von Hippel, W., & Trivers, R. (2011). The evolution and psychology of self-deception. *Behavioral and Brain Sciences, 34,* 1–56.

von Senden, M. (1932). *The perception of space and shape in the congenitally blind before and after operation.* Glencoe, IL: Free Press.

von Stumm, S., Hell, B., & Chamorro-Premuzic, T. (2011). The hungry mind: Intellectual curiosity is the third pillar of academic performance. *Perspectives on Psychological Science, 6,* 574–588.

von Stumm, S., & Plomin, R. (2015). Breastfeeding and IQ growth from toddlerhood through adolescence. *PLoS ONE, 10*(9), e0138676.

Vonk, J., Jett, S. E., & Mosteller, K. W. (2012). Concept formation in American black bears, *Ursus americanus. Animal Behaviour, 84,* 953–964.

Vorona, R. D., Szklo-Coxe, M., Wu, A., Dubik, M., Zhao, Y., & Ware, J. C. (2011). Dissimilar teen crash rates in two neighboring Southeastern Virginia cities with different high school start times. *Journal of Clinical Sleep Medicine, 7,* 145–151.

Voyer, D., & Voyer, S. D. (2014). Gender differences in scholastic achievement: A meta-analysis. *Psychological Bulletin, 140,* 1174–1204.

VPC. (2013, February 7). States with higher gun ownership and weak gun laws lead nation in gun death. Violence Policy Center (vpc.org/press/press-release-archive/states-with-higher-gun-ownership-andweak-gun-laws-lead-nation-in-gun-death/).

Vukasović, T., & Bratko, D. (2015). Heritablity of personality: A meta-analysis of behavior genetic studies. *Psychological Bulletin, 141,* 769–785.

Vyse, S. (2016, March/April). Guns: feeling safe ≠ being safe. *Skeptical Inquirer,* pp. 27–30.

Waber, R. L., Shiv, B., Carmon, Z., & Ariely, D. (2008). Commercial features of placebo and therapeutic efficacy. *Journal of the American Medical Association, 299,* 1016–1017.

Wade, K. A., Garry, M., Read, J. D., & Lindsay, D. S. (2002). A picture is worth a thousand lies: Using false photographs to create false childhood memories. *Psychonomic Bulletin & Review, 9,* 597–603.

Wade, N. G., Worthington, E. L., Jr., & Vogel, D. L. (2006). Effectiveness of religiously tailored interventions in Christian therapy. *Psychotherapy Research, 17,* 91–105.

Wagenmakers, E.-J. (2014, June 25). Bem is back: A skeptic's review of a meta-analysis on psi. Open Science Collaboration (centerforopenscience.github.io/osc/2014/06/25/a-skeptics-review).

Wagenmakers, E.-J., Wetzels, R., Borsboom, D., & van der Maas, H. (2011). Why psychologists must change the way they analyze their data: The case of psi. *Journal of Personality and Social Psychology, 100,* 1–12.

Wager, R. D., & Atlas, L. Y. (2013). How is pain influenced by cognition? Neuroimaging weighs in. *Perspectives on Psychological Science, 8,* 91–97.

Wagner, D., Becker, B., Koester, P., Gouzoulis-Mayfrank, E., & Daumann, J. (2012b). A prospective study of learning, memory, and executive function in new MDMA users. *Addiction, 108,* 136–145.

Wagner, D. D., Altman, M., Boswell, R. G., Kelley, W. M., & Heatherton, T. F. (2013). Self-regulatory depletion enhances neural responses to rewards and impairs top-down control. *Psychological Science, 24,* 2262–2271.

Wagner, D. T., Barnes, C. M., Lim, V. K. G., & Ferris, D. L. (2012a). Lost sleep and cyberloafing: Evidence from the laboratory and a daylight saving time quasiexperiment. *Journal of Applied Psychology, 97,* 1068–1076.

Wagstaff, G. (1982). Attitudes to rape: The "just world" strikes again? *Bulletin of the British Psychological Society, 13,* 275–283.

Wakefield, J. C., & Spitzer, R. L. (2002). Lowered estimates—but of what? *Archives of General Psychiatry, 59,* 129–130.

Walfisch, A., Sermer, C., Cressman, A., & Koren, G. (2014). Breast milk and cognitive development—the role of confounders: A systematic review. *BMJ Open, 3,* e003259.

Walker, E., Shapiro, D., Esterberg, M., & Trotman, H. (2010). Neurodevelopment and schizophrenia: Broadening the focus. *Current Directions in Psychological Science, 19,* 204–208.

Walker, M. P., & van der Helm, E. (2009). Overnight therapy? The role of sleep in emotional brain processing. *Psychological Bulletin, 135,* 731–748.

Walker, W. R., Skowronski, J. J., & Thompson, C. P. (2003). Life is pleasant—and memory helps to keep it that way! *Review of General Psychology, 7,* 203–210.

Walkup, J. T., Albano, A. M., Piacentini, J., Bermaher, B., Compton, S. N., Sherrill, J. T., . . . Kendall, P. C. (2008). Cognitive behavioral therapy, sertraline, or a combination in childhood anxiety. *New England Journal of Medicine, 359,* 2753–2766.

Wallach, M. A., & Wallach, L. (1983). *Psychology's sanction for selfishness: The error of egoism in theory and therapy.* New York: Freeman.

Wallach, M. A., & Wallach, L. (1985, February). How psychology sanctions the cult of the self. *Washington Monthly,* pp. 46–56.

Walsh, R. (2011). Lifestyle and mental health. *American Psychologist, 66,* 579–592.

Walster (Hatfield), E., Aronson, V., Abrahams, D., & Rottman, L. (1966). Importance of physical attractiveness in dating behavior. *Journal of Personality and Social Psychology, 4,* 508–516.

Walton, G. M., & Cohen, G. L. (2011). A brief social-belonging intervention improves academic and health outcomes of minority students. *Science, 331,* 1447–1451.

Walton, G. M., & Spencer, S. J. (2009). Latent ability: Grades and test scores systematically underestimate the intellectual ability of negatively stereotyped students. *Psychological Science, 20,* 1132–1139.

Wampold, B. E. (2001). *The great psychotherapy debate: Models, methods, and findings.* Mahwah, NJ: Erlbaum.

Wampold, B. E. (2007). Psychotherapy: The humanistic (and effective) treatment. *American Psychologist, 62,* 857–873.

Wang, F., DesMeules, M., Luo, W., Dai, S., Lagace, C., & Morrison, H. (2011a). Leisure-time physical activity and marital status in relation to depression between men and women: A prospective study. *Health Psychology, 30,* 204–211.

Wang, J., Häusermann, M., Wydler, H., Mohler-Kuo, M., & Weiss, M. G. (2012). Suicidality and sexual orientation among men in Switzerland: Findings from 3 probability surveys. *Journal of Psychiatric Research, 46,* 980–986.

Wang, J., He, L., Liping, J., Tian, J., & Benson, V. (2015a). The "positive effect" is present in older Chinese adults: Evidence from an eye tracking study. *PLOS ONE, 10*(4), e0121372. doi:10.1371/journal.pone.0121372

Wang, J., Leu, J., & Shoda, Y. (2011b). When the seemingly innocuous "stings": Racial microaggressions and their emotional consequences. *Personality and Social Psychology Bulletin, 37,* 1666–1678.

Wang, J. X., Rogers, L. M., Gross, E. Z., Ryals, A. J., Dokucu, M. E., Brandstatt, K. L., . . . Voss, J. L. (2014). Targeted enhancement of cortical-hippocampal brain networks and associative memory. *Science, 345,* 1054–1057.

Wang, X. T., & Dvorak, R. D. (2010). Sweet future: Fluctuating blood glucose levels affect future discounting. *Psychological Science, 21,* 183–188.

Wang, Z., Lukowski, S. L., Hart, S. A., Lyons, I. M., Thompson, L. A., Kovas, Y., . . . Petrill, S. A. (2015b). Is math anxiety always bad for math learning? The role of math motivation. *Psychological Science, 26,* 1863–1876.

Wann, J. P. Poulter, D. R., & Purcell, C. (2011). Reduced sensitivity to visual looming inflates the risk posed by speeding vehicles when children try to cross the road. *Psychological Science, 22,* 429–434.

Wansink, B. (2014). *Slim by design: Mindless eating solutions for everyday life.* New York: Morrow.

Warburton, W. A., Williams, K. D., & Cairns, D. R. (2006). When ostracism leads to aggression: The moderating effects of control deprivation. *Journal of Experimental Social Psychology, 42,* 213–220.

Ward, A., & Mann, T. (2000). Don't mind if I do: Disinhibited eating under cognitive load. *Journal of Personality and Social Psychology, 78,* 753–763.

Ward, B. W., Dahlhamer, J. M., Galinsky, A. M., & Joestl, S. S. (2014, July 15). *Sexual orientation and health among U.S. adults: National Health Interview Survey, 2013.* Centers for Disease Control and Prevention: National Health Statistics Reports, Number 77.

Ward, C. (1994). Culture and altered states of consciousness. In W. J. Lonner & R. Malpass (Eds.), *Psychology and culture* (pp. 59–64). Boston: Allyn & Bacon.

Ward, C. A. (2000). Models and measurements of psychological androgyny: A cross-cultural extension of theory and research. *Sex Roles, 43,* 529–552.

Ward, J. (2003). State of the art synaesthesia. *The Psychologist, 16,* 196–199.

Ward, K. D., Klesges, R. C., & Halpern, M. T. (1997). Predictors of smoking cessation and state-of-the-art smoking interventions. *Journal of Social Issues, 53,* 129–145.

Wardle, J., Cooke, L. J., Gibson, L., Sapochnik, M., Sheiham, A., & Lawson, M. (2003). Increasing children's acceptance of vegetables: A randomized trial of parent-led exposure. *Appetite, 40,* 155–162.

Wason, P. C. (1960). On the failure to eliminate hypotheses in a conceptual task. *Quarterly Journal of Experimental Psychology, 12,* 129–140.

Wasserman, E. A. (1993). Comparative cognition: Toward a general understanding of cognition in behavior. *Psychological Science, 4,* 156–161.

Wasserman, E. A. (1995). The conceptual abilities of pigeons. *American Scientist, 83,* 246–255.

Watson, D. (2000). *Mood and temperament.* New York: Guilford Press.

Watson, J. B. (1913). Psychology as the behaviorist views it. *Psychological Review, 20,* 158–177.

Watson, J. B. (1924). The unverbalized in human behavior. *Psychological Review, 31,* 339–347.

Watson, J. B., & Rayner, R. (1920). Conditioned emotional reactions. *Journal of Experimental Psychology, 3,* 1–14.

Watson, R. I., Jr. (1973). Investigation into deindividuation using a cross-cultural survey technique. *Journal of Personality and Social Psychology, 25,* 342–345.

Watson, S. J., Benson, J. A., Jr., & Joy, J. E. (2000). Marijuana and medicine: Assessing the science base: A summary of the 1999 Institute of Medicine report. *Archives of General Psychiatry, 57,* 547–553.

Watters, E. (2010). *Crazy like us: The globalization of the American psyche.* New York: Free Press.

Way, B. M., Creswell, J. D., Eisenberger, N. I., & Lieberman, M. D. (2010). Dispositional mindfulness and depressive symptomatology: Correlations with limbic and self-referential neural activity during rest. *Emotion, 10,* 12–24.

Wayment, H. A., & Peplau, L. A. (1995). Social support and well-being among lesbian and heterosexual women: A structural modeling approach. *Personality and Social Psychology Bulletin, 21,* 1189–1199.

Weaver, J. B., Masland, J. L., & Zillmann, D. (1984). Effect of erotica on young men's aesthetic perception of their female sexual partners. *Perceptual and Motor Skills, 58,* 929–930.

Webster, G. D., DeWall, C. N., Pond, R. S., Jr., Deckman, T., Jonason, P. K., Le, B. M., . . . Bator, R. J. (2014). The Brief Aggression Questionnaire: Psychometric and behavioral evidence for an efficient measure of trait aggression. *Aggressive Behavior, 40,* 120–139.

Wechsler, D. (1972). "Hold" and "Don't Hold" tests. In S. M. Chown (Ed.), *Human aging.* New York: Penguin.

Wegner, D. M., & Ward, A. F. (2013, December). How Google is changing your brain. *Scientific American,* pp. 58–61.

Wei, W., Lu, H., Zhao, H., Chen, C., Dong, Q., & Zhou, X. (2012). Gender differences in children's arithmetic performance are accounted for by gender differences in language abilities. *Psychological Science, 23,* 320–330.

Weiland, B. J., Thayer, R. E., Depue, B. E., Sabbineni, A., Bryan, A. D., & Hutchison, K. E. (2015). Daily marijuana use is not associated with brain morphometric measures in adolescents or adults. *Journal of Neuroscience, 35,* 1505–1512.

Weingarten, G. (2002, March 10). Below the beltway. *The Washington Post,* p. WO3.

Weinstein, N., Ryan, W. S., DeHaan, C. R., Przbylski, A. K., Legate, N., & Ryan, R. M. (2012). Parental autonomy support and discrepancies between implicit and explicit sexual identities: Dynamics of self-acceptance and defense. *Journal of Personality and Social Psychology, 102,* 815–832.

Weinstein, N. D. (1980). Unrealistic optimism about future life events. *Journal of Personality and Social Psychology, 39,* 806–820.

Weinstein, N. D. (1982). Unrealistic optimism about susceptibility to health problems. *Journal of Behavioral Medicine, 5,* 441–460.

Weinstein, N. D. (1996, October 4). 1996 optimistic bias bibliography. (weinstein_c@aesop.rutgers.edu).

Weir, K. (2013, May). Captive audience. *Monitor on Psychology,* pp. 44–49.

Weisbuch, M., Ivcevic, Z., & Ambady, N. (2009). On being liked on the web and in the "real world": Consistency in first impressions across personal webpages and spontaneous behavior. *Journal of Experimental Social Psychology, 45,* 573–576.

Weiser, E. B. (2015). #Me: Narcissism and its facets as predictors of selfie-posting frequency. *Personality and Individual Differences, 86,* 477–481.

Weiss, A., King, J. E., & Perkins, L. (2006). Personality and subjective well-being in orangutans *(Pongo pygmaeus* and *Pongo abelii). Journal of Personality and Social Psychology, 90,* 501–511.

Weiss, A., Staes, N., Pereboom, J. J. M., Stevens, J. M. G., & Eens, M. (2015). Personality in bonobos. *Psychological Science, 26,* 1430–1439.

Welch, W. W. (2005, February 28). Trauma of Iraq war haunting thousands returning home. *USA Today* (usatoday.com).

Weller, S., & Davis-Beaty, K. (2002). The effectiveness of male condoms in prevention of sexually transmitted diseases (protocol). *Cochrane Database of Systematic Reviews,* Issue 4, Art. No. CD004090.

Wells, D. L. (2009). The effects of animals on human health and well-being. *Journal of Social Issues, 65,* 523–543.

Wells, G. L. (1981). Lay analyses of causal forces on behavior. In J. Harvey (Ed.), *Cognition, social behavior and the environment.* Hillsdale, NJ: Erlbaum.

Wenze, S. J., Gunthert, K. C., & German, R. E. (2012). Biases in affective forecasting and recall in individuals with depression and anxiety symptoms. *Personality and Social Psychology Bulletin, 38,* 895–906.

Westen, D. (1996). *Is Freud really dead? Teaching psychodynamic theory to introductory psychology.* Presentation to the Annual Institute on the Teaching of Psychology, St. Petersburg Beach, FL.

Westen, D. (1998). The scientific legacy of Sigmund Freud: Toward a psychodynamically informed psychological science. *Psychological Bulletin, 124,* 333–371.

Westen, D. (2007). *The political brain: The role of emotion in deciding the fate of the nation.* New York: PublicAffairs.

Westen, D., & Morrison, K. (2001). A multidimensional meta-analysis of treatments for depression, panic, and generalized anxiety disorder: An empirical examination of the status of empirically supported therapies. *Journal of Consulting and Clinical Psychology, 69,* 875–899.

Wetherell, J. L., Petkus, A. J., White, K. S., Nguyen, H., Kornblith, S., Andreescu, C., . . . Lenze, E. J. (2013). Antidepressant medication augmented with cognitive-behavioral therapy for generalized anxiety disorder in older adults. *American Journal of Psychiatry, 170,* 782–789.

Whelan, R., Conrod, P. J., Poline, J.-B., Lourdusamy, A., Banaschewski, T., Barker, G. J., . . . the IMAGEN Consortium. (2012). Adolescent impulsivity phenotypes characterized by distinct brain networks. *Nature Neuroscience, 15,* 920–925.

Whisman, M. A., Johnson, D. P., & Rhee, S. H. (2014). A behavior genetic analysis of pleasant events, depressive symptoms, and their covariation. *Clinical Psychological Science, 2,* 535–544.

White, H. R., Brick, J., & Hansell, S. (1993). A longitudinal investigation of alcohol use and aggression in adolescence. *Journal of Studies on Alcohol, Supplement No. 11,* 62–77.

White, L., & Edwards, J. (1990). Emptying the nest and parental well-being: An analysis of national panel data. *American Sociological Review, 55,* 235–242.

White, P. H., Kjelgaard, M. M., & Harkins, S. G. (1995). Testing the contribution of self-evaluation to goal-setting effects. *Journal of Personality and Social Psychology, 69,* 69–79.

Whitehead, B. D., & Popenoe, D. (2001). *The state of our unions 2001: The social health of marriage in America.* Rutgers University: The National Marriage Project.

Whiten, A., & Boesch, C. (2001, January). Cultures of chimpanzees. *Scientific American,* pp. 60–67.

Whiting, B. B., & Edwards, C. P. (1988). *Children of different worlds: The formation of social behavior.* Cambridge, MA: Harvard University Press.

Whitlock, J. R., Heynen, A. L., Shuler, M. G., & Bear, M. F. (2006). Learning induces long-term potentiation in the hippocampus. *Science, 313,* 1093–1097.

Whitmer, R. A., Gustafson, D. R., Barrett-Connor, E. B., Haan, M. N., Gunderson, E. P., & Yaffe, K. (2008). Central obesity and increased risk of dementia more than three decades later. *Neurology, 71,* 1057–1064.

WHO. (2000). *Effectiveness of male latex condoms in protecting against pregnancy and sexually transmitted infections.* World Health Organization (who.int).

WHO. (2003). *The male latex condom: Specification and guidelines for condom procurement.* Department of Reproductive Health and Research, Family and Community Health, World Health Organization.

WHO. (2008). Mental health (nearly 1 million annual suicide deaths). World Health Organization (who.int).

WHO. (2010, September). *Mental health: strengthening our response.* Geneva: World Health Organization (who.int).

WHO. (2012, May). *Tobacco: Fact sheet* No. 339. Geneva: World Health Organization (who.int).

WHO. (2013, November). *Sexually transmitted infections (STIs).* Fact sheet No. 110. World Health Organization (who.int).

WHO. (2014a). *Chain-free initiative.* World Health Organization (emro.who.int).

WHO. (2014b, October). *Mental disorders.* World Health Organization (who.int/mediacentre/factsheets/fs396/en/).

WHO. (2015a, accessed March 4). *Gender inequalities and HIV.* World Health Organization (who.int/gender/hiv_aids/en).

WHO. (2015b, January). *Obesity and overweight: Fact sheet.* Geneva: World Health Organization (who.int/mediacentre/factsheets/fs311/en/).

Wickelgren, I. (2009, September/October). I do not feel your pain. *Scientific American Mind,* pp. 51–57.

Wickelgren, W. A. (1977). *Learning and memory.* Englewood Cliffs, NJ: Prentice-Hall.

Widiger, T. A., Gore, W. L., Crego, C., Rojas, S. L., & Oltmanns, J. R. (2016). Five-factor model and personality disorder. In T. A. Widiger (Ed.), *The Oxford handbook of the five factor model of personality.* New York: Oxford University Press.

Widom, C. S. (1989a). Does violence beget violence? A critical examination of the literature. *Psychological Bulletin, 106,* 3–28.

Widom, C. S. (1989b). The cycle of violence. *Science, 244,* 160–166.

Wiens, A. N., & Menustik, C. E. (1983). Treatment outcome and patient characteristics in an aversion therapy program for alcoholism. *American Psychologist, 38,* 1089–1096.

Wierson, M., & Forehand, R. (1994). Parent behavioral training for child noncompliance: Rationale, concepts, and effectiveness. *Current Directions in Psychological Science, 3,* 146–149.

Wierzbicki, M. (1993). Psychological adjustment of adoptees: A meta-analysis. *Journal of Clinical Child Psychology, 22,* 447–454.

Wiesel, T. N. (1982). Postnatal development of the visual cortex and the influence of environment. *Nature, 299,* 583–591.

Wigdor, A. K., & Garner, W. R. (1982). *Ability testing: Uses, consequences, and controversies.* Washington, DC: National Academy Press.

Wilder, D. A. (1981). Perceiving persons as a group: Categorization and intergroup relations. In D. L. Hamilton (Ed.), *Cognitive processes in stereotyping and intergroup behavior* (pp. 213–257). Hillsdale, NJ: Erlbaum.

Wiley, J., & Jarosz, A. F. (2012). Working memory capacity, attentional focus, and problem solving. *Current Directions in Psychological Science, 21,* 258–262.

Wilkinson, R., & Pickett, K. (2009). *The spirit level: Why greater equality makes societies stronger.* London: Bloomsbury Press.

Willett, L. L., Halvorsen, A. J., McDonald, F. S., Chaudhry, S. I., & Arora, V. M. (2015). Gender differences in salary of internal medicine residency directors: A national survey. *The American Journal of Medicine, 128,* 659–665.

Williams, J. E., & Best, D. L. (1990). *Measuring sex stereotypes: A multination study.* Newbury Park, CA: Sage.

Williams, K. D. (2007). Ostracism. *Annual Review of Psychology, 58,* 425–452.

Williams, K. D. (2009). Ostracism: A temporal need-threat model. *Advances in Experimental Social Psychology, 41,* 275–313.

Williams, K. D., & Sommer, K. L. (1997). Social ostracism by coworkers: Does rejection lead to loafing or compensation? *Personality and Social Psychology Bulletin, 23,* 693–706.

Williams, L. E., & Bargh, J. A. (2008). Experiencing physical warmth promotes interpersonal warmth. *Science, 322,* 606–607.

Williams, N. M., Zaharieva, I., Martin, A., Langley, K., Mantripragada, K., Fossdal, R., . . . Thapar, A. (2010). Rare chromosomal deletions and duplications in attention-deficit hyperactivity disorder: A genome-wide analysis. *The Lancet, 376,* 1401–1408.

Williams, R. (1993). *Anger kills.* New York: Times Books.

Williams, S. L. (1987). *Self-efficacy and mastery-oriented treatment for severe phobias.* Paper presented to the American Psychological Association convention.

Williams, T. (2015, March 17). Missouri executes killer who had brain injury. *The New York Times* (nytimes.com).

Williams, W. W., & Ceci, S. (2015). National hiring experiments reveal 2:1 faculty preference for women on tenure track. *PNAS, 112,* 5360–5365.

Willingham, D. T. (2010, Summer). Have technology and multitasking rewired how students learn? *American Educator, 42,* 23–28.

Willis, J., & Todorov, A. (2006). First impressions: Making up your mind after a 100-ms. exposure to a face. *Psychological Science, 17,* 592–598.

Willis, S. L., Tennstedt, S. L., Marsiske, M., Ball, K., Elias, J., Koepke, K. M., . . . Wright, E. (2006). Long-term effects of cognitive training on everyday functional outcomes in older adults. *JAMA, 296,* 2805–2814.

Willmuth, M. E. (1987). Sexuality after spinal cord injury: A critical review. *Clinical Psychology Review, 7,* 389–412.

Willoughby, B. J., Carroll, J. S., & Busby, D. M. (2014). Differing relationship outcomes when sex happens before, on, or after first dates. *Journal of Sex Research, 51,* 52–61.

Willoughby, T., Heffer, T., & Hamza, C. A. (2015). The link between nonsuicidal self-injury and acquired capability for suicide: A longitudinal study. *Journal of Abnormal Psychology, 124,* 1110–1115.

Wilson, A. E., & Ross, M. (2001). From chump to champ: People's appraisals of their earlier and present selves. *Journal of Personality and Social Psychology, 80,* 572–584.

Wilson, R. S. (1979). Analysis of longitudinal twin data: Basic model and applications to physical growth measures. *Acta Geneticae Medicae et Gemellologiae, 28,* 93–105.

Wilson, R. S., Beck, T. L., Bienias, J. L., & Bennett, D. A. (2007). Terminal cognitive decline: Accelerated loss of cognition in the last years of life. *Psychosomatic Medicine, 69,* 131–137.

Wilson, T. D. (2006). The power of social psychological interventions. *Science, 313,* 1251–1252.

Wilson, T. D., Reinhard, D. A., Westgate, E. C., Gilbert, D. T., Ellerbeck, N., Hahn, C., . . . Shaked, A. (2014). Just think: The challenges of the disengaged mind. *Science, 345,* 75–77.

Windholz, G. (1989, April-June). The discovery of the principles of reinforcement, extinction, generalization, and differentiation of conditional reflexes in Pavlov's laboratories. *Pavlovian Journal of Biological Science, 26,* 64–74.

Windholz, G. (1997). Ivan P. Pavlov: An overview of his life and psychological work. *American Psychologist, 52,* 941–946.

Winter, W. C., Hammond, W. R., Green, N. H., Zhang, Z., & Bilwise, D. L. (2009). Measuring circadian advantage in Major League Baseball: A 10-year retrospective study. *International Journal of Sports Physiology and Performance, 4,* 394–401.

Wirth, J. H., Sacco, D. F., Hugenberg, K., & Williams, K. D. (2010). Eye gaze as relational evaluation: Averted eye gaze leads to feelings of ostracism and relational devaluation. *Personality and Social Psychology Bulletin, 36,* 869–882.

Wiseman, R., & Greening, E. (2002). The Mind Machine: A mass participation experiment into the possible existence of extra-sensory perception. *British Journal of Psychology, 93,* 487–499.

Witek-Janusek, L., Albuquerque, K., Chroniak, K. R., Chroniak, C., Durazo, R., & Mathews, H. L. (2008). Effect of mindfulness based stress reduction on immune function, quality of life and coping in women newly diagnosed with early stage breast cancer. *Brain Behavior and Immunity, 22*(6), 969–981.

Witt, J. K., & Brockmole, J. R. (2012). Action alters object identification: Wielding a gun increases the bias to see guns. *Journal of Experimental Psychology: Human Perception and Performance, 38,* 1159–1167.

Witt, J. K., & Proffitt, D. R. (2005). See the ball, hit the ball: Apparent ball size is correlated with batting average. *Psychological Science, 16,* 937–938.

Witters, D. (2014, October 20). *U.S. adults with children at home have greater joy, stress.* Retrieved from gallup.com /poll/178631/adults-childrenhome-greater-joy-stress.aspx

Witters, D., & Ander, S. (2013, January 4). *Depression increases in areas Superstorm Sandy hit hardest.* Gallup (gallup.com).

Witters, D., & Wood, J. (2015, January 14). *Heart attacks and depression closely linked.* Gallup (gallup.com).

Witvliet, C. V. O., & Vrana, S. R. (1995). Psychophysiological responses as indices of affective dimensions. *Psychophysiology, 32,* 436–443.

Wixted, J. T., & Ebbesen, E. B. (1991). On the form of forgetting. *Psychological Science, 2,* 409–415.

Wölfer, R., & Hewstone, M. (2015, August). Intra- versus intersex aggression. Testing theories of sex differences using aggression networks. *Psychological Science,* 26, 1285–1294.

Wolfinger, N. H. (2015). *Want to avoid divorce? Wait to get married, but not too long.* Institute for Family Studies (family-studies.org/want-to-avoid-divorce-wait-to-get-married-but-not-too-long/).

Wolfson, A. R., & Carskadon, M. A. (1998). Sleep schedules and daytime functioning in adolescents. *Child Development, 69,* 875–887.

Wollmer, M. A., de Boer, C., Kalak, N., Beck, J., Götz, T., Schmidt, T., . . . Kruger, T. H. (2012). Facing depression with botulinum toxin: A randomized controlled trial. *Journal of Psychiatric Research, 46,* 574–581.

Wolpe, J. (1958). *Psychotherapy by reciprocal inhibition.* Stanford, CA: Stanford University Press.

Wolpe, J., & Plaud, J. J. (1997). Pavlov's contributions to behavior therapy: The obvious and the not so obvious. *American Psychologist, 52,* 966–972.

Wong, D. F., Wagner, H. N., Tune, L. E., Dannals, R. F., Pearlson, G. D., Links, J. M., . . . Giedde, A. (1986). Positron emission tomography reveals elevated D2 dopamine receptors in drug-naive schizophrenics. *Science, 234,* 1588–1593.

Wong, M. M., & Csikszentmihalyi, M. (1991). Affiliation motivation and daily experience: Some issues on gender differences. *Journal of Personality and Social Psychology, 60,* 154–164.

Wood, J. M. (2003, May 19). Quoted by R. Mestel, Rorschach tested: Blot out the famous method? Some experts say it has no place in psychiatry. *Los Angeles Times* (latimes.com).

Wood, J. M., Bootzin, R. R., Kihlstrom, J. F., & Schacter, D. L. (1992). Implicit and explicit memory for verbal information presented during sleep. *Psychological Science, 3,* 236–239.

Wood, J. M., Nezworski, M. T., Garb, H. N., & Lilienfeld, S. O. (2006). The controversy over Exner's comprehensive system for the Rorschach: The critics speak. *Independent Practitioner, 26,* 73–82.

Wood, J. V., Saltzberg, J. A., & Goldsamt, L. A. (1990a). Does affect induce self-focused attention? *Journal of Personality and Social Psychology, 58,* 899–908.

Wood, J. V., Saltzberg, J. A., Neale, J. M., Stone, A. A., & Rachmiel, T. B. (1990b). Self-focused attention, coping responses, and distressed mood in everyday life. *Journal of Personality and Social Psychology, 58,* 1027–1036.

Wood, W. (1987). Meta-analytic review of sex differences in group performance. *Psychological Bulletin, 102,* 53–71.

Wood, W., & Eagly, A. H. (2002). A cross-cultural analysis of the behavior of women and men: Implications for the origins of sex differences. *Psychological Bulletin, 128,* 699–727.

Wood, W., & Eagly, A. H. (2007). Social structural origins of sex differences in human mating. In S. W. Gangestad & J. A. Simpson (Eds.), *The evolution of mind: Fundamental questions and controversies.* New York: Guilford Press.

Wood, W., Kressel, L., Joshi, P. D., & Louie, B. (2014a). Meta-analysis of menstrual cycle effects on women's mate preferences. *Emotion Review, 6,* 229–249.

Wood, W., Labrecque, J. S., Lin, P.-Y., & Rünger, D. (2014b). Habits in dual process models. In J. Sherman, B. Gawronski, & Y. Trope (Eds.), *Dual process theories of the social mind* (pp. 371–385). New York: Guilford Press.

Wood, W., Lundgren, S., Ouellette, J. A., Busceme, S., & Blackstone, T. (1994). Minority influence: A meta-analytic review of social influence processes. *Psychological Bulletin, 115,* 323–345.

Woods, N. F., Dery, G. K., & Most, A. (1983). Recollections of menarche, current menstrual attitudes, and premenstrual symptoms. In S. Golub (Ed.), *Menarche: The transition from girl to woman.* Lexington, MA: Lexington Books.

Woolett, K., & Maguire, E. A. (2011). Acquiring "the knowledge" of London's layout drives structural brain changes. *Current Biology, 21,* 2109–2114.

Woolley, A. W., Chabris, C. F., Pentland, A., Hasmi, N., & Malone, T. W. (2010). Evidence for a collective intelligence factor in the performance of human groups. *Science, 330,* 686–688.

World Federation for Mental Health. (2005). *ADHD: The hope behind the hype.* Accessed May 25, 2016, from webcontent.hkcss.org.hk/rh/rpp/HKPaediatricSociety20050909ADHD_guideline_WFMH1.pdf

Worldwatch. (2013). Meat production continues to rise. Worldwatch Institute (worldwatch.org/node /5443#notes).

Wortham, J. (2010, May 13). Cellphones now used more for data than for calls. *The New York Times* (nytimes.com).

Wortman, C. B., & Silver, R. C. (1989). The myths of coping with loss. *Journal of Consulting and Clinical Psychology, 57,* 349–357.

Wren, C. S. (1999, April 8). Drug survey of children finds middle school a pivotal time. *The New York Times* (nytimes.com).

Wright, I. C., Rabe-Hesketh, S., Woodruff, P. W. R., David, A. S., Murray, R. M., & Bullmore, E. T. (2000). Meta-analysis of regional brain volumes in schizophrenia. *American Journal of Psychiatry, 157,* 16–25.

Wright, P., Takei, N., Rifkin, L., & Murray, R. M. (1995). Maternal influenza, obstetric complications, and schizophrenia. *American Journal of Psychiatry, 152,* 1714–1720.

Wright, P. H. (1989). Gender differences in adults' same- and cross-gender friendships. In R. G. Adams & R. Blieszner (Eds.), *Older adult friendships: Structure and process.* Newbury Park, CA: Sage.

Wrosch, C., & Miller, G. E. (2009). Depressive symptoms can be useful: Self-regulatory and emotional benefits of dysphoric mood in adolescence. *Journal of Personality and Social Psychology, 96,* 1181–1190.

Wrzesniewski, A., & Dutton, J. E. (2001). Crafting a job: Revisioning employees as active crafters of their work. *Academy of Management Review, 26,* 179–201.

Wrzesniewski, A., McCauley, C. R., Rozin, P., & Schwartz, B. (1997). Jobs, careers, and callings: People's relations to their work. *Journal of Research in Personality, 31,* 21–33.

Wrzesniewski, A., Schwartz, B., Cong, X., Kane, M., Omar, A., & Kolditz, T. (2014). Multiple types of motives don't multiply the motivation of West Point cadets. *PNAS, 111,* 10990–10995.

Wuethrich, B. (2001, March). Getting stupid: Surprising new neurological behavioral research reveals that teenagers who drink too much may permanently damage their brains and seriously compromise their ability to learn. *Discover, 56,* 56–64.

Wulsin, L. R., Vaillant, G. E., & Wells, V. E. (1999). A systematic review of the mortality of depression. *Psychosomatic Medicine, 61,* 6–17.

Wyatt, J. K., & Bootzin, R. R. (1994). Cognitive processing and sleep: Implications for enhancing job performance. *Human Performance, 7,* 119–139.

Wynne, C. D. L. (2004). *Do animals think?* Princeton, NJ: Princeton University Press.

Wynne, C. D. L. (2008). Aping language: A skeptical analysis of the evidence for nonhuman primate language. *Skeptic, 13*(4), 10–13.

Xie, L., Kang, H., Xu, Q., Chen, M. J., Liao, Y., Thiyagarajan, M., . . . Nedergaard, M. (2013). Sleep drives metabolite clearance from the adult brain. *Science, 342,* 373–377.

Xu, J., Murphy, S. L., Kochanek, K. D., & Bastian B. A. (2016, February 16). Deaths: Final data for 2013. *National Vital Statistics Report, 64* (2). Centers for Disease Control and Prevention (cdc.gov).

Xu, Y., & Corkin, S. (2001). H. M. revisits the Tower of Hanoi puzzle. *Neuropsychology, 15,* 69–79.

Yamagata, S., Suzuki, A. Ando, J., Ono, Y., Kilima, N. Yoshimura, K., . . . Jang, K. L. (2006). Is the genetic structure of human personality universal? A cross-cultural twin study from North America, Europe, and Asia. *Journal of Personality and Social Psychology, 90,* 987–998.

Yamaguchi, M., Masuchi, A., Nakanishi, D., Suga, S., Konishi, N., Yu, Y. Y., & Ohtsubo, Y. (2015). Experiential purchases and prosocial spending promote happiness by enhancing social relationships. *The Journal of Positive Psychology, 11,* 1–9.

Yang, G., Lai, G. S. W., Cichon, J., Ma, L., Li, W., & Gan, W. B. (2014). Sleep promotes branch-specific formation of dendritic spines after learning. *Science, 344,* 173–1178.

Yang, S., Markoczy, L., & Qi, M. (2006). Unrealistic optimism in consumer credit card adoption. *Journal of Economic Psychology, 28,* 170–185.

Yang, Y., & Raine, A. (2009). Prefrontal structural and functional brain imaging findings in antisocial, violent, and psychopathic individuals: A meta-analysis. *Psychiatry Research: Neuroimaging, 174,* 81–88.

Yang, Y. C., Boen, C., Gerken, K., Li, T., Schorpp, K., & Harris, K. M. (2016). Social relationships and physiological determinants of longevity across the human life span. *PNAS, 113,* 578–583.

Yarkoni, T. (2010). Personality in 100,000 words: A large-scale analysis of personality and word use among bloggers. *Journal of Research in Personality, 44,* 363–373.

Yarnell, P. R., & Lynch, S. (1970, April 25). Retrograde memory immediately after concussion. *Lancet, 1,* 863–865.

Yates, A. (1989). Current perspectives on the eating disorders: I. History, psychological and biological aspects. *Journal of the American Academy of Child and Adolescent Psychiatry, 28,* 813–828.

Yates, A. (1990). Current perspectives on the eating disorders: II. Treatment, outcome, and research directions. *Journal of the American Academy of Child and Adolescent Psychiatry, 29,* 1–9.

Ybarra, O. (1999). Misanthropic person memory when the need to self-enhance is absent. *Personality and Social Psychology Bulletin, 25,* 261–269.

Yeager, D. S., Johnson, R., Spitzer, B. J., Trzesniewski, K. H., Powers, J., & Dweck, C. S. (2014). The far-reaching effects of believing people can change: Implicit theories of personality shape stress, health, and achievement during adolescence. *Journal of Personality and Social Psychology, 106,* 867–884.

Yeager, D. S., Miu, A. S., Powers, J., & Dweck, C. S. (2013). Implicit theories of personality and attributions of hostile intent: A meta-analysis, an experiment, and a longitudinal intervention. *Child Development, 84,* 1651–1667.

Yerkes, R. M., & Dodson, J. D. (1908). The relation of strength of stimulus to rapidity of habit-formation. *Journal of Comparative Neurology and Psychology, 18,* 459–482.

Yeung, J. W. K., Chan, Y., & Lee, B. L. K. (2009). Youth religiosity and substance use: A meta-analysis from 1995 to 2007. *Psychological Reports, 105,* 255–266.

Yiend, J., Parnes, C., Shepherd, K., Roche, M.-K., & Cooper, M. J. (2014). Negative self-beliefs in eating disorders: A cognitive-bias-modification study. *Clinical Psychological Science, 2,* 756–766.

Young, C., & Lim, C. (2014). Time as a network good: Evidence from unemployment and the standard workweek. *Sociological Science, 1,* 10–27.

Young, S. G., Hugenberg, K., Bernstein, M. J., & Sacco, D. F. (2012). Perception and motivation in face recognition: A critical review of theories of the cross-race effect. *Personality and Social Psychology Review, 16,* 116–142.

Younger, J., Aron, A., Parke, S., Chatterjee, N., & Mackey, S. (2010). Viewing pictures of a romantic partner reduces experimental pain: Involvement of neural reward systems. *PLoS ONE 5*(10), e13309. doi:10.1371/journal.pone.0013309.

Yücel, M., Solowij, N., Respondek, C., Whittle, S., Fornito, A., Pantelis, C., & Lubman, D. I. (2008). Regional brain abnormalities associated with long-term cannabis use. *Archives of General Psychiatry, 65,* 694–701.

Zagorsky, J. L. (2007). Do you have to be smart to be rich? The impact of IQ on wealth, income and financial distress. *Intelligence, 35,* 489–501.

Zajonc, R. B. (1965). Social facilitation. *Science, 149,* 269–274.

Zajonc, R. B. (1980). Feeling and thinking: Preferences need no inferences. *American Psychologist, 35,* 151–175.

Zajonc, R. B. (1984). On the primacy of affect. *American Psychologist, 39,* 117–123.

Zajonc, R. B. (2001). Mere exposure: A gateway to the subliminal. *Current Directions in Psychological Science, 10,* 224–228.

Zajonc, R. B., & Markus, G. B. (1975). Birth order and intellectual development. *Psychological Review, 82,* 74–88.

Zak, P. J. (2012). *The moral molecule: The source of love and prosperity.* New York: Dutton.

Zannas, A. S., Provençal, N., & Binder, E. B. (2015). Epigenetics of posttraumatic stress disorder: Current evidence, challenges, and future directions. *Biological Psychiatry, 78*(5), 327–335.

Zauberman, G., & Lynch, J. G., Jr. (2005). Resource slack and propensity to discount delayed investments of time versus money. *Journal of Experimental Psychology: General, 134,* 23–37.

Zeidner, M. (1990). Perceptions of ethnic group modal intelligence: Reflections of cultural stereotypes or intelligence test scores? *Journal of Cross-Cultural Psychology, 21,* 214–231.

Zell, E., & Alicke, M. D. (2010). The local dominance effect in self-evaluation: Evidence and explanations. *Personality and Social Psychology Review, 14,* 368–384.

Zell, E., Krizan, Z., & Teeter, S. R. (2015). Evaluating gender similarities and differences using metasynthesis. *American Psychologist, 70,* 10–20.

Zhang, J., Fang, L., Yow-Wu, B. W., & Wieczorek, W. F. (2013). Depression, anxiety, and suicidal ideation among Chinese Americans: A study of immigration-related factors. *Journal of Nervous and Mental Disease, 201,* 17–22.

Zhong, C.-B., Dijksterhuis, A., & Galinsky, A. D. (2008). The merits of unconscious thought in creativity. *Psychological Science, 19,* 912–918.

Zhong, C.-B., & Leonardelli, G. J. (2008). Cold and lonely: Does social exclusion literally feel cold? *Psychological Science, 19,* 838–842.

Zhu, W. X., Lu, L., & Hesketh, T. (2009). China's excess males, sex selective abortion, and one child policy: Analysis of data from 2005 national intercensus survey. *British Medical Journal, 338,* b1211. http://dx.doi.org/10.1136/bmj.b1211

Zilbergeld, B. (1983). *The shrinking of America: Myths of psychological change.* Boston: Little, Brown.

Zillmann, D. (1986). *Effects of prolonged consumption of pornography.* Background paper for The Surgeon General's Workshop on Pornography and Public Health, June 22–24. Report prepared by E. P. Mulvey & J. L. Haugaard and released by Office of the Surgeon General on August 4, 1986.

Zillmann, D. (1989). Effects of prolonged consumption of pornography. In D. Zillmann & J. Bryant (Eds.), *Pornography: Research advances and policy considerations.* Hillsdale, NJ: Erlbaum.

Zillmann, D., & Bryant, J. (1984). Effects of massive exposure to pornography. In N. Malamuth & E. Donnerstein (Eds.), *Pornography and sexual aggression* (pp. 115–138). Orlando, FL: Academic Press.

Zimbardo, P. G. (1970). The human choice: Individuation, reason, and order versus deindividuation, impulse, and chaos. In W. J. Arnold & D. Levine (Eds.), *Nebraska symposium on motivation, 1969* (pp. 237–307). Lincoln, NE: University of Nebraska Press.

Zimbardo, P. G. (1972, April). Pathology of imprisonment. *Society, 9,* pp. 4–8.

Zimbardo, P. G. (2001, September 16). *Fighting terrorism by understanding man's capacity for evil.* Op-ed essay distributed by spsp-discuss@stolaf.edu.

Zimbardo, P. G. (2004, May 25). Journalist interview re: *Abu Ghraib prison abuses: Eleven answers to eleven questions.* Unpublished manuscript, Stanford University, Stanford, CA.

Zimbardo, P. G. (2007, September). Person x situation x system dynamics. *The Observer* (Association for Psychological Science), p. 43.

Zogby, J. (2006, March). *Survey of teens and adults about the use of personal electronic devices and headphones.* Utica, NY: Zogby International.

Zou, Z., & Buck, L. B. (2006, March). Combinatorial effects of odorant mixes in olfactory cortex. *Science, 311,* 1477–1481.

Zubieta, J.-K., Bueller, J. A., Jackson, L. R., Scott, D. J., Xu, Y., Koeppe, R. A., . . . Stohler, C. S. (2005). Placebo effects mediated by endogenous opioid activity on μ-opioid receptors. *Journal of Neuroscience, 25,* 7754–7762.

Zubieta, J.-K., Heitzeg, M. M., Smith, Y. R., Bueller, J. A., Xu, K., Xu, Y., . . . Goldman, D. (2003). COMT val158met genotype affects μ-opioid neurotransmitter responses to a pain stressor. *Science, 299,* 1240–1243.

Zucker, G. S., & Weiner, B. (1993). Conservatism and perceptions of poverty: An attributional analysis. *Journal of Applied Social Psychology, 23,* 925–943.

Zuckerberg, M. (2012, February 1). Letter to potential investors. Quoted by S. Sengupta & C. C. Miller, "Social mission" vision meets Wall Street. *The New York Times* (nytimes.com).

Zuckerman, M. (1979). *Sensation seeking: Beyond the optimal level of arousal.* Hillsdale, NJ: Erlbaum.

Zuckerman, M. (2009). Sensation seeking. In M. R. Leary & R. H. Hoye (Eds.), *Handbook of individual differences in social behavior* (pp. 455–465). New York: Guilford Press.

Zvolensky, M. J., & Bernstein, A. (2005). Cigarette smoking and panic psychopathology. *Current Directions in Psychological Science, 14,* 301–305.

찾아보기

저자 소개

Hope College Public Relations

데이비드 마이어스(David G. Myers)는 미국 아이오와대학교에서 심리학으로 박사학위를 받았다. 지금까지 미시간의 호프대학 교수로 활동해왔으며, 많은 심리학개론 강의를 담당해왔다. 호프대학 학생들은 졸업식에 마이어스 교수를 초청해왔으며 '뛰어난 교수'로 선정해왔다.

그의 연구와 저작물들은 고든 올포트 집단관계상 수상, 2010년 행동과학과 뇌과학연합회의 명예로운 과학자상 수상, 2010년 성격심리학과 사회심리학 서비스상 수상, 2013년 APA 2분과 회장상 수상, 그리고 세 가지 명예박사학위 수여 등을 통해서 인정받아왔다.

미국 과학재단의 연구비 지원을 받아 수행한 마이어스의 연구논문들은 *Science*, *American Scientist*, *Psychological Science*, *American Psychologist* 등을 포함해 30여 종의 과학 저널에 게재되었다. 연구 논문, 그리고 심리학개론과 사회심리학 교과서를 집필하는 것 이외에도, 마이어스는 일반 대중을 위하여 심리과학을 정리하여 소개하기도 한다. 그의 글은 *Today's Education*에서부터 *Scientific American*에 이르기까지 40여 종의 잡지에 게재되었다. 또한 *The Pursuit of Happiness*와 *Intuitions: Its Powers and Perils*를 포함하여 일반 대중을 위한 다섯 권의 책을 집필하기도 하였다.

마이어스는 자신이 살고 있는 도시의 인간관계위원회 위원장직을 맡아왔고, 빈민가정 지원센터를 설립하는 데도 일조해왔으며, 수많은 대학과 지역사회에서 강연을 해왔다.

자신의 경험에 근거하여 청력 손상에 관한 논문들과 책(*A Quiet World*)도 저술하였으며, 미국 보조청각기술의 변혁을 주창하고 있다(www.HearingLoop.org). 그는 이러한 리더십을 인정받아 2011년 미국 청각학회 회장상, 2012년 미국 청력손상학회 월터 리더상을 수상하기도 하였다.

그는 하루도 거르지 않고 자전거로 출퇴근을 하며 매일 즉석에서 팀을 구성하는 농구를 즐긴다. 데이비드 마이어스와 캐럴 마이어스는 2남 1녀를 두었고, 손녀도 1명 있다.

© J.A. Laub Photography, LLC

네이선 드월(Nathan Dewall)은 켄터키대학교 심리학과 교수이자 사회심리학 실험실 책임자이다. 그는 세인트올라프대학에서 학사학위, 시카고대학교에서 사회과학 석사학위, 그리고 플로리다주립대학교에서 사회심리학으로 박사학위를 받았다. 그는 문리과대학 우수 강의상을 수상하였는데, 이 상은 학부 강의와 대학원 강의의 수월성을 인정한 것이다. 또한 미국 심리과학회는 드월을 '심리과학분야에서 혁혁한 공로를 이룩한' '떠오르는 스타'로 인정하였다.

드월은 친밀한 관계, 자기통제, 공격성 등에 관한 연구를 수행하고 있다. 미국 국립보건원(NIH)과 과학재단(NSF)의 연구비 지원을 받아 180여 편 이상의 과학논문과 글들을 발표하였다. 드월의 수상 경력으로는 성격과 사회심리학 재단이 수여하는 SAGE 젊은 학자상, 국제 공격성 연구학회의 젊은 연구자상, 국제 자기와 정체성학회의 신진학술상 등이 있다. 그의 연구는 *Good Morning America*, *Wall Street Journal*, *Newsweek*, *Atlantic Monthly*, *New York Times*, *Los Angeles Times*, *Harvard Business Review*, *USA Today*, 공영 라디오 방송 등 수많은 대중매체에서 다루어왔다. 그는 홍콩, 중국, 네덜란드, 영국, 그리스, 헝가리, 스웨덴, 호주 등을 포함한 많은 국가에서 강연을 해왔다.

그는 앨리스 드월과 행복한 결혼생활을 하고 있다. 골든 리트리버 종의 두 마리 반려견 피니건, 아티쿠스와 노는 것을 좋아한다. 여가시간에는 소설을 쓰고, 스포츠 경기를 관람하며, 끊임없이 달리기를 즐긴다. 그는 2016년에 160km 울트라 마라톤 경기를 완주했다.

역자 소개

조규판

동아대학교 교육학과 학사
동아대학교 교육학과 석사(교육심리 전공)
미국 앨라배마대학교 박사(교육심리측정 전공)
현재 동아대학교 교육학과 교수

강선아

경성대학교 유아교육과 학사
인제대학교 가족소비자학과 석사
인제대학교 유아교육과 박사
현재 인제대학교 유아교육과 외래교수
(재)한국메이크어위시소원별재단 자문위원

박경희

고신대학교 간호학과 학사
인제대학교 가족소비자학과 석사(가족상담복지 전공)
고신대학교 간호학과 박사
현재 울산대학교 간호학과 강사

박은영

경북대학교 심리학과 학사
경북대학교 심리학과 석사 및 박사(임상 전공)
현재 대구가톨릭대학교 심리학과 조교수

신윤경

고려대학교 심리학과 학사
고려대학교 심리학과 석사(실험심리 전공)
미국 퍼듀대학교 심리학과 박사(인지심리 전공)
현재 유니스트 기초과정부 초빙교수

이수진

연세대학교 심리학과 학사
연세대학교 일반대학원 심리학과 석사 및 박사(임상심리 전공)
현재 경성대학교 심리학과 조교수

이홍재

고려대학교 심리학과 학사
고려대학교 심리학과 석사 및 박사(생리심리 전공)
현재 경운대학교 상담복지학과 조교수

심리학은 여러분의 일상생활에 어떻게 적용되는가?

근사체험은 LSD '여행'과 어떻게 유사한가? (339쪽)

작년에 우울증을 경험한 대학생은 얼마나 되는가? (323쪽)

선천성과 후천성이 우리의 지능에 미치는 영향은 무엇인가? (208~211쪽)

치료자를 선택할 때 어떤 사람을 찾아야 하는가? (375~376쪽)

건강한 생활방식을 채택하면 어떻게 우울증에서 벗어날 수 있는가? (377쪽)

성장 마음가짐이 성공과 웰빙에 미치는 영향은 무엇인가? (216쪽)

어떤 심리적 요인이 우리의 배고픔에 영향을 미치는가? (224~225쪽)

수면, 친구, 유전적 요인이 어떻게 체중에 영향을 미치는가? (227쪽)

동작과 얼굴 표정이 감정에 어떤 영향을 주는가? (241~242쪽)

삶의 변화(예 : 독립, 이혼, 가족의 죽음)로 인한 스트레스는 우리의 건강에 어떤 영향을 미치는가? (246쪽)

스트레스에 대처하는 적절한 방법은 무엇인가? (252~258쪽)

사회적 지지는 우리의 건강에 어떤 영향을 주는가? (256~257, 261쪽)

유산소 운동은 우울증과 불안 치료에 효과가 있는가? (258~259, 377쪽)

행복의 예측 인자는 무엇인가? (265~267쪽)

개들도 성격 차이가 있는가? (312쪽)

미래 행동에 대한 가장 좋은 예측 인자는 무엇인가? (313~316쪽)

대부분의 사람은 자기고양적 편향을 가지고 있는가? (318~3219쪽)

더 행복하게 사는 방법은 무엇인가? (266~267쪽)

아기는 떨어질 수 있는 절벽을 보면 위험을 감지하고 뒷걸음칠까? (122쪽)

특수 안경이 세상을 거꾸로 뒤집힌 상태로 보이게 하면 우리는 적응할 수 있는가? (126쪽)

우리는 어떻게 고통을 조절할 수 있는가? (131쪽)

냄새가 왜 중요한 기억과 밀접하게 연관되어 있는가? (132~133쪽)

사회적 배척이 말 그대로 차갑게 느껴지고, 신체적인 따뜻함(커피 한 잔과 같이)은 사회적 따뜻함을 증진시키는 이유는 무엇인가? (134쪽)

좋은 습관을 익히려면 얼마나 걸리는가? (140쪽)

당신의 애완동물(또는 파트너)의 새로운 행동을 조성하기 위해 조작적 조건형성의 원리를 어떻게 적용할 수 있는가? (139, 146쪽)

조작적 조건형성 기술을 사용하여 금연, 식사량 감소, 공부 또는 운동과 같은 변화를 어떻게 일으킬 수 있는가? (150~151쪽)

폭력적인 미디어의 시청과 폭력적인 행동 사이에는 어떤 관계가 있는가? (157~158쪽)